BATIMENT - OUVRIERS (ENTREPRISES OCCUPANT JUSQU'À DIX SALARIÉS)

Brochure n° 3193

EDITION 2010

Générée le 2/06/2010

JuriTravail.com

L'info pratique en Droit du Travail

JuriTravail.com

PARTIE 1 : Convention Collective

PARTIE 2 : Bonus offert par JuriTravail

Les 7 Documents Essentiels

- ✔ Décryptage de votre convention collective
- ✔ Zoom sur la rupture conventionnelle
- ✔ 3 points à connaître sur l'indemnisation du préavis
- ✔ 3 points à connaître sur les indemnités de licenciement
- ✔ 5 règles à maîtriser avant de rompre un CDD
- ✔ 4 points à connaître avant de démissionner
- ✔ Rédiger le réglement intérieur

Sommaire

Sommaire

Convention collective nationale des ouvriers employés par les entreprises du bâtiment visées par le décret du 1er mars 1962 (c'est-à-dire occupant jusqu'à 10 salariés) du 8 octobre 1990. Etendue par arrêté du 12 février 1991 JORF 15 février 1991

Sommaire

Sommaire

Convention collective nationale des ouvriers employés par les entreprises du bâtiment visées par le décret du 1er mars 1962 (c'est-à-dire occupant jusqu'à 10 salariés) du 8 octobre 1990. Etendue par arrêté du 12 février 1991 JORF 15 février 1991

Sommaire

Convention collective nationale des ouvriers employés par les entreprises du bâtiment visées par le décret du 1er mars 1962 (c'est-à-dire occupant jusqu'à 10 salariés) du 8 octobre 1990. Etendue par arrêté du 12 février 1991 JORF 15 février 1991

Sommaire

Convention collective nationale des ouvriers employés par les entreprises du bâtiment visées par le décret du 1er mars 1962 (c'est-à-dire occupant jusqu'à 10 salariés) du 8 octobre 1990. Etendue par arrêté du 12 février 1991 JORF 15 février 1991

Sommaire

Convention collective nationale des ouvriers employés par les entreprises du bâtiment visées par le décret du 1er mars 1962 (c'est-à-dire occupant jusqu'à 10 salariés) du 8 octobre 1990. Etendue par arrêté du 12 février 1991 JORF 15 février 1991

Sommaire

Convention collective nationale des ouvriers employés par les entreprises du bâtiment visées par le décret du 1er mars 1962 (c'est-à-dire occupant jusqu'à 10 salariés) du 8 octobre 1990. Etendue par arrêté du 12 février 1991 JORF 15 février 1991

Sommaire

Sommaire

Sommaire

Sommaire

Sommaire

Convention collective nationale des ouvriers employés par les entreprises du bâtiment visées par le décret du 1er mars 1962 (c'est-à-dire occupant jusqu'à 10 salariés) du 8 octobre 1990. Etendue par arrêté du 12 février 1991 JORF 15 février 1991

Sommaire

Sommaire

Sommaire

Sommaire

Sommaire

Sommaire

Sommaire

Sommaire

Sommaire

Sommaire

Sommaire

Sommaire

Convention collective nationale des ouvriers employés par les entreprises du bâtiment visées par le décret du 1er mars 1962 (c'est-à-dire occupant jusqu'à 10 salariés) du 8 octobre 1990. Etendue par arrêté du 12 février 1991 JORF 15 février 1991

Texte de base

CONVENTION COLLECTIVE NATIONALE du 8 octobre 1990

Confédération de l'artisanat et des petites entreprises du bâtiment ;

Fédération nationale du bâtiment ;

Fédération nationale de l'équipement éléctrique ;

Fédération nationale des sociétés coopératives de production du bâtiment et des travaux publics (pour la section bâtiment).

Fédération générale Force Ouvrière du bâtiment et des travaux publics et ses activités annexes C.G.T. -F.O. ;

Fédération nationale des salariés de la construction et du bois C.F.D.T..

FEDELEC, par lettre en date du 22 avril 1994.

TITRE Ier : STRUCTURES DE LA CONVENTION COLLECTIVE NATIONALE

Champ d'application

Article 1-1

En vigueur étendu

Modifié par Avenant n° 1 du 17 mars 1992 en vigueur le 1er janvier 1993 étendu par arrêté du 15 décembre 1992 JORF 26 décembre 1992

1.11. La présente convention collective règle en France métropolitaine, à l'exclusion des DOM-TOM, les rapports de travail entre :

- d'une part, les employeurs dont l'activité relève d'une des activités énumérées à l'alinéa 1.12 ci-dessous, visés par le décret n° 62-235 du 1er mars 1962 modifié par le décret n° 76-879 du 21 septembre 1976 ;

- d'autre part, les ouvriers qu'ils emploient à une activité bâtiment sur le territoire de la France métropolitaine, à l'exclusion des DOM-TOM.

Elle engage toutes les organisations syndicales d'employeurs et d'ouvriers adhérentes aux instances nationales l'ayant signée ou qui ultérieurement y adhéreraient, ainsi que tous leurs adhérents exerçant leur activité sur le territoire métropolitain, à l'exclusion des DOM-TOM. La présente convention s'applique aux entreprises artisanales du bâtiment relevant des professions agricoles, sous réserve des dispositions particulières figurant au titre XIII (Dispositions particulières aux entreprises artisanales du bâtiment relevant des professions agricoles).

1.12. Le critère d'application de la présente convention est l'activité réelle exercée par l'entreprise, le code APE attribué par l'INSEE ne constituant à cet égard qu'une simple présomption.

Activités visées :

2106. Construction métallique.

Sont uniquement visés les ateliers de production et montage d'ossatures métalliques pour le bâtiment (+).

2403. Fabrication et installation de matériel aéraulique, thermique et frigorifique.

Sont visées :

- les entreprises de fabrication et d'installation d'appareils de chauffage, ventilation et conditionnement d'air (+).

5510. Travaux d'aménagements des terres et des eaux, voirie, parcs et jardins.

Sont visées :

- pour partie, les entreprises générales de bâtiment ; les entreprises de bâtiment effectuant des travaux d'aménagement des terres et des eaux, de voirie et réseaux divers, de voirie et dans les parcs et jardins.

Ne sont pas visées : les entreprises paysagistes affiliées au régime agricole de protection sociale.

5512. Travaux d'infrastructure générale.

Sont visées :

- pour partie, les entreprises générales de bâtiment ; les entreprises de bâtiment effectuant des travaux d'infrastructure générale.

5520. Entreprises de forage, sondages, fondations spéciales.

Sont visées dans cette rubrique :

- pour partie, les entreprises générales de bâtiment ; les entreprises de bâtiment effectuant des forages, sondages ou des fondations spéciales ainsi que :

- les entreprises de maçonnerie, de plâtrerie, de travaux en ciment, béton, béton armé pour le bâtiment ;

- les entreprises de terrassement et de démolition pour le bâtiment ;

- les entreprises de terrassement et de maçonnerie pour le bâtiment, fondations par puits et consolidation pour le bâtiment.

5530. Construction d'ossatures autres que métalliques.

Sont visées :

- pour partie, les entreprises générales de bâtiment ;

- les entreprises de bâtiment effectuant des travaux de construction d'ossatures autres que métalliques demandant du fait de leurs dimensions ou du procédé utilisé une technicité particulière (par exemple, charpentes d'immeubles de 10 étages et plus).

5531. Installations industrielles, montage-levage.

Sont visées :

- pour partie, les entreprises générales de bâtiment ; les entreprises de bâtiment effectuant des travaux d'installations industrielles ou de montage-levage ainsi que :

- les entreprises de constructions et d'entretien de fours industriels et de boulangerie en maçonnerie et en matériaux réfractaires de tous types ;

- les entreprises de construction de cheminées d'usine.

5540. Installation électrique.

A l'exception des entreprises d'installation électrique dans les établissements industriels, de recherche radio-électrique et de l'électronique, sont visées :

- les entreprises spécialisées dans l'équipement électrique des usines et autres établissements industriels (à l'exception de celles qui, à la date de la publication de l'arrêté portant extension de la présente convention collective, appliquaient une autre convention collective que celle du bâtiment) ;

- pour partie, les entreprises de couverture-plomberie et chauffage ;

- les entreprises de plomberie, chauffage et électricité ;

- les entreprises d'installations d'électricité dans les locaux d'habitation, magasins, bureaux, bâtiments industriels et autres bâtiments ;

- les entreprises de pose d'enseignes lumineuses.

5550. Construction industrialisée.

Sont visées :

- pour partie, les entreprises générales de bâtiment ; les entreprises de bâtiment réalisant des constructions industrialisées ; les entreprises de fabrication et pose de maisons métalliques (+).

5560. Maçonnerie et travaux courants de béton armé.

Sont visées :

- pour partie, les entreprises générales de bâtiment ; les entreprises de bâtiment effectuant de la maçonnerie et des travaux courants de terrassement, de fondation et de démolition.

5570. Génie climatique.

Sont visées :

- les entreprises de couverture-plomberie et chauffage ;

- les entreprises d'installations de chauffage et d'électricité ;

- les entreprises de fumisterie de bâtiment, ramonage, installations de chauffage et de production d'eau chaude ;

- les entreprises d'installations de chauffage central, de ventilation, de climatisation ou d'isolation thermique, phonique et antivibratile.

5571. Menuiserie - Serrurerie.

A l'exclusion des entreprises de fermetures métalliques dont l'activité se limite à la fabrication, sont notamment visées :

- les entreprises de charpente en bois ;

- les entreprises d'installation de cuisine ;

- les entreprises d'aménagement de placards ;

- les entreprises de fabrication et pose de parquets (à l'exception des parquets mosaïques) ;

- les entreprises de menuiserie du bâtiment (menuiserie bois, métallique intérieure, extérieure y compris les murs-rideaux) (pose associée ou non à la fabrication) ;

- les entreprises de charpente et de maçonnerie associées ;

- les entreprises de serrurerie intérieure et extérieure du bâtiment (fabrication, pose et réparation) (+) ;

- les entreprises de pose de petite charpente en fer pour le bâtiment ;

- les entreprises de pose de clôtures ;

- les entreprises de ferronnerie pour le bâtiment (fabrication et pose associées) (+) (balcons, rampes d'escalier, grilles...) ;

- les entreprises de fourniture d'armatures métalliques préparées pour le béton armé (+).

5572. Couverture-plomberie - Installation sanitaire.

Sont visées :

- les entreprises de couverture-plomberie (avec ou sans installation de chauffage) ;

- les entreprises de couverture en tous matériaux ;

- les entreprises de plomberie-installation sanitaire ;

- les entreprises d'étanchéité.

5573. Aménagements - Finitions.

Sont notamment visées :

- les entreprises de construction et d'installation de stands pour les foires et expositions ;

- les entreprises de fabrication de maquettes et plans en relief ;

- les entreprises de plâtrerie, staff, cloisons en plâtre, plafonnage, plafonds en plâtre ;

- les entreprises de fabrication à façon et pose de menuiserie du bâtiment ;

- les entreprises de peinture de bâtiment, décoration ;

- les entreprises d'installations diverses dans les immeubles (notamment pose de linoléums et autres revêtements plastiques...) ; pour les entreprises de pose de vitres, de glaces, de vitrines (+) ;

- les entreprises de peinture, plâtre, vitrerie (associés) ;

- les entreprises d'installations et d'aménagement des locaux commerciaux (magasins, boutiques, devantures, bars, cafés, restaurants, vitrines...) ; cependant, pour l'installation et l'aménagement des locaux commerciaux à base métallique (+) ;

- les entreprises de pose de paratonnerres (à l'exclusion de la fabrication) ;

- les entreprises de travaux d'aménagements spéciaux (installations de laboratoires, revêtements de sols et des murs en tous matériaux, calfeutrements métalliques, couvre-marches), à l'exclusion de la fabrication et de l'installation de matériel de laboratoire.

8708. Services de nettoyage.

Sont visées :

- pour partie, les entreprises de ramonage.

(+) Clause d'attribution

Les activités économiques pour lesquelles a été prévue la présente clause d'attribution seront soumises aux règles suivantes :

1. La présente convention collective nationale sera appliquée lorsque le personnel concourant à la pose - y compris le personnel des bureaux d'études, les techniciens, la maîtrise... (le personnel administratif et le personnel dont l'activité est mal délimitée restant en dehors du calcul) - représente au moins 80 % de l'activité de l'entreprise caractérisée par les effectifs respectifs.

2. Lorsque le personnel concourant à la pose au sens ci-dessus se situe entre 20 % et 80 %, les entreprises peuvent opter entre l'application de la présente convention collective nationale et l'application de la convention collective correspondant à leurs autres activités, après accord avec les représentants des organisations signataires de la présente convention collective nationale ou, à défaut, des représentants du personnel.

Cette option sera portée à la connaissance du personnel dans un délai de 3 mois à compter soit de la publication de l'arrêté portant extension de la présente convention collective nationale, soit, pour les entreprises créées postérieurement, de la date de leur création.

3. Lorsque le personnel concourant à la pose au sens ci-dessus représente moins de 20 %, la présente convention collective nationale n'est pas applicable.

Toutefois, les entreprises visées aux paragraphes 1 et 3 ci-dessus pourront continuer d'appliquer la convention collective qu'elles appliquaient à la date de publication de l'arrêté portant extension de la présente convention collective.

Cas des entreprises mixtes bâtiment et travaux publics

Pour l'application de la présente convention collective nationale, est considérée comme entreprise mixte bâtiment et travaux publics, celle dont les activités sont partagées entre, d'une part, une ou plusieurs activités bâtiment, telles qu'elles sont énumérées dans le présent champ d'application et, d'autre part, une ou plusieurs activités travaux publics, telles qu'elles sont définies par la nomenclature d'activités issues du décret n° 73-1306 du 9 novembre 1973.

1. La présente convention collective nationale sera appliquée par les entreprises mixtes bâtiment et travaux publics lorsque le personnel effectuant des travaux correspondant à une ou plusieurs activités bâtiment, telles qu'elles sont énumérées dans le présent champ d'application, représente au moins 60 % de l'ensemble du personnel de l'entreprise.

2. Lorsque le personnel effectuant des travaux correspondant à une ou plusieurs activités bâtiment se situe entre 40 et 60 % de l'ensemble du personnel, les entreprises mixtes bâtiment et travaux publics peuvent opter, après accord des représentants du personnel, entre l'application de la présente convention collective nationale et l'application de la convention collective travaux publics.

Cette option sera portée à la connaissance du personnel dans un délai de 3 mois à compter soit de la publication de l'arrêté portant extension de la présente convention collective nationale, soit, pour les entreprises créées postérieurement, de la date de leur création.

3. Lorsque le personnel d'une entreprise mixte effectuant des travaux correspondant à une ou plusieurs activités bâtiment représente moins de 40 % de l'ensemble du personnel, la présente convention collective nationale n'est pas applicable.

4. Les entreprises mixtes visées aux paragraphes 1 et 3 ci-dessus pourront continuer d'appliquer la convention collective qu'elles appliquaient à la date de la présente convention collective nationale.

Cas des entreprises de menuiserie métallique ou de menuiserie et fermetures métalliques

Est également incluse dans le champ d'application l'activité suivante, classée dans le groupe ci-dessous :

2107. Menuiserie métallique de bâtiment.

Toutefois, l'extension de la présente convention collective nationale ne sera pas demandée pour cette activité.

Il en sera de même pour la fabrication et la pose associées de menuiserie et de fermetures métalliques classées dans le groupe 5571.

Clauses générales

Article 1-2

En vigueur étendu

Modifié par Avenant n° 1 du 17 mars 1992 en vigueur le 1er janvier 1993 étendu par arrêté du 15 décembre 1992 JORF 26 décembre 1992

Les dispositions des titres II à XIII de la présente convention collective constituent la première partie "Clauses générales" des conventions collectives conclues à l'échelon régional (1) par les organisations syndicales adhérentes aux parties signataires du présent texte.

(1) Ou, à défaut, à l'échelon départemental. Dans ce cas, il est souhaitable que la conclusion des conventions collectives, la fixation des montants et la réunion des instances de négociation ou de conciliation découlant de la présente convention interviennent à terme à l'échelon régional.

Clauses régionales ou départementales

Article 1-3

En vigueur étendu

Modifié par Avenant n° 1 du 17 mars 1992 en vigueur le 1er janvier 1993 étendu par arrêté du 15 décembre 1992 JORF 26 décembre 1992

1.31. La deuxième partie de ces conventions collectives régionales (1) concerne les dispositions considérées comme des clauses professionnelles et non traitées dans les titres II à XIII de la présente convention collective, et notamment :

1. Les majorations pour heures de nuit, du dimanche et des jours fériés.

2. Les conditions de rémunération et d'organisation du travail par roulement.

3. Les primes d'outillage éventuelles.

4. Les primes pour travaux occasionnels représentant des conditions d'insalubrité, de pénibilité ou de nuisance particulière fixées dans les conditions exposées à l'article 4.1 de la présente convention.

Ces primes sont des primes horaires fixées en valeur absolue. Elles ne peuvent en aucun cas revêtir le caractère de prime de risque.

5. Le montant des indemnités de petits déplacements dans les conditions prévues au chapitre Ier du titre VIII de la présente convention, qui constitue le régime national d'indemnisation des petits déplacements.

Les dispositions du chapitre Ier du titre VIII sont mises en application à la date où les montants des indemnités professionnelles de petits déplacements sont fixés par accord paritaire.

Les dispositions du chapitre Ier du titre VIII se substituent de plein droit aux dispositions éventuelles des conventions collectives régionales (1) relatives à la définition et à l'indemnisation des déplacements autres que les grands déplacements.

1.32. Le montant des primes et indemnités énumérées ci-dessus est négocié paritairement au moins une fois par an, à l'échelon régional (1).

1.33. Les signataires de la deuxième partie des conventions collectives régionales (1) peuvent, s'ils le jugent utile, prévoir que des avenants seront établis pour régler dans leur circonscription les conditions particulières à chaque corps d'état sur tout ou partie des matières énumérées à l'alinéa 1.31.

(1) Ou, à défaut, à l'échelon départemental. Dans ce cas, il est souhaitable que la conclusion des conventions collectives, la fixation des montants et la réunion des instances de négociation ou de conciliation découlant de la présente convention interviennent à terme à l'échelon régional.

Salaires minimaux

Article 1-4

En vigueur étendu

Les barèmes de salaires minimaux sont établis conformément à l'article 8 du titre XII de la présente convention.

Les organisations syndicales régionales (1) adhérentes aux organisations nationales représentatives se réunissent au moins une fois par an pour étudier les conséquences que peut entraîner l'évolution de la situation économique sur les barèmes de salaires minimaux.

(1) Ou, à défaut, à l'échelon départemental. Dans ce cas, il est souhaitable que la conclusion des conventions collectives, la fixation des montants et la réunion des instances de négociation ou de conciliation découlant de la présente convention interviennent à terme à l'échelon régional.

Procédure de conciliation

Article 1-5

En vigueur étendu

1.51. Commission nationale d'interprétation et de conciliation

Une commission paritaire nationale d'interprétation et de conciliation est constituée pour rechercher une solution amiable aux conflits collectifs pouvant résulter de l'interprétation et de l'application de la présente convention collective. Cette commission n'a pas à connaître des litiges individuels qui restent du domaine judiciaire.

Cette commission est composée de 2 représentants de chacune des organisations syndicales de salariés signataires et d'un nombre égal de représentants des organisations d'employeurs signataires.

La commission paritaire d'interprétation et de conciliation doit être convoquée par la partie patronale dans le délai de 5 jours ouvrables à dater de celui où elle a été saisie du différend par la partie la plus diligente.

La demande doit être formulée par écrit en autant d'exemplaires qu'il y a d'organisations signataires de la présente convention collective plus 1, et doit exposer l'origine et l'étendu du différend.

Un procès-verbal d'accord ou de désaccord est établi par la commission paritaire.

1.52. Commissions régionales de conciliation

Les conflits collectifs portant sur l'interprétation et l'application de la deuxième partie des conventions collectives régionales (1) - clauses professionnelles - sont examinés par des commissions régionales ayant une composition analogue à la commission nationale.

Ces commissions doivent se réunir dans un délai maximum de cinq jours ouvrables qui suit celui où elles ont été saisies du différend.

(1) Ou, à défaut, départemental. Dans ce cas, il est souhaitable que la conclusion des conventions collectives, la fixation des montants et la réunion des instances de négociation ou de conciliation découlant de la présente convention interviennent à terme à l'échelon régional.

TITRE II : CONCLUSION DU CONTRAT DE TRAVAIL

Règles générales

Article 2-1

En vigueur étendu

2.11. Les employeurs doivent faire connaître leurs besoins en main-d'oeuvre auprès de l'Agence nationale pour l'emploi (ANPE) ou de toute association ou organisme ayant passé une convention avec l'ANPE pour la gestion des offres et des demandes d'emplois. Ils peuvent également recourir à l'embauchage direct.

2.12. Les employeurs ne peuvent pas occuper temporairement ou de quelque façon que ce soit un ouvrier qui bénéficie par ailleurs à la même époque d'un emploi effectif à temps plein dans les conditions amenant l'intéressé à enfreindre les dispositions de l'article L. 324-2 du code du travail. De même, un ouvrier ne peut assurer un travail effectif rémunéré dans quelque entreprise que ce soit pendant la durée de son congé payé. Il en est de même à tout moment en ce qui concerne les travaux rémunérés effectués pour le compte des particuliers et des administrations.

2.13. Lorsqu'un salarié est embauché sur un chantier, son contrat de travail est conclu avec l'entreprise et non sur le chantier, à défaut d'autre stipulation.

Pour des raisons tant économiques que sociales, il est du plus grand intérêt que la stabilité de l'emploi, au sein des entreprises, soit assurée dans toute la mesure du possible.

Il est donc souhaitable que les entreprises conçoivent la gestion prévisionnelle de l'emploi, non pas à l'échelon du chantier, mais à l'échelon le plus élevé de l'entreprise, compatible avec les impératifs géographiques.

De façon pratique, il y a lieu de ne pas débaucher systématiquement les salariés à la fin d'un chantier, si on peut les employer sur d'autres chantiers. Il convient, dans ce cas, de les affecter sur ces autres chantiers de l'entreprise.

Contrôle des aptitudes et des connaissances : épreuve préalable

Article 2-2

En vigueur étendu

Au cas où une épreuve est exigée avant la prise d'effet du contrat, le temps passé à son accomplissement, qui ne doit pas dépasser une journée, est rémunéré au taux du salaire d'embauche qui ne peut être inférieur au salaire minimum de l'emploi correspondant déterminé en application du titre XII de la présente convention.

Lettre d'engagement

Article 2-3
En vigueur étendu
Modifié par Avenant n° 1 du 17 mars 1992 en vigueur le 1er janvier 1993 étendu par arrêté du 15 décembre 1992 JORF 26 décembre 1992

Au plus tard dans les 8 jours qui suivent l'embauchage, l'employeur remet au nouvel embauché un document mentionnant :

- le nom, la raison sociale et l'adresse de l'entreprise, ainsi que son numéro de code APE et le numéro d'inscription à l'URSSAF ou à la mutualité sociale agricole ;

- le nom de l'intéressé, la date de son embauchage, son emploi, sa qualification, son coefficient hiérarchique ;

- la convention collective applicable ;

- la durée de la période d'essai, dans les limites de l'article 2.4 ;

- le montant de son salaire mensuel correspondant à un horaire hebdomadaire de travail de 39 heures (soit un salaire mensuel calculé sur une base de 169 heures) et son taux de salaire horaire ;

- l'horaire de travail hebdomadaire de référence choisi dans l'entreprise ou l'établissement et le montant de son salaire mensuel effectif correspondant ;

- le montant de la déduction pour une heure de travail non effectuée ;

- l'engagement de l'intéressé, pendant la durée du contrat, de ne pas avoir d'activité professionnelle susceptible de concurrencer celle de son employeur ou contraire aux dispositions de l'article L. 324-2 du code du travail ;

- le cas échéant, les avantages en nature et les conditions particulières, telles que le chantier sur lequel l'intéressé est embauché ;

- le nom des caisses de prévoyance et de retraite complémentaire où sont versées les cotisations.

Ce document doit être accepté et signé par les 2 parties.

Période d'essai

Article 2-4
En vigueur étendu

Dans le cas d'une période d'essai, l'embauchage définitif d'un ouvrier n'est confirmé qu'à l'expiration de la période d'essai.

Cette période est fixée conformément aux usages locaux de la profession, sans pouvoir excéder 3 semaines.

Pendant cette période, les parties peuvent se séparer à tout moment sans préavis.

Le temps de travail effectué par l'ouvrier pendant la période d'essai est rémunéré au taux mentionné sur la lettre visée à l'article 2.3, qui ne peut être inférieur au salaire minimum de l'emploi correspondant déterminé en application du titre XII de la présente convention.

Emploi de personnel temporaire

Article 2-5
En vigueur étendu

Le recours à l'emploi de personnel temporaire ne doit intervenir que dans les conditions prévues par la législation en vigueur, pour l'exécution d'une tâche précise et non durable, et ne peut avoir pour objet de pourvoir durablement un emploi lié à l'activité normale et permanente de l'entreprise.

Emploi de personnel sous contrat à durée déterminée

Article 2-6
En vigueur étendu

L'emploi de personnel sous contrat à durée déterminée ne doit intervenir que dans les conditions prévues par la législation en vigueur, pour l'exécution d'une tâche précise et non durable, et ne peut avoir pour objet de pourvoir durablement un emploi lié à l'activité normale permanente de l'entreprise.

Egalité de traitement entre ouvriers français et étrangers

Article 2-7
En vigueur étendu

Sans préjudice de l'application des dispositions du titre IV du livre III du code du travail, les employeurs du bâtiment veilleront à assurer l'égalité de traitement entre les salariés français et étrangers, notamment en matière d'emploi, et, de manière générale, de conditions de travail et de rémunération.

TITRE III : DUREE DU TRAVAIL

CHAPITRE III.1 : Horaires de travail

Horaire collectif - Affichage

Article 3-11
En vigueur étendu

Les horaires de travail restent collectifs au niveau de l'entreprise, des agences, des établissements, des chantiers ou des ateliers.

Ils doivent être affichés sur les lieux où travaillent de façon continue plus de 5 ouvriers (1).

(1) Alinéa étendu sous réserve de l'application de l'article L.620-2 du code du travail (arrêté du 12 février 1991, art. 1er).

Consultation des représentants du personnel

Article 3-12
En vigueur étendu

Pour la mise en application dans les entreprises des dispositions du titre III et du titre V, chapitre V.2, de la présente convention, l'avis préalable des représentants du personnel est demandé, après délibération.

Lors de celle-ci, qui a lieu en principe une fois par an, les employeurs doivent indiquer le ou les horaires hebdomadaires de travail envisagés en précisant le choix du deuxième jour de repos hebdomadaire, soit pour l'ensemble du personnel, soit pour la partie du personnel qui prendra ce jour de repos le samedi, l'autre partie le prenant le lundi ; mais, dans ce dernier cas, la liste du personnel travaillant le samedi ou le lundi est fixée en tenant compte, dans la mesure du possible, du désir des ouvriers concernés.

L'avis des représentants du personnel est également demandé :

- sur la programmation de l'utilisation éventuelle de tout ou partie du contingent d'heures supplémentaires prévu à l'article 3.13 de la présente convention et sur les périodes auxquelles ces heures seront effectuées ; cet avis doit obligatoirement être favorable pour utiliser les heures supplémentaires au-delà de 130 heures ;

- en cas de travail en équipes successives ou en équipes chevauchantes (art. 3.23 de la présente convention) ;

- en cas de variation d'amplitude en cours d'année (art. 3.26 de la présente convention).

Lors de cette consultation annuelle, les employeurs indiquent également les dates prévisibles de prise des congés, en précisant notamment s'il est envisagé de fermer l'entreprise ou si les congés seront pris par roulement.

Toutes ces informations sont données à titre indicatif et les modifications éventuelles de ces dispositions en cours d'année doivent faire l'objet également d'une consultation des représentants du personnel.

Après une première année de mise en application, lors de l'établissement d'une programmation indicative pour la deuxième année, les employeurs présentent aux représentants du personnel le bilan de ce qui a été effectué dans l'entreprise à partir de la première programmation indicative, notamment en ce qui concerne les conséquences sur l'emploi.

Cette procédure est par la suite renouvelée chaque année.

Contingent d'heures supplémentaires non soumis à autorisation

Article 3-13
En vigueur étendu

Crée par Avenant n° 3 du 17 décembre 2003 art. 1 en vigueur le 1er janvier 2004 BO conventions collectives 2004-5 étendu par arrêté du 24 mai 2004 JORF 5 juin 2004.

La durée légale du travail effectif des ouvriers du bâtiment est de 35 heures par semaine.

Les entreprises peuvent utiliser pendant l'année civile un contingent d'heures supplémentaires, sans avoir besoin de demander l'autorisation de l'inspection du travail, dans la limite de 145 heures par salarié.

Ce contingent est augmenté de 35 heures par an et par salarié pour les salariés dont l'horaire n'est pas annualisé.

Heures supplémentaires exceptionnelles

Article 3-14

En vigueur étendu

En cas de surcroît exceptionnel de travail ou pour des raisons de sécurité ou des raisons impératives, telles que des travaux urgents ou continus, ou pour des raisons climatiques ou en cas de contraintes commerciales et techniques imprévisibles, les employeurs du bâtiment peuvent également recourir à des heures supplémentaires exceptionnelles, au-delà du contingent défini ci-dessus, en demandant préalablement l'avis des représentants du personnel puis l'accord de l'inspection du travail.

Ces heures supplémentaires exceptionnelles ouvrent droit à un repos compensateur dont la durée est égale au nombre d'heures supplémentaires exceptionnelles effectuées. Ce temps de repos compensateur intégralement indemnisé, qui ne se cumule pas avec les dispositions légales ou conventionnelles ayant le même objet, sera pris dans un délai maximum de 2 mois suivant la date à laquelle le droit au repos compensateur aura été acquis.

Les employeurs doivent indiquer à l'inspection du travail, dans la demande d'autorisation d'utilisation d'heures supplémentaires exceptionnelles, les dates approximatives auxquelles le repos compensateur sera pris.

L'utilisation de ces heures supplémentaires exceptionnelles ne doit pas avoir pour effet de dépasser les limites fixées à l'article 3.15 ci-dessous, sauf dérogation de l'inspection du travail.

Plafonds

Article 3-15

En vigueur étendu

Sauf dérogations éventuelles accordées par l'inspection du travail, les plafonds suivants ne peuvent être dépassés :

- la durée maximale journalière du travail ne peut pas dépasser 10 heures ;

- la durée maximale du travail au cours d'une même semaine ne peut pas dépasser 48 heures ;

- la durée moyenne hebdomadaire du travail calculée sur une période quelconque de 12 semaines consécutives ne peut pas dépasser 46 heures ;

- la durée moyenne hebdomadaire du travail, calculée sur le semestre civil, ne peut pas dépasser 44 heures.

Définition de la durée du travail

Article 3-16

En vigueur étendu

La durée du travail dont il est question dans la présente convention se définit comme étant le temps de travail effectif, à l'exclusion des temps d'habillage et déshabillage, de casse-croûte et de trajet.

Majoration pour heures supplémentaires.

Article 3-17

En vigueur étendu

Modifié par Avenant n° 3 du 17 décembre 2003 art. 2 en vigueur le 1er janvier 2004 BO conventions collectives 2004-5 étendu par arrêté du 24 mai 2004 JORF 5 juin 2004.

Les heures supplémentaires effectuées au-delà d'une durée hebdomadaire de travail de 35 heures sont majorées comme suit :

- 25 % du salaire horaire effectif pour les 8 premières heures supplémentaires ;

- 50 % du salaire horaire effectif pour les heures supplémentaires au-delà de la 8e.

Dans tous les cas, le décompte des heures supplémentaires se fait par semaine, à l'exception des heures supplémentaires déjà comprises dans l'horaire de travail hebdomadaire de référence choisi dans l'entreprise ou l'établissement pour déterminer le salaire mensuel.

Equivalences et dérogations permanentes

Article 3-18
En vigueur étendu

Les équivalences prévues par l'article 5 (9°) du décret du 17 novembre 1936 sont supprimées.

Les dérogations permanentes prévues par l'article 5 de ce décret restent en vigueur, sans être imputées sur le contingent d'heures supplémentaires prévu à l'article 3.13 mais en donnant lieu aux majorations pour heures supplémentaires citées à l'article 3.17 ci-dessus.

CHAPITRE III-2 : Organisation du travail

Semaine de travail en 5 jours

Article 3-21
En vigueur étendu

La durée du travail est fixée par l'employeur dans le cadre de la législation en vigueur.

La semaine de travail des ouvriers des entreprises du bâtiment est fixée au maximum à 5 jours consécutifs, sauf dans des cas exceptionnels pour des travaux urgents de sécurité ou de maintenance.

Le repos hebdomadaire a une durée minimale de 48 heures correspondant à 2 jours consécutifs de repos dont l'un est le dimanche et l'autre le samedi, en priorité, ou le lundi.

Toutefois, lorsqu'un des 2 jours de repos hebdomadaire tombera un jour férié ou le 1er mai, il ne donnera pas lieu à l'attribution de 1 jour de repos supplémentaire.

Exceptions à la semaine de travail en 5 jours

Article 3-22
En vigueur étendu

Pour des raisons impératives, telles que par exemple des travaux urgents ou continus, ou des travaux dans des locaux où le public est admis, les entreprises pourront faire travailler leurs ouvriers le samedi (ou le lundi) totalement ou partiellement, mais elles devront alors obligatoirement, sauf dans le cas de récupération du chômage-intempéries, les faire bénéficier d'un repos compensateur d'une durée égale aux heures effectuées en plus des 5 jours de travail hebdomadaire.

Le repos compensateur devra obligatoirement être pris dans un délai maximum de 5 semaines suivant la date à laquelle le droit au repos compensateur aura été acquis, et si possible dans le même mois civil.

La moitié des heures de travail non effectuées lors du repos compensateur sera indemnisée par leur non-déduction du salaire mensuel, conformément aux dispositions de l'article 4.2 de la présente convention.

Toutefois, pour des raisons impératives liées au caractère particulier de l'activité professionnelle, les entreprises d'installation de stands et d'expositions relevant du numéro 5573 dans la nomenclature INSEE 1973 (337-02 dans la nomenclature INSEE 1959) pourront faire travailler leurs ouvriers pendant 6 jours consécutifs, mais elles devront alors obligatoirement les faire bénéficier d'un repos compensateur d'une durée égale aux heures effectuées au-delà du cinquième jour de travail consécutif. Le repos compensateur acquis par un ouvrier d'une entreprise d'installation de stands ou d'expositions devra être pris dans un délai aussi proche que possible de la date suivant laquelle le droit au repos compensateur aura été acquis. Il devra, en tout état de cause, être pris dans un délai maximum de 6 mois.

Equipes successives - Equipes chevauchantes

Article 3-23
En vigueur étendu

Pour des raisons techniques ou des raisons de sécurité, le travail peut être organisé, soit en 2 ou 3 équipes successives, soit en équipes chevauchantes. Dans ce dernier cas, le décalage de l'horaire journalier entre la mise au travail ou la fin de travail des premières équipes et celles des équipes suivantes ne doit pas dépasser deux heures et demie.

L'organisation des équipes successives ou chevauchantes doit être prévue à l'avance et la liste du personnel composant ces équipes doit être affichée sur les lieux du travail.

Suivant les mêmes principes, l'horaire de travail peut être aménagé pour le personnel affecté à des activités de maintenance, d'entretien ou de dépannage.

Horaires individualisés

Article 3-24
En vigueur étendu

Des horaires individualisés peuvent être aménagés d'un commun accord pour répondre aux demandes des ouvriers notamment pour le personnel sédentaire, avec possibilité de reporter des heures considérées comme normales d'une semaine sur une autre sans effet sur le nombre et le taux des heures majorées, dans les conditions prévues par la législation en vigueur.

Horaires à temps partiel.

Article 3-25
En vigueur étendu

Des horaires de travail à temps partiel peuvent être aménagés dans les entreprises dans les conditions prévues par la législation.

Mise en place des horaires modulés

Article 3-27
En vigueur non étendu

Les dispositions légales, réglementaires et conventionnelles en matière de chômage partiel, de chômage-intempéries et de rémunération mensuelle minimale devront être adaptées pour prévoir le cas évoqué à l'article 3.26 ci-dessus. Pour permettre aux caisses de congés payés de calculer le montant des indemnités de chômage-intempéries à rembourser, les employeurs ayant opté pour une modulation devront adresser en début d'année à la caisse de congés payés dont ils relèvent toutes les informations nécessaires (choix de l'horaire hebdomadaire inférieur à 39 heures, période où il sera effectué, périodes où ces heures seront travaillées en plus de 39 heures, etc.).

Récupération des heures perdues pour intempéries

Article 3-28
En vigueur étendu

Les heures de travail perdues du fait des intempéries peuvent être récupérées selon les dispositions légales et réglementaires en vigueur au 25 février 1982. Toutefois, elles donneront lieu aux majorations pour heures supplémentaires (1).

En outre, dans les ateliers ou chantiers de montagne dans lesquels les travaux sont arrêtés pendant 3 mois au moins, les heures de travail non effectuées peuvent, à titre de compensation, être récupérées dans la limite maximale de 120 heures par an. Toutefois, les heures au-delà de la trente-neuvième heure hebdomadaire donnent lieu à majoration pour heures supplémentaires.

(1) Alinéa étendu sous réserve de l'application de l'article L. 212-2-2 du code du travail (arrêté du 12 février 1991, art. 1er).

Cas des chefs d'équipe

Article 3-29
En vigueur étendu

L'application des dispositions du titre III de la présente convention ne doit pas avoir pour effet d'augmenter la charge de travail des chefs d'équipe.

Ainsi, l'organisation du travail en équipes chevauchantes ou en équipes successives ne doit pas amener les chefs d'équipe à dépasser la durée habituelle de l'exercice de leurs fonctions ni à les obliger à être présents en permanence pendant l'amplitude journalière de la durée du travail choisie par l'entreprise.

Travaux pénibles

Article 3-30
En vigueur étendu

Les ouvriers effectuant les travaux présentant un caractère de pénibilité énumérés ci-dessous bénéficient suivant les cas d'une ou de plusieurs interruptions quotidiennes de travail égales à 10 % du temps de travail pénible effectué.

Cette interruption est rémunérée et considérée comme du temps de travail effectif.

Les travaux concernés sont :

- travaux de montage et démontage occasionnels d'échafaudages volants, d'échafaudages de pied, de grues, de sapines, à une hauteur supérieure à 10 mètres au bord du vide, mesurée à partir de la surface de réception ou, à défaut, du sol ;

- travaux sur échafaudages volants ;

- travaux à la corde à noeuds ;

- travaux dans plus de 25 centimètres d'eau ;

- travaux avec utilisation manuelle d'un marteau piqueur ou brise-béton ;

- travaux effectués dans des vapeurs d'acide ;

- travaux dans les égouts en service et dans les fosses d'aisances ;

- travaux dans des excavations dont l'ouverture est inférieure à 2 mètres et à une profondeur supérieure à 6 mètres ;

- travaux dans des locaux où la température à l'intérieur :

- ou bien est supérieure à 45 degrés ;

- ou bien est supérieure à 35 degrés et accuse une différence de 20 degrés par rapport à la température extérieure ;

- travaux avec le port d'un masque.

TITRE IV : REMUNERATION

Salaire mensuel

Article 4-1

En vigueur étendu

4.11. Le salaire mensuel constitue la rémunération des ouvriers du bâtiment pour tous les aspects de l'exercice normal et habituel de leur métier.

Par conséquent, aucune prime ou indemnité conventionnelle ne leur est due, en sus du salaire mensuel, pour les travaux qu'ils effectuent à ce titre.

Seules peuvent exister des primes versées pour des travaux occasionnels représentant des conditions de travail particulières, telles que les primes d'insalubrité, de pénibilité ou de nuisance particulière, fixées à l'échelon régional (1), visées à l'article 1.31.4.

Sous réserve des dispositions des alinéas 4.22 et 4.23 ci-dessous, seules les heures de travail effectif donnent lieu à rémunération.

4.12. La rémunération des ouvriers du bâtiment est établie au mois, le salaire mensuel étant indépendant, pour un horaire de travail déterminé, du nombre de jours travaillés dans le mois.

Le salaire mensuel est calculé sur la base d'un forfait d'heures mensuel correspondant à un horaire de travail hebdomadaire de référence. Pour chaque entreprise ou établissement, cet horaire de travail hebdomadaire de référence est choisi, après consultation des représentants du personnel, entre 39 heures et 42 heures incluses de travail effectif, aussi près que possible de l'horaire réel moyen.

Pour un horaire de travail de référence de 39 heures par semaine, le salaire mensuel de l'ouvrier est déterminé en multipliant le taux horaire de salaire effectif par 169 heures.

Pour les horaires hebdomadaires de travail supérieurs à 39 heures, un coefficient de majoration tenant compte du nombre des heures supplémentaires compris dans l'horaire de travail hebdomadaire de référence, et des pourcentages de majoration correspondants, sera appliqué au résultat de la multiplication du taux horaire du salaire effectif de l'ouvrier par 169 heures.

Le coefficient de majoration et le forfait d'heures mensuel applicables dans chaque cas sont les suivants :

DUREE Hebdomadaire de travail	APPLICATIONS DES MAJORATIONS POUR HEURES SUPPLEMENTAIRES Coefficient à appliquer au salaire mensuel correspondant à une durée de travail effectif de 39 heures par semaine pour déterminer le salaire équivalent à une durée de travail hebdomadaire supérieure	HORAIRE mensuel correspondant (+)
39	-	169

40	1,032	174 (+)
41	1,064	179 (+)
42	1,096	183 (+)
(+) Les horaires mensuels moyens résultent de l'application aux horaires hebdomadaires de travail du rapport 52 semaines/12 mois, le résultat ayant été arrondi pour tenir compte du 365e jour de l'année et du jour supplémentaire dans les années bissextiles.		

4.13. Au salaire mensuel ainsi défini s'ajoutent, le cas échéant :

1. La rémunération des heures de travail effectuées chaque semaine au-delà de l'horaire de travail hebdomadaire de référence choisi dans l'entreprise ou l'établissement, avec les majorations pour heures supplémentaires applicables en vertu des dispositions du titre III.

2. Les diverses majorations, primes et indemnités prévues par les conventions collectives régionales (1) applicables aux ouvriers.

(1) Ou, à défaut, à l'échelon départemental. Dans ce cas, il est souhaitable que la conclusion des conventions collectives, la fixation des montants et la réunion des instances de négociation et de conciliation découlant de la présente convention interviennent à terme à l'échelon régional.

Déduction des heures non travaillées

Article 4-2
En vigueur étendu

4.21. Les heures de travail non effectuées, à l'exception de celles visées à l'alinéa 4.22 ci-dessous, sont déduites du salaire mensuel selon les modalités suivantes : pour chaque heure à déduire, le montant de la déduction est égal au quotient du salaire mensuel par le nombre d'heures de travail dans l'entreprise ou l'établissement, pour le mois considéré (1).

4.22. Les heures non travaillées par les ouvriers remplissant les conditions prévues pour bénéficier du paiement d'un jour férié ou d'une autorisation d'absence exceptionnelle selon les dispositions du titre V, chapitre V.1 de la présente convention, ne donnent pas lieu à déduction.

En plus de la non-déduction du salaire mensuel, une indemnité est, le cas échéant, versée aux ouvriers, pour compenser la perte des heures supplémentaires, qui auraient dû être effectuées le jour de l'absence, compte tenu de l'horaire hebdomadaire de travail effectif, s'il n'y avait pas eu jour férié ou autorisation d'absence.

Lorsque l'absence est due au chômage d'un jour férié, et uniquement dans ce cas, les heures d'absence seront assimilées à du travail effectif, pour le calcul des majorations pour heures supplémentaires.

4.23. Parmi les heures de travail non effectuées, sont indemnisées :

- les heures perdues par suite de chômage partiel, conformément à la réglementation et aux conventions en vigueur ;

- les heures perdues par suite de chômage-intempéries, conformément à la réglementation en vigueur ;

- les heures non effectuées du fait d'un arrêt de travail pour maladie ou accident, professionnel ou non, ou pour maternité, dans les conditions prévues au titre VI.

Les heures rémunérées comme du travail effectif, en application des dispositions légales et conventionnelles en vigueur, ne donnent pas lieu à déduction du salaire mensuel.

(1) En pratique, la rémunération d'un mois incomplètement travaillé s'établit de la façon suivante :

Salaire mensuel de base x Nombre d'heures effectivement travaillées par l'ouvrier / Nombre d'heures de travail comprises dans l'horaire de l'entreprise ou de l'établissement pour le mois considéré complet.

Travail au rendement, aux pièces, à la tâche, au mètre, etc.

Article 4-3
En vigueur étendu

En cas de travail au rendement, les principes suivants doivent être respectés :

a) L'ouvrier doit toujours être assuré de recevoir un salaire supérieur au salaire minimum conventionnel de l'emploi correspondant déterminé en application du titre XII de la présente convention ;

b) Son horaire de travail est celui de son atelier ou de son chantier ;

c) Les conditions de travail du personnel travaillant au rendement ne doivent pas être susceptibles de nuire à sa santé.

Les normes de travail ne doivent pas conduire à un rythme de travail, à une intensité d'effort musculaire ou intellectuel, à une tension nerveuse imposant une fatigue excessive et la charge de travail supportée par les salariés doit être compatible avec les exigences de leur santé physique et morale.

Le respect de ces exigences est une condition nécessaire au développement de la personnalité des salariés.

Toute mesure appropriée devra être prise, après consultation du médecin du travail, dans le cas où les normes ne répondraient pas aux principes définis ci-dessus ;

d) La bonne qualité doit être respectée dans l'exécution de tous les travaux ;

e) La rémunération au rendement ne peut avoir pour effet de priver les ouvriers des dispositions légales, réglementaires et conventionnelles, notamment en matière d'hygiène, de sécurité et de médecine du travail ;

f) Les conditions doivent en être définies par écrit, acceptées et signées par les deux parties avant le commencement de ce travail.

Bulletin de paie

Article 4-4

En vigueur étendu

Le bulletin de paie mensuel est, soit délivré à chaque ouvrier sur les lieux du travail et pendant les heures de travail, soit envoyé à l'adresse déclarée par l'ouvrier à l'entreprise.

Le bulletin de paie comporte obligatoirement les mentions suivantes :

a) Le nom, l'adresse de l'employeur ou la raison sociale de l'établissement, son code APE, le numéro sous lequel l'entreprise effectue ses versements de cotisations de sécurité sociale, ainsi que le nom et l'adresse de l'organisme auquel sont effectués lesdits versements ;

b) Le nom, l'emploi, la catégorie professionnelle, l'échelon, le coefficient hiérarchique de l'ouvrier ;

c) Le taux horaire de sa rémunération, l'horaire mensuel et hebdomadaire de référence choisi dans l'entreprise ou l'établissement, le salaire mensuel correspondant à cet horaire et, le cas échéant, le détail des heures supplémentaires effectuées au-delà de cet horaire ;

d) Le détail des heures de récupération, de nuit, du dimanche, etc. ;

e) Le montant de la rémunération brute, comportant le détail des primes et indemnités donnant lieu aux retenues légales ;

f) La nature et le montant des retenues légales et conventionnelles et l'indication des organismes auxquels elles sont versées, ainsi que le montant des charges patronales acquittées par l'employeur sur le salaire ;

g) Le montant des indemnités ou remboursements de frais ne donnant pas lieu aux retenues légales ;

h) Le montant de la rémunération nette ;

i) Les retenues pour acomptes versés, etc. ;

j) La somme nette due à l'ouvrier ;

k) La date du paiement de la rémunération ;

l) Les dates de congés payés pris pendant la période de paie considérée ou la période précédente ;

m) Le décompte des heures supplémentaires non soumises à l'autorisation de l'inspection du travail, en totalisant chaque mois le nombre réalisé depuis le début de l'année civile ainsi que les droits acquis en matière de repos compensateur (nombre d'heures de repos portées au crédit de l'intéressé, notification de l'ouverture du droit à repos compensateur et du délai de prise de ce repos, en application des articles D. 212-10 et 11 du code du travail), cette dernière indication pouvant toutefois figurer sur un document annexé au bulletin de paie ;

n) L'intitulé de la présente convention et celui de la convention collective régionale (1) applicable ;

o) Une mention incitant l'ouvrier à conserver le bulletin de paie sans limitation de durée.

(1) Ou, à défaut, à l'échelon départemental. Dans ce cas, il est souhaitable que la conclusion des conventions collectives, la fixation des montants et la réunion des instances de négociation ou de conciliation découlant de la présente convention interviennent à terme à l'échelon régional.

Paie

Article 4-5
En vigueur étendu

La paie est effectuée :

- soit par chèque barré ou autre titre nominatif de paiement remis à l'ouvrier ou envoyé à l'adresse qu'il a déclarée à l'entreprise,

- soit par virement à un compte bancaire ou postal, indiqué par l'ouvrier à l'entreprise.

Toutefois, en dessous du montant visé à l'article L. 143-1 du code du travail, la paie peut être effectuée en espèces à l'ouvrier qui le demande. La paie par remise d'un chèque barré ou en espèces est réalisée pendant les heures et sur les lieux du travail.

Si, exceptionnellement, ces opérations ne peuvent être effectuées qu'en dehors de ces heures ou de ces lieux, le temps passé est considéré comme temps de travail et rémunéré comme tel.

La paie est faite au moins une fois par mois dans les conditions indiquées ci-dessus ; des acomptes pourront être versés aux ouvriers qui en auront fait la demande.

Egalité de rémunération entre les hommes et les femmes

Article 4-6
En vigueur étendu

Conformément à la législation en vigueur, pour une même qualification et un même travail ou pour un travail de valeur égale, la rémunération doit être égale entre les hommes et les femmes.

En application de l'article L. 123-3-1 du code du travail, les mesures tendant à assurer l'égalité professionnelle entre les hommes et les femmes et les mesures de rattrapage destinées à remédier aux inégalités constatées font partie de la négociation prévue à l'article L. 132-12 du même code.

TITRE V : JOURS FERIES - AUTORISATIONS D'ABSENCE - CONGES PAYES

CHAPITRE V-1 : Jours fériés, autorisations d'absence

Jours fériés

Article 5-11
En vigueur étendu

5.111. Les jours fériés désignés à l'article L. 222-1 du code du travail sont payés dans les conditions prévues par la loi pour le 1er mai.

5.112. Les dispositions ci-dessus s'appliquent même lorsque les jours fériés visés à l'alinéa 5.111 tombent pendant une période de chômage-intempéries ou pendant le congé payé.

5.113. Sous réserve des dispositions légales particulières à la journée du 1er mai et de celles de l'alinéa précédent, aucun paiement n'est dû aux ouvriers qui :

- ne peuvent justifier avoir accompli dans une ou plusieurs entreprises du bâtiment 200 heures de travail au minimum au cours des deux mois qui précèdent le jour férié visé, dans les conditions prévues pour l'application de l'article L. 731-4 du code du travail ;

- n'ont pas accompli à la fois le dernier jour du travail précédant le jour férié et le premier jour du travail qui lui fait suite, sauf autorisation d'absence préalablement accordée ; toutefois, il n'est pas tenu compte d'une absence pour maladie se terminant la dernière journée de travail précédant le jour férié, ou d'une absence pour maladie commençant la première journée de travail suivant ledit jour férié.

5.114. Le chômage des jours fériés ne peut pas donner lieu à récupération au sens de l'article D. 212-1 du code du travail.

Autorisations d'absence

Article 5-12
En vigueur étendu

5.121. Des autorisations d'absence exceptionnelles sont accordées aux ouvriers pour :
1. Se marier : 4 jours.
2. Assister au mariage d'un de leurs enfants : 1 jour.
3. Assister aux obsèques de leur conjoint : 3 jours.
4. Assister aux obsèques d'un de leurs enfants : 3 jours.
5. Assister aux obsèques de leur père, de leur mère : 3 jours.
6. Assister aux obsèques d'un de leurs grands-parents ou beaux-parents, d'un de leurs frères ou beaux-frères, d'une de leurs soeurs ou belles-soeurs, d'un de leurs petits-enfants : 1 jour.

7. Chaque naissance survenue à son foyer ou pour l'arrivée d'un enfant placé en vue de son adoption : 3 jours.

Ces jours d'absence ne peuvent se cumuler avec les congés accordés pour ce même enfant en vertu des articles L. 122-26 et L. 122-26-1 du code du travail.
8. Accomplir les épreuves de présélection militaire : 3 jours au maximum.

Ces absences ne sont pas imputables sur les congés payés. Elles sont indemnisées par leur non-déduction du salaire mensuel.

Visite médicale obligatoire des conducteurs de véhicules automobiles ou poids lourds

Article 5-13
En vigueur étendu

Les heures de travail perdues pour passer les visites médicales obligatoires, en vertu des dispositions du code de la route, par les ouvriers occupant dans les entreprises du bâtiment un emploi de conducteur de véhicules automobiles ou de véhicules poids lourds sont indemnisées par leur non-déduction du salaire mensuel, conformément aux dispositions de l'alinéa 4.22.

Cette indemnisation est subordonnée à une condition d'ancienneté à la date de la visite, de 1 an dans l'entreprise ou de 5 ans dans une ou plusieurs entreprises du bâtiment.

Les frais de ces visites médicales périodiques sont remboursés sur justificatifs par l'entreprise aux intéressés.

CHAPITRE V-2 : Congés payés

Prise des congés payés

Article 5-21
En vigueur étendu

La période des congés est fixée à la période allant du 1er mai au 30 avril.

Le point de départ des congés peut être situé un jour quelconque de la semaine. Le congé commence à courir à partir du premier jour habituellement travaillé dans l'entreprise.

Les dates de fermeture ou les ordres de départ en congé par roulement arrêtés par l'employeur selon la procédure définie à l'article 3.12 de la présente convention sont communiqués à chaque ayant droit dès que possible et, en tout cas, 2 mois au moins avant son départ. Ils sont fixés en tenant compte dans toute la mesure du possible du désir des intéressés, qui devra être porté à la connaissance de l'employeur en temps utile.

Un ouvrier ne peut assurer un travail effectif rémunéré pendant la durée de son congé payé.

Durée des congés payés

Article 5-22
En vigueur étendu

Les ouvriers des entreprises du bâtiment ont droit à un congé payé dont la durée est de 2 jours et demi ouvrables par mois de travail ou périodes assimilées à 1 mois de travail par l'article L. 223-4 du code du travail (150 heures de travail étant équivalentes à 1 mois de travail), sans que la durée totale du congé exigible puisse excéder 30 jours ouvrables hors des jours supplémentaires de congés accordés par la législation au titre du fractionnement.

Fractionnement des congés payés

Article 5-23
En vigueur étendu

Le congé peut être fractionné selon les dispositions légales mais, en cas de fractionnement, la fraction principale doit être d'au moins 2 semaines consécutives, le surplus étant pris à des époques fixées en fonction des conditions de travail habituelles et des nécessités de la profession ou de l'entreprise.

Lorsque le congé s'accompagne de la fermeture de l'établissement, le fractionnement peut être effectué par l'employeur sur avis conforme des délégués du personnel ou, à défaut de délégués, avec l'agrément des salariés.

Indemnité de congés payés

Article 5-24
En vigueur étendu

Le salaire horaire pris en considération pour le calcul de l'indemnité totale de congé est le quotient du montant de la dernière paye normale et complète versée à l'ouvrier dans l'entreprise assujettie qui l'occupait en dernier lieu par le nombre d'heures de travail effectuées pendant la période ainsi rémunérée.

L'indemnité afférente au congé est, soit le produit du dixième du salaire horaire susvisé par le nombre d'heures accomplies au cours de la période de référence, soit le dixième de la rémunération totale perçue par l'ouvrier au cours de l'année de référence.

Les ouvriers qui auraient bénéficié, si les dispositions de la loi du 27 mars 1956 relatives aux jours de congés supplémentaires au titre de l'ancienneté dans l'entreprise n'avaient pas été abrogées par la loi du 16 mai 1969, d'un congé d'une durée supérieure à la durée normale, reçoivent, en plus de l'indemnité de congé calculée conformément aux dispositions ci-dessus, une indemnité supplémentaire d'un montant équivalant à celle qui leur aurait été attribuée au titre des journées d'ancienneté (1).

En ce qui concerne le calcul des droits aux congés payés et de l'indemnité de congés payés pour les ouvriers, le nombre d'heures représentant forfaitairement le congé de l'année précédente lorsque celui-ci a été payé à l'intéressé par l'intermédiaire d'une caisse de congés payés du bâtiment ou des travaux publics est porté à 195 heures à partir de l'année de référence du 1er avril 1982 au 31 mars 1983.

(1) Soit pour 20 ans de services continus ou non dans la même entreprise, une indemnité équivalente à 2 jours de congé ; pour 25 ans, 4 jours ; pour 30 ans, 6 jours.

Prime de vacances

Article 5-25

En vigueur étendu

Une prime de vacances sera versée, en sus de l'indemnité de congé, à l'ouvrier ayant au moins 1 675 heures de travail au cours de l'année de référence dans une ou plusieurs entreprises du bâtiment ou des travaux publics, dans les conditions prévues pour l'application de la législation sur les congés payés dans le bâtiment et les travaux publics.

Toutefois, cette règle des 1 675 heures ne s'appliquera pas en ce qui concerne les jeunes gens qui justifieront avoir été appelés sous les drapeaux ou libérés du service national au cours de l'année de référence et pour lesquels il ne sera exigé que 150 heures de travail dans les conditions ci-dessus.

Les ouvriers qui justifieront n'avoir pu atteindre, par suite de maladie, ce total de 1 675 heures au cours de l'année de référence, ne perdont pas le droit au bénéfice de la prime de vacances.

Le taux de la prime de vacances est de 30 % de l'indemnité de congé correspondant aux 24 jours ouvrables de congés institués par la loi du 16 mai 1969, c'est-à-dire calculée sur la base de 2 jours ouvrables de congés par mois de travail ou 150 heures de travail.

La prime de vacances, qui ne se cumule pas avec les versements qui auraient le même objet, est versée à l'ouvrier en même temps que son indemnité de congé.

Cinquième semaine de congés payés

Article 5-26

En vigueur étendu

La cinquième semaine de congés est prise en tout ou partie selon des modalités fixées par accord entre l'employeur et les représentants du personnel ou, à défaut, les salariés, notamment sous forme de jours séparés pris en cours d'année et, dans ce cas, 5 jours ouvrés sont assimilés à la cinquième semaine de congés, l'indemnité de congé devant, toutefois, pour ces cinq jours ouvrés, être équivalente à 6 jours ouvrables de congés.

Pour permettre aux caisses de congés payés de verser aux intéressés cette partie de l'indemnité de congé, les employeurs du bâtiment doivent transmettre à la caisse de congés payés dont ils relèvent toutes les informations nécessaires et notamment l'accord intervenu au sein de leur entreprise.

A défaut d'accord, la cinquième semaine de congés est prise en une seule fois pendant la période du 1er novembre au 31 mars.

Les jours de congés dus en sus des 24 jours ouvrables même s'ils sont pris en dehors de la période du 1er mai au 31 octobre n'ouvrent pas droit aux jours de fractionnement institués par la loi du 16 mai 1969 (article L. 223-8 du code du travail).

Sauf nouvel accord d'entreprise, les dispositions du présent chapitre relatives à la durée des congés ne se cumuleront pas avec les dispositions ayant le même objet arrêtées par les employeurs du bâtiment antérieurement au 1er mars 1982, date de mise en application de l'accord collectif national sur les congés payés, la durée du travail et l'aménagement du temps de travail.

TITRE VI : MALADIE, ACCIDENT, MATERNITE

CHAPITRE VI-1 : Arrêt de travail pour maladie ou accident

Incidence de la maladie ou de l'accident sur le contrat de travail

Article 6-11

En vigueur étendu

6.111. Les absences résultant d'une maladie ou d'un accident ne constituent pas une rupture du contrat de travail.

Sauf cas de force majeure, l'intéressé doit informer dans les plus brefs délais le chef d'entreprise ou son représentant du motif de son absence et lui faire parvenir un certificat médical dans les quarante-huit heures, le cachet de la poste faisant foi.

6.112. Toutefois, sauf en cas d'accident du travail ou de maladie professionnelle, auxquels sont applicables les règles particulières prévues par la section V-1 du chapitre II du titre II du livre Ier du code du travail, le chef d'entreprise peut effectuer le licenciement de l'ouvrier qui se trouve en arrêt de travail pour maladie ou accident lorsqu'il est obligé de procéder à son remplacement avant la date présumée de son retour.

Ce licenciement ne peut intervenir que si l'indisponibilité totale de l'ouvrier est supérieure à 90 jours au cours de la même année civile.

Dans ce cas, l'ouvrier bénéficie d'une priorité de réembauchage pendant un délai qui ne peut dépasser :

- soit 3 mois après la fin de l'incapacité résultant de la maladie ou de l'accident ;

- soit la fin du chantier pour lequel il a été embauché, si celle-ci survient avant l'expiration de ces 3 mois.

L'ouvrier qui veut bénéficier de cette priorité doit en informer par écrit le chef d'entreprise ou son représentant en indiquant l'adresse à laquelle il sera possible de le joindre. Le chef d'entreprise ou son représentant doit avertir l'ouvrier dès qu'un emploi correspondant à ses aptitudes sera disponible.

6.113. Après une absence justifiée pour maladie ou accident non professionnels, dépassant 3 mois, l'ouvrier doit prévenir le chef d'entreprise ou son représentant 3 jours avant la date prévue pour son retour.

Lorqu'un ouvrier est licencié pendant un arrêt de travail pour maladie ou accident non professionnels, pour nécessité de remplacement, il doit percevoir les indemnités complémentaires dans les conditions prévues au présent titre, jusqu'à son rétablissement ou, au plus tard, jusqu'à l'expiration de la durée d'indemnisation.

Indemnisation des arrêts de travail

Article 6-12

En vigueur étendu

Modifié par Avenant n° 1 du 17 mars 1992 en vigueur le 1er janvier 1993 étendu par arrêté du 15 décembre 1992 JORF 26 décembre 1992

6.121. En cas d'indisponibilité pour accident ou maladie, professionnels ou non, les ouvriers sont indemnisés dans les conditions fixées ci-dessous, s'ils justifient au moment de l'arrêt de travail :

- pour les jeunes ouvriers âgés de moins de 25 ans et pour les apprentis sous contrat, de 1 mois d'ancienneté dans l'entreprise ;

- pour les ouvriers âgés d'au moins 25 ans :

- soit de 3 mois d'ancienneté dans l'entreprise ;

- soit de 1 mois d'ancienneté dans l'entreprise, s'ils ont au moins acquis 750 points de retraite CNRO (1) calculés selon les dispositions prévues au règlement de cette institution, dans les 10 dernières années précédant le jour où se produit l'arrêt de travail.

6.122. Pour l'application des dispositions de l'article 6.121, par ancienneté dans l'entreprise, il convient d'entendre le temps écoulé depuis la date du dernier embauchage sans que soient exclues les périodes pendant lesquelles le contrat a été suspendu.

6.123. Les conditions d'ancienneté prévues à l'alinéa 6.121 ne sont pas exigées en cas d'indisponibilité supérieure à 30 jours et due à un accident ou une maladie couverts par la législation de sécurité sociale relative aux accidents du travail et maladies professionnelles.

6.124. Pour pouvoir bénéficier de l'indemnisation, l'ouvrier doit :

- avoir justifié de son absence par la production du certificat médical visé à l'alinéa 6.11 ;

- justifier qu'il est pris en charge par la sécurité sociale ou à la mutualité agricole. Par ailleurs, l'indemnisation est subordonnée à la possibilité, pour l'employeur, de faire vérifier la réalité de l'indisponibilité de l'ouvrier conformément à la législation en vigueur.

(1) Ou les mêmes droits calculés en termes d'équivalence selon le règlement de la C.N.R.O. acquis dans une institution de retraite adhérant à l'ARRCO comme ouvrier d'une entreprise du bâtiment ou des travaux publics.

Modalités d'indemnisation

Article 6-13

En vigueur étendu

6.131. L'indemnité est versée après un délai de 3 jours d'arrêt de travail qui joue à chaque nouvelle indisponibilité, sous réserve des dispositions prévues à l'alinéa ci-dessous.

Ce délai n'est pas applicable lorsque l'indisponibilité est due à un accident ou une maladie couverts par la législation de sécurité sociale relative aux accidents du travail et aux maladies professionnelles (à l'exclusion des accidents de trajet générant un arrêt de travail d'une durée inférieure ou égale à 30 jours).

6.132. L'indemnité est calculée sur la base de 1/30 du dernier salaire mensuel précédant l'arrêt de travail, pour chaque jour, ouvrable ou non, d'arrêt de travail.

Le salaire mensuel pris en considération comprend tous les éléments constitutifs du salaire, à l'exclusion des indemnités ayant le caractère d'un remboursement de frais.

6.133. L'indemnité complète les indemnités journalières de la sécurité sociale et, éventuellement, toute autre indemnité ayant le même objet, perçue par l'ouvrier à l'occasion de son arrêt de travail, dans les conditions suivantes (voir tableaux ci-annexés).

1. Pour un accident ou une maladie non professionnels :

- jusqu'à concurrence de 100 % du salaire de l'intéressé, pendant 45 jours à partir de l'expiration du délai déterminé à l'alinéa 6.131 ;

- jusqu'à concurrence de 75 % du salaire de l'intéressé, après ces 45 jours et jusqu'au 90e jour inclus de l'arrêt de travail ;

2. Pour un accident ou une maladie couverts par la législation de sécurité sociale relative aux accidents du travail et aux maladies professionnelles :

- pour une indisponibilité inférieure ou égale à 30 jours :

- jusqu'à concurrence de 90 % du salaire de l'intéressé du 1er au 15e jour d'arrêt ;

- jusqu'à concurrence de 100 % du salaire de l'intéressé après ces 15 jours et jusqu'au 30e jour inclus de l'arrêt de travail ;

- pour une indisponibilité supérieure à 30 jours :

- jusqu'à concurrence de 100 % du salaire de l'intéressé du 1er au 90e jour de l'arrêt de travail.

3. Pour un accident de trajet couvert par la législation de sécurité sociale relative aux accidents du travail et aux maladies professionnelles :

- pour une indisponibilité inférieure ou égale à 30 jours :

jusqu'à concurrence de 100 % du salaire de l'intéressé pendant 27 jours à partir de l'expiration du délai déterminé à l'alinéa 6-131 ;

- pour une indisponibilité supérieure à 30 jours : jusqu'à concurrence de 100 % du salaire de l'intéressé du 1er au 90e jour d'arrêt.

Tableau n° 1

Accident ou maladie non professionnels

PÉRIODE INDEMNISÉE	DÉLAI DE CARENCE DE 3 JOURS
100 % (pendant 45 jours)	Du 4e au 48e jour inclus d'arrêt de travail.
75 % (jusqu'au 90e jour d'arrêt de travail)	Du 49e au 90e jour inclus d'arrêt de travail.

Tableau n° 2

Accident du travail ou maladie professionnelle

DURÉE DE L'INDISPONIBILITÉ	PÉRIODE INDEMNISÉE
Arrêt inférieur ou égal à 30 jours	90 %, du 1er au 15e jour inclus d'arrêt de travail ; 100 %, du 16e au 30e jour inclus d'arrêt de travail.

Arrêt supérieur à 30 jours	100 %, du 1er au 90e jour inclus d'arrêt de travail.

Tableau n° 3

Accident de trajet couvert par la législation de sécurité sociale

relative aux accidents du travail et aux maladies professionnelles

DURÉE DE L'INDISPONIBILITÉ	DÉLAI De carence	PÉRIODE INDEMNISÉE
Arrêt inférieur ou égal à 30 jours	3 jours	100 %, du 4e au 30e jour inclus d'arrêt de travail.
Arrêt supérieur à 30 jours	-	100 %, du 1er au 90e jour inclus d'arrêt de travail.

Pluralité d'arrêts au cours d'une même année civile

Article 6-14
En vigueur étendu

Si un ouvrier est indisponible pour maladie ou accident, professionnels ou non, à plusieurs reprises au cours d'une même année civile, il ne peut exiger d'être indemnisé pendant une période supérieure aux durées fixées à l'alinéa 6.133.

Il en résulte notamment que l'indemnisation ne peut en aucun cas excéder 90 jours au cours d'une même année civile.

Cas des entreprises restant en dehors du régime professionnel

Article 6-15
En vigueur étendu

Les entreprises du bâtiment restant en dehors du régime professionnel (1) mis en place en matière d'indemnisation des arrêts de travail pour maladie ou accident, professionnels ou non, inférieurs à 90 jours, sont tenues de verser elles-mêmes à leurs ouvriers remplissant les conditions prévues à l'alinéa 6.121 le montant des indemnités complémentaires aux indemnités journalières de la sécurité sociale.

(1) Le régime professionnel dont il s'agit est organisé selon les modalités suivantes :

- gestion technique assurée par la Caisse nationale de prévoyance des ouvriers (CNPO) et affiliation des entreprises du bâtiment à une société mutuelle professionnelle d'assurance, régie par le titre III du décret du 30 décembre 1938 et dont les statuts précisent qu'elle ne rémunère aucun intermédiaire, avec laquelle la CNPO est habilitée à passer une convention avec possibilité soit de paiement direct de l'indemnité à l'ouvrier par la CNPO, soit de paiement de cette indemnité par l'intermédiaire de l'entreprise ;

- ou possibilité d'affiliation directe à la CNPO, pour les entreprises de moins de 10 ouvriers.

CHAPITRE VI-2 : Maternité

Conditions de travail particulières aux femmes enceintes

Article 6-21
En vigueur étendu

A partir du troisième mois de leur grossesse, les femmes enceintes bénéficieront d'un temps de pause. Cette pause, d'une durée soit de 15 minutes le matin et 15 minutes l'après-midi, soit de 30 minutes le matin ou l'après-midi, sera payée au taux du salaire réel.

CHAPITRE VI-1 : Maternité

Indemnisation du congé de maternité.

Article 6-22
En vigueur étendu

Pour les ouvrières remplissant les conditions d'ancienneté prévues à l'alinéa 6.121 ci-dessus, les périodes d'arrêt de travail dues à une maternité, y compris celles dues à un état pathologique attesté par certificat médical comme relevant de la grossesse ou des couches, sont indemnisées à 100 % du dernier salaire mensuel des intéressées - déduction faite des indemnités perçues au titre de la sécurité sociale ou de tout autre régime de prévoyance - pendant une durée maximale de 6 semaines avant la date présumée de l'accouchement et de 10 semaines après la date de celui-ci.

TITRE VII : LIBERTE D'OPINION, DROIT SYNDICAL ET REPRESENTATION DU PERSONNEL

Droit syndical et liberté d'opinion Congé de formation économique, sociale et syndicale

Article 7-1
En vigueur étendu

Les parties contractantes reconnaissent le droit pour tous de s'associer et d'agir librement pour la défense collective de leurs intérêts professionnels.

L'entreprise étant un lieu de travail, les employeurs s'engagent :

- à ne pas prendre en considération le fait d'appartenir ou non à un syndicat, d'exercer ou non des fonctions syndicales, mutualistes ou civiques ;

- à ne pas tenir compte des opinions politiques ou philosophiques, des croyances religieuses ou de l'origine sociale, raciale ou nationale, du sexe, des moeurs, de la situation de famille pour arrêter leur décision notamment en ce qui concerne l'embauchage, la conduite ou la répartition du travail, les mesures d'avancement, de discipline ou de licenciement.

De même, sauf inaptitude constatée par la médecine du travail dans le cadre des dispositions législatives en vigueur, aucun salarié ne peut être sanctionné en raison de son état de santé ou de son handicap.

Ils s'engagent également à ne faire aucune pression sur le personnel en faveur de tel ou tel syndicat.

Le personnel s'engage de son côté à ne pas prendre en considération dans le travail :

- les opinions des ouvriers ;

- leur adhésion à tel ou tel syndicat ;

- le fait de n'appartenir à aucun syndicat.

Les parties contractantes s'engagent à veiller à la stricte observation des engagements définis ci-dessus et à s'employer auprès de leurs ressortissants respectifs pour en assurer le respect intégral.

Si l'une des parties contractantes conteste le motif de licenciement d'un ouvrier comme ayant été effectué en violation des dispositions ci-dessus, les deux parties s'emploieront à reconnaître les faits et à apporter au cas litigieux une solution équitable. Cette intervention ne fait pas obstacle au droit pour les parties d'obtenir judiciairement réparation du préjudice causé.

La constitution de sections syndicales est réglée par les dispositions législatives et réglementaires en vigueur.

De même, dans les conditions légales en vigueur, les ouvriers peuvent participer à des stages ou sessions de formation économique, sociale et syndicale.

Participation aux instances statutaires

Article 7-2
En vigueur étendu

Pour faciliter la présence des ouvriers aux instances statutaires de leur organisation syndicale, des autorisations d'absences seront accordées sur présentation d'une convocation écrite nominative de leur organisation syndicale, produite auprès du chef d'entreprise. Ces autorisations d'absences, non rémunérées mais non imputables sur les congés payés, seront accordées pour autant qu'elles ne dépasseront pas au total 10 jours par an et qu'elles n'apporteront pas de gêne sensible à la marche de l'entreprise, motivée par écrit.

Participation aux commissions paritaires nationales

Article 7-3
En vigueur étendu

7.31. Pour participer aux réunions paritaires nationales convoquées à l'initiative des organisations nationales d'employeurs signataires, les salariés d'entreprises du bâtiment bénéficieront d'une autorisation d'absence, s'ils justifient d'un mandat de leur organisation syndicale (le mandat étant une lettre d'accréditation pour la réunion précisant notamment l'objet, le lieu et l'heure) et s'ils préviennent leur employeur au moins 2 jours ouvrés avant la date de la réunion paritaire, sauf cas de force majeure.

Les heures de travail non effectuées du fait de ces absences seront assimilées à des heures de travail effectif. Elles ne donneront pas lieu de la part des employeurs concernés à déduction du salaire mensuel des salariés intéressés. Elles ne seront pas imputables sur les congés payés de ces salariés.

Les heures passées en réunion et en transport qui ne seront pas comprises dans l'horaire habituel de travail des intéressés ne seront pas indemnisées.

Les absences des salariés ayant la qualité de représentant du personnel ne seront pas imputées sur le crédit d'heures dont ils disposent du fait de leur(s) mandat(s) dans l'entreprise.

7.32. Les frais engagés par les salariés visés à l'alinéa 7.31 ci-dessus seront indemnisés dans les conditions suivantes :

a) Les frais de transport (aller-retour) entre la ville du lieu de travail et Paris seront indemnisés, sur justificatifs, sur la base du tarif SNCF en 2e classe, majoré, le cas échéant, des suppléments tarifaires ;

b) Les frais de repas seront indemnisés par réunion sur une base forfaitaire fixée annuellement.

7.33. Le nombre de salariés d'entreprises pouvant bénéficier du présent article est fixé à 2 par organisation syndicale représentative au plan national.

7.34. Les dispositions des alinéas 7.31, 7.32 et 7.33 ci-dessus engagent toutes les organisations syndicales d'employeurs et de salariés représentatives au plan national.

Participation aux commissions paritaires régionales (1)

Article 7-4
En vigueur étendu

7.41. Chaque fois que des ouvriers seront appelés à participer à une commission paritaire décidée entre les organisations syndicales régionales (1) adhérentes aux organisations syndicales représentatives au plan national, il appartiendra aux organisations ayant organisé la réunion de déterminer de quelle façon et dans quelles limites (nombre de participants, durée, etc.) il conviendra de faciliter cette participation.

7.42. Tout ou partie des dispositions de l'article 7.3 ci-dessus pourra être inséré dans les dispositifs d'indemnisation des salariés d'entreprises du bâtiment, appelés à participer aux réunions paritaires au niveau régional (1).

(1) Ou, à défaut, à l'échelon départemental. Dans ce cas, il est souhaitable que la conclusion des conventions collectives, la fixation des montants et la réunion des instances de négociation ou de conciliation découlant de la présente convention interviennent à terme à l'échelon régional.

Participation à la gestion d'organismes paritaires professionnels.

Article 7-5
En vigueur étendu

Les organisations syndicales d'employeurs et de salariés représentatives au plan national participent à la gestion des organismes paritaires professionnels.

La participation de ces organismes à la gestion d'organismes paritaires professionnels est réglée conformément au protocole d'accord du 13 juin 1973, modifié par les avenants du 17 juin 1974 et du 28 janvier 1981, joints en annexe II.

Délégués du personnel

Article 7-6
En vigueur étendu

La représentation des ouvriers par les délégués du personnel est réglée par les dispositions législatives et réglementaires en vigueur.

La direction doit afficher les listes des candidats au moins 48 heures avant la date prévue pour le scrutin ; la communication des listes doit être effectuée suffisamment à l'avance pour permettre de respecter ce délai.

Représentation syndicale

Article 7-7
En vigueur étendu

En cas de litige grave, tout ouvrier pourra se faire accompagner d'un délégué syndical qui, sur sa demande, sera reçu par l'employeur en présence d'un représentant du syndicat auquel ce dernier appartiendra. Cette demande devra être formulée par écrit au moins 24 heures à l'avance et faire mention de son objet.

TITRE VIII : DEPLACEMENTS

CHAPITRE Ier : Petits déplacements

Objet des indemnités de petits déplacements

Article 8-11
En vigueur étendu

Le régime des petits déplacements a pour objet d'indemniser forfaitairement les ouvriers travaillant dans les entreprises du bâtiment des frais supplémentaires qu'entraîne pour eux la fréquence des déplacements, inhérente à la mobilité de leur lieu de travail.

Le régime d'indemnisation des petits déplacements comporte les trois indemnités professionnelles suivantes :

- indemnité de repas ;

- indemnité de frais de transport ;

- indemnité de trajet,

qui sont versées aux ouvriers bénéficiaires.

Ces indemnités de remboursement de frais sont journalières, forfaitaires et fixées en valeur absolue.

Bénéficiaires des indemnités de petits déplacements

Article 8-12
En vigueur étendu

Bénéficient des indemnités de petits déplacements, dans les conditions prévues au chapitre Ier du présent titre, les ouvriers non sédentaires du bâtiment pour les petits déplacements qu'ils effectuent quotidiennement pour se rendre sur le chantier avant le début de la journée de travail et pour en revenir, à la fin de la journée de travail.

Sont considérés comme ouvriers non sédentaires du bâtiment ceux qui sont occupés sur les chantiers et non pas ceux qui travaillent dans une installation fixe permanente de l'entreprise.

Les indemnités de petits déplacements instituées par le chapitre Ier du présent titre ne se cumulent pas avec les indemnités de grands déplacements prévues au chapitre VIII.2. L'ouvrier occupé dans les conditions définies au chapitre II ci-dessous bénéficie exclusivement du régime d'indemnisation des grands déplacements.

Zones circulaires concentriques

Article 8-13
En vigueur étendu

Il est institué un système de zones circulaires concentriques dont les circonférences sont distantes entre elles de 10 kilomètres mesurés à vol d'oiseau.

Le nombre de zones concentriques est de 5. La première zone est constituée par un cercle de 10 kilomètres de rayon dont le centre est le point de départ des petits déplacements, tel qu'il est défini à l'article 14 ci-dessous.

Des adaptations aux alinéas précédents peuvent être toutefois adoptées par accord paritaire régional ou départemental, notamment par la division en 2 de la première zone, pour tenir compte de certaines particularités géographiques, spécialement dans les zones montagneuses ou littorales, ou à forte concentration urbaine.

A chaque zone concentrique correspond une valeur de l'indemnité de frais de transport et une valeur de l'indemnité de trajet, le montant de l'indemnité de repas étant le même pour toutes les zones concentriques.

Les montants des indemnités de petits déplacements auxquels l'ouvrier bénéficiaire a droit sont ceux de la zone dans laquelle se situe le chantier sur lequel il travaille. Au cas où une ou plusieurs circonférences passent à l'intérieur du chantier, la zone prise en considération est celle où se situe le lieu de travail de l'ouvrier ou celle qui lui est la plus favorable, pour le cas où il travaille sur 2 zones.

Point de départ des petits déplacements

Article 8-14
En vigueur étendu

Pour chaque entreprise, le point de départ des petits déplacements, c'est-à-dire le centre des zones concentriques, est fixé à son siège social ou à son agence régionale, ou à son bureau local si l'agence ou le bureau y est implanté depuis plus de 1 an avant l'ouverture du chantier.

Lorsque l'entreprise ouvre un chantier qui ne se situe plus dans le système des zones concentriques prévu ci-dessus et sous réserve de l'application des dispositions relatives aux " grands déplacements ", le point de départ est fixé en un point géographique, mairie ou hôtel de ville du chef-lieu du canton sur le territoire duquel se trouve le chantier.

Indemnité de repas

Article 8-15
En vigueur étendu

L'indemnité de repas a pour objet d'indemniser le supplément de frais occasionné par la prise du déjeuner en dehors de la résidence habituelle de l'ouvrier.

L'indemnité de repas n'est pas due par l'employeur lorsque :

- l'ouvrier prend effectivement son repas à sa résidence habituelle ;

- un restaurant d'entreprise existe sur le chantier et le repas est fourni avec une participation financière de l'entreprise égale au montant de l'indemnité de repas ;

- le repas est fourni gratuitement ou avec une participation financière de l'entreprise égale au montant de l'indemnité de repas.

Indemnité de frais de transport

Article 8-16
En vigueur étendu

L'indemnité de frais de transport a pour objet d'indemniser forfaitairement les frais de transport engagés quotidiennement par l'ouvrier pour se rendre sur le chantier avant le début de la journée de travail et pour en revenir à la fin de la journée de travail, quel que soit le moyen de transport utilisé.

Cette indemnité étant un remboursement de frais, elle n'est pas due lorsque l'ouvrier n'engage pas de frais de transport, notamment lorsque l'entreprise assure gratuitement le transport des ouvriers ou rembourse les titres de transport.

Indemnité de trajet

Article 8-17
En vigueur étendu

L'indemnité de trajet a pour objet d'indemniser, sous une forme forfaitaire, la sujétion que représente pour l'ouvrier la nécessité de se rendre quotidiennement sur le chantier et d'en revenir.

L'indemnité de trajet n'est pas due lorsque l'ouvrier est logé gratuitement par l'entreprise sur le chantier ou à proximité immédiate du chantier.

Détermination du montant des indemnités de petits déplacements

Article 8-18
En vigueur étendu

Les montants des indemnités journalières de petits déplacements sont forfaitaires et fixés en valeur absolue selon les règles suivantes :

8.181. Indemnité de repas.

Le montant de l'indemnité de repas qui est le même quelle que soit la zone concentrique dans laquelle se situe le chantier est fixé par accord paritaire régional (1).

Si l'entreprise utilise un système de titres-restaurants, le montant de sa participation est déduit du montant de l'indemnité de repas.

8.182. Indemnité de frais de transport.

Son montant journalier qui est un forfait doit être fixé en valeur absolue de telle sorte qu'il indemnise les frais d'un voyage aller et retour du point de départ des petits déplacements au milieu de la zone concentrique dans laquelle se situe le chantier. Pour déterminer ce montant il doit être tenu compte du tarif voyageur des différents modes de transport en commun existant localement et du coût d'utilisation des moyens de transport individuels.

8.183. Indemnité de trajet.

Son montant doit être fixé en valeur absolue de telle sorte que le forfait, qui indemnise la sujétion que représente pour l'ouvrier la nécessité de se rendre quotidiennement sur le chantier et d'en revenir, soit évalué en fonction de la distance entre le point de départ des petits déplacements et la circonférence supérieure de la zone où se situe le chantier.

(1) Ou, à défaut, à l'échelon départemental. Dans ce cas, il est souhaitable que la conclusion des conventions collectives, la fixation des montants et la réunion des instances de négociation ou de conciliation découlant de la présente convention interviennent à terme à l'échelon régional.

CHAPITRE II : Grands déplacements

Définition de l'ouvrier occupé en grand déplacement

Article 8-21
En vigueur étendu

Est réputé en grand déplacement l'ouvrier qui travaille sur un chantier métropolitain dont l'éloignement lui interdit - compte tenu des moyens de transport en commun utilisables - de regagner chaque soir le lieu de résidence, situé dans la métropole,

- qu'il a déclaré lors de son embauchage et qui figure sur sa lettre d'engagement ;

- ou qu'il a fait rectifier en produisant les justifications nécessaires de son changement de résidence.

Ne sont pas visés par les dispositions du présent chapitre les ouvriers déplacés avec leur famille par l'employeur et à ses frais.

Définition de l'indemnité journalière de déplacement et de son montant

Article 8-22
En vigueur étendu

L'indemnité de grand déplacement correspond aux dépenses journalières normales qu'engage le déplacé en sus des dépenses habituelles qu'il engagerait s'il n'était pas déplacé. Le montant de ces dépenses journalières, qui comprennent :

a) Le coût d'un second logement pour l'intéressé ;

b) Les dépenses supplémentaires de nourriture, qu'il vive à l'hôtel, chez des particuliers ou dans tout autre type de logement proposé par l'employeur ;

c) Les autres dépenses supplémentaires qu'entraîne pour lui l'éloignement de son foyer,
est remboursé par une allocation forfaitaire égale aux coûts normaux de logement et de nourriture (petit déjeuner, déjeuner, dîner) qu'il supporte.

Dans le cas où le déplacé, prévenu préalablement que son hébergement sera organisé par l'entreprise, déciderait de se loger ou de se nourrir (ou de se loger et de se nourrir) en dehors de celui-ci, une indemnité égale à celle versée aux ouvriers utilisant les moyens d'hébergement mis à leur disposition lui sera attribuée.

Jours pour lesquels le remboursement total ou partiel des dépenses supportées est obligatoire

Article 8-23
En vigueur étendu

Le remboursement des dépenses définies à l'article 8.22 est obligatoire pour tous les jours de la semaine, ouvrables ou non, pendant lesquels l'ouvrier reste à la disposition de son employeur sur les lieux du déplacement.

Il est dû également à l'ouvrier victime d'un accident ou malade qui continue d'engager sur place des dépenses de repas et de logement, jusqu'à son rapatriement à sa résidence, autorisé (sauf cas de force majeure) par son médecin traitant, de concert, s'il y a lieu, avec le médecin désigné par l'employeur.

Dans les 24 heures suivant cette autorisation, l'employeur en est informé par l'intéressé.

Pendant la durée des congés payés et celle des voyages périodiques, seuls les frais de logement dans la localité continuent à être remboursés, sous réserve de justifications d'une dépense effective.

Il en est de même en cas d'hospitalisation au voisinage du chantier de l'ouvrier blessé ou malade jusqu'à autorisation de son rapatriement dans les conditions mentionnées au paragraphe 2 du présent article.

Dans ce cas et pendant toute la durée de l'hospitalisation, une indemnité journalière égale à 2 fois le montant du minimum garanti (MG) est versée par l'employeur à l'intéressé en vue de le rembourser de ces menus frais supplémentaires.

Indemnisation des frais et temps de voyage de l'ouvrier envoyé travailler en grand déplacement par son entreprise

Article 8-24
En vigueur étendu

L'ouvrier envoyé en grand déplacement par son entreprise, soit du siège social dans un chantier ou inversement, soit d'un chantier dans un autre, reçoit indépendamment du remboursement de ses frais de transport, et notamment de son transport par chemin de fer en 2e classe :

1. Pour les heures comprises dans son horaire de travail non accomplies en raison de l'heure de départ ou de l'heure d'arrivée, une indemnité égale au salaire qu'il aurait gagné s'il avait travaillé ;

2. Pour chaque heure de trajet non comprise dans son horaire de travail, une indemnité égale à 50 % de son salaire horaire, sans majoration ni prime compensatrice des frais complémentaires que peut impliquer le voyage de déplacement, sauf si ces frais sont directement remboursés par l'entreprise.

L'ouvrier indemnisé dans les conditions précisées ci-dessus qui n'est pas déjà en situation de grand déplacement bénéficie de l'indemnité journalière de grand déplacement à compter de son arrivée au lieu du déplacement jusqu'à son départ du même lieu.

Périodicité des voyages de détente et remboursement des frais de transport

Article 8-25
En vigueur étendu

Les frais de transport en commun engagés périodiquement par le déplacé pour se rendre au lieu de sa résidence, tel que défini à l'article 8-21, et pour revenir au lieu de son travail sont remboursés sur justificatifs au prix d'un voyage par chemin de fer en 2e classe, dans les conditions prévues ci-après :

Suivant l'éloignement de cette localité, et sauf aménagement particulier pour une meilleure fréquence, convenu entre l'employeur et l'intéressé, il est accordé :

- un voyage aller et retour toutes les semaines jusqu'à une distance de 250 kilomètres ;

- un voyage aller et retour toutes les 2 semaines de 251 à 500 kilomètres ;

- un voyage aller et retour toutes les 3 semaines de 501 à 750 kilomètres ;

- un voyage aller et retour toutes les 4 semaines au-dessus de 750 kilomètres.

Pour les déplacements en Corse et inversement, un accord entre intéressés interviendra quant à la périodicité des voyages de détente.

Les frais de transport de l'ouvrier lui sont dus, soit qu'il se rende dans la localité visée au premier alinéa, soit qu'un membre de sa famille se rende auprès de lui. Dans ce dernier cas, l'ouvrier est remboursé des frais de transport jusqu'à concurrence de la somme qui lui aurait été allouée s'il s'était rendu lui-même dans ladite localité.

Temps passé en voyages périodiques

Article 8-26
En vigueur étendu

En cas de voyage périodique, le temps nécessaire au trajet est indemnisé au taux normal du salaire dans la mesure où il excède 9 heures, soit à l'aller, soit au retour.

A l'occasion des voyages périodiques prévus à l'article 8.25, l'ouvrier doit pouvoir passer 48 heures dans son lieu de résidence.

Si, pour passer 48 heures de repos à son lieu de résidence, compte tenu du temps de transport dûment justifié, le salarié doit, en accord avec l'employeur, quitter le chantier plus tôt ou y rentrer plus tard, les heures perdues de ce fait sont indemnisées de telle sorte qu'elles compensent la perte de salaire en résultant.

Absences légales et conventionnelles et voyages périodiques

Article 8-27
En vigueur étendu

En cas de décès du conjoint, d'un ascendant ou d'un descendant en ligne directe, l'ouvrier a droit à une absence correspondant à celles prévues à l'article 5.12. Cette durées est portée à 4 jours lorsque l'ouvrier est déplacé à plus de 400 kilomètres. L'absence donne lieu aux avantages prévus aux articles 8.23, alinéa 4, et 8.25.

L'ouvrier qui, en vertu d'une disposition légale ou conventionnelle, bénéficie d'un congé ou d'une autorisation d'absence, peut, sur sa demande après accord avec son employeur, faire coïncider un voyage périodique avec ce congé ou cette absence, de telle sorte que son temps d'absence soit prolongé d'une durée égale à celle de ce congé ou de cette absence, les dispositions de l'article 8.25 du présent chapitre demeurant applicables.

Décès d'un ouvrier en grand déplacement

Article 8-28
En vigueur étendu

En cas de décès d'un ouvrier en grand déplacement, les frais de retour du corps au lieu de résidence tel que défini à l'article 8.21, ou les frais de transport à une distance équivalente, sont à la charge de l'employeur.

Elections

Article 8-29
En vigueur étendu
Modifié par Avenant n° 1 du 17 mars 1992 en vigueur le 1er janvier 1993 étendu par arrêté du 15 décembre 1992 JORF 26 décembre 1992

En cas d'élections aux conseils d'administration des organismes du régime général de sécurité sociale ou de la mutualité agricole, d'élections prud'homales, municipales, cantonales, régionales, législatives, présidentielles, européennes ou en cas de consultations par voie de référendum, et lorsque le vote par correspondance ou par procuration n'est pas admis, l'ouvrier peut, sur justification de sa qualité d'électeur, et après avoir averti son employeur, regagner son lieu d'inscription électorale et ce voyage se substitue au voyage périodique le plus proche.

TITRE IX : HYGIENE ET SECURITE

Règles générales d'hygiène et de sécurité

Article 9
En vigueur étendu

Les règles générales relatives à l'hygiène, à la sécurité, à la prévention des risques professionnels et aux conditions de travail sont constituées par les dispositions législatives et réglementaires en vigueur.

L'organisme professionnel de prévention du bâtiment et des travaux publics, constitué en application des dispositions de l'article L. 231-2 du code du travail, contribue à la promotion de la prévention des risques professionnels et à l'amélioration des conditions de travail conformément au décret n° 85-682 du 4 juillet 1985, notamment par ses actions d'étude, d'analyse, d'information, de conseil en matière de prévention et de formation à la sécurité.

TITRE X : RUPTURE DU CONTRAT DE TRAVAIL

Préavis

Article 10.1
En vigueur étendu

10.11. En cas de rupture du contrat de travail après l'expiration de la période d'essai, la durée du délai de préavis que doit respecter, selon le cas, l'employeur ou l'ouvrier, est fixée comme suit :

a) En cas de licenciement :

- de la fin de la période d'essai jusqu'à 3 mois d'ancienneté dans l'entreprise : 2 jours ;

- de 3 à 6 mois d'ancienneté dans l'entreprise : 2 semaines ;

- de 6 mois à 2 ans d'ancienneté dans l'entreprise : 1 mois ;

- plus de 2 ans d'ancienneté dans l'entreprise : 2 mois.

b) En cas de démission :

- de la fin de période d'essai jusqu'à 3 mois d'ancienneté dans l'entreprise : 2 jours ;

- au-delà de 3 mois d'ancienneté dans l'entreprise : 2 semaines.

10.12. En cas d'inobservation du délai de préavis par l'une ou l'autre des parties, celle qui n'a pas observé ce préavis doit à l'autre une indemnité égale au salaire correspondant à la durée du préavis restant à courir.

10.13. En cas de faute grave, le licenciement ou le départ de l'ouvrier peut être effectué immédiatement, sous réserve des formalités légales, sans que les dispositions ci-dessus aient à être respectées.

Heures pour recherche d'emploi

Article 10.2
En vigueur étendu

10.21. Pendant le préavis, l'ouvrier licencié ou démissionnaire est autorisé, s'il en fait la demande, à s'absenter de son travail pour pouvoir rechercher un nouvel emploi, dans les limites suivantes :

- délai de préavis égal à 2 jours : 4 heures de travail ;

- délai de préavis égal à 2 semaines : 12 heures de travail ;

- délai de préavis égal ou supérieur à 1 mois : 25 heures de travail.

Pour les ouvriers à temps partiel, les durées ci-dessus sont réduites proportionnellement à la durée de travail qu'ils effectuent, rapportée à la durée légale ou à la durée pratiquée dans l'entreprise, si elle est inférieure.

10.22. Les heures pour rechercher un nouvel emploi sont prises groupées, en principe, à la fin du délai de préavis.

En cas de licenciement, ces heures sont indemnisées par l'entreprise sur la base du taux horaire effectif de l'interessé.

Aucune indemnité n'est due par l'employeur si les heures pour recherche d'emploi ne sont pas utilisées par l'ouvrier.

Indemnité de licenciement

Article 10.3
En vigueur étendu
Modifié par Avenant n° 1 du 17 mars 1992 en vigueur le 1er janvier 1993 étendu par arrêté du 15 décembre 1992 JORF 26 décembre 1992

En cas de licenciement, non motivé par une faute grave, l'employeur verse à l'ouvrier qui, au moment de son départ de l'entreprise, ne remplit pas les conditions pour bénéficier d'une pension de vieillesse à taux plein du régime général de la sécurité sociale et du régime des assurances sociales agricoles, ni d'un régime assimilé (1), une indemnité de licenciement, distincte du préavis, calculée sur les bases suivantes :

- à partir de 2 ans et jusqu'à 5 ans d'ancienneté dans l'entreprise : 1/10 de mois de salaire par année d'ancienneté ;

- après 5 ans d'ancienneté dans l'entreprise : 3/20 de mois de salaire par année d'ancienneté, depuis la première année dans l'entreprise ;

- les années d'ancienneté au-delà de 15 ans donnent droit à une majoration de 1/20 de mois de salaire par année d'ancienneté.

En cas de licenciement d'un ouvrier âgé de plus de 55 ans à la date d'expiration du préavis, effectué ou non, qui lui est applicable, le montant de l'indemnité de licenciement, tel qu'il est fixé ci-dessus, est majoré de 10 %.

(1) Lors de la cessation du contrat de travail des ouvriers du bâtiment pour départ à la retraite, ceux-ci ont droit à une indemnité de départ servie par la CNPO et calculée dans les conditions prévues à l'article 15 du règlement du régime national de prévoyance des ouvriers du bâtiment et des travaux publics (annexe III à l'accord collectif national du 31 juillet 1968, étendu par arrêté ministériel du 25 janvier 1974)

En tout état de cause, l'indemnité versée ne sera pas inférieure aux indemnités légales ou conventionnelles de départ à la retraite dues par les entreprises adhérentes au régime, en application des dispositions légales et conventionnelles en vigueur au 1er janvier 1990.

Cette indemnité sera versée au moment de la liquidation des droits à la retraite.

Définition de l'ancienneté

Article 10.4
En vigueur étendu

10.41. Pour l'application des dispositions de l'article 10.3, on entend par ancienneté de l'ouvrier dans l'entreprise :

- le temps pendant lequel ledit ouvrier y a été employé en une ou plusieurs fois, y compris le temps correspondant à un emploi dans un établissement de l'entreprise situé hors métropole, quels qu'aient été ses emplois successifs, déduction faite toutefois en cas d'engagements successifs de la durée des contrats dont la résiliation lui est imputable et quelles que puissent être les modifications survenues dans la situation juridique de l'entreprise ;

- la durée des interruptions pour mobilisation ou faits de guerre, telles qu'elles sont définies au titre de l'ordonnance du 1er mai 1945, sous réserve que l'ouvrier ait repris son emploi dans les conditions prévues au titre Ier de ladite ordonnance ;

- la durée des interruptions pour :

a) Périodes militaires obligatoires ;

b) Maladie, accident, maternité ;

c) Congés payés annuels ou autorisations d'absences exceptionnelles prévues au titre V ci-dessus.

10.42. En cas d'engagements successifs et après un premier versement d'indemnité de licenciement, chaque licenciement ultérieur donne lieu au versement d'une indemnité complémentaire différentielle, c'est-à-dire que le montant de chaque indemnité précédente sera déduit.

Définition du salaire de base de l'indemnité de licenciement

Article 10.5
En vigueur étendu

10.51. Le salaire à retenir pour le calcul de l'indemnité de licenciement est la moyenne mensuelle des salaires bruts perçus ou, en cas d'absence, qui auraient dus être perçus au cours des 3 derniers mois précédant l'expiration du contrat de travail, ou, selon la formule la plus avantageuse pour l'intéressé, le 1/12 de la rémunération perçue au cours des 12 derniers mois.

10.52. Pour établir la moyenne des salaires, il est tenu compte de tous les éléments constitutifs du salaire, à l'exception des indemnités ayant le caractère d'un remboursement de frais et des gratifications à caractère aléatoire ou exceptionnel. Les primes annuelles sont prises en compte à hauteur d'e 1/12.

Documents à remettre par l'employeur à l'ouvrier lors de son départ de l'entreprise

Article 10.6
En vigueur étendu

En cas de rupture du contrat de travail d'un ouvrier, l'employeur est tenu de lui délivrer, lors de son départ de l'entreprise :

- son certificat de travail ;

- son certificat de congés payés ;

- l'attestation nécessaire à l'inscription aux Assedic et, le cas échéant, l'attestation d'activité salariée (sécurité sociale).

Licenciement pour fin de chantier

Article 10.7
En vigueur étendu

10.71. En cas de licenciements qui, à la fin d'un chantier, revêtent un caractère normal selon la pratique habituelle et l'exercice régulier de la profession, en application de l'article L. 321-12 du code du travail, le chef d'entreprise ou son représentant informe et consulte les représentants du personnel (comité d'entreprise ou d'établissement ou, à défaut, délégués du personnel s'il en existe), dans un délai de 15 jours avant l'envoi des lettres de notification du licenciement aux salariés concernés.

Cette information et cette consultation ont lieu au cours d'une réunion dont l'ordre du jour précise l'objet. A cette occasion, le chef d'entreprise ou son représentant remet aux représentants du personnel les indications suivantes :

- la date d'achèvement des tâches des salariés concernés ;

- le nombre de salariés concernés en distinguant ceux pouvant éventuellement être réembauchés sur un autre chantier, y compris en grand déplacement, par mutation ou reclassement interne ;

- le nombre de salariés dont le réemploi ne peut être assuré lors de l'achèvement des tâches qui leur étaient confiées, lorsque ces personnes ont été employées sur un ou plusieurs chantiers pendant une période continue inférieure à 18 mois ;

- le nombre de salariés engagés sur un chantier de longue durée dont le réemploi ne peut être assuré lors de l'achèvement sur ce chantier des tâches qui leur étaient confiées ;

- les mesures telles que recours à la formation professionnelle continue, susceptibles de permettre le reclassement des salariés dans l'entreprise ;

- les mesures envisagées pour faciliter le reclassement hors de l'entreprise des salariés qui devront être effectivement licenciés.

10.72. Les licenciements qui ne pourront être évités feront l'objet de la procédure prévue aux articles L. 122.14, L. 122.14.1, 1er et 2e alinéas, et L. 122-14-2, 1er alinéa, du code du travail.

La lettre de licenciement devra également mentionner la priorité de réembauchage telle que prévue à l'alinéa 10.73 ci-dessous.

Les salariés concernés pourront demander le bénéfice des conventions de conversion aux conditions de la législation en vigueur.

10.73. Les salariés licenciés pour fin de chantier pourront bénéficier d'une priorité de réembauchage pendant un délai de 1 an à compter de la date de la rupture de leur contrat, s'ils manifestent le désir d'user de cette priorité dans un délai de 2 mois à partir de leur départ de l'entreprise. Dans ce cas, les salariés concernés seront informés de tout emploi disponible dans leur qualification.

10.74. Les dispositions du présent article ne s'appliquent pas aux compressions d'effectifs qui, par leur nature ou leur ampleur exceptionnelle, dissimulent des motifs économiques et comportent notamment le licenciement d'un personnel permanent (encadrement, spécialistes) appelé à opérer sur des chantiers successifs.

TITRE XI : AUTRES DISPOSITIONS

Conditions particulières du travail des femmes et des jeunes

Article 11-1
En vigueur étendu

11.11. Travail des femmes.

Les clauses de la présente convention collective s'appliquent aux femmes comme aux hommes, sauf stipulations contraires prévues par la législation en vigueur.

11.12. Travail des jeunes.

Les salaires minimaux des jeunes ouvriers âgés de moins de 18 ans ne peuvent pas subir d'abattement par rapport aux salaires minimaux conventionnels de la position et du niveau auxquels ils appartiennent.

Les conditions particulières d'emploi des jeunes ouvriers de moins de 18 ans sont réglées par la législation en vigueur.

11.13. Apprentissage.

Les dispositions relatives à l'apprentissage dans les entreprises du bâtiment sont réglées par la législation en vigueur.

Le comité central de coordination de l'apprentissage du bâtiment et des travaux publics (CCCA), constitué en application de l'arrêté ministériel du 15 juin 1949, est chargé de coordonner et de développer les actions de première formation des ouvriers qualifiés du bâtiment et des travaux publics et notamment de l'apprentissage, de veiller à leur cohérence par rapport à la politique définie au plan national, de formuler des propositions au sujet des formations qui les préparent, les complètent ou qui les prolongent.

11.14. Service national.

Le contrat de travail des ouvriers qui, au moment de leur départ au service national, ont au moins 6 mois d'ancienneté continue dans l'entreprise est suspendu pendant la durée légale du service, telle qu'elle est fixée par la loi sur le recrutement.

Pour bénéficier des dispositions ci-dessus, l'ouvrier doit prévenir son employeur de son intention de reprendre son poste lorsqu'il connaîtra la date de sa libération et, au plus tard, dans le mois suivant celle-ci. Si l'intéressé ne peut être réintégré dans le mois suivant la réception de la lettre par laquelle il a fait connaître son intention de reprendre son emploi, il percevra l'indemnité de préavis et, le cas échéant, l'indemnité de licenciement.

Pendant la durée du service national, l'employeur ne peut licencier le bénéficiaire des dispositions ci-dessus que s'il justifie de l'impossibilité où il se trouve, pour un motif non lié à l'absence de l'ouvrier, de maintenir le contrat.

Les dispositions de l'article L. 122-18 du code du travail sont applicables aux ouvriers n'ayant pas 6 mois d'ancienneté continue dans l'entreprise au moment de leur départ au service national.

L'ouvrier qui n'aura pu être réemployé à l'expiration du service national dans l'établissement où il travaillait au moment de son départ bénéficie d'un droit de priorité de réembauchage durant une année à dater de sa libération.

Ancienneté

Article 11-2
En vigueur étendu

Pour l'application de la présente convention collective, on entend par " présence continue dans l'entreprise " le temps écoulé depuis la date du dernier embauchage sans que soient exclues les périodes pendant lesquelles le contrat a été suspendu.

Pour la détermination de l'ancienneté dans l'entreprise, on tient compte non seulement de la présence continue au titre du contrat en cours, mais également, le cas échéant, de la durée des contrats antérieurs, à l'exclusion de ceux qui auraient été rompus pour faute grave.

Ces deux définitions ne doivent pas être retenues pour l'application des dispositions des titres VI et X ci-dessus qui contiennent une définition particulière de l'ancienneté dans l'entreprise.

Avantages acquis

Article 11-3
En vigueur étendu

La présente convention collective ne peut être la cause de restrictions d'avantages acquis individuellement ou par équipe acquis antérieurement à la date de signature de la présente convention collective.

Elle ne peut être interprétée comme réduisant ou n'entérinant pas des situations acquises par convention collective ou accord collectif sur le plan des régions, des départements, des circonscriptions d'étendue plus réduite ou des professions, car il appartiendra aux conventions collectives régionales ou départementales de régler cette question dans leur cadre propre.

Les dispositions de la présente convention remplacent les clauses des contrats individuels ou collectifs existants lorsque les clauses de ces contrats sont moins avantageuses pour les ouvriers qui en bénéficient.

Retraite complémentaire et régime de prévoyance des ouvriers

Article 11-4

En vigueur étendu

Les employeurs du bâtiment sont tenus de respecter :

- l'accord du 13 novembre 1959 modifiant et codifiant l'accord du 13 mai 1959 instituant le régime de retraite complémentaire des ouvriers du bâtiment (et des travaux publics) agréé par arrêté ministériel du 2 mars 1960 ;

- l'accord collectif national du 31 juillet 1968 instituant le régime national de prévoyance des ouvriers du bâtiment (et des travaux publics) étendu par l'arrêté ministériel du 25 janvier 1974,

dans les conditions prévues par ces accords et en fonction de leur champ d'application professionnel particulier qui doit être pris en compte pour l'adhésion des entreprises du bâtiment à la Caisse nationale de retraite des ouvriers du bâtiment et des travaux publics (CNRO) et la Caisse nationale de prévoyance des ouvriers du bâtiment et des travaux publics (CNPO).

Participation des employeurs au financement de la formation professionnelle

Article 11-5

En vigueur étendu

Les entreprises de bâtiment sont tenues de respecter :

- l'accord collectif national du 21 janvier 1985 relatif à la mise en oeuvre des formations en alternance dans les entreprises du bâtiment et des travaux publics, étendu par arrêté ministériel du 20 mars 1985 (JO du 29 mars 1985) ;

- l'accord collectif national du 23 février 1989 relatif à la création du fonds d'assurance formation des salariés de l'artisanat du bâtiment, étendu par arrêté ministériel du 27 avril 1989 (JO du 28 avril 1989),

dans les conditions prévues par ces accords et compte tenu de leur champ d'application professionnel particulier.

TITRE XII : CLASSIFICATION DES OUVRIERS

Préambule

Article 12-1

En vigueur étendu

Les parties signataires se sont entendues sur la nécessité d'une refonte de la classification actuellement applicable aux ouvriers du bâtiment pour adopter un système plus approprié aux nouvelles réalités techniques et sociales de la profession, se dégageant, en les améliorant, des principes de classification antérieurement retenus, compte tenu notamment de l'environnement économique et social européen.

Le présent titre répond à la volonté des organisations professionnelles signataires de valoriser les métiers du bâtiment et d'améliorer l'image de marque de la profession afin notamment d'attirer et de conserver les jeunes qualifiés en utilisant la voie privilégiée de la négociation à tous les niveaux en vue :

- de clarifier la structure des classifications par la réduction du nombre de catégories d'ouvriers ;

- de reconnaître les capacités acquises par les ouvriers du bâtiment ;

- de favoriser le déroulement de carrière des ouvriers, ce qui suppose notamment une prise en compte accrue par la profession et par les entreprises des impératifs de formation, initiale et continue ;

- de procéder à une revalorisation des salaires minimaux, de sorte que les grilles de salaire qui seront négociées régionalement (1) offrent dans leur application un véritable écart hiérarchique ;

- tout en tenant compte des exigences techniques spécifiques à certains corps d'état et de l'autonomie particulière que peuvent avoir les ouvriers dans les entreprises de taille artisanale.

(1) Ou, à défaut, à l'échelon départemental. Dans ce cas, il est souhaitable que la fixation des montants et la réunion des instances de négociation interviennent à terme à l'échelon régional.

Définitions générales des critères et des niveaux

Article 12-2

En vigueur étendu

La grille de classification des ouvriers du bâtiment comporte 4 niveaux d'emplois, définis par les critères suivants :

- contenu de l'activité ;

- autonomie et initiative ;

- technicité ;

- formation, adaptation et expérience,

précisés dans le tableau joint sans priorité ni hiérarchie.

1. NIVEAU I

Ouvriers d'exécution

Position 1 :

Les ouvriers de niveau I/1 effectuent des travaux de simple exécution, ne nécessitant pas de connaissances particulières, selon des consignes précises et faisant l'objet d'un contrôle constant.

Les emplois de ce niveau demandent une simple adaptation aux conditions générales de travail sur chantier ou en atelier.

Cette position est une position d'accueil pour les ouvriers n'ayant ni formation, ni spécialisation professionnelle.

Position 2 :

Les ouvriers de niveau I/2 effectuent des travaux simples, sans difficultés particulières, sous contrôle fréquent. Dans cette limite, ils sont responsables de la bonne exécution de leur travail et peuvent être amenés à prendre certaines initiatives élémentaires.

Ils ont une première spécialisation dans leur emploi et peuvent avoir bénéficié d'une initiation professionnelle.

2. NIVEAU II

Ouvriers professionnels

Les ouvriers de ce niveau exécutent les travaux courants de leur spécialité, à partir de directives générales et sous contrôle ponctuel. Ils ont une certaine initiative dans le choix des moyens leur permettant d'accomplir ces travaux.

Ils possèdent les connaissances techniques de base de leur métier et une qualification qui leur permettent de respecter les règles professionnelles. Ils mettent en oeuvre des connaissances acquises par formation professionnelle, initiale ou continue, ou une expérience équivalente.

Ils peuvent être amenés dans ce cadre à assurer, de façon ponctuelle et sur instructions précises du chef d'entreprise, des fonctions de représentation simple ayant trait à l'exécution de leur travail quotidien.

3. NIVEAU III

Compagnons professionnels

Position 1 :

Les ouvriers de niveau III/1 exécutent les travaux de leur métier, à partir de directives et sous contrôle de bonne fin. Ils sont responsables de la bonne réalisation de ces travaux qui peuvent impliquer la lecture de plans et la tenue de documents d'exécution qui s'y rapportent.

Dans l'exécution de ces tâches, ils peuvent :

- être assistés d'autres ouvriers, en principe de qualification moindre, qui les aident dans l'accomplissement de leurs tâches et dont ils guident le travail ;

- être amenés ponctuellement, sur instructions du chef d'entreprise, à assumer des fonctions de représentation simple ayant trait à l'exécution de leur travail quotidien, et à transmettre leur expérience, notamment à des apprentis ou à des nouveaux embauchés.

Ils possèdent et mettent en oeuvre de bonnes connaissances professionnelles acquises par formation professionnelle, initiale ou continue, ou une expérience équivalente.

Position 2 :

Les ouvriers de niveau III/2 exécutent les travaux délicats de leur métier, à partir d'instructions générales et sous contrôle de bonne fin. Dans ce cadre, ils disposent d'une certaine autonomie et sont à même de prendre des initiatives se rapportant à la réalisation des travaux qui leur sont confiés.

Ils possèdent et mettent en oeuvre de très bonnes connaissances professionnelles acquises par formation professionnelle, initiale ou continue, et/ou une expérience équivalente.

Ils peuvent être appelés à transmettre leur expérience et, éventuellement, à assurer le tutorat des apprentis et des nouveaux embauchés (1), au besoin à l'aide d'une formation pédagogique.

4. NIVEAU IV

Maîtres-ouvriers ou chefs d'équipe

Les ouvriers classés à ce niveau :

- soit occupent des emplois de haute technicité ;

- soit conduisent de manière habituelle une équipe dans leur spécialité.

Position 1 :

Les ouvriers de niveau IV/1, à partir de directives d'organisation générale :

- soit accomplissent les travaux complexes de leur métier, nécessitant une technicité affirmée ;

- soit organisent le travail des ouvriers constituant l'équipe appelée à les assister et en assurent la conduite.

Ils disposent d'autonomie dans leur métier, peuvent prendre des initiatives relatives à la réalisation technique des tâches à effectuer et assurer, en fonction de ces dernières, par délégation du chef d'entreprise, des missions de représentation correspondantes.

Ils possèdent la parfaite maîtrise de leur métier, acquise par formation professionnelle, initiale ou continue, et/ou une solide expérience.

Ils s'adaptent aux techniques et équipements nouveaux, et sont capables de diversifier leurs connaissances professionnelles, y compris dans des techniques connexes, notamment par recours à une formation continue appropriée.

Ils peuvent être appelés à transmettre leur expérience, à mettre en valeur leurs capacités d'animation et à assurer le tutorat des apprentis et des nouveaux embauchés (1), au besoin à l'aide d'une formation pédagogique.

Position 2 :

Les ouvriers de niveau IV/2 :

- soit réalisent, avec une large autonomie, les travaux les plus délicats de leur métier ;

- soit assurent de manière permanente la conduite et l'animation d'une équipe.

Dans la limite des attributions définies par le chef d'entreprise et dans le cadre des fonctions décrites ci-dessus, ils peuvent assumer des responsabilités dans la réalisation des travaux et assurer de ce fait des missions de représentation auprès des tiers.

Ils possèdent la parfaite maîtrise de leur métier, acquise par formation professionnelle, initiale ou continue, et/ou une très solide expérience, ainsi que la connaissance de techniques connexes leur permettant d'assurer des travaux relevant de celles-ci.

Ils s'adaptent de manière constante aux techniques et équipements nouveaux, notamment par recours à une formation continue appropriée. Ils peuvent être appelés à transmettre leur expérience, à mettre en valeur leurs capacités d'animation, au besoin à l'aide d'une formation pédagogique, et à assurer le tutorat des apprentis et des nouveaux embauchés (1).

*Voir tableau des critères

(1) Au sens des dispositions légales et conventionnelles en matière d'apprentissage et de formation par alternance

Coefficients hiérarchiques

Article 12-3

En vigueur étendu

Les coefficients hiérarchiques correspondant aux quatre niveaux sont les suivants :

1. Niveau I :

Position 1 : 150

Position 2 : 170

2. Niveau II : 185

3. Niveau III :

Position 1 : 210

Position 2 : 230

4. Niveau IV :

Position 1 : 250

Position 2 : 270

Prise en compte des diplômes professionnels bâtiment

Article 12-4

En vigueur étendu

12.41. Les ouvriers titulaires d'un certificat d'aptitude professionnelle, d'un brevet d'études professionnelles, d'un certificat de formation professionnelle des adultes délivré par l'AFPA ou d'un diplôme équivalent (niveau V de l'éducation nationale) seront classés en niveau II, coefficient 185.

A l'issue d'une période maximale de 9 mois après leur classement, les intéressés seront reconnus dans leur position ou classés à un niveau supérieur en fonction de leurs aptitudes et capacités professionnelles. Ce délai est réduit à 6 mois pour les ouvriers ayant une expérience antérieure d'entreprise, acquise notamment par l'apprentissage ou par la formation en alternance.

12.42. Les ouvriers titulaires d'un brevet professionnel, d'un brevet de technicien, d'un baccalauréat professionnel ou technologique ou d'un diplôme équivalent (niveau IV de l'éducation nationale) seront classés en niveau III, position 1, coefficient 210.

A l'issue d'une période maximale de 18mois après leur classement, les titulaires d'un diplôme de niveau IV de l'éducation nationale seront classés à un niveau ou à une position supérieurs en fonction de leurs aptitudes et capacités professionnelles.

Ce classement s'applique au titulaire de l'un de ces diplômes obtenu dans le cadre de la formation initiale. Dans le cadre de la formation professionnelle continue, la période probatoire sera réduite de moitié.

Le titulaire d'un diplôme professionnel obtenu dans le cadre de la formation professionnelle continue, effectuée de sa propre initiative, accédera au classement correspondant à son diplôme après la période probatoire et dans la limite des emplois disponibles.

12.43. Les ouvriers qui, après avoir régulièrement préparé dans une entreprise un diplôme professionnel bâtiment de niveau V de l'éducation nationale et s'être présentés à l'examen, ne l'ont pas obtenu sont au moins classés en niveau I, position 2, coefficient 170.

12.44. Les diplômes visés au présent article sont ceux qui sont définis par les dispositions législatives et réglementaires telles qu'elles sont en vigueur à la date de signature de la présente classification : elles seront seules prises en considération pour établir les équivalences.

- les diplômes institués postérieurement par l'éducation nationale ;

- les titres homologués en application de la législation sur l'enseignement technologique ;

- les formations à certains métiers, n'aboutissant pas à des diplômes ou titres,

seront pris en compte par avenant à la présente convention.

Polyvalence

Article 12-5

En vigueur étendu

Pour développer la formation initiale et continue, reconnaître et favoriser l'acquisition de compétences élargies, les ouvriers de niveaux III et IV :

- titulaires de deux diplômes professionnels bâtiment, titres ou formations reconnus conformément à l'article 12.4 (alinéa 44) ci-dessus, de spécialités différentes ou connexes, de niveau au moins égal au niveau V de l'éducation nationale, ou ayant acquis des connaissances équivalentes par expérience professionnelle ;

- mettant en oeuvre dans leur emploi de façon habituelle, dans le respect des règles de l'art, les techniques ainsi acquises,

bénéficieront d'une rémunération au moins égale à 110 % salaire conventionnel correspondant à leur coefficient.

Evolution de carrière

Article 12-6
En vigueur étendu

12.61. Les définitions des niveaux et positions données à l'article 12.2 ci-dessus doivent permettre la promotion des ouvriers du bâtiment, et notamment de développer leurs possibilités d'acquérir de bonnes connaissances professionnelles et d'accéder à une haute technicité.

12.62. Dans le même but, la situation des ouvriers des différents niveaux fait l'objet, au cours de leur carrière, d'un examen régulier de la part de l'employeur.

Sans préjudice des dispositions de l'article 12.4 ci-dessus, les possibilités d'évolution de carrière des salariés font l'objet d'un examen particulier de la part de l'employeur, au plus tard 2 ans après leur entrée dans l'entreprise et, par la suite, selon une périodicité biennale dont le résultat sera communiqué individuellement au salarié concerné.

12.63. Dans un but de promotion, un ouvrier, quels que soient son niveau et sa position, peut, à titre occasionnel, effectuer certaines tâches du niveau ou de la position supérieurs, sa promotion devant intervenir dès qu'il effectue les tâches correspondantes d'une façon habituelle.

Tout ouvrier occupé régulièrement à des travaux relevant de plusieurs niveaux et positions professionnels est classé dans le niveau ou la position le plus élevé.

Suivi de l'application dans l'entreprise

Article 12-7
En vigueur étendu

Les problèmes généraux et les particularités d'application susceptibles d'être posés par la présente classification seront examinés régulièrement par l'employeur qui étudiera la possibilité de proposer aux salariés, dans le cadre d'un plan de formation, des stages de formation qualifiante.

Barèmes de salaires minimaux

Article 12-8
En vigueur étendu

Modifié par Accord du 12 février 2002 art. 2 BO conventions collectives 2002-10 étendu par arrêté du 21 octobre 2002 JORF 30 octobre 2002.

Les barèmes de salaires minimaux sont fixés à l'échelon régional (1) après négociation, de la manière suivante :

- détermination d'une partie fixe, exprimée en valeur absolue et identique pour chaque niveau et position ;

- fixation d'une valeur de point, multipliée par les différents coefficients hiérarchiques.

La somme de ces deux éléments détermine le salaire mensuel minimal de chaque niveau et position correspondant à un horaire de travail de 35 heures par semaine ou 35 heures en moyenne sur l'année.

Ces barèmes devront être fixés de telle sorte que la présente grille de classification aboutisse à un salaire minimal différencié applicable pour chacun de ces niveaux et positions.

(1) Ou, à défaut, à l'échelon départemental. Dans ce cas, il est souhaitable que la fixation des minimaux et la réunion des instances de négociation interviennent à terme à l'échelon régional.

Entrée en vigueur

Article 12-9
En vigueur étendu

Les organisations syndicales d'employeurs et de salariés adhérant aux organisations nationales représentatives devront avoir fixé, dans les conditions indiquées à l'article 12.8 ci-dessus, par accord, des barèmes de salaires minimaux afférents à la présente grille de classification pour le 15 janvier 1991.

Le salaire minimum du coefficient 270 de la présente classification résultant de ces barèmes devra être supérieur d'au moins 7 % à celui de l'ancien coefficient 240, tel qu'il était dans la région considérée (ou, à défaut, le département) au 1er mai 1990.

Les parties signataires se réuniront avant le 31 janvier 1991 pour examiner la situation découlant dans les régions de la négociation des barèmes et notamment le niveau des salaires minimaux des ouvriers du bâtiment en résultant ; elles décideront de l'entrée en vigueur définitive de la présente classification qui interviendra en principe (1) le 1er mai 1991.

(1) Par accord du 30 janvier 1991 (non étendu à ce jour) les parties signataires décident que l'entrée en vigueur définitive de la classification interviendra effectivement le 1er mai 1991.

Bilan de la mise en oeuvre de la classification sur les salaires minimaux

Article 12-10

En vigueur étendu

Un constat de la mise en oeuvre de la présente classification sera fait régulièrement au niveau national à l'occasion de la négociation prévue à l'article L. 132-12 du code du travail.

Les organisations syndicales d'employeurs et de salariés mèneront, au niveau régional (1), des politiques de salaires minimaux destinées à poursuivre l'effort de revalorisation découlant de la présente classification, en vue d'aboutir à une garantie de rémunération conventionnelle effective et hiérarchisée des ouviers du bâtiment. Un bilan de ces politiques sera établi 2 ans après l'entrée en vigueur de la présente classification.

(1) Ou, à défaut, à l'échelon départemental. Dans ce cas, il est souhaitable que la fixation des montants et la réunion des instances de négociation interviennent à terme à l'échelon régional.

TITRE XIII : DISPOSITIONS PARTICULIERES AUX ENTREPRISES ARTISANALES DU BÂTIMENT RELEVANT DES PROFESSIONS AGRICOLES

Dispositions de la convention collective applicables aux entreprises agricoles

Article 13-1

En vigueur étendu

Modifié par Avenant n° 2 du 2 septembre 1992 en vigueur le 1er janvier 1993 étendu par arrêté du 15 décembre 1992 JORF 26 décembre 1992

Sont applicables aux entreprises artisanales du bâtiment relevant des professions agricoles les titres et articles suivants de la présente convention :

- Titre I : Structures de la convention collective nationale ;

- Titre II : Conclusion du contrat de travail ;

- Titre III : Durée du travail à l'exception :

du 3è tiret figurant au troisième alinéa de l'article 3 (consultation des représentants du personnels) ;

- Titre IV : Rémunération ;

- Titre V : Jours fériés - Autorisations d'absence - Congés payés :

à l'exception de l'article 5-25 (prime de vacances) ;

à l'exception de l'article 5-26 (cinquième semaine de congés payés) ;

sous réserve des articles 13-2 (prime de vacances) et 13-3 (cinquième semaine de congés payés) ;

- Titre VI : Maladie - Accident - Maternité :

avec la précision de l'article 13-4 (Indemnisation des arrêts de travail) ;

- Titre VII : Liberté d'opinion, droit syndical et représentation du personnel ;

- Titre VIII : Déplacements ;

- Titre IX : Hygiène et sécurité ;

- Titre X : Rupture du contrat de travail ;

- Titre XI : Autres dispositions :

- sous réserve de l'article 13-5 (Retraite complémentaire des ouvriers agricoles) ;

- à l'exception du premier tiret de l'article 11-5 (participation des employeurs au financement de la formation professionnelle en alternance).

- Titre XII : Classification des ouvriers ;

- Titre XIV : Dispositions finales.

Prime de vacances

Article 13-2

En vigueur étendu

Une prime de vacances sera versée, en sus de l'indemnité de congé, à l'ouvrier ayant au moins 1 675 heures de travail au cours de l'année de référence dans une ou plusieurs entreprises du bâtiment et des travaux publics.

Le taux de la prime est de 30 % de l'indemnité de congé payé correspondant aux 24 jours ouvrables de congés institués par la loi du 16 mai 1969, c'est à dire calculée sur la base de 2 jours ouvrables de congés par mois de travail ou 150 heures de travail.

Toutefois, cette règle des 1675 heures ne s'appliquera pas aux jeunes gens qui justifieront avoir été appelés sous les drapeaux ou libérés du service national au cours de l'année de référence et pour lesquels il ne sera exigé que 150 heures de travail.

Les ouvriers qui justifieront n'avoir pu atteindre, par suite de maladie ce total de 1675 heures au cours de l'année de référence, ne perdront pas le droit au bénéfice de la prime de vacances.

La prime de vacances, qui ne se cumule pas avec les versements qui auraient le même objet, est versée à l'ouvrier en même temps que son indemnité de congé.

Cinquième semaine de congés payés

Article 13-3
En vigueur étendu

La cinquième semaine de congés payés est prise en tout ou partie selon les modalités fixées par accord entre l'employeur et les représentants du personnel ou à défaut, les salariés, notamment sous forme de jours séparés pris en cours d'année et, dans ce cas, 5 jours ouvrés sont assimilés à la cinquième semaine de congés, l'indemnité de congé, devant toutefois, pour ces 5 jours ouvrés, être équivalente à 6 jours ouvrables de congés.

A défaut d'accord, la cinquième semaine de congés est prise en une seule fois pendant la période du 1er novembre au 31 mars.

Les jours de congés dus en sus des 24 jours ouvrables même s'ils sont pris en dehors de la période du 1er mai au 31 octobre n'ouvrent pas droit aux jours de fractionnement institués par la loi du 16 mai 1969 (art. L.223-8 du code du travail).

Sauf nouvel accord d'entreprise, les dispositions du présent article relatives à la durée des congés ne se cumuleront pas avec les dispositions ayant le même objet arrêtées par les employeurs du bâtiment antérieurement au 1er mars 1982.

Indemnisation des arrêts de travail

Article 13-4
En vigueur étendu

Pour l'application de second point de second tiret de l'alinéa 6-121, l'indemnisation des arrêts de travail est en outre ouverte aux ouvriers agricoles âgés d'au moins 25 ans qui justifient de 1 mois d'ancienneté dans l'entreprise et de 2 mois d'ancienneté dans la profession.

Retraite complémentaire des ouvriers agricoles

Article 13-5
En vigueur étendu

Les employeurs du bâtiment relevant de la mutualité sociale agricole sont tenus de respecter les dispositions de la convention collective nationale de retraite du 24 mars 1971, étendue par arrêté du ministre chargé de l'agriculture et du ministre chargé de l' économie et des finances, en date du 19 décembre 1975, ainsi que celles de ses annexes et avenants.

TITRE XIV : DISPOSITIONS FINALES (1)

Durée, révision, dénonciation

Article 14-1
En vigueur étendu

La présente convention collective entrera en vigueur le premier jour du mois civil suivant la publication de l'arrêté ministériel portant son extension, à l'exception de son titre XII qui sera mis en application dans les conditions fixées à l'article 12.9 ci-dessus.

Abrogation des accords nationaux du bâtiment du 21 octobre 1954 et du 22 décembre 1954

Article 14-2
En vigueur étendu

A la date de son entrée en vigueur, la présente convention nationale annule et remplace dans toutes leurs dispositions les accords nationaux des ouvriers du bâtiment du 21 octobre 1954 et du 22 décembre 1954, ainsi que l'intégralité des annexes et avenants à ses accords.

Adhésion

Article 14-3
En vigueur étendu

Toute organisation représentative au plan national non signataire de la présente convention collective pourra y adhérer ultérieurement par simple déclaration à la direction départementale du travail et de l'emploi de Paris où elle aura été déposée. Elle devra également en aviser par lettre recommandée toutes les organisations signataires.

Textes Attachés

Accord sur les barèmes minimaux (Accord RTT).

La fédération française du bâtiment (FFB) ;
La fédération française de l'industrie électrique (FFIE) ;
La fédération nationale des sociétés coopératives ouvrières de production du BTP (FNSCOP), pour la section bâtiment ;
La fédération de l'artisanat et des petites entreprises du bâtiment (CAPEB).

La fédération nationale des salariés de la construction et du bois (CFDT) ;
Le syndicat national des cadres, techniciens, agents de maîtrise et assimilés des industries du bâtiment et des travaux publics (CFE-CGC) ;
La fédération générale Force ouvrière du bâtiment et des travaux publics et ses activités annexes (CGT-FO)

Préambule

En vigueur étendu

Depuis le 1er janvier 2002, la durée légale du travail est fixée à 35 heures par semaine pour toutes les entreprises, quel que soit leur effectif.

En ce qui concerne les barèmes de salaires minima établis en application des conventions collectives nationales du bâtiment, la nouvelle durée légale du travail conduit à modifier la référence horaire (hebdomadaire ou mensuelle) à laquelle ils correspondent afin qu'ils retrouvent leur pertinence.

Les parties signataires reconnaissent en effet la nécessité de fixer les salaires minima sur cette nouvelle base.

Toutefois, afin de prendre en compte le cas des entreprises qui ont maintenu un horaire collectif supérieur à 35 heures, les parties signataires sont convenues de traiter distinctement ces entreprises de celles dont l'horaire collectif est fixé à 35 heures, tout en assurant une revalorisation des rémunérations de l'ensemble des salariés.

Elles décident donc de mettre en place le dispositif transitoire décrit dans le présent accord qui répond à un double objectif :

- assurer le maintien, lors du changement de référence horaire, des salaires minima de la branche au niveau qu'ils avaient atteint à la date du 31 décembre 2001 ;

- permettre aux entreprises dont l'horaire collectif est supérieur à 35 heures de s'adapter progressivement aux conséquences de la nouvelle durée légale.

Les parties signataires traduisent ainsi leur volonté de conduire une politique salariale attractive tenant compte de la nouvelle durée légale qui s'applique désormais à l'ensemble des entreprises et des salariés.

Au terme de la période de transition définie par le présent accord, toutes les entreprises, quelle que soit la durée collective qu'elles appliqueront, seront tenues de respecter les minima établis sur la base de la durée légale tels qu'ils résulteront des négociations régionales.

Ce dispositif ne s'oppose pas à une transition plus rapide dans les régions si les négociateurs le jugent utile.

Il ne s'oppose en aucun cas à la revalorisation des salaires minimum dans les régions.

Champ d'application.

Article 1
En vigueur étendu

Le présent accord national est applicable en France métropolitaine, Corse comprise, à l'exclusion des DOM-TOM :

Aux employeurs relevant respectivement :

- de la convention collective nationale du bâtiment du 8 octobre 1990 applicable dans les entreprises visées par le décret n° 62-235 du 1er mars 1962 modifié par le décret n° 76-879 du 21 septembre 1976Articles 1er à 5.

(c'est-à-dire entreprises occupant jusqu'à 10 salariés) ;

- ou de la convention collective nationale du bâtiment du 8 octobre 1990 applicable dans les entreprises non visées par le décret n° 62-235 du 1er mars 1962 modifié par le décret n° 76-879 du 21 septembre 1976 (c'est-à-dire entreprises occupant plus de 10 salariés).

Et à l'ensemble de leurs salariés ouvriers et *Etam* (1) dont l'activité relève d'une des activités énumérées dans le champ d'application de cette convention collective.

(1) Mot exclu de l'extension (arrêté du 21 octobre 2002, art. 1er).

Dispositions relatives aux ouvriers et *Etam* (1).

Article 2
En vigueur étendu

1. Cas des entreprises dont l'horaire collectif est fixé à 35 heures par semaine ou 35 heures en moyenne sur l'année.

Les valeurs des barèmes de salaires minima correspondant à chaque niveau et position actuellement applicables pour un horaire hebdomadaire de travail de 39 heures sont à partir du 1er janvier 2002 applicables pour un horaire hebdomadaire de travail de 35 heures ou 35 heures en moyenne sur l'année. Ces valeurs seront négociées au niveau régional sur des bases mensuelles, à partir des montants en vigueur au 31 décembre 2001 pour un horaire de 39 heures.

L'article IV-I (alinéa IV-12) des conventions collective nationales des ouvriers du bâtiment du 8 octobre 1990 est modifié en conséquence.

Dans l'article XII-8 des conventions collectives nationales des ouvriers du bâtiment précitées, la référence à " l'horaire hebdomadaire de 39 heures " est remplacée par " l'horaire de travail de 35 heures par semaine ou 35 heures en moyenne sur l'année ".

Le paragraphe b de l'article 49 du Titre VIII de la convention collective nationale des ETAM du bâtiment du 29 mai 1958 est modifié de la façon suivante : " Les barèmes des appointements minimaux sont fixés pour un horaire mensuel moyen de 151,67 heures ou pour 35 heures en moyenne sur l'année en principe à l'échelon régional ou, à défaut, à l'échelon départemental par conventions ou accords conclus entre organisations syndicales intéressées." (2)

2. Cas des entreprises dont l'horaire collectif est supérieur à la durée légale de 35 heures.

De façon transitoire, pour les entreprises qui ont maintenu un horaire collectif supérieur à la durée légale de 35 heures, les barèmes visés au paragraphe ci-dessus leur sont applicables dans les conditions particulières ci-après :

- au 1er janvier 2002, les valeurs de salaires minima établis pour 35 heures par semaine ou 151,67 heures par mois correspondent à 93 % des valeurs indiquées dans les barèmes visés au point 1 ;

- au 1er janvier 2003, les valeurs de salaires minima établis pour 35 heures par semaine ou 151,67 heures par mois correspondront à 96 % des valeurs indiquées dans les barèmes visés au point 1 ;

- au 1er janvier 2004, les valeurs de salaires minima établis pour 35 heures par semaine ou 151,67 heures par mois correspondront aux valeurs indiquées dans les barèmes visés au point 1.

Cette disposition transitoire ne peut en aucun cas être la cause d'une réduction du salaire mensuel réel habituellement perçu par les salariés.

(1) Mot exclu de l'extension (arrêté du 21 octobre 2002, art. 1er).

(2) Alinéa exclu de l'extension (arrêté du 21 octobre 2002, art. 1er).

Dépôt.

Article 3
En vigueur étendu

Le présent accord national sera déposé en application de l'article L. 132-10 du code du travail.

Extension.

Article 4
En vigueur étendu

Les parties signataires demanderont l'extension du présent accord auprès du ministère de l'emploi et de la solidarité.

Accord du 14 décembre 2006 Prime de maître d'apprentissage confirmé (Aquitaine)

La fédération française du bâtiment Aquitaine ;

L'union régionale CAPEB Aquitaine,

L'union régionale construction bois CFDT Aquitaine ;

Le syndicat régional FO du BTP ;

La CFE-CGC BTP Aquitaine.

En vigueur étendu

Vu l'article 3 de l'accord paritaire national du 13 juillet 2004 " Formation, certification, charte, indemnisation " des maîtres d'apprentissage dans le bâtiment et les travaux publics, selon lequel l'exercice de la fonction de maître d'apprentissage ouvre droit :

- soit au versement d'une indemnité spécifique pendant la durée du contrat d'apprentissage de l'apprenti concerné ;

- soit à l'accès au statut spécifique de maître d'apprentissage qui a pu être mis en place dans l'entreprise,

Vu l'article 3 de l'accord paritaire national du 13 juillet 2004 " Formation, certification, charte, indemnisation " des maîtres d'apprentissage qui renvoie la négociation paritaire du montant de cette indemnité au niveau régional, en application de :

- l'article 1.3 de la convention collective nationale des ouvriers du bâtiment du 8 octobre 1990 applicable dans les entreprises visées par le décret du 1er mars 1962 (c'est-à-dire occupant jusqu'à 10 salariés) ;

- l'article 1.3 de la convention collective nationale des ouvriers du bâtiment du 8 octobre 1990 applicable dans les entreprises non visées par le décret du 1er mars 1962 (c'est-à-dire occupant plus de 10 salariés),

les organisations représentatives d'employeurs et de salariés de la région Aquitaine se sont réunies le 14 décembre 2006 et ont déterminé les montants et modalités de versement de l'indemnité pour les maîtres d'apprentissage, titulaires du titre de maître d'apprentissage confirmé, comme suit :

- 125 € par année de contrat d'apprentissage *pro rata temporis* de la durée du contrat effectuée par l'apprenti.

Le versement de l'indemnité en fin de 2e année du contrat d'apprentissage au maître d'apprentissage n'est pas soumis à la condition d'obtention par l'apprenti de son diplôme.

Conformément au code du travail, le présent accord sera déposé à la direction générale du travail et remis au secrétariat greffe du conseil des prud'hommes de Bordeaux.

Les parties signataires demandent l'extension du présent accord au ministère de l'emploi, de la cohésion sociale et du logement.

Tableau des critères CONVENTION COLLECTIVE NATIONALE du 8 octobre 1990

TITRE XIV : DISPOSITIONS FINALES (1)

Adhésion.

En vigueur étendu

TABLEAU DES CRITÈRES

NIVEAU				TECHNICITÉ	FORMATION, ADAPTATION

	POSITION	CONTENU DE L'ACTIVITÉ	AUTONOMIE ET INITIATIVE		et expérience
I	1	Travaux de simple exécution selon des consignes précises.	Contrôle constant.	Sans mise en oeuvre de connaissances particulières.	Simple adaptation aux conditions générales de travail.
	2	Travaux simples, sans difficultés particulières.	Contrôle fréquent. Initiatives élémentaires. Responsable de leur bonne exécution.	Première spécialisation dans l'emploi.	Initiation professionnelle.
II		Travaux courants de sa spécialité réalisés à partir de directives générales.	Contrôle ponctuel. Initiative dans le choix des moyens. De façon ponctuelle et sur instructions précises du chef d'entreprise, fonctions de représentation simple ayant trait à l'exécution du travail quotidien.	Connaissances techniques de base de son métier. Respect des règles professionnelles.	Formation professionnelle reconnue (diplôme bâtiment de niveau V de l'éducation nationale) ou expérience équivalente.
III	1	Travaux de son métier réalisés à partir de directives, pouvant impliquer la lecture de plans et la tenue de documents d'exécution s'y rapportant. Peut être assisté d'autres ouvriers en principe de qualification moindre.	Responsable de leur bonne réalisation, sous contrôle de bonne fin. Sur instructions du chef d'entreprise, fonctions ponctuelles de représentation simple ayant trait à l'exécution du travail quotidien.	Bonnes connaissances professionnelles.	Formation professionnelle reconnue (diplôme bâtiment de niveau I de l'éducation nationale) ou expérience équivalente. Peut transmettre ponctuellement son expérience.
	2	Travaux délicats de son métier réalisés à partir d'instructions générales.	Dispose d'une certaine autonomie, sous contrôle de bonne fin. Est à même de prendre des initiatives se rapportant à la réalisation des	Très bonnes connaissances professionnelles.	Formation professionnelle reconnue (diplôme bâtiment de niveau IV de l'éducation nationale) et/ou expérience équivalente. Tutorat éventuel des apprentis et des nouveaux embauchés.

			travaux qui lui sont confiés.		
IV	1	A partir de directives d'organisation générale : travaux complexes de son métier, ou organise le travail des ouvriers constituant l'équipe appelée à l'assister et en assure la conduite.	Autonomie dans son métier. Initiatives relatives à la réalisation technique des tâches à effectuer. Missions de représentation correspondantes, par délégation du chef d'entreprise.	Parfaite maîtrise de son métier et technicité affirmée. Capable de diversifier ses connaissances professionnelles, y compris dans techniques connexes.	Formation professionnelle reconnue (diplôme bâtiment de niveau IV de l'éducation nationale) et/ou solide expérience. S'adapte aux techniques et équipements nouveaux, notamment par une formation continue appropriée. Tutorat éventuel des apprentis et des nouveaux embauchés.
	2	Travaux les plus délicats de son métier, ou assure de manière permanente la conduite et l'animation d'une équipe composée d'ouvriers de tous niveaux.	Large autonomie dans son métier. Dans la limite des attributions définies par le chef d'entreprise et dans le cadre de ses fonctions, responsabilités dans la réalisation des travaux et missions de représentation auprès des tiers.	Parfaite maîtrise de son métier et connaissance de techniques connexes, lui permettant d'assurer les travaux relevant de celles-ci.	Formation professionnelle reconnue (diplôme bâtiment de niveau IV de l'éducation nationale) et/ou très solide expérience. S'adapte de manière constante aux techniques et équipements nouveaux notamment par une formation continue appropriée. Tutorat éventuel des apprentis et des nouveaux embauchés.

Guide d'utilisation de la classification nationale du 8 octobre 1990

préambule

En vigueur non étendu

Les parties signataires ont estimé utile d'établir en commun le présent guide d'utilisation qui constitue un commentaire de l'accord collectif national du 8 octobre 1990 relatif à la classification nationale des ouvriers des entreprises du bâtiment occupant jusqu'à 10 salariés, à l'intention des entreprises et des salariés du bâtiment.

I. - PRESENTATION GENERALE DE LA NOUVELLE CLASSIFICATION DES OUVRIERS DU BÂTIMENT

En vigueur non étendu

A. - PRINCIPES AYANT GUIDE LES SIGNATAIRES

(Préambule)

Par la négociation :

- valoriser les métiers du bâtiment et améliorer l'image de marque de la profession, notamment en y attirant et en y conservant les jeunes qualifiés ;

- reconnaître les capacités acquises par les ouvriers du bâtiment ;

- favoriser le déroulement de carrière des ouvriers et l'examen de leurs possibilités d'accès à des postes relevant de qualification supérieure, grâce notamment à une prise en compte accrue des impératifs de formation initiale et continue ;

- procéder à une revalorisation des salaires minimaux ;

- prendre en compte les exigences spécifiques à certains corps d'état.

B. - PRESENTATION DU NOUVEAU SYSTEME DE CLASSEMENT

La nouvelle classification comportant 4 niveaux de qualification correspondant à 7 positions hiérarchiques au lieu de 10 échelons hiérarchiques dans la précédente grille, il n'y a, par conséquent, pas de concordance entre les nouveaux et les anciens coefficients hiérarchiques.

Le classement des ouvriers doit s'opérer à partir des définitions générales des niveaux tenant compte des 4 critères suivants :

- contenu de l'activité ;

- autonomie et initiative ;

- technicité ;

- formation, adaptation et expérience.

Un tableau récapitulant ces critères figure dans la nouvelle classification afin de faciliter le classement des ouvriers.

Ce tableau peut être lu :

- horizontalement : dans un même niveau ou position, les 4 critères se complètent, sans priorité ni hiérarchie entre eux ;

- verticalement : il révèle une gradation de valeur des critères entre les différents niveaux.

C. - PRESENTATION DES DÉFINITIONS DES NIVEAUX D'EMPLOIS

(Article 1er)

Les définitions des niveaux constituent l'élément essentiel de classement de chaque ouvrier.

Les caractéristiques principales des emplois de chaque niveau et l'apparition progressive des critères de classement dans la grille sont les suivants :

NIVEAU I

Position 1 :

Travaux de simple exécution.

Simple adaptation aux conditions générales de travail sur chantier ou en atelier.

Niveau d'accueil des ouvriers sans formation, ni spécialisation.

Position 2 :

Travaux simples, sans difficultés particulières.

Initiatives élémentaires.

Première spécialisation dans leur emploi, avec ou sans initiation professionnelle.

L'initiation professionnelle, définie par l'article 3.3, s'entend notamment du fait pour un ouvrier d'avoir régulièrement préparé dans une entreprise un diplôme de niveau V de l'éducation nationale, et à l'issue du cycle de formation de s'être présenté à l'examen, sans l'avoir obtenu.

NIVEAU II

A ce niveau, apparaissent les notions :

- de spécialité (travaux courants, connaissances techniques de base du métier, respect des règles professionnelles) ;

- de diplôme professionnel de base ou expérience équivalente (niveau V de l'éducation nationale) ;

- de représentation simple liée à l'exécution du travail au quotidien.

NIVEAU III

Position 1 :

Exécution des travaux du métier.

Ces ouvriers peuvent être assistés de salariés des niveaux précédents ou de même niveau. Dans ce cas, il s'agit d'aides dont l'intéressé guide le travail et non pas d'une équipe que l'intéressé a la responsabilité hiérarchique de diriger.

Peuvent également être prises en considération, de façon ponctuelle, la notion de représentation simple et celle de transmission de leur expérience.

Position 2 :

Exécution des travaux délicats du métier et solides connaissances professionnelles.

La notion d'autonomie apparaît à ce niveau.

Peuvent être éventuellement appelés à assurer le tutorat des apprentis et des nouveaux embauchés.

Le non-exercice du tutorat ne saurait être un motif de refus de classement au niveau III, position 2. Le tutorat se définit par référence aux dispositions légales et conventionnelles en matière d'apprentissage et de formation par alternance : le tuteur suit les activités de 4 jeunes au plus (tous contrats d'insertion en alternance et apprentissage confondus), tout en continuant à exercer son emploi dans l'entreprise compte tenu de ses responsabilités particulières, mais avec la disponibilité nécessaire. Il conserve la responsabilité de l'action pendant toute sa durée et participe à son évaluation.

Il a pour mission d'accueillir, d'aider, d'informer, de guider les jeunes pendant leur séjour dans l'entreprise ainsi que de veiller au respect de leur emploi du temps.

Il assure également, dans les conditions prévues par le contrat, la liaison entre les organismes de formation ou de suivi et les salariés de l'entreprise qui participent à l'acquisition par le jeune de compétences professionnelles ou l'initient à différentes activités professionnelles.

NIVEAU IV

Ce niveau comporte 2 positions pour lesquelles il existe 2 filières :

- emplois de haute technicité, supposant la parfaite maîtrise de leur métier ;

- conduite habituelle d'une équipe dans la spécialité.

Apparaissent à ce niveau, pour les 2 positions et les 2 filières :

- les notions d'adaptation aux techniques et équipements nouveaux et de diversification des connaissances professionnelles ;

- la connaissance de techniques connexes : doit être considérée la connaissance proprement dite plus que la mise en oeuvre de ces techniques.

Les salariés de ce niveau peuvent être appelés à mettre en valeur leurs capacités d'animation et d'organisation.

Position 1 :

Filière a : travaux complexes de leur métier nécessitant une technicité affirmée.

Filière b : organisation du travail des ouvriers constituant l'équipe appelée à les assister et conduite de cette équipe.

Position 2 :

Filière a : travaux les plus délicats de leur métier.

Filière b : conduite et animation permanente d'une équipe.

D. - COEFFICIENTS HIERARCHIQUES

(Article 2)

La grille offre un éventail hiérarchique de 150 à 270, sans possibilité de créer des coefficients supplémentaires ou intermédiaires.

II. - MODE D'UTILISATION DE LA NOUVELLE CLASSIFICATION

En vigueur non étendu

A. - COMMENT RECLASSER LES OUVRIERS

(Article 6)

A l'exclusion de tout autre critère, le reclassement des ouvriers doit s'opérer comme suit :

- prendre en compte leurs compétences et la nature des fonctions réellement exercées dans l'entreprise ;

- confronter ces éléments aux définitions générales des 4 niveaux et 7 positions ;

- se référer au tableau récapitulant les critères de classement ainsi qu'au lexique ci-après ;

- ne pas entraîner de diminution du salaire effectif des ouvriers ;

- ne pas prendre en compte la rémunération actuelle pour déterminer le niveau de classement.

Les entreprises devront se conformer à l'esprit de l'accord : le système de classification qu'il institue étant fondé sur des critères différents du précédent, il n'y a pas lieu de rechercher de concordance entre les anciens et les nouveaux coefficients. De ce fait, il convient de prêter une attention particulière au reclassement en tenant compte de l'acquis professionnel des ouvriers dans leur emploi.

L'expérience et la qualification acquises par les ouvriers dans l'entreprise et reconnues par leur classement actuel sont des éléments importants qui doivent être pris en compte pour le reclassement.

Ainsi, peut-on considérer que les ouvriers qualifiés, dans la grille actuelle, ne seront pas reclassés en dessous du niveau II.

Dans le même ordre d'idées, les ouvriers possédant la parfaite maîtrise de leur métier, acquise et exercée dans l'emploi qu'ils occupent, et reconnue dans leur classement actuel, ne doivent pas être reclassés à des niveaux impliquant une moindre technicité.

De manière générale, l'absence de diplôme ne doit pas constituer un obstacle au classement dans l'entreprise au niveau considéré quel qu'il soit, lorsque le salarié a acquis la technicité requise par l'emploi.

B. - PROCEDURE DE RECLASSEMENT

1. Dans le cas d'un ouvrier qui, au moment du classement, occupe provisoirement des fonctions moins importantes dans l'attente d'une nouvelle affectation correspondant à son emploi précédent, il sera tenu compte de ce dernier.

2. L'employeur devra informer l'ouvrier de son nouveau classement par écrit au moins 2 mois avant l'entrée en vigueur de sa nouvelle classification. Cette notification, en tant que de besoin, donne lieu à un reçu contre décharge qui n'enlève pas pour autant au salarié la possibilité d'une contestation ultérieure du classement notifié.

En cas de contestation individuelle de ce nouveau classement, l'ouvrier peut demander à l'employeur un examen de sa situation ; dans un délai de 1 mois, l'employeur devra faire connaître sa décision à l'ouvrier au cours d'un entretien pris sur le temps de travail et rémunéré comme tel, lors duquel l'intéressé pourra se faire assister par une personne de son choix appartenant au personnel de l'entreprise.

En cas de litige grave, il est fait application de l'article VII.7 de la convention collective nationale du 8 octobre 1990 concernant les ouvriers employés dans les entreprises du bâtiment occupant jusqu'à 10 salariés.

C. - SUIVI DE L'APPLICATION DANS L'ENTREPRISE

Examen régulier des problèmes généraux et des particularités d'application de la nouvelle grille de classification par l'employeur, qui étudie, dans le cadre d'un plan de formation, la possibilité de proposer au salarié des stages de formation qualifiante.

D. - PRISE EN COMPTE DES DIPLÔMES PROFESSIONNELS BÂTIMENT

Lors de leur entrée dans l'entreprise et à tout moment en fonction de l'évolution de leur formation, les ouvriers titulaires d'un diplôme professionnel bâtiment, quelle qu'en soit la date d'obtention, seront classés comme suit :

CAP, BEP, CFPA (1) : niveau II :

- période probatoire maximum 9 mois après leur classement ;

- période réduite à 6 mois pour les ouvriers ayant une expérience antérieure d'entreprise (notamment apprentissage et formation en alternance) ;

- au terme de cette période, selon les aptitudes et capacités professionnelles du salarié, reconnaissance de ce classement ou classement dans un niveau supérieur.

BP, BT, Bac technologique ou professionnel (2) : niveau III, position 1 :

- période probatoire maximum 18 mois après leur classement ;

- période réduite à 9 mois lorsque le diplôme a été acquis par la formation continue effectuée à la demande de l'employeur ;

- au terme de cette période, selon les aptitudes et capacités professionnelles du salarié, classement en niveau III/2 ou en niveau IV ;

- si le diplôme est acquis par formation continue à l'initiative du salarié, la période probatoire est également de 9 mois ; au terme de celle-ci, le classement en niveau III/2 ou niveau IV s'effectue dans la limite des emplois disponibles.

Il est précisé qu'il s'agit des diplômes en vigueur à la date de signature de l'accord. Les diplômes institués postérieurement par l'éducation nationale, les titres homologués en application de la législation sur l'enseignement technologique, les formations à certains métiers, n'aboutissant pas à des diplômes ou titres, seront pris en compte par avenant au présent accord.

E. - EVOLUTION DE CARRIERE

L'employeur est tenu de procéder à un examen particulier des possibilités d'évolution de carrière des ouvriers dans la limite des besoins et possibilités de l'entreprise :

- au plus tard 2 ans après leur entrée dans l'entreprise ;

- par la suite, selon une périodicité biennale.

Le résultat de cet examen sera communiqué individuellement au salarié concerné.

Cela concerne non seulement les ouvriers de niveau IV, dont les possibilités évolutives vers des qualifications supérieures doivent être régulièrement examinées, mais également les emplois de tout niveau de la présente classification, y compris ceux de niveau I, position 1.

Dans un but de promotion, les ouvriers peuvent occasionnellement effectuer des tâches d'un niveau ou d'une position supérieurs :

changement de qualification dès que ces tâches sont exécutées de façon habituelle.

Ouvrier occupé à des travaux relevant de plusieurs niveaux ou positions : classement dans la position hiérarchique la plus élevée.

III. - REVALORISATION DES SALAIRES MINIMAUX .

En vigueur non étendu

A. - Les barèmes de salaires minimaux sont fixés par négociation à l'échelon local de la manière suivante :

- détermination d'une partie fixe, exprimée en valeur absolue et identique pour chaque niveau et position ;

- fixation d'une valeur de point, multipliée par les différents coefficients hiérarchiques.

La somme de ces 2 éléments détermine le salaire mensuel minimal de chaque niveau et position correspondant à un horaire hebdomadaire de travail de 39 heures.

Le salaire mensuel minimal - base trente-neuf heures - de chaque niveau et position est donc déterminé par la formule suivante :

Sk = pf + (k x vp)

dans laquelle :

k est le coefficient correspondant à chaque niveau et position ;

pf, la partie fixe ;

vp, la valeur du point.

B. - Ces barèmes devront être fixés de telle sorte que la grille de classification aboutisse à un salaire minimal différencié applicable pour chacun de ses niveaux et positions.

Autrement dit, chaque poste de la grille doit bénéficier d'un salaire garanti différencié, lors de la fixation du barème au niveau local.

C. - La fixation du premier barème de salaires minimaux afférent à la nouvelle classification interviendra par accord, d'ici le 15 janvier 1991.

Le salaire minimum du coefficient 270 de la présente classification résultant de ces barèmes devra être supérieur d'au moins 7 % à celui de l'ancien coefficient 240, tel qu'il était en vigueur dans la région considérée (ou, à défaut, le département) au 1er mai 1990.

Les parties signataires se réuniront avant le 31 janvier 1991 pour examiner la situation découlant dans les régions de la négociation des barèmes et notamment le niveau des salaires minimaux des ouvriers du bâtiment en résultant : elles décideront alors de l'entrée en vigueur définitive de la nouvelle classification, qui interviendra en principe le 1er mai 1991.

D. - Un constat de la mise en oeuvre de la présente classification sera fait régulièrement au niveau national à l'occasion de la négociation annuelle de branche.

L'effort de revalorisation des salaires minimaux sera poursuivi selon des modalités et des délais à définir au niveau local, pour donner son plein effet à la nouvelle classification, en vue d'aboutir à une garantie de rémunération conventionnelle effective et hiérarchisée des ouvriers du bâtiment. Deux ans après l'entrée en vigueur de la nouvelle classification, un bilan de ces politiques régionales sera établi.

IV - LEXIQUE .

En vigueur non étendu

Critères de classement

Adaptation

Faculté de l'ouvrier à maîtriser son activité et sa situation de travail, en fonction de son niveau de classement.

Autonomie

Degré de liberté dont l'ouvrier dispose dans la réalisation de son travail, en tenant compte des consignes, instructions et directives reçues dans le cadre de l'organisation du travail.

Contenu de l'activité

Nature et degré de difficulté des travaux à exécuter.

Eventuellement autonomie de l'ouvrier dans le cadre de cette exécution.

Expérience

Pratique du métier consistant pour l'ouvrier en un acquis lui ayant fourni des connaissances professionnelles.

Formation

Ensemble des moyens éducatifs, scolaires et professionnels mis en oeuvre pour préparer l'ouvrier à l'exercice de son activité dans l'entreprise. La formation est un moyen prioritaire d'accompagnement de l'adaptation aux techniques nouvelles ou connexes.

Initiative

Action de l'ouvrier qui propose et choisit les moyens les plus appropriés pour la réalisation de ses tâches ; aptitude à agir, à entreprendre spontanément.

Technicité

Connaissances professionnelles à caractère technique, qui s'acquièrent par la formation, initiale ou continue, et/ou par expérience.

Autres définitions

Contrôle

Vérification de l'exécution du travail ; distinct des opérations de réalisation du travail, il peut intervenir selon une périodicité variable en cours de réalisation du travail ou postérieurement à celle-ci.

Directives

Indications verbales ou écrites comportant les modes opératoires détaillés.

Instructions

Explications verbales ou écrites, plus larges que des directives, ne s'attachant pas à déterminer chaque phase du travail et concernant notamment les conditions générales d'intervention.

Documents d'exécution

Ensemble des pièces écrites complétant les directives nécessaires aux travaux à effectuer.

Lecture de plans

Faculté de compréhension et d'interprétation des schémas, croquis et plans en rapport avec sa spécialité en fonction de son niveau de classement dans les limites du travail qui lui est confié.

Polyvalence

La polyvalence suppose que l'ouvrier :

- soit titulaire de deux diplômes professionnels bâtiment, titres ou formations reconnus par avenant, de spécialités différentes ou connexes, de niveau au moins égal au niveau V de l'éducation nationale ou ait acquis des connaissances équivalentes par expérience professionnelle ;

- mette en oeuvre les techniques ainsi acquises dans son emploi de façon habituelle (c'est-à-dire fréquente et usuelle) dans le respect des règles de l'art.

La polyvalence ouvre droit à une majoration de 10 % du salaire conventionnel correspondant au coefficient des ouvriers de niveaux III et IV.

Représentation

Intervention auprès des tiers et des clients au nom de l'entreprise dans la limite de son travail quotidien.

Responsabilité

Fait d'être garant de ses actes professionnels dans le cadre des instructions et directives qui sont données.

Techniques connexes

Technique professionnelle qui a des rapports de similitude ou de dépendance avec le métier principal.

ANNEXE I CONVENTION COLLECTIVE NATIONALE du 8 octobre 1990

IV - LEXIQUE.

En vigueur étendu

Voir le décret n° 62-235 du 1er mars 1962 modifié

ANNEXE II Participation des entreprises du bâtiment aux organismes paritaires CONVENTION COLLECTIVE NATIONALE du 8 octobre 1990

IV - LEXIQUE.

En vigueur étendu

Voir l'accord du 13 juin 1973 modifié et son annexe

Poursuite des négociations CONVENTION COLLECTIVE NATIONALE du 8 octobre 1990

IV - LEXIQUE.

En vigueur étendu

Voir l'accord du 8 octobre 1990

Fonds d'assurance formation CONVENTION COLLECTIVE NATIONALE du 8 octobre 1990

Fonds d'assurance formation

En vigueur étendu

Voir l'accord du 23 février 1989 modifié par avenant n° 2 du 17 mars 1992

Classification CONVENTION COLLECTIVE NATIONALE du 8 octobre 1990

IV - LEXIQUE.

En vigueur étendu

Voir protocole d'accord du 30 janvier 1991

PROTECTION DES SALARIES Accord du 25 janvier 1994

Confédération de l'artisanat et des petites entreprises du bâtiment (CAPEB),

Fédération nationale des salariés de la construction et du bois CFDT ;

Fédération Bâti-Mat-TP CFTC ;

Syndicat national des cadres, techniciens et agents de maîtrise et assimilés des industries du bâtiment et des travaux publics CGC ;

Fédération nationale CGT des travailleurs de la construction ;

Fédération générale Force ouvrière du bâtiment et des travaux publics et ses activités annexes CGT - FO.

Accord du 25 janvier 1994 relatif à la protection des salariés d'entreprises du bâtiment occupant jusqu'à 10salariés, appelés à participer aux réunions paritaires et aux réunions des organismes paritaires chargés de gérer des institutions bâtim

Préambule (1)

En vigueur étendu

Les organisations professionnelles et les fédérations syndicales signataires affirment leur volonté de développer une politique contractuelle de qualité pour les petites entreprises du bâtiment et leurs salariés.

Cette politique a pour objectif de mieux prendre en compte l'expression des salariés des entreprises artisanales et les spécificités économiques des petites entreprises.

Elles retiennent dans ce cadre les étapes, en termes de moyen et de principe, constituées par l'institution d'un financement par toutes les petites entreprises du congé de formation économique, sociale et syndicale et par la mise en place d'une protection des mandatés sociaux.

Elles décident, sans remettre en cause une politique de branche, de poursuivre leur dialogue vers une meilleure organisation et un meilleur soutien financier de la négociation collective dans l'artisanat du bâtiment, ainsi que sur l'adaptation des droits collectifs des salariés pour les entreprises artisanales du bâtiment.

Cette politique contractuelle avec les acteurs des petites entreprises - artisans et salariés - renforcée à chaque échelon territorial devra être conduite, sans que cela constitue une perturbation pour les entreprises artisanales et une remise en cause pour les salariés porteurs de mandat ou ayant des fonctions syndicales.

Elles conviennent qu'elles tiendront une première réunion sur ce sujet en septembre 1994.

Ce texte vise les salariés des entreprises du bâtiment occupant jusqu'à 10 salariés munis d'un mandat de l'organisation syndicale qu'ils représentent, appelés à participer aux négociations paritaires de la branche bâtiment ou aux réunions des organismes paritaires chargés de gérer des institutions mises en place par le bâtiment.

Il assure aux salariés mandatés dans le cadre de ces missions une prise en compte particulière de leur situation en cas de procédure de licenciement les concernant, quel qu'en soit le motif.

(1) Dispositions obligatoires pour tous les employeurs et tous les salariés compris dans son champ d'application à l'exclusion d'une part des entreprises paysagistes et de reboisement répertoriées au code A.P.E. 55.10 relevant des professions agricoles et, d'autre part, des entreprises spécialisées dans l'équipement électrique des usines et autres établissements industriels répertoriés au code A.P.E. 55-40 qui, à la date du présent arrêté, appliquaient une autre convention collective que celle du bâtiment(arrêté du 10 juin 1994, art. 1er).

Champ d'application

Article 1
En vigueur étendu

Sont concernés par le présent accord les salariés occupés en France métropolitaine, à l'exclusion des DOM - TOM, dans les entreprises dont l'activité est visée à l'annexe I du présent accord.

Salariés visés par le dispositif

Article 2
En vigueur étendu

Seuls sont visés par le présent texte et le dispositif qu'il institue les salariés mandatés sociaux qui détiennent, par mandat de l'organisation qui les a désignés, le pouvoir de les représenter lors des négociations paritaires nationales, régionales ou départementales bâtiment ainsi qu'aux réunions des organismes paritaires chargés de gérer les institutions bâtiment, ci-après désignées "les réunions concernées".

Etendue du dispositif

Article 3
En vigueur étendu

3.1. Tout salarié muni d'un mandat de l'organisation syndicale qu'il représente ne doit pas subir de discrimination du fait du mandat qu'il détient et qu'il exerce.

Dans ce cadre, au cas de procédure de licenciement le concernant, la commission régionale de conciliation des litiges individuels, réunie à cet effet, pourra être appelée à émettre un avis sur l'éventuel lien entre le mandat exercé et la mesure de licenciement projetée.

3-2- Ce dispositif est ouvert à tous les salariés mandatés dans le cadre de leurs missions, dès l'instant où l'employeur a été informé par lettre recommandée avec accusé de réception, par le salarié ou son organisation syndicale, du mandat qu'il détient effectivement, le même jour que sa désignation dans l'instance concernée, organisme ou commission.

Ce dispositif est assuré pendant un an et est reconduit à chaque nouvelle réunion de manière non cumulative.

Les commissions régionales de conciliation des litiges individuels

Article 4
En vigueur étendu

Il est créé des commissions régionales de conciliation des litiges individuels dans chacune des 22 régions. Ces commissions ont vocation à régler l'ensemble des différends d'ordre individuel nés de l'exécution du contrat de travail (embauchage, conduite ou répartition du travail, mesures d'avancement, de discipline, ou de licenciement, ...) pour des salariés détenant des mandats sociaux.

4.1. Les commissions régionales de conciliation des litiges individuels sont composées de 2 représentants de chacune des organisations syndicales de salariés représentatives au plan national signataires du présent accord et d'un nombre égal de représentants des organisations d'employeurs signataires du présent accord.

Dans le cadre de ce dispositif, le salarié mandaté qui fait l'objet d'une mesure de licenciement et l'employeur concerné ne pourront pas siéger au titre de leur collège respectif.

4.2. Le secrétariat des commissions régionales de conciliation des litiges individuels est assuré par la ou les organisations patronales signataires du présent accord.

4.3. Lorsqu'un salarié mandaté dans le cadre de ces missions fait l'objet d'une procédure de licenciement dans les 12 mois qui suivent la dernière réunion paritaire ou les réunions concernées, ou dans les 12 mois à compter de l'information faite à l'employeur par lettre recommandée avec accusé de réception, ce salarié a la possibilité de demander un avis à la commission régionale de conciliation des litiges individuels territorialement compétente.

Dans ce cadre, dans la lettre de convocation à l'entretien préalable, l'employeur devra mentionner au salarié intéressé qu'il a la possibilité de saisir la commission régionale de conciliation des litiges individuels.

Le salarié mandaté social qui fait ce choix doit saisir par écrit le secrétariat de la commission régionale de conciliation des litiges individuels dans un délai de 5 jours ouvrables à compter du jour où il aura participé à l'entretien préalable au projet de son licenciement et il informera l'employeur concerné de cette saisine.

La saisine de la commission régionale de conciliation des litiges individuels suspend le cours de la procédure de licenciement engagée, et ce, jusqu'au jour où la commission aura émis son avis dans les 15 jours ouvrés au plus tard après l'entretien préalable.

4.4. Simultanément à la saisine de la commission, le salarié et l'employeur concernés adresseront au secrétariat de la commission régionale de conciliation concernée pour les litiges individuels, toutes les informations écrites utiles sur la procédure de licenciement (nom du salarié, nom de l'employeur, motifs, ...).

Dans les 24 heures ouvrables, dès réception de ces documents, le secrétariat interpellé adressera, pour information, copies des dossiers à chaque organisation signataire.

4.5. La commission régionale de conciliation des litiges individuels dispose alors d'un délai maximum de 10 jours calendaires pour instruire la demande.

A l'issue de ce délai, la commission réunie doit émettre un avis sur la procédure de licenciement engagée et justifier sa position.

Cette commission des litiges individuels, par son secrétariat, devra informer par écrit, 15 jours ouvrés au plus tard après l'entretien préalable, le salarié mandaté social qui l'a saisie ainsi que l'employeur intéressé, du contenu de l'avis qu'elle aura émis.

La poursuite de la procédure de licenciement nécessite un avis de la commission.

L'avis rendu par la commission est consultatif et ne lie en aucun cas l'employeur et le salarié mandaté social pour la suite à donner à la procédure de licenciement.

En cas de litige, le conseil de prud'hommes pourra être saisi.

PROTECTION DES SALARIES, Annexe II Accord du 25 janvier 1994

Accord du 25 janvier 1994 relatif à la protection des salariés d'entreprises du bâtiment occupant jusqu'à dix salariés, appelés à participer aux réunions paritaires et aux réunions des organismes paritaires chargés de gérer des institutions bât

ANNEXE II

Champ d'application

En vigueur étendu

Le critère d'application du présent accord est l'activité réelle exercée entreprise, le code APE attribué par l'I.N.S.E.E. ne constituant à cet égard qu'une simple présomption.

Activités visées

2106 Construction métallique

Sont uniquement visés les ateliers de production et montage d'ossatures métalliques pour le bâtiment (x).

2403 Fabrication et installation de matériel, aéraulique, thermique et frigorifique

Sont visées : les entreprises de fabrication et d'installation d'appareils de chauffage, ventilation et conditionnement d'air (x).

5510 Travaux d'aménagement des terres et des eaux, voirie, parcs et jardins.

Sont visées : pour partie, les entreprises générales de bâtiment ; les entreprises de bâtiment effectuant des travaux d'aménagement des terres et des eaux, de voirie et réseaux divers, de voirie et dans les parcs et jardins.

5512 Travaux d'infrastructure générale

Sont visées : pour partie, les entreprises générales de bâtiment ; les entreprises de bâtiment effectuant des travaux d'infrastructure générale.

5520 Entreprises de forages, de sondages ; fondations spéciales

Sont visées dans cette rubrique :

- pour partie, les entreprises générales de bâtiment ; les entreprises de bâtiment effectuant des forages ou des fondations spéciales ainsi que :

- les entreprises de maçonnerie, de plâtrerie, de travaux en ciment, béton, béton armé pour le bâtiment ;

- les entreprises de terrassement et de démolition pour le bâtiment ;

- les entreprises de terrassement et de maçonnerie pour le bâtiment, fondations par puits et consolidation pour le bâtiment.

5530 Construction d'ossatures autres que métalliques

Sont visées : pour partie, les entreprises générales de bâtiment ; les entreprises de bâtiment effectuant des travaux de construction d'ossatures autres que métalliques demandant du fait de leurs dimensions ou du procédé utilisé une technicité particulière (par exemple, charpentes d'immeubles de dix étages et plus).

5531 Installations industrielles ; montage-levage

Sont visées :

- pour partie, les entreprises générales de bâtiment ; les entreprises de bâtiment effectuant des travaux d'installations industrielles ou de montage-levage ainsi que :

- les entreprises de constructions et d'entretiens de fours industriels et de boulangerie en maçonnerie et en matériaux réfractaires de tous types ;

- les entreprises de construction de cheminées d'usine.

5540 Installation électrique

A l'exception des entreprises d'installation électrique dans les établissements industriels, de recherche radio-électrique et de l'électronique, sont visées :

- les entreprises spécialisées dans l'équipement électrique des usines et autres établissements industriels ;

- pour partie, les entreprises de couverture-plomberie et chauffage ;

- les entreprises de plomberie, chauffage et électricité ;

- les entreprises d'installations d'électricité dans les locaux d'habitation, magasins, bureaux, bâtiments industriels et autres bâtiments ;

- les entreprises de pose d'enseignes lumineuses.

5550 Construction industrialisée

Sont visées :

- pour partie, les entreprises générales de bâtiment ; les entreprises de bâtiment réalisant des constructions industrialisées ; les entreprises de fabrication et pose de maisons métalliques (x).

5560 Maçonnerie et travaux courants de béton armé

Sont visées :

- pour partie, les entreprises générales de bâtiment ; les entreprises de bâtiment effectuant de la maçonnerie et des travaux courants de terrassement, de fondation et de démolition.

5570 Génie climatique

Sont visées :

- les entreprises de couverture-plomberie et chauffage ;

- les entreprises d'installations de chauffage et d'électricité ;

- les entreprises de fumisterie de bâtiment, ramonage, installations de chauffage et de production d'eau chaude ;

- les entreprises d'installations de chauffage central, de ventilation, de climatisation ou d'isolation thermique, phonique et anti-vibratile.

5571 Menuiserie-serrurerie

A l'exclusion des entreprises de fermetures métalliques dont l'activité se limite à la fabrication, sont notamment visées :

- les entreprises de charpente en bois ;

- les entreprises d'installation de cuisine ;

- les entreprises d'aménagement de placards ;

- les entreprises de fabrication et pose de parquets (à l'exception des parquets mosaïques) ;

- les entreprises de menuiserie du bâtiment (menuiserie bois, métallique intérieure, extérieure y compris les murs-rideaux) (pose associée ou non à la fabrication) ;

- les entreprises de charpente et de maçonnerie associées ;

- les entreprises de serrurerie intérieure et extérieure du bâtiment (fabrication, pose et réparation) (x) ;

- les entreprises de pose de petite charpente en fer pour le bâtiment ;

- les entreprises de pose de clôtures ;

- les entreprises de ferronnerie pour le bâtiment (fabrication et pose associées) (x) (balcons, rampes d'escalier, grilles, ...) ;

- les entreprises de fourniture d'armatures métalliques préparées pour le béton armé (x).

5572 Couverture-plomberie-installations sanitaires

Sont visées :

- les entreprises de couverture-plomberie (avec ou sans installation de chauffage) ;

- les entreprises de couverture en tous matériaux ;

- les entreprises de plomberie-installation sanitaire ;

- les entreprises d'étanchéité.

5573 Aménagements-finitions

Sont notamment visées :

- les entreprises de construction et d'installation de stands pour les foires et expositions ;

- les entreprises de fabrication de maquettes et plans en relief ;

- les entreprises de plâtrerie, staff, cloisons en plâtre, plafonnage, plafonds en plâtre ;

- les entreprises de fabrication à façon et pose de menuiserie du bâtiment ;

- les entreprises de peinture de bâtiment, décoration ;

- les entreprises d'installations diverses dans les immeubles (notamment pose de linoléums et autres revêtements plastiques ...) ;

- les entreprises de pose de vitres, de glace, de vitrines (x) ;

- les entreprises de peinture, plâtre, vitrerie (associés) ;

- les entreprises d'installation et d'aménagement des locaux commerciaux (magasins, boutiques, devantures, bars, cafés, restaurants, vitrines ...) ; cependant, pour l'installation et l'aménagement des locaux commerciaux à base métallique (x) ;

- les entreprises de pose de paratonnerre (à l'exclusion de la fabrication) ;

- les entreprises de travaux d'aménagement spéciaux (installations de laboratoires, revêtements de sols et des murs en tous matériaux, calfeutrements métalliques, couvre-marches), à l'exclusion de la fabrication et de l'installation de matériel de laboratoire.

8708 Services de nettoyage

Sont visées pour partie, les entreprises de ramonage.

Clause d'attribution.

Les activités économiques pour lesquelles a été prévue la présente clause d'attribution seront soumises aux règles suivantes :

1. Le présent accord sera appliqué lorsque le personnel concourant à la pose - y compris le personnel des bureaux d'études, les techniciens, la maîtrise ... (le personnel administratif et le personnel dont l'activité est mal délimitée restant en dehors du calcul) - représente au moins 80 p. 100 de l'activité de l'entreprise caractérisée par les effectifs respectifs.

2. Lorsque le personnel concourant à la pose au sens ci-dessus se situe entre 20 p. 100 et 80 p. 100 les entreprises peuvent opter pour l'application du présent texte, après accord avec les représentants des organisations signataires du présent texte ou, à défaut, des représentants du personnel, s'ils existent.

Cette option sera portée à la connaissance du personnel dans un délai de trois mois à compter soit de la publication de l'arrêté portant extension du présent accord, soit, pour les entreprises créées postérieurement, de la date de leur création.

3. Lorsque le personnel concourant à la pose au sens ci-dessus représente moins de 20 p. 100 le présent accord n'est pas applicable.

Cas des entreprises mixtes bâtiment et travaux publics.

Pour l'application du présent accord, est considérée comme entreprise mixte bâtiment et travaux publics, celle dont les activités sont partagées entre d'une part une ou plusieurs activités bâtiment, telles qu'elles sont énumérées dans le présent champ d'application, et d'une part une ou plusieurs activités travaux publics, telles qu'elles sont définies par la nomenclature d'activités issues du décret n° 73-1306 du 9 novembre 1973.

1. Le présent accord sera appliqué par les entreprises mixtes bâtiment et travaux publics, lorsque le personnel effectuant des travaux correspondant à une ou plusieurs activités bâtiment, telles qu'elles sont énumérées dans le présent champ d'application, représente au moins 60 p. 100 de l'ensemble du personnel de l'entreprise.

2. Lorsque le personnel effectuant des travaux correspondant à une ou plusieurs activités bâtiment se situe entre 40 p. 100 et 60 p. 100 de l'ensemble du personnel, les entreprises mixtes bâtiment et travaux publics peuvent opter, après accord des représentants du personnel, s'ils existent, pour l'application du présent accord.

Cette option sera portée à la connaissance du personnel dans un délai de trois mois à compter soit de la publication de l'arrêté portant extension de la présente convention collective nationale, soit pour les entreprises créées postérieurement à la date de création.

3. Lorsque le personnel d'une entreprise mixte effectuant des travaux correspondant à une ou plusieurs activités bâtiments représente moins de 40 p. 100 de l'ensemble du personnel, le présent accord n'est pas applicable. Cas des entreprises de menuiserie métalliques et de menuiserie et fermetures métalliques.

Est également incluse dans le champ d'application, l'activité suivante, classée dans le groupe ci-dessous :

2107 Menuiserie métallique du bâtiment.

Toutefois, l'extension du présent accord ne sera pas demandée pour cette activité.

Il en sera de même pour la fabrication et la pose associée de menuiserie et de fermetures métalliques classées dans le groupe 5571.

(1) Dispositions obligatoires pour tous les employeurs et tous les salariés compris dans son champ d'application à l'exclusion d'une part des entreprises paysagistes et de reboisement répertoriées au code A.P.E. 55-10 relevant des professions agricoles et, d'autre part, des entreprises spécialisées dans l'équipement électrique des usines et autres établissements industriels répertoriés au code A.P.E. 55-40 qui, à la date du présent arrêté, appliquaient une autre convention collective que celle du bâtiment (arrêté du 10 juin 1994, art. 1er).

Accord du 2 janvier 1992 relatif aux réunions paritaires régionales (Région Basse-Normandie)

Fédération du bâtiment de la région Basse-Normandie ;
Fédération régionale des entreprises artisanales du bâtiment de Basse-Normandie ;
La chambre de l'équipement électrique du Calvados.

C.G.T. - F.O. ;
C.F.T.C. ;
C.G.C..

Indemnisation des salariés du bâtiment de Basse-Normandie aux réunions paritaires régionales.

Préambule
En vigueur non étendu

Dans le but de fixer les règles applicables à l'indemnisation des salariés du bâtiment appelés à participer aux réunions paritaires régionales et en application de l'article L. 132-17 du code du travail et de l'article 7-4 des accords collectifs nationaux du 8 octobre 1990,

il a été convenu ce qui suit :

En vigueur non étendu

Pour participer aux réunions paritaires régionales convoquées à l'initiative des organisations d'employeurs signataires, les salariés des entreprises de bâtiment, affiliées à l'une ou l'autre de ces organisations, bénéficient dans la limite maximale de trois personnes, soit une par département et par organisation syndicale signataire d'une autorisation d'absence.

Ils doivent justifier d'un mandat de leur organisation syndicale (le mandat étant une lettre d'accréditation pour la réunion précisant notamment l'objet, le lieu et l'heure) et prévenir leur employeur, dans la limite du possible, au moins deux jours ouvrés avant la date de réunion paritaire.

Les représentants permanents des organisations syndicales de salariés ne sont pas visés par le présent protocole.

En vigueur non étendu

Les heures de travail non effectuées du fait de ces absences, qu'elles soient comprises ou non dans l'horaire de travail, seront assimilées à la journée de travail effectif et seront payées comme telles sur justificatif d'une attestation de présence par le président de séance. Elles ne donneront pas lieu de la part des employeurs concernés à déduction du salaire mensuel des salariés intéressés. Elles ne seront pas imputables sur les congés payés de ces salariés.

En vigueur non étendu

Les frais de déplacement seront remboursés par la fédération du bâtiment de la région Basse-Normandie aux seuls salariés visés à l'article 1er ci-dessus, dans les conditions suivantes :

a) Frais de transport :

Les frais de transport, sur justificatifs, seront indemnisés sur la base des indemnités kilométriques versées aux agents de l'Etat et des collectivités locales, véhicules de 5 chevaux et moins jusqu'à 2.000 kilomètres, soit à ce jour 1,17 F et seront révisés selon le même barème.

b) Frais de repas :

A chaque réunion, les frais de repas seront indemnisés sur la base du repas "Indemnité de petits déplacements" en vigueur le jour de la réunion.

NÉGOCIATION COLLECTIVE DANS LE BÂTIMENT Avenant n° 1 du 4 mai 1995

La confédération de l'artisanat et des petites entreprises du bâtiment (CAPEB) ;

La fédération nationale des salariés de la construction et du bois CFDT ;

La fédération Bâti-Mat - TP CFTC ;

Le syndicat national des cadres, techniciens et agents de maîtrise et assimilés des industries du bâtiment et des travaux publics CGC ;

La fédération nationale CGT des travailleurs de la construction ;

La fédération générale Force ouvrière du bâtiment et des travaux publics et ses activités annexes CGT-FO.

préambule

En vigueur étendu

Conformément à l'accord du 25 janvier 1994 dont le présent texte constitue un avenant, les organisations professionnelles d'employeurs et les fédérations syndicales de salariés représentatives au niveau national (CFDT, CFTC, CFE - CGC, CGT, CGT - FO), réaffirment leur volonté de développer une politique contractuelle de qualité pour les entreprises artisanales du bâtiment et leurs salariés.

Ce postulat suppose la reconnaissance des particularismes des entreprises artisanales, notamment par une meilleure prise en compte de l'expression de leurs salariés.

Cet avenant à l'accord du 25 janvier 1994 relatif à l'organisation de la négociation collective de branche à tous les échelons territoriaux pour les entreprises du bâtiment occupant jusqu'à 10 salariés comporte 2 chapitres.

Le premier concerne les modalités d'organisation de cette négociation, à raison d'une prise en charge de 2 représentants salariés en activité par fédération syndicale représentative au niveau national et par réunion.

Chaque salarié négociateur a le droit de s'absenter de l'entreprise artisanale pour participer aux réunions paritaires nationales, régionales ou départementales et pour assister à 2 réunions préparatoires ou de suivi par an.

Au regard des structures des entreprises artisanales du bâtiment, les fédérations syndicales de salariés et d'employeurs représentatives au niveau national signataires mettront tout en oeuvre pour éviter que le salarié nommé par son organisation syndicale ne cumule plusieurs mandats, afin de limiter ainsi le nombre de réunions pour un même salarié ou pour un même employeur issu d'une entreprise artisanale du bâtiment.

Le second envisage le financement du droit à la négociation collective par la création d'une association paritaire ayant vocation à participer à l'information des négociateurs paritaires, ainsi qu'au remboursement de leurs frais de déplacement et de leurs rémunérations ou indemnités de perte de revenus.

Ce texte consacre un soutien financier à l'exercice de la représentation syndicale dans les entreprises artisanales et constitue un début d'adaptation des droits collectifs des salariés de ces entreprises.

Après 2 années d'application de l'accord, les partenaires sociaux conviennent de se rencontrer pour en faire le bilan, et particulièrement concernant l'évolution du fait syndical dans les entreprises artisanales.

Avenant n° 1 à l'accord du 25 janvier 1994 portant organisation de la négociation collective dans le bâtiment pour les salariés employés dans les entreprises jusqu'à 10 salariés

Chapitre préliminaire : Champ d'application.

En vigueur étendu

Sont concernés par le présent accord, les salariés occupés dans les entreprises employant jusqu'à 10 salariés en France métropolitaine, à l'exclusion des DOM-TOM, et dont l'activité est visée à l'annexe I du présent accord.

Chapitre Ier : Modalités d'organisation de la négociation collective dans les entreprises du bâtiment employant jusqu'à 10 salariés

Bénéfice et application des conventions collectives et accords du bâtiment.

I-1

En vigueur étendu

Les partenaires sociaux réaffirment le principe de la nécessaire application des conventions collectives et des accords du bâtiment à l'ensemble des salariés du bâtiment.

Modalités de la négociation collective.

I-2

En vigueur étendu

A l'occasion de chaque réunion de commission paritaire nationale, régionale, départementale, convoquée en vue de la négociation ou de la révision d'accords paritaires, chaque organisation syndicale de salariés représentative au niveau national dans le champ d'application de l'accord peut inclure dans sa délégation un maximum de 2 salariés en activité dans une entreprise relevant du champ d'application de cet accord.

Ainsi, le nombre total de salariés ainsi définis ne peut être supérieur à 10 pour une même réunion.

Un accord conclu entre les organisations syndicales représentatives au niveau national de salariés membres d'une commission paritaire détermine la répartition des salariés en activité et règle les problèmes susceptibles d'être posés, dans le cas où plusieurs salariés d'une même entreprise artisanale sont désignés pour participer à la négociation.

En cas de litige, la décision est prise par la commission paritaire nationale visée à l'article III-1er du présent accord.

Participation à la négociation collective.

I-3

En vigueur étendu

Les salariés en activité désignés à l'article I-2 bénéficient de l'autorisation de s'absenter de leur lieu de travail pour participer à la réunion d'une commission paritaire, sur présentation à l'employeur d'une convocation écrite.

Dans le souci d'une bonne organisation du travail au sein de l'entreprise, les convocations écrites devront parvenir aux organisations syndicales de salariés au moins huit jours avant la date de la réunion.

Les frais de déplacement des salariés sont pris en charge dans les conditions définies par l'association paritaire nationale visée à l'article II-1er du présent accord.

Le présent article se substitue aux clauses moins favorables ayant le même objet des conventions et accords collectifs conclus dans le champ d'application du présent accord.

Les conventions et accords signés dans le champ d'application du présent accord sont conclus par référence aux dispositions de l'article L. 132-17, alinéa 1 du code du travail.

Participation aux commissions paritaires nationales.

I-3-1

En vigueur étendu

Pour participer aux réunions paritaires nationales convoquées à l'initiative des organisations nationales d'employeurs signataires, les salariés d'entreprises du bâtiment bénéficieront d'une autorisation d'absence, s'ils justifient d'un mandat de leur organisation syndicale (le mandat étant une lettre d'accréditation pour la réunion précisant notamment l'objet, le lieu et l'heure) et s'ils préviennent leur employeur au moins 2 jours ouvrés avant la date de la réunion paritaire, sauf cas de force majeure. Les heures de travail non effectuées du fait de ces absences seront assimilées à des heures de travail effectif.

Elles ne donneront pas lieu de la part des employeurs concernés à déduction du salaire mensuel des salariés intéressés. Elles ne seront pas imputables sur les congés payés et sur le repos compensateur de ces salariés.

Les heures passées en réunion et en transport qui ne seront pas comprises dans l'horaire habituel de travail des intéressés ne sont pas indemnisées. L'association paritaire devra prendre en compte, le cas échéant, les situations particulières.

Les absences des salariés ayant la qualité de représentant du personnel ne seront pas imputées sur le crédit d'heures dont ils disposent du fait de leur(s) mandat(s) dans l'entreprise.

Participation aux commissions paritaires régionales (1).

I-3-2

En vigueur étendu

Chaque fois que des salariés seront appelés à participer à une commission paritaire décidée entre les organisations syndicales régionales ou à défaut départementales. Dans ce cas, il est souhaitable que la fixation des montants et la réunion des instances de négociation interviennent à terme à l'échelon régional.

Adhérentes aux organisations syndicales représentatives au plan national, il appartiendra aux organisations ayant organisé la réunion de déterminer de quelle façon et dans quelles limites (nombre de participants, durée, etc.) il conviendra de faciliter cette participation.

Participation à des réunions de préparation ou de suivi.

I-4

En vigueur étendu

Les salariés en activité désignés à l'article I-2 bénéficient de l'autorisation de s'absenter de leur travail pour participer à 2 réunions préparatoires ou de suivi par an.

Pour ce faire, les salariés doivent présenter à leur employeur une convocation écrite émanant de leur organisation syndicale au moins 2 jours ouvrés avant la date de la réunion de préparation ou de suivi.

Le salaire est maintenu et les frais de déplacement sont pris en charge dans les conditions de l'article I-3.

Chapitre II : Le financement du droit à la négociation collective

Création d'une association paritaire.

II-1

En vigueur étendu

Les organisations signataires du présent accord s'entendent pour créer une association paritaire.

L'association paritaire élit parmi ses membres un président et un secrétaire issus, l'un du collège employeur, l'autre du collège salarié, pour une durée de deux ans.

Cette association a vocation à participer à l'information des négociateurs paritaires ainsi qu'au remboursement de leurs frais de déplacement et de leurs rémunérations ou indemnités de perte de revenus.

Dans ce but, l'association paritaire recueille et gère les cotisations qui lui sont destinées.

Cotisations des employeurs à l'association paritaire.

II-2

En vigueur étendu

Tous les employeurs de salariés d'entreprises artisanales du bâtiment entrant dans le champ d'application du présent accord contribuent au financement du droit à la négociation collective par le versement à l'association paritaire d'une cotisation égale à 0,05 % des salaires entrant dans l'assiette des cotisations de sécurité sociale.

Cette cotisation est recouvrée par les caisses de prévoyance en même temps et dans les mêmes conditions que la cotisation affectée au financement de la formation professionnelle continue.

Affectation du montant des cotisations recueillies.

II-3

En vigueur étendu

Le montant total et global des cotisations recueillies par l'association paritaire est affecté :

- pour moitié au financement de l'exercice du droit à la négociation collective des salariés ;

- pour moitié au financement de l'exercice du droit à la négociation collective des employeurs.

Ces 2 parts, une fois réparties entre chaque collège, sont alors affectées dans les conditions suivantes :

1. Pour le collège employeur :

- Une part A 1, destinée au financement des frais exposés par les représentants des employeurs à l'occasion de la négociation collective.

Ces frais sont composés des frais de déplacement et des indemnités de manque à gagner.

La part A 1 représente 40 % de la part totale affectée au collège employeur.

- Une part B 1, destinée au financement des frais exposés par les organisations professionnelles signataires de cet accord, pour l'information des participants à la négociation collective, l'organisation et la préparation des réunions ainsi que la prise en charge financière des modalités nécessaires à la poursuite des activités de l'entreprise en l'absence du salarié.

La part B 1 représente 60 % de la part totale affectée au collège employeur.

2. Pour le collège salarié :

- Une part A 2, destinée au financement des frais exposés par les représentants des salariés à l'occasion de la négociation collective.

Ces frais sont composés des frais de déplacement, des salaires maintenus, ainsi que des charges sociales correspondantes.

La part A 2 représente 40 % de la part totale affectée au collège salarié.

- Une part B 2, destinée au financement des frais exposés par les organisations syndicales représentatives au niveau national signataires de cet accord, pour l'incitation à la multiplication du nombre de représentants syndicaux dans les entreprises artisanales, notamment par la promotion de cet accord, et de l'accord du 25 janvier 1994, l'information des participants à la négociation collective et la préparation des réunions paritaires.

La part B 2 représente 60 % de la part totale affectée au collège salarié.

L'affectation des parts dans les deux collèges a vocation à demeurer transitoire et à être revue lors de la réunion de bilan prévue au préambule du présent accord pour tenir compte de l'augmentation du nombre de représentants syndicaux issus d'entreprises artisanales et, par voie de conséquence, de l'évolution du montant des indemnités prises en charge par la part A 2.

Utilisation de la part A 1 " employeurs ".

II-4

En vigueur étendu

La part A 1 destinée aux représentants des employeurs est utilisée par l'association paritaire pour la prise en charge des frais engagés par ceux-ci et leur organisation professionnelle lors des réunions des commissions paritaires convoquées en vue de la négociation d'une convention ou d'un accord paritaire dans le champ d'application de cet accord.

Constituent " des organisations professionnelles " pour l'application de cet article, les associations, les syndicats, les unions, les fédérations à compétence nationale, régionale ou départementale, membres d'une des organisations nationales représentatives des employeurs *signataires de cet accord* (1).

Le nombre de représentants des employeurs susceptibles d'être pris en charge ne peut pas excéder 10 pour une même réunion.

A l'issue de chaque réunion, l'une des organisations professionnelles transmet à l'association paritaire un état des présences des participants aux réunions.

L'association verse alors par participant - artisan employeur en activité relevant d'une entreprise entrant dans le champ d'application de l'accord - un montant forfaitaire à l'organisation professionnelle.

Chaque organisation détermine elle-même les règles de prise en charge des frais exposés par leurs représentants.

Ce montant forfaitaire est déterminé tous les ans par le conseil d'administration de l'association paritaire.

Si à la fin de l'exercice, le montant de la part patronale A 1 n'est pas épuisé, les sommes restantes sont réparties entre les organisations professionnelles ayant participé au moins à une réunion paritaire au cours de l'exercice écoulé.

La répartition intervient alors selon les modalités prévues à l'article 2-5 ci-après.

(1) Mots exclus de l'extension (arrêté du 22 juillet 1996, art. 1er).

Utilisation de la part B 1 " employeurs ".

II-5

En vigueur étendu

La part B 1 est répartie par l'association paritaire entre les organisations d'employeurs représentatives de l'artisanat du bâtiment, en fonction de leur représentativité prise au sens des dispositions du décret n° 59-1315 du 19 novembre 1959 et telle qu'elle est constatée par le ministère chargé de l'artisanat, à l'occasion du renouvellement triennal du collège syndical des chambres de métiers.

En ce qui concerne les organisations professionnelles nationales représentatives du secteur de l'artisanat du bâtiment qui ne seraient pas représentées dans ce collège, mais qui participent à la négociation collective de branche, un montant correspondant à 1 % de la part B 1 leur est réservé.

Les parties conviennent de réviser ce montant dans l'hypothèse où le nombre ou l'audience des organisations concernées connaîtrait une évolution significative de nature à affecter sa fixation.

II-5

En vigueur étendu

Modifié par Avenant n° 2 du 14 novembre 1995 en vigueur le 1er août 1996 BO conventions collectives 95-51, étendu par arrêté du 22 juillet 1996 JORF 26 juillet 1996.

La part B 1 est répartie par l'association paritaire entre les organisations d'employeurs représentatives de l'artisanat du bâtiment, en fonction de leur représentativité prise au sens des dispositions du décret n° 59-1315 du 19 novembre 1959 et telle qu'elle est constatée par le ministère chargé de l'artisanat, à l'occasion du renouvellement triennal du collège syndical des chambres de métiers.

En ce qui concerne les organisations professionnelles nationales représentatives du secteur de l'artisanat du bâtiment qui ne seraient pas représentées dans ce collège, mais qui participent à la négociation collective de branche, un montant correspondant à 1 % de la part B 1 leur est réservé.

Les parties conviennent de réviser ce montant dans l'hypothèse où le nombre ou l'audience des organisations concernées connaîtrait une évolution significative de nature à affecter sa fixation.

Utilisation de la part A 2 " salariés ".

II-6

En vigueur étendu

Cette part A 2 est prioritairement utilisée par l'association paritaire pour :

- le remboursement des salaires maintenus par les employeurs en application des articles I-3 et I-4 et des charges sociales correspondantes.

Pour ce faire, les employeurs concernés transmettent, par l'intermédiaire de leur organisation professionnelle, l'état justificatif de la dépense à l'association paritaire qui en assure le remboursement ;

- la prise en charge des frais de déplacement due en application des articles 1-3 et 1-4.

Ces frais sont payés aux salariés concernés par l'une des organisations professionnelles des employeurs et lui sont remboursés par l'association paritaire.

A la fin de l'exercice considéré, si le conseil d'administration de l'association paritaire constate que la totalité de la part A 2 n'a pas été consommée, l'excédent restant est réparti entre les organisations syndicales de salariés représentatives au niveau national signataires du présent accord au prorata de la participation de leurs représentants salariés issus des entreprises jusqu'à 10 salariés dans les différentes négociations paritaires.

Utilisation de la part B 2 " salariés ".

II-7

En vigueur étendu

La part B 2 est répartie à parts égales par l'association paritaire entre les organisations syndicales de salariés représentatives au niveau national signataires de cet accord.

Chapitre III : Dispositions finales

Création d'une commission paritaire nationale.

III-1

En vigueur étendu

Les parties signataires du présent accord national constituent une commission paritaire nationale d'interprétation du présent accord. Elle formule également des avis et prend les décisions visées aux articles 1-2, 1-3 et 1-4.

La commission paritaire nationale est composée de 2 représentants, un titulaire et un suppléant, de chacune des organisations syndicales de salariés signataires et un nombre de représentants des employeurs équivalent.

Le secrétariat de la commission paritaire nationale est tenu par la ou l'une des organisations patronales signataires de cet accord.

La commission paritaire nationale se réunit sur convocation du secrétaire, dans le délai de 1 mois au plus tard qui suit la demande de réunion formulée par une des organisations signataires de cet accord.

Entrée en vigueur.

III-2

En vigueur étendu

Cet accord entrera en vigueur le premier jour du mois civil suivant la publication de l'arrêté d'extension.

Extension.

III-3

En vigueur étendu

Les parties signataires demandent l'extension du présent accord au ministère du travail, de l'emploi et de la formation professionnelle.

ANNEXE I Avenant n° 1 du 4 mai 1995

Champ d'application.

En vigueur étendu

Le critère d'application du présent accord est l'activité réelle exercée par l'entreprise, le code APE attribué par l'INSEE ne constituant à cet égard qu'une simple présomption.

Activités visées :

2106. - Construction métallique.

Sont uniquement visés les ateliers de production et montage d'ossatures métalliques pour le bâtiment (x).

2403. - Fabrication et installation de matériel aéraulique, thermique et frigorifique.

Sont visées :

- les entreprises de fabrication et d'installation d'appareils de chauffage, ventilation et conditionnement d'air (x).

5510. - Travaux d'aménagement des terres et des eaux, voirie, parcs et jardins.

Sont visées :

- pour partie, les entreprises générales de bâtiment ; les entreprises de bâtiment effectuant des travaux d'aménagement des terres et des eaux, de voirie et réseaux divers et dans les parcs et jardins.

5512. - Travaux d'infrastructure générale.

Sont visées :

- pour partie, les entreprises générales de bâtiment ; les entreprises de bâtiment effectuant des travaux d'infrastructure générale.

5520. - Entreprises de forages, de sondages, fondations spéciales.

Sont visées dans cette rubrique :

- pour partie, les entreprises générales de bâtiment ; les entreprises de bâtiment effectuant des forages, sondages ou des fondations spéciales ;

- les entreprises de maçonnerie, de plâtrerie, de travaux en ciment, béton, béton armé pour le bâtiment ;

- les entreprises de terrassement et de démolition pour le bâtiment ;

- les entreprises de terrassement et de maçonnerie pour le bâtiment, fondations par puits et consolidation pour le bâtiment.

5530. - Construction d'ossatures autres que métalliques.

Sont visées :

- pour partie, les entreprises générales de bâtiment ; les entreprises de bâtiment effectuant des travaux de construction d'ossatures autres que métalliques demandant du fait de leurs dimensions ou du procédé utilisé une technicité particulière (par exemple, charpentes d'immeubles de 10 étages et plus).

5531. - Installations industrielles, montage-levage.

Sont visées :

- pour partie, les entreprises générales de bâtiment ; les entreprises de bâtiment effectuant des travaux d'installations industrielles ou de montage-levage ;

- les entreprises de construction et d'entretien de fours industriels et de boulangerie en maçonnerie et en matériaux réfractaires de tous types ;

- les entreprises de construction de cheminées d'usine.

5540. - Installation électrique.

A l'exception des entreprises d'installation électrique dans les établissements industriels, de recherche radio-électrique et de l'électronique, sont visées :

- les entreprises spécialisées dans l'équipement électrique des usines et autres établissements industriels (à l'exception de celles qui, à la date de la publication de l'arrêté portant extension du présent accord, appliquaient une autre convention collective que celles du bâtiment) ;

- pour partie, les entreprises de couverture-plomberie et chauffage ;

- les entreprises de plomberie, chauffage et électricité ;

- les entreprises d'installations d'électricité dans les locaux d'habitation, magasins, bureaux, bâtiments industriels et autres bâtiments ;

- les entreprises de pose d'enseignes lumineuses.

5550. - Construction industrialisée.

Sont visées :

- pour partie, les entreprises générales de bâtiment ; les entreprises de bâtiment réalisant des constructions industrialisées ; les entreprises de fabrication et pose de maisons métalliques (x).

5560. - Maçonnerie et travaux courants de béton armé.

Sont visées :

- pour partie, les entreprises générales de bâtiment ; les entreprises de bâtiment effectuant de la maçonnerie et des travaux courants de terrassement, de fondation et de démolition.

5570. - Génie climatique.

Sont visées :

- les entreprises de couverture-plomberie et chauffage ;

- les entreprises d'installations de chauffage et d'électricité ;

- les entreprises de fumisterie de bâtiment, ramonage, installations de chauffage et de production d'eau chaude ;

- les entreprises d'installations de chauffage central, de ventilation, de climatisation ou d'isolation thermique, phonique et antivibratile.

5571. - Menuiserie-serrurerie.

A l'exclusion des entreprises de fermetures métalliques dont l'activité se limite à la fabrication, sont notamment visées :

- les entreprises de charpente en bois ;

- les entreprises d'installation de cuisine ;

- les entreprises d'aménagement de placards ;

- les entreprises de fabrication et pose de parquets (à l'exception des parquets mosaïques) ;

- les entreprises de menuiserie du bâtiment (menuiserie bois, métallique intérieure, extérieure y compris les murs-rideaux, pose associée ou non à la fabrication) ;

- les entreprises de charpente et de maçonnerie associées ;

- les entreprises de serrurerie intérieure et extérieure du bâtiment (fabrication, pose et réparation) (x) ;

- les entreprises de pose de petite charpente en fer pour le bâtiment ;

- les entreprises de pose de clôtures ;

- les entreprises de ferronnerie pour le bâtiment (fabrication et pose associés) (x) (balcons, rampes d'escalier, grilles) ;

- les entreprises de fourniture d'armatures métalliques préparées pour le béton armé (x).

5572. - Couverture-plomberie-installations sanitaires.

Sont visées :

- les entreprises de couverture-plomberie (avec ou sans installation de chauffage) ;

- les entreprises de couverture en tous matériaux ;

- les entreprises de plomberie-installation sanitaire ;

- les entreprises d'étanchéité.

5573. - Aménagements-finitions.

Sont notamment visées :

- les entreprises de construction et d'installation de stands pour les foires et expositions ;

- les entreprises de fabrication de maquettes et plans en relief ;

- les entreprises de plâtrerie, staff, cloisons en plâtre, plafonnage, plafonds en plâtre ;

- les entreprises de fabrication à façon et pose de menuiserie du bâtiment ;

- les entreprises de peinture de bâtiment, décoration ;

- les entreprises d'installations diverses dans les immeubles (notamment pose de linoléums et autres revêtements plastiques).

Pour les entreprises de pose de vitres, de glaces, de vitrines (x) :

- les entreprises de peinture, plâtre, vitrerie (associés) ;

- les entreprises d'installations et d'aménagement des locaux commerciaux (magasins, boutiques, devantures, bars, cafés, restaurants, vitrines) ; cependant, pour l'installation et l'aménagement des locaux commerciaux à base métallique (x) ;

- les entreprises de pose de paratonnerre (à l'exclusion de la fabrication) ;

- les entreprises de travaux d'aménagement spéciaux (installations de laboratoires, revêtements de sols et des murs en tous matériaux, calfeutrement métalliques, couvre-marches), à l'exclusion de la fabrication et de l'installation de matériel de laboratoire.

8708. - Services de nettoyage.

Sont visées :

- pour partie, les entreprises de ramonage.

(x) Clauses d'attribution

Les activités économiques pour lesquelles a été prévue la présente clause d'attribution seront soumises aux règles suivantes :

1. Le présent accord sera appliqué lorsque le personnel concourant à la pose - y compris le personnel des bureaux d'études, les techniciens, la maîtrise (le personnel administratif et le personnel dont l'activité est mal délimitée restant en dehors du calcul) - représente au moins 80 p. 100 de l'activité de l'entreprise caractérisée par les effectifs respectifs.

2. Lorsque le personnel concourant à la pose au sens ci-dessus se situe entre 20 % et 80 %, les entreprises peuvent opter pour l'application du présent texte, après accord avec les représentants des organisations signataires du présent texte ou, à défaut, des représentants du personnel, s'ils existent.

Cette option sera portée à la connaissance du personnel dans un délai de 3 mois à compter soit de la publication de l'arrêté portant extension du présent accord, soit, pour les entreprises créées postérieurement, de la date de leur création.

3. Lorsque le personnel concourant à la pose au sens ci-dessus représente moins de 20 %, le présent accord n'est pas applicable.

Cas des entreprises mixtes bâtiment et travaux publics

Pour l'application du présent accord, est considérée comme entreprise mixte bâtiment et travaux publics celle dont les activités sont partagées entre d'une part une ou plusieurs activités bâtiment, telles qu'elles sont énumérées dans le présent champ d'application, et d'autre part une ou plusieurs activités travaux publics, telles qu'elles sont définies par la nomenclature d'activités issues du décret n° 73-1306 du 9 novembre 1973.

1. Le présent accord sera appliqué par les entreprises mixtes bâtiment et travaux publics lorsque le personnel effectuant des travaux correspondant à une ou plusieurs activités bâtiment, telles qu'elles sont énumérées dans le présent champ d'application, représente au moins 60 % de l'ensemble du personnel de l'entreprise.

2. Lorsque le personnel effectuant des travaux correspondant à une ou plusieurs activités bâtiment se situe entre 40 % et 60 % de l'ensemble du personnel, les entreprises mixtes bâtiment et travaux publics peuvent opter, après accord des représentants du personnel, s'ils existent, pour l'application du présent accord.

Cette option sera portée à la connaissance du personnel dans un délai de 3 mois à compter soit de la publication de l'arrêté portant extension du présent accord, soit pour les entreprises créées postérieurement de la date de création.

3. Lorsque le personnel d'une entreprise mixte effectuant des travaux correspondant à une ou plusieurs activités bâtiment représente moins de 40 % de l'ensemble du personnel, le présent accord n'est pas applicable.

Cas des entreprises de menuiserie métallique ou de menuiserie et fermeture métalliques

Est également incluse dans le champ d'application l'activité suivante, classée dans le groupe ci-dessous :

2107. - Menuiserie métallique de bâtiment.

Toutefois, l'extension du présent accord ne sera pas demandée pour cette activité.

Il en sera de même pour la fabrication et la pose associée de menuiserie et de fermetures métalliques classées dans le groupe 5571.

APPLICATION DE L'ACCORD NATIONAL DU 9 SEPTEMBRE 1998 SUR LA RÉDUCTION ET L'AMÉNAGEMENT DU TEMPS DE TRAVAIL Accord du 25 septembre 1998

Organisation patronale signataire :
La CAPEB Jura,

Syndicats de salariés signataires :
Le syndicat CFDT du Jura ;
Le syndicat CFE-CGC du Jura,

Préambule

En vigueur non étendu

Préambule

Les partenaires sociaux du département du Jura veulent valoriser le rôle moteur qu'ils ont eu pour la signature de l'accord national du 9 septembre 1998.

Ils reconnaissent la nécessité d'appliquer la loi et souhaitent permettre une meilleure organisation des entreprises et des conditions de vie plus favorables pour les salariés.

Ils souhaitent impulser une dynamique originale et novatrice afin de favoriser l'application de l'accord du 9 septembre 1998 dans le département du Jura.

Ils souhaitent enfin cadrer l'accord national avec les réalités du département du Jura.

Modalités particulières de mise en oeuvre : de l'accord du 9 septembre 1998.

Article 1

En vigueur non étendu

Les entreprises du bâtiment du département du Jura visées par l'accord du 1er mars 1962 (c'est-à-dire occupant jusqu'à 10 salariés) qui souhaitent appliquer l'accord du 9 septembre 1998 devront appliquer les modalités décrites aux articles 2 et suivants.

Application de l'article 8 de l'accord du 9 septembre 1998.

Article 2

En vigueur non étendu

Dans le département du Jura, la période de modulation pourra être la semaine, la quinzaine, le mois, le trimestre ou le semestre.

Rémunération des petits déplacements.

Article 3

En vigueur non étendu

La rémunération des petits déplacements se fera conformément à la convention collective et la loi en vigueur. Toutefois, l'employeur pourra proposer d'autres modalités d'indemnisation des petits déplacements aux salariés, à la condition que celles-ci soient plus favorables aux salariés (notamment indemnisation du temps passé à moitié du taux horaire). La mise en oeuvre de ce dispositif ne pourra se faire qu'avec l'accord des salariés.

Intempéries.

Article 4

En vigueur non étendu

L'article 5 de la convention départementale du 18 juin 1959 reste en vigueur.

Entrée en vigueur.

Article 5

En vigueur non étendu

Cet accord entrera en application le premier jour du mois civil suivant la parution au Journal officiel de son arrêté d'extension et de l'arrêté d'extension de l'accord du 9 septembre 1998.

Extension.

Article 6
En vigueur non étendu

Les parties signataires demandent l'extension du présent accord au ministère de l'emploi et de la solidarité.

Dépôt légal - Communication.

Article 7
En vigueur non étendu

Le présent accord sera adressé par lettre recommandée avec demande d'avis de réception à la DDTEFP et au secrétariat du greffe du conseil des prud'hommes du Jura dès son entrée en vigueur.

Il sera communiqué aux représentants du personnel et aux salariés selon les dispositions prévues à l'article L. 135-7 du code du travail.

Cet accord comporte 2 pages.

Accord du 15 février 2002 relatif aux astreintes (Région Centre)

CAPEB Centre.

UR Centre CGT contruction ;

UR Centre CFDT construction ;

SR Centre CFE-CGC BTP.

Préambule

En vigueur étendu

Le présent accord est conclu dans le cadre de l'article 2 de l'avenant n° 1 du 10 mai 2000, à l'accord national du 9 septembre 1998 sur la réduction du temps de travail dans les entreprises du bâtiment visées par le décret du 1er mars 1962 (c'est-à-dire occupant jusqu'à 10 salariés), ainsi que dans le cadre de l'article L. 212-4 bis du code du travail.

Pour satisfaire les besoins de leur clientèle, et notamment effectuer des opérations de dépannage et de maintenance des matériels et installations, les entreprises peuvent avoir recours aux astreintes.

L'astreinte aux termes de l'article 2 susvisé est la période pendant laquelle le salarié, sans être à la disposition permanente et immédiate de l'employeur, a l'obligation de demeurer à son domicile ou à proximité, afin d'être en mesure d'intervenir pour effectuer un travail au service de l'entreprise, la durée de l'intervention étant considérée comme du temps de travail effectif.

Le présent accord relatif à l'astreinte ne modifie et ne se substitue en rien aux règles relatives aux travaux d'urgence qui doivent toujours continuer à s'appliquer. De ce fait, l'exécution d'un travail d'urgence pendant une période d'astreinte entraîne de suite l'arrêt de l'astreinte (1).

(1) Alinéa étendu sous réserve de l'application des dispositions des articles L. 221-12 et D. 220-5 du code du travail (arrêté du 10 avril 2003, art. 1er).

I. - Contenu de l'accord.

Article 1
En vigueur étendu

Pendant l'astreinte, le salarié n'est pas à la disposition de l'employeur, il peut donc se déplacer pour ses besoins personnels et familiaux dans un environnement proche du domicile déclaré à son employeur, afin de permettre à ce dernier d'exercer l'astreinte dans les conditions énoncées ci-dessous. Il doit pouvoir être joint à tout moment.

Une copie du présent accord devra être remise par l'employeur à chaque salarié concerné par l'astreinte.

Rayon d'intervention.

Article 2
En vigueur étendu

Le rayon d'intervention maximum est la distance qui sépare le lieu d'embauche du salarié du lieu d'intervention.

Il est de 50 kilomètres maximum à partir du lieu d'embauche du salarié, centre de la zone concentrique.

Délai d'intervention.

Article 3
En vigueur étendu

Le délai d'intervention est le temps nécessaire pour le salarié pour se rendre sur le lieu d'intervention à partir de l'appel téléphonique.

Le salarié doit être en mesure d'intervenir dans un délai raisonnable, compatible avec la nature de l'intervention.

Délai de prévenance.

Article 4
En vigueur étendu

L'entreprise prévoit les périodes d'astreinte sur l'année ou par trimestre. Le salarié peut demander par écrit de déplacer sa période pour des circonstances particulières, dans un délai de 7 jours calendaires, à partir du moment où le planning a été porté par écrit à la connaissance du salarié.

La programmation individuelle des périodes d'astreintes sera portée, par écrit, à la connaissance de chaque salarié 15 jours à l'avance, sauf en cas de circonstances exceptionnelles où le délai est alors de 1 jour franc.

Par ailleurs, si le salarié, en cas de circonstances exceptionnelles ou familiales, ne peut assurer l'astreinte, il doit prévenir son employeur dès que possible et au plus tard 1 jour franc avant le début de sa période d'astreinte.

Est considéré comme une circonstance exceptionnelle un événement qui est imprévisible.

Personnel concerné.

Article 5
En vigueur étendu

Le salarié n'intervient que dans son champ de compétence.

La qualification minimum requise pour les ouvriers est : maître ouvrier, chef d'équipe, niveau IV, position 1, coefficient 250.

Les personnels techniques, sous statut ETAM et cadre, sont également concernés.

Moyens mis à disposition.

Article 6
En vigueur étendu

Le salarié d'astreinte dispose obligatoirement et en permanence, pendant son temps d'astreinte, d'un véhicule de l'entreprise aménagé pour le service demandé ainsi que d'un téléphone portable mis à sa disposition par l'entreprise. Ce dernier devra être en état de fonctionnement et de réception.

Ces mises à disposition obligatoires ne s'appliquent pas en dehors des périodes d'astreinte.

Le salarié disposera de l'outillage et des pièces de rechange nécessaires.

Si pour un motif particulier, et en accord entre les deux parties, le salarié est amené à utiliser un véhicule et/ou un téléphone personnel, les frais lui seront intégralement remboursés sur présentation d'un état des frais engagés par ce dernier pour le compte de son employeur.

Le barème de remboursement des frais kilométriques pour l'utilisation d'un véhicule personnel est le dernier barème fiscal connu, limité à 8 CV, ou le barème existant dans l'entreprise, s'il est plus favorable.

Types d'astreintes.

Article 7

En vigueur étendu

Les périodes d'astreinte sont déterminées en dehors des horaires de travail de l'entreprise, y compris les heures supplémentaires éventuelles.

Elles ne peuvent pas être prévues pendant les périodes de congés payés annuels des salariés.

Elles peuvent par contre être programmées pendant les périodes d repos compensateur, y compris les périodes liées à la réduction du temps de travail (lois Aubry). Dans ce cas, les repos seront prorogés d'autant (1).

Les périodes d'astreintes peuvent être organisées selon les 2 modalités suivantes, en fonction des contraintes spécifiques aux entreprises artisanales et aux différents corps d'état du bâtiment :

a) Astreinte de jour ;

b) Astreinte de nuit (de 21 heures à 6 heures, conformément à la loi du 9 mai 2001).

(1) Alinéa exclu de l'extension (arrêté du 10 avril 2003, art. 1er).

Durée du travail en cas d'intervention.

Article 8

En vigueur étendu

Le délai d'intervention étant considéré comme du temps de travail effectif, l'employeur doit organiser les conditions dans lesquelles le dépassement des durées de travail maximales légales et conventionnelles, tant journalières qu'hebdomadaires, doit être évité.

Repos - Périodicité des astreintes.

Article 9

En vigueur étendu

Une durée minimum de 12 heures est nécessaire entre la dernière heure de travail et la première heure d'astreinte. Cette durée est portée à 24 heures si le salarié revient d'un grand déplacement au sens de la convention collective du 8 octobre 1990 concernant les ouvriers employés par les entreprises du bâtiment visées par le décret du 1er mars 1962 (c'est-à-dire occupant jusqu'à 10 salariés).

En tout cas, les périodes d'astreinte ne doivent pas conduire à occuper un même salarié plus de 6 jours par semaine, conformément à l'article L. 221-2 du code du travail et sous respect de la convention collective, ainsi qu'à réduire à moins de 2 jours consécutifs son repos hebdomadaire, conformément à l'article 21 de la convention collective susvisée.

Un salarié ne pourra pas être d'astreinte plus de 1 semaine sur trois, sauf en cas de circonstances exceptionnelles et avec l'accord écrit du salarié.

Contrôle des interventions en période d'astreinte.

Article 10

En vigueur étendu

Le salarié renseignera sur une fiche donnée par son employeur, notamment :

- la date et l'heure de l'appel du client ;

- l'heure de départ de son domicile ou du lieu de réception de l'appel ;

- l'heure d'arrivée chez le client ;

- la nature et la durée de l'intervention ;

- l'heure de retour à son domicile ou au lieu de réception de l'appel ;

- le kilométrage entre son domicile ou le lieu de réception de l'appel et le lieu d'intervention.

La fiche d'intervention sera obligatoirement visée par le client ou par son mandataire.

II - Date d'application.

En vigueur étendu

Le présent accord entrera en application à compter du 1er avril 2002.

III - Extension.

En vigueur étendu

Les parties signataires demandent l'extension du présent accord.

Accord du 3 juin 2002 relatif aux astreintes dans la région Poitou-Charentes

CAPEB Poitou-Charentes ;

CAPEB Charente ;

CAPEB Charente-Maritime ;

CAPEB Deux-Sèvres ;

CAPEB Vienne.

CFDT ;

CFTC ;

CFE-CGC.

En vigueur étendu

Pour la région Poitou-Charentes, les parties signataires du présent accord ont fixé, dans le cadre de l'article 2 de l'avenant n° 1 du 10 mai 2000 à l'accord national du 9 septembre 1998, les modalités d'application du régime des astreintes dans les entreprises du bâtiment visées par le décret du 1er mars 1962 (c'est-à-dire occupant jusqu'à 10 salariés) ainsi que dans le cadre de l'article L. 212-4 bis du code du travail.

I. - **Contenu de l'accord**

Préambule

Pour satisfaire les besoins de leur clientèle, et notamment effectuer des opérations de dépannage et de maintenance des matériels et installations, les entreprises peuvent avoir recours aux astreintes.

L'astreinte, aux termes de l'article 2 susvisé, est la période pendant laquelle le salarié, sans être à la disposition permanente et immédiate de l'employeur, a l'obligation de demeurer à son domicile ou à proximité, afin d'être en mesure d'intervenir pour effectuer un travail au service de l'entreprise, la durée de l'intervention étant considérée comme du temps de travail effectif.

Le présent accord relatif à l'astreinte ne modifie et ne se substitue en rien aux règles relatives aux travaux d'urgence qui doivent toujours continuer à s'appliquer. De ce fait, l'exécution d'un travail d'urgence pendant une période d'astreinte entraîne de suite l'arrêt de l'astreinte (1).

(1) Alinéa étendu sous réserve de l'application des dispositions des articles L. 221-12 et D. 220-5 du code du travail (arrêté du 8 avril 2003, art. 1er).

En vigueur non étendu

Généralités.

Article 1
En vigueur étendu

Pendant l'astreinte, le salarié n'est pas à la disposition de l'employeur, il peut donc se déplacer pour ses besoins personnels et familiaux dans un environnement proche du domicile déclaré à son employeur, afin de permettre à ce dernier d'exercer l'astreinte dans les conditions énoncées ci-dessous.

Il doit pouvoir être joint à tout moment.

Une copie du présent accord devra être remise par l'employeur à chaque salarié concerné par l'astreinte.

Rayon d'intervention.

Article 2
En vigueur étendu

Le rayon d'intervention maximal est la distance qui sépare le lieu d'embauche du salarié du lieu d'intervention.

Il est de 50 kilomètres maximum à partir du lieu d'embauche du salarié, centre de la zone concentrique.

Délais d'intervention.

Article 3
En vigueur étendu

Le délai d'intervention est le temps nécessaire au salarié pour se rendre sur le lieu d'intervention à partir de l'appel téléphonique.

Le salarié doit être en mesure d'intervenir dans un délai raisonnable, compatible avec la nature de l'intervention.

Délai de prévenance.

Article 4
En vigueur étendu

L'entreprise prévoit les périodes d'astreintes sur l'année ou par trimestre. Le salarié peut demander par écrit de déplacer sa période pour des circonstances particulières dans un délai de 7 jours calendaires, à partir du moment où le planning a été porté par écrit à la connaissance du salarié.

La programmation individuelle des périodes d'astreintes sera portée, par écrit, à la connaissance de chaque salarié 15 jours à l'avance, sauf en cas de circonstances exceptionnelles où le délai est alors de 1 jour franc.

Par ailleurs, si le salarié, en cas de circonstances exceptionnelles ou familiales, ne peut assurer l'astreinte, il doit prévenir son employeur dès que possible et au plus tard 1 jour franc avant le début de sa période d'astreinte.

Est considéré comme une circonstance exceptionnelle un événement qui est imprévisible.

Personnel concerné.

Article 5
En vigueur étendu

Le salarié n'intervient que dans son champ de compétence.

La qualification minimale requise pour les ouvriers est : maître ouvrier, chef d'équipe niveau IV, position 1, coefficient 250.

Les personnels techniques sous statut ETAM et cadre sont également concernés.

Moyens mis à disposition.

Article 6
En vigueur étendu

Le salarié d'astreinte dispose obligatoirement et en permanence, pendant son temps d'astreinte, d'un véhicule de l'entreprise aménagé pour le service demandé ainsi que d'un téléphone portable mis à sa disposition par l'entreprise. Ce dernier devra être en état de fonctionnement et de réception.

Ces mises à disposition obligatoires ne s'appliquent pas en dehors des périodes d'astreinte.

Le salarié disposera de l'outillage et des pièces de rechange nécessaires.

Si, pour un motif particulier et en accord entre les deux parties, le salarié est amené à utiliser un véhicule et/ou un téléphone personnels, les frais lui seront intégralement remboursés sur présentation d'un état des frais engagés par ce dernier pour le compte de son employeur.

Le barème de remboursement des frais kilométriques pour l'utilisation d'un véhicule personnel est le dernier barème fiscal connu, limité à 8 CV, ou le barème existant dans l'entreprise, s'il est plus favorable.

Types d'astreintes.

Article 7

En vigueur étendu

Les périodes d'astreintes sont déterminées en dehors des horaires de travail de l'entreprise, y compris les heures supplémentaires éventuelles.

Elles ne peuvent pas être prévues pendant les périodes de congés payés annuels des salariés.

Elles peuvent par contre être programmées pendant les périodes d repos compensateur, y compris les périodes liées à la réduction du temps de travail (lois Aubry). Dans ce cas les repos seront prorogés d'autant (1).

Les périodes d'astreintes peuvent être organisées selon les 2 modalités suivantes, en fonction des contraintes spécifiques aux entreprises artisanales et aux différents corps d'état du bâtiment :

a) Astreinte de jour ;

b) Astreinte de nuit (de 21 heures à 6 heures, conformément à la loi du 9 mai 2001).

(1) Alinéa exclu de l'extension (arrêté du 10 avril 2003, art. 1er).

Durée du travail en cas d'intervention.

Article 8

En vigueur étendu

Le délai d'intervention étant considéré comme du temps de travail effectif, l'employeur doit organiser les conditions dans lesquelles le dépassement des durées de travail maximales légales et conventionnelles, tant journalières qu'hebdomadaires, doit être évité.

Repos - Périodicité des astreintes.

Article 9

En vigueur étendu

Une durée minimale de 12 heures est nécessaire entre la dernière heure de travail et la première heure d'astreinte. Cette durée est portée à 24 heures si le salarié revient d'un grand déplacement au sens de la convention collective du 8 octobre 1990 concernant les ouvriers employés par les entreprises du bâtiment visées par le décret du 1er mars 1962 (c'est-à-dire occupant jusqu'à 10 salariés).

En tout cas, les périodes d'astreinte ne doivent pas conduire à occuper un même salarié plus de 6 jours par semaine, conformément à l'article L. 221-2 du code du travail et sous respect de la convention collective, ainsi qu'à réduire à moins de 2 jours consécutifs son repos hebdomadaire, conformément à l'article 21 de la convention collective susvisée.

Un salarié ne pourra pas être d'astreinte plus de 1 semaine sur 3, sauf en cas de circonstances exceptionnelles et avec l'accord écrit du salarié.

Contrôle des interventions en période d'astreinte.

Article 10

En vigueur étendu

Le salarié renseignera sur une fiche donnée par son employeur, notamment :

- la date et l'heure de l'appel du client ;

- l'heure de départ de son domicile ou du lieu de réception de l'appel ;

- l'heure d'arrivée chez le client ;

- la nature et la durée de l'intervention ;

- l'heure de retour à son domicile ou au lieu de réception de l'appel ;

- le kilométrage entre son domicile ou le lieu de réception de l'appel et le lieu d'intervention.

La fiche d'intervention sera obligatoirement visée par le client ou par son mandataire.

Rémunération du temps de travail en cas d'intervention.

Article 11
En vigueur étendu

Le temps de travail effectif est décompté depuis l'heure de l'appel du client jusqu'à l'heure de retour, temps de déplacement inclus.

Ce temps de travail effectif sera rémunéré sur la base du taux horaire de base du salarié, éventuellement majoré des heures supplémentaires suivant dispositions conventionnelles.

Toutefois pour les dimanches et jours fériés, ainsi que pour le travail de nuit, la majoration sera de 100 %.

Les modalités de repos compensateur restent celles prévues également par la convention collective.

Le paiement des heures d'intervention se cumule avec l'indemnité d'astreinte. Elles seront différenciées sur le bulletin de paye.

Contrepartie financière de la sujétion d'astreinte.

Article 12
En vigueur étendu

Une prime forfaitaire est accordée au salarié d'astreinte, qu'il y ait eu ou non interventions effectives pendant l'astreinte.

Cette prime est calculée par rapport au taux horaire de base du salarié sous astreinte selon les modalités suivantes :

- astreinte de jour, hors dimanches et jours fériés : taux horaire de base x 2 par jour d'astreinte ;

- astreinte de jour, dimanches et jours fériés : taux horaire de base x 4 par jour d'astreinte ;

- astreinte de nuit, hors dimanches et jours fériés : taux horaire de base x 4 par nuit d'astreinte ;

- astreinte de nuit, dimanches et jours fériés : taux horaire de base x 4,5 par nuit d'astreinte.

Prime spéciale pour délai de prévenance ramené de 7 à 1 jour franc = 1 taux horaire de base.

Si la période d'astreinte est inférieure à 7 heures, l'indemnité ci-dessus est proratisée sur la base de la durée réellement effectuée divisée par 7.

Toutefois pour toute période d'astreinte inférieure à 2 heures, l'indemnité ne pourra pas être inférieure à 2/7.

Sous réserve d'un accord écrit entre l'employeur et le salarié, tout ou partie des primes peut être remplacé par un droit à un repos équivalent.

II. - Champ d'application de l'accord

Le champ d'application du présent accord est le même que celui qui est défini dans l'accord de branche national du 9 septembre 1998 et son avenant du 10 mai 2000, sur la réduction et l'aménagement du temps de travail dans les entreprises du bâtiment visés par le décret du 1er mars 1962.

III. - Dépôt

Le présent accord sera déposé à la direction régionale du travail, de l'emploi et de la formation professionnelle de Poitiers, ainsi qu'au secrétariat-greffe du conseil de prud'hommes de Poitiers.

IV. - Date d'application

Le présent accord rentrera en application à compter du 1er septembre 2002.

V. - Extension

Les parties signataires demandent l'extension du présent accord.

Avenant à l'accord du 25 janvier 1994 relatif à l'organisation de la négociation collective Avenant n° 3 du 20 octobre 2003

Organisation patronale signataire :
La confédération de l'artisanat et des petites entreprises du bâtiment (CAPEB),

Syndicats de salariés signataires :
La confédération nationale des salariés de la construction et du bois CFDT ;
La fédération générale Force ouvrière du bâtiment et des travaux publics et ses activités annexes CGT-FO ;
La fédération nationale des travailleurs de la construction CGT,

Préambule

En vigueur étendu

Conformément à l'accord du 25 janvier 1994, aux avenants n° 1 et n° 2 des 4 mai et 14 novembre 1995, dont le présent texte constitue un avenant n° 3, les organisations d'employeurs et de salariés du bâtiment représentatives au niveau national, réaffirment leur volonté de poursuivre le développement d'une politique contractuelle de qualité au bénéfice des entreprises artisanales du bâtiment et de leurs salariés.

Cet avenant n° 3 concourt à la mise en oeuvre dans la branche professionnelle, au profit des entreprises du bâtiment occupant jusqu'à 10 salariés, des dispositions de l'accord national interprofessionnel du 12 décembre 2001 relatif au développement du dialogue social dans le secteur des métiers et étendu par arrêté ministériel en date du 25 avril 2002.

Champ d'application.

Article 1
En vigueur étendu

Sont concernés par le présent avenant, les salariés employés dans les entreprises du bâtiment occupant jusqu'à 10 salariés en France métropolitaine.

Financement du droit à la négociation collective : cotisations des employeurs.

Article 2
En vigueur étendu
(Les dispositions du présent article modifient celles de l'article II-2 de l'avenant n° 1 du 4 mai 1995 à l'accord du 25 janvier 1994)

Toutes les entreprises du bâtiment employant jusqu'à 10 salariés et entrant dans le champ d'application du présent avenant contribuent au financement du droit à la négociation collective par le versement à l'APNAB (Association paritaire nationale pour le développement de la négociation collective dans l'artisanat du bâtiment) créée en application de l'article III-1 de l'avenant n° 1 du 4 mai 1995, d'une cotisation égale à 0,15 % des salaires entrant dans l'assiette des cotisations de sécurité sociale.

Modalités de recouvrement de la cotisation.

Article 3
En vigueur étendu

La cotisation définie à l'article 2 du présent avenant est recouvrée par la caisse de prévoyance du secteur du BTP selon la même périodicité et dans les mêmes conditions que la cotisation affectée au financement de la formation professionnelle continue.

Répartition de la collecte de la cotisation.

Article 4
En vigueur étendu
(Les dispositions du présent article modifient celles de l'article II-7
de l'avenant n° 1 du 4 mai 1995 à l'accord du 25 janvier 1994)

Conformément aux dispositions de l'article 2 de l'accord national interprofessionnel du 12 décembre 2001, le montant de la collecte est réparti de la manière qui suit :

-une part A, à hauteur de 0, 08 % affectée au niveau interprofessionnel et reversée par l'APNAB à l'association paritaire interprofessionnelle pour le développement du dialogue social dans l'artisanat (ADSA) conformément aux dispositions de l'article 5 de l'accord du 12 décembre 2001 ;

-une part B, à hauteur de 0, 07 % destinée à l'APNAB, en faveur du développement de la politique contractuelle dans le secteur des entreprises du

bâtiment occupant jusqu'à 10 salariés et répartie à part égale entre le collège patronal et le collège salarié. La part des organisations syndicales de salariés est répartie de la façon suivante :

-3 / 13 pour la CFDT, la CGT, la CGT-FO ;

-2 / 13 pour la CFE-CGC, la CFTC. (1)

(1) Paragraphe étendu sous réserve de l'application du principe d'égalité à valeur constitutionnelle résultant de l'article 6 de la Déclaration des droits de l'homme et du citoyen du 26 août 1789 et du sixième alinéa du préambule de la Constitution de 1946. La part versée au titre du financement du paritarisme doit être répartie entre l'ensemble des organisations syndicales d'employeurs reconnues représentatives dans le champ d'application du présent avenant.

(Arrêté du 24 octobre 2008, art. 1er)

Utilisation de la cotisation.

Article 5
En vigueur étendu

La ressource issue de la cotisation définie à l'article 2 du présent avenant a pour objet de participer au développement de la politique contractuelle de la branche professionnelle.

Elle concourt notamment au financement :

- de l'information et de la sensibilisation des employeurs et des salariés sur les dispositions conventionnelles ;

- des travaux préparatoires aux négociations paritaires et à la conclusion d'accords collectifs de travail intéressant les entreprises et les salariés relevant du champ d'application précisé à l'article 1 ;

- de l'indemnisation des employeurs et des salariés appelés à participer aux réunions de concertation et de négociation paritaire.

Entrée en vigueur.

Article 6
En vigueur étendu

Cet avenant entrera en vigueur le premier jour du mois civil suivant la publication de l'arrêté d'extension au Journal officiel.

Jusqu'à la date de publication de cet arrêté et la mise en oeuvre effective du présent avenant, la cotisation de 0,05 % prévue à l'article 2 de l'avenant n° 1 du 4 mai 1995 continuera à être appelée auprès des entreprises concernées et sera utilisée selon les modalités prévues par cet avenant.

Extension.

Article 7
En vigueur étendu

Les parties signataires demandent l'extension du présent avenant au ministère des affaires sociales, du travail et de la solidarité.

Fait à Paris, le 20 octobre 2003.

Heures supplémentaires Avenant n° 3 du 17 décembre 2003

La fédération française du bâtiment (FFB) ;
La fédération française de l'industrie électrique (FFIE) ;
La fédération nationale des sociétés coopératives ouvrières de production du bâtiment et des travaux publics, et des activités annexes et connexes (FNSCOP), pour la section bâtiment ;
La confédération de l'artisanat et des petites entreprises du bâtiment (CAPEB),

La fédération nationale des salariés de la construction et du bois (FNCB) CFDT ;
La fédération générale Force ouvrière du bâtiment et des travaux publics et ses activités annexes (CGT-FO),

Article 1
En vigueur étendu

L'article 3.13 " Contingent d'heures supplémentaires non soumis à autorisation " est annulé et remplacé par :

(voir cet article)

Article 2
En vigueur étendu

L'article 3.17 " Majorations pour heures supplémentaires ", alinéa 1, est annulé et remplacé par :

(voir cet article)

Article 3
En vigueur étendu

Les parties signataires demandent l'extension du présent avenant conformément aux dispositions des articles L. 133-1 et suivants du code du travail.

Le présent avenant sera déposé en application de l'article L. 132-10 du code du travail.

Article 4
En vigueur étendu

Le présent avenant entrera en vigueur le 1er janvier 2004.

Fait à Paris, le 17 décembre 2003.

Protocole d'accord relatif aux astreintes dans la région Rhône-Alpes (1) Texte non étendu.

Fédération française du bâtiment, région Rhône-Alpes ;

Fédération Rhône-Alpes Auvergne SCOP BTP ;

union régionale CAPEB Rhône-Alpes.

Syndicat général du bois, du bâtiment et des travaux publics, CGT-FO ;

Union régionale BATI-MAT-TP CFTC Rhône-Alpes ;

Union régionale construction et bois Rhône-Alpes CFDT ;

Union régionale de la construction Rhône-Alpes CGT.

Exposé des motifs

En vigueur non étendu

Les partenaires sociaux du bâtiment de la région Rhône-Alpes, conscients des évolutions dans la demande des clients de nombreuses entreprises, de leurs exigences de continuité du service et de maintien de la sécurité, constatent que l'entreprise est de plus en plus souvent amenée à mettre en oeuvre une organisation destinée à assurer au client la disponibilité d'un représentant de l'entreprise pour intervenir si un incident, un accident, une panne ou une urgence se produisent en dehors des heures normales d'ouverture de l'entreprise.

Pour cela, elle recourt à l'astreinte définie par le code du travail dans son article L. 212-4 bis comme suit :

"L'astreinte est une période pendant laquelle le salarié, sans être à la disposition permanente et immédiate de l'employeur, a l'obligation de demeurer à son domicile ou à proximité afin d'être en mesure d'intervenir pour effectuer un travail au service de l'entreprise, la durée de cette intervention étant considérée comme un temps de travail effectif."

Les partenaires sociaux rhônalpins du bâtiment constatent que les pratiques actuelles des entreprises sont extrêmement variées. De ce fait, ils souhaitent fixer un cadre général permettant aux entreprises et à leurs salariés de connaître les règles générales que les entreprises, leurs salariés et les représentants du personnel compléteront en fonction de leurs pratiques. Ce texte sera remis à tous les intéressés.

Objet de l'accord.

Article 1
En vigueur non étendu

Le présent accord est destiné à organiser le régime des astreintes et à indemniser la contrainte que représente pour le salarié le fait de ne pas être totalement libre de son temps et de ses déplacements dans l'attente de l'appel téléphonique ou de tout autre signal demandant l'intervention.

Le présent accord ne règle les relations entre l'employeur et le salarié que pendant l'astreinte qui est suspendue dès le départ du salarié en intervention après appel téléphonique éventuellement confirmé. Elle reprend au retour du salarié à sa résidence.

Pour l'intervention éventuelle, l'employeur respectera les durées du travail et les temps de repos prévus par le code du travail et les conventions collectives.

Mise en oeuvre de l'astreinte.

Article 2
En vigueur non étendu

Préalablement à la mise en place d'un service d'astreintes, l'employeur devra solliciter les salariés pour rechercher des volontaires. A défaut d'un nombre suffisant de volontaires, l'employeur désignera les salariés qui effectueront les astreintes.

Le salarié en astreinte (ou, en cas d'équipe d'astreinte, l'un au moins des salariés) aura une qualification au moins égale au niveau II coefficient 185 s'il est ouvrier ou au niveau E s'il est ETAM.

Les astreintes seront mises en place dans l'entreprise après consultation des représentants du personnel conformément à la législation en vigueur.

Fréquence.

Article 3
En vigueur non étendu

Il ne pourra pas y avoir d'astreinte 2 semaines consécutives. Il ne pourra pas y avoir plus de 18 semaines (ou fins de semaine) d'astreintes sur 12 mois consécutifs pour les salariés volontaires, ni plus de 9 semaines (ou fins de semaine) d'astreinte pour les salariés désignés sans leur accord.

Délai de prévenance.

Article 4
En vigueur non étendu

Les signataires rappellent les termes actuels de l'article L. 212-4 bis du code du travail, qui prescrit : " La programmation individuelle des périodes d'astreinte doit être portée à la connaissance de chaque salarié concerné 15 jours à l'avance, sauf circonstances exceptionnelles et sous réserve que le salarié en soit averti au moins 1 jour franc à l'avance. En fin de mois, l'employeur doit remettre à chaque salarié concerné un document récapitulant le nombre d'heures d'astreinte effectuées par celui-ci au cours du mois écoulé ainsi que la compensation correspondante. Ce document, qui est tenu à la disposition des agents de contrôle de l'inspection du travail, est conservé pendant une durée de 1 an. "

Dans ces conditions, les signataires considèrent que les entreprises ayant recours aux astreintes et les salariés qui les prennent, doivent fixer le calendrier des astreintes aussi tôt que possible et de préférence annuellement après concertation entre l'employeur et les salariés assurant les astreintes, en présence des représentants du personnel s'ils existent.

Si la programmation est annuelle, elle est communiquée aux intéressés dès sa fixation et l'astreinte est rappelée aux salariés 15 jours à l'avance.

Si la programmation n'est pas annuelle, elle est prévue au moins 15 jours à l'avance.

Dans le cas d'événements imprévisibles et contraignants empêchant un salarié de prendre son astreinte, le délai de prévenance de 15 jours peut être ramené à 1 jour franc.

Matériel.

Article 5
En vigueur non étendu

L'entreprise fournit au salarié en astreinte les moyens de communication, de transport et d'intervention adaptés.

Bases de l'indemnisation.

Article 6
En vigueur non étendu

Les partenaires sociaux fixeront périodiquement un montant forfaitaire pour chacune des bases temporelles suivantes :

- semaine calendaire ;

- semaine de 5 jours : de la fin du travail du premier jour ouvré de la semaine à la reprise du travail du dernier jour ouvré de la semaine ;

- fin de semaine : de la fin du travail du dernier jour ouvré de la semaine à la reprise du travail du premier jour ouvré de la semaine suivante ;

- jour férié.

Montant minimum des indemnisations 2004.

Article 7
En vigueur non étendu

Semaine calendaire : 95 €.

Semaine de 5 jours : 40 €.

Fin de semaine : 55 €.

Jour férié : supplément de 14 €.

Le montant de ces indemnités est indexé sur la valeur du salaire minimum mensuel de l'ouvrier NIII P1 coefficient 210 en vigueur au 1er janvier 2004.

Date d'application.

Article 8
En vigueur non étendu

Le présent accord prendra effet le 1er septembre 2004.

Observation.

Article 9
En vigueur non étendu

Les parties signataires conviennent de se rencontrer après 2 années d'application pour faire le bilan du présent accord.

Champ d'application.

Article 10
En vigueur non étendu

Le présent accord s'applique à l'ensemble des salariés des entreprises de bâtiment de la région Rhône-Alpes, telles que définies à l'article I-1 des conventions collectives nationales des ouvriers du bâtiment du 8 octobre 1990.

Article 11
En vigueur non étendu

Le présent accord sera déposé à la direction départementale du travail et de l'emploi du Rhône, 8-10, rue du Nord, 69625 Villeurbanne Cedex, conformément aux dispositions des articles L. 132-10 et R.132-1 du code du travail.

Lettre d'adhésion de Force ouvrière à l'avenant n° 10 relatif aux salaires, à l'accord salaires concernant les ETAM et à l'accord indemnités de petits déplacements du 4 mai 2004 Lettre d'adhésion du 17 juin 2004

En vigueur non étendu

L'union des syndicats Force ouvrière du bâtiment et travaux publics à la FFB Haute-Normandie, BP 333, 76136 Mont-Saint-Aignan Cedex.

Je soussigné, M. le secrétaire de l'union des syndicats du bâtiment et des activités connexes Force ouvrière de Haute-Normandie, déclare par la présente adhérer aux accords paritaires du 4 mai 2004 concernant les augmentations :

- des salaires minima ouvriers applicables au 1er octobre 2004, au 1er octobre 2005 et au 1er octobre 2006 (avenant n° 10 à l'accord régional du 11 janvier 2004) ;

- des salaires minima ETAM applicables au 1er octobre 2004 ;

- des indemnités de petits déplacements (IPD) applicables au 1er octobre 2004.

Fait à Rouen, le 17 juin 2004.

Avenant du 30 novembre 2006 Indemnisation des salariés aux commissions paritaires (Nord - Pas-de-Calais)

La fédération française du bâtiment Nord - Pas-de-Calais,

La CGT-FO ;

La CFDT ;

La CFE-CGC BTP,

Préambule

En vigueur non étendu

Selon l'article L. 132-17 du code du travail, les conventions et accords professionnels doivent comporter des dispositions relatives aux modalités d'exercice du droit de s'absenter, à la compensation des pertes de salaires ou au maintien de ceux-ci ainsi qu'aux modalités d'indemnisation des frais de déplacement des salariés d'entreprises appelés à participer aux négociations paritaires.

Article 1

En vigueur non étendu

Le présent accord régional est applicable pour le bâtiment dans le Nord - Pas-de-Calais aux employeurs et à leurs salariés dont l'activité relève d'une des activités énumérées dans le champ d'application des conventions collectives nationales du 8 octobre 1990.
Le présent accord est notamment pris en application de l'article V. 4 des conventions collectives nationales des ouvriers du 8 octobre 1990 (étendue par arrêtés ministériels des 8 et 12 février 1991).

Article 2

En vigueur non étendu

Le nombre de salariés d'entreprises de bâtiment bénéficiaires du présent accord est fixé à 2 par réunion et par organisation syndicale de salariés signataire du présent accord s'ils justifient d'un mandat de leur organisation syndicale (le mandat étant une lettre d'accréditation pour la réunion précisant notamment l'objet, le lieu et l'heure).
Ces 2 salariés pourront être accompagnés, chacun, par un conseiller de leur organisation syndicale.

Article 3

En vigueur non étendu

Une autorisation d'absence sera accordée au salarié dès lors qu'il justifiera auprès de son employeur, au moins 2 jours ouvrés avant la réunion, sauf cas de force majeure, d'un mandat de son organisation syndicale.
Les heures de travail non effectuées du fait de ces absences seront assimilées à des heures de travail effectif. Elles ne donneront pas lieu, de la part des employeurs concernés, à déduction du salaire mensuel des salariés intéressés. Elles ne seront pas imputables sur les congés payés de ces

salariés.
Les heures passées en réunion et en transport qui ne seront pas comprises dans l'horaire habituel de travail des intéressés ne seront pas indemnisées.
Les absences des salariés ayant la qualité de représentant du personnel ne seront pas imputées sur le crédit d'heures dont ils disposent du fait de leur(s) mandat(s) dans l'entreprise.

Article 4
En vigueur non étendu

Les frais engagés par les salariés visés aux articles 2 et 3 seront indemnisés dans les conditions suivantes :
a) Les frais de transport (aller et retour) entre la ville du domicile du salarié et le lieu de la réunion sont indemnisés sur la base des indemnités de transport de zone fixées dans le Nord - Pas-de-Calais pour les ouvriers du bâtiment. Au-delà de la zone 5, les frais de transport sont basés sur le tarif SNCF, 2e classe aller-retour.
b) Les frais de repas éventuels sont indemnisés, sur la base du montant de l'indemnité de repas fixée dans le Nord-Pas-de-Calais pour les ouvriers du bâtiment.

Article 5
En vigueur non étendu

Le présent accord sera déposé auprès de la direction générale du travail à Paris et au greffe du conseil de prud'hommes de Tourcoing, conformément à l ` article L. 132-10 du code du travail. Les parties conviennent de demander l'extension du présent accord par arrêté ministériel.

Avenant n° 1 du 1er octobre 2008 Astreintes (Rhône-Alpes)

La fédération française du bâtiment de la région Rhône-Alpes ;

La fédération Rhône-Alpes des SCOP BTP ;

L'union régionale CAPEB Rhône-Alpes,

L'union régionale construction-bois Rhône-Alpes CFDT ;

La CFTC Rhône-Alpes BATIMAT-TP ;

L'union régionale de la construction Rhône-Alpes CGT ;

La section fédérale régionale du syndicat BTP Rhône-Alpes FO,

Article 1
En vigueur non étendu

Afin de prendre en compte la nouvelle classification des ETAM du bâtiment, le paragraphe 2 de l'article 2 du protocole est ainsi modifié : « le salarié en astreinte (ou, en cas d'équipe d'astreinte, l'un au moins des salariés) aura une qualification au moins égale au niveau II coefficient 185 s'il est ouvrier ou au niveau E s'il est ETAM. »
Le reste de l'article demeure inchangé.

Article 2
En vigueur non étendu

Conformément aux articles L. 2231-6, D. 2231-2, D. 2231-5 et D. 2231-7 du code du travail le présent avenant sera adressé auprès des services du ministre chargé du travail et un exemplaire sera remis au secrétariat-greffe du conseil de prud'hommes de Lyon.

Article 3
En vigueur non étendu

Les conventions et accords d'entreprise ou d'établissement ne peuvent comporter de clauses dérogeant aux dispositions du protocole d'accord du 28 avril 2004 et du présent avenant sauf dispositions plus favorables.

Article 4
En vigueur non étendu

Les parties signataires demandent l'extension du présent avenant et de son accord au ministre du travail, des relations sociales de la famille et de la solidarité.

Accord du 7 avril 2005 Salaires (Alsace)

Salaires et indemnités de petits déplacements

En vigueur non étendu

Article 1er

En application des articles 8.18 et 12.8 des conventions collectives nationales du bâtiment du 8 octobre 1990, concernant les ouvriers employés par les entreprises du bâtiment non visées par le décret du 1er mars 1962 d'une part, et par les entreprises du bâtiment visées par le décret du 1er mars 1962 d'autre part, les organisations représentatives d'employeurs et de salariés se sont réunies pour déterminer les salaires minimaux et les indemnités de petits déplacements des ouvriers du bâtiment de la région Alsace dont l'entrée en vigueur est fixée au 1er avril 2005.

Article 2

Pour la région Alsace, les parties signataires du présent accord ont fixé le barème des salaires mensuels minimaux des ouvriers du bâtiment comme indiqué dans le tableau ci-après :

Les parties signataires du présent accord ont arrêté :

- la partie fixe à 277,76 € ;

- la partie variable à 5,43 €.

(En euros.)

CATEGORIE professionnelle	COEFFICIENT	SALAIRE mensuel pour 35 heures hebdomadaires	TAUX HORAIRE (pour information)
Niveau I Ouvrier d'exécution: - position 1 (fixé forfaitairement).............................. - position 2 (fixé forfaitairement)............................	150 170	1 201,23 1 201,23	7,92 7,92
Niveau II Ouvrier professionnel	185	1 283,13	8,46
Niveau III Compagnon professionnel : - position 1..................................... - position 2.....................................	210 230	1 418,11 1 527,32	9,35 10,07

Niveau IV			
Maîtres ouvriers ou chefs d'équipe :			
- position 1....................................	250	1 635,00	10,78
- position 2..................................	270	1 744,21	11,50

Article 3

Pour la région Alsace, les parties signataires du présent accord ont fixé les montants des indemnités de petits déplacements des ouvriers du bâtiment comme indiqué dans le tableau ci-après :

(En euros.)

ZONE (en kilomètres)	INDEMNITE de repas	INDEMNITE de frais de transport	INDEMNITE de trajet
ZONE 1 (00 à 10 km)	7,70	1,95	1,26
ZONE 2 (10 à 20 km)	7,70	2,60	2,37
ZONE 3 (20 à 30 km)	7,70	3,55	3,22
ZONE 4 (30 à 40 km)	7,70	4,86	4,42
ZONE 5 (40 à 50 km)	7,70	5,90	5,37

Article 4

La valeur du point ETAM est fixée à 2,53 .

Article 5

Les montants des salaires minimaux et des indemnités de petits déplacements fixés ci-avant concernant les ouvriers du bâtiment de la région Alsace et la valeur du point ETAM entreront en vigueur le 1er avril 2005.

Article 6

Conformément au code du travail, le présent accord sera déposé à la direction départementale du travail, de l'emploi et de la formation professionnelle du Bas-Rhin et remis au secrétariat-greffe du conseil de prud'hommes de Strasbourg.

Article 7

Les parties signataires demanderont l'extension du présent accord au ministre du travail, de l'emploi et de la formation professionnelle, étant précisé qu'il sera alors à considérer comme constituant un avenant à la convention collective des ouvriers du bâtiment de la région Alsace du 19 février 1992 en application de ses articles 6 et 7.

Fait à Strasbourg, le 7 avril 2005.

Accord du 12 mars 2009 relatif aux salaires au 1er avril 2009 (Alsace)

(1) Accord étendu sous réserve de l'application des dispositions de l'article L. 2241-9 du code du travail, qui prévoient que la négociation annuelle sur les salaires vise également à définir et à programmer les mesures permettant de supprimer les écarts de rémunération entre les femmes et les

hommes avant le 31 décembre 2010.
(Arrêté du 20 juillet 2009, art. 1er)

La CAPEB Alsace ;

La fédération française du bâtiment d'Alsace (FFBA) ;

La fédération Est des SCOP BTP ;

La fédération régionale des entreprises de peinture et de finition d'Alsace ;

La corporation des électriciens du Bas-Rhin ;

La corporation obligatoire des patrons ferblantiers et installateurs du Bas-Rhin,

L'union régionale Alsace BATIMAT-TP CFTC ;

L'union régionale Alsace CFE-CGC ;

La fédération régionale Alsace FO,

Article 1

En vigueur étendu

En application des articles 8-18 et 12-8 des conventions collectives nationales du bâtiment du 8 octobre 1990, concernant les ouvriers employés par les entreprises du bâtiment visées par le décret du 1er mars 1962, d'une part, et les ouvriers employés par les entreprises du bâtiment non visées par le décret du 1er mars 1962, d'autre part, les organisations représentatives d'employeurs et de salariés se sont réunies pour déterminer les salaires mensuels minimaux des ouvriers du bâtiment de la région Alsace, dont l'entrée en vigueur est fixée au 1er avril 2009.

Article 2

En vigueur étendu

Pour la région Alsace, les parties signataires du présent accord ont fixé le barème des salaires mensuels minimaux des ouvriers du bâtiment comme indiqué dans le tableau ci-après.
Les parties signataires du présent accord ont arrêté :
- la partie fixe à 301,44 € ;
- la valeur du point à 6,08 €.

(En euros.)

CATÉGORIE	COEFFICIENT	SALAIRE MENSUEL minimal (35 heures hebdomadaires)	TAUX HORAIRE
Niveau I			
Ouvriers d'exécution :			
- position 1	150*	1 349,86	8,90
- position 2	170*	1 365,03	9,00
Niveau II			
Ouvriers professionnels	185	1 426,76	9,41
Niveau III			
Compagnons professionnels :			
- position 1	210	1 578,83	10,41
- position 2	230	1 700,48	11,21
Niveau IV			
Maîtres ouvriers ou chefs d'équipe :			
- position 1	250	1 822,14	12,01
- position 2	270	1 943,80	12,82
(*) Les coefficients 150 et 170 sont déconnectés de la grille et fixés aux valeurs indiquées.			

Article 3

En vigueur étendu

Conformément au code du travail, le présent accord sera déposé auprès des services centraux du ministère chargé du travail.

Article 4
En vigueur étendu

Les parties signataires demanderont l'extension du présent accord par voie d'arrêté ministériel afin que l'ensemble des ouvriers du bâtiment de la région Alsace puisse bénéficier des dispositions de ce texte.

SALAIRES Région Aquitaine Accord du 8 décembre 1998

Indemnités de petits déplacements.

En vigueur étendu

Les montants des indemnités de petits déplacements applicables dans la région Aquitaine aux ouvriers du bâtiment sont fixés comme suit (en francs) à compter du 1er janvier 1999.
Indemnité de repas

INDEMNITE DE REPAS

(1) ZONES

(2) DISTANCES

(3) INDEMNITE (en francs)

(1)	(2)	(3)
Zone 1 a	0 à 4km	44,55
Zone 1 b	4 à 10 km	44,55
Zone 2	10 à 20 km	44,55
Zone 3	20 à 30 km	44,55
Zone 4	30 à 40 km	44,55
Zone 5	40 à 50 km	44,55

INDEMNITE DE TRANSPORT

(1) ZONES

(2) DISTANCES

(3) INDEMNITE (en francs)

(1)	(2)	(3)
Zone 1 a	0 à 4km	3,82
Zone 1 b	4 à 10 km	10,38
Zone 2	10 à 20 km	21,18
Zone 3	20 à 30 km	35,79
Zone 4	30 à 40 km	47,13
Zone 5	40 à 50 km	61,52

INDEMNITE DE TRAJET

(1) ZONES

(2) DISTANCES

(3) INDEMNITE (en francs)

(1)	(2)	(3)
Zone 1 a	0 à 4km	2,73
Zone 1 b	4 à 10 km	8,17
Zone 2	10 à 20 km	15,41
Zone 3	20 à 30 km	21,76
Zone 4	30 à 40 km	28,80
Zone 5	40 à 50 km	36,56

NB. - Les ouvriers travaillant dans la zone 1 a sont considérés comme rentrant chez eux à midi, et ne peuvent donc prétendre au paiement d'indemnités visées ci-dessus, sauf lorsque le point de départ est situé sur le territoire de la communauté urbaine de Bordeaux (art. 3 de l'accord régional du 16 juin 1977).

SALAIRES Région Aquitaine (artisans) Accord paritaire du 11 février 2000

Indemnités de petits déplacements.

En vigueur étendu

A compter du 1er février 2000, les montants des indemnités de petits déplacements applicables dans la région Aquitaine, aux ouvriers de l'artisanat et petites entreprises du bâtiment jusqu'à 10 salariés sont fixés comme suit :
INDEMNITE DE REPAS

(1) ZONES

(2) DISTANCES

(3) INDEMNITE (en francs)

(1)	(2)	(3)
Zone 1 a	0 à 4km	45,44
Zone 1 b	4 à 10 km	45,44
Zone 2	10 à 20 km	45,44
Zone 3	20 à 30 km	45,44
Zone 4	30 à 40 km	45,44
Zone 5	40 à 50 km	45,44

INDEMNITE DE TRANSPORT

(1) ZONES

(2) DISTANCES

(3) INDEMNITE (en francs)

(1)	(2)	(3)
Zone 1 a	0 à 4km	3,90
Zone 1 b	4 à 10 km	10,59
Zone 2	10 à 20 km	21,60
Zone 3	20 à 30 km	36,51
Zone 4	30 à 40 km	48,07
Zone 5	40 à 50 km	62,75

INDEMNITE DE TRAJET

(1) ZONES

(2) DISTANCES

(3) INDEMNITE (en francs)

(1)	(2)	(3)
Zone 1 a	0 à 4km	2,78
Zone 1 b	4 à 10 km	8,33
Zone 2	10 à 20 km	15,72
Zone 3	20 à 30 km	22,20
Zone 4	30 à 40 km	29,38
Zone 5	40 à 50 km	37,29

N.B. : les ouvriers de l'artisanat et petites entreprises du bâtiment jusqu'à 10 salariés travaillant dans la zone sont considérés comme rentrant chez eux le midi et ne peuvent prétendre au paiement des indemnités visées ci-dessus, sauf lorsque le point de départ est situé sur le territoire de la communauté urbaine de Bordeaux, article 3 de l'accord régional du 16 juin 1977.

SALAIRES Région Aquitaine (artisans) Accord du 11 février 2000

Salaires et valeur du point à compter du 1er février 2000.

En vigueur étendu

Article 1er

En application de l'article 12-8 et 12-9 des conventions collectives nationales du bâtiment du 8 octobre 1990, concernant les ouvriers employés par les entreprises du bâtiment visées par le décret du 1er mars 1962, les organisations représentatives d'employeurs et de salariés se sont réunies le 11 février 2000 et ont déterminé les salaires mensuels minimaux des ouvriers de l'artisanat et des petites entreprises du bâtiment jusqu'à 10 salariés de la région Aquitaine à compter du 1er février 2000.

Article 2

Pour la région Aquitaine, les parties signataires du présent accord ont fixé le barème des salaires minimaux des ouvriers du bâtiment comme indiqué dans le tableau figurant en annexe I.

Les parties signataires du présent accord ont arrêté :

La partie fixe à : 2 310,64 F.

La valeur du point à : 27,87 F.

Article 3

Le présent barème des salaires minimaux entrera en application à compter du 1er février 2000.
Salaires minimaux applicables au 1er février 2000
Partie fixe : 2 310,64 F
Point : 27,87 F
(1) CATEGORIE professionnelle
(2) COEFFICIENT
(3) SALAIRE MENSUEL minimal (pour 39 h hebdomadaires)
(4) TAUX HORAIRE minimal

CAT prof	COEF	SALAIRE	TAUX
(1)	(2)	(3)	(4)
NIVEAU I			
Ouvriers			
d'exécution			
- position 1	150	6 491,14	38,41
- position 2	170	7 048,54	41,71
NIVEAU II			
Ouvriers			

professionnels	185	7 466,59	44,18
NIVEAU III			
Compagnons			
professionnels			
- position 1	210	8 163,34	48,30
- position 2	230	8 720,74	51,60
NIVEAU IV			
Maîtres			
ouvriers ou			
chefs d'équipe			
- position 1	250	9 278,14	54,90
- position 2	270	9 835,54	58,20

Il est rappelé qu'aucune rémunération mensuelle brute ne doit être inférieure au taux du SMIC en vigueur.

SALAIRES Région Aquitaine Accord paritaire du 11 février 2000

Union régionale CAPEB Aquitaine ;
Union fédérale des SCOP.

CFDT ;
CGC.

Indemnités de petits déplacement au 1er février 2000.

En vigueur étendu

Les montants des indemnités de petits déplacements applicables dans la région Aquitaine, aux ouvriers du bâtiment, sont fixés comme suit, à compter du 1er février 2000.
INDEMNITE DE REPAS

(1) ZONES

(2) DISTANCES

(3) INDEMNITE (en francs)

(1)	(2)	(3)
Zone 1 a	0 à 4km	45,44
Zone 1 b	4 à 10 km	45,44
Zone 2	10 à 20 km	45,44
Zone 3	20 à 30 km	45,44
Zone 4	30 à 40 km	45,44
Zone 5	40 à 50 km	45,44

INDEMNITE DE TRANSPORT

(1) ZONES

(2) DISTANCES

(3) INDEMNITE (en francs)

(1)	(2)	(3)
Zone 1 a	0 à 4km	3,9

Zone 1 b	4 à 10 km	10,59
Zone 2	10 à 20 km	21,60
Zone 3	20 à 30 km	36,51
Zone 4	30 à 40 km	48,07
Zone 5	40 à 50 km	62,75

INDEMNITE DE TRAJET

(1) ZONES

(2) DISTANCES

(3) INDEMNITE (en francs)

(1)	(2)	(3)
Zone 1 a	0 à 4km	2,78
Zone 1 b	4 à 10 km	8,33
Zone 2	10 à 20 km	15,72
Zone 3	20 à 30 km	22,20
Zone 4	30 à 40 km	29,38
Zone 5	40 à 50 km	37,29

N.B. : les ouvriers travaillant dans la zone 1a sont considérés comme rentrant chez eux à midi, et ne peuvent donc prétendre au paiement d'indemnités visées ci-dessus, sauf lorsque le point de départ est situé sur le territoire de la communauté urbaine de Bordeaux. Article 3 de l'accord régional du 16 juin 1977.

SALAIRES Région Aquitaine Accord du 25 juin 2003

Indemnités de petits déplacements au 1er juillet 2003.

En vigueur étendu

Les montants des indemnités de petits déplacements applicables, dans la région Aquitaine, aux ouvriers du bâtiment sont fixés comme suit, à compter du 1er juillet 2003.

Zone : 1 a.

DISTANCE (en kilomètre) : de 0 à 4.

REPAS (en euros) : 7,75.

TRAJET (en euros) : 0,46.

TRANSPORT (en euros) : 0,65.

Zone : 1 b.

DISTANCE (en kilomètre) : de 4 à 10.

REPAS (en euros) : 7,75.

TRAJET (en euros) : 1,37.

TRANSPORT (en euros) : 1,77.

Zone : 2.

DISTANCE (en kilomètre) : de 10 à 20.

REPAS (en euros) : 7,75.

TRAJET (en euros) : 2,58.

TRANSPORT (en euros) : 3,62.

Zone : 3.

DISTANCE (en kilomètre) : de 20 à 30.

REPAS (en euros) : 7,75.

TRAJET (en euros) : 3,65.

TRANSPORT (en euros) : 6,11.

Zone : 4.

DISTANCE (en kilomètre) : de 30 à 40.

REPAS (en euros) : 7,75.

TRAJET (en euros) : 4,82.

TRANSPORT (en euros) : 8,06.

Zone : 5.

DISTANCE (en kilomètre) : de 40 à 50.

REPAS (en euros) : 7,75.

TRAJET (en euros) : 6,13.

TRANSPORT (en euros) : 10,51.

Article 2.6.2 de la convention collective régionale des ouvriers du bâtiment d'Aquitaine

L'indemnité de repas n'est pas due lorsque :

- un restaurant d'entreprise existe sur le chantier et le repas est fourni avec une participation financière de l'entreprise égale au montant de l'indemnité de repas ;

- le repas est fourni gratuitement avec une participation financière de l'entreprise égale au montant de l'indemnité de repas ;

- l'ouvrier prend effectivement son repas à sa résidence habituelle.

Conformément au code du travail, le présent accord sera déposé à la direction départementale du travail et de l'emploi de la Gironde à Bordeaux et remis au secrétariat-greffe du conseil des prud'hommes de Bordeaux.

Les parties signataires demandent l'extension du présent accord au ministre du travail, de l'emploi et de la formation professionnelle.

Fait à Bordeaux, le 25 juin 2003.

SALAIRES Région Aquitaine Avenant du 25 juin 2003

Fédération française du bâtiment Aquitaine ;
Union régionale CAPEB Aquitaine.

Union régionale construction bois Aquitaine CFDT ;
Syndicat du bâtiment et des travaux publics CFTC.

Salaires et valeur du point à compter du 1er juillet 2003.

En vigueur étendu

Article 1er

En application de l'article 12.8 et 12.9 de la convention collective nationale du bâtiment du 8 octobre 1990 concernant les ouvriers employés par les entreprises visées par le décret du 1er mars 1962 (c'est-à-dire occupant jusqu'à 10 salariés), les organisations représentatives au niveau régional d'employeurs et de salariés se sont réunies le 16 décembre 2002 et ont déterminé les salaires mensuels minimaux des ouvriers du bâtiment de la région Aquitaine à compter du 1er juillet 2003 comme suit.

Article 2

Conformément à l'accord national du 12 février 2002 sur les barèmes des salaires minimaux des ouvriers du bâtiment, les parties signataires du présent accord ont fixé le barème des salaires minimaux des ouvriers du bâtiment pour un horaire mensuel de 151,67 heures, comme indiqué dans le tableau en annexe I.

Pour les coefficients 185 et suivants, les parties signataires du présent accord ont arrêté :

- la partie fixe à 367,90 Euros ;

- la valeur du point à 4,84 Euros.

Par dérogation à l'article 12.8 et 12.9 de la convention collective nationale du bâtiment du 8 octobre 1990 concernant les ouvriers employés par les entreprises visées par le décret du 1er mars 1962, les parties signataires du présent accord ont fixé le barème des coefficients 150 et 170, pour un horaire mensuel de 151,67 heures comme suit :

- coefficient 150 : 1 080,90 Euros ;

- coefficient 170 : 1 176,52 Euros.

Article 3 (1)

Conformément à l'article 2.2 de l'accord national du 12 février 2002, pour les entreprises dont l'horaire collectif est supérieur à la durée légale de 35 heures, la grille des salaires minimaux est fixée pour chaque niveau et chaque catégorie à 96 % des valeurs indiquées dans le barème visé à l'article 2 du présent accord et figure en annexe II.

Article 4

Conformément au code du travail, le présent accord sera déposé à la direction départementale du travail et de l'emploi de la Gironde à Bordeaux et remis au secrétariat-greffe du conseil des prud'hommes de Bordeaux.

Article 5

Les parties signataires demandent l'extension du présent accord au ministre du travail, de l'emploi et de la formation professionnelle.

Suivent les signatures des organisations ci-après :

Fait à Bordeaux, le 25 juin 2003.

ANNEXE I : Accord paritaire régional du 25 juin 2003

Salaires minimaux des ouvriers du bâtiment de la région Aquitaine applicables au 1er juillet 2003 dans les entreprises passées effectivement à 35 heures (35 heures hebdomadaires ou 35 heures en moyenne sur l'année)

CATEGORIE professionnelle : NIVEAU 1 - Ouvrier d'exécution - Position 1.

COEFFICIENT : 150.

SALAIRE MENSUEL minimal (en euros) : 1 080,90.

TAUX HORAIRE minimal (en euros) : 7,13.

CATEGORIE professionnelle : NIVEAU 1 - Ouvrier d'exécution - Position 2.

COEFFICIENT : 170.

SALAIRE MENSUEL minimal (en euros) : 1 176,52.

TAUX HORAIRE minimal (en euros) : 7,76.

CATEGORIE professionnelle : NIVEAU 2 - Ouvrier professionnel.

COEFFICIENT : 185.

SALAIRE MENSUEL minimal (en euros) : 1 263,30.

TAUX HORAIRE minimal (en euros) : 8,33.

CATEGORIE professionnelle : NIVEAU 3 - Compagnon professionnel - Position 1.

COEFFICIENT : 210.

SALAIRE MENSUEL minimal (en euros) : 1 384,30.

TAUX HORAIRE minimal (en euros) : 9,13.

CATEGORIE professionnelle : NIVEAU 3 - Compagnon professionnel - Position 2.

COEFFICIENT : 230.

SALAIRE MENSUEL minimal (en euros) : 1 481,10.

TAUX HORAIRE minimal (en euros) : 9,77.

CATEGORIE professionnelle : NIVEAU 4 - Maître ouvrier ou chef d'équipe - Position 1.

COEFFICIENT : 250.

SALAIRE MENSUEL minimal (en euros) : 1 577,90.

TAUX HORAIRE minimal (en euros) : 10,40.

CATEGORIE professionnelle : NIVEAU 4 - Maître ouvrier ou chef d'équipe - Position 2.

COEFFICIENT : 270.

SALAIRE MENSUEL minimal (en euros) : 1 674,70.

TAUX HORAIRE minimal (en euros) : 11,04.

Il est rappelé qu'aucun salaire réel ne peut être inférieur au SMIC correspondant à l'horaire appliqué ni à la garantie minimale mensuelle de rémunération le cas échéant.

ANNEXE II (1)

Accord paritaire régional du 25 juin 2003

Salaires minimaux des ouvriers du bâtiment de la région Aquitaine applicables au 1er juillet 2003 dans les entreprises ayant maintenu un horaire hebdomadaire supérieur à 35 heures

CATEGORIE professionnelle : NIVEAU 1 - Ouvrier d'exécution - Position 1.

COEFFICIENT : 150.

SALAIRE MENSUEL minimal (en euros) : 1 037,66.

TAUX HORAIRE minimal (en euros) : 6,84.

CATEGORIE professionnelle : NIVEAU 1 - Ouvrier d'exécution - Position 2.

COEFFICIENT : 170.

SALAIRE MENSUEL minimal (en euros) : 1 129,46.

TAUX HORAIRE minimal (en euros) : 7,45.

CATEGORIE professionnelle : NIVEAU 2 - Ouvrier professionnel.

COEFFICIENT : 185.

SALAIRE MENSUEL minimal (en euros) : 1 212,77.

TAUX HORAIRE minimal (en euros) : 8,00.

CATEGORIE professionnelle : NIVEAU 3 - Compagnon professionnel - Position 1.

COEFFICIENT : 210.

SALAIRE MENSUEL minimal (en euros) : 1 328,93.

TAUX HORAIRE minimal (en euros) : 8,76.

CATEGORIE professionnelle : NIVEAU 3 - Compagnon professionnel - Position 2.

COEFFICIENT : 230.

SALAIRE MENSUEL minimal (en euros) : 1 421,86.

TAUX HORAIRE minimal (en euros) : 9,37.

CATEGORIE professionnelle : NIVEAU 4 - Maître ouvrier ou chef d'équipe - Position 1.

COEFFICIENT : 250.

SALAIRE MENSUEL minimal (en euros) : 1 514,78.

TAUX HORAIRE minimal (en euros) : 9,99.

CATEGORIE professionnelle : NIVEAU 4 - Maître ouvrier ou chef d'équipe - Position 2.

COEFFICIENT : 270.

SALAIRE MENSUEL minimal (en euros) : 1 607,71.

TAUX HORAIRE minimal (en euros) : 10,60.

Il est rappelé qu'aucun salaire réel ne peut être inférieur au SMIC correspondant à l'horaire appliqué ni à la garantie minimale mensuelle de rémunération le cas échéant.

(1) Article et annexe étendus sous réserve de l'application des dispositions du point 2 de l'article 2 de l'accord national du 12 février 2002 sur les barèmes minimaux, étendu par l'arrêté du 21 octobre 2002 publié au Journal officiel du 30 octobre 2002 (arrêté du 24 octobre 2003, art. 1er).

Accord du 20 mai 2009 relatif aux salaires minima au 1er juin 2009 (Aquitaine)

(1) Accord étendu sous réserve de l'application des dispositions de l'article L. 2241-9 du code du travail qui prévoient que la négociation annuelle sur les salaires vise également à définir et à programmer les mesures permettant de supprimer les écarts de rémunération entre les femmes et les hommes avant le 31 décembre 2010.
(Arrêté du 4 novembre 2009, art. 1er)

Fédération française du bâtiment Aquitaine ;

Fédération des SCOP du BTP Aquitaine.

Union régionale construction et bois CFDT Aquitaine ;

Syndicat régional BTP FO ;

CFE-CGC BTP Aquitaine.

Article 1
En vigueur étendu

En application des articles XII. 8 et XII. 9 des conventions collectives nationales du bâtiment du 8 octobre 1990 concernant les ouvriers employés par les entreprises du bâtiment non visées par le décret du 1er mars 1962 (c'est-à-dire occupant plus de 10 salariés) et par les entreprises du bâtiment visées par le décret du 1er mars 1962 (c'est-à-dire occupant jusqu'à 10 salariés), les organisations représentatives d'employeurs et de salariés se sont réunies le 20 mai 2009.

Article 2
En vigueur étendu

Les parties signataires du présent accord ont fixé les barèmes des salaires minima des ouvriers du bâtiment pour un horaire mensuel de 151,67 heures, comme indiqués dans le tableau en annexe, et applicables à compter du 1er juin 2009.

Article 3
En vigueur étendu

Conformément aux articles L. 132-10 et R. 132-1 du code du travail, le présent accord sera adressé à la direction générale du travail dépôt des accords collectifs à Paris 15e, et un exemplaire sera remis au secrétariat-greffe du conseil de prud'hommes de Bordeaux.

Article 4
En vigueur étendu

Les parties signataires demandent l'extension du présent accord au ministre du travail, des relations sociales, de la famille, de la solidarité et de la ville.

Annexe

En vigueur étendu

ANNEXE
Salaires minima des ouvriers au 1er juin 2009
(base 151,67 heures)

(En euros.)

NIVEAU	CATÉGORIE	COEFFICIENT	SALAIRE	TAUX horaire
	Ouvriers d'éxécution :			
I	position 1	150	1 354,51	8,93
	position 2	170	1 376,72	9,08
II	Ouvriers professionnels	185	1 508,85	9,95

	Compagnons professionnels :			
III	position 1	210	1 653,27	10,90
	position 2	230	1 768,81	11,66
	Maîtres ouvriers ou chefs d'équipe :			
IV	position 1	250	1 912,38	12,61
	position 2	270	2 029,64	13,38

Il est rappelé qu'aucun salaire réel ne peut être inférieur au SMIC correspondant à l'horaire appliqué.

Accord du 22 mars 2006 Salaires (Alsace)

Salaires et indemnités de pletits déplacements

En vigueur étendu

Article 1er

En application des articles VIII-18 et XII-8 des conventions collectives nationales du bâtiment du 8 octobre 1990, concernant les ouvriers employés par les entreprises du bâtiment visées par le décret du 1er mars 1962, d'une part, et les ouvriers employés par les entreprises du bâtiment non visées par le décret du 1er mars 1962, d'autre part, les organisations représentatives d'employeurs et de salariés se sont réunies pour déterminer les salaires mensuels minimaux et les indemnités de petits déplacements des ouvriers du bâtiment de la région Alsace dont l'entrée en vigueur est fixée au 1er avril 2006.

Article 2

Pour la région Alsace, les parties signataires du présent accord ont fixé le barème des salaires mensuels minimaux des ouvriers du bâtiment comme indiqué dans le tableau ci-après.

Les parties signataires du présent accord ont arrêté :

- la partie fixe à 286,09 € ;

- la valeur du point à 5,59 €.

(En euros.)

CATEGORIE	COEFFICIENT	SALAIRE MENSUEL	TAUX HORAIRE	
professionnelle		minimal		
		(pour 35 heures)		
Niveau I				
Ouvriers				
d'exécution				
- position 1	150	1 124,59	7,41	
- position 2	170	1 236,39	8,15	
Niveau II				

Ouvriers				
professionnels	185	1 320,24	8,70	
Niveau III				
Compagnons				
professionnels				
- position 1	210	1 459,99	9,63	
- position 2	230	1 571,79	10,36	
Niveau IV				
Maitres				
ouvriers ou				
chefs d'équipe				
- position 1	250	1 683,59	11,10	
- position 2	270	1 795,39	11,84	

Article 3

Pour la région Alsace, les parties signataires du présent accord ont fixé les montants des indemnités de petits déplacements des ouvriers du bâtiment comme indiqué dans le tableau ci-après :

(En euros.)

ZONE (en kilomètres)	INDEMNITE	INDEMNITE	INDEMNITE
	de repas	de transport	de trajet
I (10 km)	7,80	2,00	1,29
II (20 km)	7,80	2,67	2,42

III (30 km)	7,80	3,64	3,28
IV (40 km)	7,80	4,98	4,51
V (50 km)	7,80	6,05	5,48

Article 4

Les montants des salaires mensuels minimaux, les indemnités de petits déplacements concernant les ouvriers du bâtiment de la région Alsace fixés ci-dessus enreront en vigueur le 1er avril 2006.

Article 5

Conformément au code du travail, le présent accord sera déposé à la direction départementale du travail, de l'emploi et de la formation professionnelle du Bas-Rhin et remis au secrétariat-greffe du conseil de prud'hommes de Strasbourg.

Article 6

Les parties signataires demanderont l'extension du présent accord au ministre du travail, de l'emploi et de la formation professionnelle, étant précisé qu'il sera alors considéré comme constituant un avenant à la convention collective des ouvriers du bâtiment de la région Alsace.

Article 7

Les partenaires sociaux s'engagent à se rencontrer au plus tard fin octobre 2006 pour rediscuter ensemble de la grille de salaire des ouvriers du bâtiment.

Fait à Strasbourg, le 22 mars 2006.

Avenant du 11 mai 2007 Indemnités de petits déplacements (Alsace)

(1) Texte étendu sous réserve des dispositions réglementaires portant fixation du salaire minimum interprofessionnel de croissance et des dispositions de l'article L. 132-12-3 du code du travail (arrêté du 5 novembre 2007, art. 1er).

La CAPEB Alsace ;

La fédération française du bâtiment d'Alsace (FFBA) ;

La fédération Nord-Est des SCOP du BTP ;

La corporation des électriciens du Bas-Rhin ;

La corporation des patrons plâtriers du Bas-Rhin ;

La fédération régionale des entreprises de peinture et de finition d'Alsace,

L'URCB-CFDT Alsace,

Article 1

En vigueur étendu

En application des articles 8.18 et 12.8 des conventions collectives nationales du bâtiment du 8 octobre 1990 concernant les ouvriers employés par les entreprises du bâtiment visées par le décret du 1er mars 1962, d'une part, et les ouvriers employés par les entreprises du bâtiment non visées par le décret du 1er mars 1962 d'autre part, les organisations représentatives d'employeurs et de salariés se sont réunies pour déterminer les salaires mensuels minimaux et les indemnités de petits déplacements des ouvriers du bâtiment de la région Alsace, dont l'entrée en vigueur est fixée au 1er juin 2007.

Article 2

En vigueur étendu

Pour la région Alsace, les parties signataires du présent accord ont fixé le barème des salaires mensuels minimaux des ouvriers du bâtiment comme indiqué dans le tableau ci-après.

Les parties signataires du présent accord ont arrêté :

- la partie fixe à 295,33 € ;
- la valeur du point à 5,80 €.

La valeur du salaire mensuel minimal applicable au coefficient 150 étant fixée en valeur absolue à 1 258,86 €.

(En euros.)

CATÉGORIE	COEFFICIENT	SALAIRE MENSUEL minimal pour 35 heures	TAUX horaire
Niveau I			
Ouvriers d'exécution			
- Position 1	150	1 258,86	8,30
- Position 2	170	1 281,53	8,45
Niveau II			
Ouvriers professionnels	185	1 368,53	9,02
NIVEAU III			
Compagnons professionnels			
- Position 1	210	1 513,53	9,98
- Position 2	230	1 629,53	10,74
NIVEAU IV			
Maîtres ouvriers ou chefs d'équipe			
- Position 1	250	1 745,53	11,51
- Position 2	270	1 861,53	12,27

Article 3

En vigueur étendu

Pour la région Alsace, les parties signataires du présent accord ont fixé les montants des indemnités de petits déplacements des ouvriers du bâtiment comme indiqué dans le tableau ci-après :

(En euros.)

ZONE (en kilomètres)	INDEMNITÉS de repas	INDEMNITÉS de transport	INDEMNITÉS de trajet
I (10 km)	7,90	2,04	1,32
II (20 km)	7,90	2,72	2,47
III (30 km)	7,90	3,71	3,35
IV (40 km)	7,90	5,08	4,60
V (50 km)	7,90	6,17	5,59

Article 4

En vigueur étendu

Conformément au code du travail, le présent accord sera déposé auprès des services centraux du ministère chargé du travail.

Article 5

En vigueur étendu

Les parties signataires demanderont l'extension du présent accord par voie d'arrêté ministériel afin que l'ensemble des ouvriers du bâtiment de la région Alsace puissent bénéficier des dispositions de ce texte.

SALAIRES Région Auvergne Accord du 11 octobre 2000

FFB région Auvergne ;
FNEE ;
CAPEB Auvergne ;
UF-SCOP BTP.

CFDT ;
FO-BTP.

Indemnités de petits déplacements à compter du 1er octobre 2000.

En vigueur étendu

Article 1er

En application du titre VIII, chapitre Ier, de la convention collective nationale du bâtiment du 8 octobre 1990 (étendue par arrêtés ministériels du 12 février 1991 et 15 décembre 1992), concernant les ouvriers employés dans les entreprises du bâtiment visées par le décret du 1er mars 1962, les organisations représentatives d'employeurs et de salariés se sont réunies et ont fixé, par accord, le barème des indemnités de petits déplacements pour la région Auvergne (application de l'article 8-18 de la convention collective nationale) :

- indemnité de repas : 47 F.

Indemnités de frais de transport

ZONE 1a (0 à 10 km) : 3,67 F
ZONE 1b (0 à 10 km) : 8,07 F
ZONE 2 (10 à 20 km) : 23,89 F
ZONE 3 (20 à 30 km) : 37,82 F
ZONE 4 (30 à 40 km) : 52,28 F
ZONE 5 (40 à 50 km) : 66,10 F

Indemnités de trajet

ZONE 1a (0 à 10 km) : 3,07 F
ZONE 1b (0 à 10 km) : 6,75 F
ZONE 2 (10 à 20 km) : 13,29 F
ZONE 3 (20 à 30 km) : 19,32 F
ZONE 4 (30 à 40 km) : 24,43 F
ZONE 5 (40 à 50 km) : 31,89 F

Article 2

Le présent barème des indemnités de petits déplacements entrera en application à compter du 1er octobre 2000.

Article 3

Conformément au code du travail, la présente décision sera déposée à la direction départementale du travail et de l'emploi du Puy-de-Dôme et remis au secrétariat-greffe du conseil de prud'hommes de Clermont-Ferrand.

SALAIRES Région Auvergne Accord du 11 septembre 2002

FFB région Auvergne ;
UF SCOP BTP ;
CAPEB Auvergne.

FO BTP ;
CFDT.

Salaires minima des ouvriers du bâtiment à compter du 1er octobre 2002.

En vigueur étendu

Article 1er

En application de l'article 12.8 de la convention collective nationale du bâtiment du 8 octobre 1990 concernant les ouvriers employés par les entreprises du bâtiment visées par le décret du 1er mars 1962 et conformément à l'accord national signé le 12 février 2002 sur les barèmes des salaires minimaux des ouvriers et des ETAM du bâtiment, il a été convenu, par accord, ce qui suit.

Article 2

Les parties signataires ont arrêté au 1er octobre 2002 la partie fixe à 350,64 Euros et la valeur du point à 4,73 Euros.

Article 3 (1)

Pour les entreprises dont l'horaire est fixé à 35 heures par semaine ou 35 heures en moyenne sur l'année, le barème appliqué sera celui ci-après.

NIVEAU	COEFFICIENT	SALAIRE MENSUEL minimal 39 heures (en francs)	TAUX HORAIRE minimal (en francs)
NIVEAU I			
Ouvriers d'exécution			
- position 1	150	1 060,14	6,99
- position 2	170	1 154,74	7,61
NIVEAU II			
Ouvriers professionnels	185	1 225,69	8,08
NIVEAU III			
Compagnons professionnels			
- position 1	210	1 343,94	8,86
- position 2	230	1 438,54	9,48
NIVEAU IV			
Maîtres ouvriers ou			
chefs d'équipe			
- position 1	250	1 533,14	10,11
- position 2	270	1 627,74	10,73

Article 4 (2)

Pour les entreprises ayant maintenu un horaire hebdomadaire supérieur à 35 heures, le barème appliqué correspondra à 93 % des valeurs indiquées dans l'article 3 au 1er octobre 2002 et à 96 % de ces mêmes valeurs au 1er janvier 2003, voir tableaux ci-dessous :

Salaires minima au 1er octobre 2002

NIVEAU	COEFFICIENT	SALAIRE MENSUEL minimal 39 heures (en francs)	TAUX HORAIRE minimal (en francs)
NIVEAU I			
Ouvriers d'exécution			
- position 1	150	985,93	6,50
- position 2	170	1 073,91	7,08
NIVEAU II			
Ouvriers professionnels	185	1 139,89	7,52
NIVEAU III			
Compagnons professionnels			
- position 1	210	1 249,86	8,24
- position 2	230	1 337,84	8,82

NIVEAU IV			
Maîtres ouvriers ou			
chefs d'équipe			
- position 1	250	1 425,82	9,40
- position 2	270	1 513,80	9,98

NIVEAU	COEFFICIENT	SALAIRE MENSUEL minimal 39 heures (en francs)	TAUX HORAIRE minimal (en francs)
NIVEAU I			
Ouvriers d'exécution			
- position 1	150	1 017,73	6,71
- position 2	170	1 108,55	7,31
NIVEAU II			
Ouvriers professionnels	185	1 176,66	7,76
NIVEAU III			
Compagnons professionnels			
- position 1	210	1 290,18	8,51
- position 2	230	1 381,00	9,11
NIVEAU IV			
Maîtres ouvriers ou			
chefs d'équipe			
- position 1	250	1 471,81	9,70
- position 2	270	1 562,63	10,30

Article 5

Conformément au code du travail, la présente décision sera déposée à la direction départementale du travail et de l'emploi du Puy-de-Dôme et remis au secrétariat-greffe du conseil de prud'hommes de Clermont-Ferrand, en cas d'accord paritaire, les parties demanderont l'extension de celui-ci.

Fait à Clermont-Ferrand, le 11 septembre 2002.

(1) Article étendu sous réserve de l'application de l'article 32 de la loi n° 2000-37 du 19 janvier 2000 instaurant une garantie de rémunération mensuelle (arrêté du 17 janvier 2003, art. 1er).(2) Article étendu sous réserve de l'application des dispositions réglementaires portant fixation du salaire minimum de croissance (arrêté du 17 janvier 2003, art. 1er).

SALAIRES Région Auvergne Avenant du 15 octobre 2002

Salaires

En vigueur étendu

Vu les articles 1.4 et 12.8 de la convention collective nationale du 8 octobre 1990 des ouvriers employés par les entreprises du bâtiment ;

Vu la pénurie des personnels ouvriers hautement qualifiés dans de nombreux corps d'Etat du bâtiment,

il a été convenu ce qui suit :

Article 1er

Les organisations représentatives d'employeurs et de salariés décident de prendre les dispositions suivantes touchant à la rémunération des apprentis préparant un deuxième certificat d'aptitude professionnel, une mention complémentaire ou un brevet professionnel dans la filière de leur diplôme initial (sans préjudice des dispositions législatives et réglementaires en vigueur) :

1. (1) Lorsqu'un jeune, après avoir obtenu un diplôme de l'enseignement professionnel, s'engage dans la préparation d'un deuxième certificat d'aptitude professionnel, une mention complémentaire ou un brevet professionnel dans la filière de leur diplôme initial par un nouveau contrat d'apprentissage (art. L. 115-1 et L. 117-1 du code du travail), ou par un contrat de qualification (art. L. 981-1 du code du travail), sa rémunération sera calculée en appliquant le pourcentage légal correspondant au minimum conventionnel du niveau de qualification auquel son premier diplôme lui aurait donné accès (coef. 185 de la classification ouvrière) ;

2. (2) Dans le cas de contrats d'apprentissage successifs (même si le dernier contrat est conclu avec un nouvel employeur) et dans le cas d'un contrat de qualification suivant un contrat d'apprentissage, le pourcentage servant au calcul de la rémunération ne pourra pas être inférieur à celui appliqué à la dernière année d'exécution du contrat précédent.

Article 2

Les dispositions visées à l'article 1er seront applicables aux contrats conclus à compter du 1er janvier 2003.

Article 3

Conformément au code du travail, la présente décision sera déposée à la direction départementale du travail et de l'emploi du Puy-de-Dôme et remis au secrétariat-greffe du conseil de prud'hommes de Clermont-Ferrand.

Les parties signataires demanderont l'extension du présent accord auprès du ministre des affaires sociales, du travail et de la solidarité.

Fait à Clermont-Ferrand, le 15 octobre 2002.

(1) Point étendu sous réserve de l'application des dispositions des articles D. 117-1 et D. 117-2 du code du travail (arrêté du 26 juin 2003, art. 1er) (2) Point étendu sous réserve de l'application des dispositions de l'article D. 117-5 du code du travail (arrêté du 26 juin 2003, art. 1er).

Avenant du 18 juin 2007 Indemnités de repas et de petits déplacements (Auvergne)

FFB région Auvergne ;

FLBA SCOP BTP ;

CAPEB Auvergne.

FO BTP ;

CFDT.

Article 1

En vigueur étendu

En application du titre VIII, chapitre Ier, de la convention collective nationale du bâtiment du 8 octobre 1990, étendue par arrêtés ministériels des 12 février 1991, et 15 décembre 1992 concernant les ouvriers employés par les entreprises du bâtiment visées par le décret du 1er mars 1962, les organisations représentatives d'employeurs et de salariés se sont réunies le 18 juin 2007. Il a été fixé, par accord, le barème des indemnités de repas et de petits déplacements pour la région Auvergne (application de l'article 8.18 de la convention collective nationale).
Indemnité de repas : 8,36 €.

(En euros.)

ZONE (en kilomètres)	INDEMNITÉ de frais de transport	INDEMNITÉ DE TRAJET
1 A (de 0 à 5km)	0,65	0,55
1 B (de 5à 10 km)	1,48	1,20
2 (de 10 à 20 km)	4,34	2,37
3 (de 20 à 30 km)	6,85	3,43
4 (de 30 à 40 km)	9,48	4,35
5 (de 40 à 50 km)	11,97	5,68

Article 2

En vigueur étendu

Le présent barème des indemnités de petits déplacements entrera en application à compter du 1er juillet 2007.

Article 3
En vigueur étendu

Conformément au code du travail, la présente décision sera déposée à la direction des relations du travail à Paris et remis au secrétariat-greffe du conseil des prud'hommes de Clermont-Ferrand. Une extension de cet accord sera demandé.

Avenant du 18 juin 2007 Salaires (Auvergne)

(1) Texte étendu sous réserve, d'une part, de l'application des dispositions réglementaires portant fixation du salaire minimum interprofessionnel de croissance et, d'autre part, de l'application des dispositions de l'article L. 132-12-3 du code du travail (arrêté du 30 octobre 2007, art. 1er).

FFB Auvergne ;

FLBA SCOP BTP ;

CAPEB Auvergne.

FO BTP ;

CFDT.

Article 1
En vigueur étendu

En application de l'article 12.8 de la convention collective nationale du bâtiment du 8 octobre 1990 concernant les ouvriers employés par les entreprises du bâtiment visées par le décret du 1er mars 1962, les organisations représentatives d'employeurs et de salariés se sont réunies le 18 juin 2007. Il a été décidé, par accord, d'augmenter les salaires mensuels minimaux des ouvriers du bâtiment de la région Auvergne à compter du 1er juillet 2007.

Article 2
En vigueur étendu

Les parties signataires ont arrêté au 1er juillet 2007 la partie fixe à 382,46 € et la valeur du point à 5,51 €. Elles ont fixé le barème des salaires minimaux des ouvriers du bâtiment comme indiqué dans le tableau ci-après.

(En euros.)

CATÉGORIE professionnelle	**COEFFICIENT**	**SALAIRE MENSUEL minimal (35 heures hebdomadaires)**	**TAUX horaire minimal**
Niveau I			
Ouvriers d'exécution			
- Position 1	150	1 208,96	7,97
- Position 2	170	1 319,16	8,70
Niveau II			
Ouvriers professionnels	185	1 401,81	9,24
Niveau III			
Compagnons professionnels			
- Position 1	210	1 539,56	10,15
- Position 2	230	1 649,76	10,88
Niveau IV			
Maîtres ouvriers ou chefs d'équipe			
- Position 1	250	1 759,96	11,60
- Position 2	270	1 870,16	12,33

Article 3
En vigueur étendu

Conformément au code du travail, la présente décision sera déposée à la direction des relations du travail à Paris et remis au secretariat-greffe du conseil de prud'hommes de Clermont-Ferrand. Une extension de cet accord sera demandée.

Accord du 23 juin 2008 Salaires (Auvergne)

(1) Texte étendu sous réserve, d'une part, de l'application des dispositions réglementaires portant fixation du salaire minimum interprofessionnel de croissance et, d'autre part, de l'application des dispositions de l'article L. 2241-9 du code du travail qui prévoient que la négociation annuelle sur les salaires vise également à définir et programmer les mesures permettant de supprimer les écarts de rémunération entre les femmes et les hommes avant le 31 décembre 2010
(a rrêté du 3 novembre 2008, art. 1er).

FFB région Auvergne ;

FLBA SCOP BTP ;

CAPEB Auvergne.

FO BTP ;

CFDT.

Article 1

En vigueur étendu

En application de l'article 12. 8 de la convention collective nationale du bâtiment du 8 octobre 1990 concernant les ouvriers employés par les entreprises du bâtiment visées par le décret du 1er mars 1962, les organisations représentatives d'employeurs et de salariés se sont réunies le 23 juin 2008. Il a été décidé, par accord, d'augmenter les salaires mensuels minimaux des ouvriers du bâtiment de la région Auvergne à compter du 1er juillet 2008.

Article 2

En vigueur étendu

Les parties signataires ont arrêté au 1er juillet 2008 la partie fixe à 382,46 € et la valeur du point à 5,73 €.
Elles ont fixé le barème des salaires minimaux des ouvriers du bâtiment comme indiqué dans le tableau ci-après.

(En euros.)

CATÉGORIE professionnelle	COEFFICIENT	SALAIRE MENSUEL minimal (35 heures hebdomadaires)	TAUX horaire minimal
Niveau I			
Ouvriers d'exécution :			
- position 1	150	1 241,96	8,19
- position 2	170	1 356,56	8,94
Niveau II			
Ouvriers professionnels	185	1 442,51	9,51
Niveau III			
Compagnons professionnels :			
- position 1	210	1 585,76	10,46
- position 2	230	1 700,36	11,21
Niveau IV			
Maîtres ouvriers ou chefs d'équipe :			
- position 1	250	1 814,96	11,97
- position 2	270	1 929,56	12,72

Article 3

En vigueur étendu

Conformément aux articles L. 2231-6, L. 2262-1, L. 2262-8, D. 2231-2, D. 2231-3, D. 2231-7 et D. 2231-8 du code du travail, la présente décision sera déposée à la direction des relations du travail à Paris et remis au secrétariat-greffe du conseil de prud'hommes de Clermont-Ferrand. Une extension de cet accord sera demandée.

Accord du 23 juin 2008 Indemnités de repas et de petits déplacements (Auvergne)

FFB région Auvergne ;

FLBA SCOP BTP ;

CAPEB Auvergne.

FO BTP ;

CFDT.

Article 1

En vigueur étendu

En application du titre VIII, chapitre Ier, de la convention collective nationale du bâtiment du 8 octobre 1990 (étendue par arrêtés ministériels des 12 février 1991 et 15 décembre 1992) concernant les ouvriers employés par les entreprises du bâtiment visées par le décret du 1er mars 1962, les organisations représentatives d'employeurs et de salariés se sont réunies le 23 juin 2008. Il a été fixé, par accord, le barème des indemnités de repas et de petits déplacements pour la région Auvergne (application de l'article 8-18 de la convention collective nationale) :
Indemnité de repas : 8, 59 €.

(En euros.)

	ZONE 1 (0 à 10 km)	**ZONE 2**	**ZONE 3**	**ZONE 4**	**ZONE 5**	
	A	**B**	**(10 à 20 km)**	**(20 à 30 km)**	**(30 à 40 km)**	**(40 à 50 km)**
Indemnité de frais de transport	0, 68	1, 55	4, 56	7, 19	9, 95	12, 57
Indemnité de trajet	0, 57	1, 23	2, 44	3, 53	4, 47	5, 84

Article 2

En vigueur étendu

Le présent barème des indemnités de petits déplacements entrera en application à compter du 1er juillet 2008.

Article 3

En vigueur étendu

Conformément aux articles L. 2231-6, L. 2262-1, L. 2262-8, D. 2231-2, D. 2231-3, D. 2231-7 et D. 2231-8 du code du travail, la présente décision sera déposée à la direction des relations du travail à Paris et remis au secrétariat-greffe du conseil de prud'hommes de Clermont-Ferrand. Une extension de cet accord sera demandée.

Accord du 14 décembre 2006 Primes pour travaux occasionnels (Aquitaine)

Fédération française du bâtiment Aquitaine ;

Union régionale CAPEB Aquitaine.

Union régionale construction bois Aquitaine CFDT ;

CFE-CGC BTP Aquitaine ;

Syndicat régional FO du BTP.

Primes pour travaux occasionnels (Aquitaine)

En vigueur étendu

En application de l'article 1.31 de la convention collective nationale des ouvriers du bâtiment en date du 8 octobre 1990 et de l'article II.3 de la convention collective régionale des ouvriers du bâtiment d'Aquitaine du 19 février 2001, les montants des primes horaires pour travaux occasionnels présentant des conditions d'insalubrité, de pénibilité ou de nuisances particulières, sont fixés comme suit, à compter du 1er janvier 2007 :

1. Travaux de fumisterie : 3,65 €

- travaux occasionnels de ramonage ;

- travaux occasionnels de démontage ou piquage de chaudière, travaux effectués dans des fours occasionnels, foyers, conduits et gaines de cheminées.

2. Travaux dans l'eau, travaux au marteau-piqueur : 3,96 €

- travaux dans plus de 10 centimètres d'eau ;

- utilisation pendant plus de 1 heure d'un marteau-piqueur ou d'un brise-béton ou de tout matériel exposant à des vibrations.

3. Pénibilité due aux conditions d'insalubrité, d'ambiance ou de

nuisance : 4,26 €

- travaux occasionnels dans des cuves, réservoirs et fosses d'aisance après vidange ;

- travaux occasionnels en vide sanitaire d'une hauteur inférieure à 1,60 m ;

- travaux occasionnels dans des locaux où la température, à l'intérieur, est supérieure à 40 °C ;

- travaux occasionnels dans des chambres froides ou dans des locaux où la température est inférieure à 5 °C.

Conformément au code du travail, le présent accord sera déposé à la direction départementale du travail et de l'emploi de la Gironde à Bordeaux et remis au secrétariat-greffe du conseil des prud'hommes de Bordeaux.

Les parties signataires demandent l'extension du présent accord au ministre de l'emploi, de la cohésion sociale et du logement.

Accord du 14 décembre 2006 Salaires (Aquitaine)

En vigueur étendu

Article 1er

En application des articles 12.8 et 12.9 des conventions collectives nationales du bâtiment du 8 octobre 1990, concernant les ouvriers employés par les entreprises du bâtiment visées par le décret du 1er mars 1962 (c'est-à-dire occupant jusqu'à 10 salariés), les organisations représentatives d'employeurs et de salariés se sont réunies le 14 décemre 2006 et ont déterminé les salaires minima mensuels pour les ouvriers du bâtiment de la région Aquitaine à compter du 1er janvier 2007 et du 1er juillet 2007, comme suit.

Article 2

Les parties signataires du présent accord ont fixé le barème des salaires minimaux des ouvriers du bâtiment pour un horaire mensuel de 151,67 heures, comme indiqué dans les tableaux en annexes.

Article 2.1

A compter du 1er janvier 2007

Pour les coefficients 185, 210 et 230 :

- la partie fixe est de 410,64 € ;

- la valeur du point est de 5,39 €.

Par dérogation aux articles 12.8 et 12.9 de la convention collective nationale du bâtiment du 8 octobre 1990, concernant les ouvriers employés par les entreprises visées par le décret du 1er mars 1962, les parties signataires du présent accord ont fixé le barème des coefficients 150, 170, 250 et 270, pour un horaire mensuel de 151,67 heures, comme suit :

- coefficient 150 : 1 270,00 € ;

- coefficient 170 : 1 290,82 € ;

- coefficient 250 : 1 775,50 € ;

- coefficient 270 : 1 884,36 €.

Article 2.2

A compter du 1er juillet 2007

Pour les coefficients 185, 210 et 230 :

- la partie fixe est de 416,84 € ;

- la valeur du point est de 5,47 €.

Par dérogation aux articles 12.8 et 12.9 de la convention collective nationale du bâtiment du 8 octobre 1990, concernant les ouvriers employés par les entreprises visées par le décret du 1er mars 1962, les parties signataires du présent accord ont fixé le barème des coefficients 150, 170, 250 et 270, pour un horaire mensuel de 151,67 heures, comme suit :

- coefficient 150 : 1 282,70 € ;

- coefficient 170 : 1 303,73 € ;

- coefficient 250 : 1 811,00 € ;

- coefficient 270 : 1 922,05 €.

Article 3

Conformément au code du travail, le présent accord sera déposé à la direction générale du travail et remis au secrétariat-greffe du conseil des prud'hommes de Bordeaux.

Article 4

Les parties signataires demandent l'extension du présent accord au ministre du travail, de la cohésion sociale et du logement.

Fait à Bordeaux, le 14 décembre 2006.

ANNEXE I

Salaires minimaux des ouvriers du bâtiment de la région Aquitaine

[applicables au 1er janvier 2007 (base 151,67 heures)]

(En euros.)

CATEGORIE	COEFFICIENT	SALAIRE	TAUX HORAIRE	
PROFESSIONNELLE		mensuel minimal	minimal	
Niveau I				
Ouvrier d'exécution				
- position 1	150	1 270,00	8,37	
- position 2	170	1 290,82	8,51	
Niveau II				
Ouvrier professionnel	185	1 407,75	9,28	

Niveau III				
Compagnon				
professionnel				
- position 1	210	1 542,49	10,17	
- position 2	230	1 650,29	10,88	
Niveau IV				
Maitre ouvrier ou				
chef d'équipe				
- position 1	250	1 775,50	11,71	
- position 2	270	1 884,36	12,42	

Il est rappelé qu'aucun salaire réel ne peut être inférieur au SMIC correspondant à l'horaire appliqué.

ANNEXE II

Salaires minimaux des ouvriers du bâtiment de la région Aquitaine

[applicables au 1er juillet 2007 (base 151,67 heures)]

(En euros.)

CATEGORIE PROFESSIONNELLE	COEFFICIENT	SALAIRE mensuel minimal	TAUX HORAIRE minimal	
Niveau I				
Ouvrier d'exécution				
- position 1	150	1 282,70	8,46	
- position 2	170	1 303,73	8,60	
Niveau II				
Ouvrier professionnel	185	1 428,87	9,42	
Niveau III				
Compagnon				
professionnel				
- position 1	210	1 565,63	10,32	
- position 2	230	1 675,04	11,04	
Niveau IV				
Maitre ouvrier ou				
chef d'équipe				
- position 1	250	1 811,00	11,94	
- position 2	270	1 922,05	12,67	

Il est rappelé qu'aucun salaire réel ne peut être inférieur au SMIC correspondant à l'horaire appliqué.

Accord du 19 juin 2006 Salaires (Auvergne)

FFB région Auvergne ;

CAPEB Auvergne.

CFTC ;

CFDT ;

FO-BTP.

Rémunérations minimales

En vigueur étendu

Article 1er

En application de l'article XII.8 de la convention collective nationale du bâtiment du 8 octobre 1990 concernant les ouvriers employés par les entreprises du bâtiment visées par le décret du 1er mars 1962, les organisations représentatives d'employeurs et de salariés se sont réunies le 19 juin 2006. Il a été décidé, par accord, d'augmenter les salaires mensuels minimaux des ouvriers du bâtiment de la région Auvergne à compter du 1er juillet 2006.

Article 2

Les parties signataires ont arrêté au 1er juillet 2006 la partie fixe à 371,32 Euros et la valeur du point à 5,35 Euros. Elles ont fixé le barème des salaires minimaux des ouvriers du bâtiment comme indiqué dans le tableau ci-après :

(En euros.)

CATEGORIE	COEFFICIENT	SALAIRE MENSUEL	TAUX HORAIRE	
professionnelle		minimal	minimal	
		(pour 35 heures)		
Niveau I				
Ouvriers				
d' exécution				
- position 1	150	1 173,82	7,74	
- position 2	170	1 280,82	8454	
Niveau II				
Ouvriers				
professionnels	185	1 361,07	8,97	
Niveau III				
- Compagnons				
professionnels				
- position 1	210	1 494,82	9,86	
- position 2	230	1 601,82	10,56	

Niveau IV				
Maitres ouvriers				
ou chefs d'équipe				
- position 1	250	1 708,82	11,27	
- position 2	270	1 815,82	11,97	

Article 3

Conformément au code du travail, la présente décision sera déposée à la direction des relations du travail à Paris et remis au secrétariat-greffe du conseil de prud'hommes de Clermont-Ferrand. Une extension de cet accord sera demandé.

Accord du 19 juin 2006 Indemnités de repas et de petits déplacements (Auvergne)

FFB région Auvergne ;

CAPEB Auvergne.

CFTC ;

CFDT ;

FO-BTP.

Indemnités de repas et de petits déplacements (Auvergne)

En vigueur étendu

Article 1er

En application du titre VIII, chapitre Ier, de la convention collective nationale du bâtiment du 8 octobre 1990 (étendue par arrêtés ministériels du 12 février 1991 et du 15 décembre 1992) concernant les ouvriers employés par les entreprises du bâtiment visées par le décret du 1er mars 1962, les organisations représentatives d'employeurs et de salariés se sont réunies le 19 juin 2006. Il a été fixé, par accord, le barème des indemnités de repas et de petits déplacements pour la région Auvergne (application de l'article VIII-18 de la convention collective nationale) :

(En euros.)

ZONE (en kilomètres)	REPAS	TRANSPORT	TRAJET
1 A (0 à 5 km)	8,20	0,64	0,54

1 B (5 à 10 km)	8,20	1,45	1,18
2 (10 à 20 km)	8,20	4,25	2,32
3 (20 à 30 km)	8,20	6,72	3,36
4 (30 à 40 km)	8,20	9,29	4,26
5 (40 à 50 km)	8,20	11,74	5,57

Article 2

Le présent barème des indemnités de petits déplacements entrera en application à compter du 1er juillet 2006.

Article 3

Conformément au code du travail, la présente décision sera déposée à la direction des relations du travail à Paris et remis au secrétariat-greffe du conseil de prud'hommes de Clermont-Ferrand. Une extension de cet accord sera demandé.

Fait à Clermont-Ferrand, le 19 juin 2006.

SALAIRES Région Bretagne Avenant du 26 mars 2002

La fédération régionale du bâtiment de Bretagne ;
L'union régionale CAPEB Bretagne ;
L'union fédérale des SCOP du BTP de l'Ouest,

L'URCB-CFDT,

Indemnisation des petits déplacements au 1er avril 2002 jusqu'au 31 mars 2003

En vigueur étendu

Article 1er (1)

Le régime de petits déplacements défini en application du titre VIII, chapitre Ier, de la convention collective nationale du bâtiment du 8 octobre 1990, étendues par arrêtés ministériels des 8 et 12 février 1991, concernant les entreprises visées par le décret du 1er mars 1962 (c'est-à-dire occupant jusqu'à 10 salariés) a pour objet d'indemniser forfaitairement les ouvriers travaillant dans les entreprises de bâtiment de Bretagne des frais supplémentaires qu'entraîne pour eux la fréquence des déplacements, inhérente à la mobilité de leur lieu de travail.

Le régime d'indemnisation des petits déplacements comporte les indemnités professionnelles suivantes :

- indemnité de repas ;

- indemnité de frais de transports ;

- indemnité de trajet,

qui sont versées aux ouvriers bénéficiaires.

Ces indemnités de remboursement de frais sont journalières, forfaitaires et fixées en valeur absolue ; leur montant est déterminé à l'échelon de la région.

Article 2

Le présent accord renvoie, point par point, aux dispositions contenues dans le chapitre VIII.I des conventions collectives " bâtiment " du 8 octobre 1990 susvisé, sous réserve des adjonctions et précisions ci-après :

Zones circulaires concentriques

Pour tenir compte des particularités propres à la première zone, celle-ci est divisée en 2 sous-zones, de 0 à 4 kilomètres et de 4 à 10 kilomètres.

Indemnité de repas

L'ouvrier qui travaille dans la première sous-zone, de 0 à 4 kilomètres et bénéficie, en outre, en milieu de journée d'un temps de pause au moins égal à 1 h 30, est réputé prendre son repas à sa résidence habituelle, sauf s'il s'avère qu'il en va autrement dans les faits et cela pour des raisons tenant, notamment, à la localisation du chantier, comme aux moyens de transports existants.

Article 3 (2)

Le montant des indemnités découlant des articles 1er et 2 ci-dessus fixé comme suit :

Du 1er avril 2002 au 31 mars 2003.

Indemnité de repas : 7,34 Euros.

Indemnité de frais de transport

ZONE	KILOMÈTRES	INDEMNITÉ
		de transport
		(en euros)
1	de 0 à 4	0,37
	de 4 à 10	1,90
2	de 10 à 20	3,77
3	de 20 à 30	5,16
4	de 30 à 40	6,60
5	de 40 à 50	8,04

Indemnité de trajet

ZONE	KILOMÈTRES	INDEMNITÉ
		de trajet
		(en euros)
1	de 0 à 4	0,34
	de 4 à 10	1,15
2	de 10 à 20	1,58
3	de 20 à 30	2,37
4	de 30 à 40	3,29
5	de 40 à 50	3,94

Ces montants prenant effet au 1er avril 2002, resteront en application jusqu'au 31 mars 2003. Article 5

Le présent accord fera l'objet d'une demande d'extension auprès du ministre du travail, de l'emploi et de la formation professionnelle.

(1) Article étendu sous réserve de l'application de l'article 32 de la loi n° 2000-37 du 19 janvier 2000 (arrêté du 14 octobre 2002, art. 1er).(2) Article étendu sous réserve de l'application des dispositions réglementaires portant fixation du salaire minimum de croissance (arrêté du 14 octobre 2002, art. 1er).

SALAIRES Région Bretagne Avenant du 26 mars 2002

La fédération régionale du bâtiment de Bretagne ;
L'union régionale CAPEB Bretagne ;
L'union fédérale des SCOP du BTP de l'Ouest,

L'URCB-CFDT,

Salaires à compter du 1er avril 2002.

En vigueur étendu

Le barème des salaires minima applicables du 1er avril 2002 au 31 mars 2003 (base 35 heures hebdomadaires, soit 151,67 mensuelles) en application des articles 12.8 et 12.9 de la convention collective nationale du 8 octobre 1990, concernant les ouvriers employés par les entreprises du bâtiment visées par le décret du 1er mars 1962 (c'est-à-dire occupant jusqu'à 10 salariés), et conformément à l'accord du 12 février 2002 sur les barèmes des salaires minima des ouvriers et Etam du bâtiment, résulte du tableau ci-après.
Salaires minima mensuels au 1er avril 2002
(1) SALAIRE MENSUEL minimal (pour 35 heures hebdomadaires soit 151,67 heures mensuelles) (en euros)

CATÉGORIE	COEFFICIENT	(1)	SALAIRE horaire
professionnelle			(en euros)
NIVEAU I			
Ouvriers			
d'exécution			
- Position 1	150	1 062,40	7,00
- Position 2	170	1 163,40	7,67
NIVEAU II			
Ouvriers			
professionnels	185	1 239,15	8,17
NIVEAU III			
Compagnons			
professionnels			
- Position 1	210	1 365,40	9,00
Position 2	230	1 466,40	9,67
NIVEAU IV			
Maîtres			
ouvriers ou			
chefs d'équipe			
- Position 1	250	1 567,40	10,33
- Position 2	270	1 668,40	11,00

Les parties signataires du présent accord ont arrêté :
- la partie fixe (PF) à 304,90 Euros ;
- la valeur du point (VP) à 5,05 Euros. Article 2
Le présent barème des salaires minima entrera en application à compter du 1er avril 2002 et jusqu'au 31 mars 2003. Article 3
Pour les entreprises dont l'horaire collectif est supérieur à la durée légale de 35 heures, le barème ci-dessus est applicable dans les conditions particulières visées à l'article 2 de l'accord national du 12 février 2002 :
- au 1er janvier 2002, les valeurs de salaires minima établis pour 35 heures par semaine ou 151,67 heures par mois correspondent à 93 % des valeurs indiquées dans les barèmes visés à l'article 1er ;

- au 1er janvier 2003, les valeurs de salaires minima établis pour 35 heures par semaine ou 151,67 heures par mois correspondront à 96 % des valeurs indiquées dans les barèmes visés à l'article 1er.
Article 4
Disposition exceptionnelle

Si l'équilibre de l'accord se trouvait, au cours de son exécution, bouleversé par la survenance de circonstances économiques imprévues, les parties signataires s'engageraient à ouvrir une négociation dans les plus brefs délais.
Article 5

Conformément au code du travail, le présent accord sera déposé à la direction départementale du travail et de l'emploi d'Ille-et-Vilaine et remis au secrétariat du greffe du conseil de prud'hommes de Rennes.

Avenant du 21 mars 2007 Salaires (Bretagne)

(1) Avenant étendu sous réserve, d'une part, du respect des dispositions de l'article L. 132-12-3 du code du travail et, d'autre part, des dispositions réglementaires portant fixation du salaire minimum interprofessionnel de croissance
(arrêté du 5 novembre 2007, art. 1er).

La fédération régionale du bâtiment de Bretagne ;

L'union régionale CAPEB Bretagne ;

La fédération Ouest SCOP BTP,

L'union régionale construction bois CFDT ;

L'union régionale bâtiment CFTC,

Article 1
En vigueur étendu

Le barème des salaires minima applicables du 1er avril 2007 au 31 mars 2008 (base 35 heures hebdomadaires, soit 151,67 mensuelles), en application des articles XII.8 et XIII.9 de la convention collective nationale du 8 octobre 1990, concernant les ouvriers employés par les entreprises du bâtiment visées par le décret du 1er mars 1962 (c'est-à-dire occupant jusqu'à 10 salariés), et conformément à l'accord du 12 février 2002 sur les barèmes des salaires minima des ouvriers et ETAM du bâtiment, résulte du tableau ci-après.

(En euros.)

CATÉGORIE professionnelle	COEFFICIENT	SALAIRE MENSUEL minimal	TAUX HORAIRE minimal
Niveau I Ouvriers d'exécution			
- position 1	150	1 180,44	7,78
- position 2	170	1 296,24	8,55
Niveau II Ouvriers professionnels	185	1 383,10	9,12
Niveau III Compagnons professionnels			
- position 1	210	1 528,70	10,08
- position 2	230	1 648,10	10,87
Niveau IV Maîtres ouvriers ou chefs d'équipe			
- position 1	250	1 767,50	11,65
- position 2	270	1 886,90	12,44

Les parties signataires du présent accord ont arrêté :
- la partie fixe (PF) à 275,00 € ;
- la valeur du point (VP) à 5,97 €.

Article 2
En vigueur étendu

Le présent barème des salaires minima entrera en application à compter du 1er avril 2007 et jusqu'au 31 mars 2008.

Article 3
En vigueur étendu

Si l'équilibre de l'accord se trouvait, au cours de son exécution, bouleversé par la survenance de circonstances économiques imprévues, les parties signataires s'engageraient à ouvrir une négociation dans les plus brefs délais.

Article 4
En vigueur étendu

Conformément au code du travail, le présent accord sera déposé à la direction départementale du travail et de l'emploi d'Ille-et-Vilaine et remis au secrétariat du greffe du conseil de prud'hommes de Rennes.

Article 5
En vigueur étendu

Le présent accord fera l'objet d'une demande d'extension auprès du ministre du travail, de l'emploi et de la formation professionnelle.

Avenant du 21 mars 2007 Indemnités de petits déplacements (Bretagne)

La fédération régionale du bâtiment de Bretagne ;

L'union régionale CAPEB Bretagne ;

La fédération Ouest SCOP BTP,

L'union régionale construction bois CFDT ;

L'union régionale bâtiment CFTC,

Article 1
En vigueur étendu

Le régime de petits déplacements défini en application du titre VIII, chapitre Ier, de la convention collective nationale du bâtiment du 8 octobre 1990, étendue par arrêtés ministériels des et 12 février 1991, concernant les entreprises visées par le décret du 1er mars 1962 (c'est-à-dire occupant jusqu'à 10 salariés) a pour objet d'indemniser forfaitairement les ouvriers travaillant dans les entreprises de bâtiment de Bretagne des frais supplémentaires qu'entraîne pour eux la fréquence des déplacements, inhérente à la mobilité de leur lieu de travail.
Le régime d'indemnisation des petits déplacements comporte les indemnités professionnelles suivantes :
- indemnité de repas ;
- indemnité de frais de transport ;
- indemnité de trajet,
qui sont versées aux ouvriers bénéficiaires.
Ces indemnités de remboursement de frais sont journalières, forfaitaires et fixées en valeur absolue ; leur montant est déterminé à l'échelon de la région.

Article 2
En vigueur étendu

Le présent accord renvoie, point par point, aux dispositions contenues dans le chapitre VIII.1 des conventions collectives du bâtiment du 8 octobre 1990 susvisé, sous réserve des adjonctions et précisions ci-après.
Zones circulaires concentriques :
Pour tenir compte des particularités propres à la première zone, celle-ci est divisée en 2 sous-zones, de 0 à 4 km et de 4 à 10 km.
Indemnité de repas :
L'ouvrier qui travaille dans la première sous-zone, de 0 à 4 km, et bénéficie, en outre, en milieu de journée, d'un temps de pause au moins égal à 1 h 30, est réputé prendre son repas à sa résidence habituelle, sauf s'il s'avère qu'il en va autrement dans les faits, et cela pour des raisons tenant, notamment, à la localisation du chantier comme aux moyens de transport existants.

Article 3
En vigueur étendu

Le montant des indemnités découlant des articles 1er et 2 ci-dessus est fixé comme suit du 1er avril 2007 au 31 mars 2008 :
I. - Indemnité de repas : 8,20 €.
II. - Indemnité frais de transport :

ZONE	DISTANCE (en kilomètres)	MONTANT de l'indemnité
1	de 0 à 4	0,42

1	de 4 à 10	2,11
2	de 10 à 20	4,19
3	de 20 à 30	5,74
4	de 30 à 40	7,35
5	de 40 à 50	8,96

III. - Indemnité de trajet :

ZONE	DISTANCE (en kilomètres)	MONTANT de l'indemnité
1	de 0 à 4	0,39
1	de 4 à 10	1,28
2	de 10 à 20	1,77
3	de 20 à 30	2,66
4	de 30 à 40	3,71
5	de 40 à 50	4,44

Ces montants prenant effet au 1er avril 2007, ils resteront en application jusqu'au 31 mars 2008.

Article 4
En vigueur étendu

Le présent accord fera l'objet d'une demande d'extension auprès du ministre du travail, de l'emploi et de la formation professionnelle.

Avenant du 19 mars 2008 Salaires (Bretagne)

La fédération régionale du bâtiment de Bretagne ;

L'union régionale CAPEB Bretagne ;

La fédération Ouest des SCOP du BTP,

L'union régionale CFTC bâtiment,

Article 1
En vigueur non étendu

Le barème des salaires minima applicables du 1er avril 2008 au 31 décembre 2008 (base 35 heures hebdomadaires, soit 151, 67 mensuelles) en application des articles 12. 8 et 12. 9 de la convention collective nationale du 8 octobre 1990 concernant les ouvriers employés par les entreprises du bâtiment visées par le décret du 1er mars 1962 (c'est-à-dire occupant jusqu'à 10 salariés), et conformément à l'accord du 12 février 2002 sur les barèmes des salaires minima des ouvriers et ETAM du bâtiment, résulte du tableau ci-après.

(En euros.)

CATÉGORIE professionnelle	COEFFICIENT	SALAIRE MENSUEL (151, 67 heures)	TAUX HORAIRE minimum
Niveau 1 Ouvriers d'exécution :			
- position 1	150	1 320, 00	8, 70
- position 2	170	1 325, 00	8, 74
Niveau 2 Ouvriers professionnels	185	1 414, 60	9, 33
Niveau 3 Compagnons professionnels :			

- position 1	210	1 568, 60	10, 34
- position 2	230	1 691, 80	11, 15
Niveau 4 Maîtres ouvriers ou chefs d'équipe			
- position 1	250	1 815, 00	11, 97
- position 2	270	1 938, 20	12, 78

Les parties signataires du présent accord ont arrêté :
- la partie fixe (PF) à 275 € ;
- la valeur du point (VP) à 6, 16 €.

Article 2
En vigueur non étendu

Le présent barème des salaires minima entrera en application à compter du 1er avril 2008 et jusqu'au 31 décembre 2008.

Article 3
En vigueur non étendu

Si l'équilibre de l'accord se trouvait, au cours de son exécution, bouleversé par la survenance de circonstances économiques imprévues, les parties signataires s'engageraient à ouvrir une négociation dans les plus brefs délais.

Article 4
En vigueur non étendu

Conformément au code du travail, le présent accord sera déposé à la direction départementale du travail et de l'emploi d'Ille-et-Vilaine et remis au secrétariat du greffe du conseil de prud'hommes de Rennes.

Article 5
En vigueur non étendu

Le présent accord fera l'objet d'une demande d'extension auprès du ministre du travail, des relations sociales et de la solidarité.

Avenant n° 10 du 15 septembre 2006 Salaires (Bourgogne)

La fédération française du bâtiment Bourgogne ;

La confédération de l'artisanat et des petites entreprises du bâtiment ;

L'union régionale (CAPEB) Bourgogne,

La confédération générale du travail Force ouvrière, unions départementales de la Côte-d'Or, la Nièvre, de Saône-et-Loire, de l'Yonne ;

L'union régionale construction et bois CFDT Bourgogne,

En vigueur étendu
Article 1er

En application des articles 12.8 et 12.9 de la convention collective nationale du bâtiment du 8 octobre 1990, concernant les ouvriers employés par les entreprises du bâtiment visées par le décret du 1er mars 1962, les organisations représentatives d'employeurs et de salariés se sont réunies et ont déterminé les salaires mensuels minimaux des ouvriers du bâtiment de la région Bourgogne applicables à compter du 1er jour du mois civil suivant la publication de son arrêté d'extension au Journal officiel.

Article 2

Les parties signataires du présent accord ont arrêté :

- la partie fixe (PF) à 528,6488 € ;

- la partie variable (VP) à 4,4991 €,

pour les coefficients 170 et suivants.

Par dérogation aux articles 12.8 et 12.9 de la convention collective nationale du bâtiment du 8 octobre 1990, concernant les ouvriers employés par les entreprises visées par le décret du 1er mars 1962, les parties signataires du présent accord ont fixé forfaitairement le barème du coefficient 150 pour un horaire mensuel de 151,67 heures à 1 255,83 .

Soit une grille qui s'établit ainsi du coefficient 150 au coefficient 270 :

(En euros.)

CATEGORIE professionnelle	COEFFICIENT	SALAIRE minimal (pour 151,67 heures)	TAUX HORAIRE mensuel
Niveau I Ouvrier d'exécution: - position 1 (fixé forfaitairement)......... - position 2 (fixé forfaitairement).........	150 170	1 255,83 1 293,75	8,28 8,53
Niveau II Ouvrier professionnel	185	1 360,48	8,97
Niveau III Compagnon professionnel : - position 1..................................... - position 2.....................................	210 230	1 472,72 1 563,72	9,71 10,31
Niveau IV Maîtres ouvriers ou chefs d'équipe : - position 1..................................... - position 2.....................................	250 270	1 653,20 1 742,69	10,90 11,49

Article 3

Conformément au code du travail, le présent accord sera déposé à la direction générale du travail du ministère de l'emploi, de la cohésion sociale et du logement, et remis et au secrétariat-greffe du conseil de prud'hommes de Dijon.

Article 4

Les parties signataires demandent l'extension du présent accord au ministre de l'emploi, de la cohésion sociale et du logement.

Fait à Dijon, le 15 septembre 2006.

En vigueur non étendu

Avenant n° 20 du 15 septembre 2006 Indemnités de petits déplacements (Bourgogne)

La fédération française du bâtiment de Bourgogne ;

La confédération de l'artisanat et des petites entreprises du bâtiment (CAPEB) Bourgogne,

La CGT-FO ;

L'union régionale construction et bois Bourgogne CFDT ;

Indemnités de petits déplacements (Bourgogne)

En vigueur étendu

Article 1er

En application du titre VIII, chapitre Ier, de la convention collective nationale du bâtiment du 8 octobre 1990, étendue par arrêté ministériel du 12 février 1991, concernant les ouvriers employés par les entreprises du bâtiment visées par le décret du 1er mars 1962, les organisations représentatives d'employeurs et de salariés se sont réunies et ont déterminé les montants des indemnités de petits déplacements des ouvriers du bâtiment de la région Bourgogne applicables à compter du 1er jour du mois civil suivant la publication de son arrêté d'extension au Journal officiel.

Article 2

Pour la région Bourgogne, les parties signataires du présent accord ont fixé, en application de l'article 8.18 de la convention collective nationale précitée, le barème des indemnités de petits déplacements des ouvriers du bâtiment comme indiqué dans le tableau ci-après :

(En euros.)

ZONE	INDEMNITE	INDEMNITE DE
(en kilomètres)	de frais de transport	TRAJET
Zone 1 A		
(0 à 5 km)	0,48	0,46
Zone 1 B		
(5 à 10 km)	1,42	1,36
Zone 2		
(10 à 20 km)	2,14	2,45

Zone 3		
(20 à 30 km)	3,55	3,70
Zone 4		
(30 à 40 km)	4,99	5,19
Zone 5		
(40 à 50 km)	6,45	6,13

L'indemnité de repas est fixée à 8,30 €, applicable conformément aux modalités prévues dans l'article 8.15 de la convention collective des entreprises de moins de 10 salariés.

Article 3

Conformément au code du travail, le présent accord sera déposé à la direction générale du travail, de l'emploi et de la cohésion sociale et du logement et remis au secrétariat-greffe du conseil de prud'hommes de Dijon.

Article 4

Les parties signataires demandent l'extension du présent accord au ministre de l'emploi, de la cohésion sociale et du logement.

En vigueur non étendu

Avenant n° 11 du 23 novembre 2007 Salaires (Bourgogne)

(1) Texte étendu sous réserve de l'application des dispositions de l'article L. 132-12-3 du code du travail (arrêté du 18 mars 2008, art. 1er).

La fédération française du bâtiment Bourgogne ;

La confédération de l'artisanat et des petites entreprises du bâtiment (CAPEB) Bourgogne,

Les unions départementales de Côte-d'Or, Nièvre, Saône-et-Loire, Yonne CGT-FO ;

L'union régionale construction et bois CFDT Bourgogne ;

L'union régionale de Bourgogne CFTC,

Article 1
En vigueur étendu

En application des articles 12.8 et 12.9 de la convention collective nationale du bâtiment du 8 octobre 1990 concernant les ouvriers employés par les entreprises du bâtiment visées par le décret du 1er mars 1962, les organisations représentatives d'employeurs et de salariés se sont réunies et ont déterminé les salaires mensuels minima des ouvriers du bâtiment de la région Bourgogne applicables à compter du premier jour du mois civil suivant la publication de son arrêté d'extension au Journal officiel.

Article 2
En vigueur étendu

Les parties signataires du présent accord ont arrêté :
- la partie fixe (PF) à 541,865 € ;
- et la partie variable (VP) à 4,6116 €,
pour les coefficients 170 et suivants.

Par dérogation à l'article 12.8 et 12.9 de la convention collective nationale du bâtiment du 8 octobre 1990 concernant les ouvriers employés par les entreprises visées par le décret du 1er mars 1962, les parties signataires du présent accord ont fixé, forfaitairement, le barème du coefficient 150, pour un horaire mensuel de 151,67 heures, à 1 305,88 €.
Soit une grille qui s'établit ainsi, du coefficient 150 au coefficient 270 :

(En euros.)

CATÉGORIE PROFESSIONNELLE			SALAIRE MENSUEL minimum pour 151,67 heures	
Niveau	**Position**	**Coefficient**	**Horaire**	**Mensuel**
I	1	150	8,61	1 305,88
	2	170	8,74	1 325,60
II		185	9,20	1 395,36
III	1	210	9,96	1 510,63
	2	230	10,57	1 603,15
IV	1	250	11,17	1 694,15
	2	270	11,78	1 786,67

Article 3
En vigueur étendu

Conformément au code du travail, le présent accord sera déposé à la direction générale du travail (DGT) du ministère du travail, des relations sociales et de la solidarité et remis au secrétariat-greffe du conseil de prud'hommes de Dijon.

Article 4
En vigueur étendu

Les parties signataires demandent l'extension du présent accord au ministre du travail, des relations sociales et de la solidarité et au ministre de l'agriculture et de la pêche.

Avenant n° 21 du 23 novembre 2007 Indemnités de petits déplacements (Bourgogne)

La fédération française du bâtiment Bourgogne ;

La confédération de l'artisanat et des petites entreprises du bâtiment (CAPEB) Bourgogne,

Les unions départementales de Côte-d'Or, Nièvre, Saône-et-Loire, Yonne CGT-FO ;

L'union régionale construction et bois CFDT Bourgogne ;

L'union régionale de Bourgogne CFTC,

Article 1
En vigueur étendu
En application du titre VIII, chapitre Ier de la convention collective nationale du bâtiment du 8 octobre 1990, étendue par arrêté ministériel du 12 février 1991, concernant les ouvriers employés par les entreprises du bâtiment visées par le décret du 1er mars 1962, les organisations représentatives d'employeurs et de salariés se sont réunies et ont déterminé les montants des indemnités de petits déplacements des ouvriers du bâtiment de la région Bourgogne applicables à compter du premier jour du mois civil suivant la publication de son arrêté d'extension au Journal officiel.

Article 2
En vigueur étendu
Pour la région Bourgogne, les parties signataires du présent accord ont fixé, en application de l'article 8.18 de la convention collective nationale précitée, le barème des indemnités de petits déplacements des ouvriers du bâtiment comme indiqué dans le tableau ci-après :

(En euros.)

ZONE (en kilomètres)	**INDEMNITÉ de transport**	**INDEMNITÉ de trajet**
1 A (0 à 5 km)	0,49	0,47
1 B (5 à 10 km)	1,46	1,40
2 (10 à 20 km)	2,20	2,52
3 (20 à 30 km)	3,66	3,81
4 (30 à 40 km)	5,14	5,35
5 (40 à 50 km)	6,64	6,31

L'indemnité de repas est fixée à 8,42 €, applicable conformément aux modalités prévues dans l'article 8.15 de la convention collective des entreprises de moins de 10 salariés.

Article 3
En vigueur étendu

Conformément au code du travail, le présent accord sera déposé à la direction générale du travail (DGT) du ministère du travail, des relations sociales et de la solidarité et remis au secrétariat-greffe du conseil de prud'hommes de Dijon.

Article 4
En vigueur étendu

Les parties signataires demandent l'extension du présent accord au ministre du travail, des relations sociales et de la solidarité et au ministre de l'agriculture et de la pêche.

Avenant n° 12 du 10 juillet 2009 relatif aux salaires minimaux (Bourgogne)

(1) Avenant étendu sous réserve de l'application des dispositions de l'article L. 2241-9 du code du travail qui prévoient que la négociation annuelle sur les salaires vise également à définir et programmer les mesures permettant de supprimer les écarts de rémunération entre les femmes et les hommes avant le 31 décembre 2010.
(Arrêté du 4 novembre 2009, art. 1er)

FBRB ;

CAPEB Bourgogne ;

Est SCOP BTP.

CGT-FO ;

URCBB CFDT ;

URB CFTC.

Article 1
En vigueur étendu

En application des articles 12. 8 et 12. 9 de la convention collective nationale du bâtiment du 8 octobre 1990 concernant les ouvriers employés par les entreprises du bâtiment visées par le décret du 1er mars 1962, les organisations représentatives d'employeurs et de salariés se sont réunies et ont déterminé les salaires mensuels minimaux des ouvriers du bâtiment de la région Bourgogne applicables à compter du premier jour du mois civil suivant la publication de son arrêté d'extension au Journal officiel.

Article 2
En vigueur étendu

Les parties signataires du présent accord ont arrêté :
- la partie fixe (PF) à 558,121 € ;
- et la partie variable (VP) à 4,750 €,
pour les coefficients 170 et suivants.

Par dérogation aux articles 12.8 et 12.9 de la convention collective nationale du bâtiment du 8 octobre 1990 concernant les ouvriers employés par les entreprises visées par le décret du 1er mars 1962, les parties signataires du présent accord ont fixé forfaitairement le barème du coefficient 150, pour un horaire mensuel de 151,67 heures, à 1 345,06 €.
Soit une grille qui s'établit ainsi du coefficient 150 au coefficient 270 :

(En euros.)

CATÉGORIES	SALAIRE HORAIRE SALAIRE MENSUEL	
Niveau I		
Position 1, coefficient 150	8,87	1 345,06
Position 2, coefficient 170	9,00	1 365,03
Niveau II		
Coefficient 185	9,47	1 436,31
Niveau III		
Position 1, coefficient 210	10,26	1 556,13
Position 2, coefficient 230	10,88	1 650,17
Niveau IV		
Position 1, coefficient 250	11,51	1 745,72
Position 2, coefficient 270	12,14	1 841,27

Article 3
En vigueur étendu

Conformément au code du travail, le présent accord sera déposé à la direction générale du travail du ministère du travail et remis au secrétariat-greffe du conseil de prud'hommes de Dijon.

Article 4
En vigueur étendu

Les parties signataires demandent l'extension du présent accord au ministre du travail, des relations sociales, de la famille, de la solidarité et de la ville et au ministre de l'agriculture et de la pêche.

Avenant n° 22 du 10 juillet 2009 relatif aux indemnités de petits déplacements (Bourgogne)

FBRB ;

CAPEB Bourgogne ;

Est SCOP BTP.

URCB CGT ;

URCBB CFDT ;

UR Bourgogne CFTC ;

CGT-FO.

Article 1
En vigueur étendu
En application du titre VIII, chapitre Ier de la convention collective nationale du bâtiment du 8 octobre 1990, étendue par arrêté ministériel du 12 février 1991, concernant les ouvriers employés par les entreprises du bâtiment visées par le décret du 1er mars 1962, les organisations représentatives d'employeurs et de salariés se sont réunies et ont déterminé les montants des indemnités de petits déplacements des ouvriers du bâtiment de la région Bourgogne applicables à compter du premier jour du mois civil suivant la publication de son arrêté d'extension au Journal officiel.

Article 2
En vigueur étendu

Pour la région Bourgogne, les parties signataires du présent accord ont fixé, en application de l'article 8. 18 de la convention collective nationale précitée, le barème des indemnités de petits déplacements des ouvriers du bâtiment comme indiqué dans le tableau ci-après.

(En euros.)

ZONE	INDEMNITÉ de frais de transport	INDEMNITÉ de trajet
1A (0 à 5 km)	0, 54	0, 52
1B (5 à 10 km)	1, 51	1, 45
2 (10 à 20 km)	2, 25	2, 57
3 (20 à 30 km)	3, 71	3, 87
4 (30 à 40 km)	5, 22	5, 43
5 (40 à 50 km)	6, 74	6, 40

L'indemnité de repas est fixée à 8, 50 €, applicable conformément aux modalités prévues dans l'article 8. 15 de la convention collective des entreprises de moins de 10 salariés.

Article 3
En vigueur étendu

Conformément au code du travail, le présent accord sera déposé à la direction générale du travail du ministère du travail et remis au secrétariat-greffe du conseil de prud'hommes de Dijon.

Article 4
En vigueur étendu

Les parties signataires demandent l'extension du présent accord au ministre du travail, des relations sociales, de la famille, de la solidarité et de la ville et au ministre de l'agriculture et de la pêche.

Salaires (Centre) Avenant du 4 mai 2004

CAPEB région Centre.

UR-CGT ;
UR CFE-CGC ;
FO-BTP.

En vigueur étendu

Article 1er

En application des articles 12.8 et 12.9 de la convention collective du 8 octobre 1990 concernant les ouvriers employés par les entreprises du bâtiment visées par le décret du 1er mars 1962 (occupant jusqu'à 10 salariés).

Les organisations professionnelles représentatives des employeurs et des salariés se sont réunies et ont déterminé les indemnités relatives aux petits déplacements des ouvriers du bâtiment en région Centre, à compter du 1er juin 2004.
Article 2

L'indemnité de repas est fixée à 7,52 Euros.

Article 3

Indemnités de transport

	DISTANCE	INDEMNITE

ZONE	(en kilomètres)	de transport
		(en euros)
1 A	0 à 3	0,00
1 B	3 à 10	2,64
2	10 à 20	5,53
3	20 à 30	8,19
4	30 à 40	11,34
5	40 à 50	14,51

Article 4

Indemnités de trajet

	DISTANCE	INDEMNITE
ZONE	(en kilomètres)	de trajet
		(en euros)
1 A	0 à 3	0,00
1 B	3 à 10	1,95
2	10 à 20	3,18
3	20 à 30	3,92
4	30 à 40	4,90
5	40 à 50	6,13

Article 5
Conformément au code du travail, le présent accord sera déposé auprès de la DDTEFP du Loiret et du secrétariat greffe du conseil de prud'hommes d'Orléans (siège de la CAPEB région Centre).
Fait à Orléans, le 4 mai 2004.

Accord du 13 avril 2006 Salaires (Centre)

CAPEB région Centre ;

FFB région Centre ;

FFIE DR Centre.

URCB CFDT.

Salaires minimaux à compter du 1er mai 2006 (Centre).

En vigueur étendu
Article 1er

En application des articles 12.8 et 12.9 de la convention collective du 8 octobre 1990 concernant les ouvriers employés par les entreprises du bâtiment visées par le décret du 1er mars 1962 (occupant jusqu'à 10 salariés), les organisations professionnelles représentatives des employeurs et des salariés se sont réunies et ont déterminé les salaires mensuels minimaux pour les ouvriers du bâtiment en région Centre, à compter du 1er mai 2006.

Grille des salaires pour l'année 2006 (applicable au 1er mai 2006)

Les parties signataires du présent accord ont arrêté :

- la partie fixe (PF) à 539,80 € ;

- la partie variable (PV) à 4,19 €.

(En euros.)

CATEGORIE	COEFFICIENT	SALAIRE	SALAIRE
professionnelle		mensuel	horaire
		minimal	minimal
Ouvrier d'exécution,			
position 1	150	1 168	7,70
Ouvrier d'exécution,			
position 2	170	1 252	8,26
Ouvrier professionnel	185	1 315	8,67
Compagnon professionnel,			
position 1	210	1 420	9,36
Compagnon professionnel,			
position 2	230	1 504	9,91
Maitre ouvrier ou chef			
d'équipe, position 1	250	1 587	10,47
Maitre ouvrier ou chef			
d'équipe, position 2	270	1 671	11,02

Article 2

Conformément au code du travail, le présent accord sera déposé auprès de la direction départementale du travail, de l'emploi et de la formation professionnelle (DDTEFP) et du secrétariat-greffe du conseil des prud'hommes d'Orléans (siège de la CAPEB région Centre).

Fait à Orléans, le 13 avril 2006.

(1) Texte étendu, sous réserve du respect des dispositions réglementaires portant fixation du salaire minimum interprofessionnel de croissance (arrêté du 18 septembre 2006, art. 1er).

Avenant du 13 avril 2006 Salaires (Centre)

CAPEB région Centre ;

FFB région Centre ;

URCB-CFDT ;

BTP-FO.

Indemnités de petits déplacements à compter du 1er mai 2006 (Centre).

En vigueur étendu

Article 1er

En application des articles 12.8 et 12.9 de la convention collective du 8 octobre 1990 concernant les ouvriers employés par les entreprises du bâtiment visées par le décret du 1er mars 1962 (occupant jusqu'à 10 salariés), les organisations professionnelles représentatives des employeurs et des salariés se sont réunies et ont déterminé les indemnités relatives aux petits déplacements des ouvriers du bâtiment en région Centre, à compter du 1er mai 2006.

Article 2

L'indemnité de repas est fixée à 7,80 €.

Article 3

Indemnités de transport :

- zone 1 A (0 à 3 kilomètres) : 0,00 € ;

- zone 1 B (3 à 10 kilomètres) : 2,86 € ;

- zone 2 (10 à 20 kilomètres) : 5,99 € ;

- zone 3 (20 à 30 kilomètres) : 8,86 € ;

- zone 4 (30 à 40 kilomètres) : 12,26 € ;

- zone 5 (40 à 50 kilomètres) : 15,70 €.

Article 4

Indemnités de trajet :

- zone 1 A (0 à 3 kilomètres) : 0,00 € ;

- zone 1 B (3 à 10 kilomètres) : 2,05 € ;

- zone 2 (10 à 20 kilomètres) : 3,34 € ;

- zone 3 (20 à 30 kilomètres) : 4,12 € ;

- zone 4 (30 à 40 kilomètres) : 5,15 € ;

- zone 5 (40 à 50 kilomètres) : 6,44 €.

Article 5

Conformément au code du travail, le présent accord sera déposé auprès de la direction départementale du travail, de l'emploi et de la formation professionnelle et du secrétariat-greffe du conseil des prud'hommes d'Orléans (siège de la CAPEB région Centre).

Fait à Orléans, le 13 avril 2006.

Avenant du 14 mai 2007 Indemnités de petits déplacements (région Centre)

La CAPEB région Centre,

Le syndicat FO BTP ;

L'URCB CFDT ;

L'union régionale Centre CFE-CGC,

Article 1

En vigueur étendu

En application des articles XII.8 et XII.9 de la convention collective du 8 octobre 1990 concernant les ouvriers employés par les entreprises du bâtiment visées par le décret du 1er mars 1962 (occupant jusqu'à 10 salariés), les organisations professionnelles représentatives des employeurs et des salariés se sont réunies et ont déterminé les indemnités relatives aux petits déplacements des ouvriers du bâtiment en région Centre, à compter du 1er mai 2007.

Article 2

En vigueur étendu

L'indemnité de repas est fixée à 8 € .

Article 4

En vigueur étendu

(En euros.)

ZONE (en kilomètres)	INDEMNITÉ DE TRAJET
1 A (0 à 3 km)	0,00
1 B (3 à 10 km)	2,11
2 (10 à 20 km)	3,44
3 (20 à 30 km)	4,24
4 (30 à 40 km)	5,30
5 (40 à 50 km)	6,63

Article 5

En vigueur étendu

Conformément au code du travail, le présent accord sera déposé auprès de la direction des relations du travail (DRT) du ministère de l'emploi, de la cohésion sociale et du logement et au secrétariat-greffe du conseil des prud'hommes d'Orléans (siège de la CAPEB région Centre).

Avenant du 24 avril 2008 Salaires (Centre)

(1) Accord étendu sous réserve de l'application, d'une part, des dispositions réglementaires portant fixation du salaire minimum interprofessionnel de croissance et, d'autre part, des dispositions de l'article L. 2241-9 du code du travail (anciennement article L. 132-12-3, alinéa 1) qui prévoient que la négociation annuelle sur les salaires vise également à définir et programmer les mesures permettant de supprimer les écarts de rémunération entre les femmes et les hommes avant le 31 décembre 2010
(a rrêté du 29 septembre 2008, art. 1er).

CAPEB région Centre.

URCB CFDT ;

FO BTP ;

UR CGT ;

UR CFE-CGC.

Article 1

En vigueur étendu

En application des articles 12. 8 et 12. 9 de la convention collective du 8 octobre 1990 concernant les ouvriers employés par les entreprises du bâtiment visées par le décret du 1er mars 1962 (entreprises occupant jusqu'à 10 salariés), les organisations professionnelles représentatives des employeurs et des salariés se sont réunies et ont déterminé les salaires mensuels minimaux pour les ouvriers du bâtiment en région Centre, à compter du 1er mai 2008.

Les parties signataires du présent accord ont arrêté :

- la partie fixe (PF) à 612 € ;
- la partie variable (PV) à 4, 42 €.

(En euros.)

CATÉGORIE professionnelle	COEFFICIENT	SALAIRE MENSUEL minimal	TAUX HORAIRE minimal
Ouvriers d'exécution			
Position 1	150	1 275	8, 41
Position 2	170	1 363	8, 99
Ouvriers professionnels	185	1 430	9, 43
Compagnons professionnels			
Position 1	210	1 540	10, 15
Position 2	230	1 629	10, 74
Maîtres ouvriers ou chefs d'équipe			
Position 1	250	1 717	11, 32
Position 2	270	1 805	11, 90

Article 2

En vigueur étendu

Conformément au code du travail, le présent accord sera déposé auprès de la direction des relations du travail (DRT) du ministère du travail, des relations sociales, de la famille et de la solidarité et au secrétariat-greffe du conseil des prud'hommes d'Orléans (siège de la CAPEB région Centre).

Avenant du 24 avril 2008 Indemnités de petits déplacements (Centre)

CAPEB région Centre.

URCB CFDT ;

BTP FO ;

UR CGT ;

UR CFE-CGC.

Article 1

En vigueur étendu

En application des articles 12. 8 et 12. 9 de la convention collective du 8 octobre 1990 concernant les ouvriers employés par les entreprises du bâtiment visées par le décret du 1er mars 1962 (entreprises occupant jusqu'à 10 salariés), les organisations professionnelles représentatives des employeurs et des salariés se sont réunies et ont déterminé les indemnités relatives aux petits déplacements des ouvriers du bâtiment en région Centre à compter du 1er mai 2008.

Article 2

En vigueur étendu

L'indemnité de repas est fixée à 8,20 €.

Article 3
En vigueur étendu

(En euros.)

ZONE 1A (0 à 3 km) (1)	ZONE 1B (3 à 10 km)	ZONE 2 (10 à 20 km)	ZONE 3 (20 à 30 km)	ZONE 4 (30 à 40 km)	ZONE 5 (40 à 50 km)
0	3, 30	6, 92	10, 23	14, 16	18, 14

(1) Zone étendu sous réserve de l'application des dispositions du premier alinéa de l'article 8.12 de la convention collective nationale du 8 octobre 1990 des ouvriers employés par les entreprises du bâtiment visées par le décret du 1er mars 1962 (c'est-à-dire occupant jusqu'à 10 salariés), aux termes desquelles les ouvriers non sédentaires du bâtiment bénéficient des indemnités de petits déplacements pour les petits déplacements qu'ils effectuent quotidiennement pour se rendre sur le chantier avant la journée de travail et pour en revenir à la fin de la journée de travail.

(Arrêté du 29 septembre 2008, art. 1er)

Article 4
En vigueur étendu

(En euros.)

ZONE 1A (0 à 3 km)	ZONE 1B (3 à 10 km)	ZONE 2 (10 à 20 km)	ZONE 3 (20 à 30 km)	ZONE 4 (30 à 40 km)	ZONE 5 (40 à 50 km)
0	2,23	3,63	4,47	5,59	6,99

Article 5
En vigueur étendu

Conformément au code du travail, le présent accord sera déposé auprès de la direction des relations du travail (DRT) du ministère du travail, des relations sociales, de la famille et de la solidarité et au secrétariat-greffe du conseil de prud'hommes d'Orléans (siège de la CAPEB région Centre).

Accord du 8 avril 2009 relatif aux indemnités de petits déplacements au 1er mai 2009 (Centre)

CAPEB région Centre ;

FFB région Centre ;

FFIE DR région Centre.

URCB CFDT ;

UR CFE-CGC.

Article 1
En vigueur étendu

En application des articles XII. 8 et XII. 9 de la convention collective du 8 octobre 1990 concernant les ouvriers employés par les entreprises du bâtiment visées par le décret du 1er mars 1962 (occupant jusqu'à 10 salariés), les organisations professionnelles représentatives des employeurs et des salariés se sont réunies et ont déterminé les indemnités relatives aux petits déplacements des ouvriers du bâtiment en région Centre à compter du 1er mai 2009.

Article 2
En vigueur étendu

L'indemnité de repas est fixée à 8,20 €.

Article 3
En vigueur étendu

Indemnités de transport :

Zone 1A (0 à 3 km) : 0, 00 €. (1)

Zone 1B (3 à 10 km) : 3, 30 €.

Zone 2 (10 à 20 km) : 6, 92 €.

Zone 3 (20 à 30 km) : 10, 23 €.

Zone 4 (30 à 40 km) : 14, 16 €.

Zone 5 (40 à 50 km) : 18, 14 €.

(1) Alinéa étendu sous réserve de l'application des dispositions du premier alinéa de l'article 8.12 de la convention collective nationale du 8 octobre 1990 des ouvriers employés par les entreprises du bâtiment visées par le décret du 1er mars 1962 (c'est-à-dire occupant jusqu'à dix salariés), aux termes desquelles les ouvriers non sédentaires du bâtiment bénéficient des indemnités de petits déplacements pour les petits déplacements qu'ils effectuent quotidiennement pour se rendre sur le chantier avant la journée de travail et pour en revenir, à la fin de la journée de travail.
(Arrêté du 24 août 2009, art. 1er)

Article 4
En vigueur étendu

Indemnités de trajet :
Zone 1A (0 à 3 km) : 0,00 €.
Zone 1B (3 à 10 km) : 2,25 €.
Zone 2 (10 à 20 km) : 3,67 €.
Zone 3 (20 à 30 km) : 4,51 €.
Zone 4 (30 à 40 km) : 5,66 €.
Zone 5 (40 à 50 km) : 7,06 €.

Article 5
En vigueur étendu

Conformément aux articles L. 132-10 et R. 132-1 du code du travail, le présent accord sera adressé à la direction générale du travail, dépôt des accords collectifs à Paris 15e, et un exemplaire sera remis au secrétariat-greffe du conseil des prud'hommes d'Orléans (siège de la CAPEB région Centre).

Accord du 8 avril 2009 relatif aux salaires minimaux au 1er mai 2009 (Centre)

(1) Accord étendu sous réserve de l'application, d'une part, des dispositions reglementaires portant fixation du salaire minimum interprofessionnel de croissance et, d'autre part, des dispositions de l'article L. 2241-9 du code du travail qui prévoient que la négociation annuelle sur les salaires vise également à définir et programmer les mesures permettant de supprimer les écarts de rémunération entre les femmes et les hommes avant le 31 décembre 2010.
(Arrêté du 24 août 2009, art. 1er)

CAPEB région Centre ;

FFB région Centre ;

FFIE DR région Centre.

URCB CFDT ;

UR CFE-CGC.

Article 1
En vigueur étendu
En application des articles XII. 8 et XII. 9 de la convention collective du 8 octobre 1990 concernant les ouvriers employés par les entreprises du bâtiment visées par le décret du 1er mars 1962 (occupant jusqu'à 10 salariés), les organisations professionnelles représentatives des employeurs et des salariés se sont réunies et ont déterminé les salaires mensuels minimaux pour les ouvriers du bâtiment en région Centre à compter du 1er mai

2009.

Grilles des salaires au 1er mai 2009

Les parties signataires du présent accord ont arrêté :
- la partie fixe (PF) à 618, 12 € ;
- la partie variable (PV) à 4, 46 €.

(En euros.)

CATÉGORIE professionnelle	COEFFICIENT	SALAIRE MENSUEL minimal	SALAIRE HORAIRE minimal
Ouvrier d'exécution position 1	150	1 288	8, 49
Ouvrier d'exécution position 2	170	1 377	9, 07
Ouvrier professionnel	185	1 444	9, 52
Compagnon professionnel position 1	210	1 555	10, 25
Compagnon professionnel position 2	230	1 645	10, 84
Maître ouvrier ou chef d'équipe position 1	250	1 734	11, 43
Maître ouvrier ou chef d'équipe position 2	270	1 823	12, 02

Article 2

En vigueur étendu

Conformément aux articles L. 132-10 et R. 132-1 du code du travail, le présent accord sera adressé à la direction générale du travail, dépôt des accords collectifs à Paris 15e, et un exemplaire sera remis au secrétariat-greffe du conseil des prud'hommes d'Orléans (siège de la CAPEB région Centre).

Accord du 20 mars 2006 Indemnisation des petits déplacements (Bretagne)

La fédération régionale du bâtiment de Bretagne ;

L'union régionale CAPEB Bretagne ;

La fédération Ouest SCOP BTP,

L'union régionale construction bois CFDT ;

L'union régionale CFTC bâtiment,

Régime d'indemnisation des petits déplacements

En vigueur étendu

Article 1er

Le régime de petits déplacements défini en application du titre VIII, chapitre Ier, de la convention collective nationale du bâtiment du 8 octobre 1990, étendue par arrêtés ministériels des 8 et 12 février 1991, concernant les entreprises non visées par le décret du 1er mars 1962 (c'est-à-dire occupant jusqu'à 10 salariés), a pour objet d'indemniser forfaitairement les ouvriers travaillant dans les entreprises de bâtiment de Bretagne des frais supplémentaires qu'entraîne pour eux la fréquence des déplacements, inhérente à la mobilité de leur lieu de travail.

Le régime d'indemnisation des petits déplacements comporte les indemnités professionnelles suivantes :

- indemnité de repas ;

- indemnité de frais de transports ;

- indemnité de trajet,

qui sont versées aux ouvriers bénéficiaires.

Ces indemnités de remboursement de frais sont journalières, forfaitaires et fixées en valeur absolue ; leur montant est déterminé à l'échelon de la région.

Article 2

Le présent accord renvoie, point par point, aux dispositions contenues dans le chapitre VIII-I des conventions collectives du bâtiment du 8 octobre 1990 susvisé, sous réserve des adjonctions et précisions ci-après :

Zones circulaires concentriques

Pour tenir compte des particularités propres à la première zone, celle-ci est divisée en 2 sous-zones, de 0 à 4 kilomètres et de 4 à 10 kilomètres.

Indemnité de repas

L'ouvrier qui travaille dans la première sous-zone, de 0 à 4 kilomètres et bénéficie en outre en milieu de journée d'un temps de pause au moins égal à 1 heure et demie, est réputé prendre son repas à sa résidence habituelle, sauf s'il s'avère qu'il en va autrement dans les faits et cela pour des raisons tenant, notamment, à la localisation du chantier, comme aux moyens de transports existants.

Article 3

Le montant des indemnités découlant des articles 1er et 2 ci-dessus est fixé comme suit :

Du 1er avril 2006 au 31 mars 2007

I. - Indemnité de repas : 8 €.

II. - Indemnité frais de transport :

(En euros.)

ZONE	KILOMETRE	TARIF
1	De 0 à 4 km	0,41
	De 4 à 10 km	2,06
2	De 10 à 20 km	4,10
3	De 20 à 30 km	5,61
4	De 30 à 40 km	7,18
5	De 40 à 50 km	8,76

III - Indemnité de trajet :

(En euros.)

ZONE	KILOMETRE	TARIF
1	De 0 à 4 km	0,38
	De 4 à 10 km	1,24
2	De 10 à 20 km	1,71
3	De 20 à 30 km	2,57
4	De 30 à 40 km	3,58
5	De 40 à 50 km	4,29

Ces montants prenant effet au 1er avril 2006 resteront en application jusqu'au 31 mars 2007.

Article 5

Le présent accord fera l'objet d'une demande d'extension auprès du ministre du travail, de l'emploi et de la formation professionnelle.

Fait à Rennes, le 20 mars 2006.

Accord du 20 mars 2006 Salaires (Bretagne)

La fédération régionale du bâtiment de Bretagne ;

L'union régionale CAPEB Bretagne ;

La fédération Ouest SCOP BTP,

L'union régionale construction bois CFDT ;

L'union régionale bâtiment CFTC,

Salaires (Bretagne).

En vigueur étendu

Article 1er

Le barème des salaires minima applicables du 1er avril 2006 au 31 mars 2007 (base 35 heures hebdomadaires, soit 151,67 mensuelles) en application des articles 12.8 et 12.9 de la convention collective nationale du 8 octobre 1990, concernant les ouvriers employés par les entreprises du bâtiment visées par le décret du 1er mars 1962 (c'est-à-dire occupant jusqu'à 10 salariés), et conformément à l'accord du 12 février 2002 sur les barèmes des salaires minima des ouvriers et ETAM du bâtiment, résulte du tableau ci-après :

Au 1er avril 2006

(En euros.)

CATEGORIE professionnelle	COEFFICIENT	SALAIRE mensuel minimal (pour 35 heures hebdomadaires soit 151,67 heures mensuelles)	TAUX HORAIRE minimal
Niveau I Ouvrier d'exécution: - position 1 (fixé forfaitairement)............................ - position 2 (fixé forfaitairement)...........................	150 170	1.153,90 1.267,10	7,61 8,35
Niveau II Ouvrier professionnel	185	1 352,00	8,91
Niveau III Compagnon professionnel : - position 1.................................... - position 2...................................	210 230	1 493,50 1 606,70	9,85 10,59
Niveau IV Maîtres ouvriers ou chefs d'équipe : - position 1..................................... - position 2....................................	250 270	1 719,90 1 833,10	11,34 12,09

Les parties signataires du présent accord ont arrêté :

- la partie fixe (PF) à 304,90 € ;

- la valeur du point (VP) à 5,66 €.

Article 2

Le présent barème des salaires minimaux entrera en application à compter du 1er avril 2006 et jusqu'au 31 mars 2007.

Article 3

Disposition exceptionnelle

Si l'équilibre de l'accord se trouvait, au cours de son exécution, bouleversé par la survenance de circonstances économiques imprévues, les parties signataires s'engageraient à ouvrir une négociation dans les plus brefs délais.

Article 4

Conformément au code du travail, le présent accord sera déposé à la direction départementale du travail et de l'emploi d'Ille-et-Vilaine et remis au secrétariat du greffe du conseil de prud'hommes de Rennes.

Article 5

Le présent accord fera l'objet d'une demande d'extension auprès du ministre du travail, de l'emploi et de la formation professionnelle.

Fait à Rennes, le 20 mars 2006.

SALAIRES Région Champagne Ardenne Accord du 18 novembre 2002

L'union régionale CAPEB Champagne-Ardenne,

Le syndicat FO-BTP et par délégation fédérale ;
L'union régionale CFDT du BTP,

Salaires

En vigueur étendu

Préambule

L'accord paritaire national du 12 février 2002 a fixé les barèmes de salaires minimaux des ouvriers du bâtiment, afin de tenir compte de la nouvelle durée légale du travail de 35 heures depuis le 1er janvier 2002. Cet accord a été étendu pour les ouvriers par arrêté d'extension du 21 octobre 2002, paru au Journal officiel du 30 octobre 2002.

C'est ainsi qu'afin de prendre en compte le cas des entreprises qui ont maintenu un horaire collectif supérieur à 35 heures, l'accord paritaire national du 12 février 2002 a mis en place un dispositif transitoire visant à :

- assurer le maintien, lors du changement de référence horaire, des salaires minimaux au niveau qu'ils avaient atteint au 31 décembre 2001 ;

- permettre aux entreprises dont l'horaire collectif est supérieur à 35 heures de s'adapter progressivement aux conséquences de la nouvelle durée légale.

Tout en rappelant les conséquences de l'accord paritaire national du 12 février 2002 sur les entreprises, la délégation d'employeurs a fait part néanmoins de sa volonté de poursuivre ses efforts de revalorisation des salaires ouvriers.

En effet, la délégation d'employeurs considère que cette revalorisation des salaires doit être suffisamment significative pour permettre, dans le contexte actuel de pénurie de main-d'oeuvre, d'attirer dans les entreprises de la branche aussi bien du personnel qualifié que des jeunes.

La délégation d'employeurs a néanmoins rappelé que cette revalorisation des salaires ne pouvait être conduite qu'avec mesure et dans les limites de sa proposition, compte tenu du poids très important des charges sur salaires pesant sur les entreprises.

Article 1er

En application des articles 12-8 et 12-9 des conventions collectives nationales du bâtiment du 8 octobre 1990 concernant les ouvriers employés par les entreprises du bâtiment, visées par le décret du 1er mars 1962 (c'est-à-dire occupant jusqu'à 10 salariés).

Les organisations représentatives d'employeurs et de salariés se sont réunies et ont déterminé les salaires mensuels minimaux des ouvriers du bâtiment de la région Champagne-Ardenne, à compter du 1er novembre 2002.

Valeur du point : 5,39 Euros.

Partie fixe : 220 Euros.

Article 2 (1)

Pour la région Champagne-Ardenne, les parties signataires du présent accord ont fixé le barème des salaires minimaux des ouvriers du bâtiment comme indiqué dans le tableau ci-après :

(En euros) NIVEAU : I. - Ouvriers d'exécution

POSITION : 1

COEFFICIENT : 150

SALAIRE MENSUEL 151,67 heures hebdomadaires(+) : 1 028,50 F

SALAIRE MENSUEL 151,67 heures hebdomadaires(++) : 956,51 F

NIVEAU : I. - Ouvriers d'exécution

POSITION : 2

COEFFICIENT : 170

SALAIRE MENSUEL 151,67 heures hebdomadaires(+) : 1 136,30

SALAIRE MENSUEL 151,67 heures hebdomadaires(++) : 1 056,76

NIVEAU : II - Ouvriers professionnels

COEFFICIENT : 185

SALAIRE MENSUEL 151,67 heures hebdomadaires(+) : 1 217,15

SALAIRE MENSUEL 151,67 heures hebdomadaires(++) : 1 131,95

NIVEAU : III - Compagnons professionnels

POSITION : 1

COEFFICIENT : 210

SALAIRE MENSUEL 151,67 heures hebdomadaires(+) : 1 351,90

SALAIRE MENSUEL 151,67 heures hebdomadaires(++) : 1 257,27

NIVEAU : III - Compagnons professionnels

POSITION : 2

COEFFICIENT : 230

SALAIRE MENSUEL 151,67 heures hebdomadaires(+) : 1 459,70

SALAIRE MENSUEL 151,67 heures hebdomadaires(++) : 1 357,52

NIVEAU : IV - Maîtres ouvriers ou chefs d'équipe

POSITION : 1

COEFFICIENT : 250

SALAIRE MENSUEL 151,67 heures hebdomadaires(+) : 1 567,50

SALAIRE MENSUEL 151,67 heures hebdomadaires(++) : 1 457,78

NIVEAU : IV - Maîtres ouvriers ou chefs d'équipe

POSITION : 2

COEFFICIENT : 270

SALAIRE MENSUEL 151,67 heures hebdomadaires(+) : 1 675,30

SALAIRE MENSUEL 151,67 heures hebdomadaires(++) : 1 558,03

(+) Pour les entreprises ayant opté pour une réduction du temps de travail.

(++) Pour les entreprises dont l'horaire est supérieur à 35 heures hebdomadaires, suivant accord national du 12 février 2002.

Les parties signataires du présent accord ont arrêté :

- la partie fixe (Pf) à 220,00 Euros ;

- la valeur du point (Vp) à 5,39 Euros.

Article 3

Le présent accord, rédigé en 12 exemplaires, sera déposé à la direction départementale du travail, de l'emploi et de la formation professionnelle de la Marne et remis au secrétariat du greffe du conseil des prud'hommes de Reims, conformément aux textes législatifs et réglementaires en vigueur.

Article 4

Les parties signataires demandent l'extension du présent accord au ministre du travail, de l'emploi et de la formation professionnelle.

Fait à Châlons-en-Champagne, le 18 novembre 2002.

(1) Article étendu sous réserve (Pour la grille relative au salaire minimal mensuel pour 151,67 heures (entreprises à 151,67 heures) : des dispositions réglementaires portant fixation du salaire minimum interprofessionnel de croissance d'une part et des dispositions de l'article 32 de la loi n° 2000-37 du 19 janvier 2000 modifiée instaurant une garantie de rémunération mensuelle d'autre part ;Pour la grille relative au salaire minimal mensuel pour 151,67 heures (entreprises à 169 heures) : des dispositions réglementaires portant fixation du salaire minimum interprofessionnel de croissance d'une part et des dispositions du 2 de l'article 2 de l'accord national du 12 février 2002 sur les barèmes de salaires minima des ouvriers et ETAM du bâtiment d'autre part (arrêté du 24 février 2003, art. 1er).

SALAIRES Région Champagne Ardenne Accord du 18 novembre 2002

Salaires

En vigueur étendu

Préambule

L'accord paritaire national du 12 février 2002 a fixé les barèmes de salaires minimaux des ouvriers du bâtiment, afin de tenir compte de la nouvelle durée légale du travail de 35 heures depuis le 1er janvier 2002. Cet accord a été étendu pour les ouvriers par l'arrêté d'extension du 21 octobre 2002, paru au Journal officiel du 30 septembre 2002.

C'est ainsi qu'afin de prendre en compte le cas des entreprises qui ont maintenu un horaire collectif supérieur à 35 heures, l'accord paritaire national du 12 février 2002 a mis en place un dispositif transitoire visant à :

- assurer le maintien, lors du changement de référence horaire, des salaires minimaux au niveau qu'ils avaient atteint au 31 décembre 2001 ;

- permettre aux entreprises dont l'horaire collectif est supérieur à 35 heures de s'adapter progressivement aux conséquences de la nouvelle durée légale.

Tout en rappelant les conséquences de l'accord paritaire national du 12 février 2002 sur les entreprises, la délégation d'employeurs a fait part néanmoins de sa volonté de poursuivre ses efforts de revalorisation des salaires des ouvriers.

En effet, la délégation d'employeurs considère que cette revalorisation des salaires doit être suffisamment significative pour permettre, dans le contexte actuel de pénurie de main-d'oeuvre, d'attirer dans les entreprises de la branche aussi bien du personnel qualifié que des jeunes.

La délégation d'employeurs a néanmoins rappelé que cette revalorisation des salaires ne pouvait être conduite qu'avec mesure et dans les limites de sa proposition, compte tenu du poids très important des charges sur salaires pesant sur les entreprises.

Article 1er

En application des articles 12.8 et 12.9 des conventions collectives nationales du bâtiment du 8 octobre 1990 concernant les ouvriers employés par les entreprises du bâtiment, non visées par le décret du 1er mars 1962 (c'est-à-dire occupant plus de 10 salariés).

Les organisations représentatives d'employeurs et de salariés se sont réunies et ont déterminé les salaires mensuels minimaux des ouvriers du bâtiment de la région Champagne-Ardenne, à compter du 1er novembre 2002.

Valeur du point : 5,39 Euros.

Partie fixe : 220,00 Euros.

Article 2 (2)

Pour la région Champagne-Ardenne, les parties signataires du présent accord ont fixé le barème des salaires minimaux des ouvriers du bâtiment comme indiqué dans le tableau ci-après :

(En euros) NIVEAU : I. - Ouvriers d'exécution

POSITION : 1

COEFFICIENT : 150

SALAIRE MENSUEL 151,67 heures hebdomadaires(+) : 1 028,50 F

SALAIRE MENSUEL 151,67 heures hebdomadaires(++) : 956,51 F

NIVEAU : I. - Ouvriers d'exécution

POSITION : 2

COEFFICIENT : 170

SALAIRE MENSUEL 151,67 heures hebdomadaires(+) : 1 136,30

SALAIRE MENSUEL 151,67 heures hebdomadaires(++) : 1 056,76

NIVEAU : II - Ouvriers professionnels

COEFFICIENT : 185

SALAIRE MENSUEL 151,67 heures hebdomadaires(+) : 1 217,15

SALAIRE MENSUEL 151,67 heures hebdomadaires(++) : 1 131,95

NIVEAU : III - Compagnons professionnels

POSITION : 1

COEFFICIENT : 210

SALAIRE MENSUEL 151,67 heures hebdomadaires(+) : 1 351,90

SALAIRE MENSUEL 151,67 heures hebdomadaires(++) : 1 257,27

NIVEAU : III - Compagnons professionnels

POSITION : 2

COEFFICIENT : 230

SALAIRE MENSUEL 151,67 heures hebdomadaires(+) : 1 459,70

SALAIRE MENSUEL 151,67 heures hebdomadaires(++) : 1 357,52

NIVEAU : IV - Maîtres ouvriers ou chefs d'équipe

POSITION : 1

COEFFICIENT : 250

SALAIRE MENSUEL 151,67 heures hebdomadaires(+) : 1 567,50

SALAIRE MENSUEL 151,67 heures hebdomadaires(++) : 1 457,78

NIVEAU : IV - Maîtres ouvriers ou chefs d'équipe

POSITION : 2

COEFFICIENT : 270

SALAIRE MENSUEL 151,67 heures hebdomadaires(+) : 1 675,30

SALAIRE MENSUEL 151,67 heures hebdomadaires(++) : 1 558,03

(+) Pour les entreprises ayant opté pour une réduction du temps de travail.

(++) Pour les entreprises dont l'horaire est supérieur à 35 heures hebdomadaires, suivant accord national du 12 février 2002.

- la partie fixe (Pf) à 220,00 Euros ;

- la valeur du point (Vp) à 5,39 Euros.

Article 3

Le présent accord, rédigé en 12 exemplaires, sera déposé à la direction départementale du travail, de l'emploi et de la formation professionnelle de la Marne et remis au secrétariat du greffe du conseil des prud'hommes de Reims, conformément aux textes législatifs et réglementaires en vigueur.

Article 4

Les parties signataires demandent l'extension du présent accord au ministre du travail, de l'emploi et de la formation professionnelle.

Fait à Châlons-en-Champagne, le 18 novembre 2002.

(1) Accord étendu à l'exception des entreprises du bâtiment employant plus de dix salariés et qui ne sont pas immatriculées au répertoire des métiers dans les conditions définies par la loi n° 96-603 du 5 juillet 1996 et le décret n° 98-247 du 2 avril 1998 (arrêté du 31 juillet 2003, art. 1er).(1) Grille relative au salaire minimal mensuel pour 151,67 heures (entreprises à 151,67 heures) étendue sous réserve de l'application des dispositions réglementaires portant fixation du salaire minimum interprofessionnel de croissance et de celle des dispositions de l'article 32 de la loi n° 2000-37 du 19 janvier 2000 modifiée instituant une garantie de rémunération mensuelle (arrêté du 31 juillet 2003, art. 1er) Grille relative au salaire minimal mensuel pour 151,67 heures (entreprises à 169 heures) étendue sous réserve de l'application des dispositions réglementaires portant fixation du salaire minimum interprofessionnel de croissance et de celle des dispositions du 2 de l'article 2 de l'accord national du 12 février 2002 sur les barèmes de salaires minima des ouvriers du bâtiment (arrêté du 31 juillet 2003, art. 1er)

SALAIRES Frais de déplacements des salariés appelés à participer aux négociations paritaires régionales (Champagne-Ardenne). Accord du 16 décembre 2003

La fédération du bâtiment de la Vendée ;
La confédération de l'artisanat et des petites entreprises du bâtiment de la Vendée,

La CFDT,

En vigueur étendu

Préambule

La présente convention a pour objet de fixer les règles applicables en matière de compensation des pertes de salaires et indemnisations des frais de déplacements des salariés d'entreprises du bâtiment appelés à participer aux négociations paritaires régionales.

Cette convention répond aux obligations de l'article L. 132-17 du code du travail (loi du 13 novembre 1982).

Elle est donc directement liée à ce texte.

1. Participants

Chaque délégation syndicale est libre de désigner les représentants de son choix, conformément à l'article 132.3 du code du travail.

2. Nombre de personnes indemnisées

Pour chaque organisation syndicale représentative *signataire de la présente convention* (1), participant à une négociation dans la limite maximum de 4 négociateurs, soit 1 par département, appartenant à des entreprises du bâtiment.

3. Compensation des pertes de salaires

Dans la limite ci-dessus, les négociateurs participant aux réunions paritaires régionales verront leurs salaires maintenus par leur employeur (temps négociation plus temps trajet dans la limite de 8 heures) sur justificatif d'une attestation de présence signée par le président de séance. Il conviendra de prévenir l'employeur 48 heures à l'avance, sauf cas de force majeure.

4. Frais de déplacements

Dans la limite fixée à l'article 2, les frais de déplacements des négociateurs sont calculés en fonction de son domicile comme suit :

- Reims : forfait de 2,83 Euros pour 2004 ;

- district de Reims : forfait de 5,67 Euros pour 2004 ;

- région Champagne-Ardenne :

- soit aller et retour SNCF 2e classe (plus forfait transport :

2,83 Euros) ;

- soit application du dernier barème fiscal connu (7 CV) province au-delà de 20 000 kms (route), indemnité kilométrique multipliée par le nombre de kilomètres A.R. domicile, lieu de réunion paritaire.

5. Frais de repas

Dans la limite fixée à l'article 2, les négociateurs percevront une indemnité forfaitaire de 13,65 Euros pour frais de repas, pour 2004.

6. Actualisation de l'indemnité forfaitaire repas et déplacements

Les forfaits des articles 4 et 5 seront actualisés chaque année en fonction de la variation de l'indice national des prix à la consommation ensemble des ménages (poste : restauration et cafés).

Dernière valeur connue : octobre 2003 : 113,9 (base 100 en 1998).

7. Règlement des indemnités de frais de déplacements et de repas

Chaque organisation syndicale recevra un règlement global des indemnités définies aux articles 4 et 5 et en assurera la répartition auprès de ses représentants à la négociation. Les négociateurs devront justifier de leur appartenance à une entreprise du bâtiment et rempliront une fiche de frais avant chaque séance.

8. Négociations paritaires régionales concernées par la présente convention

Les dispositions des articles précédents concernent les négociations paritaires :

- pour la fixation du point ouvrier bâtiment ;

- pour la fixation du point Etam bâtiment et la négociation annuelle obligatoire prévue par la loi du 13 novembre 1982.

9. La présente convention, qui ne se cumule pas avec toute convention ou accord ayant le même objectif, prendra effet à compter de sa signature. Sauf dispositions législatives et réglementaires la rendant caduque, elle prendra fin au 31 décembre 2005.

Elle pourra être renouvelée au gré des parties signataires.

10. (2) Toute organisation syndicale représentative, non signataire pourra y adhérer par simple déclaration auprès des parties signataires.

La présente convention, rédigée en huit exemplaires, sera déposée à la direction départementale du travail et de l'emploi de la Marne et au secrétariat du greffe du conseil des Prud'hommes de Reims, conformément à l'article L. 132-10 du code du travail.

Fait à Reims, le 16 décembre 2003.

(1) Termes exclus car contrevenant au principe d'égalité résultant des dispositions des articles L. 132-2 et L. 133-1 du code du travail (arrêté du 19 novembre 2003, art. 1er).(2) Point étendu sous réserve de l'application du dernier alinéa de l'article L. 132-9 du code du travail (Arrêté du 19 juin 2004, art. 1er).

Salaires (Champagne-Ardenne) Avenant du 16 décembre 2003

Salaires à compter du 1er avril 2004.

En vigueur étendu

En application des articles 12.8 et 12.9 des conventions collectives nationales du bâtiment du 8 octobre 1990, concernant les ouvriers employés par les entreprises du bâtiment, non visées par le décret du 1er mars 1962 (c'est-à-dire occupant plus de 10 salariés) et celles visées par le décret du 1er mars 1962 (c'est-à-dire occupant jusqu'à 10 salariés).

Les organisations représentatives d'employeurs et de salariés se sont réunies et ont déterminé les salaires mensuels minimaux des ouvriers du bâtiment de la région Champagne-Ardenne :

- à compter du 1er avril 2004 :

- valeur du point : 5,54 Euros ;

- partie fixe : 210 Euros ;

- à compter du 1er septembre 2004 :

- valeur du point : 5,61 Euros ;

- partie fixe : 210 Euros.

Article 2

Pour la région Champagne-Ardenne, les parties signataires du présent accord ont fixé le barème des salaires minimaux des ouvriers du bâtiment comme indiqué dans le tableau ci-après :

CATEGORIE professionnelle : NIVEAU I.

OUVRIERS D'EXECUTION - position 1.

COEFFICIENT : 150.

Au 1er avril 2004 :

Salaire mensuel minimal (en euros) : 1 093,50.

Salaire horaire (en euros) : 7,21.

AU 1er septembre 2004

Salaire mensuel minimal (en euros) : 1 111,50.

Salaire horaire (en euros) : 7,33.

CATEGORIE professionnelle : NIVEAU I.

OUVRIERS D'EXECUTION - position 2.

COEFFICIENT : 170.

Au 1er avril 2004 :

Salaire mensuel minimal (en euros) : 1 151,80.

Salaire horaire (en euros) : 7,59.

AU 1er septembre 2004

Salaire mensuel minimal (en euros) : 1 163,70.

Salaire horaire (en euros) : 7,67.

CATEGORIE professionnelle : NIVEAU II.

OUVRIERS PROFESSIONNELS.

COEFFICIENT : 185.

Au 1er avril 2004 :

Salaire mensuel minimal (en euros) : 1 234,90.

Salaire horaire (en euros) : 8,14.

AU 1er septembre 2004

Salaire mensuel minimal (en euros) : 1 247,85.

Salaire horaire (en euros) : 8,23.

CATEGORIE professionnelle : NIVEAU III.

COMPAGNONS PROFESSIONNELS - position 1.

COEFFICIENT : 210.

Au 1er avril 2004 :

Salaire mensuel minimal (en euros) : 1 373,40.

Salaire horaire (en euros) : 9,06.

AU 1er septembre 2004

Salaire mensuel minimal (en euros) : 1 388,10.

Salaire horaire (en euros) : 9,15.

CATEGORIE professionnelle : NIVEAU III.

COMPAGNONS PROFESSIONNELS - position 2.

COEFFICIENT : 230.

Au 1er avril 2004 :

Salaire mensuel minimal (en euros) : 1 484,20.

Salaire horaire (en euros) : 9,79.

AU 1er septembre 2004

Salaire mensuel minimal (en euros) : 1 500,30.

Salaire horaire (en euros) : 9,89.

CATEGORIE professionnelle : NIVEAU IV.

MAITRES OUVRIERS OU CHEFS D'EQUIPE - position 1.

COEFFICIENT : 250.

Au 1er avril 2004 :

Salaire mensuel minimal (en euros) : 1 595,00.

Salaire horaire (en euros) : 10,52.

AU 1er septembre 2004

Salaire mensuel minimal (en euros) : 1 612,50.

Salaire horaire (en euros) : 10,63.

CATEGORIE professionnelle : NIVEAU IV.

MAITRES OUVRIERS OU CHEFS D'EQUIPE - position 2.

COEFFICIENT : 270.

Au 1er avril 2004 :

Salaire mensuel minimal (en euros) : 1 705,80.

Salaire horaire (en euros) : 11,25.

AU 1er septembre 2004

Salaire mensuel minimal (en euros) : 1 724,70.

Salaire horaire (en euros) : 11,37.

Aucun salaire inférieur au SMIC.

Les parties signataires du présent accord ont arrêté :

- coefficient 150 au 1er avril 2004 : 1 093,50 Euros ;

- coefficient 150 au 1er septembre 2004 : 1 111,50 Euros.

A compter du 1er janvier 2004, la grille de l'accord du 18 novembre 2002 est applicable à l'ensemble des entreprises de la région Champagne-Ardenne.

Article 3

Le présent accord, rédigé en 14 exemplaires, sera déposé à la direction départementale du travail et de l'emploi de la Marne, et remis au secrétariat greffe du conseil des prud'hommes de Reims, conformément aux textes législatifs et réglementaires en vigueur.

Article 4

Les parties signataires demandent l'extension du présent accord au ministre du travail, de l'emploi et de la formation professionnelle.

Fait à Reims, le 16 décembre 2003.

(1) Accord étendu sous réserve de l'application des dispositions de l'article 32 de la loi n° 2000-37 du 19 janvier 2000 modifiée instaurant une garantie de rémunération mensuelle (arrêté du 18 mai 2004, art. 1er).

Avenant du 11 avril 2007 Salaires (Champagne-Ardenne)

Grille des minima ouvriers à compter du 1er septembre 2007 (Champagne-Ardenne).

En vigueur étendu

Article 1er

A compter du 1er septembre 2007, la grille des minima ouvriers est établie comme suit :

Le coefficient 150 est fixé à 1 292,14 €.

Le coefficient 170 est fixé à 1 302,44 €.

Les coefficients 185, 210, 230, 250 et 270 résultent de l'application d'une partie fixe de 210 € et d'une valeur du point de 6,09 €.

Ce qui donne la grille ci-dessous :

(En euros.)

COEFFICIENT	150	170	185	210	230	250	270
Salaires mensuels minima	1 292,14	1 302,44	1 336,65	1 488,90	1 610,70	1 732,50	1 854,30

Article 2

Le présent accord, rédigé en 10 exemplaires, sera déposé à la direction des relations du travail du ministère du travail et remis au secrétariat du greffe du conseil des prud'hommes de Reims, conformément aux textes législatifs et réglementaires en vigueur.

Article 3

Les parties signataires demandent l'extension du présent accord au ministre du travail, de l'emploi et de la formation professionnelle.

Fait à Reims, le 11 avril 2007.

Accord du 11 janvier 2008 Indemnités de petits déplacements (Champagne-Ardenne)

Fédération française du bâtiment Champagne-Ardenne ;

Fédération française des installateurs électriciens ;

Fédération Nord des SCOP BTP.

Fédération CGT-FO BTP.

En vigueur étendu

Vu la convention collective régionale du 14 juin 2006, dans ses articles 2.6 (Indemnité de petits déplacements), 2.3 (Prime pour travaux occasionnels) et 2.4 (Outillage),

Article 1

En vigueur étendu

En application du titre VIII, chapitre Ier de la convention collective nationale du bâtiment du 8 octobre 1990 concernant les ouvriers employés par les entreprises du bâtiment, non visées par le décret du 1er mars 1962 (c'est-à-dire occupant jusqu'à 10 salariés), les organisations représentatives d'employeurs et de salariés se sont réunies le 28 novembre 2007. Il a été convenu ce qui suit, au 1er avril 2008 :

Indemnité de transport :

- zone 1A (0 à 5 km) : 1,10 € ;
- zone 1B (5 à 10 km) : 1,75 € ;
- zone 2 (10 à 20 km) : 3,30 € ;
- zone 3 (20 à 30 km) : 5,00 € ;
- zone 4 (30 à 40 km) : 6,60 € ;
- zone 5 (40 à 50 km) : 8,30 €.

Indemnité de trajet :

- zone 1A (0 à 5 km) : 1,00 € ;
- zone 1B (5 à 10 km) : 1,50 € ;
- zone 2 (10 à 20 km) : 2,60 € ;
- zone 3 (20 à 30 km) : 3,75 € ;
- zone 4 (30 à 40 km) : 4,70 € ;
- zone 5 (40 à 50 km) : 6,90 €.

Indemnité de repas : 8,15 €.

L'indemnité de repas est due, quelle que soit la zone, dans les conditions prévues à l'article 2.6.5 de la convention collective régionale.

Article 2

En vigueur étendu

Il est également convenu ce qui suit au 1er avril 2008 :

Prime d'outillage : 7,50 €.

Prime horaire pour travaux occasionnels : 0,55 €/heure.

Article 3

En vigueur étendu

Le présent accord sera effectif au 1er avril 2008.

Les parties signataires s'engagent à se rencontrer au moins une fois par an pour étudier les revalorisations des différentes indemnités et primes prévues aux articles 1er et 2 dudit accord.

(1) Article étendu sous réserve de l'application de l'article L. 2261-19 (anciennement article L. 133-1, alinéa 1) du code du travail et sous réserve de l'application des articles L. 2221-1, L. 2261-7 (anciennement articles L. 131-1 et L. 132-7, alinéa 2) du code du travail tels qu'interprétés par la Cour de cassation (notamment Cass. soc. 17 septembre 2003, pourvoi n° 01-10.706) selon lesquels un accord collectif de travail ne peut être conclu ou révisé sans que l'ensemble des organisations syndicales représentatives ait été invité à sa négociation
(arrêté du 20 mai 2008, art. 1er).

Article 4

En vigueur étendu

Le présent accord sera déposé à la direction générale du travail et remis au secrétariat du greffe du conseil des prud'hommes de Reims, conformément aux textes législatifs et réglementaires en vigueur.

Accord du 27 mai 2008 Salaires (Champagne-Ardenne)

(1) Texte étendu sous réserve de l'application des dispositions de l'article L. 2241-9 du code du travail, qui prévoient que la négociation annuelle sur les salaires vise également à définir et programmer les mesures permettant de supprimer les écarts de rémunération entre les femmes et les hommes avant le 31 décembre 2010
(arrêté du 20 août 2008, art. 1er).

La FFB Champagne-Ardenne ;

La CAPEB Champagne-Ardenne ;

La fédération Nord des SCOP BTP ;

La FFIE,

La CGT-FO BTP ;

La CFDT,

Article 1
En vigueur étendu

A compter du 1er septembre 2008, la grille des minima ouvriers est établie comme suit :
- le coefficient 150 est fixé à 1 330 € ;
- le coefficient 170 est fixé à 1 340 € ;
- les coefficients 185, 210, 230, 250 et 270 résultent de l'application d'une partie fixe de 206 € et d'une valeur du point de 6,33 €.

Ce qui donne la grille ci-dessous :

(En euros.)

COEFFICIENT	SALAIRE MENSUEL MINIMUM
150	1 330,00
170	1 340,00
185	1 377,05
210	1 535,30
230	1 661,90
250	1 788,50
270	1 915,10

Article 2
En vigueur étendu

Le présent accord, rédigé en 10 exemplaires, sera déposé à la direction des relations du travail du ministère du travail, et remis au secrétariat du greffe du conseil des prud'hommes de Reims, conformément aux textes législatifs et réglementaires en vigueur.

Article 3
En vigueur étendu

Les parties signataires demandent l'extension du présent accord au ministère du travail, des relations sociales, de la famille et de la solidarité.

Accord du 23 juin 2009 relatif aux salaires au 1er septembre 2009 (Champagne-Ardenne)

(1) Accord étendu sous réserve de l'application des dispositions de l'article L. 2241-9 du code du travail qui prévoient que la négociation annuelle sur les salaires vise également à définir et à programmer les mesures permettant de supprimer les écarts de rémunération entre les femmes et les hommes avant le 31 décembre 2010.
(Arrêté du 23 octobre 2009, art. 1er)

La fédération française du bâtiment Champagne-Ardenne ;

La fédération Nord des SCOP BTP ;

La fédération française des installateurs électriciens, délégation Champagne-Ardenne,

La section fédérale régionale FO du BTP ;

L'union régionale CFTC-BTP,

Article 1
En vigueur étendu

A compter du 1er septembre 2009, la grille des minima ouvriers est établie comme suit :
- le coefficient 150 est fixé à 1 355 € ;
- le coefficient 170 est fixé à 1 365 € ;
- les coefficients 185, 210, 230, 250 et 270 résultent de l'application d'une partie fixe de 202 € et d'une valeur du point de 6,50 €.
Ce qui donne la grille ci-dessous :
Partie fixe : 202 €.
Valeur du point : 6,50 €.

(En euros.)

COEFFICIENT	150	170	185	210	230	250	270
Salaire mensuel minimum	1 355	1 365	1 404.50	1 567	1 697	1 827	1 957

Article 2
En vigueur étendu

Le présent accord sera déposé à la direction des relations du travail du ministère du travail et remis au secrétariat du greffe du conseil des prud'hommes de Reims, conformément aux textes législatifs et réglementaires en vigueur.

Article 3
En vigueur étendu

Les parties signataires demandent l'extension du présent accord au ministère du travail, des relations sociales, de la famille, de la solidarité et de la ville.

Accord du 28 avril 2009 relatif aux frais de déplacement pour 2009-2011 (Champagne-Ardenne)

FFIE ;

FFB Champagne ;

CAPEB Champagne ;

FNSCOP BTP.

CGT ;

CFE-CGC BTP ;

URCB CFDT ;

CFTC BTP ;

SFR CGT-FO BTP.

Préambule

En vigueur étendu

La présente convention a pour objet de fixer les règles applicables en matière de compensation des pertes de salaires et d'indemnisation des frais de déplacement des salariés d'entreprises du bâtiment appelés à participer aux négociations paritaires régionales.
Cette convention répond aux obligations de l'article L. 2232-3 du code du travail (loi du 13 novembre 1982). Elle est donc directement liée à ce texte.

Participants

Article 1
En vigueur étendu

Chaque délégation syndicale est libre de désigner les représentants de son choix, conformément à l'article L. 2231-2 du code du travail.

Nombre de personnes indemnisées

Article 2
En vigueur étendu

Pour chaque organisation syndicale représentative, signataire de la présente convention, participant à une réunion : maximum 4 négociateurs, soit 1 par département, appartenant à des entreprises du bâtiment.

Compensation des pertes de salaires

Article 3
En vigueur étendu

Dans la limite ci-dessus, les négociateurs participant aux réunions paritaires régionales verront leurs salaires maintenus par leur employeur (temps de négociation, plus temps de trajet dans la limite de 8 heures pour une journée) sur justificatif d'une attestation de présence signée par le président de séance. Il conviendra de prévenir l'employeur 48 heures à l'avance, sauf cas de force majeure.

Frais de déplacement

Article 4
En vigueur étendu

Dans la limite fixée à l'article 2, les frais de déplacement des négociateurs sont calculés en fonction de leur domicile comme suit :
Reims :
- forfait de 3,25 € pour 2009.

District de Reims :
- forfait de 6,50 € pour 2009.

Région Champagne-Ardenne :
- soit aller et retour SNCF 2e classe (plus forfait transport : 3,25 €) ;
- soit application du dernier barème fiscal connu [7 CV - province au-delà de 20 000 km (route)] : indemnité kilométrique multipliée par le nombre de kilomètres aller et retour, domicile-lieu de réunion paritaire.

Frais de repas

Article 5
En vigueur étendu

Dans la limite fixée à l'article 2, les négociateurs perçoivent un remboursement au réel plafonné à 15,65 € pour frais de repas, pour 2009.

Actualisation de l'indemnité forfaitaire repas et déplacements

Article 6
En vigueur étendu

Les forfaits et montants des articles 4 et 5 sont actualisés chaque année en fonction de la variation de l'indice national des prix à la consommation ensemble des ménages (poste : restauration et cafés).
Dernière valeur connue (mars 2009) : 130,59 (base 100 en 1998).

Règlement des indemnités de frais de déplacement et de repas

Article 7
En vigueur étendu

Chaque organisation syndicale reçoit un règlement global des indemnités définies aux articles 4 et 5 et en assure la répartition auprès de ses représentants à la négociation. Les négociateurs doivent justifier de leur appartenance à une entreprise du bâtiment, remplir une fiche de frais avant chaque séance et remettre tous justificatifs des dépenses.

Négociations paritaires régionales concernées par la présente convention

Article 8

En vigueur étendu

Les dispositions des articles précédents concernent les négociations paritaires relatives à :

- la fixation du point ouvrier du bâtiment ;

- la fixation des salaires minimaux des ETAM du bâtiment ;

- la négociation annuelle obligatoire prévue par la loi du 13 novembre 1982.

Article 9

En vigueur étendu

La présente convention, qui ne se cumule pas avec toute convention ou accord ayant le même objet, prend effet à compter de sa signature. Sauf dispositions législatives et réglementaires la rendant caduque, elle prendra fin au 31 décembre 2011.
Elle est conclue pour 3 ans. Elle pourra être renouvelée au gré des parties signataires.

Article 10

En vigueur étendu

Toute organisation syndicale représentative, non signataire, pourra y adhérer par simple déclaration auprès des parties signataires.
La présente convention, rédigée en 10 exemplaires, est déposée à la direction des relations du travail du ministère du travail, des relations sociales, de la famille, de la solidarité et de la ville et au secrétariat du greffe du conseil de prud'hommes de Reims, conformément à l'article L. 2231-6 du code du travail.

SALAIRES Région Corse Accord du 17 décembre 1991

Salaires à compter du 1er mai 1992.

En vigueur étendu

Article 1

En application des articles 12-8 et 12-9 des conventions collectives nationales du bâtiment du 8 octobre 1990, concernant les ouvriers employés par les entreprises du bâtiment non visées par le décret du 1er mars 1962, d'une part, et par les entreprises du bâtiment visées par le décret du 1er mars 1962, d'autre part, les organisations représentatives d'employeurs et de salariés se sont réunies et ont déterminé les salaires mensuels minimaux des ouvriers du bâtiment de la région Provence-Alpes-Côte d' Azur à compter du 1er mai 1992.
Article 2

Pour la région Provence-Alpes-Côte d' Azur, les parties signataires du présent accord ont fixé :

- la partie fixe (P.F.) à : 1.500 F ;

- la valeur du point (V.P.) à : 26,00 F ;

En conséquence, pour un horaire hebdomadaire de trente-neuf heures, le barème des salaires minimaux des ouvriers du bâtiment de la région Provence-Alpes-Côte d' Azur s'établit comme indiqué dans le tableau ci-après :

CATÉGORIE PROFESSIONNELLE :

Niveau I : Ouvriers d'exécution

Position 1

COEFFICIENT : 150

SALAIRE (++) : 5.400 F (+)

TAUX (+++) : 31,95 F (+)

Position 2

COEFFICIENT : 170

SALAIRE : 5.920,00 F

TAUX : 35,03 F

CATÉGORIE PROFESSIONNELLE :

Niveau II : Ouvriers professionnels

COEFFICIENT : 185

SALAIRE : 6.310,50 F

TAUX : 37,34 F

CATÉGORIE PROFESSIONNELLE :

Niveau III : Compagnons professionnels

Position 1

COEFFICIENT : 210

SALAIRE : 6.960,00 F

TAUX : 41,18 F

Position 2

COEFFICIENT : 230

SALAIRE : 7.480,00 F

TAUX : 44,26 F

CATÉGORIE PROFESSIONNELLE :

Niveau IV : Maîtres ouvriers ou chefs d'équipe :

Position 1

COEFFICIENT : 250

SALAIRE : 8.000 F

TAUX : 47,34 F

Position 2

COEFFICIENT : 270

SALAIRE : 8.520,00 F

TAUX : 50,41 F

(+) cf art.3. Il est rappelé qu'aucun salaire ne doit être inférieur au S.M.I.C., lequel est, depuis le 1er juillet 1981 de 32,66 F de l'heure, soit 5.519,54 F pour 169 heures.

(++) Salaire mensuel minimal pour 39 heures hebdomadaires (en francs).

(+++) Taux horaire minimal (en francs).
Article 3

Par dérogation à l'article 2, le salaire du coefficient 150 est porté à 5600 F par l'adjonction d'une prime exceptionnelle de 200 F.
Etendu sous réserve de l'application des dispositions réglementaires portant fixation du salaire minimum de croissance.

Accord du 5 janvier 2005 Salaires (Franche-Comté)

En vigueur étendu

Article 1er

En application de l'article 12.8 de la convention collective nationale du bâtiment du 8 octobre 1990, concernant les ouvriers employés par les entreprises du bâtiment visées par le décret du 1er mars 1962, les organisations représentatives d'employeurs et de salariés se sont réunies et ont déterminé les salaires mensuels minimaux des ouvriers du bâtiment de la région de Franche-Comté qui entreront en vigueur au 1er janvier 2005 et au 1er juin 2005.

Article 2

Les appointements mensuels minimaux sont calculés sur la base de 35 heures de travail par semaine en additionnant, d'une part la partie fixe (PF) exprimée en valeur absolue et identique pour chaque niveau et position et d'autre part, la valeur du point multipliée par les différents coefficients hiérarchiques.

Article 3

Le présent barème de salaires minimaux entrera en application :

- à compter du 1er janvier 2005 (cf. annexe I ci-après) et portera :

- la partie fixe (PF) à 442,90 ;

- la valeur du point (VP) à 4,686 ;

- à compter du 1er juin 2005 (cf. annexe II ci-après) et portera :

- la partie fixe (PF) à 442,90 ;

- la valeur du point (VP) à 4,760 .

Le salaire mensuel minimal pour 35 heures hebdomadaires du niveau I (ouvrier d'exécution), position 1 (coefficient 150), est fixé forfaitairement :

- à 1 228 à compter du 1er janvier 2005 ;

- à 1 243 à compter du 1er juin 2005.

Le salaire mensuel minimal pour 35 heures hebdomadaires du niveau I (ouvrier d'exécution), position 2 (coefficient 170), est fixé forfaitairement :

- à 1 244 à compter du 1er janvier 2005 ;

- à 1 260 à compter du 1er juin 2005,

pour l'ensemble des départements de la région de Franche-Comté.

Article 4

Aucun salaire ne doit être inférieur au SMIC tel que défini à l'article 24 de l'ordonnance n° 82-41 du 16 janvier 1982.

Article 5

La prochaine commission paritaire aura lieu au mois de décembre 2005.

Article 6

Conformément au code du travail, le présent accord sera déposé à la direction départementale du travail, de l'emploi et de la formation professionnelle du Doubs, à Besançon, et, remis au secrétariat-greffe du conseil des prud'hommes de Besançon.

Article 7

Les parties signataires demandent l'extension du présent accord au ministre du travail et des affaires sociales.

Fait à Besançon, le 5 janvier 2005.

ANNEXE I

Barème des salaires minimaux des ouvriers du bâtiment de Franche-Comté

(applicable au 1er janvier 2005)

Partie fixe : 442,90.

Valeur du point : 4,686.

(En euros.)

CATEGORIE professionnelle	COEFFICIENT	SALAIRE mensuel pour 35 heures hebdomadaires	TAUX HORAIRE (pour information)
Niveau I Ouvrier d'exécution:			
- position 1 (fixé forfaitairement).............................	150	1 228,00	8,096
- position 2 (fixé forfaitairement)............................	170	1 244,00	8,202
Niveau II Ouvrier professionnel	185	1 309,79	8,635
Niveau III Compagnon professionnel :			
- position 1	210	1 426,93	9,408
- position 2....................................	230	1 520,65	10,026
Niveau IV Maître ouvrier ou chef d'équipe :			
- position 1	250	1 614,37	10,643
- position 2....................................	270	1 708,08	11,261

ANNEXE II

Barème des salaires minimaux des ouvriers du bâtiment de Franche-Comté

(applicable au 1er juin 2005)

Partie fixe : 442,90.

Valeur du point : 4,760 .

(En euros.)

CATEGORIE professionnelle	COEFFICIENT	SALAIRE mensuel pour 35 heures hebdomadaires	TAUX HORAIRE (pour information)
Niveau I Ouvrier d'exécution: - position 1 (fixé forfaitairement)............................ - position 2 (fixé forfaitairement)...........................	150 170	1 243,00 1 260,00	8, 195 8,307
Niveau II Ouvrier professionnel	185	1 323,48	8,726
Niveau III Compagnon professionnel : - position 1.................................... - position 2....................................	210 230	1 442,48 1 537,68	9,510 10,138
Niveau IV Maître ouvrier ou chef d'équipe : - position 1.................................... - position 2....................................	250 270	1 632,88 1 728,07	10,766 11,393

Avenant du 15 janvier 2008 Salaires (Franche-Comté)

(1) *Texte étendu sous réserve de l'application des dispositions de l'article L. 2241-9 (anciennement article L. 132-12-3, alinéa 1) qui prévoient que la négociation annuelle sur les salaires vise également à définir et programmer les mesures permettant de supprimer les écarts de rémunération entre les femmes et les hommes avant le 31 décembre 2010*
(a rrêté du 10 juin 2008, art. 1er).

Fédération du bâtiment Franche-Comté ;

CAPEB Franche-Comté ;

Fédération Est des SCOP du BTP.

Union régionale de la construction et du bois CFDT ;

CGT-FO.

En vigueur étendu

Entreprises occupant jusqu'à de 10 salariés

Article 1
En vigueur étendu

En application de l'article XII.8 de la convention collective nationale du bâtiment du 8 octobre 1990 concernant les ouvriers employés par les entreprises du bâtiment visées par le décret du 1er mars 1962, les organisations représentatives d'employeurs et de salariés se sont réunies et ont déterminé les salaires mensuels minimaux des ouvriers du bâtiment de la région Franche-Comté qui entreront en vigueur au 1er janvier 2008 et au 1er juin 2008.

Article 2

En vigueur étendu

Les appointements mensuels minimaux sont calculés sur la base de 35 heures de travail par semaine en additionnant, d'une part, la partie fixe (PF) exprimée en valeur absolue et identique pour chaque niveau et position et, d'autre part, la valeur du point multipliée par les différents coefficients hiérarchiques.

Article 3

En vigueur étendu

Le présent barème de salaires minimaux entrera en application :
A compter du 1er janvier 2008 (cf. annexe I ci-après)
Et portera :
- la partie fixe (PF) à 455,837 € ;
- la valeur du point (VP) à 5,196 €.

A compter du 1er juin 2008 (cf. annexe II ci-après)
Et portera :
- la partie fixe (PF) à 455,837 € ;
- la valeur du point (VP) à 5,321 €.

Le salaire mensuel minimal pour 35 heures hebdomadaires du niveau I (ouvrier d'exécution) position 1 (coefficient 150) est fixé forfaitairement à :
- 1 336,00 € à compter du 1er janvier 2008 ;
- 1 356,00 € à compter du 1er juin 2008.

Le salaire mensuel minimal pour 35 heures hebdomadaires du niveau I (ouvrier d'exécution) position 2 (coefficient 170) est fixé forfaitairement à :
- 1 356,00 € à compter du 1er janvier 2008 ;
- 1 376,00 € à compter du 1er juin 2008,

pour l'ensemble des départements de la région Franche-Comté.

Article 4

En vigueur étendu

Aucun salaire ne doit être inférieur au SMIC tel que défini à l'article 24 de l'ordonnance n° 82-41 du 16 janvier 1982.

Article 5

En vigueur étendu

La prochaine commission paritaire aura lieu au mois de janvier 2009.

Article 6

En vigueur étendu

Le présent accord fera l'objet d'une procédure officielle de dépôt auprès des services centraux du ministère de l'emploi, de la cohésion sociale et du logement.

Article 7

En vigueur étendu

Les parties signataires demandent l'extension du présent accord au ministère de l'emploi, de la cohésion sociale et du logement selon les modalités prévues par la loi du 4 mai 2004.

En vigueur étendu

Entreprises occupant plus de 10 salariés

Article 1
En vigueur étendu

Article 2
En vigueur étendu

Article 3
En vigueur étendu

Article 4
En vigueur étendu

Article 5
En vigueur étendu

Article 6
En vigueur étendu

Article 7
En vigueur étendu

Annexe

En vigueur étendu

ANNEXE I

Barème des salaires minimaux des ouvriers

du bâtiment de Franche-Comté

(applicable au 1er janvier 2008)

Partie fixe : 455,837 €.
VP : 5,196 €.

(En euros.)

CATÉGORIE PROFESSIONNELLE	COEFFICIENT	SALAIRE MENSUEL pour 35 heures hebdomadaires	TAUX HORAIRE (pour information)
Niveau I Ouvrier d'exécution : - position 1 (fixé forfaitairement)	150	1 336,00	8,809
- position 2 (fixé forfaitairement)	170	1 356,00	8,940
Niveau II Ouvrier professionnel	185	1 417,07	9,343
Niveau III Compagnon professionnel : - position 1	210	1 546,97	10,200
- position 2	230	1 650,88	10,885
Niveau IV Maître ouvrier ou chef d'équipe : - position 1	250	1 754,80	11,570
- position 2	270	1 858,72	12,255

En vigueur étendu

ANNEXE II

Barème des salaires minimaux des ouvriers

du bâtiment de Franche-Comté

(applicable au 1er juin 2008)

Partie fixe : 455,837 €.
VP : 5,321 €.

(En euros.)

CATÉGORIE PROFESSIONNELLE	COEFFICIENT	SALAIRE MENSUEL pour 35 heures hebdomadaires	TAUX HORAIRE (pour information)
Niveau I Ouvrier d'exécution : - position 1 (fixé forfaitairement)	150	1 356,00	8,940
- position 2 (fixé forfaitairement)	170	1 376,00	9,072
Niveau II Ouvrier professionnel	185	1 440,14	9,495
Niveau III Compagnon professionnel : - position 1	210	1 573,15	10,372
- position 2	230	1 679,56	11,074
Niveau IV Maître ouvrier ou chef d'équipe : - position 1	250	1 785,97	11,775
- position 2	270	1 892,39	12,477

Avenant du 15 janvier 2008 Indemnités de petits déplacements (Franche-Comté)

Fédération du bâtiment Franche-Comté ;

CAPEB Franche-Comté ;

Fédération Est des SCOP du BTP.

Union régionale de la construction et du bois CFDT ;

CFE-CGC ;

CGT-FO.

Article 1
En vigueur étendu

En application de l'article XIII.18 des conventions collectives nationales du bâtiment du 8 octobre 1990 concernant les ouvriers employés par les entreprises du bâtiment non visées par le décret du 1er mars 1962, d'une part, et par les entreprises du bâtiment visées par le décret du 1er mars 1962, d'autre part, les organisations représentatives d'employeurs et de salariés se sont réunies et ont déterminé les montants des indemnités de petits déplacements des ouvriers du bâtiment de la région Franche-Comté qui entreront en vigueur au 1er janvier 2008.

(En euros.)

ZONE (en kilomètres)	INDEMNITÉ de repas	INDEMNITÉ de frais de transport	INDEMNITÉ de trajet
1 (0 à 10 km)	8,75	1,950	1,337
2 (10 à 20 km)	8,75	4,100	2,698
3 (20 à 30 km)	8,75	6,743	3,528
4 (30 à 40 km)	8,75	8,605	4,426
5 (40 à 50 km)	8,75	10,696	5,602

Article 2
En vigueur étendu

La prochaine commission paritaire aura lieu en janvier 2009.

Article 3
En vigueur étendu

Le présent accord fera l'objet d'une procédure officielle de dépôt auprès des services centraux du ministère de l'emploi, de la cohésion sociale et du logement.

Article 4
En vigueur étendu

Les parties signataires demandent l'extension du présent accord au ministère de l'emploi, des relations sociales et de la solidarité selon les modalités prévues par la loi du 4 mai 2004.

Accord du 30 mai 2006 Salaires (Corse)

Salaires minimaux (Corse)

En vigueur étendu

Article 1er

En application des articles 12.8 et 12.9 des conventions collectives nationales du bâtiment du 8 octobre 1990, concernant les ouvriers employés par les entreprises du bâtiment non visées par le décret du 8 mars 1962 (c'est-à-dire occupant plus de 10 salariés), d'une part, et par les entreprises du bâtiment visées par le décret du 1er mars 1962 (c'est-à-dire occupant moins de 10 salariés) d'autre part, les parties ci-dessus désignées se sont réunies et ont déterminé le salaire mensuel minimal des ouvriers du bâtiment de la région Corse à compter du 1er juillet 2006.

Article 2

Pour la région Corse, les parties signataires du présent accord ont fixé :

Pour un salaire horaire hebdomadaire de 35 heures, le barème des salaires minimaux des ouvriers du bâtiment de la région Corse s'établit comme indiqué dans le tableau ci-après :

(En euros.)

CATEGORIE	COEFFICIENT	SALAIRE MENSUEL	TAUX HORAIRE	
professionnelle				
Niveau I				
Ouvrier				
d'exécution				
- position 1	150	1 277,06	8,41	
- position 2	170	1 279,46	8,43	
Niveau II				

Ouvrier				
professionnel	185	1 332,96	8,83	
Niveau III				
Compagnon				
professionnel				
- position 1	210	1 433,29	9,45	
- position 2	230	1 541,58	10,16	
Niveau IV				
Maitre ouvrier				
ou chef				
d'équipe				
- position 1	250	1 619,61	10,67	
- position 2	270	1 704,02	11,29	

SMIC au 1er juillet 2006 :

- mensuel pour 35 heures : 1 254,31 € (mensuel 151,67 heures) ;

- taux horaire : 8,27 €.

Article 3

Conformément au code du travail, le présent accord sera déposé à la direction départementale du travail et de l'emploi de Corse du sud et remis au secrétariat-greffe du conseil des prud'hommes de la Corse-du-Sud et de la Haute-Corse.

Fait à Ajaccio, le 30 mai 2006.

SALAIRES Région Languedoc-Roussillon Accord du 23 novembre 2000

Salaires minimaux des ouvriers du bâtiment à compter du 1er janvier 2001.

En vigueur étendu

Article 1er

En application des articles 12.8 et 12.9 des conventions collectives nationales du bâtiment du 8 octobre 1990, concernant les ouvriers employés par les entreprises du bâtiment non visées par le décret du 1er mars 1962 d'une part et par les entreprises du bâtiment visées par le décret du 1er mars

1962 d'autre part,

les parties ci-dessus désignées se sont réunies et ont déterminé le salaire mensuel minimal des ouvriers du bâtiment de la région Languedoc-Roussillon à compter du 1er janvier 2001.
Article 2

Pour la région Languedoc-Roussillon, les parties signataires du présent accord ont fixé, à compter du 1er janvier 2001 :

la partie fixe (PF) à : 1 900,00 F ;

la valeur du point (VP) à : 29,20 F.

En conséquence, pour un horaire hebdomadaire de 39 heures, le barème des salaires minimaux des ouvriers du bâtiment de la région Languedoc-Roussillon s'établit comme indiqué dans le tableau ci-après :

(A) = CATEGORIE professionnelle

(B) = COEFFICIENT

(C) = SALAIRE MENSUEL MINIMAL (pour 39 h hebdo) (en francs).

(D) = TAUX HORAIRE MINIMAL (en francs).

NIVEAU I			
Ouvriers d'exécution			
(A)	(B)	(C)	(D)
1	150	7 103,00	42,03(1)
2	170	7 112,00	42,08(1)

NIVEAU II		
Ouvriers professionnels		
(B)	(C)	(D)
185	7 302,00	43,20

NIVEAU III			
Compagnons professionnels			
(A)	(B)	(C)	(D)
1	210	8 032,00	47,53
2	230	8 616,00	50,98

NIVEAU IV			
Maîtres ouvriers ou chefs			
d'équipe			
(A)	(B)	(C)	(D)
1	250	9 200,00	54,44
2	270	9 784,00	57,89

(1) Par dérogation, la valeur du salaire mensuel des coefficients :
150 est de 7 103 F (42,03 F horaire); 170 est de 7 112 F (42,08 F horaire). Pour la région Languedoc-Roussillon, les parties signataires du présent accord ont fixé, à compter du 1er septembre 2001 :

la partie fixe (PF) à : 1 700,00 F ;

la valeur du point (VP) à : 31,30 F.

En conséquence, pour un horaire hebdomadaire de 39 heures, le barème des salaires minimaux des ouvriers du bâtiment de la région Languedoc-Roussillon s'établit comme indiqué dans le tableau ci-après :

(A) = CATEGORIE professionnelle

(B) = COEFFICIENT

(C) = SALAIRE MENSUEL MINIMAL (pour 39 h hebdo) (en francs).

(D) = TAUX HORAIRE MINIMAL (en francs).

NIVEAU I			
Ouvriers d'exécution			
(A)	(B)	(C)	(D)
1	150	7 103,00	42,03(1)
2	170	7 112,00	42,08(1)

NIVEAU II		
Ouvriers professionnels		
(B)	(C)	(D)
185	7 490,50	43,32

NIVEAU III			
Compagnons professionnels			
(A)	(B)	(C)	(D)
1	210	8 273,00	48,95
2	230	8 899,00	52,66
NIVEAU IV			
Maîtres ouvriers ou chefs			
d'équipe			
(A)	(B)	(C)	(D)
1	250	9 525,00	56,36
2	270	10 151,00	60,07

(1) Par dérogation, la valeur du salaire mensuel des coefficients : 150 est de 7 103 F (42,03 F horaire); 170 est de 7 112 F (42,08 F horaire).

SALAIRES Région Languedoc Roussillon Accord du 23 novembre 2000

Indemnités de petits déplacements à compter du 1er janvier 2001.

En vigueur étendu

Article 1er

En application du titre VIII, chapitre Ier, des conventions collectives nationales du 8 octobre 1990 (étendues par arrêtés ministériels des 8 et 12 février 1991), concernant les ouvriers employés par les entreprises du bâtiment non visées par le décret du 1er mars 1962, d'une part, et par les entreprises du bâtiment visées par le décret du 1er mars 1962, d'autre part, les organisations représentatives d'employeurs et de salariés se sont réunies et ont déterminé les montants des indemnités de petits déplacements des ouvriers du bâtiment de la région Languedoc-Roussillon.

Article 2

Pour la région Languedoc-Roussillon, les parties signataires du présent accord ont fixé, en application de l'article 8-18 de la convention collective nationale précitée, le barème des indemnités de petits déplacements des ouvriers du bâtiment comme indiqué dans le tableau ci-après.

I. Indemnités de repas :

(1) ZONES

(2) DISTANCES

(3) INDEMNITE (en francs)

(1)	(2)	(3)
Zone 1 a	0 à 5 km	45,00
Zone 1 b	5 à 10 km	45,00

Zone 2	10 à 20 km	45,00
Zone 3	20 à 30 km	45,00
Zone 4	30 à 40 km	45,00
Zone 5	40 à 50 km	45,00

II. - Indemnité de frais de transport :

(1) ZONES

(2) DISTANCES

(3) INDEMNITE (en francs)

(1)	(2)	(3)
Zone 1 a	0 à 5 km	4,73
Zone 1 b	5 à 10 km	10,94
Zone 2	10 à 20 km	20,31
Zone 3	20 à 30 km	32,62
Zone 4	30 à 40 km	45,37
Zone 5	40 à 50 km	57,75

III. - Indemnité de trajet.

(1) ZONES

(2) DISTANCES

(3) INDEMNITE (en francs)

(1)	(2)	(3)
Zone 1 a	0 à 5 km	4,44
Zone 1 b	5 à 10 km	8,87
Zone 2	10 à 20 km	14,75
Zone 3	20 à 30 km	20,67
Zone 4	30 à 40 km	26,57
Zone 5	40 à 50 km	32,49

Article 3
Dans le cas de déplacement journalier au-delà de la zone 5, les suppléments d'indemnité seront les suivants, par tranche de 10 kilomètres :
pour le transport, laissé à la charge exclusive du salarié : 12,39 F ;
pour le trajet : 5,89 F. Article 4
Le présent barème des indemnités de petits déplacements entrera en application à compter du 1er janvier 2001. Article 5
Conformément au code du travail, le présent accord sera déposé à la direction départementale du travail, de l'emploi et de la formation professionnelle de l'Hérault et remis au secrétariat-greffe du conseil de prud'hommes de Montpellier. Article 6
Les parties signataires demandent l'extension du présent accord au ministère du travail, de l'emploi et de la formation professionnelle.

SALAIRES Région Languedoc-Roussillon Avenant du 26 novembre 2003

Salaires minimaux des ouvriers du bâtiment à compter du 1er mars et 1er juillet 2004.

En vigueur étendu

Article 1er

En application des articles 12.8 des conventions collectives nationales du bâtiment du 8 octobre, concernant les ouvriers employés par les entreprises du bâtiment non visées par le décret du 1er mars 1962 d'une part et par les entreprises du bâtiment visées par le décret du 1er mars 1962 d'autre part, les organisations représentatives d'employeurs et de salariés se sont réunies le 26 novembre 2003.
Article 2

De la commission paritaire des affaires sociales il ressort que le barème des salaires minimaux des ouvriers du bâtiment de la région Languedoc-Roussillon sera comme indiqué dans les tableaux figurant en annexe.
Au 1er mars 2004

Le montant de la partie fixe base 35 heures est fixé à :
250,00 euros.

La valeur de point base 35 heures est fixée à : 5,10 euros.
Au 1er juillet 2004

Le montant de la partie fixe base 35 heures est fixé à :
245,00 euros.

La valeur de point base 35 heures est fixée à : 5,25 euros.
Article 3

Conformément au code du travail, le présent accord sera adressé à la direction départementale du travail et de l'emploi de l'Hérault et remise au secrétariat-greffe du conseil des prud'hommes de Montpellier.
Article 4

Les parties signataires demandent l'extension du présent accord au ministre du travail, de l'emploi et de la formation professionnelle.

1er mars 2004

(A) = POSITION

(B) = COEFFICIENT

(C) = DUREE du travail

(D) = SALAIRE MENSUEL (en euros).

(E) = TAUX HORAIRE (en euros).

NIVEAU I				
Ouvriers d'exécution				
(A)	(B)	(C)	(D)	(E)
1	150+	151,67	1 110,22	7,32
2	170	151,67	1 117,00	7,36

NIVEAU II			
Ouvriers professionnels			
(B)	(C)	(D)	(E)
185	151,67	1 193,50	7,87

NIVEAU III				
Compagnons professionnels				
(A)	(B)	(C)	(D)	(E)
1	210	151,67	1 321,00	8,71
2	230	151,67	1 423,00	9,38
NIVEAU IV				
Maîtres ouvriers ou chefs				
d'équipe				
(A)	(B)	(C)	(D)	(E)
1	250	151,67	1 525,00	10,05
2	270	151,67	1 627,00	10,73

(+) Par dérogation, le coefficient 150 est porté en valeur absolue à 1 110,22 euros.
1er juillet 2004

(A) = POSITION

(B) = COEFFICIENT

(C) = DUREE du travail

(D) = SALAIRE MENSUEL (en euros).

(E) = TAUX HORAIRE (en euros).

NIVEAU I				
Ouvriers d'exécution				
(A)	(B)	(C)	(D)	(E)
1	150+	151,67	1 110,22	7,32
2	170	151,67	1 137,50	7,50

NIVEAU II			
Ouvriers professionnels			
(B)	(C)	(D)	(E)
185	151,67	1 216,25	8,02

NIVEAU III				
Compagnons professionnels				
(A)	(B)	(C)	(D)	(E)
1	210	151,67	1 347,50	8,88
2	230	151,67	1 452,50	9,58
NIVEAU IV				
Maîtres ouvriers ou chefs				
d'équipe				
(A)	(B)	(C)	(D)	(E)
1	250	151,67	1 557,50	10,27
2	270	151,67	1 662,50	10,96

(+) Par dérogation, le coefficient 150 est porté en valeur absolue à 1 110,22 euros. Fait à Montpellier, le 26 novembre 2003.

Avenant du 10 janvier 2008 Salaires (Languedoc-Roussillon)

(1) Texte étendu sous réserve, d'une part, de l'application des dispositions réglementaires portant fixation du salaire minimum interprofessionnel de croissance et, d'autre part, de l'application des dispositions de l' article L. 2241-9 (anciennement article L. 132-12-3, alinéa 1) qui prévoient que la négociation annuelle sur les salaires vise egalement à définir et programmer les mesures permettant de supprimer les écarts de rémunération entre les femmes et les hommes avant le 31 decembre 2010.(arrêté du 30 juin 2008, art. 1er).

Fédération régionale du bâtiment Languedoc-Roussillon ;

CAPEB Languedoc-Roussillon.

Union régionale CGT-FO ;

Union régionale CFDT ;

CGC ;

Union régionale CGT.

Article 1

En vigueur étendu

En application de l'article XII.8 des conventions collectives nationales du bâtiment du 8 octobre, concernant les ouvriers employés par les entreprises du bâtiment non visées par le décret du 1er mars 1962, d'une part, et par les entreprises du bâtiment visées par le décret du 1er mars 1962, d'autre part, les organisations représentatives d'employeurs et de salariés se sont réunies le 10 janvier 2008.

Article 2
En vigueur étendu

De la commission paritaire des affaires sociales il ressort que le barème des salaires minimaux des ouvriers du bâtiment de la région Languedoc-Roussillon sera comme indiqué dans les tableaux figurant en annexe :
Au 1er mars 2008 :
- le montant de la partie fixe base 35 heures est fixé à 230,00 € ;
- la valeur de point base 35 heures est fixée à 6,39 €.
Au 1er septembre 2008 :
- le montant de la partie fixe base 35 heures est fixé à 230,00 € ;
- la valeur de point base 35 heures est fixée à 6,54 €.

Article 3
En vigueur étendu

Conformément au code du travail, le présent accord sera adressé à la direction départementale du travail et de l'emploi de l'Hérault et remise au secrétariat-greffe du conseil des prud'hommes de Montpellier.

Article 4
En vigueur étendu

Les parties signataires demandent l'extension du présent accord au ministre du travail, des relations sociales et de la solidarité.

Annexe

En vigueur étendu
ANNEXE
Grille de salaires minimaux du bâtiment

de la région Languedoc-Roussillon
(Applicable au 1er mars 2008)

(En euros.)

CATÉGORIE	COEFFICIENT	DURÉE du travail	SALAIRE mensuel	TAUX horaire
Niveau I : ouvriers d'exécution				
Position 1	150	151,67	1 280,00	8,44 (*)
Position 2	170	151,67	1 316,22	8,68Niveau II : ouvriers professionnels
	185	151,67	1 412,07	9,31Niveau III : compagnons professionnels
Position 1	210	151,67	1 571,81	10,36
Position 2	230	151,67	1 699,60	11,21Niveau IV : maîtres ouvriers ou chefs d'équipe
Position 1	250	151,67	1 827,39	12,05
Position 2	270	151,67	1 955,18	12,89
(*) Par dérogation, le coefficient 150 est porté en valeur absolue à 1 280,00 €.				

(Applicable au 1er septembre 2008)

(En euros.)

CATÉGORIE	COEFFICIENT			

		DURÉE du travail	SALAIRE mensuel	TAUX horaire
Niveau I : ouvriers d'exécution				
Position 1	150	151,67	1 305,60	8,61 (*)
Position 2	170	151,67	1 341,67	8,85Niveau II : ouvriers professionnels
	185	151,67	1 439,76	9,49Niveau III : compagnons professionnels
Position 1	210	151,67	1 603,24	10,57
Position 2	230	151,67	1 734,03	11,43Niveau IV : maîtres ouvriers ou chefs d'équipe
Position 1	250	151,67	1 864,81	12,30
Position 2	270	151,67	1 995,60	13,16
(*) Par dérogation, le coefficient 150 est porté en valeur absolue à 1 305,60 €.				

Avenant du 10 janvier 2008 Indemnités de petits déplacements (Languedoc-Roussillon)

La fédération régionale du bâtiment Languedoc-Roussillon ;

La CAPEB Languedoc-Roussillon,

La CFDT ;

La CGT-FO ;

La CGT ;

La CFE-CGC,

Article 1

En vigueur étendu

En application du titre VIII, chapitre Ier, des conventions collectives nationales du 8 octobre 1990 (étendues par arrêtés ministériels des 8 et 12 février 1991) concernant les ouvriers employés par les entreprises du bâtiment non visées par le décret du 1er mars 1962, d'une part, et par les entreprises du bâtiment visées par le décret du 1er mars 1962, d'autre part, les organisations représentatives d'employeurs et de salariés se sont réunies et ont déterminé les montants des indemnités de petits déplacements des ouvriers du bâtiment de la région Languedoc-Roussillon.

Article 2

En vigueur étendu

Pour la région Languedoc-Roussillon, les parties signataires du présent accord ont fixé, en application de l'article VIII. 18 de la convention collective nationale précitée, le barème des indemnités de petits déplacements des ouvriers du bâtiment comme indiqué dans le tableau ci-après :

(En euros.)

ZONE (en kilomètres)	INDEMNITÉ de repas	INDEMNITÉ de transport	INDEMNITÉ de trajet
1 A (0 à 5 km)	8, 00	1, 00	0, 73
1 B (5 à 10 km)	8, 00	1, 96	1, 47
2 (10 à 20 km)	8, 00	3, 63	2, 45
3 (20 à 30 km)	8, 00	5, 84	3, 42
4 (30 à 40 km)	8, 00	8, 13	4, 40
5 (40 à 50 km)	8, 00	10, 35	5, 38

Article 3

En vigueur étendu

Le présent barème des indemnités de petits déplacements et de repas entrera en application à compter du 1er mars 2008.

Article 4

En vigueur étendu

Conformément au code du travail, le présent accord sera déposé à la direction départementale du travail, de l'emploi et de la formation professionnelle de l'Hérault et remis au secrétariat-greffe du conseil des prud'hommes de Montpellier.

Article 5

En vigueur étendu

Les parties signataires demandent l'extension du présent accord au ministère du travail, des relations sociales et de la solidarité.

Accord du 15 janvier 2007 Salaires (Franche-Comté)

En vigueur étendu

Article 1er

En application de l'article XII.8 de la convention collective nationale du bâtiment du 8 octobre 1990, concernant les ouvriers employés par les entreprises du bâtiment non visées par le décret du 1er mars 1962, les organisations représentatives d'employeurs et de salariés se sont réunies et ont déterminé les salaires mensuels minimaux des ouvriers du bâtiment de la région de Franche-Comté qui entreront en vigueur au 1er janvier 2007 et au 1er juin 2007.

Article 2

Les appointements mensuels minimaux sont calculés sur la base de 35 heures de travail par semaine en additionnant, d'une part, la partie fixe (PF) exprimée en valeur absolue et identique pour chaque niveau et position et, d'autre part, la valeur du point multipliée par les différents coefficients hiérarchiques.

Article 3

Le présent barème de salaires minimaux entrera en application :

A compter du 1er janvier 2007 (cf. annexe I ci-après)

Et portera :

- la partie fixe (PF) à 449,322 € ;

- la valeur du point (VP) à 5,013 €.

A compter du 1er juin 2007 (cf. annexe II ci-après)

Et portera :

- la partie fixe (PF) à 455,837 € ;

- la valeur du point (VP) à 5,084 €.

Le salaire mensuel minimal pour 35 heures hebdomadaires du niveau 1 (ouvrier d'exécution) position 1 (coefficient 150) est fixé forfaitairement à :

- 1 300,81 € à compter du 1er janvier 2007 ;

- 1 316,94 € à compter du 1er juin 2007.

Le salaire mensuel minimal pour 35 heures hebdomadaires du niveau 1 (ouvrier d'exécution) position 2 (coefficient 170) est fixé forfaitairement à :

- 1 318,80 € à compter du 1er janvier 2007 ;

- 1 335,94 € à compter du 1er juin 2007,

pour l'ensemble des départements de la région de Franche-Comté.

Article 4

Aucun salaire ne doit être inférieur au SMIC tel que défini à l'article 24 de l'ordonnance n° 82-41 du 16 janvier 1982.

Article 5

La prochaine commission paritaire aura lieu au mois de janvier 2008.

Article 6

Le présent accord fera l'objet d'une procédure officielle de dépôt auprès des services centraux du ministère de l'emploi, de la cohésion sociale et du logement.

Article 7

Les parties signataires demandent l'extension du présent accord au ministère de l'emploi, de la cohésion sociale et du logement selon les modalités prévues par la loi du 4 mai 2004.

Fait à Besançon, le 15 janvier 2007.

ANNEXE I

Barème des salaires minimaux des ouvriers du bâtiment de Franche-Comté

(applicable au 1er janvier 2007)

Partie fixe : 449,322 €.

VP : 5,013 €.

(En euros.)

CATEGORIE professionnelle	COEFFICIENT	SALAIRE mensuel pour 35 heures hebdomadaires	TAUX HORAIRE (pour information)
Niveau I			
Ouvrier d'exécution:			
- position 1 (fixé forfaitairement)............................	150	1 300,81	8,577
- position 2 (fixé forfaitairement)............................	170	1 318,80	8,695
Niveau II Ouvrier professionnel	185	1 376,72	9,077
Niveau III			
Compagnon professionnel :			
- position 1....................................	210	1 502,04	9,903
- position 2....................................	230	1 602,30	10,564
Niveau IV			
Maîtres ouvriers ou chefs d'équipe :			
- position 1....................................	250	1 702,56	11,225
- position 2....................................	270	1 802,82	11,886

ANNEXE II

Barème des salaires minimaux des ouvriers du bâtiment de Franche-Comté

(applicable au 1er juin 2007)

Partie fixe : 455,837 €.

VP : 5,084 €.

(En euros.)

CATEGORIE professionnelle	COEFFICIENT	SALAIRE mensuel pour 35 heures hebdomadaires	TAUX HORAIRE (pour information)
Niveau I Ouvrier d'exécution:			
- position 1 (fixé forfaitairement).............................	150	1 316,94	8,683
- position 2 (fixé forfaitairement)............................	170	1 335,94	8,808
Niveau II Ouvrier professionnel	185	1 396,31	9,206
Niveau III Compagnon professionnel :			
- position 1....................................	210	1 523,40	10,044
- position 2....................................	230	1 625,07	10,715
Niveau IV Maîtres ouvriers ou chefs d'équipe :			
- position 1....................................	250	1 726,74	11,385
- position 2....................................	270	1 828,42	12,055

Accord du 15 janvier 2007 Indemnités de petits déplacements (Franche-Comté)

Indemnités de petits déplacements (Franche-Comté)

En vigueur étendu

Article 1er

En application de l'article XIII.18 des conventions collectives nationales du bâtiment du 8 octobre 1990, concernant les ouvriers employés par les entreprises du bâtiment non visées par le décret du 1er mars 1962, d'une part, et par les entreprises du bâtiment visées par le décret du 1er mars 1962, d'autre part, les organisations représentatives d'employeurs et de salariés se sont réunies et ont déterminé les montants des indemnités de petits déplacements des ouvriers du bâtiment de la région de Franche-Comté qui entreront en vigueur au 1er janvier 2007 :

(En euros.)

ZONE	INDEMNITE	INDEMNITE DE FRAIS	INDEMNITE
(en kilomètres)	de repas	de transport	de trajet
1 (0 à 10 km)	8,42	1,808	1,292
2 (10 à 20 km)	8,42	3,833	2,607
3 (20 à 30 km)	8,42	6,331	3,409
4 (30 à 40 km)	8,42	8,080	4,276
5 (40 à 50 km)	8,42	10,043	5,413

Article 2

La prochaine commission paritaire aura lieu en janvier 2008.

Article 3

Le présent accord fera l'objet d'une procédure officielle de dépôt auprès des services centraux du ministère de l'emploi, de la cohésion sociale et du logement.

Article 4

Les parties signataires demandent l'extension du présent accord au ministère de l'emploi, de la cohésion sociale et du logement, selon les modalités prévues par la loi du 4 mai 2004.

Fait à Besançon, le 15 janvier 2007.

SALAIRES des apprentis Région Limousin Avenant n° 1 du 14 décembre 1998

Salaires des apprentis à compter du 1er janvier 1999.

En vigueur étendu

Article 1

A compter du 1er janvier 1999, les salaires mensuels minimaux des apprentis du bâtiment de la région Limousin seront revalorisés selon les mêmes dispositions que celles prévues à l'accord régional du 17 novembre 1992 pour les situations suivantes :

- contrat d'une durée de 1 an ;

- préparation d'une mention complémentaire ;

- préparation d'un diplôme connexe.
(voir salaires).

SALAIRES ouvriers de la Région Limousin Accord du 1 février 2001

Salaires des ouvriers du batiment de la région Limousin au 1er avril, 1er juillet 2000 et 1er octobre 2001.

En vigueur étendu

Article 1er

En application de l'article 12-8 des conventions collectives nationales du bâtiment du 8 octobre 1990 concernant les ouvriers employés par les entreprises du bâtiment non visées par le décret du 1er mars 1962, d'une part, et par les entreprises du bâtiment visées par le décret du 1er mars 1962, d'autre part,
les organisations représentatives d'employeurs et de salariés se sont réunies et ont déterminé les salaires mensuels minimaux des ouvriers du bâtiment de la région Limousin à compter du :

- 1er avril 2001 ;

- 1er juillet 2001 ;

- 1er octobre 2001.

Article 2

Les parties signataires du présent accord ont fixé le barème des salaires minima des ouvriers du bâtiment de la région Limousin comme indiqué dans le tableau ci-après.
(Voir tableau page suivante.)

CATEGORIE	C T	AU 1ER AVRIL 2001	
	E E	SALAIRE	TAUX
professionnelle	F I	MENSUEL	HORAIRE
	F C	(minimum 39 h	minimum
	I	hebdomadaires)	
NIVEAU I			
Ouvriers			
d'exécution			
- position 1	150	6 871,61	40,66
- position 2	170	7 399,61	43,78
NIVEAU II			
Ouvriers			
professionnels	185	7 795,61	46,13
NIVEAU III			
Compagnons			
professionnels			
- position 1	210	8 455,61	50,03
- position 2	230	8 983,61	53,16
NIVEAU IV			
Maîtres			
ouvriers ou			
chefs d'équipe			
- position 1	250	9 511,61	56,28
- position 2	270	10 039,61	59,41

CATEGORIE	C T	AU 1ER JUILLET 2001	
	E E	SALAIRE	TAUX
professionnelle	F I	MENSUEL	HORAIRE
	F C	(minimum 39 h	minimum
	I	hebdomadaires)	
NIVEAU I			
Ouvriers			
d'exécution			
- position 1	150	7 006,70	41,46
- position 2	170	7 545,10	44,65
NIVEAU II			

Ouvriers			
professionnels	185	7 948,90	47,03
NIVEAU III			
Compagnons			
professionnels			
- position 1	210	8 621,90	51,02
- position 2	230	9 160,30	54,20
NIVEAU IV			
Maîtres			
ouvriers ou			
chefs d'équipe			
- position 1	250	9 698,70	57,39
- position 2	270	10 237,10	60,57

--:

CATEGORIE	C T	AU 1ER OCTOBRE 2001	
	E E	SALAIRE	TAUX
professionnelle	F I	MENSUEL	HORAIRE
	F C	(minimum 39 h	minimum
	I	hebdomadaires)	
NIVEAU I			
Ouvriers			
d'exécution			
- position 1	150	7 072,75	41,85
- position 2	170	7 616,15	45,07
NIVEAU II			
Ouvriers			
professionnels	185	8 023,70	47,48
NIVEAU III			
Compagnons			
professionnels			
- position 1	210	8 702,95	51,50
- position 2	230	9 246,35	54,71
NIVEAU IV			
Maîtres			
ouvriers ou			
chefs d'équipe			
- position 1	250	9 789,75	57,93
- position 2	270	10 333,15	61,14

Les parties signataires du présent accord ont arrêté :
Au 1er avril 2001 :
- la partie fixe (PF) à 2 911,61 F ;
- la valeur du point (VP) à 26,40 F.
Au 1er juillet 2001 :
- la partie fixe (PF) à 2 968,70 F ;
- la valeur du point (VP) à 26,92 F.
Au 1er octobre 2001 :
- la partie fixe (PF) à 2 997,25 F ;
- la valeur du point (VP) à 27,17 F. Article 3
L'article de l'avenant n° 15 du 9 octobre 1972 demeure valable en ce qu'il précise que le salaire de l'ouvrier ne devra jamais être inférieur à un taux fixé à 5 centimes au-dessus du SMIC. Article 4
Tout salarié embauché au coefficient 150 ne pourra être maintenu dans cette position que pendant une période n'excédant pas 6 mois.

SALAIRES de la Région Limousin Accord du 1 février 2001

Indemnités de petits déplacements des ouvriers du batiment (transport et trajet) de la région Limousin au 1er avril 2001.

En vigueur étendu

Article 1er

En application de l'article 1.31 de la convention collective nationale des ouvriers du bâtiment, en date du 8 octobre 1990, le montant des petits déplacements, applicables dans la région Limousin, sont modifiés ainsi qu'il suit :

1. Indemnité de repas.
Sous-zone 1 A, 1 B et autres zones
53 francs au 1er avril 2001

Il est rappelé que l'indemnité de repas n'est pas due par l'employeur lorsque :

l'ouvrier prend effectivement son repas à sa résidence habituelle ;

un restaurant d'entreprise existe sur le chantier et le repas est fourni avec une participation financière de l'entreprise égale au montant de l'indemnité de repas ;

le repas est fourni gratuitement ou avec une participation financière de l'entreprise égale au montant de l'indemnité de repas.

2. Indemnité de transport au 1er avril 2001.

Sous-zone 1 A ... 3,60 F

Sous-zone 1 B ... 7,93 F

Sous-zone 2 ... 24,28 F

Sous-zone 3 ... 40,45 F

Sous-zone 4 ... 56,56 F

Sous-zone 5 ... 72,80 F

3. Indemnité de trajet au 1er avril 2001.

Sous-zone 1 A ... 3,60 F

Sous-zone 1 B ... 8,02 F

Sous-zone 2 ... 16,59 F

Sous-zone 3 ... 23,69 F

Sous-zone 4 ... 30,87 F

Sous-zone 5 ... 37,98 F

Article 2

Les présentes dispositions entreront en vigueur le 1er avril 2001.

SALAIRES de la Région Limousin Accord du 26 février 2002

Primes conventionnelles et prime d'outillage des ouvriers du bâtiment de la région Limousin au 1er avril 2001.

En vigueur étendu

Article 1er

En application de l'accord national, signé le 12 février 2002, relatif à la durée légale du travail pour toutes les entreprises, quel que soit leur effectif, les organisations représentatives d'employeurs et de salariés de la région Limousin se sont réunies et ont déterminé les salaires mensuels minimaux des ouvriers et ETAM du bâtiment du Limousin.

Article 2

Barème des salaires ouvriers

I. - Barème applicable aux entreprises passées effectivement à 35 heures
par semaine ou 35 heures en moyenne sur l'année

(1) Salaire mensuel (base 151,67 h) (en euros)
(2) Salaire horaire (en euros)

NIVEAU	CATÉGORIES			AU 1er JANVIER 2002	
			(1)	(2)	
I	Ouvrier d'exécution				
	Position 1	150	1 079,91	7,12	
	Position 2	170	1 162,72	7,67	
II	Ouvriers				
	professionnels	185	1 225,25	8,08	
III	Compagnons				
	professionnels				
	Position 1	210	1 328,34	8,76	
	Position 2	230	1 411,15	9,30	
IV	Maîtres ouvriers				
	ou chefs d'équipe				
	Position 1	250	1 493,96	9,85	
	Position 2	270	1 576,77	10,40	

II. - Barème applicable aux entreprises dont l'horaire collectif est supérieur à la durée légale de 35 heures

(1) Salaire mensuel (base 151,67 h) (en euros)
(2) Salaire horaire (en euros)

NIVEAU	CATÉGORIES			AU 1er JANVIER 2003	
			(1)	(2)	
I	Ouvrier d'exécution				
	Position 1	150	1 025,91	6,76	
	Position 2	170	1 104,58	7,28	
II	Ouvriers				
	professionnels	185	1 163,99	7,67	
III	Compagnons				
	professionnels				
	Position 1	210	1 261,92	8,32	
	Position 2	230	1 340,59	8,84	
IV	Maîtres ouvriers				
	ou chefs d'équipe				
	Position 1	250	1 419,26	9,36	
	Position 2	270	1 497,93	9,88	

----
(1) Salaire mensuel (base 151,67 h) (en euros)
(2) Salaire horaire (en euros)

NIVEAU	CATÉGORIES			AU 1er JANVIER 2003	
			(1)	(2)	
I	Ouvrier d'exécution				
	Position 1	150	1 079,91	7,12	
	Position 2	170	1 162,72	7,67	
II	Ouvriers				
	professionnels	185	1 225,25	8,08	
III	Compagnons				
	professionnels				
	Position 1	210	1 328,34	8,76	
	Position 2	230	1 411,15	9,30	

IV	Maîtres ouvriers				
	ou chefs d'équipe				
	Position 1	250	1 493,96	9,85	
	Position 2	270	1 576,77	10,40	

--- Article 3
Tout salarié embauché au coefficient 150 ne pourra être maintenu dans cette position que pendant une période n'excédant pas 6 mois. Article 4 L'article de l'avenant n° 15 du 9 octobre 1972 demeure valable en ce qu'il précise que le salaire de l'ouvrier ne devra jamais être inférieur à un taux fixé à 0,01 euro au-dessus du SMIC. Article 5 Barème des appointements ETAM
Les appointements mensuels minima des ETAM, dont les coefficients hiérarchiques sont compris entre 300 et 500, ont été fixés de manière forfaitaire. I. - Barème applicable aux entreprises passées effectivement à 35 heures par semaine ou 35 heures en moyenne sur l'année
Au 1er janvier 2002, valeur du point : 2,58 Euros.

POSITION	COEFFICIENT	SALAIRE MENSUEL
	hiérarchique	(base 151,67 h)
		(en euros)
	300	1 143,86
1	310	1 151,15
	325	1 162,09
	345	1 176,69
	370	1 194,93
	380	1 202,23
2	400	1 216,82
	415	1 227,77
	425	1 235,06
	435	1 242,36
	450	1 253,30
	465	1 264,38
3	480	1 275,20
	500	1 290,00
	530	1 367,40
	540	1 393,20
	550	1 419,00
	565	1 457,70
	575	1 483,50
4	585	1 509,30
	600	1 548,00
	620	1 599,60
	630	1 625,40
	645	1 664,10
	655	1 689,90
	665	1 715,70
	680	1 754,40
5	700	1 806,00
	710	1 831,80
	730	1 883,40
	745	1 922,10
	755	1 947,90
	780	2 012,40
	800	2 064,00
6	820	2 115,60
	830	2 141,40
	845	2 180,10
	860	2 218,80

II. - Barème applicable aux entreprises dont l'horaire collectif est supérieur à la durée légale de 35 heures
<RLCOEFFICIENT hiérarchique (1) AU 1er JANVIER 2002 Valeur du point : 2,45 Euros (2) AU 1er JANVIER 2003 Valeur du point : 2,45

Euros (3) Salaire mensuel (base 151,67 h) (en euros)
(4) Salaire mensuel (base 151,67 h) (en euros)

	COEFFICIENT	(1)	(2)
		(3)	(4)
	300	1 086,66	1 143,86
1	310	1 093,59	1 151,15
	325	1 103,99	1 162,09
	345	1 117,85	1 176,69
	370	1 135,19	1 194,93
	380	1 142,12	1 202,23
2	400	1 155,98	1 216,82
	415	1 166,38	1 227,77
	425	1 173,31	1 235,06
	435	1 180,24	1 242,36
	450	1 190,64	1 253,30
	465	1 201,16	1 264,38
3	480	1 211,44	1 275,20
	500	1 225,00	1 290,00
	530	1 298,50	1 367,40
	540	1 323,00	1 393,20
	550	1 347,50	1 419,00
	565	1 384,25	1 457,70
	575	1 408,75	1 483,50
4	585	1 433,25	1 509,30
	600	1 470,00	1 548,00
	620	1 519,00	1 599,60
	630	1 543,50	1 625,40
	645	1 580,25	1 664,10
	655	1 604,75	1 689,90
	665	1 629,25	1 715,70
	680	1 666,00	1 754,40
5	700	1 715,00	1 806,00
	710	1 739,50	1 831,80
	730	1 788,50	1 883,40
	745	1 825,25	1 922,10
	755	1 849,75	1 947,90
	780	1 911,00	2 012,40
	800	1 960,00	2 064,00
6	820	2 009,00	2 115,60
	830	2 033,50	2 141,40
	845	2 070,25	2 180,10
	860	2 107,00	2 218,80

-- Article 6

Le présent accord fera l'objet d'une demande d'extension auprès du ministre de l'emploi et de la solidarité.

SALAIRES de la Région Limousin Accord du 2 avril 2002

Indemnités de petits déplacements au 1er avril 2002.

En vigueur étendu

Article 1er

En application de l'article 1.31 de la convention collective nationale des ouvriers du bâtiment, en date du 8 octobre 1990, le montant des petits déplacements, applicables dans la région Limousin, sont modifiés ainsi qu'il suit :

1° Indemnité de repas

Sous-zone 1 a, 1 b et autres zones : 8,24 Euros au 1er avril 2002.

Il est rappelé que l'indemnité de repas n'est pas due par l'employeur lorsque :

- l'ouvrier prend effectivement son repas à sa résidence habituelle ;

- un restaurant d'entreprise existe sur le chantier et le repas est fourni avec une participation financière de l'entreprise égale au montant de l'indemnité de repas ;

- le repas est fourni gratuitement ou avec une participation financière de l'entreprise égale au montant de l'indemnité de repas.

2° Indemnité de transport au 1er avril 2002
Sous-zone 1 a... 0,56 Euros
Sous-zone 1 b... 1,23 Euros
Zone 2... 3,78 Euros
Zone 3... 6,29 Euros
Zone 4... 8,80 Euros
Zone 5... 11,32 Euros

3° Indemnité de trajet au 1er avril 2002
Sous-zone 1 a... 0,56 Euros
Sous-zone 1 b... 1,25 Euros
Zone 2... 2,58 Euros
Zone 3... 3,69 Euros
Zone 4... 4,80 Euros
Zone 5... 5,92 Euros
Article 2

Les présentes dispositions entreront en vigueur au 1er avril 2002.
Article 3

Le présent accord fera l'objet d'une demande d'extention auprès du ministre de l'emploi et de la solidarité.

SALAIRES de la Région Limousin Accord du 31 janvier 2003

Salaires

En vigueur étendu

Article 1er

En application de l'article I.31 de la convention collective nationale des ouvriers du bâtiment, en date du 8 octobre 1990, le montant des petits déplacements, applicables dans la région Limousin, est modifié ainsi qu'il suit :

1. Indemnité de repas

- sous-zone 1 A, 1 B et autres zones : 8,43 Euros au 1er avril 2003.

Il est rappelé que l'indemnité de repas n'est pas due par l'employeur lorsque :

- l'ouvrier prend effectivement son repas à sa résidence habituelle ;

- un restaurant d'entreprise existe sur le chantier et le repas est fourni avec une participation financière de l'entreprise égale au montant de l'indemnité de repas ;

- le repas est fourni gratuitement ou avec une participation financière de l'entreprise égale au moment de l'indemnité de repas.
2. Indemnité de transport au 1er avril 2003

Sous-zone 1 A .... 0,57 Euros

Sous-zone 1 B .... 1,26 Euros

Zone 2 .... 3,87 Euros

Zone 3 .... 6,43 Euros

Zone 4 .... 9,00 Euros

Zone 5 .... 11,58 Euros
3. Indemnité de trajet au 1er avril 2003

Sous-zone 1 A .... 0,57 Euros

Sous-zone 1 B .... 1,28 Euros

Zone 2 .... 2,64 Euros

Zone 3 .... 3,77 Euros

Zone 4 .... 4,91 Euros

Zone 5 .... 6,06 Euros
Article 2

Les présentes dispositions entreront en vigueur le 1er avril 2003.
Article 3

Le présent accord fera l'objet d'une demande d'extension auprès du ministre de l'emploi et de la solidarité.

Fait à Limoges, le 31 janvier 2003.

SALAIRES de la Région Limousin Accord du 31 janvier 2003

CAPEB région Limousin ;
Fédération du bâtiment de la région Limousin ;
Union régionale des SCOP du bâtiment du Limousin.

Salaires

En vigueur étendu

Article 1er

En application de l'article I-31 de la convention collective nationale des ouvriers du bâtiment, en date du 8 octobre 1990, les montants des primes conventionnelles, applicables dans la région Limousin, sont modifiés ainsi qu'il suit :

L'exercice normal du métier ne peut donner lieu à l'attribution d'aucune prime particulière.

Seuls les travaux occasionnels, tels que définis ci-dessous, présentant des conditions d'insalubrité, de pénibilité ou de nuisance particulières, seront indemnisés aux taux prévus.

1. Travaux de fumisterie.

a) Travaux occasionnels de ramonage :

0,58 Euros l'heure à compter du 1er avril 2003.

b) Travaux occasionnels de démontage ou piquage de chaudière, travaux effectués dans les fours occasionnels, foyers, conduits et gaines de cheminées :

0,58 Euros l'heure à compter du 1er avril 2003.

2. Travaux en hauteur, dans l'eau, au marteau-piqueur.

a) Montage et démontage occasionnels d'échafaudages volants, d'échafaudages de pied, de grues, de sapines à une hauteur supérieure à 10 mètres au bord du vide, mesurés à partir de la surface de réception ou, à défaut, du sol :

1,18 Euros l'heure à compter du 1er avril 2003.

b) Travaux occasionnels sur échafaudages volants ou nacelles :

0,58 Euros l'heure à compter du 1er avril 2003.

c) Travaux occasionnels à la corde à noeuds :

0,88 Euros l'heure à compter du 1er avril 2003.

d) Travaux occasionnels sans échafaudages à plus de 10 mètres au bord du vide, mesurés à partir de la surface de réception ou, à défaut, du sol :

0,58 Euros l'heure à compter du 1er avril 2003.

e) Travaux occasionnels dans plus de 10 cm d'eau :

0,58 Euros l'heure à compter du 1er avril 2003.

f) Utilisation pendant plus de 1 heure d'un marteau-piqueur ou d'un brise-béton :

0,88 Euros l'heure à compter du 1er avril 2003.

3. Pénibilité due aux conditions d'insalubrité, d'ambiance ou de nuisance.

a) Utilisation occasionnelle pendant une durée supérieure à 4 heures de produits soumis à la législation fixant les conditions d'emballage ou d'étiquetage des substances et préparations dangereuses :

0,58 Euros l'heure à compter du 1er avril 2003.

b) Utilisation occasionnelle pendant une durée supérieure à 4 heures de matières caustiques, irritantes ou corrosives :

0,58 Euros l'heure à compter du 1er avril 2003.

c) Travaux effectués pendant une durée supérieure à 4 heures dans des vapeurs d'acide :

0,58 Euros l'heure à compter du 1er avril 2003.

d) Travaux pendant une durée supérieure à 4 heures dans des fosses d'aisance après vidange :

0,58 % l'heure à compter du 1er avril 2003.

e) Travaux pendant une durée supérieure à 4 heures dans des puits ou fouilles en tranchées dont le diamètre est inférieur à 2 mètres et la profondeur supérieure à 8 mètres :

0,58 Euros l'heure à compter du 1er avril 2003.

f) Travaux pendant une durée supérieure à 4 heures dans des locaux où la température à l'intérieur :

- ou bien est supérieure à 45 degrés ;

- ou bien est supérieure à 35 degrés et accuse une différence de 20 degrés par rapport à la température extérieure :

0,58 Euros l'heure à compter du 1er avril 2003.

g) Travaux exécutés avec port de casque et lance thermique :

0,58 Euros l'heure à compter du 1er avril 2003.

h) Travaux de projection de béton à la lance :

0,58 Euros l'heure à compter du 1er avril 2003.

i) Travaux de carottage et sciage de béton :

0,58 Euros de l'heure à compter du 1er avril 2003.
Article 2

En ce qui concerne la prime d'outillage, l'assiette forfaitaire horaire est fixée à :

8,43 Euros à compter du 1er avril 2003.
Article 3

Les présentes dispositions entreront en vigueur le 1er avril 2003 et feront l'objet d'une demande d'extension auprès du ministre de l'emploi et de la solidarité.

Fait à Limoges, le 31 janvier 2003.

SALAIRES Région Lorraine (salaire) Avenant du 22 avril 2002

Salaires minima de la région Lorraine au 1er janvier 2002.

En vigueur non étendu

En application des articles XII-8 et XII-9 des conventions collectives nationales du 8 octobre 1990, concernant les ouvriers employés par les entreprises du bâtiment non visées par le décret du 1er mars 1962, d'une part, et par les entreprises du bâtiment visées par le décret du 1er mars 1962, d'autre part,

En application et conformément à l'accord national du 12 février 2002 sur les barèmes de salaires minima des ouvriers et ETAM du bâtiment,
Article 1er

Les valeurs ci-après définies correspondent à un horaire de travail mensuel de 151,67 heures.
Article 2

Pour les entreprises dont l'horaire collectif de travail est supérieur à la durée légale de 35 heures, le barème ci-après est applicable dans les conditions particulières visées à l'article II de l'accord national du 12 février 2002.

Au 1er janvier 2002, les valeurs de salaires minima établis pour 35 heures par semaine ou 151,67 heures par mois correspondent à 93 % des valeurs indiquées dans les barèmes visés dans la grille page 2.

Au 1er janvier 2003, les valeurs de salaires minima établis pour 35 heures par semaine ou 151,67 heures par mois correspondent à 96 % des valeurs indiquées dans les barèmes visés dans la grille ci-dessous.
Article 3

La grille des salaires minima des ouvriers du bâtiment de la région Lorraine est déterminée à partir d'une valeur de point de 6,12 Euros pour les coefficients 150 et 170 et d'un valeur de point de 5,86 Euros pour les coefficients allant du 185 au 270. La partie fixe est de 61 Euros pour tous les coefficients.
Article 4

Cet accord est valable du 1er avril 2002 au 31 mars 2003.
Article 5

Le présent accord sera déposé auprès de la direction départementale du travail, de l'emploi et de la formation professionnelle de Meurthe-et-Moselle, et remis au secrétariat des prud'hommes de Nancy, ainsi que la grille de salaires qui figure en annexe.
Article 6

L'extension de cet accord sera demandée.
Grille des salaires des ouvriers du bâtiment
à compter du 1er avril 2002
(base 151,67 heures)

COEFFICIENT	SALAIRE MENSUEL	SALAIRE HORAIRE
	(en euros)	(en euros)
150	979	6,45
170	1 101,40	7,26
185	1 145,10	7,55
210	1 291,60	8,51
230	1 408,80	9,29
250	1 526,00	10,06
270	1 643,20	10,83

SALAIRES Région Lorraine (salaire) Accord du 9 avril 2003

Salaires

En vigueur étendu

En application des articles 12.8 et 12.9 des conventions collectives nationales du 8 octobre 1990, concernant les ouvriers employés par les entreprises du bâtiment non visées par le décret du 1er mars 1962, d'une part, et par les entreprises du bâtiment visées par le décret du 1er mars 1962, d'autre part,

En application et conformément à l'accord national du 12 février 2002 sur les barèmes de salaires minima des ouvriers et ETAM du bâtiment.

Article 1er

Les valeurs ci-après définies correspondent à un horaire de travail mensuel de 151,67 heures.

Article 2

Pour les entreprises dont l'horaire collectif de travail est supérieur à la durée légale de 35 heures, le barème ci-après est applicable dans les conditions particulières visées à l'article 2.2 de l'accord national du 12 février 2002 :

- au 1er avril 2003, les valeurs de salaires minima établies pour 35 heures par semaine ou 151,67 heures par mois correspondent à 96 % des valeurs indiquées dans les barèmes visés dans la grille page 2 ;

- au 1er janvier 2004, les valeurs de salaires minima établies pour 35 heures par semaine ou 151,67 heures par mois correspondent à 100 % des valeurs indiquées dans les barèmes visés dans la grille page 2.

Article 3

La grille des salaires minima des ouvriers du bâtiment de la région lorraine est déterminée à partir d'une valeur de point de 6,33 Euros pour les coefficients 150 et 170 et d'une valeur de point de 6,06 Euros pour les coefficients allant du 185 au 270. La partie fixe est de 50 Euros pour tous les coefficients.

Article 4

Cet accord est valable du 1er avril 2003 au 31 mars 2004.

Article 5

Le présent accord sera déposé auprès de la direction départementale du travail, de l'emploi et de la formation professionnelle de Meurthe-et-Moselle, et remis au secrétariat des prud'hommes de Nancy, ainsi que la grille de salaires qui figure en annexe.

Article 6

L'extension de cet accord sera demandée.

Fait à Nancy, le 9 avril 2003.

Grille des salaires des ouvriers du bâtiment

à compter du 1er avril 2003 (base 151,67 heures)

COEFFICIENT	SALAIRE MENSUEL	SALAIRE HORAIRE
	(en euros)	(en euros)
150	999,50	6,59
170	1 126,10	7,42
185	1 171,10	7,72
210	1 322,60	8,72
230	1 443,80	9,52
250	1 565,00	10,32
270	1 686,20	11,12

(1) Accord étendu sous réserve : - s'agissant des entreprises dont l'horaire collectif est fixé à 35 heures par semaine, d'une part, des dispositions de l'article 32 de la loi n° 2000-37 du 19 janvier 2000 modifiée instaurant une garantie mensuelle de rémunération et, d'autre part, des dispositions réglementaires portant fixation du salaire minimum de croissance ; - s'agissant des entreprises dont l'horaire collectif est supérieur à 35 heures par semaine, des dispositions réglementaires portant fixation du salaire minimum de croissance (arrêté du 19 novembre 2003, art. 1er).

Avenant du 9 janvier 2008 Indemnités de petits déplacements (Lorraine)

La FFB Lorraine ;

La confédération de l'artisanat et des petites entreprises du bâtiment Lorraine ;

La fédération régionale Est des SCOP BTP,

L'union régionale des syndicats du bâtiment et des travaux publics de Lorraine CGT-FO ;

La CFDT bâtiment construction et bois ;

L'union régionale Lorraine de la CFE-CGC,

Article 1
En vigueur étendu

En application du titre VIII, chapitre Ier, de la convention collective nationale du bâtiment du 8 octobre 1990 (étendue par arrêté ministériel du 8 février 1991) concernant les ouvriers employés par les entreprises du bâtiment non visées par le décret du 1er mars 1962, d'une part, et en application du titre VIII, chapitre Ier, de la convention collective nationale du bâtiment du 8 octobre 1990 (étendue par arrêté ministériel du 12 février 1991) concernant les ouvriers employés par les entreprises du bâtiment visées par le décret du 1er mars 1962, d'autre part, les parties signataires du présent accord fixent, en application de l'article VIII. 18 de la convention collective nationale précitée, le barème des indemnités de petits déplacements des ouvriers du bâtiment (à la fois pour les entreprises ayant un effectif inférieur ou égal à 10 salariés, et pour celles ayant un effectif supérieur à 10 salariés) pour la région Lorraine comme suit :
1. Indemnités de repas : 8, 35 € quelle que soit la zone.
2. Indemnités de trajet et de transport :

(En euros.)

ZONE	DISTANCE (en kilomètres)	**TRAJET**	**TRANSPORT**
1	De 0 à 10 km	1, 18	1, 75
2	De 10 à 20 km	2, 39	3, 60
3	De 20 à 30 km	3, 54	5, 80
4	De 30 à 40 km	4, 76	8, 75
5	De 40 à 50 km	5, 99	10, 15

Article 2
En vigueur étendu

La somme globale de ces indemnités ne saurait se cumuler avec une ou plusieurs indemnités ou primes ayant le même objet, existant déjà par accord de spécialités ou d'entreprises.
Cette somme globale s'y substituera toutefois, ipso facto, dès qu'elle conduira à une valeur supérieure.

Article 3
En vigueur étendu

Les apprentis sous contrat, travaillant sur chantiers, bénéficieront de ces indemnités.

Article 4
En vigueur étendu

Conformément à la législation en vigueur, l'accord sera déposé auprès des services centraux du ministère chargé du travail, à la direction des relations du travail, 39-43, quai André-Citroën, 75902 Paris Cedex 15.

Article 5
En vigueur étendu

Cet accord entre en vigueur à compter du 1er janvier 2008 et sera valable jusqu'au 31 décembre 2008.

Article 6
En vigueur étendu

La demande d'extension de cet accord sera déposée.

Avenant du 26 mars 2008 Salaires (Lorraine)

(1) Texte étendu sous réserve de l'application, d'une part, des dispositions réglementaires portant fixation du salaire minimum interprofessionnel de croissance et, d'autre part, des dispositions de l'article L. 2241-9 du code du travail (anciennement article L. 132-12-3, alinéa 1) qui prévoient que la négociation annuelle sur les salaires vise également à définir et programmer les mesures permettant de supprimer les écarts de rémunération entre les femmes et les hommes avant le 31 décembre 2010
(a rrêté du 30 juin 2008, art. 1er).

FFB Lorraine ;

CAPEB Lorraine ;

Fédération régionale Est des SCOP BTP.

Union régionale des syndicats du bâtiment et des travaux publics de Lorraine CGT-FO ;

CFDT bâtiment, construction et bois.

En vigueur étendu

Suite à la réunion paritaire qui s'est tenue à Metz le 26 mars 2008 en présence des représentants de la FFB Lorraine, la CAPEB Lorraine, la fédération régionale Est SCOP BTP et des représentants CFDT, CFTC, CGT-FO, CGT et CFE-CGC ;
En application des articles XII-8 et XII-9 des conventions collectives nationales du 8 octobre 1990 concernant les ouvriers employés par les entreprises du bâtiment non visées par le décret du 1er mars 1962, d'une part, et par les entreprises du bâtiment visées par le décret du 1er mars 1962, d'autre part ;
En application et conformément à l'accord national du 12 février 2002 relatif aux barèmes des salaires minima des ouvriers,
il a été convenu ce qui suit :

Article 1
En vigueur étendu

Les valeurs ci-après définies correspondent à un horaire de travail mensuel de 151,67 heures.

Article 2
En vigueur étendu

A compter du 1er avril 2008, la grille des salaires des ouvriers du bâtiment est la suivante (base 151,67 heures) :

(En euros.)

COEFFICIENT	SALAIRE MENSUEL	SALAIRE HORAIRE
150	1 319,11	8,70
170	1 344,45	8,86
185	1 370,62	9,04
210	1 537,91	10,14
230	1 657,96	10,93
250	1 782,84	11,75
270	1 923,72	12,68

Article 3
En vigueur étendu

Cet accord est valable du 1er avril 2008 au 31 mars 2009.

Article 4
En vigueur étendu

Conformément à la législation en vigueur, l'accord sera déposé auprès des services centraux du ministère chargé du travail, à la direction des relations du travail, 39-43, quai André-Citroën, 75902 Paris Cedex 15.

Article 5
En vigueur étendu

L'extension de cet accord sera demandée.

Accord du 21 janvier 2009 Indemnités de petits déplacements (Lorraine)

La FFB Lorraine ;

La confédération de l'artisanat et des petites entreprises du bâtiment Lorraine ;

La fédération régionale Est des SCOP BTP,

L'union régionale des syndicats du bâtiment et des travaux publics de Lorraine CGT-FO ;

L'union régionale de la Lorraine CFE-CGC,

Article 1
En vigueur étendu

En application du titre VIII, chapitre Ier, de la convention collective nationale du bâtiment du 8 octobre 1990 (étendue par arrêté ministériel du 8 février 1991) concernant les ouvriers employés par les entreprises du bâtiment non visées par le décret du 1er mars 1962, d'une part, et en application du titre VIII, chapitre Ier, de la convention collective nationale du bâtiment du 8 octobre 1990 tendue par arrêté ministériel du 12 février 1991) concernant les ouvriers employés par les entreprises du bâtiment visées par le décret du 1er mars 1962, d'autre part, les parties signataires du présent accord fixent, en application de l'article 8. 18 de la convention collective nationale précitée, le barème des indemnités de petits déplacements des ouvriers du bâtiment (à la fois pour les entreprises ayant un effectif inférieur ou égal à 10 salariés, et pour celles ayant un effectif supérieur à 10 salariés) pour la région Lorraine comme suit :

1. Indemnité de repas : 8, 58 € quelle que soit la zone.

2. Indemnité de trajet et de transport

(En euros.)

ZONE	DISTANCE (en kilomètres)	TRAJET	TRANSPORT
1	De 0 à 10 km	1, 21	1, 79
2	De 10 à 20 km	2, 45	3, 69
3	De 20 à 30 km	3, 63	5, 95
4	De 30 à 40 km	4, 88	8, 97
5	De 40 à 50 km	6, 14	10, 45

La somme globale de ces indemnités ne saurait se cumuler avec une ou plusieurs indemnités ou primes ayant le même objet et existant déjà par accord de spécialité ou d'entreprise ;

Cette somme globale s'y substituera toutefois, ipso facto, dès qu'elle conduira à une valeur supérieure.

Article 3

En vigueur étendu

Les apprentis sous contrat travaillant sur chantier bénéficieront de ces indemnités.

Article 4
En vigueur étendu

Conformément à la législation en vigueur, l'accord sera déposé auprès des services centraux du ministère chargé du travail, à la direction des relations du travail.

Article 5
En vigueur étendu

Cet accord entre en vigueur à compter du 1er janvier 2009 et sera valable jusqu'au 31 décembre 2009.

Article 6
En vigueur étendu

La demande d'extension de cet accord sera déposée.

Accord du 23 janvier 2007 Indemnités (Languedoc-Roussillon)

Indemnités de petits déplacements et de repas (Languedoc-Roussillon).

En vigueur étendu
Article 1er

En application du titre VIII, chapitre Ier, des conventions collectives nationales du bâtiment du 8 octobre 1990 concernant les ouvriers employés par les entreprises du bâtiment non visées par le décret du 1er mars 1962, d'une part, et par les entreprises du bâtiment visées par le décret du 1er mars 1962, d'autre part, les organisations représentatives d'employeurs et de salariés se sont réunies le 11 janvier 2007 et ont déterminé les montants des indemnités de petits déplacements des ouvriers du bâtiment de la région Languedoc-Roussillon.

Article 2

Pour la région Languedoc-Roussillon, les parties signataires du présent accord ont fixé, en application de l'article VIII.18 de la convention collective nationale précitée, le barème des indemnités de petits déplacements des ouvriers du bâtiment de la région Languedoc-Roussillon comme indiqué dans le tableau ce-dessous :

(En euros.)

ZONE	INDEMNITE	INDEMNITE	INDEMNITE
(en kilomètres)	de repas	de frais	de trajet
		de transport	
1 A			
(de 0 à 5 km)	7,90	0,81	0,72
1 B			

(de 5 à 10 km)	7,90	1,87	1,44
2			
(de 10 à 20 km)	7,90	3,46	2,40
3			
(de 20 à 30 km)	7,90	5,57	3,36
4			
(de 30 à 40 km)	7,90	7,75	4,32
5			
(de 40 à 50 km)	7,90	9,86	5,28

Article 3

Le présent barème des indemnités de petits déplacements et de repas entrera en application à compter du 1er mars 2007.

Article 4

Conformément au code du travail, le présent accord sera adressé à la direction départementale du travail et de l'emploi de l'Hérault et remis au secrétariat-greffe du conseil des prud'hommes de Montpellier.

Article 5

Les parties signataires demandent l'extension du présent accord au min

istère du travail, de l'emploi et de la formation professionnelle.

Fait à Montpellier, le 23 janvier 2007.

Accord du 8 février 2007 Salaires (Languedoc-Roussillon)

(1) Texte étendu sous réserve de l'application des dispositions réglementaires portant fixation du salaire minimum interprofessionnel de croissance (arrêté du 17 août 2007, art. 1er).

Salaires

En vigueur étendu

Article 1er

En application de l'article XII.8 des conventions collectives nationales du bâtiment du 8 octobre 1990, concernant les ouvriers employés par les entreprises du bâtiment non visées par le décret du 1er mars 1962, d'une part, et par les entreprises du bâtiment visées par le décret du 1er mars 1962, d'autre part, les organisations représentatives d'employeurs et de salariés se sont réunies le 11 janvier 2007.

Article 2

De la commission paritaire des affaires sociales, il ressort que le barème des salaires minimaux des ouvriers du bâtiment de la région Languedoc-Roussillon sera comme indiqué dans le tableau figurant en annexe :

- au 1er mars 2007 : le montant de la partie fixe est de 230 €. La valeur du point est fixée à 6,11 € ;

- au 1er septembre 2007 : le montant de la partie fixe est de 230 €. La valeur du point est fixée à 6,21 €.

Article 3

Conformément au code du travail, le présent accord sera adressé à la direction départementale du travail et de l'emploi de l'Hérault et remise au secrétariat-greffe du conseil des prud'hommes de Montpellier.

Article 4

Les parties signataires demandent l'extension du présent accord au ministre du travail, de l'emploi et de la formation professionnelle.

Grille de salaires minimaux du bâtiment de la région Languedoc-Roussillon

(applicable au 1er mars 2007)

Partie fixe : 230 €.

Point : 6,11 €.

(En euros.)

CATEGORIE professionnelle	COEFFICIENT	DUREE du travail	SALAIRE mensuel pour 35 heures hebdomadaires	TAUX HORAIRE (pour information)
Niveau I Ouvrier d'exécution: - position 1 (fixé forfaitairement).............. - position 2 (fixé forfaitairement)...............	150 170	151,67 151,67	1 254,28 1 268,70	8,27 (1) 8,36
Niveau II Ouvrier professionnel	185	151,67	1 360,35	8,97
Niveau III Compagnon professionnel : - position 1..................................... - position 2....................................	210 230	151,67 151,67	1 513,10 1 635,30	9,98 10,78
Niveau IV Maîtres ouvriers ou chefs d'équipe : - position 1..................... - position 2.....................	250 270	151,67 151,67	1757,50 1 879,70	11,59 12,39

(1) Par dérogation le coefficient 150 est porté en valeur absolue à 1 254,28 €.				

Applicable au 1er septembre 2007

Partie fixe : 230 €.

Point : 6,21 €.

(En euros.)

CATEGORIE professionnelle	COEFFICIENT	DUREE du travail	SALAIRE mensuel pour 35 heures hebdomadaires	TAUX HORAIRE (pour information)
Niveau I Ouvrier d'exécution: - position 1 (fixé forfaitairement).............. - position 2 (fixé forfaitairement)...............	150 170	151,67 151,67	1 254,28 1 285,70	8,27 (1) 8,48
Niveau II Ouvrier professionnel	185	151,67	1 378,85	9,09
Niveau III Compagnon professionnel : - position 1..................................... - position 2....................................	210 230	151,67 151,67	1 534,10 1 658,30	10,11 10,93
Niveau IV Maîtres ouvriers ou chefs d'équipe : - position 1...................... - position 2......................	250 270	151,67 151,67	1 782,50 1 906,70	11,75 12,57
(1) Par dérogation le coefficient 150 est porté en valeur absolue à 1 254,28 €.				

Aucun salaire ne peut être inférieur au SMIC.

Fait à Montpellier, le 8 février 2007.

SALAIRES Région Midi Pyrénées Avenant du 15 mai 2002

Indemnité des petits déplacements à compter du 1er mai 2002.

En vigueur étendu

Article 1er

En application des articles 8.18 et 1.3 de la convention collective nationale du 8 octobre 1990 concernant les ouvriers employés par les entreprises du bâtiment, les montants des indemnités de petits déplacements applicables dans la région Midi-Pyrénées aux ouvriers du bâtiment sont modifiés comme suit à compter du 1er mai 2002 :

1. Indemnité de repas : 7,30 Euros.

2. Indemnités de transport et de trajet :

ZONE	INDEMNITÉ DE TRANSPORT	INDEMNITÉ DE TRAJET
	(en euros)	(en euros)
Zone 1 A	0,91	0,84
Zone 1 B	2,22	1,53
Zone 2	4,45	3,25
Zone 3	6,61	4,13
Zone 4	8,91	5,50
Zone 5	11,41	6,98

-- Article 2

Le présent accord sera déposé à la direction départementale du travail et de l'emploi de la Haute-Garonne, ainsi qu'au greffe du conseil des prud'hommes de Toulouse.

Accord du 13 mai 2008 relatif Salaires (Midi-Pyrénées)

(1) Texte étendu sous réserve de l'application des dispositions de l'article L. 2241-9 du code du travail qui prévoient que la négociation annuelle sur les salaires vise egalement à definir et programmer les mesures permettant de supprimer les écarts de rémunération entre les femmes et les hommes avant le 31 décembre 2010
(Arrêté du 3 novembre 2008, art. 1er).

L'union régionale CAPEB Midi-Pyrénées ;

La fédération française du bâtiment Midi-Pyrénées ;

La fédération Sud-Ouest des SCOP du BTP ;

La délégation régionale de la FFIE,

La CFDT,

Article 1

En vigueur étendu

En application des articles 12. 8 et 12. 9 de la convention collective nationale du bâtiment du 8 octobre 1990 concernant les ouvriers employés par les entreprises du bâtiment visées par le décret du 1er mars 1962, conformément à l'accord national du 12 février 2002 relatif aux barèmes des salaires minimaux des ouvriers et des ETAM du bâtiment, les organisations représentatives d'employeurs et de salariés se sont réunies le mardi 13 mai 2008 et ont déterminé les salaires mensuels minimaux des ouvriers des entreprises artisanales du bâtiment (occupant jusqu'à 10 salariés) de la région Midi-Pyrénées.

Article 2

En vigueur étendu

Pour la région Midi-Pyrénées, les parties signataires du présent accord ont fixé les barèmes des salaires minimaux des ouvriers des entreprises artisanales du bâtiment occupant jusqu'à 10 salariés, applicables comme indiqué dans le tableau ci-après.

Au 1er mai 2008

(En euros.)

CATÉGORIE professionnelle	COEFFICIENT	SALAIRE MENSUEL minimal	TAUX HORAIRE minimal
Niveau I			
Ouvriers d'exécution :			
- position 1	150	1 339,00	8,83
- position 2	170	1 367,53	9,02
Niveau II			
Ouvriers professionnels	185	1 447,74	9,55
Niveau III			
Compagnons professionnels :			
- position 1	210	1 581,42	10,43
- position 2	230	1 688,37	11,13
Niveau IV			
Maîtres ouvriers ou chefs d'équipe :			
- position 1	250	1 795,31	11,84
- position 2	270	1 902,26	12,54

Article 3

En vigueur étendu

Conformément au code du travail, le présent accord sera déposé à la direction départementale du travail et de l'emploi de la Haute-Garonne, et remis au secrétariat-greffe du conseil des prud'hommes de Toulouse.

Article 4

En vigueur étendu

Les parties signataires demandent l'extension du présent accord au ministre du travail, des relations sociales, de la famille et de la solidarité.

Accord du 13 mai 2008 Indemnités de déplacements (Midi-Pyrénées)

L'union régionale CAPEB Midi-Pyrénées ;

La fédération française du bâtiment de Midi-Pyrénées ;

La fédération Sud-Ouest des SCOP du BTP ;

La délégation régionale FFIE,

La CFDT ;

La CFE-CGC ;

La CFTC,

Article 1

En vigueur étendu

Les montants des indemnités de petits déplacements, applicables dans la région Midi-Pyrénées aux ouvriers des entreprises artisanales du bâtiment occupant jusqu'à 10 salariés sont modifiés comme suit à compter du 1er mai 2008.

(En euros.)

ZONE	INDEMNITÉ de repas	INDEMNITÉ de transport	INDEMNITÉ de trajet
1 A	9,00	1,20	0,94
1 B	9,00	2,60	1,72
2	9,00	5,25	3,66
3	9,00	7,85	4,66
4	9,00	10,40	6,20
5	9,00	13,20	7,86

Article 2

En vigueur étendu

Conformément au code du travail, le présent accord sera déposé à la direction départementale du travail et de l'emploi de la Haute-Garonne, et remis au secrétariat-greffe du conseil des prud'hommes de Toulouse.

Article 3

En vigueur étendu

Les parties signataires demandent l'extension du présent accord au ministre du travail, des relations sociales, de la famille et de la solidarité.

Accord du 18 mai 2009 relatif aux salaires minima (Midi-Pyrénées)

(1) Accord étendu sous réserve de l'application des dispositions de l'article L. 2241-9 du code du travail qui prévoient que la négociation annuelle sur les salaires vise également à définir et à programmer les mesures permettant de supprimer les écarts de rémunération entre les femmes et les hommes avant le 31 décembre 2010.
(Arrêté du 23 octobre 2009, art. 1er)

Fédération française du bâtiment Midi-Pyrénées ;

Fédération Sud-Ouest des SCOP BTP.

CFDT ;

CGT-FO ;

BATIMAT-TP CFTC.

Article 1

En vigueur étendu

En application des articles XII-8 et XII-9 de la convention collective nationale du 8 octobre 1990 concernant les ouvriers employés par les entreprises du bâtiment non visées par le décret du 1er mars 1962 (c'est-à-dire occupant plus de 10 salariés), d'une part, et par les entreprises du bâtiment visées par le décret du 1er mars 1962 (c'est-à-dire occupant jusqu'à 10 salariés), d'autre part, et conformément à l'accord national du 12 février 2002relatif aux barèmes de salaires minima des ouvriers et des ETAM du bâtiment, les organisations représentatives d'employeurs et de salariés de la région Midi-Pyrénées se sont réunies et ont déterminé les salaires mensuels minima des ouvriers du bâtiment en Midi-Pyrénées comme suit à compter du 1er mai 2009.

(En euros.)

CATÉGORIE professionnelle	COEFFICIENT	SALAIRE MENSUEL	TAUX HORAIRE
Niveau I			
Ouvriers d'exécution :			
- position 1	150	1 363, 10	8, 99
- position 2	170	1 392, 15	9, 18
Niveau II			
Ouvriers professionnels	185	1 474, 35	9, 72
Niveau III			
Compagnons professionnels :			
- position 1	210	1 611, 35	10, 62
- position 2	230	1 720, 95	11, 35

Niveau IV			
Maîtres ouvriers ou chefs d'équipe :			
- position 1	250	1 830, 55	12, 07
- position 2	270	1 940, 31	12, 79

Article 2
En vigueur étendu

Conformément au code du travail, le présent accord sera déposé auprès des services centraux du ministère chargé du travail et remis au secrétariat-greffe du conseil des prud'hommes de Toulouse.

Article 3
En vigueur étendu

Les parties signataires demanderont l'extension du présent accord au ministre du travail, des relations sociales, de la famille, de la solidarité et de la ville.

Accord du 18 mai 2009 relatif aux indemnités de petits déplacements (Midi-Pyrénées)

Fédération française du bâtiment Midi-Pyrénées ;

Fédération Sud-Ouest des SCOP BTP.

CFDT ;

CFE-CGC ;

BATIMAT-TP CFTC.

Article 1
En vigueur étendu

En application des articles XII-8 et XII-9 de la convention collective nationale du 8 octobre 1990concernant les ouvriers employés par les entreprises du bâtiment non visées par le décret du 1er mars 1962 (c'est-à-dire occupant plus de 10 salariés), d'une part, et par les entreprises du bâtiment visées par le décret du 1er mars 1962 (c'est-à-dire occupant jusqu'à 10 salariés), les organisations représentatives d'employeurs et de salariés de la région Midi-Pyrénées se sont réunies le 18 mai 2009 et ont modifié comme suit les montants des indemnités de petits déplacements applicables dans la région Midi-Pyrénées à compter du 1er mai 2009.

1. Indemnité de repas : 9, 30 €.

2. Indemnités de transport et de trajet

(En euros.)

ZONE	TRANSPORT	TRAJET
1 A	1, 21	0, 95
1 B	2, 63	1, 74
2	5, 30	3, 70
3	7, 93	4, 71
4	10, 50	6, 26
5	13, 33	7, 94

Article 2
En vigueur étendu

Conformément au code du travail, le présent accord sera déposé auprès des services centraux du ministère chargé du travail et remis au secrétariat-greffe du conseil des prud'hommes de Toulouse.

Article 3
En vigueur étendu

Les parties signataires demanderont l'extension du présent accord au ministre du travail, des relations sociales, de la famille, de la solidarité et de la ville.

Accord du 10 janvier 2005 Primes conventionnelles et prime d'outillage (Limousin)

Primes conventionnelles et prime d'outillage des ouvriers du bâtiment

En vigueur étendu

Article 1er

En application de l'article 1.31 de la convention collective nationale des ouvriers du bâtiment, en date du 8 octobre 1990, les montants des primes conventionnelles, applicables dans la région Limousin, sont modifiés ainsi qu'il suit :

L'exercice normal du métier ne peut donner lieu à l'attribution d'aucune prime particulière.

Seuls les travaux occasionnels, tels que définis ci-dessous, présentant des conditions d'insalubrité, de pénibilité ou de nuisance particulières seront indemnisés aux taux prévus.

Définition des travaux présentant des conditions d'insalubrité

Montant à compter du 1er janvier 2005

DEFINITION DES TRAVAUX	MONTANT HORAIRE (en euros)
1. Travaux de fumisterie	
a) Travaux occasionnels de ramonage	0,60
b) Travaux occasionnels de démontage ou piquage de chaudière, travaux effectués dans les fours occasionnels, foyers, conduits et gaines de cheminées	0,60
2. Travaux en hauteur, dans l'eau, au marteau-piqueur	
a) Montagne et démontage occasionnels d'échafaudages volants, d'échafaudages de pied, de grues, de sapines à une hauteur supérieure à 10 mètres au bord du vide, mesurés à partir de la surface de réception ou, à défaut, du sol	1,23
b) Travaux occasionnels sur échafaudages volants ou nacelles	0,60
c) Travaux occasionnels à la corde à noeuds	0,92
d) Travaux occasionnels sans échafaudages à plus de 10 mètres au bord du vide, mesurés à partir de la surface de réception ou, à défaut, du sol	0,60
e) Travaux occasionnels dans plus de 10 centimètres d'eau	0,60
f) Utilisation pendant plus d'une heure d'un marteau-piqueur ou d'un brise-béton	0,92
3. Pénibilité due aux conditions d'insalubrité, d'ambiance ou de nuisance	
a) Utilisation occasionnelle pendant une durée supérieure à 4 heures de produits soumis à la législation fixant les conditions d'emballage ou d'étiquetage des substances et préparations dangereuses	0,60
b) Utilisation occasionnelle pendant une durée	

supérieure à 4 heure de matières caustiques,	
irritantes ou corrosives	0,60
c) Travaux effectués pendant une durée supérieure à	
4 heures dans des vapeurs d'acide	0,60
d) Travaux pendant une durée supérieure à 4 heures	
dans des fosses d'aisance après vidange	0,60
e) Travaux pendant une durée supérieure à 4 heures	
dans des puits ou fouilles en tranchées dont le	
diamètre est inférieur à 2 mètres et la profondeur	
supérieure à 8 mètres	0,60
f) Travaux pendant une durée supérieure à 4 heures	
dans des locaux où la température à l'intérieur	0,60
- ou bien est supérieure à 45 degrés ;	
- ou bien est supérieure à 35 degrés et accuse une	
différence de 20 degrés par rapport à la température	
extérieure.	
g) Travaux exécutés avec port de casque et lance	
thermique	0,60
h) Travaux de projection de béton à la lance	0,60
i) Travaux de carrottage et sciage de béton	0,60

Article 2

En ce qui concerne la prime d'outillage, l'assiette forfaitaire horaire est fixée à 8,79 Euros à compter du 1er janvier 2005.
Article 3

Les présentes dispositions entreront en vigueur le 1er janvier 2005 et feront l'objet d'une demande d'extension auprès du ministre de l'emploi et de la solidarité.

Fait à Limoges, le 10 janvier 2005.

Accord du 10 janvier 2005 Salaires (Limousin)

En vigueur étendu

Article 1er

En application de l'article I.31 de la convention collective nationale des ouvriers du bâtiment, en date du 8 octobre 1990, le montant des petits déplacements, applicables dans la région Limousin, sont modifiés ainsi qu'il suit :

1° Indemnité de repas, sous-zone 1 A, 1 B et autres zones :
8,79 Euros au 1er janvier 2005.

Il est rappelé que l'indemnité de repas n'est pas due par l'employeur lorsque :

- l'ouvrier prend effectivement son repas à sa résidence habituelle ;

- un restaurant d'entreprise existe sur le chantier et le repas est fourni avec une participation financière de l'entreprise égale au montant de l'indemnité de repas ;

- le repas est fourni gratuitement ou avec une participation financière de l'entreprise égale au montant de l'indemnité de repas.

- sous-zone I B : 1,32 Euros ;

- zone 2 : 4,04 Euros ;

- zone 3 : 6,70 Euros ;

- zone 4 : 9,38 Euros ;

- zone 5 : 12,07 Euros.

3° Indemnité de trajet (au 1er janvier 2005) :

- sous-zone I A : 0,59 Euros ;

- sous-zone I B : 1,34 Euros ;

- zone 2 : 2,75 Euros ;

- zone 3 : 3,93 Euros ;

- zone 4 : 5,12 Euros ;

- zone 5 : 6,31 Euros.

Article 2

Les présentes dispositions entreront en vigueur le 1er janvier 2005.

Article 3

Le présent accord fera l'objet d'une demande d'extension auprès du ministre de l'emploi et de la solidarité.

Fait à Limoges, le 10 janvier 2005.

2° Indemnité de transport (au 1er janvier 2005) :

- sous-zone I A : 0,59 Euros ;

Accord du 21 décembre 2006 Salaires (Limousin) (1) Texte étendu, sous réserve de l'application des dispositions réglementaires portant fixation du salaire minimum interprofessionnel de croissance (arrêté du 5 août 2007, art. 1er).

Salaires au 1er janvier 2007 (Limousin)

En vigueur étendu

Article 1er

En application de l'accord national, signé le 12 février 2002, relatif à la durée légale du travail pour toutes les entreprises, quel que soit leur effectif, les organisations représentatives d'employeurs et de salariés de la région Limousin se sont réunies afin de déterminer les salaires mensuels minimaux des ouvriers et ETAM du bâtiment de la région Limousin.

Article 2

Les parties signataires du présent accord ont fixé le barème des salaires minima des ouvriers et des ETAM du bâtiment de la région Limousin comme indiqué dans les tableaux ci-après :

I. - Barème des salaires ouvriers du bâtiment de la région Limousin

(base 35 heures/semaine ou 35 heures en moyenne sur l'année)

(En euros.)

Catégorie		AU 1er JANVIER 2007		
professionnelle		Salaire mensuel	Salaire	
		(base	horaire	
		151,67 heures)		
Niveau I -				

Ouvriers d'exécution				
- position 1	150	1 267,96	8,36	
- position 2	170	1 337,73	8,82	
Niveau II. -				
Ouvriers				
professionnels	185	1 410,53	9,30	
Niveau III. -				
Compagnons				
professionnels				
- position 1	210	1 527,32	10,07	
- position 2	230	1 622,87	10,70	
Niveau IV. -				
Maitres ouvriers ou				
chefs d'équipe				
- position 1	250	1 736,62	11,45	
- position 2	270	1 833,69	12,09	

Article 3

Tout salarié embauché au coefficient 150 ne pourra être maintenu dans cette position que pendant une période n'excédant pas 6 mois.

Article 4

L'article de l'avenant n° 15 du 9 octobre 1972 demeure valable en ce qu'il précise que le salaire de l'ouvrier ne devra jamais être inférieur à un taux fixé à 0,01 Euros au-dessus du SMIC.

Article 5

Barème des appointements ETAM

Les appointements mensuels minima des ETAM, dont les coefficients hiérarchiques sont compris entre 300 et 500, ont été fixés de manière forfaitaire.

II. - Appointements des ETAM du bâtiment de la région Limousin

(base 35 heures/semaine ou 151,67 heures/mois)

(En euros.)

POSITION	COEFFICIENT	AU 1er JANVIER 2007	
	hiérarchique	Valeur du point	2,98 €
		Salaire mensuel	
	300	1 316,40	
	310	1 324,80	
I	325	1 337,40	
	345	1 354,20	
	370	1 375,18	
	380	1 383,59	
II	400	1 400,37	
	415	1 412,96	
	425	1 421,37	
	435	1 429,77	
	450	1 442,36	
	465	1 455,12	
III	480	1 467,56	
	500	1 490,00	
	530	1 579,40	
	540	1 609,20	
	550	1 639,00	
	565	1 683,70	
	575	1 713,50	
IV	585	1 743,30	
	600	1 788,00	
	620	1 847,60	
	630	1 877,40	
	645	1 922,10	
	655	1 951,90	
	665	1 981,70	
	680	2 026,40	
V	700	2 086,00	
	710	2 115,80	
	730	2 175,40	
	745	2 220,10	
	755	2 249,90	
	780	2 324,40	
	800	2 384,00	
VI	820	2 443,60	
	830	2 473,40	
	845	2 518,10	
	860	2 562,80	

Article 6

Le présent accord fera l'objet d'une demande d'extension auprès du ministre de l'emploi et de la solidarité.

Fait à Limoges, le 21 décembre 2006.

(1) Texte étendu, sous réserve de l'application des dispositions réglementaires portant fixation du salaire minimum interprofessionnel de croissance (arrêté du 5 août 2007, art. 1er)

Accord du 21 décembre 2006 Primes (Limousin)

Primes d'outillage et aux primes diverses (Limousin).

En vigueur étendu

Article 1er

En application de l'article 1.31 de la convention collective nationale des ouvriers du bâtiment, en date du 8 octobre 1990, les montants des primes conventionnelles, pour toutes les entreprises, quel que soit leur effectif, applicables dans la région Limousin, sont modifiés ainsi qu'il suit :

L'exercice normal du métier ne peut donner lieu à l'attribution d'aucune prime particulière.

Seuls les travaux occasionnels, tels que définis ci-dessous, présentant des conditions d'insalubrité, de pénibilité ou de nuisance particulières seront indemnisés aux taux prévus.

1. Travaux de fumisterie

a) Travaux occasionnels de ramonage : 0,64 € de l'heure à compter du 1er janvier 2007.

b) Travaux occasionnels de démontage ou piquage de chaudière, travaux effectués dans les fours occasionnels, foyers, conduits et gaines de cheminées : 0,64 € de l'heure à compter du 1er janvier 2007.

2. Travaux en hauteur, dans l'eau, au marteau-piqueur

a) Montage et démontage occasionnels d'échafaudages volants, d'échafaudages de pied, de grues, de sapines à une hauteur supérieure à 10 mètres au bord du vide, mesurés à partir de la surface de réception ou, à défaut, du sol : 1,31 € de l'heure à compter du 1er janvier 2007.

b) Travaux occasionnels sur échafaudages volants ou nacelles : 0,64 € de l'heure à compter du 1er janvier 2007.

c) Travaux occasionnels à la corde à noeuds : 0,98 € de l'heure à compter du 1er janvier 2007.

d) Travaux occasionnels sans échafaudages à plus de 10 mètres au bord du vide, mesurés à partir de la surface de réception ou, à défaut, du sol : 0,64 € de l'heure à compter du 1er janvier 2007.

e) Travaux occasionnels dans plus de 10 centimètres d'eau :

0,64 de l'heure à compter du 1er janvier 2007.

f) Utilisation pendant plus de 1 heure d'un marteau-piqueur ou d'un brise-béton : 0,98 € de l'heure à compter du 1er janvier 2007.

3. Pénibilité due aux conditions d'insalubrité, d'ambiance ou de nuisance

a) Utilisation occasionnelle pendant une durée supérieure à 4 heures de produits soumis à la législation fixant les conditions d'emballage ou d'étiquetage des substances et préparations dangereuses : 0,64 € de l'heure à compter du 1er janvier 2007.<RL b) Utilisation occasionnelle pendant une durée supérieure à 4 heures de matières caustiques, irritantes ou corrosives :

0,64 € de l'heure à compter du 1er janvier 2007.

c) Travaux effectués pendant une durée supérieure à 4 heures dans des vapeurs d'acide : 0,64 € de l'heure à compter du 1er janvier 2007.

d) Travaux pendant une durée supérieure à 4 heures dans des fosses d'aisance après vidange : 0,64 € de l'heure à compter du 1er janvier 2007.

e) Travaux pendant une durée supérieure à 4 heures dans des puits ou fouilles en tranchées dont le diamètre est inférieur à 2 mètres et la profondeur supérieure à 8 mètres : 0,64 € de l'heure à compter du 1er janvier 2007.

f) Travaux pendant une durée supérieure à 4 heures dans des locaux où la température à l'intérieur :

- ou bien est supérieure à 45° C ;

- ou bien est supérieure à 35° C et accuse une différence de 20° C par rapport à la température extérieure : 0,64 € de l'heure à compter du 1er janvier 2007.

g) Travaux exécutés avec port de casque et lance thermique :

0,64 € de l'heure à compter du 1er janvier 2007.

h) Travaux de projection de béton à la lance : 0,64 € de l'heure à compter du 1er janvier 2007.

i) Travaux de carottage et sciage de béton : 0,64 € de l'heure à compter du 1er janvier 2007.

Article 2

En ce qui concerne la prime d'outillage, l'assiette forfaitaire horaire est fixée à 9,33 € à compter du 1er janvier 2007.

Article 3

Les présentes dispositions entreront en vigueur le 1er janvier 2007 et feront l'objet d'une demande d'extension auprès du ministre de l'emploi et de la solidarité.

Fait à Limoges, le 21 décembre 2006.

Accord du 6 décembre 2007 Salaires (Limousin)

(1) Texte étendu sous réserve de l'application des dispositions réglementaires portant fixation du salaire minimum interprofessionnel de croissance et de l'application des dispositions de l'article L. 2241-9 du code du travail (anciennement article L. 132-12-3, alinéa 1) qui prévoient que la négociation annuelle sur les salaires vise également à définir et programmer les mesures permettant de supprimer les écarts de rémunération entre les femmes et les hommes avant le 31 décembre 2010
(a rrêté du 29 septembre 2008, art. 1er).

Fédération du bâtiment de la région Limousin ;

CAPEB de la région Limousin ;

Fédération régionale des SCOP du bâtiment du Limousin.

CFDT construction, bois du Limousin ;

Union régionale CFTC du bâtiment de la région Limousin ;

Syndicat FO du bâtiment du Limousin.

Article 1
En vigueur étendu

En application de l'accord national, signé le 12 février 2002, relatif à la durée légale du travail pour toutes les entreprises, quel que soit leur effectif, les organisations représentatives d'employeurs et de salariés de la région Limousin se sont réunies afin de déterminer les salaires mensuels minima des ouvriers du bâtiment de la région Limousin.

Article 2
En vigueur étendu

Les parties signataires du présent accord ont fixé le barème des salaires minima des ouvriers du bâtiment de la région Limousin comme indiqué dans le tableau ci-après :

I. - Barème des salaires ouvriers du bâtiment de la région Limousin

Base 35 heures/semaine ou 35 heures en moyenne sur l'année.

(En euros.)

CATÉGORIE professionnelle	COEFFICIENT	SALAIRE MENSUEL	SALAIRE HORAIRE
Niveau I			
Ouvriers d'exécution			
- Position 1	150	1 305,88	8,61
- Position 2	170	1 377,16	9,08
Niveau II			
Ouvriers professionnels	185	1 453,00	9,88
Niveau III			
Compagnons professionnels			
- Position 1	210	1 572,82	10,37
- Position 2	230	1 671,40	11,02
Niveau IV			
Maîtres ouvriers ou chefs d'équipe			

- Position 1	250	1 788,19	11,79
- Position 2	270	1 888,29	12,45

Article 3
En vigueur étendu

Tout salarié embauché au coefficient 150 ne pourra être maintenu dans cette position que pendant une période n'excédant pas 6 mois.

Article 4
En vigueur étendu

L'article de l'avenant n° 15 du 9 octobre 1972 demeure valable en ce qu'il précise que le salaire de l'ouvrier ne devra jamais être inférieur à un taux fixé à 0,01 € au-dessus du SMIC.

Article 5
En vigueur étendu

Le présent accord fera l'objet d'une demande d'extension auprès du ministre du travail, des relations sociales et de la solidarité.

Accord du 6 décembre 2007 Indemnités de petits déplacements (Limousin)

Fédération du bâtiment de la région Limousin ;

CAPEB de la région Limousin ;

Fédération régionale des SCOP BTP du Limousin.

CFDT construction, bois du Limousin ;

Union régionale CFTC du bâtiment de la région Limousin ;

Syndicat FO du bâtiment de la région Limousin ;

SNC-CGC du bâtiment de la région Limousin.

Article 1
En vigueur étendu

En application de l'article 1. 31 de la convention collective nationale des ouvriers du bâtiment, en date du 8 octobre 1990, les montants des petits déplacements pour toutes les entreprises, quel que soit leur effectif, applicables dans la région Limousin sont modifiés ainsi qu'il suit :
1. Indemnité de repas :
- sous-zones 1 A, 1 B et autres zones : 9, 61 € au 1er janvier 2008.
Il est rappelé que l'indemnité de repas n'est pas due par l'employeur lorsque :
- l'ouvrier prend effectivement son repas à sa résidence habituelle ;
- un restaurant d'entreprise existe sur le chantier et le repas est fourni avec une participation financière de l'entreprise égale au montant de l'indemnité de repas ;
- le repas est fourni gratuitement ou avec une participation financière de l'entreprise égale au montant de l'indemnité de repas.
2. Indemnité de transport au 1er janvier 2008 :
- sous-zone 1 A : 0, 65 € ;
- sous-zone 1 B : 1, 44 € ;
- zone 2 : 4, 41 € ;
- zone 3 : 7, 32 € ;
- zone 4 : 10, 26 € ;
- zone 5 : 13, 18 €.
3. Indemnité de trajet au 1er janvier 2008 :
- sous-zone 1 A : 0, 65 € ;
- sous-zone 1 B : 1, 46 € ;
- zone 2 : 3, 02 € ;
- zone 3 : 4, 30 € ;
- zone 4 : 5, 60 € ;
- zone 5 : 6, 90 €.

Article 2

En vigueur étendu

Les présentes dispositions entreront en vigueur le 1er janvier 2008.

Article 3

En vigueur étendu

Le présent accord fera l'objet d'une demande d'extension auprès du ministre du travail, des relations sociales et de la solidarité.

Accord du 6 décembre 2007 Primes diverses et primes d'outillage (Limousin)

Fédération du bâtiment de la région Limousin ;

CAPEB de la région Limousin ;

Fédération régionale des SCOP du bâtiment du Limousin.

CFDT construction, bois du Limousin ;

Union régionale CFTC du bâtiment de la région Limousin ;

Syndicat FO du bâtiment du Limousin ;

SNC-CGC du bâtiment de la région Limousin.

Article 1

En vigueur étendu

En application de l'article 1. 31 de la convention collective nationale des ouvriers du bâtiment en date du 8 octobre 1990, les montants des primes conventionnelles pour toutes les entreprises, quel que soit leur effectif, applicables dans la région Limousin sont modifiés ainsi qu'il suit :
L'exercice normal du métier ne peut donner lieu à l'attribution d'aucune prime particulière.
Seuls les travaux occasionnels, tels que définis ci-dessous, présentant des conditions d'insalubrité, de pénibilité ou de nuisance particulières seront indemnisés aux taux prévus.
1. Travaux de fumisterie :
a) Travaux occasionnels de ramonage :
- 0, 66 € de l'heure à compter du 1er janvier 2008.
b) Travaux occasionnels de démontage ou piquage de chaudière, travaux effectués dans les fours occasionnels, foyers, conduits et gaines de cheminées :
- 0, 66 € de l'heure à compter du 1er janvier 2008.
2. Travaux en hauteur, dans l'eau, au marteau-piqueur :
a) Montage et démontage occasionnels d'échafaudages volants, d'échafaudages de pied, de grues, de sapines à une hauteur supérieure à 10 mètres au bord du vide, mesurés à partir de la surface de réception ou, à défaut, du sol :
- 1, 35 € de l'heure à compter du 1er janvier 2008.
b) Travaux occasionnels sur échafaudages volants ou nacelles :
- 0, 66 € de l'heure à compter du 1er janvier 2008.
c) Travaux occasionnels à la corde à noeuds :
- 1, 01 € de l'heure à compter du 1er janvier 2008.
d) Travaux occasionnels sans échafaudages à plus de 10 mètres au bord du vide, mesurés à partir de la surface de réception ou, à défaut, du sol :
- 0, 66 € de l'heure à compter du 1er janvier 2008.
e) Travaux occasionnels dans plus de 10 cm d'eau :
- 0, 66 € de l'heure à compter du 1er janvier 2008.
f) Utilisation pendant plus de 1 heure d'un marteau-piqueur ou d'un brise-béton :
- 1, 01 € de l'heure à compter du 1er janvier 2008.
3. Pénibilité due aux conditions d'insalubrité, d'ambiance ou de nuisance :
a) Utilisation occasionnelle pendant une durée supérieure à 4 heures de produits soumis à la législation fixant les conditions d'emballage ou d'étiquetage des substances et préparations dangereuses :
- 0, 66 € de l'heure à compter du 1er janvier 2008.
b) Utilisation occasionnelle pendant une durée supérieure à 4 heures de matières caustiques, irritantes ou corrosives :
- 0, 66 € de l'heure à compter du 1er janvier 2008.
c) Travaux effectués pendant une durée supérieure à 4 heures dans des vapeurs d'acide :
- 0, 66 € de l'heure à compter du 1er janvier 2008.
d) Travaux pendant une durée supérieure à 4 heures dans des fosses d'aisances après vidange :
- 0, 66 € de l'heure à compter du 1er janvier 2008.
e) Travaux pendant une durée supérieure à 4 heures dans des puits ou fouilles en tranchées dont le diamètre est inférieur à 2 mètres et la profondeur supérieure à 8 mètres :
- 0, 66 € de l'heure à compter du 1er janvier 2008.

f) Travaux pendant une durée supérieure à 4 heures dans des locaux où la température à l'intérieur :
- ou bien est supérieure à 45° C ;
- ou bien est supérieure à 35° C et accuse une différence de 20° C par rapport à la température extérieure :
- 0, 66 € de l'heure à compter du 1er janvier 2008.
g) Travaux exécutés avec port de casque et lance thermique :
- 0, 66 € de l'heure à compter du 1er janvier 2008.
h) Travaux de projection de béton à la lance :
- 0, 66 € de l'heure à compter du 1er janvier 2008.
i) Travaux de carrottage et sciage de béton :
- 0, 66 € de l'heure à compter du 1er janvier 2008.

Article 2
En vigueur étendu

En ce qui concerne la prime d'outillage, l'assiette forfaitaire horaire est fixée à 9,61 € à compter du 1er janvier 2008.

Article 3
En vigueur étendu

Les présentes dispositions entreront en vigueur le 1er janvier 2008 et feront l'objet d'une demande d'extension auprès du ministre du travail, des relations sociales et de la solidarité.

Accord du 27 novembre 2008 Salaires (Limousin)

(1) Texte étendu sous réserve de l'application des dispositions de l'article L. 2241-9 du code du travail qui prévoient que la négociation annuelle sur les salaires vise également à définir et programmer les mesures permettant de supprimer les écarts de rémunération entre les femmes et les hommes avant le 31 décembre 2010
(arrêté du 11 mars 2009, art. 1er).

La fédération du bâtiment de la région Limousin ;

La CAPEB de la région Limousin ;

La fédération régionale des SCOP du bâtiment du Limousin,

L'union régionale CFTC du bâtiment de la région Limousin ;

La CGT-FO bâtiment de la région Limousin,

Article 1
En vigueur étendu

En application de l'accord national, signé le 12 février 2002, relatif à la durée légale du travail pour toutes les entreprises, quel que soit leur effectif, les organisations représentatives d'employeurs et de salariés de la région Limousin se sont réunies afin de déterminer les salaires mensuels minimaux des ouvriers du bâtiment de la région Limousin.

Article 2
En vigueur étendu

Les parties signataires du présent accord ont fixé le barème des salaires minima des ouvriers du bâtiment de la région Limousin comme indiqué dans le tableau ci-après.

Barème des salaires au 1er janvier 2009

Base 35 heures par semaine ou 35 heures en moyenne sur l'année, 151,67 heures par mois.

(En euros.)

	COEFFICIENT	SALAIRE MENSUEL	SALAIRE HORAIRE
Niveau I			
Ouvriers d'exécution			
- position 1	150	1 341,14	8,84
- position 2	170	1 414,34	9,33
Niveau II			
Ouvriers professionnels	185	1 492,23	9,84
Niveau III			
Compagnons professionnels			
- position 1	210	1 615,29	10,65
- position 2	230	1 716,53	11,32
Niveau IV			
Maîtres ouvriers ou chefs d'équipe			
- position 1	250	1 836,47	12,11
- position 2	270	1 939,27	12,79

Article 3
En vigueur étendu

Tout salarié embauché au coefficient 150 ne pourra être maintenu dans cette position que pendant une période n'excédant pas 6 mois.

Article 4
En vigueur étendu

L'article de l'avenant n° 15 du 9 octobre 1972 demeure valable en ce qu'il précise que le salaire de l'ouvrier ne devra jamais être inférieur à un taux fixé à 0,01 € au-dessus du SMIC.

Article 5
En vigueur étendu

Le présent accord fera l'objet d'une demande d'extension auprès du ministre du travail, des relations sociales, de la famille et de la solidarité.

Accord du 27 novembre 2008 Indemnités de petits déplacements (Limousin)

La fédération du bâtiment de la région Limousin ;

La CAPEB de la région Limousin ;

La fédération régionale des SCOP du bâtiment du Limousin,

L'union régionale CFTC du bâtiment de la région Limousin ;

La CGT-FO bâtiment de la région Limousin ;

La CFE-CGC bâtiment de la région Limousin,

Article 1
En vigueur étendu

En application de l'article 1. 31 de la convention collective nationale des ouvriers du bâtiment, en date du 8 octobre 1990, les montants des petits déplacements, pour toutes les entreprises quel que soit leur effectif, applicables dans la région Limousin, sont modifiés ainsi qu'il suit :
1. Indemnité de repas au 1er janvier 2009 :
- sous-zone 1 A, 1 B et autres zones : 9, 87 €.
Il est rappelé que l'indemnité de repas n'est pas due par l'employeur lorsque :
- l'ouvrier prend effectivement son repas à sa résidence habituelle ;
- un restaurant d'entreprise existe sur le chantier et le repas est fourni avec une participation financière de l'entreprise égale au montant de l'indemnité de repas ;
- le repas est fourni gratuitement ou avec une participation financière de l'entreprise égale au montant de l'indemnité de repas.
2. Indemnité de transport au 1er janvier 2009 :
- sous-zone 1 A : 0, 67 € ;
- sous-zone 1 B : 1, 48 € ;

- zone 2 : 4, 53 € ;
- zone 3 : 7, 52 € ;
- zone 4 : 10, 54 € ;
- zone 5 : 13, 54 €.

3. Indemnité de trajet au 1er janvier 2009 :
- sous-zone 1 A : 0, 67 € ;
- sous-zone 1 B : 1, 50 € ;
- zone 2 : 3, 10 € ;
- zone 3 : 4, 42 € ;
- zone 4 : 5, 75 € ;
- zone 5 : 7, 09 €.

Article 2

En vigueur étendu

Les présentes dispositions entreront en vigueur le 1er janvier 2009.

Article 3

En vigueur étendu

Le présent accord fera l'objet d'une demande d'extension auprès du ministre du travail, des relations sociales, de la famille et de la solidarité.

Accord du 27 novembre 2008 Primes conventionnelles et d'outillage (Limousin)

La fédération du bâtiment de la région Limousin ;

La CAPEB de la région Limousin ;

La fédération régionale des SCOP du bâtiment du Limousin,

L'union régionale CFTC du bâtiment de la région Limousin ;

La CGT-FO bâtiment de la région Limousin ;

La CFE-CGC bâtiment de la région Limousin,

Article 1

En vigueur étendu

En application de l'article 1. 31 de la convention collective nationale des ouvriers du bâtiment, en date du 8 octobre 1990, les montants des primes conventionnelles, pour toutes les entreprises, quel que soit leur effectif, applicables dans la région Limousin, sont modifiés ainsi qu'il suit :
L'exercice normal du métier ne peut donner lieu à l'attribution d'aucune prime particulière.
Seuls les travaux occasionnels, tels que définis ci-dessous, présentant des conditions d'insalubrité, de pénibilité ou de nuisance particulières seront indemnisés aux taux prévus.

A compter du 1er janvier 2009

1. Travaux de fumisterie
a) Travaux occasionnels de ramonage : 0, 68 € de l'heure.
b) Travaux occasionnels de démontage ou piquage de chaudière, travaux effectués dans les fours occasionnels, foyers, conduits et gaines de cheminées : 0, 68 € de l'heure.
2. Travaux en hauteur, dans l'eau, au marteau-piqueur
a) Montage et démontage occasionnels d'échafaudages volants, d'échafaudages de pied, de grues, de sapines à une hauteur supérieure à 10 mètres au bord du vide, mesurés à partir de la surface de réception ou, à défaut, du sol : 1, 39 € de l'heure.
b) Travaux occasionnels sur échafaudages volants ou nacelles : 0, 68 € de l'heure.
c) Travaux occasionnels à la corde à noeuds : 1, 04 € de l'heure.
d) Travaux occasionnels sans échafaudages à plus de 10 mètres au bord du vide, mesurés à partir de la surface de réception ou, à défaut, du sol : 0, 68 € de l'heure.
e) Travaux occasionnels dans plus de 10 cm d'eau : 0, 68 € de l'heure.
f) Utilisation pendant plus de 1 heure d'un marteau-piqueur ou d'un brise-béton : 1, 04 € de l'heure.
3. Pénibilité due aux conditions d'insalubrité, d'ambiance ou de nuisance
a) Utilisation occasionnelle pendant une durée supérieure à 4 heures de produits soumis à la législation fixant les conditions d'emballage ou d'étiquetage des substances et préparations dangereuses : 0, 68 € de l'heure.
b) Utilisation occasionnelle pendant une durée supérieure à 4 heures de matières caustiques, irritantes ou corrosives : 0, 68 € de l'heure.
c) Travaux effectués pendant une durée supérieure à 4 heures dans des vapeurs d'acide : 0, 68 € de l'heure.

d) Travaux pendant une durée supérieure à 4 heures dans des fosses d'aisances après vidange : 0, 68 € de l'heure.
e) Travaux pendant une durée supérieure à 4 heures dans des puits ou fouilles en tranchées dont le diamètre est inférieur à 2 mètres et la profondeur supérieure à 8 mètres : 0, 68 € de l'heure.
f) Travaux pendant une durée supérieure à 4 heures dans des locaux où la température à l'intérieur ou bien est supérieure à 45 degrés ou bien est supérieure à 35 degrés et accuse une différence de 20 degrés par rapport à la température extérieure : 0, 68 € de l'heure.
g) Travaux exécutés avec port de casque et lance thermique : 0, 68 € de l'heure.
h) Travaux de projection de béton à la lance : 0, 68 € de l'heure.
i) Travaux de carottage et sciage de béton : 0, 68 € de l'heure.

Article 2
En vigueur étendu

En ce qui concerne la prime d'outillage, l'assiette forfaitaire horaire est fixée à 9,87 € à compter du 1er janvier 2009.

Article 3
En vigueur étendu

Les présentes dispositions entreront en vigueur le 1er janvier 2009 et feront l'objet d'une demande d'extension auprès du ministre du travail, des relations sociales, de la famille et de la solidarité.

Accord du 21 décembre 2006 Indemnités de petits déplacements (Limousin)

Indemnités de petits déplacements

En vigueur étendu
Article 1er

En application de l'article I.31 de la convention collective nationale des ouvriers du bâtiment, en date du 8 octobre 1990, le montant des petits déplacements, pour toutes les entreprises quel que soit leur effectif, applicables dans la région Limousin, est modifié ainsi qu'il suit :

1. Indemnité de repas :

- sous-zone 1 A, 1 B et autres zones : 9,33 € au 1er janvier 2007.

Il est rappelé que l'indemnité de repas n'est pas due par l'employeur lorsque :

- l'ouvrier prend effectivement son repas à sa résidence habituelle ;

- un restaurant d'entreprise existe sur le chantier et le repas est fourni avec une participation financière de l'entreprise égale au montant de l'indemnité de repas ;

- le repas est fourni gratuitement ou avec une participation financière de l'entreprise égale au montant de l'indemnité de repas.

2. Indemnité de transport au 1er janvier 2007 :

- sous-zone 1 A : 0,63 € ;

- sous-zone 1 B : 1,40 € ;

- zone 2 : 4,28 € ;

- zone 3 : 7,11 € ;

- zone 4 : 9,96 € ;

- zone 5 : 12,80 €.

3. Indemnité de trajet au 1er janvier 2007 :

- sous-zone 1 A : 0,63 € ;

- sous-zone 1 B : 1,42 € ;

- zone 2 : 2,93 € ;

- zone 3 : 4,17 € ;

- zone 4 : 5,44 € ;

- zone 5 : 6,70 €.

Article 2

Les présentes dispositions entreront en vigueur le 1er janvier 2007.

Article 3

Le présent accord fera l'objet d'une demande d'extension auprès du ministre de l'emploi et de la solidarité.

Fait à Limoges, le 21 décembre 2006.

SALAIRES, Région Nord Pas de Calais Avenant du 28 juin 1999

Indemnités de petits déplacements, montants applicables au 1er juillet 1999

En vigueur étendu

Article 1er

En application du titre VIII, chapitre Ier de la convention collective nationale du bâtiment du 8 octobre 1990 (étendue par arrêté ministériel du 8 février 1991), concernant les ouvriers employés par les entreprises du bâtiment non visées par le décret du 1er mars 1962, les montants des indemnités de petits déplacements des ouvriers du bâtiment de la région Nord - Pas-de-Calais sont les suivants, à compter du 1er juillet 1999.
Indemnité de repas

L'indemnité de repas est fixée à 42,84 F.

Indemnité de transport
Zone 1 ... 6,04 F
Zone 2 ... 17,73 F
Zone 3 ... 28,92 F
Zone 4 ... 40,47 F
Zone 5 ... 52,02 F

Indemnité de trajet
Zone 1 ... 5,78 F
Zone 2 ... 8,68 F
Zone 3 ... 15,68 F
Zone 4 ... 22,96 F
Zone 5 ... 28,68 F

SALAIRES, Région Nord Pas de Calais Accord du 26 février 2001

Salaires minimaux des ouvriers du bâtiment à compter du 1er avril 2001

En vigueur non étendu

Article 1er
En application de l'article XII-8 de la convention collective nationale du bâtiment du 8 octobre 1990 (étendue par arrêté ministériel du 8 février 1991) concernant les ouvriers employés par les entreprises du bâtiment non visées par le décret du 1er mars 1962, les parties signataires du présent accord ont arrêté, à compter du 1er avril 2001 :
Pour le niveau I :

- la partie fixe (PF) à :..........................2 287,16 F

- la valeur du point (VP) à :.........................28,98 F

Pour le niveau II :

- la partie fixe (PF) à :..........................2 287,16 F

- la valeur du point (VP) à :.........................28,01 F
Pour les niveaux III et IV :

- la partie fixe (PF) à :..........................2 287,16 F

- la valeur du point (VP) à :.........................27,62 F

Le barème des salaires minimaux des ouvriers du bâtiment de la région Nord - Pas-de-Calais est fixé comme indiqué dans le tableau ci-après, à compter du 1er avril 2001 :

(1) SALAIRE MENSUEL minimal (pour 39 heures hebdomadaires) (en francs)

CATÉGORIE professionnelle	Coef.	(1)	TAUX HORAIRE minimal (en francs)
NIVEAU I			
Ouvriers d'exécution			
- position 1	150	6 634,16	39,26
- position 2	170	7 213,76	42,68
NIVEAU II			
Ouvriers professionnels	185	7 469,01	44,19
NIVEAU III			
Compagnons professionnels			
- position 1	210	8 087,36	47,85
- position 2	230	8 639,76	51,12
NIVEAU IV			
Maîtres ouvriers			
ou chefs d'équipe			
- position 1	250	9 192,16	54,39
- position 2	270	9 744,56	57,66

NB : Aucun salaire effectif ne doit être inférieur au SMIC en vigueur. Article 2
En application de l'article XII-8 de la convention collective nationale du bâtiment du 8 octobre 1990 (étendue par arrêté ministériel du 8 février 1991) concernant les ouvriers employés par les entreprises du bâtiment non visées par le décret du 1er mars 1962, les parties signataires du présent accord ont arrêté, à compter du 1er octobre 2001 :
Pour le niveau I :

- la partie fixe (PF) à :..........................2 309,36 F

- la valeur du point (VP) à :.........................29,26 F
Pour le niveau II :

- la partie fixe (PF) à :..........................2 309,36 F

- la valeur du point (VP) à :.........................28,47 F
Pour les niveaux III et IV :

- la partie fixe (PF) à :..........................2 309,36 F

- la valeur du point (VP) à :.........................27,88 F

Le barème des salaires minimaux des ouvriers du bâtiment de la région Nord - Pas-de-Calais est fixé comme indiqué dans le tableau ci-après, à compter du 1er octobre 2001 :

(1) SALAIRE MENSUEL minimal (pour 39 heures hebdomadaires) (en francs)

CATÉGORIE professionnelle	Coef.	(1)	TAUX HORAIRE minimal (en francs)
NIVEAU I			
Ouvriers d'exécution			

- position 1	150	6 698,36	39,64
- position 2	170	7 283,56	43,10
NIVEAU II			
Ouvriers professionnels	185	7 576,31	44,83
NIVEAU III			
Compagnons professionnels			
- position 1	210	8 164,16	48,31
- position 2	230	8 721,76	51,61
NIVEAU IV			
Maîtres ouvriers			
ou chefs d'équipe			
- position 1	250	9 279,36	54,91
- position 2	270	9 836,96	58,21

NB : Aucun salaire effectif ne doit être inférieur au SMIC en vigueur.

SALAIRES, Région Nord Pas de Calais Accord du 20 avril 2001

Salaires minimaux des ouvriers du bâtiment à compter du 1er mai 2001

En vigueur étendu

Article 1er

En application de l'article XII-8 de la convention collective nationale du bâtiment du 8 octobre 1990 concernant les ouvriers employés par les entreprises du bâtiment visées par le décret du 1er mars 1962, les parties ci-dessus désignées se sont réunies et ont déterminé le salaire mensuel minimal des ouvriers du bâtiment de la région Nord - Pas-de-Calais.
Article 2

Pour la région Nord - Pas-de-Calais, les parties signataires du présent accord ont fixé :

- pour le niveau I position I : SMIC ;

- pour le niveau I position II : partie fixe (PF) = 2 332,25 F. Valeur du point (VP) = 29,97 F ;

- pour le niveau II : partie fixe (PF) = 2 390,44 F. Valeur du point (VP) = 29,52 F ;

- pour les niveaux III et IV : partie fixe (PF) = 2 355,12 F. Valeur du point (VP) = 28,42 F.

En conséquence, pour un horaire hebdomadaire de 39 heures, le barème des salaires minimaux des ouvriers du bâtiment de la région Nord - Pas-de-Calais est fixé comme indiqué dans le tableau ci-après, à compter du 1er mai 2001.

(1) Position (2) Salaire horaire (3) Salaire mensuel (base 169h) (4) Francs (5) Euros ---

CATÉGORIE	(1)	COEF.	(2)	(3)		
			(4)	(5)	(4)	(5)
Niveau I						
Ouvriers						
d'exécution	1	150	SMIC	SMIC	SMIC	SMIC
	2	170	43,95	6,70	7 427,55	1 132,32
Niveau II						
Ouvriers						
professionnels		185	46,46	7,08	7 851,74	1 196,99
Niveau III						
Compagnons						
professionnels	1	210	49,25	7,51	8 323,25	1 268,87

	2	230	52,61	8,02	8 891,09	1 355,44
Niveau IV						
Maîtres ouvriers						
ou chefs d'équipe	1	250	55,98	8,53	9 460,62	1 442,26
	2	270	59,34	9,05	10 028,46	1 528,83

SALAIRES, Région Nord Pas de Calais Accord du 26 février 2001

Indemnités de petits déplacements, montants applicables au 1er avril 2001

En vigueur non étendu

Article 1er

En application du titre VIII, chapitre Ier de la convention collective nationale du bâtiment du 8 octobre 1990 (étendue par arrêté ministériel du 12 février 1991), concernant les ouvriers employés par les entreprises du bâtiment visées par le décret du 1er mars 1962, les montants des indemnités de petits déplacements des ouvriers du bâtiment de la région Nord - Pas-de-Calais sont les suivants, à compter du 1er avril 2001 :

Indemnité de repas :

- l'indemnité de repas est fixée à 47 F.

Indemnité de transport :

- zone 1...6,38 F ;
- zone 2..18,72 F ;
- zone 3..30,53 F ;
- zone 4..42,72 F ;
- zone 5..54,92 F.

Indemnité de trajet :

- zone 1...6,10 F ;
- zone 2...9,17 F ;
- zone 3..16,55 F ;
- zone 4..24,24 F ;
- zone 5..30,28 F.

Accord du 4 octobre 2007 Salaires (Nord - Pas-de-Calais)

(1) Texte étendu sous réserve de l'application des dispositions de l'article L. 132-12-3 du code du travail (a rrêté du 1er février 2008, art. 1er).

Fédération française du bâtiment Nord - Pas-de-Calais ;

Chambre syndicale des installateurs électriciens Nord - Pas-de-Calais.

Intersyndicale du bâtiment et des travaux publics CGT-FO ;

Union régionale construction bois CFDT.

Article 1

En vigueur étendu

En application de l'article XII-8 de la convention collective nationale du bâtiment du 8 octobre 1990 (étendue par arrêté ministériel du 12 février 1991) concernant les ouvriers employés par les entreprises du bâtiment visées par le décret du 1er mars 1962, les parties signataires du présent accord ont arrêté, à compter du 1er janvier 2008 :
Pour le niveau I, coefficient 150 : 1 323, 36 €.
Pour le niveau I, coefficient 170 :
- la partie fixe (PF) : 150 € ;
- la valeur du point (VP) : 7, 0998 €.
Pour le niveau II :
- la partie fixe (PF) : 150 € ;
- la valeur du point (VP) : 6, 908 €.
Pour les niveaux III et IV :
- la partie fixe (PF) : 150 € ;
- la valeur du point (VP) : 6, 7649 €.

Article 2
En vigueur étendu

Le barème des salaires minimaux mensuels base 151,67 heures, en application de l'article 1er est le suivant à compter du 1er janvier 2008 :
Niveau I :
- coefficient 150 : 1 323,36 € ;
- coefficient 170 : 1 356,97 €.
Niveau II :
- coefficient 185 : 1 427,98 €.
Niveau III :
- coefficient 210 : 1 570,63 € ;
- coefficient 230 : 1 705,93 €.
Niveau IV :
- coefficient 250 : 1 841,23 € ;
- coefficient 270 : 1 976,53 €.

Article 3
En vigueur étendu

Conformément au code du travail, le présent accord sera déposé à la direction générale du travail de Paris et au greffe du conseil de prud'hommes de Tourcoing.
Les parties signataires demandent l'extension du présent accord au ministère du travail, des relations sociales et de la solidarité.

Accord du 4 octobre 2007 Indemnités de petits déplacements (Nord - Pas-de-Calais)

Fédération française du bâtiment Nord - Pas-de-Calais ;

Chambre syndicale des installateurs électriciens Nord - Pas-de-Calais.

Intersyndicale du bâtiment et des travaux publics CGT-FO ;

Union régionale construction bois CFDT.

Article 1
En vigueur étendu
En application du titre VIII, chapitre Ier, de la convention collective nationale du bâtiment du 8 octobre 1990 (étendue par arrêté ministériel du 12 février 1991), concernant les ouvriers employés par les entreprises du bâtiment visées par le décret du 1er mars 1962, les montants des indemnités de petits déplacements des ouvriers du bâtiment de la région Nord-Pas-de-Calais sont les suivants, à compter du 1er janvier 2008 :

L'indemnité de repas est fixée à 8, 60 €.

(En euros.)

ZONE	INDEMNITE DE FRAIS DE TRANSPORT	INDEMNITE DE TRAJET
1	1,50	1,16

2	3,80	1,75
3	6,00	3,14
4	8,40	4,60
5	10,75	5,75

Article 2
En vigueur étendu

Conformément au code du travail, le texte du présent accord sera déposé à la direction générale du travail et de l'emploi de Paris et au greffe du conseil des prud'hommes de Tourcoing.
Les parties signataires demandent l'extension du présent accord au ministère du travail, des relations sociales et de la solidarité.

Accord du 8 décembre 2008 Indemnités de petits déplacements (Nord - Pas-de-Calais)

La CAPEB Nord - Pas-de-Calais ;

La fédération française du bâtiment Nord - Pas-de-Calais ;

La chambre syndicale des installateurs électriciens Nord - Pas-de-Calais.

L'intersyndicale du bâtiment et des travaux publics CGT-FO ;

L'union régionale BATIMAT-TP CFTC Nord - Pas-de-Calais ;

L'union régionale CFDT construction-bois Nord - Pas-de-Calais.

Article 1
En vigueur étendu

En application du titre VIII, chapitre Ier, de la convention collective nationale du bâtiment du 8 octobre 1990 (étendue par arrêté ministériel du 12 février 1991) concernant les ouvriers employés par les entreprises du bâtiment visées par le décret du 1er mars 1962, les montants des indemnités de petits déplacements des ouvriers du bâtiment de la région Nord - Pas-de-Calais sont les suivants, ces montants étant applicables au plus tôt le 1er janvier 2009 et au plus tard le 31 mars 2009.
Indemnité de repas : 9 €.
Indemnité de transport :
- zone 1 : 1,80 € ;
- zone 2 : 4,25 € ;
- zone 3 : 6,60 € ;
- zone 4 : 9,24 € ;
- zone 5 : 11,82 €.
Indemnité de trajet :
- zone 1 : 1,20 € ;
- zone 2 : 1,81 € ;
- zone 3 : 3,25 € ;
- zone 4 : 4,77 € ;
- zone 5 : 5,96 €.

Article 2

En vigueur étendu

Conformément au code du travail, le texte du présent accord sera déposé à la direction générale du travail et de l'emploi de Paris et au greffe du conseil des prud'hommes de Tourcoing.

Les parties signataires demandent l'extension du présent accord au ministère du travail, des relations sociales, de la famille et de la solidarité.

Accord du 8 décembre 2008 Salaires (Nord - Pas-de-Calais)

(1) Texte étendu sous réserve de l'application des dispositions de l'article L. 2241-9 du code du travail qui prévoient que la négociation annuelle sur les salaires vise également à définir et programmer les mesures permettant de supprimer les écarts de rémunération entre les femmes et les hommes avant le 31 décembre 2010
(arrêté du 20 avril 2009, art. 1er).

La CAPEB Nord - Pas-de-Calais ;

La fédération française du bâtiment Nord - Pas-de-Calais ;

La chambre syndicale des installateurs électriciens Nord - Pas-de-Calais.

L'intersyndicale du bâtiment et des travaux publics CGT-FO ;

L'union régionale BATIMAT-TP CFTC Nord - Pas-de-Calais ;

L'union régionale CFDT construction-bois Nord - Pas-de-Calais.

Article 1

En vigueur étendu

En application de l'article XII-8 de la convention collective nationale du bâtiment du 8 octobre 1990 (étendue par arrêté ministériel du 12 février 1991) concernant les ouvriers employés par les entreprises du bâtiment visées par le décret du 1er mars 1962, les parties signataires du présent accord ont arrêté les montants suivants, qui seront applicables au plus tôt le 1er janvier 2009 et au plus tard le 31 mars 2009.

Niveau I, coefficient 150 : 1 369,67 €.

Niveau I, coefficient 170 :

- partie fixe (PF) : 130 € ;
- valeur du point (VP) : 7,468 €.

Niveau II :

- partie fixe (PF) : 130 € ;
- valeur du point (VP) : 7,282 €.

Niveaux III et IV :

- partie fixe (PF) : 130 € ;
- valeur du point (VP) : 7,132 €.

Article 2

En vigueur étendu

Le barème des salaires minimaux mensuels, base 151,67 heures, en application de l'article 1er, est le suivant, ce barème étant applicable au plus tôt le 1er janvier 2009 et au plus tard le 31 mars 2009 :

Niveau I :

- coefficient 150 : 1 369,67 € ;
- coefficient 170 : 1 404,46 €.

Niveau II, coefficient 185 : 1 477,25 €.

Niveau III :

- coefficient 210 : 1 627,63 € ;
- coefficient 230 : 1 770,26 €.

Niveau IV :

- coefficient 250 : 1 912,89 € ;
- coefficient 270 : 2 055,52 €.

Article 3

En vigueur étendu

Conformément au code du travail, le présent accord sera déposé à la direction générale du travail de Paris et au greffe du conseil de prud'hommes de Tourcoing.

Les parties signataires demandent l'extension du présent accord au ministère du travail, des relations sociales, de la famille et de la solidarité.

accord du 8 octobre 2009 relatif aux salaires au 1er janvier 2010 (Nord - Pas-de-Calais)

(1) Accord étendu sous réserve de l'application des dispositions de l'article L. 2241-9 du code du travail qui prévoient que la négociation annuelle sur les salaires vise également à définir et programmer les mesures permettant de supprimer les écarts de rémunération entre les femmes et les hommes avant le 31 décembre 2010.
(Arrêté du 15 février 2010, art. 1er)

La CAPEB Nord - Pas-de-Calais ;

La fédération française du bâtiment Nord - Pas-de-Calais ;

La chambre syndicale des installateurs électriciens Nord - Pas-de-Calais,

L'union régionale CFDT construction-bois Nord - Pas-de-Calais,

Article 1

En vigueur étendu

En application de l'article XII. 8 de la convention collective nationale du bâtiment du 8 octobre 1990 (étendue par arrêté ministériel du 12 février 1991) concernant les ouvriers employés par les entreprises du bâtiment visées par le décret du 1er mars 1962, les parties signataires du présent accord ont arrêté les montants suivants qui seront applicables à compter du 1er janvier 2010.
Pour le niveau I, coefficient 150 : 1 386, 01 €.
Pour le niveau I, coefficient 170 :
- la partie fixe (PF) à 120 € ;
- la valeur du point (VP) à 7, 654 €.

Pour le niveau II :
- la partie fixe (PF) à 120 € ;
- la valeur du point (VP) à 7, 43536 €.

Pour les niveaux III et IV :
- la partie fixe (PF) à 120 € ;
- la valeur du point (VP) à 7, 28133 €.

Article 2

En vigueur étendu

Le barème des salaires minimaux mensuels base 151,67 heures, en application de l'article 1er, est le suivant, ce barème étant applicable à compter du 1er janvier 2010.
Niveau I :
- coefficient 150 : 1 386,01 € ;
- coefficient 170 : 1 421,22 €.

Niveau II, coefficient 185 : 1 495,54 €.
Niveau III :
- coefficient 210 : 1 649,08 € ;
- coefficient 230 : 1 794,71 €.

Niveau IV :
- coefficient 250 : 1 940,33 € ;
- coefficient 270 : 2 085,96 €.

Article 3

En vigueur étendu

Conformément au code du travail, le présent accord sera déposé à la direction générale du travail de Paris et au greffe du conseil de prud'hommes de Tourcoing.
Les parties signataires demandent l'extension du présent accord au ministère du travail, des relations sociales, de la famille, de la solidarité et de la ville.

Accord du 8 octobre 2009 relatif aux indemnités de petits déplacements au 1er janvier 2010 (Nord - Pas-de-Calais)

La CAPEB Nord - Pas-de-Calais ;

La fédération française du bâtiment Nord - Pas-de-Calais ;

La chambre syndicale des installateurs électriciens Nord - Pas-de-Calais,

L'union régionale CFDT construction-bois Nord - Pas-de-Calais,

Article 1

En vigueur étendu

En application du titre VIII, chapitre Ier, de la convention collective nationale du bâtiment du 8 octobre 1990 (étendue par arrêté ministériel du 12 février 1991) concernant les ouvriers employés par les entreprises du bâtiment visées par le décret du 1er mars 1962, les montants des indemnités de petits déplacements des ouvriers du bâtiment de la région Nord-Pas-de-Calais sont les suivants, ces montants étant applicables à compter 1er janvier 2010.

Indemnité de repas :

L'indemnité de repas est fixée à 9, 15 €.

Indemnité de transport :

- zone 1 : 1, 82 € ;
- zone 2 : 4, 30 € ;
- zone 3 : 6, 68 € ;
- zone 4 : 9, 36 € ;
- zone 5 : 11, 96 €.

Indemnité de trajet :

- zone 1 : 1, 22 € ;
- zone 2 : 1, 84 € ;
- zone 3 : 3, 29 € ;
- zone 4 : 4, 83 € ;
- zone 5 : 6, 04 €.

Article 2

En vigueur étendu

Conformément au code du travail, le texte du présent accord sera déposé à la direction générale du travail et de l'emploi de Paris et au greffe du conseil des prud'hommes de Tourcoing.

Les parties signataires demandent l'extension du présent accord au ministère du travail, des relations sociales, de la famille, de la solidarité et de la ville.

Accord du 3 avril 2006 Salaires (Lorraine)

Salaires (Lorraine)

En vigueur étendu

En application des articles 12.8 et 12.9 des conventions collectives nationales du 8 octobre 1990, les ouvriers employés par les entreprises du bâtiment non visées par le décret du 1er mars 1962, d'une part, et par les entreprises du bâtiment visées par le décret du 1er mars 1962, d'autre part ;

En application et conformément à l'accord national du 12 février 2002 sur les barèmes de salaires minima des ouvriers et ETAM du bâtiment,

Article 1er

Les valeurs ci-après définies correspondent à un horaire de travail mensuel de 151,67 heures.

Article 2

A compter du 1er avril 2006, la grille des salaires des ouvriers du bâtiment est la suivante (base 151,67 heures) :

Grille des salaires des ouvriers du bâtiment

[à compter du 1er avril 2005 (base 151,67 heures)]

(En euros.)

COEFFICIENT	SALAIRE MENSUEL	SALAIRE HORAIRE
150	1 217,91	8,03

170	1 261,15	8,32
185	1 273,33	8,40
210	1 435,65	9,47
230	1 562,82	10,30
250	1 688,69	11,13
270	1 822,14	12,01

Article 3

Cet accord est valable du 1er avril 2005 au 31 mars 2007.

Article 4

Le présent accord sera déposé auprès de la direction départemenale du travail, de l'emploi et de la formation professionnelle de Meurthe-et-Moselle et remis au secrétariat des prud'hommes de Nancy, ainsi que la grille de salaires qui figure ci-dessus.

Article 5

L'extension de cet accord sera demandée.

Article 6

Les parties signataires constatent et déplorent la lenteur habituelle de la procédure d'extension des accords paritaires. Elles interviendront, pour chacune d'entre elles, auprès des autorités compétentes pour alerter celles-ci du problème afin de permettre d'y remédier.

Fait à Nancy, le 3 avril 2006.

Accord du 10 janvier 2007 Indemnités de petits déplacements (Lorraine)

Indemnités de petits déplacements (Lorraine)

En vigueur étendu

Article 1er

En application du titre VIII, chapitre Ier, de la convention collective nationale du bâtiment du 8 octobre 1990 (étendue par arrêté ministériel du 8 février 1991) concernant les ouvriers employés par les entreprises du bâtiment non visées par le décret du 1er mars 1962, d'une part, et en application du titre VIII, chapitre Ier, de la convention collective nationale du bâtiment du 8 octobre 1990 (étendue par arrêté ministériel du 12 février 1991) concernant les ouvriers employés par les entreprises du bâtiment visées par le décret du 1er mars 1962, d'autre part, les organisations représentatives d'employeurs et de salariés se sont réunies le 10 janvier 2007.

Pour la région Lorraine, les parties signataires du présent accord ont fixé, en application de l'article VIII.18 de la convention collective nationale précitée, le barème des indemnités de petits dépacements des ouvriers du bâtiment (à la fois pour les entreprises ayant un effectif inférieur ou égal à 10 salariés, et pour celles ayant un effectif supérieur à 10 salariés), comme suit :

1. Indemnités de repas : 8,10 € quelle que soit la zone.

2. Indemnités de trajet et de transport :

(En euros.)

ZONE	DISTANCE	TRAJET	TRANSPORT
Zone 1	De 0 à 10 km	1,15	1,59

Zone 2	De 10 à 20 km	2,32	3,40
Zone 3	De 20 à 30 km	3,44	5,47
Zone 4	De 30 à 40 km	4,62	8,25
Zone 5	De 40 à 50 km	5,82	9,58

Article 2

La somme globale de ces indemnités ne saurait se cumuler avec une ou plusieurs indemnités ou primes ayant le même objet, existant déjà par accord de spécialités ou d'entreprises.

Cette somme globale s'y substituera toutefois, ipso facto, dès qu'elle conduira à une valeur supérieure.

Article 3

Les apprentis sous contrat travaillant sur chantiers bénéficieront de ces indemnités.

Article 4

Conformément à la législation en vigueur, l'accord sera déposé auprès des services centraux du ministère chargé du travail, à la direction des relations du travail, 39-43, quai André-Citroën, 75902 Paris Cedex 15.

Article 5

Cet accord entre en vigueur à compter du 1er janvier 2007 et sera valable jusqu'au 31 décembre 2007.

Article 6

La demande d'extention de cet accord sera déposée.

Fait à Nancy, le 10 janvier 2007.

Avenant du 20 mars 2007 Salaires (Lorraine)

(1) Texte étendu sous réserve de l'application des dispositions réglementaires portant fixation du salaire minimum interprofessionnel de croissance.

(Arrêté du 17 août 2007, art. 1er)

En vigueur étendu

En application des articles 12-8 et 12-9 des conventions collectives nationales du 8 octobre 1990, concernant les ouvriers employés par les entreprises du bâtiment non visées par le décret du 1er mars 1962, d'une part, et par les entreprises du bâtiment visées par le décret du 1er mars 1962, d'autre part ;

En application et conformément à l'accord national du 12 février 2002 sur les barèmes de salaires minima des ouvriers et ETAM du bâtiment,

il a été convenu ce qui suit :

Article 1er

Les valeurs ci-après définies correspondent à un horaire de travail mensuel de 151,67 heures.

Article 2

A compter du 1er avril 2007, la grille des salaires des ouvriers du bâtiment est la suivante (base 151,67 heures) :

(En euros.)

COEFFICIENT	SALAIRE MENSUEL	SALAIRE HORAIRE
150	1 254,31	8,27

170	1 305,29	8,61
185	1 317,90	8,69
210	1 485,90	9,80
230	1 601,89	10,56
250	1 730,91	11,41
270	1 867,69	12,31

Article 3

Cet accord est valable du 1er avril 2007 au 31 mars 2008.

Article 4

Conformément à la législation en vigueur, l'accord sera déposé auprès des services centraux du ministère chargé du travail, à la direction des relations du travail 39-43, quai André-Citroën à 75902 Paris Cedex 15.

Article 5

L'extension de cet accord sera demandée.

Article 6

Les parties signataires constatent et déplorent la lenteur habituelle de la procédure d'extension des accords paritaires. Elles interviendront, pour chacune d'entre elles, auprès des autorités compétentes pour alerter celles-ci afin de permettre d'y remédier.

Fait à Nancy, le 20 mars 2007.

Avenant n° 15 du 6 mars 2008 Salaires (Basse-Normandie)

(1) Accord étendu sous réserve de l'application, d'une part, des dispositions réglementaires portant fixation du salaire minimum interprofessionnel de croissance et, d'autre part, des dispositions de l'article L. 2241-9 du code du travail (anciennement article L. 132-12-3, alinéa 1) qui prévoient que la négociation annuelle sur les salaires vise également à définir et programmer les mesures permettant de supprimer les écarts de rémunération entre les femmes et les hommes avant le 31 décembre 2010.

(Arrêté du 29 septembre 2008, art. 1er)

La fédération française du bâtiment Basse-Normandie ;

La CAPEB Basse-Normandie ;

La chambre de l'équipement électrique du Calvados ;

La fédération Ouest des SCOP du BTP,

La CFDT ;

La CFTC ;

La CGT-FO,

Article 1
En vigueur étendu

En application de l'article XII. 8 des conventions collectives nationales du bâtiment du 8 octobre 1990 concernant les ouvriers employés par les entreprises du bâtiment non visées par le décret du 1er mars 1962, d'une part, et par les entreprises du bâtiment visées par le décret du 1er mars 1962, d'autre part, les organisations représentatives des employeurs et des salariés du bâtiment de Basse-Normandie se sont réunies et ont déterminé les salaires mensuels minimaux des ouvriers du bâtiment de la région Basse-Normandie à compter du 1er mai 2008 et du 1er octobre 2008.

Article 2

En vigueur étendu

Par dérogation à l'article XII. 8 des conventions collectives nationales du bâtiment du 8 octobre 1990 concernant les ouvriers employés par les entreprises du bâtiment non visées par le décret du 1er mars 1962, d'une part, et par les entreprises du bâtiment visées par le décret du 1er mars 1962, d'autre part, à compter du 1er mai 2008, pour la région Basse-Normandie, les parties signataires du présent accord ont fixé le barème des coefficients 150, 170, 250 et 270 des ouvriers du bâtiment pour un horaire mensuel de 151, 67 heures comme suit :

150 : 1 315, 74 € ;
170 : 1 333, 33 € ;
250 : 1 766, 80 € ;
270 : 1 881, 47 €.

A compter du 1er mai 2008, pour la région Basse-Normandie, les parties signataires du présent accord ont fixé le barème des salaires minimaux des ouvriers du bâtiment pour un horaire mensuel de 151, 67 heures comme indiqué dans le tableau ci-après :

CATÉGORIE professionnelle	COEFFICIENT	SALAIRE MENSUEL	TAUX
Niveau 1, position 1 OE1	150	1 315, 74	8, 675
Niveau 1, position 2 OE2	170	1 333, 33	8, 791
Niveau 2 OP	185	1 382, 47	9, 115
Niveau 3, position 1 CP1	210	1 524, 44	10, 051
Niveau 3, position 2 CP2	230	1 637, 73	10, 798
Niveau 4, position 1 MO1 / CE1	250	1 766, 80	11, 649
Niveau 4, position 2 MO2 / CE2	270	1 881, 47	12, 405

Les parties signataires du présent accord ont arrêté :
- la partie fixe (PF) à 332, 84 € ;
- la valeur du point (VP) à 5, 673 €.

Article 3

En vigueur étendu

Par dérogation à l'article XII. 8 des conventions collectives nationales du bâtiment du 8 octobre 1990 concernant les ouvriers employés par les entreprises du bâtiment non visées par le décret du 1er mars 1962, d'une part, et par les entreprises du bâtiment visées par le décret du 1er mars 1962, d'autre part, à compter du 1er octobre 2008, pour la région Basse-Normandie, les parties signataires du présent accord ont fixé le barème des coefficients 150, 170, 250 et 270 des ouvriers du bâtiment pour un horaire mensuel de 151, 67 heures comme suit :

150 : 1 333, 79 € ;
170 : 1 351, 53 € ;
250 : 1 791, 07 € ;
270 : 1 907, 10 €.

A compter du 1er octobre 2008, pour la région Basse-Normandie, les parties signataires du présent accord ont fixé le barème des salaires minimaux des ouvriers du bâtiment pour un horaire mensuel de 151, 67 heures comme indiqué dans le tableau ci-après :

CATÉGORIE professionnelle	COEFFICIENT	SALAIRE MENSUEL	TAUX
Niveau 1, position 1 OE1	150	1 333, 79	8, 794
Niveau 1, position 2 OE2	170	1 351, 53	8, 911
Niveau 2 OP	185	1 401, 43	9, 240
Niveau 3, position 1 CP1	210	1 545, 21	10, 188

Niveau 3, position 2 CP2	230	1 660, 18	10, 946
Niveau 4, position 1 MO1 / CE1	250	1 791, 07	11, 809
Niveau 4, position 2 MO2 / CE2	270	1 907, 10	12, 574

Les parties signataires du présent accord ont arrêté :
- la partie fixe (PF) à 337, 35 € ;
- la valeur du point (VP) à 5, 751 €.

Article 4
En vigueur étendu

Conformément aux articles L. 132-10 et R. 132-1 du code du travail, le présent accord sera adressé à la direction générale du travail (DGT), dépôt des accords collectifs à Paris 15e, et un exemplaire sera remis au secrétariat-greffe du conseil de prud'hommes de Caen.

Article 5
En vigueur étendu

Les parties signataires demandent l'extension du présent accord au ministre du travail, des relations sociales et de la solidarité.

Avenant n° 16 du 5 mars 2009 relatif aux salaires minima pour l'année 2009 (Basse-Normandie)

(1) Avenant étendu sous reserve de l'application des dispositions de l'article L. 2241-9 du code du travail qui prévoient que la négociation annuelle sur les salaires vise également à définir et programmer les mesures permettant de supprimer les écarts de rémunération entre les femmes et les hommes avant le 31 décembre 2010.

(Arrêté du 24 août 2009, art. 1er)

La fédération française du bâtiment Basse-Normandie ;

La CAPEB région Basse-Normandie ;

La chambre de l'équipement électrique du Calvados ;

La fédération Ouest des SCOP du BTP,

La CFDT ;

La CFTC ;

La CGT-FO,

Article 1
En vigueur étendu

En application de l'article XII. 8 des conventions collectives nationales du bâtiment du 8 octobre 1990 concernant les ouvriers employés par les entreprises du bâtiment non visées par le décret du 1er mars 1962, d'une part, et par les entreprises du bâtiment visées par le décret du 1er mars 1962, d'autre part, les organisations représentatives des employeurs et des salariés du bâtiment de Basse-Normandie se sont réunies et ont déterminé les salaires mensuels minima des ouvriers du bâtiment de la région Basse-Normandie à compter du 1er mai 2009 et à compter du 1er octobre 2009.

Article 2
En vigueur étendu

Par dérogation à l'article XII. 8 des conventions collectives nationales du bâtiment du 8 octobre 1990 concernant les ouvriers employés par les entreprises du bâtiment non visées par le décret du 1er mars 1962, d'une part, et par les entreprises du bâtiment visées par le décret du 1er mars 1962, d'autre part, à compter du 1er mai 2009, pour la région Basse-Normandie, les parties signataires du présent accord ont fixé le barème des coefficients 150, 170, 250 et 270 des ouvriers du bâtiment pour un horaire mensuel de 151, 67 heures comme suit :
Coefficient 150 : 1 349, 86 € ;
Coefficient 170 : 1 367, 76 € ;
Coefficient 250 : 1 812, 61 € ;
Coefficient 270 : 1 930, 00 €.
A compter du 1er mai 2009, pour la région Basse-Normandie, les parties signataires du présent accord ont fixé le barème des salaires minima des ouvriers du bâtiment pour un horaire mensuel de 151, 67 heures comme indiqué dans le tableau ci-après :

NIVEAU	CATÉGORIE PROFESSIONNELLE	COEF.	SALAIRE MENSUEL	TAUX HORAIRE
I	OE1 : Position 1	150	1 349, 86	8, 900
	OE2 : Position 2	170	1 367, 76	9, 018
II	OP	185	1 418, 27	9, 351
III	CP1 : Position 1	210	1 563, 87	10, 311
	CP2 : Position 2	230	1 680, 20	11, 078
IV	MO1 / CE1 : Position 1	250	1 812, 61	11, 951
	MO2 / CE2 : Position 2	270	1 930, 00	12, 725

Les parties signataires du présent accord ont arrêté :
- la partie fixe (PF) à 341, 73 € ;
- la valeur du point (VP) à 5, 819 €.

Article 3

En vigueur étendu

Par dérogation à l'article XII. 8 des conventions collectives nationales du bâtiment du 8 octobre 1990 concernant les ouvriers employés par les entreprises du bâtiment non visées par le décret du 1er mars 1962, d'une part, et par les entreprises du bâtiment visées par le décret du 1er mars 1962, d'autre part, à compter du 1er octobre 2009, pour la région Basse-Normandie, les parties signataires du présent accord ont fixé le barème des coefficients 150, 170, 250 et 270 des ouvriers du bâtiment pour un horaire mensuel de 151, 67 heures comme suit :
Coefficient 150 : 1 364, 57 € ;
Coefficient 170 : 1 382, 62 € ;
Coefficient 250 : 1 832, 33 € ;
Coefficient 270 : 1 951, 08 €.
A compter du 1er octobre 2009, pour la région Basse-Normandie, les parties signataires du présent accord ont fixé le barème des salaires minima des ouvriers du bâtiment pour un horaire mensuel de 151, 67 heures comme indiqué dans le tableau ci-après :

NIVEAU	CATÉGORIE PROFESSIONNELLE	COEF.	SALAIRE MENSUEL	TAUX HORAIRE
I	OE1 : Position 1	150	1 364, 57	8, 997
	OE2 : Position 2	170	1 382, 62	9, 116
II	OP	185	1 433, 74	9, 453
III	CP1 : Position 1	210	1 580, 86	10, 423
	CP2 : Position 2	230	1 698, 40	11, 198
IV	MO1 / CE1 : Position 1	250	1 832, 33	12, 081
	MO2 / CE2 : Position 2	270	1 951, 08	12, 864

Les parties signataires du présent accord ont arrêté :
- la partie fixe (PF) à 345, 50 € ;
- la valeur du point (VP) à 5, 882 €.

Article 4

En vigueur étendu

Conformément aux articles L. 132-10 et R. 132-1 du code du travail, le présent accord sera adressé à la direction générale du travail et un exemplaire sera remis au secrétariat-greffe du conseil de prud'hommes de Caen.

Article 5

En vigueur étendu

Les parties signataires demandent l'extension du présent accord au ministre des affaires sociales, du travail, de la famille, de la solidarité et de la ville.

Accord du 5 mai 2006 Salaires (Midi-Pyrénées)

Union régionale CAPEB Midi-Pyrénées ;

Fédération française du bâtiment Midi-Pyrénées ;

Fédération Sud-Ouest des SCOP du BTP.

CFDT ;

CGT ;

CGT-FO.

Rémunérations minimales à compter du 1er mai 2006 (Midi-Pyrénées)

En vigueur étendu

Article 1er

En application des articles XII.8 et XII.9 de la convention collective nationale du bâtiment du 8 octobre 1990 concernant les ouvriers employés par les entreprises du bâtiment visées par le décret du 1er mars 1962, conformément à l'accord national du 12 février 2002 relatif aux barèmes de salaires minima des ouvriers et des ETAM du bâtiment, les organisations représentatives d'employeurs et de salariés se sont réunies le vendredi 5 mai 2006 et ont déterminé les salaires mensuels minimaux des ouvriers des entreprises artisanales du bâtiment (occupant jusqu'à 10 salariés) de la région Midi-Pyrénées.

Article 2

Pour la région Midi-Pyrénées, les parties signataires du présent accord ont fixé les barèmes des salaires minimaux des ouvriers des entreprises artisanales du bâtiment occupant jusqu'à 10 salariés, applicables comme indiqué dans les tableaux ci-après.

(En euros.)

CATEGORIE	COEFFICIENT	SALAIRE MENSUEL	TAUX HORAIRE	
professionnelle		minimal	minimal	
		(pour 35 heures)		
Niveau I				
Ouvriers				
d' exécution				
- position 1	150	1 255,00	8,27	
- position 2	170	1 295,32	8,54	
Niveau II				

Ouvriers				
professionnels	185	1 369,33	9,03	
Niveau III				
- Compagnons				
professionnels				
- position 1	210	1 492,68	9,84	
- position 2	230	1 591,36	10,49	
Niveau IV				
Maitres ouvriers				
ou chefs d'équipe				
- position 1	250	1 690,04	11,14	
- position 2	270	1 788,72	11,79	

Article 3

Conformément au code du travail, le présent accord sera déposé à la direction départementale du travail et de l'emploi de la Haute-Garonne, et remis au secrétariat-greffe du conseil des prud'hommes de Toulouse. Article 4

Les parties signataires demandent l'extension du présent accord au ministre du travail et des affaires sociales.

Fait à Toulouse, le 5 mai 2006.

Accord du 3 mai 2007 Indemnités des petits déplacements (Midi-Pyrénées)

Indemnités des petits déplacements (Midi-Pyrénées)

En vigueur non étendu

Article 1er

En application des articles XII-8 et XII-9 de la convention collective nationale du 8 octobre 1990 concernant les ouvriers employés par les entreprises du bâtiment non visées par le décret du 1er mars 1962 (c'est-à-dire occupant plus de 10 salariés), d'une part, et par les entreprises du bâtiment visées par le décret du 1er mars 1962 (c'est-à-dire occupant jusqu'à 10 salariés), d'autre part, les organisations représentatives d'employeurs et de salariés de la région Midi-Pyrénées se sont réunies et ont déterminé les salaires mensuels minimaux des ouvriers du bâtiment en Midi-Pyrénées comme suit :

Indemnité de repas : 8,50 €.

(En euros.)

ZONE	INDEMNITE DE FRAIS DE	INDEMNITE DE TRAJET
	TRANSPORT	
1 A	1,02	0,91
1 B	2,48	1,67
2	4,95	3,55
3	7,36	4,52
4	9,93	6,02
5	12,71	7,63

Article 2

Le présent accord sera déposé à la direction départementale du travail et de l'emploi de la Haute-Garonne, ainsi qu'au secrétariat-greffe du conseil des prud'hommes de Toulouse.

Article 3

Les parties signataires demanderont l'extension du présent accord au ministre de l'emploi, du travail et de la cohésion sociale.

Fait à Toulouse, le 3 mai 2007.

Accord du 3 mai 2007 Salaires (Midi-Pyrénées)

La fédération française du bâtiment Midi-Pyrénées ;

La fédération régionale des SCOP BTP Sud-Ouest,

La CFDT ;

La CGT-FO,

Article 1

En vigueur étendu

En application des articles XII-8 et XII-9 de la convention collective nationale du 8 octobre 1990 concernant les ouvriers employés par les entreprises du bâtiment non visées par le décret du 1er mars 1962 (c'est-à-dire occupant plus de 10 salariés), d'une part, et par les entreprises du bâtiment visées par le décret du 1er mars 1962 (c'est-à-dire occupant jusqu'à 10 salariés), d'autre part ;
En application et conformément à l'accord national du 12 février 2002 relatif aux barèmes de salaires minimaux des ouvriers et des ETAM du bâtiment,
les organisations représentatives d'employeurs et de salariés de la région Midi-Pyrénées se sont réunies et ont déterminé les salaires mensuels minimaux des ouvriers du bâtiment en Midi-Pyrénées comme suit :

Barème des salaires

(applicable au 1er mai 2007)

(En euros.)

CATÉGORIE professionnelle	COEFFICIENT	SALAIRE MENSUEL minimal	TAUX HORAIRE minimal
Niveau I Ouvriers d'exécution : - position 1	150	1 300,00	8,57
- position 2	170	1 327,70	8,75
Niveau II Ouvriers professionnels	185	1 404,90	9,26
Niveau III Compagnons professionnels :			
- position 1	210	1 533,57	10,11
- position 2	230	1 636,51	10,79
Niveau IV Maîtres ouvriers ou chefs d'équipe :			
- position 1	250	1 739,45	11,47
- position 2	270	1 842,38	12,15

Article 2
En vigueur étendu

Conformément au code du travail, le présent accord sera déposé à la direction départementale du travail et de l'emploi de la Haute-Garonne et remis au secrétariat-greffe du conseil des prud'hommes de Toulouse.

Article 3
En vigueur étendu

Les parties signataires demanderont l'extension du présent accord au ministre de l'emploi, du travail et de la cohésion sociale.

Accord du 3 mai 2007 Indemnités des petits déplacements (Midi-Pyrénées)

Fédération française du bâtiment Midi-Pyrénées ;

Fédération régionale des SCOP BTP Sud-Ouest.

CFDT ;

CGT-FO ;

CFE-CGC.

Article 1
En vigueur étendu

En application des articles XII-8 et XII-9 de la convention collective nationale du 8 octobre 1990 concernant les ouvriers employés par les entreprises du bâtiment non visées par le décret du 1er mars 1962 (c'est-à-dire occupant plus de 10 salariés), d'une part, et par les entreprises du bâtiment visées par le décret du 1er mars 1962 (c'est-à-dire occupant jusqu'à 10 salariés), d'autre part, les organisations représentatives d'employeurs et de salariés de la région Midi-Pyrénées se sont réunies et ont déterminé les salaires mensuels minimaux des ouvriers du bâtiment en Midi-Pyrénées comme suit :
Indemnité de repas : 8,50 €.

(En euros.)

ZONE	INDEMNITÉ DE FRAIS DE TRANSPORT	INDEMNITÉ DE TRAJET
1 A	1,02	0,91
1 B	2,48	1,67
2	4,95	3,55
3	7,36	4,52
4	9,93	6,02
5	12,71	7,63

Article 2

En vigueur étendu

Le présent accord sera déposé à la direction départementale du travail et de l'emploi de la Haute-Garonne, ainsi qu'au secrétariat-greffe du conseil des prud'hommes de Toulouse.

Article 3

En vigueur étendu

Les parties signataires demanderont l'extension du présent accord au ministre de l'emploi, du travail et de la cohésion sociale.

SALAIRES Région Haute Normandie Avenant n° 8 du 5 décembre 2000

Salaires à compter du 1er avril 2001

En vigueur étendu

Article 1er

En application des articles 12-8 et 12-9 des conventions collectives nationales du bâtiment du 8 octobre 1990, concernant les ouvriers employés par les entreprises du bâtiment non visées par le décret du 1er mars 1962 d'une part, et par les entreprises du bâtiment visées par le décret du 1er mars 1962 d'autre part,

Les organisations représentatives d'employeurs et de salariés se sont réunies et ont déterminé les salaires mensuels minimaux des ouvriers du bâtiment de la région de Haute-Normandie à compter du 1er avril 2001.

Article 2

Pour la région de Haute-Normandie, les parties signataires du présent avenant n° 8 de l'accord régional du 11 janvier 1991, ont fixé le barème des salaires mensuels minimaux des ouvriers du bâtiment comme indiqué dans le tableau ci-après et conviennent que la valeur des coefficients 150 à 170 de la grille mini des ouvriers du bâtiment de Haute-Normandie sont fixés forfaitairement.

Les parties signataires du présent avenant n° 8 ont arrêté :

- la partie fixe (PF) à 2 075 F, soit 316,33 Euro ;

- la valeur du point (VP) à 29,65 F, soit 4,42 Euro.

Les salaires applicables au 1er avril 2001 sont les suivants :

CATÉGORIE	COEFF	SALAIRE MENSUEL MINI	SOIT A TITRE		
		(pour 39 heures	INDICATIF		
professionnelle		hebdomadaires)	Taux horaire mini		
			(base 169 heures)		
		(en fr.)	(en euros)	(en fr.)	(en euros)
	Niveau I				
	Ouvriers d'exécution				
- position 1	150	7 110	1 083,91	42,07	6,41
- position 2	170	7 150	1 090,01	42,31	6,45
	Niveau II				
	Ouvriers professionnels				
	185	7 560	1 152,51	44,73	6,82

	Niveau III				
	Compagnons professionnels				
- position 1	210	8 301	1 265,48	49,12	7,49
- position 2	230	8 894	1 355,88	52,63	8,02
	Niveau IV				
Maître ouvriers ou chefs d'équipes					
- position 1	250	9 487	1 447,81	56,20	8,57
- position 2	270	10 080	1 536,69	59,64	9,09

Les valeurs en euros vous sont données à titre indicatif suivant les règles de conversion.
Il est rappelé qu'aucune rémunération mensuelle brute ne doit être inférieure au taux du SMIC en vigueur. Article 3
Conformément au code du travail, le présent avenant n° 8, auquel pourra adhérer toute organisation syndicale non signataire, sera déposé au secrétariat des conseils de prud'hommes, ainsi qu'à la direction régionale du travail, de l'emploi et de la formation professionnelle.
Toute organisation non signataire adhérera au présent accord par simple déclaration au secrétariat des conseils de prud'hommes et en avisera les organisations signataires par lettre recommandée. Article 4
Les parties signataires demandent l'extension du présent avenant n° 8 au ministre du travail, de l'emploi et de la formation professionnelle.

Accord du 6 mars 2008 Indemnités de petits déplacements et valeur du point (Haute-Normandie)

La FFB Haute-Normandie ;

La CAPEB Haute-Normandie ;

La FFIE de la Seine-Maritime,

La CFTC ;

La CFDT,

En vigueur étendu

En application des dispositions du titre VIII, chapitre Ier, et de l'article 1. 3 du titre Ier des conventions collectives nationales du bâtiment du 8 octobre 1990 concernant les ouvriers employés par les entreprises du bâtiment non visées par le décret du 1er mars 1962 (plus de 10 salariés), d'une part, et par les entreprises du bâtiment visées par le décret du 1er mars 1962 (jusqu'à 10 salariés), d'autre part,
il a été convenu et arrêté ce qui suit :

Article 1

En vigueur étendu

A compter du 1er avril 2008, la valeur de référence servant au calcul des primes ou indemnités forfaitaires attribuées dans le cadre des articles 2.3 et 2.6 de la convention collective régionale du 5 avril 1993 est fixée à 0,26 €.

Article 2

En vigueur étendu

A compter du 1er avril 2008, le montant des indemnités de petits déplacements (article 2.8 de la convention collective régionale) est fixé comme suit :
Indemnité de repas : 7,80 €.
Indemnité de transport :
- zone 1A : 1,50 € ;
- zone 1B : 2,10 € ;
- zone 2 : 4,97 € ;
- zone 3 : 7,31 € ;
- zone 4 : 9,90 € ;
- zone 5 : 13,11 €.

Indemnité de trajet :
- zone 1A : 0,68 € ;
- zone 1B : 0,89 € ;
- zone 2 : 1,88 € ;
- zone 3 : 2,86 € ;
- zone 4 : 3,77 € ;
- zone 5 : 4,85 €.

Article 3

En vigueur étendu

Conformément au code du travail, le présent accord, auquel pourra adhérer toute organisation syndicale non signataire, sera déposé au secrétariat du conseil de prud'hommes de Rouen, ainsi qu'à la direction départementale du travail et de l'emploi de la Seine-Maritime.
Toute organisation non signataire pourra adhérer au présent accord par simple déclaration au secrétariat du conseil de prud'hommes de Rouen et en avisera les organisations signataires par lettre recommandée.

Article 4

En vigueur étendu

Les parties signataires demandent l'extension du présent accord régional au ministre du travail, des relations sociales et de la solidarité.

Avenant n° 13 du 6 octobre 2008 Salaires (Haute-Normandie)

(1) Texte étendu sous réserve de l'application des dispositions de l'article L. 2241-9 du code du travail qui prévoient que la négociation annuelle sur les salaires vise également à définir et programmer les mesures permettant de supprimer les écarts de rémunération entre les femmes et les hommes avant le 31 décembre 2010

(arrêté du 7 mai 2009, art. 1er).

La FFB de la Haute-Normandie ;

La CAPEB de la Haute-Normandie ;

La FFIE de la Seine-Maritime.

La CGT-FO ;

La CFTC ;

La CFDT.

Article 1

En vigueur étendu

En application des articles 12. 8 et 12. 9 des conventions collectives nationales du bâtiment du 8 octobre 1990, concernant les ouvriers employés par les entreprises du bâtiment non visées par le décret du 1er mars 1962, d'une part, et par les entreprises du bâtiment visées par le décret du 1er mars 1962, d'autre part, et conformément à l'accord du 12 février 2002 sur les barèmes des salaires minima des ouvriers et des ETAM du bâtiment, les organisations représentatives d'employeurs et de salariés se sont réunies et ont déterminé les salaires mensuels minimaux des ouvriers du bâtiment de la région Haute-Normandie.

Article 2

En vigueur étendu

Les parties signataires du présent avenant n° 13 de l'accord régional du 11 janvier 1991 ont fixé le barème des salaires mensuels minimaux des ouvriers du bâtiment comme indiqué dans le tableau ci-après, applicable au 1er janvier 2009.
Base : 151,67 heures par mois, 35 heures par semaine.

(En euros.)

CATÉGORIE	COEFFICIENT	SALAIRE MENSUEL
Niveau I		
Ouvriers d'exécution		
- position 1	150	1 330
- position 2	170	1 340
Niveau II		
Ouvriers professionnels	185	1 420
Niveau III		

Compagnons professionnels		
- position 1	210	1 530
- position 2	230	1 635
Niveau IV		
Maîtres ouvriers ou chefs d'équipe		
- position 1	250	1 775
- position 2	270	1 890

Il est rappelé qu'aucune rémunération mensuelle brute ne doit être inférieure au SMIC en vigueur.

Article 3

En vigueur étendu

Conformément au code du travail, le présent avenant n° 13, auquel pourra adhérer toute organisation syndicale non signataire, sera déposé au secrétariat des conseils de prud'hommes ainsi qu'à la direction régionale du travail, de l'emploi et de la formation professionnelle.

Toute organisation non signataire adhérera au présent accord par simple déclaration au secrétariat des conseils de prud'hommes et en avisera les organisations signataires par lettre recommandée.

(1) Article étendu sous réserve de l'application des dispositions de l'article L. 2261-3, alinéa 3, du code du travail (arrêté du 7 mai 2009, art. 1er).

Article 4

En vigueur étendu

Les parties signataires conviennent que si pendant la durée d'application de cet accord des modifications législatives, conventionnelles ou réglementaires étaient mises en place et influaient sur le calcul des salaires minima, il conviendrait, à la demande de l'une des parties, de se réunir et, le cas échéant, de renégocier les valeurs des salaires minima ouvriers fixées ce jour forfaitairement.

Article 5

En vigueur étendu

Les parties signataires demandent l'extension du présent avenant n° 13 au ministre du travail, des relations sociales, de la famille et de la solidarité.

Accord du 6 octobre 2008 Indemnités de petits déplacements et valeur de référence (Haute-Normandie)

La FFB de la Haute-Normandie ;

La CAPEB de la Haute-Normandie ;

La FFIE de la Seine-Maritime.

La CFTC ;

La CFDT.

En vigueur étendu

En application des dispositions du titre VIII du chapitre I et de l'article 1. 3 du titre Ier des conventions collectives nationales du bâtiment du 8 octobre 1990 concernant les ouvriers employés par les entreprises du bâtiment non visées par le décret du 1er mars 1962 (+ de 10 salariés), d'une part, et par les entreprises du bâtiment visées par le décret du 1er mars 1962 (jusqu'à 10 salariés), d'autre part.

Article 1

En vigueur étendu

A compter du 1er janvier 2008, la valeur de référence servant au calcul des primes ou indemnités forfaitaires attribuées dans le cadre des articles 2.3 et 2.6 de la convention collective régionale du 5 avril 1993 est fixée à 0,26 €.

Article 2

En vigueur étendu

A compter du 1er janvier 2009, le montant des indemnités de petits déplacements (art. 2.8 de la convention collective régionale) est fixé comme suit :
Indemnité de repas : 8,25 €.
Indemnité de transport :
- zone 1 A : 1,55 € ;
- zone 1 B : 2,17 € ;
- zone 2 : 5,14 € ;
- zone 3 : 7,56 € ;
- zone 4 : 10,24 € ;
- zone 5 : 13,57 €.
Indemnité de trajet :
- zone 1 A : 0,70 € ;
- zone 1 B : 0,92 € ;
- zone 2 : 1,94 € ;
- zone 3 : 2,95 € ;
- zone 4 : 3,88 € ;
- zone 5 : 5,00 €.

Article 3
En vigueur étendu

Conformément au code du travail, le présent accord, auquel pourra adhérer toute organisation syndicale non signataire, sera déposé au secrétariat du conseil de prud'hommes de Rouen ainsi qu'à la direction départementale du travail et de l'emploi de la Seine-Maritime.
Toute organisation non signataire pourra adhérer au présent accord par simple déclaration au secrétariat du conseil de prud'hommes de Rouen et en avisera les organisations signataires par lettre recommandée.

Article 4
En vigueur étendu

Les parties signataires demandent l'extension du présent accord régional au ministre du travail, des relations sociales, de la famille et de la solidarité.

Accord du 30 novembre 2006 Indemnités de petits déplacements (Nord - Pas-de-Calais)

La fédération française du bâtiment Nord Pas-de-Calais ;

La chambre syndicale des installateurs électriciens du Nord - Pas-de-Calais.

L'intersyndicale du bâtiment et des travaux publics CGT-FO ;

L'union régionale construction bois CFDT,

Indemnités de petits déplacements à compter du 1er janvier 2007 (Nord - Pas-de-Calais)

En vigueur étendu
Article 1er

En application du titre VIII, chapitre Ier, de la convention collective nationale du bâtiment du 8 octobre 1990 (étendue par arrêté ministériel du 12 février 1991), concernant les ouvriers employés par les entreprises du bâtiment visées par le décret du 1er mars 1962, les montants des indemnités de petits déplacements des ouvriers du bâtiment de la région Nord - Pas-de-Calais sont les suivants, à compter du 1er janvier 2007.

Indemnité de repas.

L'indemnité de repas est fixée à 8,20 €.

Indemnité de transport :

Zone 1 : 1,20 €.

Zone 2 : 3,52 €.

Zone 3 : 5,73 €.

Zone 4 : 7,99 €.

Zone 5 : 10,24 €.

Indemnité de trajet :

Zone 1 : 1,12 €.

Zone 2 : 1,69 €.

Zone 3 : 3,04 €.

Zone 4 : 4,46 €.

Zone 5 : 5,57 €.

Article 2

Conformément au code du travail, le texte du présent accord sera déposé à la direction générale du travail et de l'emploi de Paris et au greffe du conseil des prud'hommes de Tourcoing.

Les parties signataires demandent l'extension du présent accord au ministère du travail, de l'emploi et de la formation professionnelle.

Fait à Marcq-en-Baroeul, le 30 novembre 2006.

Accord du 30 novembre 2006 Salaires (Nord - Pas-de-Calais)

La fédération française du bâtiment Nord - Pas-de-Calais ;

La chambre syndicale des installateurs électriciens du Nord - Pas-de-Calais,

L'intersyndicale du bâtiment et des travaux publics CGT-FO ;

L'union régionale construction bois CFDT,

Salaires minimaux à compter du 1er janvier 2007 (Nord - Pas-de-Calais)

En vigueur étendu

Article 1er

En application de l'article XII.8 de la convention collective nationale du bâtiment du 8 octobre 1990 (étendue par arrêté ministériel du 12 février 1991) concernant les ouvriers employés par les entreprises du bâtiment visées par le décret du 1er mars 1962, les parties signataires du présent accord ont arrêté, à compter du 1er janvier 2007 :

Niveau I, coefficient 150 : 1 290,00 € ;

Niveau I, coefficient 170 :

- partie fixe (PF) : 200 € ;

- valeur du point (VP) : 6,60446 €.

Niveau II :

- partie fixe (PF) : 200 € ;

- valeur du point (VP) : 6,42603 €.

Niveaux III et IV :

- partie fixe (PF) : 200 € ;

- valeur du point (VP) : 6,29294 €.

Article 2

Le barème des salaires minimaux mensuels base 151,67 heures, en application de l'article 1er est le suivant à compter du 1er janvier 2007 :

Niveau I :

- coefficient 150 : 1 290 € ;

- coefficient 170 : 1 322,76 €.

Niveau II :

- coefficient 185 : 1 388,82 €.

Niveau III :

- coefficient 210 : 1 521,52 € ;

- coefficient 230 : 1 647,38 €.

Niveau IV :

- coefficient 250 : 1 773,24 € ;

- coefficient 270 : 1 899,09 €.

Article 3

Conformément au code du travail, le présent accord sera déposé à la direction générale du travail de Paris et au greffe du conseil de prud'hommes de Tourcoing.

Les parties signataires demandent l'extension du présent accord au ministère du travail, de l'emploi et de la formation professionnelle.

SALAIRES Région parisienne Avenant 142 du 29 janvier 1993

Salaires à compter du 1er mars 1993.

En vigueur étendu

Article 1

En application des articles 12-8 et 12-9 des conventions collectives nationales du bâtiment du 8 octobre 1990 concernant les ouvriers employés par les entreprises du bâtiment non visées par le décret du 1er mars 1962, d'une part, et par les entreprises du bâtiment visées par le décret du 1er mars 1962, d'autre part, les organisations représentatives d'employeurs et de salariés se sont réunies et ont déterminé les revalorisations des salaires mensuels minimaux des ouvriers du bâtiment de la région parisienne.

Article 2

Les parties signataires du présent accord ont arrêté, à compter du 1er mars 1993 :

- la valeur du point (V.P.) à 32,95 F pour le coefficient 150, 32,30 F pour tous les autres coefficients ;

- la partie fixe (P.F.) à 825 F pour tous les coefficients.

Elles ont fixé le barème de salaires minimaux des ouvriers du bâtiment comme indiqué dans le tableau ci-après :

NIVEAU I OUVRIERS D'EXÉCUTION :
POSITION 1 :
coefficient 150
salaire :5 767,50 F
taux (+) : 34,127 F
POSITION 2 :
coefficient 170
salaire : 6 316,00 F
taux : 37,372 F

NIVEAU II OUVRIERS PROFESSIONNELS :
coefficient 185
salaire : 6 800,50 F
taux : 40,239 F

NIVEAU III COMPAGNONS PROFESSIONNELS :
POSITION 1 :
coefficient 210
salaire : 7 608,00 F
taux : 45,017 F
POSITION 2 :
coefficient 230
salaire : 8 254,00 F
taux : 48,840 F

NIVEAU IV MAÎTRES OUVRIERS OU CHEFS D'ÉQUIPE :
POSITION 1 :
coefficient 250
salaire : 8 900,00 F
taux : 52,662 F
POSITION 2 :
coefficient 270
salaire : 9 546,00 F
taux : 56,485 F

(+) Taux horaire minimal en francs.
Article 3

Les parties signataires du présent accord ont arrêté à compter du 1er octobre 1993 pour tous les coefficients :

- la valeur du point (V.P.) à : 32,95 F ;

- la partie fixe (P.F.) à : 825 F.

Elles ont fixé le barème des salaires minimaux des ouvriers du bâtiment comme indiqué dans le tableau ci-après :

NIVEAU I OUVRIERS D'EXÉCUTION :
POSITION 1 :
coefficient 150
salaire :5 767,50 F
taux (+) : 34,127 F
POSITION 2 :
coefficient 170
salaire : 6 426,50 F
taux : 38,026 F

NIVEAU II OUVRIERS PROFESSIONNELS :
coefficient 185
salaire : 6 920,75 F
taux : 40,951 F

NIVEAU III COMPAGNONS PROFESSIONNELS :
POSITION 1 :
coefficient 210
salaire : 7 744,50 F

taux : 45,825 F
POSITION 2 :
coefficient 230
salaire : 8 403,50 F
taux : 49,724 F

NIVEAU IV MAÎTRES OUVRIERS OU CHEFS D'ÉQUIPE :
POSITION 1 :
coefficient 250
salaire : 9 062,50 F
taux : 53,624 F
POSITION 2 :
coefficient 270
salaire : 9 721,50 F
taux : 57,523 F

(+) Taux horaire minimal en francs.
Article 4

Les parties conviennent de se rencontrer à nouveau dans le courant du mois de novembre 1993.
Article 5
Indemnité de repas

Le paragraphe a de l'article 8 de la convention de la région parisienne annexe C 10 " Ouvriers " est modifié comme suit :
a) Indemnité de repas

Le montant de l'indemnité de repas, qui est le même quelle que soit la zone concentrique dans laquelle se situe le chantier, est fixé à :

- 40 F à compter du 1er mars 1993.

Avenant n° 13 du 16 février 2006 Salaires (Basse-Normandie)

En vigueur étendu

Article 1er

En application de l'article 12.8 des conventions collectives nationales du bâtiment du 8 octobre 1990, concernant les ouvriers employés par les entreprises du bâtiment non visées par le décret du 1er mars 1962, d'une part, et par les entreprises du bâtiment visées par le décret du 1er mars 1962, d'autre part, les organisations représentatives des employeurs et des salariés du bâtiment de Basse-Normandie se sont réunies et ont déterminé les salaires mensuels minimaux des ouvriers du bâtiment de la région Basse-Normandie à compter du 1er mai 2006 et à compter du 1er octobre 2006.

Article 2

Par dérogation à l'article 12.8 des conventions collectives nationales du bâtiment du 8 octobre 1990, concernant les ouvriers employés par les entreprises du bâtiment non visées par le décret du 1er mars 1962, d'une part, et par les entreprises du bâtiment visées par le décret du 1er mars 1962, d'autre part, à compter du 1er mai 2006, pour la région Basse-Normandie, les parties signataires du présent accord ont fixé le barème des coefficients 150, 170, 250 et 270 des ouvriers du bâtiment pour un horaire mensuel de 151,67 heures comme suit :

150 : 1 241,12 € ;

170 : 1 257,80 € ;

250 : 1 653,96 € ;

270 : 1 761,19 €.

A compter du 1er mai 2006, pour la région Basse-Normandie, les parties signataires du présent accord ont fixé le barème des salaires minimaux des ouvriers du bâtiment pour un horaire mensuel de 151,67 heures comme indiqué dans le tableau ci-après :

(En euros.)

CATEGORIE	COEF.	SALAIRE MENSUEL	TAUX	
professionnelle		pour 151,67 h	horaire	

Niveau I				
Ouvrier d'exécution				
- position 1	150	1 241,12	8,183	
- position 2	170	1 257,80	8,293	
Niveau II				
Ouvrier professionnel	185	1 298,80	8,564	
Niveau III				
Compagnon professionnel				
- position 1	210	1 432,37	9,444	
- position 2	230	1 539,00	10,147	
Niveau IV				
Maître ouvrier ou chef				
d'équipe				
- position 1	250	1 653,96	10,905	
- position 2	270	1 761,19	11,612	

Les parties signataires du présent accord ont arrêté :

- la partie fixe (PF) à : 311,91 € ;

- la valeur du point (VP) à : 5,335 €.

Article 3

Par dérogation à l'article 12.8 des conventions collectives nationales du bâtiment du 8 octobre 1990, concernant les ouvriers employés par les entreprises du bâtiment non visées par le décret du 1er mars 1962, d'une part, et par les entreprises du bâtiment visées par le décret du 1er mars 1962, d'autre part, à compter du 1er octobre 2006, pour la région Basse-Normandie, les parties signataires du présent accord ont fixé le barème des coefficients 150, 170, 250 et 270 des ouvriers du bâtiment pour un horaire mensuel de 151,67 heures comme suit :

150 : 1 255,83 € ;

170 : 1 272,66 € ;

250 : 1 676,71 € ;

270 : 1 785,46 €.

A compter du 1er octobre 2006, pour la région Basse-Normandie, les parties signataires du présent accord ont fixé le barème des salaires minimaux des ouvriers du bâtiment pour un horaire mensuel de 151,67 heures comme indiqué dans le tableau ci-après :

(En euros.)

CATEGORIE	COEF.	SALAIRE MENSUEL	TAUX	
professionnelle		pour 151,67 h	horaire	
Niveau I				
Ouvrier d'exécution				
- position 1	150	1 255,83	8,280	
- position 2	170	1 272,66	8,391	
Niveau II				
Ouvrier professionnel	185	1 314,87	8,666	
Niveau III				
Compagnon professionnel				
- position 1	210	1 449,36	9,556	
- position 2	230	1 557,20	10,267	
Niveau IV				
Maître ouvrier ou chef				
d'équipe				
- position 1	250	1 676,71	11,055	
- position 2	270	1 785,46	11,772	

Les parties signataires du présent accord ont arrêté :

- la partie fixe (PF) à : 315,60 € ;

- la valeur du point (VP) à : 5,398 €.

Article 4

Conformément au code du travail, le présent accord sera déposé à la direction départementale du travail et de l'emploi du Calvados et remis au secrétariat-greffe du conseil de prud'hommes de Caen.

Article 5

Les parties signataires demandent l'extension du présent accord au ministre des affaires sociales, du travail et de la solidarité.

Fait à Caen, le 16 février 2006.

En vigueur non étendu

Article 1er

En application de l'article 12.8 des conventions collectives nationales du bâtiment du 8 octobre 1990, concernant les ouvriers employés par les entreprises du bâtiment non visées par le décret du 1er mars 1962, d'une part, et par les entreprises du bâtiment visées par le décret du 1er mars 1962, d'autre part, les organisations représentatives des employeurs et des salariés du bâtiment de Basse-Normandie se sont réunies et ont déterminé les salaires mensuels minimaux des ouvriers du bâtiment de la région Basse-Normandie à compter du 1er mai 2006 et à compter du 1er octobre 2006.

Article 2

Par dérogation à l'article 12.8 des conventions collectives nationales du bâtiment du 8 octobre 1990, concernant les ouvriers employés par les entreprises du bâtiment non visées par le décret du 1er mars 1962, d'une part, et par les entreprises du bâtiment visées par le décret du 1er mars 1962, d'autre part, à compter du 1er mai 2006, pour la région Basse-Normandie, les parties signataires du présent accord ont fixé le barème des coefficients 150, 170, 250 et 270 des ouvriers du bâtiment pour un horaire mensuel de 151,67 heures comme suit :

150 : 1 241,12 € ;

170 : 1 257,80 € ;

250 : 1 653,96 € ;

270 : 1 761,19 €.

A compter du 1er mai 2006, pour la région Basse-Normandie, les parties signataires du présent accord ont fixé le barème des salaires minimaux des ouvriers du bâtiment pour un horaire mensuel de 151,67 heures comme indiqué dans le tableau ci-après :

CATEGORIE	COEF.	SALAIRE MENSUEL	TAUX	
professionnelle		pour 151,67 h	horaire	
Niveau I				
Ouvrier d'exécution				
- position 1	150	1 241,12	8,183	
- position 2	170	1 257,80	8,293	
Niveau II				
Ouvrier professionnel	185	1 298,80	8,564	
Niveau III				
Compagnon professionnel				
- position 1	210	1 432,37	9,444	
- position 2	230	1 539,00	10,147	
Niveau IV				
Maître ouvrier ou chef				
d'équipe				
- position 1	250	1 653,96	10,905	
- position 2	270	1 761,19	11,612	

Les parties signataires du présent accord ont arrêté :

- la partie fixe (PF) à : 311,91 € ;

- la valeur du point (VP) à : 5,335 €.

Article 3

Par dérogation à l'article 12.8 des conventions collectives nationales du bâtiment du 8 octobre 1990, concernant les ouvriers employés par les entreprises du bâtiment non visées par le décret du 1er mars 1962, d'une part, et par les entreprises du bâtiment visées par le décret du 1er mars 1962, d'autre part, à compter du 1er octobre 2006, pour la région Basse-Normandie, les parties signataires du présent accord ont fixé le barème des coefficients 150, 170, 250 et 270 des ouvriers du bâtiment pour un horaire mensuel de 151,67 heures comme suit :

150 : 1 255,83 € ;

170 : 1 272,66 € ;

250 : 1 676,71 € ;

270 : 1 785,46 €.

A compter du 1er octobre 2006, pour la région Basse-Normandie, les parties signataires du présent accord ont fixé le barème des salaires minimaux des ouvriers du bâtiment pour un horaire mensuel de 151,67 heures comme indiqué dans le tableau ci-après :

CATEGORIE	COEF.	SALAIRE MENSUEL	TAUX	
professionnelle		pour 151,67 h	horaire	
Niveau I				
Ouvrier d'exécution				
- position 1	150	1 255,83	8,280	
- position 2	170	1 272,66	8,391	
Niveau II				
Ouvrier professionnel	185	1 314,87	8,666	
Niveau III				
Compagnon professionnel				
- position 1	210	1 449,36	9,556	
- position 2	230	1 557,20	10,267	
Niveau IV				

Maître ouvrier ou chef				
d'équipe				
- position 1	250	1 676,71	11,055	
- position 2	270	1 785,46	11,772	

Les parties signataires du présent accord ont arrêté :

- la partie fixe (PF) à : 315,60 € ;

- la valeur du point (VP) à : 5,398 €.

Article 4

Conformément au code du travail, le présent accord sera déposé à la direction départementale du travail et de l'emploi du Calvados et remis au secrétariat-greffe du conseil de prud'hommes de Caen.

Article 5

Les parties signataires demandent l'extension du présent accord au ministre des affaires sociales, du travail et de la solidarité.

Fait à Caen, le 16 février 2006.

Avenant n° 14 du 1 mars 2007 Salaires (Basse-Normandie)

En vigueur étendu

Article 1er

En application de l'article 12.8 des conventions collectives nationales du bâtiment du 8 octobre 1990 concernant les ouvriers employés par les entreprises du bâtiment non visées par le décret du 1er mars 1962, d'une part, et par les entreprises du bâtiment visées par le décret du 1er mars 1962, d'autre part, les organisations représentatives des employeurs et des salariés du bâtiment de Basse-Normandie se sont réunies et ont déterminé les salaires mensuels minimaux des ouvriers du bâtiment de la région Basse-Normandie à compter du 1er mai 2007 et à compter du 1er octobre 2007.

Article 2

Par dérogation à l'article 12.8 des conventions collectives nationales du bâtiment du 8 octobre 1990 concernant les ouvriers employés par les entreprises du bâtiment non visées par le décret du 1er mars 1962, d'une part, et par les entreprises du bâtiment visées par le décret du 1er mars 1962, d'autre part, à compter du 1er mai 2007, pour la région Basse-Normandie, les parties signataires du présent accord ont fixé le barème des coefficients 150, 170, 250 et 270 des ouvriers du bâtiment pour un horaire mensuel de 151,67 heures comme suit :

(En euros.)

COEFFICIENT	SALAIRE
150	1 278,58
170	1 295,72
250	1 706,89
270	1 817,61

A compter du 1er mai 2007, pour la région Basse-Normandie, les parties signataires du présent accord ont fixé le barème des salaires minimaux des ouvriers du bâtiment pour un horaire mensuel de 151,67 heures comme indiqué dans le tableau ci-après :

(En euros.)

CATEGORIE professionnelle	COEF.	SALAIRE MENSUEL MINIMAL	TAUX horaire minimal	
Niveau I				
Ouvrier d'exécution				
- position 1	150	1 278,58	8,530	
- position 2	170	1 295,72	8,543	
Niveau II				
Ouvrier professionnel	185	1 338,03	8,822	
Niveau III				
Compagnon professionnel				
- position 1	210	1 475,60	9,729	
- position 2	230	1 585,25	10,452	
Niveau IV				
Maître ouvrier ou chef d'équipe				
- position 1	250	1 706,89	11,254	
- position 2	270	1 817,61	11,984	

Les parties signataires du présent accord ont arrêté :

- la partie fixe (PF) à 321,76 € ;

- la valeur du point (VP) à 5,493 €.

Article 3

Par dérogation à l'article 12.8 des conventions collectives nationales du bâtiment du 8 octobre 1990 concernant les ouvriers employés par les entreprises du bâtiment non visées par le décret du 1er mars 1962, d'une part, et par les entreprises du bâtiment visées par le décret du 1er mars 1962, d'autre part, à compter du 1er octobre 2007, pour la région Basse-Normandie, les parties signataires du présent accord ont fixé le barème des coefficients 150, 170, 250 et 270 des ouvriers du bâtiment pour un horaire mensuel de 151,67 heures comme suit :

(En euros.)

COEFFICIENT	SALAIRE
150	1 287,37
170	1 304,51
250	1 728,73
270	1 840,82

A compter du 1er octobre 2007, pour la région Basse-Normandie, les parties signataires du présent accord ont fixé le barème des salaires minimaux des ouvriers du bâtiment pour un horaire mensuel de 151,67 heures comme indiqué dans le tableau ci-après :

(En euros.)

CATEGORIE professionnelle	COEF.	SALAIRE MENSUEL MINIMAL	TAUX horaire minimal	
Niveau I				
Ouvrier d'exécution				
- position 1	150	1 287,37	8,488	
- position 2	170	1 304,51	8,601	

Niveau II				
Ouvrier professionnel	185	1 352,59	8,918	
Niveau III				
Compagnon professionnel				
- position 1	210	1 491,52	9,834	
- position 2	230	1 602,39	10,565	
Niveau IV				
Maître ouvrier ou chef				
d'équipe				
- position 1	250	1 728,73	11,398	
- position 2	270	1 840,82	12,137	

Les parties signataires du présent accord ont arrêté :

- la partie fixe (PF) à 325,23 € ;

- la valeur du point (VP) à 5,553 €.

Article 4

Conformément au code du travail, le présent accord sera déposé à la direction départementale du travail et de l'emploi du Calvados et remis au secrétariat-greffe du conseil de prud'hommes de Caen.

Article 5

Les parties signataires demandent l'extension du présent accord au ministre des affaires sociales, du travail et de la solidarité.

Fait à Caen, le 1er mars 2007.

Accord du 25 avril 2006 Salaires (Haute-Normandie)

Salaires (Haute-Normandie)

En vigueur étendu

Article 1er

En application des articles 12-8 et 12-9 des conventions collectives nationales du bâtiment du 8 octobre 1990, concernant les ouvriers employés par les entreprises du bâtiment non visées par le décret du 1er mars 1962, d'une part, et par les entreprises du bâtiment visées par le décret du 1er mars 1962, d'autre part, et conformément à l'accord du 12 février 2002 sur les barèmes des salaires minima des ouvriers et des ETAM du bâtiment, les organisations représentatives d'employeurs et de salariés se sont réunies et ont déterminé, les salaires mensuels minimaux des ouvriers du bâtiment de la région Haute-Normandie.

Article 2

Les parties signataires du présent avenant n° 11 de l'accord régional du 11 janvier 1991 ont fixé le barème des salaires mensuels minimaux des ouvriers du bâtiment comme indiqué dans le tableau ci-après, applicable au 1er juin 2006 et au 1er octobre 2006.

(En euros.)

CATEGORIE	COEFFICIENT	SALAIRE MENSUEL MINIMAL		
professionnelle		base 151,67 heures/mois		
		35 (heures/semaine)		
		Au	Au	

		01/06/2006	01/10/2006	
NIVEAU I				
Ouvriers d'exécution				
- position 1	150	1 218	1 245	
- position 2	170	1 225	1 255	
NIVEAU II				
Ouvriers professionnels	185	1 275	1 320	
NIVEAU III				
Compagnons				
professionnels				
- position 1	210	1 383	1 426	
- position 2	230	1 490	1 534	
NIVEAU IV				
Maitres ouvriers ou				
chefs d'équipe				
- position 1	250	1 613	1 666	
- position 2	270	1 713	1 773	

Rappel : aucune rémunération mensuelle brute ne doit être inférieure au SMIC en vigueur.

Article 3

Conformément au code du travail, le présent avenant n° 11, auquel pourra adhérer toute organisation syndicale non signataire, sera déposé au secrétariat des conseils de prud'hommes, ainsi qu'à la direction régionale du travail, de l'emploi et de la formation professionnelle.

Toute organisation non signataire adhérera au présent accord par simple déclaration au secrétariat des conseils de prud'hommes et en avisera les organisations signataires par lettre recommandée.

Article 4

Les parties signataires conviennent que si pendant la durée d'application de cet accord des modifications législatives, conventionnelles ou réglementaires étaient mises en place et influaient sur le calcul des salaires minimaux, il conviendrait, à la demande de l'une des parties, de se réunir et, le cas échéant, de renégocier les valeurs des salaires minimaux ouvriers fixées ce jour forfaitairement.

Article 5

Les parties signataires demandent l'extension du présent avenant n° 11 au ministre du travail, de l'emploi et de la formation professionnelle.

Fait à Mont-Saint-Aignan, le 25 avril 2006.

Accord du 25 avril 2006 Indemnités de petits déplacements (Haute-Normandie)

Indemnités de petits déplacements (Haute-Normandie)

En vigueur étendu

En application des dispositions du titre VIII, chapitre Ier, et de l'article 1.3 du titre Ier des conventions collectives nationales du bâtiment du 8 octobre 1990 concernant les ouvriers employés par les entreprises du bâtiment non visées par le décret du 1er mars 1962 (plus de 10 salariés), d'une part, et par les entreprises du bâtiment visées par le décret du 1er mars 1962 (jusqu'à 10 salariés), d'autre part :

il a été convenu ce qui suit :

Article 1er

A compter du 1er octobre 2006, la valeur de référence servant au calcul des primes ou indemnités forfaitaires attribuées dans le cadre des articles 2.3 et 2.6 de la convention collective régionale du 5 avril 1993 est fixée à :

VR = 0,25 €.

Article 2

A compter du 1er octobre 2006, le montant des indemnités de petits déplacements (art. 2.8 de la convention collective régionale) est fixé comme suit :

- indemnité de repas : 7,30 € ;

- indemnité de transport :

- zone 1 A : 1,43 € ;

- zone 1 B : 2 € ;

- zone 2 : 4,73 € ;

- zone 3 : 6,96 € ;

- zone 4 : 9,43 € ;

- zone 5 : 12,49 € ;

- indemnité de trajet :

- zone 1 A : 0,65 € ;

- zone 1 B : 0,85 € ;

- zone 2 : 1,79 € ;

- zone 3 : 2,72 € ;

- zone 4 : 3,59 € ;

- zone 5 : 4,62 €.

Article 3

Conformément au code du travail, le présent accord, auquel pourra adhérer toute organisation syndicale non signataire, sera déposé au secrétariat du conseil de prud'hommes de Rouen, ainsi qu'à la direction départementale du travail et de l'emploi de Seine-Maritime.

Toute organisation non signataire pourra adhérer au présent accord par simple déclaration au secrétariat du conseil de prud'hommes de Rouen et en avisera les organisations signataires par lettre recommandée.

Article 4

Les parties signataires demandent l'extension du présent accord régional au ministre du travail, de l'emploi et de la formation professionnelle.

Fait à Mont-Saint-Aignan, le 25 avril 2006.

Avenant n° 12 du 5 juillet 2007 Salaires (Haute-Normandie)

(1) Texte étendu sous réserve du respect des dispositions de l'article L. 132-12-3 du code du travail (arrêté du 6 décembre 2007, art. 1er).

La FFB de Haute-Normandie ;

La CAPEB Haute-Normandie ;

La FFIE 76,

La CFTC ;

La CFDT,

Article 1

En vigueur étendu

En application des articles XII. 8 et XII. 9 des conventions collectives nationales du bâtiment du 8 octobre 1990 concernant les ouvriers employés par les entreprises du bâtiment non visées par le décret du 1er mars 1962, d'une part, et par les entreprises du bâtiment visées par le décret du 1er mars 1962, d'autre part, et conformément à l'accord du 12 février 2002 sur les barèmes des salaires minimaux, des ouvriers et des ETAM du bâtiment, les organisations représentatives d'employeurs et de salariés se sont réunies et ont déterminé les salaires mensuels minimaux des ouvriers du bâtiment de la région Haute-Normandie.

Article 2

En vigueur étendu

Les parties signataires du présent avenant n° 12 de l'accord régional du 11 janvier 1991 ont fixé le barème des salaires mensuels minimaux des ouvriers du bâtiment comme indiqué dans le tableau ci-après, applicable au 1er janvier 2008.
Tableau non reproduit - voir BO conventions collectives 2007-41
Rappel : aucune rémunération mensuelle brute ne doit être inférieure au SMIC en vigueur.

Article 3

En vigueur étendu

Conformément au code du travail, le présent avenant n° 11, auquel pourra adhérer toute organisation syndicale non signataire, sera déposé au secrétariat des conseils de prud'hommes, ainsi qu'à la direction régionale du travail de l'emploi et de la formation professionnelle.
Toute organisation non signataire adhérera au présent accord par simple déclaration au secrétariat des conseils de prud'hommes et en avisera les organisations signataires par lettre recommandée.

Article 4

En vigueur étendu

Les parties signataires conviennent que si pendant la durée d'application de cet accord des modifications législatives, conventionnelles ou réglementaires étaient mises en place et influaient sur le calcul des salaires minimaux, il conviendrait, à la demande de l'une des parties, de se réunir et, le cas échéant, de renégocier les valeurs des salaires minimaux ouvriers fixées ce jour forfaitairement.

Article 5

En vigueur étendu

Les parties signataires demandent l'extension du présent avenant n° 12 au ministre du travail, des relations sociales et de la solidarité.

SALAIRES Région Picardie Accord du 31 mars 1999

Prime d'outillage des ouvriers du bâtiment à compter du 1er avril 1999.

En vigueur non étendu

Article 1er

En application de l'article 1.3 des conventions collectives nationales du bâtiment du 8 octobre 1990 (étendues par arrêtés ministériels du 8 février 1991 et du 12 février 1991), concernant les ouvriers employés par les entreprises du bâtiment non visées par le décret du 1er mars 1962, d'une part, et par les entreprises du bâtiment visées par le décret du 1er mars 1962, d'autre part, les organisations représentatives d'employeurs et de salariés se sont réunies et ont déterminé le montant de la prime d'outillage des ouvriers du bâtiment de la région Picardie.

Article 2

En application de l'article 1.3 des conventions collectives nationales précitées ;

En application de l'article 32 de l'accord régional de Picardie du 1er août 1979,

Les parties signataires du présent accord ont fixé le montant de la prime d'outillage des ouvriers du bâtiment de Picardie comme indiqué ci-après :

- 1re catégorie : 32 F ;

- 2e catégorie : 64 F ;

- 3e catégorie : 96 F.

Article 3

Le présent barème de prime d'outillage entrera en application à compter du 1er avril 1999.

SALAIRES Région Picardie Accord du 10 avril 2001

La fédération française du bâtiment de Picardie ;
L'union régionale des sociétés coopératives ouvrières de production de Picardie ;
L'union régionale CAPEB de Picardie,

L'union régionale de Picardie CFDT ;
L'union régionale de Picardie CFTC ;
L'union régionale des syndicats Force ouvrière de Picardie,

Salaires des ouvriers du bâtiment à compter du 1er avril et 1er octobre 2001.

En vigueur étendu

Article 1er

En application des articles 12.8 et 12.9 des conventions collectives nationales du bâtiment du 8 octobre 1990 (étendues par arrêtés ministériels du 8 février 1991 et du 12 février 1991), concernant les ouvriers employés par les entreprises du bâtiment non visées par le décret du 1er mars 1962, d'une part, et par les entreprises du bâtiment visées par le décret du 1er mars 1962, d'autre part, les organisations représentatives d'employeurs et de salariés se sont réunies et ont déterminé les salaires mensuels minimaux des ouvriers du bâtiment de la région Picardie.

Article 2

Pour la région Picardie, les parties signataires du présent accord ont fixé les barèmes des salaires minimaux des ouvriers du bâtiment comme indiqué dans les tableaux ci-après :

CATÉGORIE		(1)	(2)	
professionnelle	COEFF.			
Niveau I				
Ouvriers				
d'exécution				
- Position 1	150	7 101,38(*)	SMIC	
- Position 2	170	7 158,46	42,36	

Niveau II				
Ouvriers				
professionnels	185	7 288,86	43,13	
Niveau III				
Compagnons				
professionnels				
- Position 1	210	7 873,10	46,59	
- Position 2	230	8 420,48	49,83	
Niveau IV				
Maîtres ouvriers				
ou chefs d'équipe				
- Position 1	250	8 967,86	53,06	
- Position 2	270	9 515,26	56,30	
(*) SMIC				

Les salaires ci-dessus comprennent des majorations exceptionnelles pour les coefficients 170, de 360 F, et 185, de 100 F.

CATÉGORIE		(1)	(2)	
professionnelle	COEFF.			
Niveau I				
Ouvriers				
d'exécution				
- Position 1	150	SMIC	SMIC	
- Position 2	170	7 158,46	42,36	
Niveau II				
Ouvriers				
professionnels	185	7 385,22	43,70	
Niveau III				
Compagnons				
professionnels				
- Position 1	210	7 935,46	46,96	
- Position 2	230	8 487,18	50,22	
Niveau IV				
Maîtres ouvriers				
ou chefs d'équipe				
- Position 1	250	9 038,90	53,48	
- Position 2	270	9 590,62	56,75	

Les salaires ci-dessus comprennent des majorations exceptionnelles pour les coefficients 170, de 360 F, et 185, de 175 F. Article 3

Les salaires réels seront librement débattus au sein des entreprises. Article 4

Les présents barèmes de salaires minimaux entreront en application à compter du 1er avril 2001 pour le premier et à compter du 1er octobre 2001 pour le second.

(1)Accord étendu sous réserve de l'application des dispositions réglementaires portant fixation du salaire minimum de croissance (arrêté du 7 août 2001, art. 1er).

SALAIRES Région Picardie Avenant du 14 octobre 2002

Salaires

En vigueur non étendu

Article 1er

En application des articles 12.8 et 12.9 des conventions collectives nationales du bâtiment du 8 octobre 1990 (étendues par arrêtés ministériels du 8 février 1991 et du 12 février 1991), concernant les ouvriers employés par les entreprises du bâtiment non visées par le décret du 1er mars 1962 d'une part, par les entreprises du bâtiment visées par le décret du 1er mars 1962 d'autre part, et conformément à l'accord national du 12 février 2002 sur les barèmes de salaires minima des ouvriers et ETAM du bâtiment, les organisations représentatives d'employeurs et de salariés se sont réunies et ont déterminé les salaires mensuels minimaux des ouvriers du bâtiment de la région Picardie.

Article 2

Pour la région Picardie et pour les entreprises dont l'horaire collectif était fixé à 35 heures par semaine ou 35 heures en moyenne sur l'année, avant le 1er janvier 2002, les parties signataires du présent accord ont fixé les barèmes des salaires minimaux des ouvriers du bâtiment comme indiqué dans le tableau ci-après :

Niveau I-Ouvriers d'exécution :
Position 1 ... Coefficient : 150 Salaire mensuel minimal pour 151,67 h (35 heures hebdomadaires) : 986,15 Taux horaire minimal : 6,50 Position 2 ... Coefficient : 170 Salaire mensuel minimal pour 151,67 h (35 heures hebdomadaires) : 1 124,04 Taux horaire minimal : 7,41
Niveau II-Ouvriers professionnels :
Position 1 ... Coefficient : 185 Salaire mensuel minimal pour 151,67 h (35 heures hebdomadaires) : 1 159,65 Taux horaire minimal : 7,65
Niveau III-Compagnons professionnels :
Position 1 ... Coefficient : 210 Salaire mensuel minimal pour 151,67 h (35 heures hebdomadaires) : 1 246,04 Taux horaire minimal : 8,22 Position 2 ... Coefficient : 230 Salaire mensuel minimal pour 151,67 h (35 heures hebdomadaires) : 1 332,68 Taux horaire minimal : 8,79
Niveau IV-Maîtres ouvriers ou chefs d'équipe :
Position 1 ... Coefficient : 250 Salaire mensuel minimal pour 151,67 h (35 heures hebdomadaires) : 1 419,31 Taux horaire minimal : 9,36 Position 2 ... Coefficient : 270 Salaire mensuel minimal pour 151,67 h (35 heures hebdomadaires) : 1 505,94 Taux horaire minimal : 9,93

Les salaires bas de grille sont éventuellement à corriger suivant les valeurs du SMIC ou GMR.

Article 3

Le présent barème des salaires minimaux entrera en application au 1er octobre 2002, pour une durée de 12 mois minimum.

Les salaires réels seront librement débattus au sein des entreprises.

Pour les entreprises dont l'horaire collectif est supérieur à la durée légale de 35 heures, le barème ci-dessus est applicable dans les conditions particulières visées à l'article II de l'accord national du 12 février 2002.

Ainsi :

- au 1er octobre 2002, les valeurs de salaires minima établis pour 35 heures par semaine ou 151,67 heures par mois correspondront à 93 % des valeurs indiquées au tableau de l'article 2 ci-dessus ;

- au 1er janvier 2003, les valeurs de salaires minima établis pour 35 heures par semaine ou 151,67 heures par mois correspondront à 96 % des valeurs indiquées au tableau de l'article 2 ci-dessus.

Article 5

Conformément au code du travail, le présent accord, fait en 15 exemplaires, sera déposé à la direction départementale du travail et de l'emploi de la Somme et remis aux secrétariats-greffes des conseils de prud'hommes de Picardie.

Article 6

Les parties signataires demandent l'extension du présent accord au ministère du travail, de l'emploi et de la formation professionnelle.

Fait à Amiens, le 14 octobre 2002.

SALAIRES Région Picardie Avenant du 24 octobre 2003

Organisation patronale signataire :
L'union régionale CAPEB de Picardie ;
La fédération française du bâtiment de Picardie ;
L'union régionale des sociétés coopératives ouvrières de production de Picardie,

Syndicats de salariés signataires :
L'union régionale des syndicats FO de Picardie,

Salaires

En vigueur non étendu

Article 1er

En application des articles XII-8 et XII-9 des conventions collectives nationales du bâtiment du 8 octobre 1990 (étendues par arrêtés ministériels du 8 février 1991 et du 12 février 1991), concernant les ouvriers employés par les entreprises du bâtiment visées par le décret du 1er mars 1962, et conformément à l'accord national du 12 février 2002 sur les barèmes de salaires minima des ouvriers et ETAM du bâtiment, les organisations représentatives d'employeurs et de salariés se sont réunies et ont déterminé les salaires mensuels minimaux des ouvriers du bâtiment de la région Picardie.

Article 2

Pour la région Picardie et pour les entreprises dont l'horaire collectif était fixé à 35 heures par semaine ou 35 heures en moyenne sur l'année, avant le 1er janvier 2002, les parties signataires du présent accord ont fixé les barèmes des salaires minimaux des ouvriers du bâtiment comme indiqué dans le tableau ci-après :

CATÉGORIE	COEF.	SALAIRE MENSUEL MINIMAL	TAUX
professionnelle		pour 151,67 heures	horaire
		(35 heures hebdomadaires)	minimal
Niveau I			
Ouvriers			
d'exécution			
- Position 1	150	1 090,51	7,19
- Position 2	170	1 149,89	7,58
Niveau II			
Ouvriers			
professionnels	185	1 186,90	7,83
Niveau III			
Compagnons			
professionnels			
- Position 1	210	1 275,94	8,41
- Position 2	230	1 365,33	9,00
Niveau IV			
Maîtres			
ouvriers ou			
chefs d'équipe			
- Position 1	250	1 454,79	9,59
- Position 2	270	1 544,34	10,18

Article 3

Le présent barème des salaires minimaux entrera en application au 1er octobre 2003, pour une durée de 12 mois minimum.

Les salaires réels seront librement débattus au sein des entreprises.

Article 4

Pour les entreprises dont l'horaire collectif est supérieur à la durée légale de 35 heures, le barème ci-dessus est applicable dans les conditions particulières visées à l'article II de l'accord national du 12 février 2002. Ainsi :

- au 1er octobre 2003, les valeurs de salaires minima établis pour 35 heures par semaine ou 151,67 heures par mois correspondront à 96 % des valeurs indiquées au tableau de l'article 2 ci-dessus ;

- au 1er janvier 2004, les valeurs de salaires minima établis pour 35 heures par semaine ou 151,67 heures par mois correspondront à 100 % des valeurs indiquées au tableau de l'article 2 ci-dessus.

Article 5

Conformément au code du travail, le présent accord, fait en 15 exemplaires, sera déposé à la direction départementale du travail et de l'emploi de la Somme et remis au secrétariat-greffe des conseils de prud'hommes de Picardie.

Article 6

Les parties signataires demandent l'extension du présent accord au ministère du travail, de l'emploi et de la formation professionnelle.

Fait à Amiens, le 24 octobre 2003.

Avenant du 23 avril 2007 Indemnités de petits déplacements (Picardie)

La fédération française du bâtiment de Picardie ;

L'union régionale CAPEB de Picardie ;

La fédération Nord des SCOP BTP,

L'union régionale CFE-CGC Picardie ;

L'union régionale CFDT Picardie ;

L'union régionale CFTC Picardie ;

L'union régionale FO Picardie,

Article 1
En vigueur étendu

En application du titre VIII, chapitre Ier, des conventions collectives nationales du bâtiment du 8 octobre 1990 (étendues par arrêtés ministériels du 8 février 1991 et du 12 février 1991) concernant les ouvriers employés par les entreprises du bâtiment non visées par le décret du 1er mars 1962, d'une part, et par les entreprises du bâtiment visées par le décret du 1er mars 1962, d'autre part, les organisations représentatives d'employeurs et de salariés se sont réunies et ont déterminé le montant des indemnités de petits déplacements des ouvriers du bâtiment de la région Picardie.

Article 2
En vigueur étendu

Pour la région Picardie, les parties signataires du présent accord ont fixé, en application de l'article VIII-18 des conventions collectives nationales précitées, le barème des indemnités de petits déplacements des ouvriers du bâtiment comme indiqué dans le tableau ci-après :

(En euros.)

ZONE (en kilomètres)	**INDEMNITÉ de repas**	**INDEMNITÉ de frais de transport**	**INDEMNITÉ de trajet**
1 (00 à 10 km)	8,55	1,20	1,20
2 (10 à 20 km)	8,55	3,60	2,40
3 (20 à 30 km)	8,55	6,00	3,60
4 (30 à 40 km)	8,55	8,40	4,80
5 (40 à 50 km)	8,55	10,80	6,00

Article 3
En vigueur étendu

Le présent barème des indemnités de petits déplacements entrera en application à compter du 1er avril 2007.

Article 4
En vigueur étendu

Conformément au code du travail, le présent accord, fait en 12 exemplaires, sera déposé auprès des services centraux du ministère du travail et remis aux secrétariats-greffes des conseils de prud'hommes de Picardie.

Article 5
En vigueur étendu

Les parties signataires demandent l'extension du présent accord au ministère du travail, des relations sociales et de la solidarité.

Accord du 8 octobre 2007 Salaires (Picardie)

(1) Texte étendu sous réserve de l'application des dispositions de l'article L. 132-12-3 du code du travail (a rrêté du 1er février 2008, art. 1er).

La fédération française du bâtiment de Picardie ;

L'union régionale des sociétés coopératives ouvrières de production de Picardie ;

L'union régionale de Picardie CAPEB,

L'union régionale de Picardie FO ;

L'union régionale de Picardie CFDT ;

L'union régionale de Picardie CFTC,

Article 1

En vigueur étendu

En application des articles XII. 8 et XII. 9 des conventions collectives nationales du bâtiment du 8 octobre 1990 (étendues par arrêtés ministériels du 8 février 1991 et du 12 février 1991), concernant les ouvriers employés par les entreprises du bâtiment non visées par le décret du 1er mars 1962, d'une part, par les entreprises du bâtiment visées par le décret du 1er mars 1962, d'autre part, les organisations représentatives d'employeurs et de salariés se sont réunies et ont déterminé les salaires mensuels minimaux des ouvriers du bâtiment de la région Picardie.

Article 2

En vigueur étendu

Pour la région Picardie, les parties signataires du présent accord ont fixé les barèmes des salaires minimaux des ouvriers du bâtiment comme indiqué dans le tableau ci-après :

(En euros.)

CATÉGORIE professionnelle	COEFFICIENT	SALAIRE MENSUEL minimal (35 heures hebdomadaires)	TAUX horaire minimal
Niveau I			
Ouvriers d'exécution			
- Position 1	150	1 283,13	8,46
- Position 2	170	1 305,88	8,61
Niveau II			
Ouvriers professionnels	185	1 346,83	8,88
Niveau III			
Compagnons professionnels			
- Position 1	210	1 412,05	9,31
- Position 2	230	1 513,67	9,98
Niveau IV			
Maîtres ouvriers ou chefs d'équipe			
- Position 1	250	1 615,29	10,65
- Position 2	270	1 719,94	11,34

Article 3

En vigueur étendu

Le présent barème des salaires minimaux entrera en application au 1er octobre 2007, pour une durée de 12 mois minimum.
Les salaires réels seront librement débattus au sein des entreprises.

Article 4

En vigueur étendu

Conformément au code du travail, le présent accord, fait en 15 exemplaires, sera déposé auprès des services centraux du ministère chargé du travail et remis aux secrétariats-greffes des conseils de prud'hommes de Picardie.

Article 5
En vigueur étendu

Les parties signataires demandent l'extension du présent accord au ministère du travail, des relations sociales et de la solidarité.

Accord du 8 octobre 2007 Prime d'outillage (Picardie)

La fédération française du bâtiment de Picardie ;

L'union régionale des sociétés coopératives ouvrières de production de Picardie ;

L'union régionale de Picardie CAPEB,

L'union régionale de Picardie FO ;

L'union régionale de Picardie CFTC,

Article 1
En vigueur étendu

En application de l'article I. 3 des conventions collectives nationales du bâtiment du 8 octobre 1990 (étendues par arrêtés ministériels du 8 février 1991 et du 12 février 1991), concernant les ouvriers employés par les entreprises du bâtiment non visées par le décret du 1er mars 1962, d'une part, et par les entreprises du bâtiment visées par le décret du 1er mars 1962, d'autre part, les organisations représentatives d'employeurs et de salariés se sont réunies et ont déterminé le montant de la prime d'outillage des ouvriers du bâtiment de la région Picardie.

Article 2
En vigueur étendu

En application de l'article I. 3 des conventions collectives nationales précitées ;
En application de l'article 32 de l'accord régional de Picardie du 1er août 1979,
les parties signataires du présent accord ont fixé le montant de la prime d'outillage des ouvriers du bâtiment de Picardie comme indiqué ci-après :
- 1re catégorie : 6, 05 € ;
- 2e catégorie : 12, 10 € ;
- 3e catégorie : 18, 15 €.

Article 3
En vigueur étendu

Le présent barème de prime d'outillage entrera en application à compter du 1er octobre 2007.

Article 4
En vigueur étendu

Conformément au code du travail, le présent accord, fait en 15 exemplaires, sera déposé auprès des services centraux du ministère chargé du travail et remis aux secrétariats-greffes des conseils de prud'hommes de Picardie.

Article 5
En vigueur étendu

Les parties signataires demandent l'extension du présent accord au ministère du travail, des relations sociales et de la solidarité.

Accord du 24 avril 2008 Indemnités de petits déplacements (Picardie)

La fédération française du bâtiment de Picardie ;

L'union régionale CAPEB de Picardie ;

La fédération Nord des SCOP BTP,

L'union régionale CFE-CGC Picardie ;

L'union régionale CFDT Picardie ;

L'union régionale CFTC Picardie ;

L'union régionale FO Picardie,

Article 1

En vigueur étendu

En application du titre VIII, chapitre Ier, des conventions collectives nationales du bâtiment du 8 octobre 1990 (étendues par arrêtés ministériels du 8 février 1991 et du 12 février 1991), concernant les ouvriers employés par les entreprises du bâtiment non visées par le décret du 1er mars 1962, d'une part, et par les entreprises du bâtiment visées par le décret du 1er mars 1962, d'autre part, les organisations représentatives d'employeurs et de salariés se sont réunies et ont déterminé le montant des indemnités de petits déplacements des ouvriers du bâtiment de la région Picardie.

Article 2

En vigueur étendu

Pour la région Picardie, les parties signataires du présent accord ont fixé, en application de l'article 8. 18 des conventions collectives nationales précitées, le barème des indemnités de petits déplacements des ouvriers du bâtiment comme indiqué dans le tableau ci-après :

(En euros.)

ZONE (en kilomètres)	**INDEMNITÉ de repas**	**INDEMNITÉ de transport**	**INDEMNITÉ de trajet**
1			
(0 à 10 km)	8, 90	1, 25	1, 25
2			
(10 à 20 km)	8, 90	3, 75	2, 50
3			
(20 à 30 km)	8, 90	6, 25	3, 75
4			
(30 à 40 km)	8, 90	8, 75	5, 00
5			
(40 à 50 km)	8, 90	11, 25	6, 25

Article 3

En vigueur étendu

Le présent barème des indemnités de petits déplacements entrera en application à compter du 1er avril 2008.

Article 4

En vigueur étendu

Conformément au code du travail, le présent accord sera déposé auprès des services centraux du ministère du travail et remis aux secrétariats-greffes des conseils de prud'hommes de Picardie.

Article 5
En vigueur étendu

Les parties signataires demandent l'extension du présent accord au ministère du travail, des relations sociales, de la famille et de la solidarité.

Accord du 22 octobre 2008 Salaires (Picardie)

L'union régionale CAPEB de Picardie ;

La fédération française du bâtiment de Picardie ;

La fédération Nord des SCOP BTP,

La CGT-FO Picardie ;

La CFDT Picardie ;

La CFTC Picardie,

Article 1
En vigueur non étendu

En application des articles 8. 8 et 8. 9 des conventions collectives nationales du bâtiment du 8 octobre 1990 (étendues par arrêtés ministériels du 8 février 1991 et du 12 février 1991), concernant les ouvriers employés par les entreprises du bâtiment visées par le décret du 1er mars 1962, les organisations représentatives d'employeurs et de salariés se sont réunies et ont déterminé les salaires mensuels minimaux des ouvriers du bâtiment de la région Picardie.

Article 2
En vigueur non étendu

Pour la région Picardie, les parties signataires du présent accord ont fixé les barèmes des salaires minimaux des ouvriers du bâtiment comme indiqué dans le tableau ci-après :

(En euros.)

CATÉGORIE professionnelle	**COEFFICIENT**	**SALAIRE MENSUEL minimal pour 151,67 heures (35 h hebdomadaires)**	**TAUX HORAIRE minimal**
Niveau I			
Ouvriers d'exécution			
Position 1	150	1 327,11	8,75
Position 2	170	1 349,86	8,90
Niveau II			
Ouvriers professionnels	185	1 395,36	9,20
Niveau III			
Compagnons professionnels			
Position 1	210	1 462,10	9,64
Position 2	230	1 566,75	10,33
Niveau IV			
Maîtres ouvriers ou chefs d'équipe			
Position 1	250	1 671,40	11,02
Position 2	270	1 780,61	11,74

Article 3
En vigueur non étendu

Le présent barème des salaires minimaux entrera en application au 1er octobre 2008, pour une durée de 12 mois minimum.
Les salaires réels seront librement débattus au sein des entreprises.

Article 4
En vigueur non étendu

Conformément au code du travail, le présent accord, fait en 15 exemplaires, sera déposé auprès des services centraux du ministère chargé du travail et remis aux secrétariats-greffes des conseils de prud'hommes de Picardie.

Article 5
En vigueur non étendu

Les parties signataires demandent l'extension du présent accord au ministère du travail, des relations sociales, de la famille et de la solidarité.

Accord du 22 octobre 2008 Salaires (Picardie)

(1) Texte étendu sous réserve de l'application des dispositions de l'article L. 2241-9 du code du travail qui prévoient que la négociation annuelle sur les salaires vise également à définir et programmer les mesures permettant de supprimer les écarts de rémunération entre les femmes et les hommes avant le 31 décembre 2010
(arrêté du 16 février 2009, art. 1er).

La fédération française du bâtiment de Picardie ;

La fédération Nord des SCOP BTP ;

L'union régionale CAPEB de Picardie,

L'union régionale des syndicats FO de Picardie ;

L'union régionale CFDT de Picardie ;

L'union régionale CFTC de Picardie,

Article 1
En vigueur étendu

En application des articles 12. 8 et 12. 9 des conventions collectives nationales du bâtiment du 8 octobre 1990 (étendues par arrêtés ministériels du 8 février 1991 et du 12 février 1991), concernant les ouvriers employés par les entreprises du bâtiment non visées par le décret du 1er mars 1962 d'une part, par les entreprises du bâtiment visées par le décret du 1er mars 1962 d'autre part, les organisations représentatives d'employeurs et de salariés se sont réunies et ont déterminé les salaires mensuels minimaux des ouvriers du bâtiment de la région Picardie.

Article 2
En vigueur étendu

Pour la région Picardie, les parties signataires du présent accord ont fixé les barèmes des salaires minimaux des ouvriers du bâtiment comme indiqué dans le tableau ci-après :

(En euros.)

CATÉGORIE professionnelle	**COEFFICIENT**	**SALAIRE MENSUEL MINIMAL pour 151,67 heures (35 heures hebdomadaires)**	**TAUX horaire minimal**
Niveau I			
Ouvriers d'exécution			
- Position 1	150	1 327,11	8,75
- Position 2	170	1 349,86	8,90
Niveau II			
Ouvriers professionnels	185	1 395,36	9,20
Niveau III			
Compagnons professionnels			
- Position 1	210	1 462,10	9,64

- Position 2	230	1 566,75	10,33
Niveau IV			
Maîtres ouvriers ou chefs d'équipe			
- Position 1	250	1 671,40	11,02
- Position 2	270	1 780,61	11,74

Article 3
En vigueur étendu

Le présent barème des salaires minimaux entrera en application au 1er octobre 2008, pour une durée de 12 mois minimum.
Les salaires réels seront librement débattus au sein des entreprises.

Article 4
En vigueur étendu

Conformément au code du travail, le présent accord, fait en 15 exemplaires, sera déposé auprès des services centraux du ministère chargé du travail et remis aux secrétariats-greffes des conseils de prud'hommes de Picardie.

Article 5
En vigueur étendu

Les parties signataires demandent l'extension du présent accord au ministère du travail, des relations sociales, de la famille et de la solidarité.

Accord du 22 octobre 2008 Prime d'outillage (Picardie)

La fédération française du bâtiment de Picardie ;

La fédération Nord des SCOP BTP ;

L'union régionale CAPEB de Picardie,

L'union régionale CFTC Picardie,

Article 1
En vigueur étendu

En application de l'article I. 3 des conventions collectives nationales du bâtiment du 8 octobre 1990 (étendues par arrêtés ministériels du 8 février 1991 et du 12 février 1991), concernant les ouvriers employés par les entreprises du bâtiment non visées par le décret du 1er mars 1962, d'une part, et par les entreprises du bâtiment visées par le décret du 1er mars 1962, d'autre part, les organisations représentatives d'employeurs et de salariés se sont réunies et ont déterminé le montant de la prime d'outillage des ouvriers du bâtiment de la région Picardie.

Article 2
En vigueur étendu

En application de l'article I.3 des conventions collectives nationales précitées, et en application de l'article 32 de l'accord régional de Picardie du 1er août 1979, les parties signataires du présent accord ont fixé le montant de la prime d'outillage des ouvriers du bâtiment de Picardie comme indiqué ci-après :
- 1re catégorie : 6,25 € ;
- 2e catégorie : 12,50 € ;
- 3e catégorie : 18,75 €.

Article 3
En vigueur étendu

Le présent barème de prime d'outillage entrera en application à compter du 1er octobre 2008.

Article 4
En vigueur étendu

Conformément au code du travail, le présent accord, fait en 15 exemplaires, sera déposé auprès des services centraux du ministère chargé du travail et remis aux secrétariats-greffes des conseils de prud'hommes de Picardie.

Article 5
En vigueur étendu

Les parties signataires demandent l'extension du présent accord au ministère du travail, des relations sociales, de la famille et de la solidarité.

Accord du 24 avril 2009 relatif aux indemnités de petits déplacements pour l'année 2009 (Picardie)

La fédération française du bâtiment de Picardie ;

L'union régionale CAPEB de Picardie ;

La fédération Nord des SCOP BTP,

L'union régionale CFDT Picardie ;

L'union régionale CFTC Picardie ;

L'union régionale FO Picardie ;

L'union régionale CFE-CGC Picardie,

Article 1
En vigueur étendu

En application du titre VIII, chapitre Ier, des conventions collectives nationales du bâtiment du 8 octobre 1990 (étendues par arrêtés ministériels du 8 février 1991 et du 12 février 1991) concernant les ouvriers employés par les entreprises du bâtiment non visées par le décret du 1er mars 1962, d'une part, et par les entreprises du bâtiment visées par le décret du 1er mars 1962, d'autre part, les organisations représentatives d'employeurs et de salariés se sont réunies et ont déterminé le montant des indemnités de petits déplacements des ouvriers du bâtiment de la région Picardie.

Article 2
En vigueur étendu

Pour la région Picardie, les parties signataires du présent accord ont fixé, en application de l'article VIII-18 des conventions collectives nationales précitées, le barème des indemnités de petits déplacements des ouvriers du bâtiment comme indiqué dans le tableau ci-après.

(En euros.)

ZONE	INDEMNITÉ de repas	INDEMNITÉ de frais de transport	INDEMNITÉ de trajet
1 (0 à 10 km)	9,10	1,28	1,28
2 (10 à 20 km)	9,10	3,84	2,56
3 (20 à 30 km)	9,10	6,40	3,84
4 (30 à 40 km)	9,10	8,96	5,12
5 (40 à 50 km)	9,10	11,52	6,40

Article 3
En vigueur étendu

Le présent barème des indemnités de petits déplacements entrera en application à compter du 1er avril 2009.

Article 4
En vigueur étendu

Conformément au code du travail, le présent accord, fait en 12 exemplaires, sera déposé auprès des services centraux du ministre du travail et remis aux secrétariats-greffes des conseils de prud'hommes de Picardie.

Article 5
En vigueur étendu

Les parties signataires demandent l'extension du présent accord au ministère du travail, des relations sociales, de la solidarité, de la famille et de la ville.

Avenant du 20 septembre 2005 Salaires (Pays-de-la-Loire)

Salaires minimaux pour les ouvriers à compter du 1er octobre 2005 (Pays-de-la-Loire).

En vigueur étendu
Article 1er

En application des articles 12.8 et 12.9 de la convention collective nationale du 8 octobre 1990 (étendue par arrêtés ministériels des 8 et 12 février 1991) concernant les ouvriers employés par les entreprises du bâtiment non visées par le décret du 1er mars 1962, d'une part, et par les entreprises du bâtiment visées par le décret du 1er mars 1962, d'autre part, les organisations représentatives d'employeurs et de salariés se sont réunies et ont déterminé les montants des salaires mensuels bruts minimaux des ouvriers du bâtiment des départements de Loire-Atlantique, Maine-et-Loire, Mayenne, Sarthe et Vendée, comme indiqué dans le tableau ci-dessous :

Au 1er octobre 2005

(En euros.)

CATEGORIE professionnelle	COEFFICIENT	SALAIRE mensuel pour 35 heures hebdomadaires soit 151,67 heures mensuelles	TAUX HORAIRE minimal pour 35 heures hebdomadaires
Niveau I Ouvrier d'exécution: - position 1 (fixé forfaitairement)............................ - position 2 (fixé forfaitairement)............................	150 170	1 217,91 1 255,83	8,03 8,28
Niveau II Ouvrier professionnel	185	1 314,98	8,67
Niveau III Compagnon professionnel : - position 1.....................................	210	1 468,17	9,68

- position 2....................................	230	1 591,02	10,49
Niveau IV Maîtres ouvriers ou chefs d'équipe :			
- position 1....................................	250	1 712,35	11,29
- position 2....................................	270	1 835,21	12,10

Les parties signataires du présent accord ont arrêté pour les coefficients 185 à 270 :

- la partie fixe (PF) à 182,94 € ;

- la valeur du point (VP) à 6,12 €.

Pour le coefficient 150 :

- la partie fixe (PF) à 182,94 € ;

- la valeur du point (VP) à 6,90 €.

Pour le coefficient 170 :

- la partie fixe (PF) à 182,94 € ;

- la valeur du point (VP) à 6,31 €.

Article 2

Le présent barème des salaires minimaux entrera en application à compter du 1er octobre 2005.

Article 3

Conformément au code du travail, le présent accord sera déposé à la direction départementale du travail et de l'emploi de Loire-Atlantique, Maine-et-Loire, Mayenne, Sarthe, Vendée et remis au secrétariat des conseils des prud'hommes de Nantes, Saint-Nazaire, Angers, Saumur, Cholet, Mayenne, Le Mans, La Roche-sur-Yon, Les Sables-d'Olonne.

Article 4

Le présent accord fera l'objet d'une demande d'extension auprès du ministre du travail, de l'emploi et de la formation professionnelle.

Fait à Angers, le 20 septembre 2005.

Accord du 14 septembre 2006 Salaires (Pays-de-la-Loire)

Salaires (Pays-de-la-Loire).

En vigueur étendu

Article 1er

En application des articles 12.8 et 12.9 de la convention collective nationale du 8 octobre 1990 (étendue par arrêtés ministériels des 8 et 12 février 1991) concernant les ouvriers employés par les entreprises du bâtiment non visées par le décret du 1er mars 1962, d'une part, et par les entreprises du bâtiment visées par le décret du 1er mars 1962, d'autre part, les organisations représentatives d'employeurs et de salariés se sont réunies et ont déterminé les montants des salaires mensuels bruts minimaux des ouvriers du bâtiment des départements de Loire-Atlantique, Maine-et-Loire, Mayenne, Sarthe et Vendée, comme indiqué dans le tableau ci-dessous :

Au 1er octobre 2006

(En euros.)

CATEGORIE	COEF.	SALAIRE MENSUEL	TAUX HORAIRE

professionnelle		minimal pour 35 heures hebdomadaires soit 151,67 heures mensuelles	minimal pour 35 heures hebdomadaires
Niveau I			
Ouvrier d'exécution			
- Position 1	150	1 254,31	8,27
- Position 2	170	1 293,75	8,53
Niveau II			
Ouvrier			
professionnel	185	1 354,41	8,93
Niveau III			
Compagnon			
professionnel			
- Position 1	210	1 512,15	9,97
- Position 2	230	1 639,55	10,81
Niveau IV			
Maître ouvrier ou			
chef d'équipe			
- Position 1	250	1 765,44	11,64
- Position 2	270	1 891,32	12,47

Les parties signataires du présent accord ont arrêté pour les coefficients 185 à 270 :

- la partie fixe (PF) à 182,94 € ;

- la valeur du point (VP) à 6,33 €.

Pour le coefficient 150 :

- la partie fixe (PF) à 182,94 € ;

- la valeur du point (VP) à 7,14 €.

Pour le coefficient 170 :

- la partie fixe (PF) à 182,94 € ;

- la valeur du point (VP) à 6,53 €.

Article 2

Le montant de l'indemnité de repas journalière, visée aux articles 8.15 et 8.18 des conventions collectives nationales du bâtiment précitées, est fixé à 7,80 € pour les départements des Pays de la Loire.

Article 3

Le présent barème des salaires minimaux et de l'indemnité de repas entrera en application à compter du 1er octobre 2006.

Article 4

Le présent accord sera déposé à la direction générale du travail conformément aux dispositions de l'article L. 132-10 du code du travail et au décret du 17 mai 2006, ainsi qu'au secrétariat-greffe du conseil des prud'hommes de Nantes.

Article 5

Le présent accord fera l'objet d'une demande d'extension auprès du ministre du travail, de l'emploi et de la formation professionnelle.

Fait à Nantes, le 14 septembre 2006.

En vigueur non étendu

Avenant du 16 juillet 2007 Salaires et indemnités de repas (Pays de la Loire)

(1) Avenant étendu sous réserve de l'application des dispositions de l'article L. 132-12-3 du code du travail (a rrêté du 6 novembre 2007, art. 1er).

La fédération régionale du bâtiment des Pays de la Loire ;

L'union régionale des Pays de la Loire CAPEB ;

La fédération Ouest SCOP BTP,

L'union régionale contruction bois des Pays de la Loire CFDT ;

La section fédérale régionale des Pays de la Loire FO,

Article 1

En vigueur étendu

En application des articles XII. 8 et XII. 9 de la convention collective nationale du 8 octobre 1990 (étendue par arrêtés ministériels des 8 et 12 février 1991) concernant les ouvriers employés par les entreprises du bâtiment non visées par le décret du 1er mars 1962, d'une part, et par les entreprises du bâtiment visées par le décret du 1er mars 1962, d'autre part, les organisations représentatives d'employeurs et de salariés se sont réunies et ont déterminé les montants des salaires mensuels bruts minimaux des ouvriers du bâtiment des départements de la Loire-Atlantique, de Maine-et-Loire, de la Mayenne, de la Sarthe et de la Vendée, comme indiqué dans le tableau ci-dessous.

Au 1er octobre 2007

(En euros.)

CATÉGORIE professionnelle	**COEFFICIENT**	**SALAIRE MENSUEL minimal (35 heures hebdomadaires)**	**TAUX HORAIRE minimal pour 35 heures hebdomadaires**
Niveau I			
Ouvriers d'exécution			
-Position 1	150	1 281,61	8,45
-Position 2	170	1 325,60	8,74
Niveau II			
Ouvriers professionnels	185	1 389,30	9,16
Niveau III			
Compagnons professionnels			
-Position 1	210	1 554,62	10,25
-Position 2	230	1 686,57	11,12
Niveau IV			
Maîtres ouvriers ou chefs d'équipe			
-Position 1	250	1 818,52	11,99
-Position 2	270	1 951,99	12,87

Les parties signataires du présent accord ont arrêté pour les coefficients 185 à 270 :
- la partie fixe (PF) à 164 ;
- la valeur du point (VP) à 6,62.

Pour le coefficient 150 :
- la partie fixe (PF) à 164 ;
- la valeur du point (VP) à 7,45.

Pour le coefficient 170 :
- la partie fixe (PF) à 164 ;
- la valeur du point (VP) à 6,83.

Article 2

En vigueur étendu

Le montant de l'indemnité de repas journalière, visée aux articles VIII-15 et VIII-18 des conventions collectives nationales du bâtiment précitées, est fixé à 8,10 € pour les départements des Pays de la Loire.

Article 3
En vigueur étendu

Le présent barème des salaires minimaux et de l'indemnité de repas entrera en application à compter du 1er octobre 2007.

Article 4
En vigueur étendu

Le présent accord sera déposé à la direction générale du travail conformément aux dispositions de l'article L. 132-10 du code du travail et au décret du 17 mai 2006, ainsi qu'au secrétariat-greffe du conseil de prud'hommes de Nantes.

Article 5
En vigueur étendu

Le présent accord fera l'objet d'une demande d'extension auprès du ministre du travail, de l'emploi et de la formation professionnelle.

Avenant du 21 mai 2008 Salaires (Pays de la Loire)

(1) Avenant étendu sous réserve de l'application des dispositions de l'article L. 2241-9 du code du travail qui prévoient que la négociation annuelle sur les salaires vise également à définir et programmer les mesures permettant de supprimer les écarts de rémunération entre les femmes et les hommes avant le 31 décembre 2010
(a rrêté du 6 novembre 2008, art. 1er).

La fédération régionale du bâtiment des Pays de la Loire ;

L'union régionale CAPEB Pays de la Loire ;

La fédération Ouest SCOP BTP.

L'union régionale CFDT construction bois des Pays de la Loire ;

La section fédérale régionale FO des Pays de la Loire,

Article 1
En vigueur étendu

En application des articles 12.8 et 12.9 de la convention collective nationale du 8 octobre 1990 (étendue par arrêtés ministériels des 8 et 12 février 1991) concernant les ouvriers employés par les entreprises du bâtiment non visées par le décret du 1er mars 1962, d'une part, et par les entreprises du bâtiment visées par le décret du 1er mars 1962, d'autre part, les organisations représentatives d'employeurs et de salariés se sont réunies et ont déterminé les montants des salaires mensuels bruts minimaux des ouvriers du bâtiment des départements de la Loire-Atlantique, de Maine-et-Loire, de la Mayenne, de la Sarthe et de la Vendée, comme indiqué dans le tableau ci-dessous :

Au 1er juillet 2008

(En euros.)

CATÉGORIE professionnelle	COEFFICIENT	SALAIRE MENSUEL pour 35 h/semaine ou 151,67 h/mois	TAUX HORAIRE minimal pour 35 h
Niveau I			
Ouvriers d'exécution :			
- position 1	150	1 322,56	8,72
- position 2	170	1 368,06	9,02
Niveau II			
Ouvriers professionnels	185	1 433,28	9,45
Niveau III			
- position 1	210	1 604,67	10,58

- position 2	230	1 741,17	11,48
Niveau IV			
Maîtres ouvriers ou chefs d'équipe :			
- position 1	250	1 879,19	12,39
- position 2	270	2 015,69	13,29

Les parties signataires du présent accord ont arrêté pour les coefficients 185 à 270 :
- la partie fixe (PF) à 164 € ;
- la valeur du point (VP) à 6,86 €.

Pour le coefficient 150 € :
- la partie fixe (PF) à 164 € ;
- la valeur du point (VP) à 7,72 €.

Pour le coefficient 170 € :
- la partie fixe (PF) à 164 € ;
- la valeur du point (VP) à 7,08 €.

Article 2
En vigueur étendu

Le présent barème des salaires minimaux entrera en application à compter du 1er juillet 2008.

Article 3
En vigueur étendu

Le présent accord sera déposé à la direction générale du travail conformément aux dispositions de l'article L. 132-10 du code du travail et au décret du 17 mai 2006, ainsi qu'au secrétariat-greffe du conseil de prud'hommes de Nantes.

Article 4
En vigueur étendu

Le présent accord fera l'objet d'une demande d'extension auprès du ministre du travail, des relations sociales, de la famille et de la solidarité.

Accord du 6 juillet 2007 Salaires (Poitou-Charentes)

(1) Texte étendu sous réserve de l'application des dispositions de l'article L. 132-12-3 du code du travail (arrêté du 24 octobre 2007, art. 1er).

La fédération française du bâtiment Poitou-Charentes ;

Les fédérations départementales du bâtiment du Poitou-Charentes ;

La CAPEB Poitou-Charentes ;

Les CAPEB départementales du Poitou-Charentes ;

La fédération régionale des SCOP du BTP Poitou-Charentes,

La CFDT ;

La CFTC ;

La CFE-CGC BTP,

Article 1
En vigueur étendu

En application des articles I.4 et XII.8 de la convention collective nationale du bâtiment du 8 octobre 1990, concernant les ouvriers employés par les entreprises du bâtiment visées par le décret du 1er mars 1962 et,
Pour les entreprises dont l'horaire collectif est fixé à 35 heures par semaine ou 151,67 heures par mois,
Les organisations représentatives d'employeurs et de salariés se sont réunies et ont déterminé les salaires mensuels minimaux des ouvriers du bâtiment de la région Poitou-Charentes et ont arrêté :
- la partie fixe (PF) à : 125 € ;
- la valeur du point (VP) à : 6,57 €, à compter du 1er juillet 2007 conformément au tableau joint en annexe.

Article 2
En vigueur étendu

Conformément aux articles L. 132-10 et R. 132-1 et 2 du code du travail, le présent accord sera adressé à la direction des relations du travail, dépôt des accords collectifs à Paris 15e et remis au secrétariat-greffe du conseil des prud'hommes de Niort.

Article 3
En vigueur étendu

Les parties signataires demandent l'extension du présent accord au ministre du travail, des relations locales et de la solidarité.

Annexe

En vigueur étendu

Barème des salaires minimaux des ouvriers

du bâtiment de la région Poitou-Charentes

(à compter du 1er juillet 2007)

(En euros.)

CATÉGORIE professionnelle	COEFFICIENT	SALAIRE MENSUEL pour 35 h/semaine ou 151,67 h/mois	TAUX HORAIRE indicatif
Niveau I			
Ouvriers d'exécution :			
- position 1	150	1 280,09	8,44
- position 2	170	1 319,53	8,70
Niveau II			
Ouvriers professionnels :	185	1 340,76	8,84
Niveau III			
- position 1	210	1 504,57	9,92
- position 2	230	1 636,52	10,79
Niveau IV			
Maîtres ouvriers ou chefs d'équipe :			
- position 1	250	1 766,96	11,65
- position 2	270	1 898,91	12,52

Accord du 6 juillet 2007 Indemnités de petits déplacements (Poitou-Charentes)

La fédération française du bâtiment Poitou-Charentes ;

Les fédérations départementales du bâtiment du Poitou-Charentes ;

La CAPEB Poitou-Charentes ;

Les CAPEB départementales du Poitou-Charentes ;

La fédération régionale des SCOP du BTP Poitou-Charentes,

La CFTC ;

La CGT ;

La CGT-FO ;

La CFE-CGC BTP,

Article 1
En vigueur étendu

En application du titre VIII, chapitre Ier, de la convention collective nationale du bâtiment du 8 octobre 1990 (étendue par arrêté ministériel du 12 février 1991), concernant les ouvriers employés par les entreprises du bâtiment visées par le décret du 1er mars 1962, les organisations représentatives d'employeurs et de salariés se sont réunies et ont déterminé les montants des indemnités de petits déplacements des ouvriers du bâtiment de la région Poitou-Charentes.

Article 2
En vigueur étendu

Pour la région Poitou-Charentes, les parties signataires du présent accord ont fixé, en application de l'article VIII-18 de la convention collective nationale précitée, le barème des indemnités de petits déplacements des ouvriers du bâtiment comme indiqué dans le tableau ci-après :

(En euros.)

ZONE (en kilomètres)	INDEMNITÉ de repas	INDEMNITÉ DE FRAIS de transport	INDEMNITÉ de trajet
1 a (0 à 5 km)	7,90	0,58	0,55
1 b (5 à 10 km)	7,90	1,26	0,89
2 (10 à 20 km)	7,90	2,50	1,76
3 (20 à 30 km)	7,90	3,86	2,86
4 (30 à 40 km)	7,90	5,65	3,95
5 (40 à 50 km)	7,90	7,73	5,29

Article 3
En vigueur étendu

Le présent barème des indemnités de petits déplacements entrera en application à compter du 1er juillet 2007.

Article 4
En vigueur étendu

Conformément aux articles L. 132-10 et R. 132-1 et 2 du code du travail, le présent accord sera adressé à la direction des relations du travail, dépôts des accords collectifs à Paris 15e et remis au secrétariat-greffe du conseil de prud'hommes de Niort.

Article 5
En vigueur étendu

Les parties signataires demandent l'extension du présent accord au ministre du travail, des relations sociales et de la solidarité.

Article 6
En vigueur étendu

Il est précisé que l'ouvrier qui travaille dans la zone 1 a et qui bénéficie en milieu de journée d'un temps de pause au moins égal à 1 heure 15 minutes est réputé prendre son repas à sa résidence habituelle. Dans le cas contraire, il convient, afin de bénéficier de l'indemnité de repas, qu'il en rapporte la preuve par tous moyens à sa disposition.

Avenant du 2 juillet 2008 Salaires (Poitou-Charentes)

(1) Texte étendu sous réserve de l'application des dispositions de l'article L. 2241-9 du code du travail qui prévoient que la négociation annuelle sur les salaires vise également à définir et programmer les mesures permettant de supprimer les écarts de rémunération entre les femmes et les hommes avant le 31 décembre 2010
(arrêté du 7 mai 2009, art. 1er).

La CAPEB Poitou-Charentes ;

Les CAPEB départementales de Poitou-Charentes ;

La fédération française du bâtiment Poitou-Charentes ;

Les fédérations départementales du bâtiment Poitou-Charentes ;

La fédération régionale des SCOP du BTP Poitou-Charentes.

La CFDT ;

La CFTC ;

La CFE-CGC.

Article 1
En vigueur étendu
En application des articles 1. 4 et 12. 8 de la convention collective nationale du bâtiment du 8 octobre 1990 concernant les ouvriers employés par les entreprises du bâtiment visées par le décret du 1er mars 1962, pour les entreprises dont l'horaire collectif est fixé à 35 heures par semaine ou 151, 67 heures par mois, les organisations représentatives d'employeurs et de salariés se sont réunies et ont déterminé les salaires mensuels minimaux des ouvriers du bâtiment de la région Poitou-Charentes et ont arrêté :
- la partie fixe (PF) à 125 € ;
- la valeur du point (VP) à 6, 81 €,
à compter du 1er juillet 2008, conformément au tableau joint en annexe.

Article 2
En vigueur étendu
Conformément aux articles R. 132-1 et R. 132-2 du code du travail, le présent accord sera adressé à la direction des relations du travail (DRT), dépôts des accords collectifs à Paris 15e, et un exemplaire remis au secrétariat-greffe du conseil de prud'hommes de La Rochelle.

Article 3
En vigueur étendu

Les parties signataires demandent l'extension du présent accord au ministre du travail, des relations sociales, de la famille et de la solidarité.

Annexe

En vigueur étendu
ANNEXE
Barème des salaires minimaux des ouvriers du bâtiment
de la région Poitou-Charentes

(applicable à compter du 1er juillet 2008)

Partie fixe : 125 €.
Valeur du point : 6,81 €.

(En euros.)

CATÉGORIE professionnelle	COEFFICIENT	SALAIRE MENSUEL pour 35 h/semaine ou 151,67 h/mois	TAUX HORAIRE indicatif
Niveau I			
Ouvriers d'exécution :			
- position 1	150	1 321,05	8,71
- position 2	170	1 360,48	8,97
Niveau II			
Ouvriers professionnels	185	1 384,75	9,13
Niveau III			
- position 1	210	1 554,61	10,25
- position 2	230	1 691,12	11,15
Niveau IV			
Maîtres ouvriers ou chefs d'équipe :			
- position 1	250	1 827,62	12,05
- position 2	270	1 964,13	12,95

Avenant du 2 juillet 2008 Indemnités de petits déplacements (Poitou-Charentes)

La CAPEB Poitou-Charentes ;

Les CAPEB départementales de Poitou-Charentes ;

La fédération française du bâtiment Poitou-Charentes ;

Les fédérations départementales du bâtiment Poitou-Charentes ;

La fédération régionale des SCOP du BTP Poitou-Charentes.

La CGT-FO ;

La CFTC ;

La CGT ;

La CFE-CGC.

Article 1

En vigueur étendu

En application du titre VIII, chapitre Ier, de la convention collective nationale du bâtiment du 8 octobre 1990 (étendue par arrêté ministériel du 12 février 1991) concernant les ouvriers employés par les entreprises du bâtiment visées par le décret du 1er mars 1962, les organisations représentatives d'employeurs et de salariés se sont réunies et ont déterminé les montants des indemnités de petits déplacements des ouvriers du bâtiment de la région Poitou-Charentes.

Article 2

En vigueur étendu

Pour la région Poitou-Charentes, les parties signataires du présent accord ont fixé, en application de l'article 8. 18 de la convention collective nationale précitée, le barème des indemnités de petits déplacements des ouvriers du bâtiment comme indiqué dans le tableau ci-après :

(En euros.)

ZONE (en kilomètres)	**INDEMNITÉ de repas**	**INDEMNITÉ de transport**	**INDEMNITÉ de trajet**
1 A (0 à 5 km)	8, 00	0, 60	0, 57
1 B (5 à 10 km)	8, 00	1, 31	0, 92
2 (10 à 20 km)	8, 00	2, 60	1, 81
3 (20 à 30 km)	8, 00	4, 01	2, 95
4 (30 à 40 km)	8, 00	5, 88	4, 07
5 (40 à 50 km)	8, 00	8, 04	5, 45

Article 3
En vigueur étendu

Le présent barème des indemnités de petits déplacements entrera en application à compter du 1er juillet 2008.

Article 4
En vigueur étendu

Conformément aux articles R. 132-1 et R. 132-2 du code du travail, le présent accord sera adressé à la direction des relations du travail (DRT), dépôts des accords collectifs à Paris 15e, et un exemplaire remis au secrétariat-greffe du conseil de prud'hommes de La Rochelle.

Article 5
En vigueur étendu

Les parties signataires demandent l'extension du présent accord au ministre du travail, des relations sociales, de la famille et de la solidarité.

Article 6
En vigueur étendu

Il est précisé que l'ouvrier qui travaille dans la zone 1A et qui bénéficie en milieu de journée d'un temps de pause au moins égal à 1 h 15 est réputé prendre son repas à sa résidence habituelle. Dans le cas contraire, il convient, afin de bénéficier de l'indemnité de repas, qu'il en rapporte la preuve par tous moyens à sa disposition.

Accord du 25 mars 2005 Indemnités de petits déplacements (Picardie)

Indemnités de petits déplacements (Picardie).

En vigueur étendu

Article 1er

En application du titre VIII, chapitre Ier, des conventions collectives nationales du bâtiment du 8 octobre 1990 (étendues par arrêtés ministériels du 8 février 1991 et du 12 février 1991), concernant les ouvriers employés par les entreprises du bâtiment non visées par le décret du 1er mars 1962, d'une part, et par les entreprises du bâtiment visées par le décret du 1er mars 1962, d'autre part, les organisations représentatives d'employeurs et de salariés se sont réunies et ont déterminé le montant des indemnités de petits déplacements des ouvriers du bâtiment de la région Picardie.

Article 2

Pour la région Picardie, les parties signataires du présent accord ont fixé, en application de l'article 8.18 des conventions collectives nationales précitées, le barème des indemnités de petits déplacements des ouvriers du bâtiment comme indiqué dans le tableau ci-après :

(En euros.)

ZONE (en kilomètres)	INDEMNITE de repas	INDEMNITE de frais de transport	INDEMNITE de trajet
ZONE 1 (00 à 10 km)	8,00	1,13	1,13
ZONE 2 (10 à 20 km)	8,00	3,39	2,26
ZONE 3 (20 à 30 km)	8,00	5,65	3,39
ZONE 4 (30 à 40 km)	8,00	7,91	4,52
ZONE 5 (40 à 50 km)	8,00	10,17	5,65

Article 3

Le présent barème des indemnités de petits déplacements entrera en application à compter du 1er avril 2005.

Article 4

Conformément au code du travail, le présent accord, fait en 15 exemplaires, sera déposé à la direction départementale du travail et de l'emploi de la Somme et remis aux secrétariats-greffes des conseils des prud'hommes de Picardie.

Article 5

Les parties signataires demandent l'extension du présent accord au ministère du travail, de l'emploi et de la formation professionnelle.

Fait à Amiens, le 25 mars 2005.

Accord du 25 mars 2005 Salaires (Picardie)

L'union régionale CAPEB de Picardie ;
La fédération française du bâtiment de Picardie ;
L'union régionale des sociétés coopératives ouvrières de production de Picardie,

L'union régionale CFE-CGC Picardie ;
L'union régionale CFDT Picardie ;
L'union régionale CFTC Picardie ;
L'union régionale FO Picardie,

En vigueur non étendu

Article 1er

En application du titre VIII, chapitre Ier, des conventions collectives nationales du bâtiment du 8 octobre 1990 (étendues par arrêtés ministériels du 8 février 1991 et du 12 février 1991), concernant les ouvriers employés par les entreprises du bâtiment visées par le décret du 1er mars 1962, les organisations représentatives d'employeurs et de salariés se sont réunies et ont déterminé le montant des indemnités de petits déplacements des ouvriers du bâtiment de la région Picardie.

Article 2

Pour la région Picardie, les parties signataires du présent accord ont fixé, en application de l'article 8.18 des conventions collectives nationales précitées, le barème des indemnités de petits déplacements des ouvriers du bâtiment comme indiqué dans le tableau ci-après :

(En euros.)

ZONE	INDEMNITE	INDEMNITE	INDEMNITE

(en kilomètres)	repas	de frais de	de trajet
		transport	
Zone 1 00 à 10 kms	8,00	1,13	1,13
Zone 2 10 à 20 kms	8,00	3,39	2,26
Zone 3 20 à 30 kms	8,00	5,65	3,39
Zone 4 30 à 40 kms	8,00	7,91	4,52
Zone 5 40 à 50 kms	8,00	10,17	5,65

Article 3

Le présent barème des indemnités de petits déplacements entrera en application à compter du 1er avril 2005.

Article 4

Conformément au code du travail, le présent accord, fait en 15 exemplaires, sera déposé à la direction départementale du travail et de l'emploi de la Somme et remis aux secrétariats-greffes des conseils des prud'hommes de Picardie.

Article 5

Les parties signataires demandent l'extension du présent accord au ministère du travail, de l'emploi et de la formation professionnelle.

Fait à Amiens, le 25 mars 2005.

Accord du 13 octobre 2005 Prime d'outillage (Picardie)

Prime d'outillage

En vigueur étendu

Article 1er

En application de l'article 1.3 des conventions collectives nationales du bâtiment du 8 octobre 1990 (étendues par arrêtés ministériels du 8 février 1991 et du 12 février 1991) concernant les ouvriers employés par les entreprises du bâtiment non visées par le décret du 1er mars 1962, d'une part, et par les entreprises du bâtiment visées par le décret du 1er mars 1962, d'autre part, les organisations représentatives d'employeurs et de salariés se sont réunies et ont déterminé le montant de la prime d'outillage des ouvriers du bâtiment de la région Picardie.

Article 2

En application de l'article 1.3 des conventions collectives nationales précitées,

En application de l'article 32 de l'accord régional de Picardie du 1er août 1979, les parties signataires du présent accord ont fixé le montant de la prime d'outillage des ouvriers du bâtiment de Picardie comme indiqué ci-après :

- 1re catégorie : 5,67 € ;

- 2e catégorie : 11,34 € ;

- 3e catégorie : 17,01 €.

Article 3

Le présent barème de prime d'outillage entrera en application à compter du 1er octobre 2005.

Article 4

Conformément au code du travail, le présent accord, fait en 15 exemplaires, sera déposé à la direction départementale du travail et de l'emploi de la Somme et remis au secrétariat-greffe des conseils de prud'hommes de Picardie.

Article 5

Les parties signataires demandent l'extension du présent accord au ministère du travail, de l'emploi et de la formation professionnelle.

Fait à Amiens, le 13 octobre 2005.

Avenant du 19 octobre 2006 Salaires (Picardie)

L'union régionale de Picardie CAPEB,

La fédération française du bâtiment de Picardie ;

L'union régionale des sociétés coopératives ouvrières de production de Picardie,

L'union régionale des syndicats de Picardie Force ouvrière ;

L'union régionale de Picardie CFDT ;

L'union régionale de Picardie CFTC,

Salaires minimaux des ouvriers du bâtiment à compter du 1er octobre 2006

En vigueur étendu

Article 1er

En application des articles 12.8 et 12.9 des conventions collectives nationales du bâtiment du 8 octobre 1990 (étendues par arrêtés ministériels du 8 février 1991 et du 12 février 1991), concernant les ouvriers employés par les entreprises du bâtiment non visées par le décret du 1er mars 1962, d'une part, par les entreprises du bâtiment visées par le décret du 1er mars 1962, d'autre part, les organisations représentatives d'employeurs et de salariés se sont réunies et ont déterminé les salaires mensuels minimaux des ouvriers du bâtiment de la région Picardie.

Article 2

Pour la région Picardie, les parties signataires du présent accord ont fixé les barèmes des salaires minimaux des ouvriers du bâtiment comme indiqué dans le tableau ci-après :

(En euros.)

CATEGORIE professionnelle	COEF.	SALAIRE MENSUEL minimal pour 35 heures hebdomadaires soit 151,67 heures mensuelles	TAUX HORAIRE minimal
Niveau I			
Ouvrier d'exécution			
- Position 1	150	1 254,31	8,27
- Position 2	170	1 275,54	8,41
Niveau II			
Ouvrier			
professionnel	185	1 307,40	8,62
Niveau III			
Compagnon			
professionnel			
- Position 1	210	1 377,16	9,08
- Position 2	230	1 475,75	9,73

Niveau IV			
Maître ouvrier ou			
chef d'équipe			
- Position 1	250	1 572,82	10,37
- Position 2	270	1 672,92	11,03

Article 3

Le présent barème des salaires minimaux entrera en application au 1er octobre 2006, pour une durée de 12 mois minimum.

Les salaires réels seront librement débattus au sein des entreprises.

Article 4

Conformément au code du travail, le présent accord, fait en 15 exemplaires, sera déposé à la direction départementale du travail et de l'emploi de la Somme et remis au secrétariat-greffe des conseils de prud'hommes de Picardie.

Article 5

Les parties signataires demandent l'extension du présent accord au ministère du travail, de l'emploi et de la formation professionnelle.

Accord du 19 octobre 2006 Prime d'outillage (Picardie)

La fédération française du bâtiment de Picardie ;

L'union régionale des sociétés coopératives ouvrières de production de Picardie ;

L'union régionale CAPEB de Picardie,

L'union régionale FO Picardie ;

L'union régionale CFTC Picardie,

Prime d'outillage (Picardie)

En vigueur non étendu

Article 1er

En application de l'article 1.3 des conventions collectives nationales du bâtiment du 8 octobre 1990 (étendues par arrêtés ministériels du 8 février 1991 et du 12 février 1991), concernant les ouvriers employés par les entreprises du bâtiment non visées par le décret du 1er mars 1962, d'une part, et par les entreprises du bâtiment visées par le décret du 1er mars 1962, d'autre part, les organisations représentatives d'employeurs et de salariés se sont réunies et ont déterminé le montant de la prime d'outillage des ouvriers du bâtiment de la région Picardie.

Article 2

En application de l'article 1.3 des conventions collectives nationales précitées ;

En application de l'article 32 de l'accord régional de Picardie du 1er août 1979,

les parties signataires du présent accord ont fixé le montant de la prime d'outillage des ouvriers du bâtiment de Picardie comme indiqué ci-après :

- 1re catégorie : 5,85 €;

- 2e catégorie : 11,70 € ;

- 3e catégorie : 17,55 €.

Article 3

Le présent barème de prime d'outillage entrera en application à compter du 1er octobre 2006.

Article 4

Conformément au code du travail, le présent accord, fait en 15 exemplaires, sera déposé auprès des services centraux du ministère chargé du travail et remis aux secrétariats-greffes des conseils de prud'hommes de Picardie.

Article 5

Les parties signataires demandent l'extension du présent accord au ministère de l'emploi, de la cohésion sociale et du logement.

Accord paritaire du 19 octobre 2006 Salaires (Picardie)

Salaires minimaux (Picardie)

En vigueur étendu

Article 1er

En application des articles 12.8 et 12.9 des conventions collectives nationales du bâtiment du 8 octobre 1990 (étendues par arrêtés ministériels du 8 février 1991 et du 12 février 1991), concernant les ouvriers employés par les entreprises du bâtiment non visées par le décret du 1er mars 1962, d'une part, par les entreprises du bâtiment visées par le décret du 1er mars 1962, d'autre part, les organisations représentatives d'employeurs et de salariés se sont réunies et ont déterminé les salaires mensuels minimaux des ouvriers du bâtiment de la région Picardie.

Article 2

Pour la région Picardie, les parties signataires du présent accord ont fixé les barèmes des salaires minimaux des ouvriers du bâtiment comme indiqué dans le tableau ci-après :

(En euros.)

CATEGORIE	COEF.	SALAIRE MENSUEL	TAUX HORAIRE
professionnelle		minimal pour	minimal
		35 heures	
		hebdomadaires	
		soit 151,67 heures	
		mensuelles	
Niveau I			
Ouvrier d'exécution			
- Position 1	150	1 254,31	8,27
- Position 2	170	1 275,54	8,41
Niveau II			
Ouvrier			
professionnel	185	1 307,40	8,62
Niveau III			
Compagnon			
professionnel			
- Position 1	210	1 377,16	9,08
- Position 2	230	1 475,75	9,73
Niveau IV			
Maître ouvrier ou			
chef d'équipe			
- Position 1	250	1 572,82	10,37
- Position 2	270	1 672,92	11,03

Article 3

Le présent barème des salaires minimaux entrera en application au

1er octobre 2006, pour une durée de 12 mois minimum.

Les salaires réels seront librement débattus au sein des entreprises.

Article 4

Conformément au code du travail, le présent accord, fait en 15 exemplaires, sera déposé auprès des services centraux du ministère chargé du travail et remis au secrétariat-greffe des conseils de prud'hommes de Picardie.

Article 5

Les parties signataires demandent l'extension du présent accord au ministère du travail, de l'emploi et de la formation professionnelle.

SALAIRES Région Provence Alpes Côte d'Azur Accord du 26 avril 1994

Prime de pénibilité à compter du 1er septembre 1994.

En vigueur étendu

En application de l'article 3 de la convention collective régionale du bâtiment signée le 20 décembre 1993 concernant les ouvriers employés par les entreprises du bâtiment non visées par le décret du 1er mars 1962, d'une part, et par les entreprises du bâtiment visées par le décret du 1er mars 1962, d'autre part, les parties ci-dessus désignées se sont réunies et ont déterminé la prime horaire de pénibilité aux ouvriers du bâtiment de la région Provence - Alpes - Côte d'Azur:

A compter du 1er septembre 1994 :

- prime horaire : 3,50 F

Conformément au code du travail, le présent accord sera déposé à la direction départementale du travail et de l'emploi des Bouches-du-Rhône et remis au secrétariat-greffe du conseil de prud'hommes de Marseille.

SALAIRES Région Provence Alpes Côte d'Azur (PACA) Accord du 25 avril 1997

Salaires à compter du 1er juin 1997

En vigueur étendu

Article 1er

En application des articles XII-8 et XII-9 des conventions collectives nationales du bâtiment du 8 octobre 1990 concernant les ouvriers employés par les entreprises du bâtiment non visées par le décret du 1er mars, 1962 d'une part, et par les entreprises du bâtiment visées par le décret du 1er mars 1962, d'autre part, les parties ci-dessus désignées se sont réunies et ont déterminé le salaire mensuel minimal des ouvriers du bâtiment de la région Provence-Alpes-Côte d'Azur à compter du 1er juin 1997.
Article 2

Pour la région Provence-Alpes-Côte d'Azur, les parties signataires du présent accord ont fixé :

- la partie fixe (PF) à 1 400,00 F ;

- la valeur du point (VP) à 30,60 F.

En conséquence, pour un horaire hebdomadaire de 39 heures, le barème des salaires minimaux des ouvriers du bâtiment de la région Provence-Alpes-Côte d'Azur s'établit comme indiqué dans le tableau ci-après :

Salaire mensuel minimal pour 39 heures hebdomadaires en francs.
Taux horaire minimal en francs.

	Coef	Salaire	Taux
Niveau I			

Ouvriers d'exécution			
position 1	150	5 990,00	35,44
		(1)	(1)
position 2	170	6 602,00	39,07
Niveau II			
Ouvriers professionnels			
	185	7 061,00	41,78
Niveau III			
Compagnons professionnels			
position 1	210	7 826,00	46,31
position 2	230	8 438,00	49,93
Niveau IV			
Maîtres ouvriers ou chefs			
d'équipe			
position 1	250	9 050,00	53,55
position 2	270	9 662,00	57,17

(1) Il est rappelé qu'aucun salaire ne doit être inférieur au SMIC, lequel est, depuis le 1er juillet 1996, de 37,91 F l'heure, soit 6 406,79 F pour 169 heures.Article 3

Conformément au code du travail, le présent accord sera déposé à la direction départementale du travail et de l'emploi des Bouches-du-Rhône et remis au secrétariat-greffe du conseil de prud'hommes de Marseille.

SALAIRES Région Provence Alpes Côte d'Azur (PACA) Accord régional paritaire du 10 novembre 1998

Organisation patronale signataire :
L'union régionale CAPEB " Provence-Alpes-Côte d'Azur ",

Syndicats de salariés signataires :
La section régionale " Provence-Côte d'Azur-Corse " du bâtiment et des travaux publics FO ;
L'union régionale des syndicats construction-bois CFDT ;
L'union régionale CFTC du bâtiment et des travaux publics,
Fait à Aix-en-Provence, le 10 novembre 1998.

Salaires à compter du 1er juin 1999

En vigueur non étendu

Article 2

Pour la région Provence-Alpes-Côte d'Azur, les parties signataires du présent accord ont fixé :

- la partie fixe (PF) à 1 428,00 F ;

- la valeur du point (VP) à 31,22 F.

En conséquence, pour un horaire hebdomadaire de 39 heures, le barème des salaires minimaux des ouvriers du bâtiment de la région Provence-Alpes-Côte d'Azur s'établit comme indiqué dans le tableau ci-après :

(3) SALAIRE MENSUEL minimal (pour 39 heures hebdomadaires) (en francs)
(4) TAUX HORAIRE minimal (en francs)

NIVEAU	Coef	Salaire	Taux
		(3)	(4)
Niveau I			
Ouvriers d'exécution			
position 1	150	6 162,50	36,46
		(1)	(2)

position 2	170	6 797,50	40,22
Niveau II			
Ouvriers professionnels			
	185	7 202,20	42,62
Niveau III			
Compagnons professionnels			
position 1	210	7 982,50	47,23
position 2	230	8 606,80	50,93
Niveau IV			
Maîtres ouvriers ou chefs			
d'équipe			
position 1	250	9 231,00	54,62
position 2	270	9 885,20	58,31

(1) Il est rappelé qu'aucun salaire ne doit être inférieur au SMIC, lequel est, depuis le 1er juillet 1998, de 40,22 F l'heure, soit 6 797,18 F pour 169 heures.
(2) Les salaires mensuels des coefficients 150 et 170 ne sont pas calculés sur la base de la valeur du point et de la partie fixe, mais sont fixés comme suit, coefficient 150 : 6 162,50 F et coefficient 170 : 6 797,50 F.

SALAIRES Région Provence Alpes Côte d'Azur (PACA) Accord régional paritaire du 10 novembre 1998

Indemnisation des petits déplacements au 1er janvier 1999

En vigueur non étendu

Les indemnités de petits déplacements sont fixées comme suit, à compter du 1er janvier 1999 et sous réserve de la parution officielle de l'extension de cet accord :

I. - Indemnité de repas : 44 F.

II. - Indemnité de fais de transports :

ZONE	KILOMETRE	MONTANT
		(en francs)
Zone 1	0 à 10	12,00
Zone 2	10 à 20	19,00
Zone 3	20 à 30	28,00
Zone 4	30 à 40	36,00
Zone 5	40 à 50	45,00

III. - Indemnité de trajet :

ZONE	KILOMETRE	MONTANT
		(en francs)
Zone 1	0 à 10	10,50
Zone 2	10 à 20	15,00
Zone 3	20 à 30	19,50
Zone 4	30 à 40	23,00
Zone 5	40 à 50	28,00

Conformément à l'accord régional du 13 avril 1995, la zone 1 A est supprimée dans toute la région.
L'indemnité de frais de transport et l'indemnité de frais de trajet sont appliquées de 0 à 10 kilomètres.

Avenant du 26 juin 2007 Indemnités de petits déplacements (Provence-Alpes-Côte d'Azur)

La fédération régionale du bâtiment Provence-Alpes-Côte d'Azur ;

La fédération PACA-Corse SCOP BTP ;

L'union régionale CAPEB Provence-Alpes-Côte-d'Azur,

La section régionale « Provence-Côte d'Azur-Corse » du bâtiment et des travaux publics FO ;

L'union régionale des syndicats constructions-bois CFDT ;

L'union régionale du bâtiment et des travaux publics CFTC,

En vigueur étendu

A compter du 1er septembre 2007, les indemnités de petits déplacements concernant les ouvriers du bâtiment de la région « Provence-Alpes-Côte d'Azur », employés par les entreprises du bâtiment visées et non visées par le décret du 1er mars 1962, seront fixées comme suit :

I. - Indemnité de repas : 8,50 €

II. - Indemnité de frais de transport :

Zone 1 : de 0 à 10 kilomètres 2,60 €.
Zone 2 : de 10 à 20 kilomètres 4,50 €.
Zone 3 : de 20 à 30 kilomètres 6,00 €.
Zone 4 : de 30 à 40 kilomètres 7,85 €.
Zone 5 : de 40 à 50 kilomètres 10,30 €.

III. - Indemnité de trajet :

Zone 1 : de 0 à 10 kilomètres 1,72 €.
Zone 2 : de 10 à 20 kilomètres 2,80 €.
Zone 3 : de 20 à 30 kilomètres 3,75 €.
Zone 4 : de 30 à 40 kilomètres 5,00 €.
Zone 5 : de 40 à 50 kilomètres 6,00 €.

Conformément à l'accord régional du 13 avril 1995, la zone 1 A est supprimée dans toute la région.
L'indemnité de frais de transport et l'indemnité de frais de trajet sont appliquées de 0 à 10 km.

Avenant du 26 juin 2007 Prime de pénibilité (Provence-Alpes-Côte d'Azur)

La fédération régionale du bâtiment Provence-Alpes-Côte d'Azur ;

L'union régionale CAPEB « Provence-Alpes-Côte d'Azur » ;

La fédération PACA CORSE SCOP BTP,

La section régionale « Provence-Côte d'Azur-Corse » du bâtiment et des travaux publics FO ;

L'union régionale de la construction CGT ;

L'union régionale des syndicats constructions-bois CFDT ;

L'union régionale CFTC du bâtiment et des travaux publics,

En vigueur étendu

En application de l'article 3 de la convention collective régionale du bâtiment signée le 20 décembre 1993 concernant les ouvriers employés par les entreprises du bâtiment visées et non visées par le décret du 1er mars 1962, les parties ci-dessous désignées se sont réunies et ont déterminé la prime horaire de pénibilité aux ouvriers du bâtiment de la région Provence-Alpes-Côte d'Azur.

A compter du 1er septembre 2007 : prime horaire de 1 €.

Conformément au code du travail, le présent accord sera déposé à la direction départementale du travail, de l'emploi et de la formation professionnelle des Bouches-du-Rhône et remis au secrétariat-greffe du conseil des prud'hommes de Marseille.

Accord du 30 avril 2008 Prime de pénibilité (PACA)

La fédération régionale du bâtiment Provence-Alpes-Côte d'Azur ;

L'union régionale CAPEB Provence-Alpes-Côte d'Azur ;

La fédération PACA et Corse SCOP BTP,

La section régionale Provence-Côte d'Azur-Corse du bâtiment et des travaux publics FO ;

L'union régionale des syndicats construction-bois CFDT ;

L'union régionale du bâtiment et des travaux publics CFTC,

En vigueur étendu

En application de l'article 3 de la convention collective régionale du bâtiment signée le 20 décembre 1993 concernant les ouvriers employés par les entreprises du bâtiment visées et non visées par le décret du 1er mars 1962, les parties ci-dessus désignées se sont réunies et ont déterminé la prime horaire de pénibilité des ouvriers du bâtiment de la région Provence-Alpes-Côte d'Azur :

A compter du 1er juin 2008 :

- prime horaire de 1,05 €.

Conformément au code du travail, le présent accord sera déposé à la direction départementale du travail, de l'emploi et de la formation professionnelle des Bouches-du-Rhône et remis au secrétariat-greffe du conseil des prud'hommes de Marseille.

Accord du 30 avril 2008 (Indemnités déplacements) (PACA)

La fédération régionale du bâtiment Provence-Alpes-Côte d'Azur ;

La fédération PACA et Corse SCOP BTP ;

L'union régionale CAPEB Provence-Alpes-Côte d'Azur,

La section régionale Provence-Côte d'Azur-Corse du bâtiment et des travaux publics FO ;

L'union régionale des syndicats construction-bois CFDT ;

L'union régionale du bâtiment et des travaux publics CFTC,

En vigueur étendu

A compter du 1er juin 2008, les indemnités de petits déplacements concernant les ouvriers du bâtiment de la région Provence-Alpes-Côte d'Azur, employés par les entreprises du bâtiment visées et non visées par le décret du 1er mars 1962, seront fixées comme suit :

(En euros.)

ZONE (en kilomètres)	INDEMNITÉ de repas	INDEMNITÉ DE FRAIS de transport	INDEMNITÉ de trajet
1 (0 à 10 km)	8, 85	2, 70	1, 80
2 (10 à 20 km)	8, 85	4, 68	2, 90
3 (20 à 30 km)	8, 85	6, 24	3, 90
4 (30 à 40 km)	8, 85	8, 15	5, 20
5 (40 à 50 km)	8, 85	10, 65	6, 20

Conformément à l'accord régional du 13 avril 1995, la zone 1 A est supprimée dans toute la région.

L'indemnité de frais de transport et l'indemnité de frais de trajet sont appliquées de 0 à 10 kilomètres.

Avenant du 4 juillet 2006 Indemnités de petits déplacements (Poitou-Charentes)

La CAPEB Poitou-Charentes ;

Les CAPEB départementales de Poitou-Charentes ;

La fédération française du bâtiment Poitou-Charentes ;

Les fédérations départementales du bâtiment de Poitou-Charentes ;

La fédération régionale des SCOP du BTP Poitou-Charentes,

Le syndicat FO ;

La CFTC ;

La CGT,

En vigueur étendu

Article 1er

En application du titre VIII, chapitre Ier, de la convention collective nationale du bâtiment du 8 octobre 1990 (étendue par arrêté ministériel du 12 février 1991), concernant les ouvriers employés par les entreprises du bâtiment visées par le décret du 1er mars 1962, les organisations représentatives d'employeurs et de salariés se sont réunies et ont déterminé les montants des indemnités de petits déplacements des ouvriers du bâtiment de la région Poitou-Charentes.

Article 2

Pour la région Poitou-Charentes, les parties signataires du présent accord ont fixé, en application de l'article 8.18 de la convention collective nationale précitée, le barème des indemnités de petits déplacements des ouvriers du bâtiment comme indiqué dans le tableau ci-après :

(En euros.)

ZONE	INDEMNITE	INDEMNITE	INDEMNITE
(en kilomètres)	de repas	de transport	de trajet
1 a (0 à 5 km)	7,80	0,57	0,54
1 b (5 à 10 km)	7,80	1,24	0,88
2 (10 à 20 km)	7,80	2,46	1,73
3 (20 à 30 km)	7,80	3,80	2,82
4 (30 à 40 km)	7,80	5,57	3,89
5 (40 à 50 km)	7,80	7,62	5,21

Article 3

Le présent barème des indemnités de petits déplacements entrera en application à compter du 1er juillet 2006.

Article 4

Conformément aux articles R. 132-1 et 2 du code du travail, le présent accord sera adressé à la direction des relations du travail (DRT) dépôts des accords collectifs à Paris (XVe) et 1 exemplaire remis au secrétariat-greffe du conseil de prud'hommes de La Rochelle.

Article 5

Les parties signataires demandent l'extension du présent accord au ministre des affaires sociales, du travail et de la solidarité.

Article 6

Il est précisé que l'ouvrier qui travaille dans la zone 1 a et qui bénéficie en milieu de journée d'un temps de pause au moins égal à 1 h 15 est réputé prendre son repas à sa résidence habituelle. Dans le cas contraire, il convient, afin de bénéficier de l'indemnité de repas, qu'il en rapporte la preuve par tous moyens à sa disposition.

Avenant du 4 juillet 2006 Salaires (Poitou-Charentes)

La CAPEB Poitou-Charentes ;

Les CAPEB départementales de Poitou-Charentes ;

La fédération française du bâtiment Poitou-Charentes ;

Les fédérations départementales du bâtiment de Poitou-Charentes ;

La fédération régionale des SCOP du BTP Poitou-Charentes,

La CFDT ;

La CFTC,

En vigueur étendu

Article 1er

En application des articles 1.4 et 12.8 de la convention collective nationale du bâtiment du 8 octobre 1990, concernant les ouvriers employés par les entreprises du bâtiment visées par le décret du 1er mars 1962.

Pour les entreprises dont l'horaire collectif est fixé à 35 heures par semaine ou 151,67 heures par mois.

Les organisations représentatives d'employeurs et de salariés se sont réunies et ont déterminé les salaires mensuels minimaux des ouvriers du bâtiment de la région Poitou-Charentes et ont arrêté :

- la partie fixe (PF) à 150 € ;

- la valeur du point (VP) à 6,29 €,

à compter du 1er juillet 2006.

Article 2

Conformément aux articles R. 132-1 et 2 du code du travail, le présent accord sera adressé à la direction des relations du travail (DRT) dépôts des accords collectifs à Paris (XVe) et 1 exemplaire remis au secrétariat-greffe du conseil de prud'hommes de La Rochelle.

Accord paritaire régional du 4 juillet 2006

Salaires minimaux des ouvriers du bâtiment de la région Poitou-Charentes applicables au 1er juillet 2006

(Partie fixe : 150 €. - Valeur du point : 6,29 €)

Pour un horaire hebdomadaire de 35 heures

(En euros.)

CATEGORIE	COEF.	Salaire mensuel	Taux horaire
professionnelle			
Niveau I			
Ouvrier d'exécution			
- Position 1	150	1 254,31	8,27
- Position 2	170	1 292,23	8,52
Niveau II			
Ouvrier			
professionnel	185	1 313,46	8,66
Niveau III			
Compagnon			
professionnel			
- Position 1	210	1 471,20	9,70
- Position 2	230	1 597,09	10,53
Niveau IV			
Maitre ouvrier ou			
chef d'équipe			
- Position 1	250	1 722,97	11,36
- Position 2	270	1 848,86	12,19

Article 3

Les parties signataires demandent l'extension du présent accord au ministre des affaires sociales, du travail et de la solidarité.

Accord du 21 décembre 2005 Salaires (Rhône-Alpes)

La fédération française du bâtiment région Rhône-Alpes ;

La fédération Rhône-Alpes et Auvergne SCOP BTP ;

L'union régionale CAPEB Rhône-Alpes,

La section fédérale régionale du syndicat BTP Rhône-Alpes FO ;

L'union régionale construction et bois Rhône-Alpes CFDT,

Préambule
En vigueur non étendu

La commission paritaire régionale s'est réunie le 20 décembre 2005 pour négocier les salaires minimaux des ETAM du bâtiment et les salaires minimaux des ouvriers des entreprises de bâtiment de la région Rhône-Alpes.
En ce qui concerne les ouvriers des entreprises occupant jusqu'à 10 salariés, il a été convenu ce qui suit :

Article 1
En vigueur non étendu

Les valeurs du point et de la partie fixe servant à calculer les appointements minimaux des ouvriers du bâtiment des entreprises occupant jusqu'à 10 salariés des 8 départements de la région Rhône-Alpes sont fixées comme suit :
Du 1er janvier au 30 juin 2006 :
- point : 6,68 € ;
- partie fixe : 150 €.
Du 1er juillet au 31 décembre 2006 :
- point : 6,74 € ;
- partie fixe : 150 €.
Les barèmes joints en annexe correspondent aux appointements minimaux des ouvriers pour un horaire mensuel de 151,67 heures.

Article 2
En vigueur non étendu

Par dérogation aux stipulations de l'article 1er, la valeur de la partie fixe applicable aux salariés classés au niveau I, position 1, coefficient 150, et pour cette seule position, est de 216 € du 1er janvier au 30 juin 2006.
Une nouvelle grille sera publiée le 1er juillet 2006.

Article 3
En vigueur non étendu

Toute organisation syndicale non signataire du présent accord pourra y adhérer par simple déclaration à la direction départementale du travail et de l'emploi où il aura été déposé. Elle devra également en aviser, par lettre recommandée, toutes les organisations signataires.

Article 4
En vigueur non étendu

Le présent accord sera déposé à la direction départementale du travail et de l'emploi du Rhône,8-10, rue du Nord,69625 Villeurbanne Cedex, conformément aux dispositions des articles L. 132-10 et R. 132-1 du code du travail.

Article 5
En vigueur non étendu

Les signataires demanderont l'extension de cet accord au titre du ministère du travail, de l'emploi et de la solidarité.

Annexe

En vigueur non étendu

ANNEXE

Appointements minimaux des ouvriers du bâtiment

(Du 1er janvier au 30 juin 2006)

(Partie fixe : 150 €. - Valeur du point : 6,68 €.)

CATÉGORIE professionnelle	COEFFICIENT	SALAIRE MENSUEL pour 151,67 heures
Niveau I Ouvriers d'exécution		
- position 1	150	1 218,00 *
- position 2	170	1 285,60
Niveau II		
Ouvriers professionnels	185	1 385,80
Niveau III		
Compagnons professionnels		
- position 1	210	1 552,80
- position 2	230	1 686,40
Niveau IV		
Maîtres ouvriers ou chefs d'équipe		
- position 1	250	1 820,00
- position 2	270	1 953,60
* Partie fixe de 216 €.		

Du 1er juillet au 31 décembre 2006

(Partie fixe : 150 €. - Valeur du point : 6,74 €.)

CATÉGORIE professionnelle	COEFFICIENT	SALAIRE MENSUEL pour 151,67 heures
Niveau I Ouvriers d'exécution		
- position 1	150	1 227,00 (1)
- position 2	170	1 295,80
Niveau II		
Ouvriers professionnels	185	1 396,90
Niveau III		
Compagnons professionnels		
- position 1	210	1 565,40
- position 2	230	1 700,20
Niveau IV		
Maîtres ouvriers ou chefs d'équipe		
- position 1	250	1 835,00
- position 2	270	1 969,80
(1) Aucune rémunération ne peut être inférieure au SMIC.		

Avenant du 9 janvier 2008 Salaires (Rhône-Alpes) (1)

(1) Texte étendu sous réserve de l'application des dispositions de l'article L. 2241-9 du code du travail (anciennement article L. 132-12-3) aux termes desquelles la négociation annuelle sur les salaires vise également à définir et programmer les mesures permettant de supprimer les écarts de rémunération entre les femmes et les hommes avant le 31 décembre 2010 (arrêté du 16 mai 2008, art. 1er).

Fédération française du bâtiment région Rhône-Alpes ;

Fédération Rhône-Alpes des SCOP BTP ;

Union régionale des CAPEB Rhône-Alpes.

Section fédérale régionale Rhône-Alpes du syndicat BTP FO ;

Union régionale Rhône-Alpes construction et bois CFDT.

En vigueur étendu

La commission paritaire régionale s'est réunie les 3, 10 et 18 décembre 2007 pour négocier les salaires minimaux des ouvriers des entreprises de bâtiment de la région Rhône-Alpes.
En ce qui concerne les ouvriers des entreprises occupant jusqu'à 10 salariés, il a été convenu ce qui suit :

Article 1

En vigueur étendu

Les valeurs du point et de la partie fixe servant à calculer les appointements minimaux des ouvriers du bâtiment des entreprises occupant jusqu'à 10 salariés des 8 départements de la région Rhône-Alpes sont fixées comme suit :
Du 1er janvier au 31 décembre 2008 :
- point : 7,16 € ;
- partie fixe : 150 €.

Les barèmes joints en annexe correspondent aux appointements minimaux des ouvriers pour un horaire mensuel de 151,67 heures.

Article 2

En vigueur étendu

Par dérogation aux stipulations de l'article 1er, la valeur de la partie fixe applicable aux salariés classés au niveau I, position 1, coefficient 150, et pour cette seule position, est de 244 €.
Cette valeur est susceptible d'évoluer à compter du 1er juillet 2008.

Article 3

En vigueur étendu

Toute organisation syndicale non signataire du présent accord pourra y adhérer par simple déclaration à la direction départementale du travail et de l'emploi où il aura été déposé. Elle devra également en aviser, par lettre recommandée, toutes les organisations signataires.

Article 4

En vigueur étendu

Le présent accord sera déposé à la direction départementale du travail et de l'emploi du Rhône, 8-10, rue du Nord, 69625 Villeurbanne Cedex, conformément aux dispositions des articles L. 132-10 et R. 132-1 du code du travail.

Article 5

En vigueur étendu

Les signataires demanderont l'extension de cet accord au titre du ministère du travail, des relations sociales et de la solidarité.

Annexe

En vigueur étendu

ANNEXE

Barèmes des appointements minimaux des ouvriers employés

dans les entreprises de la région Rhône-Alpes occupant jusqu'à 10 salariés

Du 1er janvier au 31 décembre 2008 :
- partie fixe : 150 € ;
- valeur du point : 7,16 €.

(En euros.)

CATÉGORIE PROFESSIONNELLE	COEFFICIENT	SALAIRE MENSUEL pour 151,67 heures
Niveau I. - Ouvriers d'exécution		
Position 1	150	1 318,00 (*)
Position 2	170	1 367,20
Niveau II. - Ouvriers professionnels	185	1 474,60
Niveau III. - Compagnons professionnels		
Position 1	210	1 653,60
Position 2	230	1 796,80
Niveau IV. - Maîtres ouvriers ou chefs d'équipe		
Position 1	250	1 940,00
Position 2	270	2 083,20
(*) Partie fixe de 244 €. Cette seule valeur étant susceptible d'évoluer à compter du 1er juillet 2008. Aucune rémunération ne peut être inférieure au SMIC.		

Avenant du 9 décembre 2004 Indemnités de petits déplacements (Provence-Alpes-Côte d'Azur)

Indemnités de petits déplacements à compter du 1er janvier 2005.

En vigueur étendu

A compter du 1er janvier 2005, les indemnités de petits déplacements concernant les ouvriers du bâtiment de la région Provence - Alpes - Côte d'Azur, employés par les entreprises du bâtiment visées et non visées par le décret du 1er mars 1962, seront fixées comme suit :

(En euros.)

INDEMNITE	MONTANT	
Repas	7,70	
Frais de transport		
Zone 1 (0 à 10 kilomètres)	2,34	
Zone 2 (10 à 20 kilomètres)	4,00	
Zone 3 (20 à 30 kilomètres)	5,50	
Zone 4 (30 à 40 kilomètres)	7,20	
Zone 5 (40 à 50 kilomètres)	9,50	
Trajet		
Zone 1 (0 à 10 kilomètres)	1,72	
Zone 2 (10 à 20 kilomètres)	2,55	
Zone 3 (20 à 30 kilomètres)	3,35	
Zone 4 (30 à 40 kilomètres)	4,50	
Zone 5 (40 à 50 kilomètres)	5,50	

Conformément à l'accord régional du 13 avril 1995, la zone 1A est supprimée dans toute la région.

L'indemnité de frais de transport et l'indemnité de frais de trajet sont appliquées de 0 à 10 kilomètres.

Fait à Marseille, le 9 décembre 2004.

Indemnités de petits déplacements

En vigueur étendu

A compter du 1er janvier 2006, les indemnités de petits déplacements concernant les ouvriers du bâtiment de la région Provence - Alpes - Côte d'Azur, employés par les entreprises du bâtiment visées et non visées par le décret du 1er mars 1962, seront fixées comme suit :

I. - Indemnité de repas : 8 €.

II. - Indemnité frais de transport

(En euros.)

ZONE	KILOMETRE	TARIF
1	De 0 à 10	2,50
2	De 10 à 20	4,20
3	De 20 à 30	5,80
4	De 30 à 40	7,60
5	De 40 à 50	10,00

III - Indemnité de trajet

(En euros.)

ZONE	KILOMETRE	TARIF
1	De 0 à 10	1,72
2	De 10 à 20	2,70
3	De 20 à 30	3,60
4	De 30 à 40	4,80
5	De 40 à 50	5,80

Conformément à l'accord régional du 13 avril 1995, la zone 1A est supprimée dans toute la région.

L'indemnité de frais de transport et l'indemnité de frais de trajet sont appliquées de 0 à 10 kilomètres.

Fait à Marseille, le 5 avril 2006.

Accord du 5 avril 2006 Salaires (PACA)

Prime de pénibilité

En vigueur étendu

En application de l'article 3 de la convention collective régionale du bâtiment signée le 20 décembre 1993 concernant les ouvriers employés par les entreprises du bâtiment visées et non visées par le décret du 1er mars 1962, les parties ci-dessus désignées se sont réunies et ont déterminé la prime horaire de pénibilité aux ouvriers du bâtiment de la région Provence-Alpes - Côte d'Azur.

A compter du 1er juillet 2006 : prime horaire de 0,80 €.

Conformément au code du travail, le présent accord sera déposé à la direction départementale du travail, de l'emploi et de la formation professionnelle des Bouches-du-Rhône et remis au secrétariat-greffe du conseil des prud'hommes de Marseille.

Fait à Aix-en-Provence, le 5 avril 2006.

Accord du 5 avril 2006 Salaires (PACA)

Salaires minimaux au 1er juillet 2006 et 1er décembre 2006 (PACA).

En vigueur étendu

Article 1er

En application des articles 12-8 et 12-9 de la convention collective nationale du bâtiment du 8 octobre 1990, concernant les ouvriers employés par les entreprises du bâtiment visées et non visées par le décret du 1er mars 1962,

les parties ci-dessus désignées se sont réunies et ont déterminé le salaire mensuel minimal des ouvriers du bâtiment de la région Provence - Alpes - Côte d'Azur (des entreprises visées et non visées par le décret du 1er mars 1962) applicable : à compter du 1er juillet 2006 pour les montants résultant des articles 2 et 3 et à compter du 1er décembre 2006 pour les montants résultant des articles 4 et 5.

Article 2

Pour la région Provence - Alpes - Côte d'Azur, les parties signataires du présent accord ont fixé au 1er juillet 2006, pour l'ensemble des coefficients :

- la partie fixe (PF) à : 213,43 € ;

- la valeur du point (VP) à : 6,25 €.

Article 3

Par dérogation aux valeurs définies ci-dessus, le salaire correspondant au coefficient 150 est fixé au 1er juillet 2006 à 1 262 € pour un horaire de 151,67 heures mensuel.

En conséquence, pour un horaire hebdomadaire de 35 heures, le barème des salaires minimaux des ouvriers du bâtiment de la région Provence - Alpes - Côte d'Azur s'établit comme indiqué dans le tableau ci-après :

(En euros.)

CATEGORIE		SALAIRE MENSUEL		
PROFESSIONNELLE	COEFFICIENT	minimal (pour	TAUX	
		35 h hebdomadaires)		

Niveau I				
Ouvrier				
d'exécution				
- position 1	150	1 262,00	8,32	
- position 2	170	1 275,93	8,41	
Niveau II				
Ouvrier				
professionnel	185	1 369,68	9,03	
Niveau III				
Compagnon				
professionnel				
- position 1	210	1 525,93	10,06	
- position 2	230	1 650,93	10,89	
Niveau IV				
Maitre ouvrier				
ou chef				
d'équipe				
- position 1	250	1 775,93	11,75	
- position 2	270	1 900,93	12,53	

Il est rappelé qu'aucun salaire ne doit être inférieur au SMIC, correspondant à l'horaire appliqué.

Le taux horaire du SMIC depuis le 1er juillet 2005 est de 8,03 Euros.

Article 4

Pour la région Provence - Alpes - Côte d'Azur, les parties signataires du présent accord ont fixé au 1er décembre 2006, pour l'ensemble des coefficients:

- la partie fixe (PF) à : 213,43 € ;

- la valeur du point (VP) à : 6,36 €.

Article 5

Par dérogation aux valeurs définies ci-dessus, le salaire correspondant au coefficient 150 est fixé à 1 262,00 € pour un horaire de 151,67 heures mensuel.

En conséquence, pour un horaire hebdomadaire de 35 heures, le barème des salaires minimaux des ouvriers du bâtiment de la région Provence - Alpes - Côte d'Azur s'établit comme indiqué dans le tableau ci-après :

(En euros.)

CATEGORIE		SALAIRE MENSUEL		
PROFESSIONNELLE	COEFFICIENT	minimal (pour	TAUX	
		35 h hebdomadaires)		
Niveau I				
Ouvrier				
d'exécution				
- position 1	150	1 262,00	8,32	
- position 2	170	1 294,63	8,54	
Niveau II				
Ouvrier				
professionnel	185	1 390,03	9,16	
Niveau III				
Compagnon				
professionnel				
- position 1	210	1 549,03	10,21	
- position 2	230	1 676,23	11,05	
Niveau IV				

Maitre ouvrier				
ou chef				
d'équipe				
- position 1	250	1 803,43	11,89	
- position 2	270	1 930,63	12,73	

Il est rappelé qu'aucun salaire ne doit être inférieur au SMIC, correspondant à l'horaire appliqué.

Le taux horaire du SMIC depuis le 1er juillet 2005 est de 8,03 €.

Fait à Marseille, le 5 avril 2006.

Avenant du 26 juin 2007 Salaires (Provence-Alpes-Côte d'Azur)

(1) Texte étendu sous réserve de l'application des dispositions de l'article L. 132-12-3 du code du travail

(arrêté du 30 octobre 2007, art. 1er).

La fédération régionale du bâtiment Provence-Alpes-Côte d'Azur ;

La fédération PACA Corse SCOP BTP ;

L'union régionale CAPEB Provence-Alpes-Côte d'Azur,

La section régionale « Provence-Côte d'Azur-Corse » du bâtiment et des travaux publics FO ;

L'union régionale des syndicats constructions-bois CFDT ;

L'union régionale du bâtiment et des travaux publics CFTC,

Article 1

En vigueur étendu

En application des articles XII.8 et XII.9 de la onvention collective nationale du bâtiment du 8 octobre 1990, concernant les ouvriers employés par les entreprises du bâtiment visées et non visées par le décret du 1er mars 1962, les parties ci-dessus désignées se sont réunies et ont déterminé le salaire mensuel minimal des ouvriers du bâtiment de la région Provence-Alpes-Côte d'Azur (des entreprises visées et non visées par le décret du 1er mars 1962) applicable à compter du 1er septembre 2007 pour les montants résultant des articles 2 et 3.

Article 2

En vigueur étendu

Pour la région Provence-Alpes-Côte d'Azur, les parties signataires du présent accord ont fixé au 1er septembre 2007 :
1. Pour l'ensemble des coefficients :
- la partie fixe (PF) à : 213,43 €.
- la valeur du point (VP) à : 6,62 €.

Article 3

En vigueur étendu

Par dérogation aux valeurs définies ci-dessus, le salaire correspondant au coefficient 150 est fixé au 1er septembre 2007 à 1.300,00 € pour un horaire de 151,67 heures mensuel.
En conséquence, pour un horaire hebdomadaire de 35 heures, le barème des salaires minimaux des ouvriers du bâtiment de la région Provence-Alpes-Côte d'Azur s'établit comme indiqué dans le tableau ci-après :

(En euros.)

CATÉGORIE professionnelle	COEFFICIENT	SALAIRE MENSUEL minimal (pour 35 heures hebdomadaires)	TAUX HORAIRE minimal
NIVEAU I			
Ouvriers d'exécution :			
- position 1	150	1 300,00	8,57
- position 2	170	1 338,83	8,83
NIVEAU II			
Ouvriers professionnels	185	1 438,68	9,49
NIVEAU III			
Compagnons professionnels :			
- position 1	210	1 603,63	10,57
- position 2	230	1 736,03	11,45
NIVEAU IV			
Maîtres ouvriers ou chefs d'équipe :			
- position 1	250	1 868,43	12,32
- position 2	270	2 000,83	13,19

Il est rappelé qu'aucun salaire ne doit être inférieur au SMIC, correspondant à l'horaire appliqué.
Le taux horaire du SMIC depuis le 1er juillet 2006 est de 8,27 €.

Accord du 30 avril 2008 Salaires (PACA)

(1) Texte étendu sous réserve de l'application des dispositions de l'article L. 2241-9 du code du travail qui prévoient que la négociation annuelle sur les salaires vise également à définir et programmer les mesures permettant de supprimer les écarts de rémunération entre les femmes et les hommes avant le 31 décembre 2010
(a rrêté du 4 septembre 2008, art. 1er).

La fédération régionale du bâtiment Provence-Alpes-Côte d'Azur ;

La fédération PACA et Corse SCOP BTP ;

L'union régionale CAPEB Provence-Alpes-Côte d'Azur,

La section régionale Provence-Côte d'Azur-Corse du bâtiment et des travaux publics FO ;

L'union régionale des syndicats construction-bois CFDT ;

L'union régionale du bâtiment et des travaux publics CFTC,

Article 1

En vigueur étendu

En application des articles 12. 8 et 12. 9 de la convention collective nationale du bâtiment du 8 octobre 1990, concernant les ouvriers employés par les entreprises du bâtiment visées et non visées par le décret du 1er mars 1962, les parties ci-dessus désignées se sont réunies et ont déterminé le salaire mensuel minimal des ouvriers du bâtiment de la région Provence-Alpes-Côte d'Azur (des entreprises visées et non visées par le décret du 1er mars 1962) applicable à compter du 1er juin 2008 pour les montants résultant des articles 2 et 3 et à compter du 1er octobre 2008 pour les montants résultant des articles 4 et 5.

Article 2

En vigueur étendu

Pour la région Provence-Alpes-Côte d'Azur, les parties signataires du présent accord ont fixé au 1er juin 2008 :
Pour l'ensemble des coefficients :
- la partie fixe (PF) à 213,43 € ;
- la valeur du point (VP) à 6,82 €.

Article 3

En vigueur étendu

Par dérogation aux valeurs définies ci-dessus, le salaire correspondantau coefficient 150 est fixé au 1er juin 2008 à 1 340 € pour un horaire de 151,67 heures mensuel.
En conséquence, pour un horaire hebdomadaire de 35 heures, le barème des salaires minimaux des ouvriers du bâtiment de la région Provence-Alpes-Côte d'Azur s'établit comme indiqué dans le tableau ci-après :

(En euros.)

CATÉGORIE professionnelle	COEFFICIENT	SALAIRE MENSUEL minimal	TAUX HORAIRE minimal
Niveau I			
Ouvriers d'exécution :			
- position 1	150	1 340,00	8,83
- position 2	170	1 372,83	9,05
Niveau II			
Ouvriers professionnels	185	1 475,13	9,73
Niveau III			
Compagnons professionnels :			
- position 1	210	1 645,63	10,85
- position 2	230	1 782,03	11,75
Niveau IV			
Maîtres ouvriers ou chefs d'équipe :			
- position 1	250	1 918,43	12,65
- position 2	270	2 054,83	13,55

Il est rappelé qu'aucun salaire ne doit être inférieur au SMIC, correspondant à l'horaire appliqué.
Le taux horaire du SMIC depuis le 1er juillet 2007 est de 8,44 €.

Article 4

En vigueur étendu

Pour la région Provence-Alpes-Côte d'Azur, les parties signataires du présent accord ont fixé au 1er octobre 2008 :
Pour l'ensemble des coefficients :
- la partie fixe (PF) à 213,43 € ;
- la valeur du point (VP) à 6,91 €.

Article 5

En vigueur étendu

Par dérogation aux valeurs définies ci-dessus, le salaire correspondant au coefficient 150 est fixé à 1 340 € pour un horaire de 151,67 heures mensuel.
En conséquence, pour un horaire hebdomadaire de 35 heures, le barème des salaires minimaux des ouvriers du bâtiment de la région Provence-Alpes-Côte d'Azur s'établit comme indiqué dans le tableau ci-après :

(En euros.)

CATÉGORIE professionnelle	COEFFICIENT	SALAIRE MENSUEL minimal	TAUX HORAIRE minimal
Niveau I			
Ouvriers d'exécution :			
- position 1	150	1 340,00	8,83
- position 2	170	1 388,13	9,15
Niveau II			
Ouvriers professionnels	185	1 491,78	9,84
Niveau III			

Compagnons professionnels :			
- position 1	210	1 664,53	10,97
- position 2	230	1 802,73	11,89
Niveau IV			
Maîtres ouvriers ou chefs d'équipe :			
- position 1	250	1 940,93	12,80
- position 2	270	2 079,13	13,71

Il est rappelé qu'aucun salaire ne doit être inférieur au SMIC, correspondant à l'horaire appliqué.
Le taux horaire du SMIC depuis le 1er juillet 2007 est de 8,44 €.

Accord du 2 décembre 2004 Salaires (Rhône-Alpes)

En vigueur étendu

La commission paritaire régionale s'est réunie le 10 novembre 2004 pour négocier les salaires minimaux des ETAM du bâtiment et les salaires minimaux des ouvriers des entreprises de bâtiment de la région Rhône-Alpes.

En ce qui concerne les ouvriers des entreprises occupant jusqu'à 10 salariés, il a été convenu ce qui suit :

Article 1er

Salaires minimaux des ouvriers employés dans les entreprises occupant jusqu'à 10 salariés

Les valeurs de la partie fixe et du point servant à calculer les appointements minimaux des ouvriers du bâtiment des entreprises occupant jusqu'à 10 salariés des 8 départements de la région Rhône-Alpes sont fixées pour la partie fixe à 150 et pour le point à 6,52 , à compter du 1er janvier 2005.

Le barème joint en annexe correspond aux appointements minimaux des ouvriers employés dans les entreprises occupant jusqu'à 10 salariés pour un horaire de 151 h 67.

Article 2

Cas particulier du niveau I - position 1

Par dérogation aux stipulations de l'article 1er, la valeur de la partie fixe applicable aux salariés classés au niveau I, position 1, coefficient 150, et pour cette seule position, est de 177 .

Article 3

Toute organisation syndicale non signataire du présent accord pourra y adhérer par simple déclaration à la direction départementale du travail et de l'emploi où il aura été déposé. Elle devra également en aviser, par lettre recommandée, toutes les organisations signataires.

Article 4

Le présent accord sera déposé à la direction départementale du travail et de l'emploi du Rhône, 8-10, rue du Nord, 69625 Villeurbanne Cedex, conformément aux dispositions des articles L. 132-10 et R. 132-1 du code du travail.

Article 5

Les signataires demanderont l'extension de cet accord au titre du ministère du travail, de l'emploi et de la solidarité.

Fait à Villeurbanne, le 2 décembre 2004.

Appointements minimaux des ouvriers du bâtiment employés

dans les entreprises de Rhône-Alpes occupant jusqu'à 10 salariés

(Valeur au 1er janvier 2005)

Partie fixe : 150 €.

Valeur du point : 6,52 €.

(En euros.)

CATEGORIE PROFESSIONNELLE	COEFFICIENT	SALAIRE mensuel pour 151,67 heures	
Niveau I			
Ouvrier d'exécution			
- position 1	150	1 155,00 (+)	
- position 2	170	1 258,40	
Niveau II			
Ouvrier professionnel	185	1 356,20	
Niveau III			
Compagnon professionnel			
- position 1	210	1 519,20	
- position 2	230	1 649,60	
Niveau IV			
Maître ouvrier ou chef d'équipe			
- position 1	250	1 780,00	
- position 2	270	1 910,40	

(+) Valeur de la partie fixe pour le coefficient 150 = 177 .

GMR pour une RTT au-delà de 39 heures :

- GMR 1, entre 16 juin 1998 et 30 juin 1999 : 1 178,54 € ;

- GMR 2, entre 1er juillet 1999 et 30 juin 2000 : 1 183,40 € ;

- GMR 3, entre 1er juillet 2000 et 30 juin 2001 : 1 190,14 € ;

- GMR 4, entre 1er juillet 2001 et 30 juin 2002 : 1 195,03 € ;

- GMR 5, le 1er juillet 2002 : 1 197,37.

Avenant du 26 octobre 2006 Indemnités de petits déplacements (Drôme et Ardèche)

Indemnités de petits déplacements (Drôme et Ardèche)

En vigueur étendu

Article 1er

En application du chapitre Ier du titre VIII des conventions collectives nationales du bâtiment du 8 octobre 1990, étendues par arrêtés ministériels du 8 février 1991 et du 12 février 1991, concernant, d'une part, les ouvriers du bâtiment employés dans les entreprises non visées par le décret du 1er mars 1962 (entreprises occupant plus de 10 salariés) et, d'autre part, les ouvriers du bâtiment employés dans les entreprises visées par le décret du 1er mars 1962 (entreprises occupant jusqu'à 10 salariés), les organisations représentatives d'employeurs et de salariés se sont réunies et ont déterminé les montants des indemnités de petits déplacements des ouvriers du bâtiment des départements de la Drôme et de l'Ardèche.

Article 2

Pour les départements de la Drôme et de l'Ardèche, les parties signataires du présent accord ont fixé en application de l'article VIII-18 des conventions collectives nationales précitées le barème des indemnités de petits déplacements des ouvriers du bâtiment comme suit :

- indemnités de repas : 8,60 € ;

- indemnité de transport et de trajet comme dans le tableau ci-après :

(En euros.)

ZONE	INDEMNITE DE FRAIS DE TRANSPORT	INDEMNITE DE TRAJET
Zone 1 a		
0 à 5 km	1,00	0,50
Zone 1 b		
5 à 10 km	2,00	0,90
Zone 2		
10 à 20 km	4,02	2,36
Zone 3		
20 à 30 km	6,69	3,52
Zone 4		
30 à 40 km	9,12	4,94
Zone 5		
40 à 50 km	11,79	5,88

Article 3

Le présent barème des indemnités de petits déplacements entrera en application à compter du 1er janvier 2007, sous réserve d'aboutir à un accord susceptible d'extension.

A défaut de remplir cette condition, les valeurs des petits déplacements resteront celles en vigueur au 1er janvier 2006.

Article 4

Conformément au code du travail, le présent accord sera déposé à la direction départementale du travail et de l'emploi de la Drôme et de l'Ardèche et remis aux secrétariats-greffes des conseils de prud'hommes de Valence, Romans et Montélimar pour la Drôme, et d'Annonay et Aubenas pour l'Ardèche.

Article 5

Les parties signataires demandent l'extension du présent accord au ministère de l'emploi et de la solidarité et au ministère de l'agriculture et de la pêche.

Article 6

La prochaine réunion de la commission paritaire petits déplacements se tiendra au cours du premier semestre 2007.

Fait à Valence, le 26 octobre 2006.

Avenant du 31 janvier 2007 Salaires (Rhône-Alpes)

(1) Texte étendu sous réserve de l'application des dispositions réglementaires portant fixation du salaire minimum interprofessionnel de croissance.

(Arrêté du 17 août 2007, art. 1er)

La fédération française du bâtiment région Rhône-Alpes ;

La fédération Rhône-Alpes - Auvergne SCOP-BTP ;

L'union régionale CAPEB Rhône-Alpes,

La section fédérale régionale Rhône-Alpes du syndicat BTP FO ;

L'union régionale construction et bois Rhône-Alpes CFDT,

En vigueur étendu

La commission paritaire régionale s'est réunie le 19 décembre 2006 et le 23 janvier 2007 pour négocier les salaires minimaux des ETAM du bâtiment et les salaires minimaux des ouvriers des entreprises de bâtiment de la région Rhône-Alpes.

En ce qui concerne les ouvriers des entreprises occupant jusqu'à 10 salariés, il a été convenu ce qui suit :

Article 1er

Salaires minimaux des ouvriers employés dans les entreprises occupant jusqu'à 10 salariés

Les valeurs du point et de la partie fixe servant à calculer les appointements minimaux des ouvriers du bâtiment des entreprises occupant jusqu'à 10 salariés des 8 départements de la région Rhône-Alpes sont fixées comme suit :

Du 1er janvier au 31 décembre 2007 :

- point : 6,93 € ;

- partie fixe : 150 €.

Les barèmes joints en annexe correspondent aux appointements minimaux des ouvriers pour un horaire de 151,67 heures.

Article 2

Cas particulier du niveau I, position 1

Par dérogation aux stipulations de l'article 1er, la valeur de la partie fixe applicable aux salariés classés au niveau I, position 1, coefficient 150, et pour cette seule position, est de 221 €.

Cette valeur est susceptible d'évoluer à compter du 1er juillet 2007.

Article 3

Toute organisation syndicale non signataire du présent accord pourra y adhérer par simple déclaration à la direction départementale du travail et de l'emploi où il aura été déposé. Elle devra également en aviser, par lettre recommandée, toutes les organisations signataires.

Article 4

Le présent accord sera déposé à la direction départementale du travail et de l'emploi du Rhône, 8-10, rue du Nord, 69625 Villeurbanne Cedex, conformément aux dispositions des articles L. 132-10 et R. 132-1 du code du travail.

Article 5

Les signataires demanderont l'extension de cet accord au titre du ministère du travail, de l'emploi et de la solidarité.

Fait à Villeurbanne, le 31 janvier 2007.

Appointements minimaux des ouvriers du bâtiment

employés dans les entreprises de Rhône-Alpes occupant jusqu'à 10 salariés

(Valeurs du 1er janvier au 31 décembre 2007)

Partie fixe : 150 €.

Valeur du point : 6,93 €.

(En euros.)

		SALAIRE	
CATEGORIE PROFESSIONNELLE	COEFFICIENT	mensuel pour	
		151,67 heures	
Niveau I			
Ouvrier d'exécution			
- position 1	150	1 260,50 (+)	

- position 2	170	1 325,10	
Niveau II			
Ouvrier professionnel	185	1 432,05	
Niveau III			
Compagnon professionnel			
- position 1	210	1 605,30	
- position 2	230	1 743,90	
Niveau IV			
Maître ouvrier ou chef			
d'équipe			
- position 1	250	1 882,50	
- position 2	270	2 021,10	
(+) Partie fixe de 221 €. Cette seule valeur étant			
susceptible d'évoluer à compter du 1er juillet 2007.			
Aucune rémunération ne peut être inférieure au SMIC.			

Avenant du 18 avril 2006 Indemnités de déplacements (Ain)

Indemnités de déplacements (Ain)

En vigueur étendu

Article 1er

Le présent accord a pour but de fixer, à compter du 1er mai 2006, le montant minimum des indemnités de déplacements pour les ouvriers travaillant dans les entreprises de bâtiment du département de l'Ain.

Indemnités de petits déplacements

Article 2

En application du chapitre Ier du titre VIII des conventions collectives du bâtiment du 8 octobre 1990, étendues par arrêtés ministériels du 8 février 1991 et du 12 février 1991, concernant, d'une part, les ouvriers du bâtiment employés dans les entreprises non visées par le décret du 1er mars 1962 (entreprises occupant plus de 10 salariés) et, d'autre part, les ouvriers du bâtiment employés dans les entreprises visées par le décret du 1er mars 1962 (entreprises occupant jusqu'à 10 salariés), les montants des 3 indemnités professionnelles, journalières et forfaitaires, qui constituent le régime d'indemnisation des petits déplacements, sont fixés comme suit à compter du 1er mai 2006 pour le département de l'Ain.

Article 3

De convention expresse entre les parties, et compte tenu des possibilités d'adaptation prévues par les textes référencés à l'article 2 ci-dessus, la première zone (de 0 à 10 kilomètres) est divisée en 2 dans le département de l'Ain :

- zone I a : de 0 à 4 kilomètres ;

- zone I b : de 4 à 10 kilomètres.

Article 4

L'indemnité de repas, qui a pour objet d'indemniser le supplément de frais occasionné par la prise du déjeuner en dehors de la résidence habituelle de l'ouvrier, est fixée à 8,69 à compter du 1er mai 2006, quelle que soit la zone dans laquelle se situe le chantier.

Cette indemnité n'est toutefois pas due dans les cas prévus par les textes référencés à l'article 2 ci-dessus.

Article 5

Le montant journalier de l'indemnité de frais de transport, indemnisant les frais d'un voyage aller et retour du point de départ des petits déplacements au milieu de la zone concentrique dans laquelle se situe le chantier, est fixé de la façon suivante à compter du 1er mai 2006 :

- zone I a (de 0 à 4 kilomètres) : 0,63 € ;

- zone I b (de 4 à 10 kilomètres) : 2,18 € ;

- zone II (de 10 à 20 kilomètres) : 4,58 € ;

- zone III (de 20 à 30 kilomètres) : 7,66 € ;

- zone IV (de 30 à 40 kilomètres : 10,76 € ;

- zone V (de 40 à 50 kilomètres) : 13,84 €.

Article 6

L'indemnité de trajet, indemnisant la sujétion que représente pour l'ouvrier la nécessité de se rendre quotidiennement sur le chantier et d'en revenir, évaluée en fonction de la distance entre le point de départ des petits déplacements et la circonférence supérieure de la zone où se situe le chantier, est fixée de la façon suivante à compter du 1er mai 2006 :

- zone I a (de 0 à 4 kilomètres) : 0,44 € ;

- zone I b (de 4 à 10 kilomètres) : 1,04 € ;

- zone II (de 10 à 20 kilomètres) : 2,06 € ;

- zone III (de 20 à 30 kilomètres) : 3,11 € ;

- zone IV (de 30 à 40 kilomètres : 4,12 € ;

- zone V (de 40 à 50 kilomètres) : 5,29 €.

Article 7

De convention expresse entre les parties, et compte tenu des possibilités d'adaptation prévues par les textes référencés à l'article 2 ci-dessus, pour les chantiers situés dans des communes de l'Ain - dont la liste figure en annexe au présent accord - classées en zone de montagne en vertu des arrêtés préfectoraux des 26 juin 1961, 3 août 1962, 20 février 1974 et 28 avril 1976, les indemnités de frais de transport et de trajet seront majorées de 25 %.

Article 8

Les autres conditions d'application sont strictement celles définies par les textes référencés à l'article 2 ci-dessus.

Indemnité de grands déplacements

Article 9

Il est convenu de se référer aux dispositions de l'article 8.22 du chapitre II du titre VIII des conventions collectives référencées à l'article 2 ci-dessus, à savoir :

" L'indemnité de grand déplacement correspond aux dépenses journalières normales qu'engage le déplacé en sus des dépenses habituelles qu'il engagerait s'il n'était pas déplacé. Le montant de ces dépenses journalières, qui comprennent :

a) Le coût d'un second logement pour l'intéressé ;

b) Les dépenses supplémentaires de nourriture, qu'il vive à l'hôtel, chez des particuliers ou dans tout autre type de logement proposé par l'employeur ;

c) Les autres dépenses supplémentaires qu'entraîne pour lui l'éloignement de son foyer,

est remboursé par une allocation forfaitaire égale aux coûts normaux du logement et de la nourriture (petit déjeuner, déjeuner, dîner) qu'il supporte.

Dans le cas où le déplacé, prévenu préalablement que son hébergement sera organisé par l'entreprise, déciderait de se loger ou de se nourrir (ou de se loger et de se nourrir) en dehors de celui-ci, une indemnité égale à celle versée aux ouvriers utilisant les moyens d'hébergement mis à leur disposition lui sera attribuée. "

Article 10

La prochaine réunion de la commission paritaire départementale aura lieu en février 2007.

Article 11

Le texte du présent accord sera déposé à la direction départementale du travail et de l'emploi, conformément aux dispositions du code du travail.

Fait à Bourg-en-Bresse, le 18 avril 2006.

ANNEXE

Liste des communes de l'Ain classées en zone de montagne 130 communes

(Arrêtés des 26 juin 1961, 3 août 1962, 20 février 1974 et 28 avril 1976)

Abergement-de-Varey (L')

Ambléon

Anglefort

Apremont

Aranc

Arandas

Arbent

Argis

Armix

Bellegarde-sur-Valserine

Billiat

Belleydoux

Bellignat

Belmont-Luthézieu

Bénonces

Bolozon

Boyeux-Saint-Jérôme

Brénaz

Brénod

Brion

Burbanche (La)

Ceignes

Cerdon

Chaley

Challes-la-Montagne

Champagne-en-Valromey

Champdor

Champfromier

Chanay

Charix

Châtillon-en-Michaille

Chavornay

Cheignieu-la-Balme

Confort

Chevillard

Chézery-Forens

Cleyzieu

Collonges

Conand

Condamine-la-Doye

Contrevoz

Conzieu

Corbonod

Corcelles

Corlier

Cormaranche-en-Bugey

Crozet

Divonne-les-Bains (section Divonne)

Dortan

Echallon

Echenevex

Evosges

Farges

Géovreisset

Géovreissiat

Gex

Giron

Grand-Abergement (Le)

Groissiat

Hauteville-Lompnes

Hostiaz

Hotonnes

Injoux-Génissiat

Innimond

Izenave

Izernore

Izieu

Labalme

Lalleyriat

Lancrans

Lantenay

Léaz

Lélex

Leyssard

Lhôpital

Lochieu

Lompnaz

Lompnieu

Maillat

Marchamp

Martignat

Matafelon-Granges

Mérignat

Mijoux

Montanges

Montréal

Nantua

Neyrolles (Les)

Nivollet-Montgriffon

Nurieux-Volognat

Oncieu

Ordonnaz

Outriaz

Oyonnax

Péron

Petit-Abergement (Le)

Peyriat

Plagnes

Poizat (Le)

Port

Prémeyzel

Prémillieu

Rossillon

Ruffieu

Saint-Alban

Saint-Bois

Saint-Germain-de-Joux

Saint-Germain-les-Paroisses

Saint-Jean-de-Gonville

Saint-Martin-du-Frêne

Saint-Rambert-en-Bugey

Samognat

Seillonnaz

Sergy

Serrières-sur-Ain

Songieu

Sonthonnax-la-Montagne

Souclin

Surjoux

Sutrieu

Tenay

Thézillieu

Thoiry

Torcieu

Vesancy

Vieu

Vieu-d'Izenave

Villes

Virieu-le-Grand

Virieu-le-Petit

Avenant du 22 février 2007 Indemnités de petits déplacements (Ain)

Indemnités de petits déplacements

En vigueur étendu

Article 1er

Le présent accord a pour but de fixer, à compter du 1er avril 2007, le montant minimum des indemnités de déplacements pour les ouvriers travaillant dans les entreprises de bâtiment du département de l'Ain.

Indemnités de petits déplacements

Article 2

En application du chapitre Ier du titre VIII des conventions collectives du bâtiment du 8 octobre 1990, étendues par arrêtés ministériels du 8 février 1991 et du 12 février 1991, concernant, d'une part, les ouvriers du bâtiment employés dans les entreprises non visées par le décret du 1er mars 1962 (entreprises occupant plus de 10 salariés) et, d'autre part, les ouvriers du bâtiment employés dans les entreprises visées par le décret du 1er mars 1962 (entreprises occupant jusqu'à 10 salariés) les montants des 3 indemnités professionnelles, journalières et forfaitaires, qui constituent le régime d'indemnisation des petits déplacements, sont fixés comme suit à compter du

1er avril 2007 pour le département de l'Ain.

Article 3

De convention expresse entre les parties, et compte tenu des possibilités d'adaptation prévues par les textes référencés à l'article 2 ci-dessus, la 1re zone - de 0 à 10 km - est divisée en 2 dans le département de l'Ain :

- zone Ia : de 0 à 4 km ;

- zone Ib : de 4 à 10 km.

Article 4

L'indemnité de repas, qui a pour objet d'indemniser le supplément de frais occasionné par la prise du déjeuner en dehors de la résidence habituelle de l'ouvrier, est fixée à 8,90 à compter du 1er avril 2007, quelle que soit la zone dans laquelle se situe le chantier.

Cette indemnité n'est toutefois pas due dans les cas prévus par les textes référencés à l'article 2 ci-dessus.

Article 5

Le montant journalier de l'indemnité de frais de transport, indemnisant les frais d'un voyage aller et retour du point de départ des petits déplacements au milieu de la zone concentrique dans laquelle se situe le chantier est fixé de la façon suivante à compter du 1er avril 2007 :

(En euros.)

ZONE	KILOMETRE	TARIF
Ia	De 0 à 4 km	0,64
Ib	De 4 à 10 km	2,23
II	De 10 à 20 km	4,69
III	De 20 à 30 km	7,85
IV	De 30 à 40 km	11,03
V	De 40 à 50 km	14,19

Article 6

L'indemnité de trajet, indemnisant la sujétion que représente pour l'ouvrier la nécessité de se rendre quotidiennement sur le chantier et d'en revenir, évaluée en fonction de la distance entre le point de départ des petits déplacements et la circonférence supérieure de la zone où se situe le chantier, est fixée de la façon suivante à compter du 1er avril 2007 :

(En euros.)

ZONE	KILOMETRE	TARIF
Ia	De 0 à 4 km	0,45
Ib	De 4 à 10 km	1,07
II	De 10 à 20 km	2,11
III	De 20 à 30 km	3,19
IV	De 30 à 40 km	4,22
V	De 40 à 50 km	5,42

Article 7

De convention expresse entre les parties, et compte tenu des possibilités d'adaptation prévues par les textes référencés à l'article 2 ci-dessus, pour les chantiers situés dans des communes de l'Ain - dont la liste figure en annexe au présent accord - classées en zone de montagne en vertu des arrêtés préfectoraux des 26 juin 1961, 3 août 1962, 20 février 1974 et 28 avril 1976, les indemnités de frais de transport et de trajet seront majorées de 25 %.

Article 8

Les autres conditions d'application sont strictement celles définies par les textes référencés à l'article 2 ci-dessus.

Indemnité de grand déplacement

Article 9

Il est convenu de se référer aux dispositions de l'article VIII-22 du chapitre II du titre VIII des conventions collectives référencées à l'article 2 ci-dessus, à savoir :

" L'indemnité de grand déplacement correspond aux dépenses journalières normales qu'engage le déplacé en sus des dépenses habituelles qu'il engagerait s'il n'était pas déplacé. Le montant de ces dépenses journalières, qui comprennent :

a) le coût d'un second logement pour l'intéressé ;

b) les dépenses supplémentaires de nourriture, qu'il vive à l'hôtel, chez des particuliers ou dans tout autre type de logement proposé par l'employeur ;

c) les autres dépenses supplémentaires qu'entraîne pour lui l'éloignement de son foyer, est remboursé par une allocation forfaitaire égale aux coûts normaux du logement et de la nourriture (petit déjeuner, déjeuner, dîner) qu'il supporte.

Dans le cas où le déplacé, prévenu préalablement que son hébergement sera organisé par l'entreprise, déciderait de se loger ou de se nourrir (ou de se loger et de se nourrir) en dehors de celui-ci, une indemnité égale à celle versée aux ouvriers utilisant les moyens d'hébergement mis à leur disposition lui sera attribuée. "

Article 10

La prochaine réunion de la commission paritaire départementale aura lieu en février 2008.

Article 11

Le texte du présent accord sera déposé à la direction départementale du travail et de l'emploi, conformément aux dispositions du code du travail.

Fait à Bourg-en-Bresse, le 22 février 2007.

Accord du 27 septembre 2005 Indemnités des petits déplacements

La fédération du bâtiment et des travaux publics de Drôme et Ardèche ;

La CAPEB 26 ;

La CAPEB 07,

L'union interdépartementale CFTC ;

L'union interdépartementale CGT-Force ouvrière,

Article 1
En vigueur étendu

En application du chapitre Ier du titre VIII des conventions collectives nationales du bâtiment du 8 octobre 1990, étendues par arrêtés ministériels du 8 février 1991 et du 12 février 1991, concernant, d'une part, les ouvriers du bâtiment, employés dans les entreprises non visées par le décret du 1er mars 1962 (entreprises occupant plus de 10 salariés) et, d'autre part, les ouvriers du bâtiment employés dans les entreprises visées par le décret du 1er mars 1962 (entreprises occupant jusqu'à 10 salariés), les organisations représentatives d'employeurs et de salariés se sont réunies et ont déterminé les montants des indemnités de petits déplacements des ouvriers du bâtiment des départements de la Drôme et de l'Ardèche.

Article 2
En vigueur étendu

Pour les départements de la Drôme et de l'Ardèche, les parties signataires du présent accord ont fixé en application de l'article 8.18 des conventions collectives nationales précitées le barème des indemnités de petits déplacements des ouvriers du bâtiment comme suit :
- indemnité de repas, transport et trajet comme dans le tableau ci-après :

(En euros.)

ZONE (en kilomètres)	**REPAS**	**TRANSPORT**	**TRAJET**

1 A (0 à 5 km)	8,40	0,90	0,37
1 B (5 à 10 km)	8,40	1,75	0,80
2 (10 à 20 km)	8,40	3,95	2,32
3 (20 à 30 km)	8,40	6,57	3,46
4 (30 à 40 km)	8,40	8,96	4,85
5 (40 à 50 km)	8,40	11,58	5,78

Article 3
En vigueur étendu

Le présent barème des indemnités de petits déplacements entrera en application, à compter du 1er janvier 2006, sous réserve d'aboutir à un accord susceptible d'extension.
A défaut de remplir cette condition, les valeurs des petits déplacements resteront celles en vigueur au 1er avril 2005.

Article 4
En vigueur étendu

Conformément au code du travail, le présent accord sera déposé à la direction départementale du travail et de l'emploi de la Drôme et de l'Ardèche et remis aux secrétariats-greffes des conseils de prud'hommes de Valence, Romans et Montélimar pour la Drôme, et d'Annonay et Aubenas pour l'Ardèche.

Article 5
En vigueur étendu

Les parties signataires demandent l'extension du présent accord au ministère de l'emploi et de la solidarité et au ministère de l'agriculture et de la pêche.

Article 6
En vigueur étendu

La prochaine réunion de la commission paritaire petits déplacements se tiendra courant septembre 2006.

Avenant du 19 novembre 2007 Indemnités de petits déplacements (Drôme et Ardèche)

La fédération du bâtiment et des travaux publics Drôme et Ardèche ;

La CAPEB 26 ;

La CAPEB 07 ;

La fédération Rhône-Alpes des SCOP BTP,

L'union interdépartementale CFDT ;

L'union interdépartementale CFTC ;

L'union interdépartementale CGT-FO,

Article 1
En vigueur étendu

En application du chapitre Ier du titre VIII des conventions collectives nationales du bâtiment du 8 octobre 1990, étendues par arrêtés ministériels du 8 février 1991 et du 12 février 1991, concernant, d'une part, les ouvriers du bâtiment employés dans les entreprises non visées par le décret du 1er mars 1962 (entreprises occupant plus de 10 salariés) et, d'autre part, les ouvriers du bâtiment employés dans les entreprises visées par le décret du 1er mars 1962 (entreprises occupant jusqu'à 10 salariés), les organisations représentatives d'employeurs et de salariés se sont réunies et ont déterminé les montants des indemnités de petits déplacements des ouvriers du bâtiment des départements de la Drôme et de l'Ardèche.

Article 2
En vigueur étendu

Partant du constat que la valeur des indemnités de trajet et de transport fixés pour la Drôme et l'Ardèche est inférieure à celles de plusieurs départements voisins, notamment ceux de Rhône-Alpes, les partenaires sociaux ont engagé une réflexion sur la pertinence et la méthode à adopter pour réduire ces écarts.
La base de calcul d'une moyenne de référence à rapprocher des valeurs de la Drôme et de l'Ardèche a été définie en retenant les indemnités de trajet et de transport des départements de la région Rhône-Alpes à l'exception de la Savoie, soit : l'Ain, la Drôme et l'Ardèche, l'Isère, la Loire, le Rhône et la Haute-Savoie.
Les moyennes des indemnités ainsi obtenues sont arrêtées aux valeurs connues au 1er octobre 2007 et rapprochées des valeurs de celles de la Drôme et de l'Ardèche à la même date, conformément au tableau figurant en annexe.
Il a été décidé de répartir ces écarts de façon régulière sur les 3 années à venir.

Article 3
En vigueur étendu

Pour les départements de la Drôme et de l'Ardèche, les parties signataires du présent accord ont fixé, en application de l'article VIII-18 des conventions collectives nationales précitées et conformément à l'article 2 ci-dessus, le barème des indemnités de petits déplacements des ouvriers des travaux publics comme suit :
- indemnité de repas : 8,76 € au 1er janvier 2008 ;
- indemnités de transport et de trajet pour les années 2008, 2009 et 2010 comme dans le tableau ci-après.

Indemnités de frais de transport

(En euros.)

	ZONE 1A (0 à 5 km)	**ZONE 1B (5 à 10 km)**	**ZONE 2 (10 à 20 km)**	**ZONE 3 (20 à 30 km)**	**ZONE 4 (30 à 40 km)**	**ZONE 5 (40 à 50 km)**
Valeurs 2008	1,15	2,17	4,35	7,13	9,83	12,64
Valeurs 2009	1,30	2,34	4,67	7,57	10,55	13,50
Valeurs 2010	1,46	2,51	5,00	8,01	11,26	14,35

Indemnités de trajet

(En euros.)

	ZONE 1A (0 à 5 km)	**ZONE 1B (5 à 10 km)**	**ZONE 2 (10 à 20 km)**	**ZONE 3 (20 à 30 km)**	**ZONE 4 (30 à 40 km)**	**ZONE 4 (40 à 50 km)**
Valeurs 2008	0,54	0,98	2,40	3,59	5,03	6,00
Valeurs 2009	0,57	1,06	2,45	3,63	5,05	6,12
Valeurs 2010	0,61	1,15	2,49	3,68	5,10	6,25

Article 4
En vigueur étendu

Le présent barème des indemnités de petits déplacements entrera en application à compter du 1er janvier 2008, sous réserve d'aboutir à un accord susceptible d'extension.
A défaut de remplir cette condition, les valeurs des petits déplacements resteront celles en vigueur au 1er janvier 2007.

Article 5
En vigueur étendu

Le présent accord sera déposé à la direction générale du travail à Paris, conformément au décret du 17 mai 2006, ainsi qu'au secrétariat-greffe du conseil de prud'hommes de Valence.
Les parties signataires demandent l'extension du présent accord au ministère du travail, des relations sociales et de la solidarité, direction générale du travail, à Paris.
Le présent accord sera transmis pour information à la direction départementale du travail et de l'emploi de la Drôme et de l'Ardèche et remis aux secrétariats-greffes des conseils des prud'hommes de Valence, Romans et Montélimar pour la Drôme et d'Annonay et Aubenas pour l'Ardèche.

Article 6
En vigueur étendu

Les partenaires sociaux conviennent de se revoir une fois par an de 2008 à 2010, pour examiner et négocier la valeur de l'indemnité de repas ainsi que les indemnités de transport et de trajet au regard de la conjoncture, de l'indice des prix et de l'évolution de la moyenne de référence.
La prochaine réunion de la commission paritaire petits déplacements se tiendra au cours du mois de septembre 2008.

Annexe

En vigueur étendu
ANNEXE

Moyenne des indemnités de transport et de trajet des ouvriers du BTP dans les départements de l'Ain, de la Drôme, de l'Ardèche, de l'Isère, de la Loire, Rhône et de la Haute-Savoie

Indemnités de frais de transport

(En euros.)

	ZONE 1A (0 à 5 km)	ZONE 1B (5 à 10 km)	ZONE 2 (10 à 20 km)	ZONE 3 (20 à 30 km)	ZONE 4 (30 à 40 km)	ZONE 5 (40 à 50 km)
Ain	0,64	2,23	4,69	7,85	11,30	14,19
Drôme et Ardèche	1,00	2,00	4,02	6,69	9,12	11,79
Isère	0,89	2,69	5,28	8,64	11,97	15,09
Loire	2,40	2,40	4,66	7,29	11,10	14,68
Rhône	2,60	3,31	6,56	10,37	14,47	18,34
Haute-Savoie	1,20	2,40	4,80	7,20	9,60	12,00
Moyenne	1,46	2,51	5,00	8,01	11,26	14,35
Ecart : Moyenne-valeurs 26/07	0,46	0,51	0,98	1,32	2,14	2,56

Indemnités de trajet

(En euros.)

	ZONE 1A (0 à 5 km)	ZONE 1B (5 à 10 km)	ZONE 2 (10 à 20 km)	ZONE 3 (20 à 30 km)	ZONE 4 (30 à 40 km)	ZONE 5 (40 à 50 km)
Ain	0,45	1,07	2,11	3,19	4,22	5,42
Drôme et Ardèche	0,50	0,90	2,36	3,52	4,94	5,88
Isère	0,54	1,58	3,08	4,75	6,42	8,02
Loire	0,85	0,85	2,57	3,46	5,04	6,46
Rhône	0,77	1,37	2,63	3,85	5,60	6,19
Haute-Savoie	0,55	1,10	2,20	3,30	4,40	5,50
Moyenne	0,61	1,15	2,49	3,68	5,10	6,25
Ecart : Moyenne-valeurs 26/07	0,11	0,25	0,13	0,16	0,16	0,37

Convention collective nationale des ouvriers employés par les entreprises du bâtiment visées par le décret du 1er mars 1962 (c'est-à-dire occupant jusqu'à dix salariés). Etendue par arrêté du 12 février 1991 JORF 15 février 1991.

Indemnités de petits déplacements au 1er juillet 1997.

En vigueur étendu

Article 1er

En application de la convention collective départementale du 13 octobre 1995, les valeurs des indemnités sont définies à compter du 1er juillet 1997 comme suit :

Indemnité de repas

L'indemnité de repas n'est pas due par l'employeur lorsque :

- l'ouvrier prend effectivement son repas à sa résidence habituelle ;

- un restaurant d'entreprise existe sur le chantier et le repas est fourni avec une participation financière de l'entreprise égale au montant de l'indemnité de repas ;

- le repas est fourni gratuitement ou avec une participation financière de l'entreprise égale au montant de l'indemnité de repas.

Cette indemnité est fixée à 47 F.

Indemnité de frais de transport

L'indemnité de frais de transport a pour objet d'indemniser forfaitairement les frais de transport engagés quotidiennement par l'ouvrier pour se rendre sur le chantier avant le début de la journée de travail et pour en revenir à la fin de la journée de travail, quel que soit le moyen de transport utilisé.

Cette indemnité étant un remboursement de frais, elle n'est pas due lorsque l'ouvrier n'engage pas de frais de transport, notamment lorsque l'entreprise assure gratuitement le transport des ouvriers ou rembourse les titres de transport.

Les indemnités de frais de transport sont fixées comme suit :

zone 1 A : 7,15 F ;

zone 1 B : 13,25 F ;

zone 2 : 25,50 F ;

zone 3 : 40,00 F ;

zone 4 : 60,50 F ;

zone 5 : 79,50 F.

Indemnité de trajet

L'indemnité de trajet a pour objet d'indemniser, sous une forme forfaitaire, la sujétion que représente pour l'ouvrier la nécessité de se rendre quotidiennement sur le chantier et d'en revenir.

L'indemnité de trajet n'est pas due lorsque l'ouvrier est logé gratuitement par l'entreprise sur le chantier ou à proximité immédiate du chantier.

Les indemnités de trajet sont fixées comme suit :

zone 1 A : 2,20 F ;

zone 1 B : 4,25 F ;

zone 2 : 14,00 F ;

zone 3 : 19,00 F ;

zone 4 : 27,50 F ;

zone 5 : 35,00 F.

Article 2

Les autres conditions d'application demeurent inchangées.

SALAIRES Département Loire Atlantique Accord du 17 avril 1997

Indemnités de petits déplacements à compter du 1er avril 1997.

En vigueur étendu

Article 1er

En application du titre VIII, chapitre Ier, des conventions collectives nationales du bâtiment du 8 octobre 1990 (étendues par arrêtés ministériels des 8 et 12 février 1991) concernant les ouvriers employés par les entreprises non visées par le décret du 1er mars 1962, d'une part, et par les entreprises du bâtiment visées par le décret du 1er mars 1962, d'autre part, les organisations représentatives d'employeurs et de salariés se sont réunies et ont déterminé les montants des indemnités de petits déplacements des ouvriers du bâtiment de la Loire-Atlantique.

Article 2

Pour le département de la Loire-Atlantique, les parties signataires du présent accord ont fixé, en application de l'article 8-18 des conventions collectives nationales précitées, le barème des indemnités de petits déplacements des ouvriers du bâtiment comme indiqué dans le tableau ci-après :

ZONE en km	REPAS	TRANSPORT
I A (de 0 à 5)	45	3,30F
I B (de 5 à 10)	45	4,30F
II (de 10 à 20)	45	18,45F
III (de 20 à 30)	45	36,85F
IV (de 30 à 40)	45	56,35F
V (de 40 à 50)	45	84,55F
VI A (de 50 à 65)	45	96,35F
VI B (de 65 à 80)	45	116,50F
ZONE en km	TRAJET	TOTAL
I A (de 0 à 5)	2,25F	50,55F
I B (de 5 à 10)	3,25F	52,55F
II (de 10 à 20)	9,85F	73,30F
III (de 20 à 30)	21,85F	103,70F
IV (de 30 à 40)	27,30F	128,65F
V (de 40 à 50)	32,70F	162,25F
VI A (de 50 à 65)	39,40F	180,75F
VI B (de 65 à 80)	46,85F	208,35F

Article 3

Le présent barème des indemnités de petits déplacements entrera en application à compter du 1er avril 1997. Article 4

Conformément au code du travail, le présent accord sera déposé à la direction départementale du travail et de l'emploi de Loire-Atlantique et remis aux secrétariats-greffes des conseils de prud'hommes de Nantes et de Saint-Nazaire. Article 5

Les parties signataires demandent l'extension du présent accord au ministère du travail, de l'emploi et de la formation professionnelle.

SALAIRES Département Loire Atlantique Accord du 19 avril 2001

Salaires à compter du 1er juin 2001.

En vigueur étendu

Article 1er

En application des articles XII-8 et XII-9 des conventions collectives nationales du bâtiment du 8 octobre 1990 (étendues par arrêtés ministériels des 8 et 12 février 1991) concernant les ouvriers employés par les entreprises du bâtiment non visées par le décret du 1er mars 1962, d'une part, et par les entreprises du bâtiment visées par le décret du 1er mars 1962, d'autre part, les organisations représentatives d'employeurs et de salariés se sont réunies et ont déterminé les montants des salaires mensuels bruts minimaux des ouvriers du bâtiment du département de Loire-Atlantique comme indiqué dans le tableau ci-après.

Article 2

Les parties signataires du présent accord ont fixé le barème des salaires minimaux des ouvriers du bâtiment de Loire-Atlantique comme indiqué dans le tableau ci-après.

(1) SALAIRE MENSUEL MINIMUM (39 heures hebdomadaires)

(2) TAUX HORAIRE MINIMUM

CATÉGORIE		1er JUIN 2001			
		(1)	(2)		
		Francs	Euros	Francs	Euros
NIVEAU I					
Ouvriers					
d'exécution					
position 1.....	150(*)	6 638,32	1 012,01	39,28	5,99
position 2.....	170	7 363,33	1 122,53	43,57	6,64
NIVEAU II					
Ouvriers					
professionnels	185	7 905,82	1 205,23	46,78	7,13
NIVEAU III					
Compagnons					
professionnels					
position 1.....	210	8 813,35	1 343,59	52,15	7,95
position 2.....	230	9 538,36	1 454,11	56,44	8,60
NIVEAU IV					
Maîtres					
ouvriers ou					
chefs d'équipe					
position 1.....	250	10 263,37	1 564,64	60,73	9,26
position 2.....	270	10 988,38	1 675,17	65,02	9,91

(*) Les valeurs affectées au coefficient 150 représentent une position hiérarchique qui résulte strictement des montants de la partie fixe et du point. Les salaires minimaux ne doivent être inférieurs aux valeurs du SMIC en vigueur.

Les parties signataires du présent accord ont arrêté :

- la partie fixe (PF) à 1 200,00 F ou 182,94 Euro ;

- la valeur du point (VP) à 36,25 F ou 5,53 Euro.

Article 3

Le présent barème de salaires minimaux entre en application à compter du 1er juin 2001.

Article 4

Conformément au code du travail, le présent accord sera déposé à la direction départementale du travail et de l'emploi de Loire-Atlantique et remis au secrétariat-greffe des conseils des prud'hommes de Nantes et Saint-Nazaire.

Article 5

Les parties signataires demandent l'extension du présent accord au ministère du travail, de l'emploi et de la formation professionnelle.

SALAIRES Département Loire Atlantique Avenant n° 29 du 1 juillet 2002

Salaires à compter du 1er juillet 2002.

En vigueur non étendu

Article 1er

En application du titre VIII, chapitre Ier, des conventions collectives nationales du bâtiment du 8 octobre 1990 (étendues par arrêtés ministériels des 8 et 12 février 1991) concernant les ouvriers employés par les entreprises du bâtiment non visées par le décret du 1er mars 1962, d'une part, et par les entreprises du bâtiment visées par le décret du 1er mars 1962, d'autre part, les organisations représentatives d'employeurs et de salariés se sont réunies et ont déterminé les montants des indemnités de petits déplacements des ouvriers du bâtiment du département de Loire-Atlantique.

Article 2

Pour le département de Loire-Atlantique, les parties signataires du présent accord ont fixé, en application de l'article 8.18 des conventions collectives nationales précitées, le barème des indemnités de petits déplacements des ouvriers du bâtiment comme indiqué dans le tableau ci-après : (En euros)

(1) INDEMNITÉ de repas
(2) INDEMNITÉ de transport
(3) INDEMNITÉ de trajet

ZONE	DISTANCE	(1)	(2)	(3)	TOTAL
	(en km)				
1-A	0 à 5	7,45	0,63	0,41	8,49
1-B	5 à 10	7,45	0,79	0,56	8,80
2	10 à 20	7,45	3,09	1,61	12,15
3	20 à 30	7,45	5,93	3,51	16,89
4	30 à 40	7,45	9,07	4,39	20,91
5	40 à 50	7,45	13,60	5,26	26,31
6-A	50 à 65	7,45	14,91	6,10	28,46
6-B	65 à 80	7,45	18,03	7,25	32,73

--- Article 3
Le présent barème des indemnités de petits déplacements entrera en application à compter du 1er juillet 2002. Article 4
Conformément au code du travail, le présent accord sera déposé à la direction départementale du travail et de l'emploi de Loire-Atlantique et remis aux secrétariats-greffes des conseils de prud'hommes de Nantes et de Saint-Nazaire. Article 5
Les parties signataires demandent l'extension du présent accord au ministère des affaires sociales, du travail et de la solidarité.
Fait à Nantes, le 11 juillet 2002.

Salaires - Indemnisation des repas (Loire-Atlantique, Mayenne, Sarthe, Vendée. Accord du 18 septembre 2003

La fédération régionale du bâtiment des Pays de la Loire ;
L'union régionale CAPEB des Pays de la Loire ;
L'union fédérale SCOP BTP de l'Ouest,

Le syndicat CFDT construction bois Pays de la Loire,

Indemnisation des repas.

En vigueur non étendu

Les parties signataires conviennent de la nécessité d'aboutir dans un proche avenir à la mise en place d'une convention collective régionale et à l'instauration d'un barème unique d'indemnisation des petits déplacements entre les 5 départements des Pays de la Loire.

Elles décident dans un premier temps de porter leurs efforts sur la valeur de l'indemnité de repas et de la porter au plus tard au 1er octobre 2005 pour les départements de Loire-Atlantique, Mayenne, Sarthe et Vendée à 7,50 Euros.

La fixation du barème des indemnités de transport, trajet et repas étant du ressort départemental, les parties signataires conviennent que les modalités de rattrapage à effectuer d'ici le 1er octobre 2005 seront négociées au sein de chaque département entre les organisations d'employeurs et les organisations de salariés.

Fait à Nantes, le 18 septembre 2003.

SALAIRES, Départements Loire-Atlantique, Maine-et-Loire, Mayenne, Sarthe et Vendée. Accord du 18 septembre 2003

Rémunération des apprentis à compter du 1er octobre 2003.

En vigueur non étendu

Les parties signataires soulignent l'intérêt de la convention collective comme moyen de garantir un même niveau de droits et de devoirs à tous les employeurs et salariés de la profession, notamment pour ce qui concerne les salaires minimaux.

Considérant la pénurie de personnels hautement qualifiés à laquelle de nombreux corps d'état sont confrontés, les parties signataires décident de prendre les dispositions suivantes touchant à la rémunération des apprentis :

Sans préjudice des dispositions législatives et réglementaires en vigueur, lorsqu'un jeune, après avoir obtenu un diplôme de l'enseignement professionnel, s'engage dans la préparation d'un brevet professionnel par un nouveau contrat d'apprentissage (art. L. 115-1 et L. 117-1 du code du travail) ou par un contrat de qualification (art. L. 981-1 du code du travail) dit " contrat de qualification jeune " :

- sa rémunération sera calculée en appliquant au minimum conventionnel le pourcentage légal correspondant au niveau de qualification auquel son premier diplôme lui aurait donné accès (coefficient 185 de la classification ouvrière) ;

- dans le cas de contrats d'apprentissage successifs, et même si le dernier contrat est conclu avec un nouvel employeur, et dans le cas d'un contrat de qualification suivant un contrat d'apprentissage, le taux servant au calcul de la rémunération ne pourra pas être inférieur à celui appliqué à la dernière année d'exécution du contrat précédent, sauf quand l'application des rémunérations prévues à l'article D. 117-1 en fonction de l'âge sont plus favorables.

Tous les salariés concernés bénéficieront de ces dispositions à compter du 1er octobre 2003.

Le présent accord sera déposé à la direction départementale du travail, de l'emploi et de la formation professionnelle ainsi qu'au secrétariat greffe du conseil des prud'hommes de chacun des départements concernés : Loire-Atlantique, Maine-et-Loire, Mayenne, Sarthe, Vendée.

Les parties signataires demandent l'extension du présent accord au ministre du travail, de l'emploi et de la formation professionnelle.

Fait à Nantes, le 18 septembre 2003.

Accord du 29 avril 2009 relatif aux salaires minima au 1er juin 2009 (Pays de la Loire)

(1) Accord étendu sous réserve de l'application des dispositions de l'article L. 2241-9 du code du travail, qui prévoient que la négociation annuelle sur les salaires vise également à définir et programmer les mesures permettant de supprimer les écarts de rémunération entre les femmes et les hommes avant le 31 décembre 2010.
(Arrêté du 20 octobre 2009, art. 1er)

L'union régionale CAPEB des Pays de la Loire ;

La fédération régionale du bâtiment des Pays de la Loire ;

La fédération Ouest des SCOP BTP,

L'union régionale CFDT construction et bois des Pays de la Loire ;

La section fédérale régionale FO des Pays de la Loire,

Article 1

En vigueur étendu

En application des articles XII. 8 et XII. 9 de la convention collective nationale du 8 octobre 1990(étendue par arrêtés ministériels des 8 et 12 février 1991) concernant les ouvriers employés par les entreprises du bâtiment non visées par le décret du 1er mars 1962, d'une part, et par les entreprises du bâtiment visées par le décret du 1er mars 1962, d'autre part, les organisations représentatives d'employeurs et de salariés se sont réunies et ont déterminé les montants des salaires mensuels bruts minima des ouvriers du bâtiment des départements de Loire-Atlantique, Maine-et-Loire, Mayenne, Sarthe et Vendée, comme indiqué dans le tableau ci-après :

Au 1er juin 2009

(Pour 35 heures hebdomadaires, soit 151, 67 heures mensuelles)

(En euros.)

CATÉGORIE	COEFFICIENT	SALAIRE MENSUEL	TAUX HORAIRE
Niveau I			
Ouvriers d'exécution :			

- position 1	150	1 346, 83	8, 88
- position 2	170	1 392, 33	9, 18
Niveau II			
Ouvriers professionnels	185	1 459, 07	9, 62
Niveau III			
Compagnons professionnels :			
- position 1	210	1 633, 49	10, 77
- position 2	230	1 773, 02	11, 69
Niveau IV			
Maîtres ouvriers ou chefs d'équipes :			
- position 1	250	1 914, 08	12, 62
- position 2	270	2 053, 61	13, 54

Les parties signataires du présent accord ont arrêté pour les coefficients 185 à 270 :

- la partie fixe (PF) à 164 € ;

- la valeur du point (VP) à 6, 998 €.

Pour le coefficient 150 :

- la partie fixe (PF) à 64 € ;

- la valeur du point (VP) à 7, 882 €.

Pour le coefficient 170 :

- la partie fixe (PF) à 164 € ;

- la valeur du point (VP) à 7, 228 €.

Article 2
En vigueur étendu

Le présent barème des salaires minima entrera en application à compter du 1er juin 2009.

Article 3
En vigueur étendu

Le présent accord sera déposé à la direction générale du travail, conformément aux dispositions des articles L. 2231-6, L. 2262-8 et D. 2231-2 à D. 2231-8 du code du travail et au décret du 17 mai 2006, ainsi qu'au secrétariat-greffe du conseil des prud'hommes de Nantes.

Article 4
En vigueur étendu

Le présent accord fera l'objet d'une demande d'extension auprès du ministre du travail, des relations sociales, de la famille, de la solidarité et de la ville.

SALAIRES Département Maine-et-Loire Accord du 16 octobre 1998

Indemnités professionnelles à compter du 1er octobre 1998

En vigueur non étendu

Article 1er
Indemnités professionnelles diverses

Les taux des indemnités professionnelles sont fixés comme suit :

:------------------------------:

INDEMNITES AU 1er OCTOBRE 1998 (en francs) :-----------------------------:

I-1. Indemnités de petits déplacements :

Indemnités de repas (ex-panier) 52,76 Indemnité kilométrique 1,78

I-2. Indemnités horaires d'outillage :

Charpente 0,379 Plâtrerie 0,271

Revêtement/taille de pierre 0,433

Cimentiers 0,460

Maçonnerie 0,379

Couverture 0,568

Plomberie 1,002

Coffrage 0,352

Peinture :

OP 185 0,325 CP 210 - CP 230 0,542 Menuiserie 0,514
Equipement électrique :

OP 185 0,326 CP 210 - CP 230 0,829 :-----------------------------:

Article 2
Indemnités de ramonage

Les taux des indemnités de ramonage sont fixés comme suit à compter du 1er octobre 1998 et jusqu'au 31 mars 1999 :

Cheminées ordinaires simple conduit ... 10,75 F Cheminées à mazout par conduit ... 16,06 F
Article 3

Les taux de l'indemnité urbaine de frais de déplacement dans les zones urbaines d'Angers et Cholet sont fixés comme suit à compter du 1er octobre 1998 et jusqu'au 31 mars 1999 :

Travail " en poste fixe " ... 3,15 F Travail " sur chantier " ... 6,35 F

SALAIRES Département Maine-et-Loire Accord du 19 avril 2001

Valeur du point des ouvriers du bâtiment à compter du 1er juin 2001 et 1er novembre 2001

En vigueur étendu

Article 1er

En application des articles XII-8 et XII-9 des conventions collectives nationales du bâtiment du 8 octobre 1990 (étendues par arrêtés ministériels des 8 et 12 février 1991) concernant les ouvriers employés par les entreprises du bâtiment non visées par le décret du 1er mars 1962 d'une part, et par les entreprises du bâtiment visées par le décret du 1er mars 1962 d'autre part, les organisations représentatives d'employeurs et de salariés se sont réunies et ont déterminé les montants des salaires mensuels bruts minima des ouvriers du bâtiment du département de Maine-et-Loire comme indiqué dans le tableau ci-après.
Article 2

Les parties signataires du présent accord ont fixé le barème des salaires minima des ouvriers du bâtiment de Maine-et-Loire comme indiqué dans le tableau ci-après.

(1) SALAIRE MENSUEL MINIMUM (39 heures hebdomadaires)

(2) TAUX HORAIRE MINIMUM

CATÉGORIE		1er JUIN 2001			

		(1)	(2)		
		Francs	Euros	Francs	Euros
NIVEAU I					
Ouvriers					
d'exécution					
position 1.....	150(*)	6 604,52	1 006,85	39,08	5,96
position 2.....	170	7 326,15	1 116,86	43,35	6,61
NIVEAU II					
Ouvriers					
professionnels	185	7 865,26	1 199,05	46,54	7,09
NIVEAU III					
Compagnons					
professionnels					
position 1.....	210	8 767,72	1 336,63	51,88	7,91
position 2.....	230	9 487,66	1 446,38	56,14	8,56
NIVEAU IV					
Maîtres					
ouvriers ou					
chefs d'équipe					
position 1.....	250	10 207,60	1 556,14	60,40	9,21
position 2.....	270	10 929,23	1 666,15	64,67	9,86

CATÉGORIE		1er JUIN 2001			
		(1)	(2)		
		Francs	Euros	Francs	Euros
NIVEAU I					
Ouvriers					
d'exécution					
position 1.....	150(*)	6 638,32	1 012,01	39,28	5,99
position 2.....	170	7 363,33	1 122,53	43,57	6,64
NIVEAU II					
Ouvriers					
professionnels	185	7 905,82	1 205,23	46,78	7,13
NIVEAU III					
Compagnons					
professionnels					
position 1.....	210	8 813,35	1 343,59	52,15	7,95
position 2.....	230	9 538,36	1 454,11	56,44	8,60
NIVEAU IV					
Maîtres					
ouvriers ou					
chefs d'équipe					
position 1.....	250	10 263,37	1 564,64	60,73	9,26
position 2.....	270	10 988,38	1 675,17	65,02	9,91

--- (*) Les valeurs affectées au coefficient 150 représentent une position hiérarchique qui résulte strictement des montants de la partie fixe et du point. Les salaires minimaux ne doivent être inférieurs aux valeurs du SMIC en vigueur. 6 638,32 :
Les parties signataires du présent accord ont arrêté :
Au 1er juin 2001 :
- la partie fixe (PF) à 1 200,00 F ou 182,94 Euro ;
- la valeur du point (VP) à 36,03 F ou 5,49 Euro.

Au 1er novembre 2001 :
- la partie fixe (PF) à 1 200,00 F ou 182,94 Euro ;
- la valeur du point (VP) à 36,25 F ou 5,53 Euro.
Article 3

Le présent barème de salaires minima entre en application à compter du 1er juin et du 1er novembre 2001.
Article 4

Conformément au code du travail, le présent accord sera déposé à la direction départementale du travail et de l'emploi de Maine-et-Loire et remis au secrétariat-greffe des conseils des prud'hommes d'Angers, Cholet et Saumur.
Article 5

Les parties signataires demandent l'extension du présent accord au ministère du travail, de l'emploi et de la formation professionnelle.

SALAIRES Département Mayenne, Sarthe, Vendée Accord du 19 avril 2001

Salaires à compter du 1er juin et du 1er novembre 2001.

En vigueur étendu

Article 1er

En application des articles XII-8 et XII-9 des conventions collectives nationales du bâtiment du 8 octobre 1990 (étendues par arrêtés ministériels des 8 et 12 février 1991) concernant les ouvriers employés par les entreprises du bâtiment non visées par le décret du 1er mars 1962, d'une part, et par les entreprises du bâtiment visées par le décret du 1er mars 1962, d'autre part, les organisations représentatives d'employeurs et de salariés se sont réunies et ont déterminé les montants des salaires mensuels bruts minima des ouvriers du bâtiment des départements de Mayenne, Sarthe, Vendée, comme indiqué dans le tableau ci-après.
Article 2

Les parties signataires du présent accord ont fixé le barème des salaires minima des ouvriers du bâtiment de Mayenne, Sarthe, Vendée, comme indiqué dans le tableau ci-après.

(1) SALAIRE MENSUEL MINIMUM (39 heures hebdomadaires)

(2) TAUX HORAIRE MINIMUM

CATÉGORIE		1er JUIN 2001			
		(1)	(2)		
		Francs	Euros	Francs	Euros
NIVEAU I					
Ouvriers					
d'exécution					
position 1.....	150(+)	6 559,45	1 006,08	39,05	5,95
position 2.....	170	7 319,39	1 118,83	43,31	6,60
NIVEAU II					
Ouvriers					
professionnels	185	7 858,50	1 198,02	46,50	7,09
NIVEAU III					
Compagnons					
professionnels					
position 1.....	210	8 757,58	1 335,08	51,82	7,90
position 2.....	230	9 477,52	1 444,84	56,08	8,55
NIVEAU IV					
Maîtres					
ouvriers ou					
chefs d'équipe					
position 1.....	250	10 197,46	1 554,59	60,34	9,20

position 2.....	270	10 917,40	1 664,35	64,60	9,85

CATÉGORIE		1er JUIN 2001			
		(1)	(2)		
		Francs	Euros	Francs	Euros
NIVEAU I					
Ouvriers					
d'exécution					
position 1.....	150(+)	6 638,32	1 012,01	39,28	5,99
position 2.....	170	7 363,33	1 122,53	43,57	6,64
NIVEAU II					
Ouvriers					
professionnels	185	7 905,82	1 205,23	46,78	7,13
NIVEAU III					
Compagnons					
professionnels					
position 1.....	210	8 813,35	1 343,59	52,15	7,95
position 2.....	230	9 538,36	1 454,11	56,44	8,60
NIVEAU IV					
Maîtres					
ouvriers ou					
chefs d'équipe					
position 1.....	250	10 263,37	1 564,64	60,73	9,26
position 2.....	270	10 988,38	1 675,17	65,02	9,91

-- (+) Les valeurs affectées au coefficient 150 représentent une position hiérarchique qui résulte strictement des montants de la partie fixe et du point. Les salaires minimaux ne doivent être inférieurs aux valeurs du SMIC en vigueur.
Les parties signataires du présent accord ont arrêté :
Au 1er juin 2001 :
- la partie fixe (PF) à 1 200,00 F ou 182,94 Euro ;
- la valeur du point (VP) à 35,99 F ou 5,49 Euro.
Au 1er novembre 2001 :
- la partie fixe (PF) à 1 200,00 F ou 182,94 Euro ;
- la valeur du point (VP) à 36,25 F ou 5,53 Euro. Article 3
Le présent barème de salaires minima entre en application à compter du 1er juin et du 1er novembre 2001.
Article 4

Conformément au code du travail, le présent accord sera déposé à la direction départementale du travail et de l'emploi de Mayenne, Sarthe, Vendée, et remis au secrétariat-greffe des conseils des prud'hommes de Laval, Le Mans, La Roche-sur-Yon et Les Sables-d'Olonne.
Article 5

Les parties signataires demandent l'extension du présent accord au ministère du travail, de l'emploi et de la formation professionnelle.

SALAIRES Département Meurthe et Moselle Annexe 2 du 7 avril 1992

Indemnités de petits déplacements à compter du 1er avril 1992 pour les installateurs électriciens.

En vigueur étendu

Article 1

Barème d'indemnisation des petits déplacements

A compter du 1er avril 1992, le barème d'indemnisation concernant les monteurs en petits déplacements est fixé comme suit :

1°. L'indemnité de repas définie au chapitre VIII-1 " Petits déplacements " du titre VIII de la convention collective nationale est fixé comme suit :

- de 0 à 5 kilomètres néant

- de 5 à 50 kilomètres 39,00 F

2°. L'indemnité de frais de transport définie au chapitre VIII-1 "Petits déplacements" du titre VIII de la convention collective nationale est fixé comme suit :

- Zone entre 0 et 5 kilomètres 2,84 F

- Zone entre 5 et 10 kilomètres 8,52 F

- Zone entre 10 et 20 kilomètres 17,04 F

- Zone entre 20 et 30 kilomètres 28,40 F

- Zone entre 30 et 40 kilomètres 39,76 F

- Zone entre 40 et 50 kilomètres 51,12 F

2°. L'indemnité de trajet définie au chapitre VIII-1 "Petits déplacements" du titre VIII de la convention collective nationale est fixé comme suit :

- Zone entre 0 et 5 kilomètres 4,17 F

- Zone entre 5 et 10 kilomètres 8,33 F

- Zone entre 10 et 20 kilomètres 12,50 F

- Zone entre 20 et 30 kilomètres 16,66 F

- Zone entre 30 et 40 kilomètres 20,83 F

- Zone entre 40 et 50 kilomètres 24,99 F

Etendu sous réserve de l'application des dispositions réglementaires portant fixation du salaire minimum de croissance.

SALAIRES Département Meurthe et Moselle Accord 3 du 4 mai 1993

Chambre syndicale des installateurs électriciens de Meurthe-et-Moselle et des Vosges ;
Union professionnelle "Electricité" de la fédération de l'artisanat et des petites entreprises du bâtiment de Meurthe-et-Moselle ;
Fédelec 54.

Union départementale Force ouvrière, section installation électrique.

Salaires à compter du 1er mai 1993.

En vigueur étendu

Article 1

Le présent accord est signé en application des articles 12-8 et 12-9 des conventions collectives nationales du bâtiment du 8 octobre 1990.

Article 2

Salaires minima des ouvriers

A compter du 1er mai 1993, la nouvelle grille des salaires minima applicable aux coefficients résultant de l'accord national du 8 octobre 1990 est la suivante.

NIVEAU : I. - Ouvriers d'exécution

POSITION : 1

COEFFICIENT : 150

SALAIRE MENSUEL (+) : 5.495 F

NIVEAU : I. - Ouvriers d'exécution

POSITION : 2

COEFFICIENT : 170

SALAIRE MENSUEL (+) : 6.097 F

NIVEAU : II - Ouvriers professionnels

COEFFICIENT : 185

SALAIRE MENSUEL (+) : 6.549 F

NIVEAU : III - Compagnons professionnels

POSITION : 1

COEFFICIENT : 210

SALAIRE MENSUEL (+) : 7.301 F

NIVEAU : III - Compagnons professionnels

POSITION : 2

COEFFICIENT : 230

SALAIRE MENSUEL (+) : 7.903 F

NIVEAU : IV - Maîtres ouvriers ou chefs d'équipe

POSITION : 1

COEFFICIENT : 250

SALAIRE MENSUEL (+) : 8.505 F

NIVEAU : IV - Maîtres ouvriers ou chefs d'équipe

POSITION : 2

COEFFICIENT : 270

SALAIRE MENSUEL (+) : 9.107 F

Les parties signataires ont arrêté :

- la partie fixe (P.F.) à 980 F ;

- la valeur du point (V.P.) à 30,10 F.

Article 3

Extension

Les parties signataires s'emploieront à demander l'extension du présent accord pour les entreprises d'installation éléctrique (code A.P.E. : 5540 attribué par l'I.N.S.E.E., le critère d'application est l'activité réelle exercée par l'entreprise, le code A.P.E. ne constituant à cet égard qu'une simple présomption). A l'exception des entreprises d'installation électrique dans les établissements industriels, de recherche radioélectrique et de l'électronique, sont visées :

- Les entreprises spécialisées dans l'équipement électrique des usines et autres établissements industriels (à l'exception de celles qui, à la date de la publication de l'arrêté portant extension de la convention collective du 8 octobre 1990, appliquaient une autre convention collective que celles du bâtiment) ;

- pour partie, les entreprises de couverture-plomberie et chauffage ;

- les entreprises de plomberie, chauffage et électricité ;

- les entreprises d'installations d'électricité dans les locaux d'habitation, magasins, bureaux, bâtiments industriels et autres bâtiments ;

- les entreprises de pose d'enseignes lumineuses.

Article 4

Dépôt.

Le présent accord est établi en nombre suffisant d'exemplaires pour remise aux parties signataires et pour les dépôts suivants :

- cinq exemplaires signés destinés à la direction départementale du travail et de l'emploi de Meurthe-et-Moselle ;

- un exemplaire signé destiné au secrétariat, greffe du conseil de prud'hommes de Nancy.

Ces deux dépôts seront effectués par la chambre syndicale des installateurs électriciens de Meurthe-et-Moselle et des Vosges.

(1) Accord étendu sous réserve de l'application des dispositions fixant le salaire minimum de croissance (arrêté du 26 novembre 1993, art. 1er).

SALAIRES Département Meurthe et Moselle Accord 3 du 4 mai 1993

Indemnités de petits déplacements à compter du 1er mai 1993 pour les installateurs électriciens.

En vigueur étendu

Article 1
Barème d'indemnisation des petits déplacements

A compter du 1er mai 1993, le barème d'indemnisation concernant les monteurs en petits déplacements est fixé comme suit :

1°. L'indemnité de repas définie au chapitre 8-1, " Petits déplacements " du titre VIII de la convention collective nationale est fixée à 40 F.

L'indemnité de repas n'est due par l'employeur que si l'ouvrier ne peut déjeuner chez lui du fait de l'éloignement du chantier où il est employé, et s'il est donc obligé de prendre son repas sur le lieu de travail ou à proximité de celui-ci.

Au contraire, lorsque l'intéressé, du fait de la localisation de son lieu de travail, peut rentrer chez lui, l'indemnité de repas n'est pas due.

2°. L'indemnité de frais de transport définie au chapitre 8-1 "Petits déplacements" du titre VIII de la convention collective nationale est fixée comme suit :
Zone entre 0 et 5 kilomètres 2,90 F
Zone entre 5 et 10 kilomètres 8,69 F
Zone entre 10 et 20 kilomètres 17,38 F
Zone entre 20 et 30 kilomètres 28,97 F
Zone entre 30 et 40 kilomètres 40,56 F
Zone entre 40 et 50 kilomètres 52,14 F.

3°. L'indemnité de trajet définie au chapitre 8-1 "Petits déplacements" du titre VIII de la convention collective nationale est fixée comme suit :
Zone entre 0 et 5 kilomètres 4,25 F
Zone entre 5 et 10 kilomètres 8,50 F
Zone entre 10 et 20 kilomètres 12,75 F
Zone entre 20 et 30 kilomètres 16,99 F
Zone entre 30 et 40 kilomètres 21,25 F
Zone entre 40 et 50 kilomètres 25,49 F

Article 2
Extension

Les parties signataires s'emploieront à demander l'extension du présent accord pour les entreprises d'installation électrique (code APE 5540 attribué par l'INSEE - le critère d'application est l'activité réelle exercée par l'entreprise -, le code APE ne ne constituant à cet égard qu'une simple présomption). A l'exception des entreprises d'installation électrique dans les établissements industriels, de recherche radio-électrique et de l'électronique, sont visées :

- les entreprises spécialisées dans l'équipement électrique des usines et autres établissements industriels (à l'exception de celles qui, à la date de la publication de l'arrêté portant extension de la convention collective du 8 octobre 1990, appliquaient une autre convention collective que celles du bâtiment) ;

- pour partie, les entreprises de couverture-plomberie et chauffage ;

- les entreprises de plomberie, chauffage et électricité ;

- les entreprises d'installations d'électricité dans les locaux d'habitation, magasins, bureaux, bâtiments industriels et autres bâtiments ;

- les entreprises de pose d'enseignes lumineuses.

Article 3
Dépôt

Le présent accord sera joint à l'accord de salaires n° 3 du 4 mai 1993 ; il est établi en nombre suffisant d'exemplaires pour remise aux parties signataires et pour les dépôts suivants :

- 5 exemplaires signés destinés à la direction départementale du travail et de l'emploi de Meurthe-et-Moselle et 1 exemplaire signé destiné au secrétariat, greffe du conseil de prud'hommes de Nancy.

Ces deux dépôts seront effectués par la chambre syndicale des installateurs électriciens de Meurthe-et-Moselle et des Vosges.

SALAIRES Département Rhône Avenant du 18 février 2002

Le syndicat général des entrepreneurs de bâtiment et de travaux publics du département du Rhône ;
La fédération des artisans et des petites entreprises du bâtiment et des professions annexes du Rhône,

Le syndicat général du bâtiment, du bois et des travaux publics CGT-FO ;
Le syndicat BATIMAT-TP CFTC du Rhône ;
Le syndicat du Rhône des salariés de la construction et du bois CFDT ;
L'union syndicale de la construction CGT du Rhône,

Indemnités de petits déplacements au 1er février 2002.

En vigueur non étendu

Préambule
Petits déplacements

A la demande de certains signataires, les parties s'engagent à réfléchir aux moyens de favoriser l'utilisation des transports en commun.

Cette question sera évoquée lors de la prochaine réunion de négociation sur les petits déplacements.
Article 1er

En application du titre VIII, chapitre Ier, de la convention collective nationale du bâtiment du 8 octobre 1990 (étendue par arrêté ministériel du 8 février 1991) concernant les ouvriers employés par les entreprises de bâtiment visées par le décret du 1er mars 1962, les organisations représentatives d'employeurs et de salariés se sont réunies et ont déterminé les montants des indemnités de petits déplacements des ouvriers du bâtiment du Rhône.
Article 2

Pour le Rhône, les parties signataires du présent accord ont fixé, en application de l'article 8.18 de la convention collective nationale précitée, le barème des indemnités de petits déplacements des ouvriers du bâtiment comme indiqué ci-après.
Article 3

Le présent barème des indemnités de petits déplacements entrera en application à compter du 1er février 2002.
Article 4

Les parties signataires demandent l'extension du présent accord au ministère de l'emploi et de la solidarité.
Indemnités de petits déplacements
au 1er février 2002
Tableau A
Applicable aux entreprises dont le siège social, l'agence ou le bureau
sont situés sur le territoire de la communauté urbaine de Lyon

(1) INDEMNITÉ de transport (en euros) (2) INDEMNIT<E> de trajet (en euros) (3) INDEMNITÉ de repas (en euros) (4) TOTAL (en euros)

ZONE	DISTANCE	(1)	(2)	(3)	(4)
Zone 1	De 0 à 10 km	3,00	1,25	8,10	12,35
Zone 2	De 10 à 20 km	5,92	2,38	8,10	16,40
Zone 3	De 20 à 30 km	9,36	3,49	8,10	20,95
Zone 4	De 30 à 40 km	13,05	4,59	8,10	25,74
Zone 5	De 40 à 50 km	16,5	5,61	8,10	30,26

--- Tableau B Applicable aux entreprises dont le siège social, l'agence ou le bureau sont situés en dehors du territoire de la communauté urbaine de Lyon---

ZONE	DISTANCE	(1)	(2)	(3)	(4)
Zone 1a	De 0 à 4 km	2,34	0,70	8,10	11,14
Zone 1b	De 4 à 10 km	3,00	1,25	8,10	12,35

Zone 2	De 10 à 20 km	5,92	2,38	8,10	16,40
Zone 3	De 20 à 30 km	9,36	3,49	8,10	20,95
Zone 4	De 30 à 40 km	13,05	4,59	8,10	25,74
Zone 5	De 40 à 50 km	16,55	5,61	8,10	30,26

Accord du 18 février 2002

Le syndicat général des entrepreneurs de bâtiments et de travaux publics du département du Rhône ;
La fédération des artisans et des petites entreprises du bâtiment et des professions annexes du Rhône,

Le syndicat général du bâtiment, du bois et des travaux publics, CGT-FO ;
Le syndicat BATI-MAT-TP CFTC du Rhône ;
Le syndicat du Rhône des salariés de la construction et du bois CFDT ;
L'union syndicale de la construction CGT du Rhône,

Indemnités de petits déplacements au 1er février 2002.

En vigueur étendu

Préambule

A la demande de certains signataires, les parties s'engagent à réfléchir aux moyens de favoriser l'utilisation des transports en commun.

Cette question sera évoquée lors de la prochaine réunion de négociation sur les petits déplacements.
Article 1er

En application du titre VIII, chapitre Ier, de la convention collective nationale du bâtiment du 8 octobre 1990 (étendue par arrêté ministériel du 8 février 1991) concernant les ouvriers employés par les entreprises de bâtiment visées par le décret du 1er mars 1962, les organisations représentatives d'employeurs et de salariés se sont réunies et ont déterminé les montants des indemnités de petits déplacements des ouvriers du bâtiment du Rhône.
Article 2

Pour le Rhône, les parties signataires du présent accord ont fixé, en application de l'article VIII-18 de la convention collective nationale précitée, le barème des indemnités de petits déplacements des ouvriers du bâtiment comme indiqué ci-après.
Article 3

Le présent barème des indemnités de petits déplacements entrera en application à compter du 1er février 2002.

Indemnité de repas : 8,10 Euros dans toutes les zones.

	INDEMNITÉ DE TRANSPORT INDEMNITÉ DE TRAJET	
	(en euros) (en euros)	
	Zone Ia 2,34	Zone Ia 0,70
	Zone Ib 3,00	Zone Ib 1,25
	Zone II 5,92	Zone II 2,38
	Zone III 9,36	Zone III 3,49
	Zone IV 13,05	Zone IV 4,59
	Zone V 16,55	Zone V 5,61

Article 4

Les parties signataires demandent l'extension du présent accord au ministère du travail, de l'emploi et de la formation professionnelle.
Indemnités de petits déplacements au 1er février 2002

Applicable aux entreprises dont le siège social, l'agence ou le bureau

sont situés sur le territoire de la communauté urbaine de Lyon.
Tableau A
--:

ZONES	REPAS	TRANSPORT	TRAJET	TOTAL
Zone I de 0 à 10 kilomètres	8,10	3,00	1,25	12,35
Zone II de 10 à 20 kilomètres	8,10	5,92	2,38	16,40
Zone IIIde 20 à 30 kilomètres	8,10	9,36	3,49	20,95
Zone IV de 30 à 40 kilomètres	8,10	13,05	4,59	25,74
Zone V de 40 à 50 kilomètres	8,10	16,55	5,61	30,26

Applicable aux entreprises dont le siège social, l'agence ou le bureau sont situés en dehors du territoire de la communauté urbaine de Lyon.
Tableau B
--:

ZONES	REPAS	TRANSPORT	TRAJET	TOTAL
Zone Ia de 0 à 4 kilomètres	8,10	2,34	0,70	11,14
Zone Ib de 4 à 10 kilomètres	8,10	3,00	1,25	12,35
Zone II de 10 à 20 kilomètres	8,10	5,92	2,38	16,40
Zone III de 20 à 30 kilomètres	8,10	9,36	3,49	20,95
Zone IV de 30 à 40 kilomètres	8,10	13,05	4,59	25,74
Zone V de 40 à 50 kilomètres	8,10	16,55	5,61	30,26

SALAIRES Département Rhône Accord du 22 mars 2002

Indemnités de petits déplacements au 1er février 2002.

En vigueur non étendu

Les partenaires sociaux ont conclu le 12 février 2002 un accord national sur les barèmes de salaires minima des ouvriers et des ETAM du bâtiment.

La commission paritaire régionale s'est réunie le 22 mars 2002 pour mettre en oeuvre cet accord pour les salaires minima des ouvriers du bâtiment employés dans les entreprises de la région Rhône-Alpes occupant

jusqu'à 10 salariés.
Article 1er
Salaires minimaux des ouvriers employés dans les entreprises occupant jusqu'à
10 salariés et visées à l'article 2.1 de l'accord national du 12 février 2002

Les valeurs de la partie fixe et du point servant à calculer les appointements minimaux des ouvriers du bâtiment des entreprises occupant jusqu'à 10 salariés des 8 départements de la région Rhône-Alpes sont fixées à :

Partie fixe : 150 Euros ; point : 6,05 Euros, à compter du 1er mars 2002.

Le barème joint en annexe I correspond aux appointements minimaux des ouvriers employés dans les entreprises occupant jusqu'à 10 salariés et visées à l'article 2.1 de l'accord du 12 février 2002 pour un horaire de 151 h 67, étant entendu qu'aucune rémunération ne peut être inférieure au SMIC.
Article 2
Salaires minimaux des ouvriers employés dans les entreprises occupant jusqu'à
10 salariés et visées à l'article 2.2 de l'accord national du 12 février 2002

La grille de salaires minimaux des ouvriers employés dans les entreprises de bâtiment occupant jusqu'à 10 salariés et visées à l'article 2.2 de l'accord national du 12 février 2002 (entreprises dont l'horaire est supérieur à

35 heures) pour les 8 départements de la région Rhône-Alpes est fixée pour chaque niveau et catégorie à 94 % des valeurs des niveaux et catégories correspondants dans le barème joint en annexe I. Voir, pour ces entreprises, le barème en annexe II.

Les parties signataires conviennent dès maintenant qu'en 2003 le coefficient servant à calculer dans la région Rhône-Alpes la valeur du point applicable aux entreprises visées dans cet article sera égal à 97 % en lieu et place du coefficient 96 % prévu par l'article 2.2 de l'accord national du 12 février 2002.
Article 3

Toute organisation syndicale non signataire du présent accord pourra y adhérer par simple déclaration à la direction départementale du travail et de l'emploi où il aura été déposé. Elle devra également en aviser, par lettre recommandée, toutes les organisations signataires.
Article 4

Le présent accord sera déposé à la direction départementale du travail et de l'emploi du Rhône, 8-10, rue du Nord, 69625 Villeurbanne Cedex, conformément aux dispositions des articles L. 132-10 et R. 132-1 du code du travail.
Article 5

Les signataires demanderont l'extension de cet accord au ministère de l'emploi et de la solidarité.
ANNEXE I
Salaires minimaux des ouvriers du bâtiment employés
dans les entreprises de Rhône-Alpes occupant jusqu'à 10 salariés
Entreprises visées à l'article 2.1 de l'accord national du 12 février 2002
Valeur au 1er mars 2002

Valeur du point : 6,05 Euros Partie fixe : 150 Euros

--------------------------- -------------------

CATÉGORIE	COEFFICIENT	SALAIRE horaire
professionnelle		(en euros)
NIVEAU I		
Ouvriers		
d'exécution		
- Position 1	150	1 057,50 (*)
- Position 2	170	1 178,50
NIVEAU II		
Ouvriers		
professionnels	185	1 269,25
NIVEAU III		
Compagnons		
professionnels		
- Position 1	210	1 420,50
Position 2	230	1 541,50
NIVEAU IV		
Maîtres		
ouvriers ou		
chefs d'équipe		
- Position 1	250	1 662,50
- Position 2	270	1 783,50

(*) Aucune rémunération ne doit être
inférieure au SMIC (au 1er janvier 2002, le
taux horaire du SMIC est de 6,67 Euros).
Ni le cas échéant à la garantie mensuelle de
rémunération
- entreprises passées de 39 h à 35 h avant le
1er juillet 2000 = 1 094,66 Euros ;
- entreprises passées de 39 h à 35 h avant le
1er juillet 2001 = 1 113,45 Euros ;
- entreprises passées de 39 h à 35 h à
compter du 1er juillet 2001 = 1 127,23 Euros.

ANNEXE II
Salaires minimaux des ouvriers du bâtiment employés
dans les entreprises de Rhône-Alpes occupant jusqu'à 10 salariés
Entreprises visées à l'article 2.2 de l'accord national du 12 février 2002
Valeur au 1er mars 2002

Valeur du point : 6,05 Euros Partie fixe : 150 Euros

Avec application d'un coefficient de 0,94.

----------------------------- -------------------

CATÉGORIE		SALAIRE horaire
professionnelle	COEFFICIENT	(en euros)
NIVEAU I		
Ouvriers		
d'exécution		
- Position 1	150	994,05 (*)
- Position 2	170	1 107,79
NIVEAU II		
Ouvriers		
professionnels	185	1 193,10
NIVEAU III		
Compagnons		
professionnels		
- Position 1	210	1 335,27
Position 2	230	1 449,01
NIVEAU IV		
Maîtres		
ouvriers ou		
chefs d'équipe		
- Position 1	250	1 562,75
- Position 2	270	1 676,49

(*) Aucune rémunération ne doit être
inférieure au SMIC, ni le cas échéant à la
garantie mensuelle de rémunération.
Au 1er janvier 2002, le taux horaire du SMIC
est de 6,67 Euros, et la garantie de
1 127,23 Euros pour 169 heures.

Salaires minimaux des ouvriers du bâtiment
de la région Rhône-Alpes
(Applicable au 1er avril 2001)

Valeur du point : 40,72 F Partie fixe : 700 F

CATÉGORIE	COEFFICIENT	(1)	SALAIRE horaire
professionnelle			(en euros)
NIVEAU I			
Ouvriers			
d'exécution			
- Position 1	150	7 101,38 (*)	42,02 (*)
- Position 2	170	7 622,40	45,10
NIVEAU II			
Ouvriers			
professionnels	185	8 233,20	48,72

NIVEAU III			
Compagnons			
professionnels			
- Position 1	210	9 250,90	54,74
Position 2	230	10 065,60	59,56
NIVEAU IV			
Maîtres			
ouvriers ou			
chefs d'équipe			
- Position 1	250	10 880,00	64,38
- Position 2	270	11 694,40	69,20
(*) Aucune rémunération ne doit être inférieure au SMIC, soit			
valeur au 1er juillet 2000	42,02 F l'heure ; 7 101,38 F pour		
169 heures.			

Accord du 22 février 2006 Indemnités de petits déplacements (Rhône)

Indemnités de petits déplacements

En vigueur étendu

Article 1er

En application du titre VIII, chapitre Ier, de la convention collective nationale du bâtiment du 8 octobre 1990 (étendue par arrêté ministériel du 8 février 1991) concernant les ouvriers employés par les entreprises de bâtiment visées par le décret du 1er mars 1962, les organisations représentatives d'employeurs et de salariés se sont réunies et ont déterminé les montants des indemnités de petits déplacements des ouvriers du bâtiment du Rhône.

Article 2

Pour le Rhône, les parties signataires du présent accord ont fixé, en application de l'article 8.18 de la convention collective nationale précitée, le barème des indemnités de petits déplacements des ouvriers du bâtiment comme indiqué ci-après.

Article 3

Le présent barème des indemnités de petits déplacements entera en application à compter du 1er février 2006.

Indemnité de repas : 8,75 € dans toutes les zones.

Indemnité de transport :

Zone I a : 2,60 €.

Zone I b : 3,31 €.

Zone II : 6,56 €.

Zone III : 10,37 €.

Zone IV : 14,47 €.

Zone V : 18,34 €.

Indemnité de trajet :

Zone Ia : 0,77 €.

Zone Ib : 1,37 €.

Zone II : 2,63 €.

Zone III : 3,85 €.

Zone IV : 5,06 €.

Zone V : 6,19 €.

Article 4

Les parties signataires demandent l'extension du présent accord au ministère du travail, de l'emploi et de la formation professionnelle.

Fait à Villeurbanne, le 22 février 2006.

Indemnités de petits déplacements au 1er février 2006

Tableau A

Applicable aux entreprises dont le siège social, l'agence ou le bureau

sont situés sur le territoire de la communauté urbaine de Lyon

(En euros.)

ZONES (en kilomètres)	REPAS	TRANSPORT	TRAJET	TOTAL
Zone I (0 à 10 km)	8,75	3,31	1,37	13,43
Zone II (10 à 20 km)	8,75	6,56	2,63	17,94
Zone III (20 à 30 km)	8,75	10,37	3,85	22,97
Zone IV (30 à 40 km)	8,75	14,47	5,06	28,28
Zone V (40 à 50 km)	8,75	18,34	6,19	33,28

Tableau B

Applicable aux entreprises dont le siège social, l'agence ou le bureau

sont situés en dehors du territoire de la communauté urbaine de Lyon

(En euros.)

ZONES (en kilomètres)	REPAS	TRANSPORT	TRAJET	TOTAL
Zone Ia (0 à 4 km)	8,75	2,60	0,77	12,12
Zone Ib (4 à 10 km)	8,75	3,31	1,37	13,43
Zone II (10 à 20 km)	8,75	6,56	2,63	17,94

Zone III (20 à 30 km)	8,75	10,37	3,85	22,97
Zone IV (30 à 40 km)	8,75	14,47	5,06	28,28
Zone V (40 à 50 km)	8,75	18,34	6,19	33,28

Avenant du 5 mars 2008 Indemnités de petits déplacements (Rhône)

La fédération des entreprises du bâtiment et des travaux publics du département du Rhône ;

La fédération des artisans et des petites entreprises du bâtiment et des professions annexes du Rhône,

Le syndicat du Rhône des salariés de la construction et du bois CFDT,

Préambule

En vigueur étendu

Les parties signataires s'engagent à entamer de nouvelles négociations à compter d'octobre 2008.
D'autre part, et dans l'hypothèse où ces négociations déboucheraient sur un accord, les parties conviennent d'une application des valeurs 2009 des petits déplacements à compter de janvier 2009.

Article 1

En vigueur étendu

En application du titre VIII, chapitre Ier, de la convention collective nationale du bâtiment du 8 octobre 1990 (étendue par arrêté ministériel du 8 février 1991) concernant les ouvriers employés par les entreprises de bâtiment visées par le décret du 1er mars 1962, les organisations représentatives d'employeurs et de salariés se sont réunies et ont déterminé les montants des indemnités de petits déplacements des ouvriers du bâtiment du Rhône.

Article 2

En vigueur étendu

Pour le Rhône, les parties signataires du présent accord ont fixé, en application de l'article VIII.18 de la convention collective nationale précitée, le barème des indemnités de petits déplacements des ouvriers du bâtiment comme indiqué ci-après.

Article 3

En vigueur étendu

Le présent barème des indemnités de petits déplacements entrera en application à compter du 1er mars 2008.
Indemnité de repas : 8,95 € dans toutes les zones.

(En euros.)

ZONE	INDEMNITÉ de frais de transport
I A	2,73
I B	3,48
II	6,90
III	10,91
IV	15,22
V	19,29

(En euros.)

ZONE	INDEMNITÉ de trajet
I A	0,81
I B	1,41
II	2,70
III	3,95
IV	5,19
V	6,35

Article 4
En vigueur étendu

Les parties signataires demandent l'extension du présent accord au ministère du travail, des relations sociales et de la solidarité.

Annexe

En vigueur étendu
ANNEXE
Indemnités de petits déplacements

(Applicableau 1er mars 2008)

Tableau A : applicable aux entreprises dont le siège social, l'agence ou le bureau sont situés sur le territoire de la communauté urbaine de Lyon.

(En euros.)

ZONE (en kilomètres)	REPAS	TRANSPORT	TRAJET	TOTAL
I (0 à 10 km)	8,95	3,48	1,41	13,84
II (10 à 20 km)	8,95	6,90	2,70	18,55
III (20 à 30 km)	8,95	10,91	3,95	23,81
IV (30 à 40 km)	8,95	15,22	5,19	29,36
V (40 à 50 km)	8,95	19,29	6,35	34,59

Tableau B : applicable aux entreprises dont le siège social, l'agence ou le bureau sont situés en dehors du territoire de la communauté urbaine de Lyon.

(En euros.)

ZONE (en kilomètres)	REPAS	TRANSPORT	TRAJET	TOTAL
IA (0 à 4 km)	8,95	2,73	0,81	12,49
IB (4 à 10 km)	8,95	3,48	1,41	13,84
II (10 à 20 km)	8,95	6,90	2,70	18,55

III (20 à 30 km)	8,95	10,91	3,95	23,81
IV (30 à 40 km)	8,95	15,22	5,19	29,36
V (40 à 50 km)	8,95	19,29	6,35	34,59

Accord du 29 janvier 2009 Indemnités de petits déplacements (Rhône)

La fédération des entreprises du bâtiment et des travaux publics du département du Rhône ;

La fédération des artisans et des petites entreprises du bâtiment et des professions annexes du Rhône,

Le syndicat de la construction et du bois du Rhône CFDT,

Article 1
En vigueur étendu

En application du titre VIII, chapitre Ier, de la convention collective nationale du bâtiment du 8 octobre 1990 (étendue par arrêté ministériel du 8 février 1991) concernant les ouvriers employés par les entreprises de bâtiment visées par le décret du 1er mars 1962, les organisations représentatives d'employeurs et de salariés se sont réunies et ont déterminé les montants des indemnités de petits déplacements des ouvriers du bâtiment du Rhône.

Article 2
En vigueur étendu

Pour le Rhône, les parties signataires du présent accord ont fixé, en application de l'article 8-18 de la convention collective nationale précitée, le barème des indemnités de petits déplacements des ouvriers du bâtiment comme indiqué ci-après.

Article 3
En vigueur étendu

Le présent barème des indemnités de petits déplacements entrera en application à compter du 1er janvier 2009.
Indemnité de repas dans toutes les zones : 9,30 €.
Indemnité de transport :
- zone I A : 2,77 € ;
- zone I B : 3,52 € ;
- zone II : 6,94 € ;
- zone III : 10,95 € ;
- zone IV : 15,26 € ;
- zone V : 19,33 € .

Indemnité de trajet :
- zone I A : 0,83 € ;
- zone I B : 1,43 € ;
- zone II : 2,72 € ;
- zone III : 3,97 € ;
- zone IV : 5,21 € ;
- zone V : 6,37 € .

Article 4
En vigueur étendu

Les parties signataires demandent l'extension du présent accord au ministère du travail, des relations sociales, de la famille et de la solidarité.

Annexe

En vigueur étendu
ANNEXE
Indemnités de petits déplacements

(applicable au 1er janvier 2009)

Tableau A

Applicable aux entreprises dont le siège social, l'agence ou le bureau sont situés sur le territoire de la communauté urbaine de Lyon

(En euros.)

ZONE (en kilomètres)	REPAS	TRANSPORT	TRAJET
I (0 à 10 km)	9,30	3,52	1,43
II (10 à 20 km)	9,30	6,94	2,72
III (20 à 30 km)	9,30	10,95	3,97
IV (30 à 40 km)	9,30	15,26	5,21
V (40 à 50 km)	9,30	19,33	6,37

Tableau B

Applicable aux entreprises dont le siège social, l'agence ou le bureau sont situés en dehors du territoire de la communauté urbaine de Lyon

(En euros.)

ZONE (en kilomètres)	REPAS	TRANSPORT	TRAJET
I A (0 à 4 km)	9,30	2,77	0,83
I B (4 à 10 km)	9,30	3,52	1,43
II (10 à 20 km)	9,30	6,94	2,72
III (20 à 30 km)	9,30	10,95	3,97
IV (30 à 40 km)	9,30	15,26	5,21
V (40 à 50 km)	9,30	19,33	6,37

SALAIRES, Département de la Sarthe Accord du 4 mai 1995

Indemnisation des petits déplacements des ouvriers du bâtiment de la Sarthe applicable au 1er août 1995.

En vigueur non étendu

Article 1er

Il est institué dans la Sarthe un nouveau système d'indemnisation des petits déplacements pour les ouvriers du bâtiment comportant deux grilles définies de la façon suivante :

- une grille n° 1 s'appliquant aux communes sarthoises suivantes :

- Le Mans ;

- Allones ;

- Arnage ;

- Changé ;

- La Chapelle-Saint-Aubin ;

- Coulaines ;

- Rouillon ;

- Ruaudin ;

- Sargé ;

- Saint-Pavace ;

- Yvré-L'Evêque ;

- une grille n° 2 s'appliquant aux autres communes du département.

Article 2

Le barème des indemnités prévues dans chacune des deux grilles est le suivant :

GRILLE N° 1 (en francs).

(1) = REPAS

(2) = TRANSPORT

(3) = TRAJET

(3) = TOTAL

	(1)	(2)	(3)	(4)
Zone I				
0 à 10	37,10	2,35	1,40	40,85
kms				
Zone II				
10 à 20	37,10	12,15	7,30	56,55
kms				
Zone				
III				
20 à 30	37,10	24,30	10,95	72,35
kms				
Zone IV				
10 à 20	37,10	37,60	17,00	91,70
kms				
Zone V				
0 à 10	37,10	53,35	20,55	111,00
kms				

GRILLE N° 2 (en francs).

(1) = REPAS

(2) = TRANSPORT

(3) = TRAJET

(3) = TOTAL

	(1)	(2)	(3)	(4)
Zone		-		
I A				
0 à 5	37,10	-	-	37,10
kms				
Zone				

I B				
5 à 10	37,10	2,35	1,40	40,85
kms				
Zone II				
10 à 20	37,10	12,15	7,30	56,55
kms				
Zone				
III				
20 à 30	37,10	24,30	10,95	72,35
kms				
Zone IV				
10 à 20	37,10	37,60	17,00	91,70
kms				
Zone V				
0 à 10	37,10	53,35	20,55	111,00
kms				

Convention collective nationale des ouvriers employés par les entreprises du bâtiment visées par le décret du 1er mars 1962 (c'est-à-dire occupant jusqu'à 10 salariés). Etendue par arrêté du 12 février 1991 JORF 15 février 1991

Salaires à compter du 1er mai 1993.

En vigueur non étendu

Article 1er.

Pour le département de la Seine-Maritime, les parties signataires du présent accord ont fixé, à compter du 1er mai 1993, les barèmes des salaires minimaux des ouvriers de l'équipement électrique, comme indiqué dans les tableaux ci-après :

Au 1er mai 1993

Les parties signataires du présent accord ont arrêté :

- la partie fixe (F.P.) à 2.264 F ;

- la valeur du point (V.P.) à 23,28.

CLASSIFICATION

Niveau I : Ouvriers d'exécution

Position 1

COEFFICIENT : 150

SALAIRE (+) : 5.756 F (++)

Position 2

COEFFICIENT : 170

SALAIRE : 6.221

CLASSIFICATION

Niveau II : Ouvriers professionnels

COEFFICIENT : 185

SALAIRE : 6.570 F

CLASSIFICATION

Niveau III : Compagnons professionnels

Position 1

COEFFICIENT : 210

SALAIRE : 7.153 F

Position 2

COEFFICIENT : 230

SALAIRE : 7.618 F

CLASSIFICATION

Niveau IV : Maîtres ouvriers ou chefs d'équipe :

Position 1

COEFFICIENT : 250

SALAIRE : 8.084 F

Position 2

COEFFICIENT : 270

SALAIRE : 8.550 F

(+) Salaire mensuel minimal (169 h) (en francs)

(++) Aucun salaire ne doit être inférieur au S.M.I.C..
Article 2.

Pour le département de la Seine-Maritime, les parties signataires du présent accord ont fixé le barème des indemnités de petits déplacements applicable à compter du 1er mai 1993, comme indiqué ci-après :

Indemnités de repas : 39,00 F

Indemnités de trajet :
Zone 1 A : 0 à 5 km - 3,80 F ;
Zone 1 B : 5 à 10 km - 17,96 F ;
Zone 2 : 10 à 20 km - 26,71 F ;
Zone 3 : 20 à 30 km - 31,84 F ;
Zone 4 : 30 à 40 km - 35,18 F ;
Zone 5 : 40 à 50 km - 43,67 F ;

Indemnités de frais de transport :
Zone 1 A : 0 à 5 km - 7,95 F ;
Zone 1 B : 5 à 10 km - 16,02 F ;
Zone 2 : 10 à 20 km - 28,92 F ;
Zone 3 : 20 à 30 km - 41,04 F ;
Zone 4 : 30 à 40 km - 55,30 F ;
Zone 5 : 40 à 50 km - 70,05 F ;

Indemnités globalisées :
Zone 1 A : 0 à 5 km - 50,75 F ;
Zone 1 B : 5 à 10 km - 72,98 F ;
Zone 2 : 10 à 20 km - 94,63 F ;
Zone 3 : 20 à 30 km - 111,88 F ;
Zone 4 : 30 à 40 km - 129,48 F ;
Zone 5 : 40 à 50 km - 152,72 F ;
Article 3.

Les parties signataires s'engagent, suivant la conjoncture économique, à revaloriser l'indemnité de repas pour l'année 1994. Article 4.

Le présent accord annule et remplace les accords des salaires minimaux des ouvriers de l'équipement électrique et des indemnités de petits déplacements du 13 janvier 1992. Article 5.

Conformément au code du travail, le présent accord sera déposé à la direction départementale du travail et de l'emploi, et remis au secrétariat-greffe du conseil de prud'hommes de la Seine-Maritime.

SALAIRES Département Seine et Marne Accord du 22 décembre 1994

Salaires à compter du 1er avril et du 1er octobre 1995.

En vigueur étendu

Article 1

En application des articles 12-8 et 12-9 de la convention collective nationale du bâtiment du 8 octobre 1990, concernant les ouvriers employés par les entreprises du bâtiment non visées par le décret du 1er mars 1962, d'une part, et par les entreprises du bâtiment visées par le decret du 1er mars 1962 d'autre part, et dans le respect des dispositions de la convention collective régionale des ouvriers du bâtiment d'Ile de France du 28 juin 1993, les organisations représentatives d'employeurs et de salariés, réunies en commission paritaire à Dammarie-les-Lys le 22 décembre 1994, ont déterminé les salaires mensuels minimaux des ouvriers du bâtiment de Seine et Marne.

Article 2

Pour de département de Seine et Marne, les parties signataires du présent accord ont fixé le barème des salaires minimaux des ouvriers du bâtiment comme indiqué dans le tableau ci-après :

1°. Au 1er avril 1995

CATEGORIE PROFESSIONNELLE :

Niveau I : Ouvriers d'exécution

Position 1

COEFFICIENT : 150

SALAIRE (+) : 6.014,27 F

TAUX (++) : 35,59 F

Position 2

COEFFICIENT : 170

SALAIRE : 6.219,30

TAUX : 36,80 F

CATEGORIE PROFESSIONNELLE :

Niveau II : Ouvriers professionnels

COEFFICIENT : 185

SALAIRE : 6.739,37 F

TAUX : 39,88 F

CATEGORIE PROFESSIONNELLE :

Niveau III : Compagnons professionnels

Position 1

COEFFICIENT : 210

SALAIRE : 7.606,14 F

TAUX : 45,01 F

Position 2

COEFFICIENT : 230

SALAIRE : 8.299,57 F

TAUX : 49,11 F

CATEGORIE PROFESSIONNELLE :

Niveau IV : Maîtres ouvriers ou chefs d'équipe :

Position 1

COEFFICIENT : 250

SALAIRE : 8.992,99 F

TAUX : 53,21 F

Position 2

COEFFICIENT : 270

SALAIRE : 9.686,41 F

TAUX : 57,32 F

(+) Salaire mensuel minimal pour 39 heures hebdomadaires (en francs).

(++) Taux horaire minimal (en francs).

Les parties signataires du présent accord ont arrêté :

- Pour les catégories, niveau I, position 2, à niveau IV, position 2, soit les coefficients : 170, 185, 210, 230, 250 et 270.

- la partie fixe (P.F.) à 325,213 F ;

- la valeur du point (V.P.) à 34,6711 F .

- Pour la catégorie de niveau I, position 1 :

- la partie fixe (P.F.) à 325,213 F ;

- la valeur du point (V.P.) à 37,927 F .

2°. Au 1er octobre 1995

CATEGORIE PROFESSIONNELLE :

Niveau I : Ouvriers d'exécution

Position 1

COEFFICIENT : 150

SALAIRE (+) : 6.074,41 F

TAUX (++) : 35,94 F

Position 2

COEFFICIENT : 170

SALAIRE : 6.281,49

TAUX : 37,17 F

CATEGORIE PROFESSIONNELLE :

Niveau II : Ouvriers professionnels

COEFFICIENT : 185

SALAIRE : 6.806,76 F

TAUX : 40,28 F

CATEGORIE PROFESSIONNELLE :

Niveau III : Compagnons professionnels

Position 1

COEFFICIENT : 210

SALAIRE : 7.682,20 F

TAUX : 45,46 F

Position 2

COEFFICIENT : 230

SALAIRE : 8.382,56 F

TAUX : 49,60 F

CATEGORIE PROFESSIONNELLE :

Niveau IV : Maîtres ouvriers ou chefs d'équipe :

Position 1

COEFFICIENT : 250

SALAIRE : 9.082,91 F

TAUX : 53,75 F

Position 2

COEFFICIENT : 270

SALAIRE : 9.783,27 F

TAUX : 57,89 F

(+) Salaire mensuel minimal pour 39 heures hebdomadaires (en francs).

(++) Taux horaire minimal (en francs).

Les parties signataires du présent accord ont arrêté :

- Pour les catégories, niveau I, position 2, à niveau IV, position 2, soit les coefficients : 170, 185, 210, 230, 250 et 270.

- la partie fixe (P.F.) à 328,464 F ;

- la valeur du point (V.P.) à 35,0178 F .

- Pour la catégorie de niveau I, position 1 :

- la partie fixe (P.F.) à 328,464 F ;

- la valeur du point (V.P.) à 38,3063 F .

SALAIRES Département Seine et Marne Accord du 26 avril 1995

Indemnité de repas au 1er juin et 1er octobre 1995.

En vigueur étendu

il a été convenu que le montant de l'indemnité de repas sera fixée à :

39 F au 1er juin 1995 ;

40 F au 1er octobre 1995.

Le présent accord sera déposé à la direction départementale du travail et de l'emploi de Melun. Les parties signataires en demanderont l'extension au ministère du travail, de l'emploi et de la formation.

Salaires (Seine-et-Marne) Accord du 16 décembre 2003

Salaires à compter du 1er février 2004 et du 1er cotobre 2004.

En vigueur étendu

Article 1er

En application des articles XII.8 et XII.9 des conventions collectives nationales du bâtiment du 8 octobre 1990, concernant les ouvriers employés par les entreprises du bâtiment non visées par le décret du 1er mars 1962, d'une part, et par les entreprises du bâtiment visées par le décret du 1er mars 1962, d'autre part,

- et dans le respect des dispositions de la convention collective régionale des ouvriers du bâtiment d'Ile-de-France du 28 juin 1993 ;

- ainsi que du protocole d'accord seine-et-marnais formant avenant à la convention collective régionale des ouvriers du bâtiment du 28 juin 1993 réactualisant et se substitutant à la convention collective seine-et-marnaise des ouvriers du bâtiment de 1956, signé le 31 mai 1995 ;

- les organisations représentatives d'employeurs et de salariés, réunies en commission paritaire à Dammarie-les-Lys le 12 décembre 2003, ont déterminé les salaires mensuels minimaux des ouvriers du bâtiment de Seine-et Marne.
Article 2

En application et conformément à l'accord national du 12 février 2002 sur les barèmes de salaires minimaux des ouvriers et des ETAM du bâtiment, les parties signataires du présent accord ont fixé le barème des salaires minimaux des ouvriers du bâtiment pour le département de Seine-et-Marne comme suit :

Au 1er février 2004

CATEGORIE professionnelle	COEFFICIENT	SALAIRE MENSUEL minimal (35 h hebdomadaires) (en euros)	TAUX HORAIRE minimal (en euros)
Niveau I Ouvriers d'exécution			
- Position 1	150	1 132,21	7,465
- Position 2	170	1 161,64	7,659
Niveau II Ouvriers professionnels	185	1 191,06	7,853
Niveau III Compagnons professionnels			
- Position 1	210	1 292,98	8,525
- Position 2	230	1 410,83	9,302
Niveau IV Maîtres ouvriers ou chefs d'équipe			
- Position 1	250	1 528,83	10,080
- Position 2	270	1 646,68	10,857

Au 1er octobre 2004

		SALAIRE MENSUEL	TAUX
CATEGORIE	COEFFICIENT	minimal (35 h	HORAIRE
professionnelle		hebdomadaires)	minimal
		(en euros)	(en euros)
Niveau I			
Ouvriers			
d'exécution			
- Position 1	150	1 150,26	7,584
- Position 2	170	1 180,30	7,782
Niveau II			
Ouvriers			
professionnels	185	1 210,17	7,979
Niveau III			
Compagnons			
professionnels			
- Position 1	210	1 318,92	8,696
- Position 2	230	1 439,04	9,488
Niveau IV			
Maîtres			
ouvriers ou			
chefs d'équipe			
- Position 1	250	1 559,47	10,282
- Position 2	270	1 679,59	11,074

Article 3
Conformément au code du travail, le présent accord sera déposé à la direction départementale du travail, de l'emploi et de la formation professionnelle de Seine-et-Marne et remis aux secrétariats-greffes des conseils de prud'hommes de Meaux, Melun, Fontainebleau. Article 4
Les parties signataires demanderont l'extension du présent accord au ministre du travail, de l'emploi et de la formation professionnelle.
Fait à Dammarie-les-Lys, le 16 décembre 2003 .

En vigueur non étendu

Article 1er

En application des articles XII.8 et XII.9 des conventions collectives nationales du bâtiment du 8 octobre 1990, concernant les ouvriers employés par les entreprises du bâtiment non visées par le décret du 1er mars 1962, d'une part, et par les entreprises du bâtiment visées par le décret du 1er mars 1962, d'autre part,

- et dans le respect des dispositions de la convention collective régionale des ouvriers du bâtiment d'Ile-de-France du 28 juin 1993 ;

- ainsi que du protocole d'accord seine-et-marnais formant avenant à la convention collective régionale des ouvriers du bâtiment du 28 juin 1993 réactualisant et se substitutant à la convention collective seine-et-marnaise des ouvriers du bâtiment de 1956, signé le 31 mai 1995 ;

- les organisations représentatives d'employeurs et de salariés, réunies en commission paritaire à Dammarie-les-Lys le 12 décembre 2003, ont déterminé les salaires mensuels minimaux des ouvriers du bâtiment de Seine-et Marne.
Article 2

En application et conformément à l'accord national du 12 février 2002 sur les barèmes de salaires minimaux des ouvriers et des ETAM du bâtiment, les parties signataires du présent accord ont fixé le barème des salaires minimaux des ouvriers du bâtiment pour le département de Seine-et-Marne comme suit :

Au 1er février 2004

		SALAIRE MENSUEL	TAUX
CATEGORIE	COEFFICIENT	minimal (35 h	HORAIRE
professionnelle		hebdomadaires)	minimal
		(en euros)	(en euros)
Niveau I			

Ouvriers			
d'exécution			
- Position 1	150	1 132,21	7,465
- Position 2	170	1 161,64	7,659
Niveau II			
Ouvriers			
professionnels	185	1 191,06	7,853
Niveau III			
Compagnons			
professionnels			
- Position 1	210	1 292,98	8,525
- Position 2	230	1 410,83	9,302
Niveau IV			
Maîtres			
ouvriers ou			
chefs d'équipe			
- Position 1	250	1 528,83	10,080
- Position 2	270	1 646,68	10,857

Au 1er octobre 2004

CATEGORIE professionnelle	COEFFICIENT	SALAIRE MENSUEL minimal (35 h hebdomadaires) (en euros)	TAUX HORAIRE minimal (en euros)
Niveau I			
Ouvriers			
d'exécution			
- Position 1	150	1 150,26	7,584
- Position 2	170	1 180,30	7,782
Niveau II			
Ouvriers			
professionnels	185	1 210,17	7,979
Niveau III			
Compagnons			
professionnels			
- Position 1	210	1 318,92	8,696
- Position 2	230	1 439,04	9,488
Niveau IV			
Maîtres			
ouvriers ou			
chefs d'équipe			
- Position 1	250	1 559,47	10,282
- Position 2	270	1 679,59	11,074

Article 3
Conformément au code du travail, le présent accord sera déposé à la direction départementale du travail, de l'emploi et de la formation professionnelle de Seine-et-Marne et remis aux secrétariats-greffes des conseils de prud'hommes de Meaux, Melun, Fontainebleau. Article 4
Les parties signataires demanderont l'extension du présent accord au ministre du travail, de l'emploi et de la formation professionnelle.
Fait à Dammarie-les-Lys, le 16 décembre 2003 .

Salaires (Seine-et-Marne) Accord du 16 décembre 2003

En vigueur étendu

réunis en commission paritaire à Melun le 12 décembre 2003, il a été convenu de revaloriser l'indemnité de repas applicable aux ouvriers du bâtiment de Seine-et-Marne.
Article 1er

Le montant journalier de l'indemnité de repas est fixé à 7,50 Euros à compter du 1er février 2004.
Article 2

Le présent accord sera déposé à la DDTEFP de Seine-et-Marne et remis aux secrétariats-greffes des conseils de prud'hommes de Meaux, Melun, Fontainebleau. Les parties signataires en demanderont l'extension au ministre du travail, de l'emploi et de la formation professionnelle.

Fait à Melun, le 16 décembre 2003.

En vigueur non étendu

réunis en commission paritaire à Melun le 12 décembre 2003, il a été convenu de revaloriser l'indemnité de repas applicable aux ouvriers du bâtiment de Seine-et-Marne.
Article 1er

Le montant journalier de l'indemnité de repas est fixé à 7,50 Euros à compter du 1er février 2004.
Article 2

Le présent accord sera déposé à la DDTEFP de Seine-et-Marne et remis aux secrétariats-greffes des conseils de prud'hommes de Meaux, Melun, Fontainebleau. Les parties signataires en demanderont l'extension au ministre du travail, de l'emploi et de la formation professionnelle.

Fait à Melun, le 16 décembre 2003.

Accord du 27 novembre 2007 Salaires (Seine-et-Marne)

(1) Texte étendu sous réserve du respect des dispositions de l'article L. 132-12-3 du code du travail (arrêté du 10 avril 2008, art. 1er).

La fédération du bâtiment et des travaux publics de Seine-et-Marne ;

La CAPEB Seine-et-Marne ;

La fédération parisienne des SCOP du bâtiment et des travaux publics pour sa seule section bâtiment,

L'union régionale de la construction et du bois CFDT Ile-de-France,

Article 1

En vigueur étendu

En application des articles XII. 8 et XII. 9 des conventions collectives nationales du bâtiment du 8 octobre 1990, concernant les ouvriers employés par les entreprises du bâtiment non visées par le décret du 1er mars 1962, d'une part, et par les entreprises du bâtiment visées par le décret du 1er mars 1962, d'autre part, et dans le respect des dispositions de la convention collective régionale des ouvriers du bâtiment d'Ile-de-France du 28 juin 1993, ainsi que du protocole d'accord seine-et-marnais formant avenant à la convention collective régionale des ouvriers du bâtiment du 28 juin 1993 réactualisant et se substituant à la convention collective seine-et-marnaise des ouvriers du bâtiment de 1956, signé le 31 mai 1995, les organisations représentatives d'employeurs et de salariés, réunies en commission paritaire à Dammarie-les-Lys le 27 novembre 2007, ont déterminé les salaires mensuels minimaux des ouvriers du bâtiment de Seine-et-Marne.

Article 2

En vigueur étendu

En application et conformément à l'accord national du 12 février 2002 sur les barèmes de salaires minimaux des ouvriers et des ETAM du bâtiment, les parties signataires du présent accord ont fixé la revalorisation du barème des salaires minimaux des ouvriers du bâtiment pour le département de Seine-et-Marne à 2,5 % pour les coefficients 150 à 210 et à 3,5 % pour les coefficient 230 à 270.

(En euros.)

CATÉGORIE PROFESSIONNELLE	COEFFICIENT	SALAIRE MENSUEL minimum pour 151,67 heures au 1er janvier 2008
Niveau I Ouvrier d'exécution : - position 1	150	1 305
- position 2	170	1 338
Niveau II Ouvrier professionnel	185	1 372
Niveau III Compagnon professionnel : - position 1	210	1 496
- position 2	230	1 619
Niveau IV Maître ouvrier ou chef d'équipe : - position 1	250	1 754
- position 2	270	1 889

Article 3

En vigueur étendu

Conformément au décret n° 2006-568 du 17 mai 2006 (Journal officiel du 20 mai 2006) modifiant la procédure du dépôt des accords collectifs, le présent accord fera l'objet d'un dépôt par courrier sous format papier, texte original signé des parties, à la direction des relations du travail, ainsi que d'une version sur support électronique.

Article 4

En vigueur étendu

Les parties signataires demanderont l'extension du présent accord au ministre du travail, des relations sociales et de la solidarité.

Accord du 7 décembre 2005 Salaires (région parisienne)

En vigueur étendu

Article 1er

En application des articles 12.8 et 12.9 des conventions collectives nationales du bâtiment du 8 octobre 1990, concernant les ouvriers employés par les entreprises du bâtiment non visées par le décret du 1er mars 1962, d'une part, et par les entreprises du bâtiment visées par le décret du 1er mars 1962, d'autre part, et dans le respect des dispositions de la convention collective régionale des ouvriers du bâtiment d'Ile-de-France du 28 juin 1993, ainsi que du protocole d'accord seine-et-marnais formant avenant à la convention collective régionale des ouvriers du bâtiment du 28 juin 1993 réactualisant et se substituant à la convention collective seine-et-marnaise des ouvriers du bâtiment de 1956, signé le 31 mai 1995, les organisations représentatives d'employeurs et de salariés, réunies en commission paritaire à Dammarie-les-Lys le 7 décembre 2005, ont déterminé les salaires mensuels minimaux des ouvriers du bâtiment de Seine-et-Marne.

Article 2

En application et conformément à l'accord national du 12 février 2002 sur les barèmes de salaires minimaux des ouvriers et des ETAM du bâtiment, les parties signataires du présent accord ont fixé le barème des salaires minimaux des ouvriers du bâtiment pour le département de Seinet-et-Marne comme suit :

Au 1er février 2006

(En euros.)

CATEGORIE		SALAIRE MENSUEL	TAUX	
professionnelle	COEFFICIENT	minimal (35 h	horaire	
		hebdomadaires)	minimal	
Niveau I				
Ouvriers d'exécution				

- position 1	150	1 229,74	8,108	
- position 2	170	1 261,14	8,315	
Niveau II				
Ouvriers professionnels	185	1 292,99	8,525	
Niveau III				
Compagnons				
professionnels				
- position 1	210	1 409,32	9,292	
- position 2	230	1 525,50	10,058	
Niveau IV				
Maîtres ouvriers				
ou chefs d'équipe				
- position 1	250	1 653,20	10,90	
- position 2	270	1 780,45	11,739	

Au 1er septembre 2006

(En euros.)

CATEGORIE		SALAIRE MENSUEL	TAUX	
professionnelle	COEFFICIENT	minimal (35 h	horaire	
		hebdomadaires)	minimal	
Niveau I				
Ouvriers d'exécution				
- position 1	150	1 254,31	8,270	
- position 2	170	1 286,31	8,481	
Niveau II				
Ouvriers professionnels	185	1 318,77	8,695	
Niveau III				
Compagnons				
professionnels				
- position 1	210	1 437,53	9,478	
- position 2	230	1 540,82	10,159	
Niveau IV				
Maîtres ouvriers				
ou chefs d'équipe				
- position 1	250	1 669,73	11,009	
- position 2	270	1 798,20	11,856	

Au 1er janvier 2007

(En euros.)

CATEGORIE		SALAIRE MENSUEL	TAUX	
professionnelle	COEFFICIENT	minimal (35 h	horaire	
		hebdomadaires)	minimal	
Niveau I				
Ouvriers d'exécution				
- position 1	150	1 273,12	8,394	
- position 2	170	1 305,58	8,608	
Niveau II				
Ouvriers professionnels	185	1 338,49	8,825	
Niveau III				
Compagnons				
professionnels				
- position 1	210	1 459,07	9,620	
- position 2	230	1 563,87	10,311	

Niveau IV				
Maîtres ouvriers				
ou chefs d'équipe				
- position 1	250	1 694,76	11,174	
- position 2	270	1 825,20	12,034	

Article 3

Conformément au code du travail, le présent accord sera déposé à la direction départementale du travail de l'emploi et de la formation professionnelle de Seine-et-Marne et remis aux secrétariats-greffes des conseils de prud'hommes de Meaux, Melun, Fontainebleau. **Article 4**

Les parties signataires demanderont l'extension du présent accord au ministre du travail, de l'emploi et de la formation professionnelle.

Fait à Dammarie-les-Lys, le 7 décembre 2005.

SALAIRES - Vendée - petits déplacements Accord du 15 septembre 2000

Indemnités de petits déplacements

En vigueur étendu

Article 1er

Les parties signataires ont décidé de fixer le barème " Repas, transport, trajet " selon le tableau ci-dessous, à compter du 1er octobre 2000 :
....

ZONE	DISTANCE	INDEMNITÉ	INDEMNITE	INDEMNITE
		de repas	de frais de	de trajet
		en francs)	transport	(en francs)
.....	....	....	....	....
I-A	0 à 5 km	43	1,60	1,10
I-B	5 à 10 km	43	4,70	2,90
II	10 à 20 km	43	14,70	8,50
III	20 à 30 km	43	28,00	12,40
IV	30 à 40 km	43	41,50	18,00
V	40 à 50 km	43	58,30	20,20
Les valeurs ci-après ne sont données qu'à titre de				
recommandation, puisque ces zones ne sont pas prévues par la				
convention collective				
VI	50 à 60 km	43	72,80	23,50
VII	60 à 70 km	43	90,10	25,60
......	....	....	....	....

Article 2

Les parties signataires ont décidé de fixer le barème "

Repas, transport, trajet " selon le tableau ci-dessous,
à compter du 1er avril 2001 :
....

ZONE	DISTANCE	INDEMNITE	INDEMNITE	INDEMNITE
		de repas	de frais de	de trajet
		(en francs)	transport	en francs)
			(en francs)	

.....	....	....	....	....
I-A	0 à 5 km	45	1,70	1,20
I-B	5 à 10 km	45	4,80	3,00
II	10 à 20 km	45	15,00	8,60
III	20 à 30 km	45	28,60	12,60
IV	30 à 40 km	45	42,30	18,40
V	40 à 50 km	45	59,50	20,60
Les valeurs ci-après ne sont données qu'à titre de				
recommandation, puisque ces zones ne sont pas prévues par la				
convention collective				
VI 50 à 60 km 45	74,25	24,00		
VII 60 à 70 km 45	91,90	26,10		
....	....	....		

Article 3

Conformément au code du travail, le présent accord sera déposé à la direction départementale du travail, de l'emploi et de la formation professionnelle de Vendée et remis au secrétariat-greffe des conseils de prud'hommes de La Roche-sur-Yon et des Sables-d'Olonne.
Article 4

Les parties signataires demandent l'extension du présent accord au ministère du travail, de l'emploi et de la formation profession- nelle.

SALAIRES - Vendée - petits déplacements Avenant du 20 mars 2002

Indemnités de petits déplacements à compter du 1er avril 2002

En vigueur non étendu

Article 1er

Les parties signataires ont décidé de fixer le barème repas-transport-trajet, selon le tableau ci-dessous, à compter du 1er avril 2002 :

ZONE	DISTANCE (en km)	INDEMNITÉ de repas	INDEMNITÉ de transport	INDEMNITÉ de trajet
I-A	0 à 5	7,25	0,28	0,19
I-B	5 à 10	7,25	0,76	0,48
2	10 à 20	7,25	2,39	1,37
3	20 à 30	7,25	4,54	2,00
4	30 à 40	7,25	6,70	2,91
5	40 à 50	7,25	9,40	3,25

Les valeurs ci-après ne sont données qu'à titre de recommandation, puisque ces zones ne sont pas prévues par la convention collective :

ZONE	DISTANCE (en km)	INDEMNITÉ de repas	INDEMNITÉ de transport	INDEMNITÉ de trajet
6	50 à 60	7,25	11,75	3,80
7	60 à 70	7,25	14,40	4,10

--- Article 2
Conformément au code du travail, le présent accord sera déposé à la direction départementale du travail, de l'emploi et de la formation professionnelle de la Vendée et remis au secrétariat-greffe des conseils de prud'hommes de La Roche-sur-Yon et des Sables-d'Olonne.

Accord du 18 novembre 2005 Indemnités de petits déplacements (Vendée)

La fédération du bâtiment de la Vendée ;
La confédération de l'artisanat et des petites entreprises du bâtiment de la Vendée,

La CFDT ;
La CFTC ;
La CGT-FO ;
La CGT,

Indemnités de petits déplacements

En vigueur étendu

Article 1er

Les parties signataires ont décidé de fixer le barème repas, transport et trajet, selon le tableau ci-après, à compter du 1er décembre 2005 :

(En euros.)

ZONE (en kilomètres)	INDEMNITE de repas	INDEMNITE de frais de transport	INDEMNITE de trajet
1 A (00 à 5 km)	7,50	0,65	0,42
1 B (5 à 10 km)	7,50	0,83	0,59
2 B (10 à 20 km)	7,50	3,00	1,68
3 (20 à 30 km)	7,50	5,60	2,90
4 (30 à 40 km)	7,50	8,50	3,85
5 (40 à 50 km)	7,50	12,00	4,50

Les valeurs ci-après ne sont données qu'à titre de recommandation, puisque ces zones ne sont pas prévues par la convention collective :

(En euros.)

ZONE (en kilomètres)	INDEMNITE de repas	INDEMNITE de frais de transport	INDEMNITE de trajet
6 (50 à 60 km)	7,50	13,85	4,70
7 (60 à 70 km)	7,50	16,60	5,15

Article 2

Conformément au code du travail, le présent accord sera déposé à la direction départementale du travail, de l'emploi et de la formation professionnelle de la Vendée et remis au secrétariat-greffe des conseils des prud'hommes de La Roche-sur-Yon et des Sables-d'Olonne.

Article 3

Les parties signataires demandent l'extension du présent accord au ministère du travail, de l'emploi et de la formation professionnelle.

Fait à La Roche-sur-Yon, le 18 novembre 2005.

SALAIRES Département Vosges Annexe 2 du 7 avril 1992

Indemnités de petits déplacements à compter du 1er avril 1992 pour les installateurs électriciens.

En vigueur étendu

Article 1

Barème d'indemnisation des petits déplacements

A compter du 1er avril 1992, le barème d'indemnisation concernant les monteurs en petits déplacements est fixé comme suit :

1°. L'indemnité de repas définie au chapitre VIII-1 " Petits déplacements " du titre VIII de la convention collective nationale est fixé comme suit :

- de 0 à 5 kilomètres néant

- de 5 à 50 kilomètres 39,00 F

2°. L'indemnité de frais de transport définie au chapitre VIII-1 "Petits déplacements" du titre VIII de la convention collective nationale est fixé comme suit :
Zone entre 0 et 5 kilomètres 2,84 F
Zone entre 5 et 10 kilomètres 8,52 F
Zone entre 10 et 20 kilomètres 17,04 F
Zone entre 20 et 30 kilomètres 28,40 F
Zone entre 30 et 40 kilomètres 39,76 F
Zone entre 40 et 50 kilomètres 51,12 F

2°. L'indemnité de trajet définie au chapitre VIII-1 "Petits déplacements" du titre VIII de la convention collective nationale est fixé comme suit :
Zone entre 0 et 5 kilomètres 4,17 F
Zone entre 5 et 10 kilomètres 8,33 F
Zone entre 10 et 20 kilomètres 12,50 F
Zone entre 20 et 30 kilomètres 16,66 F
Zone entre 30 et 40 kilomètres 20,83 F
Zone entre 40 et 50 kilomètres 24,99 F

SALAIRES Département Vosges Accord 3 du 4 mai 1993

Salaires à compter du 1er mai 1993.

En vigueur étendu

Article 1

Le présent accord est signé en application des articles 12-8 et 12-9 des conventions collectives nationales du bâtiment du 8 octobre 1990.

Article 2

Salaires minima des ouvriers

A compter du 1er mai 1993, la nouvelle grille des salaires minima applicable aux coefficients résultant de l'accord national du 8 octobre 1990 est la suivante :

NIVEAU : I. - Ouvriers d'exécution

POSITION : 1

COEFFICIENT : 150

SALAIRE MENSUEL (+) : 5.495 F

NIVEAU : I. - Ouvriers d'exécution

POSITION : 2

COEFFICIENT : 170

SALAIRE MENSUEL (+) : 6.097 F

NIVEAU : II - Ouvriers professionnels

COEFFICIENT : 185

SALAIRE MENSUEL (+) : 6.549 F

NIVEAU : III - Compagnons professionnels

POSITION : 1

COEFFICIENT : 210

SALAIRE MENSUEL (+) : 7.301 F

NIVEAU : III - Compagnons professionnels

POSITION : 2

COEFFICIENT : 230

SALAIRE MENSUEL (+) : 7.903 F

NIVEAU : IV - Maîtres ouvriers ou chefs d'équipe

POSITION : 1

COEFFICIENT : 250

SALAIRE MENSUEL (+) : 8.505 F

NIVEAU : IV - Maîtres ouvriers ou chefs d'équipe

POSITION : 2

COEFFICIENT : 270

SALAIRE MENSUEL (+) : 9.107 F

Les parties signataires ont arrêté :

- la partie fixe (P.F.) à 980 F ;

- la valeur du point (V.P.) à 30,10 F.

Article 3

Extension

Les parties signataires s'emploieront à demander l'extension du présent accord pour les entreprises d'installation électrique (code A.P.E. : 5540 attribué par l'I.N.S.E.E., le critère d'application est l'activité réelle exercée par l'entreprise, le code A.P.E. ne constituant à cet égard qu'une simple présomption). A l'exception des entreprises d'installation électrique dans les établissements industriels, de recherche radioélectrique et de l'électronique, sont visées :

- Les entreprises spécialisées dans l'équipement électrique des usines et autres établissements industriels (à l'exception de celles qui, à la date de la publication de l'arrêté portant extension de la convention collective du 8 octobre 1990, appliquaient une autre convention collective que celles du bâtiment) ;

- pour partie, les entreprises de couverture-plomberie et chauffage ;

- les entreprises de plomberie, chauffage et électricité ;

- les entreprises d'installations d'électricité dans les locaux d'habitation, magasins, bureaux, bâtiments industriels et autres bâtiments ;

- les entreprises de pose d'enseignes lumineuses.

Article 4

Dépôt

Le présent accord est établi en nombre suffisant d'exemplaires pour remise aux parties signataires et pour les dépôts suivants :

- cinq exemplaires signés destinés à la direction départementale du travail et de l'emploi de Meurthe et Moselle ;

- un exemplaire signé destiné au secrétariat, greffe du conseil de prud'hommes de Nancy.

Ces deux dépôts seront effectués par la chambre syndicale des installateurs électriciens de Meurthe-et-Moselle et des Vosges.

(1) Accord étendu sous réserve des dispositions fixant le salaire minimum de croissance (arrêté du 26 novembre 1993, art. 1er).

SALAIRES Département Vosges Accord 3 du 4 mai 1993

Indemnités de petits déplacements à compter du 1er mai 1993 pour les installateurs électriciens.

En vigueur étendu

Article 1
Barème d'indemnisation des petits déplacements

A compter du 1er mai 1993, le barème d'indemnisation concernant les monteurs en petits déplacements est fixé comme suit :

1°. L'indemnité de repas définie au chapitre VIII-1 " Petits déplacements " du titre VIII de la convention collective nationale est fixée à 40 F.

L'indemnité de repas n'est due par l'employeur que si l'ouvrier ne peut déjeuner chez lui du fait de l'éloignement du chantier où il est employé, et s'il est donc obligé de prendre son repas sur le lieu de travail ou à proximité de celui-ci.

Au contraire, lorsque l'intéressé, du fait de la localisation de son lieu de travail, peut rentrer chez lui, l'indemnité de repas n'est pas due.

2°. L'indemnité de frais de transport définie au chapitre VIII-1 "Petits déplacements" du titre VIII de la convention collective nationale est fixée comme suit :
Zone entre 0 et 5 kilomètres 2,90 F
Zone entre 5 et 10 kilomètres 8,69 F
Zone entre 10 et 20 kilomètres 17,38 F
Zone entre 20 et 30 kilomètres 28,97 F
Zone entre 30 et 40 kilomètres 40,56 F
Zone entre 40 et 50 kilomètres 52,14 F

3°. L'indemnité de trajet définie au chapitre VIII-1 "Petits déplacements" du titre VIII de la convention collective nationale est fixée comme suit :
Zone entre 0 et 5 kilomètres 4,25 F
Zone entre 5 et 10 kilomètres 8,50 F
Zone entre 10 et 20 kilomètres 12,75 F
Zone entre 20 et 30 kilomètres 16,99 F
Zone entre 30 et 40 kilomètres 21,25 F
Zone entre 40 et 50 kilomètres 25,49 F.
Article 2
Extension

Les parties signataires s'emploieront à demander l'extension du présent accord pour les entreprises d'installation électrique (code APE 5540 attribué par l'I.N.S.E.E. - le critère d'application est l'activité réelle exercée par l'entreprise - , le code APE ne constituant à cet égard qu'une simple présomption). A l'exception des entreprises d'installation électrique dans les établissements industriels, de recherche radio-électrique et de l'électronique, sont visées :

- les entreprises spécialisées dans l'équipement électrique des usines et autres établissements industriels (à l'exception de celles qui, à la date de la publication de l'arrêté portant extension de la convention collective du 8 octobre 1990, appliquaient une autre convention collective que celles du bâtiment) ;

- pour partie, les entreprises de couverture-plomberie et chauffage ;

- les entreprises de plomberie, chauffage et électricité ;

- les entreprises d'installations d'électricité dans les locaux d'habitation, magasins, bureaux, bâtiments industriels et autres bâtiments ;

- les entreprises de pose d'enseignes lumineuses.

Avenant du 13 février 2008 Indemnités de petits déplacements (Ain)

La fédération du bâtiment et des travaux publics de l'Ain ;

La CAPEB de l'Ain,

L'union départementale des syndicats CFTC de l'Ain ;

L'union départementale des syndicats CGT-FO de l'Ain,

Article 1
En vigueur non étendu

Le présent accord a pour but de fixer, à compter du 1er avril 2008, le montant minimum des indemnités de déplacements pour les ouvriers travaillant dans les entreprises de bâtiment du département de l'Ain.

Indemnité de petits déplacements

Article 2
En vigueur non étendu

En application du chapitre Ier du titre VIII des conventions collectives nationales du 8 octobre 1990 (étendues par arrêtés ministériels des 8 et 12 février 1991) concernant, d'une part, les ouvriers du bâtiment employés dans les entreprises non visées par le décret du 1er mars 1962 (entreprises occupant plus de 10 salariés) et, d'autre part, les ouvriers du bâtiment employés dans les entreprises visées par le décret du 1er mars 1962 (entreprises occupant jusqu'à 10 salariés), les montants des 3 indemnités professionnelles, journalières et forfaitaires, qui constituent le régime d'indemnisation des petits déplacements, sont fixés comme suit à compter du 1er avril 2008 pour le département de l'Ain.

Article 3
En vigueur non étendu

De convention expresse entre les parties, et compte tenu des possibilités d'adaptation prévues par les textes référencés à l'article 2 ci-dessus, la première zone (de 0 à 10 km) est divisé en deux dans le département de l'Ain :
- zone I A : de 0 à 4 kilomètres ;
- zone I B : de 4 à 10 kilomètres.

Article 4
En vigueur non étendu

L'indemnité de repas, qui a pour objet d'indemniser le supplément de frais occasionné par la prise du déjeuner en dehors de la résidence habituelle de l'ouvrier, est fixée à :
- 9,18 € à compter du 1er avril 2008, quelle que soit la zone dans laquelle se situe le chantier.
Cette indemnité n'est toutefois pas due dans les cas prévus par les textes référencés à l'article 2 ci-dessus.

Article 5
En vigueur non étendu

Le montant journalier de l'indemnité de frais de transport, indemnisant les frais d'un voyage aller et retour du point de départ des petits déplacements au milieu de la zone concentrique dans laquelle se situe le chantier, est fixé de la façon suivante à compter du 1er avril 2008 :
Zone I A : de 0 à 4 kilomètres 0,66 €
Zone I B : de 4 à 10 kilomètres 2,30 €
Zone II : de 10 à 20 kilomètres 4,84 €
Zone III : de 20 à 30 kilomètres 8,10 €
Zone IV : de 30 à 40 kilomètres 11,38 €
Zone V : de 40 à 50 kilomètres 14,64 €

Article 6
En vigueur non étendu

L'indemnité de trajet, indemnisant la sujétion que représente pour l'ouvrier la nécessité de se rendre quotidiennement sur le chantier et d'en revenir, évaluée en fonction de la distance entre le point de départ des petits déplacements et la circonférence supérieure de la zone où se situe le chantier, est fixée de la façon suivante à compter du 1er avril 2008 :
Zone I A : de 0 à 4 kilomètres 0,46 €
Zone I B : de 4 à 10 kilomètres 1,10 €
Zone II : de 10 à 20 kilomètres 2,18 €
Zone III : de 20 à 30 kilomètres 3,29 €
Zone IV : de 30 à 40 kilomètres 4,36 €
Zone V : de 40 à 50 kilomètres 5,59 €

Article 7
En vigueur non étendu

De convention expresse entre les parties, et compte tenu des possibilités d'adaptation prévues par les textes référencés à l'article 2 ci-dessus, pour les chantiers situés dans des communes de l'Ain - dont la liste figure en annexe au présent accord - classées en zone de montagne en vertu des arrêtés préfectoraux des 26 juin 1961, 3 août 1962, 20 février 1974 et 28 avril 1976, les indemnités de frais de transport et de trajet seront majorées de 25 %.

Article 8
En vigueur non étendu

Les autres conditions d'application sont strictement celles définies par les textes référencés à l'article 2 ci-dessus.

Indemnité de grands déplacements

Article 9
En vigueur non étendu
Il est convenu de se référer aux dispositions de l'article 8. 22 du chapitre II du titre VIII des conventions collectives référencées à l'article 2 ci-dessus, à savoir :
« L'indemnité de grand déplacement correspond aux dépenses journalières normales qu'engage le déplacé en sus des dépenses habituelles qu'il engagerait s'il n'était pas déplacé. Le montant de ces dépenses journalières, qui comprennent :
a) Le coût d'un second logement pour l'intéressé ;
b) Les dépenses supplémentaires de nourriture, qu'il vive à l'hôtel, chez des particuliers ou dans tout autre type de logement proposé par l'employeur ;
c) Les autres dépenses supplémentaires qu'entraîne pour lui l'éloignement de son foyer,
est remboursé par une allocation forfaitaire égale aux coûts normaux du logement et de la nourriture (petit-déjeuner, déjeuner, dîner) qu'il supporte. Dans le cas où le déplacé, prévenu préalablement que son hébergement sera organisé par l'entreprise, déciderait de se loger ou de se nourrir (ou de se loger et de se nourrir) en dehors de celui-ci, une indemnité égale à celle versée aux ouvriers utilisant les moyens d'hébergement mis à leur disposition lui sera attribuée. »

Article 10
En vigueur non étendu

La prochaine réunion de la commission paritaire départementale aura lieu en février 2009.

Article 11
En vigueur non étendu
Le texte du présent accord sera déposé à la direction départementale du travail et de l'emploi, conformément aux dispositions du code du travail.

Annexe

En vigueur non étendu
ANNEXE
Liste des communes de l'Ainclassées en zone de montagne
(Arrêtés des 26 juin 1961, 3 août 1962, 20 février 1974 et 28 avril 1976)
130 communes

L'Abergement-de-Varey

Ambléon
Anglefort
Apremont
Aranc
Arandas
Arbent
Argis
Armix
Bellegarde-sur-Valserine
Billiat
Belleydoux
Bellignat
Belmont-Luthezieu
Bénonces
Bolozon
Boyeux Saint-Jérôme
Brénaz
Brénod
Brion
Burbanche (La)
Ceignes
Cerdon
Chaley
Challes-la-Montagne
Champagne-en-Valromey
Champdor
Champfromier
Chanay
Charix
Châtillon-en-Michaille
Chavornay
Cheignieu-la-Balme
Confort
Chevillard
Chézery-Forens
Cleyzieu
Collonges
Conand
Condamine-la-Doye
Contrevoz
Conzieu
Corbonod
Corcelles
Corlier
Cormaranche-en-Bugey
Crozet
Divonne-les-Bains (section Divonne)
Dortan
Echallon
Echenevex
Evosges
Farges
Géovreisset
Géovreissiat
Gex
Giron
Grand-Abergement (Le)
Groissiat
Hauteville-Lompnes
Hostiaz
Hotonnes
Injoux-Génissiat
Innimond
Izenave
Izernore
Izieu
Labalme
Lalleyriat
Lancrans
Lantenay
Léaz
Lélex

Leyssard
Lhôpital
Lochieu
Lompnaz
Lompnieu
Maillat
Marchamp
Martignat
Matafelon-Granges
Mérignat
Mijoux
Montanges
Montréal
Nantua
Neyrolles (Les)
Nivollet-Montgriffon
Nurieux-Volognat
Oncieu
Ordonnaz
Outriaz
Oyonnax
Péron
Petit-Abergement (Le)
Peyriat
Plagnes
Poizat (Le)
Port
Prémeyzel
Prémillieu
Rossillon
Ruffieu
Saint-Alban
Saint-Bois
Saint-Germain-de-Joux
Saint-Germain-les-Paroisses
Saint-Jean-de-Gonville
Saint-Martin-du-Frêne
Saint-Rambert-en-Bugey
Samognat
Seillonnaz
Sergy
Serrières-sur-Ain
Songieu
Sonthonnax-la-Montagne
Souclin
Surjoux
Sutrieu
Tenay
Thézillieu
Thoiry
Torcieu
Vesancy
Vieu
Vieu-d'Izenave
Villes
Virieu-le-Grand
Virieu-le-Petit

Accord du 17 novembre 2008 Indemnités de petits déplacements (Drôme et Ardèche)

La fédération du bâtiment et des travaux publics de Drôme et d'Ardèche ;

La CAPEB de la Drôme ;

La CAPEB de l'Ardèche ;

La fédération Rhône-Alpes des SCOP BTP,

L'union interdépartementale CGT-FO,

Article 1

En vigueur étendu

En application du chapitre Ier du titre VIII des conventions collectives nationales du bâtiment du 8 octobre 1990, étendues par arrêtés ministériels du 8 février 1991 et du 12 février 1991, concernant, d'une part, les ouvriers du bâtiment employés dans les entreprises non visées par le décret du 1er mars 1962 (entreprises occupant plus de 10 salariés) et, d'autre part, les ouvriers du bâtiment employés dans les entreprises visées par le décret du 1er mars 1962 (entreprises occupant jusqu'à 10 salariés), les organisations représentatives d'employeurs et de salariés se sont réunies et ont déterminé les montants des indemnités de petits déplacements des ouvriers du bâtiment des départements de la Drôme et de l'Ardèche.

Article 2

En vigueur étendu

Pour les départements de la Drôme et de l'Ardèche, les parties signataires du présent accord ont fixé, en application de l'article 8.18 des conventions collectives nationales précitées, le barème des indemnités de petits déplacements des ouvriers du bâtiment comme suit :

- l'indemnité de repas est portée à 9,05 € ;
- les indemnités de transport et de trajet au 1er janvier 2009 ont été fixées par accord du 19 novembre 2007, étendu par arrêté ministériel du 6 juin 2008, publié au Journal officiel du 14 juin 2008, et sont rappelées dans le tableau ci-après.

(En euros.)

ZONE (en kilomètres)	**INDEMNITÉ de frais de transport**	**INDEMNITÉ de trajet**
1 A (0 à 5 km)	1,30	0,57
1 B (5 à 10 km)	2,34	1,06
2 (10 à 20 km)	4,67	2,45
3 (20 à 30 km)	7,57	3,63
4 (30 à 40 km)	10,55	5,05
5 (40 à 50 km)	13,50	6,12

Article 3

En vigueur étendu

La valeur de l'indemnité de repas fixée à l'article 2 entrera en application à compter du 1er janvier 2009, sous réserve d'aboutir à un accord susceptible d'extension.

A défaut de remplir cette condition, la valeur de cette indemnité restera celle en vigueur au 1er janvier 2008.

Article 4

En vigueur étendu

Le présent accord sera déposé à la direction générale du travail à Paris, conformément au décret du 17 mai 2006, ainsi qu'au secrétariat-greffe du conseil de prud'hommes de Valence.

Les parties signataires demandent l'extension du présent accord au ministère du travail des relations sociales, de la famille et de la solidarité, direction générale du travail à Paris.

Le présent accord sera transmis pour information à la direction départementale du travail et de l'emploi de la Drôme et de l'Ardèche et remis aux secrétariats-greffes des conseils des prud'hommes de Valence, Romans et Montélimar pour la Drôme et d'Annonay et Aubenas pour l'Ardèche.

Article 5

En vigueur étendu

La prochaine réunion de la commission paritaire petits déplacements se tiendra au cours de l'année 2009.

Accord du 15 décembre 2008 Indemnités de petits déplacements (Franche-Comté)

Fédération du bâtiment Franche-Comté ;

CAPEB Franche-Comté ;

Fédération Est des SCOP du BTP.

Union régionale de la construction et du bois CFDT.

Article 1

En vigueur étendu

En application de l'article XIII. 18 des conventions collectives nationales du bâtiment du 8 octobre 1990 concernant les ouvriers employés par les entreprises du bâtiment non visées par le décret du 1er mars 1962, d'une part, et par les entreprises du bâtiment visées par le décret du 1er mars 1962, d'autre part, les organisations représentatives d'employeurs et de salariés se sont réunies et ont déterminé les montants des indemnités de petits déplacements des ouvriers du bâtiment de la région de Franche-Comté qui entreront en vigueur au 1er janvier 2009.

(En euros.)

ZONE (en kilomètres)	**INDEMNITÉ de repas**	**INDEMNITÉ de frais de transport**	**INDEMNITÉ de trajet**
1 (0 à 10 km)	8, 90	2, 020	1, 377
2 (10 à 20 km)	8, 90	4, 248	2, 779
3 (20 à 30 km)	8, 90	6, 986	3, 634
4 (30 à 40 km)	8, 90	8, 915	4, 559
5 (40 à 50 km)	8, 90	11, 081	5, 770

Article 2

En vigueur étendu

La prochaine commission paritaire aura lieu en décembre 2009 ou en janvier 2010.

Article 3

En vigueur étendu

Le présent accord fera l'objet d'une procédure officielle de dépôt auprès des services centraux du ministère du travail, des relations sociales, de la famille et de la solidarité.

Article 4

En vigueur étendu

Les parties signataires demandent l'extension du présent accord au ministère du travail, des relations sociales, de la famille et de la solidarité selon les modalités prévues par la loi du 4 mai 2004.

Accord du 15 décembre 2008 Salaires (Franche-Comté)

(1) Texte étendu sous réserve de l'application des dispositions de l'article L. 2241-9 qui prévoient que la négociation annuelle sur les salaires vise également à définir et programmer les mesures permettant de supprimer les écarts de rémunération entre les femmes et les hommes avant le 31 décembre 2010
(arrêté du 7 mai 2009, art. 1er).

La fédération du bâtiment Franche-Comté ;

La CAPEB Franche-Comté ;

La fédération Est des SCOP du BTP,

L'union régionale de la construction et du bois CFDT,

Article 1

En vigueur étendu

En application de l'article XII. 8 de la convention collective nationale du bâtiment du 8 octobre 1990 concernant les ouvriers employés par les entreprises du bâtiment visées par le décret du 1er mars 1962, d'une part, et par les entreprises non visées par le décret du 1er mars 1962, d'autre part, les organisations représentatives d'employeurs et de salariés se sont réunies et ont déterminé les salaires mensuels minimaux des ouvriers du bâtiment de la région de Franche-Comté qui entreront en vigueur au 1er janvier 2009 et au 1er juillet 2009.

Article 2
En vigueur étendu

Les appointements mensuels minimaux sont calculés sur la base de 35 heures de travail par semaine en additionnant, d'une part, la partie fixe (PF) exprimée en valeur absolue et identique pour chaque niveau et position et, d'autre part, la valeur du point multipliée par les différents coefficients hiérarchiques.

Article 3
En vigueur étendu

Le présent barème de salaires minimaux entrera en application :
A compter du 1er janvier 2009 (cf. annexe I ci-après).
Et portera :
- la partie fixe (PF) à 460 € ;
- la valeur du point (VP) à 5,390 €.
A compter du 1er juillet 2009 (cf. annexe II ci-après).
Et portera :
- la partie fixe (PF) à 469,512 € ;
- la valeur du point (VP) à 5,480 €.
Le salaire mensuel minimal pour 35 heures hebdomadaires du niveau I (ouvrier d'exécution), position 1 (coefficient 150), est fixé forfaitairement à :
- 1 372 € à compter du 1er janvier 2009 ;
- 1 396 € à compter du 1er juillet 2009.
Le salaire mensuel minimal pour 35 heures hebdomadaires du niveau I (ouvrier d'exécution), position 2 (coefficient 170), est fixé forfaitairement à :
- 1 392 € à compter du 1er janvier 2009 ;
- 1 417 € à compter du 1er juillet 2009,
pour l'ensemble des départements de la région de Franche-Comté.

Article 4
En vigueur étendu
Aucun salaire ne doit être inférieur au SMIC tel que défini à l'article 24 de l'ordonnance n° 82-41 du 16 janvier 1982.

Article 5
En vigueur étendu

La prochaine commission paritaire aura lieu au mois de décembre 2009 ou au mois de janvier 2010.

Article 6
En vigueur étendu

Le présent accord fera l'objet d'une procédure officielle de dépôt auprès des services centraux du ministère du travail, des relations sociales, de la famille et de la solidarité.

Article 7
En vigueur étendu
Les parties signataires demandent l'extension du présent accord au ministère du travail, des relations sociales, de la famille et de la solidarité selon les modalités prévues par la loi du 4 mai 2004.

Annexe

En vigueur étendu
ANNEXE I

Barème des salaires minimaux

(applicable au 1er janvier 2009)

Partie fixe : 460 €.
Valeur du point : 5,390 €.

(En euros.)

CATÉGORIE professionnelle	COEFFICIENT	SALAIRE MENSUEL pour 35 heures hebdomadaires	TAUX HORAIRE indicatif
Niveau I			
Ouvriers d'exécution :			
- position 1	150	1 372,00	9,046
- position 2	170	1 392,00	9,178
Niveau II			
Ouvriers professionnels	185	1 457,15	9,607
Niveau III			
Compagnons professionnels :			
- position 1	210	1 591,90	10,496
- position 2	230	1 699,70	11,207
Niveau IV			
Maîtres ouvriers ou chefs d'équipe :			
- position 1	250	1 807,50	11,917
- position 2	270	1 915,30	12,628

En vigueur étendu

ANNEXE II

Barème des salaires minimaux

(applicable au 1er juillet 2009)

Partie fixe : 469,512 €.
Valeur du point : 5,480 €.

(En euros.)

CATÉGORIE professionnelle	COEFFICIENT	SALAIRE MENSUEL pour 35 heures hebdomadaires	TAUX HORAIRE indicatif
Niveau I			
Ouvriers d'exécution :			
- position 1	150	1 396,00	9,204
- position 2	170	1 417,00	9,343
Niveau II			
Ouvriers professionnels	185	1 483,31	9,780
Niveau III			
Compagnons professionnels :			
- position 1	210	1 620,31	10,683
- position 2	230	1 729,91	11,406
Niveau IV			
Maîtres ouvriers ou chefs d'équipe :			
- position 1	250	1 839,51	12,128
- position 2	270	1 949,11	12,851

Accord du 22 juin 2009 relatif aux salaires minima au 1er juillet 2009 (Auvergne)

(1) Accord étendu sous réserve de l'application des dispositions de l'article L. 2241-9 du code du travail qui prévoient que la négociation annuelle sur les salaires vise également à définir et programmer les mesures permettant de supprimer les écarts de rémunération entre les femmes et les hommes avant le 31 décembre 2010.
(Arrêté du 4 novembre 2009, art. 1er)

FFB Région Auvergne ;

FLBA SCOP BTP ;

CAPEB Auvergne.

CFTC ;

CFDT.

Article 1

En vigueur étendu

En application de l'article XII-8 de la convention collective nationale du bâtiment du 8 octobre 1990 concernant les ouvriers employés par les entreprises du bâtiment visées par le décret du 1er mars 1962, les organisations représentatives d'employeurs et de salariés se sont réunies le 22 juin 2009. Il a été décidé, par accord, d'augmenter les salaires mensuels minima des ouvriers du bâtiment de la région Auvergne à compter du 1er juillet 2009.

Article 2

En vigueur étendu

Les parties signataires ont arrêté au 1er juillet 2009 la partie fixe à 387,43 € et la valeur du point à 5,80 € sauf la position 150 qui est établie à 1 337,73 €.
Elles ont fixé le barème des salaires minima des ouvriers du bâtiment comme indiqué dans le tableau ci-après :

(En euros.)

CATÉGORIE professionnelle	COEFFICIENT	SALAIRE MENSUEL pour 35 h / semaine	TAUX HORAIRE minimum
Niveau I Ouvriers d'exécution :			
- position 1	150	1 337,73	8,82
- position 2	170	1 373,43	9,06
Niveau II			
Ouvriers professionnels	185	1 460,43	9,63
Niveau III Compagnons professionnels :			
- position 1	210	1 605,43	10,59
- position 2	230	1 721,43	11,35
Niveau IV Maîtres ouvriers ou chefs d'équipe :			
- position 1	250	1 837,43	12,11
- position 2	270	1 953,43	12,88

Article 3

En vigueur étendu

Conformément aux articles L. 2231-6, L. 2262-1, L. 2262-8, D. 2231-2, D. 2231-3, D. 2231-7 et D. 2231-8 du code du travail, la présente décision sera déposée à la direction des relations du travail à Paris et remis au secrétariat-greffe du conseil de prud'hommes de Clermont-Ferrand. Une extension de cet accord sera demandé.

Accord du 22 juin 2009 relatif aux aux indemnités de petits déplacements au 1er juillet 2009 (Auvergne)

FFB région Auvergne ;

FLBA SCOP BTP ;

CAPEB Auvergne.

CFTC ;

CFDT.

Article 1
En vigueur étendu

En application du titre VIII, chapitre Ier, de la convention collective nationale du bâtiment du 8 octobre 1990 (étendue par arrêté ministériel du 8 février 1991) concernant les ouvriers employés par les entreprises du bâtiment non visées par le décret du 1er mars 1962, les organisations représentatives d'employeurs et de salariés se sont réunies le 22 juin 2009. Il a été fixé, par accord, le barème des indemnités de repas et de petits déplacements pour la région Auvergne (application de l'article 8. 18 de la convention collective nationale) :
Indemnité de repas 8, 70 €.

(En euros.)

ZONE	TRANSPORT	TRAJET
1 A	0, 69	0, 58
1 B	1, 57	1, 25
2	4, 62	2, 47
3	7, 28	3, 58
4	10, 08	4, 53
5	12, 73	5, 92

Article 2
En vigueur étendu

Le présent barème des indemnités de petits déplacements entrera en application à compter du 1er juillet 2009.

Article 3
En vigueur étendu

Conformément aux articles L. 2231-6, L. 2262-1, L. 2262-8, D. 2231-2, D. 2231-3, D. 2231-7 et D. 2231-8 du code du travail, la présente décision sera déposée à la direction des relations du travail à Paris et remis au secrétariat-greffe du conseil de prud'hommes de Clermont-Ferrand. Une extension de cet accord sera demandé.

Accord du 15 septembre 2009 relatif à l'indemnité de repas au 1er octobre 2009 (Savoie)

Fédération du BTP Savoie ;

CAPEB Savoie.

UD CGT-FO ;

UD CFTC Savoie ;

UD CFE-CGC.

En vigueur étendu

En application de l'article VIII.15 du chapitre Ier du titre VIII des conventions collectives nationales des ouvriers du bâtiment du 8 octobre 1990, étendues par arrêtés ministériels des 8 février 1991 et 12 février 1991 concernant, d'une part, les ouvriers du bâtiment employés dans les entreprises non visées par le décret du 1er mars 1962 (entreprises occupant plus de 10 salariés) et, d'autre part, les ouvriers du bâtiment employés dans les entreprises visées par le décret du 1er mars 1962 (entreprises occupant jusqu'à 10 salariés) ;
En application de l'article 2.6.1 a de la convention collective départementale des ouvriers du bâtiment de la Savoie du 1er janvier 2004, étendue par arrêté ministériel du 23 décembre 2004 ;
Dans le cadre de la fixation des indemnités de petits déplacements dues aux ouvriers du bâtiment de la Savoie,
il a été convenu ce qui suit :

Article 1
En vigueur étendu

Elle est destinée à indemniser le supplément de frais occasionnés par la prise du déjeuner en dehors de la résidence habituelle.
Elle est fixée à compter du 1er octobre 2009 à 9,30 €.

Article 2
En vigueur étendu

Le présent accord sera déposé en deux exemplaires, une version papier et une version électronique, à la direction des relations du travail, dépôt des accords collectifs, conformément à l'article D. 2231-2 du code du travail. Un exemplaire sera également déposé auprès du greffe du conseil des prud'hommes de Chambéry.

Article 3
En vigueur étendu

Les parties signataires demandent l'extension du présent accord au ministère chargé du travail, conformément aux dispositions des articles L. 2261-15 et suivants du code du travail.

Article 4
En vigueur étendu

Toute organisation syndicale non signataire du présent accord collectif départemental pourra y adhérer, conformément à l'article L. 2261-3 du code du travail.

Accord du 21 juillet 2006 Indemnité de repas (Savoie)

Fédération du BTP Savoie ;

CAPEB Savoie.

Union départementale CFTC Savoie.

En vigueur étendu

En application de l'article 8.15 du chapitre Ier du titre VIII des conventions collectives nationales des ouvriers du bâtiment du 8 octobre 1990, étendues par arrêtés ministériels des 8 février 1991 et 12 février 1991 concernant, d'une part, les ouvriers du bâtiment employés dans les entreprises non visées par le décret du 1er mars 1962 (entreprises occupant plus de 10 salariés) et, d'autre part, les ouvriers du bâtiment employés dans les entreprises visées par le décret du 1er mars 1962 (entreprises occupant jusqu'à 10 salariés) ;

En application de l'article 8.5 du chapitre VIII-1 du titre VIII de la convention collective nationale des ouvriers des travaux publics du 15 décembre 1992, étendue par arrêté ministériel du 27 mai 1993 ;

En application de l'article 2.6.1 a de la convention collective départementale des ouvriers du bâtiment de la Savoie du 1er janvier 2004, étendue par arrêté ministériel du 23 décembre 2004 ;

En application de l'article 2.5.1 a de la convention collective départementale des ouvriers des travaux publics de la Savoie du 22 juin 2006 ;

Dans le cadre de la fixation des indemnités de petits déplacements dues aux ouvriers du bâtiment et des travaux publics de la Savoie,

il a été convenu ce qui suit :

I. - Indemnité de repas :

Elle est destinée à indemniser le supplément de frais occasionnés par la prise du déjeuner en dehors de la résidence habituelle.

Elle est fixée à compter du 1er août 2006 à 8,75 €.

II. - Le texte du présent accord sera déposé à la direction des relations du travail en 2 versions (mail et papier) conformément au décret du 17 mai 2006 modifiant les modalités de dépôt des conventions et accords collectifs de travail et repris par les articles R. 132-1 et R. 132-2 du code du travail.

ARRETE du 12 février 1991

Le ministre du travail, de l'emploi et de la formation professionnelle,
Vu les articles L. 133-1 et suivants du code du travail ;
Vu la convention collective nationale concernant les ouvriers employés par les entreprises du bâtiment visées par le décret du 1er mars 1962 (c'est à dire occupant jusqu'à dix salariés) du 8 octobre 1990 ;
Vu la demande d'extension présentée par les organisations signataires ;
Vu l'avis publié au Journal Officiel du 11 novembre 1990 ;
Vu les avis recueillis au cours de l'enquête ;
Vu l'avis motivé de la Commission nationale de la négociation collective (sous-commission des conventions et accords),

Pour le ministre et par délégation :
Le directeur des relations du travail,
O.DUTHEILLET DE LAMOTHE

Article 1
En vigueur

Article 1er

Sont rendues obligatoires, pour tous les employeurs et tous les salariés compris dans son champ d'application, à l'exception, d'une part, des entreprises paysagistes et de reboisement répertoriées au code A.P.E. 55.10 relevant des professions agricoles et d'autre part des entreprises artisanales du bâtiment relevant des professions agricoles, les dispositions de la convention collective nationale concernant les ouvriers employés par les entreprises visées par le décret du 1er mars 1962 (c'est-à-dire occupant jusqu'à dix salariés) du 8 octobre 1990, à l'exclusion :

- de l'article III-26 ;

- de l'article III-27.

Le deuxième alinéa de l'article III-11 est étendu sous réserve de l'application de l'article L. 620-2 du code du travail.

Le premier alinéa de l'article III-28 est étendu sous réserve de l'application de l'article L. 212-2-2 du code du travail.
Article 2

L'extension des effets et sanctions de la convention collective nationale susvisée est faite à dater de la publication du présent arrêté pour la durée restant à courir et aux conditions prévues par ladite convention collective.
Article 3

Le directeur des relations du travail est chargé de l'exécution du présent arrêté, qui sera publié au Journal officiel de la République française.

ARRETE du 8 avril 1991

Le ministre du travail, de l'emploi et de la formation professionnelle,
Vu les articles L. 133-1 et suivants du code du travail ;
Vu l'arrêté du 14 février 1962 et les arrêtés successifs, notamment l'arrêté du 8 février 1991, portant extension de la convention collective du bâtiment de la Seine, devenue convention collective du bâtiment de la région parisienne, par avenant du 23 juin 1967, et des textes qui l'ont modifiée ou complétée ;
Vu l'avenant à la convention collective susvisée n° 136 relatif aux salaires minimaux des ouvriers du 21 décembre 1990 pris en application des conventions collectives nationales du bâtiment du 8 octobre 1990 ;
Vu la demande d'extension présentée par les organisations signataires ;
Vu l'avis publié au Journal Officiel du 13 mars 1991 ;
Vu les avis recueillis au cours de l'enquête ;
Vu l'avis motivé de la Commission nationale de la négociation collective (sous-commission des conventions et accords),

Pour le ministre et par délégation :
Le directeur des relations du travail,
O DUTHEILLET DE LAMOTHE

Article 1
En vigueur

Article 1er

Sont rendues obligatoires, pour tous les employeurs et tous les salariés compris dans le champ d'application de la convention collective du bâtiment de la région parisienne, tel qu'il résulte de l'avenant du 23 juin 1967, les dispositions de l'avenant n° 136 relatif aux salaires des ouvriers du 21 décembre 1990.

L'article 6 est étendu sous réserve de l'application de l'article L. 132-9 du code du travail.

ARRETE du 11 avril 1991

Le ministre du travail, de l'emploi et de la formation professionnelle,
Vu les articles L. 133-1 et suivants du code du travail ;
Vu l'arrêté du 12 février 1991 portant extension de la convention collective nationale concernant les ouvriers employés par les entreprises du bâtiment visées par le décret du 1er mars 1962 (c'est à dire occupant jusqu'à dix salariés) du 8 octobre 1990 ;
Vu l'accord régional (région Nord-Pas de Calais) du 3 janvier 1991 conclu dans le cadre de la convention collective nationale susvisée ;
Vu la demande d'extension présentée par les organisations signataires ;
Vu l'avis publié au Journal Officiel du 13 mars 1991 ;
Vu les avis recueillis au cours de l'enquête ;
Vu l'avis motivé de la Commission nationale de la négociation collective (sous-commission des conventions et accords), recueilli suivant la procédure prévue à l'article R.133-2 du code du travail.

Pour le ministre et par délégation :
Par empêchement du directeur des relations du travail :
Le sous-directeur de la négociation collective,
H MARTIN

Article 1
En vigueur

Article 1er

Sont rendues obligatoires, pour tous les employeurs et tous les salariés compris dans le champ d'application professionnel de la convention collective nationale concernant les ouvriers employés par les entreprises visées par le décret du 1er mars 1962 (c'est-à-dire occupant jusqu'à dix salariés) du 8 octobre 1990, tel qu'étendu par l'arrêté du 12 février 1991, et dans son propre champ d'application territorial, les dispositions de l'accord régional (région Nord - Pas-de-Calais) du 3 janvier 1991 conclu dans le cadre de la convention collective nationale susvisée, sous réserve de l'application des dispositions réglementaires portant fixation du salaire minimum de croissance.

ARRETE du 11 avril 1991

Le ministre du travail, de l'emploi et de la formation professionnelle,
Vu les articles L. 133-1 et suivants du code du travail ;
Vu les arr^étés des 8 février 1991 et 12 février 1991 portant extension des conventions collectives nationales concernant les ouvriers employés par les entreprises du bâtiment du 8 octobre 1990 ;
Vu l'annexe régionale n°1 Salaires concernant les installateurs électriciens de Meurthe et Moselle et des Vosges en date du 11 janvier 1991 et conclue dans le cadre des conventions collectives nationales susvisées ;
Vu la demande d'extension présentée par les organisations signataires ;
Vu l'avis publié au Journal officiel du 15 mars 1991 ;
Vu les avis recueillis au cours de l'enquête ;
Vu l'avis motivé de la Commission nationale de la négociation collective (sous-commission des conventions et accords), recueilli suivant la procédure prévue à l'article R.133-2 du code du travail.

Pour le ministre et par délégation :
Par empêchement du directeur des relations du travail,
Le sous-directeur de la négociation collective,
H.MARTIN

Article 1
En vigueur

Article 1er

Sont rendues obligatoires, pour tous les employeurs et tous les salariés compris dans son propre champ d'application professionnel et territorial, à l'exception, d'une part, des entreprises paysagistes et de reboisement répertoriées au code A.P.E. 55.10 relevant des professions agricoles et, d'autre part, des entreprises artisanales du bâtiment relevant des professions agricoles, les dispositions de l'annexe Salaires n° 1 du 11 janvier 1991 relative aux installateurs électriciens de Meurthe-et-Moselle et des Vosges et conclue dans le cadre des conventions collectives nationales des ouvriers employés par des entreprises du bâtiment du 8 octobre 1990.

Les dispositions de cette annexe Salaires sont étendues sous réserve de l'application des dispositions réglementaires portant fixation du salaire minimum interprofessionnel de croissance.

ARRETE du 19 avril 1991

Le ministre du travail, de l'emploi et de la formation professionnelle,
Vu les articles L. 133-1 et suivants du code du travail ;
Vu les arrêtés du 8 février et du 12 février 1991 portant extension des conventions collectives nationales du 8 octobre 1990 concernant les ouvriers du bâtiment ;
Vu l'accord de salaires des ouvriers du bâtiment de la Loire-Atlantique en date du 13 décembre 1990 ;
Vu la demande d'extension présentée par les organisations signataires ;
Vu l'avis publié au Journal Officiel du 13 mars 1991 ;
Vu les avis recueillis au cours de l'enquête ;
Vu l'avis motivé de la Commission nationale de la négociation collective (sous-commission des conventions et accords),

Pour le ministre et par délégation :
Le directeur des relations du travail,
O DUTHEILLET DE LAMOTHE

Article 1
En vigueur

Article 1er

Sont rendues obligatoires uniquement aux employeurs et aux salariés compris dans le champ d'application professionnel de la convention collective nationale du 8 octobre 1990 concernant les ouvriers des entreprises non visées par le décret du 1er mars 1962 (c'est-à-dire occupant plus de dix salariés) tel qu'étendu par arrêté du 8 février 1991 et dans son propre champ d'application territorial les dispositions de l'accord de salaires des ouvriers du bâtiment de la Loire-Atlantique du 13 décembre 1990, sous réserve de l'application des dispositions réglementaires portant fixation du salaire minimum de croissance.

ARRETE du 19 avril 1991

Le ministre du travail, de l'emploi et de la formation professionnelle,
Vu les articles L. 133-1 et suivants du code du travail ;
Vu les arrêtés du 8 février et du 12 février 1991 portant extension des conventions collectives nationales concernant les ouvriers du bâtiment du 8 octobre 1990 ;
Vu l'accord départemental Maine-et-Loire du 14 janvier 1991 conclu dans le cadre des conventions collectives nationales susvisées ;
Vu la demande d'extension présentée par les organisations signataires ;
Vu l'avis publié au Journal Officiel du 20 mars 1991 ;
Vu les avis recueillis au cours de l'enquête ;
Vu l'avis motivé de la Commission nationale de la négociation collective (sous-commission des conventions et accords), recueilli suivant la procédure prévue à l'article R.133-2 du code du travail.

Pour le ministre et par délégation :
Par empêchement du directeur des relations du travail,
Le sous-directeur de la négociation collective,
H.MARTIN

Article 1
En vigueur

Article 1er

Sont rendues obligatoires, pour tous les employeurs et tous les salariés compris dans le champ d'application professionnel des conventions collectives nationales concernant les ouvriers employés par les entreprises du bâtiment, tel qu'étendu par arrêtés des 8 et 12 février 1991, et dans son propre champ d'application territorial, les dispositions de l'accord départemental Maine-et-Loire du 14 janvier 1991 conclu dans le cadre des conventions collectives susvisées, sous réserve de l'application des dispositions réglementaires portant fixation du salaire minimum de croissance.

ARRETE du 19 avril 1991

Le ministre du travail, de l'emploi et de la formation professionnelle,
Vu les articles L. 133-1 et suivants du code du travail ;
Vu les arrêtés du 8 février 1991 et du 12 février 1991 portant extension des conventions collectives nationales du 8 octobre 1990 concernant les ouvriers du bâtiment ;
Vu l'accord régional (région Provence-Alpes-Côtes d'Azur) Salaires du 10 décembre 1990 conclu dans le cadre des conventions collectives nationales susvisées ;

Vu la demande d'extension présentée par les organisations signataires ;
Vu l'avis publié au Journal Officiel du 15 mars 1991 ;
Vu les avis recueillis au cours de l'enquête ;
Vu l'avis motivé de la Commission nationale de la négociation collective (sous-commission des conventions et accords), recueilli suivant la procédure prévue à l'article R.133-2 du code du travail.

Pour le ministre et par délégation :
Par empêchement du directeur des relations du travail,
Le sous-directeur de la négociation collective,
H MARTIN

Article 1
En vigueur

Article 1er

Sont rendues obligatoires, pour tous les employeurs et tous les salariés compris dans le champ d'application professionnel des conventions collectives nationales du 8 octobre 1990 concernant les ouvriers des entreprises non visées par le décret du 1er mars 1962 (c'est-à-dire occupant plus de dix salariés) et des entreprises visées par le décret du 1er mars 1962 (c'est-à-dire occupant jusqu'à dix salariés), tel qu'étendu par arrêtés des 8 et 12 février 1991, et dans son propre champ d'application territorial, les dispositions de l'accord régional (région Provence - Alpes - Côte d'Azur) Salaires du 10 décembre 1990 conclu dans le cadre des conventions collectives nationales susvisées (salaires applicables au 1er mai 1991).

ARRETE du 19 avril 1991

Le ministre du travail, de l'emploi et de la formation professionnelle,
Vu les articles L. 133-1 et suivants du code du travail ;
Vu les arrêtés du 8 février 1991 et du 12 février 1991 portant extension des conventions collectives nationales du 8 octobre 1990 concernant les ouvriers du bâtiment ;
Vu l'accord régional (région Rhône-Alpes) Salaires du 14 janvier 1991 conclu dans le cadre des conventions collectives nationales susvisées ;
Vu la demande d'extension présentée par les organisations signataires ;
Vu l'avis publié au Journal Officiel du 15 mars 1991 ;
Vu les avis recueillis au cours de l'enquête ;
Vu l'avis motivé de la Commission nationale de la négociation collective (sous-commission des conventions et accords), recueilli suivant la procédure prévue à l'article R.133-2 du code du travail.

Pour le ministre et par délégation :
Par empêchement du directeur des relations du travail,
Le sous-directeur de la négociation collective,
H MARTIN

Article 1
En vigueur

Article 1er

Sont rendues obligatoires, pour tous les employeurs et tous les salariés compris dans le champ d'application professionnel des conventions collectives nationales du 8 octobre 1990 concernant les ouvriers des entreprises non visées par le décret du 1er mars 1962 (c'est à dire occupant plus de dix salariés) et les entreprises visées par le décret du 1er mars 1962 (c'est-à-dire occupant jusqu'à dix salariés), tel qu'étendu par arrêtés des 8 et 12 février 1991, et dans son propre champ d'application territorial, les dispositions de l'accord régional (région Rhône-Alpes) Salaires du 14 janvier 1991, conclu dans le cadre des conventions collectives nationales susvisées (salaires applicables au 1er mai et au 1er octobre 1991).

ARRETE du 19 avril 1991

Le ministre du travail, de l'emploi et de la formation professionnelle,
Vu les articles L. 133-1 et suivants du code du travail ;
Vu les arrêtés du 8 février 1991 et du 12 février 1991 portant extension des conventions collectives nationales concernant les ouvriers du bâtiment du 8 octobre 1990 ;
Vu l'accord départemental (Sarthe) du 18 janvier 1991 conclu dans le cadre des conventions collectives nationales susvisées ;
Vu la demande d'extension présentée par les organisations signataires ;
Vu l'avis publié au Journal Officiel du 15 mars 1991 ;
Vu les avis recueillis au cours de l'enquête ;
Vu l'avis motivé de la Commission nationale de la négociation collective (sous-commission des conventions et accords), recueilli suivant la procédure prévue à l'article R.133-2 du code du travail.

Pour le ministre et par délégation :
Par empêchement du directeur des relations du travail,
Le sous-directeur de la négociation collective,
H MARTIN

Article 1
En vigueur

Article 1er

Sont rendues obligatoires, pour tous les employeurs et tous les salariés compris dans le champ d'application professionnel des conventions collectives nationales concernant les ouvriers employés par les entreprises du bâtiment, tel qu'étendu par les arrêtés des 8 et 12 février 1991, et dans son propre champ d'application territorial, les dispositions de l'accord Salaires du 18 janvier 1991 (département de la Sarthe) conclu dans le cadre des conventions collectives susvisées, sous réserve de l'application des dispositions réglementaires portant fixation du salaire minimal interprofessionnel de croissance.

ARRETE du 24 avril 1991

Le ministre du travail, de l'emploi et de la formation professionnelle,
Vu les articles L. 133-1 et suivants du code du travail ;
Vu les arrêtés du 8 février 1991 et du 12 février 1991 portant extension des conventions collectives nationales du 8 octobre 1990 concernant les ouvriers du bâtiment ;
Vu les accords régionaux (région Basse-Normandie) du 15 janvier 1991 conclus dans le cadre des conventions collectives nationales susvisées ;
Vu la demande d'extension présentée par les organisations signataires ;
Vu l'avis publié au Journal Officiel du 20 mars 1991 ;
Vu les avis recueillis au cours de l'enquête ;
Vu l'avis motivé de la Commission nationale de la négociation collective (sous-commission des conventions et accords), recueilli suivant la procédure prévue à l'article R.133-2 du code du travail.

Pour le ministre et par délégation :
Par empêchement du directeur des relations du travail,
Le sous-directeur de la négociation collective,
H MARTIN

Article 1
En vigueur

Article 1er

Sont rendues obligatoires, pour tous les employeurs et tous les salariés compris dans le champ d'application professionnel des conventions collectives nationales du 8 octobre 1990 concernant les ouvriers des entreprises non visées par le décret du 1er mars 1962 (c'est-à-dire occupant plus de dix salariés) et les entreprises visées par le décret du 1er mars 1962 (c'est-à-dire occupant jusqu'à dix salariés), tels qu'étendus par arrêtés des 8 et 12 février 1991 et dans leur propre champ d'application territorial, les dispositions des accords régionaux Basse-Normandie du 15 janvier 1991 relatifs aux salaires conclus dans le cadre des conventions collectives nationales susvisées (salaires applicables au 1er mai 1991 et au 1er octobre 1991), sous réserve de l'application des dispositions réglementaires fixant le salaire minimum de croissance.

ARRETE du 24 avril 1991

Le ministre du travail, de l'emploi et de la formation professionnelle,
Vu les articles L. 133-1 et suivants du code du travail ;
Vu les arrêtés du 8 février 1991 et du 12 février 1991 portant extension des conventions collectives nationales du 8 octobre 1990 concernant les ouvriers du bâtiment ;
Vu les accords régionaux du 11 janvier 1991 conclus dans le cadre des conventions collectives nationales susvisées ;
Vu la demande d'extension présentée par les organisations signataires ;
Vu l'avis publié au Journal Officiel du 20 mars 1991 ;
Vu les avis recueillis au cours de l'enquête ;
Vu l'avis motivé de la Commission nationale de la négociation collective (sous-commission des conventions et accords), recueilli suivant la procédure prévue à l'article R.133-2 du code du travail.

Pour le ministre et par délégation :
Par empêchement du directeur des relations du travail,
Le sous-directeur de la négociation collective,
H MARTIN

Article 1
En vigueur

Article 1er

Sont rendues obligatoires, pour tous les employeurs et tous les salariés compris dans le champ d'application professionnel des conventions collectives nationales du 8 octobre 1990 concernant les ouvriers des entreprises non visées par le décret du 1er mars 1962 (c'est-à-dire occupant plus de dix salariés) et les entreprises visées par le décret du 1er mars 1962 (c'est-à-dire occupant jusqu'à dix salariés), tels qu'étendus par arrêtés du

8 et du 12 février 1991 et dans leur propre champ d'application territorial, les dispositions des accords régionaux Haute-Normandie du 11 janvier 1991 relatifs aux salaires conclus dans le cadre des conventions collectives nationales susvisées (salaires applicables au 1er mai 1991 et au 1er novembre 1991).

ARRETE du 25 avril 1991

Le ministre du travail, de l'emploi et de la formation professionnelle,
Vu les articles L. 133-1 et suivants du code du travail ;
Vu l'arrêté du 12 février 1991 portant extension de la convention collective nationale concernant les ouvriers employés par les entreprises du bâtiment visées par le décret du 1er mars 1962 (c'est à dire occupant jusqu'à dix salariés) du 8 octobre 1990 ;
Vu l'accord régional (région Champagne-Ardenne) du 14 janvier 1991 conclu dans le cadre de la convention collective nationale susvisée ;
Vu la demande d'extension présentée par les organisations signataires ;
Vu l'avis publié au Journal Officiel du 13 mars 1991 ;
Vu les avis recueillis au cours de l'enquête ;
Vu l'avis motivé de la Commission nationale de la négociation collective (sous-commission des conventions et accords), recueilli suivant la procédure prévue à l'article R.133-2 du code du travail.

Pour le ministre et par délégation :
Le directeur des relations du travail,
O DUTHEILLET DE LAMOTHE

Article 1
En vigueur

Article 1er

Sont rendues obligatoires, pour tous les employeurs et tous les salariés compris dans le champ d'application professionnel de la convention collective nationale concernant les ouvriers employés par les entreprises visées par le décret du 1er mars 1962 (c'est-à-dire occupant jusqu'à dix salariés) du 8 octobre 1990, tel qu'étendu par l'arrêté du 12 février 1991 susvisé, et dans son propre champ d'application territorial, les dispositions de l'accord régional (région Champagne-Ardenne) du 14 janvier 1991 conclu dans le cadre de la convention collective nationale susvisée.

ARRETE du 24 juin 1991

Le ministre du travail, de l'emploi et de la formation professionnelle,
Vu les articles L. 133-1 et suivants du code du travail ;
Vu les arrêtés du 8 février 1991 et du 12 février 1991 portant extension des conventions collectives nationales concernant les ouvriers du bâtiment du 8 octobre 1990 ;
Vu l'accord régional Aquitaine du 13 décembre 1990 (deux annexes) conclu dans le cadre des conventions collectives nationales susvisées ;
Vu la demande d'extension présentée par les organisations signataires ;
Vu l'avis publié au Journal Officiel du 30 mars 1991 ;
Vu les avis recueillis au cours de l'enquête ;
Vu l'avis motivé de la Commission nationale de la négociation collective (sous-commission des conventions et accords), recueilli suivant la procédure prévue à l'article R.133-2 du code du travail.

Pour le ministre et par délégation :
Par empêchement du directeur des relations du travail,
Le sous-directeur de la négociation collective,
H MARTIN

Article 1
En vigueur

Article 1er

Sont rendues obligatoires, pour tous les employeurs et tous les salariés compris dans le champ d'application professionnel des conventions collectives nationales concernant les ouvriers employés par les entreprises du bâtiment tel qu'étendu par arrêtés des 8 et 12 février 1991, et dans son propre champ d'application territorial, les dispositions de l'accord régional Aquitaine du 13 décembre 1990 (deux annexes) conclu dans le cadre des conventions collectives susvisées.

ARRETE du 24 juin 1991

Le ministre du travail, de l'emploi et de la formation professionnelle,
Vu les articles L. 133-1 et suivants du code du travail ;
Vu l'arrêté du 12 février 1991 portant extension de la convention collective nationale concernant les ouvriers employés par les entreprises du bâtiment visées par le décret du 1er mars 1962 (c'est à dire occupant jusqu'à dix salariés) du 8 octobre 1990 ;
Vu l'accord régional Auvergne du 29 janvier 1991 conclu dans le cadre de la convention collective nationale susvisée ;
Vu la demande d'extension présentée par les organisations signataires ;

Vu l'avis publié au Journal Officiel du 30 mars 1991 ;
Vu les avis recueillis au cours de l'enquête ;
Vu l'avis motivé de la Commission nationale de la négociation collective (sous-commission des conventions et accords), recueilli suivant la procédure prévue à l'article R. 133-2 du code du travail.

Pour le ministre et par délégation :
Par empêchement du directeur des relations du travail,
Le sous-directeur de la négociation collective,
H MARTIN

Article 1
En vigueur

Article 1er

Sont rendues obligatoires, pour tous les employeurs et tous les salariés compris dans le champ d'application professionnel de la convention collective nationale concernant les ouvriers employés par les entreprises visées par le décret du 1er mars 1962 (c'est-à-dire occupant jusqu'à dix salariés) du 8 octobre 1990, tel qu'étendu par l'arrêté du 12 février 1991, et dans son propre champ d'application territorial, les dispositions de l'accord régional Auvergne du 29 janvier 1991 conclu dans le cadre de la convention collective nationale susvisée, sous réserve de l'application des dispositions réglementaires portant fixation du salaire minimum de croissance.

ARRETE du 24 juin 1991

Le ministre du travail, de l'emploi et de la formation professionnelle,
Vu les articles L. 133-1 et suivants du code du travail ;
Vu l'arrêté du 12 février 1991 portant extension de la convention collective nationale concernant les ouvriers employés par les entreprises du bâtiment visées par le décret du 1er mars 1962 (c'est à dire occupant jusqu'à dix salariés) du 8 octobre 1990 ;
Vu l'accord régional (région Bourgogne) du 5 décembre 1990 conclu dans le cadre de la convention collective nationale susvisée ;
Vu la demande d'extension présentée par les organisations signataires ;
Vu l'avis publié au Journal Officiel du 30 mars 1991 ;
Vu les avis recueillis au cours de l'enquête ;
Vu l'avis motivé de la Commission nationale de la négociation collective (sous-commission des conventions et accords), recueilli suivant la procédure prévue à l'article R.133-2 du code du travail.

Pour le ministre et par délégation :
Le directeur des relations du travail,
O DUTHEILLET DE LAMOTHE

Article 1
En vigueur

Article 1er

Sont rendues obligatoires, pour tous les employeurs et tous les salariés compris dans le champ d'application professionnel de la convention collective nationale concernant les ouvriers employés par les entreprises visées par le décret du 1er mars 1962 (c'est-à-dire occupant jusqu'à dix salariés) du 8 octobre 1990 tel qu'étendu par l'arrêté du 12 février 1991 et dans son propre champ d'application territorial, les dispositions de l'accord régional (région Bourgogne) du 5 décembre 1990 conclu dans le cadre de la convention collective nationale susvisée, sous réserve de l'application des dispositions réglementaires portant fixation du salaire minimum de croissance.

ARRETE du 24 juin 1991

Le ministre du travail, de l'emploi et de la formation professionnelle,
Vu les articles L. 133-1 et suivants du code du travail ;
Vu les arrêtés du 8 février 1991 et du 12 février 1991 portant extension des conventions collectives nationales du 8 octobre 1990 concernant les ouvriers du bâtiment ;
Vu l'accord régional du 11 février 1991 conclu dans le cadre des conventions collectives nationales susvisées ;
Vu la demande d'extension présentée par les organisations signataires ;
Vu l'avis publié au Journal Officiel du 16 avril 1991 ;
Vu les avis recueillis au cours de l'enquête ;
Vu l'avis motivé de la Commission nationale de la négociation collective (sous-commission des conventions et accords), recueilli suivant la procédure prévue à l'article R.133-2 du code du travail.

Pour le ministre et par délégation :
Par empêchement du directeur des relations du travail,
Le sous-directeur de la négociation collective,
H MARTIN

Article 1
En vigueur

Article 1er

Sont rendues obligatoires, pour tous les employeurs et tous les salariés compris dans le champ d'application professionnel des conventions collectives nationales du 8 octobre 1990 concernant les ouvriers des entreprises non visées par le décret du 1er mars 1962 (c'est-à-dire occupant plus de dix salariés) et les entreprises visées par le décret du 1er mars 1962 (c'est-à-dire occupant jusqu'à dix salariés) tels qu'étendus par les arrêtés des 8 et 12 février 1991 et dans son propre champ d'application territorial, les dispositions de l'accord régional Corse du 11 février 1991 relatif aux salaires, conclu dans le cadre des conventions collectives nationales susvisées (salaires applicables au 1er mai 1991), sous réserve de l'application des dispositions réglementaires portant fixation du salaire minimum de croissance.

ARRETE du 24 juin 1991

Le ministre du travail, de l'emploi et de la formation professionnelle,
Vu les articles L. 133-1 et suivants du code du travail ;
Vu les arrêtés du 8 février 1991 et du 12 février 1991 portant extension des conventions collectives nationales du 8 octobre 1990 concernant les ouvriers du bâtiment ;
Vu l'accord régional (région Franche-Comté) Salaires du 25 janvier 1991 conclu dans le cadre des conventions collectives nationales susvisées ;
Vu la demande d'extension présentée par les organisations signataires ;
Vu l'avis publié au Journal Officiel du 16 avril 1991 ;
Vu les avis recueillis au cours de l'enquête ;
Vu l'avis motivé de la Commission nationale de la négociation collective (sous-commission des conventions et accords), recueilli suivant la procédure prévue à l'article R.133-2 du code du travail.

Pour le ministre et par délégation :
Par empêchement du directeur des relations du travail,
Le sous-directeur de la négociation collective,
H MARTIN

Article 1
En vigueur

Article 1er

Sont rendues obligatoires, pour tous les employeurs et tous les salariés compris dans le champ d'application professionnel des conventions collectives nationales du 8 octobre 1990 concernant les ouvriers des entreprises non visées par le décret du 1er mars 1962 (c'est-à-dire occupant plus de dix salariés) et les entreprises visées par le décret du 1er mars 1962 (c'est-à-dire occupant jusqu'à dix salariés) tels qu'étendus par les arrêtés des 8 et 12 février 1991 et dans leur propre champ d'application territorial, les dispositions de l'accord régional (région Franche-Comté) Salaires du 25 janvier 1991 conclu dans le cadre des conventions collectives nationales susvisées, sous réserve de l'application des dispositions réglementaires portant fixation du salaire minimum de croissance.

ARRETE du 24 juin 1991

Le ministre du travail, de l'emploi et de la formation professionnelle,
Vu les articles L. 133-1 et suivants du code du travail ;
Vu les arrêtés du 8 février 1991 et du 12 février 1991 portant extension des conventions collectives nationales du 8 octobre 1990 concernant les ouvriers du bâtiment ;
Vu l'accord régional (Languedoc-Roussillon) Salaires du 25 janvier 1991 conclu dans le cadre des conventions collectives nationales susvisées ;
Vu la demande d'extension présentée par les organisations signataires ;
Vu l'avis publié au Journal Officiel du 3 mai 1991 ;
Vu les avis recueillis au cours de l'enquête ;
Vu l'avis motivé de la Commission nationale de la négociation collective (sous-commission des conventions et accords), recueilli suivant la procédure prévue à l'article R.133-2 du code du travail.

Pour le ministre et par délégation :
Par empêchement du directeur des relations du travail,
Le sous-directeur de la négociation collective,
H MARTIN

Article 1
En vigueur

Article 1er

Sont rendues obligatoires, pour tous les employeurs et tous les salariés compris dans le champ d'application professionnel des conventions collectives nationales du 8 octobre 1990 concernant les ouvriers des entreprises non visées par le décret du 1er mars 1962 (c'est-à-dire occupant plus de dix salariés) et les entreprises visées par le décret du 1er mars 1962 (c'est-à-dire occupant jusqu'à dix salariés) tels qu'étendus par les arrêtés des 8 et 12 février 1991 et dans leur propre champ d'application territorial, les dispositions de l'accord régional (Languedoc-Roussillon) Salaires du

25 janvier 1991 conclu dans le cadre des conventions collectives nationales susvisées.

ARRETE du 24 juin 1991

Le ministre du travail, de l'emploi et de la formation professionnelle,
Vu les articles L. 133-1 et suivants du code du travail ;
Vu les arrêtés du 8 février 1991 et du 12 février 1991 portant extension des conventions collectives nationales concernant les ouvriers employés par les entreprises du bâtiment du 8 octobre 1990 ;
Vu l'accord régional (Limousin) du 3 janvier 1991 conclu dans le cadre des conventions collectives nationales susvisées ;
Vu la demande d'extension présentée par les organisations signataires ;
Vu l'avis publié au Journal Officiel du 29 mars 1991 ;
Vu les avis recueillis au cours de l'enquête ;
Vu l'avis motivé de la Commission nationale de la négociation collective (sous-commission des conventions et accords), recueilli suivant la procédure prévue à l'article R.133-2 du code du travail.

Pour le ministre et par délégation :
Par empêchement du directeur des relations du travail,
Le sous-directeur de la négociation collective,
H MARTIN

Article 1
En vigueur

Article 1er

Sont rendues obligatoires, pour tous les employeurs et tous les salariés compris dans le champ d'application professionnel des conventions collectives nationales concernant les ouvriers employés par les entreprises du bâtiment tels qu'étendus par les arrêtés des 8 et 12 février 1991 et dans son propre champ d'application territorial, les dispositions de l'accord Salaires du 3 janvier 1991 (Limousin) conclu dans le cadre des conventions collectives susvisées, sous réserve de l'application des dispositions réglementaires portant fixation du salaire minimum interprofessionnel de croissance.

ARRETE du 24 juin 1991

Le ministre du travail, de l'emploi et de la formation professionnelle,
Vu les articles L. 133-1 et suivants du code du travail ;
Vu les arrêtés du 8 février 1991 et du 12 février 1991 portant extension des conventions collectives nationales concernant les ouvriers du bâtiment du 8 octobre 1990 ;
Vu l'accord du 15 janvier 1991 (département de la Mayenne) conclu dans le cadre des conventions collectives nationales susvisées ;
Vu la demande d'extension présentée par les organisations signataires ;
Vu l'avis publié au Journal Officiel du 9 avril 1991 ;
Vu les avis recueillis au cours de l'enquête ;
Vu l'avis motivé de la Commission nationale de la négociation collective (sous-commission des conventions et accords), recueilli suivant la procédure prévue à l'article R.133-2 du code du travail.

Pour le ministre et par délégation :
Par empêchement du directeur des relations du travail,
Le sous-directeur de la négociation collective,
H MARTIN

Article 1
En vigueur

Article 1er

Sont rendues obligatoires, pour tous les employeurs et tous les salariés compris dans le champ d'application professionnel des conventions collectives nationales concernant les ouvriers employés par les entreprises du bâtiment tels qu'étendus par les arrêtés des 8 et 12 février 1991 et dans son propre champ d'application territorial, les dispositions de l'accord du 15 janvier 1991 (département de la Mayenne) conclu dans le cadre des conventions collectives susvisées, sous réserve de l'application des dispositions réglementaires portant fixation du salaire minimum interprofessionnel de croissance.

ARRETE du 24 juin 1991

Le ministre du travail, de l'emploi et de la formation professionnelle,
Vu les articles L. 133-1 et suivants du code du travail ;
Vu les arrêtés du 8 février 1991 et du 12 février 1991 portant extension des conventions collectives nationales du 8 octobre 1990 concernant les ouvriers du bâtiment ;
Vu l'accord régional du 11 février 1991 conclu dans le cadre des conventions collectives nationales susvisées ;

Vu la demande d'extension présentée par les organisations signataires ;
Vu l'avis publié au Journal Officiel du 16 avril 1991 ;
Vu les avis recueillis au cours de l'enquête ;
Vu l'avis motivé de la Commission nationale de la négociation collective (sous-commission des conventions et accords), recueilli suivant la procédure prévue à l'article R.133-2 du code du travail.

Pour le ministre et par délégation :
Par empêchement du directeur des relations du travail,
Le sous-directeur de la négociation collective,
H MARTIN

Article 1
En vigueur

Article 1er

Sont rendues obligatoires, pour tous les employeurs et tous les salariés compris dans le champ d'application professionnel des conventions collectives nationales du 8 octobre 1990 concernant les ouvriers des entreprises non visées par le décret du 1er mars 1962 (c'est-à-dire occupant plus de dix salariés) et les entreprises visées par le décret du 1er mars 1962 (c'est-à-dire occupant jusqu'à dix salariés) tels qu'étendus par arrêtés des 8 et 12 février 1991 et dans leur propre champ d'application territorial, les dispositions de l'accord régional Midi-Pyrénées du 11 février 1991 relatif aux salaires, conclu dans le cadre des conventions collectives nationales susvisées (salaires applicables au 1er mai 1991 et au 1er décembre 1991), sous réserve de l'application des dispositions réglementaires portant fixation du salaire minimum de croissance.

ARRETE du 24 juin 1991

Le ministre du travail, de l'emploi et de la formation professionnelle,
Vu les articles L. 133-1 et suivants du code du travail ;
Vu l'arrêté du 12 février 1991 portant extension de la convention collective nationale concernant les ouvriers employés par les entreprises du bâtiment visées par le décret du 1er mars 1962 (c'est à dire occupant jusqu'à dix salariés) du 8 octobre 1990 ;
Vu l'accord régional Poitou-Charentes du 11 janvier 1991 conclu dans le cadre de la convention collective nationale susvisée ;
Vu la demande d'extension présentée par les organisations signataires ;
Vu l'avis publié au Journal Officiel du 20 avril 1991 ;
Vu les avis recueillis au cours de l'enquête ;
Vu l'avis motivé de la Commission nationale de la négociation collective (sous-commission des conventions et accords), recueilli suivant la procédure prévue à l'article R.133-2 du code du travail.

Pour le ministre et par délégation :
Par empêchement du directeur des relations du travail,
Le sous-directeur de la négociation collective,
H MARTIN

Article 1
En vigueur

Article 1er

Sont rendues obligatoires, uniquement pour tous les employeurs et tous les salariés compris dans le champ d'application professionnel de la convention collective nationale concernant les ouvriers employés par les entreprises visées par le décret du 1er mars 1962 (c'est-à-dire occupant jusqu'à dix salariés) du 8 octobre 1990 tel qu'étendu par l'arrêté du 12 février 1991 et dans son propre champ d'application territorial, les dispositions de l'accord régional Poitou-Charentes du 11 janvier 1991 conclu dans le cadre de la convention collective nationale susvisée, sous réserve de l'application des dispositions réglementaires portant fixation du salaire minimum de croissance.

ARRETE du 24 juin 1991

Le ministre du travail, de l'emploi et de la formation professionnelle,
Vu les articles L. 133-1 et suivants du code du travail ;
Vu les arrêtés du 8 février 1991 et du 12 février 1991 portant extension des conventions collectives nationales du 8 octobre 1990 concernant les ouvriers du bâtiment ;
Vu l'accord départemental (département Rhône) " Petits déplacements " du 15 novembre 1990 conclu dans le cadre des conventions collectives nationales susvisées ;
Vu la demande d'extension présentée par les organisations signataires ;
Vu l'avis publié au Journal Officiel du 9 avril 1991 ;
Vu les avis recueillis au cours de l'enquête ;
Vu l'avis motivé de la Commission nationale de la négociation collective (sous-commission des conventions et accords), recueilli suivant la procédure prévue à l'article R.133-2 du code du travail.

Pour le ministre et par délégation :
Par empêchement du directeur des relations du travail,

Le sous-directeur de la négociation collective,
H MARTIN

Article 1
En vigueur

Article 1er

Sont rendues obligatoires, pour tous les employeurs et tous les salariés compris dans le champ d'application professionnel des conventions collectives nationales du 8 octobre 1990 concernant les ouvriers des entreprises non visées par le décret du 1er mars 1962 (c'est-à-dire occupant plus de dix salariés) et les entreprises visées par le décret du 1er mars 1962 (c'est-à-dire occupant jusqu'à dix salariés) tels qu'étendus par arrêtés des 8 et 12 février 1991 et dans son propre champ d'application territorial, les dispositions de l'accord départemental (département du Rhône) " petits déplacements " du 15 novembre 1991 conclu dans le cadre des conventions collectives nationales susvisées (barème applicable au 1er décembre 1990).

ARRETE du 24 juin 1991

Le ministre du travail, de l'emploi et de la formation professionnelle,
Vu les articles L. 133-1 et suivants du code du travail ;
Vu l'arrêté du 12 février 1991 portant extension de la convention collective nationale concernant les ouvriers employés par les entreprises du bâtiment visées par le décret du 1er mars 1962 (c'est à dire occupant jusqu'à dix salariés) du 8 octobre 1990 ;
Vu l'accord départemental Vendée du 9 janvier 1991 conclu dans le cadre de la convention collective nationale susvisée ;
Vu la demande d'extension présentée par les organisations signataires ;
Vu l'avis publié au Journal Officiel du 16 avril 1991 ;
Vu les avis recueillis au cours de l'enquête ;
Vu l'avis motivé de la Commission nationale de la négociation collective (sous-commission des conventions et accords), recueilli suivant la procédure prévue à l'article R.133-1 du code du travail.

Pour le ministre et par délégation :
Par empêchement du directeur des relations du travail,
Le sous-directeur de la négociation collective,
H MARTIN

Article 1
En vigueur

Article 1er

Sont rendues obligatoires, pour tous les employeurs et tous les salariés compris dans le champ d'application professionnel de la convention collective nationale concernant les ouvriers employés par les entreprises visées par le décret du 1er mars 1962 (c'est-à-dire occupant jusqu'à dix salariés) du 8 octobre 1990 tel qu'étendu par l'arrêté du 12 février 1991 et dans son propre champ d'application territorial, les dispositions de l'accord départemental Vendée du 9 janvier 1991 conclu dans le cadre de la convention collective nationale susvisée, sous réserve de l'application des dispositions réglementaires portant fixation du salaire minimum de croissance.

ARRETE du 26 juin 1991

Le ministre du travail, de l'emploi et de la formation professionnelle,
Vu les articles L. 133-1 et suivants du code du travail ;
Vu les arrêtés du 8 février 1991 et du 12 février 1991 portant extension des conventions collectives nationales du 8 octobre 1990 concernant les ouvriers du bâtiment ;
Vu l'arrêté du 14 mai 1991 portant extension de l'accord salaire des ouvriers de la région Bretagne du 4 janvier 1991 ;
Vu l'accord du 21 mars 1991 relatif au régime d'indemnités des petits déplacements applicables aux ouvriers travaillant dans les entreprises du bâtiment de la région Bretagne ;
Vu la demande d'extension présentée par les organisations signataires ;
Vu l'avis publié au Journal Officiel du 17 mai 1991 ;
Vu les avis recueillis au cours de l'enquête ;
Vu l'avis motivé de la Commission nationale de la négociation collective (sous-commission des conventions et accords), recueilli suivant la procédure prévue à l'article R.133-2 du code du travail.

Pour le ministre et par délégation :
Par empêchement du directeur des relations du travail,
Le sous-directeur de la négociation collective,
H MARTIN

Article 1
En vigueur

Article 1er

Sont rendues obligatoires, pour tous les employeurs et tous les salariés compris dans le champ d'application professionnel des conventions collectives nationales concernant les ouvriers employés par les entreprises du bâtiment, tels qu'étendus par les arrêtés du 8 février 1991 et du 12 février 1991, et dans son champ d'application territorial, les dispositions de l'accord du 21 mars 1991 relatif au régime d'indemnisation des petits déplacements applicables aux ouvriers travaillant dans les entreprises du bâtiment de la région Bretagne.

ARRETE du 4 juillet 1991

Le ministre du travail, de l'emploi et de la formation professionnelle,
Vu les articles L. 133-1 et suivants du code du travail ;
Vu les arrêtés du 8 février 1991 et du 12 février 1991 portant extension des conventions collectives nationales concernant les ouvriers du bâtiment du 8 octobre 1990 ;
Vu l'arrêté du 24 juin 1991 portant extension d'un accord régional conclu dans le cadre des conventions collectives susvisées ;
Vu l'accord régional (Limousin) du 6 mars 1991 conclu dans le cadre des conventions collectives nationales susvisées ;
Vu la demande d'extension présentée par les organisations signataires ;
Vu l'avis publié au Journal Officiel du 2 mai 1991 ;
Vu les avis recueillis au cours de l'enquête ;
Vu l'avis motivé de la Commission nationale de la négociation collective (sous-commission des conventions et accords), recueilli suivant la procédure prévue à l'article R.133-2 du code du travail.

Pour le ministre et par délégation :
Par empêchement du directeur des relations du travail,
Le sous-directeur de la négociation collective,
H MARTIN

Article 1
En vigueur

Article 1er

Sont rendues obligatoires, pour tous les employeurs et tous les salariés compris dans le champ d'application professionnel des conventions collectives nationales concernant les ouvriers employés par les entreprises du bâtiment, tel qu'étendu par arrêtés des 8 février 1991 et 12 février 1991, et dans son propre champ d'application territorial, les dispositions de l'accord régional (Limousin) du 6 mars 1991 conclu dans le cadre des conventions collectives susvisées et relatif à l'indemnisation des petits déplacements des ouvriers.

ARRETE du 5 juillet 1991

Le ministre du travail, de l'emploi et de la formation professionnelle,
Vu les articles L. 133-1 et suivants du code du travail ;
Vu les arrêtés du 8 février 1991 et du 12 février 1991 portant extension des conventions collectives nationales concernant les ouvriers du bâtiment du 8 octobre 1990 ;
Vu l'accord régional Lorraine du 29 novembre 1990 (une grille annexée) conclu dans le cadre des conventions collectives nationales susvisées ;
Vu la demande d'extension présentée par les organisations signataires ;
Vu l'avis publié au Journal Officiel du 28 mai 1991 ;
Vu les avis recueillis au cours de l'enquête ;
Vu l'avis motivé de la Commission nationale de la négociation collective (sous-commission des conventions et accords), recueilli suivant la procédure prévue à l'article R.133-2 du code du travail.

Pour le ministre et par délégation :
Par empêchement du directeur des relations du travail,
Le sous-directeur de la négociation collective,
H MARTIN

Article 1
En vigueur

Article 1er

Sont rendues obligatoires, pour tous les employeurs et tous les salariés compris dans le champ d'application professionnel des conventions collectives nationales concernant les ouvriers employés par les entreprises du bâtiment, tel qu'étendu par arrêtés des 8 février 1991 et 12 février 1991 et dans son propre champ d'application territorial, les dispositions de l'accord régional Lorraine du 29 novembre 1990 (une grille annexée) conclu dans le cadre des conventions collectives susvisées, sous réserve de l'application des dispositions réglementaires portant fixation du salaire minimum de croissance.

ARRETE du 5 juillet 1991

Le ministre du travail, de l'emploi et de la formation professionnelle,
Vu les articles L. 133-1 et suivants du code du travail ;
Vu les arrêtés du 8 février 1991 et du 12 février 1991 portant extension des conventions collectives nationales concernant les ouvriers du bâtiment du 8 octobre 1990 ;
Vu l'accord régional (Picardie) du 11 janvier 1991 conclu dans le cadre des conventions collectives nationales susvisées ;
Vu la demande d'extension présentée par les organisations signataires ;
Vu l'avis publié au Journal Officiel du 15 mai 1991 ;
Vu les avis recueillis au cours de l'enquête ;
Vu l'avis motivé de la Commission nationale de la négociation collective (sous-commission des conventions et accords), recueilli suivant la procédure prévue à l'article R.133-2 du code du travail.

Pour le ministre et par délégation :
Par empêchement du directeur des relations du travail,
Le sous-directeur de la négociation collective,
H MARTIN

Article 1
En vigueur

Article 1er

Sont rendues obligatoires, pour tous les employeurs et tous les salariés compris dans le champ d'application professionnel des conventions collectives nationales concernant les ouvriers employés par les entreprises du bâtiment, tel qu'étendu par arrêtés des 8 février 1991 et 12 février 1991, et dans son propre champ d'application territorial, les dispositions de l'accord Salaires du 11 janvier 1991 (région Picardie) conclu dans le cadre des conventions collectives susvisées, sous réserve de l'application des dispositions réglementaires portant fixation du salaire minimum de croissance.

ARRETE du 13 août 1991

Le ministre du travail, de l'emploi et de la formation professionnelle,
Vu les articles L. 133-1 et suivants du code du travail ;
Vu les arrêtés du 8 février 1991 et du 12 février 1991 portant extension des conventions collectives nationales du 8 octobre 1990 concernant les ouvriers du bâtiment ;
Vu l'arrêté du 19 avril 1991 portant extension d'un accord de salaires des ouvriers du bâtiment du département de la Loire-Atlantique du 13 décembre 1990 ;
Vu l'accord du 14 mai 1991 relatif au montant des indemnités de petits déplacements des ouvriers du bâtiment de Loire-Atlantique ;
Vu la demande d'extension présentée par les organisations signataires ;
Vu l'avis publié au Journal Officiel du 17 juillet 1991 ;
Vu les avis recueillis au cours de l'enquête ;
Vu l'avis motivé de la Commission nationale de la négociation collective (sous-commission des conventions et accords), recueilli suivant la procédure prévue à l'article R.133-2 du code du travail.

Pour le ministre et par délégation :
Par empêchement du directeur des relations du travail,
Le chef de service,
J DUSSIOT

Article 1
En vigueur

Article 1er

Sont rendues obligatoires, pour tous les employeurs et tous les salariés compris dans le champ d'application professionnel des conventions collectives nationales concernant les ouvriers employés par les entreprises du bâtiment telles qu'étendues par les arrêtés du 8 février 1991 et du 12 février 1991 et dans son propre champ d'application territorial, les dispositions de l'accord du 14 mai 1991 relatif au montant des indemnités de petits déplacements des ouvriers travaillant dans les entreprises du bâtiment de la Loire-Atlantique.

ARRETE du 1 octobre 1991

Le ministre du travail, de l'emploi et de la formation professionnelle,
Vu les articles L. 133-1 et suivants du code du travail ;
Vu les arrêtés des 8 février 1991 et 12 février 1991 portant extension des conventions collectives nationales concernant les ouvriers du bâtiment du 8 octobre 1990 ;
Vu l'arrêté du 5 juillet 1991 portant extension d'un accord de salaires des ouvriers du bâtiment de la région Picardie du 11 janvier 1991 ;
Vu l'accord régional Picardie du 20 mars 1991 conclu dans le cadre des conventions collectives nationales susvisées ;
Vu la demande d'extension présentée par les organisations signataires ;

Vu l'avis publié au Journal Officiel du 30 juillet 1991 ;
Vu les avis recueillis au cours de l'enquête ;
Vu l'avis motivé de la Commission nationale de la négociation collective (sous-commission des conventions et accords), recueilli suivant la procédure prévue à l'article R.133-2 du code du travail.

Pour le ministre et par délégation :
Par empêchement du directeur des relations du travail,
Le sous-directeur de la négociation collective,
H MARTIN

Article 1
En vigueur

Article 1er

Sont rendues obligatoires, pour tous les employeurs et tous les salariés compris dans le champ d'application professionnel des conventions collectives nationales concernant les ouvriers employés par les entreprises du bâtiment, tel qu'étendu par les arrêtés des 8 février et 12 février 1991 et dans son propre champ d'application territorial, les dispositions de l'accord du 20 mars 1991 relatif au montant des indemnités de petits déplacements des ouvriers travaillant dans les entreprises du bâtiment de Picardie.

ARRETE du 17 décembre 1991

Le ministre du travail, de l'emploi et de la formation professionnelle,
Vu les articles L. 133-1 et suivants du code du travail ;
Vu les arrêtés du 8 février 1991 et du 12 février 1991 portant extension des conventions collectives nationales concernant les ouvriers employés par les entreprises du bâtiment du 8 octobre 1990 ;
Vu l'arrêté du 19 avril 1991 portant extension d'un accord de salaires des ouvriers du bâtiment du département de Maine et Loire ;
Vu l'accord départemental Maine et Loire du 7 octobre 1991 relatif aux salaires, conclu dans le cadre des conventions collectives nationales susvisées ;
Vu la demande d'extension présentée par les organisations signataires ;
Vu l'avis publié au Journal Officiel du 21 novembre 1991 ;
Vu les avis recueillis au cours de l'enquête ;
Vu l'avis motivé de la Commission nationale de la négociation collective (sous-commission des conventions et accords), recueilli suivant la procédure prévue à l'article R.133-2 du code du travail.

Pour le ministre et par délégation :
Par empêchement du directeur des relations du travail,
Le sous-directeur de la négociation collective,
H MARTIN

Article 1
En vigueur

Article 1er

Sont rendues obligatoires, pour tous les employeurs et tous les salariés compris dans le champ d'application professionnel des conventions collectives nationales concernant les ouvriers employés par les entreprises du bâtiment, telles qu'étendues par les arrêtés des 8 février et 12 février 1991 et dans son propre champ d'application territorial, les dispositions de l'accord départemental Maine et Loire du 7 octobre 1991 relatif aux salaires conclu dans le cadre des conventions collectives susvisées, sous réserve de l'application des dispositions réglementaires portant fixation du salaire minimum de croissance.

ARRETE du 17 décembre 1991

Le ministre du travail, de l'emploi et de la formation professionnelle,
Vu les articles L. 133-1 et suivants du code du travail ;
Vu les arrêtés des 8 février 1991 et 12 février 1991 portant extension des conventions collectives nationales concernant les ouvriers employés par les entreprises du bâtiment du 8 octobre 1990 ;
Vu l'arrêté du 1er octobre 1991 portant extension de l'accord du 20 mars 1991 ;
Vu l'accord régional (Picardie) du 4 octobre 1991 conclu dans le cadre des conventions collectives nationales susvisées ;
Vu la demande d'extension présentée par les organisations signataires ;
Vu l'avis publié au Journal Officiel du 21 novembre 1991 ;
Vu les avis recueillis au cours de l'enquête ;
Vu l'avis motivé de la Commission nationale de la négociation collective (sous-commission des conventions et accords), recueilli suivant la procédure prévue à l'article R.133-2 du code du travail.

Pour le ministre et par délégation :
Par empêchement du directeur des relations du travail,
Le sous-directeur de la négociation collective,

H MARTIN

Article 1
En vigueur

Article 1er

Sont rendues obligatoires, pour tous les employeurs et tous les salariés compris dans le champ d'application professionnel des conventions collectives nationales concernant les ouvriers employés par les entreprises du bâtiment, telles qu'étendues par les arrêtés des 8 février et 12 février 1991 et dans son propre champ d'application territorial, les dispositions de l'accord du 4 octobre 1991 relatif aux salaires des ouvriers travaillant dans les entreprises du bâtiment de Picardie, sous réserve de l'application des dispositions réglementaires portant fixation du salaire minimum de croissance.

ARRETE du 17 décembre 1991

Le ministre du travail, de l'emploi et de la formation professionnelle,
Vu les articles L. 133-1 et suivants du code du travail ;
Vu les arrêtés des 8 février 1991 et 12 février 1991 portant extension des conventions collectives nationales concernant les ouvriers employés par les entreprises du bâtiment du 8 octobre 1990 ;
Vu l'accord Salaires du 4 octobre 1991 (département de la Mayenne) conclu dans le cadre des conventions collectives nationales susvisées ;
Vu la demande d'extension présentée par les organisations signataires ;
Vu l'avis publié au Journal Officiel du 15 novembre 1991 ;
Vu les avis recueillis au cours de l'enquête ;
Vu l'avis motivé de la Commission nationale de la négociation collective (sous-commission des conventions et accords), recueilli suivant la procédure prévue à l'article R.133-2 du code du travail.

Pour le ministre et par délégation :
Par empêchement du directeur des relations du travail,
Le sous-directeur de la négociation collective,
H MARTIN

Article 1
En vigueur

Article 1er

Sont rendues obligatoires, pour tous les employeurs et tous les salariés compris dans le champ d'application professionnel des conventions collectives nationales concernant les ouvriers employés par les entreprises du bâtiment, telles qu'étendues par les arrêtés des 8 février et 12 février 1991 et dans son propre champ d'application territorial, les dispositions de l'accord Salaires du 4 octobre 1991 (département de la Mayenne) conclu dans le cadre des conventions collectives susvisées.

ARRETE du 17 décembre 1991

Le ministre du travail, de l'emploi et de la formation professionnelle,
Vu les articles L. 133-1 et suivants du code du travail ;
Vu les arrêtés des 8 février 1991 et 12 février 1991 portant extension des conventions collectives nationales du 8 octobre 1990 concernant les ouvriers employés par les entreprises du bâtiment ;
Vu l'arrêté du 19 avril 1991 et les arrêtés successifs, notamment l'arrêté du 13 août 1991, portant extension d'accords de salaires et d'indemnités de petits déplacements des ouvriers du bâtiment du département de Loire-Atlantique ;
Vu l'accord du 21 octobre 1991 relatif aux salaires minima des ouvriers du bâtiment de la Loire-Atlantique ;
Vu la demande d'extension présentée par les organisations signataires ;
Vu l'avis publié au Journal Officiel du 21 novembre 1991 ;
Vu les avis recueillis au cours de l'enquête ;
Vu l'avis motivé de la Commission nationale de la négociation collective (sous-commission des conventions et accords), recueilli suivant la procédure prévue à l'article R.133-2 du code du travail.

Pour le ministre et par délégation :
Par empêchement du directeur des relations du travail,
Le sous-directeur de la négociation collective,
H MARTIN

Article 1
En vigueur

Article 1er

Sont rendues obligatoires, pour tous les employeurs et tous les salariés compris dans le champ d'application professionnel des conventions

collectives nationales concernant les ouvriers employés par les entreprises du bâtiment, telles qu'étendues par les arrêtés des 8 février et 12 février 1991 et dans son propre champ d'application territorial, les dispositions de l'accord du 21 octobre 1991 relatif aux salaires minima des ouvriers travaillant dans les entreprises du bâtiment de la Loire-Atlantique.

ARRETE du 2 janvier 1992

Le ministre du travail, de l'emploi et de la formation professionnelle,
Vu les articles L. 133-1 et suivants du code du travail ;
Vu les arrêtés du 8 février 1991 et du 12 février 1991 portant extension des conventions collectives nationales du 8 octobre 1990 concernant les ouvriers du bâtiment ;
Vu l'arrêté du 14 mai 1991 et les arrêtés successifs, notamment l'arrêté du 26 juin 1991, portant extension d'accords de salaires et d'indemnités de petits déplacements des ouvriers de la région Bretagne ;
Vu l'accord de salaires des ouvriers du bâtiment de la région Bretagne en date du 3 octobre 1991 ;
Vu la demande d'extension présentée par les organisations signataires ;
Vu l'avis publié au Journal Officiel du 21 novembre 1991 ;
Vu les avis recueillis au cours de l'enquête ;
Vu l'avis motivé de la Commission nationale de la négociation collective (sous-commission des conventions et accords), recueilli suivant la procédure prévue à l'article R.133-2 du code du travail.

Pour le ministre et par délégation :
Par empêchement du directeur des relations du travail,
Le sous-directeur de la négociation collective,
H MARTIN

Article 1
En vigueur

Article 1er

Sont rendues obligatoires, pour tous les employeurs et tous les salariés compris dans le champ d'application professionnel des conventions collectives nationales du 8 octobre 1990 concernant les ouvriers employés par les entreprises du bâtiment, telles qu'étendues par les arrêtés des 8 février et 12 février 1991 et dans son propre champ d'application territorial, les dispositions de l'accord de salaires des ouvriers du bâtiment de la région Bretagne du 3 octobre 1991.

ARRETE du 2 janvier 1992

Le ministre du travail, de l'emploi et de la formation professionnelle,
Vu les articles L. 133-1 et suivants du code du travail ;
Vu les arrêtés du 8 février 1991 et du 12 février 1991 portant extension des conventions collectives nationales du 8 octobre 1990 concernant les ouvriers du bâtiment ;
Vu l'arrêté du 14 mai 1991 et les arrêtés successifs, notamment l'arrêté du 26 juin 1991, portant extension d'accords de salaires et d'indemnités de petits déplacements des ouvriers de la région Bretagne ;
Vu l'accord du 3 octobre 1991 relatif au régime d'indemnités de petits déplacements applicables aux ouvriers travaillant dans les entreprises de la région Bretagne ;
Vu la demande d'extension présentée par les organisations signataires ;
Vu l'avis publié au Journal Officiel du 21 novembre 1991 ;
Vu les avis recueillis au cours de l'enquête ;
Vu l'avis motivé de la Commission nationale de la négociation collective (sous-commission des conventions et accords), recueilli suivant la procédure prévue à l'article R.133-2 du code du travail.

Pour le ministre et par délégation :
Par empêchement du directeur des relations du travail,
Le sous-directeur de la négociation collective,
H MARTIN

Article 1
En vigueur

Article 1er

Sont rendues obligatoires, pour tous les employeurs et tous les salariés compris dans le champ d'application professionnel des conventions collectives nationales du 8 octobre 1990 concernant les ouvriers employés par les entreprises du bâtiment, telles qu'étendues par les arrêtés des 8 février et 12 février 1991 et dans son propre champ d'application territorial, les dispositions de l'accord du 3 octobre 1991 relatif au régime d'indemnisation des petits déplacements applicables aux ouvriers travaillant dans les entreprises du bâtiment de la région Bretagne.

ARRETE du 29 janvier 1992

Le ministre du travail, de l'emploi et de la formation professionnelle,
Vu les articles L. 133-1 et suivants du code du travail ;
Vu l'arrêtés du 12 février 1991 et les arrêtés successifs, notamment l'arrêté du 24 juin 1991, portant extension de la convention collective nationale concernant les ouvriers employés par les entreprises du bâtiment visées par le décret du 1er mars 1962 (c'est à dire ocupant jusqu'à dix salariés) du 8 octobre 1990 ;
Vu l'accord régional Auvergne du 17 septembre 1991 conclu dans le cadre de la convention collective nationale susvisée ;
Vu la demande d'extension présentée par les organisations signataires ;
Vu l'avis publié au Journal Officiel du 26 novembre 1991 ;
Vu les avis recueillis au cours de l'enquête ;
Vu l'avis motivé de la Commission nationale de la négociation collective (sous-commission des conventions et accords), recueilli suivant la procédure prévue à l'article R.133-2 du code du travail.

Pour le ministre et par délégation :
Par empêchement du directeur des relations du travail,
Le sous-directeur de la négociation collective,
H MARTIN

Article 1
En vigueur

Article 1er

Sont rendues obligatoires, pour tous les employeurs et tous les salariés compris dans le champ d'application professionnel de la convention collective nationale concernant les ouvriers employés par les entreprises du bâtiment visées par le décret du 1er mars 1962 (c'est à dire occupant jusqu'à dix salariés) du 8 octobre 1990, telle qu'étendue par l'arrêté du 12 février 1991 et dans son propre champ d'application territorial, les dispositions de l'accord régional Auvergne du 17 septembre 1991 Salaires conclu dans le cadre de la convention collective nationale susvisée, sous réserve de l'application des dispositions réglementaires portant fixation du salaire minimum de croissance.

ARRETE du 4 mars 1992

Le ministre du travail, de l'emploi et de la formation professionnelle,
Vu les articles L. 133-1 et suivants du code du travail ;
Vu l'arrêté du 12 février 1991 portant extension de la convention collective nationale concernant les ouvriers employés par les entreprises du bâtiment visées par le décret du 1er mars 1962 (c'est à dire occupant jusqu'à dix salariés) du 8 octobre 1990 ;
Vu deux accords régionaux (Poitou-Charentes) des 7 février 1991 et 25 octobre 1991 conclus dans le cadre de la convention collective nationale susvisée ;
Vu la demande d'extension présentée par les organisations signataires ;
Vu l'avis publié au Journal Officiel du 27 décembre 1991 ;
Vu les avis recueillis au cours de l'enquête ;
Vu l'avis motivé de la Commission nationale de la négociation collective (sous-commission des conventions et accords), recueilli suivant la procédure prévue à l'article R.133-1 du code du travail.

Pour le ministre et par délégation :
Par empêchement du directeur des relations du travail,
Le chef de service,
J DUSSIOT

Article 1
En vigueur

Article 1er

Sont rendues obligatoires, pour tous les employeurs et tous les salariés compris dans le champ d'application professionnel de la convention collective nationale concernant les ouvriers employés par les entreprises visées par le décret du 1er mars 1962 (c'est à dire occupant jusqu'à dix salariés) du 8 octobre 1990, telle qu'étendue par arrêté du 12 février 1991 et dans son propre champ d'application territorial, les dispositions de :

- l'accord (Poitou-Charentes) du 7 février 1991 relatif aux indemnités de petits déplacements conclu dans le cadre de la convention collective nationale susvisée :

- l'accord (Poitou-Charentes) du 25 octobre 1991 relatif aux salaires minimaux conclus dans le cadre de la convention collective nationale , sous réserve de l'application des dispositions réglementaires portant fixation du salaire minimum de croissance.

ARRETE du 5 mars 1992

Le ministre du travail, de l'emploi et de la formation professionnelle,
Vu les articles L. 133-1 et suivants du code du travail ;

Vu l'arrêté du 14 février 1962 et les arrêtés successifs notamment l'arrêté du 8 avril 1991 portant extension de la convention collective du bâtiment de la Seine, devenue convention collective du bâtiment de la région parisienne par avenant du 23 juin 1967, et des textes qui l'ont modifiée ou complétée ;
Vu l'avenant à la convention à la convention collective susvisée n°140 relatif aux salaires minimaux des ouvriers du 28 novembre 1991 pris en application des conventions collectives nationales du bâtiment du 8 octobre 1990 ;
Vu la demande d'extension présentée par les organisations signataires ;
Vu l'avis publié au Journal Officiel du 25 janvier 1992 ;
Vu les avis recueillis au cours de l'enquête ;
Vu l'avis motivé de la Commission nationale de la négociation collective (sous-commission des conventions et accords), recueilli suivant la procédure prévue à l'article R.133-2 du code du travail.

Pour le ministre et par délégation :
Par empêchement du directeur des relations du travail,
Le sous-directeur de la négociation collective,
H MARTIN

Article 1
En vigueur

Article 1er

Sont rendues obligatoires, pour tous les employeurs et tous les salariés compris dans le champ d'application de la convention collective du bâtiment de la région parisienne, tel qu'il résulte de l'avenant du 23 juin 1967, les dispositions de l'avenant n°140 relatif aux salaires des ouvriers du 28 novembre 1991, à la convention collective susvisée.

ARRETE du 26 mars 1992

Le ministre du travail, de l'emploi et de la formation professionnelle,
Vu les articles L. 133-1 et suivants du code du travail ;
Vu l'arrêté du 12 février 1991 portant extension de la convention collective nationale concernant les ouvriers employés par les entreprises du bâtiment visées par le décret du 1er mars 1962 (c'est à dire occupant jusqu'à dix salariés) du 8 octobre 1990 et des textes la modifiant et la complétant ;
Vu l'arrêté du 24 juin 1991 portant extension d'un accord régional (région Bourgogne) conclu dans le cadre de la convention collective susvisée ;
Vu l'accord régional n°2 (région Bourgogne) du 4 décembre 1991 conclu dans le cadre de la convention collective nationale susvisée ;
Vu la demande d'extension présentée par les organisations signataires ;
Vu l'avis publié au Journal Officiel du 8 février 1992 ;
Vu les avis recueillis au cours de l'enquête ;
Vu l'avis motivé de la Commission nationale de la négociation collective (sous-commission des conventions et accords), recueilli suivant la procédure prévue à l'article R.133-2 du code du travail.

Pour le ministre et par délégation :
Par empêchement du directeur des relations du travail,
Le chef de service,
J DUSSIOT

Article 1
En vigueur

Article 1er

Sont rendues obligatoires, pour tous les employeurs et tous les salariés compris dans le champ d'application professionnel de la convention collective nationale concernant les ouvriers employés par les entreprises visées par le décret du 1er mars 1962 (c'est à dire occupant jusqu'à dix salariés) du 8 octobre 1990, tel qu'étendu par arrêté du 12 février 1991 et dans son propre champ d'application territorial, les dispositions de l'accord régional n°2 (région Bourgogne) du 4 décembre 1991 conclu dans le cadre de la convention collective nationale susvisée, sous réserve de l'application des dispositions réglementaires portant fixation du salaire minimum de croissance.

ARRETE du 26 mars 1992

Le ministre du travail, de l'emploi et de la formation professionnelle,
Vu les articles L. 133-1 et suivants du code du travail ;
Vu les arrêtés du 8 février 1991 et du 12 février 1991 portant extension des conventions collectives nationales du 8 octobre 1990 concernant les ouvriers du bâtiment ;
Vu l'arrêté du 24 avril 1991 portant extension des accords régionaux Haute-Normandie du 11 janvier 1991 ;
Vu l'accord régional Haute-Normandie du 16 décembre 1991 conclu dans le cadre des conventions collectives nationales susvisées ;
Vu la demande d'extension présentée par les organisations signataires ;
Vu l'avis publié au Journal Officiel du 30 janvier 1992 ;
Vu les avis recueillis au cours de l'enquête ;
Vu l'avis motivé de la Commission nationale de la négociation collective (sous-commission des conventions et accords), recueilli suivant la

procédure prévue à l'article R.133-2 du code du travail.

Pour le ministre et par délégation :
Par empêchement du directeur des relations du travail,
Le chef de service,
J.DUSSIOT

Article 1
En vigueur

Article 1er

Sont rendues obligatoires, pour tous les employeurs et tous les salariés compris dans le champ d'application professionnel des conventions collectives nationales du 8 octobre 1990 concernant les ouvriers des entreprises non visées par le décret du 1er mars 1962 (c'est à dire occupant plus de dix salariés) et les entreprises visées par le décret du 1er mars 1962 (c'est à dire occupant jusqu'à dix salariés), tels que étendus par arrêtés des 8 et 12 février 1991 et dans son propre champ d'application territorial, les dispositions de l'accord régional Haute-Normandie du 16 décembre 1991 relatif aux indemnités forfaitaires de petits déplacements, conclu dans le cadre des conventions collectives nationales susvisées.

ARRETE du 22 avril 1992

Le ministre du travail, de l'emploi et de la formation professionnelle,
Vu les articles L. 133-1 et suivants du code du travail ;
Vu les arrêtés des 8 février 1991 et 12 février 1991 et les arrêtés successifs, notamment l'arrêté du 24 juin 1991, portant extension des conventions collectives nationales du 8 octobre 1990 concernant les ouvriers du bâtiment ;
Vu l'accord régional Aquitaine du 4 décembre 1991 (deux annexes) conclu dans le cadre des conventions collectives nationales susvisées ;
Vu la demande d'extension présentée par les organisations signataires ;
Vu l'avis publié au Journal Officiel du 4 mars 1992 ;
Vu les avis recueillis au cours de l'enquête ;
Vu l'avis motivé de la Commission nationale de la négociation collective (sous-commission des conventions et accords).

Pour le ministre et par délégation :
Par empêchement du directeur des relations du travail,
Le sous-directeur de la négociation collective,
H MARTIN

Article 1
En vigueur

Article 1er

Sont rendues obligatoires, pour tous les employeurs et tous les salariés compris dans le champ d'application professionnel des conventions collectives nationales concernant les ouvriers des entreprises du bâtiment, tel qu' étendu par les arrêtés des 8 et 12 février 1991, et dans son propre champ d'application territorial, les dispositions de l'accord régional Aquitaine du 4 décembre 1991 (deux annexes) conclu dans le cadre des conventions collectives susvisées, sous réserve de l'application des dispositions réglementaires portant fixation du salaire minimum de croissance.

ARRETE du 13 mai 1992

Le ministre du travail, de l'emploi et de la formation professionnelle,
Vu les articles L. 133-1 et suivants du code du travail ;
Vu les arrêtés du 8 février 1991 et du 12 février 1991 portant extension des conventions collectives nationales du 8 octobre 1990 concernant les ouvriers du bâtiment ;
Vu l'arrêté du 19 avril 1991 portant extension d'un accord régional (région Provence-Alpes-Côte d'Azur) Salaires du 10 décembre 1990 ;
Vu les accords régionaux (Provence-Alpes-Côte d'Azur) Salaires du 17 décembre 1991 et Indemnisation des petits déplacements du 17 décembre 1991, conclus dans le cadre des conventions collectives nationales susvisées ;
Vu la demande d'extension présentée par les organisations signataires ;
Vu l'avis publié au Journal Officiel du 15 avril 1992 ;
Vu les avis recueillis au cours de l'enquête ;
Vu l'avis motivé de la Commission nationale de la négociation collective (sous-commission des conventions et accords), recueilli suivant la procédure prévue à l'article R.133-2 du code du travail.

Pour le ministre et par délégation :
Par empêchement du directeur des relations du travail,
Le sous-directeur de la négociation collective,
H MARTIN

Article 1
En vigueur

Article 1er

Sont rendues obligatoires, pour tous les employeurs et tous les salariés compris dans le champ d'application professionnel des conventions collectives nationales du 8 octobre 1990 concernant les ouvriers des entreprises visées par le décret du 1er mars 1962 (c'est à dire occupant plus de dix salariés) et les entreprises visées par le décret du 1er mars 1962 (c'est à dire occupant jusqu'à dix salariés), tels que étendus par arrêtés des 8 et 12 février 1991 et dans leur propre champ d'application territorial, les dispositions des accords régionaux (Provence-Alpes-Côte d'Azur) Salaires et Indemnisation des petits déplacements du 17 décembre 1991 conclus dans le cadre des conventions collectives nationales susvisées. L'accord Salaires est étendu sous réserve de l'application des dispositions réglementaires portant fixation du salaire minimum de croissance.

ARRETE du 1 juin 1992

Le ministre du travail, de l'emploi et de la formation professionnelle,
Vu les articles L. 133-1 et suivants du code du travail ;
Vu l'arrêté du 12 février 1991 et les arrêtés successifs notamment l'arrêté du 24 juin 1991, portant extension de la convention collective nationale concernant les ouvriers employés par les entreprises du bâtiment visées par le décret du 1er mars 1962 (c'est à dire occupant jusqu'à dix salariés) du 8 octobre 1990 ;
Vu l'arrêté du 29 janvier 1992 portant extension d'un accord régional (région Auvergne) conclu dans le cadre de la convention collective susvisée ;
Vu l'accord Salaires (région Auvergne) du 20 décembre 1991 conclu dans le cadre de la convention collective susvisée ;
Vu l'accord Petits déplacements (région Auvergne) du 20 décembre 1991 conclu dans le cadre de la convention collective susvisée ;
Vu la demande d'extension présentée par les organisations signataires ;
Vu l'avis publié au Journal Officiel du 16 avril 1992 ;
Vu les avis recueillis au cours de l'enquête ;
Vu l'avis motivé de la Commission nationale de la négociation collective (sous-commission des conventions et accords), recueilli suivant la procédure prévue à l'article R.133-2 du code du travail.

Pour le ministre et par délégation :
Par empêchement du directeur des relations du travail,
Le sous-directeur de la négociation collective,
H MARTIN

Article 1
En vigueur

Article 1er

Sont rendues obligatoires, pour tous les employeurs et tous les salariés compris dans le champ d'application de la convention collective nationale concernant les ouvriers employés par les entreprises visées par le décret du 1er mars 1962 (c'est à dire occupant jusqu'à dix salariés) du 8 octobre 1990, tel qu'étendu par l'arrêté du 12 février 1991, et dans son propre champ d'application territorial, les dispositions de :

- l'accord Salaires (région Auvergne) du 20 décembre 1991 conclu dans le cadre de la convention collective nationale susvisée, sous réserve de l'application des dispositions réglementaires portant fixation du salaire minimum de croissance ;

- l'accord Petits déplacements (région Auvergne) du 20 décembre 1991 conclu dans le cadre de la convention collective nationale susvisée.

ARRETE du 12 juin 1992

Le ministre du travail, de l'emploi et de la formation professionnelle,
Vu les articles L. 133-1 et suivants du code du travail ;
Vu les arrêtés des 8 février 1991 et 12 février 1991 portant extension des conventions collectives nationales concernant les ouvriers employés par les entreprises du bâtiment du 8 octobre 1990 ;
Vu l'accord II A sur les salaires (région Alsace) du 19 février 1992 conclu dans le cadre des conventions collectives nationales susvisées ;
Vu l'accord II B sur les indemnités de Petits déplacements (région Alsace) du 19 février 1992 conclu dans le cadre des conventions collectives nationales susvisées ;
Vu la demande d'extension présentée par les organisations signataires ;
Vu l'avis publié au Journal Officiel du 30 avril 1992 ;
Vu les avis recueillis au cours de l'enquête ;
Vu l'avis motivé de la Commission nationale de la négociation collective (sous-commission des conventions et accords), recueilli suivant la procédure prévue à l'article R.133-2 du code du travail.

Pour le ministre et par délégation :
Par empêchement du directeur des relations du travail,
Le sous-directeur de la négociation collective,
H MARTIN

Article 1
En vigueur

Article 1er

Sont rendues obligatoires, pour tous les employeurs et tous les salariés compris dans le champ d'application professionnel des conventions collectives nationales concernant les ouvriers employés par les entreprises du bâtiment, tel qu'étendu par arrêtés des 8 février et 12 février 1991, et dans leur propre champ d'application territorial, les dispositions de :

- l'accord II A sur les salaires (région Alsace) du 19 février 1992 conclu dans le cadre des conventions collectives susvisées ;

- l'accord II B sur les indemnités de Petits déplacements (région Alsace) du 19 février 1992 conclu dans le cadre des conventions collectives susvisées ;

ARRETE du 24 juin 1992

Le ministre du travail, de l'emploi et de la formation professionnelle,
Vu les articles L. 133-1 et suivants du code du travail ;
Vu l'arrêté du 12 février 1991 portant extension de la convention collective nationale concernant les ouvriers employés par les entreprises du bâtiment visées par le décret du 1er mars 1962 (c'est à dire occupant jusqu'à dix salariés) du 8 octobre 1990 ;
Vu l'arrêté du 11 avril 1991 portant extension d'un accord régional (région Nord-Pas de Calais) du 16 mars 1992 conclu dans le cadre de la convention collective nationale susvisée ;
Vu la demande d'extension présentée par les organisations signataires ;
Vu l'avis publié au Journal Officiel du 22 mai 1992 ;
Vu les avis recueillis au cours de l'enquête ;
Vu l'avis motivé de la Commission nationale de la négociation collective (sous-commission des conventions et accords), recueilli suivant la procédure prévue à l'article R.133-1 du code du travail.

Pour le ministre et par délégation :
Par empêchement du directeur des relations du travail,
Le sous-directeur de la négociation collective,
H.MARTIN

Article 1
En vigueur

Article 1er

Sont rendues obligatoires, pour tous les employeurs et tous les salariés compris dans le champ d'application professionnel de la convention collective nationale concernant les ouvriers employés par les entreprises visées par le décret du 1er mars 1962 (c'est à dire occupant jusqu'à dix salariés) du 8 octobre 1990, telle qu'étendue par arrêté du 12 février 1991 et dans son propre champ d'application territorial, les dispositions de l'accord régional (région Nord-Pas de Calais) du 16 mars 1992 conclu dans le cadre de la convention collective nationale susvisée.

ARRETE du 24 juin 1992

Le ministre du travail, de l'emploi et de la formation professionnelle,
Vu les articles L. 133-1 et suivants du code du travail ;
Vu les arrêtés du 8 février 1991 et du 12 février 1991 portant extension des conventions collectives nationales du 8 octobre 1990 concernant les ouvriers du bâtiment ;
Vu l'arrêté du 24 avril 1991 portant extension des accords régionaux Haute-Normandie du 11 janvier 1991 ;
Vu l'avenant n°1 du 27 mars 1992 à l'accord régional Haute-Normandie du 11 janvier 1991 conclu dans le cadre des conventions collectives nationales susvisées ;
Vu la demande d'extension présentée par les organisations signataires ;
Vu l'avis publié au Journal Officiel du 6 mai 1992 ;
Vu les avis recueillis au cours de l'enquête ;
Vu l'avis motivé de la Commission nationale de la négociation collective (sous-commission des conventions et accords), recueilli suivant la procédure prévue à l'article R.133-2 du code du travail.

Pour le ministre et par délégation :
Par empêchement du directeur des relations du travail,
Le sous-directeur de la négociation collective,
H MARTIN

Article 1
En vigueur

Article 1er

Sont rendues obligatoires, pour tous les employeurs et tous les salariés compris dans le champ d'application professionnel des conventions

collectives nationales du 8 octobre 1990 concernant les ouvriers des entreprises non visées par le décret du 1er mars 1962 (c'est à dire occupant plus de dix salariés) et les entreprises visées par le décret du 1er mars 1962 (c'est à dire occupant jusqu'à dix salariés), tels qu'étendus par arrêtés des 8 et 12 février 1991 et dans son propre champ d'application territorial, les dispositions de l'avenant n°1 du 27 mars 1992 à l'accord régional Haute-Normandie du 11 janvier 1991 relatif aux salaires des ouvriers conclu dans le cadre des conventions collectives nationales susvisées.

ARRETE du 24 juin 1992

Le ministre du travail, de l'emploi et de la formation professionnelle,
Vu les articles L. 133-1 et suivants du code du travail ;
Vu les arrêtés du 8 février 1991 et du 12 février 1991 portant extension des conventions collectives nationales du 8 octobre 1990 concernant les ouvriers du bâtiment ;
Vu l'arrêté du 19 avril 1991 portant extension de l'accord régional Rhône-Alpes du 14 janvier 1991 ;
Vu l'accord régional (région Rhône-Alpes) Salaires du 24 mars 1992 conclu dans le cadre des conventions collectives nationales susvisées ;
Vu la demande d'extension présentée par les organisations signataires ;
Vu l'avis publié au Journal Officiel du 10 juin 1992 ;
Vu les avis recueillis au cours de l'enquête ;
Vu l'avis motivé de la Commission nationale de la négociation collective (sous-commission des conventions et accords), recueilli suivant la procédure prévue à l'article R.133-2 du code du travail.

Pour le ministre et par délégation :
Par empêchement du directeur des relations du travail,
Le sous-directeur de la négociation collective,
H MARTIN

Article 1
En vigueur

Article 1er

Sont rendues obligatoires, pour tous les employeurs et tous les salariés compris dans le champ d'application professionnel des conventions collectives nationales du 8 octobre 1990 concernant les ouvriers des entreprises non visées par le décret du 1er mars 1962 (c'est à dire occupant plus de dix salariés) et les entreprises visées par le décret du 1er mars 1962 (c'est à dire occupant jusqu'à dix salariés) tels qu'étendus par arrêtés des 8 et 12 février 1991, et dans son propre champ d'application territorial, les dispositions de l'accord régional (région Rhône-Alpes) Salaires du 24 mars 1992 conclu dans le cadre des conventions collectives nationales susvisées ;

ARRETE du 26 juin 1992

Le ministre du travail, de l'emploi et de la formation professionnelle,
Vu les articles L. 133-1 et suivants du code du travail ;
Vu les arrêtés du 8 février 1991 et du 12 février 1991 portant extension des conventions collectives nationales du 8 octobre 1990 ;
Vu l'accord Salaires (Seine et Marne) du 17 décembre 1991 conclu dans le cadre des conventions collectives nationales susvisées ;
Vu la demande d'extension présentée par les organisations signataires ;
Vu l'avis publié au Journal Officiel du 12 mai 1992 ;
Vu les avis recueillis au cours de l'enquête ;
Vu l'avis motivé de la Commission nationale de la négociation

Pour le ministre et par délégation :
Par empêchement du directeur des relations du travail,
Le sous-directeur de la négociation collective,
H MARTIN

Article 1
En vigueur

Article 1er

Sont rendues obligatoires, pour tous les employeurs et tous les salariés compris dans le champ d'application professionnel de la convention collective nationale concernant les ouvriers employés par les entreprises du bâtiment, tel qu'étendu par arrêtés des 8 février et 12 février 1991, et dans son propre champ d'application territorial, les dispositions de l'accord Salaires (Seine et Marne) du 17 décembre 1991 conclu dans le cadre des conventions collectives nationales susvisées.

ARRETE du 26 juin 1992

Le ministre du travail, de l'emploi et de la formation professionnelle,
Vu les articles L. 133-1 et suivants du code du travail ;
Vu les arrêtés du 8 février 1991 et du 12 février 1991 portant extension des conventions collectives nationales concernant les ouvriers du bâtiment du 8 octobre 1990 ;

Vu l'arrêté du 5 juillet 1991 portant extension de l'accord régional Lorraine du 29 novembre 1990 ;
Vu l'accord régional Lorraine du 1er avril 1992 (une grille annexée) conclu dans le cadre des conventions collectives nationales susvisées ;
Vu la demande d'extension présentée par les organisations signataires ;
Vu l'avis publié au Journal Officiel du 30 mai 1992 ;
Vu les avis recueillis au cours de l'enquête ;
Vu l'avis motivé de la Commission nationale de la négociation collective (sous-commission des conventions et accords), recueilli suivant la procédure prévue à l'article R.133-2 du code du travail.

Pour le ministre et par délégation :
Par empêchement du directeur des relations du travail,
Le sous-directeur de la négociation collective,
H MARTIN

Article 1
En vigueur

Article 1er

Sont rendues obligatoires, pour tous les employeurs et tous les salariés compris dans le champ d'application professionnel des conventions collectives nationales du 8 octobre 1990 concernant les les ouvriers employés par les entreprises du bâtiment, tel qu'étendu par arrêtés des 8 février et 12 février 1991, et dans son propre champ d'application territorial, les dispositions de l'accord régional Lorraine du 1er avril 1992 (une grille annexée) conclu dans le cadre des conventions collectives susvisées, sous réserve de l'application des dispositions réglementaires portant fixation du salaire minimum de croissance.

ARRETE du 1 juillet 1992

Le ministre du travail, de l'emploi et de la formation professionnelle,
Vu les articles L. 133-1 et suivants du code du travail ;
Vu les arrêtés des 8 février 1991 et 12 février 1991 portant extension des conventions collectives nationales concernant les ouvriers employés par les entreprises du bâtiment du 8 octobre 1990 ;
Vu l'arrêté du 4 juillet 1991 portant extension d'un accord régional conclu dans le cadre des conventions collectives nationales susvisées ;
Vu l'accord régional (Limousin) du 2 mars 1992 conclu dans le cadre des conventions collectives nationales susvisées ;
Vu la demande d'extension présentée par les organisations signataires ;
Vu l'avis publié au Journal Officiel du 10 juin 1992 ;
Vu les avis recueillis au cours de l'enquête ;
Vu l'avis motivé de la Commission nationale de la négociation collective (sous-commission des conventions et accords), recueilli suivant la procédure prévue à l'article R.133-2 du code du travail.

Pour le ministre et par délégation :
Par empêchement du directeur des relations du travail,
Le sous-directeur de la négociation collective,
H MARTIN

Article 1
En vigueur

Article 1er

Sont rendues obligatoires, pour tous les employeurs et tous les salariés compris dans le champ d'application professionnel des conventions collectives nationales concernant les ouvriers employés par les entreprises du bâtiment, tel qu'étendu par arrêtés des 8 février et 12 février 1991, et dans son propre champ d'application territorial, les dispositions de l'accord régional (Limousin) du 2 mars 1992 conclu dans dans le cadre des conventions collectives susvisées, sous réserve de l'application des dispositions réglementaires portant fixation du salaire minimum interprofessionnel de croissance.

ARRETE du 7 juillet 1992

Le ministre du travail, de l'emploi et de la formation professionnelle,
Vu les articles L. 133-1 et suivants du code du travail ;
Vu les arrêtés des 8 février 1991 et 12 février 1991 portant extension des conventions collectives nationales concernant les ouvriers employés par les entreprises du bâtiment du 8 octobre 1990 ;
Vu l'arrêté du 17 décembre 1991 portant extension de l'accord 4 octobre 1991 ;
Vu les accords régionaux (deux) (Picardie) du 31 mars 1992 conclus dans le cadre des conventions collectives nationales susvisées ;
Vu la demande d'extension présentée par les organisations signataires ;
Vu l'avis publié au Journal Officiel du 30 mai 1992 ;
Vu les avis recueillis au cours de l'enquête ;

Pour le ministre et par délégation :
Par empêchement du directeur des relations du travail,

Le sous-directeur de la négociation collective,
H MARTIN

Article 1
En vigueur

Article 1er

Sont rendues obligatoires, pour tous les employeurs et tous les salariés compris dans le champ d'application professionnel de la convention collective nationale concernant les ouvriers employés par les entreprises du bâtiment tel qu'étendu par arrêtés des 8 février et 12 février 1991 et dans son propre champ d'application territorial, les dispositions de :

- l'accord du 31 mars 1992 relatif aux salaires des ouvriers travaillant dans les entreprises du bâtiment de Picardie, sous réserve de l'application des dispositions réglementaires portant fixation du salaire minimum de croissance ;

- l'accord du 31 mars 1992 relatif aux petits déplacements des ouvriers travaillant dans les entreprises du bâtiment de Picardie,
conclu dans le cadre des conventions collectives nationales susvisées.

ARRETE du 21 juillet 1992

Le ministre du travail, de l'emploi et de la formation professionnelle,
Vu les articles L. 133-1 et suivants du code du travail ;
Vu l'arrêté du 12 février 1991 portant extension de la convention collective nationale concernant les ouvriers du bâtiment du 8 octobre 1990 ;
Vu l'arrêté du 4 mars 1992 portant extension d'accords régionaux (Poitou-Charentes) conclus dans le cadre de la convention collective nationale susvisée ;
Vu la demande d'extension présentée par les organisations signataires ;
Vu l'avis publié au Journal Officiel du 19 juin 1992 ;
Vu les avis recueillis au cours de l'enquête ;
Vu l'avis motivé de la Commission nationale de la négociation collective (sous-commission des conventions et accords), recueilli suivant la procédure prévue à l'article R.133-1 du code du travail.

Pour le ministre et par délégation :
Par empêchement du directeur des relations du travail,
Le sous-directeur de la négociation collective,
H MARTIN

Article 1
En vigueur

Article 1er

Sont rendues obligatoires, pour tous les employeurs et tous les salariés compris dans le champ d'application professionnel des conventions collectives nationales concernant les ouvriers des entreprises visées par le décret du 1er mars 1962 (c'est à dire occupant jusqu'à dix salariés) du 8 octobre 1990, tel qu'étendu par l'arrêté du 12 février 1991 susvisé et dans leur propre champ d'application territorial, les dispositions :

- l'accord (Poitou-Charentes) du 6 avril 1992 relatif aux salaires minimaux à compter du 1er mai 1992 conclu dans le cadre de la convention collective nationale susvisée, sous réserve de l'application des dispositions réglementaires portant fixation du salaire minimum de croissance.

- l'accord (Poitou-Charentes) du 6 avril 1992 relatif aux salaires minimaux à compter du 1er octobre 1992 conclu dans le cadre de la convention collective nationale, sous réserve de l'application des dispositions réglementaires portant fixation du salaire minimum de croissance.

ARRETE du 21 juillet 1992

Le ministre du travail, de l'emploi et de la formation professionnelle,
Vu les articles L. 133-1 et suivants du code du travail ;
Vu les arrêtés des 8 février 1991 et 12 février 1991 portant extension des conventions collectives nationales concernant les ouvriers employés par les entreprises du bâtiment du 8 octobre 1990 ;
Vu l'arrêté du 17 décembre 1991 portant extension de l'accord du 4 octobre 1991 ;
Vu l'accord Salaires du 13 avril 1992 (département de la Mayenne) conclu dans le cadre des conventions collectives nationales susvisées ;
Vu la demande d'extension présentée par les organisations signataires ;
Vu l'avis publié au Journal Officiel du 19 juin 1992 ;
Vu les avis recueillis au cours de l'enquête ;
Vu l'avis motivé de la Commission nationale de la négociation collective (sous-commission des conventions et accords), recueilli suivant la procédure prévue à l'article R.133-2 du code du travail.

Pour le ministre et par délégation :
Par empêchement du directeur des relations du travail,
Le sous-directeur de la négociation collective,

H MARTIN

Article 1
En vigueur

Article 1er

Sont rendues obligatoires, pour tous les employeurs et tous les salariés compris dans le champ d'application professionnel des conventions collectives nationales concernant les ouvriers employés par les entreprises du bâtiment, tel qu'étendu par arrêtés des 8 février et 12 février 1991 susvisés, et dans son propre champ d'application territorial, les dispositions de l'accord Salaires du 13 avril 1992 (département de la Mayenne) conclu dans le cadre des conventions collectives susvisées.

ARRETE du 23 juillet 1992

Le ministre du travail, de l'emploi et de la formation professionnelle,
Vu les articles L. 133-1 et suivants du code du travail ;
Vu les arrêtés des 8 février 1991 et 12 février 1991 portant extension des conventions collectives nationales concernant les ouvriers employés par les entreprises du bâtiment du 8 octobre 1990 ;
Vu les arrêtés des 19 avril 1991 et 17 décembre 1991 portant extension d'un accord de salaire des ouvriers du bâtiment du département de Maine-et-Loire ;
Vu l'accord départementale Maine-et-Loire du 9 avril 1992 relatif aux salaires conclu dans le cadre des conventions collectives nationales susvisées ;
Vu la demande d'extension présentée par les organisations signataires ;
Vu l'avis publié au Journal Officiel du 12 juin 1992 ;
Vu les avis recueillis au cours de l'enquête ;
Vu l'avis motivé de la Commission nationale de la négociation collective (sous-commission des conventions et accords), recueilli suivant la procédure prévue à l'article R.133-2 du code du travail.

Pour le ministre et par délégation :
Par empêchement du directeur des relations du travail,
Le sous-directeur de la négociation collective,
H MARTIN

Article 1
En vigueur

Article 1er

Sont rendues obligatoires, pour tous les employeurs et tous les salariés compris dans le champ d'application professionnel des conventions collectives nationales concernant les ouvriers employés par les entreprises du bâtiment, tel qu'étendu par arrêtés des 8 février et 12 février 1991 susvisés, et dans son propre champ d'application territorial, les dispositions de l'accord départemental Maine-et-Loire du 9 avril 1992 relatif aux salaires conclu dans le cadre des conventions collectives susvisées.

ARRETE du 29 juillet 1992

Le ministre du travail, de l'emploi et de la formation professionnelle,
Vu les articles L. 133-1 et suivants du code du travail ;
Vu les arrêtés du 8 février 1991 et du 12 février 1991 portant extension des conventions collectives nationales du 8 octobre 1990 concernant les ouvriers du bâtiment ;
Vu l'arrêté du 7 décembre 1991 portant extension d'un accord du 21 octobre 1991 relatif aux salaires des ouvriers du bâtiment du département de la Loire-Atlantique ;
Vu l'accord du 13 avril 1992 relatif aux salaires minima des ouvriers du bâtiment de la Loire-Atlantique ;
Vu l'accord du 13 avril 1992 relatif aux petits déplacements des ouvriers du bâtiment de la Loire-Atlantique ;
Vu la demande d'extension présentée par les organisations signataires ;
Vu l'avis publié au Journal Officiel du 30 juin 1992 ;
Vu les avis recueillis au cours de l'enquête ;
Vu l'avis motivé de la Commission nationale de la négociation collective (sous-commission des conventions et accords), recueilli suivant la procédure prévue à l'article R.133-2 du code du travail.

Pour le ministre et par délégation :
Par empêchement du directeur des relations du travail,
Le sous-directeur de la négociation collective,
H MARTIN

Article 1
En vigueur

Article 1er

Sont rendues obligatoires, pour tous les employeurs et tous les salariés compris dans le champ d'application professionnel des conventions collectives nationales du 8 octobre 1990 concernant les les ouvriers employés par les entreprises du bâtiment, telles qu'étendues par les arrêtés du 8 février 1991 et du 12 février 1991 susvisés et dans leur propre champ d'application territorial, les dispositions de l'accord du 13 avril 1992 relatif aux salaires minima des ouvriers travaillant dans les entreprises du bâtiment de Loire-Atlantique, sous réserve de l'application des dispositions réglementaires portant fixation du salaire minimum de croissance.

ARRETE du 29 juillet 1992

Le ministre du travail, de l'emploi et de la formation professionnelle,
Vu les articles L. 133-1 et suivants du code du travail ;
Vu les arrêtés des 8 février 1991 et 12 février 1991 portant extension des conventions collectives nationales concernant les ouvriers employés par les entreprises du bâtiment du 8 octobre 1990 ;
Vu l'accord départemental (département de l'Ain) du 21 février 1992 relatif aux indemnités de petits déplacements (deux annexes), conclu dans le cadre des conventions collectives nationales susvisées ;
Vu la demande d'extension présentée par les organisations signataires ;
Vu l'avis publié au Journal Officiel du 19 juin 1992 ;
Vu les avis recueillis au cours de l'enquête ;
Vu l'avis motivé de la Commission nationale de la négociation collective (sous-commission des conventions et accords), recueilli suivant la procédure prévue à l'article R.133-2 du code du travail.

Pour le ministre et par délégation :
Par empêchement du directeur des relations du travail,
Le sous-directeur de la négociation collective,
H MARTIN

Article 1
En vigueur

Article 1er

Sont rendues obligatoires, pour tous les employeurs et tous les salariés compris dans le champ d'application professionnel des conventions collectives nationales concernant les ouvriers employés par les entreprises du bâtiment, tel qu'étendu par les arrêtés des 8 février et 12 février 1991 susvisés, et dans son propre champ d'application territorial, les dispositions de l'accord départemental (département de l'Ain) du 21 février 1992 relatif aux indemnités de petits déplacements (deux annexes), dans le cadre des conventions collectives susvisées.

ARRETE du 29 juillet 1992

Le ministre du travail, de l'emploi et de la formation professionnelle,
Vu les articles L. 133-1 et suivants du code du travail ;
Vu les arrêtés des 8 février 1991 et 12 février 1991 portant extension des conventions collectives nationales du 8 octobre 1990 concernant les ouvriers du bâtiment ;
Vu l'arrêté du 14 mai 1991 et les arrêtés successifs, notamment l'arrêté du 2 janvier 1992, portant extension d'accords de salaires et d'indemnités de petits déplacements des ouvriers de la région Bretagne ;
Vu l'accord régional (Bretagne) du 24 mars 1992 conclu dans le cadre de la convention collective nationale susvisée ;
Vu la demande d'extension présentée par les organisations signataires ;
Vu l'avis publié au Journal Officiel du 19 juin 1992 ;
Vu les avis recueillis au cours de l'enquête ;
Vu l'avis motivé de la Commission nationale de la négociation collective (sous-commission des conventions et accords), recueilli suivant la procédure prévue à l'article R.133-2 du code du travail.

Pour le ministre et par délégation :
Par empêchement du directeur des relations du travail,
Le sous-directeur de la négociation collective,
H MARTIN

Article 1
En vigueur

Article 1er

Sont rendues obligatoires, pour tous les employeurs et tous les salariés compris dans le champ d'application professionnel des conventions collectives nationales concernant les ouvriers employés par les entreprises du bâtiment, telles qu'étendues par arrêtés des 8 février et 12 février 1991 susvisés, et dans leurs propres champs d'application territorial, les dispositions de l'accord régional Bretagne) du 24 mars 1992, conclu dans le cadre des conventions collectives susvisées, sous réserve de l'application des dispositions réglementaires portant fixation du salaire minimum de croissance.

ARRETE du 1 octobre 1992

Le ministre du travail, de l'emploi et de la formation professionnelle,
Vu les articles L. 133-1 et suivants du code du travail ;
Vu l'arrêté du 12 février 1991 portant extension de la convention collective nationale concernant les ouvriers employés par les entreprises du bâtiment visées par le décret du 1er mars 1962 (c'est à dire occupant jusqu'à dix salariés) du 8 octobre 1990 ;
Vu l'arrêté du 24 juin 1992 portant extension d'un accord régional (Nord-Pas de Calais) conclu dans le cadre de la convention collective nationale susvisée ;
Vu l'accord régional (région Nord-Pas de Calais) du 23 mars 1992 relatif aux petits déplacements conclu dans le cadre de la convention collective nationale susvisée ;
Vu la demande d'extension présentée par les organisations signataires ;
Vu l'avis publié au Journal Officiel du 7 août 1992 ;
Vu les avis recueillis au cours de l'enquête ;
Vu l'avis motivé de la Commission nationale de la négociation collective (sous-commission des conventions et accords), recueilli suivant la procédure prévue à l'article R.133-1 du code du travail.

Pour le ministre et par délégation :
Par empêchement du directeur des relations du travail,
Le sous-directeur de la négociation collective,
H MARTIN

Article 1
En vigueur

Article 1er

Sont rendues obligatoires, pour tous les employeurs et tous les salariés compris dans le champ d'application professionnel de de la convention collective nationale concernant les ouvriers employés par les entreprises visées par le décret du 1er mars 1962 (c'est à dire occupant jusqu'à dix salariés) du 8 octobre 1990, tel qu'étendu par l'arrêté du 12 février 1991, et dans son propre champ d'application territorial, les dispositions de l'accord régional (région Nord-Pas de Calais) du 23 mars 1992 relatif aux petits déplacements conclu dans le cadre de la convention collective nationale susvisée.

ARRETE du 6 octobre 1992

Le ministre du travail, de l'emploi et de la formation professionnelle,
Vu les articles L. 133-1 et suivants du code du travail ;
Vu les arrêtés des 8 février 1991 et 12 février 1991 portant extension des conventions collectives nationales du 8 octobre 1990 concernant les ouvriers du bâtiment ;
Vu l'arrêté du 24 juin 1991 portant extension de l'accord régional (Languedoc-Roussillon) du 25 janvier 1991 ;
Vu l'accord régional (Languedoc-Roussillon) (Salaires) du 5 juin 1992 conclu dans le cadre des conventions collectives nationales susvisées ;
Vu la demande d'extension présentée par les organisations signataires ;
Vu l'avis publié au Journal Officiel du 17 septembre 1992 ;
Vu les avis recueillis au cours de l'enquête ;
Vu l'avis motivé de la Commission nationale de la négociation collective (sous-commission des conventions et accords), recueilli suivant la procédure prévue à l'article R.133-2 du code du travail.

Pour le ministre et par délégation :
Par empêchement du directeur des relations du travail,
Le sous-directeur de la négociation collective,
H MARTIN

Article 1
En vigueur

Article 1er

Sont rendues obligatoires, pour tous les employeurs et tous les salariés compris dans le champ d'application professionnel des conventions collectives nationales du 8 octobre 1990 concernant les ouvriers des entreprises non visées par le décret du 1er mars 1962 (c'est à dire occupant jusqu'à dix salariés) tel qu'étendu par arrêtés du 8 et 12 février 1991 et dans leur propre champ d'application territorial, les dispositions de l'accord régional (Languedoc-Roussillon) (Salaires) du 5 juin 1992 conclu dans le cadre des conventions collectives nationales susvisées, sous réserve de l'application des dispositions réglementaires portant fixation du salaire minimum de croissance.

ARRETE du 12 octobre 1992

Le ministre du travail, de l'emploi et de la formation professionnelle,
Vu les articles L. 133-1 et suivants du code du travail ;
Vu les arrêtés des 8 février 1991 et 12 février 1991 portant extension des conventions collectives nationales concernant les ouvriers du bâtiment du 8 octobre 1990 ;

Vu l'arrêté du 24 juin 1991 portant extension d'un accord régional (Languedoc-Roussillon) concernant les ouvriers du bâtiment ;
Vu l'accord régional (Languedoc-Roussillon) du 15 mai 1992 relatif aux indemnités de petits déplacements, conclu dans le cadre des conventions collectives nationales susvisées ;
Vu la demande d'extension présentée par les organisations signataires ;
Vu l'avis publié au Journal Officiel du 17 juillet 1992 ;
Vu les avis recueillis au cours de l'enquête ;
Vu l'avis motivé de la Commission nationale de la négociation collective (sous-commission des conventions et accords), recueilli suivant la procédure prévue à l'article R.133-2 du code du travail.

Pour le ministre et par délégation :
Par empêchement du directeur des relations du travail,
Le sous-directeur de la négociation collective,
H MARTIN

Article 1
En vigueur

Article 1er

Sont rendues obligatoires, pour tous les employeurs et tous les salariés compris dans le champ d'application professionnel des conventions collectives nationales du 8 octobre 1990 concernant les ouvriers employés par les entreprises du bâtiment, tel qu'étendu par les arrêtés des 8 février 1991 et 12 février 1991 et dans son propre champ d'application territorial, les dispositions de l'accord régional (Languedoc-Roussillon) du 15 mai 1992 relatif aux indemnités de petits déplacements, conclu dans le cadre des conventions collectives susvisées.

ARRETE du 22 octobre 1992

Le ministre du travail, de l'emploi et de la formation professionnelle,
Vu les articles L. 133-1 et suivants du code du travail ;
Vu l'arrêté du 12 février 1991 portant extension de la convention collective nationale concernant les ouvriers employés par les entreprises du bâtiment visées par le décret du 1er mars 1962 (c'est à dire occupant jusqu'à dix salariés) du 8 octobre 1990 ;
Vu l'arrêté du 25 avril 1991 portant extension de l'accord régional Champagne-Ardenne) du 14 janvier 1991 ;
Vu l'accord régional (région Champagne-Ardenne) du 14 avril 1992 conclu dans le cadre de la convention collective nationale susvisée ;
Vu la demande d'extension présentée par les organisations signataires ;
Vu l'avis publié au Journal Officiel du 10 juin 1992 ;
Vu les avis recueillis au cours de l'enquête ;
Vu l'avis motivé de la Commission nationale de la négociation collective (sous-commission des conventions et accords), recueilli suivant la procédure prévue à l'article R.133-2 du code du travail.

Pour le ministre et par délégation :
Par empêchement du directeur des relations du travail,
Le sous-directeur de la négociation collective,
H MARTIN

Article 1
En vigueur

Article 1er

Sont rendues obligatoires, pour tous les employeurs et tous les salariés compris dans le champ d'application professionnel de de la convention collective nationale concernant les ouvriers employés par les entreprises visées par le décret du 1er mars 1962 (c'est à dire occupant jusqu'à dix salariés) du 8 octobre 1990, tel qu'étendu par l'arrêté du 12 février 1991, et dans son propre champ d'application territorial, les dispositions de l'accord régional (région Champagne-Ardenne) du 14 avril 1992 conclu dans le cadre de la convention collective nationale susvisée, sous réserve de l'application des dispositions réglementaires portant fixation du salaire minimum de croissance.

ARRETE du 19 novembre 1992

Le ministre du travail, de l'emploi et de la formation professionnelle,
Vu les articles L. 133-1 et suivants du code du travail ;
Vu les arrêtés des 8 février 1991 et 12 février 1991 portant extension des conventions collectives nationales concernant les ouvriers employés par les entreprises du bâtiment * visées par le décret du 1er mars 1962 (c'est à dire occupant jusqu'à dix salariés)* du 8 octobre 1990 ;
Vu l'arrêté du 11 avril 1991 portant extension d'un accord concernant les installateurs électriciens de Meurthe-et-Moselle et des Vosges, conclu dans le cadre des conventions collectives nationales susvisées ;
Vu la demande d'extension présentée par les organisations signataires ;
Vu l'avis publié au Journal Officiel du 17 septembre 1992 ;
Vu les avis recueillis au cours de l'enquête ;
Vu l'avis motivé de la Commission nationale de la négociation collective (sous-commission des conventions et accords), recueilli suivant la procédure prévue à l'article R.133-2 du code du travail.

Pour le ministre et par délégation :
Par empêchement du directeur des relations du travail,
Le sous-directeur de la négociation collective,
H MARTIN

Article 1
En vigueur

Sont rendues obligatoires, pour tous les employeurs et tous les salariés compris dans son propre champ d'application professionnel et territorial, à l'exception, d'une part, des entreprises paysagistes et de reboisement répertoriées au code A.P.E. 55-10 relevant des professions agricoles et d'autre part, des entreprises artisanales du bâtiment relevant des professions agricoles, les dispositions de l'accord portant annexe Salaires n° 2 du 7 avril 1992 concernant les installateurs électriciens de Meurthe-et-Moselle et des Vosges, conclu dans le cadre des conventions collectives nationales des ouvriers employés par les entreprises du bâtiment [* visées par le décret du 1er mars 1962 (c'est à dire occupant jusqu'à dix salariés)*] du 8 octobre 1990.

Les dispositions de cet accord sont étendues sous réserve de l'application des dispositions réglementaires portant fixation du salaire minimum de croissance.

ARRETE du 14 décembre 1992

Le ministre du travail, de l'emploi et de la formation professionnelle,
Vu les articles L. 133-1 et suivants du code du travail ;
Vu les arrêtés des 8 février 1991 et 12 février 1991 portant extension des conventions collectives nationales du 8 octobre 1990 concernant les ouvriers du bâtiment ;
Vu l'arrêté du 14 mai 1991 et les arrêtés successifs, notamment l'arrêté du 29 juillet 1992, portant extension d'accords régionaux (Bretagne) ;
Vu l'accord régional (Bretagne) du 25 septembre 1992 "salaires" conclus dans le cadre des conventions collectives nationales susvisées ;
Vu la demande d'extension présentée par les organisations signataires ;
Vu l'avis publié au Journal Officiel du 14 novembre 1992 ;
Vu les avis recueillis au cours de l'enquête ;
Vu l'avis motivé de la Commission nationale de la négociation collective (sous-commission des conventions et accords), recueilli suivant la procédure prévue à l'article R.133-2 du code du travail.

Pour le ministre et par délégation :
Par empêchement du directeur des relations du travail,
Le sous-directeur de la négociation collective,
H MARTIN

Article 1
En vigueur

Sont rendues obligatoires, pour tous les employeurs et tous les salariés compris dans le champ d'application professionnel des conventions collectives nationales concernant les ouvriers employés par les entreprises du bâtiment, tels que étendus par les arrêtés du 8 février et du 12 février 1991, et dans son champ d'application territorial, les dispositions de l'accord régional (Bretagne) du 25 septembre 1992 "Salaires", conclu dans le cadre des conventions collectives susvisées.

ARRETE du 15 décembre 1992

Le ministre de l'agriculture et du développement rural et le ministre du travail, de l'emploi et de la formation professionnelle,
Vu les articles L. 133-1 et suivants du code du travail ;
Vu la convention collective nationale du 8 octobre 1990 concernant les ouvriers employés par les entreprises du bâtiment visées par le décret du 1er mars 1962 (c'est à dire occupant jusqu'à dix salariés) ;
Vu l'arrêté du du ministre du travail, de l'emploi et de la formation professionnelle du 8 février 1991 portant extension de la convention collective nationale de travail susvisée ;
Vu les avenants n° 1 du 17 mars 1992 et n° 2 du 2 septembre 1992 à la convention collective nationale susvisée ;
Vu la demande d'extension présentée par les organisations signataires ;
Vu les avis publiés au Journal Officiel des 11 et 14 novembre 1992 ;
Vu les avis recueillis au cours de l'enquête ;
Vu l'avis motivé de la Commission nationale de la négociation collective (sous-commission des conventions et accords).

Le ministre du travail, de l'emploi et de la formation professionnelle ;
Pour le ministre et par délégation :
Le directeur des relations du travail,
O. DUTHEILLET DE LAMOTHE
Le ministre de l'agriculture et du développement rural ;
Pour le ministre et par délégation :

Le directeur des exploitations, de la politique sociale et de l'emploi ;
H.-P. CULAUD

Article 1, 2
En vigueur

Article 1er.

Les dispositions de la convention collective nationale du travail du 8 octobre 1990 concernant les ouvriers employés par les entreprises du bâtiment visées par le décret du 1er mars 1962 (c'est à dire occupant jusqu'à dix salariés) sont rendues obligatoires, dans les mêmes conditions que celles fixées par l'arrêté du 8 février 1991 susvisé, à tous les salariés des entreprises artisanales du bâtiment relevant des professions agricoles compris dans le champ d'application professionnel et territorial de ladite collective.
Article 2.

Les dispositions des avenants n° 1 du 17 mars 1992 et n° 2 du 2 septembre 1992 à la convention collective nationale précitée sont rendues obligatoires pour tous les employeurs et tous les salariés compris dans le champ d'application professionnel et territorial de ladite collective.

Article 1, 2, 3, 4
En vigueur

Article 1er.

Les dispositions de l'accord national professionnel du 23 février 1989 relatif à la création d'un fonds d'assurance formation des salariés de l'artisanat du bâtiment sont rendues obligatoires, dans les mêmes conditions que celles fixées par l'arrêté du 27 avril 1989, et dans le champ d'application défini par l'avenant n° 3, pour tous les employeurs et tous les salariés des entreprises artisanales du bâtiment relevant des professions agricoles compris dans le champ d'application susmentionné dudit accord.
Article 2.

Les dispositions des avenants n° 1 et n° 3 des 19 mars 1990 et 20 octobre 1992 à l'accord national professionnel susvisé sont rendues obligatoires pour tous les employeurs et tous les salariés compris dans le champ d'application professionnel et territorial défini par l'avenant n° 3. Le troisième alinéa de l'article 1er de l'avenant n° 3 est étendu sous réserve de l'application de l'article L. 931-20 du code du travail. L'article 2 de l'avenant n° 3 est étendu sous réserve de l'application des articles L. 952-1 et suivants du code du travail.

Article 3

L'extension des effets et sanctions de l'accord et des avenants susvisés est faite à dater de la publication du présent arrêté pour la durée restant à courir et aux conditions prévues par l'avenant n° 3.

Article 4

Le directeur des relations du travail au ministère du travail, de l'emploi et de la formation professionnelle et le directeur des exploitations, de la politique sociale et de l'emploi au ministère de l'agriculture et du développement rural sont chargés, chacun en ce qui le concerne, de l'exécution du présent arrêté, qui sera publié au Journal officiel de la République française.

ARRETE du 28 décembre 1992

Le ministre du travail, de l'emploi et de la formation professionnelle,
Vu les articles L. 133-1 et suivants du code du travail ;
Vu les arrêtés des 8 février 1991 et 12 février 1991 portant extension des conventions collectives nationales concernant les ouvriers employés par les entreprises du bâtiment du 8 octobre 1990 ;
Vu l'accord départemental (département de l'Ain) du 18 septembre 1992 relatifaux indemnités de déplacements (deux annexes) conclu dans le cadre des conventions collectives susvisées ;
Vu la demande d'extension présentée par les organisations signataires ;
Vu les avis publiés au Journal Officiel du 27 novembre 1992 ;
Vu les avis recueillis au cours de l'enquête ;
Vu l'avis motivé de la Commission nationale de la négociation collective (sous-commission des conventions et accords), recueilli suivant la procédure prévue à l'article R.133-2 du code du travail,

Pour le ministre et par délégation :
Par empêchement du directeur des relations du travail,
Le sous-directeur de la négociation collective,
H MARTIN

Article 1
En vigueur

Sont rendues obligatoires, pour tous les employeurs et tous les salariés compris dans le champ d'application professionnel des conventions collectives nationales concernant les ouvriers employés par les entreprises du bâtiment, tel qu'étendu par arrêtés des 8 février et 12 février 1991, et dans son propre champ d'application territorial, les dispositions de l'accord départemental (département de l'Ain) du 18 septembre 1992 relatif aux indemnités de déplacements (deux annexes) conclu dans le cadre des conventions collectives susvisées.

ARRETE du 12 mars 1993

Le ministre du travail, de l'emploi et de la formation professionnelle,
Vu les articles L. 133-1 et suivants du code du travail ;
Vu les arrêtés des 8 février 1991 et 12 février 1991 portant extension des conventions collectives nationales concernant les ouvriers employés par les entreprises du bâtiment du 8 octobre 1990 ;
Vu l'arrêté du 1er juillet 1992 portant extension d'un accord régional Limousin concernant les ouvriers du bâtiment ;
Vu l'accord régional (Limousin) du 17 novembre 1992 relatif aux salaires des apprentis, conclu dans le cadre des conventions collectives nationales susvisées ;
Vu la demande d'extension présentée par les organisations signataires ;
Vu l'avis publié au Journal Officiel du 4 février 1993 ;
Vu les avis recueillis au cours de l'enquête ;
Vu l'avis motivé de la Commission nationale de la négociation collective (sous-commission des conventions et accords).

Pour le ministre et par délégation :
Par empêchement du directeur des relations du travail,
Le sous-directeur de la négociation collective,
H MARTIN

Article 1
En vigueur

Sont rendues obligatoires, pour tous les employeurs et tous les salariés compris dans le champ d'application professionnel des conventions collectives nationales concernant les ouvriers employés par les entreprises du bâtiment, tel qu'étendu par arrêtés des 8 février et 12 février 1991, et dans son propre champ d'application territorial, les dispositions de l'accord régional (Limousin) du 17 novembre 1992 relatif aux salaires des apprentis, conclu dans le cadre des conventions collectives susvisées, sous réserve de l'article D.117-1 nouveau du code du travail.

ARRETE du 16 avril 1993

Le ministre du travail, de l'emploi et de la formation professionnelle,
Vu les articles L. 133-1 et suivants du code du travail ;
Vu l'arrêté du 12 février 1991 portant extension de la convention collective nationale concernant les ouvriers employés par les entreprises du bâtiment visées par le décret du 1er mars 1962 (c'est à dire occupant jusqu'à dix salariés) du 8 octobre 1990 et des textes la modifiant et la complétant ;
Vu l'arrêté du 26 mars 1992 portant extension d'un accord régional (région Bourgogne) conclu dans le cadre de la convention collective susvisée ;
Vu l'accord régional n° 3 (région Bourgogne) du 16 décembre 1992 conclu dans le cadre de la convention collective nationale susvisée ;
Vu la demande d'extension présentée par les organisations signataires ;
Vu l'avis publié au Journal Officiel du 25 février 1993 ;
Vu les avis recueillis au cours de l'enquête ;
Vu l'avis motivé de la Commission nationale de la négociation collective (sous-commission des conventions et accords), recueilli suivant la procédure prévue à l'article R.133-2 du code du travail.

Pour le ministre et par délégation :
Par empêchement du directeur des relations du travail,
Le sous-directeur de la négociation collective,
H. MARTIN

Article 1
En vigueur

Article 1er

Sont rendues obligatoires, pour tous les employeurs et tous les salariés compris dans le champ d'application professionnel de la convention collective nationale concernant les ouvriers employés par les entreprises visées par le décret du 1er mars 1962 (c'est à dire occupant jusqu'à dix salariés) du 8 octobre 1990, tel qu'étendu par arrêté du 12 février 1991 et dans son propre champ d'application territorial, les dispositions de l'accord régional n° 3 (région Bourgogne) du 16 décembre 1992 conclu dans le cadre de la convention collective nationale susvisée ;

ARRETE du 30 juin 1993

Le ministre du travail, de l'emploi et de la formation professionnelle, et le ministre de l'agriculture et de la pêche,
Vu les articles L.133-1 et suivants du code du travail ;
Vu les arrêtés des 12 février 1991 et 15 décembre 1992 portant extension de la convention collective nationale des ouvriers employés par les

entreprises du bâtiment visées par le décret du 1er mars 1962 (c'est à dire occupant jusqu'à dix salariés) du 8 octobre 1990 et d'avenants la complétant ;
Vu l'arrêté du 8 février 1991 portant extension de la convention collective nationale concernant les ouvriers employés par les entreprises du bâtiment de plus de dix salariés du 8 octobre 1990 ;
Vu l'arrêté du 14 février 1962 et les arrêtés successifs, notamment l'arrêté du 8 avril 1991, portant extension de la convention collective du bâtiment de la Seine, devenue convention collective du bâtiment de la région parisienne, par avenant du 23 juin 1967, et des textes qui l'ont modifiée ou complétée ;
Vu l'avenant à la convention collective susvisée n° 142 relatif aux salariés minimaux des ouvriers du 29 janvier 1993 pris en application des conventions collectives nationales du bâtiment du 8 octobre 1990 ;
Vu la demande d'extension présentée par les organisations signataires ;
Vu les avis publiés au Journal officiel des 20 et 27 mars 1993 ;
Vu les avis recueillis au cours de l'enquête ;
Vu l'avis motivé de la Commission nationale de la négociation collective (sous-commission des conventions et accords),

Le ministre du travail, de l'emploi et de la formation professionnelle,
Pour le ministre et par délégation :
Le directeur des relations du travail,
O. DUTHEILLET DE LAMOTHE.

Le ministre de l'agriculture et de la pêche,
Pour le ministre et par délégation :
Par empêchement du directeur des exploitations, de la politique sociale et de l'emploi :
Le chef de service,
G. DUSART.

Article 1
En vigueur

Sont rendues obligatoires, pour tous les employeurs et tous les salariés compris dans le champ d'application professionnel de la convention collective du bâtiment concernant les ouvriers employés par les entreprises visées par le décret du 1er mars 1962 (c'est à dire occupant jusqu'à dix salariés) du 8 octobre 1990, tel que complété par l'avenant n° 1 du 17 mars 1992, dans celui de la convention collective nationale concernant les ouvriers employés par les entreprises du bâtiment non visées par le décret du 1er mars 1962 (c'est à dire occupant plus de dix salariés) du 8 octobre 1990 et dans son propre champ d'application géographique tel qu'il résulte de la convention collective du bâtiment de la région parisienne dans son avenant du 23 juin 1967, les dispositions de l'avenant n° 142) à la convention collective susvisée, relatif aux salaires des ouvriers du 29 janvier 1993, sous réserve de l'application des dispositions réglementaires relatives au salaire minimum de croissance.

ARRETE du 29 juillet 1993

Le ministre du travail, de l'emploi et de la formation professionnelle et le ministre de l'agriculture et de la pêche,
Vu les articles L. 133-1 et suivants du code du travail ;
Vu les arrêtés du 12 février 1991 et 15 décembre 1992 portant extension de la convention collective nationale des ouvriers employés par les entreprises du bâtiment visées par le décret du 1er mars 1962 (c'est à dire occupant jusqu'à dix salariés) du 8 octobre 1990 et d'avenants la complétant ;
Vu l'arrêté du 1er juin 1992 portant extension d'accords régionaux (région Auvergne) conclus dans le cadre de la convention collective nationale susvisée ;
Vu l'accord Salaires (région Auvergne) du 5 avril 1993 conclu dans le cadre de la convention collective nationale susvisée ;
Vu l'accord Petits déplacements (région Auvergne) du 5 avril 1993 conclu dans le cadre de la convention collective nationale susvisée ;
Vu la demande d'extension présentée par les organisations signataires ;
Vu les avis publiés au Journal Officiel des 27 mai et 3 juin 1993 ;
Vu les avis recueillis au cours de l'enquête ;
Vu l'avis motivé de la Commission nationale de la négociation collective (sous-commission des conventions et accords), recueilli suivant la procédure prévue à l'article R.133-2 du code du travail.

Le ministre du travail, de l'emploi et de la formation professionnelle,
Pour le ministre et par délégation :
Par empêchement du directeur des relations du travail :
Le sous-directeur de la négociation collective,
H. MARTIN

Le ministre de l'agriculture et de la pêche,
Pour le ministre et par délégation :
Par empêchement du directeur des exploitations, de la politique sociale et de l'emploi :
Le chef de service,
G. DUSART.

Article 1
En vigueur

Article 1er

Sont rendues obligatoires, pour tous les employeurs et tous les salariés compris dans le champ d'application de la convention collective nationale concernant les ouvriers employés par les entreprises visées par le décret du 1er mars 1962 (c'est à dire occupant jusqu'à dix salariés) du 8 octobre 1990, tel que complété par l'avenant n° 1 du 17 mars 1992 , et dans son propre champ d'application territorial, les dispositions de :

- l'accord Salaires (région Auvergne du 5 avril 1993 conclu dans le cadre de la convention collective nationale susvisée sous réserve de l'application des dispositions réglementaires portant fixation du salaire minimum de croissance ;

- l'accord Petits déplacements (région Auvergne) du 5 avril 1993 conclu dans le cadre de la convention collective nationale susvisée.

ARRETE du 29 juillet 1993

Le ministre du travail, de l'emploi et de la formation professionnelle, et le ministre de l'agriculture et de la pêche,
Vu les articles L. 133-1 et suivants du code du travail ;
Vu l'arrêté du 8 février 1991 portant extension de la convention collective nationale du 8 octobre 1990 concernant les ouvriers employés par les entreprises du bâtiment non visées par le décret du 1er mars 1962 (c'est à dire occupant plus de dix salariés) ;
Vu les arrêtés des 12 février 1991 et 15 décembre 1992 portant extension de la convention collective nationale des ouvriers employés par les entreprises visées parr le décret du 1er mars 1962 (c'est à dire occupant jusqu'à dix salariés) du 8 octobre 1990 et d'avenants la complétant ;
Vu les arrêtés des 17 décembre 1991 et 7 juillet 1992 portant extension d'accords régionaux (Picardie) du 10 mars 1993 conclus dans le cadre des conventions collectives nationales susvisées ;
Vu la demande d'extension présentée par les organisations signataires ;
Vu les avis publiés au Journal Officiel des 10 avril 1993 et 27 avril 1993 ;
Vu les avis recueillis au cours de l'enquête ;
Vu l'avis motivé de la Commission nationale de la négociation collective (sous-commission des conventions et accords), recueilli suivant la procédure prévue à l'article R.133-2 du code du travail.

Le ministre du travail, de l'emploi et de la formation professionnelle,
Pour le ministre et par délégation :
Par empêchement du directeur des relations du travail,
Le sous-directeur de la négociation collective,
H. MARTIN

Le ministre de l'agriculture et de la pêche,
Pour le ministre et par délégation :
Par empêchement du directeur des exploitations, de la politique sociale et de l'emploi :
Le chef de service,
G. DUSART.

Article 1
En vigueur

Article 1er

Sont rendues obligatoires, pour tous les employeurs et tous les salariés compris dans le champ d'application professionnel des conventions collectives nationales concernant les ouvriers employés par les entreprises du bâtiment, tel qu'étendu par arrêtés des 8 février 1991, 12 février 1991 et 15 décembre 1992 et dans leur propre champ d'application territorial, les dispositions de :

- l'accord du 10 mars 1993 relatif aux " Salaires " des ouvriers travaillant dans les entreprises du bâtiment de Picardie, sous réserve de l'application des dispositions réglementaires portant fixation du salaire minimum de croissance ;

- l'accord du 10 mars 1993 relatif aux " Petits déplacements " des ouvriers travaillant dans les entreprises du bâtiment de Picardie, conclus dans le cadre des conventions collectives susvisées.

ARRETE du 29 juillet 1993

Le ministre du travail, de l'emploi et de la formation professionnelle et le ministre de l'agriculture et de la pêche,
Vu les articles L.133-1 et suivants du code du travail ;
Vu l'arrêté du 8 février 1991 portant extension de la convention collective nationale du 8 octobre 1990 concernant les ouvriers du bâtiment employés par les entreprises du bâtiment non visées par le décret du 1er mars 1962 (c'est à dire occupant plus de dix salariés) Vu les arrêtés des 12 février 1991 et 15 décembre 1992 portant extension de la convention collective nationale des ouvriers employés par les entreprises visées par le décret du 1er mars 1962 (c'est à dire occupant jusqu'à dix salariés) du 8 octobre 1990 et d'avenants la complétant ;
Vu l'arrêté du 14 mai 1991 et les arrêtés successifs, notamment l'arrêté du 14 décembre 1992, portant extension d'accords régionaux (Bretagne) ;
Vu l'accord régional (Bretagne) du 7 avril 1993 (Salaires) conclu dans le cadre de la convention collective nationale susvisée ;
Vu la demande d'extension présentée par les organisations signataires ;
Vu les avis publiés au Journal officiel des 3 et 6 juin 1993 ;
Vu les avis recueillis au cours de l'enquête ;

Vu l'avis motivé de la Commission nationale de la négociation collective (sous-commission des conventions et accords), recueilli suivant la procédure prévue à l'article R.133-2 du code du travail.

Le ministre du travail, de l'emploi et de la formation professionnelle,
Pour le ministre et par délégation :
Par empêchement du directeur des relations du travail,
Le sous-directeur de la négociation collective,
H. MARTIN

Le ministre de l'agriculture et de la pêche,
Pour le ministre et par délégation :
Par empêchement du directeur des exploitations, de la politique sociale et de l'emploi :
Le chef de service,
G. DUSART.

Article 1
En vigueur

Sont rendues obligatoires, pour tous les employeurs et tous les salariés compris dans le champ d'application professionnel de la convention collective du bâtiment concernant les ouvriers employés par les entreprises du bâtiment non visées par le décret du 1er mars 1962 (c'est à dire occupant plus de dix salariés) du 8 octobre 1990 et dans son propre champ d'application géographique, les dispositions de l'accord régional (Bretagne) du 7 avril 1993 (Salaires) conclu dans le cadre des conventions collectives susvisées, sous réserve de l'application des dispositions réglementaires fixant le salaire minimum de croissance.

ARRETE du 5 août 1993

Le ministre du travail, de l'emploi et de la formation professionnelle, et le ministre de l'agriculture et de la pêche,
Vu les articles L. 133-1 et suivants du code du travail ;
Vu les arrêtés des 12 février 1991 et 15 décembre 1992 portant extension de la convention collective nationale du 8 octobre 1990 concernant les ouvriers employés par les entreprises du bâtiment visées par le décret du 1er mars 1962 (c'est à dire occupant jusqu'à dix salariés) du 8 octobre 1990 et d'avenants la complétant ;
Vu l'arrêté du 22 octobre 1992 portant extension de l'accord régional Champagne-Ardenne du 14 janvier 1991 ;
Vu l'accord régional (région Champagne-Ardenne) du 14 avril 1993 conclu dans le cadre de la convention collective nationale susvisée ;
Vu la demande d'extension présentée par les organisations signataires ;
Vu les avis publiés au Journal Officiel des 15 et 25 juin 1993 ;
Vu les avis recueillis au cours de l'enquête ;
Vu l'avis motivé de la Commission nationale de la négociation collective (sous-commission des conventions et accords), recueilli suivant la procédure prévue à l'article R.133-2 du code du travail.

Le ministre du travail, de l'emploi et de la formation professionnelle,
Pour le ministre et par délégation :
Par empêchement du directeur des relations du travail,
Le sous-directeur de la négociation collective,
H. MARTIN

Le ministre de l'agriculture et de la pêche,
Pour le ministre et par délégation :
Par empêchement du directeur des exploitations, de la politique sociale et de l'emploi :
Le chef de service,
G. DUSART.

Article 1
En vigueur

Article 1er

Sont rendues obligatoires, pour tous les employeurs et tous les salariés compris dans le champ d'application professionnel de la convention collective nationale concernant les ouvriers employés par les entreprises du bâtiment visées par le décret du 1er mars 1962 (c'est à dire occupant jusqu'à dix salariés) du 8 octobre 1990, tel qu'étendu par arrêtés des 12 février 1991 et 15 décembre 1992 et dans son propre champ d'application territorial, les dispositions de l'accord régional (région Champagne-Ardenne) du 14 avril 1993 conclu dans le cadre de la convention collective nationale susvisée, sous réserve de l'application des dispositions réglementaires portant fixation du salaire minimum de croissance.

ARRETE du 5 août 1993

Le ministre du travail, de l'emploi et de la formation professionnelle, et le ministre de l'agriculture et de la pêche,
Vu les articles L. 133-1 et suivants du code du travail ;

Vu l'arrêté du 8 février 1991 portant extension de la convention collective nationale du 8 octobre 1990 concernant les ouvriers du bâtiment employés par les entreprises du bâtiment non visées par le décret du 1er mars 1962 (c'est à dire occupant plus de dix salariés) ;
Vu les arrêtés des 12 février 1991 et 15 décembre 1992 portant extension de la convention collective nationale des ouvriers employés par les entreprises visées parr le décret du 1er mars 1962 (c'est à dire occupant jusqu'à dix salariés) du 8 octobre 1990 et d'avenants la complétant ;
Vu les arrêtés du 5 juillet 1991 et 26 juin 1992 portant extension d'accords régionaux de Lorraine ;
Vu l'accord régional Lorraine du 17 mars 1993 (une grille annexée) conclu dans le cadre des conventions collectives nationales susvisées ;
Vu la demande d'extension présentée par les organisations signataires ;
Vu les avis publiés au Journal Officiel des 15 juin 1993 et 25 juin 1993 ;
Vu les avis recueillis au cours de l'enquête ;
Vu l'avis motivé de la Commission nationale de la négociation collective (sous-commission des conventions et accords), recueilli suivant la procédure prévue à l'article R.133-2 du code du travail.

Le ministre du travail, de l'emploi et de la formation professionnelle,
Pour le ministre et par délégation :
Par empêchement du directeur des relations du travail,
Le sous-directeur de la négociation collective,
H. MARTIN

Le ministre de l'agriculture et de la pêche,
Pour le ministre et par délégation :
Par empêchement du directeur des exploitations, de la politique sociale et de l'emploi :
Le chef de service,
G. DUSART.

Article 1
En vigueur

Article 1er

Sont rendues obligatoires, pour tous les employeurs et tous les salariés compris dans le champ d'application professionnel des conventions collectives nationales concernant les ouvriers employés par les entreprises du bâtiment, tel qu'étendu par arrêtés des 8 février 1991, 12 février 1991 et 15 décembre 1992 et dans son propre champ d'application territorial, les dispositions de l'accord régional Lorraine du 17 mars 1993 (une grille annexée) conclu dans le cadre des conventions collectives nationales susvisées, sous réserve de l'application des dispositions réglementaires portant fixation du salaire minimum de croissance.

ARRETE du 20 août 1993

Le ministre du travail, de l'emploi et de la formation professionnelle, et le ministre de l'agriculture et de la pêche,
Vu les articles L. 133-1 et suivants du code du travail ;
Vu l'arrêté du 8 février 1991 portant extension de la convention collective nationale concernant les ouvriers employés par les entreprises du bâtiment du 8 octobre 1990 non visées par le décret du 1er mars 1962 (c'est à dire occupant plus de dix salariés) ;
Vu les arrêtés des 12 février 1991 et 15 décembre 1992 portant extension de la convention collective nationale des ouvriers employés par les entreprises visées par le décret du 1er mars 1962 (c'est à dire occupant jusqu'à dix salariés) du 8 octobre 1990 et d'avenants la complétant ;
Vu l'accord départemental (département de l'Ain) du 26 février 1993 relatif aux indemnités de déplacements (deux annexes) conclu dans le cadre des conventions collectives nationales susvisées ;
Vu la demande d'extension présentée par les organisations signataires ;
Vu les avis publiés au Journal Officiel du 8 juillet 1993 et du 29 juillet 1993 ;
Vu les avis recueillis au cours de l'enquête ;
Vu l'avis motivé de la Commission nationale de la négociation collective (sous-commission des conventions et accords), recueilli suivant la procédure prévue à l'article R.133-2 du code du travail.

Le ministre du travail, de l'emploi et de la formation professionnelle,
Pour le ministre et par délégation :
Par empêchement du directeur des relations du travail,
Le sous-directeur de la négociation collective,
H. MARTIN

Le ministre de l'agriculture et de la pêche,
Pour le ministre et par délégation :
Par empêchement du directeur des exploitations, de la politique sociale et de l'emploi :
L'administrateur civil,
J.J. RENAULT.

Article 1
En vigueur

Article 1er

Sont rendues obligatoires, pour tous les employeurs et tous les salariés compris dans le champ d'application professionnel des conventions

collectives nationales des ouvriers employés par les entreprises du bâtiment, tel qu'étendu par arrêtés des 8 février 1991, 12 février 1991 et 15 décembre 1992 et dans son propre champ d'application géographique, les dispositions de l'accord départemental (département de l'Ain) du 26 février 1993 relatif aux indemnités de déplacement (deux annexes) conclu dans le cadre des conventions collectives susvisées.

ARRETE du 30 août 1993

Le ministre du travail, de l'emploi et de la formation professionnelle, et le ministre de l'agriculture et de la pêche,
Vu les articles L. 133-1 et suivants du code du travail ;
Vu les arrêtés du 8 février 1991 et du 12 février 1991 portant extension des conventions collectives nationales concernant les ouvriers employés par les entreprises du bâtiment du 8 octobre 1990 ;
Vu l'arrêté du 23 juillet 1992 portant extension de l'accord départemental de Maine-et-Loire du 9 avril 1992 des ouvriers du bâtiment ;
Vu l'accord départemental (Maine et Loire) du 13 avril 1993 relatif aux salaires conclu dans le cadre des conventions collectives nationales susvisées ;
Vu la demande d'extension présentée par les organisations signataires ;
Vu les avis publiés au Journal Officiel des 18 juin et 25 juin 1993 ;
Vu les avis recueillis au cours de l'enquête ;
Vu l'avis motivé de la Commission nationale de la négociation collective (sous-commission des conventions et accords), recueilli suivant la procédure prévue à l'article R.133-2 du code du travail.

Le ministre du travail, de l'emploi et de la formation professionnelle,
Pour le ministre et par délégation :
Par empêchement du directeur des relations du travail,
Le sous-directeur de la négociation collective,
H. MARTIN

Le ministre de l'agriculture et de la pêche,
Pour le ministre et par délégation :
Par empêchement du directeur des exploitations, de la politique sociale et de l'emploi :
L'administrateur civil,
J.J. RENAULT.

Article 1
En vigueur

Article 1er

Sont rendues obligatoires, pour tous les employeurs et tous les salariés compris dans le champ d'application professionnel des conventions collectives nationales concernant les ouvriers employés par les entreprises du bâtiment, tels qu'étendus par arrêtés des 8 février 1991 et 12 février 1991 et dans son propre champ d'application géographique, les dispositions de l'accord départemental Maine et Loire du 13 avril 1993 relatif aux salaires conclu dans le cadre des conventions collectives susvisées, sous réserve de l'application des dispositions réglementaires fixant le salaire minimum de croissance.

Article 1, 2, 3
En vigueur

Article 1er

Sont rendues obligatoires, pour tous les employeurs et tous les salariés compris dans le champ d'application de l'accord national du 23 février 1989, tel que modifié par l'avenant n° 3 étendu du 20 octobre 1993 et par l'avenant n° 4 du 9 juillet 1993 à l'accord susvisé, à l'exclusion de l'article 2

Article 2

L'extension des effets et sanctions de l'avenant susvisé est faite à dater de la publication du présent arrêté pour la durée restant à courir et aux conditions prévues par ledit avenant.

Article 3

Le directeur des relations du travail au ministère du travail, de l'emploi et de la formation professionnelle et le directeur des exploitations, de la politique sociale et de l'emploi au ministère de l'agriculture et de la pêche sont chargés, chacun en ce qui le concerne, de l'exécution du présent arrêté, qui sera publié au Journal officiel de la République française.

ARRETE du 25 octobre 1993

Le ministre du travail, de l'emploi et de la formation professionnelle, et le ministre de l'agriculture et de la pêche,
Vu les articles L. 133-1 et suivants du code du travail ;
Vu les arrêtés des 12 février 1991 et du 15 décembre 1992 portant extension de la convention collective nationale concernant les ouvriers employés par les entreprises du bâtiment visées par le décret du 1er mars 1962 (c'est-à-dire occupant jusqu'à dix salariés) du 8 octobre 1990 et d'avenants la complétant ;
Vu l'arrêté du 21 juillet 1993 portant extension d'accords régionaux (région Poitou-Charentes) conclus dans le cadre de la convention collective nationale susvisée ;

Vu la demande d'extension présentée par les organisations signataires ;
Vu les avis publiés au Journal Officiel du 10 août et du 13 août 1993 ;
Vu les avis recueillis au cours de l'enquête ;
Vu l'avis motivé de la Commission nationale de la négociation collective (sous-commission des conventions et accords) recueilli suivant la procédure prévue à l'article R.133-2 du code du travail.

Le ministre du travail, de l'emploi et de la formation professionnelle,
Pour le ministre et par délégation :
Par empêchement du directeur des relations du travail,
Le sous-directeur de la négociation collective,
H. MARTIN

Le ministre de l'agriculture et de la pêche,
Pour le ministre et par délégation :
Par empêchement du directeur des exploitations, de la politique sociale et de l'emploi :
L'administrateur civil,
J.J. RENAULT.

Article 1
En vigueur

Sont rendues obligatoires, pour tous les employeurs et tous les salariés compris dans le champ d'application professionnel de la convention collective nationale concernant les ouvriers employés par les entreprises du bâtiment visées par le décret du 1er mars 1962 (c'est-à-dire occupant jusqu'à dix salariés) du 8 octobre 1990, tel que complété par l'avenant n° 1 du 17 mars 1992, et dans son propre champ d'application territorial, les dispositions de l'accord (région Poitou-Charentes) du 27 mai 1993 relatif aux salaires minimaux à compter des 1er juillet et 1er octobre 1993 conclu dans le cadre de la convention collective nationale susvisée, sous réserve de l'application des dispositions réglementaires fixant le salaire minimum de croissance.

ARRETE du 3 novembre 1993

Le ministre du travail, de l'emploi et de la formation professionnelle et le ministre de l'agriculture et de la pêche,
Vu les articles L. 133-1 et suivants du code du travail ;
Vu l'arrêté du 8 février 1991 portant extension de la convention collective nationale du 8 octobre 1990 des ouvriers employés par les entreprises du bâtiment non visées par le décret du 1er mars 1962 (c'est-à-dire occupant plus de dix salariés) ;
Vu les arrêtés des 12 février 1991 et 15 décembre 1992 portant extension de la convention collective nationale des ouvriers employés par les entreprises du bâtiment visées par le décret du 1er mars 1962 (c'est-à-dire occupant jusqu'à dix salariés) du 8 octobre 1990 et d'avenants la complétant ;
Vu l'arrêté du 24 juin 1991 portant extension d'un accord régional (Franche-Comté) ;
Vu l'accord régional (Franche-Comté) du 17 mai 1993 conclu dans le cadre de la convention collective nationale susvisée ;
Vu la demande d'extension présentée par les organisations signataires ;
Vu les avis publiés au Journal Officiel des 8 juillet et 4 août 1993 ;
Vu les avis recueillis au cours de l'enquête ;
Vu l'avis motivé de la Commission nationale de la négociation collective (sous-commission des conventions et accords).

Le ministre du travail, de l'emploi et de la formation professionnelle,
Pour le ministre et par délégation :
Par empêchement du directeur des relations du travail,
Le sous-directeur de la négociation collective,
H. MARTIN

Le ministre de l'agriculture et de la pêche,
Pour le ministre et par délégation :
Par empêchement du directeur des exploitations, de la politique sociale et de l'emploi :
L'administrateur civil,
J.J. RENAULT.

Article 1
En vigueur

Sont rendues obligatoires, pour tous les employeurs et tous les salariés compris dans le champ d'application professionnel de la convention collective nationale concernant les ouvriers employés par les entreprises du bâtiment visées par le décret du 1er mars 1962 (c'est-à-dire occupant jusqu'à dix salariés) du 8 octobre 1990, tel que complété par l'avenant n° 1 du 17 mars 1992 et dans celui de la convention collective des ouvriers employés par les entreprises du bâtiment non visées par le décret du 1er mars 1962 (c'est-à-dire occupant plus de dix salariés) du 8 octobre 1990 et dans son propre champ d'application géographique, les dispositions de l'accord régional (Franche-Comté) du 17 mai 1993 conclu dans le cadre des conventions collectives susvisées, à l'exclusion des mots : "adhérant aux organisations syndicales patronales affiliées à la fédération régionale du bâtiment" figurant à l'article 2 et sous réserve de l'application des dispositions réglementaires portant fixation du salaire minimum de croissance.

ARRETE du 3 novembre 1993

Le ministre du travail, de l'emploi et de la formation professionnelle et le ministre de l'agriculture et de la pêche,
Vu les articles L. 133-1 et suivants du code du travail ;
Vu les arrêtés des 12 février 1991 et 15 décembre 1992 portant extension de la convention collective nationale des ouvriers employés par les entreprises du bâtiment non visées par le décret du 1er mars 1962 (c'est-à-dire occupant jusqu'à dix salariés) du 8 octobre 1990 et d'avenants la complétant ;
Vu l'arrêté du 29 juillet 1993 portant extension d'accords régionaux (région Auvergne) conclus dans le cadre de la convention collective nationale susvisée ;
Vu l'accord Salaires (région Auvergne) du 28 juin 1993 conclu dans le cadre de la convention collective nationale susvisée ;
Vu l'accord Petits Déplacements (région Auvergne) du 28 juin 1993 conclu dans le cadre de la convention collective nationale susvisée ;
Vu la demande d'extension présentée par les organisations signataires ;
Vu les avis publiés au Journal Officiel des 14 septembre et 1er octobre 1993 ;
Vu les avis recueillis au cours de l'enquête ;
Vu l'avis motivé de la Commission nationale de la négociation collective (sous-commission des conventions et accords), recueilli suivant la procédure prévue à l'article R133-2 du code du travail.

Le ministre du travail, de l'emploi et de la formation professionnelle,
Pour le ministre et par délégation :
Par empêchement du directeur des relations du travail,
Le sous-directeur de la négociation collective,
H. MARTIN

Le ministre de l'agriculture et de la pêche,
Pour le ministre et par délégation :
Par empêchement du directeur des exploitations, de la politique sociale et de l'emploi :
L'administrateur civil,
J.J. RENAULT.

Article 1
En vigueur

Sont rendues obligatoires, pour tous les employeurs et tous les salariés compris dans le champ d'application professionnel de la convention collective nationale concernant les ouvriers employés par les entreprises du bâtiment visées par le décret du 1er mars 1962 (c'est-à-dire occupant jusqu'à dix salariés) du 8 octobre 1990, tel que complété par l'avenant n° 1 du 17 mars 1992 et dans son propre champ d'application territorial, les dispositions de :

- l'accord Salaires (région Auvergne) du 28 juin 1993 conclu dans le cadre de la convention collective nationale susvisée sous réserve de l'application des dispositions réglementaires portant fixation du salaire minimum de croissance ;

- l'accord Petits Déplacements (région Auvergne) du 28 juin 1993 conclu dans le cadre de la convention collective nationale susvisée.

ARRETE du 26 novembre 1993

Le ministre du travail, de l'emploi et de la formation professionnelle et le ministre de l'agriculture et de la pêche,
Vu les articles L. 133-1 et suivants du code du travail ;
Vu les arrêtés du 8 février 1991 et 12 février 1991 portant extension des conventions collectives nationales concernant les ouvriers employés par les entreprises du bâtiment du 8 octobre 1990 ;
Vu l'arrêté du 1er février 1993 portant extension d'un accord concernant les installateurs-électriciens de Meurthe-et-Moselle et des Vosges conclu dans le cadre des conventions collectives nationales susvisées ;
Vu l'annexe Salaires n° 3 du 4 mai 1993 conclue dans le cadre des conventions collectives susvisées ;
Vu l'annexe Monteurs en petits déplacements du 4 mai 1993 à l'accord Salaires n° 3 concernant les installateurs-électriciens de Meurthe-et-Moselle et des Vosges conclue dans le cadre des conventions collectives nationales susvisées ;
Vu la demande d'extension présentée par les organisations signataires ;
Vu les avis publiés au Journal Officiel des 7 et 10 août 1993 ;
Vu les avis recueillis au cours de l'enquête ;
Vu l'avis motivé de la Commission nationale de la négociation collective (sous-commission des conventions et accords) recueilli suivant la procédure prévue à l'article R.133-2 du code du travail.

Le ministre du travail, de l'emploi et de la formation professionnelle,
Pour le ministre et par délégation :
Par empêchement du directeur des relations du travail,
Le sous-directeur de la négociation collective,
H. MARTIN
Le ministre de l'agriculture et de la pêche,
Pour le ministre et par délégation :

Par empêchement du directeur des exploitations, de la politique sociale et de l'emploi :
L'administrateur civil,
J.J. RENAULT

Article 1
En vigueur

Sont rendues obligatoires, pour tous les employeurs et tous les salariés compris dans son propre champ d'application professionnel et territorial, les dispositions de :

- l'annexe Salaires n° 3 du 4 mai 1993 concernant les installateurs-électriciens de Meurthe-et-Moselle et Vosges, conclue dans le cadre des conventions collectives nationales des ouvriers employés par les entreprises du bâtiment du 8 octobre 1990, sous réserve de l'application des dispositions fixant le salaire minimum de croissance ;

- l'annexe Monteurs en petits déplacements du 4 mai 1993 à l'accord Salaires n° 3 concernant les installateurs-électriciens de Meurthe-et-Moselle et des Vosges conclue dans le cadre des conventions collectives nationales des ouvriers employés par les entreprises du bâtiment du 8 octobre 1990.

ARRETE du 17 décembre 1993

Le ministre du travail, de l'emploi et de la formation professionnelle et le ministre de l'agriculture et de la pêche,
Vu les articles L. 133-1 et suivants du code du travail ;
Vu les arrêtés du 8 février 1991 portant extension de la convention collective nationale du 8 octobre 1990 des ouvriers employés par les entreprises du bâtiment non visées par le décret du 1er mars 1962 (c'est à dire occupant plus de dix salariés) ;
Vu les arrêtés des 12 février 1991 et 15 décembre 1992 portant extension de la convention collective nationale des ouvriers employés par les entreprises du bâtiment visées par le décret du 1er mars 1962 (c'est à dire occupant jusqu'à dix salariés) du 8 octobre 1990 et d'avenants la complétant ;
Vu l'arrêté du 24 juin 1991 portant extension d'un accord régional (Midi-Pyrénées) ;
Vu l'accord régional (Midi-Pyrénées) du 16 décembre 1992 conclu dans le cadre des conventions collectives nationales susvisées ;
Vu la demande d'extension présentée par les organisations signataires ;
Vu les avis publiés au Journal officiel des 3 et 15 octobre 1993 ;
Vu les avis recueillis au cours de l'enquête ;
Vu l'avis motivé de la Commission nationale de la négociation collective (sous-commission des conventions et accords) recueilli suivant la procédure prévue à l'article R.133-2 du code du travail.

Le ministre du travail, de l'emploi et de la formation professionnelle,
Pour le ministre et par délégation :
Par empêchement du directeur des relations du travail,
Le sous-directeur de la négociation collective,
H. MARTIN
Le ministre de l'agriculture et de la pêche,
Pour le ministre et par délégation :
Par empêchement du directeur des exploitations, de la politique sociale et de l'emploi :
L'administrateur civil,
J.J. RENAULT

Article 1
En vigueur

Sont rendues obligatoires, pour tous les employeurs et tous les salariés compris dans son propre champ d'application professionnel de la convention collective nationale des ouvriers employés par les entreprises du bâtiment visées par le décret du 1er mars 1962 (c'est à dire occupant jusqu'à dix salariés) du 8 octobre 1990, tel que complété par l'avenant n° 1 du 17 mars 1992 et dans celui de la convention collective des ouvriers employés par les entreprises du bâtiment non visées par le décret du 1er mars 1962 (c'est à dire occupant plus de 10 salariés) du 8 octobre 1990 et dans son propre champ d'application géographique, les dispositions de l'accord régional (Midi-Pyrénées) du 16 décembre 1992 conclu dans le cadre des conventions collectives nationales susvisées.

ARRETE du 11 février 1994

Le ministre du travail, de l'emploi et de la formation professionnelle et le ministre de l'agriculture et de la pêche,
Vu les articles L. 133-1 et suivants du code du travail ;
Vu l'arrêté du 8 février 1991 portant extension de la convention collective nationale des ouvriers employés par les entreprises du bâtiment non visées par le décret du 1er mars 1962 (c'est-à-dire occupant plus de dix salariés) du 8 octobre 1990 ;
Vu les arrêtés des 12 février 1991 et 15 décembre 1992 portant extension de la convention collective nationale des ouvriers employés par les entreprises du bâtiment visées par le décret du 1er mars 1962 (c'est-à-dire occupant jusqu'à dix salariés) du 18 octobre 1990 et d'avenants la complétant ;
Vu l'arrêté du 24 avril 1991 portant extension d'un accord régional (Haute-Normandie) ;

Vu l'avenant n° 2 du 20 octobre 1993 à l'accord régional Haute-Normandie du 11 janvier 1991 conclu dans le cadre des conventions collectives nationales susvisées ;
Vu la demande d'extension présentée par les organisations signataires ;
Vu les avis publiés au Journal officiel des 2 et 11 décembre 1993 ;
Vu les avis recueillis au cours de l'enquête ;
Vu l'avis motivé de la Commission nationale de la négociation collective (sous-commission des conventions et accords) recueilli suivant la procédure prévue à l'article R. 133-2 du code du travail,

Le ministre du travail, de l'emploi
et de la formation professionnelle,
Pour le ministre et par délégation :
Par empêchement du directeur
des relations du travail :
Le sous-directeur de la négociation collective,
H. MARTIN
Le ministre de l'agriculture et de la pêche,
Pour le ministre et par délégation :
Par empêchement du directeur des exploitations,
de la politique sociale et de l'emploi :
L'administrateur civil,
J.-J. RENAULT

Article 1, 2, 3
En vigueur

Article 1

Sont rendues obligatoires, pour tous les employeurs et tous les salariés compris dans le champ d'application professionnel de la convention collective nationale des ouvriers employés par les entreprises du bâtiment visées par le décret du 1er mars 1962 (c'est-à-dire occupant jusqu'à dix salariés) du 8 octobre 1990, tel que complété par l'avenant n° 1 du 17 mars 1992, et dans celui de la convention collective nationale des ouvriers employés par les entreprises du bâtiment non visées par le décret du 1er mars 1962 (c'est-à-dire occupant plus de dix salariés) du 8 octobre 1990 et dans son propre champ d'application géographique, les dispositions de l'avenant n° 2 du 20 octobre 1993 à l'accord régional Haute-Normandie du 11 janvier 1991 conclu dans le cadre des conventions collectives nationales susvisées.

Article 2

L'extension des effets et sanctions de l'accord susvisé est faite à dater de la publication du présent arrêté pour la durée restant à courir et aux conditions prévues par ledit accord.
Article 3

Le directeur des relations du travail au ministère du travail, de l'emploi et de la formation professionnelle et le directeur des exploitations, de la politique sociale et de l'emploi au ministère de l'agriculture et de la pêche sont chargés, chacun en ce qui le concerne, de l'exécution du présent arrêté, qui sera publié au Journal officiel de la République française.

Nota. Le texte de l'accord susvisé a été publié au Bulletin officiel du ministère, fascicule Conventions collectives n° 93-46 en date du 30 décembre 1993.

ARRETE du 11 février 1994

Le ministre du travail, de l'emploi et de la formation professionnelle et le ministre de l'agriculture et de la pêche,
Vu les articles L. 133.1 et suivants du code du travail ;
Vu l'arrêté du 8 février 1991 portant extension de la convention collective nationale du 8 octobre 1990 concernant les ouvriers du bâtiment employés par les entreprises du bâtiment non visées par le décret du 1er mars 1962 (c'est-à-dire occupant plus de dix salariés) ;
Vu les arrêtés des 12 février 1991 et 15 décembre 1992 portant extension de la convention collective nationale des ouvriers employés par les entreprises visées par le décret du 1er mars 1962 (c'est-à-dire occupant jusqu'à dix salariés) du 8 octobre 1990 et d'avenants la complétant ;
Vu l'arrêté du 14 mai 1991 et les arrêtés successifs, notamment l'arrêté du 29 juillet 1993, portant extension d'accords régionaux (Bretagne) ;
Vu l'accord régional (Bretagne) du 23 septembre 1993 (Salaires) conclu dans le cadre de la convention collective nationale susvisée ;
Vu la demande d'extension présentée par les organisations signataires ;
Vu les avis publiés au Journal officiel des 11 et 24 décembre 1993 ;
Vu les avis recueillis au cours de l'enquête ;
Vu l'avis motivé de la Commission nationale de la négociation collective (sous-commission des conventions et accords) recueilli suivant la procédure prévue à l'article R. 133-2 du code du travail,
Arrêtent :

Le ministre du travail, de l'emploi
et de la formation professionnelle,
Pour le ministre et par délégation :
Par empêchement du directeur
des relations du travail :
Le sous-directeur de la négociation collective,

H. MARTIN
Le ministre de l'agriculture et de la pêche,
Pour le ministre et par délégation :
Par empêchement du directeur
des exploitations, de la politique sociale
et de l'emploi :
L'administrateur civil,
J.-J. RENAULT

Article 1, 2, 3
En vigueur

Article 1

Sont rendues obligatoires, pour tous les employeurs et tous les salariés compris dans le champ d'application professionnel de la convention collective nationale du bâtiment concernant les ouvriers employés par les entreprises visées par le décret du 1er mars 1962 (c'est-à-dire occupant jusqu'à dix salariés) du 8 octobre 1990, tel que complété par l'avenant n° 1 du 17 mars 1992 et dans celui de la convention collective nationale concernant les ouvriers employés par les entreprises du bâtiment non visées par le décret du 1er mars 1962 (c'est-à-dire occupant plus de dix salariés) du 8 octobre 1990 et dans son propre champ d'application géographique, les dispositions de l'accord régional (Bretagne) du 23 septembre 1993 (Salaires), conclu dans le cadre des conventions collectives susvisées.
Article 2

L'extension des effets et sanctions de l'accord susvisé est faite à dater de la publication du présent arrêté pour la durée restant à courir et aux conditions prévues par ledit accord.
Article 3

Le directeur des relations du travail au ministère du travail, de l'emploi et de la formation professionnelle et le directeur des exploitations, de la politique sociale et de l'emploi au ministère de l'agriculture et de la pêche sont chargés, chacun en ce qui le concerne, de l'exécution du présent arrêté, qui sera publié au Journal officiel de la République française.

Nota. Le texte de l'accord susvisé a été publié au Bulletin officiel du ministère, fascicule Conventions collectives n° 93-48 en date du 1er février 1994.

ARRETE du 10 mai 1994

Le ministre du travail, de l'emploi et de la formation professionnelle et le ministre de l'agriculture et de la pêche,
Vu les articles L. 133-1 et suivants du code du travail ;
Vu l'arrêté du 8 février 1991 portant extension de la convention collective nationale des ouvriers employés par les entreprises du bâtiment non visées par le décret du 1er mars 1962 (c'est-à-dire occupant plus de dix salariés) du 8 octobre 1990 ;
Vu les arrêtés des 12 février 1991 et 15 décembre 1992 portant extension de la convention collective nationale des ouvriers employés par les entreprises du bâtiment visées par le décret du 1er mars 1962 (c'est-à-dire occupant jusqu'à dix salariés) du 8 octobre 1990 et d'un avenant la complétant ;
Vu l'arrêté du 5 juillet 1991 et les arrêtés successifs, notamment l'arrêté du 5 août 1993, portant extension d'accords régionaux Alsace ;
Vu l'accord régional Alsace du 16 mars 1993 relatif aux salaires minima, conclu dans le cadre des conventions collectives nationales susvisées ;
Vu l'accord régional Alsace du 16 mars 1993 relatif aux indemnités de petits déplacements conclu dans le cadre des conventions collectives nationales susvisées ;
Vu la demande d'extension présentée par les organisations signataires ;
Vu les avis publiés au Journal officiel du 11 février 1994 et 23 février 1994 ;
Vu les avis recueillis au cours de l'enquête ;
Vu l'avis motivé de la Commission nationale de la négociation collective (sous-commission des conventions et accords), recueilli suivant la procédure prévue à l'article R. 133-2 du code du travail,
Arrêtent :

Le ministre du travail, de l'emploi
et de la formation professionnelle, Pour le ministre et par délégation :
Par empêchement du directeur des relations du travail :
Le sous-directeur de la négociation collective,
H. MARTIN
Le ministre de l'agriculture et de la pêche,
Pour le ministre et par délégation :
Par empêchement du directeur des exploitations, de la politique sociale et de l'emploi :
L'administrateur civil,
J.-J. RENAULT

Article 1, 2, 3
En vigueur

Article 1er.

Sont rendues obligatoires, pour tous les employeurs et tous les salariés compris dans le champ d'application professionnel des conventions collectives nationales concernant les ouvriers employés par les entreprises du bâtiment, tel qu'étendu par arrêtés des 8 février 1991, 12 février 1991 et 15 décembre 1992, et dans son propre champ d'application territorial, les dispositions de :
l'accord régional Alsace du 16 mars 1993 (Salaires minima) conclu dans le cadre des conventions collectives nationales susvisées ;
l'accord régional Alsace du 16 mars 1993 (Indemnités de petits déplacements) conclu dans le cadre des conventions collectives nationales susvisées.
Article 2.

L'extension des effets et sanctions des accords susvisés est faite à dater de la publication du présent arrêté pour la durée restant à courir et aux conditions prévues par lesdits accords.
Article 3.

Le directeur des relations du travail au ministère du travail, de l'emploi et de la formation professionnelle et le directeur des exploitations, de la politique sociale et de l'emploi au ministère de l'agriculture et de la pêche sont chargés, chacun en ce qui le concerne, de l'exécution du présent arrêté, qui sera publié au Journal officiel de la République française.

Nota. Le texte des accords susvisés a été publié au Bulletin officiel du ministère, fascicule Conventions collectives n° 94-05 en date du 9 mai 1994.

ARRETE du 18 mai 1994

Le ministre du travail, de l'emploi et de la formation professionnelle et le ministre de l'agriculture et de la pêche,
Vu les articles L. 133-1 et suivants du code du travail ;
Vu l'arrêté du 8 février 1991 portant extension de la convention collective nationale des ouvriers employés par les entreprises du bâtiment non visées par le décret du 1er mars 1962 (c'est-à-dire occupant plus de dix salariés) du 8 octobre 1990 ;
Vu les arrêtés des 12 février 1991 et 15 décembre 1992 portant extension de la convention collective nationale des ouvriers employés par les entreprises du bâtiment visées par le décret du 1er mars 1962 (c'est-à-dire occupant jusqu'à dix salariés) du 8 octobre 1990 et d'avenants la complétant ;
Vu l'arrêté du 17 décembre 1993 portant extension d'un accord régional (Midi-Pyrénées) ;
Vu l'accord régional (Midi-Pyrénées) du 15 décembre 1993 conclu dans le cadre des conventions collectives nationales susvisées ;
Vu la demande d'extension présentée par les organisations syndicales signataires ;
Vu les avis publiés au Journal officiel des 2 et 4 février 1994 ;
Vu les avis recueillis au cours de l'enquête ;
Vu l'avis motivé de la Commission nationale de la négociation collective (sous-commission des conventions et accords), recueilli suivant la procédure prévue à l'article R. 133-2 du code du travail,
Arrêtent :

Le ministre du travail, de l'emploi et de la formation professionnelle,
Pour le ministre et par délégation :
Par empêchement du directeur des relations du travail :
Le sous-directeur de la négociation collective,
H. MARTIN
Le ministre de l'agriculture et de la pêche,
Pour le ministre et par délégation :
Par empêchement du directeur des exploitations,
de la politique sociale et de l'emploi :
L'administrateur civil,
J.-J. RENAULT

Article 1, 2, 3
En vigueur

Article 1er.

Sont rendues obligatoires, pour tous les employeurs et tous les salariés compris dans le champ d'application professionnel de la convention collective nationale des ouvriers employés par les entreprises du bâtiment visées par le décret du 1er mars 1962 (c'est-à-dire occupant jusqu'à dix salariés) du 8 octobre 1990, tel que complété par l'avenant n° 1 du 17 mars 1992, et dans celui de la convention collective nationale des ouvriers employés par les entreprises du bâtiment non visées par le décret du 1er mars 1962 (c'est-à-dire occupant plus de dix salariés) du 8 octobre 1990, et dans son propre champ d'application géographique, les dispositions de l'accord régional (Midi-Pyrénées) du 15 décembre 1993 conclu dans le cadre des conventions collectives nationales susvisées.
Article 2.

L'extension des effets et des sanctions de l'accord susvisé est faite à dater de la publication du présent arrêté pour la durée restant à courir et aux conditions prévues par les conventions précitées.
Article 3.

Le directeur des relations du travail au ministère du travail, de l'emploi et de la formation professionnelle et le directeur des exploitations, de la politique sociale et de l'emploi au ministère de l'agriculture et de la pêche sont chargés, chacun en ce qui le concerne, de l'exécution du présent arrêté, qui sera publié au Journal officiel de la République française.

Nota. Le texte de l'accord susvisé a été publié au Bulletin officiel du ministère, fascicule Conventions collectives n° 94-01 en date du 30 mars

1994.

ARRETE du 10 juin 1994

Le ministre du travail, de l'emploi et de la formation professionnelle et le ministre de l'agriculture et de la pêche,
Vu les articles L. 133-1 et suivants du code du travail ;
Vu l'accord professionnel dans les entreprises du bâtiment occupant jusqu'à dix salariés du 25 janvier 1994 (une annexe Champ d'application professionnel) ;
Vu la demande d'extension présentée par les organisations signataires ;
Vu les avis publiés au Journal officiel des 26 février 1994 et 2 mars 1994 ;
Vu les avis recueillis au cours de l'enquête ;
Vu l'avis motivé de la Commission nationale de la négociation collective (sous-commission des conventions et accords),

Le ministre du travail,
de l'emploi et de la formation professionnelle,
Pour le ministre et par délégation :
Par empêchement du directeur
des relations du travail :
Le sous-directeur de la négociation collective,
H. MARTIN
Le ministre de l'agriculture et de la pêche,
Pour le ministre et par délégation :
Par empêchement du directeur des exploitations,
de la politique sociale et de l'emploi :
L'administrateur civil,
J.-J. RENAULT

Article 1, 2, 3
En vigueur

Art. 1er

Sont rendues obligatoires, pour tous les employeurs et tous les salariés compris dans son champ d'application, à l'exclusion, d'une part, des entreprises paysagistes et de reboisement répertoriées au code A.P.E. 55.10 relevant des professions agricoles et, d'autre part, des entreprises spécialisées dans l'équipement électrique des usines et autres établissements industriels répertoriées au code A.P.E. 55.40 qui, à la date du présent arrêté, appliquaient une autre convention collective que celle du bâtiment, les dispositions de l'accord professionnel du 25 janvier 1994 concernant les entreprises du bâtiment occupant jusqu'à dix salariés.

Art. 2

L'extension des effets et sanctions de l'accord précité est faite à dater de la publication du présent arrêté pour la durée restant à courir et aux conditions prévues par ledit accord.

Art. 3

Le directeur des relations du travail au ministère du travail, de l'emploi et de la formation professionnelle et le directeur des exploitations, de la politique sociale et de l'emploi au ministère de l'agriculture et de la pêche sont chargés, chacun en ce qui le concerne, de l'exécution du présent arrêté, qui sera publié au Journal officiel de la République française.
Nota. Le texte de l'accord susvisé a été publié au Bulletin officiel du ministère, fascicule Conventions collectives n° 94-7 en date du 25 mai 1994.

ARRETE du 27 juin 1994

Le ministre du travail, de l'emploi et de la formation professionnelle et le ministre de l'agriculture et de la pêche,
Vu les articles L. 133-1 et suivants du code du travail ;
Vu l'arrêté du 8 février 1994 portant extension de la convention collective nationale concernant les ouvriers employés par les entreprises du bâtiment, non visées par le décret du 1er mars 1962 (c'est-à-dire occupant plus de dix salariés) du 8 octobre 1990 ;
Vu les arrêtés du 12 février 1991 et 15 décembre 1992 portant extension de la convention collective nationale concernant les ouvriers employés par les entreprises du bâtiment, visées par le décret du 1er mars 1962 (c'est-à-dire occupant jusqu'à dix salariés) du 8 octobre 1990 et d'avenants la complètant ;
Vu l'arrêté du 19 avril 1991 portant extension d'un accord départemental (Sarthe) conclu dans le cadre des conventions coolectives susvisées ;
Vu l'accord départemental (Sarthe) du 23 septembre 1993 relatif aux salaires mensuels minimaux, conclu dans le cadre des conventions collectives nationales susvisées ;
Vu la demande d'extension présentée par les organisations signataires ;
Vu les avis publiés au Journal officiel des 7 et 13 avril 1994 ;
Vu les avis recueillis au cours de l'enquête ;
Vu l'avis motivé de la Commission nationale de la négociation collective (sous-commission des conventions et accords), recueilli suivant la

procèdure prévue à l'article R. 133-2 du code du travail ;

Le ministre du travail,
de l'emploi et de la formation professionnelle,
Pour le ministre et par délégation :
Par empêchement du directeur
des relations du travail :
Le sous-directeur de la négociation collective,
H. MARTIN
Le ministre de l'agriculture et de la pêche,
Pour le ministre et par délégation :
Par empêchement du directeur des exploitations,
de la politique sociale et de l'emploi :
L'administrateur civil,
J.-J. RENAULT

Article 1, 2, 3
En vigueur

Art. 1er

Sont rendues obligatoires, pour tous les employeurs et tous les salariés compris dans le champ d'application professionnel des conventions collectives nationales concernant les ouvriers employés par les entreprises du bâtiment, tel qu'étendu par les arrêtés des 8 et 12 février 1991 susvisés et dans son propre champ d'application territorial, les dispositions de l'accord salaires du 23 septembre 1993 susvisé (département de la Sarthe) conclu dans le cadre des conventions collectives susvisées.

Art. 2

L'extension des effets et sanctions de l'accord départemental susvisé est faite à dater de la publication du présent arrêté pour la durée restant à courir et aux conditions prévues par ledit accord.

Art. 3

Le directeur des relations du travail au ministère du travail, de l'emploi et de la formation professionnelle et le directeur des exploitations, de la politique sociale et de l'emploi au ministère de l'agriculture et de la pêche sont chargés, chacun en ce qui le concerne, de l'exécution du présent arrêté, qui sera publié au Journal officiel de la République française.
Nota. Le texte de l'accord susvisé a été publié au Bulletin officiel du ministère, fascicule Conventions collectives n° 94-13 en date du 14 juin 1994.

ARRETE du 27 juin 1994

Le ministre du travail, de l'emploi et de la formation professionnelle et le ministre de l'agriculture et de la pêche,
Vu les articles L. 133-1 et suivants du code du travail ;
Vu les arrêtés des 12 février 1991 et 15 décembre 1992 portant extension de la convention collective nationale concernant les ouvriers employés par les entreprises du bâtiment visées par le décret du 1er mars 1962 (c'est-à-dire occupant jusqu'à dix salariés) du 8 octobre 1990, et d'avenants la modifiant ou la complétant ;
Vu l'arrêté du 24 juin 1991 et les arrêtés successifs, notamment l'arrêté du 25 octobre 1993 portant extension d'accords régionaux (Poitou-Charentes) conclus dans le cadre de la convention collective susvisée ;
Vu l'accord régional (Poitou-Charentes) du 12 janvier 1994 conclu dans le cadre de la convention collective susvisée ;
Vu la demande d'extension présentée par les organisations signataires ;
Vu les avis publiés au Journal officiel du 10 mars 1994 et du 17 mars 1994 ;
Vu les avis recueillis au cours de l'enquête ;
Vu l'avis motivé de la Commission nationale de la négociation collective (sous-commission des conventions et accords), recueilli suivant la procédure prévue à l'article R. 133-2 du code du travail,
Arrêtent :

Le ministre du travail, de l'emploi et de la formation professionnelle,
Pour le ministre et par délégation :
Par empêchement du directeur des relations du travail :
Le sous-directeur de la négociation collective,
H. MARTIN
Le ministre de l'agriculture et de la pêche,
Pour le ministre et par délégation :
Par empêchement du directeur des exploitations, de la politique sociale et de l'emploi :
L'administrateur civil,
J.-J. RENAULT

Article 1, 2, 3
En vigueur

Art. 1er. -

Sont rendues obligatoires, pour tous les employeurs et tous les salariés des entreprises compris dans le champ d'application professionnel de la convention collective nationale concernant les ouvriers employés par les entreprises du bâtiment visées par le décret du 1er mars 1962 (c'est-à-dire occupant jusqu'à dix salariés) du 8 octobre 1990, telle que complétée par l'avenant n° 1 du 17 mars 1992, et dans son propre champ d'application territorial, les dispositions de l'accord régional (Poitou-Charentes) du 12 janvier 1994 relatif aux indemnités de petits déplacements des ouvriers du bâtiment conclu dans le cadre de la convention collective nationale susvisée.

Art. 2. -

L'extension des effets et sanctions de l'accord susvisé est faite à dater de la publication du présent arrêté pour la durée restant à courir et aux conditions prévues par ledit accord.

Art. 3. -

Le directeur des relations du travail au ministère du travail, de l'emploi et de la formation professionnelle et le directeur des exploitations de la politique sociale et de l'emploi au ministère de l'agriculture et de la pêche sont chargés, chacun en ce qui le concerne, de l'exécution du présent arrêté, qui sera publié au Journal officiel de la République française.

Nota. Le texte de l'accord susvisé a été publié au Bulletin officiel du ministère, fascicule Conventions collectives n° 94-8 en date du 30 mai 1994.

ARRETE du 6 juillet 1994

Le ministre du travail, de l'emploi et de la formation professionnelle et le ministre de l'agriculture et de la pêche,
Vu les articles L. 133-1 et suivants du code du travail ;
Vu l'arrêté du 8 février 1991 portant extension de la convention collective nationale des ouvriers employés par les entreprises du bâtiment non visées par le décret du 1er mars 1962 (c'est-à-dire occupant plus de dix salariés) du 8 octobre 1990 ;
Vu les arrêtés des 12 février 1991 et 15 décembre 1992 portant extension de la convention collective nationale des ouvriers employés par les entreprises du bâtiment visées par le décret du 1er mars 1962 (c'est-à-dire occupant jusqu'à dix salariés) du 8 octobre 1990 et d'avenants la complétant ;
Vu l'arrêté du 24 juin 1991 et les arrêtés successifs, notamment l'arrêté du 12 octobre 1992, portant extension d'accords régionaux (Languedoc-Roussillon) ;
Vu l'accord régional (Languedoc-Roussillon) du 4 mars 1994 relatif aux salaires minima des ouvriers employés par les entreprises du bâtiment, conclu dans le cadre des conventions collectives nationales susvisées ;
Vu la demande d'extension présentée par les organisations signataires ;
Vu les avis publiés au Journal officiel des 4 mai 1994 et 12 mai 1994 ;
Vu les avis recueillis au cours de l'enquête ;
Vu l'avis motivé de la Commission nationale de la négociation collective (sous-commission des conventions et accords), recueilli suivant la procédure prévue à l'article R. 133-2 du code du travail,
Arrêtent :

Le ministre du travail, de l'emploi et de la formation professionnelle,
Pour le ministre et par délégation :
Par empêchement du directeur des relations du travail :
Le sous-directeur de la négociation collective,
H. MARTIN
Le ministre de l'agriculture et de la pêche,
Pour le ministre et par délégation :
Par empêchement du directeur des exploitations, de la politique sociale et de l'emploi :
L'administrateur civil,
J.-J. RENAULT

Article 1, 2, 3
En vigueur

Art. 1er.

Sont rendues obligatoires, pour tous les employeurs et tous les salariés compris dans le champ d'application professionnel de la convention collective nationale des ouvriers employés par les entreprises du bâtiment visées par le décret du 1er mars 1962 (c'est-à-dire occupant jusqu'à dix salariés) du 8 octobre 1990 susvisée, tel que complété par l'avenant n° 1 du 17 mars 1992, et dans celui de la convention collective nationale des ouvriers employés par les entreprises du bâtiment non visées par le décret du 1er mars 1962 (c'est-à-dire occupant plus de dix salariés) du 8 octobre 1990, tel qu'étendu par arrêté du 8 février 1991 et dans son propre champ d'application territorial, les dispositions de l'accord régional (Languedoc-Roussillon) du 4 mars 1994 conclu dans le cadre des conventions collectives nationales susvisées.

Art. 2.

L'extension des effets et sanctions de l'accord susvisé est faite à dater de la publication du présent arrêté pour la durée restant à courir et aux conditions prévues par ledit accord.

Art. 3.

Le directeur des relations du travail au ministère du travail, de l'emploi et de la formation professionnelle et le directeur des exploitations, de la politique sociale et de l'emploi au ministère de l'agriculture et de la pêche sont chargés, chacun en ce qui le concerne, de l'exécution du présent arrêté, qui sera publié au Journal officiel de la République française.

Nota. Le texte de l'accord susvisé a été publié au Bulletin officiel du ministère, fascicule Conventions collectives n° 94-17 en date du 28 juin 1994.

ARRETE du 11 juillet 1994

Le ministre du travail, de l'emploi et de la formation professionnelle et le ministre de l'agriculture et de la pêche,
Vu les articles L. 133-1 et suivants du code du travail ;
Vu l'arrêté du 8 février 1991 portant extension de la convention collective nationale concernant les ouvriers employés par les entreprises du bâtiment non visées par le décret du 1er mars 1962 (c'est-à-dire occupant plus de dix salariés) du 8 octobre 1990 ;
Vu les arrêtés du 12 février 1991 et du 15 décembre 1992 portant extension de la convention collective nationale des ouvriers employés dans les entreprises du bâtiment visées par le décret du 1er mars 1962 (c'est-à-dire occupant jusqu'à dix salariés) du 8 octobre 1990 et d'avenants la modifiant ou la complétant ;
Vu l'arrêté du 20 août 1993 portant extension de l'accord départemental (Ain) du 26 février 1993, conclu dans le cadre des conventions collectives nationales susvisées ;
Vu l'accord départemental (Ain) du 25 février 1994 relatif aux indemnités de déplacements (une annexe), conclu dans le cadre des conventions collectives nationales susvisées ;
Vu la demande d'extension présentée par les organisations signataires ;
Vu les avis publiés au Journal officiel des 4 juin 1994 et 14 juin 1994 ;
Vu les avis recueillis au cours de l'enquête ;
Vu l'avis motivé de la Commission nationale de la négociation collective (sous-commission des conventions et accords), recueilli suivant la procédure prévue à l'article R. 133-2 du code du travail,

Le ministre du travail, de l'emploi et de la formation professionnelle,
Pour le ministre et par délégation :
Par empêchement du directeur des relations du travail :
Le sous-directeur de la négociation collective,
H. Martin
Le ministre de l'agriculture et de la pêche,
Pour le ministre et par délégation :
Par empêchement du directeur des exploitations de la politique sociale et de l'emploi :
L'administrateur civil,
J.-J. Renault

Article 1, 2, 3
En vigueur

Art. 1er. -

Sont rendues obligatoires, pour tous les employeurs et tous les salariés compris dans le champ d'application professionnel de la convention collective nationale des ouvriers employés par les entreprises du bâtiment non visées par le décret du 1er mars 1962 (c'est-à-dire occupant plus de dix salariés) du 8 octobre 1990, tel qu'étendu par arrêté du 8 février 1991, et de la convention collective nationale des ouvriers employés par les entreprises du bâtiment visées par le décret du 1er mars 1962 (c'est-à-dire occupant jusqu'à dix salariés) du 8 octobre 1990, telle que complétée par l'avenant n° 1 du 17 mars 1992, et dans son propre champ d'application territorial, les dispositions de l'accord départemental (Ain) du 25 février 1994 relatif aux indemnités de déplacements (une annexe), conclu dans le cadre des conventions collectives susvisées.

Art. 2. -

L'extension des effets et sanctions de l'accord susvisé est faite à dater de la publication du présent arrêté pour la durée restant à courir et aux conditions prévues par ledit accord.

Art. 3. -

Le directeur des relations du travail au ministère du travail, de l'emploi et de la formation professionnelle et le directeur des exploitations, de la politique sociale et de l'emploi au ministère de l'agriculture et de la pêche sont chargés, chacun en ce qui le concerne, de l'exécution du présent arrêté, qui sera publié au Journal officiel de la République française.

Nota. Le texte de l'accord susvisé a été publié au Bulletin officiel du ministère, fascicule Conventions collectives n° 94-20 en date du 9 juillet 1994.

ARRETE du 18 juillet 1994

Le ministre du travail, de l'emploi et de la formation professionnelle et le ministre de l'agriculture et de la pêche,
Vu les articles L. 133-1 et suivants du code du travail ;
Vu les arrêtés des 12 février 1991 et 15 décembre 1992 portant extension de la convention collective nationale des ouvriers employés par les entreprises du bâtiment visées par le décret du 1er mars 1962 (c'est-à-dire occupant jusqu'à dix salariés) du 8 octobre 1990 et d'avenants la complétant ;
Vu l'arrêté du 8 février 1991 portant extension de la convention collective nationale des ouvriers employés par les entreprises du bâtiment non visées par le décret du 1er mars 1962 (c'est-à-dire occupant plus de dix salariés) du 8 octobre 1990 ;
Vu l'arrêté du 24 juin 1992 portant extension d'un accord régional (Rhône-Alpes) conclu dans le cadre des conventions collectives nationales susvisées ;
Vu l'accord régional (Rhône-Alpes) du 21 mars 1994 (barème annexé) conclu dans le cadre des conventions collectives nationales susvisées ;
Vu la demande d'extension présentée par les organisations signataires ;
Vu les avis publié au Journal officiel des 4 et 12 mai 1994 ;
Vu les avis recueillis au cours de l'enquête ;
Vu l'avis motivé de la commission nationale de la négociation collective (sous-commission des conventions et accords), recueilli suivant la procédure prévue à l'article R. 133-2 du code du travail,

Le ministre du travail, de l'emploi et de la formation professionnelle,
Pour le ministre et par délégation :
Par empêchement du directeur des relations du travail :
Le sous-directeur de la négociation collective,
H. Martin
Le ministre de l'agriculture et de la pêche,
Pour le ministre et par délégation :
Par empêchement du directeur des exploitations, de la politique sociale et de l'emploi :
L'administrateur civil,
J.-J. Renault

Article 1, 2, 3
En vigueur

Art. 1er. - Sont rendues obligatoires, pour tous les employeurs et tous les salariés compris dans le champ d'application professionnel de la convention collective nationale des ouvriers employés par les entreprises du bâtiment visées par le décret du 1er mars 1962 (c'est-à-dire occupant jusqu'à dix salariés) du 8 octobre 1990, tel que complété par l'avenant n° 1 du 17 mars 1992, et dans celui de la convention collective nationale des ouvriers employés par les entreprises du bâtiment non visées par le décret du 1er mars 1962 (c'est-à-dire occupant plus de dix salariés) du 8 octobre 1990, et dans son propre champ d'application territorial, les dispositions de l'accord régional (Rhône-Alpes) du 21 mars 1994 (barème annexé) conclu dans le cadre des conventions collectives nationales susvisées.

Art. 2. -

L'extension des effets et sanctions de l'accord régional susvisé est faite à dater de la publication du présent arrêté pour la durée restant à courir et aux conditions prévues par l'accord précité.

Art. 3. -

Le directeur des relations du travail au ministère du travail, de l'emploi et de la formation professionnelle et le directeur des exploitations, de la politique sociale et de l'emploi au ministère de l'agriculture et de la pêche sont chargés, chacun en ce qui le concerne, de l'exécution du présent arrêté, qui sera publié au Journal officiel de la République française.

Nota. Le texte de l'accord susvisé a été publié au Bulletin officiel du ministère, fascicule Conventions collectives n° 94-16 en date du 25 juin 1994.

ARRETE du 20 juillet 1994

Le ministre du travail, de l'emploi et de la formation professionnelle et le ministre de l'agriculture et de la pêche,
Vu les articles L. 133-1 et suivants du code du travail ;
Vu l'arrêté du 8 février 1991 portant extension de la convention collective nationale des ouvriers employés par les entreprises du bâtiment non visées par le décret du 1er mars 1962 (c'est-à-dire occupant plus de dix salariés) du 8 octobre 1990 ;
Vu les arrêtés des 12 février 1991 et 15 décembre 1992 portant extension de la convention collective nationale des ouvriers employés par les entreprises du bâtiment visées par le décret du 1er mars 1962 (c'est-à-dire occupant jusqu'à dix salariés) du 8 octobre 1990 et d'un avenant la complétant ;
Vu l'arrêté du 5 juillet 1991 et les arrêtés successifs, notamment l'arrêté du 10 mai 1994, portant extension d'accords régionaux d'Alsace ;
Vu l'accord régional (Alsace) du 14 mars 1994 relatif aux salaires minima conclu dans le cadre des conventions collectives nationales susvisées ;
Vu l'accord régional (Alsace) du 14 mars 1994 relatif aux indemnités de petits déplacements conclu dans le cadre des conventions collectives nationales susvisées ;
Vu la demande d'extension présentée par les organisations signataires ;
Vu les avis publiés au Journal officiel des 28 mai et 9 juin 1994 ;
Vu les avis recueillis au cours de l'enquête ;

Vu l'avis motivé de la Commission nationale de la négociation collective (sous-commission des conventions et accords), recueilli suivant la procédure prévue à l'article R. 133-2 du code du travail,

Le ministre du travail, de l'emploi
et de la formation professionnelle,
Pour le ministre et par délégation :
Par empêchement du directeur
des relations du travail :
Le sous-directeur de la négociation collective,
H. Martin
Le ministre de l'agriculture et de la pêche,
Pour le ministre et par délégation :
Par empêchement du directeur des exploitations,
de la politique sociale et de l'emploi :
L'administrateur civil,
J.-J. Renault

Article 1, 2, 3
En vigueur

Art. 1er

Sont rendues obligatoires, pour tous les employeurs et tous les salariés compris dans le champ d'application professionnel de la convention collective nationale des ouvriers employés par les entreprises du bâtiment visées par le décret du 1er mars 1962 (c'est-à-dire occupant jusqu'à dix salariés) du 8 octobre 1990, tel que complété par l'avenant n° 1 du 17 mars 1992, et dans celui de la convention collective nationale des ouvriers employés par les entreprises du bâtiment non visées par le décret du 1er mars 1962 (c'est-à-dire occupant plus de dix salariés) du 8 octobre 1990, tel qu'étendu par arrêté du 8 février 1991, et dans leur propre champ d'application territorial, les dispositions de :

- l'accord régional (Alsace) du 14 mars 1994 (Salaires minima) conclu dans le cadre des conventions collectives nationales susvisées ;

- l'accord régional (Alsace) du 14 mars 1994 (Indemnités de petits déplacements) conclu dans le cadre des conventions collectives nationales susvisées.

Art. 2

L'extension des effets et sanctions des accords susvisés est faite à dater de la publication du présent arrêté pour la durée restant à courir et aux conditions prévues par lesdits accords.

Art. 3

Le directeur des relations du travail au ministère du travail, de l'emploi et de la formation professionnelle et le directeur des exploitations, de la politique sociale et de l'emploi au ministère de l'agriculture et de la pêche sont chargés, chacun en ce qui le concerne, de l'exécution du présent arrêté, qui sera publié au Journal officiel de la République française.

Nota. Le texte des accords susvisés a été publié au Bulletin officiel du ministère, fascicule Conventions collectives n° 94-19 en date du 5 juillet 1994.

ARRETE du 20 juillet 1994

Le ministre du travail, de l'emploi et de la formation professionnelle et le ministre de l'agriculture et de la pêche,
Vu les articles L. 133-1 et suivants du code du travail ;
Vu les arrêtés des 12 février 1991 et 15 décembre 1992 portant extension de la convention collective nationale concernant les ouvriers employés par les entreprises du bâtiment visées par le décret du 1er mars 1962 (c'est-à-dire occupant jusqu'à dix salariés) du 8 octobre 1990 et d'avenants la complétant ;
Vu l'arrêté du 25 octobre 1993 portant extension d'accords régionaux (Poitou-Charentes) conclus dans le cadre de la convention collective nationale susvisée ;
Vu l'accord régional (Poitou-Charentes) du 22 mars 1994 conclu dans le cadre de la convention collective nationale susvisée ;
Vu la demande d'extension présentée par les organisations signataires ;
Vu les avis publiés au Journal officiel des 4 et 12 mai 1994 ;
Vu les avis recueillis au cours de l'enquête ;
Vu l'avis motivé de la Commission nationale de la négociation collective (sous-commission des conventions et accords), recueilli suivant la procédure prévue à l'article R. 133-2 du code du travail,

Le ministre du travail, de l'emploi
et de la formation professionnelle,
Pour le ministre et par délégation :
Par empêchement du directeur

des relations du travail :
Le sous-directeur de la négociation collective,
H. Martin
Le ministre de l'agriculture et de la pêche,
Pour le ministre et par délégation :
Par empêchement du directeur des exploitations,
de la politique sociale et de l'emploi :
L'administrateur civil,
J.-J. Renault

Article 1, 2, 3
En vigueur

Art. 1er

Sont rendues obligatoires, pour tous les employeurs et tous les salariés compris dans le champ d'application professionnel de la convention collective nationale concernant les ouvriers employés par les entreprises du bâtiment visées par le décret du 1er mars 1962 (c'est-à-dire occupant jusqu'à dix salariés) du 8 octobre 1990, tel que complété par l'avenant n° 1 du 17 mars 1992, et dans son propre champ d'application territorial, les dispositions de l'accord régional (Poitou-Charentes) du 22 mars 1994 conclu dans le cadre de la convention collective nationale susvisée, sous réserve de l'application des dispositions réglementaires portant fixation du salaire minimum de croissance.

Art. 2

L'extension des effets et sanctions de l'accord régional susvisé est faite à dater de la publication du présent arrêté pour la durée restant à courir et aux conditions prévues par la convention collective nationale précitée.

Art. 3

Le directeur des relations du travail au ministère du travail, de l'emploi et de la formation professionnelle et le directeur des exploitations, de la politique sociale et de l'emploi au ministère de l'agriculture et de la pêche sont chargés, chacun en ce qui le concerne, de l'exécution du présent arrêté, qui sera publié au Journal officiel de la République française.

Nota. Le texte de l'accord susvisé a été publié au Bulletin officiel du ministère, fascicule Conventions collectives n° 94-18 en date du 2 juillet 1994.

ARRETE du 20 juillet 1994

Le ministre du travail, de l'emploi et de la formation professionnelle et le ministre de l'agriculture et de la pêche,
Vu les articles L. 133-1 et suivants du code du travail ;
Vu les arrêtés des 12 février 1991 et 15 décembre 1992 portant extension de la convention collective nationale des ouvriers employés par les entreprises du bâtiment visées par le décret du 1er mars 1962 (c'est-à-dire occupant jusqu'à dix salariés) du 8 octobre 1990 et d'avenants la complétant ;
Vu l'arrêté du 12 mars 1993 portant extension d'un accord régional (Limousin) conclu dans le cadre de la convention collective nationale susvisée ;
Vu les accords régionaux (Limousin) du 28 mars 1994 relatifs aux salaires, primes conventionnelles et prime d'outillage, indemnités de petits déplacements (transport et trajet), conclus dans le cadre de la convention collective nationale susvisée ;
Vu la demande d'extension présentée par les organisations signataires ;
Vu les avis publiés au Journal officiel des 1er, 13 et 14 juin 1994 ;
Vu les avis recueillis au cours de l'enquête ;
Vu l'avis motivé de la Commission nationale de la négociation collective (sous-commission des conventions et accords), recueilli suivant la procédure prévue à l'article R. 133-2 du code du travail,

Le ministre du travail, de l'emploi
et de la formation professionnelle,
Pour le ministre et par délégation :
Par empêchement du directeur
des relations du travail :
Le sous-directeur de la négociation collective,
H. Martin
Le ministre de l'agriculture et de la pêche,
Pour le ministre et par délégation :
Par empêchement du directeur des exploitations,
de la politique sociale et de l'emploi :
L'administrateur civil,
J.-J. Renault

Article 1, 2, 3
En vigueur

Art. 1er

Sont rendues obligatoires, pour tous les employeurs et tous les salariés compris dans le champ d'application professionnel de la convention collective nationale concernant les ouvriers employés par les entreprises du bâtiment visées par le décret du 1er mars 1962 (c'est-à-dire occupant jusqu'à dix salariés) du 8 octobre 1990, tel que modifié par l'avenant n° 1 du 17 mars 1992, et dans son propre champ d'application territorial, les dispositions des accords régionaux (Limousin) du 28 mars 1994 relatifs aux salaires, primes conventionnelles et prime d'outillage, indemnités de petits déplacements (transport et trajet), conclus dans le cadre des conventions collectives nationales susvisées, sous réserve de l'application des dispositions réglementaires portant fixation du salaire minimum interprofessionnel de croissance.

Art. 2

L'extension des effets et sanctions des accords régionaux susvisés est faite à dater de la publication du présent arrêté pour la durée restant à courir et aux conditions prévues par lesdits accords.

Art. 3

Le directeur des relations du travail au ministère du travail, de l'emploi et de la formation professionnelle et le directeur des exploitations, de la politique sociale et de l'emploi au ministère de l'agriculture et de la pêche sont chargés, chacun en ce qui le concerne, de l'exécution du présent arrêté, qui sera publié au Journal officiel de la République française.

Nota. Le texte des accords susvisés a été publié au Bulletin officiel du ministère, fascicules Conventions collectives n°s 94-19 et 94-20 en date des 5 juillet 1994 et 9 juillet 1994.

ARRETE du 20 juillet 1994

Le ministre du travail, de l'emploi et de la formation professionnelle et le ministre de l'agriculture et de la pêche,
Vu les articles L. 133-1 et suivants du code du travail ;
Vu l'arrêté du 8 février 1991 portant extension de la convention collective nationale concernant les ouvriers employés par les entreprises du bâtiment non visées par le décret du 1er mars 1962 (c'est-à-dire occupant plus de dix salariés) du 8 octobre 1990 ;
Vu les arrêtés du 12 février 1991 et du 15 décembre 1992 portant extension de la convention collective nationale des ouvriers employés dans les entreprises du bâtiment visées par le décret du 1er mars 1962 (c'est-à-dire occupant jusqu'à dix salariés) du 8 octobre 1990 et d'avenants la modifiant ou la complétant ;
Vu l'arrêté du 21 juillet 1992 portant extension de l'accord départemental (Mayenne) du 13 avril 1992, conclu dans le cadre des conventions collectives nationales susvisées ;
Vu l'accord départemental Salaires (Mayenne) du 11 avril 1994, conclu dans le cadre des conventions collectives nationales susvisées ;
Vu la demande d'extension présentée par les organisations signataires ;
Vu les avis publiés au Journal officiel des 28 mai et 4 juin 1994 ;
Vu les avis recueillis au cours de l'enquête ;
Vu l'avis motivé de la Commission nationale de la négociation collective (sous-commission des conventions et accords), recueilli suivant la procédure prévue à l'article R. 133-2 du code du travail,

Le ministre du travail, de l'emploi
et de la formation professionnelle,
Pour le ministre et par délégation :
Par empêchement du directeur
des relations du travail :
Le sous-directeur de la négociation collective,
H. Martin
Le ministre de l'agriculture et de la pêche,
Pour le ministre et par délégation :
Par empêchement du directeur des exploitations,
de la politique sociale et de l'emploi :
L'administrateur civil,
J.-P. Renault

Article 1, 2, 3
En vigueur

Art. 1er

Sont rendues obligatoires, pour tous les employeurs et tous les salariés compris dans le champ d'application professionnel de la convention collective nationale concernant les ouvriers employés par les entreprises du bâtiment non visées par le décret du 1er mars 1962 (c'est-à-dire occupant plus de dix salariés) du 8 octobre 1990, tel qu'étendu par arrêté du 8 février 1991, et de la convention collective nationale concernant les ouvriers employés par les entreprises du bâtiment visées par le décret du 1er mars 1962 (c'est-à-dire occupant jusqu'à dix salariés) du 8 octobre

1990, tel que complété par l'avenant n° 1 du 17 mars 1992, et dans son propre champ d'application territorial, les dispositions de l'accord départemental Salaires (Mayenne) du 11 avril 1994, conclu dans le cadre des conventions collectives susvisées.

Art. 2

L'extension des effets et sanctions de l'accord susvisé est faite à dater de la publication du présent arrêté pour la durée restant à courir et aux conditions prévues par ledit accord.

Art. 3

Le directeur des relations du travail au ministère du travail, de l'emploi et de la formation professionnelle et le directeur des exploitations, de la politique sociale et de l'emploi au ministère de l'agriculture et de la pêche sont chargés, chacun en ce qui le concerne, de l'exécution du présent arrêté, qui sera publié au Journal officiel de la République française.

Nota. Le texte de l'accord susvisé a été publié au Bulletin officiel du ministère, fascicule Conventions collectives n° 94-19 en date du 5 juillet 1994.

ARRETE du 28 juillet 1994

Le ministre du travail, de l'emploi et de la formation professionnelle et le ministre de l'agriculture et de la pêche,
Vu les articles L. 133-1 et suivants du code du travail ;
Vu les arrêtés des 12 février 1991 et 15 décembre 1992 portant extension de la convention collective nationale des ouvriers employés par les entreprises du bâtiment visées par le décret du 1er mars 1962 (c'est-à-dire occupant jusqu'à dix salariés) du 8 octobre 1990 et d'un avenant la complétant ;
Vu l'accord du 13 avril 1994 (région Centre) conclu dans le cadre de la convention collective nationale susvisée ;
Vu la demande d'extension présentée par les organisations signataires ;
Vu les avis publiés au Journal officiel des 9 juin et 13 juin 1994 ;
Vu les avis recueillis au cours de l'enquête ;
Vu l'avis motivé de la Commission nationale de la négociation collective (sous-commission des conventions et accords) recueilli suivant la procédure prévue à l'article R. 133-2 du code du travail,
Arrêtent :

Le ministre du travail, de l'emploi et de la formation professionnelle,
Pour le ministre et par délégation :
Par empêchement du directeur des relations du travail :
Le sous-directeur de la négociation collective,
H. Martin
Le ministre de l'agriculture et de la pêche,
Pour le ministre et par délégation :
Par empêchement du directeur des exploitations, de la politique sociale et de l'emploi :
L'administrateur civil,
J.-J. Renault

Article 1, 2, 3
En vigueur

Art. 1er.

Sont rendues obligatoires, pour tous les employeurs et tous les salariés compris dans le champ d'application professionnel de la convention collective nationale concernant les ouvriers employés par les entreprises du bâtiment visées par le décret du 1er mars 1962 (c'est-à-dire occupant jusqu'à dix salariés) du 8 octobre 1990, telle que complétée par l'avenant n° 1 du 17 mars 1992, et dans son propre champ d'application territorial, les dispositions de l'accord régional Centre du 13 avril 1994 conclu dans le cadre de la convention collective nationale susvisée, sous réserve de l'application des dispositions réglementaires portant fixation du salaire minimum de croissance.

Art. 2.

L'extension des effets et sanctions de l'accord susvisé est faite à dater de la publication du présent arrêté pour la durée restant à courir et aux conditions prévues par ledit accord.

Art. 3.

Le directeur des relations du travail au ministère du travail, de l'emploi et de la formation professionnelle et le directeur des exploitations, de la politique sociale et de l'emploi au ministère de l'agriculture et de la pêche sont chargés, chacun en ce qui le concerne, de l'exécution du présent arrêté, qui sera publié au Journal officiel de la République française.

Nota. Le texte de l'accord susvisé a été publié au Bulletin officiel du ministère, fascicule Conventions collectives n° 94-15 en date du 18 juin 1994.

ARRETE du 5 août 1994

Le ministre du travail, de l'emploi et de la formation professionnelle et le ministre de l'agriculture et de la pêche,
Vu les articles L. 133-1 et suivants du code du travail ;
Vu les arrêtés des 12 février 1991 et 15 décembre 1992 portant extension de la convention collective nationale des ouvriers employés par les entreprises du bâtiment visées par le décret du 1er mars 1962 (c'est-à-dire occupant jusqu'à dix salariés) du 8 octobre 1990 et d'avenants la complétant ;
Vu l'arrêté du 8 février 1991 portant extension de la convention collective nationale des ouvriers employés par les entreprises du bâtiment non visées par le décret du 1er mars 1962 (c'est-à-dire occupant plus de dix salariés) du 8 octobre 1990 ;
Vu l'arrêté du 5 juillet 1991 et les arrêtés successifs, notamment l'arrêté du 26 mai 1994, portant extension d'accords régionaux de Lorraine ;
Vu l'accord régional Lorraine du 25 mars 1994 (un barème annexé) conclu dans le cadre des conventions collectives nationales susvisées ;
Vu la demande d'extension présentée par les organisations signataires ;
Vu les avis publiés au Journal officiel des 9 juin et 14 juin 1994 ;
Vu les avis recueillis au cours de l'enquête ;
Vu l'avis motivé de la Commission nationale de la négociation collective (sous-commission des conventions et accords), recueilli suivant la procédure prévue à l'article R. 133-2 du code du travail,

Le ministre du travail, de l'emploi et de la formation professionnelle,
Pour le ministre et par délégation :
Par empêchement du directeur des relations du travail :
Le sous-directeur de la négociation collective,
H. Martin
Le ministre de l'agriculture et de la pêche,
Pour le ministre et par délégation :
Par empêchement du directeur des exploitations, de la politique sociale et de l'emploi :
L'administrateur civil,
J.-J. Renault

Article 1, 2, 3
En vigueur

Art. 1er

Sont rendues obligatoires, pour tous les employeurs et tous les salariés compris dans le champ d'application professionnel de la convention collective nationale des ouvriers employés par les entreprises du bâtiment visées par le décret du 1er mars 1962 (c'est-à-dire occupant jusqu'à dix salariés) du 8 octobre 1990, tel que complété par l'avenant n° 1 du 17 mars 1992, et dans celui de la convention collective nationale des ouvriers employés par les entreprises du bâtiment non visées par le décret du 1er mars 1962 (c'est-à-dire occupant plus de dix salariés) du 8 octobre 1990, tel qu'étendu par l'arrêté du 8 février 1991, et dans son propre champ d'application géographique, les dispositions de l'accord régional Lorraine du 25 mars 1994 (un barème annexé) conclu dans le cadre des conventions collectives nationales susvisées, sous réserve de l'application des dispositions réglementaires portant fixation du salaire minimum de croissance.

Art. 2

L'extension des effets et sanctions de l'accord susvisé est faite à dater de la publication du présent arrêté pour la durée restant à courir et aux conditions prévues par ledit accord.

Art. 3

Le directeur des relations du travail au ministère du travail, de l'emploi et de la formation professionnelle et le directeur des exploitations, de la politique sociale et de l'emploi au ministère de l'agriculture et de la pêche sont chargés, chacun en ce qui le concerne, de l'exécution du présent arrêté, qui sera publié au Journal officiel de la République française.

Nota. Le texte de l'accord susvisé a été publié au Bulletin officiel du ministère, fascicule Conventions collectives n° 94-23 en date du 22 juillet 1994.

ARRETE du 5 août 1994

Le ministre du travail, de l'emploi et de la formation professionnelle et le ministre de l'agriculture et de la pêche,
Vu les articles L. 133-1 et suivants du code du travail ;
Vu l'arrêté du 8 février 1991 portant extension de la convention collective nationale du 8 octobre 1990 concernant les ouvriers employés par les entreprises du bâtiment non visées par le décret du 1er mars 1962 (c'est-à-dire occupant plus de dix salariés) ;
Vu les arrêtés des 12 février 1991 et 15 décembre 1992 portant extension de la convention collective nationale des ouvriers employés par les entreprises visées par le décret du 1er mars 1962 (c'est-à-dire occupant jusqu'à dix salariés) du 8 octobre 1990 et d'avenants la complétant ;
Vu l'arrêté du 29 juillet 1993 portant extension d'accords régionaux (Picardie) ;
Vu les deux accords régionaux (Picardie) du 8 mars 1994 conclus dans le cadre des conventions collectives nationales susvisées ;
Vu la demande d'extension présentée par les organisations signataires ;
Vu les avis publiés au Journal officiel des 9 et 14 juin 1994 ;

Vu les avis recueillis au cours de l'enquête ;
Vu l'avis motivé de la Commission nationale de la négociation collective (sous-commission des conventions et accords), recueilli suivant la procédure prévue à l'article R. 133-2 du code du travail,

Le ministre du travail, de l'emploi et de la formation professionnelle,
Pour le ministre et par délégation :
Par empêchement du directeur des relations du travail :
Le sous-directeur de la négociation collective,
H. Martin
Le ministre de l'agriculture et de la pêche,
Pour le ministre et par délégation :
Par empêchement du directeur des exploitations, de la politique sociale et de l'emploi :
L'administrateur civil,
J.-J. Renault

Article 1, 2, 3
En vigueur

Art. 1er

Sont rendues obligatoires, pour tous les employeurs et tous les salariés compris dans le champ d'application professionnel de la convention collective nationale des ouvriers employés par les entreprises du bâtiment visées par le décret du 1er mars 1962 (c'est-à-dire occupant jusqu'à dix salariés) du 8 octobre 1990, tel que complété par l'avenant n° 1 du 17 mars 1992, et dans celui de la convention collective nationale des ouvriers employés par les entreprises du bâtiment non visées par le décret du 1er mars 1962 (c'est-à-dire occupant plus de dix salariés) du 8 octobre 1990, telle qu'étendue par arrêté du 8 février 1991, et dans leur propre champ d'application territorial, les dispositions de :

- l'accord du 8 mars 1994 relatif aux salaires des ouvriers travaillant dans les entreprises du bâtiment de Picardie, sous réserve de l'application des dispositions réglementaires portant fixation du salaire minimum de croissance ;

- l'accord du 8 mars 1994 relatif aux petits déplacements des ouvriers travaillant dans les entreprises du bâtiment de Picardie,
conclus dans le cadre des conventions collectives susvisées.

Art. 2

L'extension des effets et sanctions des accords susvisés est faite à dater de la publication du présent arrêté pour la durée restant à courir et aux conditions prévues par lesdits accords.

Art. 3

Le directeur des relations du travail au ministère du travail, de l'emploi et de la formation professionnelle et le directeur des exploitations, de la politique sociale et de l'emploi au ministère de l'agriculture et de la pêche sont chargés, chacun en ce qui le concerne, de l'exécution du présent arrêté, qui sera publié au Journal officiel de la République française.

Nota. Le texte des accords susvisés a été publié au Bulletin officiel du ministère, fascicule Conventions collectives n° 94-17 en date du 28 juin 1994.

ARRETE du 5 août 1994

Le ministre du travail, de l'emploi et de la formation professionnelle et le ministre de l'agriculture et de la pêche,
Vu les articles L. 133-1 et suivants du code du travail ;
Vu les arrêtés des 12 février 1991 et 15 décembre 1992 portant extension de la convention collective nationale des ouvriers employés par les entreprises du bâtiment visées par le décret du 1er mars 1962 (c'est-à-dire occupant jusqu'à dix salariés) du 8 octobre 1990 et d'avenants la modifiant ou complétant ;
Vu l'arrêté du 8 février 1991 portant extension de la convention collective nationale des ouvriers employés par les entreprises du bâtiment non visées par le décret du 1er mars 1962 (c'est-à-dire occupant plus de dix salariés) du 8 octobre 1990 ;
Vu les arrêtés des 24 juin 1991 portant extension d'accords départementaux (Vendée) conclus dans le cadre des conventions collectives nationales susvisées ;
Vu l'accord départemental Salaires (Vendée) du 19 avril 1994, conclu dans le cadre des conventions collectives nationales susvisées ;
Vu la demande d'extension présentée par les organisations signataires ;
Vu les avis publiés au Journal officiel des 23 juin et 16 juillet 1994 ;
Vu les avis recueillis au cours de l'enquête ;
Vu l'avis motivé de la Commission nationale de la négociation collective (sous-commission des conventions et accords), recueilli suivant la procédure prévue à l'article R. 133-2 du code du travail,

Le ministre du travail, de l'emploi et de la formation professionnelle,
Pour le ministre et par délégation :
Par empêchement du directeur des relations du travail :

Le sous-directeur de la négociation collective,
H. Martin
Le ministre de l'agriculture et de la pêche,
Pour le ministre et par délégation :
Par empêchement du directeur des exploitations, de la politique sociale et de l'emploi :
L'administrateur civil,
J.-J. Renault

Article 1, 2, 3
En vigueur

Art. 1er

Sont rendues obligatoires, pour tous les employeurs et tous les salariés compris dans le champ d'application professionnel de la convention collective nationale des ouvriers employés par les entreprises du bâtiment non visées par le décret du 1er mars 1962 (c'est-à-dire occupant plus de dix salariés) du 8 octobre 1990, tel qu'étendu par l'arrêté du 8 février 1991, et de la convention collective nationale des ouvriers employés par les entreprises du bâtiment visées par le décret du 1er mars 1962 (c'est-à-dire occupant jusqu'à dix salariés) du 8 octobre 1990, telle que modifiée par l'avenant n° 1 du 17 mars 1992, et dans son propre champ d'application territorial, les dispositions de l'accord départemental Salaires (Vendée) du 19 avril 1994, conclu dans le cadre des conventions collectives nationales susvisées.

Art. 2

L'extension des effets et sanctions de l'accord susvisé est faite à dater de la publication du présent arrêté pour la durée restant à courir et aux conditions prévues par ledit accord.

Art. 3

Le directeur des relations du travail au ministère du travail, de l'emploi et de la formation professionnelle et le directeur des exploitations, de la politique sociale et de l'emploi au ministère de l'agriculture et de la pêche sont chargés, chacun en ce qui le concerne, de l'exécution du présent arrêté, qui sera publié au Journal officiel de la République française.

Nota. Le texte de l'accord susvisé a été publié au Bulletin officiel du ministère, fascicule Conventions collectives n° 94-23 en date du 22 juillet 1994.

ARRETE du 5 août 1994

Le ministre du travail, de l'emploi et de la formation professionnelle et le ministre de l'agriculture et de la pêche,
Vu les articles L. 133-1 et suivants du code du travail ;
Vu les arrêtés des 12 février 1991 et 15 décembre 1992 portant extension de la convention collective nationale des ouvriers employés par les entreprises du bâtiment visées par le décret du 1er mars 1962 (c'est-à-dire occupant jusqu'à dix salariés) du 8 octobre 1990 et d'avenants la modifiant ou complétant ;
Vu l'arrêté du 8 février 1991 portant extension de la convention collective nationale des ouvriers employés par les entreprises du bâtiment non visées par le décret du 1er mars 1962 (c'est-à-dire occupant plus de dix salariés) du 8 octobre 1990 ;
Vu l'arrêté du 19 avril 1991 et les arrêtés successifs, notamment l'arrêté du 30 août 1993, portant extension d'accords départementaux (Maine-et-Loire) conclus dans le cadre des conventions collectives nationales susvisées ;
Vu l'accord départemental (Maine-et-Loire) du 7 avril 1994 relatif aux salaires, conclu dans le cadre des conventions collectives nationales susvisées ;
Vu la demande d'extension présentée par les organisations signataires ;
Vu les avis publiés au Journal officiel des 23 juin et 16 juillet 1994 ;
Vu les avis recueillis au cours de l'enquête ;
Vu l'avis motivé de la Commission nationale de la négociation collective (sous-commission des conventions et accords), recueilli suivant la procédure prévue à l'article R. 133-2 du code du travail,

Le ministre du travail, de l'emploi et de la formation professionnelle,
Pour le ministre et par délégation :
Par empêchement du directeur des relations du travail :
Le sous-directeur de la négociation collective,
H. Martin
Le ministre de l'agriculture et de la pêche,
Pour le ministre et par délégation :
Par empêchement du directeur des exploitations de la politique sociale et de l'emploi :
L'administrateur civil,
J.-J. Renault

Article 1, 2, 3
En vigueur

Art. 1er

Sont rendues obligatoires, pour tous les employeurs et tous les salariés compris dans le champ d'application professionnel de la convention collective nationale des ouvriers employés par les entreprises du bâtiment non visées par le décret du 1er mars 1962 (c'est-à-dire occupant plus de dix salariés) du 8 octobre 1990, tel qu'étendu par l'arrêté du 8 février 1991, et de la convention collective nationale des ouvriers employés par les entreprises du bâtiment visées par le décret du 1er mars 1962 (c'est-à-dire occupant jusqu'à dix salariés) du 8 octobre 1990, telle que modifiée par l'avenant n° 1 du 17 mars 1992, et dans son propre champ d'application territorial, les dispositions de l'accord départemental (Maine-et-Loire) du 7 avril 1994 relatif aux salaires, conclu dans le cadre des conventions collectives nationales susvisées, sous réserve de l'application des dispositions réglementaires relatives au salaire minimum de croissance.

Art. 2

L'extension des effets et sanctions de l'accord susvisé est faite à dater de la publication du présent arrêté pour la durée restant à courir et aux conditions prévues par ledit accord.

Art. 3

Le directeur des relations du travail au ministère du travail, de l'emploi et de la formation professionnelle et le directeur des exploitations, de la politique sociale et de l'emploi au ministère de l'agriculture et de la pêche sont chargés, chacun en ce qui le concerne, de l'exécution du présent arrêté, qui sera publié au Journal officiel de la République française.

Nota. Le texte de l'accord susvisé a été publié au Bulletin officiel du ministère, fascicule Conventions collectives n° 94-23 en date du 21 juillet 1994.

ARRETE du 29 août 1994

Le ministre du travail, de l'emploi et de la formation professionnelle et le ministre de l'agriculture et de la pêche,
Vu les articles L. 133-1 et suivants du code du travail ;
Vu l'arrêté du 8 février 1991 portant extension de la convention collective nationale des ouvriers employés par les entreprises du bâtiment non visées par le décret du 1er mars 1962 (c'est-à-dire occupant plus de dix salariés) du 8 octobre 1990 ;
Vu les arrêtés des 12 février 1991 et 15 décembre 1992 portant extension de la convention collective nationale des ouvriers employés par les entreprises du bâtiment visées par le décret du 1er mars 1962 (c'est-à-dire occupant jusqu'à dix salariés) du 8 octobre 1990 et d'avenants la complétant ;
Vu l'arrêté du 24 avril 1991 portant extension d'accords régionaux de Basse-Normandie ;
Vu l'accord de salaires n° 4 (région Basse-Normandie) du 14 avril 1994 conclu dans le cadre des conventions collectives nationales susvisées ;
Vu la demande d'extension présentée par les organisations signataires ;
Vu les avis publiés au Journal officiel du 28 juillet 1994 ;
Vu les avis recueillis au cours de l'enquête ;
Vu l'avis motivé de la Commission nationale de la négociation collective (sous-commission des conventions et accords), recueilli suivant la procédure prévue à l'article R. 133-2 du code du travail,

Le ministre du travail, de l'emploi et de la formation professionnelle,
Pour le ministre et par délégation :
Par empêchement du directeur des relations du travail :
Le sous-directeur de la négociation collective,
H. Martin
Le ministre de l'agriculture et de la pêche,
Pour le ministre et par délégation :
Par empêchement du directeur des exploitations, de la politique sociale et de l'emploi :
L'administrateur civil,
J.-J. Renault

Article 1, 2, 3
En vigueur

Art. 1er. -

Sont rendues obligatoires, pour tous les employeurs et tous les salariés compris dans le champ d'application professionnel de la convention collective nationale des ouvriers employés par les entreprises du bâtiment visées par le décret du 1er mars 1962 (c'est-à-dire occupant jusqu'à dix salariés) du 8 octobre 1990, tel que complété par l'avenant n° 1 du 17 mars 1992 et dans celui de la convention collective nationale des ouvriers employés par les entreprises du bâtiment non visées par le décret du 1er mars 1962 (c'est-à-dire occupant plus de dix salariés) du 8 octobre 1990, tel qu'étendu par arrêté du 8 février 1991, et dans son propre champ d'application territorial, les dispositions de l'accord de salaires n° 4 (région Basse-Normandie) du 14 avril 1994 conclu dans le cadre des conventions collectives nationales susvisées, sous réserve de l'application des dispositions réglementaires portant fixation du salaire minimum de croissance.

Art. 2. -

L'extension des effets et sanctions de l'accord susvisé est faite à dater de la publication du présent arrêté pour la durée restant à courir et aux conditions prévues par ledit accord.

Art. 3. -

Le directeur des relations du travail au ministère du travail, de l'emploi et de la formation professionnelle et le directeur des exploitations, de la politique sociale et de l'emploi au ministère de l'agriculture et de la pêche sont chargés, chacun en ce qui le concerne, de l'exécution du présent arrêté, qui sera publié au Journal officiel de la République française.

Nota. Le texte de l'accord susvisé a été publié au Bulletin officiel du ministère, fascicule Conventions collectives n° 94/26 en date du 13 août 1994.

ARRETE du 14 octobre 1994

Le ministre du travail, de l'emploi et de la formation professionnelle et le ministre de l'agriculture et de la pêche,
Vu les articles L. 133-1 et suivants du code du travail ;
Vu les arrêtés des 12 février 1991 et 15 décembre 1992 portant extension de la convention collective nationale du 8 octobre 1990 des ouvriers employés par les entreprises du bâtiment visées par le décret du 1er mars 1962 (c'est-à-dire occupant jusqu'à dix salariés) et d'avenants la complétant ;
Vu l'arrêté du 8 février 1991 portant extension de la convention collective nationale du 8 octobre 1990 des ouvriers employés par les entreprises du bâtiment non visées par le décret du 1er mars 1962 (c'est-à-dire occupant plus de dix salariés) ;
Vu l'arrêté du 20 juillet 1994 portant extension d'accords régionaux (Limousin) conclu dans le cadre des conventions collectives nationales susvisées ;
Vu l'accord régional (Limousin) du 22 mars 1994 (Indemnités de petits déplacements) conclu dans le cadre des conventions collectives nationales susvisées ;
Vu la demande d'extension présentée par les organisations signataires ;
Vu les avis publiés au Journal officiel des 13-14 juin 1994 et 16 juillet 1994 ;
Vu les avis recueillis au cours de l'enquête ;
Vu l'avis motivé de la Commission nationale de la négociation collective (sous-commission des conventions et accords), recueilli suivant la procédure prévue à l'article R. 133-2 du code du travail,

Le ministre du travail, de l'emploi et de la formation professionnelle,
Pour le ministre et par délégation :
Par empêchement du directeur des relations du travail :
Le sous-directeur de la négociation collective,
H. MARTIN
Le ministre de l'agriculture et de la pêche,
Pour le ministre et par délégation :
Par empêchement du directeur des exploitations, de la politique sociale et de l'emploi :
L'administrateur civil,
J.-J. RENAULT

Article 1, 2, 3
En vigueur

Art. 1er.

Sont rendues obligatoires, pour tous les employeurs et tous les salariés compris dans le champ d'application professionnel de la convention collective nationale du 8 octobre 1990 des ouvriers employés par les entreprises du bâtiment visées par le décret du 1er mars 1962 (c'est-à-dire occupant jusqu'à dix salariés), tel que complété par l'avenant n° 1 du 17 mars 1992, et dans celui de la convention collective nationale du 8 octobre 1990 des ouvriers employés par les entreprises du bâtiment non visées par le décret du 1er mars 1962 (c'est-à-dire occupant plus de dix salariés), tel qu'étendu par arrêté du 8 février 1991, et dans son propre champ d'application territorial, les dispositions de l'accord régional (Limousin) du 22 mars 1994 (Indemnités de petits déplacements) conclu dans le cadre des conventions collectives nationales susvisées.

Art. 2.

L'extension des effets et sanctions de l'accord régional susvisé est faite à dater de la publication du présent arrêté pour la durée restant à courir et aux conditions prévues par ledit accord.

Art. 3.

Le directeur des relations du travail au ministère du travail, de l'emploi et de la formation professionnelle et le directeur des exploitations, de la politique sociale et de l'emploi au ministère de l'agriculture et de la pêche sont chargés, chacun en ce qui le concerne, de l'exécution du présent arrêté, qui sera publié au Journal officiel de la République française.

Nota. - Le texte de l'accord susvisé a été publié au Bulletin officiel du ministère, fascicule Conventions collectives n° 94-20 en date du 9 juillet 1994.

ARRETE du 28 décembre 1994

Le ministre du travail, de l'emploi et de la formation professionnelle et le ministre de l'agriculture et de la pêche,
Vu les articles L. 133-1 et suivants du code du travail ;
Vu les arrêtés des 12 février 1991 et 15 décembre 1992 portant extension de la convention collective nationale concernant les ouvriers employés par les entreprises du bâtiment visées par le décret du 1er mars 1962 (c'est-à-dire occupant jusqu'à dix salariés) du 8 octobre 1990 et d'avenants la complétant ;
Vu l'arrêté du 5 août 1993 portant extension de l'accord régional Champagne-Ardenne du 14 avril 1993 ;
Vu l'accord régional (Champagne-Ardenne) du 31 mai 1994 Salaires conclu dans le cadre de la convention collective nationale susvisée ;
Vu la demande d'extension présentée par les organisations signataires ;
Vu les avis publiés au Journal officiel des 3 et 5 août 1994 ;
Vu les avis recueillis au cours de l'enquête ;
Vu l'avis motivé de la Commission nationale de la négociation collective (sous-commission des conventions et accords),

Le ministre du travail, de l'emploi et de la formation professionnelle,
Pour le ministre et par délégation :
Par empêchement du directeur des relations du travail :
Le sous-directeur de la négociation collective,
H. MARTIN
Le ministre de l'agriculture et de la pêche,
Pour le ministre et par délégation :
Par empêchement du directeur des exploitations, de la politique sociale et de l'emploi :
L'administrateur civil,
J.-J. RENAULT

Article 1, 2, 3
En vigueur

Art. 1er. -

Sont rendues obligatoires, pour tous les employeurs et tous les salariés compris dans le champ d'application professionnel de la convention collective nationale concernant les ouvriers employés par les entreprises du bâtiment visées par le décret du 1er mars 1962 (c'est-à-dire occupant jusqu'à dix salariés) du 8 octobre 1990, tel que modifié par l'avenant n° 1 du 17 mars 1992, et dans son propre champ d'application territorial, les dispositions de l'accord régional (Champagne-Ardenne) du 31 mai 1994 Salaires, conclu dans le cadre de la convention collective nationale susvisée, sous réserve de l'application des dispositions réglementaires relatives au salaire minimum de croissance.

Art. 2. -

L'extension des effets et sanctions de l'accord susvisé est faite à dater de la publication du présent arrêté pour la durée restant à courir et aux conditions prévues par ledit accord.

Art. 3. -

Le directeur des relations du travail au ministère du travail, de l'emploi et de la formation professionnelle et le directeur des exploitations, de la politique sociale et de l'emploi au ministère de l'agriculture et de la pêche sont chargés, chacun en ce qui le concerne, de l'exécution du présent arrêté, qui sera publié au Journal officiel de la République française.

Nota. - Le texte de l'accord susvisé a été publié au Bulletin officiel du ministère, fascicule Conventions collectives n° 94-30 en date du 3 septembre 1994.

ARRETE du 28 décembre 1994

Le ministre du travail, de l'emploi et de la formation professionnelle et le ministre de l'agriculture et de la pêche,
Vu les articles L. 133-1 et suivants du code du travail ;
Vu les arrêtés des 12 février 1991 et 15 décembre 1992 portant extension de la convention collective nationale des ouvriers employés par les entreprises du bâtiment visées par le décret du 1er mars 1962 (c'est-à-dire occupant jusqu'à dix salariés) du 8 octobre 1990 et d'avenants la complétant ;
Vu l'arrêté du 30 mai 1994 portant extension d'accords régionaux (Auvergne), conclus dans le cadre de la convention collective nationale susvisée ;
Vu l'accord Salaires (Auvergne) du 28 juin 1994 conclu dans le cadre de la convention collective nationale susvisée ;
Vu la demande d'extension présentée par les organisations signataires ;
Vu les avis publiés au Journal officiel des 12 et 23 octobre 1994 ;
Vu les avis recueillis au cours de l'enquête ;
Vu l'avis motivé de la Commission nationale de la négociation collective (sous-commission des conventions et accords), recueilli suivant la procédure prévue à l'article R. 133-2 du code du travail,

Le ministre du travail, de l'emploi et de la formation professionnelle,
Pour le ministre et par délégation :

Par empêchement du directeur des relations du travail :
Le sous-directeur de la négociation collective,
H. MARTIN
Le ministre de l'agriculture et de la pêche,
Pour le ministre et par délégation :
Par empêchement du directeur des exploitations, de la politique sociale et de l'emploi :
L'administrateur civil,
J.-J. RENAULT

Article 1, 2, 3
En vigueur

Art. 1er. -

Sont rendues obligatoires, pour tous les employeurs et tous les salariés des entreprises compris dans le champ d'application professionnel de la convention collective nationale concernant les ouvriers employés par les entreprises du bâtiment visées par le décret du 1er mars 1962 (c'est-à-dire occupant jusqu'à dix salariés) du 8 octobre 1990, tel que complété par l'avenant n° 1 du 17 mars 1992, et dans son propre champ d'application territorial, les dispositions de l'accord Salaires (Auvergne) du 28 juin 1994 conclu dans le cadre de la convention collective nationale susvisée, sous réserve de l'application des dispositions réglementaires portant fixation du salaire minimum de croissance.

Art. 2. -

L'extension des effets et sanctions de l'accord susvisé est faite à dater de la publication du présent arrêté pour la durée restant à courir et aux conditions prévues par la convention collective susvisée.

Art. 3. -

Le directeur des relations du travail au ministère du travail, de l'emploi et de la formation professionnelle et le directeur des exploitations, de la politique sociale et de l'emploi au ministère de l'agriculture et de la pêche sont chargés, chacun en ce qui le concerne, de l'exécution du présent arrêté, qui sera publié auJournal officiel de la République française.

Nota. - Le texte de l'accord susvisé a été publié au Bulletin officiel du ministère, fascicule Conventions collectives n° 94-39 en date du 4 novembre 1994.

ARRETE du 28 décembre 1994

Le ministre du travail, de l'emploi et de la formation professionnelle et le ministre de l'agriculture et de la pêche,
Vu les articles L. 133-1 et suivants du code du travail ;
Vu les arrêtés des 12 février 1991 et 15 décembre 1992 portant extension de la convention collective nationale concernant des ouvriers employés par les entreprises du bâtiment visées par le décret du 1er mars 1962 (c'est-à-dire occupant jusqu'à dix salariés) du 8 octobre 1990 et d'avenants la complétant ;
Vu l'arrêté du 1er octobre 1992 portant extension d'un accord régional (Nord - Pas-de-Calais) conclu dans le cadre de la convention collective nationale susvisée ;
Vu l'accord régional (Nord - Pas-de-Calais) du 29 mars 1994 relatif aux petits déplacements conclu dans le cadre de la convention collective nationale susvisée ;
Vu la demande d'extension présentée par les organisations signataires ;
Vu les avis publiés au Journal officiel des 28 juillet et 4 août 1994 ;
Vu les avis recueillis au cours de l'enquête ;
Vu l'avis motivé de la Commission nationale de la négociation collective (sous-commission des conventions et accords),

Le ministre du travail, de l'emploi et de la formation professionnelle,
Pour le ministre et par délégation :
Par empêchement du directeur des relations du travail :
Le sous-directeur de la négociation collective,
H. MARTIN
Le ministre de l'agriculture et de la pêche,
Pour le ministre et par délégation :
Par empêchement du directeur des exploitations, de la politique sociale et de l'emploi :
L'administrateur civil,
J.-J. RENAULT

Article 1, 2, 3
En vigueur

Art. 1er. -

Sont rendues obligatoires, pour tous les employeurs et tous les salariés compris dans le champ d'application professionnel de la convention collective nationale concernant les ouvriers employés par les entreprises visées par le décret du 1er mars 1962 (c'est-à-dire occupant jusqu'à dix salariés) du 8 octobre 1990, tel que complété par l'avenant n° 1 du 17 mars 1992, et dans son propre champ d'application territorial, les dispositions de l'accord régional (Nord - Pas-de-Calais) du 29 mars 1994 relatif aux " petits déplacements " conclu dans le cadre de la convention collective nationale susvisée.

Art. 2. -

L'extension des effets et sanctions de l'accord susvisé est faite à dater de la publication du présent arrêté pour la durée restant à courir et aux conditions prévues par ledit accord.

Art. 3. -

Le directeur des relations du travail au ministère du travail, de l'emploi et de la formation professionnelle et le directeur des exploitations, de la politique sociale et de l'emploi au ministère de l'agriculture et de la pêche sont chargés, chacun en ce qui le concerne, de l'exécution du présent arrêté, qui sera publié au Journal officiel de la République française.

Nota. - Le texte de l'accord susvisé a été publié au Bulletin officiel du ministère, fascicule Conventions collectives n° 94-27 du 20 août 1994.

ARRETE du 17 janvier 1995

Le ministre du travail, de l'emploi et de la formation professionnelle et le ministre de l'agriculture et de la pêche,
Vu les articles L. 133-1 et suivants du code du travail ;
Vu l'arrêté du 8 février 1991 portant extension de la convention collective nationale du 8 octobre 1990 concernant les ouvriers employés par les entreprises du bâtiment non visées par le décret du 1er mars 1962 (c'est-à-dire occupant plus de dix salariés) ;
Vu les arrêtés des 12 février 1991 et 15 décembre 1992 portant extension de la convention collective nationale des ouvriers employés par les entreprises visées par le décret du 1er mars 1962 (c'est-à-dire occupant jusqu'à dix salariés) du 8 octobre 1990 et d'avenants la complétant ;
Vu l'arrêté du 14 mai 1991 et les arrêtés successifs, notamment l'arrêté du 11 février 1994, portant extension d'accords régionaux, région Bretagne ;
Vu l'accord régional, région Bretagne, du 22 septembre 1994 (Salaires minima) conclu dans le cadre des conventions collectives nationales susvisées ;
Vu l'accord régional, région Bretagne, du 28 septembre 1994 (Indemnisation des petits déplacements), conclu dans le cadre des conventions collectives nationales susvisées ;
Vu la demande d'extension présentée par les organisations signataires ;
Vu les avis publiés au Journal officiel des 25 novembre et 10 décembre 1994 ;
Vu les avis recueillis au cours de l'enquête ;
Vu l'avis motivé de la Commission nationale de la négociation collective (sous-commission des conventions et accords), recueilli suivant la procédure prévue à l'article R. 133-2 du code du travail,

Le ministre du travail, de l'emploi et de la formation professionnelle,
Pour le ministre et par délégation :
Par empêchement du directeur des relations du travail :
Le sous-directeur de la négociation collective,
H. MARTIN
Le ministre de l'agriculture et de la pêche,
Pour le ministre et par délégation :
Par empêchement du directeur des exploitations, de la politique sociale et de l'emploi :
L'administrateur civil,
J.-J. RENAULT

Article 1, 2, 3
En vigueur

Art. 1er. -

Sont rendues obligatoires, pour tous les employeurs et tous les salariés compris dans le champ d'application professionnel de la convention collective nationale concernant les ouvriers employés par les entreprises du bâtiment visées par le décret du 1er mars 1962 (c'est-à-dire occupant jusqu'à dix salariés) du 8 octobre 1990, tel que complété par l'avenant n° 1 du 17 mars 1992 et dans celui de la convention collective nationale concernant les ouvriers employés par les entreprises du bâtiment non visées par le décret du 1er mars 1962 (c'est-à-dire occupant plus de dix salariés) du 8 octobre 1990, tel qu'étendu par arrêté du 8 février 1991, et dans leur propre champ d'application territorial, les dispositions de :

- l'accord régional, région Bretagne, du 22 septembre 1994 (Salaires minima) conclu dans le cadre des conventions collectives nationales susvisées ;

- l'accord régional, région Bretagne, du 28 septembre 1994 (Indemnisation des petits déplacements) conclu dans le cadre des conventions collectives nationales susvisées.

Art. 2. -

L'extension des effets et sanctions des accords susvisés est faite à dater de la publication du présent arrêté pour la durée restant à courir et aux conditions prévues par lesdits accords.

Art. 3. -

Le directeur des relations du travail au ministère du travail, de l'emploi et de la formation professionnelle et le directeur des exploitations, de la politique sociale et de l'emploi au ministère de l'agriculture et de la pêche sont chargés, chacun en ce qui le concerne, de l'exécution du présent arrêté, qui sera publié au Journal officiel de la République française.

Nota. - Le texte de l'accord susvisé a été publié au Bulletin officiel du ministère, fascicule Conventions collectives n° 94-46 en date du 23 décembre 1994.

ARRETE du 23 mars 1995

Le ministre du travail, de l'emploi et de la formation professionnelle et le ministre de l'agriculture et de la pêche,
Vu les articles L. 133-1 et suivants du code du travail ;
Vu l'arrêté du 8 février 1991 portant extension de la convention collective nationale du 8 octobre 1990 concernant les ouvriers employés par les entreprises du bâtiment non visées par le décret du 1er mars 1962 (c'est-à-dire occupant plus de dix salariés) ;
Vu les arrêtés des 12 février 1991 et 15 décembre 1992 portant extension de la convention collective nationale du 8 octobre 1990 concernant les ouvriers employés par les entreprises du bâtiment visées par le décret du 1er mars 1962 (c'est-à-dire occupant jusqu'à dix salariés) et d'avenants la complétant ;
Vu l'arrêté du 13 mai 1992 portant extension d'accords régionaux (Provence-Alpes-Côte d'Azur) conclus dans le cadre des conventions collectives nationales susvisées ;
Vu l'accord régional (Provence-Alpes-Côte d'Azur) du 26 avril 1994 relatif aux salaires minimaux, conclu dans le cadre des conventions collectives nationales susvisées ;
Vu l'accord régional (Provence-Alpes-Côte d'Azur) du 26 avril 1994 relatif à l'indemnisation des petits déplacements, conclu dans le cadre des conventions collectives nationales susvisées ;
Vu l'accord régional (Provence-Alpes-Côte d'Azur) du 26 avril 1994 relatif à la prime de pénibilité, conclu dans le cadre des conventions collectives nationales susvisées ;
Vu la demande d'extension présentée par les organisations signataires ;
Vu les avis publiés au Journal officiel des 1er février 1995 et 17 février 1995 ;
Vu les avis recueillis au cours de l'enquête ;
Vu l'avis motivé de la Commission nationale de la négociation collective (sous-commission des conventions et accords), recueilli suivant la procédure prévue à l'article R. 133-2 du code du travail,

Pour le ministre et par délégation :
Par empêchement du directeur des relations du travail :
Le sous-directeur de la négociation collective,
H. MARTIN
Le ministre de l'agriculture et de la pêche,
Pour le ministre et par délégation :
Par empêchement du directeur des exploitations,
de la politique sociale et de l'emploi :
L'administrateur civil,
J.-J. RENAULT

Article 1, 2, 3
En vigueur

Art. 1er. -

Sont rendues obligatoires, pour tous les employeurs et tous les salariés compris dans le champ d'application professionnel de la convention collective nationale des ouvriers employés par les entreprises du bâtiment visées par le décret du 1er mars 1962 (c'est-à-dire occupant jusqu'à dix salariés) du 8 octobre 1990, tel que complété par l'avenant n° 1 du 17 mars 1992, et dans celui de la convention collective nationale des ouvriers employés par les entreprises du bâtiment non visées par le décret du 1er mars 1962 (c'est-à-dire occupant plus de dix salariés) du 8 octobre 1990, tel qu'étendu par arrêté du 8 février 1991, et dans leur propre champ d'application territorial, les dispositions de :

- l'accord régional (Provence-Alpes-Côte d'Azur) du 26 avril 1994 (Salaires minimaux) conclu dans le cadre des conventions collectives nationales susvisées ;

- l'accord régional (Provence-Alpes-Côte d'Azur) du 26 avril 1994 (Indemnisation des petits déplacements) conclu dans le cadre des conventions collectives nationales susvisées ;

- l'accord régional (Provence-Alpes-Côte d'Azur) du 26 avril 1994 (Prime de pénibilité) conclu dans le cadre des conventions collectives nationales susvisées.

Art. 2. -

L'extension des effets et sanctions des accords susvisés est faite à dater de la publication du présent arrêté pour la durée restant à courir et aux conditions prévues par lesdits accords.

Art. 3. -

Le directeur des relations du travail au ministère du travail, de l'emploi et de la formation professionnelle et le directeur des exploitations, de la politique sociale et de l'emploi au ministère de l'agriculture et de la pêche sont chargés, chacun en ce qui le concerne, de l'exécution du présent arrêté, qui sera publié au Journal officiel de la République française.
Le ministre du travail, de l'emploi
et de la formation professionnelle,

Nota. - Le texte des accords susvisés a été publié au Bulletin officiel du ministère, fascicule Conventions collectives n° 95-05 en date du 20 mars 1995.

ARRETE du 12 avril 1995

Le ministre du travail, de l'emploi et de la formation professionnelle et le ministre de l'agriculture et de la pêche,
Vu les articles L. 133-1 et suivants du code du travail ;
Vu l'arrêté du 8 février 1991 portant extension de la convention collective nationale des ouvriers employés par les entreprises du bâtiment non visées par le décret du 1er mars 1962 (c'est-à-dire occupant plus de dix salariés) du 8 octobre 1990 ;
Vu les arrêtés des 12 février 1991 et 15 décembre 1992 portant extension de la convention collective nationale des ouvriers employés par les entreprises du bâtiment visées par le décret du 1er mars 1962 (c'est-à-dire occupant jusqu'à dix salariés) du 8 octobre 1990 et d'avenants le complétant ;
Vu l'arrêté du 26 juin 1992 portant extension d'un accord départemental (Seine-et-Marne) conclu dans le cadre des conventions collectives nationales susvisées ;
Vu l'accord départemental (Seine-et-Marne) du 22 décembre 1994 conclu dans le cadre des conventions collectives nationales susvisées ;
Vu la demande d'extension présentée par les organisations signataires ;
Vu les avis publiés au Journal officiel des 8 et 14 mars 1995 ;
Vu les avis recueillis au cours de l'enquête ;
Vu l'avis motivé de la Commission nationale de la négociation collective (sous-commission des conventions et accords), recueilli suivant la procédure prévue à l'article R. 133-2 du code du travail,

Le ministre du travail, de l'emploi et de la formation professionnelle,
Pour le ministre et par délégation :
Par empêchement du directeur des relations du travail :
Le sous-directeur de la négociation collective,
H. MARTIN
Le ministre de l'agriculture et de la pêche,
Pour le ministre et par délégation :
Par empêchement du directeur des exploitations, de la politique sociale et de l'emploi :
L'administrateur civil,
J.-J. RENAULT

Article 1, 2, 3
En vigueur

Art. 1er. -

Sont rendues obligatoires, pour tous les employeurs et tous les salariés compris dans le champ d'application professionnel de la convention collective nationale des ouvriers employés par les entreprises du bâtiment visées par le décret du 1er mars 1962, (c'est-à-dire occupant jusqu'à dix salariés) du 8 octobre 1990, tel que complété par l'avenant n° 1 du 17 mars 1992 et dans celui de la convention collective nationale des ouvriers employés par les entreprises du bâtiment non visées par le décret du 1er mars 1962 (c'est-à-dire occupant plus de dix salariés) du 8 octobre 1990, tel qu'étendu par arrêté du 8 février 1991, et dans son propre champ d'application territorial, les dispositions de l'accord départemental (Seine-et-Marne) du 22 décembre 1994, conclu dans le cadre des conventions collectives nationales susvisées.

Art. 2. -

L'extension des effets et sanctions de l'accord susvisé est faite à dater de la publication du présent arrêté pour la durée restant à courir et aux conditions prévues par les conventions précitées.

Art. 3. -

Le directeur des relations du travail au ministère du travail, de l'emploi et de la formation professionnelle et le directeur des exploitations, de la politique sociale et de l'emploi au ministère de l'agriculture et de la pêche sont chargés, chacun en ce qui le concerne, de l'exécution du présent arrêté, qui sera publié au Journal officiel de la République française.

Nota. - Le texte de l'accord susvisé a été publié au Bulletin officiel du ministère, fascicule Conventions collectives n° 95-8 en date du 1er avril 1995, disponible à la direction des Journaux officiels, 26, rue Desaix, 75727 Paris Cedex 15, au prix de 37 F.

ARRETE du 4 mai 1995

Le ministre du travail, de l'emploi et de la formation professionnelle et le ministre de l'agriculture et de la pêche,
Vu les articles L. 133-1 et suivants du code du travail ;
Vu les arrêtés des 12 février 1991 et 15 décembre 1992 portant extension de la convention collective nationale des ouvriers employés par les entreprises du bâtiment visées par les décrets des 1er mars 1962 (c'est-à-dire occupant jusqu'à dix salariés), 8 octobre 1990, et d'avenants la complétant ;
Vu l'arrêté du 28 décembre 1994 portant extension d'un accord régional (Auvergne) conclu dans le cadre de la convention collective nationale susvisée ;
Vu l'accord Salaires (Auvergne) du 20 décembre 1994 conclu dans le cadre de la convention collective nationale susvisée ;
Vu la demande d'extension présentée par les organisations signataires ;
Vu les avis publiés au Journal officiel des 10 mars et 24 mars 1995 ;
Vu les avis recueillis au cours de l'enquête ;
Vu l'avis motivé de la Commission nationale de la négociation collective (sous-commission des conventions et accords), recueilli suivant la procédure prévue à l'article R. 133-2 du code du travail,
Pour le ministre et par délégation :
Par empêchement du directeur
des relations du travail :
Le sous-directeur de la négociation collective,
H. MARTIN
Le ministre de l'agriculture et de la pêche,
Pour le ministre et par délégation :
Le directeur des exploitations,
de la politique sociale et de l'emploi,
H.-P. CULAUD

Article 1, 2, 3
En vigueur

Art. 1er. -

Sont rendues obligatoires, pour tous les employeurs et tous les salariés compris dans le champ d'application professionnel de la convention collective nationale concernant les ouvriers employés par les entreprises du bâtiment visées par les décrets des 1er mars 1962 (c'est-à-dire occupant jusqu'à dix salariés), 8 octobre 1990, tel que modifié par l'avenant n° 1 du 17 mars 1992, et dans son propre champ d'application territorial, les dispositions de l'accord Salaires (Auvergne) du 20 décembre 1994 conclu dans le cadre de la convention collective nationale susvisée, sous réserve de l'application des dispositions réglementaires relatives au salaire minimum de croissance.

Art. 2. -

L'extension des effets et sanctions de l'accord susvisé est faite à dater de la publication du présent arrêté pour la durée restant à courir et aux conditions prévues par ledit accord.

Art. 3. -

Le directeur des relations du travail au ministère du travail, de l'emploi et de la formation professionnelle et le directeur des exploitations, de la politique sociale et de l'emploi au ministère de l'agriculture et de la pêche sont chargés, chacun en ce qui le concerne, de l'exécution du présent arrêté, qui sera publié au Journal officiel de la République française.
Le ministre du travail, de l'emploi
et de la formation professionnelle,

Nota. - Le texte de l'accord susvisé a été publié au Bulletin officiel du ministère, fascicule Conventions collectives n° 59-09 en date du 8 avril 1995.

ARRETE du 29 juin 1995

Le ministre du travail, du dialogue social et de la participation et le ministre de l'agriculture, de la pêche et de l'alimentation,
Vu les articles L. 133-1 et suivants du code du travail ;
Vu les arrêtés des 12 février 1991 et 15 décembre 1992 portant extension de la convention collective nationale concernant les ouvriers employés par les entreprises du bâtiment visées par le décret du 1er mars 1962 (c'est-à-dire occupant jusqu'à dix salariés) du 8 octobre 1990 et d'avenants la complétant ;
Vu l'arrêté du 8 février 1991 portant extension de la convention collective nationale concernant les ouvriers employés par les entreprises du bâtiment non visées par le décret du 1er mars 1962 (c'est-à-dire occupant plus de dix salariés) du 8 octobre 1990 ;
Vu l'arrêté du 22 avril 1992 portant extension d'un accord régional (Aquitaine) conclu dans le cadre des conventions collectives nationales susvisées ;
Vu l'accord régional Aquitaine du 15 décembre 1994 (une annexe) relatif aux salaires minimaux conclu dans le cadre des conventions collectives nationales susvisées ;
Vu la demande d'extension présentée par les organisations signataires ;
Vu les avis publiés au Journal officiel des 14 avril et 23 avril 1995 ;
Vu les avis recueillis au cours de l'enquête ;

Vu l'avis motivé de la Commission nationale de la négociation collective (sous-commission des conventions et accords),

Le ministre du travail, du dialogue social
et de la participation,
Pour le ministre et par délégation :
Par empêchement du directeur
des relations du travail :
Le sous-directeur de la négociation collective,
H. MARTIN
Le ministre de l'agriculture,
de la pêche et de l'alimentation,
Pour le ministre et par délégation :
Par empêchement du directeur des exploitations,
de la politique sociale et de l'emploi :
L'administrateur civil,
P. DEDINGER

Article 1, 2, 3
En vigueur

Art. 1er.

Sont rendues obligatoires, pour tous les employeurs et tous les salariés compris dans le champ d'application professionnel de la convention collective nationale des ouvriers employés par les entreprises du bâtiment, visées par le décret du 1er mars 1962 (c'est-à-dire occupant plus de dix salariés) du 8 octobre 1990, tel que complété par l'avenant n° 1 du 17 mars 1992 et dans celui de la convention collective nationale des ouvriers employés par les entreprises du bâtiment non visées par le décret du 1er mars 1962 (c'est-à-dire occupant plus de dix salariés) du 8 octobre 1990, tel qu'étendu par arrêté du 8 février 1991, et dans son propre champ d'application territorial, les dispositions de l'accord régional Aquitaine du 15 décembre 1994 (une annexe) conclu dans le cadre des conventions collectives susvisées, sous réserve de l'application des dispositions réglementaires portant fixation du salaire minimum de croissance et à l'exclusion des termes : " et 0,7 p. 100 au 1er janvier 1996 qui s'ajoutera à l'augmentation du coût de la vie " figurant à l'article 2.

Art. 2.

L'extension des effets et sanctions de l'accord susvisé est faite à dater de la publication du présent arrêté pour la durée restant à courir et aux conditions prévues par ledit accord.

Art. 3.

Le directeur des relations du travail au ministère du travail, du dialogue social et de la participation et le directeur des exploitations, de la politique sociale et de l'emploi au ministère de l'agriculture, de la pêche et de l'alimentation sont chargés, chacun en ce qui le concerne, de l'exécution du présent arrêté, qui sera publié au Journal officiel de la République française.

Nota. - Le texte de la convention a été publié au Bulletin officiel du ministère, fascicule Conventions collectives n° 95-02 en date du 17 février 1995.

ARRETE du 29 juin 1995

Le ministre du travail, du dialogue social et de la participation et le ministre de l'agriculture, de la pêche et de l'alimentation,
Vu les articles L. 133-1 et suivants du code du travail ;
Vu l'arrêté du 8 février 1991 portant extension de la convention collective nationale concernant les ouvriers employés par les entreprises du bâtiment non visées par le décret du 1er mars 1962 (c'est-à-dire occupant plus de dix salariés) du 8 octobre 1990 ;
Vu les arrêtés du 12 février 1991 et du 15 décembre 1992 portant extension de la convention collective nationale des ouvriers employés dans les entreprises du bâtiment visées par le décret du 1er mars 1962 (c'est-à-dire occupant jusqu'à dix salariés) du 8 octobre 1990 et d'avenants la modifiant ou la complétant ;
Vu les arrêtés des 21 juillet 1992 et 20 juillet 1994 portant extension d'accords départementaux (Mayenne) conclus dans le cadre des conventions collectives nationales susvisées ;
Vu l'accord départemental Salaires (Mayenne) du 13 mars 1995 conclu dans le cadre des conventions collectives nationales susvisées ;
Vu la demande d'extension présentée par les organisations signataires ;
Vu les avis publiés au Journal officiel des 20 et 21 mai 1995 ;
Vu les avis recueillis au cours de l'enquête ;
Vu l'avis motivé de la Commission nationale de la négociation collective (sous-commission des conventions et accords), recueilli suivant la procédure prévue à l'article R. 133-2 du code du travail,

Le ministre du travail, du dialogue social
et de la participation,
Pour le ministre et par délégation :
Par empêchement du directeur
des relations du travail :
Le sous-directeur de la négociation collective,

H. MARTIN
Le ministre de l'agriculture,
de la pêche et de l'alimentation,
Pour le ministre et par délégation :
Par empêchement du directeur des exploitations,
de la politique sociale et de l'emploi :
L'administrateur civil,
P. DEDINGER

Article 1, 2, 3
En vigueur

Art. 1er. -

Sont rendues obligatoires, pour tous les employeurs et tous les salariés compris dans le champ d'application professionnel de la convention collective nationale concernant les ouvriers employés par les entreprises du bâtiment non visées par le décret du 1er mars 1962 (c'est-à-dire occupant plus de dix salariés) du 8 octobre 1990 tel qu'étendu par arrêté du 8 février 1991 et de la convention collective nationale concernant les ouvriers employés par les entreprises du bâtiment visées par le décret du 1er mars 1962 (c'est-à-dire occupant jusqu'à dix salariés) du 8 octobre 1990 tel que complété par l'avenant n° 1 du 17 mars 1992, et dans son propre champ d'application territorial, les dispositions de l'accord départemental Salaires (Mayenne) du 13 mars 1995 conclu dans le cadre des conventions collectives susvisées.

Art. 2. -

L'extension des effets et sanctions de l'accord susvisé est faite à dater de la publication du présent arrêté pour la durée restant à courir et aux conditions prévues par ledit accord.

Art. 3. -

Le directeur des relations du travail au ministère du travail, du dialogue social et de la participation et le directeur des exploitations, de la politique sociale et de l'emploi au ministère de l'agriculture, de la pêche et de l'alimentation sont chargés, chacun en ce qui le concerne, de l'exécution du présent arrêté, qui sera publié au Journal officiel de la République française.

Nota. - Le texte de l'accord susvisé a été publié au Bulletin officiel du ministère, fascicule Conventions collectives n° 95-18 en date du 24 juin 1995.

ARRETE du 29 juin 1995

Le ministre du travail, du dialogue social et de la participation et le ministre de l'agriculture, de la pêche et de l'alimentation,
Vu les articles L. 133-1 et suivants du code du travail ;
Vu les arrêtés des 12 février 1991 et 15 décembre 1992 portant extension de la convention collective nationale des ouvriers employés par les entreprises du bâtiment visées par le décret du 1er mars 1962 (c'est-à-dire occupant jusqu'à dix salariés) du 8 octobre 1990 et d'avenants la complétant ;
Vu l'arrêté du 24 juin 1991 portant extension d'un accord départemental Rhône, conclu dans le cadre de la convention collective nationale susvisée ;
Vu l'accord départemental Rhône sur les petits déplacements du 16 janvier 1995, conclu dans le cadre de la convention collective nationale susvisée, tel que modifié par son avenant du 20 février 1995 ;
Vu la demande d'extension présentée par les organisations signataires ;
Vu les avis publiés au Journal officiel du 24 février 1995 et des 8, 23 et 30 mars 1995 ;
Vu les avis recueillis au cours de l'enquête ;
Vu l'avis motivé de la Commission nationale de la négociation collective (sous-commission des conventions et accords), recueilli suivant la procédure prévue à l'article R. 133-2 du code du travail,

Le ministre du travail, du dialogue social
et de la participation,
Pour le ministre et par délégation :
Par empêchement du directeur
des relations du travail :
Le sous-directeur de la négociation collective,
H. MARTIN
Le ministre de l'agriculture,
de la pêche et de l'alimentation,
Pour le ministre et par délégation :
Par empêchement du directeur des exploitations,
de la politique sociale et de l'emploi :
L'administrateur civil,
P. DEDINGER

Article 1, 2, 3
En vigueur

Art. 1er. -

Sont rendues obligatoires, pour tous les employeurs et tous les salariés compris dans le champ d'application professionnel de la convention collective nationale des ouvriers employés par les entreprises du bâtiment visées par le décret du 1er mars 1962 (c'est-à-dire occupant jusqu'à dix salariés) du 8 octobre 1990, tel que complété par l'avenant n° 1 du 17 mars 1962 et dans leur propre champ d'application territorial, les dispositions de l'accord département Rhône sur les petits déplacements du 16 janvier 1995, conclu dans le cadre de la convention collective nationale susvisée, tel que modifié par son avenant du 20 février 1995.

Art. 2. -

L'extension des effets et sanctions des accords susvisés est faite à dater de la publication du présent arrêté pour la durée restant à courir et aux conditions prévues par lesdits accords.

Art. 3. -

Le directeur des relations du travail au ministère du travail, du dialogue social et de la participation et le directeur des exploitations, de la politique sociale et de l'emploi au ministère de l'agriculture, de la pêche et de l'alimentation sont chargés, chacun en ce qui le concerne, de l'exécution du présent arrêté, qui sera publié au Journal officiel de la République française.

Nota. - Le texte des accords susvisés a été publié au Bulletin officiel du ministère, fascicule Conventions collectives n° 95-7 en date du 25 mars 1995 et n° 95-10 en date du 20 avril 1995.

ARRETE du 29 juin 1995

Le ministre du travail, du dialogue social et de la participation et le ministre de l'agriculture, de la pêche et de l'alimentation,
Vu les articles L. 133-1 et suivants du code du travail ;
Vu les arrêtés des 12 février 1991 et 15 décembre 1992 portant extension de la convention collective nationale des ouvriers employés par les entreprises du bâtiment visées par le décret du 1er mars 1962 (c'est-à-dire occupant jusqu'à dix salariés) du 8 octobre 1990 et d'avenants la complétant ;
Vu l'arrêté du 28 décembre 1994 portant extension d'un accord régional (Nord - Pas-de-Calais) conclu dans le cadre de la convention collective nationale susvisée ;
Vu l'accord régional (Nord - Pas-de-Calais) du 8 mars 1995 relatif aux salaires minima, conclu dans le cadre de la convention collective susvisée ;
Vu l'accord régional (Nord - Pas-de-Calais) du 14 mars 1995 relatif aux indemnités de petits déplacements, conclu dans le cadre de la convention collective nationale susvisée ;
Vu la demande d'extension présentée par les organisations signataires ;
Vu les avis publiés au Journal officiel des 20 et 21 mai 1995 ;
Vu les avis recueillis au cours de l'enquête ;
Vu l'avis motivé de la Commission nationale de la négociation collective (sous-commission des conventions et accords), recueilli suivant la procédure prévue à l'article R. 133-2 du code du travail,

Le ministre du travail, du dialogue social
et de la participation,
Pour le ministre et par délégation :
Par empêchement du directeur
des relations du travail :
Le sous-directeur de la négociation collective,
H. MARTIN
Le ministre de l'agriculture,
de la pêche et de l'alimentation ,
Pour le ministre et par délégation :
Par empêchement du directeur des exploitations,
de la politique sociale et de l'emploi :
L'administrateur civil,
P. DEDINGER

Article 1, 2, 3
En vigueur

Art. 1er. -

Sont rendues obligatoires, pour tous les employeurs et tous les salariés compris dans le champ d'application professionnel de la convention collective nationale concernant les ouvriers employés par les entreprises du bâtiment visées par le décret du 1er mars 1962 (c'est-à-dire occupant jusqu'à dix salariés) du 8 octobre 1990, tel que complété par l'avenant n° 1 du 17 mars 1992, et dans leur propre champ d'application territorial, les dispositions de :

- l'accord régional (Nord - Pas-de-Calais) du 8 mars 1995 relatif aux salaires minima, conclu dans le cadre de la convention collective susvisée ;

- l'accord régional (Nord - Pas-de-Calais) du 14 mars 1995 relatif aux indemnités de petits déplacements, conclu dans le cadre de la convention collective nationale susvisée.

Art. 2. -

L'extension des effets et sanctions des accords susvisés est faite à dater de la publication du présent arrêté pour la durée restant à courir et aux conditions prévues par lesdits accords.

Art. 3. -

Le directeur des relations du travail au ministère du travail, du dialogue social et de la participation et le directeur des exploitations, de la politique sociale et de l'emploi au ministère de l'agriculture, de la pêche et de l'alimentation sont chargés, chacun en ce qui le concerne, de l'exécution du présent arrêté, qui sera publié au Journal officiel de la République française.

Nota. - Le texte des accords susvisés a été publié au Bulletin officiel du ministère, fascicule Conventions collectives n° 95-18 en date du 24 juin 1995.

ARRETE du 18 juillet 1995

Le ministre du travail, du dialogue social et de la participation et le ministre de l'agriculture, de la pêche et de l'alimentation,
Vu les articles L. 133-1 et suivants du code du travail ;
Vu les arrêtés des 12 février 1991 et 15 décembre 1992 portant extension de la convention collective nationale du 8 octobre 1990 et d'avenants la complétant concernant les ouvriers employés par les entreprises du bâtiment visées par le décret du 1er mars 1962 (c'est-à-dire occupant jusqu'à dix salariés) ;
Vu l'arrêté du 8 février 1991 portant extension de la convention collective nationale du 8 octobre 1990 concernant les ouvriers employés par les entreprises du bâtiment non visées par le décret du 1er mars 1962 (c'est-à-dire occupant plus de dix salariés) ;
Vu l'arrêté du 11 février 1994 portant extension d'un accord régional (Haute-Normandie) ;
Vu l'avenant n° 3 du 29 mars 1995 à l'accord régional Haute-Normandie du 11 janvier 1991 conclu dans le cadre des conventions collectives nationales susvisées ;
Vu la demande d'extension présentée par les organisations signataires ;
Vu les avis publiés au Journal officiel des 21 et 23 mai 1995 ;
Vu les avis recueillis au cours de l'enquête ;
Vu l'avis motivé de la Commission nationale de la négociation collective (sous-commission des conventions et accords), recueilli suivant la procédure prévue à l'article R. 133-2 du code du travail,

Le ministre du travail, du dialogue social
et de la participation,
Pour le ministre et par délégation :
Par empêchement du directeur des relations du travail :
Le sous-directeur de la négociation collective,
H. MARTIN
Le ministre de l'agriculture, de la pêche et de l'alimentation,
Pour le ministre et par délégation :
Par empêchement du directeur des exploitations, de la politique sociale et de l'emploi :
L'administrateur civil,
P. DEDINGER

Article 1, 2, 3
En vigueur

Article 1er

Sont rendues obligatoires, pour tous les employeurs et tous les salariés compris dans le champ d'application professionnel de la convention collective nationale du 8 octobre 1990 concernant les ouvriers employés par les entreprises du bâtiment visées par le décret du 1er mars 1962 (c'est-à-dire occupant jusqu'à dix salariés), tel que complété par l'avenant n° 1 du 17 mars 1992 et dans celui de la convention collective du 8 octobre 1990 concernant les ouvriers employés par les entreprises du bâtiment non visées par le décret du 1er mars 1962 (c'est-à-dire occupant plus de dix salariés), tel qu'étendu par arrêté du 8 février 1991, et dans son propre champ d'application géographique, les dispositions de l'avenant n° 3 du 29 mars 1995 à l'accord régional Haute-Normandie du 11 janvier 1991 conclu dans le cadre des conventions collectives nationales susvisées, sous réserve de l'application des dispositions réglementaires portant fixation du salaire minimum de croissance.

Article 2

L'extension des effets et sanctions de l'accord susvisé est faite à dater de la publication du présent arrêté au Journal officiel pour la durée restant à courir et aux conditions prévues par ledit accord.

Article 3

Le directeur des relations du travail au ministère du travail, du dialogue social et de la participation et le directeur des exploitations, de la politique sociale et de l'emploi au ministère de l'agriculture, de la pêche et de l'alimentation sont chargés, chacun en ce qui le concerne, de l'exécution du présent arrêté, qui sera publié au Journal officiel de la République française.

Nota. - Le texte de l'accord susvisé a été publié au Bulletin officiel du ministère, fascicule Conventions collectives n° 95-17 en date du 17 juin 1995.

ARRETE du 18 juillet 1995

Le ministre du travail, du dialogue social et de la participation et le ministre de l'agriculture, de la pêche et de l'alimentation,
Vu les articles L. 133-1 et suivants du code du travail ;
Vu les arrêtés des 12 février 1991 et 15 décembre 1992 portant extension de la convention collective nationale du 8 octobre 1990 et d'avenants la complétant concernant les ouvriers employés par les entreprises du bâtiment visées par le décret du 1er mars 1962 (c'est-à-dire occupant jusqu'à dix salariés) ;
Vu l'arrêté du 8 février 1991 portant extension de la convention collective nationale du 8 octobre 1990 concernant les ouvriers employés par les entreprises du bâtiment non visées par le décret du 1er mars 1962 (c'est-à-dire occupant plus de dix salariés) ;
Vu l'arrêté du 5 juillet 1991 et les arrêtés successifs, notamment l'arrêté du 5 août 1994 portant extension d'accords régionaux de Lorraine ;
Vu l'accord régional Lorraine du 22 mars 1995 (un barème annexé) conclu dans le cadre des conventions collectives nationales susvisées ;
Vu la demande d'extension présentée par les organisations signataires ;
Vu les avis publiés au Journal officiel des 23 mai et 13 juin 1995 ;
Vu les avis recueillis au cours de l'enquête ;
Vu l'avis motivé de la Commission nationale de la négociation collective (sous-commission des conventions et accords), recueilli suivant la procédure prévue à l'article R. 133-2 du code du travail,

Pour le ministre et par délégation :
Par empêchement du directeur des relations du travail :
Le sous-directeur de la négociation collective,
H. MARTIN
Le ministre de l'agriculture, de la pêche et de l'alimentation,
Pour le ministre et par délégation :
Par empêchement du directeur des exploitations, de la politique sociale et de l'emploi :
L'administrateur civil,
P. DEDINGER

Article 1, 2, 3
En vigueur

Article 1er

Sont rendues obligatoires, pour tous les employeurs et tous les salariés compris dans le champ d'application professionnel de la convention collective nationale du 8 octobre 1990 concernant les ouvriers employés par les entreprises du bâtiment visées par le décret du 1er mars 1962 (c'est-à-dire occupant jusqu'à dix salariés), tel que complété par l'avenant n° 1 du 17 mars 1992 et dans celui de la convention collective nationale du 8 octobre 1990 concernant les ouvriers employés par les entreprises du bâtiment non visées par le décret du 1er mars 1962 (c'est-à-dire occupant plus de dix salariés), tel qu'étendu par arrêté du 8 février 1991, et dans son propre champ d'application géographique, les dispositions de l'accord régional Lorraine du 22 mars 1995 (un barème annexé) conclu dans le cadre des conventions collectives nationales susvisées, sous réserve de l'application des dispositions réglementaires portant fixation du salaire minimum de croissance.

Article 2

L'extension des effets et sanctions de l'accord susvisé est faite à dater de la publication du présent arrêté pour la durée restant à courir et aux conditions prévues par ledit accord.

Article 3

Le directeur des relations du travail au ministère du travail, du dialogue social et de la participation et le directeur des exploitations, de la politique sociale et de l'emploi au ministère de l'agriculture, de la pêche et de l'alimentation sont chargés, chacun en ce qui le concerne, de l'exécution du présent arrêté, qui sera publié au Journal officiel de la République française.
Le ministre du travail, du dialogue social
et de la participation,

Nota. - Le texte de l'accord susvisé a été publié au Bulletin officiel du ministère, fascicule Conventions collectives n° 95-19 du 30 juin 1995.

ARRETE du 18 juillet 1995

Le ministre du travail, du dialogue social et de la participation et le ministre de l'agriculture, de la pêche et de l'alimentation,
Vu les articles L. 133-1 et suivants du code du travail ;
Vu les arrêtés des 12 février 1991 et 15 décembre 1992 portant extension de la convention collective nationale du 8 octobre 1990 et de textes la modifiant ou la complétant concernant les ouvriers employés par les entreprises du bâtiment visées par le décret du 1er mars 1962 (c'est-à-dire occupant jusqu'à dix salariés) ;

Vu l'arrêté du 16 avril 1993 portant extension d'un accord régional (Bourgogne) conclu dans le cadre de la convention collective susvisée ;
Vu l'accord régional n° 5, région Bourgogne, du 27 avril 1995 (Salaires) conclu dans le cadre de la convention collective nationale susvisée ;
Vu la demande d'extension présentée par les organisations signataires ;
Vu les avis publiés au Journal officiel des 31 mai et 13 juin 1995 ;
Vu les avis recueillis au cours de l'enquête ;
Vu l'avis motivé de la Commission nationale de la négociation collective (sous-commission des conventions et accords), recueilli suivant la procédure prévue à l'article R. 133-2 du code du travail,

Pour le ministre et par délégation :
Par empêchement du directeur des relations du travail :
Le sous-directeur de la négociation collective,
H. MARTIN
Le ministre de l'agriculture, de la pêche et de l'alimentation,
Pour le ministre et par délégation :
Par empêchement du directeur des exploitations, de la politique sociale et de l'emploi :
L'administrateur civil,
P. DEDINGER

Article 1, 2, 3
En vigueur

Article 1er

Sont rendues obligatoires, pour tous les employeurs et tous les salariés compris dans le champ d'application professionnel de la convention collective nationale du 8 octobre 1990 concernant les ouvriers employés par les entreprises du bâtiment visées par le décret du 1er mars 1962 (c'est-à-dire occupant jusqu'à dix salariés), tel que modifié par l'avenant n° 1 du 17 mars 1992, et dans son propre champ d'application territorial, les dispositions de l'accord régional n° 5, région Bourgogne, du 27 avril 1995 (Salaires), conclu dans le cadre de la convention collective nationale susvisée.

Article 2

L'extension des effets et sanctions de l'accord susvisé est faite à dater de la publication du présent arrêté pour la durée restant à courir et aux conditions prévues par ledit accord.

Article 3

Le directeur des relations du travail au ministère du travail, du dialogue social et de la participation et le directeur des exploitations, de la politique sociale et de l'emploi au ministère de l'agriculture, de la pêche et de l'alimentation sont chargés, chacun en ce qui le concerne, de l'exécution du présent arrêté, qui sera publié au Journal officiel de la République française.
Le ministre du travail, du dialogue social
et de la participation,

Nota. - Le texte de l'accord susvisé a été publié au Bulletin officiel du ministère, fascicule Conventions collectives n° 95-20 du 8 juillet 1995.

ARRETE du 18 juillet 1995

Le ministre du travail, du dialogue social et de la participation et le ministre de l'agriculture, de la pêche et de l'alimentation,
Vu les articles L. 133-1 et suivants du code du travail ;
Vu les arrêtés des 12 février 1991 et 15 décembre 1992 portant extension de la convention collective nationale du 8 octobre 1990 et de textes la modifiant ou la complétant concernant les ouvriers employés par les entreprises du bâtiment visées par le décret du 1er mars 1962 (c'est-à-dire occupant jusqu'à dix salariés) ;
Vu l'arrêté du 16 avril 1993 portant extension d'un accord régional (Bourgogne) conclu dans le cadre de la convention collective susvisée ;
Vu l'accord régional n° 5, région Bourgogne, du 27 avril 1995 (Salaires) conclu dans le cadre de la convention collective nationale susvisée ;
Vu la demande d'extension présentée par les organisations signataires ;
Vu les avis publiés au Journal officiel des 31 mai et 13 juin 1995 ;
Vu les avis recueillis au cours de l'enquête ;
Vu l'avis motivé de la Commission nationale de la négociation collective (sous-commission des conventions et accords), recueilli suivant la procédure prévue à l'article R. 133-2 du code du travail,

Pour le ministre et par délégation :
Par empêchement du directeur des relations du travail :
Le sous-directeur de la négociation collective,
H. MARTIN
Le ministre de l'agriculture, de la pêche et de l'alimentation,
Pour le ministre et par délégation :
Par empêchement du directeur des exploitations, de la politique sociale et de l'emploi :
L'administrateur civil,
P. DEDINGER

Article 1, 2, 3
En vigueur

Article 1er

Sont rendues obligatoires, pour tous les employeurs et tous les salariés compris dans le champ d'application professionnel de la convention collective nationale du 8 octobre 1990 concernant les ouvriers employés par les entreprises du bâtiment visées par le décret du 1er mars 1962 (c'est-à-dire occupant jusqu'à dix salariés), tel que modifié par l'avenant n° 1 du 17 mars 1992, et dans son propre champ d'application territorial, les dispositions de l'accord régional n° 5, région Bourgogne, du 27 avril 1995 (Salaires), conclu dans le cadre de la convention collective nationale susvisée.

Article 2

L'extension des effets et sanctions de l'accord susvisé est faite à dater de la publication du présent arrêté pour la durée restant à courir et aux conditions prévues par ledit accord.

Article 3

Le directeur des relations du travail au ministère du travail, du dialogue social et de la participation et le directeur des exploitations, de la politique sociale et de l'emploi au ministère de l'agriculture, de la pêche et de l'alimentation sont chargés, chacun en ce qui le concerne, de l'exécution du présent arrêté, qui sera publié au Journal officiel de la République française.
Le ministre du travail, du dialogue social
et de la participation,

Nota. - Le texte de l'accord susvisé a été publié au Bulletin officiel du ministère, fascicule Conventions collectives n° 95-20 du 8 juillet 1995.

ARRETE du 21 juillet 1995

Le ministre du travail, du dialogue social et de la participation et le ministre de l'agriculture, de la pêche et de l'alimentation,
Vu les articles L. 133-1 et suivants du code du travail ;
Vu l'arrêté du 8 février 1991 portant extension de la convention collective nationale du 8 octobre 1990 concernant les ouvriers employés par les entreprises du bâtiment non visées par le décret du 1er mars 1962 (c'est-à-dire occupant plus de dix salariés) ;

Vu les arrêtés des 12 février 1991 et 15 décembre 1992 portant extension de la convention collective nationale du 8 octobre 1990 et d'avenants la complétant concernant les ouvriers employés par les entreprises du bâtiment visées par le décret du 1er mars 1962 (c'est-à-dire occupant jusqu'à dix salariés) ;

Vu l'arrêté du 27 juin 1994 portant extension d'un accord départemental (Sarthe) conclu dans le cadre des conventions collectives susvisées ;
Vu l'accord départemental (Sarthe) du 22 mars 1995 relatif aux salaires mensuels minimaux conclu dans le cadre des conventions collectives nationales susvisées ;
Vu la demande d'extension présentée par les organisations signataires ;
Vu les avis publiés au Journal officiel des 20 mai et 13 juin 1995 ;
Vu les avis recueillis au cours de l'enquête ;
Vu l'avis motivé de la Commission nationale de la négociation collective (sous-commission des conventions et accords), recueilli suivant la procédure prévue à l'article R. 133-2 du code du travail,

Pour le ministre et par délégation :
Par empêchement du directeur des relations du travail :
Le sous-directeur de la négociation collective,
H. MARTIN
Le ministre de l'agriculture, de la pêche et de l'alimentation,
Pour le ministre et par délégation :
Par empêchement du directeur des exploitations, de la politique sociale et de l'emploi :
L'administrateur civil,
P. DEDINGER

Article 1, 2, 3
En vigueur

Article 1er

Sont rendues obligatoires, pour tous les employeurs et tous les salariés compris dans le champ d'application professionnel de la convention collective nationale du 8 octobre 1990 concernant les ouvriers employés par les entreprises du bâtiment visées par le décret du 1er mars 1962 (c'est-à-dire occupant jusqu'à dix salariés), tel que complété par l'avenant n° 1 du 17 mars 1992, et dans celui de la convention collective nationale du 8 octobre 1990 concernant les ouvriers employés par les entreprises du bâtiment non visées par le décret du 1er mars 1962 (c'est-à-dire occupant plus de dix salariés), tel qu'étendu par l'arrêté du 8 février 1991 et dans son propre champ d'application territorial, les dispositions de l'accord départemental (Sarthe) du 22 mars 1995 relatif aux salaires mensuels minimaux conclu dans le cadre des conventions collectives susvisées.

Article 2

L'extension des effets et sanctions de l'accord départemental susvisé est faite à dater de la publication du présent arrêté pour la durée restant à courir et aux conditions prévues par ledit accord.

Article 3

Le directeur des relations du travail au ministère du travail, du dialogue social et de la participation et le directeur des exploitations, de la politique sociale et de l'emploi au ministère de l'agriculture, de la pêche et de l'alimentation sont chargés, chacun en ce qui le concerne, de l'exécution du présent arrêté, qui sera publié au Journal officiel de la République française.
Le ministre du travail, du dialogue social
et de la participation,

Nota. - Le texte de l'accord susvisé a été publié au Bulletin officiel du ministère, fascicule Conventions collectives n° 95-19 en date du 30 juin 1995.

ARRETE du 21 juillet 1995

Le ministre du travail, du dialogue social et de la participation et le ministre de l'agriculture, de la pêche et de l'alimentation,
Vu les articles L. 133-1 et suivants du code du travail,
Vu l'arrêté du 8 février 1991 portant extension de la convention collective nationale des ouvriers employés par les entreprises du bâtiment non visées par le décret du 1er mars 1962 (c'est-à-dire occupant plus de dix salariés) du 8 octobre 1990 ;
Vu les arrêtés des 12 février 1991 et 15 décembre 1992 portant extension de la convention collective nationale des ouvriers employés par les entreprises du bâtiment visées par le décret du 1er mars 1962 (c'est-à-dire occupant jusqu'à dix salariés) du 8 octobre 1990 et d'avenants la complétant ;
Vu l'arrêté du 29 juillet 1992 portant extension d'un accord départemental (Loire-Atlantique) conclu dans le cadre des conventions collectives nationales susvisées ;
Vu l'accord départemental (Loire-Atlantique) relatif aux petits déplacements du 12 avril 1995 conclu dans le cadre des conventions collectives nationales susvisées ;
Vu la demande d'extension présentée par les organisations signataires ;
Vu les avis publiés au Journal officiel des 31 mai et 13 juin 1995 ;
Vu les avis recueillis au cours de l'enquête ;
Vu l'avis motivé de la Commission nationale de la négociation collective (sous-commission des conventions et accords), recueilli suivant la procédure prévue à l'article R. 133-2 du code du travail,

Pour le ministre et par délégation :
Par empêchement du directeur des relations du travail :
Le sous-directeur de la négociation collective,
H. MARTIN
Le ministre de l'agriculture, de la pêche et de l'alimentation,
Pour le ministre et par délégation :
Par empêchement du directeur des exploitations, de la politique sociale et de l'emploi :
L'administrateur civil,
P. DEDINGER

Article 1, 2, 3
En vigueur

Article 1er

Sont rendues obligatoires, pour tous les employeurs et tous les salariés compris dans le champ d'application professionnel de la convention collective nationale des ouvriers employés par les entreprises du bâtiment visées par le décret du 1er mars 1962 (c'est-à-dire occupant jusqu'à dix salariés) du 8 octobre 1990, tel que complété par l'avenant n° 1 du 17 mars 1992, et dans celui de la convention collective nationale des ouvriers employés par les entreprises du bâtiment non visées par le décret du 1er mars 1962 (c'est-à-dire occupant plus de dix salariés) du 8 octobre 1990, tel qu'étendu par arrêté du 8 février 1991, et dans son propre champ d'application territorial, les dispositions de l'accord départemental (Loire-Atlantique) du 12 avril 1995 (Indemnités petits déplacements) conclu dans le cadre des conventions collectives nationales susvisées.

Article 2

L'extension des effets et sanctions de l'accord susvisé est faite à dater de la publication du présent arrêté pour la durée restant à courir et aux conditions prévues par les conventions précitées.

Article 3

Le directeur des relations du travail au ministère du travail, du dialogue social et de la participation et le directeur des exploitations, de la politique sociale et de l'emploi au ministère de l'agriculture, de la pêche et de l'alimentation sont chargés, chacun en ce qui le concerne, de l'exécution du présent arrêté, qui sera publié au Journal officiel de la République française.
Le ministre du travail, du dialogue social

et de la participation,

Nota. - Le texte de l'accord susvisé a été publié au Bulletin officiel du ministère, fascicule Conventions collectives n° 95-20 en date du 8 juillet 1995.

ARRETE du 2 août 1995

Le ministre du travail, du dialogue social et de la participati on et le ministre de l'agriculture, de la pêche et de l'alimentation,
Vu les articles L. 133-1 et suivants du code du travail ;
Vu l'arrêté du 8 février 1991 portant extension de la convention collective nationale du 8 octobre 1990 concernant les ouvriers employés par les entreprises du bâtiment non visées par le décret du 1er mars 1962 (c'est-à-dire occupant plus de dix salariés) ;
Vu les arrêtés du 12 février 1991 et du 15 décembre 1992 portant extension de la convention collective nationale du 8 octobre 1990 des ouvriers employés dans les entreprises du bâtiment visées par le décret du 1er mars 1962 (c'est-à-dire occupant jusqu'à dix salariés) et d'avenants la modifiant ou la complétant ;
Vu l'arrêté du 11 juillet 1994 portant extension d'un accord départemental (Ain) du 25 février 1994, conclu dans le cadre des conventions collectives nationales susvisées ;
Vu l'accord départemental (Ain) du 10 mars 1995 relatif aux indemnités de déplacements (une annexe) conclu dans le cadre des conventions collectives nationales susvisées ;
Vu la demande d'extension présentée par les organisations signataires ;
Vu les avis publiés au Journal officiel des 23 et 28 juin 1995 ;
Vu les avis recueillis au cours de l'enquête ;
Vu l'avis motivé de la Commission nationale de la négociation collective (sous-commission des conventions et accords), recueilli suivant la procédure prévue à l'article R. 133-2 du code du travail,

Pour le ministre et par délégation :
Par empêchement du directeur des relations du travail :
Le sous-directeur de la négociation collective,
H. MARTIN
Le ministre de l'agriculture,
de la pêche et de l'alimentation,
Pour le ministre et par délégation :
Par empêchement du directeur des exploitations,
de la politique sociale et de l'emploi :
L'administrateur civil,
P. DEDINGER

Article 1, 2, 3
En vigueur

Article 1er

Sont rendues obligatoires, pour tous les employeurs et tous les salariés compris dans le champ d'application professionnel de la convention collective nationale du 8 octobre 1990 concernant les ouvriers employés par les entreprises du bâtiment non visées par le décret du 1er mars 1962 (c'est-à-dire occupant plus de dix salariés), tel qu'étendu par arrêté du 8 février 1991, et de la convention collective nationale du 8 octobre 1990 des ouvriers employés par les entreprises du bâtiment visées par le décret du 1er mars 1962 (c'est-à-dire occupant jusqu'à dix salariés), tel que complété par l'avenant n° 1 du 17 mars 1992, et dans son propre champ d'application territorial, les dispositions de l'accord départemental (Ain) du 10 mars 1995 relatif aux indemnités de déplacements (une annexe) conclu dans le cadre des conventions collectives susvisées.

Article 2

L'extension des effets et sanctions de l'accord susvisé est faite à dater de la publication du présent arrêté pour la durée restant à courir et aux conditions prévues par ledit accord.

Article 3

Le directeur des relations du travail au ministère du travail, du dialogue social et de la participation et le directeur des exploitations, de la politique sociale et de l'emploi au ministère de l'agriculture, de la pêche et de l'alimentation sont chargés, chacun en ce qui le concerne, de l'exécution du présent arrêté, qui sera publié au Journal officiel de la République française.
Le ministre du travail, du dialogue social
et de la participation,

Nota. - Le texte de l'accord susvisé a été publié au Bulletin officiel du ministère, fascicule Conventions collectives n° 95-22 en date du 27 juillet 1995.

ARRETE du 4 août 1995

Le ministre du travail, du dialogue social et de la participation et le ministre de l'agriculture, de la pêche et de l'alimentation,
Vu les articles L. 133-1 et suivants du code du travail ;

Vu l'arrêté du 8 février 1991 portant extension de la convention collective nationale du 8 octobre 1990 concernant les ouvriers employés par les entreprises du bâtiment non visées par le décret du 1er mars 1962 (c'est-à-dire occupant plus de dix salariés) ;
Vu les arrêtés des 12 février 1991 et 15 décembre 1992 portant extension de la convention collective nationale du 8 octobre 1990 des ouvriers employés par les entreprises visées par le décret du 1er mars 1962 (c'est-à-dire occupant jusqu'à dix salariés) et d'avenants la complétant ;
Vu l'arrêté du 14 mai 1991 et les arrêtés successifs, notamment l'arrêté du 17 janvier 1995, portant extension d'accords régionaux (Bretagne) ;
Vu l'accord régional (Bretagne) du 30 mars 1995 (Salaires minima) conclu dans le cadre des conventions collectives nationales susvisées ;
Vu l'accord régional (Bretagne) du 30 mars 1995 (Indemnisation des petits déplacements) conclu dans le cadre des conventions collectives nationales susvisées ;
Vu la demande d'extension présentée par les organisations signataires ;
Vu les avis publiés au Journal officiel des 16 et 23 juin 1995 ;
Vu les avis recueillis au cours de l'enquête ;
Vu l'avis motivé de la Commission nationale de la négociation collective (sous-commission des conventions et accords), recueilli selon la procédure prévue à l'article R. 133-2 du code du travail,

Le ministre du travail, du dialogue social et de la participation,
Pour le ministre et par délégation :
Par empêchement du directeur des relations du travail :
Le sous-directeur de la négociation collective,
H. MARTIN
Le ministre de l'agriculture, de la pêche et de l'alimentation,
Pour le ministre et par délégation :
Par empêchement du directeur des exploitations, de la politique sociale et de l'emploi :
L'administrateur civil,
P. DEDINGER

Article 1, 2, 3
En vigueur

Article 1er

Sont rendues obligatoires, pour tous les employeurs et tous les salariés compris dans le champ d'application professionnel de la convention collective nationale du 8 octobre 1990 concernant les ouvriers employés par les entreprises du bâtiment visées par le décret du 1er mars 1962 (c'est-à-dire occupant jusqu'à dix salariés) tel que complété par l'avenant n° 1 du 17 mars 1992 et dans celui de la convention collective nationale du 8 octobre 1990 concernant les ouvriers employés par les entreprises du bâtiment non visées par le décret du 1er mars 1962 (c'est-à-dire occupant plus de dix salariés) tel qu'étendu par arrêté du 8 février 1991, et dans leur propre champ d'application territorial, les dispositions de :

- l'accord régional (Bretagne) du 30 mars 1995 (Salaires minima) conclu dans le cadre des conventions collectives nationales susvisées sous réserve de l'application des dispositions réglementaires portant fixation du salaire minimum de croissance ;

- l'accord régional (Bretagne) du 30 mars 1995 (Indemnisation des petits déplacements) conclu dans le cadre des conventions collectives nationales susvisées.

Article 2

L'extension des effets et sanctions des accords susvisés est faite à dater de la publication du présent arrêté pour la durée restant à courir et aux conditions prévues par lesdits accords.

Article 3

Le directeur des relations du travail au ministère du travail, du dialogue social et de la participation et le directeur des exploitations, de la politique sociale et de l'emploi au ministère de l'agriculture, de la pêche et de l'alimentation sont chargés, chacun en ce qui le concerne, de l'exécution du présent arrêté, qui sera publié au Journal officiel de la République française.

Nota. - Le texte des accords susvisés a été publié au Bulletin officiel du ministère, fascicule Conventions collectives n° 95-23 en date du 3 août 1995.

ARRETE du 21 août 1995

Le ministre du travail, du dialogue social et de la participation et le ministre de l'agriculture, de la pêche et de l'alimentation,
Vu les articles L. 133-1 et suivants du code du travail ;
Vu l'arrêté du 8 février 1991 portant extension de la convention collective nationale du 8 octobre 1990 des ouvriers employés par les entreprises du bâtiment non visées par le décret du 1er mars 1962 (c'est-à-dire occupant plus de dix salariés) ;
Vu les arrêtés des 12 février 1991 et 15 décembre 1992 portant extension de la convention collective nationale du 8 octobre 1990 des ouvriers employés par les entreprises du bâtiment visées par le décret du 1er mars 1962 (c'est-à-dire occupant jusqu'à dix salariés) et d'un avenant la complétant ;
Vu l'arrêté du 5 juillet 1991 et les arrêtés successifs, notamment l'arrêté du 20 juillet 1994, portant extension d'accords régionaux d'Alsace ;
Vu l'accord régional Alsace du 14 mars 1995 relatif aux salaires minima conclu dans le cadre des conventions collectives nationales susvisées ;
Vu l'accord régional Alsace du 14 mars 1995 relatif aux indemnités de petits déplacements conclu dans le cadre des conventions collectives nationales susvisées ;

Vu la demande d'extension présentée par les organisations signataires ;
Vu les avis publiés au Journal officiel des 30 juin et 13 juillet 1995 ;
Vu les avis recueillis au cours de l'enquête ;
Vu l'avis motivé de la Commission nationale de la négociation collective (sous-commission des conventions et accords) recueilli suivant la procédure prévue à l'article R. 133-2 du code du travail,

Pour le ministre et par délégation :
Par empêchement du directeur des relations du travail :
Le sous-directeur de la négociation collective,
H. MARTIN
Le ministre de l'agriculture, de la pêche et de l'alimentation,
Pour le ministre et par délégation :
Par empêchement du directeur des exploitations, de la politique sociale et de l'emploi :
L'administrateur civil,
P. DEDINGER

Article 1, 2, 3
En vigueur

Article 1er

Sont rendues obligatoires, pour tous les employeurs et tous les salariés compris dans le champ d'application professionnel de la convention collective nationale du 8 octobre 1990 des ouvriers employés par les entreprises du bâtiment visées par le décret du 1er mars 1962 (c'est-à-dire occupant jusqu'à dix salariés), tel que complété par l'avenant n° 1 du 17 mars 1992 et dans celui de la convention collective nationale du 8 octobre 1990 des ouvriers employés par les entreprises du bâtiment non visées par le décret du 1er mars 1962 (c'est-à-dire occupant plus de dix salariés) tel qu'étendu par arrêté du 8 février 1991, et dans leur propre champ d'application territorial, les dispositions de :

- l'accord régional Alsace du 14 mars 1995 (Salaires minima) conclu dans le cadre des conventions collectives nationales susvisées, sous réserve de l'application des dispositions réglementaires fixant le salaire minimum de croissance ;

- l'accord régional Alsace du 14 mars 1995 (indemnités de petits déplacements) conclu dans le cadre des conventions collectives nationales susvisées.

Article 2

L'extension des effets et sanctions des accords susvisés est faite à dater de la publication du présent arrêté pour la durée restant à courir et aux conditions prévues par lesdits accords.

Article 3

Le directeur des relations du travail au ministère du travail, du dialogue social et de la participation et le directeur des exploitations, de la politique sociale et de l'emploi au ministère de l'agriculture, de la pêche et de l'alimentation sont chargés, chacun en ce qui le concerne, de l'exécution du présent arrêté, qui sera publié au Journal officiel de la République française.
Le ministre du travail, du dialogue social
et de la participation,

Nota. - Le texte des accords susvisés a été publié au Bulletin officiel du ministère, fascicule Conventions collectives n° 95-24 en date du 17 août 1995.

ARRETE du 30 août 1995

Le ministre du travail, du dialogue social et de la participation et le ministre de l'agriculture, de la pêche et de l'alimentation,
Vu les articles L. 133-1 et suivants du code du travail ;
Vu l'arrêté du 8 février 1991 portant extension de la convention collective nationale du 8 octobre 1990 concernant les ouvriers employés par les entreprises du bâtiment, non visées par le décret du 1er mars 1962 (c'est-à-dire occupant plus de dix salariés) ;
Vu les arrêtés des 12 février 1991 et 15 décembre 1992 portant extension de la convention collective nationale du 8 octobre 1990 concernant les ouvriers employés par les entreprises du bâtiment visées par le décret du 1er mars 1962 (c'est-à-dire occupant jusqu'à dix salariés) et d'avenants la complétant ;
Vu l'arrêté du 23 mars 1995 portant extension d'accords régionaux (Provence-Alpes-Côte d'Azur), conclus dans le cadre des conventions collectives nationales susvisées ;
Vu l'accord régional (Provence-Alpes-Côte d'Azur) du 13 avril 1995 relatif aux salaires minimaux, conclu dans le cadre des conventions collectives nationales susvisées ;
Vu l'accord régional (Provence-Alpes-Côte d'Azur) du 13 avril 1995 relatif à l'indemnisation des petits déplacements, conclu dans le cadre des conventions collectives nationales susvisées ;
Vu la demande d'extension présentée par les organisations signataires ;
Vu les avis publiés au Journal officiel des 29 juin 1995 et 1er juillet 1995 ;
Vu les avis recueillis au cours de l'enquête ;
Vu l'avis motivé de la Commission nationale de la négociation collective (sous-commission des conventions et accords), recueilli suivant la procédure prévue à l'article R. 133-2 du code du travail,

Pour le ministre et par délégation :
Le directeur des relations du travail,
J. MARIMBERT
Le ministre de l'agriculture, de la pêche et de l'alimentation,
Pour le ministre et par délégation :
Par empêchement du directeur des exploitations, de la politique sociale et de l'emploi :
L'administrateur civil,
P. DEDINGER

Article 1, 2, 3
En vigueur

Article 1er

Sont rendues obligatoires, pour tous les employeurs et tous les salariés compris dans le champ d'application professionnel de la convention collective nationale du 8 octobre 1990 concernant les ouvriers employés par les entreprises du bâtiment visées par le décret du 1er mars 1962 (c'est-à-dire occupant jusqu'à dix salariés) tel que complété par l'avenant n° 1 du 17 mars 1992 et dans celui de la convention collective nationale du 8 octobre 1990 concernant les ouvriers employés par les entreprises du bâtiment non visées par le décret du 1er mars 1962 (c'est-à-dire occupant plus de dix salariés), tel qu'étendu par arrêté du 8 février 1991 et dans leur propre champ d'application territorial, les dispositions de :

- l'accord régional (Provence-Alpes-Côte d'Azur) du 13 avril 1995 (Salaires minimaux), conclu dans le cadre des conventions collectives nationales susvisées ;

- l'accord régional (Provence-Alpes-Côte d'Azur) du 13 avril 1995 (Indemnisation des petits déplacements), conclu dans le cadre des conventions collectives nationales susvisées.

Article 2

L'extension des effets et sanctions des accords susvisés est faite à dater de la publication du présent arrêté pour la durée restant à courir et aux conditions prévues par lesdits accords.

Article 3

Le directeur des relations du travail au ministère du travail, du dialogue social et de la participation et le directeur des exploitations, de la politique sociale et de l'emploi au ministère de l'agriculture, de la pêche et de l'alimentation sont chargés, chacun en ce qui le concerne, de l'exécution du présent arrêté, qui sera publié au Journal officiel de la République française.
Le ministre du travail, du dialogue social
et de la participation,

Nota. - Le texte des accords susvisés a été publié au Bulletin officiel du ministère, fascicule Conventions collectives n° 95-23 en date du 3 août 1995.

ARRETE du 30 août 1995

Le ministre du travail, du dialogue social et de la participation et le ministre de l'agriculture, de la pêche et de l'alimentation,
Vu les articles L. 133-1 et suivants du code du travail ;
Vu les arrêtés des 12 février 1991 et 15 décembre 1992 portant extension de la convention collective nationale du 8 octobre 1990 des ouvriers employés par les entreprises du bâtiment visées par le décret du 1er mars 1962 (c'est-à-dire occupant jusqu'à dix salariés) et d'avenants la complétant ;
Vu l'arrêté du 8 février 1991 portant extension de la convention collective nationale du 8 octobre 1990 des ouvriers employés par les entreprises du bâtiment non visées par le décret du 1er mars 1962 (c'est-à-dire occupant plus de dix salariés) ;
Vu l'arrêté du 14 octobre 1994 portant extension d'un accord régional (Limousin) conclu dans le cadre des conventions collectives nationales susvisées ;
Vu l'accord régional (Limousin) du 14 mars 1995 (Salaires minima) conclu dans le cadre des conventions collectives nationales susvisées ;
Vu la demande d'extension présentée par les organisations signataires ;
Vu les avis publiés au Journal officiel des 23 juin et 29 juin 1995 ;
Vu les avis recueillis au cours de l'enquête ;
Vu l'avis motivé de la Commission nationale de la négociation collective (sous-commission des conventions et accords), recueilli suivant la procédure prévue à l'article R. 133-2 du code du travail,

Pour le ministre et par délégation :
Le directeur des relations du travail,
J. MARIMBERT
Le ministre de l'agriculture, de la pêche et de l'alimentation,
Pour le ministre et par délégation :
Par empêchement du directeur des exploitations, de la politique sociale et de l'emploi :
L'administrateur civil,
P. DEDINGER

Article 1, 2, 3
En vigueur

Article 1er

Sont rendues obligatoires, pour tous les employeurs et tous les salariés compris dans le champ d'application professionnel de la convention collective nationale du 8 octobre 1990 des ouvriers employés par les entreprises du bâtiment visées par le décret du 1er mars 1962 (c'est-à-dire occupant jusqu'à dix salariés), tel que complété par l'avenant n° 1 du 17 mars 1992, et dans celui de la convention collective nationale du 8 octobre 1990 des ouvriers employés par les entreprises du bâtiment non visées par le décret du 1er mars 1962 (c'est-à-dire occupant plus de dix salariés), tel qu'étendu par arrêté du 8 février 1991, et dans son propre champ d'application territorial, les dispositions de l'accord régional (Limousin) du 14 mars 1995 (Salaires minima) conclu dans le cadre des conventions collectives nationales susvisées, sous réserve de l'application des dispositions réglementaires portant fixation du salaire minimum de croissance.

Article 2

L'extension des effets et sanctions de l'accord régional susvisé est faite à dater de la publication du présent arrêté pour la durée restant à courir et aux conditions prévues par ledit accord.

Article 3

Le directeur des relations du travail au ministère du travail, du dialogue social et de la participation et le directeur des exploitations, de la politique sociale et de l'emploi au ministère de l'agriculture, de la pêche et de l'alimentation sont chargés, chacun en ce qui le concerne, de l'exécution du présent arrêté, qui sera publié au Journal officiel de la République française.
Le ministre du travail, du dialogue social
et de la participation,

Nota. - Le texte de l'accord susvisé a été publié au Bulletin officiel du ministère, fascicule Conventions collectives n° 95-21 en date du 22 juillet 1995.

ARRETE du 18 octobre 1995

Le ministre du travail, du dialogue social et de la participati on et le ministre de l'agriculture, de la pêche et de l'alimentation,
Vu les articles L. 133-1 et suivants du code du travail ;
Vu les arrêtés des 12 février 1991 et 15 décembre 1992 portant extension de la convention collective nationale concernant les ouvriers employés par les entreprises du bâtiment visées par le décret du 1er mars 1962 (c'est-à-dire occupant jusqu'à dix salariés) du 8 octobre 1990 et d'avenants la complétant ;
Vu l'arrêté du 20 juillet 1994 portant extension d'un accord régional (Poitou-Charentes) conclu dans le cadre de la convention collective nationale susvisée ;
Vu l'accord régional (Poitou-Charentes) relatif aux salaires minimaux du 21 mars 1995 conclu dans le cadre de la convention collective nationale susvisée ;
Vu l'accord régional (Poitou-Charentes) relatif aux indemnités de petits déplacement du 21 mars 1995 conclu dans le cadre de la convention collective nationale susvisée ;
Vu la demande d'extension présentée par les organisations signataires ;
Vu les avis publiés au Journal officiel des 20 et 28 juillet 1995 ;
Vu les avis recueillis au cours de l'enquête ;
Vu l'avis motivé de la Commission nationale de la négociation collective (sous-commission des conventions et accords), recueilli suivant la procédure prévue à l'article R. 133-2 du code du travail,

Pour le ministre et par délégation :
Par empêchement du directeur des relations du travail :
Le sous-directeur de la négociation collective,
H. MARTIN
Le ministre de l'agriculture, de la pêche et de l'alimentation,
Pour le ministre et par délégation :
Par empêchement du directeur des exploitations, de la politique sociale et de l'emploi :
L'administrateur civil,
P. DEDINGER

Article 1, 2, 3
En vigueur

Article 1er

Sont rendues obligatoires, pour tous les employeurs et tous les salariés compris dans le champ d'application professionnel de la convention collective nationale concernant les ouvriers employés par les entreprises du bâtiment visées par le décret du 1er mars 1962 (c'est-à-dire occupant jusqu'à dix salariés) du 8 octobre 1990, tel que complété par l'avenant n° 1 du 17 mars 1992, et dans leur propre champ d'application territorial, les dispositions de :

- l'accord régional (Poitou-Charentes) relatif aux salaires minimaux du 21 mars 1995 conclu dans le cadre de la convention collective nationale susvisée, sous réserve de l'application des dispositions réglementaires portant fixation du salaire minimum de croissance ;

- l'accord régional (Poitou-Charentes) relatif aux indemnités de petits déplacements du 21 mars 1995 conclu dans le cadre de la convention collective nationale susvisée.

Article 2

L'extension des effets et sanctions des accords régionaux susvisés est faite à dater de la publication du présent arrêté pour la durée restant à courir et aux conditions prévues par lesdits accords.

Article 3

Le directeur des relations du travail au ministère du travail, du dialogue social et de la participation et le directeur des exploitations, de la politique sociale et de l'emploi au ministère de l'agriculture, de la pêche et de l'alimentation sont chargés, chacun en ce qui le concerne, de l'exécution du présent arrêté, qui sera publié au Journal officiel de la République française.
Le ministre du travail, du dialogue social
et de la participation,

Nota. - Le texte des accords susvisés a été publié au Bulletin officiel du ministère, fascicule Conventions collectives n° 95-28 en date du 2 septembre 1995.

ARRETE du 18 octobre 1995

Le ministre du travail, du dialogue social et de la participation et le ministre de l'agriculture, de la pêche et de l'alimentation,
Vu les articles L. 133-1 et suivants du code du travail ;
Vu les arrêtés des 12 février 1991 et 15 décembre 1992 portant extension de la convention collective nationale du 8 octobre 1990 des ouvriers employés par les entreprises du bâtiments visées par le décret du 1er mars 1962 (c'est-à-dire occupant jusqu'à dix salariés) et d'avenants la modifiant ou complétant ;
Vu l'arrêté du 8 février 1991 portant extension de la convention collective nationale du 8 octobre 1990 des ouvriers employés par les entreprises du bâtiment non visées par le décret du 1er mars 1962 (c'est-à-dire occupant plus de dix salariés) ;

Vu l'arrêté du 19 avril 1991 et les arrêtés successifs, notamment l'arrêté du 5 août 1994 portant extension d'accords départementaux, département de Maine-et-Loire, conclus dans le cadre des conventions collectives nationales susvisées ;
Vu l'accord départemental Maine-et-Loire du 7 avril 1995 relatif aux salaires, conclu dans le cadre des conventions collectives nationales susvisées ;
Vu la demande d'extension présentée par les organisations signataires ;
Vu les avis publiés au Journal officiel des 22 et 28 juillet 1995 ;
Vu les avis recueillis au cours de l'enquête ;
Vu l'avis motivé de Commission nationale de la négociation collective (sous-commission des conventions et accords), recueilli suivant la procédure prévue à l'article R. 133-2 du code du travail,

Pour le ministre et par délégation :
Par empêchement du directeur des relations du travail :
Le sous-directeur de la négociation collective,
H. MARTIN
Le ministre de l'agriculture, de la pêche et de l'alimentation,
Pour le ministre et par délégation :
Par empêchement du directeur des exploitations, de la politique sociale et de l'emploi :
L'administrateur civil,
P. DEDINGER

Article 1, 2, 3
En vigueur

Article 1er

Sont rendues obligatoires, pour tous les employeurs et tous les salariés compris dans le champ d'application professionnel de la convention collective nationale du 8 octobre 1990 des ouvriers employés par les entreprises du bâtiment non visées par le décret du 1er mars 1962 (c'est-à-dire occupant plus de dix salariés) tel qu'étendu par arrêté du 8 février 1991 et de la convention collective nationale du 8 octobre 1990 des ouvriers employés par les entreprises du bâtiment visées par le décret du 1er mars 1962 (c'est-à-dire occupant jusqu'à dix salariés) tel que modifié par l'avenant n° 1 du 17 mars 1992, et dans son propre champ d'application territorial, les dispositions de l'accord départemental (Maine-et-Loire) du 7 avril 1995 relatif aux salaires, conclu dans le cadre des conventions collectives nationales susvisées.

Article 2

L'extension des effets et sanctions de l'accord susvisé est faite à dater de la publication du présent arrêté pour la durée restant à courir et aux conditions prévues par ledit accord.

Article 3

Le directeur des relations du travail au ministère du travail, du dialogue social et de la participation et le directeur des exploitations, de la politique sociale et de l'emploi au ministère de l'agriculture, de la pêche et de l'alimentation sont chargés, chacun en ce qui concerne, de l'exécution du présent arrêté, qui sera publié au Journal officiel de la République française.
Le ministre du travail, du dialogue social
et de la participation,

Nota. - Le texte de l'accord susvisé a été publié au Bulletin officiel du ministère, fascicule Conventions collectives n° 95-30 en date du 14 septembre 1995.

ARRETE du 31 octobre 1995

Le ministre du travail, du dialogue social et de la participation on et le ministre de l'agriculture, de la pêche et de l'alimentation,
Vu les articles L. 133-1 et suivants du code du travail ;
Vu l'arrêté du 8 février 1991 portant extension de la convention collective nationale du 8 octobre 1990 concernant les ouvriers employés par les entreprises du bâtiment non visées par le décret du 1er mars 1962 (c'est-à-dire occupant plus de dix salariés) ;
Vu les arrêtés des 12 février 1991 et 15 décembre 1992 portant extension de la convention collective nationale du 8 octobre 1990 des ouvriers employés par les entreprises visées par le décret du 1er mars 1962 (c'est-à-dire occupant jusqu'à dix salariés) et d'avenants la complétant ;
Vu l'arrêté du 5 août 1994 portant extension d'accords régionaux (Picardie) ;
Vu l'accord régional (Picardie) du 31 mars 1995 relatif à l'indemnisation des petits déplacements conclu dans le cadre des conventions collectives nationales susvisées ;
Vu la demande d'extension présentée par les organisations signataires ;
Vu les avis publiés au Journal officiel des 28 juillet et 5 août 1995 ;
Vu les avis recueillis au cours de l'enquête ;
Vu l'avis motivé de la Commission nationale de la négociation collective (sous-commission des conventions et accords), recueilli suivant la procédure prévue à l'article R. 133-2 du code du travail,

Pour le ministre et par délégation :
Par empêchement du directeur des relations du travail :
Le sous-directeur de la négociation collective,
H. MARTIN
Le ministre de l'agriculture,
de la pêche et de l'alimentation,
Pour le ministre et par délégation :
Par empêchement du directeur des exploitations,
de la politique sociale et de l'emploi :
L'administrateur civil,
P. DEDINGER

Article 1, 2, 3
En vigueur

Article 1er

Sont rendues obligatoires, pour tous les employeurs et tous les salariés compris dans le champ d'application professionnel de la convention collective nationale des ouvriers employés par les entreprises du bâtiment visées par le décret du 1er mars 1962 (c'est-à-dire occupant jusqu'à dix salariés) du 8 octobre 1990, tel que complété par l'avenant n° 1 du 17 mars 1992 et dans celui de la convention collective nationale du 8 octobre 1990 des ouvriers employés par les entreprises non visées par le décret du 1er mars 1962 (c'est-à-dire occupant plus de dix salariés), telle qu'étendue par arrêté du 8 février 1991 et dans son propre champ d'application territorial, les dispositions de l'accord du 31 mars 1995 relatif aux petits déplacements des ouvriers travaillant dans les entreprises du bâtiment de Picardie, conclu dans le cadre des conventions collectives susvisées.

Article 2

L'extension des effets et sanctions de l'accord susvisé est faite à dater de la publication du présent arrêté pour la durée restant à courir et aux conditions prévues par ledit accord.

Article 3

Le directeur des relations du travail au ministère du travail, du dialogue social et de la participation et le directeur des exploitations, de la politique sociale et de l'emploi au ministère de l'agriculture, de la pêche et de l'alimentation sont chargés, chacun en ce qui le concerne, de l'exécution du présent arrêté, qui sera publié au Journal officiel de la République française.
Le ministre du travail, du dialogue social
et de la participation,

Nota. - Le texte de l'accord susvisé a été publié au Bulletin officiel du ministère, fascicule Conventions collectives n° 95-30 en date du 14 septembre 1995.

ARRETE du 26 décembre 1995

Le ministre du travail, du dialogue social et de la participati on et le ministre de l'agriculture, de la pêche et de l'alimentation,
Vu les articles L. 133-1 et suivants du code du travail ;
Vu l'arrêté du 8 février 1991 portant extension de la convention collective nationale du 8 octobre 1990 des ouvriers employés par les entreprises du bâtiment non visées par le décret du 1er mars 1962 (c'est-à-dire occupant plus de dix salariés) ;
Vu les arrêtés des 12 février 1991 et 15 décembre 1992 portant extension de la convention collective nationale du 8 octobre 1990 des ouvriers employés par les entreprises du bâtiment visées par le décret du 1er mars 1962 (c'est-à-dire occupant jusqu'à dix salariés) et d'avenants la complétant ou modifiant ;
Vu l'arrêté du 9 décembre 1993 et les arrêtés successifs, notamment l'arrêté du 2 août 1995, portant extension de la convention collective des ouvriers du bâtiment de la région parisienne du 28 juin 1993 conclue dans le cadre des conventions collectives nationales susvisées et d'avenants la modifiant ou complétant ;
Vu l'arrêté du 12 avril 1995 portant extension d'un accord départemental (Seine-et-Marne) conclu dans le cadre des conventions nationales susvisées ;
Vu le protocole d'accord départemental (Seine-et-Marne) du 31 mai 1995 (une annexe) formant avenant à la convention régionale susvisée ;
Vu l'accord départemental (Seine-et-Marne) du 31 mai 1995 (Indemnité de transport et de trajet) conclu dans le cadre de la convention collective régionale susvisée ;
Vu l'accord départemental (Seine-et-Marne) du 26 avril 1995 (Indemnité de repas) conclu dans le cadre des conventions collectives nationales susvisées ;
Vu la demande d'extension présentée par les organisations signataires ;
Vu les avis publiés au Journal officiel des 1er et 8 septembre 1995 ;
Vu les avis recueillis au cours de l'enquête ;
Vu l'avis motivé de la Commission nationale de la négociation collective (sous-commission des conventions et accords),

Pour le ministre et par délégation :
Par empêchement du directeur des relations du travail :
Le sous-directeur de la négociation collective,
H. MARTIN
Le ministre de l'agriculture, de la pêche
et de l'alimentation,
Pour le ministre et par délégation :
Par empêchement du directeur des exploitations,
de la politique sociale et de l'emploi :
L'administrateur civil,
P. DEDINGER

Article 1, 2, 3,
En vigueur

Article 1er

Sont rendues obligatoires, pour tous les employeurs et tous les salariés compris dans le champ d'application professionnel de la convention collective nationale du 8 octobre 1990 des ouvriers employés par les entreprises du bâtiment visées par le décret du 1er mars 1962 (c'est-à-dire occupant jusqu'à dix salariés), tel que complété par l'avenant n° 1 du 17 mars 1992 et dans celui de la convention collective nationale du 8 octobre 1990 des ouvriers employés par les entreprises du bâtiment non visées par le décret du 1er mars 1962 (c'est-à-dire occupant plus de dix salariés), tel qu'étendu par l'arrêté du 8 février 1991, et dans leur propre champ d'application territorial, les dispositions du protocole d'accord départemental (Seine-et-Marne) du 31 mai 1995 (une annexe) formant avenant à la convention régionale susvisée.

L'article III-3 est étendu sous réserve de l'application de l'article R. 122-12 du code du travail.

L'article IV-2 est étendu sous réserve de l'application de l'article L. 132-9 du code du travail :

- de l'accord départemental (Seine-et-Marne) du 31 mai 1995 (Indemnité de transport et de trajet) conclu dans le cadre de la convention collective régionale susvisée ;

- de l'accord départemental (Seine-et-Marne) du 26 avril 1995 (Indemnité de repas) conclu dans le cadre des conventions collectives nationales susvisées.

Article 2

L'extension des effets et sanctions des accords susvisés est faite à dater de la publication du présent arrêté pour la durée restant à courir et aux conditions prévues par lesdits accords.

Article 3

Le directeur des relations du travail au ministère du travail, du dialogue social et de la participation et le directeur des exploitations, de la politique sociale et de l'emploi au ministère de l'agriculture, de la pêche et de l'alimentation sont chargés, chacun en ce qui le concerne, de l'exécution du présent arrêté, qui sera publié au Journal officiel de la République française.
Le ministre du travail, du dialogue social
et de la participation,

Nota. - Le texte des accords susvisés a été publié au Bulletin officiel du ministère, fascicule Conventions collectives n° 95-32 en date du 4 octobre 1995.

ARRETE du 26 décembre 1995

Le ministre du travail et des affaires sociales,
Vu les articles L. 133-1 et suivants du code du travail ;
Vu l'arrêté du 8 février 1991, portant extension de la convention collective nationale du 8 octobre 1990 concernant les ouvriers employés par les entreprises du bâtiment non visées par le décret du 1er mars 1962 (c'est-à-dire occupant plus de dix salariés) ;
Vu les arrêtés des 12 février 1991 et 15 décembre 1992 portant extension de la convention collective nationale du 8 octobre 1990 des ouvriers employés par les entreprises du bâtiment visées par le décret du 1er mars 1962 (c'est-à-dire occupant jusqu'à dix salariés) et d'avenants la complétant ;
Vu l'arrêté du 21 juillet 1995 portant extension d'un accord départemental (Loire-Atlantique) ;
Vu l'accord du 16 octobre 1995 relatif aux salaires minima des ouvriers du bâtiment de Loire-Atlantique, conclus dans le cadre des conventions collectives nationales susvisées ;

Vu la demande d'extension présentée par les organisations signataires ;
Vu les avis publiés au Journal officiel des 22 novembre et 1er décembre 1995 ;
Vu les avis recueillis au cours de l'enquête ;
Vu l'avis motivé de la Commission nationale de la négociation collective (sous-commission des conventions et accords) recueilli suivant la procédure prévue à l'article R. 133-2 du code du travail,

Pour le ministre et par délégation :
Par empêchement du directeur des relations du travail :
Le sous-directeur de la négociation collective,
H. MARTIN

Article 1, 2, 3
En vigueur

Article 1er

Sont rendues obligatoires, pour tous les employeurs et tous les salariés compris dans le champ d'application professionnel de la convention collective nationale du 8 octobre 1990 concernant les ouvriers employés par les entreprises du bâtiment visées par le décret du 1er mars 1962 (c'est-à-dire occupant jusqu'à dix salariés), tel que modifié par l'avenant n° 1 du 17 mars 1992 et dans celui de la convention collective du 8 octobre 1990 des ouvriers employés par les entreprises du bâtiment non visées par le décret du 1er mars 1962 (c'est-à-dire occupant plus de 10 salariés), tel qu'étendu par arrêté du 8 février 1991 et dans son propre champ d'application territorial, les dispositions de l'accord du 16 octobre 1995 relatif aux salaires minima des ouvriers travaillant dans les entreprises du bâtiment de Loire-Atlantique conclu dans le cadre des conventions collectives nationales susvisées, sous réserve de l'application des dispositions portant fixation du salaire minimum de croissance.

Article 2

L'extension des effets et sanctions de l'accord susvisé est faite à dater de la publication du présent arrêté pour la durée restant à courir et aux conditions prévues par ledit accord.

Article 3

Le directeur des relations du travail est chargé de l'exécution du présent arrêté, qui sera publié au Journal officiel de la République française.

Nota. - Le texte de l'accord susvisé a été publié au Bulletin officiel du ministère, fascicule Conventions collectives n° 95-45 en date du 12 décembre 1995.

ARRETE du 17 janvier 1996

Le ministre du travail et des affaires sociales et le ministre de l'agriculture, de la pêche et de l'alimentation,
Vu les articles L. 133-1 et suivants du code du travail ;
Vu les arrêtés des 12 février 1991 et 15 décembre 1992 portant extension de la convention collective nationale du 8 octobre 1990 des ouvriers employés par les entreprises du bâtiment visées par le décret du 1er mars 1962 (c'est-à-dire occupant jusqu'à dix salariés) et d'avenants la complétant ;
Vu l'arrêté du 8 février 1991 portant extension de la convention collective nationale du 8 octobre 1990 des ouvriers employés par les entreprises du bâtiment non visées par le décret du 1er mars 1962 (c'est-à-dire occupant plus de dix salariés) ;
Vu l'arrêté du 30 août 1995 portant extension d'accords régionaux (Limousin) conclus dans le cadre des conventions collectives nationales susvisées ;
Vu l'accord Salaires (région Limousin) du 25 juillet 1995 conclu dans le cadre des conventions collectives nationales susvisées ;
Vu l'accord Primes (région Limousin) du 25 juillet 1995 conclu dans le cadre des conventions collectives nationales susvisées ;
Vu la demande d'extension présentée par les organisations signataires ;

Vu les avis publiés au Journal officiel des 10 et 20 octobre 1995 ;
Vu les avis recueillis au cours de l'enquête ;
Vu l'avis motivé de la Commission nationale de la négociation collective (sous-commission des conventions et accords), recueilli suivant la procédure prévue à l'article R. 133-2 du code du travail,

Le ministre du travail et des affaires sociales,
Pour le ministre et par délégation :
Par empêchement du directeur des relations du travail :
Le sous-directeur de la négociation collective,
H. MARTIN
Le ministre de l'agriculture, de la pêche et de l'alimentation,
Pour le ministre et par délégation :
Par empêchement du directeur des exploitations,
de la politique sociale et de l'emploi :
L'administrateur civil,
P. DEDINGER

Article 1, 2, 3
En vigueur

Article 1er

Sont rendues obligatoires, pour tous les employeurs et tous les salariés compris dans le champ d'application professionnel de la convention collective nationale du 8 octobre 1990 des ouvriers employés par les entreprises du bâtiment visées par le décret du 1er mars 1962 (c'est-à-dire occupant jusqu'à dix salariés), tel que complété par l'avenant n° 1 du 17 mars 1992, et dans celui de la convention collective nationale du 8 octobre 1990 des ouvriers employés par les entreprises du bâtiment non visées par le décret du 1er mars 1962 (c'est-à-dire occupant plus de dix salariés), tel qu'étendu par l'arrêté du 8 février 1991, et dans leur propre champ d'application territorial, les dispositions :

- de l'accord Salaires (région Limousin) du 25 juillet 1995 conclu dans le cadre des conventions collectives nationales susvisées, sous réserve de l'application des dispositions réglementaires portant fixation du salaire minimum de croissance ;

- de l'accord Primes (région Limousin) du 25 juillet 1995 conclu dans le cadre des conventions collectives nationales susvisées.

Article 2

L'extension des effets et sanctions des accords susvisés est faite à dater de la publication du présent arrêté pour la durée restant à courir et aux conditions prévues par lesdits accords.

Article 3

Le directeur des relations du travail au ministère du travail et des affaires sociales et le directeur des exploitations, de la politique sociale et de l'emploi au ministère de l'agriculture, de la pêche et de l'alimentation sont chargés, chacun en ce qui le concerne, de l'exécution du présent arrêté, qui sera publié au Journal officiel de la République française.

Nota. - Le texte des accords susvisés a été publié au Bulletin officiel du ministère, fascicule Conventions collectives n° 95-39 en date du 3 novembre 1995.

ARRETE du 17 janvier 1996

Le ministre du travail et des affaires sociales et le ministre de l'agriculture, de la pêche et de l'alimentation,
Vu les articles L. 133-1 et suivants du code du travail ;
Vu l'arrêté du 8 février 1991 portant extension de la convention collective nationale du 8 octobre 1990 des ouvriers employés par les entreprises du bâtiment non visées par le décret du 1er mars 1962 (c'est-à-dire occupant plus de dix salariés) ;
Vu les arrêtés des 12 février 1991 et 15 décembre 1992 portant extension de la convention collective nationale du 8 octobre 1990 des ouvriers employés par les entreprises du bâtiment visées par le décret du 1er mars 1962 (c'est-à-dire occupant jusqu'à dix salariés) et d'avenants la complétant ;
Vu l'arrêté du 3 novembre 1993 portant extension d'un accord régional (Franche-Comté) ;
Vu l'accord régional (Franche-Comté) du 24 mai 1995 conclu dans le cadre de la convention collective nationale susvisée ;
Vu la demande d'extension présentée par les organisations signataires ;
Vu les avis publiés au Journal officiel des 13 et 22 juillet 1995 ;
Vu les avis recueillis au cours de l'enquête ;
Vu l'avis motivé de la Commission nationale de la négociation collective (sous-commission des conventions et accords),

Le ministre du travail et des affaires sociales,
Pour le ministre et par délégation :
Par empêchement du directeur des relations du travail :
Le sous-directeur de la négociation collective,
H. MARTIN
Le ministre de l'agriculture, de la pêche et de l'alimentation,

Pour le ministre et par délégation :
Par empêchement du directeur de l'exploitation, de la politique sociale et de l'emploi :
L'administrateur civil,
P. DEDINGER

Article 1, 2, 3
En vigueur

Article 1er

Sont rendues obligatoires, pour tous les employeurs et tous les salariés compris dans le champ d'application professionnel de la convention collective nationale du 8 octobre 1990 des ouvriers employés par les entreprises du bâtiment visées par le décret du 1er mars 1962 (c'est-à-dire occupant jusqu'à dix salariés), tel que modifié par l'avenant n° 1 du 17 mars 1992, et dans celui de la convention collective du 8 octobre 1990 des ouvriers employés par les entreprises du bâtiment non visées par le décret du 1er mars 1962 (c'est-à-dire occupant plus de dix salariés), tel qu'étendu par l'arrêté du 8 février 1991, et dans son propre champ d'application géographique, les dispositions de l'accord régional (Franche-Comté) du 24 mai 1995 conclu dans le cadre des conventions collectives susvisées, sous réserve de l'application des dispositions réglementaires portant fixation du salaire minimum de croissance, et à l'exclusion des mots " adhérant aux organisations syndicales patronales affiliées à la fédération régionale du bâtiment " figurant à l'article 2.

Article 2

L'extension des effets et sanctions de l'accord susvisé est fait e à dater de la publication du présent arrêté pour la durée restant à courir et aux conditions prévues par ledit accord.

Article 3

Le directeur des relations du travail au ministère du travail et des affaires sociales et le directeur des exploitations, de la politique sociale et de l'emploi au ministère de l'agriculture, de la pêche et de l'alimentation sont chargés, chacun en ce qui le concerne, de l'exécution du présent arrêté, qui sera publié au Journal officiel de la République française.

Nota. - Le texte de l'accord susvisé a été publié au Bulletin officiel du ministère, fascicule Conventions collectives n° 95-27 en date du 31 août 1995.

ARRETE du 26 janvier 1996

Le ministre du travail et des affaires sociales et le ministre de l'agriculture, de la pêche et de l'alimentation,
Vu les articles L. 133-1 et suivants du code du travail ;
Vu les arrêtés des 12 février 1991 et 15 décembre 1992 portant extension de la convention collective nationale du 8 octobre 1990 des ouvriers employés par les entreprises du bâtiment visées par le décret du 1er mars 1962 (c'est-à-dire occupant jusqu'à dix salariés) et d'avenants la complétant ;
Vu l'arrêté du 4 mai 1995 portant extension d'un accord régional (Auvergne) conclu dans le cadre de la convention collective susvisée ;
Vu l'accord Salaires (région Auvergne) du 7 juillet 1995 conclu dans le cadre de la convention collective nationale susvisée ;
Vu la demande d'extension présentée par les organisations signataires ;
Vu les avis publiés au Journal officiel du 16 novembre 1995 ;
Vu les avis recueillis au cours de l'enquête ;
Vu l'avis motivé de la Commission nationale de la négociation collective (sous-commission des conventions et accords), recueilli suivant la procédure prévue à l'article R. 133-2 du code du travail,

Le ministre du travail et des affaires sociales,
Pour le ministre et par délégation :
Par empêchement du directeur des relations du travail :
Le sous-directeur de la négociation collective,
H. MARTIN
Le ministre de l'agriculture, de la pêche et de l'alimentation,
Pour le ministre et par délégation :
Par empêchement du directeur des exploitations, de la politique sociale et de l'emploi :
L'administrateur civil,
P. DEDINGER

Article 1, 2, 3
En vigueur

Article 1er

Sont rendues obligatoires, pour tous les employeurs et tous les salariés compris dans le champ d'application professionnel de la convention collective nationale du 8 octobre 1990 concernant les ouvriers employés par les entreprises du bâtiment visées par le décret du 1er mars 1962 (c'est-à-dire occupant jusqu'à dix salariés), tel que modifié par l'avenant n° 1 du 17 mars 1992, et dans son propre champ d'application territorial, les dispositions de l'accord Salaires (région Auvergne) du 7 juillet 1995 conclu dans le cadre de la convention collective nationale susvisée, sous réserve de l'application des dispositions réglementaires relatives au salaire minimum de croissance.

Article 2

L'extension des effets et sanctions de l'accord susvisé est faite à dater de la publication du présent arrêté pour la durée restant à courir et aux conditions prévues par ledit accord.

Article 3

Le directeur des relations du travail au ministère du travail et des affaires sociales et le directeur des exploitations, de la politique sociale et de l'emploi au ministère de l'agriculture, de la pêche et de l'alimentation sont chargés, chacun en ce qui le concerne, de l'exécution du présent arrêté, qui sera publié auJournal officiel de la République française.

Nota. - Le texte de l'accord susvisé a été publié au Bulletin officiel du ministère, fascicule Conventions collectives n° 95-44 en date du 9 décembre 1995.

ARRETE du 12 février 1996

Le ministre du travail et des affaires sociales et le ministre de l'agriculture, de la pêche et de l'alimentation,
Vu les articles L. 133-1 et suivants du code du travail ;
Vu l'arrêté du 8 février 1991 portant extension de la convention collective nationale du 8 octobre 1990 concernant les ouvriers employés par les entreprises du bâtiment non visées par le décret du 1er mars 1962 (c'est-à-dire occupant plus de dix salariés) ;
Vu les arrêtés des 12 février 1991 et 15 décembre 1992 portant extension de la convention collective nationale du 8 octobre 1990 des ouvriers employés par les entreprises du bâtiment visées par le décret du 1er mars 1962 (c'est-à-dire occupant jusqu'à dix salariés) et d'avenants la complétant ;
Vu l'arrêté du 21 juillet 1995 portant extension d'un accord départemental (Loire-Atlantique) ;
Vu l'accord du 16 octobre 1995 relatif aux salaires minima des ouvriers du bâtiment de la Loire-Atlantique, conclu dans le cadre des conventions collectives nationales susvisées ;
Vu la demande d'extension présentée par les organisations signataires ;
Vu les avis publiés au Journal officiel des 22 novembre et 1er décembre 1995 ;
Vu les avis recueillis au cours de l'enquête ;
Vu l'avis motivé de la Commission nationale de la négociation collective (sous-commission des conventions et accords), recueilli suivant la procédure prévue à l'article R. 133-2 du code du travail,

Pour le ministre et par délégation :
Par empêchement du directeur des relations du travail :
Le sous-directeur de la négociation collective,
H. MARTIN
Le ministre de l'agriculture, de la pêche
et de l'alimentation,
Pour le ministre et par délégation :
Par empêchement du directeur des exploitations,
de la politique sociale et de l'emploi :
L'administrateur civil,
P. DEDINGER

Article 1, 2, 3
En vigueur

Article 1er

Sont rendues obligatoires, pour tous les employeurs et tous les salariés des entreprises artisanales du bâtiment relevant des professions agricoles compris dans le champ d'application professionnel de la convention collective nationale concernant les ouvriers employés par les entreprises du bâtiment visées par le décret du 1er mars 1962 (c'est-à-dire occupant jusqu'à dix salariés) tel que complété par l'avenant n° 1 du 17 mars 1992, et dans son propre champ d'application territorial, les dispositions de l'accord du 16 octobre 1995 relatif aux salaires minima des ouvriers travaillant dans les entreprises du bâtiment de la Loire-Atlantique, conclu dans le cadre des conventions collectives nationales susvisées, sous réserve de l'application des dispositions portant fixation du salaire minimum de croissance.

Article 2

L'extension des effets et sanctions de l'accord susvisé est faite à dater de la publication du présent arrêté pour la durée restant à courir et aux conditions prévues par ledit accord.

Article 3

Le directeur des relations du travail au ministère du travail et des affaires sociales et le directeur des exploitations, de la politique sociale et de l'emploi au ministère de l'agriculture, de la pêche et de l'alimentation sont chargés, chacun en ce qui le concerne, de l'exécution du présent arrêté, qui sera publié au Journal officiel de la République française.

Le ministre du travail et des affaires sociales,

Nota. - Le texte de l'accord susvisé a été publié au Bulletin officiel du ministère, fascicule Conventions collectives n° 95-45 en date du 12 décembre 1995.

ARRETE du 1 mars 1996

Le ministre du travail et des affaires sociales et le ministre de l'agriculture, de la pêche et de l'alimentation,
Vu les articles L. 133-1 et suivants du code du travail ;
Vu l'arrêté du 8 février 1991 portant extension de la convention collective nationale du 8 octobre 1990 des ouvriers employés par les entreprises du bâtiment non visées par le décret du 1er mars 1962 (c'est-à-dire occupant plus de dix salariés) ;
Vu les arrêtés des 12 février 1991 et 15 décembre 1992 portant extension de la convention collective nationale du 8 octobre 1990 des ouvriers employés par les entreprises du bâtiment visées par le décret du 1er mars 1962 (c'est-à-dire occupant jusqu'à dix salariés) et d'avenants la complétant ;
Vu l'arrêté du 24 juin 1991 et les arrêtés successifs, notamment l'arrêté du 6 juillet 1994, portant extension d'accords régionaux (Languedoc-Roussillon) ;
Vu l'accord régional (Languedoc-Roussillon) du 27 octobre 1995 relatif aux salaires minima des ouvriers employés par les entreprises du bâtiment, conclu dans le cadre des conventions collectives nationales susvisées ;
Vu la demande d'extension présentée par les organisations signataires ;
Vu les avis publiés au Journal officiel des 28 décembre 1995 et 17 janvier 1996 ;
Vu les avis recueillis au cours de l'enquête ;
Vu l'avis motivé de la Commission nationale de la négociation collective (sous-commission des conventions et accords), recueilli suivant la procédure prévue à l'article R. 133-2 du code du travail,

Pour le ministre et par délégation :
Par empêchement du directeur des relations du travail :
Le sous-directeur de la négociation collective,
H. Martin
Le ministre de l'agriculture, de la pêche
et de l'alimentation,
Pour le ministre et par délégation :
Par empêchement du directeur des exploitations,
de la politique sociale et de l'emploi :
L'administrateur civil,
P. Dedinger

Article 1, 2, 3
En vigueur

Article 1er

Sont rendues obligatoires, pour tous les employeurs et tous les salariés compris dans le champ d'application professionnel de la convention collective nationale du 8 octobre 1990 des ouvriers employés par les entreprises du bâtiment visées par le décret du 1er mars 1962 (c'est-à-dire occupant jusqu'à dix salariés), tel que complété par l'avenant n° 1 du 17 mars 1992, et dans celui de la convention collective nationale du 8 octobre 1990 des ouvriers employés par les entreprises du bâtiment non visées par le décret du 1er mars 1962 (c'est-à-dire occupant plus de dix salariés), tel qu'étendu par l'arrêté du 8 février 1991 et dans son propre champ d'application territorial, les dispositions de l'accord régional (Languedoc-Roussillon) du 27 octobre 1995 conclu dans le cadre des conventions collectives nationales susvisées.

Article 2

L'extension des effets et sanctions de l'accord susvisé est faite à dater de la publication du présent arrêté pour la durée restant à courir et aux conditions prévues par ledit accord.

Article 3

Le directeur des relations du travail au ministère du travail et des affaires sociales et le directeur des exploitations, de la politique sociale et de l'emploi au ministère de l'agriculture, de la pêche et de l'alimentation sont chargés, chacun en ce qui le concerne, de l'exécution du présent arrêté, qui sera publié au Journal officiel de la République française.
Le ministre du travail et des affaires sociales,

Nota. - Le texte de l'accord susvisé a été publié au Bulletin officiel du ministère, fascicule Conventions collectives n° 95-50 en date du 16 janvier 1996.

ARRETE du 1 mars 1996

Le ministre du travail et des affaires sociales et le ministre de l'agriculture, de la pêche et de l'alimentation,
Vu les articles L. 133-1 et suivants du code du travail ;
Vu les arrêtés des 12 février 1991 et 15 décembre 1992 portant extension de la convention collective nationale du 8 octobre 1990 concernant les

ouvriers employés par les entreprises du bâtiment visées par le décret du 1er mars 1962 (c'est-à-dire occupant jusqu'à dix salariés) et d'avenants la complétant ;
Vu l'arrêté du 18 octobre 1995 portant extension d'un accord régional (Poitou-Charentes) conclu dans le cadre de la convention collective nationale susvisée ;
Vu l'accord régional (Poitou-Charentes) relatif aux salaires minimaux du 24 octobre 1995, conclu dans le cadre de la convention collective nationale susvisée ;
Vu la demande d'extension présentée par les organisations signataires ;
Vu les avis publiés au Journal officiel du 9 janvier 1996 et du 26 janvier 1996 ;
Vu les avis recueillis au cours de l'enquête ;
Vu l'avis motivé de la Commission nationale de la négociation collective (sous-commission des conventions et accords), recueilli suivant la procédure prévue à l'article R. 133-2 du code du travail,

Pour le ministre et par délégation :
Par empêchement du directeur des relations du travail :
Le sous-directeur de la négociation collective,
H. Martin
Le ministre de l'agriculture, de la pêche
et de l'alimentation,
Pour le ministre et par délégation :
Par empêchement du directeur des exploitations,
de la politique sociale et de l'emploi :
L'administrateur civil,
P. Dedinger

Article 1, 2, 3
En vigueur

Article 1er

Sont rendues obligatoires, pour tous les employeurs et tous les salariés compris dans le champ d'application professionnel de la convention collective nationale du 8 octobre 1990 concernant les ouvriers employés par les entreprises du bâtiment visées par le décret du 1er mars 1962 (c'est-à-dire occupant jusqu'à dix salariés) tel que complété par l'avenant n° 1 du 17 mars 1992, et dans son propre champ d'application territorial, les dispositions de l'accord régional (Poitou-Charentes) relatif aux salaires minimaux du 24 octobre 1995, conclu dans le cadre de la convention collective nationale susvisée, sous réserve de l'application des dispositions réglementaires portant fixation du salaire minimum de croissance.

Article 2

L'extension des effets et sanctions de l'accord régional susvisé est faite à dater de la publication du présent arrêté pour la durée restant à courir et aux conditions prévues par ledit accord.

Article 3

Le directeur des relations du travail au ministère du travail et des affaires sociales et le directeur des exploitations, de la politique sociale et de l'emploi au ministère de l'agriculture, de la pêche et de l'alimentation sont chargés, chacun en ce qui le concerne, de l'exécution du présent arrêté, qui sera publié au Journal officiel de la République française.
Le ministre du travail et des affaires sociales,

Nota. - Le texte de l'accord susvisé a été publié au Bulletin officiel du ministère, fascicule Conventions collectives n° 95-52 en date du 10 février 1996.

ARRETE du 4 avril 1996

Le ministre du travail et des affaires sociales et le ministre de l'agriculture, de la pêche et de l'alimentation,
Vu les articles L. 133-1 et suivants du code du travail ;
Vu les arrêtés des 12 février 1991 et 15 décembre 1992 portant extension de la convention collective nationale du 8 octobre 1990 concernant les ouvriers employés par les entreprises du bâtiment visées par le décret du 1er mars 1962 (c'est-à-dire occupant jusqu'à dix salariés) et de textes la modifiant ou la complétant ;
Vu l'arrêté du 18 juillet 1995 portant extension d'un accord régional (Bourgogne) conclu dans le cadre de la convention collective susvisée ;
Vu l'accord régional n° 6 (Bourgogne) du 21 décembre 1995 (Salaires) conclu dans le cadre de la convention collective nationale susvisée ;
Vu la demande d'extension présentée par les organisations signataires ;
Vu les avis publiés au Journal officiel des 16 et 21 février 1996 ;
Vu les avis recueillis au cours de l'enquête ;
Vu l'avis motivé de la Commission nationale de la négociation collective (sous-commission des conventions et accords), recueilli suivant la procédure prévue à l'article R. 133-2 du code du travail,

Pour le ministre et par délégation :
Par empêchement du directeur des relations du travail :
Le sous-directeur de la négociation collective,
H. Martin

Le ministre de l'agriculture, de la pêche
et de l'alimentation,
Pour le ministre et par délégation :
Par empêchement du directeur des exploitations,
de la politique sociale et de l'emploi :
L'administrateur civil,
P. Dedinger

Article 1, 2, 3
En vigueur

Article 1er

Sont rendues obligatoires, pour tous les employeurs et tous les salariés compris dans le champ d'application professionnel de la convention collective nationale du 8 octobre 1990 concernant les ouvriers employés par les entreprises du bâtiment visées par le décret du 1er mars 1962 (c'est-à-dire occupant jusqu'à dix salariés), tel que modifié par l'avenant n° 1 du 17 mars 1992, et dans son propre champ d'application territorial, les dispositions de l'accord régional n° 6 (Bourgogne) du 21 décembre 1995 (Salaires), conclu dans le cadre de la convention collective nationale susvisée.

Article 2

L'extension des effets et sanctions de l'accord susvisé est faite à dater de la publication du présent arrêté pour la durée restant à courir et aux conditions prévues par ledit accord.

Article 3

Le directeur des relations du travail au ministère du travail et des affaires sociales et le directeur des exploitations, de la politique sociale et de l'emploi au ministère de l'agriculture, de la pêche et de l'alimentation sont chargés, chacun en ce qui le concerne, de l'exécution du présent arrêté, qui sera publié au Journal officiel de la République française.
Le ministre du travail et des affaires sociales,

Nota. - Le texte de l'accord susvisé a été publié au Bulletin officiel du ministère, fascicule Conventions collectives n° 96-5 en date du 12 mars 1996.

ARRETE du 4 avril 1996

Le ministre du travail et des affaires sociales et le ministre de l'agriculture, de la pêche et de l'alimentation,
Vu les articles L. 133-1 et suivants du code du travail ;
Vu l'arrêté du 8 février 1991 portant extension de la convention collective nationale du 8 octobre 1990 concernant les ouvriers employés par les entreprises du bâtiment non visées par le décret du 1er mars 1962 (c'est-à-dire occupant plus de dix salariés) ;
Vu les arrêtés des 12 février 1991 et 15 décembre 1992 portant extension de la convention collective nationale du 8 octobre 1990 concernant les ouvriers employés par les entreprises visées par le décret du 1er mars 1962 (c'est-à-dire occupant jusqu'à dix salariés) et d'avenants la complétant ;
Vu l'arrêté du 31 octobre 1995 portant extension d'un accord régional (Picardie) ;
Vu l'accord régional (Picardie) du 31 mars 1995 relatif aux salaires minimaux, conclu dans le cadre des conventions collectives nationales susvisées ;
Vu la demande d'extension présentée par les organisations signataires ;
Vu les avis publiés au Journal officiel des 28 juillet et 5 août 1995 ;
Vu les avis recueillis au cours de l'enquête ;
Vu l'avis motivé de la Commission nationale de la négociation collective (sous-commission des conventions et accords), notamment l'opposition formulée par les représentants de deux organisations syndicales de salariés ;
Considérant que la fixation du montant des salaires conventionnels ainsi que le niveau géographique de leur négociation relèvent de la liberté contractuelle des signataires ;
Considérant que l'accord du 31 mars 1995 a été conclu conformément aux dispositions des conventions collectives nationales susvisées et permet de déterminer, en application de la formule de calcul défini au niveau national, les salaires mensuels minimaux conventionnels différenciés et hiérarchisés pour chaque coefficient ;
Considérant, sous la réserve prévue par le présent arrêté, que l'accord susvisé ne contrevient à aucune disposition légale ;
Considérant, en outre, que l'extension de l'accord susvisé permet à l'ensemble des salariés du secteur concerné par son champ d'application de bénéficier en fonction de leurs classifications d'un salaire minimum déterminé par les organisations syndicales représentatives signataires,

Pour le ministre et par délégation :
Par empêchement du directeur des relations du travail :
Le sous-directeur de la négociation collective,
H. Martin
Le ministre de l'agriculture, de la pêche
et de l'alimentation,
Pour le ministre et par délégation :
Par empêchement du directeur des exploitations,
de la politique sociale et de l'emploi :
L'administrateur civil,

P. Dedinger

Article 1, 2, 3
En vigueur

Article 1er

Sont rendues obligatoires, pour tous les employeurs et tous les salariés compris dans le champ d'application professionnel de la convention collective nationale du 8 octobre 1990 concernant les ouvriers employés par les entreprises du bâtiment visées par le décret du 1er mars 1962 (c'est-à-dire occupant jusqu'à dix salariés), tel que complété par l'avenant n° 1 du 17 mars 1992, et dans celui de la convention collective nationale du 8 octobre 1990 concernant les ouvriers employés par les entreprises non visées par le décret du 1er mars 1962 (c'est-à-dire occupant plus de dix salariés), telle qu'étendue par arrêté du 8 février 1991 et dans son propre champ d'application territorial, les dispositions de l'accord du 31 mars 1995 relatif aux " salaires minimaux " des ouvriers travaillant dans les entreprises du bâtiment de Picardie, conclu dans le cadre des conventions collectives susvisées, sous réserve de l'application des dispositions réglementaires portant fixation du salaire minimum de croissance.

Article 2

L'extension des effets et sanctions de l'accord susvisé est faite à dater de la publication du présent arrêté pour la durée restant à courir et aux conditions prévues par ledit accord.

Article 3

Le directeur des relations du travail au ministère du travail et des affaires sociales et le directeur des exploitations, de la politique sociale et de l'emploi au ministère de l'agriculture, de la pêche et de l'alimentation sont chargés, chacun en ce qui le concerne, de l'exécution du présent arrêté, qui sera publié au Journal officiel de la République française.
Le ministre du travail et des affaires sociales,

Nota. - Le texte de l'accord susvisé a été publié au Bulletin officiel du ministère, fascicule Conventions collectives n° 95-30 en date du 14 septembre 1995.

ARRETE du 12 avril 1996

Le ministre du travail et des affaires sociales et le ministre de l'agriculture, de la pêche et de l'alimentation,
Vu les articles L. 133-1 et suivants du code du travail ;
Vu les arrêtés des 12 février 1991 et 15 décembre 1992 portant extension de la convention collective nationale du 8 octobre 1990 des ouvriers employés par les entreprises du bâtiment visées par le décret du 1er mars 1962 (c'est-à-dire occupant jusqu'à dix salariés) et d'avenants la complétant ;
Vu l'arrêté du 26 janvier 1996 portant extension d'un accord régional (Auvergne) conclu dans le cadre de la convention collective susvisée ;
Vu l'accord Salaires (région Auvergne) du 15 décembre 1995 conclu dans le cadre de la convention collective nationale susvisée ;
Vu la demande d'extension présentée par les organisations signataires ;
Vu les avis publiés au Journal officiel des 29 février et 2 mars 1996 ;
Vu les avis recueillis au cours de l'enquête ;
Vu l'avis motivé de la Commission nationale de la négociation collective (sous-commission des conventions et accords), recueilli suivant la procédure prévue à l'article R. 133-2 du code du travail,

Le ministre du travail et des affaires sociales,
Pour le ministre et par délégation :
Par empêchement du directeur des relations du travail :
Le sous-directeur de la négociation collective,
H. Martin
Le ministre de l'agriculture, de la pêche et de l'alimentation,
Pour le ministre et par délégation :
Par empêchement du directeur des exploitations, de la politique sociale et de l'emploi :
L'administrateur civil,
P. Dedinger

Article 1, 2, 3
En vigueur

Article 1er

Sont rendues obligatoires, pour tous les employeurs et tous les salariés compris dans le champ d'application professionnel de la convention collective nationale du 8 octobre 1990 concernant les ouvriers employés par les entreprises du bâtiment visées par le décret du 1er mars 1962 (c'est-à-dire occupant jusqu'à dix salariés), tel que modifié par l'avenant n° 1 du 17 mars 1992, et dans son propre champ d'application territorial, les dispositions de l'accord Salaires (région Auvergne) du 15 décembre 1995 conclu dans le cadre de la convention collective nationale susvisée, sous réserve de l'application des dispositions réglementaires portant fixation du salaire minimum de croissance.

Article 2

L'extension des effets et sanctions de l'accord susvisé est faite à dater de la publication du présent arrêté pour la durée restant à courir et aux conditions prévues par ledit accord.

Article 3

Le directeur des relations du travail au ministère du travail et des affaires sociales et le directeur des exploitations, de la politique sociale et de l'emploi au ministère de l'agriculture, de la pêche et de l'alimentation sont chargés, chacun en ce qui le concerne, de l'exécution du présent arrêté, qui sera publié au Journal officiel de la République française.

Nota. - Le texte de l'accord susvisé a été publié au Bulletin officiel du ministère, fascicule Conventions collectives n° 96-08 en date du 29 mars 1996.

ARRETE du 10 juin 1996

Le ministre du travail et des affaires sociales et le ministre de l'agriculture, de la pêche et de l'alimentation,
Vu les articles L. 133-1 et suivants du code du travail ;
Vu les arrêtés des 12 février 1991 et 15 décembre 1992 portant extension de la convention collective nationale du 8 octobre 1990 des ouvriers employés par les entreprises du bâtiment visées par le décret du 1er mars 1962 (c'est-à-dire occupant jusqu'à dix salariés) et d'avenants la complétant ;
Vu les arrêtés du 24 juin 1991 et du 29 juin 1995 portant extension d'accords départementaux (Rhône), conclus dans le cadre de la convention collective nationale susvisée ;
Vu l'accord départemental (Rhône) du 22 janvier 1996 (Indemnités de petits déplacements), conclus dans le cadre de la convention collective nationale susvisée ;
Vu la demande d'extension présentée par les organisations signataires ;
Vu les avis publiés au Journal officiel des 30 mars et 6 avril 1996 ;
Vu les avis recueillis au cours de l'enquête ;
Vu l'avis motivé de la Commission nationale de la négociation collective (sous-commission des conventions et accords), recueilli suivant la procédure prévue à l'article R. 133-2 du code du travail,

Pour le ministre et par délégation :
Par empêchement du directeur des relations du travail :
Le sous-directeur de la négociation collective,
H. Martin
Le ministre de l'agriculture, de la pêche
et de l'alimentation,
Pour le ministre et par délégation :
Par empêchement du directeur des exploitations,
de la politique sociale et de l'emploi :
L'administrateur civil,
P. Dedinger

Article 1, 2, 3
En vigueur

Article 1er

Sont rendues obligatoires, pour tous les employeurs et tous les salariés compris dans le champ d'application professionnel de la convention collective nationale du 8 octobre 1990 des ouvriers employés par les entreprises du bâtiment visées par le décret du 1er mars 1962 (c'est-à-dire occupant jusqu'à dix salariés), tel que complété par l'avenant n° 1 du 17 mars 1992 et dans son propre champ d'application territorial, les dispositions de l'accord départemental (Rhône) du 22 janvier 1996 (Indemnités de petits déplacements), conclu dans le cadre de la convention collective nationale susvisée.

Article 2

L'extension des effets et sanctions de l'accord susvisé est faite à dater de la publication du présent arrêté pour la durée restant à courir et aux conditions prévues par ledit accord.

Article 3

Le directeur des relations du travail au ministère du travail et des affaires sociales et le directeur des exploitations, de la politique sociale et de l'emploi au ministère de l'agriculture, de la pêche et de l'alimentation sont chargés, chacun en ce qui le concerne, de l'exécution du présent arrêté, qui sera publié au Journal officiel de la République française.
Le ministre du travail et des affaires sociales,
Nota. - Le texte de l'accord susvisé a été publié au Bulletin officiel du ministère, fascicule Conventions collectives n° 96-14 en date du 24 mai 1996.

ARRETE du 11 juin 1996

Le ministre du travail et des affaires sociales et le ministre de l'agriculture, de la pêche et de l'alimentation,
Vu les articles L. 133-1 et suivants du code du travail ;
Vu l'arrêté du 8 février 1991 portant extension de la convention collective nationale du 8 octobre 1990 des ouvriers employés par les entreprises du bâtiment non visées par le décret du 1er mars 1962 (c'est-à-dire occupant plus de dix salariés) ;
Vu les arrêtés des 12 février 1991 et 15 décembre 1992 portant extension de la convention collective nationale du 8 octobre 1990 des ouvriers employés par les entreprises du bâtiment visées par le décret du 1er mars 1962 (c'est-à-dire occupant jusqu'à dix salariés) et d'avenants la complétant ou la modifiant ;
Vu l'arrêté du 2 novembre 1995 portant extension d'accords départementaux (Seine-et-Marne) conclus dans le cadre des conventions collectives nationales susvisées ;
Vu l'accord départemental (Seine-et-Marne) du 18 janvier 1996 (Salaires minima) conclu dans le cadre des conventions collectives susvisées ;
Vu l'accord départemental (Seine-et-Marne) du 18 janvier 1996 (Indemnité de repas) conclu dans le cadre des conventions collectives susvisées ;
Vu la demande d'extension présentée par les organisations signataires ;
Vu les avis publiés au Journal officiel des 16 avril et 25 avril 1996 ;
Vu les avis recueillis au cours de l'enquête ;
Vu l'avis motivé de la Commission nationale de la négociation collective (sous-commission des conventions et accords), recueilli suivant la procédure prévue à l'article R. 133-2 du code du travail,

Pour le ministre et par délégation :
Par empêchement du directeur des relations du travail :
Le sous-directeur de la négociation collective,
H. Martin
Le ministre de l'agriculture, de la pêche
et de l'alimentation,
Pour le ministre et par délégation :
Par empêchement du directeur des exploitations,
de la politique sociale et de l'emploi :
L'administrateur civil,
P. Dedinger

Article 1, 2, 3
En vigueur

Article 1er

Sont rendues obligatoires, pour tous les employeurs et tous les salariés compris dans le champ d'application professionnel de la convention collective nationale du 8 octobre 1990 des ouvriers employés par les entreprises du bâtiment visées par le décret du 1er mars 1962 (c'est-à-dire occupant jusqu'à dix salariés), tel que complété par l'avenant n° 1 du 17 mars 1992, et dans celui de la convention collective nationale du 8 octobre 1990 des ouvriers employés par les entreprises du bâtiment non visées par le décret du 1er mars 1962 (c'est-à-dire occupant plus de dix salariés), tel qu'étendu par l'arrêté du 8 février 1991, et dans leur propre champ d'application territorial, les dispositions de :

- l'accord départemental (Seine-et-Marne) du 18 janvier 1996 (Salaires minima) conclu dans le cadre des conventions collectives susvisées, sous réserve de l'application des dispositions réglementaires portant fixation du salaire minimum de croissance ;

- l'accord départemental (Seine-et-Marne) du 18 janvier 1996 (Indemnité de repas) conclu dans le cadre des conventions collectives susvisées.

Article 2

L'extension des effets et sanctions des accords susvisés est faite à dater de la publication du présent arrêté pour la durée restant à courir et aux conditions prévues par lesdit accords.

Article 3

Le directeur des relations du travail au ministère du travail et des affaires sociales et le directeur des exploitations, de la politique sociale et de l'emploi au ministère de l'agriculture, de la pêche et de l'alimentation sont chargés, chacun en ce qui le concerne, de l'exécution du présent arrêté, qui sera publié au Journal officiel de la République française.
Le ministre du travail et des affaires sociales,
Nota. - Le texte des accords susvisés a été publié au Bulletin officiel du ministère, fascicule Conventions collectives n° 96-16 en date du 7 juin 1996.

ARRETE du 24 juin 1996

Le ministre du travail et des affaires sociales et le ministre de l'agriculture, de la pêche et de l'alimentation,
Vu les articles L. 133-1 et suivants du code du travail ;
Vu les arrêtés des 12 février 1991 et 15 décembre 1992 portant extension de la convention collective nationale du 8 octobre 1990 des ouvriers employés par les entreprises du bâtiment visées par le décret du 1er mars 1962 (c'est-à-dire occupant jusqu'à dix salariés) et d'avenants la complétant ;
Vu l'arrêté du 8 février 1991 portant extension de la convention collective nationale du 8 octobre 1990 des ouvriers employés par les entreprises du bâtiment non visées par le décret du 1er mars 1962 (c'est-à-dire occupant plus de dix salariés) ;
Vu l'arrêté du 24 avril 1991 et les arrêtés successifs, notamment l'arrêté du 18 juillet 1995, portant extension d'accords régionaux Haute-Normandie ;
Vu l'avenant n° 4 du 13 mars 1996 à l'accord régional Haute-Normandie du 11 janvier 1991 conclu dans le cadre des conventions collectives nationales susvisées ;
Vu la demande d'extension présentée par les organisations signataires ;
Vu les avis publiés au Journal officiel des 8 mai et 22 mai 1996 ;
Vu les avis recueillis au cours de l'enquête ;
Vu l'avis motivé de la Commission nationale de la négociation collective (sous-commission des conventions et accords), recueilli suivant la procédure prévue à l'article R. 133-2 du code du travail,

Pour le ministre et par délégation :
Par empêchement du directeur des relations du travail :
Le sous-directeur de la négociation collective,
H. Martin
Le ministre de l'agriculture, de la pêche
et de l'alimentation,
Pour le ministre et par délégation :
Par empêchement du directeur des exploitations,
de la politique sociale et de l'emploi :
L'administrateur civil,
P. Dedinger

Article 1, 2, 3
En vigueur

Article 1er

Sont rendues obligatoires, pour tous les employeurs et tous les salariés compris dans le champ d'application professionnel de la convention collective nationale du 8 octobre 1990 des ouvriers employés par les entreprises du bâtiment visées par le décret du 1er mars 1962 (c'est-à-dire occupant jusqu'à dix salariés), tel que complété par l'avenant n° 1 du 17 mars 1992 et dans celui de la convention collective nationale du 8 octobre 1990 des ouvriers employés par les entreprises du bâtiment non visées par le décret du 1er mars 1962 (c'est-à-dire occupant plus de dix salariés), tel qu'étendu par arrêté du 8 février 1991, et dans son propre champ d'application géographique, les dispositions de l'avenant n° 4 du 13 mars 1996 à l'accord régional Haute-Normandie du 11 janvier 1991 conclu dans le cadre des conventions collectives nationales susvisées, sous réserve de l'application des dispositions réglementaires relatives au salaire minimum de croissance.

Article 2

L'extension des effets et sanctions de l'accord susvisé est faite à dater de la publication du présent arrêté pour la durée restant à courir et aux conditions prévues par ledit accord.

Article 3

Le directeur des relations du travail au ministère du travail et des affaires sociales et le directeur des exploitations, de la politique sociale et de l'emploi au ministère de l'agriculture, de la pêche et de l'alimentation sont chargés, chacun en ce qui le concerne, de l'exécution du présent arrêté, qui sera publié au Journal officiel de la République française.
Le ministre du travail et des affaires sociales,

Nota. - Le texte de l'accord susvisé a été publié au Bulletin officiel du ministère, fascicule Conventions collectives n° 96-18 en date du 20 juin 1996.

ARRETE du 27 juin 1996

Le ministre du travail et des affaires sociales et le ministre de l'agriculture, de la pêche et de l'alimentation,
Vu les articles L. 133-1 et suivants du code du travail ;
Vu l'arrêté du 8 février 1991 portant extension de la convention collective nationale du 8 octobre 1990 concernant les ouvriers employés par les entreprises du bâtiment non visés par le décret du 1er mars 1962 (c'est-à-dire occupant plus de dix salariés) ;
Vu les arrêtés des 12 février 1991 et 15 décembre 1992 portant extension de la convention collective nationale du 8 octobre 1990 des ouvriers employés par les entreprises visées par le décret du 1er mars 1962 (c'est-à-dire occupant jusqu'à dix salariés) et d'avenants la complétant ;
Vu l'arrêté du 4 avril 1996 portant extension d'accord régional (Picardie) ;

Vu l'accord Salaires (région Picardie) du 26 mars 1996 conclu dans le cadre des conventions collectives nationales susvisées ;
Vu l'accord Indemnité de petits déplacements (région Picardie) du 26 mars 1996 conclu dans le cadre des conventions collectives nationales susvisées ;
Vu la demande d'extension présentée par les organisations signataires ;
Vu les avis publié au Journal officiel des 18 et 22 mai 1996 ;
Vu les avis recueillis au cours de l'enquête ;
Vu l'avis motivé de la Commission nationale de la négociation collective (sous-commission des conventions et accords), recueilli suivant la procédure prévue à l'article R. 133-2 du code du travail,

Pour le ministre et par délégation :
Par empêchement du directeur des relations du travail :
Le sous-directeur de la négociation collective,
H. Martin
Le ministre de l'agriculture, de la pêche
et de l'alimentation,
Pour le ministre et par délégation :
Par empêchement du directeur des exploitations,
de la politique sociale et de l'emploi :
L'administrateur civil,
P. Dedinger

Article 1, 2, 3
En vigueur

Article 1er

Sont rendues obligatoires, pour tous les employeurs et tous les salariés compris dans le champ d'application professionnel de la convention collective nationale du 8 octobre 1990 des ouvriers employés par les entreprises du bâtiment visés par le décret du 1er mars 1962 (c'est-à-dire occupant jusqu'à dix salariés), tel que complété par l'avenant n° 1 du 17 mars 1992 et dans celui de la convention collective nationale du 8 octobre 1990 des ouvriers employés par les entreprises non visées par le décret du 1er mars 1962 (c'est-à-dire occupant plus de dix salariés), telle qu'étendue par arrêté du 8 février 1991 et dans leur propre champ d'application territorial, les dispositions de :

- l'accord du 26 mars 1996 Salaires (région Picardie), sous réserve de l'application des dispositions réglementaires portant fixation du salaire minimum de croissance ;

- l'accord du 26 mars 1996 Indemnité de petits déplacements (région Picardie),

conclus dans le cadre des conventions collectives susvisées.

Article 2

L'extension des effets et sanctions des accords susvisés est faite à dater de la publication du présent arrêté pour la durée restant à courir et aux conditions prévues par lesdits accords.

Article 3

Le directeur des relations du travail au ministère du travail et des affaires sociales et le directeur des exploitations, de la politique sociale et de l'emploi au ministère de l'agriculture, de la pêche et de l'alimentation sont chargés, chacun en ce qui le concerne, de l'exécution du présent arrêté, qui sera publié au Journal officiel de la République française.
Le ministre du travail et des affaires sociales,

Nota. - Le texte des accords susvisés a été publié au Bulletin officiel du ministère, fascicule Conventions collectives, n° 96-18 en date du 20 juin 1996.

ARRETE du 1 juillet 1996

Le ministre du travail et des affaires sociales et le ministre de l'agriculture, de la pêche et de l'alimentation,
Vu les articles L. 133-1 et suivants du code du travail ;
Vu les arrêtés du 12 février 1991 et du 15 décembre 1992 portant extension de la convention collective nationale du 8 octobre 1990 des ouvriers employés par les entreprises du bâtiment visées par le décret du 1er mars 1962 (c'est-à-dire occupant jusqu'à dix salariés) et d'avenants la complétant ;
Vu l'arrêté du 29 juin 1995 portant extension d'un accord régional (Nord - Pas-de-Calais) conclu dans le cadre de la convention collective nationale susvisée ;
Vu l'accord régional (Nord - Pas-de-Calais) du 18 mars 1996 relatif aux salaires minima, conclu dans le cadre de la convention collective susvisée ;
Vu la demande d'extension présentée par les organisations signataires ;
Vu les avis publiés au Journal officiel des 18 et 22 mai 1996 ;
Vu les avis recueillis au cours de l'enquête ;
Vu l'avis motivé de la Commission nationale de la négociation collective (sous-commission des conventions et accords), recueilli suivant la

procédure prévue à l'article R. 133-2 du code du travail,

Pour le ministre et par délégation :
Par empêchement du directeur des relations du travail :
Le sous-directeur de la négociation collective,
H. Martin
Le ministre de l'agriculture, de la pêche
et de l'alimentation,
Pour le ministre et par délégation :
Par empêchement du directeur des exploitations,
de la politique sociale et de l'emploi :
L'administrateur civil,
P. Dedinger

Article 1, 2, 3
En vigueur

Article 1er

Sont rendues obligatoires, pour tous les employeurs et tous les salariés compris dans le champ d'application professionnel de la convention collective nationale du 8 octobre 1990 concernant les ouvriers employés par les entreprises du bâtiment visées par le décret du 1er mars 1962 (c'est-à-dire occupant jusqu'à dix salariés), tel que complété par l'avenant n° 1 du 17 mars 1992, et dans son propre champ d'application territorial, les dispositions de l'accord régional (Nord - Pas-de-Calais) du 18 mars 1996 relatif aux salaires minima, conclu dans le cadre de la convention collective susvisée.

Article 2

L'extension des effets et sanctions de l'accord susvisé est faite à dater de la publication du présent arrêté pour la durée restant à courir et aux conditions prévues par ledit accord.

Article 3

Le directeur des relations du travail au ministère du travail et des affaires sociales et le directeur des exploitations, de la politique sociale et de l'emploi au ministère de l'agriculture, de la pêche et de l'alimentation sont chargés, chacun en ce qui le concerne, de l'exécution du présent arrêté, qui sera publié au Journal officiel de la République française.
Le ministre du travail et des affaires sociales,

Nota. - Le texte de l'accord susvisé a été publié au Bulletin officiel du ministère, fascicule Conventions collectives n° 96-19 en date du 28 juin 1996.

ARRETE du 22 juillet 1996

Le ministre du travail et des affaires sociales et le ministre de l'agriculture, de la pêche et de l'alimentation,
Vu les articles L. 133-1 et suivants du code du travail ;
Vu l'accord professionnel dans les entreprises du bâtiment occupant jusqu'à dix salariés du 25 janvier 1994, étendu par arrêté du 10 juin 1994 ;
Vu l'avenant n° 1 du 4 mai 1995 à l'accord susvisé ;
Vu l'avenant n° 2 du 14 novembre 1995 à l'accord susvisé ;
Vu la demande d'extension présentée par les organisations signataires ;
Vu les avis publiés au Journal officiel des 15 et 23 juin 1995 et 1er et 2 décembre 1995 ;
Vu les avis recueillis au cours de l'enquête ;
Vu l'avis motivé de la Commission nationale de la négociation collective (sous-commission des conventions et accords), et notamment les oppositions formulées par les représentants des deux organisations syndicales d'employeurs ;
Considérant que les modalités de financement de la négociation collective relèvent de la libre négociation des partenaires sociaux ;
Considérant que les règles légales relatives à la procédure d'extension ont été respectées, notamment la double consultation de la sous-commission des conventions et accords sur les deux avenants dont l'extension avait été demandée ;
Considérant que la clé de répartition fixée par l'avenant n° 2 est fondée sur un critère objectif reposant sur les constats établis par le ministre chargé de l'artisanat, autorité extérieure aux organisations représentatives en cause, dans le cadre des dispositions du décret n° 59-13-15 du 19 novembre 1959 modifié et à l'occasion du renouvellement triennal des chambres de métiers,

Pour le ministre et par délégation :
Le directeur des relations du travail,
J. Marimbert
Le ministre de l'agriculture, de la pêche
et de l'alimentation,
Pour le ministre et par délégation :
Le directeur des exploitations,
de la politique sociale et de l'emploi,
H.-P. Culaud

Article 1, 2, 3
En vigueur

Article 1er

Sont rendues obligatoires, pour tous les employeurs et tous les salariés compris dans le champ d'application de l'accord professionnel du 25 janvier 1994 concernant les entreprises du bâtiment occupant jusqu'à dix salariés, à l'exclusion, d'une part, des entreprises paysagistes et de reboisement répertoriées au code APE 55.10 relevant des professions agricoles et, d'autre part, les entreprises spécialisées dans l'équipement électrique des usines et autres établissements industriels répertoriés au code APE 55.40 qui, à la date du présent arrêté, appliquaient une autre convention collective que celle du bâtiment, les dispositions de :

- l'avenant n° 1 du 4 mai 1995, à l'exclusion des termes :
" signataires de cet accord " figurant au deuxième alinéa de l'article II-4 ;

- l'avenant n° 2 du 14 novembre 1995.

Article 2

L'extension des effets et sanctions des avenants précités est faite à dater de la publication du présent arrêté pour la durée restant à courir et aux conditions prévues par ledit accord.

Article 3

Le directeur des relations du travail au ministère du travail et des affaires sociales et le directeur des exploitations, de la politique sociale et de l'emploi au ministère de l'agriculture, de la pêche et de l'alimentation sont chargés, chacun en ce qui le concerne, de l'exécution du présent arrêté, qui sera publié au Journal officiel de la République française.
Le ministre du travail et des affaires sociales,

Nota. - Le texte des avenants susvisés a été publié au Bulletin officiel du ministère, fascicules Conventions collectives n° 95-22 et n° 95-51 en date des 29 juillet 1995 et 2 février 1996.

ARRETE du 9 août 1996

Le ministre du travail et des affaires sociales et le ministre de l'agriculture, de la pêche et de l'alimentation,
Vu les articles L. 133-1 et suivants du code du travail ;
Vu l'arrêté du 8 février 1991 portant extension de la convention collective nationale du 8 octobre 1990 des ouvriers employés par les entreprises du bâtiment non visées par le décret du 1er mars 1962 (c'est-à-dire occupant plus de dix salariés) ;
Vu les arrêtés des 12 février 1991 et 15 décembre 1992 portant extension de la convention collective nationale du 18 octobre 1990 des ouvriers employés par les entreprises du bâtiment visées par le décret du 1er mars 1962 (c'est-à-dire occupant jusqu'à dix salariés) et d'avenants la complétant ;
Vu l'arrêté du 24 juin 1991 et les arrêtés successifs, notamment l'arrêté du 1er mars 1996, portant extension d'accords régionaux (Languedoc-Roussillon) ;
Vu l'accord régional (Languedoc-Roussillon) du 25 avril 1996 relatif aux indemnités de petits déplacements des ouvriers employés par les entreprises du bâtiment, conclu dans le cadre des conventions collectives nationales susvisées ;
Vu la demande d'extension présentée par les organisations signataires ;
Vu les avis publiés au Journal officiel des 14 et 20 juin 1996 ;
Vu les avis recueillis au cours de l'enquête ;
Vu l'avis motivé de la Commission nationale de la négociation collective (sous-commission des conventions et accords), recueilli suivant la procédure prévue à l'article R. 133-2 du code du travail,

Pour le ministre et par délégation :
Par empêchement du directeur des relations du travail :
Le sous-directeur de la négociation collective,
H. Martin
Le ministre de l'agriculture, de la pêche
et de l'alimentation,
8ZS Pour le ministre et par délégation :
Par empêchement du directeur des exploitations,
de la politique sociale et de l'emploi :
L'administrateur civil,
P. Dedinger

Article 1, 2, 3
En vigueur

Article 1er

Sont rendues obligatoires, pour tous les employeurs et tous les salariés compris dans le champ d'application professionnel de la convention collective nationale du 8 octobre 1990 des ouvriers employés par les entreprises du bâtiment visées par le décret du 1er mars 1962 (c'est-à-dire occupant jusqu'à dix salariés), tel que complété par l'avenant n° 1 du 17 mars 1992, et dans celui de la convention collective nationale du 8 octobre 1990 des ouvriers employés par les entreprises du bâtiment non visées par le décret du 1er mars 1962 (c'est-à-dire occupant plus de dix salariés), tel qu'étendu par arrêté du 8 février 1991, et dans son propre champ d'application territorial, les dispositions de l'accord régional (Languedoc-Roussillon) du 25 avril 1996 conclu dans le cadre des conventions collectives nationales susvisées.

Article 2

L'extension des effets et sanctions de l'accord susvisé est faite à dater de la publication du présent arrêté pour la durée restant à courir et aux conditions prévues par ledit accord.

Article 3

Le directeur des relations du travail au ministère du travail et des affaires sociales et le directeur des exploitations, de la politique sociale et de l'emploi au ministère de l'agriculture, de la pêche et de l'alimentation sont chargés, chacun en ce qui le concerne, de l'exécution du présent arrêté, qui sera publié au Journal officiel de la République française.
Le ministre du travail et des affaires sociales,

Nota. - Le texte de l'accord susvisé a été publié au Bulletin officiel du ministère, fascicule Conventions collectives n° 96-25 en date du 7 août 1996.

ARRETE du 19 août 1996

Le ministre du travail et des affaires sociales et le ministre de l'agriculture, de la pêche et de l'alimentation,
Vu les articles L. 133-1 et suivants du code du travail ;
Vu les arrêtés des 12 février 1991 et 15 décembre 1992 portant extension de la convention collective nationale du 8 octobre 1990 des ouvriers employés par les entreprises du bâtiment visées par le décret du 1er mars 1962 (c'est-à-dire occupant jusqu'à dix salariés) et d'avenants la complétant ;
Vu l'arrêté du 28 juillet 1994 portant extension d'un accord régional (Centre) conclu dans le cadre de la convention collective nationale susvisée ;
Vu l'accord Salaires (région Centre) du 29 avril 1996 conclu dans le cadre de la convention collective nationale susvisée ;
Vu la demande d'extension présentée par les organisations signataires ;
Vu les avis publiés au Journal officiel des 2 juillet et 10 juillet 1996 ;
Vu les avis recueillis au cours de l'enquête ;
Vu l'avis motivé de la Commission nationale de la négociation collective (sous-commission des conventions et accords) recueilli suivant la procédure prévue à l'article R. 133-2 du code du travail,

Pour le ministre et par délégation :
Le directeur des relations du travail,
J. Marimbert
Le ministre de l'agriculture, de la pêche
et de l'alimentation,
Pour le ministre et par délégation :
Par empêchement du directeur des exploitations,
de la politique sociale et de l'emploi :
L'administrateur civil,
P. Dedinger

Article 1, 2, 3
En vigueur

Article 1er

Sont rendues obligatoires, pour tous les employeurs et tous les salariés compris dans le champ d'application professionnel de la convention collective nationale du 8 octobre 1990 des ouvriers employés par les entreprises du bâtiment visées par le décret du 1er mars 1962 (c'est-à-dire occupant jusqu'à dix salariés), tel que complété par l'avenant n° 1 du 17 mars 1992 et dans son propre champ d'application territorial, les dispositions de l'accord Salaires (région Centre) du 29 avril 1996 conclu dans le cadre de la convention collective nationale susvisée, sous réserve de l'application des dispositions réglementaires portant fixation du salaire minimum de croissance.

Article 2

L'extension des effets et sanctions de l'accord susvisé est faite à dater de la publication du présent arrêté pour la durée restant à courir et aux conditions prévues par ledit accord.

Article 3

Le directeur des relations du travail au ministère du travail et des affaires sociales et le directeur des exploitations, de la politique sociale et de l'emploi au ministère de l'agriculture, de la pêche et de l'alimentation sont chargés, chacun en ce qui le concerne, de l'exécution du présent arrêté,

qui sera publié au Journal officiel de la République française.
Le ministre du travail et des affaires sociales,

Nota. - Le texte de l'accord susvisé a été publié au Bulletin officiel du ministère, fascicule Conventions collectives n° 96-26 en date du 14 août 1996.

ARRETE du 3 septembre 1996

Le ministre du travail et des affaires sociales et le ministre de l'agriculture, de la pêche et de l'alimentation,
Vu les articles L. 133-1 et suivants du code du travail ;
Vu l'arrêté du 8 février 1991 portant extension de la convention collective nationale des ouvriers employés par les entreprises du bâtiment non visées par le décret du 1er mars 1962 (c'est-à-dire occupant plus de dix salariés) du 8 octobre 1990 ;
Vu les arrêtés des 12 février 1991 et 15 décembre 1992 portant extension de la convention collective nationale concernant des ouvriers employés par les entreprises du bâtiment visées par le décret du 1er mars 1962 (c'est-à-dire occupant jusqu'à dix salariés) du 8 octobre 1990 et d'avenants la complétant ;
Vu l'arrêté du 18 mai 1994 portant extension d'un accord régional (Midi-Pyrénées) ;
Vu l'accord régional (Midi-Pyrénées) Salaires du 30 avril 1996 conclu dans le cadre des conventions collectives nationales susvisées ;
Vu la demande d'extension présentée par les organisations signataires ;
Vu les avis publiés au Journal officiel du 10 juillet 1996 ;
Vu les avis recueillis au cours de l'enquête ;
Vu l'avis motivé de la Commission nationale de la négociation collective (sous-commission des conventions et accords), recueilli suivant la procédure prévue à l'article R. 133-2 du code du travail,

Pour le ministre et par délégation :
Par empêchement du directeur des relations du travail :
Le sous-directeur de la négociation collective,
H. Martin
Le ministre de l'agriculture, de la pêche
et de l'alimentation,
Pour le ministre et par délégation :
Le directeur des exploitations,
de la politique sociale et de l'emploi,
H.-P. Culaud

Article 1, 2, 3
En vigueur

Article 1er

Sont rendues obligatoires, pour tous les employeurs et tous les salariés compris dans le champ d'application professionnel de la convention collective nationale des ouvriers employés par les entreprises du bâtiment visées par le décret du 1er mars 1962 (c'est-à-dire occupant jusqu'à dix salariés) du 8 octobre 1990, tel que modifié par l'avenant n° 1 du 17 mars 1992 et dans celui de la convention collective nationale des ouvriers employés par les entreprises du bâtiment non visées par le décret du 1er mars 1962 (c'est-à-dire occupant plus de dix salariés) du 8 octobre 1990, et dans son propre champ d'application géographique, les dispositions de l'accord régional (Midi-Pyrénées) Salaires du 30 avril 1996 conclu dans le cadre des conventions collectives nationales susvisées sous réserve des dispositions réglementaires portant fixation du salaire minimum de croissance.

Article 2

L'extension des effets et sanctions de l'accord susvisé est faite à dater de la publication du présent arrêté pour la durée restant à courir et aux conditions prévues par ledit accord.

Article 3

Le directeur des relations du travail au ministère du travail et des affaires sociales et le directeur des exploitations, de la politique sociale et de l'emploi au ministère de l'agriculture, de la pêche et de l'alimentation sont chargés, chacun en ce qui le concerne, de l'exécution du présent arrêté, qui sera publié au Journal officiel de la République française.
Le ministre du travail et des affaires sociales,

Nota. - Le texte de l'accord susvisé a été publié au Bulletin officiel du ministère, fascicule Conventions collectives n° 96-26 du 14 août 1996.

ARRETE du 3 septembre 1996

Le ministre du travail et des affaires sociales et le ministre de l'agriculture, de la pêche et de l'alimentation,
Vu les articles L. 133-1 et suivants du code du travail ;
Vu l'arrêté du 8 février 1991 portant extension de la convention collective nationale concernant les ouvriers employés par les entreprises du bâtiment non visées par le décret du 1er mars 1962 (c'est-à-dire occupant plus de dix salariés) du 8 octobre 1990 ;
Vu les arrêtés du 12 février 1991 et du 15 décembre 1992 portant extension de la convention collective nationale des ouvriers employés dans les

entreprises du bâtiment visées par le décret du 1er mars 1962 (c'est-à-dire occupant jusqu'à dix salariés) du 8 octobre 1990 et d'avenants la modifiant ou la complétant ;
Vu l'arrêté du 2 août 1995 portant extension d'un accord départemental (Ain) du 10 mars 1995 conclu dans le cadre des conventions collectives nationales susvisées ;
Vu l'accord départemental (Ain) du 1er mars 1996 relatif aux indemnités de déplacements (une annexe) conclu dans le cadre des conventions collectives nationales susvisées ;
Vu la demande d'extension présentée par les organisations signataires ;
Vu les avis publiés au Journal officiel des 13 et 28 juin 1996 ;
Vu les avis recueillis au cours de l'enquête ;
Vu l'avis motivé de la Commission nationale de la négociation collective (sous-commission des conventions et accords), recueilli suivant la procédure prévue à l'article R. 133-2 du code du travail,

Pour le ministre et par délégation :
Par empêchement du directeur des relations du travail :
Le sous-directeur de la négociation collective,
H. Martin
Le ministre de l'agriculture, de la pêche
et de l'alimentation,
Pour le ministre et par délégation :
Le directeur des exploitations,
de la politique sociale et de l'emploi,
H.-P. Culaud

Article 1, 2, 3
En vigueur

Article 1er

Sont rendues obligatoires, pour tous les employeurs et tous les salariés compris dans le champ d'application professionnel de la convention collective nationale des ouvriers employés par les entreprises du bâtiment non visées par le décret du 1er mars 1962 (c'est-à-dire occupant plus de dix salariés) du 8 octobre 1990, tel qu'étendu par arrêté du 8 février 1991, et de la convention collective nationale des ouvriers employés par les entreprises du bâtiment visées par le décret du 1er mars 1962 (c'est-à-dire occupant jusqu'à dix salariés) du 8 octobre 1990, tel que complété par l'avenant n° 1 du 17 mars 1992, et dans son propre champ d'application territorial, les dispositions de l'accord départemental (Ain) du 1er mars 1996 relatif aux indemnités de déplacements (une annexe) conclu dans le cadre des conventions collectives susvisées.

Article 2

L'extension des effets et sanctions de l'accord susvisé est faite à dater de la publication du présent arrêté pour la durée restant à courir et aux conditions prévues par ledit accord.

Article 3

Le directeur des relations du travail au ministère du travail et des affaires sociales et le directeur des exploitations, de la politique sociale et de l'emploi au ministère de l'agriculture, de la pêche et de l'alimentation sont chargés, chacun en ce qui le concerne, de l'exécution du présent arrêté, qui sera publié au Journal officiel de la République française.
Le ministre du travail et des affaires sociales,

Nota. - Le texte de l'accord susvisé a été publié au Bulletin officiel du ministère, fascicule Conventions collectives n° 96-23 en date du 20 juillet 1996.

ARRETE du 10 juillet 1996

Le ministre du travail et des affaires sociales et le ministre de l'agriculture, de la pêche et de l'alimentation,
Vu les articles L. 133-1 et suivants du code du travail ;
Vu les arrêtés des 12 février 1991 et 15 décembre 1992 portant extension de la convention collective nationale du 8 octobre 1990 des ouvriers employés par les entreprises du bâtiment visées par le décret du 1er mars 1962 (c'est-à-dire occupant jusqu'à dix salariés) et d'avenants la complétant ;
Vu l'arrêté du 8 février 1991 portant extension de la convention collective nationale du 8 octobre 1990 des ouvriers employés par les entreprises du bâtiment non visées par le décret du 1er mars 1962 (c'est-à-dire occupant plus de dix salariés) ;
Vu l'arrêté du 5 juillet 1991 et les arrêtés successifs, notamment l'arrêté du 18 juillet 1995, portant extension d'accords régionaux Lorraine ;
Vu l'accord régional Lorraine du 26 mars 1996 relatif aux salaires (un barème annexé) conclu dans le cadre des conventions collectives nationales susvisées ;
Vu la demande d'extension présentée par les organisations signataires ;
Vu les avis publiés au Journal officiel des 18 mai et 6 juin 1996 ;
Vu les avis recueillis au cours de l'enquête ;
Vu l'avis motivé de la Commission nationale de la négociation collective (sous-commission des conventions et accords), recueilli selon la procédure prévue à l'article R. 133-2 du code du travail,

Pour le ministre et par délégation :
Par empêchement du directeur des relations du travail :
Le sous-directeur de la négociation collective,
H. Martin
Le ministre de l'agriculture, de la pêche
et de l'alimentation,
Pour le ministre et par délégation :
Par empêchement du directeur des exploitations,
de la politique sociale et de l'emploi :
L'administrateur civil,
P. Dedinger

Article 1, 2, 3
En vigueur

Article 1er

Sont rendues obligatoires, pour tous les employeurs et tous les salariés compris dans le champ d'application professionnel de la convention collective nationale du 8 octobre 1990 des ouvriers employés par les entreprises du bâtiment visées par le décret du 1er mars 1962 (c'est-à-dire occupant jusqu'à dix salariés) tel que complété par l'avenant n° 1 du 17 mars 1992, et dans celui de la convention collective nationale du 8 octobre 1990 des ouvriers employés par les entreprises du bâtiment non visées par le décret du 1er mars 1962 (c'est-à-dire occupant plus de dix salariés) tel qu'étendu par arrêté du 8 février 1991, et dans son propre champ d'application territorial, les dispositions de l'accord régional Lorraine du 26 mars 1996 relatif aux salaires (un barème annexé) conclu dans le cadre des conventions collectives nationales susvisées, sous réserve de l'application des dispositions réglementaires relatives au salaire minimum de croissance.

Article 2

L'extension des effets et sanctions de l'accord susvisé est faite à dater de la publication du présent arrêté pour la durée restant à courir et aux conditions prévues par ledit accord.

Article 3

Le directeur des relations du travail au ministère du travail et des affaires sociales et le directeur des exploitations, de la politique sociale et de l'emploi au ministère de l'agriculture, de la pêche et de l'alimentation sont chargés, chacun en ce qui le concerne, de l'exécution du présent arrêté, qui sera publié au Journal officiel de la République française.
Le ministre du travail et des affaires sociales,

Nota. - Le texte de l'accord susvisé a été publié au Bulletin officiel du ministère, fascicule Conventions collectives n° 96-19 en date du 28 juin 1996.

ARRETE du 16 juillet 1996

Le ministre du travail et des affaires sociales et le ministre de l'agriculture, de la pêche et de l'alimentation,
Vu les articles L. 133-1 et suivants du code du travail ;
Vu l'arrêté du 8 février 1991 portant extension de la convention collective nationale du 8 octobre 1990 des ouvriers employés par les entreprises du bâtiment non visées par le décret du 1er mars 1962 (c'est-à-dire occupant plus de dix salariés) ;
Vu les arrêtés des 12 février 1991 et 15 décembre 1992 portant extension de la convention collective nationale du 8 octobre 1990 des ouvriers employés par les entreprises du bâtiment visées par le décret du 1er mars 1962 (c'est-à-dire occupant jusqu'à dix salariés) et d'avenants la complétant ;
Vu l'arrêté du 27 février 1996 portant extension de la convention collective des ouvriers du bâtiment de la région Bretagne du 9 mars 1995 conclue dans le cadre des conventions collectives nationales susvisées ;
Vu les deux accords Salaires régionaux (Bretagne) du 1er avril 1996 conclus dans le cadre de la convention collective susvisée ;
Vu la demande d'extension présentée par les organisations signataires ;
Vu les avis publiés au Journal officiel des 18 mai et 6 juin 1996 ;
Vu les avis recueillis au cours de l'enquête ;
Vu l'avis motivé de la Commission nationale de la négociation collective (sous-commission des conventions et accords), recueilli suivant la procédure prévue à l'article R. 133-2 du code du travail,

Pour le ministre et par délégation :
Par empêchement du directeur des relations du travail :
Le sous-directeur de la négociation collective,
H. Martin
Le ministre de l'agriculture, de la pêche
et de l'alimentation,
Pour le ministre et par délégation :
Par empêchement du directeur des exploitations,
de la politique sociale et de l'emploi :
L'administrateur civil,

P. Dedinger

Article 1, 2, 3
En vigueur

Article 1er

Sont rendues obligatoires, pour tous les employeurs et tous les salariés compris dans le champ d'application professionnel de la convention collective nationale des ouvriers employés par les entreprises du bâtiment visées par le décret du 1er mars 1962 (c'est-à-dire occupant jusqu'à dix salariés), tel que complété par l'avenant n° 1 du 17 mars 1992, et de la convention collective nationale des ouvriers employés par les entreprises du bâtiment non visées par le décret du 1er mars 1962 (c'est-à-dire occupant plus de dix salariés), et dans leur propre champ d'application territorial, les dispositions de :

- l'accord régional du 1er avril 1996 portant indemnisation des petits déplacements ;

- l'accord régional Salaires du 1er avril 1996, sous réserve des dispositions réglementaires portant fixation du salaire minimum de croissance.

Article 2

L'extension des effets et sanctions des accords susvisés est faite à dater de la publication du présent arrêté pour la durée restant à courir et aux conditions prévues par lesdits accords.

Article 3

Le directeur des relations du travail au ministère du travail et des affaires sociales et le directeur des exploitations, de la politique sociale et de l'emploi au ministère de l'agriculture, de la pêche et de l'alimentation sont chargés, chacun en ce qui le concerne, de l'exécution du présent arrêté, qui sera publié au Journal officiel de la République française.
Le ministre du travail et des affaires sociales,

Nota. - Le texte des accords susvisés a été publié au Bulletin officiel du ministère, fascicules Conventions collectives n° 96-20 et n° 96-21 en date du 3 juillet 1996 et du 12 juillet 1996 .

ARRETE du 26 juillet 1996

Le ministre du travail et des affaires sociales et le ministre de l'agriculture, de la pêche et de l'alimentation,
Vu les articles L. 133-1 et suivants du code du travail ;
Vu l'arrêté du 8 février 1991 portant extension de la convention collective nationale du 8 octobre 1990 concernant les ouvriers employés par les entreprises du bâtiment non visées par le décret du 1er mars 1962 (c'est-à-dire occupant plus de dix salariés) ;
Vu les arrêtés des 12 février 1991 et 15 décembre 1992 portant extension de la convention collective nationale du 8 octobre 1990 des ouvriers employés par les entreprises du bâtiment visées par le décret du 1er mars 1962 (c'est-à-dire occupant jusqu'à dix salariés) et d'avenants la complétant ;
Vu l'arrêté du 26 décembre 1995 portant extension d'un accord départemental (Loire-Atlantique) en date du 16 octobre 1995 ;
Vu les deux accords du 16 avril 1996 relatifs aux salaires minimaux et aux indemnités de petits déplacements des ouvriers du bâtiment de la Loire-Atlantique, conclus dans le cadre des conventions collectives nationales susvisées ;
Vu la demande d'extension présentée par les organisations signataires ;
Vu les avis publiés au Journal officiel du 13 juin 1996 ;
Vu les avis recueillis au cours de l'enquête ;
Vu l'avis motivé de la Commission nationale de la négociation collective (sous-commission des conventions et accords), recueilli suivant la procédure prévue à l'article R. 133-2 du code du travail,

Pour le ministre et par délégation :
Par empêchement du directeur des relations du travail :
Le sous-directeur de la négociation collective,
H. Martin
Le ministre de l'agriculture, de la pêche
et de l'alimentation,
Pour le ministre et par délégation :
Par empêchement du directeur des exploitations,
de la politique sociale et de l'emploi :
L'administrateur civil,
P. Dedinger

Article 1, 2, 3
En vigueur

Article 1er

Sont rendues obligatoires, pour tous les employeurs et tous les salariés compris dans le champ d'application professionnel de la convention collective nationale du 8 octobre 1990 concernant les ouvriers employés par les entreprises du bâtiment visées par le décret du 1er mars 1962 (c'est-à-dire occupant jusqu'à dix salariés), telle que complétée par l'avenant n° 1 du 17 mars 1992, et dans celui de la convention collective nationale du 8 octobre 1990 des ouvriers employés par les entreprises du bâtiment non visées par le décret du 1er mars 1962 (c'est-à-dire occupant plus de dix salariés), telle qu'étendue par l'arrêté du 8 février 1991, et dans leur propre champ d'application territorial, les dispositions de :

- l'accord du 16 avril 1996 relatif aux salaires minimaux des ouvriers travaillant dans les entreprises du bâtiment de la Loire-Atlantique, conclu dans le cadre des conventions collectives nationales susvisées, sous réserve de l'application des dispositions portant fixation du salaire minimum de croissance ;

- l'accord du 16 avril 1996 relatif aux indemnités de petits déplacements des ouvriers travaillant dans les entreprises du bâtiment de la Loire-Atlantique, conclu dans le cadre des conventions collectives susvisées.

Article 2

L'extension des effets et sanctions des accords susvisés est faite à dater de la publication du présent arrêté pour la durée restant à courir et aux conditions prévues par lesdits accords.

Article 3

Le directeur des relations du travail au ministère du travail et des affaires sociales et le directeur des exploitations, de la politique sociale et de l'emploi au ministère de l'agriculture, de la pêche et de l'alimentation sont chargés, chacun en ce qui le concerne, de l'exécution du présent arrêté, qui sera publié au Journal officiel de la République française.
Le ministre du travail et des affaires sociales,

Nota. - Le texte des accords susvisés a été publié au Bulletin officiel du ministère, fascicule Conventions collectives n° 96-23 en date du 20 juillet 1996.

ARRETE du 29 juillet 1996

Le ministre du travail et des affaires sociales et le ministre de l'agriculture, de la pêche et de l'alimentation,
Vu les articles L. 133-1 et suivants du code du travail ;
Vu l'arrêté du 8 février 1991 portant extension de la convention collective nationale du 8 octobre 1990 des ouvriers employés par les entreprises du bâtiment non visées par le décret du 1er mars 1962 (c'est-à-dire occupant plus de dix salariés) ;

Vu les arrêtés des 12 février 1991 et 15 décembre 1992 portant extension de la convention collective nationale du 8 octobre 1990 des ouvriers employés par les entreprises du bâtiment visées par le décret du 1er mars 1962 (c'est-à-dire occupant jusqu'à dix salariés) et d'avenants la complétant ;
Vu l'arrêté du 5 juillet 1991 et les arrêtés successifs, notamment l'arrêté du 21 août 1995, portant extension d'accords régionaux (Alsace) conclus dans le cadre des conventions collectives nationales susvisées ;
Vu l'accord régional (Alsace) du 18 mars 1996 relatif aux salaires minimaux et aux indemnités de petits déplacements, conclu dans le cadre des conventions collectives nationales susvisées ;
Vu la demande d'extension présentée par les organisations signataires ;
Vu les avis publiés au Journal officiel des 23 mai et 6 juin 1996 ;
Vu les avis recueillis au cours de l'enquête ;
Vu l'avis motivé de la Commission nationale de la négociation collective (sous-commission des conventions et accords), recueilli suivant la procédure prévue à l'article R. 133-2 du code du travail,

Pour le ministre et par délégation :
Par empêchement du directeur des relations du travail :
Le sous-directeur de la négociation collective,
H. Martin
Le ministre de l'agriculture, de la pêche
et de l'alimentation,
Pour le ministre et par délégation :
Par empêchement du directeur des exploitations,
de la politique sociale et de l'emploi :
L'administrateur civil,
P. Dedinger

Article 1, 2, 3
En vigueur

Article 1er

Sont rendues obligatoires, pour tous les employeurs et tous les salariés compris dans le champ d'application professionnel de la convention collective nationale du 8 octobre 1990 des ouvriers employés par les entreprises du bâtiment, visées par le décret du 1er mars 1962 (c'est-à-dire occupant jusqu'à dix salariés), tel que complété par l'avenant n° 1 du 17 mars 1992, et dans celui de la convention collective nationale du 8 octobre 1990 des ouvriers employés par les entreprises du bâtiment non visées par le décret du 1er mars 1962 (c'est-à-dire occupant plus de dix salariés), tel que étendu par arrêté du 8 février 1991, et dans son propre champ d'application territorial, les dispositions de l'accord régional (Alsace) du 18 mars 1996 relatif aux salaires minimaux et aux indemnités de petits déplacements, conclu dans le cadre des conventions collectives nationales susvisées, sous réserve de l'application des dispositions réglementaires portant fixation du salaire minimum de croissance.

Article 2

L'extension des effets et sanctions de l'accord susvisé est faite à dater de la publication du présent arrêté pour la durée restant à courir et aux conditions prévues par ledit accord.

Article 3

Le directeur des relations du travail au ministère du travail et des affaires sociales et le directeur des exploitations, de la politique sociale et de l'emploi au ministère de l'agriculture, de la pêche et de l'alimentation sont chargés, chacun en ce qui le concerne, de l'exécution du présent arrêté, qui sera publié au Journal officiel de la République française.
Le ministre du travail et des affaires sociales,

Nota. - Le texte de l'accord susvisé a été publié au Bulletin officiel du ministère, fascicule Conventions collectives n° 96-20 en date du 5 juillet 1996.

ARRETE du 8 octobre 1996

Le ministre du travail et des affaires sociales et le ministre de l'agriculture, de la pêche et de l'alimentation,
Vu les articles L. 133-1 et suivants du code du travail ;
Vu les arrêtés des 12 février 1991 et 15 décembre 1992 portant extension de la convention collective nationale du 8 octobre 1990 des ouvriers employés par les entreprises du bâtiment visées par le décret du 1er mars 1962 (c'est-à-dire occupant jusqu'à dix salariés) et d'avenants la modifiant ou la complétant ;
Vu l'arrêté du 8 février 1991 portant extension de la convention collective nationale du 8 octobre 1990 des ouvriers employés par les entreprises du bâtiment non visées par le décret du 1er mars 1962 (c'est-à-dire occupant plus de dix salariés) ;
Vu l'arrêté du 19 avril 1991 et les arrêtés successifs, notamment l'arrêté du 18 octobre 1995, portant extension d'accords départementaux (Maine-et-Loire) conclus dans le cadre des conventions collectives nationales susvisées ;
Vu l'accord départemental (Maine-et-Loire) du 12 avril 1996 relatif aux salaires, conclu dans le cadre des conventions collectives nationales susvisées ;
Vu la demande d'extension présentée par les organisations signataires ;
Vu les avis publiés au Journal officiel des 16 et 17 juillet 1996 ;
Vu les avis recueillis au cours de l'enquête ;
Vu l'avis motivé de la Commission nationale de la négociation collective (sous-commission des conventions et accords), recueilli suivant la procédure prévue à l'article R. 133-2 du code du travail,

Pour le ministre et par délégation :
Par empêchement du directeur des relations du travail :
Le sous-directeur de la négociation collective,
H. Martin
Le ministre de l'agriculture, de la pêche et de l'alimentation,
Pour le ministre et par délégation :
Par empêchement du directeur des exploitations, de la politique sociale et de l'emploi :
L'administrateur civil,
P. Dedinger

Article 1, 2, 3
En vigueur

Article 1er

Sont rendues obligatoires, pour tous les employeurs et tous les salariés compris dans le champ d'application professionnel de la convention collective nationale du 8 octobre 1990 des ouvriers employés par les entreprises du bâtiment non visées par le décret du 1er mars 1962 (c'est-à-dire occupant plus de dix salariés), tel qu'étendu par l'arrêté du 8 février 1991, et de la convention collective nationale du 8 octobre 1990 des ouvriers employés par les entreprises du bâtiment visées par le décret du 1er mars 1962 (c'est-à-dire occupant jusqu'à dix salariés), tel que modifié par l'avenant n° 1 du 17 mars 1992, et dans son propre champ d'application territorial, les dispositions de l'accord départemental (Maine-et-Loire) du 12 avril 1996 relatif aux salaires, conclu dans le cadre des conventions collectives nationales susvisées.

Article 2

L'extension des effets et sanctions de l'accord susvisé est faite à dater de la publication du présent arrêté pour la durée restant à courir et aux conditions prévues par ledit accord.

Article 3

Le directeur des relations du travail au ministère du travail et des affaires sociales et le directeur des exploitations, de la politique sociale et de l'emploi au ministère de l'agriculture, de la pêche et de l'alimentation sont chargés, chacun en ce qui le concerne, de l'exécution du présent arrêté, qui sera publié au Journal officiel de la République française.
Le ministre du travail et des affaires sociales,

Nota. - Le texte de l'accord susvisé a été publié au Bulletin officiel du ministère, fascicule Conventions collectives n° 96-28 en date du 29 août 1996.

ARRETE du 29 octobre 1996

Le ministre du travail et des affaires sociales et le ministre de l'agriculture, de la pêche et de l'alimentation,
Vu les articles L. 133-1 et suivants du code du travail ;
Vu les arrêtés des 12 février 1991 et 15 décembre 1992 portant extension de la convention collective nationale du 8 octobre 1990 des ouvriers employés par les entreprises du bâtiment visées par le décret du 1er mars 1962 (c'est-à-dire occupant jusqu'à dix salariés) et d'avenants la complétant ou la modifiant ;

Vu l'arrêté du 8 février 1991 portant extension de la convention collective nationale du 8 octobre 1990 des ouvriers employés par les entreprises du bâtiment non visées par le décret du 1er mars 1962 (c'est-à-dire occupant plus de dix salariés) ;
Vu l'arrêté du 22 avril 1992 portant extension d'un accord régional (Aquitaine) conclu dans le cadre des conventions collectives nationales susvisées ;
Vu l'accord régional Salaires (Aquitaine) du 28 juin 1996 (un barème annexé) conclu dans le cadre des conventions collectives susvisées ;
Vu la demande d'extension présentée par les organisations signataires ;
Vu les avis publiés au Journal officiel des 15 et 21 août 1996 ;
Vu les avis recueillis au cours de l'enquête ;
Vu l'avis motivé de la Commission nationale de la négociation collective (sous-commission des conventions et accords), recueilli suivant la procédure prévue à l'article R. 133-2 du code du travail,

Pour le ministre et par délégation :
Par empêchement du directeur des relations du travail :
Le sous-directeur de la négociation collective,
H. Martin
Le ministre de l'agriculture, de la pêche
et de l'alimentation,
Pour le ministre et par délégation :
Par empêchement du directeur des exploitations,
de la politique sociale et de l'emploi :
L'administrateur civil,
P. Dedinger

Article 1, 2, 3
En vigueur

Article 1er

Sont rendues obligatoires, pour tous les employeurs et tous les salariés compris dans le champ d'application professionnel de la convention collective nationale du 8 octobre 1990 des ouvriers employés par les entreprises du bâtiment visées par le décret du 1er mars 1962 (c'est-à-dire occupant jusqu'à dix salariés), tel que complété par l'avenant n° 1 du 17 mars 1992, et dans celui de la convention collective nationale du 8 octobre 1990 des ouvriers employés par les entreprises du bâtiment non visées par le décret du 1er mars 1962 (c'est-à-dire occupant plus de dix salariés), tel qu'étendu par l'arrêté du 8 février 1991, et dans son propre champ d'application territorial, les dispositions de l'accord régional Salaires (Aquitaine) du 28 juin 1996 (un barème annexé) conclu dans le cadre des conventions collectives susvisées, sous réserve de l'application des dispositions réglementaires portant fixation du salaire minimum de croissance.

Article 2

L'extension des effets et sanctions de l'accord susvisé est faite à dater de la publication du présent arrêté pour la durée restant à courir et aux conditions prévues par ledit accord.

Article 3

Le directeur des relations du travail au ministère du travail et des affaires sociales et le directeur des exploitations, de la politique sociale et de l'emploi au ministère de l'agriculture, de la pêche et de l'alimentation sont chargés, chacun en ce qui le concerne, de l'exécution du présent arrêté, qui sera publié au Journal officiel de la République française.
Le ministre du travail et des affaires sociales,

Nota. - Le texte de l'accord susvisé a été publié au Bulletin officiel du ministère, fascicule Conventions collectives n° 96-29 en date du 6 septembre 1996.

ARRETE du 30 octobre 1996

Le ministre du travail et des affaires sociales et le ministre de l'agriculture, de la pêche et de l'alimentation,
Vu les articles L. 133-1 et suivants du code du travail ;
Vu les arrêtés des 12 février 1991 et 15 décembre 1992 portant extension de la convention collective nationale du 8 octobre 1990 concernant les ouvriers employés par les entreprises du bâtiment visées par le décret du 1er mars 1962 (c'est-à-dire occupant jusqu'à dix salariés) et d'avenants la complétant ;
Vu l'arrêté du 18 octobre 1995 portant extension d'un accord régional (Poitou-Charentes), conclu dans le cadre de la convention collective susvisée ;
Vu l'accord régional (Poitou-Charentes) relatif aux salaires minimaux du 22 avril 1996, conclu dans le cadre de la convention collective susvisée ;
Vu la demande d'extension présentée par les organisations signataires ;
Vu les avis publiés au Journal officiel des 20 août 1996 et 21 août 1996 ;
Vu les avis recueillis au cours de l'enquête ;
Vu l'avis motivé de la Commission nationale de la négociation collective (sous-commission des conventions et accords), recueilli suivant la procédure prévue à l'article R. 133-2 du code du travail,

Le ministre du travail et des affaires sociales,
Pour le ministre et par délégation :
Par empêchement du directeur des relations du travail :
Le sous-directeur de la négociation collective,
H. Martin
Le ministre de l'agriculture, de la pêche
et de l'alimentation,
Pour le ministre et par délégation :
Par empêchement du directeur des exploitations,
de la politique sociale et de l'emploi :
L'administrateur civil,
P. Dedinger

Article 1, 2, 3
En vigueur

Article 1er

Sont rendues obligatoires, pour tous les employeurs et tous les salariés des entreprises compris dans le champ d'application professionnel de la convention collective nationale du 8 octobre 1990 concernant les ouvriers employés par les entreprises du bâtiment visées par le décret du 1er mars 1962 (c'est-à-dire occupant jusqu'à dix salariés), tel que complété par l'avenant n° 1 du 17 mars 1992, et dans son propre champ d'application territorial, les dispositions de l'accord régional (Poitou-Charentes) relatif aux salaires minimaux du 22 avril 1996, conclu dans le cadre de la convention collective nationale susvisée, sous réserve de l'application des dispositions réglementaires portant fixation du salaire minimum de croissance.

Article 2

L'extension des effets et sanctions de l'accord susvisé est faite à dater de la publication du présent arrêté pour la durée restant à courir et aux conditions prévues par ledit accord.

Article 3

Le directeur des relations du travail du ministère du travail et des affaires sociales et le directeur des exploitations, de la politique sociale et de l'emploi du ministère de l'agriculture, de la pêche et de l'alimentation sont chargés, chacun en ce qui le concerne, de l'exécution du présent arrêté, qui sera publié au Journal officiel de la République française.

Nota. - Le texte de l'accord susvisé a été publié au Bulletin officiel du ministère, fascicule Conventions collectives n° 96-28 en date du 29 août 1996.

ARRETE du 5 novembre 1996

Le ministre du travail et des affaires sociales et le ministre de l'agriculture, de la pêche et de l'alimentation,
Vu les articles L. 133-1 et suivants du code du travail ;
Vu l'arrêté du 8 février 1991 portant extension de la convention collective nationale des ouvriers employés par les entreprises du bâtiment, non visées par le décret du 1er mars 1962 (c'est-à-dire occupant plus de dix salariés) du 8 octobre 1990 ;
Vu les arrêtés des 12 février 1991 et 15 décembre 1992 portant extension de la convention collective nationale des ouvriers employés par les entreprises du bâtiment visées par le décret du 1er mars 1962 (c'est-à-dire occupant jusqu'à dix salariés) du 18 octobre 1990 et d'avenants la complétant ;
Vu l'arrêté du 8 juillet 1994 portant extension de la convention collective des ouvriers du bâtiment de la région Basse-Normandie du 9 février 1994 conclue dans le cadre des conventions collectives nationales susvisées ;
Vu l'accord n° 5 du 5 avril 1996 (salaires minima) à la convention collective régionale susvisée ;
Vu l'avenant n° 2 du 5 avril 1996 (indemnités de petits déplacements) à la convention collective régionale susvisée ;
Vu l'avenant n° 2 du 5 avril 1996 (prime d'outillage) à la convention collective régionale susvisée ;

Vu la demande d'extension présentée par les organisations syndicales signataires ;
Vu les avis publiés au Journal officiel des 23 août et 4 octobre 1996 ;
Vu les avis recueillis au cours de l'enquête ;
Vu l'avis motivé de la Commission nationale de la négociation collective (sous-commission des conventions et accords), recueilli suivant la procédure prévue à l'article R. 133-2 du code du travail,

Le ministre du travail et des affaires sociales,
Pour le ministre et par délégation :
Par empêchement du directeur des relations du travail :
Le sous-directeur de la négociation collective,
H. Martin
Le ministre de l'agriculture, de la pêche
et de l'alimentation,
Pour le ministre et par délégation :
Par empêchement du directeur des exploitations
de la politique sociale et de l'emploi :
L'administrateur civil,
P. Dedinger

Article 1, 2, 3
En vigueur

Article 1er

Sont rendues obligatoires, pour tous les employeurs et tous les salariés compris dans le champ d'application professionnel de la convention collective nationale des ouvriers employés par les entreprises du bâtiment visées par le décret du 1er mars 1962 (c'est-à-dire occupant jusqu'à dix salariés) du 8 octobre 1990, tel que complété par l'avenant n° 1 du 17 mars 1992, et de la convention collective nationale des ouvriers employés par les entreprises du bâtiment non visées par le décret du 1er mars 1962 (c'est-à-dire occupant plus de dix salariés) tel qu'étendu par arrêté du 8 février 1991, et dans le champ d'application territorial de la convention collective des ouvriers du bâtiment de la région Basse-Normandie du 9 février 1994, les dispositions de :

- l'accord n° 5 du 5 avril 1996 (salaires minima) à la convention collective régionale susvisée, sous réserve des dispositions réglementaires portant fixation du salaire minimum de croissance ;

- l'avenant n° 2 du 5 avril 1996 (indemnités de petits déplacements) à la convention collective régionale susvisée ;

- l'avenant n° 2 du 5 avril 1996 (prime d'outillage) à la convention collective régionale susvisée.

Article 2

L'extension des effets et sanctions des avenants susvisés est faite à dater de la publication du présent arrêté pour la durée restant à courir et aux conditions prévues par lesdits avenants.

Article 3

Le directeur des relations du travail au ministère du travail et des affaires sociales et le directeur des exploitations, de la politique sociale et de l'emploi au ministère de l'agriculture, de la pêche et de l'alimentation sont chargés, chacun en ce qui le concerne, de l'exécution du présent arrêté, qui sera publié au Journal officiel de la République française.

Nota. - Le texte de l'accord et des avenants susvisés a été publié au Bulletin officiel du ministère, fascicule Conventions collectives n° 96-33 en date du 4 octobre 1996.

ARRETE du 10 janvier 1997

Le ministre du travail et des affaires sociales et le ministre de l'agriculture, de la pêche et de l'alimentation,
Vu les articles L. 133-1 et suivants du code du travail ;
Vu l'arrêté du 8 février 1991 portant extension de la convention collective nationale du 8 octobre 1990 concernant les ouvriers employés par les entreprises du bâtiment non visées par le décret du 1er mars 1962 (c'est-à-dire occupant plus de dix salariés) ;
Vu les arrêtés des 12 février 1991 et 15 décembre 1992 portant extension de la convention collective nationale du 8 octobre 1990 des ouvriers employés par les entreprises du bâtiment visées par le décret du 1er mars 1962 (c'est-à-dire occupant jusqu'à dix salariés) et d'avenants la complétant ;
Vu l'arrêté du 26 juillet 1996 portant extension d'accords départementaux (Loire-Atlantique) en date du 16 avril 1996 ;
Vu les deux accords du 21 octobre 1996 relatifs aux salaires minima et aux indemnités de petits déplacements des ouvriers du bâtiment de la Loire-Atlantique, conclus dans le cadre des conventions collectives nationales susvisées ;
Vu la demande d'extension présentée par les organisations signataires ;
Vu les avis publiés au Journal officiel du 7 décembre 1996 et du 12 décembre 1996 ;
Vu les avis recueillis au cours de l'enquête ;
Vu l'avis motivé de la Commission nationale de la négociation collective (sous-commission des conventions et accords), recueilli suivant la procédure à l'article R. 133-2 du code du travail,

Le ministre du travail et des affaires sociales,
Pour le ministre et par délégation :
Par empêchement du directeur des relations du travail :
Le sous-directeur de la négociation collective,
H. Martin
Le ministre de l'agriculture, de la pêche
et de l'alimentation,
Pour le ministre et par délégation :
Par empêchement du directeur des exploitations,
de la politique sociale et de l'emploi :
L'administrateur civil,
P. Dedinger

Article 1, 2, 3
En vigueur

Article 1er

Sont rendues obligatoires, pour tous les employeurs et tous les salariés compris dans le champ d'application professionnel de la convention collective nationale concernant les ouvriers employés par les entreprises du bâtiment visées par le décret du 1er mars 1962 (c'est-à-dire occupant jusqu'à dix salariés) du 8 octobre 1990, telle que complétée par l'avenant n° 1 du 17 mars 1992, et dans celui de la convention collective nationale des ouvriers employés par les entreprises du bâtiment non visées par le décret du 1er mars 1962 (c'est-à-dire occupant plus de dix salariés) du 8 octobre 1990, telle qu'étendue par arrêté du 8 février 1991, et dans leur propre champ d'application territorial, les dispositions de :

- l'accord du 21 octobre 1996 relatif aux salaires minima des ouvriers travaillant dans les entreprises du bâtiment de la Loire-Atlantique, conclu dans le cadre des conventions collectives nationales susvisées, sous réserve de l'application des dispositions portant fixation du salaire minimum de croissance ;

- l'accord du 21 octobre 1996 relatif aux indemnités de petits déplacements des ouvriers travaillant dans les entreprises du bâtiment de la Loire-Atlantique, conclu dans le cadre des conventions collectives nationales susvisées.

Article 2

L'extension des effets et sanctions des accords susvisés est faite à dater de la publication du présent arrêté pour la durée restant à courir et aux conditions prévues par lesdits accords.

Article 3

Le directeur des relations du travail au ministère du travail et des affaires sociales et le directeur des exploitations, de la politique sociale et de l'emploi au ministère de l'agriculture, de la pêche et de l'alimentation sont chargés, chacun en ce qui le concerne, de l'exécution du présent arrêté, qui sera publié au Journal officiel de la République française.

Nota. - Le texte des accords susvisés a été publié au Bulletin officiel du ministère, fascicule Conventions collectives n° 96-48 en date du 31 décembre 1996.

ARRETE du 5 février 1997

Le ministre du travail et des affaires sociales et le ministre de l'agriculture, de la pêche et de l'alimentation,
Vu les articles L. 133-1 et suivants du code du travail ;
Vu l'arrêté du 8 février 1991 portant extension de la convention collective nationale du 8 octobre 1990 des ouvriers employés par les entreprises du bâtiment non visées par le décret du 1er mars 1962 (c'est-à-dire occupant plus de 10 salariés) ;
Vu les arrêtés des 12 février 1991 et 15 décembre 1992 portant extension de la convention collective nationale du 8 octobre 1990 des ouvriers employés par les entreprises visées par le décret du 1er mars 1962 (c'est-à-dire occupant jusqu'à 10 salariés) et d'avenants la complétant ;
Vu l'arrêté du 17 janvier 1996 portant extension d'un accord régional (Franche-Comté) ;
Vu l'accord régional concernant les salaires minimaux (Franche-Comté) du 28 octobre 1996 conclu dans le cadre des conventions collectives nationales susvisées ;
Vu l'accord régional concernant les indemnités de petits déplacements (Franche-Comté) du 28 octobre 1996 conclu dans le cadre des conventions collectives nationales susvisées ;
Vu la demande d'extension présentée par les organisations signataires ;
Vu les avis publiés au Journal officiel des 7 et 12 décembre 1996 ;
Vu les avis recueillis au cours de l'enquête ;
Vu l'avis motivé de la Commission nationale de la négociation collective (sous-commission des conventions et accords) recueilli suivant la procédure prévue à l'article R. 133-2 du code du travail,

Le ministre du travail et des affaires sociales,
Le ministre de l'agriculture, de la pêche
et de l'alimentation,
Pour le ministre et par délégation :
Par empêchement du directeur des relations du travail :

Le sous-directeur de la négociation collective,
H. Martin
Pour le ministre et par délégation :
Par empêchement du directeur des exploitations,
de la politique sociale et de l'emploi :
L'administrateur civil,
P. Dedinger

Article 1, 2, 3
En vigueur

Article 1er

Sont rendues obligatoires, pour tous les employeurs et tous les salariés compris dans le champ d'application professionnel de la convention collective nationale du 8 octobre 1990 des ouvriers employés par les entreprises du bâtiment visées par le décret du 1er mars 1962 (c'est-à-dire occupant jusqu'à 10 salariés), tel que complété par l'avenant n° 1 du 17 mars 1992, et dans celui de la convention collective nationale du 8 octobre 1990 des ouvriers employés par les entreprises du bâtiment non visées par le décret du 1er mars 1962 (c'est-à-dire occupant plus de 10 salariés), tel qu'étendu par l'arrêté du 8 février 1991, et dans leur propre champ d'application territorial, les dispositions de :

- l'accord régional concernant les salaires minimaux (Franche-Comté) du 28 octobre 1996 conclu dans le cadre des conventions collectives susvisées ;

- l'accord régional concernant les indemnités de petits déplacements (Franche-Comté) du 28 octobre 1996 conclu dans le cadre des conventions collectives nationales susvisées.

Article 2

L'extension des effets et sanctions des accords susvisés est faire à dater de la publication du présent arrêté pour la durée restant à courir et aux conditions prévues par lesdits accords.

Article 3

Le directeur des relations du travail au ministère du travail et des affaires sociales et le directeur des exploitations, de la politique sociale et de l'emploi au ministère de l'agriculture, de la pêche et de l'alimentation sont chargés, chacun en ce qui le concerne, de l'exécution du présent arrêté, qui sera publié au Journal officiel de la République française.

Nota. - Le texte des accords susvisés a été publié au Bulletin officiel du ministère, fascicule Conventions collectives n° 96-48 en date du 31 décembre 1996.

ARRETE du 18 mars 1997

Le ministre du travail et des affaires sociales et le ministre de l'agriculture, de la pêche et de l'alimentation,
Vu les articles L. 133-1 et suivants du code du travail ;
Vu l'arrêté du 8 février 1991 portant extension de la convention collective nationale du 8 octobre 1990 des ouviers employés par les entreprises du bâtiment, non visées par le décret du 1er mars 1962 (c'est-à-dire occupant plus de dix salariés) ;
Vu les arrêtés du 12 février 1991 et 15 décembre 1992 portant extension de la convention collective nationale du 8 octobre 1990 des ouvriers employés par les entreprises du bâtiment visées par le décret du 1er mars 1962 (c'est-à-dire occupant jusqu'à dix salariés) ;
et d'avenants la complétant ;
Vu l'arrêté du 24 juin 1991 et les arrêtés successifs, notamment l'arrêté du 9 août 1996, portant extension d'accords régionaux (Languedoc-Roussillon) ;
Vu l'accord régional (Languedoc-Roussillon) du 6 décembre 1996 relatif aux salaires minima des ouvriers employés par les entreprises du bâtiment conclu dans le cadre des conventions collectives nationales susvisées ;
Vu la demande d'extension présentée par les organisations signataires ;
Vu les avis publiés au Journal officiel des 7 et 11 février 1997 ;
Vu les avis recueillis au cours de l'enquête ;
Vu l'avis motivé de la Commission nationale de la négociation collective (sous-commission des conventions et accords), recueilli suivant la procédure prévue à l'article R. 133-2 du code du travail,

Le ministre du travail et des affaires sociales,
Pour le ministre et par délégation :
Par empêchement du directeur des relations du travail :
Le sous-directeur de la négociation collective,
H. Martin
Le ministre de l'agriculture, de la pêche
et de l'alimentation,
Pour le ministre et par délégation :
Par empêchement du directeur des exploitations,
de la politique sociale et de l'emploi :
L'administrateur civil,

P. Dedinger

Article 1, 2, 3
En vigueur

Article 1er

Sont rendues obligatoires, pour tous les employeurs et tous les salariés compris dans le champ d'application professionnel de la convention collective nationale du 8 octobre 1990 des ouvriers employés par les entreprises du bâtiment visées par le décret du 1er mars 1962 (c'est-à-dire occupant jusqu'à dix salariés), tel que complété par l'avenant n° 1 du 17 mars 1992 et dans celui de la convention collective nationale du 8 octobre 1990 des ouvriers employés par les entreprises du bâtiment non visées, par le décret du 1er mars 1962 (c'est-à-dire occupant plus de dix salariés), tel qu'étendu par arrêté du 8 février 1991, et dans son propre champ d'application territorial, les dispositions de l'accord régional (Languedoc-Roussillon) du 6 décembre 1996 conclu dans le cadre des conventions collectives nationales susvisées.

Article 2

L'extension des effets et sanctions de l'accord susvisé est faite à dater de la publication du présent arrêté pour la durée restant à courir et aux conditions prévues par ledit accord.

Article 3

Le directeur des relations du travail au ministère du travail et des affaires sociales et le directeur des exploitations, de la politique sociale et de l'emploi au ministère de l'agriculture, de la pêche et de l'alimentation sont chargés, chacun en ce qui le concerne, de l'exécution du présent arrêté, qui sera publié au Journal officiel de la République française.

Nota. - Le texte de l'accord susvisé a été publié au Bulletin officiel du ministère, fascicule Conventions collectives n° 97-04 en date du 28 février 1997.

ARRETE du 22 mai 1997

Le ministre du travail et des affaires sociales et le ministre de l'agriculture, de la pêche et de l'alimentation,
Vu les articles L. 133-1 et suivants du code du travail ;
Vu les arrêtés des 12 février 1991 et 15 décembre 1992 portant extension de la convention collective nationale du 8 octobre 1990 des ouvriers employés par les entreprises du bâtiment visées par le décret du 1er mars 1962 (c'est-à-dire occupant jusqu'à dix salariés) et d'avenants la complétant ;
Vu l'arrêté du 10 juin 1996 portant extension d'un accord départemental (Rhône) conclu dans le cadre de la convention collective nationale susvisée ;
Vu l'accord départemental (Rhône) du 29 janvier 1997 (Indemnités de petits déplacements) conclu dans le cadre de la convention collective nationale susvisée ;
Vu la demande d'extension présentée par les organisations signataires ;
Vu les avis publiés au Journal officiel des 12 avril et 22 avril 1997 ;
Vu les avis recueillis au cours de l'enquête ;
Vu l'avis motivé de la Commission nationale de la négociation collective (sous-commission des conventions et accords), recueilli suivant la procédure prévue à l'article R. 133-2 du code du travail,

Le ministre du travail et des affaires sociales,
Pour le ministre et par délégation :
Par empêchement du directeur des relations du travail :
Le sous-directeur de la négociation collective,
H. Martin
Le ministre de l'agriculture, de la pêche
et de l'alimentation,
Pour le ministre et par délégation :
Par empêchement du directeur des exploitations,
de la politique sociale et de l'emploi :
L'administrateur civil,
P. Dedinger

Article 1, 2, 3
En vigueur

Article 1er

Sont rendues obligatoires, pour tous les employeurs et tous les salariés compris dans le champ d'application professionnel de la convention collective nationale du 8 octobre 1990 des ouvriers employés par les entreprises du bâtiment visées par le décret du 1er mars 1962 (c'est-à-dire occupant jusqu'à dix salariés), tel que complété par l'avenant n° 1 du 17 mars 1992 et dans son propre champ d'application territorial, les dispositions de l'accord départemental (Rhône) du 29 janvier 1997 (Indemnités de petits déplacements) conclu dans le cadre de la convention collective nationale susvisée.

Article 2

L'extension des effets et sanctions de l'accord susvisé est faite à dater de la publication du présent arrêté pour la durée restant à courir et aux conditions prévues par ledit accord.

Article 3

Le directeur des relations du travail au ministère du travail et des affaires sociales et le directeur des exploitations, de la politique sociale et de l'emploi au ministère de l'agriculture, de la pêche et de l'alimentation sont chargés, chacun en ce qui le concerne, de l'exécution du présent arrêté, qui sera publié au Journal officiel de la République française.

Nota. - Le texte de l'accord susvisé a été publié au Bulletin officiel du ministère, fascicule Conventions collectives n° 97-11 en date du 18 avril 1997.

ARRETE du 25 juin 1997

Le ministre de l'emploi et de la solidarité et le ministre de l'agriculture et de la pêche,
Vu les articles L. 133-1 et suivants du code du travail ;
Vu l'arrêté du 8 février 1991 portant extension de la convention collective nationale du 8 octobre 1990 des ouvriers employés par les entreprises du bâtiment non visées par le décret du 1er mars 1962 (c'est-à-dire occupant plus de dix salariés) ;
Vu les arrêtés des 12 février 1991 et 15 décembre 1992 portant extension de la convention collective nationale du 8 octobre 1990 des ouvriers employés par les entreprises du bâtiment visées par le décret du 1er mars 1962 (c'est-à-dire occupant jusqu'à dix salariés) et d'avenants la complétant ;
Vu l'arrêté du 27 février 1996 et les arrêtés successifs, notamment l'arrêté du 16 juillet 1996, portant extension de la convention collective des ouvriers du bâtiment de la région Bretagne du 9 mars 1995 conclue dans le cadre des conventions collectives nationales susvisées ;
Vu les deux accords Salaires régionaux (Bretagne) du 27 mars 1997 à la convention collective susvisée ;
Vu la demande d'extension présentée par les organisations signataires ;
Vu les avis publiés au Journal officiel des 3 et 11 mai 1997 ;
Vu les avis recueillis au cours de l'enquête ;
Vu l'avis motivé de la Commission nationale de la négociation collective (sous-commission des conventions et accords), recueilli suivant la procédure prévue à l'article R. 133-2 du code du travail,

Le ministre de l'emploi et de la solidarité,
Pour le ministre et par délégation :
Par empêchement du directeur des relations du travail :
Le sous-directeur de la négociation collective,
H. Martin
Le ministre de l'agriculture et de la pêche,
Pour le ministre et par délégation :
Par empêchement du directeur des exploitations,
de la politique sociale et de l'emploi :
L'administrateur civil,
P. Dedinger

Article 1, 2, 3
En vigueur

Article 1er

Sont rendues obligatoires, pour tous les employeurs et tous les salariés compris dans le champ d'application professionnel de la convention collective nationale du 8 octobre 1990 des ouvriers employés par les entreprises du bâtiment visées par le décret du 1er mars 1962 (c'est-à-dire occupant jusqu'à dix salariés), tel que complété par l'avenant n° 1 du 17 mars 1992, et de la convention collective nationale du 8 octobre 1990 des ouvriers employés par les entreprises du bâtiment non visées par le décret du 1er mars 1962 (c'est-à-dire occupant plus de dix salariés), et dans leur propre champ d'application territorial, les dispositions de l'accord régional du 27 mars 1997 portant indemnisation des petits déplacements et de l'accord régional Salaires du 27 mars 1997, sous réserve de l'application des dispositions réglementaires relatives au salaire minimum de croissance.

Article 2

L'extension des effets et sanctions des accords susvisés est faite à dater de la publication du présent arrêté pour la durée restant à courir et aux conditions prévues par lesdits accords.

Article 3

Le directeur des relations du travail au ministère de l'emploi et de la solidarité et le directeur des exploitations, de la politique sociale et de l'emploi au ministère de l'agriculture et de la pêche sont chargés, chacun en ce qui le concerne, de l'exécution du présent arrêté, qui sera publié au Journal officiel de la République française.

Nota. - Le texte des accords susvisés a été publié au Bulletin officiel du ministère, fascicule Conventions collectives n° 97-17 en date du 4 juin 1997.

ARRETE du 25 juin 1997

Le ministre de l'emploi et de la solidarité et le ministre de l'agriculture et de la pêche,
Vu les articles L. 133-1 et suivants du code du travail ;
Vu l'arrêté du 8 février 1991 portant extension de la convention collective nationale du 8 octobre 1990 des ouvriers employés par les entreprises du bâtiment non visées par le décret du 1er mars 1962 (c'est-à-dire occupant plus de dix salariés) ;
Vu les arrêtés des 12 février 1991 et 15 décembre 1992 portant extension de la convention collective nationale du 8 octobre 1990 des ouvriers employés par les entreprises du bâtiment visées par le décret du 1er mars 1962 (c'est-à-dire occupant jusqu'à dix salariés) et d'avenants la complétant ;
Vu l'arrêté du 24 avril 1991 et les arrêtés successifs, notamment l'arrêté du 24 juin 1996, portant extension d'accords régionaux Haute-Normandie ;
Vu l'avenant n° 5 du 13 mars 1997 à l'accord régional Haute-Normandie du 11 janvier 1991 conclu dans le cadre des conventions collectives nationales susvisées ;
Vu la demande d'extension présentée par les organisations signataires ;
Vu les avis publiés au Journal officiel des 3 mai et 11 mai 1997 ;
Vu les avis recueillis au cours de l'enquête ;
Vu l'avis motivé de la Commission nationale de la négociation collective (sous-commission des conventions et accords), recueilli suivant la procédure prévue à l'article R. 133-2 du code du travail,

Le ministre de l'emploi et de la solidarité,
Pour le ministre et par délégation :
Par empêchement du directeur des relations du travail :
Le sous-directeur de la négociation collective,
H. Martin
Le ministre de l'agriculture et de la pêche,
Pour le ministre et par délégation :
Par empêchement du directeur des exploitations,
de la politique sociale et de l'emploi :
L'administrateur civil,
P. Dedinger

Article 1, 2, 3
En vigueur

Article 1er

Sont rendues obligatoires, pour tous les employeurs et tous les salariés compris dans le champ d'application professionnel de la convention collective nationale du 8 octobre 1990 des ouvriers employés par les entreprises du bâtiment visées par le décret du 1er mars 1962 (c'est-à-dire occupant jusqu'à dix salariés) du tel que complété par l'avenant n° 1 du 17 mars 1992, et dans celui de la convention collective nationale du 8 octobre 1990 des ouvriers employés par les entreprises du bâtiment non visées par le décret du 1er mars 1962 (c'est-à-dire occupant plus de dix salariés) tel qu'étendu par arrêté du 8 février 1991, et dans son propre champ d'application géographique, les dispositions de l'avenant n° 5 du 13 mars 1997 à l'accord régional Haute-Normandie du 11 janvier 1991 conclu dans le cadre des conventions collectives nationales susvisées, sous réserve de l'application des dispositions réglementaires relatives au salaire minimum de croissance.

Article 2

L'extension des effets et sanctions de l'accord susvisé est faite à dater de la publication du présent arrêté pour la durée restant à courir et aux conditions prévues par ledit accord.

Article 3

Le directeur des relations du travail au ministère de l'emploi et de la solidarité et le directeur des exploitations, de la politique sociale et de l'emploi au ministère de l'agriculture et de la pêche sont chargés, chacun en ce qui le concerne, de l'exécution du présent arrêté, qui sera publié au Journal officiel de la République française.

Nota. - Le texte de l'accord susvisé a été publié au Bulletin officiel du ministère, fascicule Conventions collectives n° 97-18 en date du 13 juin 1997.

ARRETE du 25 juin 1997

Le ministre de l'emploi et de la solidarité et le ministre de l'agriculture et de la pêche,
Vu les articles L. 133-1 et suivants du code du travail ;
Vu l'arrêté du 8 février 1991 portant extension de la convention collective nationale du 8 octobre 1990 des ouvriers employés par les entreprises du bâtiment non visées par le décret du 1er mars 1962 (c'est-à-dire occupant plus de dix salariés) ;
Vu les arrêtés des 12 février 1991 et 15 décembre 1992 portant extension de la convention collective nationale du 8 octobre 1990 des ouvriers

employés par les entreprises du bâtiment visées par le décret du 1er mars 1962 (c'est-à-dire occupant jusqu'à dix salariés) et d'avenants la complétant ;
Vu l'arrêté du 5 juillet 1991 et les arrêtés successifs, notamment l'arrêté du dix juillet 1996, portant extension d'accords régionaux Lorraine ;
Vu l'accord régional Lorraine du 25 mars 1997 relatif aux salaires (1 barème annexé) conclu dans le cadre des conventions collectives nationales susvisées ;
Vu la demande d'extension présentée par les organisations signataires ;
Vu les avis publiés au Journal officiel des 17 mai et 26 mai 1997 ;
Vu les avis recueillis au cours de l'enquête ;
Vu l'avis motivé de la Commission nationale de la négociation collective (sous-commission des conventions et accords), recueilli suivant la procédure prévue à l'article R. 133-2 du code du travail,

Le ministre de l'emploi et de la solidarité,
Pour le ministre et par délégation :
Par empêchement du directeur des relations du travail :
Le sous-directeur de la négociation collective,
H. Martin
Le ministre de l'agriculture et de la pêche,
Pour le ministre et par délégation :
Par empêchement du directeur des exploitations,
de la politique sociale et de l'emploi :
L'administrateur civil,
P. Dedinger

Article 1, 2, 3
En vigueur

Article 1er

Sont rendues obligatoires, pour tous les employeurs et tous les salariés compris dans le champ d'application professionnel de la convention collective nationale du 8 octobre 1990 des ouvriers employés par les entreprises du bâtiment visées par le décret du 1er mars 1962 (c'est-à-dire occupant jusqu'à dix salariés) tel que complété par l'avenant n° 1 du 17 mars 1992, et dans celui de la convention collective nationale du 8 octobre 1990 des ouvriers employés par les entreprises du bâtiment non visées par le décret du 1er mars 1962 (c'est-à-dire occupant plus de dix salariés) tel qu'étendu par arrêté du 8 février 1991, et dans son propre champ d'application territorial, les dispositions de l'accord régional Lorraine du 25 mars 1997 relatif aux salaires (un barème annexé) conclu dans le cadre des conventions collectives nationales susvisées, sous réserve de l'application des dispositions réglementaires relatives au salaire minimum de croissance.

Article 2

L'extension des effets et sanctions de l'accord susvisé est faite à dater de la publication du présent arrêté pour la durée restant à courir et aux conditions prévues par ledit accord.

Article 3

Le directeur des relations du travail au ministère de l'emploi et de la solidarité et le directeur des exploitations, de la politique sociale et de l'emploi au ministère de l'agriculture et de la pêche sont chargés, chacun en ce qui le concerne, de l'exécution du présent arrêté, qui sera publié au Journal officiel de la République française.

Nota. - Le texte de l'accord susvisé a été publié au Bulletin officiel du ministère, fascicule Conventions collectives n° 97 19 en date du 20 juin 1997.

ARRETE du 9 juillet 1997

Le ministre de l'emploi et de la solidarité et le ministre de l'agriculture et de la pêche,
Vu les articles L. 133-1 et suivants du code du travail ;
Vu l'arrêté du 8 février 1991 portant extension de la convention collective nationale du 8 octobre 1990 concernant les ouvriers employés par les entreprises du bâtiment non visées par le décret du 1er mars 1962 (c'est-à-dire occupant plus de dix salariés) ;
Vu les arrêtés des 12 février 1991 et 15 décembre 1992 portant extension de la convention collective nationale des ouvriers employés par les entreprises visées par le décret du 1er mars 1962 (c'est-à-dire occupant jusqu'à dix salariés) du 8 octobre 1990 et d'avenants la complétant ;
Vu l'arrêté du 27 juin 1996 portant extension d'accords régionaux (Picardie) conclus dans le cadre des conventions collectives nationales susvisées ;
Vu l'accord Salaires (région Picardie) du 21 mars 1997 conclu dans le cadre des conventions collectives nationales susvisées ;
Vu l'accord Indemnité de petits déplacements (région Picardie) du 21 mars 1997 conclu dans le cadre des conventions collectives nationales susvisées ;
Vu la demande d'extension présentée par les organisations signataires ;
Vu les avis publiés au Journal officiel des 27 mai et 30 mai 1997 ;
Vu les avis recueillis au cours de l'enquête ;
Vu l'avis motivé de la Commission nationale de la négociation collective (sous-commission des conventions et accords), recueilli suivant la procédure prévue à l'article R. 133-2 du code du travail,

Le ministre de l'emploi et de la solidarité,
Pour le ministre et par délégation :
Le directeur des relations du travail,
J. Marimbert
Le ministre de l'agriculture et de la pêche,
Pour le ministre et par délégation :
Par empêchement du directeur des exploitations,
de la politique sociale et de l'emploi :
L'administrateur civil,
P. Dedinger

Article 1, 2, 3
En vigueur

Article 1er

Sont rendues obligatoires, pour tous les employeurs et tous les salariés compris dans le champ d'application professionnel de la convention collective nationale du 8 octobre 1990 des ouvriers employés par les entreprises du bâtiment visées par le décret du 1er mars 1962 (c'est-à-dire occupant jusqu'à dix salariés) du tel que complété par l'avenant n° 1 du 17 mars 1992, et dans celui de la convention collective nationale du 8 octobre 1990 des ouvriers employés par les entreprises non visées par le décret du 1er mars 1962 (c'est-à-dire occupant plus de dix salariés) du tel qu'étendu par arrêté du 8 février 1991, et dans leur propre champ d'application territorial, les dispositions de l'accord du 21 mars 1997 (Salaires) (région Picardie), sous réserve de l'application des dispositions réglementaires portant fixation du salaire minimum de croissance, et de l'accord du 21 mars 1997 (Indemnité de petits déplacements) (région Picardie), conclus dans le cadre des conventions collectives susvisées.

Article 2

L'extension des effets et sanctions des accords susvisés est faite à dater de la publication du présent arrêté pour la durée restant à courir et aux conditions prévues par lesdits accords.

Article 3

Le directeur des relations du travail au ministère de l'emploi et de la solidarité et le directeur des exploitations, de la politique sociale et de l'emploi au ministère de l'agriculture et de la pêche sont chargés, chacun en ce qui le concerne, de l'exécution du présent arrêté, qui sera publié au Journal officiel de la République française.

Nota. - Le texte des accords susvisés a été publié au Bulletin officiel du ministère, fascicule Conventions collectives n° 97-20 en date du 27 juin 1997.

ARRETE du 9 juillet 1997

Le ministre de l'emploi et de la solidarité et le ministre de l'agriculture et de la pêche,
Vu les articles L. 133-1 et suivants du code du travail ;
Vu les arrêtés du 12 février 1991 et du 15 décembre 1992 portant extension de la convention collective nationale du 8 octobre 1990 des ouvriers employés par les entreprises du bâtiment visées par le décret du 1er mars 1962 (c'est-à-dire occupant jusqu'à dix salariés) et d'avenants la complétant ;
Vu l'arrêté du 8 février 1991 portant extension de la convention collective nationale du 8 octobre 1990 des ouvriers employés par les entreprises du bâtiment non visées par le décret du 1er mars 1962 (c'est-à-dire occupant plus de dix salariés) ;
Vu l'arrêté du 17 janvier 1996 portant extension d'accords régionaux (Limousin) conclus dans le cadre des conventions collectives nationales susvisées ;
Vu l'accord régional (Limousin) du 21 mars 1997 (Salaires minima) conclu dans le cadre des conventions collectives nationales susvisées ;
Vu l'accord régional (Limousin) du 21 mars 1997 (Indemnités de petits déplacements) conclu dans le cadre des conventions collectives nationales susvisées ;
Vu l'accord régional (Limousin) du 21 mars 1997 (Primes conventionnelles et prime d'outillage) conclu dans le cadre des conventions collectives nationales susvisées ;
Vu la demande d'extension présentée par les organisations signataires ;
Vu les avis publiés au Journal officiel des 6 et 10 juin 1997 ;
Vu les avis recueillis au cours de l'enquête ;
Vu l'avis motivé de la Commission nationale de la négociation collective (sous-commission des conventions et accords), recueilli suivant la procédure prévue à l'article R. 133-2 du code du travail,

Le ministre de l'emploi et de la solidarité,
Pour le ministre et par délégation :
Le directeur des relations du travail,
J. Marimbert
Le ministre de l'agriculture et de la pêche,
Pour le ministre et par délégation :
Par empêchement du directeur des exploitations,
de la politique sociale et de l'emploi :
L'administrateur civil,

P. Dedinger

Article 1, 2, 3
En vigueur

Article 1er

Sont rendues obligatoires, pour tous les employeurs et tous les salariés compris dans le champ d'application professionnel de la convention collective nationale du 8 octobre 1990 des ouvriers employés par les entreprises du bâtiment visées par le décret du 1er mars 1962 (c'est-à-dire occupant jusqu'à dix salariés), tel que complété par l'avenant n° 1 du 17 mars 1992, et dans celui de la convention collective nationale du 8 octobre 1990 des ouvriers employés par les entreprises du bâtiment non visées par le décret du 1er mars 1962 (c'est-à-dire occupant plus de dix salariés), tel qu'étendu par l'arrêté du 8 février 1991, et dans leur propre champ d'application territorial, les dispositions de :

- l'accord régional (Limousin) du 21 mars 1997 (Salaires minima) conclu dans le cadre des conventions collectives nationales susvisées ;

- l'accord régional (Limousin) du 21 mars 1997 (Indemnités de petits déplacements) conclu dans le cadre des conventions collectives nationales susvisées ;

- l'accord régional (Limousin) du 21 mars 1997 (Primes conventionnelles et prime d'outillage) conclu dans le cadre des conventions collectives nationales susvisées.

Article 2

L'extension des effets et sanctions des accords susvisés est faite à dater de la publication du présent arrêté pour la durée restant à courir et aux conditions prévues par lesdits accords.

Article 3

Le directeur des relations du travail au ministère de l'emploi et de la solidarité et le directeur des exploitations, de la politique sociale et de l'emploi au ministère de l'agriculture et de la pêche sont chargés, chacun en ce qui le concerne, de l'exécution du présent arrêté, qui sera publié au Journal officiel de la République française.

Nota. - Le texte des accords susvisés a été publié au Bulletin officiel du ministère, fascicule Conventions collectives n° 97-20 en date du 27 juin 1997.

ARRETE du 23 juillet 1997

Le ministre de l'emploi et de la solidarité et le ministre de l'agriculture et de la pêche,
Vu les articles L. 133-1 et suivants du code du travail ;
Vu l'arrêté du 8 février 1991 portant extension de la convention collective nationale du 8 octobre 1990 concernant les ouvriers employés par les entreprises du bâtiment non visées par le décret du 1er mars 1962 (c'est-à-dire occupant plus de dix salariés) ;
Vu les arrêtés du 12 février 1991 et du 15 décembre 1992 portant extension de la convention collective nationale du 8 octobre 1990 des ouvriers employés dans les entreprises du bâtiment visées par le décret du 1er mars 1962 (c'est-à-dire occupant jusqu'à dix salariés) et d'avenants la modifiant ou la complétant ;
Vu l'arrêté du 3 septembre 1996 portant extension d'un accord départemental (Ain) du 1er mars 1996 conclu dans le cadre des conventions collectives nationales susvisées ;
Vu l'accord départemental (Ain) du 28 février 1997 relatif aux indemnités de déplacements (une annexe) conclu dans le cadre des conventions collectives nationales susvisées ;
Vu la demande d'extension présentée par les organisations signataires ;
Vu les avis publiés au Journal officiel des 11 et 20 juin 1997 ;
Vu les avis recueillis au cours de l'enquête ;
Vu l'avis motivé de la Commission nationale de la négociation collective (sous-commission des conventions et accords), recueilli suivant la procédure prévue à l'article R. 133-2 du code du travail,

Le ministre de l'emploi et de la solidarité,
Pour le ministre et par délégation :
Le directeur des relations du travail,
J. Marimbert
Le ministre de l'agriculture et de la pêche,
Pour le ministre et par délégation :
Par empêchement du directeur des exploitations,
de la politique sociale et de l'emploi :
L'administrateur civil,
P. Dedinger

Article 1, 2, 3
En vigueur

Article 1er

Sont rendues obligatoires, pour tous les employeurs et tous les salariés compris dans le champ d'application professionnel de la convention collective nationale du 8 octobre 1990 des ouvriers employés par les entreprises du bâtiment non visées par le décret du 1er mars 1962 (c'est-à-dire occupant plus de dix salariés) tel qu'étendu par l'arrêté du 8 février 1991, et de la convention collective nationale du 8 octobre 1990 des ouvriers employés par les entreprises du bâtiment visées par le décret du 1er mars 1962 (c'est-à-dire occupant jusqu'à dix salariés) tel que complété par l'avenant n° 1 du 17 mars 1992, et dans son propre champ d'application territorial, les dispositions de l'accord départemental (Ain) du 28 février 1997 relatif aux indemnités de déplacements (une annexe) conclu dans le cadre des conventions collectives susvisées.

Article 2

L'extension des effets et sanctions de l'accord susvisé est faite à dater de la publication du présent arrêté pour la durée restant à courir et aux conditions prévues par ledit accord.

Article 3

Le directeur des relations du travail au ministère de l'emploi et de la solidarité et le directeur des exploitations, de la politique sociale et de l'emploi au ministère de l'agriculture et de la pêche sont chargés, chacun en ce qui le concerne, de l'exécution du présent arrêté, qui sera publié au Journal officiel de la République française.

Nota. - Le texte de l'accord susvisé a été publié au Bulletin officiel du ministère, fascicule Conventions collectives n° 97-23 en date du 18 juillet 1997.

ARRETE du 31 juillet 1997

Le ministre de l'emploi et de la solidarité et le ministre de l'agriculture et de la pêche,
Vu les articles L. 133-1 et suivants du code du travail ;
Vu l'arrêté du 8 février 1991 portant extension de la convention collective nationale du 8 octobre 1990 des ouvriers employés par les entreprises du bâtiment non visées par le décret du 1er mars 1962 (c'est-à-dire occupant plus de dix salariés) ;
Vu les arrêtés des 12 février 1991 et 15 décembre 1992 portant extension de la convention collective nationale du 8 octobre 1990 concernant des ouvriers employés par les entreprises du bâtiment visées par le décret du 1er mars 1962 (c'est-à-dire occupant jusqu'à dix salariés) et d'avenants la complétant ;
Vu l'arrêté du 3 septembre 1996 portant extension d'un accord régional (Midi-Pyrénées) ;
Vu l'accord régional Salaires (Midi-Pyrénées) du 29 avril 1997 conclu dans le cadre des conventions collectives nationales susvisées ;
Vu la demande d'extension présentée par les organisations signataires ;
Vu les avis publiés au Journal officiel des 11 juin 1997 et 20 juin 1997 ;
Vu les avis recueillis au cours de l'enquête ;
Vu l'avis motivé de la Commission nationale de la négociation collective (sous-commission des conventions et accords), recueilli suivant la procédure prévue à l'article R. 133-2 du code du travail,

Pour le ministre et par délégation :
Le directeur des relations du travail,
J. Marimbert
Le ministre de l'agriculture et de la pêche,
Pour le ministre et par délégation :
Par empêchement du directeur des exploitations,
de la politique sociale et de l'emploi :
L'administrateur civil,
P. Dedinger

Article 1, 2, 3
En vigueur

Article 1er

Sont rendues obligatoires, pour tous les employeurs et tous les salariés compris dans le champ d'application professionnel de la convention collective nationale du 8 octobre 1990 des ouvriers employés par les entreprises du bâtiment visées par le décret du 1er mars 1962 (c'est-à-dire occupant jusqu'à dix salariés), tel que modifié par l'avenant n° 1 du 17 mars 1992, et dans celui de la convention collective nationale du 8 octobre 1990 des ouvriers employés par les entreprises du bâtiment non visées par le décret du 1er mars 1962 (c'est-à-dire occupant plus de dix salariés) et dans son propre champ d'application géographique, les dispositions de l'accord régional Salaires (Midi-Pyrénées) du 29 avril 1997 conclu dans le cadre des conventions collectives nationales susvisées, sous réserve des dispositions réglementaires portant fixation du salaire minimum de croissance.

Article 2

L'extension des effets et sanctions de l'accord susvisé est faite à dater de la publication du présent arrêté pour la durée restant à courir et aux conditions prévues par ledit accord.

Article 3

Le directeur des relations du travail au ministère de l'emploi et de la solidarité et le directeur des exploitations, de la politique sociale et de l'emploi au ministère de l'agriculture et de la pêche sont chargés, chacun en ce qui le concerne, de l'exécution du présent arrêté, qui sera publié au Journal officiel de la République française.
Le ministre de l'emploi et de la solidarité,

Nota. - Le texte de l'accord susvisé a été publié au Bulletin officiel du ministère, fascicule Conventions collectives n° 97-23 en date du 18 juillet 1997.

ARRETE du 31 juillet 1997

Le ministre de l'emploi et de la solidarité et le ministre de l'agriculture et de la pêche,
Vu les articles L. 133-1 et suivants du code du travail ;
Vu l'arrêté du 8 février 1991 portant extension de la convention collective nationale du 8 octobre 1990 des ouvriers employés par les entreprises du bâtiment non visées par le décret du 1er mars 1962 (c'est-à-dire occupant plus de dix salariés) ;
Vu les arrêtés des 12 février 1991 et 15 décembre 1992 portant extension de la convention collective nationale du 8 octobre 1990 des ouvriers employés par les entreprises du bâtiment visées par le décret du 1er mars 1962 (c'est-à-dire occupant jusqu'à dix salariés) et d'avenants la complétant ;
Vu l'arrêté du 18 juillet 1994 portant extension d'un accord régional (Rhône-Alpes) conclu dans le cadre des conventions collectives nationales susvisées ;
Vu l'accord régional (Rhône-Alpes) du 4 avril 1997 (barème annexé) conclu dans le cadre des conventions collectives nationales susvisées ;

Vu la demande d'extension présentée par les organisations signataires ;
Vu les avis publiés au Journal officiel des 27 et 28 juin 1997 ;
Vu les avis recueillis au cours de l'enquête ;
Vu l'avis motivé de la Commission nationale de la négociation collective (sous-commission des conventions et accords), recueilli suivant la procédure prévue à l'article R. 133-2 du code du travail,

Pour le ministre et par délégation :
Le directeur des relations du travail,
J. Marimbert
Le ministre de l'agriculture et de la pêche,
Pour le ministre et par délégation :
Par empêchement du directeur des exploitations,
de la politique sociale et de l'emploi :
L'administrateur civil,
P. Dedinger

Article 1, 2, 3
En vigueur

Article 1er

Sont rendues obligatoires, pour tous les employeurs et tous les salariés compris dans le champ d'application professionnel de la convention collective nationale du 8 octobre 1990 des ouvriers employés par les entreprises du bâtiment visées par le décret du 1er mars 1962 (c'est-à-dire occupant jusqu'à dix salariés), tel que complété par l'avenant n° 1 du 17 mars 1992, et dans celui de la convention collective nationale du 8 octobre 1990 des ouvriers employés par les entreprises du bâtiment non visées par le décret du 1er mars 1962 (c'est-à-dire occupant plus de dix salariés) et dans leur propre champ d'application territorial, les dispositions de l'accord régional (Rhône-Alpes) du 4 avril 1997 (barème annexé) conclu dans le cadre des conventions collectives nationales susvisées, sous réserve de l'application des dispositions réglementaires portant fixation du salaire minimum de croissance.

Article 2

L'extension des effets et sanctions de l'accord régional susvisé est faite à dater de la publication du présent arrêté pour la durée restant à courir et aux conditions prévues par ledit accord.

Article 3

Le directeur des relations du travail au ministère de l'emploi et de la solidarité et le directeur des exploitations, de la politique sociale et de l'emploi au ministère de l'agriculture et de la pêche sont chargés, chacun en ce qui le concerne, de l'exécution du présent arrêté, qui sera publié au Journal officiel de la République française.
Le ministre de l'emploi et de la solidarité,

Nota. - Le texte de l'accord susvisé a été publié au Bulletin officiel du ministère, fascicule Conventions collectives n° 97-20 en date du 27 juin 1997.

ARRETE du 31 juillet 1997

Le ministre de l'emploi et de la solidarité et le ministre de l'agriculture et de la pêche,
Vu les articles L. 133-1 et suivants du code du travail ;
Vu l'arrêté du 8 février 1991 portant extension de la convention collective nationale du 8 octobre 1990 concernant les ouvriers employés par les entreprises du bâtiment non visées par le décret du 1er mars 1962 (c'est-à-dire occupant plus de dix salariés) ;
Vu les arrêtés des 12 février 1991 et 15 décembre 1992 portant extension de la convention collective nationale du 8 octobre 1990 des ouvriers employés par les entreprises du bâtiment visées par le décret du 1er mars 1962 (c'est-à-dire occupant jusqu'à dix salariés) et d'avenants la complétant ;
Vu l'arrêté du 10 janvier 1997 portant extension d'accords départementaux (Loire-Atlantique) en date du 21 octobre 1996 ;
Vu l'accord du 17 avril 1997 relatif aux indemnités de petits déplacements des ouvriers du bâtiment de la Loire-Atlantique, conclu dans le cadre des conventions collectives nationales susvisées ;
Vu la demande d'extension présentée par les organisations signataires ;
Vu les avis publiés au Journal officiel des 11 et 20 juin 1997 ;
Vu les avis recueillis au cours de l'enquête ;
Vu l'avis motivé de la Commission nationale de la négociation collective (sous-commission des conventions et accords), recueilli suivant la procédure prévue à l'article R. 133-2 du code du travail,

Pour le ministre et par délégation :
Le directeur des relations du travail,
J. Marimbert
Le ministre de l'agriculture et de la pêche,
Pour le ministre et par délégation :
Par empêchement du directeur des exploitations,
de la politique sociale et de l'emploi :
L'administrateur civil,
P. Dedinger

Article 1
En vigueur

Article 1er

Sont rendues obligatoires, pour tous les employeurs et tous les salariés compris dans le champ d'application professionnel de la convention collective nationale du 8 octobre 1990 des ouvriers employés par les entreprises du bâtiment visées par le décret du 1er mars 1962 (c'est-à-dire occupant jusqu'à dix salariés), tel que complété par l'avenant n° 1 du 17 mars 1992, et dans celui de la convention collective nationale du 8 octobre 1990 des ouvriers employés par les entreprises du bâtiment non visées par le décret du 1er mars 1962 (c'est-à-dire occupant plus de dix salariés) telle qu'étendue par arrêté du 8 février 1991, et dans leur propre champ d'application territorial, les dispositions de l'accord du 17 avril 1997 relatif aux indemnités de petits déplacements des ouvriers travaillant dans les entreprises du bâtiment de la Loire-Atlantique conclu dans le cadre des conventions collectives nationales susvisées.

Article 2

L'extension des effets et sanctions de l'accord susvisé est faite à dater de la publication du présent arrêté pour la durée restant à courir et aux conditions prévues par ledit accord.

Article 3

Le directeur des relations du travail au ministère de l'emploi et de la solidarité et le directeur des exploitations, de la politique sociale et de l'emploi au ministère de l'agriculture et de la pêche sont chargés, chacun en ce qui le concerne, de l'exécution du présent arrêté, qui sera publié au Journal officiel de la République française.
Le ministre de l'emploi et de la solidarité,

Nota. - Le texte de l'accord susvisé a été publié au Bulletin officiel du ministère, fascicule Conventions collectives n° 97-23 en date du 18 juillet 1997.

ARRETE du 4 août 1997

Le ministre de l'emploi et de la solidarité et le ministre de l'agriculture et de la pêche,
Vu les articles L. 133-1 et suivants du code du travail ;
Vu l'arrêté du 8 février 1991 portant extension de la convention collective nationale du 8 octobre 1990 concernant les ouvriers employés par les entreprises du bâtiment non visées par le décret du 1er mars 1962 (c'est-à-dire occupant plus de dix salariés) ;
Vu les arrêtés des 12 février 1991 et 15 décembre 1992 portant extension de la convention collective nationale du 8 octobre 1990 concernant les ouvriers employés par les entreprises du bâtiment visées par le décret du 1er mars 1962 (c'est-à-dire occupant jusqu'à dix salariés) et d'avenants la complétant ;

Vu l'arrêté du 30 août 1995 portant extension d'accords régionaux (Provence-Alpes-Côte d'Azur) conclus dans le cadre des conventions collectives nationales susvisées ;
Vu l'accord régional (Provence-Alpes-Côte d'Azur) du 25 avril 1997 relatif aux salaires minimaux conclu dans le cadre des conventions collectives

nationales susvisées ;
Vu l'accord régional (Provence-Alpes-Côte d'Azur) du 25 avril 1997 relatif à l'indemnisation des petits déplacements conclu dans le cadre des conventions collectives nationales susvisées ;
Vu la demande d'extension présentée par les organisations signataires ;
Vu l'avis publié au Journal officiel des 8 et 10 juillet 1997 ;
Vu les avis recueillis au cours de l'enquête ;
Vu l'avis motivé de la Commission nationale de la négociation collective (sous-commission des conventions et accords), recueilli suivant la procédure prévue à l'article R. 133-2 du code du travail,

Pour le ministre et par délégation :
Le directeur des relations du travail,
J. Marimbert
Le ministre de l'agriculture et de la pêche,
Pour le ministre et par délégation :
Par empêchement du directeur des exploitations,
de la politique sociale et de l'emploi :
L'administrateur civil,
P. Dedinger

Article 1, 2, 3
En vigueur

Article 1er

Sont rendues obligatoires, pour tous les employeurs et tous les salariés compris dans le champ d'application professionnel de la convention collective nationale du 8 octobre 1990 des ouvriers employés par les entreprises du bâtiment visées par le décret du 1er mars 1962 (c'est-à-dire occupant jusqu'à dix salariés), tel que complété par l'avenant n° 1 du 17 mars 1992, et dans celui de la convention collective nationale du 8 octobre 1990 des ouvriers employés par les entreprises du bâtiment non visées par le décret du 1er mars 1962 (c'est-à-dire occupant plus de dix salariés), tel qu'étendu par l'arrêté du 8 février 1991, et dans leur propre champ d'application territorial les dispositions de :

- l'accord régional (Provence-Alpes-Côte d'Azur) du 25 avril 1997 relatif aux salaires minimaux conclu dans le cadre des conventions collectives nationales susvisées ;

- l'accord régional (Provence-Alpes-Côte d'Azur) du 25 avril 1997 relatif à l'indemnisation des petits déplacements conclu dans le cadre des conventions collectives nationales susvisées.

Article 2

L'extension des effets et sanctions des accords susvisés est faite à dater de la publication du présent arrêté pour la durée restant à courir et aux conditions prévues par lesdits accords.

Article 3

Le directeur des relations du travail au ministère de l'emploi et de la solidarité et le directeur des exploitations, de la politique sociale et de l'emploi au ministère de l'agriculture et de la pêche sont chargés, chacun en ce qui le concerne, de l'exécution du présent arrêté, qui sera publié au Journal officiel de la République française.
Le ministre de l'emploi et de la solidarité,

Nota. - Le texte des accords susvisés a été publié au Bulletin officiel du ministère, fascicule Conventions collectives n° 97-25 en date du 26 juillet 1997.

ARRETE du 6 août 1997

Le ministre de l'emploi et de la solidarité et le ministre de e l'agriculture et de la pêche,
Vu les articles L. 133-1 et suivants du code du travail ;
Vu l'arrêté du 8 février 1991 portant extension de la convention collective nationale du 8 octobre 1990 des ouvriers employés par les entreprises du bâtiment non visées par le décret du 1er mars 1962 (c'est-à-dire occupant plus de dix salariés) ;
Vu les arrêtés des 12 février 1991 et 15 décembre 1992 portant extension de la convention collective nationale du 8 octobre 1990 des ouvriers employés par les entreprises du bâtiment visées par le décret du 1er mars 1962 (c'est-à-dire occupant jusqu'à dix salariés) et d'avenants la complétant ;
Vu l'arrêté du 5 février 1997 portant extension d'accords régionaux (Franche-Comté) ;
Vu l'accord régional (Franche-Comté) du 9 avril 1997 sur les salaires (2 barèmes annexés) conclu dans le cadre des conventions collectives nationales susvisées ;
Vu la demande d'extension présentée par les organisations signataires ;
Vu les avis publiés au Journal officiel des 21 et 26 juin 1997 ;
Vu les avis recueillis au cours de l'enquête ;
Vu l'avis motivé de la Commission nationale de la négociation collective (sous-commission des conventions et accords), recueilli suivant la procédure prévue à l'article R. 133-2 du code du travail,

Pour le ministre et par délégation :
Le directeur des relations du travail,
J. Marimbert
Le ministre de l'agriculture et de la pêche,
Pour le ministre et par délégation :
Par empêchement du directeur des exploitations,
de la politique sociale et de l'emploi :
L'administrateur civil,
P. Dedinger

Article 1, 2, 3
En vigueur

Article 1er

Sont rendues obligatoires, pour tous les employeurs et tous les salariés compris dans le champ d'application professionnel de la convention collective nationale du 8 octobre 1990 des ouvriers employés par les entreprises du bâtiment visées par le décret du 1er mars 1962 (c'est-à-dire occupant jusqu'à dix salariés), tel que complété par l'avenant n° 1 du 17 mars 1992, et dans celui de la convention collective nationale du 8 octobre 1990 des ouvriers employés par les entreprises du bâtiment non visées par le décret du 1er mars 1962 (c'est-à-dire occupant plus de dix salariés), tel qu'étendu par l'arrêté du 8 février 1991, et dans son propre champ d'application territorial, les dispositions de l'accord régional (Franche-Comté) du 9 avril 1997 sur les salaires (2 barèmes annexés) conclu dans le cadre des conventions collectives nationales susvisées.

Article 2

L'extension des effets et sanctions de l'accord susvisé est faite à dater de la publication du présent arrêté pour la durée restant à courir et aux conditions prévues par ledit accord.

Article 3

Le directeur des relations du travail au ministère de l'emploi et de la solidarité et le directeur des exploitations, de la politique sociale et de l'emploi au ministère de l'agriculture et de la pêche sont chargés, chacun en ce qui le concerne, de l'exécution du présent arrêté, qui sera publié au Journal officiel de la République française.
Le ministre de l'emploi et de la solidarité,

Nota. - Le texte de l'accord susvisé a été publié au Bulletin officiel du ministère, fascicule Conventions collectives n° 97-24 en date du 22 juillet 1997.

ARRETE du 26 novembre 1997

Le ministre de l'emploi et de la solidarité et le ministre de l'agriculture et de la pêche,
Vu les articles L. 133-1 et suivants du code du travail ;
Vu les arrêtés des 12 février 1991 et 15 décembre 1992 portant extension de la convention collective nationale du 8 octobre 1990 des ouvriers employés par les entreprises du bâtiment visées par le décret du 1er mars 1962 (c'est-à-dire occupant jusqu'à dix salariés) et d'avenants la complétant ;
Vu l'arrêté du 12 avril 1996 portant extension d'un accord régional (Auvergne), conclu dans le cadre de la convention collective nationale susvisée ;
Vu l'accord relatif aux indemnités de petits déplacements (Auvergne) du 8 juillet 1997 conclu dans le cadre de la convention collective nationale susvisée ;
Vu la demande d'extension présentée par les organisations signataires ;
Vu l'avis publié au Journal officiel des 11 et 18 octobre 1997 ;
Vu les avis recueillis au cours de l'enquête ;
Vu l'avis motivé de la Commission nationale de la négociation collective (sous-commission des conventions et accords), recueilli suivant la procédure prévue à l'article R. 133-2 du code du travail,

Le ministre de l'emploi et de la solidarité,
Pour le ministre et par délégation :
Le directeur des relations du travail,
J. Marimbert
Le ministre de l'agriculture et de la pêche,
Pour le ministre et par délégation :
Par empêchement du directeur des exploitations,
de la politique sociale et de l'emploi :
L'administrateur civil,
P. Dedinger

Article 1, 2, 3
En vigueur

Article 1er

Sont rendues obligatoires, pour tous les employeurs et tous les salariés compris dans le champ d'application professionnel de la convention collective nationale du 8 octobre 1990 concernant les ouvriers employés par les entreprises du bâtiment visées par le décret du 1er mars 1962 (c'est-à-dire occupant jusqu'à dix salariés), tel que modifié par l'avenant n° 1 du 17 mars 1992, et dans son propre champ d'application territorial, les dispositions de l'accord Salaires (région Auvergne) du 8 juillet 1997 conclu dans le cadre de la convention collective nationale susvisée.

Article 2

L'extension des effets et sanctions de l'accord susvisé est faite à dater de la publication du présent arrêté pour la durée restant à courir et aux conditions prévues par ledit accord.

Article 3

Le directeur des relations du travail au ministère de l'emploi et de la solidarité et le directeur des exploitations, de la politique sociale et de l'emploi au ministère de l'agriculture et de la pêche sont chargés, chacun en ce qui le concerne, de l'exécution du présent arrêté, qui sera publié au Journal officiel de la République française.

Nota. - Le texte de l'accord susvisé a été publié au Bulletin officiel du ministère, fascicule Conventions collectives n° 97-40 en date du 12 novembre 1997.

ARRETE du 16 décembre 1997

La ministre de l'emploi et de la solidarité et le ministre de l'agriculture et de la pêche,
Vu les articles L. 133-1 et suivants du code du travail ;
Vu les arrêtés des 12 février 1991 et 15 décembre 1992 portant extension de la convention collective nationale du 8 octobre 1990 concernant les ouvriers employés par les entreprises du bâtiment visées par le décret du 1er mars 1962 (c'est-à-dire occupant jusqu'à dix salariés) et d'avenants la complétant ;
Vu l'arrêté du 30 octobre 1996 portant extension d'un accord régional (Poitou-Charentes) conclu dans le cadre de la convention collective nationale susvisée ;
Vu l'accord régional (Poitou-Charentes) relatif aux salaires minimaux du 15 avril 1997 conclu dans le cadre de la convention collective nationale susvisée ;
Vu l'accord régional (Poitou-Charentes) relatif aux indemnités de petits déplacements du 15 avril 1997 conclu dans le cadre de la convention collective nationale susvisée ;
Vu la demande d'extension présentée par les organisations signataires ;
Vu les avis publiés au Journal officiel des 7 novembre et 10-11 novembre 1997 ;
Vu les avis recueillis au cours de l'enquête ;
Vu l'avis motivé de la Commission nationale de la négociation collective (sous-commission des conventions et accords), recueilli suivant la procédure prévue à l'article R. 133-2 du code du travail,

La ministre de l'emploi et de la solidarité,
Pour la ministre et par délégation :
Le directeur des relations du travail,
J. Marimbert
Le ministre de l'agriculture et de la pêche,
Pour le ministre et par délégation :
Par empêchement du directeur des exploitations,
de la politique sociale et de l'emploi :
L'administrateur civil,
P. Dedinger

Article 1, 2, 3
En vigueur

Article 1er

Sont rendues obligatoires, pour tous les employeurs et tous les salariés compris dans le champ d'application professionnel de la convention collective nationale du 8 octobre 1990 concernant les ouvriers employés par les entreprises du bâtiment visées par le décret du 1er mars 1962 (c'est-à-dire occupant jusqu'à dix salariés) tel que complété par l'avenant n° 1 du 17 mars 1992 et dans leur propre champ d'application territorial, les dispositions de :

- l'accord régional (Poitou-Charentes) relatif aux salaires minimaux du 15 avril 1997 conclu dans le cadre de la convention collective nationale susvisée sous réserve de l'application des dispositions réglementaires portant fixation du salaire minimum de croissance ;

- l'accord régional (Poitou-Charentes) relatif aux indemnités de petits déplacements du 15 avril 1997 conclu dans le cadre de la convention collective nationale susvisée.

Article 2

L'extension des effets et sanctions des accords susvisés est faite à dater de la publication du présent arrêté pour la durée restant à courir et aux conditions prévues par lesdits accords.

Article 3

Le directeur des relations du travail du ministère de l'emploi et de la solidarité et le directeur des exploitations, de la politique sociale et de l'emploi du ministère de l'agriculture et de la pêche sont chargés, chacun en ce qui le concerne, de l'exécution du présent arrêté, qui sera publié au Journal officiel de la République française.

Nota. - Le texte des accords susvisés a été publié au Bulletin officiel du ministère, fascicule Conventions collectives n° 97-44 en date du 10 décembre 1997.

ARRETE du 20 janvier 1998

La ministre de l'emploi et de la solidarité et le ministre de l'agriculture et de la pêche,
Vu les articles L. 133-1 et suivants du code du travail ;
Vu l'arrêté du 1er mars 1996 portant extension de la convention collective des ouvriers du bâtiment du département de la Loire du 13 octobre 1995, conclue dans le cadre des conventions collectives nationales des ouvriers du bâtiment (entreprises employant jusqu'à dix salariés et plus de dix salariés) ;
Vu l'arrêté du 8 février 1991 portant extension de la convention collective du 8 octobre 1990 des ouvriers employés par les entreprises du bâtiment non visées par le décret du 1er mars 1962 (c'est-à-dire occupant plus de dix salariés) ;
Vu les arrêtés des 12 février 1991 et 15 décembre 1992 portant extension de la convention collective nationale des ouvriers employés par les entreprises du bâtiment visées par le décret du 1er mars 1962 (c'est-à-dire occupant jusqu'à dix salariés) du 8 octobre 1990 et d'avenants la complétant ;
Vu l'avenant du 18 juillet 1997 fixant la valeur des indemnités de repas, de frais de transport et de trajet à la convention collective susvisée ;
Vu la demande d'extension présentée par les organisations signataires ;
Vu les avis publiés au Journal officiel du 10 décembre 1997 ;
Vu les avis recueillis au cours de l'enquête ;
Vu l'avis motivé de la Commission nationale de la négociation collective (sous-commission des conventions et accords), recueilli suivant la procédure prévue à l'article R. 133-2 du code du travail,

La ministre de l'emploi et de la solidarité,
Pour la ministre et par délégation :
Par empêchement du directeur des relations du travail :
L'administrateur civil,
E. Aubry
Le ministre de l'agriculture et de la pêche,
Pour le ministre et par délégation :
Par empêchement du directeur des exploitations,
de la politique sociale et de l'emploi :
L'administrateur civil,
P. Dedinger

Article 1, 2, 3
En vigueur

Article 1er

Sont rendues obligatoires, pour tous les employeurs et tous les salariés compris dans le champ d'application de la convention collective des ouvriers du département de la Loire du 13 octobre 1995, conclue dans le cadre de la convention collective nationale des ouvriers employés par les entreprises du bâtiment visées par le décret du 1er mars 1962 (c'est-à-dire occupant jusqu'à dix salariés), tel que complété par l'avenant n° 1 du 17 mars 1992, et de la convention collective nationale des ouvriers employés par les entreprises du bâtiment non visées par le décret du 1er mars 1962 (c'est-à-dire occupant plus de dix salariés), les dispositions de l'avenant du 18 juillet 1997 fixant la valeur des indemnités de repas, de frais de transport et de trajet à la convention collective susvisée.

Article 2

L'extension des effets et sanctions de l'avenant susvisé est faite à dater de la publication du présent arrêté pour la durée restant à courir et aux conditions prévues par ledit avenant.

Article 3

Le directeur des relations du travail au ministère de l'emploi et de la solidarité et le directeur des exploitations, de la politique sociale et de l'emploi au ministère de l'agriculture et de la pêche sont chargés, chacun en ce qui le concerne, de l'exécution du présent arrêté, qui sera publié au Journal officiel de la République française.

Nota. - Le texte de l'avenant susvisé a été publié au Bulletin officiel du ministère, fascicule Conventions collectives n° 97-33 en date du 10 septembre 1997.

ARRETE du 8 juillet 1998

La ministre de l'emploi et de la solidarité et le ministre de l'agriculture et de la pêche,
Vu les articles L. 133-1 et suivants du code du travail ;
Vu l'arrêté du 8 février 1991 portant extension de la convention collective nationale du 8 octobre 1990 des ouvriers employés par les entreprises du bâtiment non visées par le décret du 1er mars 1962 (c'est-à-dire occupant plus de dix salariés) ;
Vu les arrêtés des 12 février 1991 et 15 décembre 1992 portant extension de la convention collective nationale du 8 octobre 1990 des ouvriers employés par les entreprises du bâtiment visées par le décret du 1er mars 1962 (c'est-à-dire occupant jusqu'à dix salariés) et d'avenants la complétant ;
Vu l'arrêté du 27 février 1996 et les arrêtés successifs, notamment l'arrêté du 25 juin 1997, portant extension de la convention collective des ouvriers du bâtiment de la région Bretagne du 9 mars 1995 conclue dans le cadre des conventions collectives nationales susvisées et d'accords la complétant ;
Vu l'accord régional (Bretagne) du 10 avril 1998 (Salaires minima), conclu dans le cadre de la convention collective susvisée ;
Vu l'accord régional (Bretagne) du 10 avril 1998 (Indemnités de petits déplacements), conclu dans le cadre de la convention collective susvisée ;
Vu la demande d'extension présentée par les organisations signataires ;
Vu les avis publiés au Journal officiel des 20 et 30 mai 1998 ;
Vu les avis recueillis au cours de l'enquête ;
Vu l'avis motivé de la Commission nationale de la négociation collective (sous-commission des conventions et accords), recueilli suivant la procédure prévue à l'article R. 133-2 du code du travail,

La ministre de l'emploi et de la solidarité,
Pour la ministre et par délégation :
Par empêchement du directeur des relations du travail :
L'administrateur civil,
E. Aubry
Le ministre de l'agriculture et de la pêche,
Pour le ministre et par délégation :
Par empêchement du directeur des exploitations,
de la politique sociale et de l'emploi :
L'administrateur civil,
P. Dedinger

Article 1, 2, 3
En vigueur

Article 1er

Sont rendues obligatoires, pour tous les employeurs et tous les salariés compris dans le champ d'application professionnel de la convention collective nationale du 8 octobre 1990 des ouvriers employés par les entreprises du bâtiment visées par le décret du 1er mars 1962 (c'est-à-dire occupant jusqu'à dix salariés), tel que complété par l'avenant n° 1 du 17 mars 1992, et de la convention collective nationale du 8 octobre 1990 des ouvriers employés par les entreprises du bâtiment non visées par le décret du 1er mars 1962 (c'est-à-dire occupant plus de dix salariés), et dans leur propre champ d'application territorial, les dispositions de :

- l'accord régional (Bretagne) du 10 avril 1998 (Salaires minima), conclu dans le cadre de la convention collective des ouvriers du bâtiment de la région Bretagne du 9 mars 1995, sous réserve de l'application des dispositions réglementaires relatives au salaire minimum de croissance ;

- l'accord régional (Bretagne) du 10 avril 1998 (Indemnités de petits déplacements), conclu dans le cadre de la convention collective des ouvriers du bâtiment de la région Bretagne du 9 mars 1995.

Article 2

L'extension des effets et sanctions des accords susvisés est faite à dater de la publication du présent arrêté pour la durée restant à courir et aux conditions prévues par lesdits accords.

Article 3

Le directeur des relations du travail au ministère de l'emploi et de la solidarité et le directeur des exploitations, de la politique sociale et de l'emploi au ministère de l'agriculture et de la pêche sont chargés, chacun en ce qui le concerne, de l'exécution du présent arrêté, qui sera publié au Journal officiel de la République française.

Nota. - Le texte des accords susvisés a été publié au Bulletin officiel du ministère, fascicule Conventions collectives n° 98-20 en date du 19 juin 1998.

ARRETE du 20 juillet 1998

La ministre de l'emploi et de la solidarité et le ministre de l'agriculture et de la pêche,
Vu les articles L. 133-1 et suivants du code du travail ;

Vu l'arrêté du 8 février 1991 portant extension de la convention collective nationale du 8 octobre 1990 concernant les ouvriers employés par les entreprises du bâtiment non visées par le décret du 1er mars 1962 (c'est-à-dire occupant plus de dix salariés) ;
Vu les arrêtés du 12 février 1991 et du 15 décembre 1992 portant extension de la convention collective nationale du 8 octobre 1990 des ouvriers employés dans les entreprises du bâtiment visées par le décret du 1er mars 1962 (c'est-à-dire occupant jusqu'à dix salariés) et d'avenants la modifiant ou la complétant ;
Vu l'arrêté du 23 juillet 1997 portant extension d'un accord départemental (Ain) du 28 février 1997 conclu dans le cadre des conventions collectives nationales susvisées ;
Vu l'accord départemental (Ain) du 19 février 1998 relatif aux indemnités de déplacement (une annexe) conclu dans le cadre des conventions collectives nationales susvisées ;
Vu la demande d'extension présentée par les organisations signataires ;
Vu les avis publiés au Journal officiel des 10 et 26 juin 1998 ;
Vu les avis recueillis au cours de l'enquête ;
Vu l'avis motivé de la Commission nationale de la négociation collective (sous-commission des conventions et accords), recueilli suivant la procédure prévue à l'article R. 133-2 du code du travail,

La ministre de l'emploi et de la solidarité,
Pour la ministre et par délégation :
Par empêchement du directeur des relations du travail :
Le sous-directeur de la négociation collective,
E. Aubry
Le ministre de l'agriculture et de la pêche,
Pour le ministre et par délégation :
Par empêchement du directeur des exploitations,
de la politique sociale et de l'emploi :
L'administrateur civil,
P. Dedinger

Article 1, 2, 3
En vigueur

Article 1er

Sont rendues obligatoires, pour tous les employeurs et tous les salariés compris dans le champ d'application professionnel de la convention collective nationale du 8 octobre 1990 des ouvriers employés par les entreprises du bâtiment non visées par le décret du 1er mars 1962 (c'est-à-dire occupant plus de dix salariés), tel qu'étendu par l'arrêté du 8 février 1991, et de la convention collective nationale du 8 octobre 1990 des ouvriers employés par les entreprises du bâtiment visées par le décret du 1er mars 1962 (c'est-à-dire occupant jusqu'à dix salariés), tel que complété par l'avenant n° 1 du 17 mars 1992, et dans son propre champ d'application territorial, les dispositions de l'accord départemental (Ain) du 19 février 1998 relatif aux indemnités de déplacement (une annexe) conclu dans le cadre des conventions collectives susvisées.

Article 2

L'extension des effets et sanctions de l'accord susvisé est faite à dater de la publication du présent arrêté pour la durée restant à courir et aux conditions prévues par ledit accord.

Article 3

Le directeur des relations du travail au ministère de l'emploi et de la solidarité et le directeur des exploitations, de la politique sociale et de l'emploi au ministère de l'agriculture et de la pêche sont chargés, chacun en ce qui le concerne, de l'exécution du présent arrêté, qui sera publié au Journal officiel de la République française.

Nota. - Le texte de l'accord susvisé a été publié au Bulletin officiel du ministère, fascicule Conventions collectives n° 98-23 en date du 3 juillet 1998.

ARRETE du 30 octobre 1998

La ministre de l'emploi et de la solidarité et le ministre de l'agriculture et de la pêche,
Vu les articles L. 133-1 et suivants du code du travail ;
Vu l'arrêté du 12 février 1991 et les arrêtés successifs, notamment l'arrêté du 15 décembre 1992, portant extension de la convention collective nationale du 8 octobre 1990, concernant les ouvriers employés par les entreprises du bâtiment visées par le décret du 1er mars 1962 (c'est-à-dire occupant jusqu'à dix salariés) ;
Vu l'accord national (1 annexe) du 9 septembre 1998 sur la réduction et l'aménagement du temps de travail conclu dans le cadre de la convention collective nationale susvisée ;
Vu la demande d'extension présentée par les organisations signataires ;
Vu les avis publiés au Journal officiel des 28 et 30 septembre 1998 ;
Vu les avis recueillis au cours de l'enquête ;
Vu l'avis motivé de la Commission nationale de la négociation collective (sous-commission des conventions et accords),

La ministre de l'emploi et de la solidarité,
Pour la ministre et par délégation :

Le directeur des relations du travail,
J. Marimbert
Le ministre de l'agriculture et de la pêche,
Pour le ministre et par délégation :
Par empêchement du directeur des exploitations,
de la politique sociale et de l'emploi :
Le sous-directeur,
P. Dedinger

Article 1, 2, 3
En vigueur

Article 1er

Sont rendues obligatoires, pour tous les employeurs et tous les salariés compris dans le champ d'application de la convention collective nationale concernant les ouvriers employés par les entreprises du bâtiment visées par le décret du 1er mars 1962 (c'est-à-dire occupant jusqu'à dix salariés), tel que modifié par l'avenant n° 1 du 17 mars 1992, les dispositions de l'accord national (1 annexe) du 9 septembre 1998 sur la réduction et l'aménagement du temps de travail conclu dans le cadre de la convention collective nationale susvisée, à l'exclusion des deux dernières phrases de la partie " volet offensif " de l'article 17 relatives aux embauches d'apprentis et de jeunes en contrat d'insertion en alternance.

Article 2

L'extension des effets et sanctions de l'accord susvisé est faite à dater de la publication du présent arrêté pour la durée restant à courir et aux conditions prévues par ledit accord.

Article 3

Le directeur des relations du travail au ministère de l'emploi et de la solidarité et le directeur des exploitations, de la politique sociale et de l'emploi au ministère de l'agriculture et de la pêche sont chargés, chacun en ce qui le concerne, de l'exécution du présent arrêté, qui sera publié au Journal officiel de la République française.

Nota. - Le texte de l'accord susvisé a été publié au Bulletin officiel du ministère, fascicule Conventions collectives n° 98-38 du 23 octobre 1998.

ARRETE du 26 octobre 1998

La ministre de l'emploi et de la solidarité et le ministre de l'agriculture et de la pêche,
Vu les articles L. 133-1 et suivants du code du travail ;
Vu les arrêtés des 12 février 1991 et 15 décembre 1992 portant extension de la convention collective nationale du 8 octobre 1990 concernant les ouvriers employés par les entreprises du bâtiment visées par le décret du 1er mars 1962 (c'est-à-dire occupant jusqu'à dix salariés) et d'avenants la complétant ;
Vu l'arrêté du 16 décembre 1997 portant extension d'accords régionaux (Poitou-Charentes) conclus dans le cadre de la convention collective susvisée ;
Vu l'accord régional (Poitou-Charentes) du 17 juin 1998 relatif aux salaires minimaux conclu dans le cadre de la convention collective susvisée ;
Vu l'accord régional (Poitou-Charentes) du 17 juin 1998 relatif aux indemnités de petits déplacements conclu dans le cadre de la convention collective susvisée ;
Vu la demande d'extension présentée par les organisations signataires ;
Vu les avis publiés au Journal officiel des 11 et 17 septembre 1998 ;
Vu les avis recueillis au cours de l'enquête ;
Vu l'avis motivé de la Commission nationale de la négociation collective (sous-commission des conventions et accords), recueilli suivant la procédure prévue à l'article R. 133-2 du code du travail,

La ministre de l'emploi et de la solidarité,
Pour la ministre et par délégation :
Par empêchement du directeur des relations du travail :
L'administrateur civil,
E. Aubry
Le ministre de l'agriculture et de la pêche,
Pour le ministre et par délégation :
Par empêchement du directeur des exploitations,
de la politique sociale et de l'emploi :
Le sous-directeur,
P. Dedinger

Article 1, 2, 3
En vigueur

Article 1er

Sont rendues obligatoires, pour tous les employeurs et tous les salariés compris dans le champ d'application professionnel de la convention collective nationale du 8 octobre 1990 concernant les ouvriers employés par les entreprises du bâtiment visées par le décret du 1er mars 1962 (c'est-à-dire occupant jusqu'à dix salariés), tel que complété par l'avenant n° 1 du 17 mars 1992, et dans leur propre champ d'application territorial, les dispositions de :

- l'accord régional (Poitou-Charentes) du 17 juin 1998 relatif aux salaires minimaux conclu dans le cadre de la convention collective susvisée, sous réserve de l'application des dispositions réglementaires relatives au salaire minimum de croissance ;

- l'accord régional (Poitou-Charentes) du 17 juin 1998 relatif aux indemnités de petits déplacements conclu dans le cadre de la convention collective susvisée.

Article 2

L'extension des effets et sanctions des accords susvisés est faite à dater de la publication du présent arrêté pour la durée restant à courir et aux conditions prévues par lesdits accords.

Article 3

Le directeur des relations du travail du ministère de l'emploi et de la solidarité et le directeur des exploitations, de la politique sociale et de l'emploi au ministère de l'agriculture et de la pêche sont chargés, chacun en ce qui le concerne, de l'exécution du présent arrêté, qui sera publié au Journal officiel de la République française.

Nota. - Le texte des accords susvisés a été publié au Bulletin officiel du ministère, fascicule Conventions collectives n° 98-37 en date du 16 octobre 1998.

ARRETE du 5 novembre 1998

La ministre de l'emploi et de la solidarité et le ministre de l'agriculture et de la pêche,
Vu les articles L. 133-1 et suivants du code du travail ;
Vu les arrêtés des 12 février 1991 et 15 décembre 1992 portant extension de la convention collective nationale du 8 octobre 1990 des ouvriers employés par les entreprises du bâtiment visées par le décret du 1er mars 1962 (c'est-à-dire occupant jusqu'à dix salariés) et d'avenants la complétant ;
Vu l'arrêté du 8 février 1991 portant extension de la convention collective nationale du 8 octobre 1990 des ouvriers employés par les entreprises du bâtiment non visées par le décret du 1er mars 1962 (c'est-à-dire occupant plus de dix salariés) ;
Vu l'arrêté du 5 juillet 1991 et les arrêtés successifs, notamment l'arrêté du 25 juin 1997, portant extension d'accords régionaux (Lorraine) ;
Vu l'accord régional (Lorraine) du 27 mars 1998 relatif aux salaires conclu dans le cadre des conventions collectives nationales susvisées ;
Vu la demande d'extension présentée par les organisations signataires ;
Vu les avis publiés au Journal officiel des 16 et 29 juillet 1998 ;
Vu les avis recueillis au cours de l'enquête ;
Vu l'avis motivé de la Commission nationale de la négociation collective (sous-commission des conventions et accords) recueilli suivant la procédure prévue à l'article R. 133-2 du code du travail,

La ministre de l'emploi et de la solidarité,
Pour la ministre et par délégation :
Par empêchement du directeur des relations du travail :
L'administrateur civil,
E. Aubry
Le ministre de l'agriculture et de la pêche,
Pour le ministre et par délégation :
Par empêchement du directeur des exploitations,
de la politique sociale et de l'emploi :
Le sous-directeur,
P. Dedinger

Article 1, 2, 3
En vigueur

Article 1er

Sont rendues obligatoires, pour tous les employeurs et tous les salariés compris dans le champ d'application professionnel de la convention collective nationale du 8 octobre 1990 des ouvriers employés par les entreprises du bâtiment visées par le décret du 1er mars 1962 (c'est-à-dire occupant jusqu'à dix salariés), tel que complété par l'avenant n° 1 du 17 mars 1992, et dans celui de la convention collective nationale du 8 octobre 1990 des ouvriers employés par les entreprises du bâtiment non visées par le décret du 1er mars 1962 (c'est-à-dire occupant plus de dix salariés), tel qu'étendu par l'arrêté du 8 février 1991, et dans son propre champ d'application territorial, les dispositions de l'accord régional (Lorraine) du 27 mars 1998 relatif aux salaires conclu dans le cadre des conventions collectives nationales susvisées, sous réserve de l'application des dispositions réglementaires portant fixation du salaire minimum de croissance.

Article 2

L'extension des effets et sanctions de l'accord susvisé est faite à dater de la publication du présent arrêté pour la durée restant à courir et aux conditions prévues par ledit accord.

Article 3

Le directeur des relations du travail au ministère de l'emploi et de la solidarité et le directeur des exploitations, de la politique sociale et de l'emploi au ministère de l'agriculture et de la pêche sont chargés, chacun en ce qui le concerne, de l'exécution du présent arrêté, qui sera publié au Journal officiel de la République française.

Nota. - Le texte de l'accord susvisé a été publié au Bulletin officiel du ministère, fascicule Conventions collectives n° 98-38 en date du 23 octobre 1998.

ARRETE du 4 janvier 1999

La ministre de l'emploi et de la solidarité et le ministre de l'agriculture et de la pêche,
Vu les articles L. 133-1 et suivants du code du travail ;
Vu les arrêtés du 12 février 1991 et du 15 décembre 1992 portant extension de la convention collective nationale du 8 octobre 1990 des ouvriers employés par les entreprises du bâtiment visées par le décret du 1er mars 1962 (c'est-à-dire occupant jusqu'à dix salariés) et d'avenants la complétant ;
Vu l'arrêté du 1er juillet 1996 portant extension d'un accord régional (Nord - Pas-de-Calais) conclu dans le cadre de la convention collective nationale susvisée ;
Vu l'accord régional (Nord - Pas-de-Calais) du 23 juillet 1998 relatif aux salaires minima conclu dans le cadre de la convention collective susvisée ;
Vu l'accord régional (Nord - Pas-de-Calais) du 23 juillet 1998 relatif aux indemnités de petits déplacements conclu dans le cadre de la convention collective susvisée ;
Vu la demande d'extension présentée par les organisations signataires ;
Vu les avis publiés au Journal officiel du 17 septembre 1998 ;
Vu les avis recueillis au cours de l'enquête ;
Vu l'avis motivé de la Commission nationale de la négociation collective (sous-commission des conventions et accords), recueilli suivant la procédure prévue à l'article R. 133-2 du code du travail,

La ministre de l'emploi et de la solidarité,
Pour la ministre et par délégation :
Par empêchement du directeur des relations du travail :
L'administrateur civil,
E. Aubry
Le ministre de l'agriculture et de la pêche,
Pour le ministre et par délégation :
Par empêchement du directeur des exploitations,
de la politique sociale et de l'emploi :
Le sous-directeur,
P. Dedinger

Article 1, 2, 3
En vigueur

Article 1er

Sont rendues obligatoires, pour tous les employeurs et tous les salariés compris dans le champ d'application professionnel de la convention collective nationale du 8 octobre 1990 concernant les ouvriers employés par les entreprises du bâtiment visées par le décret du 1er mars 1962 (c'est-à-dire occupant jusqu'à dix salariés), tel que complété par l'avenant n° 1 du 17 mars 1992, et dans leur propre champ d'application territorial, les dispositions :

- de l'accord régional (Nord - Pas-de-Calais) du 23 juillet 1998 relatif aux salaires minima conclu dans le cadre de la convention collective susvisée ;

- de l'accord régional (Nord - Pas-de-Calais) du 23 juillet 1998 relatif aux indemnités de petits déplacements conclu dans le cadre de la convention collective susvisée.

Article 2

L'extension des effets et sanctions des accords susvisés est faite à dater de la publication du présent arrêté pour la durée restant à courir et aux conditions prévues par lesdits accords.

Article 3

Le directeur des relations du travail au ministère de l'emploi et de la solidarité et le directeur des exploitations, de la politique sociale et de l'emploi au ministère de l'agriculture et de la pêche sont chargés, chacun en ce qui le concerne, de l'exécution du présent arrêté, qui sera publié au Journal officiel de la République française.

Nota. - Le texte des accords susvisés a été publié au Bulletin officiel du ministère, fascicule Conventions collectives n° 98-36 en date du 9 octobre 1998.

ARRETE du 5 janvier 1999

La ministre de l'emploi et de la solidarité et le ministre de l'agriculture et de la pêche,
Vu les articles L. 133-1 et suivants du code du travail ;
Vu les arrêtés du 12 février 1991 et du 15 décembre 1992 portant extension de la convention collective nationale du 8 octobre 1990 des ouvriers employés par les entreprises du bâtiment visées par le décret du 1er mars 1962 (c'est-à-dire occupant jusqu'à dix salariés) et d'avenants la complétant ;
Vu l'arrêté du 26 novembre 1997 portant extension d'un accord régional (Auvergne) conclu dans le cadre de la convention collective susvisée ;
Vu l'accord Salaires du 13 octobre 1998 (Auvergne) conclu dans le cadre de la convention collective nationale susvisée ;
Vu l'accord relatif aux indemnités de petits déplacements du 13 octobre 1998 (Auvergne) conclu dans le cadre de la convention collective nationale susvisée ;
Vu la demande d'extension présentée par les organisations signataires ;
Vu l'avis publié au Journal officiel des 1er et 5 décembre 1998 ;
Vu les avis recueillis au cours de l'enquête ;
Vu l'avis motivé de la Commission nationale de la négociation collective (sous-commission des conventions et accords), recueilli suivant la procédure prévue à l'article R. 133-2 du code du travail,

Pour la ministre et par délégation :
Par empêchement du directeur des relations du travail :
L'administrateur civil,
E. Aubry
Pour le ministre et par délégation :
Par empêchement du directeur des exploitations,
de la politique sociale et de l'emploi,
Le sous-directeur,
P. Dedinger

Article 1, 2, 3
En vigueur

Article 1er

Sont rendues obligatoires, pour tous les employeurs et tous les salariés compris dans le champ d'application professionnel de la convention collective nationale du 8 octobre 1990 concernant les ouvriers employés par les entreprises du bâtiment visées par le décret du 1er mars 1962 (c'est-à-dire occupant jusqu'à dix salariés), tel que modifié par l'avenant n° 1 du 17 mars 1992, et dans son propre champ d'application territorial, les dispositions de :

- l'accord Salaires du 13 octobre 1998 (Auvergne) conclu dans le cadre de la convention collective nationale susvisée, sous réserve des dispositions réglementaires portant fixation du salaire minimum de croissance ;

- l'accord relatif aux indemnités de petits déplacements du 13 octobre 1998 (Auvergne) conclu dans le cadre de la convention collective nationale susvisée.

Article 2

L'extension des effets et sanctions des accords susvisés est faite à dater de la publication du présent arrêté pour la durée restant à courir et aux conditions prévues par lesdits accords.

Article 3

Le directeur des relations du travail au ministère de l'emploi et de la solidarité et le directeur des exploitations, de la politique sociale et de l'emploi au ministère de l'agriculture et de la pêche sont chargés, chacun en ce qui le concerne, de l'exécution du présent arrêté, qui sera publié au Journal officiel de la République française.

Nota. - Le texte des accords susvisés a été publié au Bulletin officiel du ministère, fascicule Conventions collectives n° 98-45 en date du 11 décembre 1998.

ARRETE du 5 janvier 1999

La ministre de l'emploi et de la solidarité et le ministre de l'agriculture et de la pêche,
Vu les articles L. 133-1 et suivants du code du travail ;
Vu les arrêtés des 12 février 1991 et du 15 décembre 1992 portant extension de la convention collective nationale du 8 octobre 1990 des ouvriers employés par les entreprises du bâtiment visées par le décret du 1er mars 1962 (c'est-à-dire occupant jusqu'à dix salariés) et d'avenants la complétant ;

Vu l'arrêté du 8 février 1991 portant extension de la convention collective nationale des ouvriers employés par les entreprises du bâtiment non visées par le décret du 1er mars 1962 (c'est-à-dire occupant plus de dix salariés) du 8 octobre 1990 ;
Vu l'arrêté du 24 avril 1991 et les arrêtés successifs, notamment l'arrêté du 25 juin 1997, portant extension d'accords régionaux (Haute-Normandie) ;
Vu l'avenant n° 6 du 20 octobre 1998 (Salaires) à l'accord régional (Haute-Normandie) du 11 janvier 1991 conclu dans le cadre des conventions collectives nationales susvisées ;
Vu la demande d'extension présentée par les organisations signataires ;
Vu les avis publiés au Journal officiel des 1er et 5 décembre 1998 ;
Vu les avis recueillis au cours de l'enquête ;
Vu l'avis motivé de la Commission nationale de la négociation collective (sous-commission des conventions et accords), recueilli suivant la procédure prévue à l'article R. 133-2 du code du travail,

La ministre de l'emploi et de la solidarité,
Pour la ministre et par délégation :
Par empêchement du directeur des relations du travail :
L'administrateur civil,
E. Aubry
Le ministre de l'agriculture et de la pêche,
Pour le ministre et par délégation :
Par empêchement du directeur des exploitations,
de la politique sociale et de l'emploi :
Le sous-directeur,
P. Dedinger

Article 1, 2, 3
En vigueur

Article 1er

Sont rendues obligatoires, pour tous les employeurs et tous les salariés compris dans le champ d'application professionnel de la convention collective nationale du 8 octobre 1990 des ouvriers employés par les entreprises du bâtiment visées par le décret du 1er mars 1962 (c'est-à-dire occupant jusqu'à dix salariés), tel que complété par l'avenant n° 1 du 17 mars 1992 et dans celui de la convention collective nationale des ouvriers employés par les entreprises du bâtiment non visées par le décret du 1er mars 1962 (c'est-à-dire occupant plus de dix salariés) du 8 octobre 1990, tel qu'étendu par arrêté du 8 février 1991, et dans son propre champ d'application géographique, les dispositions de l'avenant n° 6 du 20 octobre 1998 à l'accord régional (Haute-Normandie) du 11 janvier 1991 conclu dans le cadre des conventions collectives nationales susvisées.

Article 2

L'extension des effets et sanctions de l'accord susvisé est faite à dater de la publication du présent arrêté pour la durée restant à courir et aux conditions prévues par ledit accord.

Article 3

Le directeur des relations du travail au ministère de l'emploi et de la solidarité et le directeur des exploitations, de la politique sociale et de l'emploi au ministère de l'agriculture et de la pêche sont chargés, chacun en ce qui le concerne, de l'exécution du présent arrêté, qui sera publié au Journal officiel de la République française.

Nota. - Le texte de l'accord susvisé a été publié au Bulletin officiel du ministère, fascicule Conventions collectives n° 98-45 en date du 11 décembre 1998.

ARRETE du 5 janvier 1999

La ministre de l'emploi et de la solidarité et le ministre de l'agriculture et de la pêche,
Vu les articles L. 133-1 et suivants du code du travail ;
Vu les arrêtés des 12 février 1991 et 15 décembre 1992 portant extension de la convention collective nationale du 8 octobre 1990 concernant les ouvriers employés par les entreprises du bâtiment visées par le décret du 1er mars 1962 (c'est-à-dire occupant jusqu'à dix salariés) et d'avenants la complétant ;
Vu l'arrêté du 26 octobre 1998 portant extension d'accords régionaux (Poitou-Charentes) conclus dans le cadre de la convention collective susvisée ;
Vu l'accord régional (Poitou-Charentes) du 8 septembre 1998 relatif aux salaires minimaux conclu dans le cadre de la convention collective susvisée ;
Vu la demande d'extension présentée par les organisations signataires ;
Vu les avis publiés au Journal officiel des 28 novembre et 5 décembre 1998 ;
Vu les avis recueillis au cours de l'enquête ;
Vu l'avis motivé de la Commission nationale de la négociation collective (sous-commission des conventions et accords), recueilli suivant la procédure prévue à l'article R. 133-2 du code du travail,

La ministre de l'emploi et de la solidarité,
Pour la ministre et par délégation :

Par empêchement du directeur des relations du travail :
L'administrateur civil,
E. Aubry
Le ministre de l'agriculture et de la pêche,
Pour le ministre et par délégation :
Par empêchement du directeur des exploitations,
de la politique sociale et de l'emploi :
Le sous-directeur,
P. Dedinger

Article 1, 2, 3
En vigueur

Article 1er

Sont rendues obligatoires, pour tous les employeurs et tous les salariés compris dans le champ d'application professionnel de la convention collective nationale du 8 octobre 1990 concernant les ouvriers employés par les entreprises du bâtiment visées par le décret du 1er mars 1962 (c'est-à-dire occupant jusqu'à dix salariés), tel que complété par l'avenant n° 1 du 17 mars 1992, et dans son propre champ d'application territorial, les dispositions de l'accord régional (Poitou-Charentes) du 8 septembre 1998 relatif aux salaires minimaux conclu dans le cadre de la convention collective susvisée.

Article 2

L'extension des effets et sanctions de l'accord susvisé est faite à dater de la publication du présent arrêté pour la durée restant à courir et aux conditions prévues par ledit accord.

Article 3

Le directeur des relations du travail au ministère de l'emploi et de la solidarité et le directeur des exploitations, de la politique sociale et de l'emploi au ministère de l'agriculture et de la pêche sont chargés, chacun en ce qui le concerne, de l'exécution du présent arrêté, qui sera publié au Journal officiel de la République française.

Nota. - Le texte de l'accord susvisé a été publié au Bulletin officiel du ministère, fascicule Conventions collectives n° 98-45 en date du 11 décembre 1998.

ARRETE du 2 février 1999

La ministre de l'emploi et de la solidarité et le ministre de l'agriculture et de la pêche,
Vu les articles L. 133-1 et suivants du code du travail ;
Vu les arrêtés des 12 février 1991 et 15 décembre 1992 portant extension de la convention collective nationale des ouvriers employés par les entreprises du bâtiment visées par le décret du 1er mars 1962 (c'est-à-dire occupant jusqu'à dix salariés) du 8 octobre 1990 et d'avenants la modifiant ou la complétant ;
Vu l'arrêté du 8 février 1991 portant extension de la convention collective nationale des ouvriers employés par les entreprises du bâtiment non visées par le décret du 1er mars 1962 (c'est-à-dire occupant plus de dix salariés) du 8 octobre 1990 ;
Vu l'arrêté du 19 avril 1991 et les arrêtés successifs, notamment l'arrêté du 8 octobre 1996, portant extension d'accords départementaux (Maine-et-Loire) conclus dans le cadre des conventions collectives nationales susvisées ;
Vu l'accord départemental (Maine-et-Loire) du 16 octobre 1998 relatif aux salaires minimaux, conclu dans le cadre des conventions collectives nationales susvisées ;
Vu la demande d'extension présentée par les organisations signataires ;
Vu les avis publiés au Journal officiel des 23 et 31 décembre 1998 ;
Vu les avis recueillis au cours de l'enquête ;
Vu l'avis motivé de la Commission nationale de la négociation collective (sous-commission des conventions et accords), recueilli suivant la procédure prévue à l'article R. 133-2 du code du travail,

La ministre de l'emploi et de la solidarité,
Pour la ministre et par délégation :
Par empêchement du directeur des relations du travail :
L'administrateur civil,
E. Aubry
Le ministre de l'agriculture et de la pêche,
Pour le ministre et par délégation :
Par empêchement du directeur des exploitations,
de la politique sociale et de l'emploi :
Le sous-directeur,
P. Dedinger

Article 1, 2, 3
En vigueur

Article 1er

Sont rendues obligatoires, pour tous les employeurs et tous les salariés compris dans le champ d'application professionnel de la convention collective nationale des ouvriers employés par les entreprises du bâtiment non visées par le décret du 1er mars 1962 (c'est-à-dire occupant plus de dix salariés) du 8 octobre 1990, tel qu'étendu par arrêté du 8 février 1991, et de la convention collective nationale des ouvriers employés par les entreprises du bâtiment visées par le décret du 1er mars 1962 (c'est-à-dire occupant jusqu'à dix salariés) du 8 octobre 1990, tel que modifié par l'avenant n° 1 du 17 mars 1992, et dans son propre champ d'application territorial, les dispositions de l'accord départemental (Maine-et-Loire) du 16 octobre 1998 relatif aux salaires minimaux conclu dans le cadre des conventions collectives nationales susvisées.

Article 2

L'extension des effets et sanctions de l'accord susvisé est faite à dater de la publication du présent arrêté pour la durée restant à courir et aux conditions prévues par ledit accord.

Article 3

Le directeur des relations du travail au ministère de l'emploi et de la solidarité et le directeur des exploitations, de la politique sociale et de l'emploi au ministère de l'agriculture et de la pêche sont chargés, chacun en ce qui le concerne, de l'exécution du présent arrêté, qui sera publié au Journal officiel de la République française.

Nota. - Le texte de l'accord susvisé a été publié au Bulletin officiel du ministère, fascicule Conventions collectives n° 98-49 en date du 15 janvier 1999.

ARRETE du 5 février 1999

La ministre de l'emploi et de la solidarité et le ministre de l'agriculture et de la pêche,
Vu les articles L. 133-1 et suivants du code du travail ;
Vu l'arrêté du 8 février 1991 portant extension de la convention collective nationale du 8 octobre 1990 des ouvriers employés par les entreprises du bâtiment non visées par le décret du 1er mars 1962 (c'est-à-dire occupant plus de dix salariés) ;
Vu les arrêtés du 12 février 1991 et du 15 décembre 1992 portant extension de la convention collective nationale du 8 octobre 1990 des ouvriers employés par les entreprises du bâtiment visées par le décret du 1er mars 1962 (c'est-à-dire occupant jusqu'à dix salariés) et d'avenants la complétant ;
Vu l'arrêté du 24 juin 1991 et les arrêtés successifs, notamment l'arrêté du 18 mars 1997, portant extension d'accords régionaux (Languedoc-Roussillon) ;
Vu l'accord régional (Languedoc-Roussillon) du 1er octobre 1998 relatif aux indemnités de petits déplacements des ouvriers employés par les entreprises du bâtiment, conclu dans le cadre des conventions collectives nationales susvisées ;
Vu la demande d'extension présentée par les organisations signataires ;
Vu les avis publiés au Journal officiel des 19 novembre et 18 décembre 1998 ;
Vu les avis recueillis au cours de l'enquête ;
Vu l'avis motivé de la Commission nationale de la négociation collective (sous-commission des conventions et accords), recueilli suivant la procédure prévue à l'article R. 133-2 du code du travail,

La ministre de l'emploi et de la solidarité,
Pour la ministre et par délégation :
Par empêchement du directeur des relations du travail :
L'administrateur civil,
E. Aubry
Le ministre de l'agriculture et de la pêche,
Pour le ministre et par délégation :
Par empêchement du directeur des exploitations,
de la politique sociale et de l'emploi :
Le sous-directeur,
P. Dedinger

Article 1, 2, 3
En vigueur

Article 1er

Sont rendues obligatoires, pour tous les employeurs et tous les salariés compris dans le champ d'application professionnel de la convention collective nationale du 8 octobre 1990 des ouvriers employés par les entreprises du bâtiment visées par le décret du 1er mars 1962 (c'est-à-dire occupant jusqu'à dix salariés), tel que complété par l'avenant n° 1 du 17 mars 1992, et dans celui de la convention collective nationale du 8 octobre 1990 des ouvriers employés par les entreprises du bâtiment non visées par le décret du 1er mars 1962 (c'est-à-dire occupant plus de dix salariés), tel qu'étendu par arrêté du 8 février 1991, et dans son propre champ d'application territorial, les dispositions de l'accord régional (Languedoc-Roussillon) du 1er octobre 1998 relatif aux indemnités de petits déplacements des ouvriers employés par les entreprises du bâtiment, conclu dans le cadre des conventions collectives nationales susvisées.

Article 2

L'extension des effets et sanctions de l'accord susvisé est faite à dater de la publication du présent arrêté pour la durée restant à courir et aux conditions prévues par ledit accord.

Article 3

Le directeur des relations du travail au ministère de l'emploi et de la solidarité et le directeur des exploitations, de la politique sociale et de l'emploi au ministère de l'agriculture et de la pêche sont chargés, chacun en ce qui le concerne, de l'exécution du présent arrêté, qui sera publié au Journal officiel de la République française.

Nota. - Le texte de l'accord susvisé a été publié au Bulletin officiel du ministère, fascicule Conventions collectives n° 98-52 en date du 5 février 1999.

Arrêté du 23 février 1999

La ministre de l'emploi et de la solidarité et le ministre de l'agriculture et de la pêche,
Vu les articles L. 133-1 et suivants du code du travail ;
Vu les arrêtés des 12 février 1991 et 15 décembre 1992 portant extension de la convention collective nationale du 8 octobre 1990 des ouvriers employés par les entreprises du bâtiment visées par le décret du 1er mars 1962 (c'est-à-dire occupant jusqu'à dix salariés) et d'avenants la complétant ou la modifiant ;
Vu l'arrêté du 8 février 1991 portant extension de la convention collective nationale du 8 octobre 1990 des ouvriers employés par les entreprises du bâtiment non visées par le décret du 1er mars 1962 (c'est-à-dire occupant plus de dix salariés) ;
Vu l'arrêté du 29 octobre 1996 portant extension d'un accord régional (Aquitaine) conclu dans le cadre des conventions collectives nationales susvisées ;
Vu l'accord régional Salaires (région Aquitaine) du 8 décembre 1998 (barème annexé) conclu dans le cadre des conventions collectives susvisées ;
Vu l'accord régional Indemnités de petits déplacements (région Aquitaine) du 8 décembre 1998 conclu dans le cadre des conventions collectives susvisée ;
Vu la demande d'extension présentée par les organisations signataires ;
Vu les avis publiés au Journal officiel des 14 et 22 janvier 1999 ;
Vu les avis recueillis au cours de l'enquête ;
Vu l'avis motivé de la Commission nationale de la négociation collective (sous-commission des conventions et accords), recueilli suivant la procédure prévue à l'article R. 133-2 du code du travail,

La ministre de l'emploi et de la solidarité,
Pour la ministre et par délégation :
Par empêchement du directeur des relations du travail :
L'administrateur civil,
E. Aubry
Le ministre de l'agriculture et de la pêche,
Pour le ministre et par délégation :
Par empêchement du directeur des exploitations,
de la politique sociale et de l'emploi :
Le sous-directeur,
P. Dedinger

Article 1, 2, 3
En vigueur

Article 1er

Sont rendues obligatoires, pour tous les employeurs et tous les salariés compris dans le champ d'application professionnel de la convention collective du 8 octobre 1990 nationale des ouvriers employés par les entreprises du bâtiment visées par le décret du 1er mars 1962 (c'est-à-dire occupant jusqu'à dix salariés), tel que complété par l'avenant n° 1 du 17 mars 1992, et dans celui de la convention collective nationale du 8 octobre 1990 des ouvriers employés par les entreprises du bâtiment non visées par le décret du 1er mars 1962 (c'est-à-dire occupant plus de dix salariés), tel qu'étendu par l'arrêté du 8 février 1991, et dans son propre champ d'application territorial, les dispositions de l'accord régional Salaires (région Aquitaine) du 8 décembre 1998 (barème annexé) conclu dans le cadre des conventions collectives susvisées et de l'accord régional Indemnités de petits déplacements (région Aquitaine) du 8 décembre 1998 conclu dans le cadre des conventions collectives susvisées.

Article 2

L'extension des effets et sanctions des accords susvisés est faite à dater de la publication du présent arrêté pour la durée restant à courir et aux conditions prévues par lesdits accords.

Article 3

Le directeur des relations du travail au ministère de l'emploi et de la solidarité et le directeur des exploitations, de la politique sociale et de l'emploi au ministère de l'agriculture et de la pêche sont chargés, chacun en ce qui le concerne, de l'exécution du présent arrêté, qui sera publié au Journal

officiel de la République française.

Nota. - Le texte des accords susvisés a été publié au Bulletin officiel du ministère, fascicule Conventions collectives n° 98-52 en date du 5 janvier 1999.

ARRETE du 8 mars 1999

La ministre de l'emploi et de la solidarité et le ministre de l'agriculture et de la pêche,
Vu les articles L. 133-1 et suivants du code du travail ;
Vu l'arrêté du 8 février 1991 portant extension de la convention collective nationale du 8 octobre 1990 des ouvriers employés par les entreprises du bâtiment non visées par le décret du 1er mars 1962 (c'est-à-dire occupant plus de dix salariés) ;
Vu les arrêtés des 12 février 1991 et 15 décembre 1992 portant extension de la convention collective nationale du 18 octobre 1990 des ouvriers employés par les entreprises du bâtiment visées par le décret du 1er mars 1962 (c'est-à-dire occupant jusqu'à dix salariés) et d'avenants la complétant ;
Vu l'arrêté du 24 juin 1991 et les arrêtés successifs, notamment l'arrêté du 18 mars 1997, portant extension d'accords régionaux (Languedoc-Roussillon) ;
Vu l'accord régional (Languedoc-Roussillon) du 20 novembre 1998 relatif aux salaires minima des ouvriers employés par les entreprises du bâtiment, conclu dans le cadre des conventions collectives nationales susvisées ;
Vu la demande d'extension présentée par les organisations signataires ;
Vu les avis publiés au Journal officiel des 17 et 22 janvier 1999 ;
Vu les avis recueillis au cours de l'enquête ;
Vu l'avis motivé de la Commission nationale de la négociation collective (sous-commission des conventions et accords), recueilli suivant la procédure prévue à l'article R. 133-2 du code du travail,
La ministre de l'emploi et de la solidarité,
Pour la ministre et par délégation :
Par empêchement du directeur des relations du travail :
L'administrateur civil,
E. Aubry
Le ministre de l'agriculture et de la pêche,
Pour le ministre et par délégation :
Par empêchement du directeur des exploitations,
de la politique sociale et de l'emploi :
Le sous-directeur,
P. Dedinger

Article 1, 2, 3
En vigueur

Article 1er

Sont rendues obligatoires, pour tous les employeurs et tous les salariés compris dans le champ d'application professionnel de la convention collective nationale du 18 octobre 1990 des ouvriers employés par les entreprises du bâtiment visées par le décret du 1er mars 1962 (c'est-à-dire occupant jusqu'à dix salariés), tel que complété par l'avenant n° 1 du 17 mars 1992, et dans celui de la convention collective nationale du 8 octobre 1990 des ouvriers employés par les entreprises du bâtiment non visées par le décret du 1er mars 1962 (c'est-à-dire occupant plus de dix salariés), tel qu'étendu par arrêté du 8 février 1991, et dans son propre champ d'application territorial, les dispositions de l'accord régional (Languedoc-Roussillon) du 20 novembre 1998 relatif aux salaires minima des ouvriers employés par les entreprises du bâtiment, conclu dans le cadre des conventions collectives nationales susvisées.

Article 2

L'extension des effets et sanctions de l'accord susvisé est faite à dater de la publication du présent arrêté pour la durée restant à courir et aux conditions prévues par ledit accord.

Article 3

Le directeur des relations du travail au ministère de l'emploi et de la solidarité et le directeur des exploitations, de la politique sociale et de l'emploi au ministère de l'agriculture et de la pêche sont chargés, chacun en ce qui le concerne, de l'exécution du présent arrêté, qui sera publié au Journal officiel de la République française.

Nota. - Le texte de l'accord susvisé a été publié au Bulletin officiel du ministère, fascicule Conventions collectives n° 99-4 en date du 5 mars 1999.

ARRETE du 25 mars 1999

La ministre de l'emploi et de la solidarité et le ministre de l'agriculture et de la pêche,
Vu les articles L. 133-1 et suivants du code du travail ;
Vu les arrêtés du 12 février 1991 et du 15 décembre 1992 portant extension de la convention collective nationale du 8 octobre 1990 des ouvriers employés par les entreprises du bâtiment visées par le décret du 1er mars 1962 (c'est-à-dire occupant jusqu'à dix salariés) et d'avenants la modifiant ou la complétant ;

Vu l'arrêté du 8 février 1991 portant extension de la convention collective nationale du 8 octobre 1990 des ouvriers employés par les entreprises du bâtiment non visées par le décret du 1er mars 1962 (c'est-à-dire occupant plus de dix salariés) ;
Vu l'accord interdépartemental Salaires (Mayenne, Sarthe et Vendée) du 5 janvier 1999 conclu dans le cadre des conventions collectives nationales susvisées ;
Vu la demande d'extension présentée par les organisations signataires ;
Vu les avis publiés au Journal officiel des 17 et 18 février 1999 ;
Vu les avis recueillis au cours de l'enquête ;
Vu l'avis motivé de la Commission nationale de la négociation collective (sous-commission des conventions et accords), recueilli suivant la procédure prévue à l'article R. 133-2 du code du travail,

La ministre de l'emploi et de la solidarité,
Pour la ministre et par délégation :
Par empêchement du directeur des relations du travail :
L'administrateur civil,
E. Aubry
Le ministre de l'agriculture et de la pêche,
Pour le ministre et par délégation :
Par empêchement du directeur des exploitations,
de la politique sociale et de l'emploi :
Le sous-directeur,
P. Dedinger

Article 1, 2, 3
En vigueur

Article 1er

Sont rendues obligatoires, pour tous les employeurs et tous les salariés compris dans le champ d'application professionnel de la convention collective nationale du 8 octobre 1990 des ouvriers employés par les entreprises du bâtiment non visées par le décret du 1er mars 1962 (c'est-à-dire occupant plus de dix salariés), tel qu'étendu par arrêté du 8 février 1991, et dans celui de la convention collective nationale du 8 octobre 1990 des ouvriers employés par les entreprises du bâtiment visées par le décret du 1er mars 1962 (c'est-à-dire occupant jusqu'à dix salariés) tel que complété par l'avenant n° 1 du 17 mars 1992, et dans son propre champ d'application territorial, les dispositions de l'accord interdépartemental Salaires (Mayenne, Sarthe et Vendée) du 5 janvier 1999 conclu dans le cadre des conventions collectives nationales susvisées.

Article 2

L'extension des effets et sanctions de l'accord susvisé est faite à dater de la publication du présent arrêté pour la durée restant à courir et aux conditions prévues par ledit accord.

Article 3

Le directeur des relations du travail au ministère de l'emploi et de la solidarité et le directeur des exploitations, de la politique sociale et de l'emploi au ministère de l'agriculture et de la pêche sont chargés, chacun en ce qui le concerne, de l'exécution du présent arrêté, qui sera publié au Journal officiel de la République française.

Nota. - Le texte de l'accord susvisé a été publié au Bulletin officiel du ministère, fascicule Conventions collectives n° 99-06 en date du 19 mars 1999.

ARRETE du 25 mars 1999

La ministre de l'emploi et de la solidarité et le ministre de l'agriculture et de la pêche,
Vu les articles L. 133-1 et suivants du code du travail ;
Vu l'arrêté du 8 février 1991 portant extension de la convention collective nationale du 8 octobre 1990 concernant les ouvriers employés par les entreprises du bâtiment non visées par le décret du 1er mars 1962 (c'est-à-dire occupant plus de dix salariés) ;
Vu les arrêtés du 12 février 1991 et du 15 décembre 1992 portant extension de la convention collective nationale du 8 octobre 1990 des ouvriers employés par les entreprises du bâtiment visées par le décret du 1er mars 1962 (c'est-à-dire occupant jusqu'à dix salariés) et d'avenants la complétant ;
Vu l'accord départemental Salaires (Loire-Atlantique) du 5 janvier 1999 conclu dans le cadre des conventions collectives nationales susvisées ;
Vu la demande d'extension présentée par les organisations signataires ;
Vu les avis publiés au Journal officiel des 17 et 18 février 1999 ;
Vu les avis recueillis au cours de l'enquête ;
Vu l'avis motivé de la Commission nationale de la négociation collective (sous-commission des conventions et accords), recueilli suivant la procédure prévue à l'article R. 133-2 du code du travail,

La ministre de l'emploi et de la solidarité,
Pour la ministre et par délégation :
Par empêchement du directeur des relations du travail :
L'administrateur civil,
E. Aubry

Le ministre de l'agriculture et de la pêche,
Pour le ministre et par délégation :
Par empêchement du directeur des exploitations,
de la politique sociale et de l'emploi :
Le sous-directeur,
P. Dedinger

Article 1, 2, 3
En vigueur

Article 1er

Sont rendues obligatoires, pour tous les employeurs et tous les salariés compris dans le champ d'application professionnel de la convention collective nationale du 8 octobre 1990 concernant les ouvriers employés par les entreprises du bâtiment visées par le décret du 1er mars 1962 (c'est-à-dire occupant jusqu'à dix salariés), tel que complété par l'avenant n° 1 du 17 mars 1992, et dans celui de la convention collective nationale du 8 octobre 1990 des ouvriers employés par les entreprises du bâtiment non visées par le décret du 1er mars 1962 (c'est-à-dire occupant plus de dix salariés), tel qu'étendu par arrêté du 8 février 1991, et dans son propre champ d'application territorial, les dispositions de l'accord départemental Salaires (Loire-Atlantique) du 5 janvier 1999 conclu dans le cadre des conventions collectives nationales susvisées.

Article 2

L'extension des effets et sanctions de l'accord susvisé est faite à dater de la publication du présent arrêté pour la durée restant à courir et aux conditions prévues par ledit accord.

Article 3

Le directeur des relations du travail au ministère de l'emploi et de la solidarité et le directeur des exploitations, de la politique sociale et de l'emploi au ministère de l'agriculture et de la pêche sont chargés, chacun en ce qui le concerne, de l'exécution du présent arrêté, qui sera publié au Journal officiel de la République française.

Nota. - Le texte de l'accord susvisé a été publié au Bulletin officiel du ministère, fascicule Conventions collectives n° 99-06 en date du 19 mars 1999.

ARRETE du 2 avril 1999

La ministre de l'emploi et de la solidarité et le ministre de l'agriculture et de la pêche,
Vu les articles L. 133-1 et suivants du code du travail ;
Vu les arrêtés des 12 février 1991 et 15 décembre 1992 portant extension de la convention collective nationale du 8 octobre 1990 des ouvriers employés par les entreprises du bâtiment visées par le décret du 1er mars 1962 (c'est-à-dire occupant jusqu'à dix salariés) et d'avenants la complétant ;
Vu l'arrêté du 8 février 1991 portant extension de la convention collective nationale du 8 octobre 1990 des ouvriers employés par les entreprises du bâtiment non visées par le décret du 1er mars 1962 (c'est-à-dire occupant plus de dix salariés) ;
Vu l'arrêté du 5 juillet 1991 et les arrêtés successifs, notamment l'arrêté du 5 novembre 1998, portant extension d'accords régionaux (Lorraine) ;
Vu l'accord régional (Lorraine) du 13 janvier 1999 (Indemnités de petits déplacements) conclu dans le cadre des conventions collectives nationales susvisées ;
Vu la demande d'extension présentée par les organisations signataires ;
Vu les avis publiés au Journal officiel des 10 et 11 février 1999 ;
Vu les avis recueillis au cours de l'enquête ;
Vu l'avis motivé de la Commission nationale de la négociation collective (sous-commission des conventions et accords) recueilli suivant la procédure prévue à l'article R. 133-2 du code du travail,

La ministre de l'emploi et de la solidarité,
Pour la ministre et par délégation :
Par empêchement du directeur des relations du travail :
L'administrateur civil,
E. Aubry
Le ministre de l'agriculture et de la pêche,
Pour le ministre et par délégation :
Par empêchement du directeur des exploitations,
de la politique sociale et de l'emploi :
Le sous-directeur,
P. Dedinger

Article 1, 2, 3
En vigueur

Article 1er

Sont rendues obligatoires, pour tous les employeurs et tous les salariés compris dans le champ d'application professionnel de la convention collective nationale du 8 octobre 1990 des ouvriers employés par les entreprises du bâtiment visées par le décret du 1er mars 1962 (c'est-à-dire occupant jusqu'à dix salariés), tel que complété par l'avenant n° 1 du 17 mars 1992, et dans celui de la convention collective nationale du 8 octobre 1990 des ouvriers employés par les entreprises du bâtiment non visées par le décret du 1er mars 1962 (c'est-à-dire occupant plus de dix salariés), tel qu'étendu par l'arrêté du 8 février 1991, et dans son propre champ d'application territorial, les dispositions de l'accord régional (Lorraine) du 13 janvier 1999 (Indemnités de petits déplacements) conclu dans le cadre des conventions collectives nationales susvisées.

Article 2

L'extension des effets et sanctions de l'accord susvisé est faite à dater de la publication du présent arrêté pour la durée restant à courir et aux conditions prévues par ledit accord.

Article 3

Le directeur des relations du travail au ministère de l'emploi et de la solidarité et le directeur des exploitations, de la politique sociale et de l'emploi au ministère de l'agriculture et de la pêche sont chargés, chacun en ce qui le concerne, de l'exécution du présent arrêté, qui sera publié au Journal officiel de la République française.

Nota. - Le texte de l'accord susvisé a été publié au Bulletin officiel du ministère, fascicule Conventions collectives n° 99-06 en date du 19 mars 1999.

ARRETE du 5 mai 1999

Vu les articles L. 133-1 et suivants du code du travail ;
Vu l'arrêté du 8 février 1991 portant extension de la convention collective nationale du 8 octobre 1990 des ouvriers employés par les entreprises du bâtiment non visées par le décret du 1er mars 1962 (c'est-à-dire occupant plus de dix salariés) ;
Vu les arrêtés des 12 février 1991 et 15 décembre 1992 portant extension de la convention collective nationale du 8 octobre 1990 des ouvriers employés par les entreprises du bâtiment visées par le décret du 1er mars 1962 (c'est-à-dire occupant jusqu'à dix salariés) et d'avenants la complétant ;
Vu l'accord concernant les départements de la Drôme et de l'Ardèche du 15 janvier 1999 (Indemnités de petits déplacements), conclu dans le cadre des conventions collectives susvisées ;
Vu la demande d'extension présentée par les organisations signataires ;
Vu les avis publiés au Journal officiel du 26 mars et du 2 avril 1999 ;
Vu les avis recueillis au cours de l'enquête ;
Vu l'avis motivé de la Commission nationale de la négociation collective (sous-commission des conventions et accords), recueilli suivant la procédure prévue à l'article R. 133-2 du code du travail,

La ministre de l'emploi et de la solidarité,
Pour la ministre et par délégation :
Par empêchement du directeur des relations du travail :
L'administrateur civil,
E. Aubry
Le ministre de l'agriculture et de la pêche,
Pour le ministre et par délégation :
Par empêchement du directeur des exploitations,
de la politique sociale et de l'emploi :
Le sous-directeur,
P. Dedinger

Article 1, 2, 3
En vigueur

Article 1er

Sont rendues obligatoires, pour tous les employeurs et tous les salariés compris dans le champ d'application professionnel de la convention collective nationale du 8 octobre 1990 des ouvriers employés par les entreprises du bâtiment visées par le décret du 1er mars 1962 (c'est-à-dire occupant jusqu'à dix salariés), tel que complété par l'avenant n° 1 du 17 mars 1992, et de la convention collective nationale du 8 octobre 1990 des ouvriers employés par les entreprises du bâtiment non visées par le décret du 1er mars 1962 (c'est-à-dire occupant plus de dix salariés), tel qu'étendu par arrêté du 8 février 1991, et dans son propre champ d'application territorial, les dispositions de l'accord concernant les départements de la Drôme et de l'Ardèche du 15 janvier 1999 (Indemnités de petits déplacements), conclu dans le cadre des conventions collectives susvisées.

Article 2

L'extension des effets et sanctions de l'accord susvisé est faite à dater de la publication du présent arrêté pour la durée restant à courir et aux conditions prévues par ledit accord.

Article 3

Le directeur des relations du travail au ministère de l'emploi et de la solidarité et le directeur des exploitations, de la politique sociale et de l'emploi au ministère de l'agriculture et de la pêche sont chargés, chacun en ce qui le concerne, de l'exécution du présent arrêté, qui sera publié au Journal officiel de la République française.
Nota. - Le texte de l'accord susvisé a été publié au Bulletin officiel du ministère, fascicule Conventions collectives n° 99-12 en date du 30 avril 1999.

ARRETE du 17 mai 1999

Vu les articles L. 133-1 et suivants du code du travail ;
Vu les arrêtés des 12 février 1991 et 15 décembre 1992 portant extension de la convention collective nationale du 8 octobre 1990 des ouvriers employés par les entreprises du bâtiment visées par le décret du 1er mars 1962 (c'est-à-dire occupant jusqu'à dix salariés) et d'avenants la complétant ;
Vu l'arrêté du 22 mai 1997 portant extension d'un accord départemental (Rhône) conclu dans le cadre de la convention collective nationale susvisée ;
Vu l'accord départemental (Rhône) du 25 février 1999 (Indemnités de petits déplacements) conclu dans le cadre de la convention collective nationale susvisée ;
Vu la demande d'extension présentée par les organisations signataires ;
Vu les avis publiés au Journal officiel des 2 et 10 avril 1999 ;
Vu les avis recueillis au cours de l'enquête ;
Vu l'avis motivé de la Commission nationale de la négociation collective (sous-commission des conventions et accords), recueilli suivant la procédure prévue à l'article R. 133-2 du code du travail,

La ministre de l'emploi et de la solidarité,
Pour la ministre et par délégation :
Par empêchement du directeur des relations du travail :
L'administrateur civil,
E. Aubry
Le ministre de l'agriculture et de la pêche,
Pour le ministre et par délégation :
Par empêchement du directeur des exploitations,
de la politique sociale et de l'emploi :
Le sous-directeur,
P. Dedinger

Article 1, 2, 3
En vigueur

Article 1er

Sont rendues obligatoires, pour tous les employeurs et tous les salariés compris dans le champ d'application professionnel de la convention collective nationale du 8 octobre 1990 des ouvriers employés par les entreprises du bâtiment visées par le décret du 1er mars 1962 (c'est-à-dire occupant jusqu'à dix salariés), tel que complété par l'avenant n° 1 du 17 mars 1992, et dans son propre champ d'application territorial, les dispositions de l'accord départemental (Rhône) du 25 février 1999 (Indemnités de petits déplacements) conclu dans le cadre de la convention collective nationale susvisée.

Article 2

L'extension des effets et sanctions de l'accord susvisé est faite à dater de la publication du présent arrêté pour la durée restant à courir et aux conditions prévues par ledit accord.

Article 3

Le directeur des relations du travail au ministère de l'emploi et de la solidarité et le directeur des exploitations, de la politique sociale et de l'emploi au ministère de l'agriculture et de la pêche sont chargés, chacun en ce qui le concerne, de l'exécution du présent arrêté, qui sera publié au Journal officiel de la République française.

Nota. - Le texte de l'accord susvisé a été publié au Bulletin officiel du ministère, fascicule Conventions collectives n° 99-11 en date du 23 avril 1999.

ARRETE du 26 mai 1999

Vu les articles L. 133-1 et suivants du code du travail ;
Vu l'arrêté du 8 février 1991 portant extension de la convention collective nationale du 8 octobre 1990 des ouvriers employés par les entreprises du bâtiment non visées par le décret du 1er mars 1962 (c'est-à-dire occupant plus de dix salariés) ;
Vu les arrêtés des 12 février 1991 et 15 décembre 1992 portant extension de la convention collective nationale du 8 octobre 1990 concernant des ouvriers employés par les entreprises du bâtiment visées par le décret du 1er mars 1962 (c'est-à-dire occupant jusqu'à dix salariés) et d'avenants la complétant ;
Vu l'arrêté du 31 juillet 1997 portant extension d'un accord régional (Midi-Pyrénées) ;

Vu l'accord régional (Midi-Pyrénées) du 5 mars 1999 (Salaires) conclu dans le cadre des conventions collectives nationales susvisées ;
Vu la demande d'extension présentée par les organisations signataires ;
Vu les avis publiés au Journal officiel des 7 et 30 avril 1999 ;
Vu les avis recueillis au cours de l'enquête ;
Vu l'avis motivé de la Commission nationale de la négociation collective (sous-commission des conventions et accords), recueilli suivant la procédure prévue à l'article R. 133-2 du code du travail,

La ministre de l'emploi et de la solidarité,
Pour la ministre et par délégation :
Par empêchement du directeur des relations du travail :
L'administrateur civil,
E. Aubry
Le ministre de l'agriculture et de la pêche,
Pour le ministre et par délégation :
Par empêchement du directeur des exploitations,
de la politique sociale et de l'emploi :
Le sous-directeur,
P. Dedinger

Article 1, 2, 3
En vigueur

Article 1er

Sont rendues obligatoires, pour tous les employeurs et tous les salariés compris dans le champ d'application professionnel de la convention collective nationale du 8 octobre 1990 des ouvriers employés par les entreprises du bâtiment visées par le décret du 1er mars 1962 (c'est-à-dire occupant jusqu'à dix salariés), tel que modifié par l'avenant n° 1 du 17 mars 1992, et dans celui de la convention collective nationale du 8 octobre 1990 des ouvriers employés par les entreprises du bâtiment non visées par le décret du 1er mars 1962 (c'est-à-dire occupant plus de dix salariés), et dans son propre champ d'application géographique, les dispositions de l'accord régional (Midi-Pyrénées) du 5 mars 1999 (Salaires) conclu dans le cadre des conventions collectives nationales susvisées, sous réserve des dispositions réglementaires portant fixation du salaire minimum de croissance.

Article 2

L'extension des effets et sanctions de l'accord susvisé est faite à dater de la publication du présent arrêté pour la durée restant à courir et aux conditions prévues par ledit accord.

Article 3

Le directeur des relations du travail au ministère de l'emploi et de la solidarité et le directeur des exploitations, de la politique sociale et de l'emploi au ministère de l'agriculture et de la pêche sont chargés, chacun en ce qui le concerne, de l'exécution du présent arrêté, qui sera publié au Journal officiel de la République française.

Nota. - Le texte de l'accord susvisé a été publié au Bulletin officiel du ministère, fascicule Conventions collectives n° 99-13 en date du 7 mai 1999.

ARRETE du 4 juin 1999

Vu les articles L. 133-1 et suivants du code du travail ;
Vu les arrêtés du 12 février 1991 et du 15 décembre 1992 portant extension de la convention collective nationale du 8 octobre 1990 des ouvriers employés par les entreprises du bâtiment visées par le décret du 1er mars 1962 (c'est-à-dire occupant jusqu'à dix salariés) et d'avenants la complétant ;
Vu l'arrêté du 8 février 1991 portant extension de la convention collective nationale du 8 octobre 1990 des ouvriers employés par les entreprises du bâtiment non visées par le décret du 1er mars 1962 (c'est-à-dire occupant plus de dix salariés) ;
Vu l'arrêté du 9 juillet 1997 portant extension d'accords régionaux (Limousin) conclus dans le cadre des conventions collectives nationales susvisées ;
Vu l'accord régional (Limousin) du 14 décembre 1998 (Salaires minima) conclu dans le cadre des conventions collectives nationales susvisées ;
Vu l'accord régional (Limousin) du 14 décembre 1998 (Indemnités de petits déplacements) conclu dans le cadre des conventions collectives nationales susvisées ;
Vu l'accord régional (Limousin) du 14 décembre 1998 (Primes conventionnelles et prime d'outillage) conclu dans le cadre des conventions collectives nationales susvisées ;
Vu la demande d'extension présentée par les organisations signataires ;
Vu les avis publiés au Journal officiel des 7 et 30 avril 1999 ;
Vu les avis recueillis au cours de l'enquête ;
Vu l'avis motivé de la Commission nationale de la négociation collective (sous-commission des conventions et accords), recueilli suivant la procédure prévue à l'article R. 133-2 du code du travail,

La ministre de l'emploi et de la solidarité,
Pour la ministre et par délégation :
Le directeur des relations du travail,

E. Aubry
Le ministre de l'agriculture et de la pêche,
Pour le ministre et par délégation :
Par empêchement du directeur des exploitations,
de la politique sociale et de l'emploi :
Le sous-directeur,
P. Dedinger

Article 1, 2, 3
En vigueur

Article 1er

Sont rendues obligatoires, pour tous les employeurs et tous les salariés compris dans le champ d'application professionnel de la convention collective nationale du 8 octobre 1990 des ouvriers employés par les entreprises du bâtiment visées par le décret du 1er mars 1962 (c'est-à-dire occupant jusqu'à dix salariés), tel que complété par l'avenant n° 1 du 17 mars 1992, et dans celui de la convention collective nationale du 8 octobre 1990 des ouvriers employés par les entreprises du bâtiment non visées par le décret du 1er mars 1962 (c'est-à-dire occupant plus de dix salariés), tel qu'étendu par l'arrêté du 8 février 1991, et dans leur propre champ d'application territorial, les dispositions de :

- l'accord régional (Limousin) du 14 décembre 1998 (Salaires minima) conclu dans le cadre des conventions collectives nationales susvisées ;

- l'accord régional (Limousin) du 14 décembre 1998 (Indemnités de petits déplacements) conclu dans le cadre des conventions collectives nationales susvisées ;

- l'accord régional (Limousin) du 14 décembre 1998 (Primes conventionnelles et prime d'outillage) conclu dans le cadre des conventions collectives nationales susvisées.

Article 2

L'extension des effets et sanctions des accords susvisés est faite à dater de la publication du présent arrêté pour la durée restant à courir et aux conditions prévues par lesdits accords.

Article 3

Le directeur des relations du travail au ministère de l'emploi et de la solidarité et le directeur des exploitations, de la politique sociale et de l'emploi au ministère de l'agriculture et de la pêche sont chargés, chacun en ce qui le concerne, de l'exécution du présent arrêté, qui sera publié au Journal officiel de la République française.

Nota. - Le texte des accords susvisés a été publié au Bulletin officiel du ministère, fascicule Conventions collectives n° 99-15 en date du 21 mai 1999.

ARRETE du 22 juin 1999

Vu les articles L. 133-1 et suivants du code du travail ;
Vu les arrêtés des 12 février 1991 et 15 février 1992 portant extension de la convention collective nationale du 8 octobre 1990 des ouvriers employés par les entreprises du bâtiment visées par le décret du 1er mars 1962 (c'est-à-dire occupant jusqu'à dix salariés) et d'avenants la complétant ;
Vu l'arrêté du 6 août 1997 portant extension d'un accord régional (Centre), conclu dans le cadre de la convention collective nationale susvisée ;
Vu l'accord Salaires (Centre) du 15 mars 1999, conclu dans le cadre de la convention collective nationale susvisée ;
Vu la demande d'extension présentée par les organisations signataires ;
Vu l'avis publié au Journal officiel du 3 juin 1999 ;
Vu les avis recueillis au cours de l'enquête ;
Vu l'avis motivé de la Commission nationale de la négociation collective (sous-commission de conventions et accords), recueilli suivant la procédure prévue à l'article R. 133-2 du code du travail,

Pour la ministre et par délégation :
Par empêchement du directeur des relations du travail :
L'administrateur civil,
E. Aubry

Article 1, 2, 3
En vigueur

Article 1er

Sont rendues obligatoires, pour tous les employeurs et tous les salariés compris dans le champ d'application professionnel de la convention collective nationale du 8 octobre 1990 des ouvriers employés par les entreprises du bâtiment visées par le décret du 1er mars 1962 (c'est-à-dire occupant jusqu'à dix salariés), tel que complété par l'avenant n° 1 du 17 mars 1992 et dans son propre champ d'application territorial, les dispositions de l'accord Salaires (Centre) du 15 mars 1999, conclu dans le cadre de la convention collective nationale susvisée, sous réserve de l'application des dispositions règlementaires portant fixation du salaire minimum de croissance.

Article 2

L'extension des effets et sanctions de l'accord susvisé est faite à dater de la publication du présent arrêté pour la durée restant à courir et aux conditions prévues par ledit accord.

Article 3

Le directeur des relations du travail est chargé de l'exécution du présent arrêté, qui sera publié au Journal officiel de la République française.

Nota. - Le texte de l'accord susvisé a été publié au Bulletin officiel du ministère, fascicule Conventions collectives n° 99-16 en date du 4 juin 1999.

ARRETE du 22 juin 1999

Vu les articles L. 133-1 et suivants du code du travail ;
Vu l'arrêté du 8 février 1991 portant extension de la convention collective nationale du 8 octobre 1990 des ouvriers employés par les entreprises du bâtiment non visées par le décret du 1er mars 1962 (c'est-à-dire occupant plus de dix salariés) ;
Vu les arrêtés des 12 février 1991 et 15 décembre 1992 portant extension de la convention collective nationale du 18 octobre 1990 des ouvriers employés par les entreprises du bâtiment visées par le décret du 1er mars 1962 (c'est-à-dire occupant jusqu'à dix salariés) et d'avenants la complétant ;
Vu l'arrêté du 8 juillet 1994 portant extension de la convention collective des ouvriers du bâtiment de la région Basse-Normandie du 9 février 1994 conclue dans le cadre des conventions collectives nationales susvisées ;
Vu l'accord n° 6 du 29 janvier 1999 (Salaire minima) à la convention collective régionale susvisée ;
Vu l'avenant n° 3 du 29 janvier 1999 (Indemnités de petits déplacements) à la convention collective régionale susvisée ;
Vu la demande d'extension présentée par les organisations syndicales signataires ;
Vu les avis publiés au Journal officiel des 6 et 11 mai 1999 ;
Vu les avis recueillis au cours de l'enquête ;
Vu l'avis motivé de la Commission nationale de la négociation collective (sous-commission des conventions et accords), recueilli suivant la procédure prévue à l'article R. 133-2 du code du travail,

La ministre de l'emploi et de la solidarité,
Pour la ministre et par délégation :
Par empêchement du directeur des relations du travail :
L'administrateur civil,
E. Aubry
Le ministre de l'agriculture et de la pêche,
Pour le ministre et par délégation :
Par empêchement du directeur des exploitations,
de la politique sociale et de l'emploi :
Le sous-directeur,
P. Dedinger

Article 1, 2, 3
En vigueur

Article 1er

Sont rendues obligatoires, pour tous les employeurs et tous les salariés compris dans le champ d'application professionnel de la convention collective nationale du 8 octobre 1990 des ouvriers employés par les entreprises du bâtiment visées par le décret du 1er mars 1962 (c'est-à-dire occupant jusqu'à dix salariés), tel que complété par l'avenant n° 1 du 17 mars 1992, et de la convention collective nationale des ouvriers employés par les entreprises du bâtiment non visées par le décret du 1er mars 1962 (c'est-à-dire occupant plus de dix salariés) tel qu'étendu par arrêté du 8 février 1991, et dans le champ d'application territorial de la convention collective des ouvriers du bâtiment de la région Basse-Normandie du 9 février 1994, les dispositions de :

- l'accord n° 6 du 29 janvier 1999 (Salaires minima) à la convention collective régionale susvisée, sous réserve des dispositions réglementaires portant fixation du salaire minimum de croissance ;

- l'avenant n° 3 du 29 janvier 1999 (Indemnités de petits déplacements) à la convention collective régionale susvisée.

Article 2

L'extension des effets et sanctions des accords susvisés est faite à dater de la publication du présent arrêté pour la durée restant à courir et aux conditions prévues par lesdits accords.

Article 3

Le directeur des relations du travail au ministère de l'emploi et de la solidarité et le directeur des exploitations, de la politique sociale et de l'emploi au ministère de l'agriculture et de la pêche sont chargés, chacun en ce qui le concerne, de l'exécution du présent arrêté, qui sera publié au Journal officiel de la République française.

Nota. - Le texte des accords susvisés a été publié au Bulletin officiel du ministère, fascicule Conventions collectives n° 99-17 en date du 11 juin 1999.

ARRETE du 30 juin 1999

Vu les articles L. 133-1 et suivants du code du travail ;
Vu l'arrêté du 8 février 1991 portant extension de la convention collective nationale des ouvriers employés par les entreprises du bâtiment non visées par le décret du 1er mars 1962 (c'est-à-dire occupant plus de dix salariés) du 8 octobre 1990 ;
Vu les arrêtés des 12 février 1991 et 15 décembre 1992 portant extension de la convention collective nationale des ouvriers employés par les entreprises du bâtiment visées par le décret du 1er mars 1962 (c'est-à-dire occupant jusqu'à dix salariés) du 8 octobre 1990 et d'avenants la complétant ;
Vu l'arrêté du 27 février 1996 et les arrêtés successifs, notamment l'arrêté du 8 juillet 1998, portant extension de la convention collective des ouvriers du bâtiment de la région Bretagne du 9 mars 1995 conclue dans le cadre des conventions collectives nationales susvisées et d'accords la complétant ;
Vu l'accord régional (Bretagne) du 15 avril 1999 (Salaires minima) conclu dans le cadre de la convention collective susvisée ;
Vu l'accord régional (Bretagne) du 15 avril 1999 (Indemnités de petits déplacements) conclu dans le cadre de la convention collective susvisée ;

Vu la demande d'extension présentée par les organisations signataires ;
Vu les avis publiés au Journal officiel des 20 mai et 4 juin 1999 ;
Vu les avis recueillis au cours de l'enquête ;
Vu l'avis motivé de la Commission nationale de la négociation collective (sous-commission des conventions et accords), recueilli suivant la procédure prévue à l'article R. 133-2 du code du travail,

La ministre de l'emploi et de la solidarité,
Pour la ministre et par délégation :
Par empêchement du directeur des relations du travail :
L'administrateur civil,
E. Aubry
Le ministre de l'agriculture et de la pêche,
Pour le ministre et par délégation :
Par empêchement du directeur des exploitations,
de la politique sociale et de l'emploi :
Le sous-directeur,
P. Dedinger

Article 1, 2, 3
En vigueur

Article 1er

Sont rendues obligatoires, pour tous les employeurs et tous les salariés compris dans le champ d'application professionnel de la convention collective nationale des ouvriers employés par les entreprises du bâtiment visées par le décret du 1er mars 1962 (c'est-à-dire occupant jusqu'à dix salariés) du 8 octobre 1990, tel que complété par l'avenant n° 1 du 17 mars 1992, et dans celui de la convention collective nationale des ouvriers employés par les entreprises du bâtiment non visées par le décret du 1er mars 1962 (c'est-à-dire occupant plus de dix salariés) du 8 octobre 1990, tel qu'étendu par arrêté du 8 février 1991, et dans leur propre champ d'application territorial, les dispositions de :

- l'accord régional (Bretagne) du 15 avril 1999 (Salaires minima) conclu dans le cadre de la convention collective susvisée, sous réserve de l'application des dispositions réglementaires relatives au salaire minimum de croissance ;

- l'accord régional (Bretagne) du 15 avril 1999 (Indemnités de petits déplacements) conclu dans le cadre de la convention collective susvisée.

Article 2

L'extension des effets et sanctions des accords susvisés est faite à dater de la publication du présent arrêté pour la durée restant à courir et aux conditions prévues par lesdits accords.

Article 3

Le directeur des relations du travail au ministère de l'emploi et de la solidarité et le directeur des exploitations, de la politique sociale et de l'emploi au ministère de l'agriculture et de la pêche sont chargés, chacun en ce qui le concerne, de l'exécution du présent arrêté, qui sera publié au Journal officiel de la République française.

Nota. - Le texte des accords susvisés a été publié au Bulletin officiel du ministère, fascicule Conventions collectives n° 99-19 en date du 18 juin 1999.

ARRETE du 26 juillet 1999

Vu les articles L. 133-1 et suivants du code du travail ;
Vu l'arrêté du 8 février 1991 portant extension de la convention collective nationale du 8 octobre 1990 concernant les ouvriers employés par les entreprises du bâtiment non visées par le décret du 1er mars 1962 (c'est-à-dire occupant plus de dix salariés) ;
Vu les arrêtés des 12 février 1991 et 15 décembre 1992 portant extension de la convention collective nationale du 8 octobre 1990 des ouvriers employés par les entreprises visées par le décret du 1er mars 1962 (c'est-à-dire occupant jusqu'à dix salariés) et d'avenants la complétant ;
Vu l'arrêté du 9 juillet 1997 portant extension d'accords régionaux (Picardie) conclus dans le cadre des conventions collectives nationales susvisées ;
Vu l'accord Salaires (Picardie) du 31 mars 1999 conclu dans le cadre des conventions collectives nationales susvisées ;
Vu l'accord Indemnité de petits déplacements (Picardie) du 31 mars 1999 conclu dans le cadre des conventions collectives nationales susvisées ;
Vu la demande d'extension présentée par les organisations signataires ;
Vu les avis publiés au Journal officiel des 22 et 23 juin 1999 ;
Vu les avis recueillis au cours de l'enquête ;
Vu l'avis motivé de la Commission nationale de la négociation collective (sous-commission des conventions et accords), recueilli suivant la procédure prévue à l'article R. 133-2 du code du travail,

La ministre de l'emploi et de la solidarité,
Pour la ministre et par délégation :
Par empêchement du directeur des relations du travail :
L'administrateur civil,
E. Aubry
Le ministre de l'agriculture et de la pêche,
Pour le ministre et par délégation :
Par empêchement du directeur des exploitations,
de la politique sociale et de l'emploi :
Le sous-directeur,
P. Dedinger

Article 1, 2, 3
En vigueur

Article 1er

Sont rendues obligatoires, pour tous les employeurs et tous les salariés compris dans le champ d'application professionnel de la convention collective nationale du 8 octobre 1990 des ouvriers employés par les entreprises du bâtiment visées par le décret du 1er mars 1962 (c'est-à-dire occupant jusqu'à dix salariés), tel que complété par l'avenant n° 1 du 17 mars 1992, et dans celui de la convention collective nationale du 8 octobre 1990 des ouvriers employés par les entreprises non visées par le décret du 1er mars 1962 (c'est-à-dire occupant plus de dix salariés), tel qu'étendu par l'arrêté du 8 février 1991, et dans leur propre champ d'application territorial les dispositions de :

- l'accord Salaires (Picardie) du 31 mars 1999 conclu dans le cadre des conventions collectives nationales susvisées, sous réserve des dispositions réglementaires portant fixation du salaire minimum de croissance ;

- l'accord Indemnité de petits déplacements (Picardie) du 31 mars 1999 conclu dans le cadre des conventions collectives nationales susvisées.

Article 2

L'extension des effets et sanctions des accords susvisés est faite à dater de la publication du présent arrêté pour la durée restant à courir et aux conditions prévues par lesdits accords.

Article 3

Le directeur des relations du travail au ministère de l'emploi et de la solidarité et le directeur des exploitations, de la politique sociale et de l'emploi au ministère de l'agriculture et de la pêche sont chargés, chacun en ce qui le concerne, de l'exécution du présent arrêté, qui sera publié au Journal officiel de la République française.

Nota. - Le texte des accords susvisés a été publié au Bulletin officiel du ministère, fascicule Conventions collectives n° 99-22 en date du 15 juillet 1999.

ARRETE du 26 juillet 1999

La ministre de l'emploi et de la solidarité,
Vu les articles L. 133-1 et suivants du code du travail ;
Vu les arrêtés du 12 février 1991 et du 15 décembre 1992 portant extension de la convention collective nationale du 8 octobre 1990 des ouvriers employés par les entreprises du bâtiment visées par le décret du 1er mars 1962 (c'est-à-dire occupant jusqu'à dix salariés) et d'avenants la complétant ;
Vu l'arrêté du 8 février 1991 portant extension de la convention collective nationale du 8 octobre 1990 des ouvriers employés par les entreprises du bâtiment non visées par le décret du 1er mars 1962 (c'est-à-dire occupant plus de dix salariés) ;
Vu l'arrêté du 4 juin 1999 portant extension d'accords régionaux (Limousin) conclus dans le cadre des conventions collectives nationales susvisées

;
Vu l'avenant n° 1 du 14 décembre 1998 à l'accord régional (Limousin) du 17 novembre 1992 relatif aux salaires des apprentis conclu dans le cadre des conventions collectives nationales ;
Vu la demande d'extension présentée par les organisations signataires ;
Vu l'avis publié au Journal officiel du 4 juin 1999 ;
Vu les avis recueillis au cours de l'enquête ;
Vu l'avis motivé de la Commission nationale de la négociation collective (sous-commission des conventions et accords),

Pour la ministre et par délégation :
Par empêchement du directeur des relations du travail :
Le sous-directeur de la négociation collective,
E. Aubry

Article 1, 2, 3
En vigueur étendu

Article 1er

Sont rendues obligatoires, pour tous les employeurs et tous les salariés compris dans le champ d'application professionnel de la convention collective nationale du 8 octobre 1990 des ouvriers employés par les entreprises du bâtiment visées par le décret du 1er mars 1962 (c'est-à-dire occupant jusqu'à dix salariés), tel que complété par l'avenant n° 1 du 17 mars 1992, et dans celui de la convention collective nationale du 8 octobre 1990 des ouvriers employés par les entreprises du bâtiment non visées par le décret du 1er mars 1962 (c'est-à-dire occupant plus de dix salariés), tel qu'étendu par arrêté du 8 février 1991, et dans son propre champ d'application territorial, les dispositions de l'avenant n° 1 du 14 décembre 1998 à l'accord régional (Limousin) du 17 novembre 1992 relatif aux salaires des apprentis conclu dans le cadre des conventions collectives nationales.

Article 2

L'extension des effets et sanctions de l'avenant susvisé est faite à dater de la publication du présent arrêté pour la durée restant à courir et aux conditions prévues par ledit avenant.

Article 3

Le directeur des relations du travail au ministère de l'emploi et de la solidarité est chargé de l'exécution du présent arrêté, qui sera publié au Journal officiel de la République française.

Nota. - Le texte de l'avenant susvisé a été publié au Bulletin officiel du ministère, fascicule Conventions collectives n° 99-15 en date du 21 mai 1999.

ARRETE du 15 décembre 1999

La ministre de l'emploi et de la solidarité et le ministre de l'agriculture et de la pêche,
Vu les articles L. 133-1 et suivants du code du travail ;
Vu les arrêtés du 12 février 1991 et du 15 décembre 1992 portant extension de la convention collective nationale du 8 octobre 1990 des ouvriers employés par les entreprises du bâtiment visées par le décret du 1er mars 1962 (c'est-à-dire occupant jusqu'à dix salariés) et d'avenants la complétant ;
Vu l'arrêté du 24 juin 1992 et les arrêtés successifs, notamment l'arrêté du 4 janvier 1999, portant extension d'accords régionaux (Nord - Pas-de-Calais) conclus dans le cadre de la convention collective susvisée ;
Vu l'accord régional (Nord - Pas-de-Calais) du 28 juin 1999 (Indemnités de petits déplacements) conclu dans le cadre de la convention collective susvisée ;
Vu la demande d'extension présentée par les organisations signataires ;
Vu les avis publiés au Journal officiel du 5 août et du 12 août 1999 ;
Vu les avis recueillis au cours de l'enquête ;
Vu l'avis motivé de la Commission nationale de la négociation collective (sous-commission des conventions et accords), recueilli suivant la procédure prévue à l'article R. 133-2 du code du travail,

La ministre de l'emploi et de la solidarité,
Pour la ministre et par délégation :
Par empêchement du directeur des relations du travail :
Le sous-directeur de la négociation collective,
E. Aubry
Le ministre de l'agriculture et de la pêche,
Pour le ministre et par délégation :
Par empêchement du directeur des exploitations,
de la politique sociale et de l'emploi :
Le sous-directeur,
P. Dedinger

Article 1, 2, 3
En vigueur

Article 1er

Sont rendues obligatoires, pour tous les employeurs et tous les salariés compris dans le champ d'application professionnel de la convention collective nationale du 8 octobre 1990 concernant les ouvriers employés par les entreprises du bâtiment visées par le décret du 1er mars 1962 (c'est-à-dire occupant jusqu'à dix salariés), tel que complété par l'avenant n° 1 du 17 mars 1992, et dans son propre champ d'application territorial, les dispositions de l'accord régional (Nord - Pas-de-Calais) du 28 juin 1999 (Indemnités de petits déplacements) conclu dans le cadre de la convention collective susvisée.

Article 2

L'extension des effets et sanctions de l'accord susvisé est faite à dater de la publication du présent arrêté pour la durée restant à courir et aux conditions prévues par ledit accord.

Article 3

Le directeur des relations du travail au ministère de l'emploi et de la solidarité et le directeur des exploitations, de la politique sociale et de l'emploi au ministère de l'agriculture et de la pêche sont chargés, chacun en ce qui le concerne, de l'exécution du présent arrêté, qui sera publié au Journal officiel de la République française.

Nota. - Le texte de l'accord susvisé a été publié au Bulletin officiel du ministère, fascicule Conventions collectives n° 99/31 en date du 10 septembre 1999.

ARRETE du 2 février 2000

La ministre de l'emploi et de la solidarité et le ministre de l'agriculture et de la pêche,
Vu les articles L. 133-1 et suivants du code du travail ;
Vu l'arrêté du 8 février 1991 portant extension de la convention collective nationale du 8 octobre 1990 des ouvriers employés par les entreprises du bâtiment non visées par le décret du 1er mars 1962 (c'est-à-dire occupant plus de dix salariés) ;
Vu les arrêtés des 12 février 1991 et 15 décembre 1992 portant extension de la convention collective nationale du 8 octobre 1990 des ouvriers employés par les entreprises du bâtiment visées par le décret du 1er mars 1962 (c'est-à-dire occupant jusqu'à dix salariés) et d'avenants la complétant ;
Vu l'arrêté du 6 août 1997 portant extension d'accords régionaux (Franche-Comté) ;
Vu l'accord régional Salaires (Franche-Comté) du 8 novembre 1999 (deux barèmes annexés) conclu dans le cadre des conventions collectives nationales susvisées ;
Vu la demande d'extension présentée par les organisations signataires ;
Vu les avis publiés au Journal officiel des 26 et 31 décembre 1999 ;
Vu les avis recueillis au cours de l'enquête ;
Vu l'avis motivé de la Commission nationale de la négociation collective (sous-commission des conventions et accords), recueilli suivant la procédure prévue à l'article R. 133-2 du code du travail,
Arrêtent :

La ministre de l'emploi et de la solidarité,
Pour la ministre et par délégation :
Par empêchement du directeur des relations du travail :
Le sous-directeur de la négociation collective,
E. Aubry
Le ministre de l'agriculture et de la pêche,
Pour le ministre et par délégation :
Par empêchement du directeur des exploitations,
de la politique sociale et de l'emploi :
Le sous-directeur,
P. Dedinger

Article 1, 2, 3
En vigueur

Article 1er

Sont rendues obligatoires, pour tous les employeurs et tous les salariés compris dans le champ d'application professionnel de la convention collective nationale du 8 octobre 1990 des ouvriers employés par les entreprises du bâtiment visées par le décret du 1er mars 1962 (c'est-à-dire occupant jusqu'à dix salariés), tel que complété par l'avenant n° 1 du 17 mars 1992, et dans celui de la convention collective nationale du 8 octobre 1990 des ouvriers employés par les entreprises du bâtiment non visées par le décret du 1er mars 1962 (c'est-à-dire occupant plus de dix salariés), tel qu'étendu par arrêté du 8 février 1991, et dans son propre champ d'application territorial, les dispositions de l'accord régional Salaires (Franche-Comté) du 8 novembre 1999 (deux barèmes annexés) conclu dans le cadre des conventions collectives nationales susvisées.

Article 2

L'extension des effets et sanctions de l'accord susvisé est faite à dater de la publication du présent arrêté pour la durée restant à courir et aux conditions prévues par ledit accord.

Article 3

Le directeur des relations du travail au ministère de l'emploi et de la solidarité et le directeur des exploitations, de la politique sociale et de l'emploi au ministère de l'agriculture et de la pêche sont chargés, chacun en ce qui le concerne, de l'exécution du présent arrêté, qui sera publié au Journal officiel de la République française.

Nota. - Le texte de l'accord susvisé a été publié au Bulletin officiel du ministère, fascicule Conventions collectives n° 99/50 en date du 14 janvier 2000.

ARRETE du 29 mars 2000

La ministre de l'emploi et de la solidarité et le ministre de l'agriculture et de la pêche,
Vu les articles L. 133-1 et suivants du code du travail ;
Vu l'arrêté du 8 février 1991 portant extension de la convention collective nationale des ouvriers employés par les entreprises du bâtiment non visées par le décret du 1er mars 1962 (c'est-à-dire occupant plus de dix salariés) du 8 octobre 1990 ;
Vu les arrêtés des 12 février 1991 et 15 décembre 1992 portant extension de la convention collective nationale des ouvriers employés par les entreprises du bâtiment visées par le décret du 1er mars 1962 (c'est-à-dire occupant jusqu'à dix salariés) du 8 octobre 1990 et d'avenants la complétant ;
Vu l'accord concernant les départements de la Drôme et de l'Ardèche du 16 novembre 1999 (Indemnités de petits déplacements) conclu dans le cadre des conventions collectives susvisées ;
Vu la demande d'extension présentée par les organisations signataires ;
Vu les avis publiés au Journal officiel des 29 janvier et 7 mars 2000 ;
Vu les avis recueillis au cours de l'enquête ;
Vu l'avis motivé de la Commission nationale de la négociation collective (sous-commission des conventions et accords), recueilli suivant la procédure prévue à l'article R. 133-2 du code du travail,
Arrêtent :

La ministre de l'emploi et de la solidarité,
Pour la ministre et par délégation :
Par empêchement du directeur des relations du travail :
Le sous-directeur de la négociation collective,
E. Aubry
Le ministre de l'agriculture et de la pêche,
Pour le ministre et par délégation :
Par empêchement du directeur des exploitations,
de la politique sociale et de l'emploi :
Le sous-directeur,
P. Dedinger

Article 1, 2, 3
En vigueur

Article 1er

Sont rendues obligatoires, pour tous les employeurs et tous les salariés compris dans le champ d'application professionnel de la convention collective nationale des ouvriers employés par les entreprises du bâtiment, visées par le décret du 1er mars 1962 (c'est-à-dire occupant jusqu'à dix salariés) du 8 octobre 1990 tel que complété par l'avenant n° 1 du 17 mars 1992, et de la convention collective nationale des ouvriers employés par les entreprises du bâtiment, non visées par le décret du 1er mars 1962 (c'est-à-dire occupant plus de dix salariés) du 8 octobre 1990 tel qu'étendu par arrêté du 8 février 1991, et dans son propre champ d'application territorial les dispositions de l'accord concernant les départements de la Drôme et de l'Ardèche du 16 novembre 1999 (Indemnités de petits déplacements) conclu dans le cadre des conventions collectives susvisées.

Article 2

L'extension des effets et sanctions de l'accord susvisé est faite à dater de la publication du présent arrêté pour la durée restant à courir et aux conditions prévues par ledit accord.

Article 3

Le directeur des relations du travail au ministère de l'emploi et de la solidarité et le directeur des exploitations, de la politique sociale et de l'emploi au ministère de l'agriculture et de la pêche sont chargés, chacun en ce qui le concerne, de l'exécution du présent arrêté, qui sera publié au Journal officiel de la République française.

Nota. - Le texte de l'accord susvisé a été publié au Bulletin officiel du ministère, fascicule Conventions collectives n°2000/04 en date du 5 mars 2000.

ARRETE du 7 janvier 2000

La ministre de l'emploi et de la solidarité et le ministre de l'agriculture et de la pêche,
Vu les articles L. 133-1 et suivants du code du travail ;
Vu les arrêtés du 12 février 1991 et du 15 décembre 1992 portant extension de la convention collective nationale du 8 octobre 1990 des ouvriers employés par les entreprises du bâtiment visées par le décret du 1er mars 1962 (c'est-à-dire occupant jusqu'à dix salariés) et d'avenants la modifiant ou la complétant ;
Vu l'arrêté du 8 février 1991 portant extension de la convention collective nationale du 8 octobre 1990 des ouvriers employés par les entreprises du bâtiment non visées par le décret du 1er mars 1962 (c'est-à-dire occupant plus de dix salariés) ;
Vu les accords départementaux (Loire-Atlantique et Maine-et-Loire) et l'accord interdépartemental (Mayenne, Sarthe et Vendée) du 18 octobre 1999 conclus dans le cadre des conventions collectives nationales susvisées ;
Vu la demande d'extension présentée par les organisations signataires ;
Vu les avis publiés au Journal officiel des 2 et 18 décembre 1999 ;
Vu les avis recueillis au cours de l'enquête ;
Vu l'avis motivé de la Commission nationale de la négociation collective (sous-commission des conventions et accords), recueilli suivant la procédure prévue à l'article R. 133-2 du code du travail,
La ministre de l'emploi et de la solidarité,

Pour la ministre et par délégation :
Par empêchement du directeur des relations du travail :
Le sous-directeur de la négociation collective,
E. Aubry
Le ministre de l'agriculture et de la pêche,
Pour le ministre et par délégation :
Par empêchement du directeur des exploitations,
de la politique sociale et de l'emploi :
Le sous-directeur du travail et de l'emploi,
P. Dedinger
Arrêtent :

Article 1, 2, 3
En vigueur

Article 1er

Sont rendues obligatoires, pour tous les employeurs et tous les salariés compris dans le champ d'application professionnel de la convention collective nationale du 8 octobre 1990 des ouvriers employés par les entreprises du bâtiment non visées par le décret du 1er mars 1962 (c'est-à-dire occupant plus de dix salariés), tel qu'étendu par arrêté du 8 février 1991, et dans celui de la convention collective nationale du 8 octobre 1990 des ouvriers employés par les entreprises du bâtiment visées par le décret du 1er mars 1962 (c'est-à-dire occupant jusqu'à dix salariés), tel que complété par l'avenant n° 1 du 17 mars 1992 et dans son propre champ d'application territorial, les dispositions des accords départementaux (Loire-Atlantique et Maine-et-Loire) et de l'accord interdépartemental (Mayenne, Sarthe et Vendée) du 18 octobre 1999 conclus dans le cadre des conventions collectives nationales susvisées.

Article 2

L'extension des effets et sanctions des accords susvisés est faite à dater de la publication du présent arrêté pour la durée restant à courir et aux conditions prévues par lesdits accords.

Article 3

Le directeur des relations du travail au ministère de l'emploi et de la solidarité et le directeur des exploitations, de la politique sociale et de l'emploi au ministère de l'agriculture et de la pêche sont chargés, chacun en ce qui le concerne, de l'exécution du présent arrêté, qui sera publié au Journal officiel de la République française.

Nota. - Le texte des accords susvisés a été publié au Bulletin officiel du ministère, fascicule Conventions collectives n° 99/47 en date du 25 décembre 1999.

ARRETE du 15 mai 2000

La ministre de l'emploi et de la solidarité et le ministre de l'agriculture et de la pêche,
Vu les articles L. 133-1 et suivants du code du travail ;
Vu les arrêtés des 12 février 1991 et 15 décembre 1992 portant extension de la convention collective nationale des ouvriers employés par les entreprises du bâtiment visées par le décret du 1er mars 1962 (c'est-à-dire occupant jusqu'à dix salariés), du 8 octobre 1990 et d'avenants la complétant ;
Vu l'arrêté du 8 février 1991 portant extension de la convention collective nationale des ouvriers employés par les entreprises du bâtiment non visées par le décret du 1er mars 1962 (c'est-à-dire occupant plus de dix salariés) du 8 octobre 1990 ;
Vu l'arrêté du 5 juillet 1991 et les arrêtés successifs, notamment l'arrêté du 2 avril 1999, portant extension d'accords régionaux (Lorraine) ;
Vu l'accord régional (Lorraine), du 19 janvier 2000 (indemnités de petits déplacements) conclu dans le cadre des conventions collectives nationales susvisées ;

Vu la demande d'extension présentée par les organisations signataires ;
Vu les avis publiés au Journal officiel des 8 et 14 mars 2000 ;
Vu les avis recueillis au cours de l'enquête ;
Vu l'avis motivé de la commission nationale de la négociation collective (sous-commission des conventions et accords), recueilli suivant la procédure prévue à l'article R. 133-2 du code du travail,
Arrêtent :

La ministre de l'emploi et de la solidarité,
Pour la ministre et par délégation :
Par empêchement du directeur des relations du travail :
Le sous-directeur de la négociation collective,
E. Aubry
Le ministre de l'agriculture et de la pêche,
Pour le ministre et par délégation :
Par empêchement du directeur des exploitations, de la politique sociale et de l'emploi :
Le sous-directeur,
P. Dedinger

Article 1, 2, 3
En vigueur

Article 1er

Sont rendues obligatoires, pour tous les employeurs et tous les salariés compris dans le champ d'application professionnel de la convention collective nationale des ouvriers employés par les entreprises du bâtiment visées par le décret du 1er mars 1962 (c'est-à-dire occupant jusqu'à dix salariés) du 8 octobre 1990, tel que complété par l'avenant n° 1 du 17 mars 1992, et dans celui de la convention collective nationale des ouvriers employés par les entreprises du bâtiment non visées par le décret du 1er mars 1962 (c'est-à-dire occupant plus de dix salariés) du 8 octobre 1990, tel qu'étendu par arrêté du 8 février 1991, et dans son propre champ d'application territorial, les dispositions de l'accord régional (Lorraine), du 19 janvier 2000 (indemnités de petits déplacements) conclu dans le cadre des conventions collectives nationales susvisées.

Article 2

L'extension des effets et sanctions de l'accord susvisé est faite à dater de la publication du présent arrêté pour la durée restant à courir et aux conditions prévues par ledit accord.

Article 3

Le directeur des relations du travail au ministère de l'emploi et de la solidarité et le directeur des exploitations, de la politique sociale et de l'emploi au ministère de l'agriculture et de la pêche sont chargés, chacun en ce qui le concerne, de l'exécution du présent arrêté, qui sera publié au Journal officiel de la République française.

Nota. - Le texte de l'accord susvisé a été publié au Bulletin officiel du ministère, fascicule Conventions collectives n° 2000/09 en date du 24 mars 2000.

ARRETE du 15 mai 2000

La ministre de l'emploi et de la solidarité et le ministre de l'agriculture et de la pêche,
Vu les articles L. 133-1 et suivants du code du travail ;
Vu les arrêtés du 12 février 1991 et du 15 décembre 1992 portant extension de la convention collective nationale du 8 octobre 1990 des ouvriers employés par les entreprises du bâtiment visées par le décret du 1er mars 1962 (c'est-à-dire occupant jusqu'à dix salariés) et d'avenants la complétant ;
Vu l'arrêté du 8 février 1991 portant extension de la convention collective nationale du 8 octobre 1990 des ouvriers employés par les entreprises du bâtiment non visées par le décret du 1er mars 1962 (c'est-à-dire occupant plus de dix salariés) ;
Vu l'arrêté du 19 octobre 1999 portant extension d'accords régionaux (Limousin) conclus dans le cadre des conventions collectives nationales susvisées ;
Vu l'accord régional (Limousin) du 3 février 2000 (Salaires minima) conclu dans le cadre des conventions collectives nationales susvisées ;
Vu l'accord régional (Limousin) du 3 février 2000 (Indemnités de petits déplacements) conclu dans le cadre des conventions collectives nationales susvisées ;
Vu l'accord régional (Limousin) du 3 février 2000 (Primes conventionnelles et prime d'outillage) conclu dans le cadre des conventions collectives nationales susvisées ;
Vu la demande d'extension présentée par les organisations signataires ;
Vu les avis publiés au Journal officiel des 1er et 18 avril 2000 ;
Vu les avis recueillis au cours de l'enquête ;
Vu l'avis motivé de la Commission nationale de la négociation collective (sous-commission des conventions et accords), recueilli suivant la procédure prévue à l'article R. 133-2 du code du travail,
Arrêtent :

--- La ministre de l'emploi et de la solidarité,
Pour la ministre et par délégation :
Par empêchement du directeur des relations du travail :
Le sous-directeur de la négociation collective,
E. Aubry
Pour le ministre et par délégation :
Par empêchement du directeur des exploitations,
de la politique sociale et de l'emploi :
Le sous-directeur,
P. Dedinger

Article 1, 2, 3
En vigueur

Article 1er

Sont rendues obligatoires, pour tous les employeurs et tous les salariés compris dans le champ d'application professionnel de la convention collective nationale du 8 octobre 1990 des ouvriers employés par les entreprises du bâtiment visées par le décret du 1er mars 1962 (c'est-à-dire occupant jusqu'à dix salariés), tel que complété par l'avenant n° 1 du 17 mars 1992, et dans celui de la convention collective nationale du 8 octobre 1990 des ouvriers employés par les entreprises du bâtiment non visées par le décret du 1er mars 1962 (c'est-à-dire occupant plus de dix salariés), tel qu'étendu par l'arrêté du 8 février 1991, et dans son propre champ d'application territorial, les dispositions de :

- l'accord régional (Limousin) du 3 février 2000 (Salaires minima) conclu dans le cadre des conventions collectives nationales susvisées ;

- l'accord régional (Limousin) du 3 février 2000 (Indemnités de petits déplacements) conclu dans le cadre des conventions collectives nationales susvisées ;

- l'accord régional (Limousin) du 3 février 2000 (Primes conventionnelles et prime d'outillage) conclu dans le cadre des conventions collectives nationales susvisées.

Article 2

L'extension des effets et sanctions des accords susvisés est faite à dater de la publication du présent arrêté pour la durée restant à courir et aux conditions prévues par lesdits accords.

Article 3

Le directeur des relations du travail au ministère de l'emploi et de la solidarité et le directeur des exploitations, de la politique sociale et de l'emploi au ministère de l'agriculture et de la pêche sont chargés, chacun en ce qui le concerne, de l'exécution du présent arrêté, qui sera publié au Journal officiel de la République française.
Le ministre de l'agriculture et de la pêche,

Nota. - Le texte des accords susvisés a été publié au Bulletin officiel du ministère, fascicule Conventions collectives n° 2000/13 en date du 28 avril 2000.

ARRETE du 23 mai 2000

La ministre de l'emploi et de la solidarité et le ministre de l'agriculture et de la pêche,
Vu les articles L. 133-1 et suivants du code du travail ;
Vu les arrêtés des 12 février 1991 et 15 décembre 1992 portant extension de la convention collective nationale du 8 octobre 1990 des ouvriers employés par les entreprises du bâtiment visées par le décret du 1er mars 1962 (c'est-à-dire occupant jusqu'à dix salariés) et d'avenants la complétant ;
Vu l'arrêté du 5 janvier 1999 portant extension d'un accord régional (Auvergne) conclu dans le cadre de la convention collective susvisée ;
Vu l'accord Salaires (Auvergne) du 22 décembre 1999 conclu dans le cadre de la convention collective nationale susvisée ;
Vu l'accord (Auvergne) relatif aux indemnités de petits déplacements du 22 décembre 1999 conclu dans le cadre de la convention collective nationale susvisée ;
Vu la demande d'extension présentée par les organisations signataires ;
Vu les avis publiés au Journal officiel des 14 mars et 12 avril 2000 ;
Vu les avis recueillis au cours de l'enquête ;
Vu l'avis motivé de la Commission nationale de la négociation collective (sous-commission des conventions et accords), recueilli suivant la procédure prévue à l'article R. 133-2 du code du travail,
Arrêtent :

---La ministre de l'emploi et de la solidarité,
Pour la ministre et par délégation :
Par empêchement du directeur des relations du travail :
Le sous-directeur de la négociation collective,
E. Aubry
Le ministre de l'agriculture et de la pêche,

Pour le ministre et par délégation :
Par empêchement du directeur des exploitations,
de la politique sociale et de l'emploi :
Le sous-directeur,
P. Dedinger

Article 1, 2, 3
En vigueur

Article 1er

Sont rendues obligatoires, pour tous les employeurs et tous les salariés compris dans le champ d'application professionnel de la convention collective nationale du 8 octobre 1990 concernant les ouvriers employés par les entreprises du bâtiment visées par le décret du 1er mars 1962 (c'est-à-dire occupant jusqu'à dix salariés), tel que modifié par l'avenant n° 1 du 17 mars 1992, et dans son propre champ d'application territorial, les dispositions de :

- l'accord Salaires (Auvergne) du 22 décembre 1999 conclu dans le cadre de la convention collective nationale susvisée, sous réserve des dispositions réglementaires portant fixation du salaire minimum de croissance ;

- l'accord (Auvergne) relatif aux indemnités de petits déplacements du 22 décembre 1999 conclu dans le cadre de la convention collective nationale susvisée.

Article 2

L'extension des effets et sanctions des accords susvisés est faite à dater de la publication du présent arrêté pour la durée restant à courir et aux conditions prévues par lesdits accords.

Article 3

Le directeur des relations du travail au ministère de l'emploi et de la solidarité et le directeur des exploitations, de la politique sociale et de l'emploi au ministère de l'agriculture et de la pêche sont chargés de l'exécution du présent arrêté, qui sera publié au Journal officiel de la République française.

Nota. - Le texte des accords susvisés a été publié au Bulletin officiel du ministère, fascicule Conventions collectives n° 2000/09 du 24 mars 2000.

ARRETE du 5 juillet 2000

La ministre de l'emploi et de la solidarité et le ministre de l'agriculture et de la pêche,
Vu les articles L. 133-1 et suivants du code du travail ;
Vu l'arrêté du 8 février 1991 portant extension de la convention collective nationale des ouvriers employés par les entreprises du bâtiment non visées par le décret du 1er mars 1962 (c'est-à-dire occupant plus de dix salariés) du 8 octobre 1990 ;
Vu les arrêtés des 12 février 1991 et 15 décembre 1992 portant extension de la convention collective nationale des ouvriers employés par les entreprises du bâtiment visées par le décret du 1er mars 1962 (c'est-à-dire occupant jusqu'à dix salariés) du 8 octobre 1990 et d'avenants la complétant ;
Vu l'arrêté du 27 février 1996 et les arrêtés successifs, notamment l'arrêté du 30 juin 1999, portant extension de la convention collective des ouvriers du bâtiment de la région Bretagne du 9 mars 1995 conclue dans le cadre des conventions collectives nationales susvisées, et d'accords la complétant ;
Vu l'accord du 7 avril 2000 (salaires minima des ouvriers des entreprises occupant jusqu'à dix salariés) conclu dans le cadre de la convention collective susvisée ;
Vu l'accord du 7 avril 2000 (salaires minima des ouvriers des entreprises occupant plus de dix salariés), conclu dans le cadre de la convention collective susvisée ;
Vu l'accord du 7 avril 2000 (indemnités de petits déplacements des ouvriers des entreprises occupant jusqu'à dix salariés), conclu dans le cadre de la convention collective susvisée ;
Vu l'accord du 7 avril 2000 (indemnités de petits déplacements des ouvriers des entreprises occupant plus de dix salariés). conclu dans le cadre de la convention collective susvisée ;
Vu la demande d'extension présentée par les organisations signataires ;
Vu les avis publiés au Journal officiel des 6 mai et 20 mai 2000 ;
Vu les avis recueillis au cours de l'enquête ;
Vu l'avis motivé de la Commission nationale de la négociation collective (sous-commission des conventions et accords), recueilli suivant la procédure prévue à l'article R. 133-2 du code du travail,
Arrêtent :

La ministre de l'emploi et de la solidarité,
Pour la ministre et par délégation :
Par empêchement du directeur des relations du travail :
Le sous-directeur de la négociation collective,
E. Aubry
Le ministre de l'agriculture et de la pêche,
Pour le ministre et par délégation :

Par empêchement du directeur des exploitations,
de la politique sociale et de l'emploi :
Le sous-directeur,
P. Dedinger

Article 1, 2, 3
En vigueur

Article 1er

Sont rendues obligatoires, pour tous les employeurs et tous les salariés compris dans le champ d'application professionnel de la convention collective nationale des ouvriers employés par les entreprises du bâtiment visées par le décret du 1er mars 1962 (c'est-à-dire occupant jusqu'à dix salariés) du 8 octobre 1990, tel que complété par l'avenant n° 1 du 17 mars 1992, et dans celui de la convention collective nationale des ouvriers employés par les entreprises du bâtiment non visées par le décret du 1er mars 1962 (c'est-à-dire occupant plus de dix salariés) du 8 octobre 1990, tel qu'étendu par arrêté du 8 février 1991, et dans leur propre champ d'application territorial, les dispositions de :

- l'accord du 7 avril 2000 (Salaires minima des ouvriers des entreprises occupant jusqu'à dix salariés), conclu dans le cadre de la convention collective des ouvriers du bâtiment de la région Bretagne, sous réserve des dispositions réglementaires relatives au salaire minimum de croissance ;

- l'accord du 7 avril 2000 (Salaires minima des ouvriers des entreprises occupant plus de dix salariés), conclu dans le cadre de la convention collective des ouvriers du bâtiment de la région Bretagne, sous réserve des dispositions réglementaires relatives au salaire minimum de croissance ;

- l'accord du 7 avril 2000 (Indemnités de petits déplacements des ouvriers des entreprises occupant jusqu'à dix salariés), conclu dans le cadre de la convention collective des ouvriers du bâtiment de la région Bretagne ;

- l'accord du 7 avril 2000 (Indemnités de petits déplacements des ouvriers des entreprises occupant plus de dix salariés), conclu dans le cadre de la convention collective des ouvriers du bâtiment de la région Bretagne.

Article 2

L'extension des effets et sanctions des accords susvisés est faite à dater de la publication du présent arrêté pour la durée restant à courir et aux conditions prévues par lesdits accords.

Article 3

Le directeur des relations du travail au ministère de l'emploi et de la solidarité et le directeur des exploitations, de la politique sociale et de l'emploi au ministère de l'agriculture et de la pêche sont chargés, chacun en ce qui le concerne, de l'exécution du présent arrêté, qui sera publié au Journal officiel de la République française.

Nota. - Le texte des accords susvisés a été publié au Bulletin officiel du ministère, fascicule Conventions collectives n° 2000/17 en date du 26 mai 2000.

ARRETE du 31 août 2000

La ministre de l'emploi et de la solidarité et le ministre de l'agriculture et de la pêche,
Vu les articles L. 133-1 et suivants du code du travail ;
Vu les arrêtés des 12 février 1991 et 15 décembre 1992 portant extension de la convention collective nationale du 8 octobre 1990 des ouvriers employés par les entreprises du bâtiment visées par le décret du 1er mars 1962 (c'est-à-dire occupant jusqu'à dix salariés) et d'avenants la complétant ;
Vu l'arrêté du 8 février 1991 portant extension de la convention collective nationale du 8 octobre 1990 des ouvriers employés par les entreprises du bâtiment non visées par le décret du 1er mars 1962 (c'est-à-dire occupant plus de dix salariés) ;
Vu l'arrêté du 5 juillet 1991 et les arrêtés successifs, notamment l'arrêté du 2 avril 1999, portant extension d'accords régionaux (Lorraine) ;
Vu l'accord régional (Lorraine) du 13 avril 2000 (Salaires) conclu dans le cadre des conventions collectives nationales susvisées ;
Vu la demande d'extension présentée par les organisations signataires ;
Vu les avis publiés au Journal officiel des 11 et 18 juillet 2000 ;
Vu les avis recueillis au cours de l'enquête ;
Vu l'avis motivé de la Commission nationale de la négociation collective (sous-commission des conventions et accords), recueilli suivant la procédure prévue à l'article R. 133-2 du code du travail,
Arrêtent :

La ministre de l'emploi et de la solidarité,
Pour la ministre et par délégation :
Le directeur des relations du travail,
J. Marimbert
Le ministre de l'agriculture et de la pêche,
Pour le ministre et par délégation :
Le directeur des exploitations,
de la politique sociale et de l'emploi,
C. Dubreuil

Article 1, 2, 3
En vigueur

Article 1er

Sont rendues obligatoires, pour tous les employeurs et tous les salariés compris dans le champ d'application professionnel de la convention collective nationale du 8 octobre 1990 des ouvriers employés par les entreprises du bâtiment visées par le décret du 1er mars 1962 (c'est-à-dire occupant jusqu'à dix salariés), tel que complété par l'avenant n° 1 du 17 mars 1992, et dans celui de la convention collective nationale du 8 octobre 1990 des ouvriers employés par les entreprises du bâtiment non visées par le décret du 1er mars 1962 (c'est-à-dire occupant plus de dix salariés), tel qu'étendu par arrêté du 8 février 1991 et dans son propre champ d'application territorial, les dispositions de l'accord régional (Lorraine) du 13 avril 2000 (Salaires) conclu dans le cadre des conventions collectives nationales susvisées, sous réserve de l'application des dispositions réglementaires relatives au salaire minimum de croissance.

Article 2

L'extension des effets et sanctions de l'accord susvisé est faite à dater de la publication du présent arrêté pour la durée restant à courir et aux conditions prévues par ledit accord.

Article 3

Le directeur des relations du travail au ministère de l'emploi et de la solidarité et le directeur des exploitations, de la politique sociale et de l'emploi au ministère de l'agriculture et de la pêche sont chargés, chacun en ce qui le concerne, de l'exécution du présent arrêté, qui sera publié au Journal officiel de la République française.

Nota. - Le texte de l'accord susvisé a été publié au Bulletin officiel du ministère, fascicule Conventions collectives n° 2000/23 en date du 7 juillet 2000.

ARRETE du 26 juillet 2000

La ministre de l'emploi et de la solidarité et le ministre de l'agriculture et de la pêche,
Vu les articles L. 133-1 et suivants du code du travail ;
Vu les arrêtés des 12 février 1991 et 15 décembre 1992 portant extension de la convention collective nationale des ouvriers employés par les entreprises du bâtiment visées par le décret du 1er mars 1962 (c'est-à-dire occupant jusqu'à dix salariés) du 8 octobre 1990 et d'avenants la complétant ou la modifiant ;
Vu l'arrêté du 23 février 1999 portant extension d'accords régionaux (Aquitaine) conclus dans le cadre de la convention collective nationale susvisée ;
Vu l'accord régional " indemnités de petits déplacement " (Aquitaine) du 11 février 2000 conclu dans le cadre de la convention collective susvisée ;
Vu la demande d'extension présentée par les organisations signataires ;
Vu les avis publiés au Journal officiel des 1er et 20 mai 2000 ;
Vu les avis recueillis au cours de l'enquête ;
Vu l'avis motivé de la Commission nationale de la négociation collective (sous-commission des conventions et accords), recueilli suivant la procédure prévue à l'article R. 133-2 du code du travail,
Arrêtent :

La ministre de l'emploi et de la solidarité,
Pour la ministre et par délégation :
Par empêchement du directeur des relations du travail :
Le sous-directeur de la négociation collective,
E. Aubry
Le ministre de l'agriculture et de la pêche,
Pour le ministre et par délégation :
Par empêchement du directeur des exploitations,
de la politique sociale et de l'emploi :
Le sous-directeur,
P. Dedinger

Article 1, 2, 3
En vigueur

Article 1er

Sont rendues obligatoires, pour tous les employeurs et tous les salariés compris dans le champ d'application professionnel de la convention collective nationale des ouvriers employés par les entreprises du bâtiment visées par le décret du 1er mars 1962 (c'est-à-dire occupant jusqu'à dix salariés) du 8 octobre 1990, tel que complété par l'avenant n° 1 du 17 mars 1992, les dispositions de l'accord régional " indemnités de petits déplacements " (Aquitaine) du 11 février 2000 conclu dans le cadre de la convention collective susvisée.

Article 2

L'extension des effets et sanctions de l'accord susvisé est faite à dater de la publication du présent arrêté pour la durée restant à courir et aux conditions prévues par lesdits accords.

Article 3

Le directeur des relations du travail au ministère de l'emploi et de la solidarité et le directeur des exploitations, de la politique sociale et de l'emploi au ministère de l'agriculture et de la pêche sont chargés, chacun en ce qui le concerne, de l'exécution du présent arrêté, qui sera publié au Journal officiel de la République française.

Nota. - Le texte des accords susvisés a été publié au Bulletin officiel du ministère, fascicule Conventions collectives n° 2000/11 en date du 7 avril 2000.

ARRETE du 26 juillet 2000

La ministre de l'emploi et de la solidarité et le ministre de l'agriculture et de la pêche,
Vu les articles L. 133-1 et suivants du code du travail ;
Vu l'arrêté du 8 février 1991 portant extension de la convention collective nationale des ouvriers employés par les entreprises du bâtiment, non visées par le décret du 1er mars 1962 (c'est-à-dire occupant plus de dix salariés) et du 8 octobre 1990 ;
Vu les arrêtés des 12 février 1991 et 15 décembre 1992 portant extension de la convention collective nationale des ouvriers employés par les entreprises du bâtiment visées par le décret du 1er mars 1962 (c'est-à-dire occupant jusqu'à dix salariés) et du 18 octobre 1990 et d'avenants la complétant ;
Vu l'arrêté du 8 juillet 1994 portant extension de la convention collective des ouvriers du bâtiment de la région Basse-Normandie du 9 février 1994 conclue dans le cadre des conventions collectives nationales susvisées ;
Vu l'accord n° 7 du 10 avril 2000 (salaires minima) conclu dans le cadre de la convention collective régionale susvisée ;
Vu la demande d'extension présentée par les organisations syndicales signataires ;
Vu les avis publiés au Journal officiel des 9 juin et 7 juillet 2000 ;
Vu les avis recueillis au cours de l'enquête ;
Vu l'avis motivé de la Commission nationale de la négociation collective (sous-commission des conventions et accords), recueilli suivant la procédure prévue à l'article R. 133-2 du code du travail,
Arrêtent :

La ministre de l'emploi et de la solidarité,
Pour la ministre et par délégation :
Par empêchement du directeur des relations du travail :
Le sous-directeur de la négociation collective,
E. Aubry
Le ministre de l'agriculture et de la pêche,
Pour le ministre et par délégation :
Par empêchement du directeur des exploitations,
de la politique sociale et de l'emploi :
Le sous-directeur,
P. Dedinger

Article 1, 2, 3
En vigueur

Article 1er

Sont rendues obligatoires, pour tous les employeurs et tous les salariés compris dans le champ d'application professionnel de la convention collective nationale du 8 octobre 1990, des ouvriers employés par les entreprises du bâtiment visées par le décret du 1er mars 1962 (c'est-à-dire occupant jusqu'à dix salariés), tel que complété par l'avenant n° 1 du 17 mars 1992, et de la convention collective nationale des ouvriers employés par les entreprises du bâtiment non visées par le décret du 1er mars 1962 (c'est-à-dire occupant plus de dix salariés) tel qu'étendu par l'arrêté du 8 février 1991, et dans le champ d'application territorial de la convention collective des ouvriers du bâtiment de la région Basse-Normandie du 9 février 1994, les dispositions de l'accord n° 7 du 10 avril 2000 (salaires minima) à la convention collective régionale susvisée, sous réserve des dispositions réglementaires portant fixation du salaire minimum de croissance.

Article 2

L'extension des effets et sanctions de l'accord susvisé est faite à dater de la publication du présent arrêté pour la durée restant à courir et aux conditions prévues par ledit accord.

Article 3

Le directeur des relations du travail au ministère de l'emploi et de la solidarité et le directeur des exploitations, de la politique sociale et de l'emploi au ministère de l'agriculture et de la pêche sont chargés, chacun en ce qui le concerne, de l'exécution du présent arrêté, qui sera publié au Journal officiel de la République française.

Nota. - Le texte de l'accord susvisé a été publié au Bulletin officiel du ministère, fascicule Conventions collectives n° 2000/22 en date du 30 juin

2000.

ARRETE du 16 août 2000

La ministre de l'emploi et de la solidarité,
Vu les articles L. 133-1 et suivants du code du travail ;
Vu l'arrêté du 27 mai 1993 et les arrêtés successifs, notamment l'arrêté du 28 avril 1999, portant extension de la convention collective nationale des ouvriers des travaux publics du 15 décembre 1992 et des avenants la complétant ;
Vu l'accord régional (Lorraine) du 13 avril 2000 relatif aux salaires, conclu dans le cadre de la convention collective nationale susvisée ;
Vu la demande d'extension présentée par les organisations signataires ;
Vu l'avis publié au Journal officiel du 12 juillet 2000 ;
Vu les avis recueillis au cours de l'enquête ;
Vu l'avis motivé de la Commission nationale de la négociation collective (sous-commission des conventions et accords), recueilli suivant la procédure prévue à l'article R. 133-2 du code du travail,

Pour la ministre et par délégation :
Par empêchement du directeur des relations du travail :
La chef de service,
A. Jeannet
9AA Article 1er
Sont rendues obligatoires, pour tous les employeurs et tous les salariés compris dans le champ d'application professionnel de la convention collective nationale des ouvriers des travaux publics du 15 décembre 1992 et dans son propre champ d'application géographique, les dispositions de l'accord régional (Lorraine) du 13 avril 2000 relatif aux salaires, conclu dans le cadre de la convention collective nationale susvisée.
Article 2
L'extension des effets et sanctions de l'accord susvisé est faite à dater de la publication du présent arrêté pour la durée restant à courir et aux conditions prévues par ledit accord.
Article 3
Le directeur des relations du travail est chargé de l'exécution du présent arrêté, qui sera publié au Journal officiel de la République française.
Nota. - Le texte de l'accord susvisé a été publié au Bulletin officiel du ministère, fascicule Conventions collectives n° 2000/23 en date du 7 juillet 2000, disponible à la Direction des Journaux officiels, 26, rue Desaix, 75727 Paris Cedex 15, au prix de 46 F (7,01 Euro).

Article 1, 2, 3
En vigueur

ARRETE du 22 août 2000

La ministre de l'emploi et de la solidarité, et le ministre de l'agriculture
Vu les articles L. 133-1 et suivants du code du travail ;
Vu les arrêtés des 12 février 1991 et 15 décembre 1992 portant extension de la convention collective nationale du 8 octobre 1990 concernant les ouvriers employés par les entreprises du bâtiment visées par le décret du 1er mars 1962 (c'est-à-dire occupant jusqu'à dix salariés) et d'a venants la complétant;
Vu l'arrêté du 5 janvier 1999 portant extension d'un accord régional (Poitou-Charentes) conclu dans le cadre de la convention collective susvisée ;
Vu l'accord régional (Poitou-Charentes) du 25 mai 2000 relatif aux salaires minimaux, conclu dans le cadre de la convention collective susvisée ;
Vu l'accord régional (Poitou-Charentes) du 25 mai 2000 relatif aux indemnités de petits déplacements, conclu dans le cadre de la convention collective susvisée ;
Vu la demande d'extension présentée par les organisations signataires ;
Vu les avis publiés au Journal officiel des 11 et 12 juillet 2000
Vu les avis recueillis au cours de l'enquête ;
Vu l'avis motivé de la Commission nationale de la négociation collective (sous-commission des conventions et accords), recueilli suivant la procédure prévue à l'article R. 133-2 du code du travail,

La ministre de l'emloi et de la solidarité, Pour la ministre et par délégation :
Par empêchement du directeur des relations du travail :
La chef de service,
A. Jeannet
Le ministre de l'agriculture et de la pêche Pour le ministre et par délégation:
Par empêchement du directeur des exploitations, de la politique sociale et de l'emploi:
Le sous-directeur, P.-Dedinger
9AA Article 1er
Sont rendues obligatoires, pour tous les employeurs et tous les salariés compris dans le champ d'application professionnel de la convention collective nationale du 8 octobre 1990 concernant les ouvriers employés par les entreprises du bâtiment visées par le décret du 1er mars 1962 (c'est-à-dire occupant jusqu'à dix salariés), tel que complété par l'avenant n°1 du 17 mars 1992, et dans son propre champ d'application territorial, les dispositions de :
- l'accord régional (Poitou-Charentes) du 25 mai 2000 relatif aux salaires minimaux, conclu dans le cadre de la convention collective susvisée ;
- l'accord régional (Poitou-Charentes) du 25 mai 2000 relatif aux indemnités de petits déplacements, conclu dans le cadre de la convention collective susvisée.
Article 2
L'extension des effets et sanctions des accords susvisés est faite à dater de la publication du présent arrêté pour la durée restant à courir et aux

conditions prévues par lesdits accords.
Article 3
Le directeur des relations du travail est chargé de l'exécution du présent arrêté, qui sera publié au Journal officiel de la République française.
Nota. - Le texte des accords susvisés a été publié au Bulletin officiel du ministère, fascicule Conventions collectives n° 2000/24 en date du 14 juillet 2000, disponible à la Direction des Journaux officiels, 26, rue Desaix, 75727 Paris Cedex 15, au prix de 46 F (7,01 Euro).

Article 1, 2, 3
En vigueur

ARRETE du 20 juillet 2000

La ministre de l'emploi et de la solidarité et le ministre de l'agriculture et de la pêche,
Vu les articles L. 133-1 et suivants du code du travail ;
Vu l'arrêté du 8 février 1991 portant extension de la convention collective nationale du 8 octobre 1990 des ouvriers employés par les entreprises du bâtiment non visées par le décret du 1er mars 1962 (c'est-à-dire occupant plus de dix salariés) ;
Vu les arrêtés des 12 février 1991 et 15 décembre 1992 portant extension de la convention collective nationale du 8 octobre 1990 des ouvriers employés par les entreprises du bâtiment visées par le décret du 1er mars 1962 (c'est-à-dire occupant jusqu'à 10 salariés) et d'avenants la complétant ou la modifiant ;
Vu l'arrêté du 23 février 1999 portant extension d'accords régionaux (Aquitaine) conclus dans le cadre des conventions collectives nationales susvisées ;
Vu l'accord régional " salaires " (Aquitaine) du 11 février 2000 (barème annexé) conclu dans le cadre des conventions collectives susvisées ;
Vu l'accord régional " indemnités de petits déplacements " (Aquitaine) du 11 février 2000 (tableau annexé) conclu dans le cadre des conventions collectives susvisées ;
Vu la demande d'extension présentée par les organisations signataires ;
Vu les avis publiés au Journal officiel des 1er et 26 avril 2000 ;
Vu les avis recueillis au cours de l'enquête ;
Vu l'avis motivé de la Commission nationale de la négociation collective (sous-commission des conventions et accords), recueilli suivant la procédure prévue à l'article R. 133-2 du code du travail,
Arrêtent :

La ministre de l'emploi et de la solidarité,
Pour la ministre et par délégation :
Par empêchement du directeur des relations du travail :
Le sous-directeur de la négociation collective,
E. Aubry
Le ministre de l'agriculture et de la pêche,
Pour le ministre et par délégation :
Par empêchement du directeur des exploitations,
de la politique sociale et de l'emploi :
Le sous-directeur,
P. Dedinger

Article 1, 2, 3
En vigueur

Article 1er

Sont rendues obligatoires, pour tous les employeurs et tous les salariés compris dans le champ d'application professionnel de la convention collective nationale du 8 octobre 1990 des ouvriers employés par les entreprises du bâtiment visées par le décret du 1er mars 1962 (c'est-à-dire occupant jusqu'à dix salariés), tel que complété par l'avenant n° 1 du 17 mars 1992, et dans celui de la convention collective nationale du 8 octobre 1990 des ouvriers employés par les entreprises du bâtiment non visées par le décret du 1er mars 1962 (c'est-à-dire occupant plus de dix salariés), tel qu'étendu par l'arrêté du 8 février 1991, et dans son propre champ d'application territorial, les dispositions de :

- l'accord régional " salaires " (Aquitaine) du 11 février 2000 (barèmes annexés) conclu dans le cadre des conventions collectives susvisées ;

- l'accord régional " indemnités de petits déplacements " (Aquitaine) du 11 février 2000 (tableau annexé) conclu dans le cadre des conventions collectives susvisées.

Article 2

L'extension des effets et sanctions des accords susvisés est faite à dater de la publication du présent arrêté pour la durée restant à courir et aux conditions prévues par lesdits accords.

Article 3

Le directeur des relations du travail au ministère de l'emploi et de la solidarité et le directeur des exploitations, de la politique sociale et de l'emploi au ministère de l'agriculture et de la pêche sont chargés, chacun en ce qui le concerne, de l'exécution du présent arrêté, qui sera publié au Journal

officiel de la République française.

Nota. - Le texte des accords susvisés a été publié au Bulletin officiel du ministère, fascicule Conventions collectives n° 2000/11 du 7 avril 2000.

ARRETE du 31 août 2000

La ministre de l'emploi et de la solidarité et le ministre de l'agriculture et de la pêche,
Vu les articles L. 133-1 et suivants du code du travail ;
Vu les arrêtés des 12 février 1991 et 15 février 1992 portant extension de la convention collective nationale du 8 octobre 1990 des ouvriers employés par les entreprises du bâtiment visées par le décret du 1er mars 1962 (c'est-à-dire occupant jusqu'à dix salariés) et d'avenants la complétant ;
Vu l'arrêté du 22 juin 1999 portant extension d'un accord régional (Centre) conclu dans le cadre de la convention collective nationale susvisée ;
Vu l'accord " salaires " et " indemnités de petits déplacements " (région Centre) du 21 avril 2000 conclu dans le cadre de la convention collective nationale susvisée ;
Vu la demande d'extension présentée par les organisations signataires ;
Vu les avis publiés au Journal officiel du 14 et 21 juillet 2000 ;
Vu les avis recueillis au cours de l'enquête ;
Vu l'avis motivé de la Commission nationale de la négociation collective (sous-commission de conventions et accords), recueilli suivant la procédure prévue à l'article R. 133-2 du code du travail,
Arrêtent :

La ministre de l'emploi et de la solidarité,
Pour la ministre et par délégation :
Par empêchement du directeur des relations du travail :
La chef de service,
A. Jeannet
Le ministre de l'agriculture et de la pêche,
Pour le ministre et par délégation :
Le directeur des exploitations,
de la politique sociale et de l'emploi,
C. Dubreuil

Article 1, 2, 3
En vigueur

Article 1er

Sont rendues obligatoires, pour tous les employeurs et tous les salariés compris dans le champ d'application professionnel de la convention collective nationale du 8 octobre 1990 des ouvriers employés par les entreprises du bâtiment visées par le décret du 1er mars 1962 (c'est-à-dire occupant jusqu'à dix salariés), tel que complété par l'avenant n° 1 du 17 mars 1992 et dans son propre champ d'application territorial, les dispositions de l'accord " salaires " et " indemnités de petits déplacements " (région Centre) du 21 avril 2000 conclu dans le cadre de la convention collective nationale susvisée.

Article 2

L'extension des effets et sanctions de l'accord susvisé est faite à dater de la publication du présent arrêté pour la durée restant à courir et aux conditions prévues par ledit accord.

Article 3

Le directeur des relations du travail du ministère de l'emploi et de la solidarité et le directeur des exploitations, de la politique sociale et de l'emploi au ministère de l'agriculture et de la pêche sont chargés, chacun en ce qui le concerne, de l'exécution du présent arrêté, qui sera publié au Journal officiel de la République française.

Nota. - Le texte de l'accord susvisé a été publié au Bulletin officiel du ministère, fascicule Conventions collectives n° 2000/26 en date du 28 juillet 2000.

ARRETE du 7 août 2000

La ministre de l'emploi et de la solidarité et le ministre de l'agriculture et de la pêche,
Vu les articles L. 133-1 et suivants du code du travail ;
Vu les arrêtés des 12 février 1991 et 15 décembre 1992 portant extension de la convention collective nationale du 8 octobre 1990 des ouvriers employés par les entreprises du bâtiment visées par le décret du 1er mars 1962 (c'est-à-dire occupant jusqu'à dix salariés) et d'avenants la complétant ;
Vu l'arrêté du 17 mai 1999 portant extension d'un accord départemental (Rhône) conclu dans le cadre de la convention collective nationale susvisée ;
Vu l'accord départemental (Rhône) du 29 février 2000 (une annexe) relatif à la fixation du montant des indemnités de petits déplacements, conclu dans le cadre de la convention collective nationale susvisée ;

Vu la demande d'extension présentée par les organisations signataires ;
Vu les avis publiés au Journal officiel des 20 mai et 11 juillet 2000 ;
Vu les avis recueillis au cours de l'enquête ;
Vu l'avis motivé de la Commission nationale de la négociation collective (sous-commission des conventions et accords), recueilli suivant la procédure prévue à l'article R. 133-2 du code du travail,
2000 ;

La ministre de l'emploi et de la solidarité,
Pour la ministre et par délégation :
Par empêchement du directeur des relations du travail :
Le sous-directeur de la négociation collective,
E. Aubry
Le ministre de l'agriculture et de la pêche,
Pour le ministre et par délégation :
Par empêchement du directeur des exploitations,
de la politique sociale et de l'emploi :
Le sous-directeur,
P. Dedinger

Article 1, 2, 3
En vigueur

---Article 1

Sont rendues obligatoires, pour tous les employeurs et tous les salariés compris dans le champ d'application professionnel de la convention collective nationale du 8 octobre 1990 concernant les ouvriers employés par les entreprises du bâtiment visées par le décret du 1er mars 1962 (c'est-à-dire occupant jusqu'à dix salariés), tel que complété par l'avenant n° 1 du 17 mars 1992 et dans son propre champ d'application territorial, les dispositions de l'accord départemental (Rhône) du 29 février 2000 (une annexe) relatif à la fixation du montant des indemnités de petits déplacements, conclu dans le cadre de la convention collective nationale susvisée.

Article 2

L'extension des effets et sanctions de l'accord susvisé est faite à dater de la publication du présent arrêté pour la durée restant à courir et aux conditions prévues par ledit accord.

Article 3

Le directeur des relations du travail au ministère de l'emploi et de la solidarité et le directeur des exploitations, de la politique sociale et de l'emploi au ministère de l'agriculture et de la pêche sont chargés, chacun en ce qui le concerne, de l'exécution du présent arrêté, qui sera publié au Journal officiel de la République française.

Nota. - Le texte de l'accord susvisé a été publié au Bulletin officiel du ministère, fascicule Conventions collectives n° 2000/19 en date du 9 juin 2000.

ARRETE du 22 août 2000

La ministre de l'emploi et de la solidarité et le ministre de l'agriculture et de la pêche,
Vu les articles L. 133-1 et suivants du code du travail ;
Vu les arrêtés des 12 février 1991 et 15 décembre 1992 portant extension de la convention collective nationale du 8 octobre 1990 des ouvriers employés par les entreprises du bâtiment visées par le décret du 1er mars 1962 (c'est-à-dire occupant jusqu'à dix salariés) et d'avenants la complétant ;
Vu l'arrêté du 8 février 1991 portant extension de la convention collective nationale du 8 octobre 1990 des ouvriers employés par les entreprises du bâtiment, non visées par le décret du 1er mars 1962 (c'est-à-dire occupant plus de dix salariés) ;
Vu l'arrêté du 24 avril 1991 et les arrêtés successifs, notamment l'arrêté du 5 janvier 1999, portant extension d'accords régionaux (Haute-Normandie) ;
Vu l'avenant n° 7 du 30 mai 2000 (Salaires) à l'accord régional (Haute-Normandie) du 11 janvier 1991 conclu dans le cadre des conventions collectives nationales susvisées ;
Vu l'accord régional du 30 mai 2000 (Indemnités de petits déplacements) conclu dans le cadre des conventions collectives nationales susvisées ;
Vu la demande d'extension présentée par les organisations signataires ;
Vu les avis publiés au Journal officiel des 13 et 21 juillet 2000 ;
Vu les avis recueillis au cours de l'enquête ;
Vu l'avis motivé de la Commission nationale de la négociation collective (sous-commission des conventions et accords), recueilli suivant la procédure prévue à l'article R. 133-2 du code du travail,

La ministre de l'emploi et de la solidarité,
Pour la ministre et par délégation :
Par empêchement du directeur
des relations du travail :
La chef de service,
A. Jeannet

Le ministre de l'agriculture et de la pêche,
Pour le ministre et par délégation :
Par empêchement du directeur des exploitations,
de la politique sociale et de l'emploi :
Le sous-directeur,
P. Dedinger

Article 1, 2, 3
En vigueur

Art. 1er. - Sont rendues obligatoires, pour tous les employeurs et tous les salariés compris dans le champ d'application professionnel de la convention collective nationale du 8 octobre 1990 des ouvriers employés par les entreprises du bâtiment visées par le décret du 1er mars 1962 (c'est-à-dire occupant jusqu'à dix salariés), tel que complété par l'avenant n° 1 du 17 mars 1992 et dans celui de la convention collective nationale du 8 octobre 1990 des ouvriers employés par les entreprises du bâtiment non visées par le décret du 1er mars 1962 (c'est-à-dire occupant plus de dix salariés), tel qu'étendu par arrêté du 8 février 1991, et dans son propre champ d'application géographique, les dispositions de :

- l'avenant n° 7 du 30 mai 2000 (Salaires) à l'accord régional (Haute-Normandie) du 11 janvier 1991 conclu dans le cadre des conventions collectives nationales susvisées, sous réserve du respect des dispositions réglementaires portant fixation du salaire minimum de croissance ;

- l'accord régional du 30 mai 2000 (Indemnités de petits déplacements) conclu dans le cadre des conventions collectives nationales susvisées.

Art. 2. - L'extension des effets et sanctions de l'accord susvisé est faite à dater de la publication du présent arrêté pour la durée restant à courir et aux conditions prévues par ledit accord.

Art. 3. - Le directeur des relations du travail au ministère de l'emploi et de la solidarité et le directeur des exploitations, de la politique sociale et de l'emploi au ministère de l'agriculture et de la pêche sont chargés, chacun en ce qui le concerne, de l'exécution du présent arrêté, qui sera publié au Journal officiel de la République française.

Nota. - Le texte des accords susvisés a été publié au Bulletin officiel du ministère, fascicule Conventions collectives n° 2000/26 en date du 28 juillet 2000.

ARRETE du 9 octobre 2000

La ministre de l'emploi et de la solidarité et le ministre de l'agriculture et de la pêche,
Vu les articles L. 133-1 et suivants du code du travail ;
Vu l'arrêté du 8 février 1991 portant extension de la convention collective nationale du 8 octobre 1990 concernant les ouvriers employés par les entreprises du bâtiment non visées par le décret du 1er mars 1962 (c'est-à-dire occupant plus de dix salariés) ;
Vu les arrêtés des 12 février 1991 et 15 décembre 1992 portant extension de la convention collective nationale du 8 octobre 1990 des ouvriers employés par les entreprises visées par le décret du 1er mars 1962 (c'est-à-dire occupant jusqu'à dix salariés) et d'avenants la complétant ;
Vu l'arrêté du 26 juillet 1999 portant extension d'accords régionaux (Picardie) conclus dans le cadre des conventions collectives nationales susvisées ;
Vu l'accord régional (Picardie) du 7 avril 2000 (salaires minimaux) conclu dans le cadre des conventions collectives nationales susvisées ;
Vu l'accord régional (Picardie) du 7 avril 2000 (indemnités de petits déplacements) conclu dans le cadre des conventions collectives nationales susvisées ;
Vu la demande d'extension présentée par les organisations signataires ;
Vu les avis publiés au Journal officiel du 26 juillet et du 29 août 2000 ;
Vu les avis recueillis au cours de l'enquête ;
Vu l'avis motivé de la Commission nationale de la négociation collective (sous-commission des conventions et accords), recueilli suivant la procédure prévue à l'article R. 133-2 du code du travail,
Arrêtent :

La ministre de l'emploi et de la solidarité,
Pour la ministre et par délégation :
Le directeur des relations du travail,
J. Marimbert
Le ministre de l'agriculture et de la pêche,
Pour le ministre et par délégation :
Par empêchement du directeur des exploitations,
de la politique sociale et de l'emploi :
Le sous-directeur,
P. Dedinger

Article 1, 2, 3
En vigueur

Article 1er

Sont rendues obligatoires, pour tous les employeurs et tous les salariés compris dans le champ d'application professionnel de la convention collective nationale du 8 octobre 1990 des ouvriers employés par les entreprises du bâtiment visées par le décret du 1er mars 1962 (c'est-à-dire occupant jusqu'à dix salariés), tel que complété par l'avenant n° 1 du 17 mars 1992, et dans celui de la convention collective nationale du 8 octobre 1990 des ouvriers employés par les entreprises non visées par le décret du 1er mars 1962 (c'est-à-dire occupant plus de dix salariés), tel qu'étendu par arrêté du 8 février 1991, et dans leur propre champ d'application territorial, les dispositions de :

- l'accord régional (Picardie) du 7 avril 2000 (salaires minimaux) conclu dans le cadre des conventions collectives nationales susvisées, sous réserve de l'application des dispositions réglementaires relatives au salaire minimum de croissance ;

- l'accord régional (Picardie) du 7 avril 2000 (indemnités de petits déplacements) conclu dans le cadre des conventions collectives nationales susvisées.

Article 2

L'extension des effets et sanctions des accords susvisés est faite à dater de la publication du présent arrêté pour la durée restant à courir et aux conditions prévues par lesdits accords.

Article 3

Le directeur des relations du travail au ministère de l'emploi et de la solidarité et le directeur des exploitations, de la politique sociale et de l'emploi au ministère de l'agriculture et de la pêche sont chargés, chacun en ce qui le concerne, de l'exécution du présent arrêté, qui sera publié au Journal officiel de la République française.

Nota. - Le texte des accords susvisés a été publié au Bulletin officiel du ministère, fascicule Conventions collectives n° 2000/27 en date du 4 août 2000.

ARRETE du 10 novembre 2000

La ministre de l'emploi et de la solidarité et le ministre de l'agriculture et de la pêche,
Vu les articles L. 133-1 et suivants du code du travail ;
Vu les arrêtés des 12 février 1991 et 15 décembre 1992 portant extension de la convention collective nationale du 8 octobre 1990 concernant les ouvriers employés par les entreprises du bâtiment visées par le décret du 1er mars 1962 (c'est-à-dire occupant jusqu'à dix salariés) et d'avenants la complétant ;
Vu l'accord régional (Champagne-Ardenne) relatif aux salaires du 28 juin 2000 conclu dans le cadre de la convention collective nationale susvisée ;
Vu la demande d'extension présentée par les organisations signataires ;
Vu les avis publiés au Journal officiel des 29 août et 8 septembre 2000 ;
Vu les avis recueillis au cours de l'enquête ;
Vu l'avis motivé de la Commission nationale de la négociation collective (sous-commission des conventions et accords), recueilli suivant la procédure prévue à l'article R. 133-2 du code du travail,
Arrêtent :

La ministre de l'emploi et de la solidarité,
Pour la ministre et par délégation :
Le directeur des relations du travail,
J. Marimbert
Le ministre de l'agriculture et de la pêche,
Pour le ministre et par délégation :
Par empêchement du directeur des exploitations,
de la politique sociale et de l'emploi :
Le sous-directeur,
P. Dedinger

Article 1, 2, 3
En vigueur

Article 1er

Sont rendues obligatoires, pour tous les employeurs et tous les salariés compris dans le champ d'application professionnel de la convention collective nationale du 8 octobre 1990 concernant les ouvriers employés par les entreprises du bâtiment visées par le décret du 1er mars 1962 (c'est-à-dire occupant jusqu'à dix salariés), tel que modifié par l'avenant n° 1 du 17 mars 1992, et dans son propre champ d'application territorial, les dispositions de l'accord régional (Champagne-Ardenne) relatif aux salaires du 28 juin 2000 conclu dans le cadre de la convention collective nationale susvisée.

Article 2

L'extension des effets et sanctions de l'accord susvisé est faite à dater de la publication du présent arrêté pour la durée restant à courir et aux conditions prévues par ledit accord.

Article 3

Le directeur des relations du travail au ministère de l'emploi et de la solidarité et le directeur des exploitations, de la politique sociale et de l'emploi au ministère de l'agriculture et de la pêche sont chargés, chacun en ce qui le concerne, de l'exécution du présent arrêté, qui sera publié au Journal officiel de la République française.

Nota. - Le texte de l'accord susvisé a été publié au Bulletin officiel du ministère, fascicule Conventions collectives n° 2000/35 en date du 29 septembre 2000.

ARRETE du 10 novembre 2000

La ministre de l'emploi et de la solidarité et le ministre de l'agriculture et de la pêche,
Vu les articles L. 133-1 et suivants du code du travail ;
Vu les arrêtés du 12 février 1991 et du 15 décembre 1992 portant extension de la convention collective nationale du 8 octobre 1990 concernant les ouvriers employés par les entreprises du bâtiment visées par le décret du 1er mars 1962 (c'est-à-dire occupant jusqu'à dix salariés) et d'avenants la modifiant ou la complétant ;
Vu l'arrêté du 8 février 1991 portant extension de la convention collective nationale du 8 octobre 1990 concernant les ouvriers employés par les entreprises du bâtiment non visées par le décret du 1er mars 1962 (c'est-à-dire occupant plus de dix salariés) ;
Vu les accords départementaux (Loire-Atlantique et Maine-et-Loire) et l'accord interdépartemental (Mayenne, Sarthe et Vendée) du 30 mai 2000 conclus dans le cadre des conventions collectives nationales susvisées ;
Vu la demande d'extension présentée par les organisations signataires ;
Vu les avis publiés au Journal officiel des 13 et 16 septembre 2000 ;
Vu les avis recueillis au cours de l'enquête ;
Vu l'avis motivé de la Commission nationale de la négociation collective (sous-commission des conventions et accords), recueilli suivant la procédure prévue à l'article R. 133-2 du code du travail,

La ministre de l'emploi et de la solidarité,
Pour la ministre et par délégation :
Le directeur des relations du travail,
J. Marimbert
Le ministre de l'agricluture et de la pêche,
Pour le ministre et par délégation :
Par empêchement du directeur des exploitations,
de la politique sociale et de l'emploi :
Le sous-directeur,
P. Dedinger
Arrêtent :

Article 1, 2, 3
En vigueur

Article 1er

Sont rendues obligatoires, pour tous les employeurs et tous les salariés compris dans le champ d'application professionnel de la convention collective nationale du 8 octobre 1990 concernant les ouvriers employés par les entreprises du bâtiment non visées par le décret du 1er mars 1962 (c'est-à-dire occupant plus de dix salariés), tel qu'étendu par arrêté du 8 février 1991, et dans celui de la convention collective nationale du 8 octobre 1990 concernant les ouvriers employés par les enterprises du bâtiment visées par le décret du 1er mars 1962 (c'est-à-dire occupant jusqu'à dix salariés) tel que complété par l'avenant n° 1 du 17 mars 1992, et dans son propre champ d'application territorial, les dispositions des accords départementaux (Loire-Atlantique et Maine-et-Loire) et de l'accord interdépartemental (Mayenne, Sarthe et Vendée) du 30 mai 2000 conclus dans le cadre des conventions collectives nationales susvisées, sous réserve de l'application des dispositions réglementaires portant fixation du salaire minimum de croissance.

Article 2

L'extension des effets et sanctions des accords susvisés est faite à dater de la publication du présent arrêté pour la durée restant à courir et aux conditions prévues par lesdits accords.

Article 3

Le directeur des relations du travail au ministère de l'emploi et de la solidarité et le directeur des exploitations, de la politique sociale et de l'emploi au ministère de l'agriculture et de la pêche sont chargés, chacun en ce qui le concerne, de l'exécution du présent arrêté, qui sera publié au Journal officiel de la République française.

Nota. - Le texte des accords susvisés a été publié au Bulletin officiel du ministère, fascicule Conventions collectives n° 2000/32 en date du 15 septembre 2000.

ARRETE du 23 novembre 2000

La ministre de l'emploi et de la solidarité et le ministre de l'agriculture et de la pêche,
Vu les articles L. 133-1 et suivants du code du travail ;
Vu les arrêtés des 12 février 1991 et 15 décembre 1992 portant extension de la convention collective nationale du 8 octobre 1990 des ouvriers employés par les entreprises du bâtiment visées par le décret du 1er mars 1962 (c'est-à-dire occupant jusqu'à dix salariés) et d'avenants la complétant ou la modifiant ;
Vu l'arrêté du 26 juillet 2000 portant extension d'un accord régional (Aquitaine), conclu dans le cadre de la convention collective susvisée ;
Vu l'accord régional (Aquitaine) du 29 juin 2000 relatif aux salaires minimaux (barème annexé), conclu dans le cadre de la convention collective susvisée ;
Vu la demande d'extension présentée par les organisations signataires ;
Vu les avis publiés au Journal officiel des 11 octobre et 13 octobre 2000 ;
Vu les avis recueillis au cours de l'enquête ;
Vu l'avis motivé de la Commission nationale de la négociation collective (sous-commission des conventions et accords), recueilli suivant la procédure prévue à l'article R. 133-2 du code du travail,

La ministre de l'emploi et de la solidarité,
Pour la ministre et par délégation :
Par empêchement du directeur des relations du travail :
Le sous-directeur de la négociation collective,
P. Florentin
Le ministre de l'agriculture et de la pêche,
Pour le ministre et par délégation :
Par empêchement du directeur des exploitations,
de la politique sociale et de l'emploi :
Le sous-directeur,
P. Dedinger

Article 1, 2, 3
En vigueur

Article 1er

Sont rendues obligatoires, pour tous les employeurs et tous les salariés compris dans le champ d'application professionnel de la convention collective nationale du 8 octobre 1990 des ouvriers employés par les entreprises du bâtiment visées par le décret du 1er mars 1962 (c'est-à-dire occupant jusqu'à dix salariés), tel que complété par l'avenant n° 1 du 17 mars 1992, et dans son propre champ d'application territorial, les dispositions de l'accord régional (Aquitaine) du 29 juin 2000 relatif aux salaires minimaux (barème annexé), conclu dans le cadre de la convention collective susvisée.

Article 2

L'extension des effets et sanctions de l'accord susvisé est faite à dater de la publication du présent arrêté pour la durée restant à courir et aux conditions prévues par ledit accord.

Article 3

Le directeur des relations du travail au ministère de l'emploi et de la solidarité et le directeur des exploitations, de la politique sociale et de l'emploi au ministère de l'agriculture et de la pêche sont chargés, chacun en ce qui le concerne, de l'exécution du présent arrêté, qui sera publié au Journal officiel de la République française.

Nota. - Le texte de l'accord susvisé a été publié au Bulletin officiel du ministère, fascicule Conventions collectives n° 2000/37 en date du 12 octobre 2000.

ARRETE du 23 novembre 2000

La ministre de l'emploi et de la solidarité et le ministre de l'agriculture et de la pêche,
Vu les articles L. 133-1 et suivants du code du travail ;
Vu l'arrêté du 8 février 1991 portant extension de la convention collective nationale du 8 octobre 1990 concernant les ouvriers employés par les entreprises du bâtiment non visées par le décret du 1er mars 1962 (c'est-à-dire occupant plus de dix salariés) ;
Vu les arrêtés des 12 février 1991 et 15 décembre 1992 portant extension de la convention collective nationale du 8 octobre 1990 concernant les ouvriers employés par les entreprises du bâtiment visées par le décret du 1er mars 1962 (c'est-à-dire occupant jusqu'à dix salariés) et d'avenants la complétant ;
Vu l'arrêté du 31 juillet 1997 portant extension d'un accord régional (Midi-Pyrénées) ;
Vu l'accord régional (Midi-Pyrénées) " salaires " du 19 juin 2000 conclu dans le cadre des conventions collectives nationales susvisées ;
Vu la demande d'extension présentée par les organisations signataires ;
Vu les avis publiés au Journal officiel des 9 et 23 août 2000 ;
Vu les avis recueillis au cours de l'enquête ;
Vu l'avis motivé de la Commission nationale de la négociation collective (sous-commission des conventions et accords), recueilli suivant la procédure prévue à l'article R. 133-2 du code du travail,

Pour le ministre et par délégation :
Par empêchement du directeur des exploitations,
de la politique sociale et de l'emploi :
Le sous-directeur,
P. Dedinger

Article 1, 2, 3
En vigueur

Article 1er

Sont rendues obligatoires, pour tous les employeurs et tous les salariés compris dans le champ d'application professionnel de la convention collective nationale du 8 octobre 1990 concernant les ouvriers employés par les entreprises du bâtiment visées par le décret du 1er mars 1962 (c'est-à-dire occupant jusqu'à dix salariés), tel que modifié par l'avenant n° 1 du 17 mars 1992 et dans celui de la convention collective nationale du 8 octobre 1990 concernant les ouvriers employés par les entreprises du bâtiment non visées par le décret du 1er mars 1962 (c'est-à-dire occupant plus de dix salariés), et dans son propre champ d'application géographique, les dispositions de l'accord régional (Midi-Pyrénées) " salaires " du 19 juin 2000 conclu dans le cadre des conventions collectives nationales susvisées sous réserve des dispositions réglementaires portant fixation du salaire minimum de croissance.

Article 2

L'extension des effets et sanctions de l'accord susvisé est faite à dater de la publication du présent arrêté pour la durée restant à courir et aux conditions prévues par ledit accord.

Article 3

Le directeur des relations du travail au ministère de l'emploi et de la solidarité et le directeur des exploitations, de la politique sociale et de l'emploi au ministère de l'agriculture et de la pêche sont chargés, chacun en ce qui le concerne, de l'exécution du présent arrêté, qui sera publié au Journal officiel de la République française.
La ministre de l'emploi et de la solidarité,
Pour la ministre et par délégation :
Le directeur des relations du travail,
J. Marimbert
Le ministre de l'agriculture et de la pêche,

Nota. - Le texte de l'accord susvisé a été publié au Bulletin officiel du ministère, fascicule Conventions collectives n° 2000/38 du 19 octobre 2000.

ARRETE du 20 décembre 2000

La ministre de l'emploi et de la solidarité et le ministre de l'agriculture et de la pêche,
Vu les articles L. 133-1 et suivants du code du travail ;
Vu l'arrêté du 8 février 1991 portant extension de la convention collective nationale des ouvriers employés par les entreprises du bâtiment non visées par le décret du 1er mars 1962 (c'est-à-dire occupant plus de dix salariés) du 8 octobre 1990 ;
Vu les arrêtés des 12 février 1991 et 15 décembre 1992 portant extension de la convention collective nationale des ouvriers employés par les entreprises du bâtiment visées par le décret du 1er mars 1962 (c'est-à-dire occupant jusqu'à dix salariés) du 8 octobre 1990 et d'avenants la complétant ;
Vu l'accord concernant les départements de la Drôme et de l'Ardèche du 21 septembre 2000 (Indemnités de petits déplacements) conclu dans le cadre des conventions collectives susvisées ;
Vu la demande d'extension présentée par les organisations signataires ;
Vu les avis publiés au Journal officiel des 16 et 24 novembre 2000 ;
Vu les avis recueillis au cours de l'enquête ;
Vu l'avis motivé de la Commission nationale de la négociation collective (sous-commission des conventions et accords), recueilli suivant la procédure prévue à l'article R. 133-2 du code du travail

La ministre de l'emploi et de la solidarité,
Pour la ministre et par délégation :
Par empêchement du directeur des relations du travail :
Le sous-directeur de la négociation collective,
P. Florentin
Le ministre de l'agriculture et de la pêche,
Pour le ministre et par délégation :
Par empêchement du directeur des exploitations,
de la politique sociale et de l'emploi :
Le sous-directeur,
P. Dedinger

Article 1, 2, 3
En vigueur

Article 1er

Sont rendues obligatoires, pour tous les employeurs et tous les salariés compris dans le champ d'application professionnel de la convention collective nationale des ouvriers employés par les entreprises du bâtiment visées par le décret du 1er mars 1962 (c'est-à-dire occupant jusqu'à dix salariés) du 8 octobre 1990, tel que complété par l'avenant n° 1 du 17 mars 1992, et de la convention collective nationale des ouvriers employés par les entreprises du bâtiment non visées par le décret du 1er mars 1962 (c'est-à-dire occupant plus de dix salariés) du 8 octobre 1990, tel qu'étendu par arrêté du 8 février 1991, et dans son propre champ d'application territorial, les dispositions de l'accord concernant les départements de la Drôme et de l'Ardèche du 21 septembre 2000 (indemnités de petits déplacements) conclu dans le cadre des conventions collectives susvisées.

Article 2

L'extension des effets et sanctions de l'accord susvisé est faite à dater de la publication du présent arrêté pour la durée restant à courir et aux conditions prévues par ledit accord.

Article 3

Le directeur des relations du travail au ministère de l'emploi et de la solidarité et le directeur des exploitations, de la politique sociale et de l'emploi au ministère de l'agriculture et de la pêche sont chargés, chacun en ce qui le concerne, de l'exécution du présent arrêté, qui sera publié au Journal officiel de la République française.

Nota. - Le texte de l'accord susvisé a été publié au Bulletin officiel du ministère, fascicule Conventions collectives n° 2000/44 en date du 30 novembre 2000.

ARRETE du 20 décembre 2000

La ministre de l'emploi et de la solidarité et le ministre de l'agriculture et de la pêche,
Vu les articles L. 133-1 et suivants du code du travail ;
Vu les arrêtés des 12 février 1991 et 15 décembre 1992 portant extension de la convention collective nationale des ouvriers employés par les entreprises du bâtiment visées par le décret du 1er mars 1962 (c'est-à-dire occupant jusqu'à dix salariés), du 8 octobre 1990 et d'avenants la complétant ;
Vu l'arrêté du 8 février 1991 portant extension de la convention collective nationale des ouvriers employés par les entreprises du bâtiment non visées par le décret du 1er mars 1962 (c'est-à-dire occupant plus de dix salariés) du 8 octobre 1990 ;
Vu l'arrêté du 5 août 1994 portant extension d'un accord départemental, département de la Vendée, conclu dans le cadre des conventions collectives nationales susvisées ;
Vu l'accord départemental " Indemnités de petits déplacements ", département de la Vendée, du 15 septembre 2000 conclu dans le cadre des conventions collectives nationales susvisées ;
Vu la demande d'extension présentée par les organisations signataires ;
Vu les avis publiés au Journal officiel des 16 et 24 novembre 2000 ;
Vu les avis recueillis au cours de l'enquête ;
Vu l'avis motivé de la Commission nationale de la négociation collective (sous-commission des conventions et accords) recueilli suivant la procédure prévue à l'article R. 133-2 du code du travail,

La ministre de l'emploi et de la solidarité,
Pour la ministre et par délégation :
Par empêchement du directeur des relations du travail :
Le sous-directeur de la négociation collective,
P. Florentin
Le ministre de l'agriculture et de la pêche,
Pour le ministre et par délégation :
Par empêchement du directeur des exploitations,
de la politique sociale et de l'emploi :
Le sous-directeur,
P. Dedinger

Article 1, 2, 3
En vigueur

Art. 1er. - Sont rendues obligatoires, pour tous les employeurs et tous les salariés compris dans le champ d'application professionnel de la convention collective nationale des ouvriers employés par les entreprises du bâtiment non visées par le décret du 1er mars 1962 (c'est-à-dire occupant plus de dix salariés), tel qu'étendu par arrêté du 8 février 1991, et de la convention collective nationale des ouvriers employés par les entreprises du bâtiment visées par le décret du 1er mars 1962 (c'est-à-dire occupant jusqu'à dix salariés) du 8 octobre 1990 telle que modifiée par l'avenant n° 1 du 17 mars 1992, et dans son propre champ d'application territorial, les dispositions de l'accord départemental Indemnités de petits déplacements, département de la Vendée, du 15 septembre 2000 conclu dans le cadre des conventions collectives nationales susvisées.

Article 2

L'extension des effets et sanctions de l'accord susvisé est faite à dater de la publication du présent arrêté pour la durée restant à courir et aux conditions prévues par ledit accord.

Article 3

Le directeur des relations du travail au ministère de l'emploi et de la solidarité et le directeur des exploitations, de la politique sociale et de l'emploi au ministère de l'agriculture et de la pêche sont chargés, chacun en ce qui le concerne, de l'exécution du présent arrêté, qui sera publié au Journal officiel de la République française.

Nota. - Le texte de l'accord susvisé a été publié au Bulletin officiel du ministère, fascicule Conventions collectives n° 2000/45 en date du 7 décembre 2000.

ARRETE du 12 mars 2001

La ministre de l'emploi et de la solidarité et le ministre de l'agriculture et de la pêche,
Vu les articles L. 133-1 et suivants du code du travail ;
Vu l'arrêté du 8 février 1991 portant extension de la convention collective nationale du 8 octobre 1990 des ouvriers employés par les entreprises du bâtiment non visées par le décret du 1er mars 1962 (c'est-à-dire occupant plus de dix salariés) ;
Vu les arrêtés des 12 février 1991 et 15 décembre 1992 portant extension de la convention collective nationale du 8 octobre 1990 des ouvriers employés par les entreprises du bâtiment visées par le décret du 1er mars 1962 (c'est-à-dire occupant jusqu'à dix salariés) et d'avenants la complétant ;
Vu l'arrêté du 6 août 1997 portant extension d'accords régionaux (Franche-Comté) ;
Vu l'accord régional de salaires (Franche-Comté) du 17 octobre 2000 (deux barèmes annexés) conclu dans le cadre des conventions collectives nationales susvisées ;
Vu la demande d'extension présentée par les organisations signataires ;
Vu les avis publiés au Journal officiel du 29 décembre 2000 et du 7 février 2001 ;
Vu les avis recueillis au cours de l'enquête ;
Vu l'avis motivé de la Commission nationale de la négociation collective (sous-commission des conventions et accords), recueilli suivant la procédure prévue à l'article R. 133-2 du code du travail,

La ministre de l'emploi et de la solidarité,
Pour la ministre et par délégation :
Par empêchement du directeur des relations du travail :
Le sous-directeur de la négociation collective,
P. Florentin
Le ministre de l'agriculture et de la pêche,
Pour le ministre et par délégation :
Par empêchement du directeur des exploitations,
de la politique sociale et de l'emploi :
Le sous-directeur,
P. Dedinger

Article 1, 2, 3
En vigueur

Article 1er

Sont rendues obligatoires, pour tous les employeurs et tous les salariés compris dans le champ d'application professionnel de la convention collective nationale du 8 octobre 1990 des ouvriers employés par les entreprises du bâtiment visées par le décret du 1er mars 1962 (c'est-à-dire occupant jusqu'à dix salariés), tel que complété par l'avenant n° 1 du 17 mars 1992, et dans celui de la convention collective nationale du 8 octobre 1990 des ouvriers employés par les entreprises du bâtiment non visées par le décret du 1er mars 1962 (c'est-à-dire occupant plus de dix salariés), tel qu'étendu par arrêté du 8 février 1991, et dans son propre champ d'application territorial, les dispositions de l'accord régional de salaires (Franche-Comté) du 17 octobre 2000 (deux barèmes annexés) conclu dans le cadre des conventions collectives nationales susvisées.

Article 2

L'extension des effets et sanctions de l'accord susvisé est faite à dater de la publication du présent arrêté pour la durée restant à courir et aux conditions prévues par ledit accord.

Article 3

Le directeur des relations du travail au ministère de l'emploi et de la solidarité et le directeur des exploitations, de la politique sociale et de l'emploi au ministère de l'agriculture et de la pêche sont chargés, chacun en ce qui le concerne, de l'exécution du présent arrêté, qui sera publié au Journal officiel de la République française.

Nota. - Le texte de l'accord susvisé a été publié au Bulletin officiel du ministère, fascicule Conventions collectives n° 2000/51 en date du 18 janvier 2001.

ARRETE du 27 avril 2001

La ministre de l'emploi et de la solidarité et le ministre de l'agriculture et de la pêche,
Vu les articles L. 133-1 et suivants du code du travail ;
Vu les arrêtés des 12 février 1991 et 15 décembre 1992 portant extension de la convention collective nationale du 8 octobre 1990 des ouvriers employés par les entreprises du bâtiment visées par le décret du 1er mars 1962 (c'est-à-dire occupant jusqu'à dix salariés) et d'avenants la complétant ;
Vu l'arrêté du 8 février 1991 portant extension de la convention collective nationale du 8 octobre 1990 des ouvriers employés par les entreprises du bâtiment non visées par le décret du 1er mars 1962 (c'est-à-dire occupant plus de dix salariés) ;
Vu l'arrêté du 24 avril 1991 et les arrêtés successifs, notamment l'arrêté du 22 août 2000, portant extension d'accords régionaux (Haute-Normandie) ;
Vu l'avenant n° 8 du 5 décembre 2000 (salaires) à l'accord régional (Haute-Normandie) du 11 janvier 1991 conclu dans le cadre des conventions collectives nationales susvisées ;
Vu la demande d'extension présentée par les organisations signataires ;
Vu les avis publiés au Journal officiel des 8 et 28 février 2001 ;
Vu les avis recueillis au cours de l'enquête ;
Vu l'avis motivé de la Commission nationale de la négociation collective (sous-commission des conventions et accords), recueilli suivant la procédure prévue à l'article R. 133-2 du code du travail,

La ministre de l'emploi et de la solidarité,
Pour la ministre et par délégation :
Par empêchement du directeur des relations du travail :
Le sous-directeur de la négociation collective,
P. Florentin
Le ministre de l'agriculture et de la pêche,
Pour le ministre et par délégation :
Par empêchement du directeur des exploitations,
de la politique sociale et de l'emploi :
Le sous-directeur,
P. Dedinger

Article 1, 2, 3
En vigueur

Article 1er

Sont rendues obligatoires, pour tous les employeurs et tous les salariés compris dans le champ d'application professionnel de la convention collective nationale du 8 octobre 1990 des ouvriers employés par les entreprises du bâtiment visées par le décret du 1er mars 1962 (c'est-à-dire occupant jusqu'à dix salariés), tel que complété par l'avenant n° 1 du 17 mars 1992, et dans celui de la convention collective nationale du 8 octobre 1990 des ouvriers employés par les entreprises du bâtiment non visées par le décret du 1er mars 1962 (c'est-à-dire occupant plus de dix salariés), tel qu'étendu par l'arrêté du 8 février 1991, et dans son propre champ d'application géographique, les dispositions de l'avenant n° 8 du 5 décembre 2000 (salaires) à l'accord régional (Haute-Normandie) du 11 janvier 1991 conclu dans le cadre des conventions collectives nationales susvisées.

Article 2

L'extension des effets et sanctions de l'avenant susvisé est faite à dater de la publication du présent arrêté pour la durée restant à courir et aux conditions prévues par ledit avenant.

Article 3

Le directeur des relations du travail au ministère de l'emploi et de la solidarité et le directeur des exploitations, de la politique sociale et de l'emploi au ministère de l'agriculture et de la pêche sont chargés, chacun en ce qui le concerne, de l'exécution du présent arrêté, qui sera publié au Journal officiel de la République française.

Nota. - Le texte de l'accord susvisé a été publié au Bulletin officiel du ministère, fascicule Conventions collectives n° 2001/05 en date du 1er mars 2001.

ARRETE du 1 juin 2001

La ministre de l'emploi et de la solidarité et le ministre de l'agriculture et de la pêche,
Vu les articles L. 133-1 et suivants du code du travail ;
Vu l'arrêté du 8 février 1991 portant extension de la convention collective nationale du 8 octobre 1990 des ouvriers employés par les entreprises du bâtiment non visées par le décret du 1er mars 1962 (c'est-à-dire occupant plus de dix salariés) ;
Vu les arrêtés des 12 février 1991 et 15 décembre 1992 portant extension de la convention collective nationale du 8 octobre 1990 des ouvriers employés par les entreprises du bâtiment visées par le décret du 1er mars 1962 (c'est-à-dire occupant jusqu'à dix salariés) et d'avenants la complétant ;
Vu l'arrêté du 24 juin 1991 et les arrêtés successifs, notamment l'arrêté du 8 mars 1999, portant extension d'accords régionaux, région Languedoc-Roussillon ;
Vu l'accord régional (Languedoc-Roussillon) du 23 novembre 2000 relatif aux salaires minima des ouvriers employés par les entreprises du

bâtiment, conclu dans le cadre des conventions collectives nationales susvisées ;
Vu l'accord régional (Languedoc-Roussillon) du 23 novembre 2000 relatif aux indemnités de petits déplacements des ouvriers employés par les entreprises du bâtiment, conclu dans le cadre des conventions collectives nationales susvisées ;
Vu la demande d'extension présentée par les organisations signataires ;
Vu les avis publiés au Journal officiel des 17, 22 février et 18 avril 2001 ;
Vu les avis recueillis au cours de l'enquête ;
Vu l'avis motivé de la Commission nationale de la négociation collective (sous-commission des conventions et accords) recueilli suivant la procédure prévue à l'article R. 133-2 du code du travail,

La ministre de l'emploi et de la solidarité,
Pour la ministre et par délégation :
Par empêchement du directeur des relations du travail :
Le sous-directeur de la négociation collective,
P. Florentin
Le ministre de l'agriculture et de la pêche,
Pour le ministre et par délégation :
Par empêchement du directeur des exploitations,
de la politique sociale et de l'emploi :
Le sous-directeur,
P. Dedinger

Article 1, 2, 3
En vigueur

Article 1er

Sont rendues obligatoires, pour tous les employeurs et tous les salariés compris dans le champ d'application professionnel de la convention collective nationale du 8 octobre 1990 des ouvriers employés par les entreprises du bâtiment visées par le décret du 1er mars 1962 (c'est-à-dire occupant jusqu'à dix salariés), tel que complété par l'avenant n° 1 du 17 mars 1992 et dans celui de la convention collective nationale du 8 octobre 1990 des ouvriers employés par les entreprises du bâtiment non visées par le décret du 1er mars 1962 (c'est-à-dire occupant plus de dix salariés), tel qu'étendu par arrêté du 8 février 1991 et dans son propre champ d'application territorial, les dispositions de :

- l'accord régional (Languedoc-Roussillon) du 23 novembre 2000 relatif aux salaires minima des ouvriers employés par les entreprises du bâtiment, conclu dans le cadre des conventions collectives nationales susvisées ;

- l'accord régional (Languedoc-Roussillon) du 23 novembre 2000 relatif aux indemnités de petits déplacements des ouvriers employés par les entreprises du bâtiment, conclu dans le cadre des conventions collectives nationales susvisées.

Article 2

L'extension des effets et sanctions des accords susvisés est faite à dater de la publication du présent arrêté pour la durée restant à courir et aux conditions prévues par lesdits accords.

Article 3

Le directeur des relations du travail au ministère de l'emploi et de la solidarité et le directeur des exploitations, de la politique sociale et de l'emploi au ministère de l'agriculture et de la pêche sont chargés, chacun en ce qui le concerne, de l'exécution du présent arrêté, qui sera publié au Journal officiel de la République française.

Nota. - Le texte des accords susvisés a été publié au Bulletin officiel du ministère, fascicule Conventions collectives n° 2001/06 en date du 8 mars 2001.

ARRETE du 2 juillet 2001

La ministre de l'emploi et de la solidarité et le ministre de l'agriculture et de la pêche,
Vu les articles L. 133-1 et suivants du code du travail ;
Vu l'arrêté du 8 février 1991 portant extension de la convention collective nationale du 8 octobre 1990 des ouvriers employés par les entreprises du bâtiment non visées par le décret du 1er mars 1962 (c'est-à-dire occupant plus de dix salariés) ;
Vu les arrêtés des 12 février 1991 et 15 décembre 1992 portant extension de la convention collective nationale du 18 octobre 1990 des ouvriers employés par les entreprises du bâtiment visées par le décret du 1er mars 1962 (c'est-à-dire occupant jusqu'à dix salariés) et d'avenants la complétant ;
Vu l'arrêté du 8 juillet 1994 portant extension de la convention collective des ouvriers du bâtiment de la région Basse-Normandie du 9 février 1994 conclue dans le cadre des conventions collectives nationales susvisées ;
Vu l'avenant n° 3 du 7 décembre 2000 (prime d'outillage) à la convention collective régionale susvisée ;
Vu l'avenant n° 4 du 7 décembre 2000 (indemnités de petits déplacements) à la convention collective régionale susvisée ;
Vu l'avenant n° 8 du 7 décembre 2000 (salaires) à la convention collective régionale susvisée ;
Vu la demande d'extension présentée par les organisations syndicales signataires ;
Vu les avis publiés au Journal officiel des 16 et 31 mars 2001 ;
Vu les avis recueillis au cours de l'enquête ;

Vu l'avis motivé de la Commission nationale de la négociation collective (sous-commission des conventions et accords), recueilli suivant la procédure prévue à l'article R. 133-2 du code du travail,

La ministre de l'emploi et de la solidarité,
Pour la ministre et par délégation :
Par empêchement du directeur des relations du travail :
Le sous-directeur de la négociation collective,
P. Florentin
Le ministre de l'agriculture et de la pêche,
Pour le ministre et par délégation :
Par empêchement du directeur des exploitations,
de la politique sociale et de l'emploi :
Le sous-directeur,
P. Dedinger

Article 1, 2, 3
En vigueur

Article 1er

Sont rendues obligatoires, pour tous les employeurs et tous les salariés compris dans le champ d'application professionnel de la convention collective nationale du 8 octobre 1990 concernant les ouvriers employés par les entreprises du bâtiment visées par le décret du 1er mars 1962 (c'est-à-dire occupant jusqu'à dix salariés), tel que complété par l'avenant n° 1 du 17 mars 1992, et de la convention collective nationale des ouvriers employés par les entreprises du bâtiment non visées par le décret du 1er mars 1962 (c'est-à-dire occupant plus de dix salariés), tel qu'étendu par arrêté du 8 février 1991, et dans le champ d'application territorial de la convention collective des ouvriers du bâtiment de la région Basse-Normandie du 9 février 1994, les dispositions de :

- l'avenant n° 3 du 7 décembre 2000 (prime d'outillage) à la convention collective régionale susvisée ;

- l'avenant n° 4 du 7 décembre 2000 (indemnités de petits déplacements) à la convention collective régionale susvisée ;

- l'avenant n° 8 du 7 décembre 2000 (salaires) à la convention collective régionale susvisée.

Article 2

L'extension des effets et sanctions des accords susvisés est faite à dater de la publication du présent arrêté pour la durée restant à courir et aux conditions prévues par lesdits accords.

Article 3

Le directeur des relations du travail au ministère de l'emploi et de la solidarité et le directeur des exploitations, de la politique sociale et de l'emploi au ministère de l'agriculture et de la pêche sont chargés, chacun en ce qui le concerne, de l'exécution du présent arrêté, qui sera publié au Journal officiel de la République française.

Nota. - Le texte des accords susvisés a été publié au Bulletin officiel du ministère, fascicule Conventions collectives n° 2001/11 en date du 13 avril 2001.

ARRETE du 23 juillet 2001

La ministre de l'emploi et de la solidarité et le ministre de l'agriculture et de la pêche,
Vu les articles L. 133-1 et suivants du code du travail ;
Vu les arrêtés des 12 février 1991 et 15 décembre 1992 portant extension de la convention collective nationale du 8 octobre 1990 des ouvriers employés par les entreprises du bâtiment visées par le décret du 1er mars 1962 (c'est-à-dire occupant jusqu'à dix salariés) et d'avenants la complétant ;
Vu l'arrêté du 8 février 1991 portant extension de la convention collective nationale du 8 octobre 1990 des ouvriers employés par les entreprises du bâtiment non visées par le décret du 1er mars 1962 (c'est-à-dire occupant plus de dix salariés) ;

Vu l'arrêté du 5 juillet 1991 et les arrêtés successifs, notamment l'arrêté du 16 août 2000, portant extension d'accords régionaux (Lorraine) ;
Vu l'accord régional (Lorraine) du 12 janvier 2001 (indemnités de petits déplacements) conclu dans le cadre des conventions collectives nationales susvisées ;
Vu la demande d'extension présentée par les organisations signataires ;
Vu les avis publiés au Journal officiel des 6 et 10 mars 2001 ;
Vu les avis recueillis au cours de l'enquête ;
Vu l'avis motivé de la Commission nationale de la négociation collective (sous-commission des conventions et accords), recueilli suivant la procédure prévue à l'article R. 133-2 du code du travail,

La ministre de l'emploi et de la solidarité,
Pour la ministre et par délégation :
Par empêchement du directeur des relations du travail :

Le sous-directeur de la négociation collective,
P. Florentin
Le ministre de l'agriculture et de la pêche,
Pour le ministre et par délégation :
Par empêchement du directeur des exploitations,
de la politique sociale et de l'emploi :
Le sous-directeur,
P. Dedinger

Article 1, 2, 3
En vigueur

Article 1er

Sont rendues obligatoires, pour tous les employeurs et tous les salariés compris dans le champ d'application professionnel de la convention collective nationale du 8 octobre 1990 des ouvriers employés par les entreprises du bâtiment visées par le décret du 1er mars 1962 (c'est-à-dire occupant jusqu'à dix salariés) tel que complété par l'avenant n° 1 du 17 mars 1992, et dans celui de la convention collective nationale du 8 octobre 1990 des ouvriers employés par les entreprises du bâtiment non visées par le décret du 1er mars 1962 (c'est-à-dire occupant plus de dix salariés) tel qu'étendu par l'arrêté du 8 février 1991, et dans son propre champ d'application territorial, les dispositions de l'accord régional (Lorraine) du 12 janvier 2001 (indemnités de petits déplacements) conclu dans le cadre des conventions collectives nationales susvisées.

Article 2

L'extension des effets et sanctions de l'accord susvisé est faite à dater de la publication du présent arrêté pour la durée restant à courir et aux conditions prévues par ledit accord.

Article 3

Le directeur des relations du travail au ministère de l'emploi et de la solidarité et le directeur des exploitations, de la politique sociale et de l'emploi au ministère de l'agriculture et de la pêche sont chargés, chacun en ce qui le concerne, de l'exécution du présent arrêté, qui sera publié au Journal officiel de la République française.

Nota. - Le texte de l'accord susvisé a été publié au Bulletin officiel du ministère, fascicule Conventions collectives n° 2001/23 en date du 7 juillet 2001.

ARRETE du 7 août 2001

La ministre de l'emploi et de la solidarité et le ministre de l'agriculture et de la pêche,
Vu les articles L. 133-1 et suivants du code du travail ;
Vu les arrêtés des 12 février 1991 et 15 décembre 1992 portant extension de la convention collective nationale du 8 octobre 1990 concernant les ouvriers employés par les entreprises du bâtiment visées par le décret du 1er mars 1962 (c'est-à-dire occupant jusqu'à dix salariés) et d'avenants la modifiant ou la complétant ;
Vu l'arrêté du 10 novembre 2000 portant extension d'un accord régional (Champagne-Ardenne) conclu dans le cadre de la convention collective susvisée ;
Vu l'accord régional (Champagne-Ardenne) du 10 mai 2001 (salaires minimaux) conclu dans le cadre de la convention collective susvisée ;
Vu la demande d'extension présentée par les organisations signataires ;
Vu les avis publiés au Journal officiel des 14 et 30 juin 2001 ;
Vu les avis recueillis au cours de l'enquête ;
Vu l'avis motivé de la Commission nationale de la négociation collective (sous-commission des conventions et accords), recueilli suivant la procédure prévue à l'article R. 133-2 du code du travail,

La ministre de l'emploi et de la solidarité,
Pour la ministre et par délégation :
Par empêchement du directeur des relations du travail :
Le sous-directeur de la négociation collective,
P. Florentin
Le ministre de l'agriculture et de la pêche,
Pour le ministre et par délégation :
Par empêchement du directeur des exploitations,
de la politique sociale et de l'emploi :
Le sous-directeur,
P. Dedinger

Article 1, 2, 3
En vigueur

Article 1er

Sont rendues obligatoires, pour tous les employeurs et tous les salariés compris dans le champ d'application professionnel de la convention collective nationale du 8 octobre 1990 concernant les ouvriers employés par les entreprises du bâtiment visées par le décret du 1er mars 1962 (c'est-à-dire occupant jusqu'à dix salariés), tel que modifié par l'avenant n° 1 du 17 mars 1992, et dans son propre champ d'application territorial, les dispositions de l'accord régional (Champagne-Ardenne) du 10 mai 2001 (salaires minimaux) conclu dans le cadre de la convention collective nationale susvisée, sous réserve de l'application des dispositions réglementaires portant fixation du salaire minimum de croissance.

Article 2

L'extension des effets et sanctions de l'accord susvisé est faite à dater de la publication du présent arrêté pour la durée restant à courir et aux conditions prévues par ledit accord.

Article 3

Le directeur des relations du travail au ministère de l'emploi et de la solidarité et le directeur des exploitations, de la politique sociale et de l'emploi au ministère de l'agriculture et de la pêche sont chargés, chacun en ce qui le concerne, de l'exécution du présent arrêté, qui sera publié au Journal officiel de la République française.

Nota. - Le texte de l'accord susvisé a été publié au Bulletin officiel du ministère, fascicule Conventions collectives n° 2001/23 en date du 7 juillet 2001.

ARRETE du 7 août 2001

La ministre de l'emploi et de la solidarité et le ministre de l'agriculture et de la pêche,
Vu les articles L. 133-1 et suivants du code du travail ;
Vu l'arrêté du 8 février 1991 portant extension de la convention collective nationale du 8 octobre 1990 concernant les ouvriers employés par les entreprises du bâtiment non visées par le décret du 1er mars 1962 (c'est-à-dire occupant plus de dix salariés) ;
Vu les arrêtés des 12 février 1991 et 15 décembre 1992 portant extension de la convention collective nationale du 8 octobre 1990 des ouvriers employés par les entreprises visées par le décret du 1er mars 1962 (c'est-à-dire occupant jusqu'à dix salariés) et d'avenants la complétant ;
Vu l'arrêté du 9 octobre 2000 portant extension d'accords régionaux (Picardie) conclus dans le cadre des conventions collectives nationales susvisées ;
Vu l'accord " salaires " (région Picardie) du 10 avril 2001 conclu dans le cadre des conventions collectives nationales susvisées ;
Vu l'accord " indemnités de petits déplacements " (région Picardie) du 10 avril 2001 conclu dans le cadre des conventions collectives nationales susvisées ;
Vu la demande d'extension présentée par les organisations signataires ;
Vu les avis publiés au Journal officiel des 23 et 30 juin 2001 ;
Vu les avis recueillis au cours de l'enquête ;
Vu l'avis motivé de la Commission nationale de la négociation collective (sous-commission des conventions et accords), recueilli suivant la procédure prévue à l'article R. 133-2 du code du

La ministre de l'emploi et de la solidarité,
Pour la ministre et par délégation :
Par empêchement du directeur des relations du travail :
Le sous-directeur de la négociation collective,
P. Florentin
Le ministre de l'agriculture et de la pêche,
Pour le ministre et par délégation :
Par empêchement du directeur des exploitations,
de la politique sociale et de l'emploi :
Le sous-directeur,
P. Dedinger
travail,

Article 1, 2, 3
En vigueur

Article 1er

Sont rendues obligatoires, pour tous les employeurs et tous les salariés compris dans le champ d'application professionnel de la convention collective nationale du 8 octobre 1990 des ouvriers employés par les entreprises du bâtiment visées par le décret du 1er mars 1962 (c'est-à-dire occupant jusqu'à dix salariés), tel que complété par l'avenant n° 1 du 17 mars 1992, et dans celui de la convention collective nationale du 8 octobre 1990 des ouvriers employés par les entreprises non visées par le décret du 1er mars 1962 (c'est-à-dire occupant plus de dix salariés), tel qu'étendu par l'arrêté du 8 février 1991, et dans leur propre champ d'application territorial, les dispositions de :

- l'accord " salaires " (région Picardie) du 10 avril 2001 conclu dans le cadre des conventions collectives nationales susvisées, sous réserve de l'application des dispositions réglementaires portant fixation du salaire minimum de croissance ;

- l'accord " indemnités de petits déplacements " (région Picardie) du 10 avril 2001 conclu dans le cadre des conventions collectives nationales susvisées.

Article 2

L'extension des effets et sanctions des accords susvisés est faite à dater de la publication du présent arrêté pour la durée restant à courir et aux conditions prévues par lesdits accords.

Article 3

Le directeur des relations du travail au ministère de l'emploi et de la solidarité et le directeur des exploitations, de la politique sociale et de l'emploi au ministère de l'agriculture et de la pêche sont chargés, chacun en ce qui le concerne, de l'exécution du présent arrêté, qui sera publié au Journal officiel de la République française.

Nota. - Le texte des accords susvisés a été publié au Bulletin officiel du ministère, fascicule Conventions collectives n° 2001/19 en date du 8 juin 2001.

ARRETE du 17 août 2001

La ministre de l'emploi et de la solidarité,
Vu les articles L. 133-1 et suivants du code du travail ;
Vu les arrêtés du 27 mai 1993 et du 27 octobre 1993 portant extension de la convention collective nationale des ouvriers des travaux publics du 15 décembre 1992 et d'un avenant la modifiant et la complétant ;
Vu l'arrêté du 3 juillet 1998 portant extension de l'accord départemental (Ain) du 19 février 1998 conclu dans le cadre de la convention collective susvisée ;
Vu l'accord départemental (Ain) du 23 février 2001 relatif aux indemnités de déplacement (une annexe) conclu dans le cadre de la convention collective susvisée ;
Vu la demande d'extension présentée par les organisations signataires ;
Vu l'avis publié au Journal officiel du 13 juillet 2001 ;
Vu les avis recueillis au cours de l'enquête ;
Vu l'avis motivé de la Commission nationale de la négociation collective (sous-commission des conventions et accords), recueilli suivant la procédure prévue à l'article R. 133-2 du code du travail,

Pour la ministre et par délégation :
Par empêchement du directeur des relations du travail :
Le chef de service,
L. Setton

Article 1, 2, 3
En vigueur

Article 1er

Sont rendues obligatoires, pour tous les employeurs et tous les salariés compris dans le champ d'application professionnel de la convention collective nationale des ouvriers des travaux publics du 15 décembre 1992 et dans son propre champ d'application territorial, les dispositions de l'accord départemental (Ain) du 23 février 2001 relatif aux indemnités de déplacement (une annexe) conclu dans le cadre de la convention collective susvisée.

Article 2

L'extension des effets et sanctions de l'accord susvisé est faite à dater de la publication du présent arrêté pour la durée restant à courir et aux conditions prévues par ledit accord.

Article 3

Le directeur des relations du travail est chargé de l'exécution du présent arrêté, qui sera publié au Journal officiel de la République française.

Nota. - Le texte de l'accord susvisé a été publié au Bulletin officiel du ministère, fascicule Conventions collectives n° 2001/26 en date du 31 juillet 2001.

ARRETE du 9 octobre 2001

La ministre de l'emploi et de la solidarité et le ministre de l'agriculture et de la pêche,
Vu les articles L. 133-1 et suivants du code du travail ;
Vu les arrêtés des 12 février 1991 et 15 décembre 1992 portant extension de la convention collective nationale du 8 octobre 1990 des ouvriers employés par les entreprises du bâtiment visées par le décret du 1er mars 1962 (c'est-à-dire occupant jusqu'à dix salariés) et d'avenants la complétant ;
Vu l'arrêté du 8 février 1991 portant extension de la convention collective nationale du 8 octobre 1990 des ouvriers employés par les entreprises du bâtiment non visées par le décret du 1er mars 1962 (c'est-à-dire occupant plus de dix salariés) ;
Vu l'arrêté du 24 avril 1991 et les arrêtés successifs, notamment l'arrêté du 27 avril 2001, portant extension d'accords régionaux Haute-Normandie ;

Vu l'accord régional (Haute-Normandie) du 27 mars 2001 (indemnités de petits déplacements et valeur de référence) conclu dans le cadre des conventions collectives nationales susvisées ;
Vu la demande d'extension présentée par les organisations signataires ;
Vu les avis publiés au Journal officiel des 8 juin et 8 septembre 2001 ;
Vu les avis recueillis au cours de l'enquête ;
Vu l'avis motivé de la Commission nationale de la négociation collective (sous-commission des conventions et accords), recueilli suivant la procédure prévue à l'article R. 133-2 du code du

La ministre de l'emploi et de la solidarité,
Pour la ministre et par délégation :
Par empêchement du directeur des relations du travail :
Le sous-directeur de la négociation collective,
P. Florentin
Le ministre de l'agriculture et de la pêche,
Pour le ministre et par délégation :
Par empêchement du directeur des exploitations,
de la politique sociale et de l'emploi :
Le sous-directeur,
P. Dedinger
travail,

Article 1, 2, 3
En vigueur

Article 1er

Sont rendues obligatoires, pour tous les employeurs et tous les salariés compris dans le champ d'application professionnel de la convention collective nationale du 8 octobre 1990 des ouvriers employés par les entreprises du bâtiment visées par le décret du 1er mars 1962 (c'est-à-dire occupant jusqu'à dix salariés), tel que complété par l'avenant n° 1 du 17 mars 1992, et dans celui de la convention collective nationale du 8 octobre 1990 des ouvriers employés par les entreprises du bâtiment non visées par le décret du 1er mars 1962 (c'est-à-dire occupant plus de dix salariés), tel qu'étendu par arrêté du 8 février 1991, et dans son propre champ d'application géographique, les dispositions de l'accord régional (Haute-Normandie) du 27 mars 2001 (indemnités de petits déplacements et valeur de référence) conclu dans le cadre des conventions collectives nationales susvisées.

Article 2

L'extension des effets et sanctions de l'accord susvisé est faite à dater de la publication du présent arrêté pour la durée restant à courir et aux conditions prévues par ledit accord.

Article 3

Le directeur des relations du travail au ministère de l'emploi et de la solidarité et le directeur des exploitations, de la politique sociale et de l'emploi au ministère de l'agriculture et de la pêche sont chargés, chacun en ce qui le concerne, de l'exécution du présent arrêté, qui sera publié au Journal officiel de la République française.
Nota. - Le texte de l'accord susvisé a été publié au Bulletin officiel du ministère, fascicule Conventions collectives n° 2001/22 en date du 29 juin 2001.

ARRETE du 31 juillet 2001

La ministre de l'emploi et de la solidarité et le ministre de l'agriculture et de la pêche,
Vu les articles L. 133-1 et suivants du code du travail ;
Vu les arrêtés du 8 février 1991 et du 15 décembre 1992 portant extension de la convention collective nationale des ouvriers employés par les entreprises du bâtiment visées par le décret du 1er mars 1962 (c'est-à-dire occupant jusqu'à dix salariés) du 8 octobre 1990 et de textes la modifiant ou la complétant ;
Vu l'arrêté du 31 juillet 1997 portant extension d'un accord régional (Rhône-Alpes) conclu dans le cadre de la convention collective susvisée,
Vu l'accord régional (Rhône-Alpes) du 28 mars 2001 relatif aux salaires minimaux (barème annexé) conclu dans le cadre de la convention collective susvisée ;
Vu la demande d'extension présentée par les organisations signataires ;
Vu les avis publiés au Journal officiel du 2 mai et du 4 mai 2001 ;
Vu les avis recueillis au cours de l'enquête ;
Vu l'avis motivé de la Commission nationale de la négociation collective (sous-commission des conventions et accords), recueilli suivant la procédure prévue à l'article R. 133-2 du code du travail,

La ministre de l'emploi et de la solidarité,
Pour la ministre et par délégation :
Par empêchement du directeur des relations du travail :
Le sous-directeur de la négociation collective,
P. Florentin
Le ministre de l'agriculture et de la pêche,

Pour le ministre et par délégation :
Par empêchement du directeur des exploitations,
de la politique sociale et de l'emploi :
Le sous-directeur,
P. Dedinger

Article 1, 2, 3
En vigueur

Article 1er

Sont rendues obligatoires, pour tous les employeurs et tous les salariés compris dans le champ d'application professionnel de la convention collective nationale des ouvriers employés par les entreprises du bâtiment visées par le décret du 1er mars 1962 (c'est-à-dire occupant jusqu'à dix salariés) du 8 octobre 1990, tel que modifié par l'avenant n° 1 du 17 mars 1992, et dans son propre champ d'application territorial, les dispositions de l'accord régional (Rhône-Alpes) du 28 mars 2001 relatif aux salaires minimaux (barème annexé) conclu dans le cadre de la convention collective susvisée.

Article 2

L'extension des effets et sanctions de l'accord susvisé est faite à dater de la publication du présent arrêté pour la durée restant à courir et aux conditions prévues par ledit accord.

Article 3

Le directeur des relations du travail au ministère de l'emploi et de la solidarité et le directeur des exploitations, de la politique sociale et de l'emploi au ministère de l'agriculture et de la pêche sont chargés, chacun en ce qui le concerne, de l'exécution du présent arrêté, qui sera publié au Journal officiel de la République française.

Nota. - Le texte de l'accord susvisé a été publié au Bulletin officiel du ministère, fascicule Conventions collectives n° 2001/16 en date du 18 mai 2001.

ARRETE du 31 juillet 2001

La ministre de l'emploi et de la solidarité et le ministre de l'agriculture et de la pêche,
Vu les articles L. 133-1 et suivants du code du travail ;
Vu les arrêtés des 12 février 1991 et 15 décembre 1992 portant extension de la convention collective nationale du 8 octobre 1990 des ouvriers employés par les entreprises du bâtiment visées par le décret du 1er mars 1962 (c'est-à-dire occupant jusqu'à dix salariés) et d'avenants la complétant ;
Vu l'arrêté du 8 février 1991 portant extension de la convention collective nationale des ouvriers employés par les entreprises du bâtiment non visées par le décret du 1er mars 1962 (c'est-à-dire occupant plus de dix salariés) ;
Vu l'arrêté du 15 mai 2000 portant extension d'accords régionaux (Limousin) conclus dans le cadre des conventions collectives nationales susvisées ;
Vu l'accord régional (Limousin) du 1er février 2001 (salaires minima) conclu dans le cadre des conventions collectives nationales susvisées ;
Vu l'accord régional (Limousin) du 1er février 2001 (indemnités de petits déplacements) conclu dans le cadre des conventions collectives nationales susvisées ;
Vu l'accord régional (Limousin) du 1er février 2001 (primes) conclu dans le cadre des conventions collectives nationales susvisées ;
Vu la demande d'extension présentée par les organisations signataires ;
Vu les avis publiés au Journal officiel des 23 mai, 2 juin et 13 juin 2001 ;
Vu les avis recueillis au cours de l'enquête ;
Vu l'avis motivé de la Commission nationale de la négociation collective (sous-commission des conventions et accords), recueilli suivant la procédure prévue à l'article R. 133-2 du code du travail,

La ministre de l'emploi et de la solidarité,
Pour la ministre et par délégation :
Par empêchement du directeur des relations du travail :
Le sous-directeur de la négociation collective,
P. Florentin
Le ministre de l'agriculture et de la pêche,
Pour le ministre et par délégation :
Par empêchement du directeur des exploitations,
de la politique sociale et de l'emploi :
Le sous-directeur,
P. Dedinger

Article 1, 2, 3
En vigueur

Article 1er

Sont rendues obligatoires, pour tous les employeurs et tous les salariés compris dans le champ d'application professionnel de la convention collective nationale du 8 octobre 1990 des ouvriers employés par les entreprises du bâtiment visées par le décret du 1er mars 1962 (c'est-à-dire occupant jusqu'à dix salariés), tel que complété par l'avenant n° 1 du 17 mars 1992, et dans celui de la convention collective nationale du 8 octobre 1990 des ouvriers employés par les entreprises du bâtiment non visées par le décret du 1er mars 1962 (c'est-à-dire occupant plus de dix salariés), tel qu'étendu par arrêté du 8 février 1991, et dans son propre champ d'application territorial, les dispositions de :

- l'accord régional (Limousin) du 1er février 2001 (salaires minima) conclu dans le cadre des conventions collectives nationales susvisées ;

- l'accord régional (Limousin) du 1er février 2001 (indemnités de petits déplacements) conclu dans le cadre des conventions collectives nationales susvisées ;

- l'accord régional (Limousin) du 1er février 2001 (primes) conclu dans le cadre des conventions collectives nationales susvisées.

Article 2

L'extension des effets et sanctions des accords susvisés est faite à dater de la publication du présent arrêté pour la durée restant à courir et aux conditions prévues par lesdits accords.

Article 3

Le directeur des relations du travail au ministère de l'emploi et de la solidarité et le directeur des exploitations, de la politique sociale et de l'emploi au ministère de l'agriculture et de la pêche sont chargés, chacun en ce qui le concerne, de l'exécution du présent arrêté, qui sera publié au Journal officiel de la République française.

Nota. - Le texte des accords susvisés a été publié au Bulletin officiel du ministère, fascicule Conventions collectives n° 2001/18 en date du 1er juin 2001.

ARRETE du 31 juillet 2001

La ministre de l'emploi et de la solidarité et le ministre de l'agriculture et de la pêche,
Vu les articles L. 133-1 et suivants du code du travail ;
Vu les arrêtés des 12 février 1991 et 15 décembre 1992 portant extension de la convention collective nationale du 8 octobre 1990 concernant les ouvriers employés par les entreprises du bâtiment visées par le décret du 1er mars 1962 (c'est-à-dire occupant jusqu'à dix salariés) et de textes la modifiant ou la complétant ;
Vu l'arrêté du 18 juillet 1995 portant extension d'un accord régional (Bourgogne) conclu dans le cadre de la convention collective susvisée ;
Vu l'accord régional n° 7 (Bourgogne) du 15 mars 2001 (salaires minima) conclu dans le cadre de la convention collective nationale susvisée ;
Vu l'avenant régional n° 17 (Bourgogne) du 15 mars 2001 (indemnités de petits déplacements) conclu dans la cadre de la convention collective nationale susvisée ;
Vu la demande d'extension présentée par les organisations signataires ;
Vu les avis publiés au Journal officiel des 22 mai, 13 et 30 juin 2001 ;
Vu les avis recueillis au cours de l'enquête ;
Vu l'avis motivé de la Commission nationale de la négociation collective (sous-commission des conventions et accords), recueilli suivant la procédure prévue à l'article R. 133-2 du code du travail,

La ministre de l'emploi et de la solidarité,
Pour la ministre et par délégation :
Par empêchement du directeur des relations du travail :
Le sous-directeur de la négociation collective,
P. Florentin
Le ministre de l'agriculture et de la pêche,
Pour le ministre et par délégation :
Par empêchement du directeur des exploitations,
de la politique sociale et de l'emploi :
Le sous-directeur,
P. Dedinger

Article 1, 2, 3
En vigueur

Article 1er

Sont rendues obligatoires, pour tous les employeurs et tous les salariés compris dans le champ d'application professionnel de la convention collective nationale du 8 octobre 1990 concernant les ouvriers employés par les entreprises du bâtiment visées par le décret du 1er mars 1962 (c'est-à-dire occupant jusqu'à dix salariés), tel que modifié par l'avenant n° 1 du 17 mars 1992, et dans son propre champ d'application territorial, les dispositions de :

- l'accord régional n° 7 (Bourgogne) du 15 mars 2001 (salaires minima) conclu dans le cadre de la convention collective nationale susvisée ;

- l'avenant régional n° 17 (Bourgogne) du 15 mars 2001 (indemnités de petits déplacements) conclu dans le cadre de la convention collective nationale susvisée.

Article 2

L'extension des effets et sanctions des accords susvisés est faite à dater de la publication du présent arrêté pour la durée restant à courir et aux conditions prévues par lesdits accords.

Article 3

Le directeur des relations du travail au ministère de l'emploi et de la solidarité et le directeur des exploitations, de la politique sociale et de l'emploi au ministère de l'agriculture et de la pêche sont chargés, chacun en ce qui le concerne, de l'exécution du présent arrêté, qui sera publié au Journal officiel de la République française.

Nota. - Le texte des accords susvisés a été publié au Bulletin officiel du ministère, fascicule Conventions collectives n° 2001/19 en date du 8 juin 2001.

ARRETE du 31 juillet 2001

La ministre de l'emploi et de la solidarité et le ministre de l'agriculture et de la pêche,
Vu les articles L. 133-1 et suivants du code du travail ;
Vu les arrêtés des 12 février 1991 et 15 décembre 1992 portant extension de la convention collective nationale des ouvriers employés par les entreprises du bâtiment visées par le décret du 1er mars 1962 (c'est-à-dire occupant jusqu'à dix salariés), du 8 octobre 1990 et d'avenants la complétant ;
Vu l'arrêté du 8 février 1991 portant extension de la convention collective nationale du 8 octobre 1990 des ouvriers employés par les entreprises du bâtiment non visées par le décret du 1er mars 1962 (c'est-à-dire occupant plus de dix salariés) ;
Vu l'arrêté du 5 juillet 1991 et les arrêtés successifs, notamment l'arrêté du 31 août 2000, portant extension d'accords régionaux (Lorraine) ;
Vu l'accord régional (Lorraine) du 30 mars 2001 (salaires minimaux) conclu dans le cadre des conventions collectives nationales susvisées ;
Vu la demande d'extension présentée par les organisations signataires ;
Vu les avis publiés au Journal officiel des 17 et 19 mai 2001 ;
Vu les avis recueillis au cours de l'enquête ;
Vu l'avis motivé de la Commission nationale de la négociation collective (sous-commission des conventions et accords), recueilli suivant la procédure prévue à l'article R. 133-2 du code du travail,

La ministre de l'emploi et de la solidarité,
Pour la ministre et par délégation :
Par empêchement du directeur des relations du travail :
Le sous-directeur de la négociation collective,
P. Florentin
Le ministre de l'agriculture et de la pêche,
Pour le ministre et par délégation :
Par empêchement du directeur des exploitations,
de la politique sociale et de l'emploi :
Le sous-directeur,
P. Dedinger

Article 1, 2, 3
En vigueur

Article 1er

Sont rendues obligatoires, pour tous les employeurs et tous les salariés compris dans le champ d'application professionnel de la convention collective nationale du 8 octobre 1990 des ouvriers employés par les entreprises du bâtiment visées par le décret du 1er mars 1962 (c'est-à-dire occupant jusqu'à dix salariés), tel que complété par l'avenant n° 1 du 17 mars 1992, et dans celui de la convention collective nationale du 8 octobre 1990 des ouvriers employés par les entreprises du bâtiment non visées par le décret du 1er mars 1962 (c'est-à-dire occupant plus de dix salariés), tel qu'étendu par arrêté du 8 février 1991, et dans son propre champ d'application territorial, les dispositions de l'accord régional (Lorraine) du 30 mars 2001 (salaires minimaux) conclu dans le cadre des conventions collectives nationales susvisées, sous réserve de l'application des dispositions réglementaires relatives au salaire minimum de croissance.

Article 2

L'extension des effets et sanctions de l'accord susvisé est faite à dater de la publication du présent arrêté pour la durée restant à courir et aux conditions prévues par ledit accord.

Article 3

Le directeur des relations du travail au ministère de l'emploi et de la solidarité et le directeur des exploitations, de la politique sociale et de l'emploi au ministère de l'agriculture et de la pêche sont chargés, chacun en ce qui le concerne, de l'exécution du présent arrêté, qui sera publié au Journal officiel de la République française.

Nota. - Le texte de l'accord susvisé a été publié au Bulletin officiel du ministère, fascicule Conventions collectives n° 2001/19 en date du 8 juin 2001.

ARRETE du 10 août 2001

La ministre de l'emploi et de la solidarité et le ministre de l'agriculture et de la pêche,
Vu les articles L. 133-1 et suivants du code du travail ;
Vu l'arrêté du 8 février 1991 portant extension de la convention collective nationale du 8 octobre 1990 concernant les ouvriers employés par les entreprises du bâtiment non visées par le décret du 1er mars 1962 (c'est-à-dire occupant plus de dix salariés) ;
Vu les arrêtés du 12 février 1991 et du 15 décembre 1992 portant extension de la convention collective nationale du 8 octobre 1990 des ouvriers employés dans les entreprises du bâtiment visées par le décret du 1er mars 1962 (c'est-à-dire occupant jusqu'à dix salariés) et d'avenants la modifiant ou la complétant ;
Vu l'arrêté du 23 juillet 1997 portant extension d'un accord départemental (Ain) du 28 février 1997 conclu dans le cadre des conventions collectives nationales susvisées ;
Vu l'accord départemental (Ain) du 23 février 2001 relatif aux indemnités de déplacement (une annexe) conclu dans le cadre des conventions collectives nationales susvisées ;
Vu la demande d'extension présentée par les organisations signataires ;
Vu les avis publiés au Journal officiel des 5 et 25 juillet 2001 ;
Vu les avis recueillis au cours de l'enquête ;
Vu l'avis motivé de la Commission nationale de la négociation collective (sous-commission des conventions et accords), recueilli suivant la procédure prévue à l'article R. 133-2 du code du travail,

La ministre de l'emploi et de la solidarité,
Pour la ministre et par délégation :
Par empêchement du directeur des relations du travail :
Le sous-directeur de la négociation collective,
P. Florentin
Le ministre de l'agriculture et de la pêche,
Pour le ministre et par délégation :
Par empêchement du directeur des exploitations,
de la politique sociale et de l'emploi :
Le sous-directeur,
P. Dedinger

Article 1, 2, 3
En vigueur

Article 1er

Sont rendues obligatoires, pour tous les employeurs et tous les salariés compris dans le champ d'application professionnel de la convention collective nationale du 8 octobre 1990 des ouvriers employés par les entreprises du bâtiment non visées par le décret du 1er mars 1962 (c'est-à-dire occupant jusqu'à dix salariés), tel qu'étendu par l'arrêté du 8 février 1991, et de la convention collective nationale du 8 octobre 1990 des ouvriers employés par les entreprises du bâtiment visées par le décret du 1er mars 1962 (c'est-à-dire occupant jusqu'à dix salariés), tel que complété par l'avenant n° 1 du 17 mars 1992, et dans son propre champ d'application territorial, les dispositions de l'accord départemental (Ain) du 23 février 2001 relatif aux indemnités de déplacement (une annexe) conclu dans le cadre des conventions collectives susvisées.

Article 2

L'extension des effets et sanctions de l'accord susvisé est faite à dater de la publication du présent arrêté pour la durée restant à courir et aux conditions prévues par ledit accord.

Article 3

Le directeur des relations du travail au ministère de l'emploi et de la solidarité et le directeur des exploitations, de la politique sociale et de l'emploi au ministère de l'agriculture et de la pêche sont chargés, chacun en ce qui le concerne, de l'exécution du présent arrêté, qui sera publié au Journal officiel de la République française.

Nota. - Le texte de l'accord susvisé a été publié au Bulletin officiel du ministère, fascicule Conventions collectives n° 2001/25 en date du 24 juillet 2001.

ARRETE du 27 août 2001

Vu les articles L. 133-1 et suivants du code du travail ;
Vu les arrêtés du 27 mai 1993 et du 27 octobre 1993 portant extension de la convention collective nationale des ouvriers des travaux publics du 15 décembre 1992 et d'un avenant la modifiant et la complétant ;

Vu l'accord interdépartemental (Drôme-Ardèche) du 20 avril 2001 relatif aux indemnités de petits déplacements conclu dans le cadre de la convention collective susvisée ;
Vu la demande d'extension présentée par les organisations signataires ;
Vu l'avis publié au Journal officiel du 22 juin 2001 ;
Vu les avis recueillis au cours de l'enquête ;
Vu l'avis motivé de la Commission nationale de la négociation collective (sous-commission des conventions et accords), recueilli suivant la procédure prévue à l'article R. 133-2 du code du travail,

Pour la ministre et par délégation :
Par empêchement du directeur des relations du travail :
Le sous-directeur de la négociation collective,
P. Florentin

Article 1, 2, 3
En vigueur

Article 1er

Sont rendues obligatoires, pour tous les employeurs et tous les salariés compris dans le champ d'application professionnel de la convention collective nationale des ouvriers des travaux publics du 15 décembre 1992 et dans son propre champ d'application territorial, les dispositions de l'accord interdépartemental (Drôme-Ardèche) du 20 avril 2001 relatif aux indemnités de petits déplacements conclu dans le cadre de la convention collective susvisée.

Article 2

L'extension des effets et sanctions de l'accord susvisé est faite à dater de la publication du présent arrêté pour la durée restant à courir et aux conditions prévues par ledit accord.

Article 3

Le directeur des relations du travail est chargé de l'exécution du présent arrêté, qui sera publié au Journal officiel de la République française.

Nota. - Le texte de l'accord susvisé a été publié au Bulletin officiel du ministère, fascicule Convention collectives n° 2001/25 en date du 24 juillet 2001, disponible à la direction des Journaux officiels, 26, rue Desaix, 75727 Paris Cedex 15, au prix de 7,01 Euro.

ARRETE du 7 août 2001

La ministre de l'emploi et de la solidarité et le ministre de l'agriculture et de la pêche,
Vu les articles L. 133-1 et suivants du code du travail ;
Vu l'arrêté du 8 février 1991 portant extension de la convention collective nationale du 8 octobre 1990 concernant les ouvriers employés par les entreprises du bâtiment non visées par le décret du 1er mars 1962 (c'est-à-dire occupant plus de dix salariés) ;
Vu les arrêtés des 12 février 1991 et 15 décembre 1992 portant extension de la convention collective nationale du 8 octobre 1990 des ouvriers employés par les entreprises visées par le décret du 1er mars 1962 (c'est-à-dire occupant jusqu'à dix salariés) et d'avenants la complétant ;
Vu l'arrêté du 9 octobre 2000 portant extension d'accords régionaux (Picardie) conclus dans le cadre des conventions collectives nationales susvisées ;
Vu l'accord " salaires " (région Picardie) du 10 avril 2001 conclu dans le cadre des conventions collectives nationales susvisées ;
Vu l'accord " indemnités de petits déplacements " (région Picardie) du 10 avril 2001 conclu dans le cadre des conventions collectives nationales susvisées ;
Vu la demande d'extension présentée par les organisations signataires ;
Vu les avis publiés au Journal officiel des 23 et 30 juin 2001 ;
Vu les avis recueillis au cours de l'enquête ;
Vu l'avis motivé de la Commission nationale de la négociation collective (sous-commission des conventions et accords), recueilli suivant la procédure prévue à l'article R. 133-2 du code du

La ministre de l'emploi et de la solidarité,
Pour la ministre et par délégation :
Par empêchement du directeur des relations du travail :
Le sous-directeur de la négociation collective,
P. Florentin
Le ministre de l'agriculture et de la pêche,
Pour le ministre et par délégation :
Par empêchement du directeur des exploitations,
de la politique sociale et de l'emploi :
Le sous-directeur,
P. Dedinger
travail,

Article 1, 2, 3
En vigueur

Article 1er

Sont rendues obligatoires, pour tous les employeurs et tous les salariés compris dans le champ d'application professionnel de la convention collective nationale du 8 octobre 1990 des ouvriers employés par les entreprises du bâtiment visées par le décret du 1er mars 1962 (c'est-à-dire occupant jusqu'à dix salariés), tel que complété par l'avenant n° 1 du 17 mars 1992, et dans celui de la convention collective nationale du 8 octobre 1990 des ouvriers employés par les entreprises non visées par le décret du 1er mars 1962 (c'est-à-dire occupant plus de dix salariés), tel qu'étendu par l'arrêté du 8 février 1991, et dans leur propre champ d'application territorial, les dispositions de :

- l'accord " salaires " (région Picardie) du 10 avril 2001 conclu dans le cadre des conventions collectives nationales susvisées, sous réserve de l'application des dispositions réglementaires portant fixation du salaire minimum de croissance ;

- l'accord " indemnités de petits déplacements " (région Picardie) du 10 avril 2001 conclu dans le cadre des conventions collectives nationales susvisées.

Article 2

L'extension des effets et sanctions des accords susvisés est faite à dater de la publication du présent arrêté pour la durée restant à courir et aux conditions prévues par lesdits accords.

Article 3

Le directeur des relations du travail au ministère de l'emploi et de la solidarité et le directeur des exploitations, de la politique sociale et de l'emploi au ministère de l'agriculture et de la pêche sont chargés, chacun en ce qui le concerne, de l'exécution du présent arrêté, qui sera publié au Journal officiel de la République française.

Nota. - Le texte des accords susvisés a été publié au Bulletin officiel du ministère, fascicule Conventions collectives n° 2001/19 en date du 8 juin 2001.

ARRETE du 13 août 2001

La ministre de l'emploi et de la solidarité et le ministre de l'agriculture et de la pêche,
Vu les articles L. 133-1 et suivants du code du travail ;
Vu les arrêtés du 12 février 1991 et du 15 décembre 1992 portant extension de la convention collective nationale du 8 octobre 1990 concernant les ouvriers employés par les entreprises du bâtiment visées par le décret du 1er mars 1962 (c'est-à-dire occupant jusqu'à dix salariés) et d'avenants la complétant ;
Vu l'arrêté du 4 août 1997 portant extension d'accords régionaux (Provence-Alpes-Côte d'Azur) conclus dans le cadre de la convention collective nationale susvisée ;
Vu l'accord régional (Provence-Alpes-Côte d'Azur) du 21 mars 2001 relatif aux salaires minimaux conclu dans le cadre de la convention collective nationale susvisée ;
Vu l'accord régional (Provence-Alpes-Côte d'Azur) du 21 mars 2001 relatif à l'indemnisation des petits déplacements conclu dans le cadre de la convention collective nationale susvisée ;
Vu la demande d'extension présentée par les organisations signataires ;
Vu l'avis publié au Journal officiel du 19 avril 2001 ;
Vu les avis recueillis au cours de l'enquête ;
Vu l'avis motivé de la Commission nationale de la négociation collective (sous-commission des conventions et accords), recueilli suivant la procédure prévue à l'article R. 133-2 du code du travail,

La ministre de l'emploi et de la solidarité,
Pour la ministre et par délégation :
Par empêchement du directeur des relations du travail :
Le sous-directeur de la négociation collective,
P. Florentin
Le ministre de l'agriculture et de la pêche,
Pour le ministre et par délégation :
Par empêchement du directeur des exploitations,
de la politique sociale et de l'emploi :
Le sous-directeur,
P. Dedinger

Article 1, 2, 3
En vigueur

Article 1er

Sont rendues obligatoires, pour tous les employeurs et tous les salariés compris dans le champ d'application professionnel de la convention collective nationale du 8 octobre 1990 des ouvriers employés par les entreprises du bâtiment visées par le décret du 1er mars 1962 (c'est-à-dire occupant jusqu'à dix salariés), tel que complété par l'avenant n° 1 du 17 mars 1992, les dispositions de :

- l'accord régional (Provence-Alpes-Côte d'Azur) du 21 mars 2001 relatif aux salaires minimaux conclu dans le cadre de la convention collective nationale susvisée, sous réserve de l'application des dispositions réglementaires portant fixation du salaire minimum de croissance ;

- l'accord régional (Provence-Alpes-Côte d'Azur) du 21 mars 2001 relatif à l'indemnisation des petits déplacements conclu dans le cadre de la convention collective nationale susvisée.

Article 2

L'extension des effets et sanctions des accords susvisés est faite à dater de la publication du présent arrêté pour la durée restant à courir et aux conditions prévues par lesdits accords.

Article 3

Le directeur des relations du travail est chargé de l'exécution du présent arrêté, qui sera publié au Journal officiel de la République française.

Nota. - Les textes des accords susvisés ont été publiés au Bulletin officiel du ministère, fascicules Conventions collectives n° 2001/26 en date du 31 juillet 2001, s'agissant de l'accord relatif aux salaires, et n° 2001/27 en date du 7 août 2001, s'agissant de l'accord relatif à l'indemnisation des petits déplacements.

ARRETE du 23 octobre 2001

La ministre de l'emploi et de la solidarité et le ministre de l'agriculture et de la pêche,
Vu les articles L. 133-1 et suivants du code du travail ;
Vu les arrêtés du 12 février 1991 et du 15 décembre 1992 portant extension de la convention collective nationale des ouvriers employés par les entreprises du bâtiment visées par le décret du 1er mars 1962 (c'est-à-dire occupant jusqu'à dix salariés) du 8 octobre 1990 et d'avenants la complétant ;
Vu l'arrêté du 24 juin 1992 et les arrêtés successifs, notamment l'arrêté du 23 juillet 2001, portant extension d'accords régionaux, région Nord - Pas-de-Calais, conclus dans le cadre de la convention collective susvisée ;
Vu l'accord régional (Nord - Pas-de-Calais) du 20 avril 2001 (Salaires minimaux) conclu dans le cadre de la convention collective susvisée ;
Vu l'accord régional (Nord - Pas-de-Calais) du 20 avril 2001 (Indemnités de petits déplacements) conclu dans le cadre de la convention collective susvisée ;
Vu la demande d'extension présentée par les organisations signataires ;
Vu les avis publiés au Journal officiel des 2 et 30 juin 2001 ;
Vu les avis recueillis au cours de l'enquête ;
Vu l'avis motivé de la Commission nationale de la négociation collective (sous-commission des conventions et accords), recueilli suivant la procédure prévue à l'article R. 133-2 du code du travail,

Pour le ministre et par délégation :
Par empêchement du directeur des exploitations,
de la politique sociale et de l'emploi :
Le sous-directeur,
P. Dedinger

Article 1, 2, 3
En vigueur

Article 1er

Sont rendues obligatoires, pour tous les employeurs et tous les salariés compris dans le champ d'application professionnel de la convention collective nationale concernant les ouvriers employés par les entreprises du bâtiment visées par le décret du 1er mars 1962 (c'est-à-dire occupant jusqu'à dix salariés) du 8 octobre 1990, tel que complété par l'avenant n° 1 du 17 mars 1992, et dans son propre champ d'application territorial, les dispositions de :

- l'accord régional (Nord - Pas-de-Calais) du 20 avril 2001 (Salaires minimaux) conclu dans le cadre de la convention collective susvisée ;

- l'accord régional (Nord - Pas-de-Calais) du 20 avril 2001 (Indemnités de petits déplacements) conclu dans le cadre de la convention collective susvisée.

Article 2

L'extension des effets et sanctions des accords susvisés est faite à dater de la publication du présent arrêté pour la durée restant à courir et aux conditions prévues par lesdits accords.

Article 3

Le directeur des relations du travail au ministère de l'emploi et de la solidarité et le directeur des exploitations, de la politique sociale et de l'emploi au ministère de l'agriculture et de la pêche sont chargés, chacun en ce qui le concerne, de l'exécution du présent arrêté, qui sera publié au Journal

officiel de la République française.
La ministre de l'emploi et de la solidarité,
Pour la ministre et par délégation :
Par empêchement du directeur des relations du travail :
Le sous-directeur de la négociation collective,
P. Florentin
Le ministre de l'agriculture et de la pêche,

Nota. - Le texte des accords susvisés a été publié au Bulletin officiel du ministère, fascicule Conventions collectives n° 2001/21 en date du 22 juin 2001.

ARRETE du 8 novembre 2001

La ministre de l'emploi et de la solidarité et le ministre de l'agriculture et de la pêche,
Vu les articles L. 133-1 et suivants du code du travail ;
Vu l'arrêté du 8 février 1991 portant extension de la convention collective nationale du 8 octobre 1990 des ouvriers employés par les entreprises du bâtiment non visées par le décret du 1er mars 1962 (c'est-à-dire occupant plus de dix salariés) ;
Vu les arrêtés du 12 février 1991 et les arrêtés successifs, notamment l'arrêté du 23 novembre 2000, portant extension de la convention collective nationale du 18 octobre 1990 des ouvriers employés par les entreprises du bâtiment visées par le décret du 1er mars 1962 (c'est-à-dire occupant jusqu'à dix salariés) et d'avenants la complétant ;
Vu l'arrêté du 8 juillet 1994 portant extension de la convention collective des ouvriers du bâtiment de la région Basse-Normandie du 9 février 1994 conclue dans le cadre des conventions collectives nationales susvisées ;
Vu l'avenant n° 9 du 26 juin 2001 (salaires) à la convention collective régionale susvisée ;
Vu la demande d'extension présentée par les organisations syndicales signataires ;
Vu les avis publiés au Journal officiel des 1er et 8 septembre 2001 ;
Vu les avis recueillis au cours de l'enquête ;
Vu l'avis motivé de la Commission nationale de la négociation collective (sous-commission des conventions et accords), recueilli suivant la procédure prévue à l'article R. 133-2 du code du travail,

La ministre de l'emploi et de la solidarité,
Pour la ministre et par délégation :
Par empêchement du directeur des relations du travail :
Le sous-directeur de la négociation collective,
P. Florentin
Le ministre de l'agriculture et de la pêche,
Pour le ministre et par délégation :
Par empêchement du directeur des exploitations,
de la politique sociale et de l'emploi,
Le sous-directeur,
P. Dedinger

Article 1, 2, 3
En vigueur

Article 1er

Sont rendues obligatoires, pour tous les employeurs et tous les salariés compris dans le champ d'application professionnel de la convention collective nationale du 8 octobre 1990 concernant les ouvriers employés par les entreprises du bâtiment visées par le décret du 1er mars 1962 (c'est-à-dire occupant jusqu'à dix salariés), tel que complété par l'avenant n° 1 du 17 mars 1992, et de la convention collective nationale des ouvriers employés par les entreprises du bâtiment non visées par le décret du 1er mars 1962 (c'est-à-dire occupant plus de dix salariés), tel qu'étendu par arrêté du 8 février 1991, et dans le champ d'application territorial de la convention collective des ouvriers du bâtiment de la région Basse-Normandie du 9 février 1994, les dispositions de l'avenant n° 9 du 26 juin 2001 (salaires) à la convention collective régionale susvisée.

Article 2

L'extension des effets et sanctions de l'accord susvisé est faite à dater de la publication du présent arrêté pour la durée restant à courir et aux conditions prévues par ledit accord.

Article 3

Le directeur des relations du travail au ministère de l'emploi et de la solidarité et le directeur des exploitations, de la politique sociale et de l'emploi au ministère de l'agriculture et de la pêche sont chargés, chacun en ce qui le concerne, de l'exécution du présent arrêté, qui sera publié au Journal officiel de la République française.

Nota. - Le texte de l'accord susvisé a été publié au Bulletin officiel du ministère, fascicule Conventions collectives n° 2001/37 en date du 12 octobre 2001.

ARRETE du 8 novembre 2001

La ministre de l'emploi et de la solidarité et le ministre de l'agriculture et de la pêche,
Vu les articles L. 133-1 et suivants du code du travail ;
Vu les arrêtés des 12 février 1991 et 15 décembre 1992 portant extension de la convention collective nationale du 8 octobre 1990 concernant les ouvriers employés par les entreprises du bâtiment visées par le décret du 1er mars 1962 (c'est-à-dire occupant jusqu'à dix salariés) et d'avenants la complétant ;
Vu l'arrêté du 23 novembre 2000 portant extension d'un accord régional (Midi-Pyrénées) conclu dans le cadre de la convention collective susvisée ;
Vu l'accord régional (Midi-Pyrénées) du 20 avril 2001 (salaires minimaux) conclu dans le cadre de la convention collective susvisée ;
Vu l'accord régional (Midi-Pyrénées) du 23 avril 2001 (indemnités de petits déplacements) conclu dans le cadre de la convention collective susvisée ;
Vu la demande d'extension présentée par les organisations signataires ;
Vu les avis publiés au Journal officiel du 14 et du 22 août 2001 ;
Vu les avis recueillis au cours de l'enquête ;
Vu l'avis motivé de la Commission nationale de la négociation collective (sous-commission des conventions et accords), recueilli suivant la procédure prévue à l'article R. 133-2 du code du travail,

La ministre de l'emploi et de la solidarité,
Pour la ministre et par délégation :
Par empêchement du directeur des relations du travail :
Le sous-directeur de la négociation collective,
P. Florentin
Le ministre de l'agriculture et de la pêche,
Pour le ministre et par délégation :
Par empêchement du directeur des exploitations,
de la politique sociale et de l'emploi :
Le sous-directeur,
P. Dedinger

Article 1, 2, 3
En vigueur

Article 1er

Sont rendues obligatoires, pour tous les employeurs et tous les salariés compris dans le champ d'application professionnel de la convention collective nationale du 8 octobre 1990 concernant les ouvriers employés par les entreprises du bâtiment visées par le décret du 1er mars 1962 (c'est-à-dire occupant jusqu'à dix salariés), tel que modifié par l'avenant n° 1 du 17 mars 1992, et dans leur propre champ d'application territorial, les dispositions de :

- l'accord régional (Midi-Pyrénées) du 20 avril 2001 (salaires minimaux) conclu dans le cadre de la convention collective susvisée, sous réserve de l'application des dispositions réglementaires portant fixation du salaire minimum de croissance ;

- l'accord régional (Midi-Pyrénées) du 23 avril 2001 (indemnités de petits déplacements) conclu dans le cadre de la convention collective susvisée.

Article 2

L'extension des effets et sanctions des accords susvisés est faite à dater de la publication du présent arrêté pour la durée restant à courir et aux conditions prévues par lesdits accords.

Article 3

Le directeur des relations du travail au ministère de l'emploi et de la solidarité et le directeur des exploitations, de la politique sociale et de l'emploi au ministère de l'agriculture et de la pêche sont chargés, chacun en ce qui le concerne, de l'exécution du présent arrêté, qui sera publié au Journal officiel de la République française.

Nota. - Le texte des accords susvisés a été publié au Bulletin officiel du ministère, fascicules Conventions collectives n° 2001/37 en date du 12 octobre 2001 (accord du 20 avril 2001) et n° 2001/31 en date du 31 août 2001 (accord du 23 avril 2001).

ARRETE du 6 novembre 2001

La ministre de l'emploi et de la solidarité et le ministre de l'agriculture et de la pêche,
Vu les articles L. 133-1 et suivants du code du travail ;
Vu les arrêtés des 12 février 1991 et 15 décembre 1992 portant extension de la convention collective nationale du 8 octobre 1990 des ouvriers employés par les entreprises du bâtiment visées par le décret du 1er mars 1962 (c'est-à-dire occupant jusqu'à dix salariés) et d'avenants la complétant ou la modifiant ;
Vu l'arrêté du 23 novembre 2000 portant extension d'un accord régional (Aquitaine) conclu dans le cadre de la convention collective susvisée ;
Vu l'accord régional (Aquitaine) du 26 juin 2001 relatif aux salaires minimaux (barème annexé) conclu dans le cadre de la convention collective susvisée ;
Vu la demande d'extension présentée par les organisations signataires ;

Vu les avis publiés au Journal officiel du 31 juillet et du 7 août 2001 ;
Vu les avis recueillis au cours de l'enquête ;
Vu l'avis motivé de la Commission nationale de la négociation collective (sous-commission des conventions et accords), recueilli suivant la procédure prévue à l'article R. 133-2 du code du travail,

La ministre de l'emploi et de la solidarité,
Pour la ministre et par délégation :
Par empêchement du directeur des relations du travail :
Le sous-directeur de la négociation collective,
P. Florentin
Le ministre de l'agriculture et de la pêche,
Pour le ministre et par délégation :
Par empêchement du directeur des exploitations,
de la politique sociale et de l'emploi :
Le sous-directeur,
P. Dedinger

Article 1, 2, 3
En vigueur

Article 1er

Sont rendues obligatoires, pour tous les employeurs et tous les salariés compris dans le champ d'application professionnel de la convention collective nationale du 8 octobre 1990 des ouvriers employés par les entreprises du bâtiment visées par le décret du 1er mars 1962 (c'est-à-dire occupant jusqu'à dix salariés) tel que complété par l'avenant n° 1 du 17 mars 1992, et dans son propre champ d'application territorial, les dispositions de l'accord régional (Aquitaine) du 26 juin 2001 relatif aux salaires minimaux (barème annexé) conclu dans le cadre de la convention collective susvisée.

Article 2

L'extension des effets et sanctions de l'accord susvisé est faite à dater de la publication du présent arrêté pour la durée restant à courir et aux conditions prévues par ledit accord.

Article 3

Le directeur des relations du travail au ministère de l'emploi et de la solidarité et le directeur des exploitations, de la politique sociale et de l'emploi au ministère de l'agriculture et de la pêche sont chargés, chacun en ce qui le concerne, de l'exécution du présent arrêté, qui sera publié au Journal officiel de la République française.

Nota. - Le texte de l'accord susvisé a été publié au Bulletin officiel du ministère, fascicule Conventions collectives n° 2001/29 du 21 août 2001.

ARRETE du 27 novembre 2001

La ministre de l'emploi et de la solidarité et le ministre de l'agriculture et de la pêche,
Vu les articles L. 133-1 et suivants du code du travail ;
Vu les arrêtés des 12 février 1991 et 15 décembre 1992 portant extension de la convention collective nationale des ouvriers employés par les entreprises du bâtiment visées par le décret du 1er mars 1962 (c'est-à-dire occupant jusqu'à dix salariés) du 8 octobre 1990 et d'avenants la complétant ;
Vu l'arrêté du 5 juillet 1991 et les arrêtés successifs, notamment l'arrêté du 29 juillet 1996, portant extension d'accords régionaux (Alsace) conclus dans le cadre de la convention collective nationale susvisée ;
Vu l'accord régional (Alsace) du 23 avril 2001 (salaires minimaux et indemnités de petits déplacements) conclu dans le cadre de la convention collective nationale susvisée ;
Vu la demande d'extension présentée par les organisations signataires ;
Vu les avis publiés au Journal officiel des 13 et 30 juin 2001 ;
Vu les avis recueillis au cours de l'enquête ;
Vu l'avis motivé de la Commission nationale de la négociation collective (sous-commission des conventions et accords), recueilli initialement suivant la procédure prévue à l'article R. 133-2 du code du travail, puis en séance du 2 octobre 2001, et notamment les oppositions formulées par les représentants de deux organisations d'employeurs ;
Considérant que l'accord susvisé a été négocié et conclu dans le respect des exigences fixées par l'article L. 133-1 du code du travail ;
Considérant, d'autre part, que les corporations relevant du code local des professions applicable dans la région considérée ainsi que leurs groupements sont, conformément à l'article L. 132-2 du code du travail, habilités à négocier et conclure des accords collectifs de travail en tant qu'organisations d'employeurs,

La ministre de l'emploi et de la solidarité,
Pour la ministre et par délégation :
Par empêchement du directeur des relations du travail :
Le sous-directeur de la négociation collective,
P. Florentin
Le ministre de l'agriculture et de la pêche,

Pour le ministre et par délégation :
Par empêchement du directeur des exploitations,
de la politique sociale et de l'emploi :
Le sous-directeur,
P. Dedinger

Article 1, 2, 3
En vigueur

Article 1er

Sont rendues obligatoires, pour tous les employeurs et tous les salariés compris dans le champ d'application professionnel de la convention collective nationale des ouvriers employés par les entreprises du bâtiment visées par le décret du 1er mars 1962 (c'est-à-dire occupant jusqu'à dix salariés) du 8 octobre 1990, tel que complété par l'avenant n° 1 du 17 mars 1992, et dans son propre champ d'application territorial, les dispositions de l'accord régional (Alsace) du 23 avril 2001 (salaires minimaux et indemnités de petits déplacements) conclu dans le cadre de la convention collective nationale susvisée.

L'article 3 est étendu sous réserve de l'application des dispositions réglementaires portant fixation du salaire minimum de croissance.

Article 2

L'extension des effets et sanctions de l'accord susvisé est faite à dater de la publication du présent arrêté pour la durée restant à courir et aux conditions prévues par ledit accord.

Article 3

Le directeur des relations du travail au ministère de l'emploi et de la solidarité et le directeur des exploitations, de la politique sociale et de l'emploi au ministère de l'agriculture et de la pêche sont chargés, chacun en ce qui le concerne, de l'exécution du présent arrêté, qui sera publié au Journal officiel de la République française.

Nota. - Le texte de l'accord susvisé a été publié au Bulletin officiel du ministère, fascicule Conventions collectives n° 2001/23 du 7 juillet 2001.

ARRETE du 8 mars 2002

La ministre de l'emploi et de la solidarité et le ministre de l'agriculture et de la pêche,
Vu les articles L. 133-1 et suivants du code du travail ;
Vu l'arrêté du 8 février 1991 portant extension de la convention collective nationale du 8 octobre 1990 des ouvriers employés par les entreprises du bâtiment non visées par le décret du 1er mars 1962 (c'est-à-dire occupant plus de 10 salariés) ;
Vu les arrêtés des 12 février 1991 et 15 décembre 1992 portant extension de la convention collective nationale du 8 octobre 1990 des ouvriers employés par les entreprises du bâtiment visées par le décret du 1er mars 1962 (c'est-à-dire occupant jusqu'à 10 salariés) et d'avenants la complétant ;
Vu l'arrêté du 27 février 1996 et les arrêtés successifs, notamment l'arrêté du 5 juillet 2000, portant extension de la convention collective des ouvriers du bâtiment de la région Bretagne du 9 mars 1995, conclue dans le cadre des conventions collectives nationales susvisées, et d'accords la modifiant et complétant ;
Vu l'accord du 26 mars 2001 (salaires minima des ouvriers des entreprises occupant jusqu'à 10 salariés) conclu dans le cadre de la convention collective régionale susvisée ;
Vu l'accord du 26 mars 2001 (salaires minima des ouvriers des entreprises occupant plus de 10 salariés) conclu dans le cadre de la convention collective régionale susvisée ;
Vu l'accord du 26 mars 2001 (indemnités de petits déplacements des ouvriers des entreprises occupant jusqu'à 10 salariés) conclu dans le cadre de la convention collective régionale susvisée ;
Vu l'accord du 26 mars 2001 (indemnités de petits déplacements des ouvriers des entreprises occupant plus de 10 salariés) conclu dans le cadre de la convention collective régionale susvisée ;
Vu la demande d'extension présentée par les organisations signataires ;
Vu les avis publiés au Journal officiel du 24 mai et du 1er juin 2001 ;
Vu les avis recueillis au cours de l'enquête ;
Vu l'avis motivé de la Commission nationale de la négociation collective (sous-commission des conventions et accords) recueilli suivant la procédure prévue à l'article R. 133-2 du code du travail,

La ministre de l'emploi et de la solidarité,
Pour la ministre et par délégation :
Par empêchement du directeur des relations du travail :
Le sous-directeur de la négociation collective,
P. Florentin
Le ministre de l'agriculture et de la pêche,
Pour le ministre et par délégation :
Par empêchement du directeur des exploitations,
de la politique sociale et de l'emploi :
Le sous-directeur,
P. Dedinger

Article 1, 2, 3
En vigueur

Article 1er

Sont rendues obligatoires, pour tous les employeurs et tous les salariés compris dans le champ d'application professionnel de la convention collective nationale du 8 octobre 1990 des ouvriers employés par les entreprises du bâtiment visées par le décret du 1er mars 1962 (c'est-à-dire occupant jusqu'à 10 salariés), tel que complété par l'avenant n° 1 du 17 mars 1992, et dans leur propre champ d'application territorial, les dispositions :

- de l'accord du 26 mars 2001 (salaires minima des ouvriers des entreprises occupant jusqu'à 10 salariés) conclu dans le cadre de la convention collective des ouvriers du bâtiment de la région Bretagne du 9 mars 1995, sous réserve de l'application des dispositions réglementaires portant fixation du salaire minimum de croissance ;

- de l'accord du 26 mars 2001 (indemnités de petits déplacements des ouvriers des entreprises occupant jusqu'à 10 salariés) conclu dans le cadre de la convention collective des ouvriers du bâtiment de la région Bretagne du 9 mars 1995.

Article 2

Sont rendues obligatoires, pour tous les employeurs et tous les salariés compris dans le champ d'application professionnel de la convention collective nationale du 8 octobre 1990 des ouvriers employés par les entreprises du bâtiment non visées par le décret du 1er mars 1962 (c'est-à-dire occupant plus de 10 salariés) tel qu'étendu par l'arrêté du 8 février 1991, et dans leur propre champ d'application territorial, les dispositions :

- de l'accord du 26 mars 2001 (salaires minima des ouvriers des entreprises occupant plus de 10 salariés) conclu dans le cadre de la convention collective des ouvriers du bâtiment de la région Bretagne du 9 mars 1995, sous réserve de l'application des dispositions réglementaires portant fixation du salaire minimum de croissance ;

- de l'accord du 26 mars 2001 (indemnités de petits déplacements des ouvriers des entreprises occupant plus de 10 salariés) conclu dans le cadre de la convention collective des ouvriers du bâtiment de la région Bretagne du 9 mars 1995.

Article 3

L'extension des effets et sanctions des accords susvisés est faite à dater de la publication du présent arrêté pour la durée restant à courir et aux conditions prévues par lesdits accords.

Article 4. - Le directeur des relations du travail au ministère de l'emploi et de la solidarité et le directeur des exploitations, de la politique sociale et de l'emploi au ministère de l'agriculture et de la pêche sont chargés, chacun en ce qui le concerne, de l'exécution du présent arrêté, qui sera publié au Journal officiel de la République française.

Nota. - Le texte des accords susvisés a été publié au Bulletin officiel du ministère, fascicules Conventions collectives n° 2001/51 et n° 2002/04.

ARRETE du 29 mars 2002

La ministre de l'emploi et de la solidarité et le ministre de l'agriculture et de la pêche,
Vu les articles L. 133-1 et suivants du code du travail ;
Vu les arrêtés du 8 février 1991 et du 15 décembre 1992 portant extension de la convention collective nationale du 8 octobre 1990 concernant les ouvriers employés par les entreprises du bâtiment visées par le décret du 1er mars 1962 (c'est-à-dire occupant jusqu'à dix salariés) et d'avenants la complétant ;
Vu l'arrêté du 3 janvier 2001 portant extension d'accords régionaux (Auvergne) conclus dans le cadre de la convention collective susvisée ;
Vu l'accord régional (Auvergne) du 28 septembre 2001 (salaires minimaux) conclu dans le cadre de la convention collective susvisée ;
Vu la demande d'extension présentée par les organisations signataires ;
Vu les avis publiés au Journal officiel des 20 et 30 novembre 2001 ;
Vu les avis recueillis au cours de l'enquête ;
Vu l'avis motivé de la Commission nationale de la négociation collective (sous-commission des conventions et accords) recueilli suivant la procédure prévue à l'article R. 133-2 du code du travail,
Arrêtent :

La ministre de l'emploi et de la solidarité,
Pour la ministre et par délégation :
Par empêchement du directeur des relations du travail :
Le sous-directeur de la négociation collective,
P. Florentin
Le ministre de l'agriculture et de la pêche,
Pour le ministre et par délégation :
Par empêchement du directeur des exploitations,
de la politique sociale et de l'emploi,
Le sous-directeur,
P. Dedinger

Article 1, 2, 3
En vigueur

Article 1er

Sont rendues obligatoires, pour tous les employeurs et tous les salariés compris dans le champ d'application professionnel de la convention collective nationale du 8 octobre 1990 concernant les ouvriers employés par les entreprises du bâtiment visées par le décret du 1er mars 1962 (c'est-à-dire occupant jusqu'à dix salariés), tel que modifié par l'avenant n° 1 du 17 mars 1992, et dans son propre champ d'application territorial, les dispositions de l'accord régional (Auvergne) du 28 septembre 2001 (salaires minimaux) conclu dans le cadre de la convention collective susvisée, sous réserve de l'application des dispositions réglementaires relatives au salaire minimum de croissance.

Article 2

L'extension des effets et sanctions de l'accord susvisé est faite à dater de la publication du présent arrêté pour la durée restant à courir et aux conditions prévues par ledit accord.

Article 3

Le directeur des relations du travail au ministère de l'emploi et de la solidarité et le directeur des exploitations, de la politique sociale et de l'emploi au ministère de l'agriculture et de la pêche sont chargés, chacun en ce qui le concerne, de l'exécution du présent arrêté, qui sera publié au Journal officiel de la République française.

Nota. - Le texte de l'accord susvisé a été publié au Bulletin officiel du ministère, fascicule Conventions collectives n° 2001/46 en date du 14 décembre 2001.

ARRETE du 29 mars 2002

La ministre de l'emploi et de la solidarité et le ministre de l'agriculture et de la pêche,
Vu les articles L. 133-1 et suivants du code du travail ;
Vu les arrêtés des 12 février 1991 et 15 décembre 1992 portant extension de la convention collective nationale du 8 octobre 1990 et d'avenants la complétant concernant les ouvriers employés par les entreprises du bâtiment visées par le décret du 1er mars 1962 (c'est-à-dire occupant jusqu'à dix salariés) ;

Vu l'arrêté du 22 août 2000 portant extension d'accords régionaux (Poitou-Charentes) conclus dans le cadre de la convention collective susvisée ;
Vu l'accord régional (Poitou-Charentes) du 18 juillet 2001 (indemnités de petits déplacements) conclu dans le cadre de la convention collective susvisée ;
Vu l'accord régional (Poitou-Charentes) du 18 juillet 2001 (indemnité de repas), conclu dans le cadre de la convention collective susvisée ;
Vu la demande d'extension présentée par les organisations signataires ;
Vu les avis publiés au Journal officiel des 20 et 30 novembre 2001 ;
Vu les avis recueillis au cours de l'enquête ;
Vu l'avis motivé de la Commission nationale de la négociation collective (sous-commission des conventions et accords), recueilli suivant la procédure prévue à l'article R. 133-2 du code du travail,

La ministre de l'emploi et de la solidarité,
Pour la ministre et par délégation :
Par empêchement du directeur des relations du travail :
Le sous directeur de la négociation collective,
P. Florentin
Le ministre de l'agriculture et de la pêche,
Pour le ministre et par délégation :
Par empêchement du directeur des exploitations,
de la politique sociale et de l'emploi :
Le sous-directeur,
P. Dedinger
Arrêtent :

Article 1, 2, 3
En vigueur

Article 1er

Sont rendues obligatoires, pour tous les employeurs et tous les salariés compris dans le champ d'application professionnel de la convention collective nationale du 8 octobre 1990 concernant les ouvriers employés par les entreprises du bâtiment visées par le décret du 1er mars 1962 (c'est-à-dire occupant juqu'à dix salariés) tel que complété par l'avenant n° 1 du 17 mars 1992, et dans leur propre champ d'application territorial, les dispositions de :

- l'accord régional (Poitou-Charentes) du 18 juillet 2001 (indemnités de petits déplacements) conclu dans le cadre de la convention collective susvisée ;

- l'accord régional (Poitou-Charentes) du 18 juillet 2001 (indemnités de repas), conclu dans le cadre de la convention collective susvisée.

Article 2

L'extension des effets et sanctions des accords susvisés est faite à dater de la publication du présent arrêté pour la durée restant à courir et aux conditions prévues par lesdits accords.

Article 3

Le directeur des relations du travail au ministère de l'emploi et de la solidarité et le directeur des exploitations, de la politique sociale et de l'emploi au ministère de l'agriculture et de la pêche sont chargés, chacun en ce qui le concerne, de l'exécution du présent arrêté, qui sera publié au Journal officiel de la République française.

Nota. - Le texte des accords susvisés a été publié au Journal officiel du ministère, fascicule Conventions collectives n° 2001/46 en date du 14 décembre 2001, disponible à la direction des Journaux officiels, 26, rue Desaix, 72727 Paris Cedex 15, au prix de 7,01Euros.

ARRETE du 29 avril 2002

La ministre de l'emploi et de la solidarité et le ministre de l'agriculture et de la pêche,
Vu les articles L. 133-1 et suivants du code du travail ;
Vu les arrêtés du 12 février 1991 et du 15 décembre 1992 portant extension de la convention collective nationale des ouvriers employés par les enteprises du bâtiment visées par le décret du 1er mars 1962 (c'est-à-dire occupant jusqu'à 10 salariés) du 8 octobre 1990 et d'avenants la complétant ;
Vu l'arrêté du 24 juin 1992 et les arrêtés successifs, notamment l'arrêté du 23 octobre 2001, portant extension d'accords régionaux (Nord - Pas-de-Calais) conclus dans le cadre de la convention collective susvisée ;
Vu l'accord régional (Nord - Pas-de-Calais) du 31 octobre 2001 (salaires minimaux) conclu dans le cadre de la convention collective susvisée ;
Vu la demande d'extension présentée par les organisations signataires ;
Vu les avis publiés au Journal officiel du 19 janvier et 24 janvier 2002 ;
Vu les avis recueillis au cours de l'enquête ;
Vu l'avis motivé de la Commission nationale de la négociation collective (sous-commission des conventions et accords) recueilli suivant la procédure prévue à l'article R. 133-2 du code du travail,

La ministre de l'emploi et de la solidarité,
Pour la ministre et par délégation :
Le directeur des relations du travail,
J.-D. Combrexelle
Le ministre de l'agriculture et de la pêche,
Pour le ministre et par délégation :
Le directeur des exploitations,
de la politique sociale et de l'emploi,
C. Dubreuil

Article 1, 2, 3
En vigueur

Article 1er

Sont rendues obligatoires, pour tous les employeurs et tous les salariés compris dans le champ d'application professionnel de la convention collective nationale concernant les ouvriers employés par les entreprises du bâtiment visées par le décret du 1er mars 1962 (c'est-à-dire jusqu'à 10 salariés) du 8 octobre 1990, tel que complété par l'avenant n° 1 du 17 mars 1992, et dans son propre champ d'application territorial, les dispositions de l'accord régional (Nord - Pas-de-Calais) du 31 octobre 2001 (salaires minimaux) conclu dans le cadre de la convention collective susvisée.

Article 2

L'extension des effets et sanctions de l'accord susvisé est faite à dater de la publication du présent arrêté pour la durée restant à courir et aux conditions prévues par ledit accord.

Article 3

Le directeur des relations du travail au ministère de l'emploi et de la solidarité et le directeur des exploitations, de la politique sociale et de l'emploi au ministère de l'agriculture et de la pêche sont chargés, chacun en ce qui le concerne, de l'exécution du présent arrêté, qui sera publié au Journal officiel de la République française.

Nota. - Le texte de l'accord susvisé a été publié au Bulletin officiel du ministère, fascicule Conventions collectives n° 2001/52 en date du 25 janvier 2002.

ARRETE du 29 avril 2002

La ministre de l'emploi et de la solidarité et le ministre de l'agriculture et de la pêche,
Vu les articles L. 133-1 et suivants du code du travail ;
Vu l'arrêté du 8 février 1991 portant extension de la convention collective nationale des ouvriers employés par les entreprises du bâtiment non visées par le décret du 1er mars 1962 (c'est-à-dire occupant plus de dix salariés) du 8 octobre 1990 ;
Vu les arrêtés du 12 février 1991 et 15 décembre 1992 portant extension de la convention collective nationale du 8 octobre 1990 des ouvriers employés par les entreprises du bâtiment visées par le décret du 1er mars 1962 (c'est-à-dire occupant jusqu'à dix salariés) et d'avenants la complétant ;
Vu l'arrêté du 12 mars 2002 portant extension d'un accord régional (Franche-Comté) ;
Vu l'accord régional de salaires (Franche-Comté) du 21 novembre 2001 (deux barèmes annexés) conclu dans le cadre des conventions collectives nationales susvisées ;
Vu la demande d'extension présentée par les organisations signataires ;
Vu les avis publiés au Journal officiel des 12 et 19 janvier 2002 ;
Vu les avis recueillis au cours de l'enquête ;
Vu l'avis motivé de la Commission nationale de la négociation collective (sous-commission des conventions et accords), recueilli suivant la procédure prévue à l'article R. 133-2 du code du travail,

La ministre de l'emploi et de la solidarité,
Pour la ministre et par délégation :
Le directeur des relations du travail,
J.-D. Combrexelle
Le ministre de l'agriculture et de la pêche,
Pour le ministre et par délégation :
Le directeur des exploitations
de la politique sociale et de l'emploi,
C. Dubreuil

Article 1, 2, 3
En vigueur

Article 1er

Sont rendues obligatoires, pour tous les employeurs et tous les salariés compris dans le champ d'application professionnel de la convention collective nationale du 8 octobre 1990 des ouvriers employés par les entreprises du bâtiment visées par le décret du 1er mars 1962 (c'est-à-dire occupant jusqu'à dix salariés), tel que complété par l'avenant n° 1 du 17 mars 1992, et dans celui de la convention collective nationale du 8 octobre 1990 des ouvriers employés par les entreprises du bâtiment non visées par le décret du 1er mars 1962 (c'est-à-dire occupant plus de dix salariés), tel qu'étendu par arrêté du 8 février 1991, et dans son propre champ d'application territorial, les dispositions de l'accord régional de salaires (Franche-Comté) du 21 novembre 2001 (deux barèmes annexés) conclu dans le cadre des conventions collectives nationales susvisées, sous réserve des dispositions réglementaires relatives au salaire minimum de croissance (SMIC).

Article 2

L'extension des effets et sanctions de l'accord susvisé est faite à dater de la publication du présent arrêté pour la durée restant à courir et aux conditions prévues par ledit accord.

Article 3

Le directeur des relations du travail au ministère de l'emploi et de la solidarité et le directeur des exploitations, de la politique sociale et de l'emploi au ministère de l'agriculture et de la pêche sont chargés, chacun en ce qui le concerne, de l'exécution du présent arrêté, qui sera publié au Journal officiel de la République française.

Nota. - Le texte de l'accord susvisé a été publié au Bulletin officiel du ministère, fascicule Conventions collectives n° 2002-1 en date du 1er février 2002 (un rectificatif dans le Bulletin officiel n° 2002/7 en date du 16 mars 2002).

ARRETE du 19 août 2002

Le ministre des affaires sociales, du travail et de la solidari té et le ministre de l'agriculture, de l'alimentation, de la pêche et des affaires rurales,
Vu les articles L. 133-1 et suivants du code du travail ;
Vu l'arrêté du 8 février 1991 portant extension de la convention collective nationale du 8 octobre 1990 des ouvriers employés par les entreprises du bâtiment non visées par le décret du 1er mars 1962 (c'est-à-dire occupant plus de dix salariés) ;
Vu les arrêtés des 12 février 1991 et 15 décembre 1992 portant extension de la convention collective nationale du 8 octobre 1990 des ouvriers employés par les entreprises du bâtiment visées par le décret du 1er mars 1962 (c'est-à-dire occupant jusqu'à dix salariés) et d'avenants la complétant ;
Vu l'accord concernant les départements de la Drôme et de l'Ardèche du 18 octobre 2001 (indemnités de petits déplacements), conclu dans le cadre des conventions collectives susvisées ;
Vu la demande d'extension présentée par les organisations signataires ;
Vu les avis publiés au Journal officiel des 21 mars et 2 juillet 2002 ;
Vu les avis recueillis au cours de l'enquête ;

Vu l'avis motivé de la Commission nationale de la négociation collective (sous-commission des conventions et accords), recueilli suivant la procédure prévue à l'article R. 133-2 du code du travail,
8ZS Pour le ministre et par délégation :
Par empêchement du directeur des relations du travail :
Le chef de service,
L. Setton
Le ministre de l'agriculture, de l'alimentation,
de la pêche et des affaires rurales,
Pour le ministre et par délégation :
Par empêchement du directeur des exploitations,
de la politique sociale et de l'emploi :
L'ingénieure en chef du génie rural,
des eaux et des forêts,
V. Metrich-Hecquet

Article 1, 2, 3
En vigueur

Article 1er

Sont rendues obligatoires, pour tous les employeurs et tous les salariés compris dans le champ d'application professionnel de la convention collective nationale du 8 octobre 1990 des ouvriers employés par les entreprises du bâtiment visées par le décret du 1er mars 1962 (c'est-à-dire occupant jusqu'à dix salariés) tel que complété par l'avenant n° 1 du 17 mars 1992, et de la convention collective nationale du 8 octobre 1990 des ouvriers employés par les entreprises du bâtiment non visées par le décret du 1er mars 1962 (c'est-à-dire occupant plus de dix salariés) tel qu'étendu par arrêté du 8 février 1991, et dans son propre champ d'application territorial, les dispositions de l'accord concernant les départements de la Drôme et de l'Ardèche du 18 octobre 2001 (indemnités de petits déplacements), conclu dans le cadre des conventions collectives susvisées.

Article 2

L'extension des effets et sanctions de l'accord susvisé est faite à dater de la publication du présent arrêté pour la durée restant à courir et aux conditions prévues par ledit accord.

Article 3

Le directeur des relations du travail au ministère des affaires sociales, du travail et de la solidarité et le directeur des exploitations, de la politique sociale et de l'emploi au ministère de l'agriculture, de l'alimentation, de la pêche et des affaires rurales sont chargés, chacun en ce qui le concerne, de l'exécution du présent arrêté, qui sera publié au Journal officiel de la République française.
Le ministre des affaires sociales,
du travail et de la solidarité,

Nota. - Le texte de l'accord susvisé a été publié au Bulletin officiel du ministère, fascicule conventions collectives n° 2002/10 en date du 6 avril 2002.

ARRETE du 14 octobre 2002

Le ministre des affaires sociales, du travail et de la solidarité et le ministre de l'agriculture, de l'alimentation, de la pêche et des affaires rurales,
Vu les articles L. 133-1 et suivants du code du travail ;
Vu l'arrêté du 8 février 1991 portant extension de la convention collective nationale du 8 octobre 1990 des ouvriers employés par les entreprises du bâtiment non visées par le décret du 1er mars 1962 (c'est-à-dire occupant plus de dix salariés) ;
Vu les arrêtés des 12 février 1991 et 15 décembre 1992 portant extension de la convention collective nationale du 8 octobre 1990 des ouvriers employés par les entreprises du bâtiment visées par le décret du 1er mars 1962 (c'est-à-dire occupant jusqu'à dix salariés) et d'avenants la complétant ;
Vu l'arrêté du 27 février 1996 et les arrêtés successifs, notamment l'arrêté du 8 mars 2002, portant extension de la convention collective des ouvriers du bâtiment de la région Bretagne du 9 mars 1995 conclue dans le cadre des conventions collectives nationales susvisées et d'accords la modifiant et complétant ;
Vu l'accord du 26 mars 2002 (salaires minima des ouvriers des entreprises occupant jusqu'à dix salariés) conclu dans le cadre de la convention collective régionale susvisée ;
Vu l'accord du 26 mars 2002 (salaires minima des ouvriers des entreprises occupant plus de dix salariés) conclu dans le cadre de la convention collective régionale susvisée ;
Vu l'accord du 26 mars 2002 (indemnités de petits déplacements des ouvriers des entreprises occupant jusqu'à dix salariés) conclu dans le cadre de la convention collective régionale susvisée ;
Vu l'accord du 26 mars 2002 (indemnités de petits déplacements des ouvriers des entreprises occupant plus de dix salariés) conclu dans le cadre de la convention collective régionale susvisée ;
Vu la demande d'extension présentée par les organisations signataires ;
Vu les avis publiés au Journal officiel du 6 juin et du 2 juillet 2002 ;
Vu les avis recueillis au cours de l'enquête ;
Vu l'avis motivé de la Commission nationale de la négociation collective (sous-commission des conventions et accords), recueilli suivant la procédure prévue à l'article R. 133-2 du code du travail,

Le ministre des affaires sociales,
du travail et de la solidarité,
Pour le ministre et par délégation :
Par empêchement du directeur des relations du travail :
Le sous-directeur de la négociation collective,
P. Florentin
Le ministre de l'agriculture, de l'alimentation,
de la pêche et des affaires rurales,
Pour le ministre et par délégation :
Par empêchement du directeur des exploitations,
de la politique sociale et de l'emploi :
Le sous-directeur,
P. Dedinger

Article 1, 2, 3
En vigueur

Article 1er

Sont rendues obligatoires, pour tous les employeurs et tous les salariés compris dans le champ d'application professionnel de la convention collective nationale du 8 octobre 1990 des ouvriers employés par les entreprises du bâtiment visées par le décret du 1er mars 1962 (c'est-à-dire occupant jusqu'à dix salariés) tel que complété par l'avenant n° 1 du 17 mars 1992, et dans leur propre champ d'application territorial, les dispositions de :

- l'accord du 26 mars 2002 (Salaires minima des ouvriers des entreprises occupant jusqu'à dix salariés) conclu dans le cadre de la convention collective des ouvriers du bâtiment de la région Bretagne du 9 mars 1995.

L'article Ier est étendu sous réserve de l'application de l'article 32 de la loi n° 2000-37 du 19 janvier 2000.

L'article III est étendu sous réserve de l'application des dispositions réglementaires portant fixation du salaire minimum de croissance ;

- l'accord du 26 mars 2002 (Indemnités de petits déplacements des ouvriers des entreprises occupant jusqu'à dix salariés) conclu dans le cadre de la convention collective des ouvriers du bâtiment de la région Bretagne du 9 mars 1995.

Article 2

Sont rendues obligatoires, pour tous les employeurs et tous les salariés compris dans le champ d'application professionnel de la convention collective nationale du 8 octobre 1990 des ouvriers employés par les entreprises du bâtiment non visées par le décret du 1er mars 1962 (c'est-à-dire occupant plus de dix salariés) tel qu'étendu par l'arrêté du 8 février 1991, et dans leur propre champ d'application territorial, les dispositions de :

- l'accord du 26 mars 2002 (Salaires minima des ouvriers des entreprises occupant plus de dix salariés) conclu dans le cadre de la convention collective des ouvriers du bâtiment de la région Bretagne du 9 mars 1995.

L'article Ier est étendu sous réserve de l'application de l'article 32 de la loi n° 2000-37 du 19 janvier 2000.

L'article III est étendu sous réserve de l'application des dispositions réglementaires portant fixation du salaire minimum de croissance ;

- l'accord du 26 mars 2002 (Indemnités de petits déplacements des ouvriers des entreprises occupant plus de dix salariés), conclu dans le cadre de la convention collective des ouvriers du bâtiment de la
région Bretagne du 9 mars 1995.

Article 3

L'extension des effets et sanctions des accords susvisés est faite à dater de la publication du présent arrêté pour la durée restant à courir et aux conditions prévues par lesdits accords.

Article 4. - Le directeur des relations du travail au ministère des affaires sociales, du travail et de la solidarité et le directeur des exploitations, de la politique sociale et de l'emploi au ministère de l'agriculture, de l'alimentation, de la pêche et des affaires rurales sont chargés, chacun en ce qui le concerne, de l'exécution du présent arrêté, qui sera publié au Journal officiel de la République française.

Nota. - Les textes des accords susvisés ont été publiés au Bulletin officiel du ministère, fascicule conventions collectives n° 2002/20 en date du 15 juin 2002.

ARRETE du 14 octobre 2002

Le ministre des affaires sociales, du travail et de la solidarité et le ministre de l'agriculture, de l'alimentation, de la pêche et des affaires rurales,
Vu les articles L. 133-1 et suivants du code du travail ;
Vu les arrêtés du 8 février 1991 et du 15 décembre 1992 portant extension de la convention collective nationale du 8 octobre 1990 des ouvriers employés par les entreprises du bâtiment visées par le décret du 1er mars 1962 (c'est-à-dire occupant jusqu'à dix salariés) et de textes la modifiant

ou la complétant ;
Vu l'arrêté du 31 juillet 2001 portant extension d'un accord régional (Rhône-Alpes) conclu dans le cadre de la convention collective nationale susvisée ;
Vu l'accord régional (Rhône-Alpes) du 22 mars 2002 sur la revalorisation des appointements minimaux (barèmes annexés), conclu dans le cadre de la convention collective susvisée ;
Vu la demande d'extension présentée par les organisations signataire ;
Vu les avis publiés au Journal officiel des 21 juin et 2 juillet 2002 ;
Vu les avis recueillis au cours de l'enquête :
Vu l'avis motivé de la Commission nationale de la négociation collective (sous-commission des conventions et accords), recueillis suivant la procédure prévue à l'article R. 133-2 du code du travail,

Le ministre des affaires sociales,
du travail et de la solidarité,
Pour le ministre et par délégation :
Par empêchement du directeur des relations du travail :
Le sous-directeur de la négociation collective,
P. Florentin
Le ministre de l'agriculture, de l'alimentation,
de la pêche et des affaires rurales,
Pour le ministre et par délégation :
Par empêchement du directeur des exploitations,
de la politique sociale et de l'emploi :
Le sous-directeur,
P. Dedinger

Article 1, 2, 3
En vigueur

Article 1er

Sont rendues obligatoires, pour tous les employeurs et tous les salariés compris dans le champ d'application professionnel de la convention collective nationale du 8 octobre 1990 concernant les ouvriers employés par les entreprises du bâtiment visées par le décret du 1er mars 1962 (c'est-à-dire occupant jusqu'à dix salariés), tel que complété par l'avenant n° 1 du 17 mars 1992, et dans son propre champ d'application territorial, les dispositions de l'accord régional (Rhône-Alpes) du 22 mars 2002 sur la revalorisation des appointements minimaux (barèmes annexés), conclus dans le cadre de la convention collective susvisée.

Article 2

L'extension des effets et sanctions de l'accord susvisé est faite à dater de la publication du présent arrêté pour la durée restant à courir et aux conditions prévues par ledit accord.

Article 3

Le directeur des relations du travail au ministère des affaires sociales, du travail et de la solidarité et le directeur des exploitations, de la politique sociale et de l'emploi au ministère de l'agriculture, de l'alimentation, de la pêche et des affaires rurales sont chargés, chacun en ce qui le concerne, de l'exécution du présent arrêté, qui sera publié au Journal officiel de la République française.

Nota. - Le texte de l'accord susvisé a été publié au Bulletin officiel du ministère, fascicule conventions collectives n° 2002/22 en date du 29 juin 2002.

ARRETE du 14 octobre 2002

Le ministre des affaires sociales, du travail et de la solidarité et le ministre de l'agriculture, de l'alimentation, de la pêche et des affaires rurales,
Vu les articles L. 133-1 et suivants du code du travail ;
Vu les arrêtés du 12 février 1991 et du 15 décembre 1992 portant extension de la convention collective nationale du 8 octobre 1990 des ouvriers employés par les entreprises du bâtiment visées par le décret du 1er mars 1962 (c'est-à-dire occupant jusqu'à dix salariés) et de textes la modifiant ou la complétant ;
Vu l'arrêté du 7 août 2000 portant extension d'un accord départemental (Rhône) conclu dans le cadre de la convention collective nationale susvisée ;
Vu l'accord départemental (Rhône) du 18 février 2002 relatif aux indemnités de petits déplacements (barème annexé), conclu dans le cadre de la convention collective susvisée ;
Vu la demande d'extension présentée par les organisations signataires ;
Vu les avis publiés au Journal officiel du 12 et du 17 avril 2002 ;
Vu les avis recueillis au cours de l'enquête ;
Vu l'avis motivé de la Commission nationale de la négociation collective (sous-commission des conventions et accords), recueilli suivant la procédure prévue à l'article R. 133-2 du code du travail,

Le ministre des affaires sociales,
du travail et de la solidarité,

Pour le ministre et par délégation :
Par empêchement du directeur des relations du travail :
Le sous-directeur de la négociation collective,
P. Florentin
Le ministre de l'agriculture, de l'alimentation,
de la pêche et des affaires rurales,
Pour le ministre et par délégation :
Par empêchement du directeur des exploitations,
de la politique sociale et de l'emploi :
Le sous-directeur,
P. Dedinger

Article 1, 2, 3
En vigueur

Article 1er

Sont rendues obligatoires, pour tous les employeurs et tous les salariés compris dans le champ d'application professionnel de la convention collective nationale du 8 octobre 1990 concernant les ouvriers employés par les entreprises du bâtiment visées par le décret du 1er mars 1962 (c'est-à-dire occupant jusqu'à dix salariés), tel que complété par l'avenant n° 1 du 17 mars 1992 et dans son propre champ d'application territorial, les dispositions de l'accord départemental (Rhône) du 18 février 2002 relatif aux indemnités de petits déplacements (barème annexé) conclu dans le cadre de la convention collective susvisée.

Article 2

L'extension des effets et sanctions de l'accord susvisé est faite à dater de la publication du présent arrêté pour la durée restant à courir et aux conditions prévues par ledit accord.

Article 3

Le directeur des relations du travail au ministère des affaires sociales, du travail et de la solidarité et le directeur des exploitations, de la politique sociale et de l'emploi au ministère de l'agriculture, de l'alimentation, de la pêche et des affaires rurales sont chargés, chacun en ce qui le concerne, de l'exécution du présent arrêté, qui sera publié au Journal officiel de la République française.

Nota. - Le texte de l'accord susvisé à été publié au Bulletin officiel du ministère, fascicule conventions collectives n° 2002/14 en date du 4 mai 2002.

ARRETE du 25 novembre 2002

Le ministre des affaires sociales, du travail et de la solidarité et le ministre de l'agriculture, de l'alimentation, de la pêche et des affaires rurales,
Vu les articles L. 133-1 et suivants du code du travail ;
Vu les arrêtés des 12 février 1991 et 15 décembre 1992 portant extension de la convention collective nationale du 8 octobre 1990 concernant les ouvriers employés par les entreprises du bâtiment visées par le décret du 1er mars 1962 (c'est-à-dire occupant jusqu'à dix salariés) et d'avenants la complétant ;
Vu l'arrêté du 8 février 1991 portant extension de la convention collective nationale du 8 octobre 1990 concernant les ouvriers employés par les entreprises du bâtiment non visées par le décret du 1er mars 1962 (c'est-à-dire occupant plus de dix salariés) et dans celui de la convention collective nationale du 8 octobre 1990 concernant les ouvriers employés par les entreprises du bâtiment non visées par le décret du 1er mars 1962 (c'est-à-dire occupant plus de dix salariés) ;
Vu les arrêtés du 31 juillet 2001 et du 8 novembre 2001 portant extension d'accords régionaux (Midi-Pyrénées) conclu dans le cadre des conventions collectives susvisées ;
Vu l'accord régional (Midi-Pyrénées) du 15 mai 2002 (salaires minimaux) conclu dans le cadre des conventions collectives susvisées ;
Vu l'accord régional (Midi-Pyrénées) du 15 mai 2002 (indemnités de petits déplacements) conclu dans le cadre des conventions collectives susvisées ;
Vu la demande d'extension présentée par les organisations signataires ;
Vu les avis publiés au Journal officiel du 19 juin et du 2 juillet 2002 ;
Vu les avis recueillis au cours de l'enquête ;
Vu l'avis motivé de la Commission nationale de la négociation collective (sous-commission des conventions et accords), recueilli suivant la procédure prévue à l'article R. 133-2 du code du travail,

Pour le ministre et par délégation :
Le directeur des relations du travail,
J.-D. Combrexelle
Le ministre de l'agriculture, de l'alimentation,
de la pêche et des affaires rurales,
Pour le ministre et par délégation :
Par empêchement du directeur des exploitations,
de la politique sociale et de l'emploi :
Le sous-directeur,
P. Dedinger

Article 1, 2, 3
En vigueur

Article 1er

Sont rendues obligatoires, pour tous les employeurs et tous les salariés compris dans le champ d'application professionnel de la convention collective nationale des ouvriers employés par les entreprises du bâtiment visées par le décret du 1er mars 1962 (c'est-à-dire occupant jusqu'à dix salariés) du 8 octobre 1990, tel que complété par l'avenant n° 1 du 17 mars 1992, et dans celui de la convention collective nationale des ouvriers employés par les entreprises du bâtiment non visées par le décret du 1er mars 1962 (c'est-à-dire occupant plus de dix salariés), du 8 octobre 1990, tel qu'étendu par arrêté du 8 février 1991, et dans son propre champ d'application territorial, les dispositions de :

- l'accord régional (Midi-Pyrénées) du 15 mai 2002 (salaires minimaux) conclu dans le cadre des conventions collectives susvisées, sous réserve de l'application des dispositions réglementaires portant fixation du salaire minimum de croissance, de l'application de l'article 32 de la loi n° 2000-37 du 19 janvier 2000 qui institue, au profit des salariés rémunérés au SMIC, une garantie mensuelle de rémunération ainsi que des dispositions de l'article 2 de l'accord national du 12 février 2002 tel qu'étendu par arrêté du 21 octobre 2002 publié au Journal officiel du 30 octobre 2002 ;

- l'accord régional (Midi-Pyrénées) du 15 mai 2002 (indemnités de petits déplacements) conclu dans le cadre des conventions collectives susvisées.

Article 2

L'extension des effets et sanctions des accords susvisés est faite à dater de la publication du présent arrêté pour la durée restant à courir et aux conditions prévues par lesdits accords.

Article 3

Le directeur des relations du travail au ministère des affaires sociales, du travail et de la solidarité et le directeur des exploitations, de la politique sociale et de l'emploi au ministère de l'agriculture, de l'alimentation, de la pêche et des affaires rurales sont chargés, chacun en ce qui le concerne, de l'exécution du présent arrêté, qui sera publié au Journal officiel de la République française.
Le ministre des affaires sociales,
du travail et de la solidarité,

Nota. - Le texte des accords susvisés a été publié au Bulletin officiel du ministère, fascicule conventions collectives n° 2002/24 en date du 13 juillet 2002.

ARRETE du 2 décembre 2002

Le ministre des affaires sociales, du travail et de la solidarité et le ministre de l'agriculture, de l'alimentation, de la pêche et des affaires rurales,
Vu les articles L. 133-1 et suivants du code du travail ;
Vu l'arrêté du 8 février 1991 portant extension de la convention collective nationale du 8 octobre 1990 des ouvriers employés par les entreprises du bâtiment non visées par le décret du 1er mars 1962 (c'est-à-dire occupant plus de dix salariés) ;
Vu les arrêtés des 12 février 1991 et les arrêtés successifs, notamment l'arrêté du 23 novembre 2000, portant extension de la convention collective nationale du 18 octobre 1990 des ouvriers employés par les entreprises du bâtiment visées par le décret du 1er mars 1962 (c'est-à-dire occupant jusqu'à dix salariés) et d'avenants la complétant ;
Vu l'arrêté du 8 juillet 1994 portant extension de la convention collective des ouvriers du bâtiment de la région Basse-Normandie du 9 février 1994 conclue dans le cadre des conventions collectives nationales susvisées ;
Vu l'avenant n° 4 du 25 juin 2002 à la convention collective régionale susvisée relatif à la prime d'outillage ;
Vu l'avenant n° 5 du 25 juin 2002 à la convention collective régionale susvisée relatif à l'indemnisation des petits déplacements ;
Vu l'accord de salaires n° 10 du 25 juin 2002 conclu dans le cadre de la convention collective régionale susvisée ;
Vu la demande d'extension présentée par les organisations syndicales signataires ;
Vu les avis publiés au Journal officiel des 3 septembre et 8 octobre 2002 ;
Vu les avis recueillis au cours de l'enquête ;
Vu l'avis motivé de la Commission nationale de la négociation collective (sous-commission des conventions et accords), recueilli suivant la procédure prévue à l'article R. 133-2 du code du travail,

Le ministre des affaires sociales,
du travail et de la solidarité,
Pour le ministre et par délégation :
Par empêchement du directeur des relations du travail :
Le sous-directeur de la négociation collective,
P. Florentin
Le ministre de l'agriculture, de l'alimentation,
de la pêche et des affaires rurales,
Pour le ministre et par délégation :
Par empêchement du directeur des exploitations,
de la politique sociale et de l'emploi :
Le sous-directeur,
P. Dedinger

Article 1, 2, 3
En vigueur

Article 1er
Sont rendues obligatoires, pour tous les employeurs et tous les salariés compris dans le champ d'application professionnel de la convention collective nationale du 8 octobre 1990 concernant les ouvriers employés par les entreprises du bâtiment visées par le décret du 1er mars 1962 (c'est-à-dire occupant jusqu'à dix salariés), tel que complété par l'avenant n° 1 du 17 mars 1992, et de la convention collective nationale des ouvriers employés par les entreprises du bâtiment non visées par le décret du 1er mars 1962 (c'est-à-dire occupant plus de dix salariés), tel qu'étendu par arrêté du 8 février 1991, et dans le champ d'application territorial de la convention collective des ouvriers du bâtiment de la région Basse-Normandie du 9 février 1994, les dispositions de :

- l'avenant n° 4 du 25 juin 2002 à la convention collective régionale susvisée relatif à la prime d'outillage ;

- l'avenant n° 5 du 25 juin 2002 à la convention collective régionale susvisée relatif à l'indemnisation des petits déplacements ;

- l'accord de salaires n° 10 du 25 juin 2002 conclu dans le cadre de la convention collective régionale susvisée.

Article 2

L'extension des effets et sanctions des accords susvisés est faite à dater de la publication du présent arrêté pour la durée restant à courir et aux conditions prévues par lesdits accords.

Article 3

Le directeur des relations du travail au ministère des affaires sociales, du travail et de la solidarité et le directeur des exploitations, de la politique sociale et de l'emploi au ministère de l'agriculture, de l'alimentation, de la pêche et des affaires rurales sont chargés, chacun en ce qui le concerne, de l'exécution du présent arrêté, qui sera publié au Journal officiel de la République française.

Nota. - Le texte des accords susvisés a été publié au Bulletin officiel du ministère, fascicule conventions collectives n° 2002/42 en date du 16 novembre 2002.

ARRETE du 10 décembre 2002

Le ministre des affaires sociales, du travail et de la solidari- té et le ministre de l'agriculture, de l'alimentation, de la pêche et des affaires rurales,
Vu les articles L. 133-1 et suivants du code du travail ;
Vu les arrêtés des 12 février 1991 et 15 décembre 1992 portant extension de la convention collective nationale du 8 octobre 1990 concernant les ouvriers employés par les entreprises du bâtiment visées par le décret du 1er mars 1962 (c'est-à-dire occupant jusqu'à dix salariés) et d'avenants la complétant ;
Vu l'arrêté du 29 mars 2002 portant extension d'accords régionaux (Poitou-Charentes) conclus dans le cadre de la convention collective susvisée ;
Vu l'accord régional (Poitou-Charentes) du 3 juillet 2002 (indemnités de petites déplacements) conclu dans le cadre de la convention collective susvisée ;
Vu l'accord régional (Poitou-Charentes) du 3 juillet 2002 (salaires mensuels minima) (2 barèmes annexés) conclu dans le cadre de la convention collective susvisée ;
Vu la demande d'extension présentée par les organisations signataires ;
Vu les avis publiés au Journal officiel du 11 septembre et du 23 novembre 2002 ;
Vu les avis recueillis au cours de l'enquête ;
Vu l'avis motivé de la Commission nationale de la négociation collective (sous-commission des conventions et accords), recueilli suivant la procédure prévue à l'article R. 133-2 du code du travail,

Le ministre des affaires sociales,
du travail et de la solidarité,
Pour le ministre et par délégation :
Par empêchement du directeur des relations du travail :
Le sous-directeur de la négociation collective,
P. Florentin
Le ministre de l'agriculture, de l'alimentation,
de la pêche et des affaires rurales,
Pour le ministre et par délégation :
Par empêchement du directeur des exploitations,
de la politique sociale et de l'emploi :
Le sous-directeur,
P. Dedinger

Article 1, 2, 3
En vigueur

Article 1er

Sont rendues obligatoires, pour tous les employeurs et tous les salariés compris dans le champ d'application professionnel de la convention collective nationale du 8 octobre 1990 concernant les ouvriers employés par les entreprises du bâtiment visées par le décret du 1er mars 1962 (c'est-à-dire occupant jusqu'à dix salariés), tel que complété par l'avenant n° 1 du 17 mars 1992, et dans leur propre champ d'application territorial, les dispositions de :

- l'accord régional (Poitou-Charentes) du 3 juillet 2002 (indemnités de petits déplacements) conclu dans le cadre de la convention collective susvisée.

- l'accord régional (Poitou-Charentes) du 3 juillet 2002 (salaires mensuels minima) (2 barèmes annexés) conclu dans le cadre de la convention collective susvisée.

L'article 3 et l'annexe II dudit accord sont étendus, sous réserve de l'application des dispositions réglementaires portant fixation du salaire minimum interprofessionnel.

L'annexe I dudit accord est étendue, sous réserve de l'application de l'article 32 de la loi n° 2000-37 du 19 janvier 2000 relative à la réduction négociée du temps de travail.

Article 2

L'extension des effets et sanctions des accords susvisés est faite à dater de la publication du présent arrêté pour la durée restant à courir et aux conditions prévues par lesdits accords.

Article 3

Le directeur des relations du travail au ministère des affaires sociales, du travail et de la solidarité et le directeur des exploitations, de la politique sociale et de l'emploi au ministère de l'agriculture, de l'alimentation, de la pêche et des affaires rurales sont chargés, chacun en ce qui concerne, de l'exécution du présent arrêté, qui sera publié au Journal officiel de la République française.

Nota. - Le texte des accords susvisés a été publié au Bulletin officiel du ministère, fascicule conventions collectives n° 2002/36 en date du 5 octobre 2002.

ARRETE du 23 décembre 2002

Le ministre des affaires sociales, du travail et de la solidari- té et le ministre de l'agriculture, de l'alimentation, de la pêche et des affaires rurales,
Vu les articles L. 133-1 et suivants du code du travail ;
Vu l'accord régional (Midi-Pyrénées) du 15 mai 2002 (salaires minimaux) conclu dans le cadre des conventions collectives susvisées ;
Vu l'accord régional (Midi-Pyrénées) du 15 mai 2002 (indemnités de petits déplacements) conclu dans le cadre des conventions collectives susvisées ;
Vu l'arrêté du 25 novembre 2002 portant extension des accords susvisés,

Le ministre des affaires sociales,
du travail et de la solidarité,
Pour le ministre et par délégation :
Par empêchement du directeur des relations du travail :
Le sous-directeur de la négociation collective,
P. Florentin
Le ministre de l'agriculture, de l'alimentation,
de la pêche et des affaires rurales,
Pour le ministre et par délégation :
Par empêchement du directeur des exploitations,
de la politique sociale et de l'emploi :
Le sous-directeur,
P. Dedinger

Article 1, 2, 3
En vigueur

Article 1er

L'article 1er de l'arrêté du 25 novembre 2002 portant extension de l'accord régional (Midi-Pyrénées) du 15 mai 2002 (salaires minimaux) et de l'accord régional (Midi-Pyrénées) du 15 mai 2002 (indemnités de petits déplacements) conclus dans le cadre de la convention collective nationale des ouvriers employés par les entreprises du bâtiment visées par le décret du 1er mars 1962 (c'est-à-dire occupant jusqu'à dix salariés) et dans celui de la convention collective nationale des ouvriers employés par les entreprises du bâtiment non visées par le décret du 1er mars 1962 (c'est-à-dire occupant plus de dix salariés) est modifié comme suit :

Sont rendues obligatoires, pour tous les employeurs et tous les salariés compris dans le champ d'application professionnel de la convention collective nationale des ouvriers employés par les entreprises du bâtiment visées par le décret du 1er mars 1962 (c'est-à-dire occupant jusqu'à dix salariés) du 8 octobre 1990, tel que complété par l'avenant n° 1 du 17 mars 1992, et dans celui de la convention collective nationale des ouvriers employés par les entreprises du bâtiment non visées par le décret du 1er mars 1962 (c'est-à-dire occupant plus de dix salariés) du 8 octobre 1990, tel qu'étendu par arrêté du 8 février 1991, et dans son propre champ d'application territorial, les dispositions de :

- l'accord régional (Midi-Pyrénées) du 15 mai 2002 (salaires minimaux) conclu dans le cadre des conventions collectives susvisées, sous réserve de l'application des dispositions réglementaires portant fixation du salaire minimum de croissance, de l'application de l'article 32 de la loi n° 2000-37 du 19 janvier 2000 qui institue, au profit des salariés rémunérés au SMIC, une garantie mensuelle de rémunération ainsi que des dispositions de l'article 2 de l'accord national du 12 février 2002 tel qu'étendu par arrêté du 21 octobre 2002 publié au Journal officiel du 30 octobre 2002 ;

- l'accord régional (Midi-Pyrénées) du 15 mai 2002 (indemnités de petits déplacements) conclu dans le cadre des conventions collectives susvisées.

Article 2

Le présent arrêté modificatif prend effet à dater de sa publication pour la durée restant à courir et aux conditions prévues par lesdits accords.

Article 3

Le directeur des relations du travail au ministère des affaires sociales, du travail et de la solidarité et le directeur des exploitations, de la politique sociale et de l'emploi au ministère de l'agriculture, de l'alimentation, de la pêche et des affaires rurales sont chargés, chacun en ce qui le concerne, de l'exécution du présent arrêté modificatif, qui sera publié au Journal officiel de la République française.

ARRETE du 7 janvier 2003

Le ministre des affaires sociales, du travail et de la solidari té et le ministre de l'agriculture, de l'alimentation, de la pêche et des affaires rurales,
Vu les articles L. 133-1 et suivants du code du travail ;
Vu les arrêtés du 8 février 1991 et du 15 décembre 1992 portant extension de la convention collective nationale concernant les ouvriers employés par les entreprises du bâtiment visées par le décret du 1er mars 1962 (c'est-à-dire occupant jusqu'à dix salariés) du 8 octobre 1990 et d'avenants la complétant ;
Vu l'arrêté du 29 mars 2002 portant extension d'un accord régional, région Auvergne, conclu dans le cadre de la convention collective susvisée ;
Vu l'accord régional (Auvergne) du 11 septembre 2002 (salaires minima) conclu dans le cadre de la convention collective susvisée ;
Vu l'accord régional (Auvergne) du 11 septembre 2002 (indemnités de repas et de petits déplacements) conclu dans le cadre de la convention collective susvisée ;
Vu la demande d'extension présentée par les organisations signataires ;
Vu les avis publiés au Journal officiel des 6 et 27 novembre 2002 ;
Vu les avis recueillis au cours de l'enquête ;
Vu l'avis motivé de la Commission nationale de la négociation collective (sous-commission des conventions et accords) recueilli suivant la procédure prévue à l'article R. 133-2 du code du travail,

Le ministre des affaires sociales,
du travail et de la solidarité,
Pour le ministre et par délégation :
Par empêchement du directeur des relations du travail :
Le sous-directeur de la négociation collective,
P. Florentin
Le ministre de l'agriculture, de l'alimentation,
de la pêche et des affaires rurales,
Pour le ministre et par délégation :
Par empêchement du directeur des exploitations,
de la politique sociale et de l'emploi :
Le sous-directeur,
P. Dedinger

Article 1, 2, 3
En vigueur

Article 1er

Sont rendues obligatoires, pour tous les employeurs et tous les salariés compris dans le champ d'application professionnel de la convention collective nationale du 8 octobre 1990 concernant les ouvriers employés par les entreprises du bâtiment visées par le décret du 1er mars 1962 (c'est-à-dire occupant jusqu'à dix salariés), tel que modifié par l'avenant n° 1 du 17 mars 1992 et dans leur propre champ d'application territorial, les dispositions de :

- l'accord régional (Auvergne) du 11 septembre 2002 (salaires minima) conclu dans le cadre de la convention collective susvisée.

L'article 3 de l'accord est étendu sous réserve de l'application de l'article 32 de la loi n° 2000-37 du 19 janvier 2000 instaurant une garantie de rémunération mensuelle.

L'article 4 de l'accord est étendu sous réserve de l'application des dispositions réglementaires portant fixation du salaire minimum de croissance ;

- l'accord régional (Auvergne) du 11 septembre 2002 (indemnités de repas et de petits déplacements) conclu dans le cadre de la convention collective susvisée.

Article 2

L'extension des effets et sanctions des accords susvisés est faite à dater de la publication du présent arrêté pour la durée restant à courir et aux conditions prévues par lesdits accords.

Article 3

Le directeur des relations du travail au ministère des affaires sociales, du travail et de la solidarité et le directeur des exploitations, de la politique sociale et de l'emploi au ministère de l'agriculture, de l'alimentation, de la pêche et des affaires rurales sont chargés, chacun en ce qui le concerne, de l'exécution du présent arrêté, qui sera publié au Journal officiel de la République française.

Nota. - Le texte des accords susvisés a été publié au Bulletin officiel du ministère, fascicule conventions collectives n° 2002/43 en date du 23 novembre 2002.

ARRETE du 13 janvier 2003

Le ministre des affaires sociales, du travail et de la solida- rité et le ministre de l'agriculture, de l'alimentation, de la pêche et des affaires rurales,
Vu les articles L. 133-1 et suivants du code du travail ;
Vu l'arrêté du 8 février 1991 portant extension de la convention collective nationale du 8 octobre 1990 concernant les ouvriers employés par les entreprises du bâtiment non visées par le décret du 1er mars 1962 (c'est-à-dire occupant plus de dix salariés) ;
Vu les arrêtés des 12 février 1991 et 15 décembre 1992 portant extension de la convention collective nationale du 8 octobre 1990 des ouvriers employés par les entreprises visées par le décret du 1er mars 1962 (c'est-à-dire occupant jusqu'à dix salariés) et d'avenants la complétant ;
Vu l'arrêté du 7 août 2001 portant extension d'accords régionaux (Picardie) conclus dans le cadre des conventions collectives nationales susvisées ;
Vu l'accord régional de salaires (Picardie) du 14 octobre 2002 conclu dans le cadre des conventions collectives nationales susvisées ;
Vu l'accord régional (Picardie) du 14 octobre 2002 relatif à la prime d'outillage conclu dans le cadre des conventions collectives nationales susvisées ;
Vu la demande d'extension présentée par les organisations signataires ;
Vu les avis publiés au Journal officiel des 27 et 29 novembre 2002 ;
Vu les avis recueillis au cours de l'enquête ;
Vu l'avis motivé de la Commission nationale de la négociation collective (sous-commission des conventions et accords), recueilli suivant la procédure prévue à l'article R. 133-2 du code du travail,

Le ministre des affaires sociales,
du travail et de la solidarité,
Pour le ministre et par délégation :
Par empêchement du directeur des relations du travail :
Le sous-directeur de la négociation collective,
P. Florentin
Le ministre de l'agriculture, de l'alimentation,
de la pêche et des affaires rurales,
Pour le ministre et par délégation :
Par empêchement du directeur des exploitations,
de la politique sociale et de l'emploi :
Le sous-directeur,
P. Dedinger

Article 1, 2, 3
En vigueur

Article 1er

Sont rendues obligatoires, pour tous les employeurs et tous les salariés compris dans le champ d'application professionnel de la convention collective nationale du 8 octobre 1990 des ouvriers employés par les entreprises du bâtiment visées par le décret du 1er mars 1962 (c'est-à-dire occupant jusqu'à dix salariés), tel que complété par l'avenant n° 1 du 17 mars 1992, et dans celui de la convention collective nationale du 8 octobre 1990 des ouvriers employés par les entreprises non visées par le décret du 1er mars 1962 (c'est-à-dire occupant plus de dix salariés), tel qu'étendu par arrêté du 8 février 1991, et dans leur propre champ d'application territorial, les dispositions de :

- l'accord régional de salaires (Picardie) du 14 octobre 2002 conclu dans le cadre des conventions collectives nationales susvisées ;

- l'accord régional (Picardie) du 14 octobre 2002 relatif à la prime d'outillage conclu dans le cadre des conventions collectives nationales susvisées.

Article 2

L'extension des effets et sanctions des accords susvisés est faite à dater de la publication du présent arrêté pour la durée restant à courir et aux conditions prévues par lesdits accords.

Article 3

Le directeur des relations du travail au ministère des affaires sociales, du travail et de la solidarité et le directeur des exploitations, de la politique sociale et de l'emploi au ministère de l'agriculture, de l'alimentation, de la pêche et des affaires rurales sont chargés, chacun en ce qui le concerne, de l'exécution du présent arrêté, qui sera publié au Journal officiel de la République française.

Nota. - Le texte des accords susvisés a été publié au Bulletin officiel du ministère, fascicule conventions collectives n° 2002/47 en date du 21 décembre 2002.

ARRETE du 14 janvier 2003

Le ministre des affaires sociales, du travail et de la solidari- té et le ministre de l'agriculture, de l'alimentation, de la pêche et des affaires rurales,
Vu les articles L. 133-1 et suivants du code du travail ;
Vu les arrêtés des 12 février 1991 et 15 décembre 1992 portant extension de la convention collective nationale du 8 octobre 1990 concernant les ouvriers employés par les entreprises du bâtiment visées par le décret du 1er mars 1962 (c'est-à-dire occupant jusqu'à dix salariés) et d'avenants la complétant ;
Vu l'arrêté du 8 février 1991 portant extension de la convention collective nationale du 8 octobre 1990 concernant les ouvriers employés par les entreprises du bâtiment non visées par le décret du 1er mars 1962 (c'est-à-dire occupant plus de dix salariés) ;
Vu l'arrêté du 13 août 2001 portant extension d'accords régionaux (Provence-Alpes-Côte d'Azur) conclus dans le cadre de la convention collective nationale du 8 octobre 1990 concernant les ouvriers employés par les entreprises du bâtiment visées par le décret du 1er mars 1962 (c'est-à-dire occupant jusqu'à dix salariés) ;
Vu l'arrêté du 23 juillet 2001 portant extension d'accords régionaux (Provence-Alpes-Côte d'Azur) conclus dans le cadre de la convention collective nationale du 8 octobre 1990 concernant les ouvriers employés par les entreprises du bâtiment non visées par le décret du 1er mars 1962 (c'est-à-dire occupant plus de dix salariés) ;
Vu l'accord régional (Provence-Alpes-Côte d'Azur) du 27 juin 2002 relatif aux indemnités de petits déplacements, conclu dans le cadre de la convention collective nationale du 8 octobre 1990 concernant les ouvriers employés par les entreprises du bâtiment visées par le décret du 1er mars 1962 (c'est-à-dire occupant jusqu'à dix salariés) ;

Le ministre des affaires sociales,
du travail et de la solidarité,
Pour le ministre et par délégation :
Le directeur des relations du travail,
J.-D. Combrexelle
Le ministre de l'agriculture, de l'alimentation,
de la pêche et des affaires rurales,
Pour le ministre et par délégation :
Par empêchement du directeur des exploitations,
de la politique sociale et de l'emploi :
Le sous-directeur,
P. Dedinger

Article 1, 2, 3
En vigueur

Article 1er

Sont rendues obligatoires, pour tous les employeurs et tous les salariés compris dans le champ d'application professionnel de la convention collective nationale du 8 octobre 1990 des ouvriers employés par les entreprises du bâtiment visées par le décret du 1er mars 1962 (c'est-à-dire occupant jusqu'à dix salariés), tel que complété par l'avenant n° 1 du 17 mars 1992, et dans leur propre champ d'application territorial, les dispositions de :

- l'accord régional (Provence-Alpes-Côte d'Azur) du 27 juin 2002 relatif aux indemnités de petits déplacements, conclu dans le cadre de la convention collective nationale susvisée ;

- l'accord régional (Provence-Alpes-Côte d'Azur) du 27 juin 2002 relatif à la prime de pénibilité, conclu dans le cadre de la convention collective nationale susvisée.

Article 2

Sont rendues obligatoires, pour tous les employeurs et tous les salariés compris dans le champ d'application professionnel de la convention collective nationale du 8 octobre 1990 des ouvriers employés par les entreprises non visées par le décret du 1er mars 1962 (c'est-à-dire occupant plus de dix salariés), tel qu'étendu par arrêté du 8 février 1991, et dans leur propre champ d'application territorial, les dispositions de :

- l'accord régional (Provence-Alpes-Côte d'Azur) du 27 juin 2002 relatif aux indemnités de petits déplacements, conclu dans le cadre de la convention collective nationale susvisée ;

- l'accord régional (Provence-Alpes-Côte d'Azur) du 27 juin 2002 relatif à la prime de pénibilité, conclu dans le cadre de la convention collective nationale susvisée.

Article 3

L'extension des effets et sanctions des accords susvisés est faite à dater de la publication du présent arrêté pour la durée restant à courir et aux conditions prévues par lesdits accords.

Article 4. - Le directeur des relations du travail au ministère des affaires sociales, du travail et de la solidarité et le directeur des exploitations, de la politique sociale et de l'emploi au ministère de l'agriculture, de l'alimentation, de la pêche et des affaires rurales sont chargés, chacun en ce qui le concerne, de l'exécution du présent arrêté, qui sera publié au Journal officiel de la République française.

Nota. - Les textes des accords susvisés ont été publiés au Bulletin officiel du ministère, fascicule conventions collectives n° 2002/41, en date du 9 novembre 2002.

ARRETE du 24 février 2003

Le ministre des affaires sociales, du travail et de la solidari- té et le ministre de l'agriculture, de l'alimentation, de la pêche et des affaires rurales,
Vu les articles L. 133-1 et suivants du code du travail ;
Vu les arrêtés des 12 février 1991 et 15 décembre 1992 portant extension de la convention collective nationale du 8 octobre 1990 concernant les ouvriers employés par les entreprises du bâtiment visées par le décret du 1er mars 1962 (c'est-à-dire occupant jusqu'à dix salariés) et d'avenants la modifiant ou complétant,
Vu l'arrêté du 7 août 2001 portant extension d'un accord régional (Champagne-Ardenne) conclu dans le cadre de la convention collective susvisée ;
Vu l'accord régional (Champagne-Ardenne) du 18 novembre 2002 (salaires minimaux) conclu dans le cadre de la convention collective susvisée ;
Vu la demande d'extension présentée par les organisations signataires ;
Vu les avis publiés au Journal officiel des 20 décembre 2002 et 11 janvier 2003 ;
Vu les avis recueillis au cours de l'enquête ;
Vu l'avis motivé de la Commission nationale de la négociation collective (sous-commission des conventions et accords), recueilli suivant la procédure prévue à l'article R. 133-2 du code du travail,

Pour le ministre et par délégation :
Par empêchement du directeur des exploitations,
de la politique sociale et de l'emploi :
Le sous-directeur,
P. Dedinger

Article 1, 2, 3
En vigueur

Article 1er

Sont rendues obligatoires, pour tous les employeurs et tous les salariés compris dans le champ d'application professionnel de la convention collective nationale du 8 octobre 1990 concernant les ouvriers employés par les entreprises du bâtiment visées par le décret du 1er mars 1962 (c'est-à-dire occupant jusqu'à dix salariés), tel que modifié par l'avenant n° 1 du 17 mars 1992, et dans son propre champ d'application territorial, les dispositions de l'accord régional (Champagne-Ardenne) du 18 novembre 2002 (salaires minimaux) conclu dans le cadre de la convention collective susvisée, sous réserve :

Pour la grille relative au salaire minimal mensuel pour 151,67 heures (entreprises à 151,67 heures) de l'article 2 :

- des dispositions réglementaires portant fixation du salaire minimum interprofessionnel de croissance d'une part ;

- et des dispositions de l'article 32 de la loi n° 2000-37 du 19 janvier 2000 modifiée instaurant une garantie de rémunération mensuelle d'autre part ;

Pour la grille relative au salaire minimal mensuel pour 151,67 heures (entreprises à 169 heures) de l'article 2 :

- des dispositions réglementaires portant fixation du salaire minimum interprofessionnel de croissance d'une part ;

- et des dispositions du 2 de l'article 2 de l'accord national du 12 février 2002 sur les barèmes de salaires minima des ouvriers et ETAM du bâtiment d'autre part.

Article 2

L'extension des effets et sanctions de l'accord susvisé est faite à dater de la publication du présent arrêté pour la durée restant à courir et aux conditions prévues par ledit accord.

Article 3

Le directeur des relations du travail au ministère des affaires sociales, du travail et de la solidarité et le directeur des exploitations, de la politique sociale et de l'emploi au ministère de l'agriculture, de l'alimentation, de la pêche et des affaires rurales sont chargés, chacun en ce qui le concerne, de l'exécution du présent arrêté, qui sera publié au Journal officiel de la République française.
Le ministre des affaires sociales,
du travail et de la solidarité,
8ZS Pour le ministre et par délégation :

Par empêchement du directeur des relations du travail :
Le sous-directeur de la négociation collective,
P. Florentin
Le ministre de l'agriculture, de l'alimentation,
de la pêche et des affaires rurales,

Nota. - Le texte de l'accord susvisé a été publié au Bulletin officiel du ministère, fascicule conventions collectives n° 2002/50 en date du 11 janvier 2003.

ARRETE du 19 mars 2003

Le ministre des affaires sociales, du travail et de la solidari- té et le ministre de l'agriculture, de l'alimentation, de la pêche et des affaires rurales,
Vu les articles L. 133-1 et suivants du code du travail ;
Vu l'arrêté du 8 février 1991 portant extension de la convention collective nationale du 8 octobre 1990 des ouvriers employés par les entreprises du bâtiment non visées par le décret du 1er mars 1962 (c'est-à-dire occupant plus de dix salariés) ;
Vu les arrêtés des 12 février 1991 et 15 décembre 1992 portant extension de la convention collective nationale du 8 octobre 1990 des ouvriers employés par les entreprises du bâtiment visées par le décret du 1er mars 1962 (c'est-à-dire occupant jusqu'à dix salariés) et d'avenants la complétant ;
Vu l'avenant n° 9 du 28 novembre 2002 (salaires) à l'accord régional Haute-Normandie du 11 janvier 1991 conclu dans le cadre des conventions collectives nationales susvisées ;
Vu la demande d'extension présentée par les organisations signataires ;
Vu les avis publiés au Journal officiel des 30 janvier et 4 février 2003 ;
Vu les avis recueillis au cours de l'enquête ;
Vu l'avis motivé de la Commission nationale de la négociation collective (sous-commission des conventions et accords), recueilli suivant la procédure prévue à l'article R. 133-2 du code du travail,

Le ministre des affaires sociales,
du travail et de la solidarité,
Pour le ministre et par délégation :
Par empêchement du directeur des relations du travail :
Le sous-directeur de la négociation collective,
P. Florentin
Le ministre de l'agriculture, de l'alimentation,
de la pêche et des affaires rurales,
Pour le ministre et par délégation :
Par empêchement du directeur des exploitations,
de la politique sociale et de l'emploi :
Le sous-directeur,
P. Dedinger

Article 1, 2, 3
En vigueur

Article 1er

Sont rendues obligatoires, pour tous les employeurs et tous les salariés compris dans le champ d'application professionnel de la convention collective nationale du 8 octobre 1990 des ouvriers employés par les entreprises du bâtiment visées par le décret du 1er mars 1962 (c'est-à-dire occupant jusqu'à dix salariés), tel que complété par l'avenant n° 1 du 17 mars 1992, et de la convention collective nationale du 8 octobre 1990 des ouvriers employés par les entreprises du bâtiment non visées par le décret du 1er mars 1962 (c'est-à-dire occupant plus de dix salariés), tel qu'étendu par arrêté du 8 février 1991, et dans son propre champ d'application territorial, les dispositions de l'avenant n° 9 du 28 novembre 2002 à l'accord régional Haute-Normandie du 11 janvier 1991 conclu dans le cadre des conventions collectives nationales susvisées, sous réserve de l'application des dispositions de l'article 32 de la loi n° 2000-37 du 19 janvier 2000 modifiée instaurant une garantie de rémunération mensuelle.

Article 2

L'extension des effets et sanctions de l'accord susvisé est faite à dater de la publication du présent arrêté pour la durée restant à courir et aux conditions prévues par ledit accord.

Article 3

Le directeur des relations du travail au ministère des affaires sociales, du travail et de la solidarité et le directeur des exploitations, de la politique sociale et de l'emploi au ministère de l'agriculture, de l'alimentation, de la pêche et des affaires rurales sont chargés, chacun en ce qui le concerne, de l'exécution du présent arrêté, qui sera publié au Journal officiel de la République française.

Nota. - Le texte de l'accord susvisé a été publié au Bulletin officiel du ministère, fascicule conventions collectives n° 2003/04.

ARRETE du 19 mars 2003

Le ministre des affaires sociales, du travail et de la solidarité et le ministre de l'agriculture, de l'alimentation, de la pêche et des affaires rurales,
Vu les articles L. 133-1 et suivants du code du travail ;
Vu les arrêtés des 12 février 1991 et 15 décembre 1992 portant extension de la convention collective nationale du 8 octobre 1990 des ouvriers employés par les entreprises du bâtiment visées par le décret du 1er mars 1962 (c'est-à-dire occupant jusqu'à dix salariés) et d'avenants la complétant ;
Vu l'arrêté du 8 février 1991 portant extension de la convention collective nationale du 8 octobre 1990 des ouvriers employés par les entreprises du bâtiment non visées par le décret du 1er mars 1962 (c'est-à-dire occupant plus de dix salariés) ;
Vu l'arrêté du 24 avril 1991 et les arrêtés successifs, notamment l'arrêté du 9 octobre 2001, portant extension d'accords régionaux Haute-Normandie ;
Vu l'accord régional (Haute-Normandie) du 28 novembre 2002 (Indemnités de petits déplacements et valeur de référence) conclu dans le cadre des conventions collectives nationales susvisées ;
Vu la demande d'extension présentée par les organisations signataires ;
Vu les avis publiés au Journal officiel des 30 janvier et 4 février 2003 ;
Vu les avis recueillis au cours de l'enquête ;
Vu l'avis motivé de la Commission nationale de la négociation collective (sous-commission des conventions et accords), recueilli suivant la procédure prévue à l'article R. 133-2 du code du travail,

Le ministre des affaires sociales,
du travail et de la solidarité,
Pour le ministre et par délégation :
Par empêchement du directeur des relations du travail :
Le sous-directeur de la négociation collective,
P. Florentin
Le ministre de l'agriculture, de l'alimentation,
de la pêche et des affaires rurales,
Pour le ministre et par délégation :
Par empêchement du directeur des exploitations,
de la politique sociale et de l'emploi :
Le sous-directeur,
P. Dedinger

Article 1, 2, 3
En vigueur

Article 1er

Sont rendues obligatoires, pour tous les employeurs et tous les salariés compris dans le champ d'application professionnel de la convention collective nationale du 8 octobre 1990 des ouvriers employés par les entreprises du bâtiment visées par le décret du 1er mars 1962 (c'est-à-dire occupant jusqu'à dix salariés), tel que complété par l'avenant n° 1 du 17 mars 1992, et dans celui de la convention collective nationale du 8 octobre 1990 des ouvriers employés par les entreprises du bâtiment non visées par le décret du 1er mars 1962 (c'est-à-dire occupant plus de dix salariés), tel qu'étendu par arrêté du 8 février 1991, et dans leur propre champ d'application géographique, les dispositions de l'accord régional (Haute-Normandie) du 28 novembre 2002 (indemnités de petits déplacements et valeur de référence) conclu dans le cadre des conventions collectives nationales susvisées.

Article 2

L'extension des effets et sanctions de l'accord susvisé est faite à dater de la publication du présent arrêté pour la durée restant à courir et aux conditions prévues par ledit accord.

Article 3

Le directeur des relations du travail au ministère des affaires sociales, du travail et de la solidarité et le directeur des exploitations, de la politique sociale et de l'emploi au ministère de l'agriculture, de l'alimentation, de la pêche et des affaires rurales sont chargés, chacun en ce qui le concerne, de l'exécution du présent arrêté, qui sera publié au Journal officiel de la République française.

Nota. - Le texte de l'accord susvisé a été publié au Bulletin officiel du ministère, fascicule conventions collectives n° 2003/04.

ARRETE du 10 avril 2003

Le ministre des affaires sociales, du travail et de la solidari té et le ministre de l'agriculture, de l'alimentation, de la pêche et des affaires rurales,
Vu les articles L. 133-1 et suivants du code du travail ;
Vu les arrêtés des 12 février 1991 et 15 décembre 1992 portant extension de la convention collective nationale du 8 octobre 1990 concernant les ouvriers employés par les entreprises du bâtiment visées par le décret du 1er mars 1962 (c'est-à-dire occupant jusqu'à dix salariés) et d'avenants la complétant ;
Vu l'arrêté du 10 décembre 2002 portant extension d'un accord régional (Centre), conclu dans le cadre de la convention collective susvisée ;
Vu l'accord régional (Poitou-Charentes) du 3 juin 2002 (astreintes) conclu dans le cadre de la convention collective susvisée ;
Vu la demande d'extension présentée par les organisations signataires ;

Vu les avis publiés au Journal officiel des 4 et 8 octobre 2002 ;
Vu les avis recueillis au cours de l'enquête ;
Vu l'avis motivé de la Commission nationale de la négociation collective (sous-commission des conventions et accords), rendu en séance du 20 mars 2003,

Le ministre des affaires sociales,
du travail et de la solidarité,
Pour le ministre et par délégation :
Le directeur des relations du travail,
J.-D. Combrexelle
Le ministre de l'agriculture, de l'alimentation,
de la pêche et des affaires rurales,
Pour le ministre et par délégation :
Par empêchement du directeur général
de la forêt et des affaires rurales :
L'administrateur civil hors classe,
P. Dedinger

Article 1, 2, 3
En vigueur

Article 1er

Sont rendues obligatoires, pour tous les employeurs et tous les salariés compris dans le champ d'application professionnel de la convention collective nationale du 8 octobre 1990 concernant les ouvriers employés par les entreprises du bâtiment visées par le décret du 1er mars 1962 (c'est-à-dire occupant jusqu'à dix salariés), tel que complété par l'avenant n° 1 du 17 mars 1992, et dans son propre champ d'application territorial, les dispositions de l'accord régional (Poitou-Charentes) du 3 juin 2002 (astreintes) conclu dans le cadre de la convention collective susvisée, à l'exclusion du troisième alinéa de l'article 7 " Types d'astreintes " comme étant contraire aux dispositions du premier alinéa de l'article L. 212-4 bis du code du travail.

Le troisième alinéa du préambule est étendu sous réserve de l'application des dispositions des articles L. 221-12 et D. 220-5 du code du travail.

Article 2

L'extension des effets et sanctions de l'accord susvisé est faite à dater de la publication du présent arrêté pour la durée restant à courir et aux conditions prévues par ledit accord.

Article 3

Le directeur des relations du travail est chargé de l'exécution du présent arrêté, qui sera publié au Journal officiel de la République française.

Nota.- Le texte de l'accord susvisé a été publié au Bulletin officiel du ministère, fascicule conventions collectives n° 2002/31.

ARRETE du 11 avril 2003

Le ministre des affaires sociales, du travail et de la solidari- té et le ministre de l'agriculture, de l'alimentation, de la pêche et des affaires rurales,
Vu les articles L. 133-1 et suivants du code du travail ;
Vu l'arrêté du 6 novembre 2001 portant extension de la convention collective de la région Aquitaine du 19 février 2001 concernant les ouvriers employés par les entreprises du bâtiment visées par le décret du 1er mars 1962 (c'est-à-dire occupant jusqu'à dix salariés) ;
Vu l'accord régional (Aquitaine) du 16 décembre 2002 (barèmes annexés) relatif aux salaires minimaux conclu dans le cadre de la convention collective régionale susvisée ;
Vu la demande d'extension présentée par les organisations signataires ;
Vu les avis publiés au Journal officiel des 13 et 18 février 2003 ;
Vu les avis recueillis au cours de l'enquête ;
Vu l'avis motivé de la Commission nationale de la négociation collective (sous-commission des conventions et accords), recueilli suivant la procédure prévue à l'article R. 133-2 du code du travail,

Le ministre des affaires sociales,
du travail et de la solidarité,
Pour le ministre et par délégation :
Par empêchement du directeur des relations du travail :
Le sous-directeur de la négociation collective,
P. Florentin
Le ministre de l'agriculture, de l'alimentation,
de la pêche et des affaires rurales,
Pour le ministre et par délégation :
Par empêchement du directeur général
de la forêt et des affaires rurales :
L'administrateur civil hors classe,

P. Dedinger

Article 1, 2, 3
En vigueur

Article 1er

Sont rendues obligatoires, pour tous les employeurs et tous les salariés compris dans le champ d'application professionnel de la convention collective de la région Aquitaine du 19 février 2001 concernant les ouvriers employés par les entreprises du bâtiment visées par le décret du 1er mars 1962 (c'est-à-dire occupant jusqu'à dix salariés), tel qu'étendu par arrêté du 6 novembre 2001, les dispositions de l'accord régional (Aquitaine) du 16 décembre 2002 (barèmes annexés) relatif aux salaires minimaux conclu dans le cadre de la convention collective régionale susvisée.

Article 2

L'extension des effets et sanctions de l'accord susvisé est faite à dater de la publication du présent arrêté pour la durée restant à courir et aux conditions prévues par ledit accord.

Article 3

Le directeur des relations du travail au ministère des affaires sociales, du travail et de la solidarité et le directeur général de la forêt et des affaires rurales au ministère de l'agriculture, de l'alimentation, de la pêche et des affaires rurales sont chargés, chacun en ce qui le concerne, de l'exécution du présent arrêté, qui sera publié au Journal officiel de la République française.

Nota. - Le texte de l'accord susvisé a été publié au Bulletin officiel du ministère, fascicule conventions collectives n° 2003/3.

ARRETE du 10 avril 2003

Le ministre des affaires sociales, du travail et de la solidari- té et le ministre de l'agriculture, de l'alimentation, de la pêche et des affaires rurales,
Vu les articles L. 133-1 et suivants du code du travail ;
Vu les arrêtés des 12 février 1991 et 15 décembre 1992 portant extension de la convention collective nationale du 8 octobre 1990 concernant les ouvriers employés par les entreprises du bâtiment visées par le décret du 1er mars 1962 (c'est-à-dire occupant jusqu'à dix salariés) et d'avenants la complétant ;
Vu l'arrêté du 12 avril 2002 portant extension d'un accord régional (Centre) conclu dans le cadre de la convention collective susvisée ;
Vu l'accord régional (Centre) du 15 février 2002 (astreintes) conclu dans le cadre de la convention collective susvisée ;
Vu la demande d'extension présentée par les organisations signataires ;
Vu les avis publiés au Journal officiel des 18 et 19 avril 2002 ;
Vu les avis recueillis au cours de l'enquête ;
Vu l'avis motivé de la Commission nationale de la négociation collective (sous-commission des conventions et accords) rendu en séance du 20 mars 2003,
Le ministre des affaires sociales,
du travail et de la solidarité,
Pour le ministre et par délégation :
Le directeur des relations du travail,
J.-D. Combrexelle
Le ministre de l'agriculture, de l'alimentation,
de la pêche et des affaires rurales,
Pour le ministre et par délégation :
Par empêchement du directeur général
de la forêt et des affaires rurales :
L'administrateur civil hors classe,
P. Dedinger

Article 1, 2, 3
En vigueur

Article 1er

Sont rendues obligatoires, pour tous les employeurs et tous les salariés compris dans le champ d'application professionnel de la convention collective nationale concernant les ouvriers employés par les entreprises du bâtiment visées par le décret du 1er mars 1962 (c'est-à-dire occupant jusqu'à dix salariés) du 8 octobre 1990, tel que complété par l'avenant n° 1 du 17 mars 1992, et dans son propre champ d'application territorial, les dispositions de l'accord régional (Centre) du 15 février 2002 (astreintes) conclu dans le cadre de la convention collective susvisée, à l'exclusion du troisième alinéa de l'article 7 (Types d'astreintes), comme étant contraire aux dispositions du premier alinéa de l'article L. 212-4 bis du code du travail.

Le quatrième alinéa du préambule est étendu sous réserve de l'application des dispositions des articles L. 221-12 et D. 220-5 du code du travail.

Article 2

L'extension des effets et sanctions de l'accord susvisé est faite à dater de la publication du présent arrêté pour la durée restant à courir et aux conditions prévues par ledit accord.

Article 3

Le directeur des relations du travail est chargé de l'exécution du présent arrêté, qui sera publié au Journal officiel de la République française.

Nota. - Le texte de l'accord susvisé a été publié au Bulletin officiel du ministère, fascicule conventions collectives n° 2002/15.

ARRETE du 22 avril 2003

Le ministre des affaires sociales, du travail et de la solidarité et le ministre de l'agriculture, de l'alimentation, de la pêche et des affaires rurales,
Vu les articles L. 133-1 et suivants du code du travail ;
Vu l'arrêté du 8 février 1991 portant extension de la convention collective nationale du 8 octobre 1990 des ouvriers employés par les entreprises du bâtiment non visées par le décret du 1er mars 1962 (c'est-à-dire occupant plus de dix salariés) ;
Vu les arrêtés des 12 février 1991 et 15 décembre 1992 portant extension de la convention collective nationale du 8 octobre 1990 des ouvriers employés par les entreprises du bâtiment visées par le décret du 1er mars 1962 (c'est-à-dire occupant jusqu'à dix salariés) et d'avenants la complétant ;
Vu l'accord concernant les départements de la Drôme et de l'Ardèche du 29 octobre 2002 (indemnités de petits déplacements) conclu dans le cadre des conventions collectives nationales susvisées ;
Vu la demande d'extension présentée par les organisations signataires ;
Vu les avis publiés au Journal officiel des 19 février 2003 et 24 mars 2003 ;
Vu las avis recueillis au cours de l'enquête ;
Vu l'avis motivé de la Commission nationale de la négociation collective (sous-commission des conventions et accords), recueilli suivant la procédure prévue à l'article R. 133-2 du code du travail,

Le ministre des affaires sociales,
du travail et de la solidarité,
Pour le ministre et par délégation :
Par empêchement du directeur des relations du travail :
Le sous-directeur de la négociation collective,
P. Florentin
Le ministre de l'agriculture, de l'alimentation,
de la pêche et des affaires rurales,
Pour le ministre et par délégation :
Par empêchement du directeur général
de la forêt et des affaires rurales :
L'administrateur civil hors classe,
P. Dedinger

Article 1, 2, 3
En vigueur

Article 1er

Sont rendues obligatoires, pour tous les employeurs et tous les salariés compris dans le champ d'application professionnel de la convention collective nationale du 8 octobre 1990 des ouvriers employés par les entreprises du bâtiment visées par le décret du 1er mars 1962 (c'est-à-dire occupant jusqu'à dix salariés), tel que complété par l'avenant n° 1 du 17 mars 1992, et dans celui de la convention collective nationale du 8 octobre 1990 des ouvriers employés par les entreprises du bâtiment non visées par le décret du 1er mars 1962 (c'est-à-dire occupant plus de dix salariés), tel qu'étendu par l'arrêté du 8 février 1991, et dans son propre champ d'application territorial, les dispositions de l'accord concernant les départements de la Drôme et de l'Ardèche du 29 octobre 2002 (indemnités de petits déplacements) conclu dans le cadre des conventions collectives nationales susvisées.

Article 2

L'extension des effets et sanctions de l'accord susvisé est faite à dater de la publication du présent arrêté pour la durée restant à courir et aux conditions prévues par ledit accord.

Article 3

Le directeur des relations du travail au ministère des affaires sociales, du travail et de la solidarité et le directeur général de la forêt et des affaires rurales au ministère de l'agriculture, de l'alimentation, de la pêche et des affaires rurales sont chargés, chacun en ce qui le concerne, de l'exécution du présent arrêté, qui sera publié au Journal officiel de la République française.

Nota. - Le texte de l'accord susvisé a été publié au Bulletin officiel du ministère, fascicule conventions collectives n° 2003/07.

ARRETE du 23 mai 2003

Le ministre des affaires sociales, du travail et de la solidari- té et le ministre de l'agriculture, de l'alimentation, de la pêche et des affaires rurales,
Vu les articles L. 133-1 et suivants du code du travail ;
Vu les arrêtés des 12 février 1991 et 15 décembre 1992 portant extension de la convention collective nationale du 8 octobre 1990 concernant les ouvriers employés par les entreprises du bâtiment visées par le décret du 1er mars 1962 (c'est-à-dire occupant jusqu'à dix salariés) et d'avenants la complétant ;
Vu l'accord régional (Nord - Pas-de-Calais) du 9 décembre 2002 (indemnités de petits déplacements) conclu dans le cadre de la convention collective susvisée ;
Vu la demande d'extension présentée par les organisations signataires ;
Vu les avis publiés au Journal officiel des 14 et 22 mars 2003 ;
Vu les avis recueillis au cours de l'enquête ;
Vu l'avis motivé de la Commission nationale de la négociation collective (sous-commission des conventions et accords), recueilli suivant la procédure prévue à l'article R. 133-2 du code du travail,

Le ministre des affaires sociales,
du travail et de la solidarité,
Pour le ministre et par délégation :
Par empêchement du directeur des relations du travail :
Le sous-directeur de la négociation collective,
P. Florentin
Le ministre de l'agriculture, de l'alimentation,
de la pêche et des affaires rurales,
Pour le ministre et par délégation :
Par empêchement du directeur général
de la forêt et des affaires rurales :
L'administrateur civil hors classe,
P. Dedinger

Article 1, 2, 3
En vigueur

Article 1er

Sont rendues obligatoires, pour tous les employeurs et tous les salariés compris dans le champ d'application professionnel de la convention collective nationale du 8 octobre 1990 concernant les ouvriers employés par les entreprises du bâtiment visées par le décret du 1er mars 1962 (c'est-à-dire occupant jusqu'à dix salariés) tel que complété par l'avenant n° 1 du 17 mars 1992, et dans son propre champ d'application territorial, les dispositions de l'accord régional (Nord - Pas-de-Calais) du 9 décembre 2002 (indemnités de petits déplacements) conclu dans le cadre de la convention collective susvisée.

Article 2

L'extension des effets et sanctions de l'accord susvisé est faite à dater de la publication du présent arrêté pour la durée restant à courir et aux conditions prévues par ledit accord.

Article 3

Le directeur des relations du travail au ministère des affaires sociales, du travail et de la solidarité et le directeur général de la forêt et des affaires rurales au ministère de l'agriculture, de l'alimentation, de la pêche et des affaires rurales sont chargés, chacun en ce qui le concerne, de l'exécution du présent arrêté, qui sera publié au Journal officiel de la République française.

Nota. - Le texte de l'accord susvisé a été publié au Bulletin officiel du ministère, fascicule conventions collectives n° 2003/08.

ARRETE du 23 mai 2003

Le ministre des affaires sociales, du travail et de la solidari- té et le ministre de l'agriculture, de l'alimentation, de la pêche et des affaires rurales,
Vu les articles L. 133-1 et suivants du code du travail ;
Vu les arrêtés des 12 février 1991 et 15 décembre 1992 portant extension de la convention collective nationale du 8 octobre 1990 des ouvriers employés par les entreprises du bâtiment visées par le décret du 1er mars 1962 (c'est-à-dire occupant jusqu'à dix salariés) et d'avenants la complétant ;
Vu l'arrêté du 8 février 1991 portant extension de la convention collective nationale du 8 octobre 1990 des ouvriers employés par les entreprises du bâtiment non visées par le décret du 1er mars 1962 (c'est-à-dire occupant plus de dix salariés) ;
Vu l'arrêté du 5 juillet 1991 et les arrêtés successifs, notamment l'arrêté du 14 octobre 2002, portant extension d'accords régionaux (Lorraine) ;
Vu l'accord régional (Lorraine) du 8 janvier 2003 portant sur les indemnités de petits déplacements, conclu dans le cadre des conventions collectives nationales susvisées ;
Vu la demande d'extension présentée par les organisations signataires ;
Vu les avis publiés au Journal officiel des 27 mars et 8 avril 2003 ;
Vu les avis recueillis au cours de l'enquête ;
Vu l'avis motivé de la Commission nationale de la négociation collective (sous-commission des conventions et accords), recueilli suivant la

procédure prévue à l'article R. 133-2 du code du travail,

Le ministre des affaires sociales,
du travail et de la solidarité,
Pour le ministre et par délégation :
Par empêchement du directeur des relations du travail :
Le sous-directeur de la négociation collective,
P. Florentin
Le ministre de l'agriculture, de l'alimentation,
de la pêche et des affaires rurales,
Pour le ministre et par délégation :
Par empêchement du directeur général
de la forêt et des affaires rurales :
L'administrateur civil hors classe,
P. Dedinger

Article 1, 2, 3
En vigueur

Article 1er

Sont rendues obligatoires, pour tous les employeurs et tous les salariés compris dans le champ d'application professionnel de la convention collective nationale du 8 octobre 1990 des ouvriers employés par les entreprises du bâtiment visées par le décret du 1er mars 1962 (c'est-à-dire occupant jusqu'à dix salariés), tel que complété par l'avenant n° 1 du 17 mars 1992, et dans celui de la convention collective nationale du 8 octobre 1990 des ouvriers employés par les entreprises du bâtiment non visées par le décret du 1er mars 1962 (c'est-à-dire occupant plus de dix salariés), tel qu'étendu par arrêté du 8 février 1991, et dans son propre champ d'application territorial, les dispositions de l'accord régional (Lorraine) du 8 janvier 2003 portant sur les indemnités de petits déplacements, conclu dans le cadre des conventions collectives nationales susvisées.

Article 2

L'extension des effets et sanctions de l'accord susvisé est faite à dater de la publication du présent arrêté pour la durée restant à courir et aux conditions prévues par ledit accord.

Article 3

Le directeur des relations du travail au ministère des affaires sociales, du travail et de la solidarité et le directeur général de la forêt et des affaires rurales au ministère de l'agriculture, de l'alimentation, de la pêche et des affaires rurales sont chargés, chacun en ce qui le concerne, de l'exécution du présent arrêté, qui sera publié au Journal officiel de la République française.

Nota. - Le texte de l'accord susvisé a été publié au Bulletin officiel du ministère, fascicule conventions collectives n° 2003/11.

ARRETE du 26 juin 2003

Le ministre des affaires sociales, du travail et de la solidarité et le ministre de l'agriculture, de l'alimentation, de la pêche et des affaires rurales,
Vu les articles L. 133-1 et suivants du code du travail ;
Vu les arrêtés des 12 février 1991 et 15 décembre 1992 portant extension de la convention collective nationale des ouvriers employés par les entreprises du bâtiment visées par le décret du 1er mars 1962 (c'est-à-dire occupant jusqu'à dix salariés) du 8 octobre 1990 et d'avenants la complétant ;
Vu l'arrêté du 8 février 1991 portant extension de la convention collective nationale des ouvriers employés par les entreprises du bâtiment non visées par le décret du 1er mars 1962 (c'est-à-dire occupant plus de dix salariés) du 8 octobre 1990 ;
Vu l'arrêté du 4 novembre 2002 portant extension d'un accord régional (Limousin) conclu dans le cadre des conventions collectives nationales susvisées ;
Vu l'accord régional (Limousin) du 31 janvier 2003 (salaires des ouvriers et des ETAM) conclu dans le cadre des conventions collectives nationales susvisées ;
Vu l'accord régional (Limousin) du 31 janvier 2003 (indemnités de petits déplacements des ouvriers) conclu dans le cadre des conventions collectives nationales susvisées ;
Vu l'accord régional (Limousin) du 31 janvier 2003 (primes conventionnelles et prime d'outillage des ouvriers) conclu dans le cadre des conventions collectives nationales susvisées ;
Vu la demande d'extension présentée par les organisations signataires ;
Vu les avis publiés au Journal officiel des 22 mars, 28 mars et 8 avril 2003 ;
Vu les avis recueillis au cours de l'enquête ;
Vu l'avis motivé de la Commission nationale de la négociation collective (sous-commission des conventions et accords), recueilli suivant la procédure prévue à l'article R. 133-2 du code du travail,

Le ministre des affaires sociales,
du travail et de la solidarité,
Pour le ministre et par délégation :
Par empêchement du directeur des relations du travail :
Le sous-directeur de la négociation collective,

P. Florentin
Le ministre de l'agriculture, de l'alimentation,
de la pêche et des affaires rurales,
Pour le ministre et par délégation :
Par empêchement du directeur général
de la forêt et des affaires rurales :
L'administrateur civil hors classe,
P. Dedinger

Article 1, 2, 3
En vigueur

Article 1er

Sont rendues obligatoires, pour tous les employeurs et tous les salariés compris dans le champ d'application professionnel de la convention collective nationale des ouvriers employés par les entreprises du bâtiment visées par le décret du 1er mars 1962 (c'est-à-dire occupant jusqu'à dix salariés) du 8 octobre 1990, tel que complété par l'avenant n° 1 du 17 mars 1992, et dans celui de la convention collective nationale des ouvriers employés par les entreprises du bâtiment non visées par le décret du 1er mars 1962 (c'est-à-dire occupant plus de dix salariés) du 8 octobre 1990, tel qu'étendu par l'arrêté du 8 février 1991, et dans son propre champ d'application territorial, les dispositions :

- de l'accord régional (Limousin) du 31 janvier 2003 (salaires des ouvriers et des ETAM) conclu dans le cadre des conventions collectives nationales susvisées, à l'exclusion :

- des termes " et ETAM " du titre ;

- des termes " et ETAM " du premier alinéa de l'article 1er ;

- de l'article 4 (Barème des appointements ETAM).

L'article 1er (Barème des salaires ouvriers) est étendu sous réserve de l'application des dispositions de l'article 32 de la loi n° 2000-37 du 19 janvier 2000 modifiée instaurant une garantie de rémunération mensuelle ;

- de l'accord régional (Limousin) du 31 janvier 2003 (indemnités de petits déplacements des ouvriers) conclu dans le cadre des conventions collectives nationales susvisées ;

- de l'accord régional (Limousin) du 31 janvier 2003 (primes conventionnelles et prime d'outillage des ouvriers) conclu dans le cadre des conventions collectives nationales susvisées.

Article 2

L'extension des effets et sanctions des accords susvisés est faite à dater de la publication du présent arrêté pour la durée restant à courir et aux conditions prévues par lesdits accords.

Article 3

Le directeur des relations du travail au ministère des affaires sociales, du travail et de la solidarité et le directeur général de la forêt et des affaires rurales au ministère de l'agriculture, de l'alimentation, de la pêche et des affaires rurales sont chargés, chacun en ce qui le concerne, de l'exécution du présent arrêté, qui sera publié au Journal officiel de la République française.

Nota. - Les textes des accords susvisés ont été publiés au Bulletin officiel du ministère, fascicule conventions collectives n° 2003/11.

ARRETE du 26 juin 2003

Le ministre des affaires sociales, du travail et de la solidari- té et le ministre de l'agriculture, de l'alimentation, de la pêche et des affaires rurales,
Vu les articles L. 133-1 et suivants du code du travail ;
Vu l'arrêté du 8 février 1991 portant extension de la convention collective nationale du 8 octobre 1990 des ouvriers employés par les entreprises du bâtiment non visées par le décret du 1er mars 1962 (c'est-à-dire occupant plus de dix salariés) ;
Vu les arrêtés des 12 février 1991 et 15 décembre 1992 portant extension de la convention collective nationale du 8 octobre 1990 des ouvriers employés par les entreprises du bâtiment visées par le décret du 1er mars 1962 (c'est-à-dire occupant jusqu'à dix salariés) et d'avenants la complétant ;
Vu l'accord régional (Auvergne) du 15 octobre 2002 portant sur la rémunération des apprentis, conclu dans le cadre des conventions collectives nationales susvisées ;
Vu la demande d'extension présentée par les organisations signataires ;
Vu les avis publiés au Journal officiel des 1er et 21 janvier 2003 ;
Vu les avis recueillis au cours de l'enquête ;
Vu l'avis motivé de la Commission nationale de la négociation collective (sous-commission des conventions et accords) rendu en séance du 22 mai 2003,

Le ministre des affaires sociales,
du travail et de la solidarité,
Pour le ministre et par délégation :
Le directeur des relations du travail,
J.-D. Combrexelle
Le ministre de l'agriculture, de l'alimentation,
de la pêche et des affaires rurales,
Pour le ministre et par délégation :
Par empêchement du directeur général
de la forêt et des affaires rurales :
L'administrateur civil hors classe,
P. Dedinger

Article 1, 2, 3
En vigueur

Article 1er

Sont rendues obligatoires, pour tous les employeurs et tous les salariés compris dans le champ d'application professionnel de la convention collective nationale du 8 octobre 1990 des ouvriers employés par les entreprises du bâtiment visées par le décret du 1er mars 1962 (c'est-à-dire occupant jusqu'à dix salariés), tel que complétée par l'avenant n° 1 du 17 mars 1992, et de la convention collective nationale du 8 octobre 1990 des ouvriers employés par les entreprises du bâtiment non visées par le décret du 1er mars 1962 (c'est-à-dire occupant plus de dix salariés), tel qu'étendue par arrêté du 8 février 1991, et dans son propre champ d'application territorial, les dispositions de l'accord régional (Auvergne) du 15 octobre 2002 portant sur la rémunération des apprentis, conclu dans le cadre des conventions collectives susvisées.

Le point 1 de l'article 1er de l'accord susvisé est étendu sous réserve de l'application des dispositions des articles D. 117-1 et D. 117-2 du code du travail.

Le point 2 de l'article 1er susmentionné est étendu sous réserve de l'application des dispositions de l'article D. 117-5 du code du travail.

Article 2

L'extension des effets et sanctions de l'accord susvisé est faite à dater de la publication du présent arrêté pour la durée restant à courir et aux conditions prévues par ledit accord.

Article 3

Le directeur des relations du travail au ministère des affaires sociales, du travail et de la solidarité et le directeur général de la forêt et des affaires rurales au ministère de l'agriculture, de l'alimentation, de la pêche et des affaires rurales sont chargés, chacun en ce qui le concerne, de l'exécution du présent arrêté, qui sera publié au Journal officiel de la République française.

Nota. - Le texte de l'accord susvisé a été publié au Bulletin officiel du ministère, fascicule conventions collectives n° 2002/52.

ARRETE du 26 juin 2003

Le ministre des affaires sociales, du travail et de la solidarité et le ministre de l'agriculture, de l'alimentation, de la pêche et des affaires rurales,
Vu les articles L. 133-1 et suivants du code du travail ,
Vu les arrêtés des 12 février 1991 et 15 décembre 1992 portant extension de la convention collective nationale des ouvriers employés par les entreprises du bâtiment visées par le décret du 1er mars 1962 (c'est-à-dire occupant jusqu'à dix salariés) du 8 octobre 1990 et d'avenants la complétant ;
Vu l'arrêté du 8 février 1991 portant extension de la convention collective nationale des ouvriers employés par les entreprises du bâtiment non visées par le décret du 1er mars 1962 (c'est-à-dire occupant plus de dix salariés) du 8 octobre 1990 ;
Vu l'arrêté du 4 novembre 2002 portant extension d'un accord régional (Limousin) conclu dans le cadre des conventions collectives nationales susvisées ;
Vu l'accord régional (Limousin) du 31 janvier 2003 (salaires des ouvriers et des ETAM) conclu dans le cadre des conventions collectives nationales susvisées ;
Vu l'accord régional (Limousin) du 31 janvier 2003 (indemnités de petits déplacements des ouvriers) conclu dans le cadre des conventions collectives nationales susvisées ;
Vu l'accord régional (Limousin) du 31 janvier 2003 (primes conventionnelles et prime d'outillage des ouvriers) conclu dans le cadre des conventions collectives nationales susvisées ;
Vu la demande d'extension présentée par les organisations signataires ;
Vu les avis publiés au Journal officiel des 22 mars, 28 mars et 8 avril 2003 ;
Vu les avis recueillis au cours de l'enquête ;
Vu l'avis motivé de la Commission nationale de la négociation collective (sous-commission des conventions et accords), recueilli suivant la procédure prévue à l'article R. 133-2 du code du travail,

Le ministre des affaires sociales,
du travail et de la solidarité,
Pour le ministre et par délégation :

Par empêchement du directeur des relations du travail :
Le sous-directeur de la négociation collective,
P. Florentin
Le ministre de l'agriculture, de l'alimentation,
de la pêche et des affaires rurales,
Pour le ministre et par délégation :
Par empêchement du directeur général
de la forêt et des affaires rurales :
L'administrateur civil hors classe,
P. Dedinger

Article 1, 2, 3
En vigueur

Article 1er

Sont rendues obligatoires, pour tous les employeurs et tous les salariés compris dans le champ d'application professionnel de la convention collective nationale des ouvriers employés par les entreprises du bâtiment visées par le décret du 1er mars 1962 (c'est-à-dire occupant jusqu'à dix salariés) du 8 octobre 1990, tel que complété par l'avenant n° 1 du 17 mars 1992, et dans celui de la convention collective nationale des ouvriers employés par les entreprises du bâtiment non visées par le décret du 1er mars 1962 (c'est-à-dire occupant plus de dix salariés) du 8 octobre 1990, tel qu'étendu par l'arrêté du 8 février 1991, et dans son propre champ d'application territorial, les dispositions :

- de l'accord régional (Limousin) du 31 janvier 2003 (salaires des ouvriers et des ETAM) conclu dans le cadre des conventions collectives nationales susvisées, à l'exclusion :

- des termes " et ETAM " du titre ;

- des termes " et ETAM " du premier alinéa de l'article 1er ;

- de l'article 4 (Barème des appointements ETAM).

L'article 1er (Barème des salaires ouvriers) est étendu sous réserve de l'application des dispositions de l'article 32 de la loi n° 2000-37 du 19 janvier 2000 modifiée instaurant une garantie de rémunération mensuelle ;

- de l'accord régional (Limousin) du 31 janvier 2003 (indemnités de petits déplacements des ouvriers) conclu dans le cadre des conventions collectives nationales susvisées ;

- de l'accord régional (Limousin) du 31 janvier 2003 (primes conventionnelles et prime d'outillage des ouvriers) conclu dans le cadre des conventions collectives nationales susvisées.

Article 2

L'extension des effets et sanctions des accords susvisés est faite à dater de la publication du présent arrêté pour la durée restant à courir et aux conditions prévues par lesdits accords.

Article 3

Le directeur des relations du travail au ministère des affaires sociales, du travail et de la solidarité et le directeur général de la forêt et des affaires rurales au ministère de l'agriculture, de l'alimentation, de la pêche et des affaires rurales sont chargés, chacun en ce qui le concerne, de l'exécution du présent arrêté, qui sera publié au Journal officiel de la République française.

Nota. - Les textes des accords susvisés ont été publiés au Bulletin officiel du ministère, fascicule conventions collectives n° 2003/11.

ARRETE du 14 octobre 2002

Le ministre des affaires sociales, du travail et de la solidarité et le ministre de l'agriculture, de l'alimentation, de la pêche et des affaires rurales,
Vu les articles L. 133-1 et suivants du code du travail ;
Vu les arrêtés des 12 février 1991 et 15 décembre 1992 portant extension de la convention collective nationale du 8 octobre 1990 des ouvriers employés par les entreprises du bâtiment visées par le décret du 1er mars 1962 (c'est-à-dire occupant jusqu'à dix salariés) et d'avenants la complétant ;
Vu l'arrêté du 8 février 1991 portant extension de la convention collective nationale du 8 octobre 1990 des ouvriers employés par les entreprises du bâtiment non visées par le décret du 1er mars 1962 (c'est-à-dire occupant plus de dix salariés) ;
Vu l'arrêté du 31 juillet 2001 portant extension d'accords régionaux (Limousin) conclus dans le cadre des conventions collectives nationales susvisées ;
Vu l'accord régional (Limousin) du 2 avril 2002 sur les indemnités de petits déplacements conclu dans le cadre des conventions collectives nationales susvisées ;
Vu la demande d'extension présentée par les organisations signataires ;
Vu les avis publiés au Journal officiel des 4 et 11 juin 2002 ;
Vu les avis recueillis au cours de l'enquête ;

Vu l'avis motivé de la Commission nationale de la négociation collective (sous-commission des conventions et accords), recueilli suivant la procédure prévue à l'article R. 133-2 du code du travail,

Le ministre des affaires sociales,
du travail et de la solidarité,
Pour le ministre et par délégation :
Par empêchement du directeur des relations du travail :
Le sous-directeur de la négociation collective,
P. Florentin
Le ministre de l'agriculture, de l'alimentation
de la pêche et des affaires rurales,
Pour le ministre et par délégation :
Par empêchement du directeur des exploitations,
de la politique sociale et de l'emploi :
Le sous-directeur,
P. Dedinger

Article 1, 2, 3
En vigueur

Article 1er

Sont rendues obligatoires, pour tous les employeurs et tous les salariés compris dans le champ d'application professionnel de la convention collective nationale du 8 octobre 1990 des ouvriers employés par les entreprises du bâtiment visées par le décret du 1er mars 1962 (c'est-à-dire occupant jusqu'à dix salariés), tel que complété par l'avenant n° 1 du 17 mars 1992, et dans celui de la convention collective nationale du 8 octobre 1990 des ouvriers employés par les entreprises du bâtiment non visées par le décret du 1er mars 1962 (c'est-à-dire occupant plus de dix salariés), tel qu'étendu par arrêté du 8 février 1991, et dans son propre champ d'application territorial, les dispositions de l'accord régional (Limousin) du 2 avril 2002 sur les indemnités de petits déplacements conclu dans le cadre des conventions collectives nationales susvisées.

Article 2

L'extension des effets et sanctions de l'accord susvisé est faite à dater de la publication du présent arrêté pour la durée restant à courir et aux conditions prévues par ledit accord.

Article 3

Le directeur des relations du travail au ministère des affaires sociales, du travail et de la solidarité et le directeur des exploitations, de la politique sociale et de l'emploi au ministère de l'agriculture, de l'alimentation, de la pêche et des affaires rurales sont chargés, chacun en ce qui le concerne, de l'exécution du présent arrêté, qui sera publié au Journal officiel de la République française.

Nota. - Le texte de l'accord susvisé a été publié au Bulletin officiel du ministère, fascicule conventions collectives n° 2002/19 du 8 juin 2002.

ARRETE du 14 octobre 2002

Le ministre des affaires sociales, du travail et de la solidarité et le ministre de l'agriculture, de l'alimentation, de la pêche et des affaires rurales,
Vu les articles L. 133-1 et suivants du code du travail ;
Vu les arrêtés des 12 février 1991 et 15 décembre 1992 portant extension de la convention collective nationale du 8 octobre 1990 des ouvriers employés par les entreprises du bâtiment visées par le décret du 1er mars 1962 (c'est-à-dire occupant jusqu'à dix salariés) et d'avenants la complétant ;
Vu l'arrêté du 8 février 1991 portant extension de la convention collective nationale du 8 octobre 1990 des ouvriers employés par les entreprises du bâtiment non visées par le décret du 1er mars 1962 (c'est-à-dire occupant plus de dix salariés) ;
Vu l'arrêté du 15 mai 2000 portant extension d'accords régionaux (Limousin) conclus dans le cadre des conventions collectives nationales susvisées ;
Vu l'accord régional (Limousin) du 2 avril 2002 (primes conventionnelles et d'outillage) conclu dans le cadre des conventions collectives nationales susvisées ;
Vu la demande d'extension présentée par les organisations signataires ;
Vu l'avis publié au Journal officiel du 6 juin 2002 ;
Vu les avis recueillis au cours de l'enquête ;
Vu l'avis motivé de la Commission nationale de la négociation collective (sous-commission des conventions et accords), recueilli suivant la procédure prévue à l'article R. 133-2 du code du travail,

Le ministre des affaires sociales,
du travail et de la solidarité,
Pour le ministre et par délégation :
Par empêchement du directeur des relations du travail :
Le sous-directeur de la négociation collective,
P. Florentin
Le ministre de l'agriculture, de l'alimentation,
de la pêche et des affaires rurales,

Pour le ministre et par délégation :
Par empêchement du directeur des exploitations, de la politique sociale et de l'emploi :
Le sous-directeur,
P. Dedinger

Article 1, 2, 3
En vigueur

Article 1er

Sont rendues obligatoires, pour tous les employeurs et tous les salariés compris dans le champ d'application professionnel de la convention collective nationale des ouvriers employés par les entreprises du bâtiment visées par le décret du 1er mars 1962 (c'est-à-dire occupant jusqu'à dix salariés) du 8 octobre 1990, tel que complété par l'avenant n° 1 du 17 mars 1992, et dans celui de la convention collective nationale des ouvriers employés par les entreprises du bâtiment non visées par le décret du 1er mars 1962 (c'est-à-dire occupant plus de dix salariés) du 8 octobre 1990, tel qu'étendu par arrêté du 8 février 1991, et dans son propre champ d'application territorial, les dispositions de l'accord régional (Limousin) du 2 avril 2002 (primes conventionnelles et d'outillage) conclu dans le cadre des conventions collectives nationales susvisées.

Article 2

L'extension des effets et sanctions de l'accord susvisé est faite à dater de la publication du présent arrêté pour la durée restant à courir et aux conditions prévues par ledit accord.

Article 3

Le directeur des relations du travail au ministère des affaires sociales, du travail et de la solidarité et le directeur des exploitations, de la politique sociale et de l'emploi au ministère de l'agriculture, de l'alimentation, de la pêche et des affaires rurales sont chargés, chacun en ce qui le concerne, de l'exécution du présent arrêté, qui sera publié au Journal officiel de la République française.

Nota. - Le texte de l'accord susvisé a été publié au Bulletin officiel du ministère, fascicule conventions collectives n° 2002/14 du 4 mai 2002.

ARRETE du 31 juillet 2003

Le ministre des affaires sociales, du travail et de la solidarité,
Vu les articles L. 133-1 et suivants du code du travail ;
Vu l'arrêté du 8 février 1991 portant extension de la convention collective nationale concernant les ouvriers employés par les entreprises du bâtiment non visées par le décret du 1er mars 1962 (c'est-à-dire occupant plus de dix salariés) du 8 octobre 1990 ;
Vu l'arrêté du 31 juillet 2001 portant extension d'un accord régional (Champagne-Ardenne) conclu dans le cadre de la convention collective susvisée ;
Vu l'arrêté du 21 octobre 2002 portant extension d'un accord national professionnel du 12 février 2002 concernant le personnel " ouvriers " des entreprises du bâtiment occupant jusqu'à dix et plus de dix salariés ;
Vu l'accord régional (Champagne-Ardenne) du 18 novembre 2002 relatif aux salaires conclu dans le cadre de la convention collective susvisée ;
Vu la demande d'extension présentée par les organisations syndicales signataires ;
Vu l'avis publié au Journal officiel du 20 décembre 2002 ;
Vu les avis recueillis au cours de l'enquête ;
Vu l'avis motivé de la Commission nationale de la négociation collective (sous-commission des conventions et accords), recueilli suivant la procédure prévue à l'article R. 133-2 du code du travail ;
Vu l'avis motivé de la Commission nationale de la négociation collective (sous-commission des conventions et accords), rendu en séance du 22 mai 2003 ;
Considérant que le texte n'est pas contraire aux dispositions législatives et réglementaires en vigueur, à l'exception de l'exclusion et des réserves formulées ci-après,

Pour le ministre et par délégation :
Le directeur des relations du travail,
J.-D. Combrexelle

Article 1, 2, 3
En vigueur

Article 1er

Sont rendues obligatoires, pour tous les employeurs et tous les salariés compris dans le champ d'application professionnel de la convention collective nationale des ouvriers employés par les entreprises du bâtiment non visées par le décret du 1er mars 1962 (c'est-à-dire occupant plus de dix salariés) du 8 octobre 1990 tel qu'étendu par arrêté du 8 février 1991 et dans son propre champ d'application territorial à l'exclusion des entreprises du bâtiment employant plus de dix salariés et qui ne sont pas immatriculées au répertoire des métiers dans les conditions définies par la loi n° 96-603 du 5 juillet 1996 et le décret n° 98-247 du 2 avril 1998, les dispositions de l'accord régional (Champagne-Ardenne) du 18 novembre 2002 relatif aux salaires conclu dans le cadre de la convention collective susvisée.

La grille relative au salaire minimal mensuel pour 151,67 heures (entreprises à 151,67 heures) de l'article 2 est étendue sous réserve de l'application des dispositions réglementaires portant fixation du salaire minimum interprofessionnel de croissance et de celle des dispositions de l'article 32 de la loi n° 2000-37 du 19 janvier 2000 modifiée instaurant une garantie de rémunération mensuelle.

La grille relative au salaire minimal mensuel pour 151,67 heures (entreprises à 169 heures) de l'article 2 est étendue sous réserve de l'application des dispositions réglementaires portant fixation du salaire minimum interprofessionnel de croissance et de celle des dispositions du 2 de l'article 2 de l'accord national du 12 février 2002 sur les barèmes de salaires minima des ouvriers du bâtiment.

Article 2

L'extension des effets et des sanctions de l'accord régional susvisé est faite à dater de la publication du présent arrêté pour la durée restant à courir et aux conditions prévues par ledit accord.

Article 3

Le directeur des relations du travail est chargé de l'exécution du présent arrêté, qui sera publié au Journal officiel de la République française.

Nota. - Le texte de l'accord susvisé a été publié au Bulletin officiel du ministère, fascicule conventions collectives n° 2002/50.

ARRETE du 21 août 2003

Le ministre des affaires sociales, du travail et de la solidarité té et le ministre de l'agriculture, de l'alimentation, de la pêche et des affaires rurales,
Vu les articles L. 133-1 et suivants du code du travail ;
Vu l'arrêté du 8 février 1991 portant extension de la convention collective nationale du 8 octobre 1990 des ouvriers employés par les entreprises du bâtiment non visées par le décret du 1er mars 1962 (c'est-à-dire occupant plus de dix salariés) ;
Vu les arrêtés des 12 février 1991 et 15 décembre 1992 portant extension de la convention collective nationale du 8 octobre 1990 des ouvriers employés par les entreprises du bâtiment visées par le décret du 1er mars 1962 (c'est-à-dire occupant jusqu'à dix salariés) et d'avenants la complétant ou la modifiant ;
Vu l'arrêté du 9 décembre 1993 et les arrêtés successifs, notamment l'arrêté du 6 novembre 2001, portant extension de la convention collective des ouvriers du bâtiment de la région parisienne du 28 juin 1993 conclue dans le cadre des conventions collectives nationales susvisées et d'avenants la modifiant ou la complétant, notamment le protocole d'accord départemental (Seine-et-Marne) du 31 mai 1995 annexé à cette convention ;
Vu l'accord départemental (Seine-et-Marne) du 16 décembre 2002 sur les salaires minimaux conclu dans le cadre du protocole d'accord départemental susvisé annexé à la convention collective régionale susvisée ;
Vu l'accord départemental (Seine-et-Marne) du 16 décembre 2002 sur les indemnités de petits déplacements conclu dans le cadre du protocole d'accord départemental susvisé annexé à la convention collective régionale susvisée ;
Vu la demande d'extension présentée par les organisations signataires ;
Vu les avis publiés au Journal officiel des 13 avril, 2 mai et 27 juin 2003 ;
Vu les avis recueillis au cours de l'enquête ;
Vu l'avis motivé de la Commission nationale de la négociation collective (sous-commission des conventions et accords), recueilli suivant la procédure prévue à l'article R. 133-2 du code du travail,

Le ministre des affaires sociales,
du travail et de la solidarité,
Pour le ministre et par délégation :
Le directeur des relations du travail,
J.-D. Combrexelle
Le ministre de l'agriculture, de l'alimentation,
de la pêche et des affaires rurales,
Pour le ministre et par délégation :
Par empêchement du directeur général
de la forêt et des affaires rurales :
L'ingénieure en chef du génie rural,
des eaux et des forêts,
V. Metrich-Hecquet

Article 1, 2, 3
En vigueur

Article 1er

Sont rendues obligatoires, pour tous les employeurs et tous les salariés compris dans le champ d'application professionnel de la convention collective des ouvriers du bâtiment de la région parisienne du 28 juin 1993, soit celui de la convention collective nationale du 8 octobre 1990 des ouvriers employés par les entreprises du bâtiment visées par le décret du 1er mars 1962 (c'est-à-dire occupant jusqu'à dix salariés), tel que complété par l'avenant n° 1 du 17 mars 1992, et celui de la convention collective nationale du 8 octobre 1990 des ouvriers employés par les entreprises du bâtiment non visées par le décret du 1er mars 1962 (c'est-à-dire occupant plus de dix salariés), tel qu'étendu par arrêté du 8 février 1991, et dans leur propre champ d'application territorial, les dispositions de :

- l'accord départemental (Seine-et-Marne) du 16 décembre 2002 sur les salaires minimaux conclu dans le cadre du protocole d'accord départemental susvisé annexé à la convention collective régionale susvisée, sous réserve, s'agissant des entreprises dont l'horaire collectif est fixé à 35 heures par semaine, du respect des dispositions de l'article 32 de la loi n° 2000-37 du 19 janvier 2000 modifiée instaurant une garantie mensuelle de rémunération ;

- l'accord départemental (Seine-et-Marne) du 16 décembre 2002 sur les indemnités de petits déplacements conclu dans le cadre du protocole d'accord départemental susvisé annexé à la convention collective régionale susvisée.

Article 2

L'extension des effets et sanctions des accords susvisés est faite à dater de la publication du présent arrêté pour la durée restant à courir et aux conditions prévues par lesdits accords.

Article 3

Le directeur des relations du travail au ministère des affaires sociales, du travail et de la solidarité et le directeur général de la forêt et des affaires rurales au ministère de l'agriculture, de l'alimentation, de la pêche et des affaires rurales sont chargés, chacun en ce qui le concerne, de l'exécution du présent arrêté, qui sera publié au Journal officiel de la République française.

Nota. - Les textes des accords susvisés ont été publiés au Bulletin officiel du ministère, fascicule conventions collectives n° 2003/13.

ARRETE du 10 octobre 2003

Le ministre des affaires sociales, du travail et de la solidarité et le ministre de l'agriculture, de l'alimentation, de la pêche et des affaires rurales,
Vu les articles L. 133-1 et suivants du code du travail ;
Vu les arrêtés des 12 février 1991 et 15 décembre 1992 portant extension de la convention collective nationale des ouvriers employés par les entreprises du bâtiment visées par le décret du 1er mars 1962 (c'est-à-dire occupant jusqu'à dix salariés) du 8 octobre 1990 et d'avenants la complétant ;
Vu l'arrêté du 8 février 1991 portant extension de la convention collective nationale des ouvriers employés par les entreprises du bâtiment non visées par le décret du 1er mars 1962 (c'est-à-dire occupant plus de dix salariés) du 8 octobre 1990 ;
Vu l'arrêté du 14 octobre 2002 portant extension d'un accord régional (Rhône-Alpes), conclu dans le cadre de la convention collective nationale du 8 octobre 1990 concernant les ouvriers employés par les entreprises du bâtiment visées par le décret du 1er mars 1962 (c'est-à-dire occupant jusqu'à dix salariés) ;
Vu l'arrêté du 28 mars 2003 portant extension d'un accord régional (Rhône-Alpes), conclu dans le cadre de la convention collective nationale du 8 octobre 1990 concernant les ouvriers employés par les entreprises du bâtiment non visées par le décret du 1er mars 1962 (c'est-à-dire occupant plus de dix salariés) ;
Vu l'accord départemental (Rhône) du 21 février 2003 relatif aux indemnités de petits déplacements (2 barèmes annexés) conclu dans le cadre de la convention collective nationale du 8 octobre 1990 concernant les ouvriers employés par les entreprises du bâtiment visées par le décret du 1er mars 1962 (c'est-à-dire occupant jusqu'à dix salariés) ;
Vu l'accord départemental (Rhône) du 21 février 2003 relatif aux indemnités de petits déplacements (2 barèmes annexés) conclu dans le cadre de la convention collective nationale du 8 octobre 1990 concernant les ouvriers employés par les entreprises du bâtiment non visées par le décret du 1er mars 1962 (c'est-à-dire occupant plus de dix salariés) ;
Vu la demande d'extension présentée par les organisations signataires ;
Vu les avis publiés au Journal officiel des 15 mai et 19 août 2003 ;
Vu les avis recueillis au cours de l'enquête ;
Vu l'avis motivé de la Commission nationale de la négociation collective (sous-commission des conventions et accords), recueilli suivant la procédure prévue à l'article R. 133-2 du code du travail,

Le ministre des affaires sociales,
du travail et de la solidarité,
Pour le ministre et par délégation :
Par empêchement du directeur des relations du travail :
Le sous-directeur de la négociation collective,
P. Florentin
Le ministre de l'agriculture, de l'alimentation,
de la pêche et des affaires rurales,
Pour le ministre et par délégation :
Par empêchement du directeur général
de la forêt et des affaires rurales :
L'administrateur civil hors classe,
P. Dedinger

Article 1, 2, 3
En vigueur

Article 1er

Sont rendues obligatoires, pour tous les employeurs et tous les salariés compris dans le champ d'application professionnel de la convention collective nationale des ouvriers employés par les entreprise du bâtiment visées par le décret du 1er mars 1962 (c'est-à-dire jusqu'à dix salariés) du 8 octobre 1990, tel que complété par l'avenant n° 1 du 17 mars 1992, et dans celui de la convention collective nationale des ouvriers employés par les entreprises du bâtiment non visées par le décret du 1er mars 1962 (c'est-à-dire occupant plus de dix salariés) du 8 octobre 1990, tel qu'étendu par l'arrêté du 8 février 1991, et dans leur propre champ d'application territorial, les dispositions de :

- l'accord départemental (Rhône) du 21 février 2003 relatif aux indemnités de petits déplacements (2 barèmes annexés) conclu dans le cadre de la convention collective nationale du 8 octobre 1990 concernant les ouvriers employés par les entreprises du bâtiment visées par le décret du 1er mars 1962 (c'est-à-dire occupant jusqu'à dix salariés) ;

- l'accord départemental (Rhône) du 21 février 2003 relatif aux indemnités de petits déplacements (2 barèmes annexés) conclu dans le cadre de la convention collective nationale du 8 octobre 1990 concernant les ouvriers employés par les entreprises du bâtiment non visées par le décret du 1er mars 1962 (c'est-à-dire occupant plus de dix salariés).

Article 2

L'extension des effets et sanctions des accords susvisés est faite à dater de la publication du présent arrêté pour la durée restant à courir et aux conditions prévues par lesdits accords.

Article 3

Le directeur des relations du travail au ministère des affaires sociales, du travail et de la solidarité et le directeur général de la forêt et des affaires rurales au ministère de l'agriculture, de l'alimentation, de la pêche et des affaires rurales sont chargés, chacun en ce qui le concerne, de l'exécution du présent arrêté, qui sera publié au Journal officiel de la République française.

Nota. - Les textes des accords susvisés ont été publiés au Bulleti officiel du ministère, fascicule conventions collectives n° 2003/14.

ARRETE du 14 octobre 2003

Le ministre des affaires sociales, du travail et de la solidarité et le ministre de l'agriculture, de l'alimentation, de la pêche et des affaires rurales,
Vu les articles L. 133-1 et suivants du code du travail ;
Vu les arrêtés des 12 février 1991 et 15 décembre 1992 portant extension de la convention collective nationale des ouvriers employés par les entreprises du bâtiment visées par le décret du 1er mars 1962 (c'est-à-dire occupant jusqu'à dix salariés) du 8 octobre 1990 et d'avenants la complétant ;
Vu l'arrêté du 8 février 1991 portant extension de la convention collective nationale des ouvriers employés par les entreprises du bâtiment non visées par le décret du 1er mars 1962 (c'est-à-dire occupant plus de dix salariés) du 8 octobre 1990 ;
Vu l'arrêté du 14 octobre 2002 portant extension d'accords régionaux (Bretagne), conclus dans le cadre de la convention collective nationale du 8 octobre 1990 concernant les ouvriers employés par les entreprises du bâtiment visées par le décret du 1er mars 1962 (c'est-à-dire occupant jusqu'à dix salariés) ;
Vu l'arrêté du 14 octobre 2002 portant extension d'accords régionaux (Bretagne), conclus dans le cadre de la convention collective nationale du 8 octobre 1990 concernant les ouvriers employés par les entreprises du bâtiment non visées par le décret du 1er mars 1962 (c'est-à-dire occupant plus de dix salariés) ;
Vu l'accord régional (Bretagne), du 19 mars 2003 (salaires), conclu dans le cadre de la convention collective nationale du 8 octobre 1990 concernant les ouvriers employés par les entreprises du bâtiment visées par le décret du 1er mars 1962 (c'est-à-dire occupant jusqu'à dix salariés) ;
Vu l'accord régional (Bretagne), du 19 mars 2003 (indemnités de petits déplacements), conclu dans le cadre de la convention collective nationale du 8 octobre 1990 concernant les ouvriers employés par les entreprises du bâtiment visées par le décret du 1er mars 1962 (c'est-à-dire occupant jusqu'à dix salariés) ;
Vu l'accord régional (Bretagne), du 19 mars 2003 (salaires), conclu dans le cadre de la convention collective nationale du 8 octobre 1990 concernant les ouvriers employés par les entreprises du bâtiment non visées par le décret du 1er mars 1962 (c'est-à-dire occupant plus de dix salariés) ;
Vu l'accord régional (Bretagne), du 19 mars 2003 (indemnités de petits déplacements), conclu dans le cadre de la convention collective nationale du 8 octobre 1990 concernant les ouvriers employés par les entreprises du bâtiment non visées par le décret du 1er mars 1962 (c'est-à-dire occupant plus de dix salariés) ;
Vu la demande d'extension présentée par les organisations signataires ;
Vu les avis publiés au Journal officiel des 14 mai et 19 août 2003 ;
Vu les avis recueillis au cours de l'enquête ;
Vu l'avis motivé de la Commission nationale de la négociation collective (sous-commission des conventions et accords) recueilli suivant la procédure prévue à l'article R. 133-2 du code du travail,

Le ministre des affaires sociales,
du travail et de la solidarité,
Pour le ministre et par délégation :
Par empêchement du directeur des relations du travail :
Le sous-directeur de la négociation collective,
P. Florentin
Le ministre de l'agriculture, de l'alimentation,
de la pêche et des affaires rurales :
Pour le ministre et par délégation :
Par empêchement du directeur général
de la forêt et des affaires rurales :
L'administrateur civil hors classe,
P. Dedinger

Article 1, 2, 3
En vigueur

Article 1er

Sont rendues obligatoires, pour tous les employeurs et tous les salariés compris dans le champ d'application professionnel de la convention collective nationale des ouvriers employés par les entreprises du bâtiment visées par le décret du 1er mars 1962 (c'est-à-dire occupant jusqu'à dix salariés) du 8 octobre 1990, tel que complété par l'avenant n° 1 du 17 mars 1992, et dans celui de la convention collective nationale des ouvriers employés par les entreprises du bâtiment non visées par le décret du 1er mars 1962 (c'est-à-dire occupant plus de dix salariés) du 8 octobre 1990, tel qu'étendu par arrêté du 8 février 1991, et dans leur propre champ d'application territorial, les dispositions de l'accord régional (Bretagne), du 19 mars 2003 (salaires), conclu dans le cadre de la convention collective nationale du 8 octobre 1990 concernant les ouvriers employés par les entreprises du bâtiment visées par le décret du 1er mars 1962 (c'est-à-dire occupant jusqu'à dix salariés).

L'article I est étendu sous réserve des dispositions de l'article 32 de la loi n° 2000-37 du 19 janvier 2000 modifiée instaurant une garantie mensuelle de rémunération et des dispositions réglementaires portant fixation du salaire minimum de croissance.

Le 2e point de l'article III est étendu sous réserve des dispositions réglementaires portant fixation du salaire minimum de croissance.

L'accord régional (Bretagne), du 19 mars 2003 (indemnités de petits déplacements), conclu dans le cadre de la convention collective nationale du 8 octobre 1990 concernant les ouvriers employés par les entreprises du bâtiment visées par le décret du 1er mars 1962 (c'est-à-dire occupant jusqu'à dix salariés).

L'accord régional (Bretagne), du 19 mars 2003 (salaires), conclu dans le cadre de la convention collective nationale du 8 octobre 1990 concernant les ouvriers employés par les entreprises du bâtiment non visées par le décret du 1er mars 1962 (c'est-à-dire occupant plus de dix salariés).

L'article 1er est étendu sous réserve des dispositions de l'article 32 de la loi n° 2000-37 du 19 janvier 2000 modifiée instaurant une garantie mensuelle de rémunération et des dispositions réglementaires portant fixation du salaire minimum de croissance.

Le 2e point de l'article III est étendu sous réserve des dispositions réglementaires portant fixation du salaire minimum de croissance.

L'accord régional (Bretagne), du 19 mars 2003 (indemnités de petits déplacements), conclu dans le cadre de la convention collective nationale du 8 octobre 1990 concernant les ouvriers employés par les entreprises du bâtiment non visées par le décret du 1er mars 1962 (c'est-à-dire occupant plus de dix salariés).

Article 2

L'extension des effets et sanctions des accords susvisés est faite à dater de la publication du présent arrêté pour la durée restant à courir et aux conditions prévues par lesdits accords.

Article 3

Le directeur des relations du travail au ministère des affaires sociales, du travail et de la solidarité et le directeur général de la forêt et des affaires rurales au ministère de l'agriculture, de l'alimentation, de la pêche et des affaires rurales sont chargés, chacun en ce qui le concerne, de l'exécution du présent arrêté, qui sera publié au Journal officiel de la République française.

Nota. - Les textes des accords susvisés ont été publiés au Bulletin officiel du ministère, fascicules conventions collectives n° 2003/17 (accords applicables aux entreprises occupant jusqu'à dix salariés) et n° 2003/21 (accords applicables aux entreprises occupant plus de dix salariés disponibles à la Direction des Journaux officiels, 26, rue Desaix, 75727 Paris Cedex 15, au prix unitaire de 7,23 Euros.

ARRETE du 24 octobre 2003

Le ministre des affaires sociales, du travail et de la solidarité et le ministre de l'agriculture, de l'alimentation, de la pêche et des affaires rurales,
Vu les articles L. 133-1 et suivants du code du travail ;
Vu les arrêtés des 12 février 1991 et 15 décembre 1992 portant extension de la convention collective nationale du 8 octobre 1990 concernant les ouvriers employés par les entreprises du bâtiment visées par le décret du 1er mars 1962 (c'est-à-dire occupant jusqu'à dix salariés) et d'avenants la complétant ;
Vu l'arrêté du 10 avril 2003 portant extension d'un accord régional (Poitou-Charentes) conclu dans le cadre de la convention collective nationale susvisée ;
Vu l'accord régional (Poitou-Charentes) du 9 juillet 2003 portant sur les salaires minima (deux barèmes annexés) conclu dans le cadre de la convention collective nationale susvisée ;
Vu l'accord régional (Poitou-Charentes) du 9 juillet 2003 portant sur les indemnités de petits déplacements conclu dans le cadre de la convention collective nationale susvisée ;
Vu la demande d'extension présentée par les organisations signataires ;
Vu les avis publiés au Journal officiel des 2 et 16 septembre 2003 ;
Vu les avis recueillis au cours de l'enquête ;
Vu l'avis motivé de la Commission nationale de la négociation collective (sous-commission des conventions et accords), recueilli selon la procédure prévue à l'article R. 133-2 du code du travail,

Le ministre des affaires sociales,
du travail et de la solidarité,
Pour le ministre et par délégation :
Par empêchement du directeur des relations du travail :
Le sous-directeur de la négociation collective,
P. Florentin
Le ministre de l'agriculture, de l'alimentation,
de la pêche et des affaires rurales,
Pour le ministre et par délégation :
Par empêchement du directeur général de la forêt
et des affaires rurales :
L'administrateur civil hors classe,
P. Dedinger

Article 1, 2, 3
En vigueur

Article 1er

Sont rendues obligatoires, pour tous les employeurs et tous les salariés compris dans le champ d'application professionnel de la convention collective nationale du 8 octobre 1990 concernant les ouvriers employés par les entreprises du bâtiment visées par le décret du 1er mars 1962 (c'est-à-dire occupant jusqu'à dix salariés), tel que complété par l'avenant n° 1 du 17 mars 1992, et dans son propre champ d'application territorial, les dispositions de :

- l'accord régional (Poitou-Charentes) du 9 juillet 2003 portant sur les salaires minima (deux barèmes annexés) conclu dans le cadre de la convention collective nationale susvisée ;

L'article 2 et l'annexe I sont étendus sous réserve de l'application des dispositions de l'article 32 de la loi n° 2000-37 du 19 janvier 2000 modifiée instaurant une garantie de rémunération mensuelle.

L'article 3 et l'annexe II sont étendus sous réserve de l'application des dispositions réglementaires portant fixation du salaire minimum interprofessionnel de croissance ;

- l'accord régional (Poitou-Charentes) du 9 juillet 2003 portant sur les indemnités de petits déplacements conclu dans le cadre de la convention collective nationale susvisée.

Article 2

L'extension des effets et sanctions des accords susvisés est faite à dater de la publication du présent arrêté pour la durée restant à courir et aux conditions prévues par lesdits accords.

Article 3

Le directeur des relations du travail au ministère des affaires sociales, du travail et de la solidarité et le directeur général de la forêt et des affaires rurales au ministère de l'agriculture, de l'alimentation, de la pêche et des affaires rurales sont chargés, chacun en ce qui le concerne, de l'exécution du présent arrêté, qui sera publié au Journal officiel de la République française.

Nota. - Les textes des accords susvisés ont été publiés au Bulletin officiel du ministère, fascicule conventions collectives n° 2003/35.

ARRETE du 24 octobre 2003

Le ministre des affaires sociales, du travail et de la solidarité et le ministre de l'agriculture, de l'alimentation, de la pêche et des affaires rurales,
Vu les articles L. 133-1 et suivants du code du travail ;
Vu les arrêtés des 12 février 1991 et 15 décembre 1992 portant extension de la convention collective nationale du 8 octobre 1990 des ouvriers employés par les entreprises du bâtiment non visées par le décret du 1er mars 1962 (c'est-à-dire occupant jusqu'à dix salariés) et des avenants la complétant ou la modifiant ;
Vu l'arrêté du 11 avril 2003 portant extension d'un accord régional (Aquitaine) conclu dans le cadre de la convention collective susvisée ;
Vu l'accord régional (Aquitaine) du 25 juin 2003 relatif aux salaires minimaux (2 barèmes annexés) conclu dans le cadre de la convention collective susvisée ;
Vu l'accord régional (Aquitaine) du 25 juin 2003 relatif aux indemnités de petits déplacements conclu dans le cadre de la convention collective susvisée ;
Vu l'accord régional (Aquitaine) du 25 juin 2003 relatif aux primes pour travaux occasionnels conclu dans le cadre de la convention collective susvisée ;
Vu la demande d'extension présentée par les organisations signataires ;
Vu les avis publiés au Journal officiel des 15 août et 16 septembre 2003 ;
Vu les avis recueillis au cours de l'enquête ;
Vu l'avis motivé de la Commission nationale de la négociation collective (sous-commission des conventions et accords), recueilli suivant la procédure prévue à l'article R. 133-2 du code du travail,

Le ministre des affaires sociales,
du travail et de la solidarité,
Pour le ministre et par délégation :
Par empêchement du directeur des relations du travail :
Le sous-directeur de la négociation collective,
P. Florentin
Le ministre de l'agriculture, de l'alimentation,
de la pêche et des affaires rurales,
Pour le ministre et par délégation :
Par empêchement du directeur général de la forêt
et des affaires rurales :
L'administrateur civil hors classe,
P. Dedinger
9AA Article 1er
Sont rendues obligatoires, pour tous les employeurs et tous les salariés compris dans le champ d'application professionnel de la convention collective nationale du 8 octobre 1990 des ouvriers employés par les entreprises du bâtiment visées par le décret du 1er mars 1962 (c'est-à-dire occupant jusqu'à dix salariés), tel que complété par l'avenant n° 1 du 17 mars 1992, et dans son propre champ d'application territorial, les dispositions de :
- l'accord régional (Aquitaine) du 25 juin 2003 relatif aux salaires minimaux (2 barèmes annexés) conclu dans le cadre de la convention collective susvisée ;
L'article 3 et l'annexe 2 dudit accord sont étendus sous réserve de l'application des dispositions du point 2 de l'article 2 de l'accord national du 12 février 2002 sur les barèmes minimaux, étendu par l'arrêté du 21 octobre 2002 publié au Journal officiel du 30 octobre 2002 ;
- l'accord régional (Aquitaine), du 25 juin 2003 relatif aux indemnités de petits déplacements conclu dans le cadre de la convention collective susvisée ;
- l'accord régional (Aquitaine) du 25 juin 2003 relatif aux primes pour travaux occasionnels conclu dans le cadre de la convention collective susvisée.
Article 2
L'extension des effets et sanctions des accords susvisés est faite à dater de la publication du présent arrêté pour la durée restant à courir et aux conditions prévues par lesdits accords.
Article 3
Le directeur des relations du travail au ministère des affaires sociales, du travail et de la solidarité et le directeur général de la forêt et des affaires rurales au ministère de l'agriculture, de l'alimentation, de la pêche et des affaires rurales sont chargés, chacun en ce qui le concerne, de l'exécution du présent arrêté, qui sera publié au Journal officiel de la République française.
Nota. - Les textes des accords susvisés ont été publiés au Bulletin officiel du ministère, fascicule conventions collectives n° 2003/29, disponible à la Direction des Journaux officiels, 26, rue Desaix, 75727 Paris Cedex 15, au prix de 7,23 Euros.

Article 1, 2, 3
En vigueur

ARRETE du 24 octobre 2003

Le ministre des affaires sociales, du travail et de la solidarité et le ministre de l'agriculture, de l'alimentation, de la pêche et des affaires rurales,
Vu les articles L. 133-1 et suivants du code du travail ;
Vu l'arrêté du 8 février 1991 portant extension de la convention collective nationale du 8 octobre 1990 concernant les ouvriers employés par les entreprises du bâtiment non visées par le décret du 1er mars 1962 (c'est-à-dire occupant plus de dix salariés) ;
Vu les arrêtés du 12 février 1991 et 15 décembre 1992 portant extension de la convention collective nationale du 8 octobre 1990 des ouvriers employés par les entreprises visées par le décret du 1er mars 1962 (c'est-à-dire occupant jusqu'à dix salariés) et d'avenants la complétant ;
Vu l'arrêté du 13 janvier 2003 portant extension d'accords régionaux (Picardie) conclus dans le cadre des conventions collectives nationales susvisées ;
Vu l'accord régional (Picardie) du 14 mai 2003 portant sur les indemnités de petits déplacements conclu dans le cadre des conventions collectives nationales susvisées ;
Vu la demande d'extension présentée par les organisations signataires ;
Vu les avis publiés au Journal officiel des 9 juillet et 2 août 2003 ;
Vu les avis recueillis au cours de l'enquête ;
Vu l'avis motivé de la Commission nationale de la négociation collective (sous-commission des conventions et accords), recueilli suivant la procédure prévue à l'article R. 133-2 du code du travail,

Le ministre des affaires sociales,
du travail et de la solidarité,
Pour le ministre et par délégation :
Par empêchement du directeur des relations du travail :
Le sous-directeur de la négociation collective,
P. Florentin
Le ministre de l'agriculture, de l'alimentation,
de la pêche et des affaires rurales,
Pour le ministre et par délégation :
Par empêchement du directeur général de la forêt
et des affaires rurales :

L'administrateur civil hors classe,
P. Dedinger

Article 1, 2, 3
En vigueur

Article 1er

Sont rendues obligatoires, pour tous les employeurs et tous les salariés compris dans le champ d'application professionnel de la convention collective nationale du 8 octobre 1990 des ouvriers employés par les entreprises du bâtiment visées par le décret du 1er mars 1962 (c'est-à-dire occupant jusqu'à dix salariés), tel que complété par l'avenant n° 1 du 17 mars 1992, et dans celui de la convention collective nationale du 8 octobre 1990 des ouvriers employés par les entreprises non visées par le décret du 1er mars 1962 (c'est-à-dire occupant plus de dix salariés), tel qu'étendu par l'arrêté du 8 février 1991, et dans leur propre champ d'application territorial, les dispositions de l'accord régional (Picardie) du 14 mai 2003 portant sur les indemnités de petits déplacements conclu dans le cadre des conventions collectives nationales susvisées.

Article 2

L'extension des effets et sanctions de l'accord susvisé est faite à dater de la publication du présent arrêté pour la durée restant à courir et aux conditions prévues par ledit accord.

Article 3

Le directeur des relations du travail au ministère des affaires sociales, du travail et de la solidarité et le directeur général de la forêt et des affaires rurales au ministère de l'agriculture, de l'alimentation, de la pêche et des affaires rurales sont chargés, chacun en ce qui le concerne, de l'exécution du présent arrêté, qui sera publié au Journal officiel de la République française.

Nota. - Le texte de l'accord susvisé a été publié au Bulletin officiel du ministère, fascicule conventions collectives n° 2003/28.

ARRETE du 19 novembre 2003

Le ministre des affaires sociales, du travail et de la solidarité et le ministre de l'agriculture, de l'alimentation, de la pêche et des affaires rurales,
Vu les articles L. 133-1 et suivants du code du travail ;
Vu les arrêtés des 12 février 1991 et 15 décembre 1992 portant extension de la convention collective nationale du 8 octobre 1990 des ouvriers employés par les entreprises du bâtiment visées par le décret du 1er mars 1962 (c'est-à-dire occupant jusqu'à 10 salariés) et d'avenants la complétant ;
Vu l'arrêté du 8 février 1991 portant extension de la convention collective nationale du 8 octobre 1990 des ouvriers employés par les entreprises du bâtiment non visées par le décret du 1er mars 1962 (c'est-à-dire occupant plus de 10 salariés) ;
Vu l'arrêté du 5 juillet 1991 et les arrêtés successifs, notamment l'arrêté du 23 mai 2003, portant extension d'un accord régional (Lorraine) conclu dans le cadre des conventions collectives nationales ;
Vu l'accord régional (Lorraine) du 9 avril 2003 portant sur les salaires conclu dans le cadre des conventions collectives nationales susvisées ;
Vu la demande d'extension présentée par les organisations signataires ;
Vu les avis publiés au Journal officiel des 29 juillet et 19 août 2003 ;
Vu les avis recueillis au cours de l'enquête ;
Vu l'avis motivé de la Commission nationale de la négociation collective (sous-commission des conventions et accords) recueilli suivant la procédure prévue à l'article R. 133-2 du code du travail,

Le ministre des affaires sociales,
du travail et de la solidarité,
Pour le ministre et par délégation :
Le directeur des relations du travail,
J.-D. Combrexelle
Le ministre de l'agriculture, de l'alimentation,
de la pêche et des affaires rurales,
Pour le ministre et par délégation :
Par empêchement du directeur général
de la forêt et des affaires rurales :
L'administrateur civil hors classe,
P. Dedinger

Article 1, 2, 3
En vigueur

Article 1er

Sont rendues obligatoires, pour tous les employeurs et tous les salariés compris dans le champ d'application professionnel de la convention collective nationale du 8 octobre 1990 des ouvriers employés par les entreprises du bâtiment visées par le décret du 1er mars 1962 (c'est-à-dire occupant jusqu'à 10 salariés), tel que complété par l'avenant n° 1 du 17 mars 1992, et dans celui de la convention collective nationale du 8 octobre

1990 des ouvriers employés par les entreprises du bâtiment non visées par le décret du 1er mars 1962 (c'est-à-dire occupant plus de 10 salariés), tel qu'étendu par l'arrêté du 8 février 1991, et dans son propre champ d'application territorial, les dispositions de l'accord régional (Lorraine) du 9 avril 2003 portant sur les salaires, conclu dans le cadre des conventions collectives nationales susvisées, sous réserve :

- s'agissant des entreprises dont l'horaire collectif est fixé à 35 heures par semaine, d'une part, des dispositions de l'article 32 de la loi n° 2000-37 du 19 janvier 2000 modifiée instaurant une garantie mensuelle de rémunération et, d'autre part, des dispositions réglementaires portant fixation du salaire minimum de croissance ;

- s'agissant des entreprises dont l'horaire collectif est supérieur à 35 heures par semaine, des dispositions réglementaires portant fixation du salaire minimum de croissance.

Article 2

L'extension des effets et sanctions de l'accord susvisé est faite à dater de la publication du présent arrêté pour la durée restant à courir et aux conditions prévues par ledit accord.

Article 3

Le directeur des relations du travail au ministère des affaires sociales, du travail et de la solidarité et le directeur général de la forêt et des affaires rurales au ministère de l'agriculture, de l'alimentation, de la pêche et des affaires rurales sont chargés, chacun en ce qui le concerne, de l'exécution du présent arrêté, qui sera publié au Journal officiel de la République française.

Nota. - Le texte de l'accord susvisé a été publié au Bulletin officiel du ministère, fascicule conventions collectives n° 2003/16.

ARRETE du 24 novembre 2003

Le ministre des affaires sociales, du travail et de la solidari- té et le ministre de l'agriculture, de l'alimentation, de la pêche et des affaires rurales,
Vu les articles L. 133-1 et suivants du code du travail ;
Vu l'arrêté du 8 février 1991 portant extension de la convention collective nationale concernant les ouvriers employés par les entreprises du bâtiment non visées par le décret du 1er mars 1962 (c'est-à-dire occupant plus de dix salariés) du 8 octobre 1990 ;
Vu les arrêtés du 12 février 1991 et du 15 décembre 1992 portant extension de la convention collective nationale des ouvriers employés dans les entreprises du bâtiment visées par le décret du 1er mars 1962 (c'est-à-dire occupant jusqu'à dix salariés) du 8 octobre 1990 et d'avenants la modifiant ou la complétant ;
Vu l'arrêté du 14 octobre 2002 portant extension d'un accord départemental (Ain) du 27 février 2003 conclu dans le cadre des conventions collectives nationales susvisées ;
Vu l'accord départemental (Ain) du 27 février 2003 relatif aux indemnités de déplacement (1 annexe) conclu dans le cadre des conventions collectives nationales susvisées ;
Vu la demande d'extension présentée par les organisations signataires ;
Vu les avis publiés au Journal officiel du 24 juillet 2003 et du 4 novembre 2003 ;
Vu les avis recueillis au cours de l'enquête ;
Vu l'avis motivé de la Commission nationale de la négociation collective (sous-commission des conventions et accords), recueilli suivant la procédure prévue à l'article R. 133-2 du code du travail,

Pour le ministre et par délégation :
Par empêchement du directeur des relations du travail :
Le sous-directeur de la négociation collective,
P. Florentin
Le ministre de l'agriculture, de l'alimentation,
de la pêche et des affaires rurales :
Pour le ministre et par délégation :
Par empêchement du directeur général
de la forêt et des affaires rurales :
L'administrateur civil,
P. Dedinger

Article 1, 2, 3
En vigueur non étendu

Article 1er

Sont rendues obligatoires, pour tous les employeurs et tous les salariés compris dans le champ d'application professionnel de la convention collective nationale des ouvriers employés par les entreprises du bâtiment non visées par le décret du 1er mars 1962 (c'est-à-dire occupant plus de dix salariés) du 8 octobre 1990, tel qu'étendu par arrêté du 8 février 1991, et de la convention collective nationale des ouvriers employés par les entreprises du bâtiment visées par le décret du 1er mars 1962 (c'est-à-dire occupant jusqu'à dix salariés) du 8 octobre 1990, tel que complété par l'avenant n° 1 du 17 mars 1992, et dans son propre champ d'application territorial, les dispositions de l'accord départemental (Ain) du 27 février 2003 relatif aux indemnités de déplacement (1 annexe) conclu dans le cadre des conventions collectives nationales susvisées.

Article 2

L'extension des effets et sanctions de l'accord susvisé est faite à dater de la publication du présent arrêté pour la durée restant à courir et aux conditions prévues par ledit accord.

Article 3

Le directeur des relations du travail au ministère des affaires sociales, du travail et de la solidarité et le directeur général de la forêt et des affaires rurales au ministère de l'agriculture, de l'alimentation, de la pêche et des affaires rurales sont chargés, chacun en ce qui le concerne, de l'exécution du présent arrêté, qui sera publié au Journal officiel de la République française.
Le ministre des affaires sociales,
du travail et de la solidarité :

Nota. - Le texte de l'accord susvisé a été publié au Bulletin officiel du ministère, fascicule conventions collectives n° 2003/28.

ARRETE du 18 décembre 2003

Le ministre des affaires sociales, du travail et de la solidarité et le ministre de l'agriculture, de l'alimentation, de la pêche et des affaires rurales,
Vu les articles L. 133-1 et suivants du code du travail ;
Vu les arrêtés des 12 février 1991 et 15 décembre 1992 portant extension de la convention collective nationale du 8 octobre 1990 concernant les ouvriers employés par les entreprises du bâtiment visées par le décret du 1er mars 1962 (c'est-à-dire occupant jusqu'à dix salariés) et d'avenants la complétant ;
Vu l'arrêté du 25 novembre 2002 portant extension d'un accord régional (Midi-Pyrénées) conclu dans le cadre de la convention collective nationale susvisée ;
Vu l'accord régional (Midi-Pyrénées) du 19 mai 2003 relatif aux salaires conclu dans le cadre de la convention collective nationale susvisée ;
Vu la demande d'extension présentée par les organisations signataires ;
Vu les avis publiés au Journal officiel du 10 octobre 2003 et du 4 novembre 2003 ;
Vu les avis recueillis au cours de l'enquête ;
Vu l'avis motivé de la Commission nationale de la négociation collective (sous-commission des conventions et accords), recueilli suivant la procédure prévue à l'article R. 133-2 du code du travail,

Le ministre des affaires sociales,
du travail et de la solidarité,
Pour le ministre et par délégation :
Par empêchement du directeur des relations du travail :
Le sous-directeur de la négociation collective,
P. Florentin
Le ministre de l'agriculture, de l'alimentation,
de la pêche et des affaires rurales,
Pour le ministre et par délégation :
Par empêchement du directeur général
de la forêt et des affaires rurales :
Le sous-directeur,
P. Dedinger

Article 1, 2, 3
En vigueur non étendu

Article 1er

Sont rendues obligatoires, pour tous les employeurs et tous les salariés compris dans le champ d'application professionnel de la convention collective nationale du 8 octobre 1990 concernant les ouvriers employés par les entreprises du bâtiment visées par le décret du 1er mars 1962 (c'est-à-dire occupant jusqu'à dix salariés), tel que modifié par l'avenant n° 1 du 17 mars 1992 et dans son propre champ d'application, les dispositions de l'accord régional (Midi-Pyrénées) du 19 mai 2003 relatif aux salaires conclu dans le cadre de la convention collective nationale susvisée.

Le barème I de l'article 2 relatif aux entreprises dont l'horaire de travail est de 35 heures (35 heures hebdomadaires ou 35 heures en moyenne sur l'année) est étendu sous réserve de l'application des dispositions de l'article 32 de la loi n° 2000-37 du 19 janvier 2000 modifiée instaurant une garantie de rémunération mensuelle.

Le barème II de l'article 2 relatif aux entreprises ayant maintenu un horaire hebdomadaire supérieur à 35 heures est étendu sous réserve de l'application, d'une part, des dispositions réglementaires portant fixation du salaire minimum interprofessionnel de croissance et, d'autre part, des dispositions du troisième tiret du deuxième paragraphe du 2 de l'article 2 de l'accord national du 12 février 2002 sur les barèmes minimaux dans les entreprises du bâtiment.

Article 2

L'extension des effets et sanctions de l'accord susvisé est faite à dater de la publication du présent arrêté pour la durée restant à courir et aux conditions prévues par ledit accord.

Article 3

Le directeur des relations du travail au ministère des affaires sociales, du travail et de la solidarité et le directeur général de la forêt et des affaires rurales au ministère de l'agriculture, de l'alimentation, de la pêche et des affaires rurales sont chargés, chacun en ce qui le concerne, de l'exécution du présent arrêté, qui sera publié au Journal officiel de la République française.

Nota. - Le texte de l'accord susvisé a été publié au Bulletin officiel du ministère, fascicule conventions collectives n° 2003/40.

ARRETE du 18 décembre 2003

Le ministre des affaires sociales, du travail et de la solidarité et le ministre de l'agriculture, de l'alimentation, de la pêche et des affaires rurales,
Vu les articles L. 133-1 et suivants du code du travail ;
Vu les arrêtés des 12 février 1991 et 15 décembre 1992 portant extension de la convention collective nationale du 8 octobre 1990 concernant les ouvriers employés par les entreprises du bâtiment visées par le décret du 1er mars 1962 (c'est-à-dire occupant jusqu'à dix salariés) et d'avenants la complétant ;
Vu l'arrêté du 25 novembre 2002 portant extension d'un accord régional (Midi-Pyrénées) conclu dans le cadre de la convention collective nationale susvisée ;
Vu l'accord régional (Midi-Pyrénées) du 19 mai 2003 relatif aux indemnités de petits déplacements conclu dans le cadre de la convention collective nationale susvisée ;
Vu la demande d'extension présentée par les organisations signataires ;
Vu les avis publiés au Journal officiel des 10 octobre et 4 novembre 2003 ;
Vu les avis recueillis au cours de l'enquête ;
Vu l'avis motivé de la Commission nationale de la négociation collective (sous-commission des conventions et accords), recueilli suivant la procédure prévue à l'article R. 133-2 du code du travail,

Pour le ministre et par délégation :
Par empêchement du directeur des relations du travail :
Le sous-directeur de la négociation collective,
P. Florentin
Le ministre de l'agriculture, de l'alimentation,
de la pêche et des affaires rurales,
Pour le ministre et par délégation :
Par empêchement du directeur général
de la forêt et des affaires rurales :
Le sous-directeur,
P. Dedinger

Article 1, 2, 3
En vigueur

Article 1er

Sont rendues obligatoires, pour tous les employeurs et tous les salariés compris dans le champ d'application professionnel de la convention collective nationale du 8 octobre 1990 concernant les ouvriers employés par les entreprises du bâtiment visées par le décret du 1er mars 1962 (c'est-à-dire occupant jusqu'à dix salariés), tel que modifié par l'avenant n° 1 du 17 mars 1992 et dans son propre champ d'application, les dispositions de l'accord régional (Midi-Pyrénées) du 19 mai 2003 relatif aux indemnités de petits déplacements conclu dans le cadre de la convention collective nationale susvisée.

Article 2

L'extension des effets et sanctions de l'accord susvisé est faite à dater de la publication du présent arrêté pour la durée restant à courir et aux conditions prévues par ledit accord.

Article 3

Le directeur des relations du travail au ministère des affaires sociales, du travail et de la solidarité et le directeur général de la forêt et des affaires rurales au ministère de l'agriculture, de l'alimentation, de la pêche et des affaires rurales sont chargés, chacun en ce qui le concerne, de l'exécution du présent arrêté, qui sera publié au Journal officiel de la République française.
Le ministre des affaires sociales,
du travail et de la solidarité,

Nota. - Le texte de l'accord susvisé a été publié au Bulletin officiel du ministère, fascicule conventions collectives n° 2003/40.

ARRETE du 18 décembre 2003

Le ministre des affaires sociales, du travail et de la solidarité et le ministre de l'agriculture, de l'alimentation, de la pêche et des affaires rurales,
Vu les articles L. 133-1 et suivants du code du travail ;
Vu les arrêtés des 12 février 1991 et 15 décembre 1992 portant extension de la convention collective nationale du 8 octobre 1990 concernant les ouvriers employés par les entreprises du bâtiment visées par le décret du 1er mars 1962 (c'est-à-dire occupant jusqu'à dix salariés) et d'avenants la

complétant ;
Vu l'arrêté du 28 juillet 1994 portant extension d'un accord régional (Centre) conclu dans le cadre de la convention collective nationale susvisée ;
Vu l'accord régional (Centre) du 7 mai 2003 sur les indemnités de petits déplacements conclu dans le cadre de la convention collective nationale susvisée ;
Vu la demande d'extension présentée par les organisations signataires ;
Vu les avis publiés au Journal officiel des 6 septembre et 2 décembre 2003 ;
Vu les avis recueillis au cours de l'enquête ;
Vu l'avis motivé de la Commission nationale de la négociation collective (sous-commission des conventions et accords), recueilli suivant la procédure prévue à l'article R. 133-2 du code du travail,

Le ministre des affaires sociales,
du travail et de la solidarité,
Pour le ministre et par délégation :
Par empêchement du directeur des relations du travail :
Le sous-directeur de la négociation collective,
P. Florentin
Le ministre de l'agriculture, de l'alimentation,
de la pêche et des affaires rurales,
Pour le ministre et par délégation :
Par empêchement du directeur général
de la forêt et des affaires rurales :
Le sous-directeur,
P. Dedinger

Article 1, 2, 3
En vigueur non étendu

Article 1er

Sont rendues obligatoires, pour tous les employeurs et tous les salariés compris dans le champ d'application professionnel de la convention collective nationale du 8 octobre 1990 des ouvriers employés par les entreprises du bâtiment visées par le décret du 1er mars 1962 (c'est-à-dire occupant jusqu'à dix salariés), tel que complété par l'avenant n° 1 du 17 mars 1992, et dans son propre champ d'application, les dispositions de l'accord régional (Centre) du 7 mai 2003 sur les indemnités de petits déplacements conclu dans le cadre de la convention collective nationale susvisée.

Article 2

L'extension des effets et sanctions de l'accord susvisé est faite à dater de la publication du présent arrêté pour la durée restant à courir et aux conditions prévues par ledit accord.

Article 3

Le directeur des relations du travail au ministère des affaires sociales, du travail et de la solidarité et le directeur général de la forêt et des affaires rurales au ministère de l'agriculture, de l'alimentation, de la pêche et des affaires rurales sont chargés, chacun en ce qui le concerne, de l'exécution du présent arrêté, qui sera publié au Journal officiel de la République française.

Nota. - Le texte de l'accord susvisé a été publié au Bulletin officiel du ministère, fascicule conventions collectives n° 2003/31.

ARRETE du 18 décembre 2003

Le ministre des affaires sociales, du travail et de la solidarité et le ministre de l'agriculture, de l'alimentation, de la pêche et des affaires rurales,
Vu les articles L. 133-1 et suivants du code du travail ;
Vu l'arrêté du 8 février 1991 portant extension de la convention collective nationale du 8 octobre 1990 des ouvriers employés par les entreprises du bâtiment non visées par le décret du 1er mars 1962 (c'est-à-dire occupant plus de dix salariés) ;
Vu les arrêtés des 12 février 1991 et 15 décembre 1992 portant extension de la convention collective nationale du 8 octobre 1990 des ouvriers employés par les entreprises du bâtiment visées par le décret du 1er mars 1962 (c'est-à-dire occupant jusqu'à dix salariés) et d'avenants la complétant ;
Vu l'arrêté du 5 août 1994 portant extension d'un accord départemental (Vendée) conclu dans le cadre des conventions collectives nationales susvisées ;
Vu l'accord départemental (Vendée) du 30 juin 2003 (indemnités diverses) conclu dans le cadre des conventions collectives nationales susvisées ;
Vu la demande d'extension présentée par les organisations signataires ;
Vu les avis publiés au Journal officiel des 13 septembre et 2 décembre 2003 ;
Vu les avis recueillis au cours de l'enquête ;
Vu l'avis motivé de la Commission nationale de la négociation collective (sous-commission des conventions et accords), recueilli suivant la procédure prévue à l'article R. 133-2 du code du travail,

Le ministre des affaires sociales,
du travail et de la solidarité,
Pour le ministre et par délégation :

Par empêchement du directeur des relations du travail :
Le sous-directeur de la négociation collective,
P. Florentin
Le ministre de l'agriculture, de l'alimentation,
de la pêche et des affaires rurales,
Pour le ministre et par délégation :
Par empêchement du directeur général
de la forêt et des affaires rurales :
Le sous-directeur,
P. Dedinger

Article 1, 2, 3
En vigueur

Article 1er

Sont rendues obligatoires, pour tous les employeurs et tous les salariés compris dans le champ d'application professionnel de la convention collective nationale du 8 octobre 1990 des ouvriers employés par les entreprises du bâtiment non visées par le décret du 1er mars 1962 (c'est-à-dire occupant plus de dix salariés), tel qu'étendu par arrêté du 8 février 1991, et de la convention collective nationale du 8 octobre 1990 des ouvriers employés par les entreprises du bâtiment visées par le décret du 1er mars 1962 (c'est-à-dire occupant jusqu'à dix salariés) telle que modifiée par l'avenant n° 1 du 17 mars 1992, et dans son propre champ d'application, les dispositions de l'accord départemental (Vendée) du 30 juin 2003 (indemnités diverses) conclu dans le cadre des conventions collectives nationales susvisées.

Article 2

L'extension des effets et sanctions de l'accord susvisé est faite à dater de la publication du présent arrêté pour la durée restant à courir et aux conditions prévues par ledit accord.

Article 3

Le directeur des relations du travail au ministère des affaires sociales, du travail et de la solidarité et le directeur général de la forêt et des affaires rurales au ministère de l'agriculture, de l'alimentation, de la pêche et des affaires rurales sont chargés, chacun en ce qui le concerne, de l'exécution du présent arrêté, qui sera publié au Journal officiel de la République française.

Nota. - Le texte de l'accord susvisé a été publié au Bulletin officiel du ministère, fascicule conventions collectives n° 2003/30.

ARRETE du 19 février 2004

Le ministre des affaires sociales, du travail et de la solidari- té et le ministre de l'agriculture, de l'alimentation, de la pêche et des affaires rurales,
Vu les articles L. 133-1 et suivants du code du travail ;
Vu l'arrêté du 8 février 1991 portant extension de la convention collective nationale du 8 octobre 1990 des ouvriers employés par les entreprises du bâtiment non visées par le décret du 1er mars 1962 (c'est-à-dire occupant plus de dix salariés) ;
Vu les arrêtés du 12 février 1991 et du 15 décembre 1992 portant extension de la convention collective nationale du 8 octobre 1990 des ouvriers employés par les entreprises du bâtiment visées par le décret du 1er mars 1962 (c'est-à-dire occupant jusqu'à dix salariés) et d'avenants la complétant ;
Vu l'accord concernant les départements de la Drôme et del'Ardèche du 25 septembre 2003 (indemnités de petits déplacements) conclu dans le cadre des conventions collectives nationales susvisées ;
Vu la demande d'extension présentée par les organisations signataires ;
Vu les avis publiés au Journal officiel du 6 janvier 2004 et du 3 février 2004 ;
Vu les avis recueillis au cours de l'enquête ;
Vu l'avis motivé de la Commission nationale de la négociation collective (sous-commission des conventions et accords), recueilli suivant la procédure prévue à l'article R. 133-2 du code du travail,

Le ministre des affaires sociales,
du travail et de la solidarité :
Pour le ministre et par délégation :
Par empêchement du directeur des relations du travail :
Le sous-directeur de la négociation collective,
P. Florentin
Le ministre de l'agriculture, de l'alimentation,
de la pêche et des affaires rurales :
Pour le ministre et par délégation :
Par empêchement du directeur général
de la forêt et des affaires rurales :
Le sous-directeur,
P. Dedinger

Article 1, 2, 3
En vigueur

Article 1er

Sont rendues obligatoires, pour tous les employeurs et tous les salariés compris dans le champ d'application professionnel de la convention collective nationale du 8 octobre 1990 des ouvriers employés par les entreprises du bâtiment visées par le décret du 1er mars 1962 (c'est-à-dire occupant jusqu'à dix salariés) tel que complété par l'avenant n° 1 du 17 mars 1992, et dans celui de la convention collective nationale du 8 octobre 1990 des ouvriers employés par les entreprises du bâtiment non visées par le décret du 1er mars 1962 (c'est-à-dire occupant plus de dix salariés), tel qu'étendu par l'arrêté du 8 février 1991, et dans son propre champ d'application territorial, les dispositions de l'accord concernant les départements de la Drôme et de l'Ardèche du 25 septembre 2003 (indemnités de petits déplacements) conclu dans le cadre des conventions collectives nationales susvisées.

Article 2

L'extension des effets et sanctions de l'accord susvisé est faite à dater de la publication du présent arrêté pour la durée restant à courir et aux conditions prévues par ledit accord.

Article 3

Le directeur des relations du travail au ministère des affaires sociales, du travail et de la solidarité et le directeur général de la forêt et des affaires rurales au ministère de l'agriculture, de l'alimentation, de la pêche et des affaires rurales sont chargés, chacun en ce qui le concerne, de l'exécution du présent arrêté, qui sera publié au Journal officiel de la République française.

Nota. - Le texte de l'accord susvisé a été publié au Bulletin officiel du ministère, fascicule conventions collectives n° 2003/51.

ARRETE du 17 mars 2004

Le ministre des affaires sociales, du travail et de la solidarité et le ministre de l'agriculture, de l'alimentation, de la pêche et des affaires rurales,
Vu les articles L. 133-1 et suivants du code du travail ;
Vu l'arrêté du 8 février 1991 portant extension de la convention collective nationale du 8 octobre 1990 des ouvriers employés par les entreprises du bâtiment non visées par le décret du 1er mars 1962 (c'est-à-dire occupant plus de dix salariés) ;
Vu les arrêtés des 12 février 1991 et 15 décembre 1992 portant extension de la convention collective nationale du 8 octobre 1990 des ouvriers employés par les entreprises du bâtiment visées par le décret du 1er mars 1962 (c'est-à-dire occupant jusqu'à dix salariés) et d'avenants la complétant ;
Vu l'arrêté du 29 avril 2002 portant extension d'un accord régional (Franche-Comté) ;
Vu l'accord régional (Franche-Comté) du 18 décembre 2003 portant sur les salaires minimaux, conclu dans le cadre des conventions collectives nationales susvisées ;
Vu l'accord régional (Franche-Comté) du 18 décembre 2003 portant sur les indemnités de petits déplacements, conclu dans le cadre des conventions collectives susvisées ;
Vu la demande d'extension présentée par les organisations signataires ;
Vu les avis publiés au Journal officiel des 31 janvier 2004 et 21 février 2004 ;
Vu les avis recueillis au cours de l'enquête ;

Vu l'avis motivé de la Commission nationale de la négociation collective (sous-commission des conventions et accords), recueilli suivant la procédure prévue à l'article R. 133-2 du code du travail,

Pour le ministre et par délégation :
Par empêchement du directeur des relations du travail :
Le sous-directeur de la négociation collective,
P. Florentin
Le ministre de l'agriculture, de l'alimentation,
de la pêche et des affaires rurales,
Pour le ministre et par délégation :
Par empêchement du directeur général
de la forêt et des affaires rurales :
Le sous-directeur,
P. Dedinger

Article 1, 2, 3
En vigueur

Article 1er

Sont rendues obligatoires, pour tous les employeurs et tous les salariés compris dans le champ d'application professionnel de la convention collective nationale du 8 octobre 1990 des ouvriers employés par les entreprises du bâtiment visées par le décret du 1er mars 1962 (c'est-à-dire occupant jusqu'à dix salariés), tel que complété par l'avenant n° 1 du 17 mars 1992, et dans celui de la convention collective nationale du 8 octobre 1990 des ouvriers employés par les entreprises du bâtiment non visées par le décret du 1er mars 1962 (c'est-à-dire occupant plus de dix salariés), tel qu'étendu par l'arrêté du 8 février 1991, et dans son propre champ d'application territorial, les dispositions de :

- l'accord régional (Franche-Comté) du 18 décembre 2003 portant sur les salaires minimaux, conclu dans le cadre des conventions collectives susvisées ;

- l'accord régional (Franche-Comté) du 18 décembre 2003 portant sur les indemnités de petits déplacements, conclu dans le cadre des conventions collectives susvisées.

Article 2

L'extension des effets et sanctions des accords susvisés est faite à dater de la publication du présent arrêté pour la durée restant à courir et aux conditions prévues par lesdits accords.

Article 3

Le directeur des relations du travail au ministère des affaires sociales, du travail et de la solidarité et le directeur général de la forêt et des affaires rurales au ministère de l'agriculture, de l'alimentation, de la pêche et des affaires rurales sont chargés, chacun en ce qui le concerne, de l'exécution du présent arrêté, qui sera publié au Journal officiel de la République française.
Le ministre des affaires sociales,
du travail et de la solidarité,

Nota. - Le texte des accords susvisés a été publié au Bulletin officiel du ministère, fascicule conventions collectives n° 2004/5.

ARRETE du 18 mai 2004

Le ministre de l'emploi, du travail et de la cohésion sociale et le ministre de l'agriculture, de l'alimentation, de la pêche et des affaires rurales,
Vu les articles L. 133-1 et suivants du code du travail ;
Vu les arrêtés des 12 février 1991 et 15 décembre 1992 portant extension de la convention collective nationale concernant les ouvriers employés par les entreprises du bâtiment visées par le décret du 1er mars 1962 (c'est-à-dire occupant jusqu'à dix salariés) du 8 octobre 1990 et de textes la modifiant ou la complétant ;
Vu l'arrêté du 18 juillet 1995 portant extension d'un accord régional (Bourgogne) conclu dans le cadre de la convention collective susvisée ;
Vu l'accord régional n° 8 (Bourgogne) du 9 octobre 2003 relatif aux salaires minima conclu dans le cadre de la convention collective nationale susvisée ;
Vu l'avenant régional n° 18 (Bourgogne) du 9 octobre 2003 relatif aux indemnités de petits déplacements conclu dans le cadre de la convention collective nationale susvisée ;
Vu la demande d'extension présentée par les organisations signataires ;
Vu les avis publiés au Journal officiel des 11 mars et 17 avril 2004 ;
Vu les avis recueillis au cours de l'enquête ;
Vu l'avis motivé de la Commission nationale de la négociation collective (sous-commission des conventions et accords), recueilli suivant la procédure prévue à l'article R. 133-2 du code du travail,

Pour le ministre et par délégation :
Par empêchement du directeur des relations du travail :
Le sous-directeur de la négociation collective,
P. Florentin
Le ministre de l'agriculture,
de l'alimentation, de la pêche
et des affaires rurales,
Pour le ministre et par délégation :
Par empêchement du directeur général
de la forêt et des affaires rurales :
Le sous-directeur,
P. Dedinger

Article 1, 2, 3
En vigueur

Article 1er

Sont rendues obligatoires, pour tous les employeurs et tous les salariés compris dans le champ d'application professionnel de la convention collective nationale concernant les ouvriers employés par les entreprises du bâtiment visées par le décret du 1er mars 1962 (c'est-à-dire occupant jusqu'à dix salariés) du 8 octobre 1990, tel que modifié par l'avenant n° 1 du 17 mars 1992, et dans son propre champ d'application territorial, les dispositions de :

- l'accord régional n° 8 (Bourgogne) du 9 octobre 2003 relatif aux salaires minima conclu dans le cadre de la convention collective nationale susvisée, sous réserve de l'application des dispositions de l'article 32 de la loi n° 2000-37 du 19 janvier 2000 modifiée instaurant une garantie mensuelle de rémunération ;

- l'avenant régional n° 18 (Bourgogne) du 9 octobre 2003 relatif aux indemnités de petits déplacements conclu dans le cadre de la convention collective nationale susvisée.

Article 2
L'extension des effets et sanctions des accords susvisés est faite à dater de la publication du présent arrêté pour la durée restant à courir et aux conditions prévues par lesdits accords.

Article 3

Le directeur des relations du travail au ministère de l'emploi, du travail et de la cohésion sociale et le directeur général de la forêt et des affaires rurales au ministère de l'agriculture, de l'alimentation, de la pêche et des affaires rurales sont chargés, chacun en ce qui le concerne, de l'exécution du présent arrêté, qui sera publié au Journal officiel de la République française.
Le ministre de l'emploi, du travail
et de la cohésion sociale,

Nota. - Le texte des accords susvisés a été publié au Bulletin officiel du ministère, fascicule conventions collectives n° 2004/12.

ARRETE du 18 mai 2004

Le ministre de l'emploi, du travail et de la cohésion sociale et le ministre de l'agriculture, de l'alimentation, de la pêche et des affaires rurales,
Vu les articles L. 133-1 et suivants du code du travail ;
Vu les arrêtés des 12 février 1991 et 15 décembre 1992 portant extension de la convention collective nationale du 8 octobre 1990 concernant les ouvriers employés par les entreprises du bâtiment visées par le décret du 1er mars 1962 (c'est-à-dire occupant jusqu'à dix salariés) ;
Vu l'arrêté du 8 février 1991 portant extension de la convention collective nationale du 8 octobre 1990 concernant les ouvriers employés par les entreprises du bâtiment non visées par le décret du 1er mars 1962 (c'est-à-dire occupant plus de dix salariés) ;
Vu les arrêtés du 31 juillet et du 7 août 2001 portant extension d'un accord régional (Champagne-Ardenne) conclu dans le cadre des conventions collectives susvisées ;
Vu l'accord régional (Champagne-Ardenne) du 16 décembre 2003 (salaires minimaux) conclu dans le cadre des conventions collectives susvisées ;
Vu la demande d'extension présentée par les organisations signataires ;
Vu les avis publiés au Journal officiel des 24 février et 17 avril 2004 ;
Vu les avis recueillis au cours de l'enquête ;
Vu l'avis motivé de la Commission nationale de la négociation collective (sous-commission des conventions et accords), recueilli suivant la procédure prévue à l'article R. 133-2 du code du travail,

Pour le ministre et par délégation :
Par empêchement du directeur des relations du travail :
Le sous-directeur de la négociation collective,
P. Florentin
Le ministre de l'agriculture, de l'alimentation,
de la pêche et des affaires rurales,
Pour le ministre et par délégation :
Par empêchement du directeur général
de la forêt et des affaires rurales :
Le sous-directeur,
P. Dedinger

Article 1, 2, 3
En vigueur

Article 1er
Sont rendues obligatoires, pour tous les employeurs et tous les salariés compris dans le champ d'application professionnel de la convention collective nationale des ouvriers employés par les entreprises du bâtiment non visées par le décret du 1er mars 1962 (c'est-à-dire occupant plus de dix salariés) du 8 octobre 1990, tel qu'étendu par arrêté du 8 février 1991, et de la convention collective nationale des ouvriers employés par les entreprises du bâtiment visées par le décret du 1er mars 1962 (c'est-à-dire occupant jusqu'à dix salariés) du 8 octobre 1990, tel que complété par l'avenant n° 1 du 17 mars 1992, et dans son propre champ d'application territorial, les dispositions de l'accord régional (Champagne-Ardenne) du 16 décembre 2003 (salaires minimaux) conclu dans le cadre des conventions collectives susvisées, sous réserve de l'application des dispositions de l'article 32 de la loi n° 2000-37 du 19 janvier 2000 modifiée instaurant une garantie de rémunération mensuelle.

Article 2
L'extension des effets et sanctions de l'accord susvisé est faite à dater de la publication du présent arrêté pour la durée restant à courir et aux conditions prévues par ledit accord.

Article 3

Le directeur des relations du travail au ministère de l'emploi, du travail et de la cohésion sociale et le directeur général de la forêt et des affaires rurales au ministère de l'agriculture, de l'alimentation, de la pêche et des affaires rurales sont chargés, chacun en ce qui le concerne, de l'exécution du présent arrêté, qui sera publié au Journal officiel de la République française.
Le ministre de l'emploi, du travail
et de la cohésion sociale,

Nota. - Le texte de l'accord susvisé a été publié au Bulletin officiel du ministère, fascicule conventions collectives n° 2004/08.

ARRETE du 18 mai 2004

Le ministre de l'emploi, du travail et de la cohésion sociale et le ministre de l'agriculture, de l'alimentation, de la pêche et des affaires rurales,
Vu les articles L. 133-1 et suivants du code du travail ;
Vu les arrêtés des 12 février 1991 et 15 décembre 1992 portant extension de la convention collective nationale du 8 octobre 1990 concernant les ouvriers employés par les entreprises du bâtiment visées par le décret du 1er mars 1962 (c'est-à-dire occupant jusqu'à dix salariés) et d'avenants la complétant ;
Vu l'arrêté du 24 juin 1992 et les arrêtés successifs, notamment l'arrêté du 23 mai 2003, portant extension d'accords régionaux (Nord - Pas-de-Calais) conclus dans le cadre de la convention collective susvisée ;
Vu l'accord régional (Nord - Pas-de-Calais) du 15 décembre 2003 sur les salaires conclu dans le cadre de la convention collective susvisée ;
Vu la demande d'extension présentée par les organisations signataires ;
Vu les avis publiés au Journal officiel des 18 février et 15 avril 2004 ;
Vu les avis recueillis au cours de l'enquête ;
Vu l'avis motivé de la Commission nationale de la négociation collective (sous-commission des conventions et accords), recueilli suivant la procédure prévue à l'article R. 133-2 du code du travail,

Pour le ministre et par délégation :
Par empêchement du directeur des relations du travail :
Le sous-directeur de la négociation collective,
P. Florentin
Le ministre de l'agriculture, de l'alimentation,
de la pêche et des affaires rurales,
Pour le ministre et par délégation :
Par empêchement du directeur général
de la forêt et des affaires rurales :
Le sous-directeur,
P. Dedinger

Article 1, 2, 3
En vigueur

Article 1er

Sont rendues obligatoires, pour tous les employeurs et tous les salariés compris dans le champ d'application professionnel de la convention collective nationale concernant les ouvriers employés par les entreprises du bâtiment visées par le décret du 1er mars 1962 (c'est-à-dire occupant jusqu'à dix salariés) du 8 octobre 1990, tel que complété par l'avenant n° 1 du 17 mars 1992, et dans son propre champ d'application territorial, les dispositions de l'accord régional (Nord - Pas-de-Calais) du 15 décembre 2003 sur les salaires conclu dans le cadre de la convention collective susvisée, sous réserve de l'application des dispositions de l'article 32 de la loi n° 2000-37 du 19 janvier 2000 modifiée instaurant une garantie de rémunération mensuelle.

Article 2
L'extension des effets et sanctions de l'accord susvisé est faite à dater de la publication du présent arrêté pour la durée restant à courir et aux conditions prévues par ledit accord.

Article 3

Le directeur des relations du travail au ministère de l'emploi, du travail et de la cohésion sociale et le directeur général de la forêt et des affaires rurales au ministère de l'agriculture, de l'alimentation, de la pêche et des affaires rurales sont chargés, chacun en ce qui le concerne, de l'exécution du présent arrêté, qui sera publié au Journal officiel de la République française.
Le ministre de l'emploi, du travail
et de la cohésion sociale,

Nota. - Le texte de l'accord susvisé a été publié au Bulletin officiel du ministère, fascicule conventions collectives n° 2004/6.

ARRETE du 18 mai 2004

Le ministre de l'emploi, du travail et de la cohésion sociale et le ministre de l'agriculture, de l'alimentation, de la pêche et des affaires rurales,
Vu les articles L. 133-1 et suivants du code du travail ;
Vu l'arrêté du 8 février 1991 portant extension de la convention collective nationale du 8 octobre 1990 concernant les ouvriers employés par les entreprises du bâtiment non visées par le décret du 1er mars 1962 (c'est-à-dire occupant plus de dix salariés) ;
Vu les arrêtés des 12 février 1991 et 15 décembre 1992 portant extension de la convention collective nationale des ouvriers employés par les entreprises visées par le décret du 1er mars 1962 (c'est-à-dire occupant jusqu'à dix salariés) du 8 octobre 1990 et d'avenants la complétant ;
Vu l'arrêté du 24 octobre 2003 portant extension d'un accord régional (Picardie) conclu dans le cadre des conventions collectives nationales susvisées ;
Vu l'accord régional (Picardie) du 24 octobre 2003 portant sur les salaires conclu dans le cadre des conventions collectives nationales susvisées ;
Vu l'accord régional (Picardie) du 24 octobre 2003 portant sur la prime d'outillage conclu dans le cadre des conventions collectives nationales susvisées ;

Vu la demande d'extension présentée par les organisations signataires ;
Vu les avis publiés au Journal officiel des 24 janvier et 21 février 2004 ;
Vu les avis recueillis au cours de l'enquête ;
Vu l'avis motivé de la Commission nationale de la négociation collective (sous-commission des conventions et accords), recueilli suivant la procédure prévue à l'article R. 133-2 du code du travail,

Pour le ministre et par délégation :
Par empêchement du directeur des relations du travail :
Le sous-directeur de la négociation collective,
P. Florentin
Le ministre de l'agriculture, de l'alimentation,
de la pêche et des affaires rurales,
Pour le ministre et par délégation :
Par empêchement du directeur général
de la forêt et des affaires rurales :
Le sous-directeur,
P. Dedinger

Article 1, 2, 3
En vigueur

Article 1er

Sont rendues obligatoires, pour tous les employeurs et tous les salariés compris dans le champ d'application professionnel de la convention collective nationale du 8 octobre 1990 des ouvriers employés par les entreprises du bâtiment visées par le décret du 1er mars 1962 (c'est-à-dire occupant jusqu'à dix salariés), tel que complété par l'avenant n° 1 du 17 mars 1992, et dans celui de la convention collective nationale du 8 octobre 1990 des ouvriers employés par les entreprises non visées par le décret du 1er mars 1962 (c'est-à-dire occupant plus de dix salariés), tel qu'étendu par arrêté du 8 février 1991, et dans leur propre champ d'application territorial, les dispositions de :

- l'accord régional (Picardie) du 24 octobre 2003 portant sur les salaires conclu dans le cadre des conventions collectives nationales susvisées.

Les articles 2 et 3 sont étendus sous réserve de l'application des dispositions de l'article 32 de la loi n° 2000-37 du 19 janvier 2000 modifiée instaurant une garantie mensuelle de rémunération ;

- l'accord régional (Picardie) du 24 octobre 2003 portant sur la prime d'outillage conclu dans le cadre des conventions collectives nationales susvisées.

Article 2
L'extension des effets et sanctions des accords susvisés est faite à dater de la publication du présent arrêté pour la durée restant à courir et aux conditions prévues par lesdits accords.

Article 3

Le directeur des relations du travail au ministère de l'emploi, du travail et de la cohésion sociale et le directeur général de la forêt et des affaires rurales au ministère de l'agriculture, de l'alimentation, de la pêche et des affaires rurales sont chargés, chacun en ce qui le concerne, de l'exécution du présent arrêté, qui sera publié au Journal officiel de la République française.
Le ministre de l'emploi, du travail
et de la cohésion sociale,

Nota. - Le texte des accords susvisés ont été publiés au Bulletin officiel du ministère, fascicule conventions collectives n° 2004/04.

ARRETE du 18 mai 2004

Le ministre de l'emploi, du travail et de la cohésion sociale et le ministre de l'agriculture, de l'alimentation, de la pêche et des affaires rurales,
Vu les articles L. 133-1 et suivants du code du travail ;
Vu les arrêtés du 12 février 1991 et du 15 décembre 1992 portant extension de la convention collective nationale concernant les ouvriers employés par les entreprises du bâtiment visées par le décret du 1er mars 1962 (c'est-à-dire occupant jusqu'à dix salariés) du 8 octobre 1990, et d'avenants la modifiant ou la complétant ;
Vu l'arrêté du 8 février1991 portant extension de la convention collective nationale concernant les ouvriers employés par les entreprises du bâtiment non visées par le décret du 1er mars 1962 (c'est-à-dire occupant plus de dix salariés) du 8 octobre 1990 ;
Vu l'arrêté du 7 août 2001 portant extension d'accords départementaux (Loire-Atlantique, Maine-et-Loire) et d'un accord interdépartemental (Mayenne, Sarthe, Vendée) conclu dans le cadre des conventions collectives susvisées ;
Vu l'accord interdépartemental (Loire-Atlantique, Maine-et-Loire, Mayenne, Sarthe, Vendée) du 18 septembre 2003 relatif aux salaires minima conclu dans le cadre des conventions collectives susvisées ;
Vu l'accord interdépartemental (Loire-Atlantique, Maine-et-Loire, Mayenne, Sarthe, Vendée) du 18 septembre 2003 relatif à la rémunération des apprentis conclu dans le cadre des conventions collectives susvisées ;
Vu la demande d'extension présentée par les organisations signataires ;
Vu les avis publiés au Journal officiel des 18 novembre 2003 et 3 février 2004 ;
Vu les avis recueillis au cours de l'enquête ;

Vu l'avis motivé de la Commission nationale de la négociation collective (sous-commission des conventions et accords), recueilli suivant la procédure prévue à l'article R. 133-2 du code du travail,

Pour le ministre et par délégation :
Par empêchement du directeur des relations du travail :
Le sous-directeur de la négociation collective,
P. Florentin
Le ministre de l'agriculture, de l'alimentation,
de la pêche et des affaires rurales,
Pour le ministre et par délégation :
Par empêchement du directeur général
de la forêt et des affaires rurales :
Le sous-directeur,
P. Dedinger

Article 1, 2, 3
En vigueur

Article 1er

Sont rendues obligatoires, pour tous les employeurs et tous les salariés compris dans le champ d'application professionnel de la convention collective nationale concernant les ouvriers employés par les entreprises du bâtiment visées par le décret du 1er mars 1962 (c'est-à-dire occupant jusqu'à dix salariés) du 8 octobre 1990, tel que complété par l'avenant n° 1 du 17 mars 1992, et dans celui de la convention collective nationale concernant les ouvriers employés par les entreprises du bâtiment non visées par le décret du 1er mars 1962 (c'est-à-dire occupant plus de dix salariés) du 8 octobre 1990, tel qu'étendu par arrêté du 8 février 1991, et dans leur propre champ d'application territorial, les dispositions de :

- l'accord interdépartemental (Loire-Atlantique, Maine-et-Loire, Mayenne, Sarthe, Vendée) du 18 septembre 2003 relatif aux salaires minima conclu dans le cadre des conventions collectives susvisées.

L'article 1er est étendu sous réserve des dispositions réglementaires portant fixation du salaire minimum interprofessionnel de croissance, d'une part, et sous réserve des dispositions de l'article 32 de la loi n° 2000-37 du 19 janvier 2000 modifiée instaurant une garantie de rémunération mensuelle, d'autre part.

L'article 3 est étendu sous réserve des dispositions réglementaires portant fixation du salaire minimum interprofessionnel de croissance ;

- l'accord interdépartemental (Loire-Atlantique, Maine-et-Loire, Mayenne, Sarthe, Vendée) du 18 septembre 2003 relatif à la rémunération des apprentis conclu dans le cadre des conventions collectives susvisées.

Article 2
L'extension des effets et sanctions des accords susvisés est faite à dater de la publication du présent arrêté pour la durée restant à courir et aux conditions prévues par ledit accord.

Article 3

Le directeur des relations du travail au ministère de l'emploi, du travail et de la cohésion sociale et le directeur général de la forêt et des affaires rurales au ministère de l'agriculture, de l'alimentation, de la pêche et des affaires rurales sont chargés, chacun en ce qui le concerne, de l'exécution du présent arrêté, qui sera publié au Journal officiel de la République française.
Le ministre de l'emploi, du travail
et de la cohésion sociale,

Nota. - Le texte des accords susvisés a été publié au Bulletin officiel du ministère, fascicule conventions collectives n° 2003/44.

ARRETE du 24 mai 2004

Le ministre de l'emploi, du travail et de la cohésion sociale et le ministre de l'agriculture, de l'alimentation, de la pêche et des affaires rurales,
Vu les articles L. 133-1 et suivants du code du travail ;
Vu l'arrêté du 12 février 1991 et les arrêtés successifs, notamment l'arrêté du 21 octobre 2002, portant extension de la convention collective nationale du 8 octobre 1990, concernant les ouvriers employés par les entreprises du bâtiment visées par le décret du 1er mars 1962 (c'est-à-dire occupant jusqu'à dix salariés) ;
Vu l'avenant n° 3 du 17 décembre 2003 relatif aux heures supplémentaires à la convention collective nationale susvisée ;
Vu la demande d'extension présentée par les organisations signataires ;
Vu les avis publiés au Journal officiel des 26 février et 17 avril 2004 ;
Vu les avis recueillis au cours de l'enquête ;
Vu l'avis motivé de la Commission nationale de la négociation collective (sous-commission des conventions et accords), rendu en séance du 5 avril 2004,

Pour le ministre et par délégation :
Le directeur des relations du travail,
J.-D. Combrexelle

Le ministre de l'agriculture, de l'alimentation,
de la pêche et des affaires rurales,
Pour le ministre et par délégation :
Par empêchement du directeur général
de la forêt et des affaires rurales :
Le sous-directeur,
P. Dedinger

Article 1, 2, 3
En vigueur

Article 1er

Sont rendues obligatoires, pour tous les employeurs et tous les salariés compris dans le champ d'application de la convention collective nationale concernant les ouvriers employés par les entreprises du bâtiment visées par le décret du 1er mars 1962 (c'est-à-dire occupant jusqu'à dix salariés) tel que modifié par l'avenant n° 1 du 17 mars 1992, les dispositions de l'avenant n° 3 du 17 décembre 2003 relatif aux heures supplémentaires à la convention collective nationale susvisée.

Article 2
L'extension des effets et sanctions de l'avenant susvisé est faite à dater de la publication du présent arrêté pour la durée restant à courir et aux conditions prévues par ledit avenant.

Article 3

Le directeur des relations du travail au ministère de l'emploi, du travail et de la cohésion sociale et le directeur général de la forêt et des affaires rurales au ministère de l'agriculture, de l'alimentation, de la pêche et des affaires rurales sont chargés, chacun en ce qui les concerne, de l'exécution du présent arrêté, qui sera publié au Journal officiel de la République française.
Le ministre de l'emploi, du travail
et de la cohésion sociale,

Nota. - Le texte de l'avenant susvisé a été publié au Bulletin officiel du ministère, fascicule conventions collectives n° 2004/05.

ARRETE du 19 juin 2004

Le ministre de l'emploi, du travail et de la cohésion sociale et le ministre de l'agriculture, de l'alimentation, de la pêche et des affaires rurales,
Vu les articles L. 133-1 et suivants du code du travail ;
Vu la convention collective nationale du 8 octobre 1990 concernant les ouvriers employés par les entreprises du bâtiment visées par le décret du 1er mars 1962 (c'est-à-dire occupant jusqu'à dix salariés) ;
Vu la convention collective nationale du 8 octobre 1990 concernant les ouvriers employés par les entreprises du bâtiment non visées par le décret du 1er mars 1962 (c'est-à-dire occupant plus de dix salariés) ;
Vu la convention collective nationale du 29 mai 1958 des employés, techniciens et agents de maîtrise employés par les entreprises du bâtiment ;
Vu l'accord régional (Champagne-Ardenne) du 16 décembre 2003 relatif à l'indemnisation des frais de déplacement des participants aux négociations paritaires conclu dans le cadre des conventions collectives susvisées ;
Vu la demande d'extension présentée par les organisations signataires ;
Vu les avis publiés au Journal officiel du 24 février 2004 et du 17 avril 2004 ;
Vu les avis recueillis au cours de l'enquête ;
Vu l'avis motivé de la Commission nationale de la négociation collective (sous-commission des conventions et accords) rendu en séance du 27 mai 2004,

Le ministre de l'emploi, du travail
et de la cohésion sociale,
Pour le ministre et par délégation :
Par empêchement du directeur des relations du travail :
Le sous-directeur de la négociation collective,
P. Florentin
Le ministre de l'agriculture, de l'alimentation,
de la pêche et des affaires rurales
Pour le ministre et par délégation :
Par empêchement du directeur général
de la forêt et des affaires rurales :
Le sous-directeur,
P. Dedinger

Article 1, 2, 3
En vigueur

Article 1er

Sont rendues obligatoires, pour tous les employeurs et tous les salariés compris dans le champ d'application professionnel de la convention collective nationale du 8 octobre 1990 des ouvriers employés par les entreprises du bâtiment non visées par le décret du 1er mars 1962 (c'est-à-dire occupant plus de dix salariés), de la convention collective nationale du 8 octobre 1990 des ouvriers employés par les entreprises du bâtiment visées par le décret du 1er mars 1962 (c'est-à-dire occupant jusqu'à dix salariés) tel que complété par l'avenant n° 1 du 17 mars 1992, et de la convention collective nationale du 29 mai 1958 des employés, techniciens et agents de maîtrise employés par les entreprises du bâtiment et dans son propre champ d'application territorial, les dispositions de l'accord régional (Champagne-Ardenne) du 16 décembre 2003 relatif à l'indemnisation des frais de déplacement des participants aux négociations paritaires conclu dans le cadre des conventions collectives susvisées, à l'exclusion des termes " signataire de la présente convention " figurant au point 2 (nombre de personnes indemnisées) qui contreviennent au principe d'égalité résultant des dispositions des articles L. 132-2 et L. 133-1 du code du travail.

Le point 10 est étendu sous réserve de l'application du dernier alinéa de l'article L. 132-9 du code du travail.

Article 2
L'extension des effets et sanctions de l'accord susvisé est faite à dater de la publication du présent arrêté pour la durée restant à courir et aux conditions prévues par ledit accord.

Article 3

Le directeur des relations du travail au ministère de l'emploi, du travail et de la cohésion sociale et le directeur général de la forêt et des affaires rurales au ministère de l'agriculture, de l'alimentation, de la pêche et des affaires rurales sont chargés, chacun en ce qui le concerne, de l'exécution du présent arrêté, qui sera publié au Journal officiel de la République française.

Nota. - Le texte de l'accord susvisé a été publié au Bulletin officiel du ministère, fascicule conventions collectives n° 2004/08.

ARRETE du 27 juillet 2004

Le ministre de l'emploi, du travail et de la cohésion sociale et le ministre de l'agriculture, de l'alimentation, de la pêche et des affaires rurales,
Vu les articles L. 133-1 et suivants du code du travail ;
Vu les arrêtés du 8 février 1991 et du 15 décembre 1992 portant extension de la convention collective nationale des ouvriers employés par les entreprises du bâtiment visées par le décret du 1er mars 1962 (c'est-à-dire occupant jusqu'à dix salariés) du 8 octobre 1990 et de textes la modifiant ou la complétant ;
Vu l'arrêté du 10 octobre 2003 portant extension d'un accord régional (Rhône-Alpes) conclu dans le cadre de la convention collective nationale susvisée ;
Vu l'accord régional (Rhône-Alpes) du 23 septembre 2003 relatif à la rémunération des apprentis préparant un deuxième diplôme conclu dans le cadre de la convention collective nationale susvisée ;
Vu la demande d'extension présentée par les organisations signataires ;
Vu les avis publiés au Journal officiel du 26 décembre 2003 et du 3 février 2004 ;
Vu les avis recueillis au cours de l'enquête ;
Vu l'avis motivé de la Commission nationale de la négociation collective (sous-commission des conventions et accords), rendu lors de la séance du 8 juillet 2004,

Pour le ministre et par délégation :
Par empêchement du directeur des relations du travail :
Le sous-directeur de la négociation collective,
P. Florentin
Le ministre de l'agriculture, de l'alimentation,
de la pêche et des affaires rurales,
Pour le ministre et par délégation :
Par empêchement du directeur général
de la forêt et des affaires rurales :
Le sous-directeur,
P. Dedinger

Article 1, 2, 3
En vigueur

Article 1er

Sont rendues obligatoires, pour tous les employeurs et tous les salariés compris dans le champ d'application professionnel de la convention collective nationale du 8 octobre 1990 concernant les ouvriers employés par les entreprises du bâtiment visées par le décret du 1er mars 1962 (c'est-à-dire occupant jusqu'à dix salariés), tel que complété par l'avenant n° 1 du 17 mars 1992, et dans son propre champ d'application, les dispositions de l'accord régional (Rhône-Alpes) du 23 septembre 2003 relatif à la rémunération des apprentis préparant un deuxième diplôme, conclu dans le cadre de la convention collective nationale susvisée.

Article 2
L'extension des effets et sanctions de l'accord susvisé est faite à dater de la publication du présent arrêté pour la durée restant à courir et aux conditions prévues par ledit accord.

Article 3

Le directeur des relations du travail au ministère de l'emploi, du travail et de la cohésion sociale et le directeur général de la forêt et des affaires rurales au ministère de l'agriculture, de l'alimentation, de la pêche et des affaires rurales sont chargés, chacun en ce qui le concerne, de l'exécution du présent arrêté, qui sera publié au Journal officiel de la République française.
Le ministre de l'emploi, du travail
et de la cohésion sociale,

Nota. - Le texte de l'accord susvisé a été publié au Bulletin officiel du ministère, fascicule conventions collectives n° 2003/47.

ARRETE du 27 juillet 2004

Le ministre de l'emploi, du travail et de la cohésion sociale et le ministre de l'agriculture, de l'alimentation, de la pêche et des affaires rurales,
Vu les articles L. 133-1 et suivants du code du travail ;
Vu les arrêtés des 12 février 1991 et 15 décembre 1992 portant extension de la convention collective nationale du 8 octobre 1990 des ouvriers employés par les entreprises du bâtiment visées par le décret du 1er mars 1962 (c'est-à-dire occupant jusqu'à dix salariés) et d'avenants la complétant ;
Vu l'arrêté du 8 février 1991 portant extension de la convention collective nationale du 8 octobre 1990 des ouvriers employés par les entreprises du bâtiment non visées par le décret du 1er mars 1962 (c'est-à-dire occupant plus de dix salariés) ;
Vu l'arrêté du 5 juillet 1991 et les arrêtés successifs, notamment l'arrêté du 18 décembre 2003, portant extension d'un accord régional (Lorraine) conclu dans le cadre des conventions collectives susvisées ;
Vu l'accord régional (Lorraine) du 14 janvier 2004 relatif aux indemnités de petits déplacements conclu dans le cadre des conventions collectives nationales susvisées ;
Vu la demande d'extension présentée par les organisations signataires ;
Vu les avis publiés au Journal officiel des 13 mai et 5 juin 2004 ;
Vu les avis recueillis au cours de l'enquête ;
Vu l'avis motivé de la Commission nationale de la négociation collective (sous-commission des conventions et accords), recueilli suivant la procédure prévue à l'article R. 133-2 du code du travail,

Pour le ministre et par délégation :
Par empêchement du directeur des relations du travail :
Le sous-directeur de la négociation collective,
P. Florentin
Le ministre de l'agriculture, de l'alimentation,
de la pêche et des affaires rurales,
Pour le ministre et par délégation :
Par empêchement du directeur général
de la forêt et des affaires rurales :
Le sous-directeur,
P. Dedinger

Article 1, 2, 3
En vigueur

Article 1er
Sont rendues obligatoires, pour tous les employeurs et tous les salariés compris dans le champ d'application professionnel de la convention collective nationale du 8 octobre 1990 des ouvriers employés par les entreprises du bâtiment visées par le décret du 1er mars 1962 (c'est-à-dire occupant jusqu'à dix salariés), tel que complété par l'avenant n° 1 du 17 mars 1992, et dans celui de la convention collective nationale du 8 octobre 1990 des ouvriers employés par les entreprises du bâtiment non visées par le décret du 1er mars 1962 (c'est-à-dire occupant plus de dix salariés), tel qu'étendu par arrêté du 8 février 1991, et dans son propre champ d'application, les dispositions de l'accord régional (Lorraine) du 14 janvier 2004 relatif aux indemnités de petits déplacements conclu dans le cadre des conventions collectives susvisées.

Article 2
L'extension des effets et sanctions de l'accord susvisé est faite à dater de la publication du présent arrêté pour la durée restant à courir et aux conditions prévues par ledit accord.

Article 3

Le directeur des relations du travail au ministère de l'emploi, du travail et de la cohésion sociale et le directeur général de la forêt et des affaires rurales au ministère de l'agriculture, de l'alimentation, de la pêche et des affaires rurales sont chargés, chacun en ce qui le concerne, de l'exécution du présent arrêté, qui sera publié au Journal officiel de la République française.
Le ministre de l'emploi, du travail
et de la cohésion sociale,

Nota. - Le texte de l'accord susvisé a été publié au Bulletin officiel du ministère, fascicule conventions collectives n° 2003/19.

ARRETE du 27 juillet 2004

Le ministre de l'emploi, du travail et de la cohésion sociale et le ministre de l'agriculture, de l'alimentation, de la pêche et des affaires rurales,
Vu les articles L. 133-1 et suivants du code du travail ;
Vu l'arrêté du 8 février 1991 portant extension de la convention collective nationale du 8 octobre 1990 des ouvriers employés par les entreprises du bâtiment non visées par le décret du 1er mars 1962 (c'est-à-dire occupant plus de dix salariés) ;
Vu les arrêtés des 12 février 1991 et 15 décembre 1992 portant extension de la convention collective nationale du 8 octobre 1990 des ouvriers employés par les entreprises du bâtiment visées par le décret du 1er mars 1962 (c'est-à-dire occupant jusqu'à dix salariés) et d'avenants la complétant ou la modifiant ;
Vu l'arrêté du 9 décembre 1993 et les arrêtés successifs, notamment l'arrêté du 18 juin 2003, portant extension de la convention collective des ouvriers du bâtiment de la région parisienne du 28 juin 1993, conclue dans le cadre des conventions collectives nationales susvisées, et d'avenants la modifiant ou la complétant, notamment le protocole d'accord départemental (Seine-et-Marne) du 31 mai 1995 annexé à cette convention ;
Vu l'accord départemental (Seine-et-Marne) du 16 décembre 2003 sur les salaires minimaux conclu dans le cadre du protocole d'accord départemental susvisé annexé à la convention collective régionale susvisée ;
Vu l'accord départemental (Seine-et-Marne) du 16 décembre 2003 sur les indemnités de petits déplacements conclu dans le cadre du protocole d'accord départemental susvisé annexé à la convention collective régionale susvisée ;
Vu la demande d'extension présentée par les organisations signataires ;
Vu les avis publiés au Journal officiel des 28 avril et 5 juin 2004 ;
Vu les avis recueillis au cours de l'enquête ;
Vu l'avis motivé de la Commission nationale de la négociation collective (sous-commission des conventions et accords), reccueilli suivant la procédure prévue à l'article R. 133-2 du code du travail,

Pour le ministre et par délégation :
Par empêchement du directeur des relations du travail :
Le sous-directeur de la négociation collective,
P. Florentin
Le ministre de l'agriculture, de l'alimentation,
de la pêche et des affaires rurales,
Pour le ministre et par délégation :
Par empêchement du directeur général
de la forêt et des affaires rurales :
Le sous-directeur,
P. Dedinger

Article 1, 2, 3
En vigueur

Article 1er

Sont rendues obligatoires, pour tous les employeurs et tous les salariés compris dans le champ d'application professionnel de la convention collective des ouvriers du bâtiment de la région parisienne du 28 juin 1993, soit celui de la convention collective nationale du 8 octobre 1990 des ouvriers employés par les entreprises du bâtiment visées par le décret du 1er mars 1962 (c'est-à-dire occupant jusqu'à dix salariés), tel que complété par l'avenant n° 1 du 17 mars 1992, et celui de la convention collective nationale du 8 octobre 1990 des ouvriers employés par les entreprises du bâtiment non visées par le décret du 1er mars 1962 (c'est-à-dire occupant plus de dix salariés), tel qu'étendu par l'arrêté du 8 février 1991, et dans leur propre champ d'application territorial, les dispositions de :

- l'accord départemental (Seine-et-Marne) du 16 décembre 2003 sur les salaires minimaux conclu dans le cadre du protocole d'accord départemental susvisé annexé à la convention collective régionale susvisée, sous réserve de l'application, d'une part, des dispositions réglementaires portant fixation du salaire minimum interprofessionnel de croissance et, d'autre part, des dispositions de l'article 32 de la loi n° 2000-37 du 19 janvier 2000 modifiée instaurant une garantie mensuelle de rémunération ;

- l'accord départemental (Seine-et-Marne) du 16 décembre 2003 sur les indemnités de petits déplacements conclu dans le cadre du protocole d'accord départemental susvisé annexé à la convention collective régionale susvisée.

Article 2
L'extension des effets et sanctions des accords susvisés est faite à dater de la publication du présent arrêté pour la durée restant à courir et aux conditions prévues par lesdits accords.

Article 3

Le directeur des relations du travail au ministère de l'emploi, du travail et de la cohésion sociale et le directeur général de la forêt et des affaires rurales au ministère de l'agriculture, de l'alimentation, de la pêche et des affaires rurales sont chargés, chacun en ce qui le concerne, de l'exécution du présent arrêté, qui sera publié au Journal officiel de la République française.
Le ministre de l'emploi, du travail
et de la cohésion sociale,

Nota. - Le texte des accords susvisés a été publié au Bulletin officiel du ministère, fascicule conventions collectives n° 2004/17.

ARRETE du 30 août 2004

Le ministre de l'emploi, du travail et de la cohésion sociale et le ministre de l'agriculture, de l'alimentation, de la pêche et des affaires rurales,
Vu les articles L. 133-1 et suivants du code du travail ;
Vu les arrêtés des 12 février 1991 et 15 décembre 1992 portant extension de la convention collective nationale du 8 octobre 1990 concernant les ouvriers employés par les entreprises du bâtiment visées par le décret du 1er mars 1962 (c'est-à-dire occupant jusqu'à dix salariés) et d'avenants la complétant ;
Vu l'arrêté du 18 décembre 2003 portant extension d'un accord régional (Midi-Pyrénées) conclu dans le cadre de la convention collective nationale susvisée ;
Vu l'accord régional (Midi-Pyrénées) du 20 avril 2004 relatif aux salaires conclu dans le cadre de la convention collective nationale susvisée ;
Vu l'accord régional (Midi-Pyrénées) du 20 avril 2004 relatif aux indemnités de petits déplacements conclu dans le cadre de la convention collective nationale susvisée ;
Vu la demande d'extension présentée par les organisations signataires ;
Vu les avis publiés au Journal officiel du 26 mai 2004 et du 30 juin 2004 ;
Vu les avis recueillis au cours de l'enquête ;
Vu l'avis motivé de la Commission nationale de la négociation collective (sous-commission des conventions et accords), recueilli suivant la procédure prévue à l'article R. 133-2 du code du travail,

Pour le ministre et par délégation :
Par empêchement du directeur des relations du travail :
L'administratrice civile,
A. Bréaud
Le ministre de l'agriculture, de l'alimentation,
de la pêche et des affaires rurales,
Pour le ministre et par délégation :
Le directeur général de la forêt
et des affaires rurales,
A. Moulinier

Article 1, 2, 3
En vigueur

Article 1er

Sont rendues obligatoires, pour tous les employeurs et tous les salariés compris dans le champ d'application professionnel de la convention collective nationale du 8 octobre 1990 concernant les ouvriers employés par les entreprises du bâtiment visées par le décret du 1er mars 1962 (c'est-à-dire occupant jusqu'à dix salariés), tel que modifié par l'avenant n° 1 du 17 mars 1992, et dans son propre champ d'application, les dispositions de :

- l'accord régional (Midi-Pyrénées) du 20 avril 2004 relatif aux salaires conclu dans le cadre de la convention collective nationale susvisée, sous réserve de l'application, d'une part, des dispositions réglementaires portant fixation du salaire minimum interprofessionnel de croissance et, d'autre part, des dispositions de l'article 32 de la loi n° 2000-37 du 19 janvier 2000 modifiée instaurant une garantie mensuelle de rémunération ;

- l'accord régional (Midi-Pyrénées) du 20 avril 2004 relatif aux indemnités de petits déplacements.

Article 2

L'extension des effets et sanctions des accords susvisés est faite à dater de la publication du présent arrêté pour la durée restant à courir et aux conditions prévues par lesdits accords.

Article 3

Le directeur des relations du travail au ministère de l'emploi, du travail et de la cohésion sociale et le directeur général de la forêt et des affaires rurales au ministère de l'agriculture, de l'alimentation, de la pêche et des affaires rurales sont chargés, chacun en ce qui le concerne, de l'exécution du présent arrêté, qui sera publié au Journal officiel de la République française.
Le ministre de l'emploi, du travail
et de la cohésion sociale,

Nota. - Les textes de ces accords ont été publiés au Bulletin officiel du ministère, fascicule conventions collectives n° 2004/21.

ARRETE du 30 août 2004

Le ministre de l'emploi, du travail et de la cohésion sociale et le ministre de l'agriculture, de l'alimentation, de la pêche et des affaires rurales,
Vu les articles L. 133-1 et suivants du code du travail ;
Vu l'arrêté du 8 février 1991 portant extension de la convention collective nationale des ouvriers employés par les entreprises du bâtiment non visées par le décret du 1er mars 1962 (c'est-à-dire occupant plus de dix salariés) du 8 octobre 1990 ;
Vu les arrêtés des 12 février 1991 et 15 décembre 1992 portant extension de la convention collective nationale des ouvriers employés par les entreprises du bâtiment visées par le décret du 1er mars 1962 (c'est-à-dire occupant jusqu'à dix salariés) du 8 octobre 1990 et d'avenants la complétant ;

Vu l'avenant n° 10 du 4 mai 2004 relatif aux salaires à l'accord régional (Haute-Normandie) du 11 janvier 1991 conclu dans le cadre des conventions collectives nationales susvisées ;
Vu l'accord régional (Haute-Normandie) du 4 mai 2004 relatif aux indemnités de petits déplacements et à la valeur de référence, conclu dans le cadre des conventions collectives nationales susvisées ;
Vu la demande d'extension présentée par les organisations signataires ;
Vu les avis publiés au Journal officiel des 1er juillet 2004 et 10 juillet 2004 ;
Vu les avis recueillis au cours de l'enquête ;
Vu l'avis motivé de la Commission nationale de la négociation collective (sous-commission des conventions et accords), recueilli suivant la procédure prévue à l'article R. 133-2 du code du travail,

Pour le ministre et par délégation :
Par empêchement du directeur des relations du travail :
L'administratrice civile,
A. Bréaud
Le ministre de l'agriculture, de l'alimentation,
de la pêche et des affaires rurales,
Pour le ministre et par délégation :
Le directeur général de la forêt
et des affaires rurales,
A. Moulinier

Article 1, 2, 3
En vigueur

Article 1er

Sont rendues obligatoires, pour tous les employeurs et tous les salariés compris dans le champ d'application professionnel de la convention collective nationale des ouvriers employés par les entreprises du bâtiment visées par le décret du 1er mars 1962 (c'est-à-dire occupant jusqu'à dix salariés) du 8 octobre 1990, tel que complétée par l'avenant n° 1 du 17 mars 1992, et de la convention collective nationale des ouvriers employés par les entreprises du bâtiment non visées par le décret du 1er mars 1962 (c'est-à-dire occupant plus de dix salariés) du 8 octobre 1990, tel qu'étendue par l'arrêté du 8 février 1991, et dans son propre champ d'application territorial, les dispositions de :

- l'avenant n° 10 du 4 mai 2004 à l'accord régional (Haute-Normandie) du 11 janvier 1991 conclu dans le cadre des conventions collectives nationales susvisées, sous réserve de l'application des dispositions de l'article 32 de la loi n° 2000-37 du 19 janvier 2000 modifiée instaurant une garantie de rémunération mensuelle ;

- l'accord régional (Haute-Normandie) du 4 mai 2004 relatif aux indemnités de petits déplacements et à la valeur de référence conclu dans le cadre des conventions collectives nationales susvisées.

Article 2

L'extension des effets et sanctions de l'accord et de l'avenant susvisés est faite à dater de la publication du présent arrêté pour la durée restant à courir et aux conditions prévues par ledit accord et ledit avenant.

Article 3

Le directeur des relations du travail au ministère de l'emploi, du travail et de la cohésion sociale et le directeur général de la forêt et des affaires rurales au ministère de l'agriculture, de l'alimentation, de la pêche et des affaires rurales sont chargés, chacun en ce qui le concerne, de l'exécution du présent arrêté, qui sera publié au Journal officiel de la République française.
Le ministre de l'emploi, du travail
et de la cohésion sociale,

Nota. - Les textes de l'accord et de l'avenant susvisés ont été publiés au Bulletin officiel du ministère, fascicule conventions collectives n° 2004/25.

ARRETE du 13 septembre 2004

Le ministre de l'emploi, du travail et de la cohésion sociale et le ministre de l'agriculture, de l'alimentation, de la pêche et des affaires rurales,
Vu les articles L. 133-1 et suivants du code du travail ;
Vu les arrêtés du 8 février 1991 et du 15 décembre 1992 portant extension de la convention collective nationale des ouvriers employés par les entreprises du bâtiment visées par le décret du 1er mars 1962 (c'est-à-dire occupant jusqu'à dix salariés) du 8 octobre 1990 et de textes la modifiant ou la complétant ;
Vu l'arrêté du 5 mai 2004 portant extension d'un accord régional (région Rhône-Alpes) conclu dans le cadre de la convention collective nationale susvisée ;
Vu l'accord régional (région Rhône-Alpes) du 5 janvier 2004 relatif aux salaires minima, conclu dans le cadre de la convention collective susvisée ;
Vu la demande d'extension présentée par les organisations signataires ;
Vu les avis publiés au Journal officiel du 20 mars 2004 et du 15 avril 2004 ;
Vu les avis recueillis au cours de l'enquête ;
Vu l'avis motivé de la Commission nationale de la négociation collective (sous-commission des conventions et accords), recueilli suivant la procédure prévue à l'article R. 133-2 du code du travail,

Pour le ministre et par délégation :
Par empêchement du directeur des relations du travail :
Le sous-directeur de la négociation collective,
P. Florentin
Le ministre de l'agriculture, de l'alimentation,
de la pêche et des affaires rurales,
8ZS Pour le ministre et par délégation :
Par empêchement du directeur général
de la forêt et des affaires rurales :
La chef de mission,
S. Villers

Article 1, 2, 3
En vigueur

Article 1er

Sont rendues obligatoires, pour tous les employeurs et tous les salariés compris dans le champ d'application professionnel de la convention collective nationale du 8 octobre 1990 concernant les ouvriers employés par les entreprises du bâtiment visées par le décret du 1er mars 1962 (c'est-à-dire occupant jusqu'à dix salariés), tel que complété par l'avenant n° 1 du 17 mars 1992, et dans son propre champ d'application, les dispositions de l'accord régional (région Rhône-Alpes) du 5 janvier 2004 relatif aux salaires minima, conclu dans le cadre de la convention collective nationale susvisée.

Article 2

L'extension des effets et sanctions de l'accord susvisé est faite à dater de la publication du présent arrêté pour la durée restant à courir et aux conditions prévues par ledit accord.

Article 3

Le directeur des relations du travail au ministère de l'emploi, du travail et de la cohésion sociale et le directeur général de la forêt et des affaires rurales au ministère de l'agriculture, de l'alimentation, de la pêche et des affaires rurales sont chargés, chacun en ce qui le concerne, de l'exécution du présent arrêté, qui sera publié au Journal officiel de la République française.
Le ministre de l'emploi, du travail
et de la cohésion sociale,

Nota. - Le texte de l'accord susvisé a été publié au Bulletin officiel du ministère, fascicule conventions collectives n° 2004/36.

ARRETE du 23 décembre 2004

Le ministre de l'emploi, du travail et de la cohésion sociale et le ministre de l'agriculture, de l'alimentation, de la pêche et de la ruralité,
Vu les articles L. 133-1 et suivants du code du travail ;
Vu les arrêtés des 12 février 1991 et 15 décembre 1992 portant extension de la convention collective nationale des ouvriers employés par les entreprises du bâtiment visées par le décret du 1er mars 1962 (c'est-à-dire occupant jusqu'à dix salariés) du 8 octobre 1990 et d'avenants la complétant ;
Vu l'arrêté du 8 février 1991 portant extension de la convention collective nationale des ouvriers employés par les entreprises du bâtiment non visées par le décret du 1er mars 1962 (c'est-à-dire occupant plus de dix salariés) du 8 octobre 1990 ;
Vu l'accord départemental (Rhône) du 15 mars 2004 relatif aux indemnités de petits déplacements conclu dans le cadre de la convention collective nationale du 8 octobre 1990 concernant les ouvriers employés par les entreprises du bâtiment visées par le décret du 1er mars 1962 (c'est-à-dire occupant jusqu'à dix salariés) ;
Vu l'accord départemental (Rhône) du 15 mars 2004 relatif aux indemnités de petits déplacements conclu dans le cadre de la convention collective nationale du 8 octobre 1990 concernant les ouvriers employés par les entreprises du bâtiment non visées par le décret du 1er mars 1962 (c'est-à-dire occupant plus de dix salariés) ;
Vu la demande d'extension présentée par les organisations signataires ;
Vu les avis publiés au Journal officiel du 25 juillet 2004 et du 23 septembre 2004 ;
Vu les avis recueillis au cours de l'enquête ;
Vu l'avis motivé de la Commission nationale de la négociation collective (sous-commission des conventions et accords), recueilli suivant la procédure prévue à l'article R. 133-2 du code du travail,

Pour le ministre et par délégation :
Par empêchement du directeur des relations du travail :
Le sous-directeur de la négociation collective,
P. Florentin
Le ministre de l'agriculture, de l'alimentation,
de la pêche et de la ruralité,
Pour le ministre et par délégation :
Par empêchement du directeur général
de la forêt et des affaires rurales :
L'ingénieure en chef du génie rural,

des eaux et des forêts,
V. Metrich-Hecquet

Article 1, 2, 3
En vigueur

Article 1er

Sont rendues obligatoires, pour tous les employeurs et tous les salariés compris dans le champ d'application professionnel de la convention collective nationale du 8 octobre 1990 des ouvriers employés par les entreprises du bâtiment visées par le décret du 1er mars 1962 (c'est-à-dire occupant jusqu'à dix salariés), tel que complété par l'avenant n° 1 du 17 mars 1992, et dans celui de la convention collective nationale du 8 octobre 1990 des ouvriers employés par les entreprises du bâtiment non visées par le décret du 1er mars 1962 (c'est-à-dire occupant plus de dix salariés), tel qu'étendu par l'arrêté du 8 février 1991, et dans leur propre champ d'application, les dispositions de :

- l'accord départemental (Rhône) du 15 mars 2004 relatif aux indemnités de petits déplacements conclu dans le cadre de la convention collective nationale du 8 octobre 1990 concernant les ouvriers employés par les entreprises du bâtiment visées par le décret du 1er mars 1962 (c'est-à-dire occupant jusqu'à dix salariés) ;

- l'accord départemental (Rhône) du 15 mars 2004 relatif aux indemnités de petits déplacements conclu dans le cadre de la convention collective nationale du 8 octobre 1990 concernant les ouvriers employés par les entreprises du bâtiment non visées par le décret du 1er mars 1962 (c'est-à-dire occupant plus de dix salariés).

Article 2

L'extension des effets et sanctions des accords susvisés est faite à dater de la publication du présent arrêté pour la durée restant à courir et aux conditions prévues par lesdits accords.

Article 3

Le directeur des relations du travail au ministère de l'emploi, du travail et de la cohésion sociale et le directeur général de la forêt et des affaires rurales au ministère de l'agriculture, de l'alimentation, de la pêche et de la ruralité sont chargés, chacun en ce qui le concerne, de l'exécution du présent arrêté, qui sera publié au Journal officiel de la République française.
Le ministre de l'emploi, du travail
et de la cohésion sociale,

Nota. - Les textes des accords susvisés ont été publiés au Bulletin officiel du ministère, fascicules conventions collectives n° 2004/27 (pour l'accord relatif aux entreprises occupant jusqu'à dix salariés) et n° 2004/28 (pour l'accord relatif aux entreprises occupant plus de dix salariés).

ARRETE du 23 décembre 2004

Le ministre de l'emploi, du travail et de la cohésion sociale et le ministre de l'agriculture, de l'alimentation, de la pêche et de la ruralité,
Vu les articles L. 133-1 et suivants du code du travail ;
Vu l'arrêté du 8 février 1991 portant extension de la convention collective nationale du 8 octobre 1990 concernant les ouvriers employés par les entreprises du bâtiment non visées par le décret du 1er mars 1962 (c'est-à-dire occupant plus de dix salariés) ;
Vu les arrêtés du 12 février 1991 et du 15 décembre 1992 portant extension de la convention collective nationale du 8 octobre 1990 des ouvriers employés dans les entreprises du bâtiment visées par le décret du 1er mars 1962 (c'est-à-dire occupant jusqu'à dix salariés) et d'avenants la modifiant ou la complétant ;
Vu l'arrêté du 24 novembre 2003 portant extension d'un accord départemental (Ain) du 27 février 2003 conclu dans le cadre des conventions collectives nationales susvisées ;
Vu l'accord départemental (Ain) du 26 février 2004 relatif aux indemnités de déplacement conclu dans le cadre des conventions collectives nationales susvisées ;
Vu la demande d'extension présentée par les organisations signataires ;
Vu les avis publiés au Journal officiel du 24 septembre 2004 et du 23 octobre 2004 ;
Vu les avis recueillis au cours de l'enquête ;
Vu l'avis motivé de la Commission nationale de la négociation collective (sous-commission des conventions et accords), recueilli suivant la procédure prévue à l'article R. 133-2 du code du travail,

Pour le ministre et par délégation :
Par empêchement du directeur des relations du travail :
Le sous-directeur de la négociation collective,
P. Florentin
Le ministre de l'agriculture, de l'alimentation,
de la pêche et de la ruralité,
Pour le ministre et par délégation :
Par empêchement du directeur général
de la forêt et des affaires rurales :
L'ingénieure en chef du génie rural,
des eaux et des forêts,
V. Metrich-Hecquet

Article 1, 2, 3
En vigueur

Article 1er

Sont rendues obligatoires, pour tous les employeurs et tous les salariés compris dans le champ d'application professionnel de la convention collective nationale du 8 octobre 1990 des ouvriers employés par les entreprises du bâtiment non visées par le décret du 1er mars 1962 (c'est-à-dire occupant plus de dix salariés), tel qu'étendu par arrêté du 8 février 1991, et de la convention collective nationale du 8 octobre 1990 des ouvriers employés par les entreprises du bâtiment visées par le décret du 1er mars 1962 (c'est-à-dire occupant jusqu'à dix salariés), tel que complété par l'avenant n° 1 du 17 mars 1992, et dans son propre champ d'application territorial, les dispositions de l'accord départemental (Ain) du 26 février 2004 relatif aux indemnités de déplacement conclu dans le cadre des conventions collectives nationales susvisées.

Article 2

L'extension des effets et sanctions de l'accord susvisé est faite à dater de la publication du présent arrêté pour la durée restant à courir et aux conditions prévues par ledit accord.

Article 3

Le directeur des relations du travail au ministère de l'emploi, du travail et de la cohésion sociale et le directeur général de la forêt et des affaires rurales au ministère de l'agriculture, de l'alimentation, de la pêche et de la ruralité sont chargés, chacun en ce qui le concerne, de l'exécution du présent arrêté, qui sera publié au Journal officiel de la République française.
Le ministre de l'emploi, du travail
et de la cohésion sociale,

Nota. - Le texte de l'accord susvisé a été publié au Bulletin officiel du ministère, fascicule conventions collectives n° 2004/40.

ARRETE du 23 décembre 2004

Le ministre de l'emploi, du travail et de la cohésion sociale et le ministre de l'agriculture, de l'alimentation, de la pêche et de la ruralité,
Vu les articles L. 133-1 et suivants du code du travail ;
Vu l'arrêté du 8 février 1991 portant extension de la convention collective nationale du 8 octobre 1990 des ouvriers employés par les entreprises du bâtiment non visées par le décret du 1er mars 1962 (c'est-à-dire occupant plus de dix salariés) ;
Vu les arrêtés des 12 février 1991 et les arrêtés successifs, notamment l'arrêté du 24 mai 2004, portant extension de la convention collective nationale du 18 octobre 1990 des ouvriers employés par les entreprises du bâtiment visées par le décret du 1er mars 1962 (c'est-à-dire occupant jusqu'à dix salariés) et d'avenants la complétant ;
Vu l'arrêté du 8 juillet 1994 portant extension de la convention collective des ouvriers du bâtiment de la région Basse-Normandie du 9 février 1994 conclue dans le cadre des conventions collectives nationales susvisées ;
Vu l'avenant n° 5 du 13 mai 2004 relatif à la prime d'outillage, à la convention collective régionale susvisée ;
Vu l'avenant n° 6 du 13 mai 2004 relatif à l'indemnisation des petits déplacements à la convention collective régionale susvisée ;
Vu l'accord de salaires n° 11 du 13 mai 2004 conclu dans le cadre de la convention collective régionale susvisée ;
Vu la demande d'extension présentée par les organisations syndicales signataires ;
Vu les avis publiés au Journal officiel du 8 août 2004 et du 25 septembre 2004 ;
Vu les avis recueillis au cours de l'enquête ;
Vu l'avis motivé de la Commission nationale de la négociation collective (sous-commission des conventions et accords), recueilli suivant la procédure prévue à l'article R. 133-2 du code du travail,

Pour le ministre et par délégation :
Par empêchement du directeur des relations du travail :
Le sous-directeur de la négociation collective,
P. Florentin
Le ministre de l'agriculture, de l'alimentation,
de la pêche et de la ruralité,
Pour le ministre et par délégation :
Par empêchement du directeur général
de la forêt et des affaires rurales :
L'ingénieure en chef du génie rural,
des eaux et des forêts,
V. Metrich-Hecquet

Article 1, 2, 3
En vigueur

Article 1er

Sont rendues obligatoires, pour tous les employeurs et tous les salariés compris dans le champ d'application professionnel de la convention collective nationale du 8 octobre 1990 concernant les ouvriers employés par les entreprises du bâtiment visées par le décret du 1er mars 1962 (c'est-à-dire occupant jusqu'à dix salariés), tel que complété par l'avenant n° 1 du 17 mars 1992, et de la convention collective nationale des ouvriers employés par les entreprises du bâtiment non visées par le décret du 1er mars 1962 (c'est-à-dire occupant plus de dix salariés), tel qu'étendu par l'arrêté du 8 février 1991, et dans le champ d'application territorial de la convention collective des ouvriers du bâtiment de la région Basse-Normandie du 9 février 1994, les dispositions de :

- l'avenant n° 5 du 13 mai 2004 relatif à la prime d'outillage à la convention collective régionale susvisée.

- l'avenant n° 6 du 13 mai 2004 relatif à l'indemnisation des petits déplacements à la convention collective régionale susvisée.

- l'accord de salaires n° 11 du 13 mai 2004 conclu dans le cadre de la convention collective régionale susvisée sous réserve de l'application des dispositions de l'article 32 de la loi n° 2000-37 du 19 janvier 2000 modifiée instaurant une garantie mensuelle de rémunération.

Article 2

L'extension des effets et sanctions des accords susvisés est faite à dater de la publication du présent arrêté pour la durée restant à courir et aux conditions prévues par lesdits accords.

Article 3

Le directeur des relations du travail au ministère de l'emploi, du travail et de la cohésion sociale et le directeur général de la forêt et des affaires rurales au ministère de l'agriculture, de l'alimentation, de la pêche et de la ruralité sont chargés, chacun en ce qui le concerne, de l'exécution du présent arrêté, qui sera publié au Journal officiel de la République française.
Le ministre de l'emploi, du travail
et de la cohésion sociale,

Nota. - Le texte des accords susvisés a été publié au Bulletin officiel du ministère, fascicule conventions collectives n° 2004/30.

ARRETE du 23 décembre 2004

Le ministre de l'emploi, du travail et de la cohésion sociale et le ministre de l'agriculture, de l'alimentation, de la pêche et de la ruralité,
Vu les articles L. 133-1 et suivants du code du travail ;
Vu les arrêtés des 12 février 1991 et 15 décembre 1992 portant extension de la convention collective nationale du 8 octobre 1990 des ouvriers employés par les entreprises du bâtiment visées par le décret du 1er mars 1962 (c'est-à-dire occupant jusqu'à dix salariés) et d'avenants la complétant ;
Vu l'arrêté du 8 février 1991 portant extension de la convention collective nationale du 8 octobre 1990 des ouvriers employés par les entreprises du bâtiment non visées par le décret du 1er mars 1962 (c'est-à-dire occupant plus de dix salariés) ;
Vu l'arrêté du 5 juillet 1991 et les arrêtés successifs, notamment l'arrêté du 27 juillet 2004, portant extension d'un accord régional (Lorraine), conclu dans le cadre des conventions collectives susvisées ;
Vu l'accord régional de salaires (Lorraine) du 7 avril 2004 conclu dans le cadre des conventions collectives nationales susvisées ;
Vu la demande d'extension présentée par les organisations signataires ;
Vu les avis publiés au Journal officiel du 8 août 2004 et du 25 septembre 2004 ;
Vu les avis recueillis au cours de l'enquête ;
Vu l'avis motivé de la Commission nationale de la négociation collective (sous-commission des conventions et accords), recueilli suivant la procédure prévue à l'article R. 133-2 du code du travail,

Pour le ministre et par délégation :
Par empêchement du directeur des relations du travail :
Le sous-directeur de la négociation collective,
P. Florentin
Le ministre de l'agriculture, de l'alimentation,
de la pêche et de la ruralité,
Pour le ministre et par délégation :
Par empêchement du directeur général
de la forêt et des affaires rurales :
L'ingénieure en chef du génie rural,
des eaux et des forêts,
V. Metrich-Hecquet

Article 1, 2, 3
En vigueur

Article 1er

Sont rendues obligatoires, pour tous les employeurs et tous les salariés compris dans le champ d'application professionnel de la convention collective nationale du 8 octobre 1990 des ouvriers employés par les entreprises du bâtiment visées par le décret du 1er mars 1962 (c'est-à-dire occupant jusqu'à dix salariés), tel que complété par l'avenant n° 1 du 17 mars 1992, et dans celui de la convention collective nationale du 8 octobre 1990 des ouvriers employés par les entreprises du bâtiment non visées par le décret du 1er mars 1962 (c'est-à-dire occupant plus de dix salariés), tel qu'étendu par l'arrêté du 8 février 1991, et dans son propre champ d'application, les dispositions de l'accord régional salaires (Lorraine) du 7 avril 2004 conclu dans le cadre des conventions collectives nationales susvisées sous réserve, d'une part, de l'application des dispositions de l'article 32 de la loi n° 2000-37 du 19 janvier 2000 modifiée instaurant une garantie mensuelle de rémunération et, d'autre part, des dispositions réglementaires portant fixation du salaire minimum interprofessionnel de croissance.

Article 2

L'extension des effets et sanctions de l'accord susvisé est faite à dater de la publication du présent arrêté pour la durée restant à courir et aux conditions prévues par ledit accord.

Article 3

Le directeur des relations du travail au ministère de l'emploi, du travail et de la cohésion sociale et le directeur général de la forêt et des affaires rurales au ministère de l'agriculture, de l'alimentation, de la pêche et de la ruralité sont chargés, chacun en ce qui le concerne, de l'exécution du présent arrêté, qui sera publié au Journal officiel de la République française.
Le ministre de l'emploi, du travail
et de la cohésion sociale,

Nota. - Le texte de l'accord susvisé a été publié au Bulletin officiel du ministère, fascicule conventions collectives n° 2004/30.

ARRETE du 13 janvier 2005

Le ministre de l'emploi, du travail et de la cohésion sociale et le ministre de l'agriculture, de l'alimentation, de la pêche et de la ruralité,
Vu les articles L. 133-1 et suivants du code du travail ;
Vu l'arrêté du 8 février 1991 portant extension de la convention collective nationale du 8 octobre 1990 des ouvriers employés par les entreprises du bâtiment non visées par le décret du 1er mars 1962 (c'est-à-dire occupant plus de dix salariés) ;
Vu les arrêtés des 12 février 1991 et 15 décembre 1992 portant extension de la convention collective nationale du 8 octobre 1990 des ouvriers employés par les entreprises du bâtiment visées par le décret du 1er mars 1962 (c'est-à-dire occupant jusqu'à dix salariés) et d'avenants la complétant ;
Vu l'arrêté du 26 juin 2003 portant extension d'accords régionaux (Limousin) conclus dans le cadre des conventions collectives nationales susvisées ;
Vu l'accord régional (Limousin) du 17 septembre 2004 (indemnité de repas) conclu dans le cadre des conventions collectives nationales susvisées ;
Vu la demande d'extension présentée par les organisations signataires ;
Vu les avis publiés au Journal officiel des 5 novembre et 18 décembre 2004 ;
Vu les avis recueillis au cours de l'enquête ;
Vu l'avis motivé de la Commission nationale de la négociation collective (sous-commission des conventions et accords), recueilli suivant la procédure prévue à l'article R. 133-2 du code du travail,

Pour le ministre et par délégation :
Par empêchement du directeur des relations du travail :
L'administratrice civile,
A. Bréaud
Le ministre de l'agriculture, de l'alimentation,
de la pêche et de la ruralité,
Pour le ministre et par délégation :
Par empêchement du directeur général
de la forêt et des affaires rurales :
L'ingénieure en chef du génie rural,
des eaux et des forêts,
V. Metrich-Hecquet

Article 1, 2, 3
En vigueur

Article 1er

Sont rendues obligatoires, pour tous les employeurs et tous les salariés compris dans le champ d'application professionnel de la convention collective nationale du 8 octobre 1990 des ouvriers employés par les entreprises du bâtiment visées par le décret du 1er mars 1962 (c'est-à-dire occupant jusqu'à dix salariés), tel que complété par l'avenant n° 1 du 17 mars 1992, et dans celui de la convention collective nationale du 8 octobre 1990 des ouvriers employés par les entreprises du bâtiment non visées par le décret du 1er mars 1962 (c'est-à-dire occupant plus de dix salariés), tel qu'étendu par arrêté, et dans son propre champ d'application territorial, les dispositions de l'accord régional (Limousin) du 17 septembre 2004 (indemnité de repas) conclu dans le cadre des conventions collectives nationales susvisées.

Article 2

L'extension des effets et sanctions de l'accord susvisé est faite à dater de la publication du présent arrêté pour la durée restant à courir et aux conditions prévues par ledit accord.

Article 3

Le directeur des relations du travail au ministère de l'emploi, du travail et de la cohésion sociale et le directeur général de la forêt et des affaires

rurales au ministère de l'agriculture, de l'alimentation, de la pêche et de la ruralité sont chargés, chacun en ce qui le concerne, de l'exécution du présent arrêté, qui sera publié au Journal officiel de la République française.
Le ministre de l'emploi, du travail
et de la cohésion sociale,

Nota. - Le texte de l'accord susvisé a été publié au Bulletin officiel du ministère, fascicule conventions collectives n° 2004/42.

ARRETE du 26 janvier 2005

Le ministre de l'emploi, du travail et de la cohésion sociale et le ministre de l'agriculture, de l'alimentation, de la pêche et de la ruralité,
Vu les articles L. 133-1 et suivants du code du travail ;
Vu les arrêtés des 12 février 1991 et 15 décembre 1992 portant extension de la convention collective nationale du 8 octobre 1990 concernant les ouvriers employés par les entreprises du bâtiment visées par le décret du 1er mars 1962 (c'est-à-dire occupant jusqu'à dix salariés) et d'avenants la complétant ;
Vu l'arrêté du 18 décembre 2003 portant extension d'un accord régional (Centre) conclu dans le cadre de la convention collective nationale susvisée ;
Vu l'accord régional (Centre) du 4 mai 2004 sur les salaires minima conclu dans le cadre de la convention collective nationale susvisée ;
Vu l'accord régional (Centre) du 4 mai 2004 sur les indemnités de petits déplacements conclu dans le cadre de la convention collective nationale susvisée ;
Vu la demande d'extension présentée par les organisations signataires ;
Vu les avis publiés au Journal officiel des 20 juillet 2004 et 18 décembre 2004 ;
Vu les avis recueillis au cours de l'enquête ;
Vu l'avis motivé de la Commission nationale de la négociation collective (sous-commission des conventions et accords), recueilli suivant la procédure prévue à l'article R. 133-2 du code du travail,

Pour le ministre et par délégation :
Par empêchement du directeur des relations du travail :
Le sous-directeur de la négociation collective,
P. Florentin
Le ministre de l'agriculture, de l'alimentation,
de la pêche et de la ruralité,
Pour le ministre et par délégation :
Par empêchement du directeur général
de la forêt et des affaires rurales :
L'ingénieure en chef du génie rural,
des eaux et des forêts,
V. Metrich-Hecquet

Article 1, 2, 3
En vigueur

Article 1er

Sont rendues obligatoires, pour tous les employeurs et tous les salariés compris dans le champ d'application professionnel de la convention collective nationale du 8 octobre 1990 des ouvriers employés par les entreprises du bâtiment visées par le décret du 1er mars 1962 (c'est-à-dire occupant jusqu'à dix salariés) tel que complété par l'avenant n° 1 du 17 mars 1992, et dans son propre champ d'application, les dispositions de :

- l'accord régional (Centre) du 4 mai 2004 sur les salaires minima conclu dans le cadre de la convention collective nationale susvisée sous réserve, d'une part, de l'application des dispositions de l'article 32 de la loi n° 2000-37 du 19 janvier 2000 modifiée instaurant une garantie mensuelle de rémunération et, d'autre part, sous réserve des dispositions réglementaires portant fixation du salaire minimum interprofessionnel de croissance ;

- l'accord régional (Centre) du 4 mai 2004 sur les indemnités de petits déplacements conclu dans le cadre de la convention collective nationale susvisée.

Article 2

L'extension des effets et sanctions des accords susvisés est faite à dater de la publication du présent arrêté pour la durée restant à courir et aux conditions prévues par lesdits accords.

Article 3

Le directeur des relations du travail au ministère de l'emploi, du travail et de la cohésion sociale et le directeur général de la forêt et des affaires rurales au ministère de l'agriculture, de l'alimentation, de la pêche et de la ruralité sont chargés, chacun en ce qui le concerne, de l'exécution du présent arrêté, qui sera publié au Journal officiel de la République française.
Le ministre de l'emploi, du travail
et de la cohésion sociale,

Nota. - Les textes des accords susvisés ont été publiés au Bulletin officiel du ministère, fascicules conventions collectives n° 2004/26 (accord relatif aux salaires minima) et n° 2004/27 (accord relatif aux indemnités de petits déplacements).

ARRETE du 7 février 2005

Le ministre de l'emploi, du travail et de la cohésion sociale et le ministre de l'agriculture, de l'alimentation, de la pêche et de la ruralité,
Vu les articles L. 133-1 et suivants du code du travail ;
Vu les arrêtés des 12 février 1991 et 15 décembre 1992 portant extension de la convention collective nationale du 8 octobre 1990 des ouvriers employés par les entreprises du bâtiment visées par le décret du 1er mars 1962 (c'est-à-dire occupant jusqu'à dix salariés), et d'avenants la complétant ;
Vu l'arrêté du 8 février 1991 portant extension de la convention collective nationale du 8 octobre 1990 des ouvriers employés par les entreprises du bâtiment non visées par le décret du 1er mars 1962 (c'est-à-dire occupant plus de dix salariés) ;
Vu l'arrêté du 18 décembre 2003 portant extension d'un accord départemental (Vendée) conclu dans le cadre des conventions collectives nationales susvisées ;
Vu l'accord départemental (Vendée) du 28 septembre 2004 (Indemnités de petits déplacements) conclu dans le cadre des conventions collectives nationales susvisées ;
Vu la demande d'extension présentée par les organisations signataires ;
Vu les avis publiés au Journal officiel du 26 novembre 2004 et du 19 janvier 2005 ;
Vu les avis recueillis au cours de l'enquête ;
Vu l'avis motivé de la Commission nationale de la négociation collective (sous-commission des conventions et accords), recueilli suivant la procédure prévue à l'article R. 133-2 du code du travail,

Pour le ministre et par délégation :
Par empêchement du directeur des relations du travail :
Le sous-directeur de la négociation collective,
P. Florentin
Le ministre de l'agriculture, de l'alimentation,
de la pêche et de la ruralité,
Pour le ministre et par délégation :
Par empêchement du directeur général
de la forêt et des affaires rurales :
L'ingénieure en chef du génie rural,
des eaux et des forêts,
V. Metrich-Hecquet

Article 1, 2, 3
En vigueur

Article 1er

Sont rendues obligatoires, pour tous les employeurs et tous les salariés compris dans le champ d'application professionnel de la convention collective nationale du 8 octobre 1990 des ouvriers employés par les entreprises du bâtiment non visées par le décret du 1er mars 1962 (c'est-à-dire occupant jusqu'à dix salariés), tel qu'étendu par arrêté du 8 février 1991, et de la convention collective nationale du 8 octobre 1990 des ouvriers employés par les entreprises du bâtiment visées par le décret du 1er mars 1962 (c'est-à-dire occupant jusqu'à dix salariés), telle que modifiée par l'avenant n° 1 du 17 mars 1992, et dans son propre champ d'application, les dispositions de l'accord départemental (Vendée) du 28 septembre 2004 (Indemnités de petits déplacements) conclu dans le cadre des conventions collectives nationales susvisées.

Article 2

L'extension des effets et sanctions de l'accord susvisé est faite à dater de la publication du présent arrêté pour la durée restant à courir et aux conditions prévues par ledit accord.

Article 3

Le directeur des relations du travail au ministère de l'emploi, du travail et de la cohésion sociale et le directeur général de la forêt et des affaires rurales au ministère de l'agriculture, de l'alimentation, de la pêche et de la ruralité sont chargés, chacun en ce qui le concerne, de l'exécution du présent arrêté, qui sera publié au Journal officiel de la République française.
Le ministre de l'emploi, du travail
et de la cohésion sociale,

Nota. - Le texte de l'accord susvisé a été publié au Bulletin officiel du ministère, fascicule conventions collectives n° 2004/44.

ARRETE du 7 février 2005

Le ministre de l'emploi, du travail et de la cohésion sociale et le ministre de l'agriculture, de l'alimentation, de la pêche et de la ruralité,
Vu les articles L. 133-1 et suivants du code du travail ;
Vu les arrêtés des 12 février 1991 et 15 décembre 1992 portant extension de la convention collective nationale du 8 octobre 1990 concernant les ouvriers employés par les entreprises du bâtiment visées par le décret du 1er mars 1962 (c'est-à-dire occupant jusqu'à dix salariés) et d'avenants la complétant ;
Vu l'arrêté du 24 octobre 2003 portant extension d'accords régionaux (Poitou-Charentes) conclus dans le cadre de la convention collective nationale

susvisée ;
Vu l'accord régional (Poitou-Charentes) du 9 juillet 2004 portant sur les salaires minima conclu dans le cadre de la convention collective nationale susvisée ;
Vu l'accord régional (Poitou-Charentes) du 9 juillet 2004 portant sur les indemnités de petits déplacements conclu dans le cadre de la convention collective nationale susvisée ;
Vu la demande d'extension présentée par les organisations signataires ;
Vu les avis publiés au Journal officiel du 19 août 2004 et du 20 janvier 2005 ;
Vu les avis recueillis au cours de l'enquête ;
Vu l'avis motivé de la Commission nationale de la négociation collective (sous-commission des conventions et accords), recueilli selon la procédure prévue à l'article R. 133-2 du code du travail,

Pour le ministre et par délégation :
Par empêchement du directeur des relations du travail :
Le sous-directeur de la négociation collective,
P. Florentin
Le ministre de l'agriculture, de l'alimentation,
de la pêche et de la ruralité,
Pour le ministre et par délégation :
L'ingénieure en chef du génie rural,
des eaux et des forêts,
V. Metrich-Hecquet

Article 1, 2, 3
En vigueur

Article 1er

Sont rendues obligatoires, pour tous les employeurs et tous les salariés compris dans le champ d'application professionnel de la convention collective nationale du 8 octobre 1990 concernant les ouvriers employés par les entreprises du bâtiment visées par le décret du 1er mars 1962 (c'est-à-dire occupant jusqu'à dix salariés), tel que modifié par l'avenant n° 1 du 17 mars 1992, et dans son propre champ d'application, les dispositions de :

- l'accord régional (Poitou-Charentes) du 9 juillet 2004 portant sur les salaires minima conclu dans le cadre de la convention collective nationale susvisée, sous réserve de l'application des dispositions de l'article 32 de la loi n° 2000-37 du 19 janvier 2000 modifiée instaurant une garantie mensuelle de rémunération ;

- l'accord régional (Poitou-Charentes) du 9 juillet 2004 portant sur les indemnités de petits déplacements conclu dans le cadre de la convention collective nationale susvisée.

Article 2

L'extension des effets et sanctions des accords susvisés est faite à dater de la publication du présent arrêté pour la durée restant à courir et aux conditions prévues par lesdits accords.

Article 3

Le directeur des relations du travail au ministère de l'emploi, du travail et de la cohésion sociale et le directeur général de la forêt et des affaires rurales au ministère de l'agriculture, de l'alimentation, de la pêche et de la ruralité sont chargés, chacun en ce qui le concerne, de l'exécution du présent arrêté, qui sera publié au Journal officiel de la République française.
Le ministre de l'emploi, du travail
et de la cohésion sociale,

Nota. - Les textes des accords susvisés ont été publiés au Bulletin officiel du ministère, fascicule conventions collectives n° 2004/33.

ARRETE du 11 mars 2005

Le ministre de l'emploi, du travail et de la cohésion sociale et le ministre de l'agriculture, de l'alimentation, de la pêche et de la ruralité,
Vu les articles L. 133-1 et suivants du code du travail ;
Vu les arrêtés du 8 février 1991 et du 15 décembre 1992 portant extension de la convention collective nationale du 8 octobre 1990 concernant les ouvriers employés par les entreprises du bâtiment visées par le décret du 1er mars 1962 (c'est-à-dire occupant jusqu'à dix salariés) et d'avenants la complétant ;
Vu l'arrêté du 7 janvier 2003 portant extension d'un accord régional (Auvergne) conclu dans le cadre de la convention collective susvisée ;
Vu l'accord régional (Auvergne) du 2 novembre 2004 (salaires minima) conclu dans le cadre de la convention collective susvisée ;
Vu l'accord régional (Auvergne) du 2 novembre 2004 (indemnités de repas et de petits déplacements) conclu dans le cadre de la convention collective susvisée ;
Vu la demande d'extension présentée par les organisations signataires ;
Vu les avis publiés au Journal officiel du 26 décembre 2004 et du 20 janvier 2005 ;
Vu les avis recueillis au cours de l'enquête ;
Vu l'avis motivé de la Commission nationale de la négociation collective (sous-commission des conventions et accords), recueilli suivant la

procédure prévue à l'article R. 133-2 du code du travail,

Pour le ministre et par délégation :
Par empêchement du directeur des relations du travail :
L'administratrice civile,
A. Breaud
Le ministre de l'agriculture, de l'alimentation,
de la pêche et de la ruralité,
Pour le ministre et par délégation :
Le directeur général de la forêt
et des affaires rurales,
A. Moulinier

Article 1, 2, 3
En vigueur

Article 1er

Sont rendues obligatoires, pour tous les employeurs et tous les salariés compris dans le champ d'application professionnel de la convention collective du 8 octobre 1990 concernant les ouvriers employés par les entreprises du bâtiment visées par le décret du 1er mars 1962 (c'est-à-dire occupant jusqu'à dix salariés), tel que modifié par l'avenant n° 1 du 17 mars 1992, dans leur propre champ d'application territorial, les dispositions :

- de l'accord régional (Auvergne) du 2 novembre 2004 (salaires minima) conclu dans le cadre de la convention collective susvisée sous réserve de l'application des dispositions réglementaires portant fixation du salaire minimum interprofessionnel de croissance et des dispositions de l'article 32 de la loi n° 2000-37 du 19 janvier 2000 modifiée instaurant une garantie de rémunération mensuelle ;

- de l'accord régional (Auvergne) du 2 novembre 2004 (indemnités de repas et de petits déplacements) conclu dans le cadre de la convention collective susvisée.

Article 2

L'extension des effets et sanctions des accords susvisés est faite à dater de la publication du présent arrêté pour la durée restant à courir et aux conditions prévues par lesdits accords.

Article 3

Le directeur des relations du travail au ministère des affaires sociales, du travail et de la solidarité et le directeur général de la forêt et des affaires rurales au ministère de l'agriculture, de l'alimentation, de la pêche et de la ruralité sont chargés, chacun en ce qui le concerne, de l'exécution du présent arrêté, qui sera publié au Journal officiel de la République française.
Le ministre de l'emploi, du travail
et de la cohésion sociale,

Nota. - Le texte des accords susvisés a été publié au Bulletin officiel du ministère, fascicule conventions collectives n° 2004/51.

ARRETE du 1 avril 2005

Le ministre de l'emploi, du travail et de la cohésion sociale et le ministre de l'agriculture, de l'alimentation, de la pêche et de la ruralité,
Vu les articles L. 133-1 et suivants du code du travail ;
Vu les arrêtés du 12 février 1991 et du 15 décembre 1992 portant extension de la convention collective nationale du 8 octobre 1990 concernant les ouvriers employés par les entreprises du bâtiment visées par le décret du 1er mars 1962 (c'est-à-dire occupant jusqu'à dix salariés) et d'avenants la complétant ;
Vu l'arrêté du 8 février 1991 portant extension de la convention collective nationale du 8 octobre 1990 concernant les ouvriers employés par les entreprises du bâtiment non visées par le décret du 1er mars 1962 (c'est-à-dire occupant plus de dix salariés) ;
Vu l'arrêté du 18 mai 2004 portant extension de deux accords interdépartementaux (Loire-Atlantique, Maine-et-Loire, Mayenne, Sarthe, Vendée) conclus dans le cadre des conventions collectives susvisées ;
Vu l'accord interdépartemental (Loire-Atlantique, Maine-et-Loire, Mayenne, Sarthe, Vendée) du 14 septembre 2004 relatif aux salaires minima conclu dans le cadre des conventions collectives susvisées ;
Vu la demande d'extension présentée par les organisations signataires ;
Vu les avis publiés au Journal officiel des 12 janvier 2005 et 25 février 2005 ;
Vu les avis recueillis au cours de l'enquête ;
Vu l'avis motivé de la Commission nationale de la négociation collective (sous-commission des conventions et accords), recueilli suivant la procédure prévue à l'article R. 133-2 du code du travail,

Le ministre de l'emploi, du travail et de la cohésion sociale,
Pour le ministre et par délégation :
Par empêchement du directeur des relations du travail :
Le sous-directeur de la négociation collective,
P. Florentin
Le ministre de l'agriculture, de l'alimentation,

de la pêche et de la ruralité,
Pour le ministre et par délégation :
Le directeur général de la forêt et des affaires rurales,
A. Moulinier

Article 1, 2, 3
En vigueur

Article 1er

Sont rendues obligatoires, pour tous les employeurs et tous les salariés compris dans le champ d'application professionnel de la convention collective nationale du 8 octobre 1990 concernant les ouvriers employés par les entreprises du bâtiment visées par le décret du 1er mars 1962 (c'est-à-dire occupant jusqu'à dix salariés), tel que complété par l'avenant n° 1 du 17 mars 1992, et dans celui de la convention collective nationale du 8 octobre 1990 concernant les ouvriers employés par les entreprises du bâtiment non visées par le décret du 1er mars 1962 (c'est-à-dire occupant plus de dix salariés), tel qu'étendu par arrêté du 8 février 1991 et dans son propre champ d'application territorial, les dispositions de l'accord interdépartemental (Loire-Atlantique, Maine-et-Loire, Mayenne, Sarthe, Vendée) du 14 septembre 2004 relatif aux salaires minima conclu dans le cadre des conventions collectives susvisées, sous réserve de l'application des dispositions de l'article 32 de la loi n° 2000-37 du 19 janvier 2000 modifiée instaurant une garantie de rémunération mensuelle.

Article 2

L'extension des effets et sanctions de l'accord susvisé est faite à dater de la publication du présent arrêté pour la durée restant à courir et aux conditions prévues par ledit accord.

Article 3

Le directeur des relations du travail au ministère de l'emploi, du travail et de la cohésion sociale et le directeur général de la forêt et des affaires rurales au ministère de l'agriculture, de l'alimentation, de la pêche et de la ruralité sont chargés, chacun en ce qui le concerne, de l'exécution du présent arrêté, qui sera publié au Journal officiel de la République française.

Nota. - Le texte de l'accord susvisé a été publié au Bulletin officiel du ministère, fascicule conventions collectives n° 2004/47.

ARRETE du 18 avril 2005

Le ministre de l'emploi, du travail et de la cohésion sociale et le ministre de l'agriculture, de l'alimentation, de la pêche et de la ruralité,
Vu les articles L. 133-1 et suivants du code du travail ;
Vu l'arrêté du 13 janvier 2005 portant extension d'un accord régional (Limousin) conclu dans le cadre des conventions collectives nationales susvisées ;
Vu l'arrêté du 8 février 1991 portant extension de la convention collective nationale du 8 octobre 1990 des ouvriers employés par les entreprises du bâtiment non visées par le décret du 1er mars 1962 (c'est-à-dire occupant plus de dix salariés) ;
Vu les arrêtés des 12 février 1991 et 15 décembre 1992 portant extension de la convention collective nationale du 8 octobre 1990 des ouvriers employés par les entreprises du bâtiment visées par le décret du 1er mars 1962 (c'est-à-dire occupant jusqu'à dix salariés) et d'avenants la complétant ;
Vu l'accord régional (Limousin) du 10 janvier 2005 relatif aux salaires minima des ouvriers et ETAM conclu dans le cadre des conventions collectives nationales susvisées ;
Vu l'accord régional (Limousin) du 10 janvier 2005 relatif aux indemnités de petits déplacements des ouvriers conclu dans le cadre des conventions collectives nationales susvisées ;
Vu l'accord régional (Limousin) du 10 janvier 2005 relatif aux primes conventionnelle et à la prime d'outillages conclu dans le cadre des conventions collectives nationales susvisées ;
Vu les demandes d'extension présentées par les organisations signataires ;
Vu les avis publiés au Journal officiel du 22 février et du 22 mars 2005 ;
Vu les avis recueillis au cours de l'enquête ;
Vu l'avis motivé de la Commission nationale de la négociation collective (sous-commission des conventions et accords), recueilli suivant la procédure prévue à l'article R. 133-2 du code du travail,

Le ministre de l'emploi, du travail et de la cohésion sociale,
Pour le ministre et par délégation :
Par empêchement du directeur des relations du travail :
Le sous-directeur de la négociation collective,
P. Florentin
Le ministre de l'agriculture, de l'alimentation,
de la pêche et de la ruralité,
Pour le ministre et par délégation :
Le directeur général de la forêt
et des affaires rurales,
A. Moulinier

Article 1, 2, 3
En vigueur

Article 1er

Sont rendues obligatoires, pour tous les employeurs et tous les salariés compris dans le champ d'application professionnel de la convention collective nationale du 8 octobre 1990 des ouvriers employés par les entreprises du bâtiment visées par le décret du 1er mars 1962 (c'est-à-dire occupant jusqu'à dix salariés), tel que complété par l'avenant n° 1 du 17 mars 1992, et dans celui de la convention collective nationale du 8 octobre 1990 des ouvriers employés par les entreprises du bâtiment non visées par le décret du 1er mars 1962 (c'est-à-dire occupant plus de dix salariés), tel qu'étendu par l'arrêté du 8 février 1991, et dans son propre champ d'application territorial, les dispositions :

- de l'accord régional (Limousin) du 10 janvier 2005 relatif aux salaires minima des ouvriers et ETAM conclu dans le cadre des conventions collectives nationales susvisées, à l'exclusion :

- des termes : " et ETAM " du titre ;

- des termes : " et ETAM " mentionnés à l'article 1er ;

- des termes : " et ETAM " mentionnés à l'article 2 ;

- de l'article 5 (Barème des appointements ETAM).

Le barème des salaires " ouvriers " défini à l'article 2 est étendu sous réserve de l'application des dispositions de l'article 32 de la loi n° 2000-37 du 19 janvier 2000 modifiée instaurant une garantie mensuelle de rémunération ;

- de l'accord régional (Limousin) du 10 janvier 2005 relatif aux indemnités de petits déplacements des ouvriers conclu dans le cadre des conventions collectives nationales susvisées ;

- de l'accord régional (Limousin) du 10 janvier 2005 relatif aux primes conventionnelles et à la prime d'outillage conclu dans le cadre des conventions collectives nationales susvisées.

Article 2

L'extension des effets et sanctions des accords susvisés est faite à dater de la publication du présent arrêté pour la durée restant à courir et aux conditions prévues par lesdits accords.

Article 3

Le directeur des relations du travail au ministère de l'emploi, du travail et de la cohésion sociale et le directeur général de la forêt et des affaires rurales au ministère de l'agriculture, de l'alimentation, de la pêche et de la ruralité sont chargés, chacun en ce qui le concerne, de l'exécution du présent arrêté, qui sera publié au Journal officiel de la République française.

Nota. - Le texte des accords susvisés a été publié au Bulletin officiel du ministère, fascicule conventions collectives n° 2005/6.

ARRETE du 18 avril 2005

Le ministre de l'emploi, du travail et de la cohésion sociale et le ministre de l'agriculture, de l'alimentation, de la pêche et de la ruralité,
Vu les articles L. 133-1 et suivants du code du travail ;
Vu l'arrêté du 8 février 1991 portant extension de la convention collective nationale du 8 octobre 1990 concernant les ouvriers employés par les entreprises du bâtiment non visées par le décret du 1er mars 1962 (c'est-à-dire occupant plus de dix salariés) ;
Vu les arrêtés du 12 février 1991 et du 15 décembre 1992 portant extension de la convention collective nationale du 8 octobre 1990 concernant les ouvriers employés par les entreprises du bâtiment visées par le décret du 1er mars 1962 (c'est-à-dire occupant jusqu'à dix salariés) et d'avenants la complétant ;
Vu l'arrêté du 14 janvier 2003 portant extension d'accords régionaux (Provence-Alpes-Côte d'Azur) conclus dans le cadre des conventions collectives nationales susvisées ;
Vu l'accord régional (Provence-Alpes-Côte d'Azur) du 9 décembre 2004 relatif aux salaires minimaux conclu dans le cadre des conventions collectives nationales susvisées ;
Vu l'accord régional (Provence-Alpes-Côte d'Azur) du 9 décembre 2004 relatif aux indemnités de petits déplacements conclu dans le cadre des conventions collectives nationales susvisées ;
Vu la demande d'extension présentée par les organisations signataires ;
Vu les avis publiés au Journal officiel des 10 février et 10 mars 2005 ;
Vu les avis recueillis au cours de l'enquête ;
Vu l'avis motivé de la Commission nationale de la négociation collective (sous-commission des conventions et accords), recueilli suivant la procédure prévue à l'article R. 133-2 du code du travail,

Le ministre de l'emploi, du travail
et de la cohésion sociale,
Pour le ministre et par délégation :
Par empêchement du directeur des relations du travail :
Le sous-directeur de la négociation collective,
P. Florentin

Le ministre de l'agriculture, de l'alimentation,
de la pêche et de la ruralité,
Pour le ministre et par délégation :
Le directeur général de la forêt
et des affaires rurales,
A. Moulinier

Article 1, 2, 3
En vigueur

Article 1er

Sont rendues obligatoires, pour tous les employeurs et tous les salariés compris dans le champ d'application professionnel de la convention collective nationale du 8 octobre 1990 concernant les ouvriers employés par les entreprises du bâtiment visées par le décret du 1er mars 1962 (c'est-à-dire occupant jusqu'à dix salariés), tel que complété par l'avenant n° 1 du 17 mars 1992, et dans celui de la convention collective nationale du 8 octobre 1990 concernant les ouvriers employés par les entreprises du bâtiment non visées par le décret du 1er mars 1962 (c'est-à-dire occupant plus de dix salariés), tel qu'étendu par l'arrêté du 8 février 1991 et dans leur propre champ d'application territorial, les dispositions de :

- l'accord régional (Provence-Alpes-Côte d'Azur) du 9 décembre 2004 relatif aux salaires minimaux conclu dans le cadre des conventions collectives nationales susvisées ;

- l'accord régional (Provence-Alpes-Côte d'Azur) du 9 décembre 2004 relatif aux indemnités de petits déplacements conclu dans le cadre des conventions collectives nationales susvisées.

Article 2

L'extension des effets et sanctions des accords susvisés est faite à dater de la publication du présent arrêté pour la durée restant à courir et aux conditions prévues par lesdits accords.

Article 3

Le directeur des relations du travail au ministère de l'emploi, du travail et de la cohésion sociale et le directeur de la forêt et des affaires rurales au ministère de l'agriculture, de l'alimentation, de la pêche et de la ruralité sont chargés, chacun en ce qui le concerne, de l'exécution du présent arrêté, qui sera publié au Journal officiel de la République française.

Nota. - Les textes des accords susvisés ont été publiés au Bulletin officiel du ministère, fascicule conventions collectives n° 2005/4 en date du 9 novembre 2002.

ARRETE du 22 avril 2005

Le ministre de l'emploi, du travail et de la cohésion sociale et le ministre de l'agriculture, de l'alimentation, de la pêche et de la ruralité,
Vu les articles L. 133-1 et suivants du code du travail ;
Vu les arrêtés des 12 février 1991 et 15 décembre 1992 portant extension de la convention collective nationale du 8 octobre 1990 concernant les ouvriers employés par les entreprises du bâtiment visées par le décret du 1er mars 1962 (c'est-à-dire occupant jusqu'à dix salariés) et d'avenants la complétant ;
Vu l'arrêté du 26 janvier 2005 portant extension d'un accord régional (Centre), conclu dans le cadre de la convention collective nationale susvisée ;
Vu l'accord régional (Centre) du 17 novembre 2004 sur les salaires minimaux, conclu dans le cadre de la convention collective susvisée ;
Vu la demande d'extension présentée par les organisations signataires ;
Vu les avis publiés au Journal officiel des 22 février 2005 et 22 mars 2005 ;
Vu les avis recueillis au cours de l'enquête ;
Vu l'avis motivé de la Commission nationale de la négociation collective (sous-commission des conventions et accords) recueilli suivant la procédure prévue à l'article R. 133-2 du code du travail,

Pour le ministre et par délégation :
Pour empêchement du directeur des relations du travail :
Le sous-directeur de la négociation collective,
P. Florentin
Le ministre de l'agriculture, de l'alimentation,
de la pêche et de la ruralité,
Pour le ministre et par délégation :
Le directeur général de la forêt et des affaires rurales,
A. Moulinier

Article 1, 2, 3
En vigueur

Article 1er

Sont rendues obligatoires, pour tous les employeurs et tous les salariés compris dans le champ d'application professionnel de la convention collective des ouvriers employés par les entreprises du bâtiment visées par le décret du 1er mars 1962 (c'est-à-dire occupant jusqu'à dix salariés) du 8 octobre 1990, tel que complété par l'avenant n 1 du 17 mars 1992, et dans son propre champ d'application, les dispositions de l'accord régional (Centre) du 17 novembre 2004 sur les salaires minimaux, conclu dans le cadre de la convention collective susvisée, sous réserve, d'une part, de l'application des dispositions de l'article 32 de la loi n 2000-37 du 19 janvier 2000 modifiée instaurant une garantie mensuelle de rémunération et, d'autre part, des dispositions réglementaires portant fixation du salaire minimum interprofessionnel de croissance.

Article 2

L'extension des effets et sanctions de l'accord susvisé est faite à dater de la publication du présent arrêté pour la durée restant à courir et aux conditions prévues par ledit accord.

Article 3

Le directeur des relations du travail au ministère de l'emploi, du travail et de la cohésion sociale et le directeur général de la forêt et des affaires rurales au ministère de l'agriculture, de l'alimentation, de la pêche et de la ruralité sont chargés, chacun en ce qui le concerne, de l'exécution du présent arrêté, qui sera publié au Journal officiel de la République française.
Le ministre de l'emploi, du travail
et de la cohésion sociale,

Nota. - Le texte de l'accord susvisé a été publié au Bulletin officiel du ministère, fascicule conventions collectives n 2005/5.

ARRETE du 3 mai 2005

Le ministre de l'emploi, du travail et de la cohésion sociale et le ministre de l'agriculture, de l'alimentation, de la pêche et de la ruralité,
Vu les articles L. 133-1 et suivants du code du travail ;
Vu l'arrêté du 8 février 1991 portant extension de la convention collective nationale des ouvriers employés par les entreprises du bâtiment non visées par le décret du 1er mars 1962 (c'est-à-dire occupant plus de 10 salariés) du 8 octobre 1990 ;
Vu les arrêtés des 12 février 1991 et 15 décembre 1992 portant extension de la convention collective nationale du 8 octobre 1990 des ouvriers employés par les entreprises du bâtiment visée par le décret du 1er mars 1962 (c'est-à-dire occupant jusqu'à 10 salariés) et d'avenants la complétant ;
Vu l'arrêté du 17 mars 2004 portant extension d'un accord régional (Franche-Comté) ;
Vu l'accord régional (Franche-Comté) du 5 janvier 2005 portant sur les salaires minimaux, conclu dans le cadre des conventions collectives nationales susvisées ;
Vu l'accord régional (Franche-Comté) du 5 janvier 2005 portant sur les indemnités de petits déplacements conclu dans le cadre des conventions collectives susvisées ;
Vu la demande d'extension présentée par les organisations signataires ;
Vu les avis publiés au Journal officiel des 27 février et 22 mars 2005 ;
Vu les avis recueillis au cours de l'enquête ;
Vu l'avis motivé de la Commission nationale de la négociation collective (sous-commission des conventions et accords) recueilli suivant la procédure prévue à l'article R. 133-2 du code du travail,

Pour le ministre et par délégation :
Par empêchement du directeur des relations du travail :
Le sous-directeur de la négociation collective,
P. Florentin
Le ministre de l'agriculture, de l'alimentation,
de la pêche et de la ruralité,
Pour le ministre et par délégation :
Le directeur général
de la forêt et des affaires rurales,
A. Moulinier

Article 1, 2, 3
En vigueur

Article 1er

Sont rendues obligatoires, pour tous les employeurs et tous les salariés compris dans le champ d'application professionnel de la convention collective nationale du 8 octobre 1990 des ouvriers employés par les entreprises du bâtiment visées par le décret du 1er mars 1962 (c'est-à-dire occupant jusqu'à 10 salariés), tel que complété par l'avenant n° 1 du 17 mars 1992, et dans celui de la convention collective nationale du 8 octobre 1990 des ouvriers employés par les entreprises du bâtiment non visées par le décret du 1er mars 1962 (c'est-à-dire occupant plus de 10 salariés), tel qu'étendu par arrêté du 8 février 1991 et dans son propre champ d'application territorial, les dispositions de :

- l'accord régional (Franche-Comté) du 5 janvier 2005 portant sur les salaires minimaux conclu dans le cadre des conventions collectives nationales susvisées ;

- l'accord régional (Franche-Comté) du 5 janvier 2005 portant sur les indemnités de petits déplacements conclu dans le cadre des conventions collectives susvisées.

Article 2

L'extension des effets et sanctions des accords susvisés est faite à dater de la publication du présent arrêté pour la durée restant à courir et aux conditions prévues par lesdits accords.

Article 3

Le directeur des relations du travail au ministère de l'emploi, du travail et de la cohésion sociale et le directeur général de la forêt et des affaires rurales au ministère de l'agriculture, de l'alimentation, de la pêche et de la ruralité sont chargés, chacun en ce qui le concerne, de l'exécution du présent arrêté, qui sera publié au Journal officiel de la République française.

Nota. - Les textes des accords susvisés ont été publiés au Bulletin officiel du ministère, fascicules conventions collectives n° 2005/15 et 2005/22.

ARRETE du 29 juin 2005

Le ministre de l'emploi, de la cohésion sociale et du logement et le ministre de l'agriculture et de la pêche,
Vu les articles L. 133-1 et suivants du code du travail ;
Vu les arrêtés des 12 février 1991 et 15 décembre 1992 portant extension de la convention collective nationale du 8 octobre 1990 des ouvriers employés par les entreprises du bâtiment visées par le décret du 1er mars 1962 (c'est-à-dire occupant jusqu'à dix salariés) et d'avenants la complétant ;
Vu l'arrêté du 8 février 1991 portant extension de la convention collective nationale du 8 octobre 1990 des ouvriers employés par les entreprises du bâtiment non visées par le décret du 1er mars 1962 (c'est-à-dire occupant plus de dix salariés) ;
Vu l'arrêté du 5 juillet 1991 et les arrêtés successifs, notamment l'arrêté du 23 décembre 2004, portant extension d'un accord régional (Lorraine), conclu dans le cadre des conventions collectives susvisées ;
Vu l'accord régional (Lorraine) du 12 janvier 2005 relatif aux indemnités de petits déplacements, conclu dans le cadre des conventions collectives nationales susvisées ;
Vu la demande d'extension présentée par les organisations signataires ;
Vu les avis publiés au Journal officiel des 4 mars 2005 et 30 avril 2005 ;
Vu les avis recueillis au cours de l'enquête ;
Vu l'avis motivé de la Commission nationale de la négociation collective (sous-commission des conventions et accords), recueilli suivant la procédure prévue à l'article R. 133-2 du code du travail,

Le ministre de l'emploi, de la cohésion sociale et du logement,
Pour le ministre et par délégation :
Par empêchement du directeur des relations du travail :
Le sous-directeur de la négociation collective,
P. Florentin
Le ministre de l'agriculture et de la pêche,
Pour le ministre et par délégation :
Par empêchement du directeur général
de la forêt et des affaires rurales :
Le directeur du travail,
J.-P. Mazery

Article 1, 2, 3
En vigueur

Article 1er

Sont rendues obligatoires, pour tous les employeurs et tous les salariés compris dans le champ d'application professionnel de la convention collective nationale du 8 octobre 1990 des ouvriers employés par les entreprises du bâtiment visées par le décret du 1er mars 1962 (c'est-à-dire occupant jusqu'à dix salariés), tel que complété par l'avenant n° 1 du 17 mars 1992, et dans celui de la convention collective nationale du 8 octobre 1990 des ouvriers employés par les entreprises du bâtiment non visées par le décret du 1er mars 1962 (c'est-à-dire occupant plus de dix salariés), tel qu'étendu par arrêté du 8 février 1991, et dans son propre champ d'application, les dispositions de l'accord régional (Lorraine) du 12 janvier 2005 relatif aux indemnités de petits déplacements, conclu dans le cadre des conventions collectives nationales susvisées.

Article 2

L'extension des effets et sanctions de l'accord susvisé est faite à dater de la publication du présent arrêté pour la durée restant à courir et aux conditions prévues par ledit accord.

Article 3

Le directeur des relations du travail au ministère de l'emploi, de la cohésion sociale et du logement et le directeur général de la forêt et des affaires rurales au ministère de l'agriculture et de la pêche sont chargés, chacun en ce qui le concerne, de l'exécution du présent arrêté, qui sera publié au Journal officiel de la République française.

Nota. - Le texte de l'accord susvisé a été publié au Bulletin officiel du ministère, fascicule conventions collectives n° 2005/9.

ARRETE du 4 juillet 2005

Le ministre de l'emploi, de la cohésion sociale et du logement et le ministre de l'agriculture et de la pêche,
Vu les articles L. 133-1 et suivants du code du travail ;
Vu l'arrêté du 8 février 1991 portant extension de la convention collective nationale du 8 octobre 1990 des ouvriers employés par les entreprises du bâtiment non visées par le décret du 1er mars 1962 (c'est-à-dire occupant plus de dix salariés) ;
Vu les arrêtés des 12 février 1991 et 15 décembre 1992 portant extension de la convention collective nationale du 8 octobre 1990 des ouvriers employés par les entreprises du bâtiment visées par le décret du 1er mars 1962 (c'est-à-dire occupant plus de dix salariés) et d'avenants la complétant ;
Vu l'accord concernant les départements de la Drôme et de l'Ardèche du 27 janvier 2005 (indemnités de petits déplacements) conclu dans le cadre des conventions collectives nationales susvisées ;
Vu la demande d'extension présentée par les organisations signataires ;
Vu les avis publiés au Journal officiel des 28 mai 2005 et 21 juin 2005 ;
Vu les avis recueillis au cours de l'enquête ;
Vu l'avis motivé de la Commission nationale de la négociation collective (sous-commission des conventions et accords), recueilli suivant la procédure prévue à l'article R. 133-2 du code du travail,

Le ministre de l'emploi, de la cohésion sociale et du logement,
Pour le ministre et par délégation :
Par empêchement du directeur des relations du travail :
Le sous-directeur de la négociation collective,
P. Florentin
Le ministre de l'agriculture et de la pêche,
Pour le ministre et par délégation :
Par empêchement du directeur général
de la forêt et des affaires rurales :
Le directeur du travail,
J.-P. Mazery

Article 1, 2, 3
En vigueur

Article 1er

Sont rendues obligatoires, pour tous les employeurs et tous les salariés compris dans le champ d'application professionnel de la convention collective nationale du 8 octobre 1990 des ouvriers employés par les entreprises du bâtiment visées par le décret du 1er mars 1962 (c'est-à-dire occupant jusqu'à dix salariés), tel que complété par l'avenant n° 1 du 17 mars 1992, et dans celui de la convention collective nationale du 8 octobre 1990 des ouvriers employés par les entreprises du bâtiment non visées par le décret du 1er mars 1962 (c'est-à-dire occupant plus de dix salariés), tel qu'étendu par arrêté du 8 février 1991, et dans son propre champ d'application territorial, les dispositions de l'accord concernant les départements de la Drôme et de l'Ardèche du 27 janvier 2005 (indemnités de petits déplacements) conclu dans le cadre des conventions collectives nationales susvisées.

Article 2

L'extension des effets et sanctions de l'accord susvisé est faite à dater de la publication du présent arrêté pour la durée restant à courir et aux conditions prévues par ledit accord.

Article 3

Le directeur des relations du travail au ministère de l'emploi, de la cohésion sociale et du logement et le directeur général de la forêt et des affaires rurales au ministère de l'agriculture et de la pêche sont chargés, chacun en ce qui le concerne, de l'exécution du présent arrêté, qui sera publié au Journal officiel de la République française.

Nota. - Le texte de l'accord susvisé a été publié au Bulletin officiel du ministère, fascicule conventions collectives n° 2005/20.

ARRETE du 23 août 2005

Le ministre de l'emploi, de la cohésion sociale et du logement et le ministre de l'agriculture et de la pêche,
Vu les articles L. 133-1 et suivants du code du travail ;
Vu les arrêtés des 12 février 1991 et 15 décembre 1992 portant extension de la convention collective nationale du 8 octobre 1990 des ouvriers employés par les entreprises du bâtiment visées par le décret du 1er mars 1962 (c'est-à-dire occupant jusqu'à dix salariés) et d'avenants la complétant ;
Vu l'arrêté du 8 février 1991 portant extension de la convention collective nationale du 8 octobre 1990 des ouvriers employés par les entreprises du bâtiment non visées par le décret du 1er mars 1962 (c'est-à-dire occupant plus de dix salariés) ;
Vu l'arrêté du 13 septembre 2004 portant extension d'un accord régional (Rhône-Alpes) conclu dans le cadre de la convention collective nationale susvisée ;

Vu l'accord régional (Rhône-Alpes) du 2 décembre 2004, relatif aux salaires minimaux, conclu dans le cadre de la convention collective nationale du 8 octobre 1990 concernant les ouvriers employés par les entreprises du bâtiment visées par le décret du 1er mars 1962 (c'est-à-dire occupant jusqu'à dix salariés) ;
Vu l'accord régional (Rhône-Alpes) du 2 décembre 2004, relatif aux salaires minimaux, conclu dans le cadre de la convention collective nationale du 8 octobre 1990 concernant les ouvriers employés par les entreprises du bâtiment non visées par le décret du 1er mars 1962 (c'est-à-dire occupant plus de dix salariés) ;
Vu la demande d'extension présentée par les organisations signataires ;
Vu les avis publiés au Journal officiel des 26 juin 2005 et 7 août 2005 ;
Vu les avis recueillis au cours de l'enquête ;
Vu l'avis motivé de la Commission nationale de la négociation collective (sous-commission des conventions et accords), recueilli suivant la procédure prévue à l'article R. 133-2 du code du travail,

Le ministre de l'emploi,
de la cohésion sociale et du logement,
Pour le ministre et par délégation :
Par empêchement du directeur des relations du travail :
Le sous-directeur de la négociation collective,
P. Florentin
Le ministre de l'agriculture et de la pêche,
Pour le ministre et par délégation :
Par empêchement du directeur général
de la forêt et des affaires rurales :
Le directeur du travail,
J.-P. Mazery

Article 1, 2, 3
En vigueur

Article 1er

Sont rendues obligatoires, pour tous les employeurs et tous les salariés compris dans le champ d'application professionnel de la convention collective nationale du 8 octobre 1990 des ouvriers employés par les entreprises du bâtiment visées par le décret du 1er mars 1962 (c'est-à-dire occupant jusqu'à dix salariés) tel que complété par l'avenant n° 1 du 17 mars 1992, et dans celui de la convention collective nationale du 8 octobre 1990 des ouvriers employés par les entreprises du bâtiment non visées par le décret du 1er mars 1962 (c'est-à-dire occupant plus de dix salariés) tel qu'étendu par arrêté du 8 février 1991, et dans leur propre champ d'application, les dispositions de :

- l'accord régional (Rhône-Alpes) du 2 décembre 2004, relatif aux salaires minimaux, conclu dans le cadre de la convention collective nationale du 8 octobre 1990 concernant les ouvriers employés par les entreprises du bâtiment visées par le décret du 1er mars 1962 (c'est-à-dire occupant jusqu'à dix salariés) ;

- l'accord régional (Rhône-Alpes) du 2 décembre 2004, relatif aux salaires minimaux, conclu dans le cadre de la convention collective nationale du 8 octobre 1990 concernant les ouvriers employés par les entreprises du bâtiment non visées par le décret du 1er mars 1962 (c'est-à-dire occupant plus de dix salariés).

Article 2

L'extension des effets et sanctions des accords susvisés est faite à dater de la publication du présent arrêté pour la durée restant à courir et aux conditions prévues par lesdits accords.

Article 3

Le directeur des relations du travail au ministère de l'emploi, de la cohésion sociale et du logement et le directeur général de la forêt et des affaires rurales au ministère de l'agriculture et de la pêche sont chargés, chacun en ce qui le concerne, de l'exécution du présent arrêté, qui sera publié au Journal officiel de la République française.

Nota. - Les textes des accords susvisés ont été publiés au Bulletin officiel du ministère, fascicule conventions collectives n° 2005/16.

ARRETE du 24 août 2005

Le ministre de l'emploi, de la cohésion sociale et du logement et le ministre de l'agriculture et de la pêche,
Vu les articles L. 133-1 et suivants du code du travail ;
Vu les arrêtés des 12 février 1991 et 15 décembre 1992 portant extension de la convention collective nationale du 8 octobre 1990 des ouvriers employés par les entreprises du bâtiment visées par le décret du 1er mars 1962 (c'est-à-dire occupant jusqu'à dix salariés) et d'avenants la complétant ;
Vu l'arrêté du 8 février 1991 portant extension de la convention collective nationale du 8 octobre 1990 des ouvriers employés par les entreprises du bâtiment non visées par le décret du 1er mars 1962 (c'est-à-dire occupant plus de dix salariés) ;
Vu l'arrêté du 5 juillet 1991 et les arrêtés successifs, notamment l'arrêté du 29 juin 2005, portant extension d'un accord régional (Lorraine), conclu dans le cadre des conventions collectives susvisées ;
Vu l'accord régional (Lorraine) du 13 avril 2005, relatif aux salaires minima des ouvriers, conclu dans le cadre des conventions collectives

nationales susvisées ;
Vu la demande d'extension présentée par les organisations signataires ;
Vu les avis publiés au Journal officiel des 14 juin et 21 juin 2005 ;
Vu les avis recueillis au cours de l'enquête ;
Vu l'avis motivé de la Commission nationale de la négociation collective (sous-commission des conventions et accords), recueilli suivant la procédure prévue à l'article R. 133-2 du code du travail,

Le ministre de l'emploi,
de la cohésion sociale et du logement,
Pour le ministre et par délégation :
Par empêchement du directeur des relations du travail :
Le sous-directeur de la négociation collective,
P. Florentin
Le ministre de l'agriculture et de la pêche,
Pour le ministre et par délégation :
Par empêchement du directeur général
de la forêt et des affaires rurales :
Le directeur du travail,
J.-P. Mazery

Article 1, 2, 3
En vigueur

Article 1er

Sont rendues obligatoires, pour tous les employeurs et tous les salariés compris dans le champ d'application professionnel de la convention collective nationale du 8 octobre 1990 des ouvriers employés par les entreprises du bâtiment visées par le décret du 1er mars 1962 (c'est-à-dire occupant jusqu'à dix salariés), tel que complété par l'avenant n° 1 du 17 mars 1992, et dans celui de la convention collective nationale du 8 octobre 1990 des ouvriers employés par les entreprises du bâtiment non visées par le décret du 1er mars 1962 (c'est-à-dire occupant plus de dix salariés), tel qu'étendu par l'arrêté du 8 février 1991, et dans son propre champ d'application, les dispositions de l'accord régional (Lorraine) du 13 avril 2005, relatif aux salaires minima des ouvriers, conclu dans le cadre des conventions collectives nationales susvisées, sous réserve de l'application des dispositions réglementaires portant fixation du salaire minimum interprofessionnel de croissance.

Article 2

L'extension des effets et sanctions de l'accord susvisé est faite à dater de la publication du présent arrêté pour la durée restant à courir et aux conditions prévues par ledit accord.

Article 3

Le directeur des relations du travail au ministère de l'emploi, de la cohésion sociale et du logement et le directeur général de la forêt et des affaires rurales au ministère de l'agriculture et de la pêche sont chargés, chacun en ce qui le concerne, de l'exécution du présent arrêté, qui sera publié au Journal officiel de la République française.

Nota. - Le texte de l'accord susvisé a été publié au Bulletin officiel du ministère, fascicule conventions collectives n° 2005/21.

ARRETE du 24 août 2005

Le ministre de l'emploi, de la cohésion sociale et du logement et le ministre de l'agriculture et de la pêche,
Vu les articles L. 133-1 et suivants du code du travail ;
Vu les arrêtés des 12 février 1991 et 15 décembre 1992 portant extension de la convention collective nationale du 8 octobre 1990 des ouvriers employés par les entreprises du bâtiment visées par le décret du 1er mars 1962 (c'est-à-dire occupant jusqu'à dix salariés) et d'avenants la complétant ;
Vu l'arrêté du 14 octobre 2003 portant extension d'accords régionaux (Bretagne) conclus dans le cadre de la convention collective nationale du 8 octobre 1990 concernant les ouvriers employés par les entreprises du bâtiment visées par le décret du 1er mars 1962 (c'est-à-dire occupant jusqu'à dix salariés) ;
Vu l'accord régional (Bretagne) du 5 avril 2005 (Salaires) conclu dans le cadre de la convention collective nationale du 8 octobre 1990 concernant les ouvriers employés par les entreprises du bâtiment visées par le décret du 1er mars 1962 (c'est-à-dire occupant jusqu'à dix salariés) ;
Vu l'accord régional (Bretagne) du 5 avril 2005 (Indemnités de petits déplacements) conclu dans le cadre de la convention collective nationale du 8 octobre 1990 concernant les ouvriers employés par les entreprises du bâtiment visées par le décret du 1er mars 1962 (c'est-à-dire occupant jusqu'à dix salariés) ;
Vu la demande d'extension présentée par les organisations signataires ;
Vu les avis publiés au Journal officiel des 29 juin et 7 août 2005 ;
Vu les avis recueillis au cours de l'enquête ;
Vu l'avis motivé de la Commission nationale de la négociation collective (sous-commission des conventions et accords) recueilli suivant la procédure prévue à l'article R. 133-2 du code du travail,

Le ministre de l'emploi,
de la cohésion sociale et du logement,

Pour le ministre et par délégation :
Par empêchement du directeur des relations du travail :
Le sous-directeur de la négociation collective,
P. Florentin
Le ministre de l'agriculture et de la pêche,
Pour le ministre et par délégation :
Par empêchement du directeur général
de la forêt et des affaires rurales :
Le directeur du travail,
J.-P. Mazery

Article 1, 2, 3
En vigueur

Article 1er

Sont rendues obligatoires, pour tous les employeurs et tous les salariés compris dans le champ d'application professionnel de la convention collective nationale du 8 octobre 1990 des ouvriers employés par les entreprises du bâtiment visées par le décret du 1er mars 1962 (c'est-à-dire occupant jusqu'à dix salariés) tel que complété par l'avenant n° 1 du 17 mars 1992, et dans leur propre champ d'application territorial, les dispositions de :

- l'accord régional (Bretagne) du 5 avril 2005 (Salaires) conclu dans le cadre de la convention collective nationale du 8 octobre 1990 concernant les ouvriers employés par les entreprises du bâtiment visées par le décret du 1er mars 1962 (c'est-à-dire occupant jusqu'à dix salariés), sous réserve de l'application des dispositions réglementaires portant fixation du salaire minimum interprofessionnel de croissance ;

- l'accord régional (Bretagne) du 5 avril 2005 (Indemnités de petits déplacements) conclu dans le cadre de la convention collective nationale du 8 octobre 1990 concernant les ouvriers employés par les entreprises du bâtiment visées par le décret du 1er mars 1962 (c'est-à-dire occupant jusqu'à dix salariés).

Article 2

L'extension des effets et sanctions des accords susvisés est faite à dater de la publication du présent arrêté pour la durée restant à courir et aux conditions prévues par lesdits accords.

Article 3

Le directeur des relations du travail au ministère de l'emploi, de la cohésion sociale et du logement et le directeur général de la forêt et des affaires rurales au ministère de l'agriculture et de la pêche sont chargés, chacun en ce qui le concerne, de l'exécution du présent arrêté, qui sera publié au Journal officiel de la République française.

Nota. - Les textes des accords susvisés ont été publiés au Bulletin officiel du ministère, fascicule conventions collectives n° 2005/25.

ARRETE du 26 août 2005

Le ministre de l'emploi, de la cohésion sociale et du logement et le ministre de l'agriculture et de la pêche,
Vu les articles L. 133-1 et suivants du code du travail ;
Vu l'arrêté du 8 février 1991 portant extension de la convention collective nationale du 8 octobre 1990 des ouvriers employés par les entreprises du bâtiment non visées par le décret du 1er mars 1962 (c'est-à-dire occupant plus de dix salariés) ;
Vu les arrêtés des 12 février 1991 et les arrêtés successifs, notamment l'arrêté du 24 mai 2004, portant extension de la convention collective nationale du 18 octobre 1990 des ouvriers employés par les entreprises du bâtiment visées par le décret du 1er mars 1962 (c'est-à-dire occupant jusqu'à dix salariés) et d'avenants la complétant ;
Vu l'arrêté du 8 juillet 1994 portant extension de la convention collective du 9 février 1994 des ouvriers du bâtiment de la région Basse-Normandie conclue dans le cadre des conventions collectives nationales susvisées ;
Vu l'avenant n° 6 du 11 février 2005, relatif à la prime d'outillage, à la convention collective régionale susvisée ;
Vu l'avenant n° 7 du 11 février 2005, relatif à l'indemnisation des petits déplacements, à la convention collective régionale susvisée ;
Vu l'accord de salaires n° 12 du 11 février 2005 conclu dans le cadre de la convention collective régionale susvisée ;
Vu la demande d'extension présentée par les organisations syndicales signataires ;
Vu les avis publiés au Journal officiel des 13 mai 2005 et 7 août 2005 ;
Vu les avis recueillis au cours de l'enquête ;
Vu l'avis motivé de la Commission nationale de la négociation collective (sous-commission des conventions et accords), recueilli suivant la procédure prévue à l'article R. 133-2 du code du travail,

Le ministre de l'emploi,
de la cohésion sociale et du logement,
Pour le ministre et par délégation :
Par empêchement du directeur des relations du travail :
Le sous-directeur de la négociation collective,
P. Florentin
Le ministre de l'agriculture et de la pêche,

Pour le ministre et par délégation :
Par empêchement du directeur général
de la forêt et des affaires rurales :
Le directeur du travail,
J.-P. Mazery
Arrêtent :
9AA Article 1er
Sont rendues obligatoires, pour tous les employeurs et tous les salariés compris dans le champ d'application professionnel de la convention collective nationale du 8 octobre 1990 concernant les ouvriers employés par les entreprises du bâtiment visées par le décret du 1er mars 1962 (c'est-à-dire occupant jusqu'à dix salariés), tel que complété par l'avenant n° 1 du 17 mars 1992, et de la convention collective nationale du 8 octobre 1990 des ouvriers employés par les entreprises du bâtiment non visées par le décret du 1er mars 1962 (c'est-à-dire occupant plus de dix salariés) tel qu'étendu par arrêté du 8 février 1991, et dans le champ d'application territorial de la convention collective des ouvriers du bâtiment de la région Basse-Normandie du 9 févier 1994, les dispositions de :
- l'avenant n° 6 du 11 février 2005, relatif à la prime d'outillage, à la convention collective régionale susvisée ;
- l'avenant n° 7 du 11 février 2005, relatif à l'indemnisation des petits déplacements, à la convention collective régionale susvisée ;
- l'accord de salaire n° 12 du 11 février 2005 conclu dans le cadre de la convention collective régionale susvisée.
Article 2
L'extension des effets et sanctions des accords susvisés est faite à dater de la publication du présent arrêté pour la durée restant à courir et aux conditions prévues par lesdits accords.
Article 3
Le directeur des relations du travail au ministère de l'emploi, de la cohésion sociale et du logement et le directeur général de la forêt et des affaires rurales au ministère de l'agriculture et de la pêche sont chargés, chacun en ce qui le concerne, de l'exécution du présent arrêté, qui sera publié au Journal officiel de la République française.
Nota. - Les textes des accords susvisés ont été publiés au Bulletin officiel du ministère, fascicule conventions collectives n° 2005/16, disponible à la Direction des Journaux officiels, 26, rue Desaix, 75727 Paris Cedex 15, au prix de 7,50 euros.

Article 1, 2, 3
En vigueur

ARRETE du 25 août 2005

Le ministre de l'emploi, de la cohésion sociale et du logement et le ministre de l'agriculture et de la pêche,
Vu les articles L. 133-1 et suivants du code du travail ;
Vu les arrêtés des 12 février 1991 et 15 décembre 1992 portant extension de la convention collective nationale du 8 octobre 1990 concernant les ouvriers employés par les entreprises du bâtiment visées par le décret du 1er mars 1962 (c'est-à-dire occupant jusqu'à dix salariés) et d'avenants la complétant ;
Vu l'arrêté du 30 août 2004 portant extension d'accords régionaux (Midi-Pyrénées) conclus dans le cadre de la convention collective nationale susvisée ;
Vu l'accord régional (Midi-Pyrénées) du 18 mai 2005, relatif aux salaires, conclu dans le cadre de la convention collective nationale susvisée ;
Vu l'accord régional (Midi-Pyrénées) du 18 mai 2005, relatif aux indemnités de petits déplacements, conclu dans le cadre de la convention collective nationale susvisée ;
Vu la demande d'extension présentée par les organisations signataires ;
Vu les avis publiés au Journal officiel du 14 juillet 2005 et du 9 août 2005 ;
Vu les avis recueillis au cours de l'enquête ;
Vu l'avis motivé de la Commission nationale de la négociation collective (sous-commission des conventions et accords), recueilli suivant la procéure prévue à l'article R. 133-2 du code du travail,

Le ministre de l'emploi,
de la cohésion sociale et du logement,
Pour le ministre et par délégation :
Par empêchement du directeur des relations du travail :
Le sous-directeur de la négociation collective,
P. Florentin
Le ministre de l'agriculture et de la pêche,
Pour le ministre et par délégation :
Par empêchement du directeur général
de la forêt et des affaires rurales :
Le directeur du travail,
J.-P. Mazery

Article 1, 2, 3
En vigueur

Article 1er

Sont rendues obligatoires, pour tous les employeurs et tous les salariés compris dans le champ d'application professionnel de la convention collective nationale du 8 octobre 1990 concernant les ouvriers employés par les entreprises du bâtiment visées par le décret du 1er mars 1962 (c'est-à-dire occupant jusqu'à dix salariés), tel que modifié par l'avenant n° 1 du 17 mars 1992, et dans son propre champ d'application, les dispositions de :

- l'accord régional (Midi-Pyrénées) du 18 mai 2005, relatif aux salaires, conclu dans le cadre de la convention collective nationale susvisée, sous réserve de l'application des dispositions réglementaires portant fixation du salaire minimum interprofessionnel de croissance ;

- l'accord régional (Midi-Pyrénées) du 18 mai 2005 relatif aux indemnités de petits déplacements.

Article 2

L'extension des effets et sanctions des accords susvisés est faite à dater de la publication du présent arrêté pour la durée restant à courir et aux conditions prévues par lesdits accords.

Article 3

Le directeur des relations du travail au ministère de l'emploi, de la cohésion sociale et du logement et le directeur général de la forêt et des affaires rurales au ministère de l'agriculture et de la pêche sont chargés, chacun en ce qui le concerne, de l'exécution du présent arrêté, qui sera publié au Journal officiel de la République française.

Nota. - Le texte de ces accords a été publié au Bulletin officiel du ministère, fascicule conventions collectives n° 2005/26.

ARRETE du 28 novembre 2005

Le ministre de l'emploi, de la cohésion sociale et du logement et le ministre de l'agriculture et de la pêche,
Vu les articles L. 133-1 et suivants du code du travail ;
Vu les arrêtés des 12 février 1991 et 15 décembre 1992 portant extension de la convention collective nationale du 8 octobre 1990 concernant les ouvriers employés par les entreprises du bâtiment visées par le décret du 1er mars 1962 (c'est-à-dire occupant jusqu'à 10 salariés) et d'avenants la complétant ;
Vu l'arrêté du 24 juin 1992 et les arrêtés successifs, notamment l'arrêté du 18 mai 2004, portant extension d'accords régionaux (Nord - Pas-de-Calais) conclus dans le cadre de la convention collective susvisée ;
Vu l'accord régional (Nord - Pas-de-Calais) du 25 mai 2005 sur les salaires, conclu dans le cadre de la convention collective susvisée ;
Vu l'accord régional (Nord - Pas-de-Calais) du 25 mai 2005 sur les indemnités des petits déplacements, conclu dans le cadre de la convention collective susvisée ;
Vu les demandes d'extension présentées par les organisations signataires ;
Vu les avis publiés au Journal officiel des 20 août et 7 septembre 2005 ;
Vu les avis recueillis au cours de l'enquête ;
Vu l'avis motivé de la Commission nationale de la négociation collective (sous-commission des conventions et accords), recueilli suivant la procédure prévue à l'article R. 133-2 du code du travail,

Le ministre de l'emploi,
de la cohésion sociale et du logement,
Pour le ministre et par délégation :
Par empêchement du directeur des relations du travail :
Le sous-directeur de la négociation collective,
P. Florentin
Le ministre de l'agriculture et de la pêche,
Pour le ministre et par délégation :
Par empêchement du directeur général
de la forêt et des affaires rurales :
Le directeur du travail,
J.-P. Mazery

Article 1, 2, 3
En vigueur

Article 1er

Sont rendues obligatoires, pour tous les employeurs et tous les salariés compris dans le champ d'application professionnel de la convention collective nationale du 8 octobre 1990 concernant les ouvriers employés par les entreprises du bâtiment visées par le décret du 1er mars 1962 (c'est-à-dire occupant jusqu'à dix salariés), tel que complété par l'avenant n° 1 du 17 mars 1992, et dans son propre champ d'application territorial les dispositions de :

- l'accord régional (Nord - Pas-de-Calais) du 25 mai 2005 sur les salaires, conclu dans le cadre de la convention collective susvisée ;

- l'accord régional (Nord - Pas-de-Calais) du 25 mai 2005 sur les indemnités de petits déplacements, conclu dans le cadre de la convention collective susvisée.

Article 2

L'extension des effets et sanctions des accords susvisés est faite à dater de la publication du présent arrêté pour la durée restant à courir et aux conditions prévues par lesdits accords.

Article 3

Le directeur des relations du travail au ministère de l'emploi, de la cohésion sociale et du logement et le directeur général de la forêt et des affaires rurales au ministère de l'agriculture et de la pêche sont chargés, chacun en ce qui le concerne, de l'exécution du présent arrêté, qui sera publié au Journal officiel de la République française.

Nota. - Le texte des accords susvisés a été publié au Bulletin officiel du ministère, fascicule conventions collectives n° 2005/29.

ARRETE du 28 novembre 2005

Le ministre de l'emploi, de la cohésion sociale et du logement et le ministre de l'agriculture et de la pêche,
Vu les articles L. 133-1 et suivants du code du travail ;
Vu l'arrêté du 8 février 1991 portant extension de la convention collective nationale du 8 octobre 1990 concernant les ouvriers employés par les entreprises du bâtiment non visées par le décret du 1er mars 1962 (c'est-à-dire occupant plus de dix salariés) ;
Vu les arrêtés des 12 février 1991 et 15 décembre 1992 portant extension de la convention collective nationale du 8 octobre 1990 des ouvriers employés par les entreprises visées par le décret du 1er mars 1962 (c'est-à-dire occupant jusqu'à dix salariés) et d'avenants la complétant ;
Vu l'arrêté du 18 mai 2004 portant extension de deux accords régionaux (Picardie) conclus dans le cadre des conventions collectives nationales susvisées ;
Vu l'accord régional (Picardie) du 15 octobre 2004 portant sur les salaires, conclu dans le cadre des conventions collectives nationales susvisées ;
Vu l'accord régional (Picardie) du 15 octobre 2004 portant sur la prime d'outillage, conclu dans le cadre des conventions collectives nationales susvisées ;
Vu la demande d'extension présentée par les organisations signataires ;
Vu les avis publiés au Journal officiel des 22 février et 19 octobre 2005 ;
Vu les avis recueillis au cours de l'enquête ;
Vu l'avis motivé de la Commission nationale de la négociation collective (sous-commission des conventions et accords) recueilli suivant la procédure prévue à l'article R. 133-2 du code du travail,

Le ministre de l'emploi,
de la cohésion sociale et du logement,
Pour le ministre et par délégation :
Par empêchement du directeur des relations du travail :
Le sous-directeur de la négociation collective,
P. Florentin
Le ministre de l'agriculture et de la pêche,
Pour le ministre et par délégation :
Par empêchement du directeur général
de la forêt et des affaires rurales :
Le directeur du travail,
J.-P. Mazery

Article 1, 2, 3
En vigueur

Article 1er

Sont rendues obligatoires, pour tous les employeurs et tous les salariés compris dans le champ d'application professionnel de la convention collective nationale du 8 octobre 1990 des ouvriers employés par les entreprises du bâtiment visées par le décret du 1er mars 1962 (c'est-à-dire occupant jusqu'à dix salariés), tel que complété par l'avenant n° 1 du 17 mars 1992, et dans celui de la convention collective nationale du 8 octobre 1990 des ouvriers employés par les entreprises non visées par le décret du 1er mars 1962 (c'est-à-dire occupant plus de dix salariés), tel qu'étendu par l'arrêté du 8 février 1991, et dans leur propre champ d'application territorial, les dispositions de :

- l'accord régional (Picardie) du 15 octobre 2004 portant sur les salaires, conclu dans le cadre des conventions collectives nationales susvisées ;

- l'accord régional (Picardie) du 15 octobre 2004 portant sur la prime d'outillage, conclu dans le cadre des conventions collectives nationales susvisées.

Article 2

L'extension des effets et sanctions des accords susvisés est faite à dater de la publication du présent arrêté pour la durée restant à courir et aux conditions prévues par lesdits accords.

Article 3

Le directeur des relations du travail au ministère de l'emploi, de la cohésion sociale et du logement et le directeur général de la forêt et des affaires rurales au ministère de l'agriculture et de la pêche sont chargés, chacun en ce qui le concerne, de l'exécution du présent arrêté, qui sera publié au Journal officiel de la République française.

Nota. - Le texte des accords susvisés a été publié au Bulletin officiel du ministère, fascicules conventions collectives n° 2005/7 et n° 2005/8.

ARRETE du 6 février 2006

Le ministre de l'emploi, de la cohésion sociale et du logement et le ministre de l'agriculture et de la pêche,
Vu les articles L. 133-1 et suivants du code du travail ;
Vu les arrêtés des 12 février 1991 et 15 décembre 1992 portant extension de la convention collective nationale du 8 octobre 1990 concernant les ouvriers employés par les entreprises du bâtiment visées par le décret du 1er mars 1962 (c'est-à-dire occupant jusqu'à dix salariés) et d'avenants la complétant ;
Vu l'arrêté du 11 janvier 2006 portant extension d'accords régionaux (Poitou-Charentes), conclus dans le cadre de la convention collective nationale susvisée ;
Vu l'accord régional (Poitou-Charentes) du 8 juillet 2005, relatif aux salaires minima, conclu dans le cadre de la convention collective nationale susvisée ;
Vu l'accord régional (Poitou-Charentes) du 8 juillet 2005, relatif aux indemnités de petits déplacements, conclu dans le cadre de la convention collective nationale susvisée ;
Vu la demande d'extension présentée par les organisations signataires ;
Vu les avis publiés au Journal officiel des 15 décembre 2005 et 21 janvier 2006 ;
Vu les avis recueillis au cours de l'enquête ;
Vu l'avis motivé de la Commission nationale de la négociation collective (sous-commission des conventions et accords), recueilli selon la procédure prévue à l'article R. 133-2 du code du travail,

Le ministre de l'emploi,
de la cohésion sociale et du logement,
Pour le ministre et par délégation :
Par empêchement du directeur des relations du travail :
L'administratrice civile,
A. Breaud
Le ministre de l'agriculture et de la pêche,
Pour le ministre et par délégation :
Par empêchement du directeur général
de la forêt et des affaires rurales :
Le directeur du travail,
J.-P. Mazery

Article 1, 2, 3
En vigueur

Article 1er

Sont rendues obligatoires, pour tous les employeurs et tous les salariés compris dans le champ d'application professionnel de la convention collective nationale du 8 octobre 1990, concernant les ouvriers employés par les entreprises du bâtiment visées par le décret du 1er mars 1962 (c'est-à-dire occupant jusqu'à dix salariés) tel que complété par l'avenant n° 1 du 17 mars 1992, et dans son propre champ d'application territorial, les dispositions de :

- l'accord régional (Poitou-Charentes) du 8 juillet 2005, relatif aux salaires minima, conclu dans le cadre de la convention collective nationale susvisée ;

- l'accord régional (Poitou-Charentes) du 8 juillet 2005, relatif aux indemnités de petits déplacements, conclu dans le cadre de la convention collective nationale susvisée.

Article 2

L'extension des effets et sanctions des accords susvisés est faite à dater de la publication du présent arrêté pour la durée restant à courir et aux conditions prévues par lesdits accords.

Article 3

Le directeur des relations du travail au ministère de l'emploi, de la cohésion sociale et du logement et le directeur général de la forêt et des affaires rurales au ministère de l'agriculture et de la pêche sont chargés, chacun en ce qui le concerne, de l'exécution du présent arrêté, qui sera publié au Journal officiel de la République française.

Nota. - Le texte des accords susvisés a été publié au Bulletin officiel du ministère, fascicule conventions collectives n° 2005/45.

ARRETE du 17 janvier 2006

Le ministre de l'emploi, de la cohésion sociale et du logement et le ministre de l'agriculture et de la pêche,
Vu les articles L. 133-1 et suivants du code du travail ;

Vu l'arrêté du 8 février 1991 portant extension de la convention collective nationale du 8 octobre 1990 concernant les ouvriers employés par les entreprises du bâtiment non visées par le décret du 1er mars 1962 (c'est-à-dire occupant plus de dix salariés) ;
Vu les arrêtés des 12 février 1991 et 15 décembre 1992 portant extension de la convention collective nationale des ouvriers employés par les entreprises visées par le décret du 1er mars 1962 (c'est-à-dire occupant jusqu'à dix salariés) du 8 octobre 1990 et d'avenants la complétant ;
Vu l'arrêté du 28 novembre 2005 portant extension de deux accords régionaux (Picardie) conclus dans le cadre des conventions collectives nationales susvisées ;
Vu l'accord régional (Picardie) du 25 mars 2005 portant sur les indemnités de petites déplacements conclu dans le cadre des conventions collectives nationales susvisées ;
Vu la demande d'extension présentée par les organisations signataires ;
Vu l'avis publié au Journal officiel des 2 juin 2005 et 7 septembre 2005 ;
Vu les avis recueillis au cours de l'enquête ;
Vu l'avis motivé de la Commission nationale de la négociation collective (sous-commission des conventions et accords), recueilli suivant la procédure prévue à l'article R. 133-2 du code du travail,

Le ministre de l'emploi,
de la cohésion sociale et du logement,
Pour le ministre et par délégation :
Par empêchement du directeur des relations du travail :
L'administratrice civile,
A. Bréaud
Le ministre de l'agriculture et la pêche,
Pour le ministre et par délégation :
Par empêchement du directeur général
de la forêt et des affaires rurales :
Le directeur du travail,
J.-P. Mazery

Article 1, 2, 3
En vigueur

Article 1er

Sont rendues obligatoires, pour tous les employeurs et tous les salariés compris dans le champ d'application de la convention collective nationale du 8 octobre 1990 des ouvriers employés par les entreprises du bâtiment visées par le décret du 1er mars 1962 (c'est-à-dire occupant jusqu'à dix salariés), tel que complété par l'avenant n° 1 du 17 mars 1992, et dans celui de la convention collective nationale du 8 octobre 1990 des ouvriers employés par les entreprises non visées par le décret du 1er mars 1962 (c'est-à-dire occupant plus de dix salariés), tel qu'étendu par arrêté du 8 février 1991, et dans leur propre champ d'application territorial, les dispositions de l'accord régional (Picardie) du 25 mars 2005 portant sur les indemnités de petites déplacements conclu dans le cadre des conventions collectives nationales susvisées.

Article 2

L'extension des effets et sanctions de l'accord susvisé est faite à dater de la publication du présent arrêté pour la durée restant à courir et aux conditions prévues par ledit accord.

Article 3

Le directeur des relations du travail au ministère de l'emploi, de la cohésion sociale et du logement et le directeur général de la forêt et des affaires rurales au ministère de l'agriculture et de la pêche sont chargés, chacun en ce qui le concerne, de l'exécution du présent arrêté, qui sera publié au Journal officiel de la République française.

Nota. - Le texte de l'accord susvisé a été publié au Bulletin officiel du ministère, fascicule conventions collectives n° 2005/21.

ARRETE du 20 février 2006

Le ministre de l'emploi, de la cohésion sociale et du logement et le ministre de l'agriculture et de la pêche,
Vu les articles L. 133-1 et suivants du code du travail ;
Vu les arrêtés du 12 février 1991 et du 15 décembre 1992 portant extension de la convention collective nationale du 8 octobre 1990 concernant les ouvriers employés par les entreprises du bâtiment visées par le décret du 1er mars 1962 (c'est-à-dire occupant jusqu'à dix salariés) et d'avenants la complétant ;
Vu l'arrêté du 11 mars 2005 portant extension d'accords régionaux (Auvergne) conclus dans le cadre de la convention collective susvisée ;
Vu l'accord régional (Auvergne) du 10 octobre 2005 (salaires minima) conclu dans le cadre de la convention collective susvisée ;
Vu l'accord régional (Auvergne) du 10 octobre 2005 (indemnités de repas et petits déplacements) conclu dans le cadre de la convention collective susvisée ;
Vu la demande d'extension présentée par les organisations signataires ;
Vu les avis publiés au Journal officiel du 6 décembre 2005 et 20 janvier 2006 ;
Vu les avis recueillis au cours de l'enquête ;
Vu l'avis motivé de la Commission nationale de la négociation collective (sous-commission des conventions et accords), recueilli suivant la procédure prévue à l'article R. 133-2 du code du travail,

Le ministre de l'emploi,
de la cohésion sociale et du logement,
Pour le ministre et par délégation :
Par empêchement du directeur des relations du travail :
L'administratrice civile,
A. Breaud
Le ministre de l'agriculture et de la pêche,
Pour le ministre et par délégation :
Par empêchement du directeur général
de la forêt et des affaires rurales :
Le directeur du travail,
J.-P. Mazery

Article 1, 2, 3
En vigueur

Article 1er

Sont rendues obligatoires, pour tous les employeurs et tous les salariés compris dans le champ d'application de la convention collective nationale du 8 octobre 1990 concernant les ouvriers employés par les entreprises du bâtiment visées par le décret du 1er mars 1962 (c'est-à-dire occupant jusqu'à dix salariés), tel que modifié par l'avenant n° 1 du 17 mars 1992, et dans leur propre champ d'application territorial, les dispositions de :

- l'accord régional (Auvergne) du 10 octobre 2005 (salaires minima) conclu dans le cadre de la convention collective susvisée sous réserve de l'application des dispositions réglementaires portant fixation du salaire minimum interprofessionnel de croissance ;

- l'accord régional (Auvergne) du 10 octobre 2005 (indemnités de repas et de petits déplacements) conclu dans le cadre de la convention collective susvisée.

Article 2

L'extension des effets et sanctions des accords susvisés est faite à dater de la publication du présent arrêté pour la durée restant à courir et aux conditions prévues par lesdits accords.

Article 3

Le directeur des relations du travail au ministère de l'emploi, de la cohésion sociale et du logement et le directeur général de la forêt et des affaires rurales au ministère de l'agriculture et de la pêche sont chargés, chacun en ce qui le concerne, de l'exécution du présent arrêté, qui sera publié au Journal officiel de la République française.

Nota. - Le texte des accords susvisés a été publié au Bulletin officiel du ministère, fascicule conventions collectives n° 2005/48.

ARRETE du 20 février 2006

Le ministre de l'emploi, de la cohésion sociale et du logement et le ministre de l'agriculture et de la pêche,
Vu les articles L. 133-1 et suivants du code du travail ;
Vu l'arrêté du 12 février 1991 et les arrêtés successifs, notamment l'arrêté du 1er avril 2005, portant extension de la convention collective nationale du 8 octobre 1990 concernant les ouvriers employés par les entreprises du bâtiment visées par le décret du 1er mars 1962 (c'est-à-dire occupant jusqu'à dix salariés) et des textes la modifiant ou la complétant ;
Vu l'arrêté du 8 février 1991 et les arrêtés successifs, notamment l'arrêté du 1er avril 2005, portant extension de la convention collective nationale du 8 octobre 1990 concernant les ouvriers employés par les entreprises du bâtiment non visées par le décret du 1er mars 1962 (c'est-à-dire occupant plus de dix salariés) et des textes la modifiant ou la complétant ;
Vu l'accord régional (Pays de la Loire) du 20 septembre 2005, relatif aux salaires minimaux, conclu dans le cadre des conventions collectives susvisées ;
Vu la demande d'extension présentée par les organisations signataires ;
Vu les avis publiés au Journal officiel des 3 décembre 2005 et 21 janvier 2006 ;
Vu les avis recueillis au cours de l'enquête ;
Vu l'avis motivé de la Commission nationale de la négociation collective (sous-commission des conventions et accords), recueilli suivant la procédure prévue à l'article R. 133-2 du code du travail,

Le ministre de l'emploi,
de la cohésion sociale et du logement,
Pour le ministre et par délégation :
Par empêchement du directeur des relations du travail :
L'administratrice civile,
A. Breaud
Le ministre de l'agriculture et de la pêche,
Pour le ministre et par délégation :
Par empêchement du directeur général
de la forêt et des affaires rurales :

Le directeur du travail,
J.-P. Mazery

Article 1, 2, 3
En vigueur

Article 1er

Sont rendues obligatoires, pour tous les employeurs et tous les salariés compris dans le champ d'application professionnel de la convention collective nationale du 8 octobre 1990 concernant les ouvriers employés par les entreprises du bâtiment visées par le décret du 1er mars 1962 (c'est-à-dire occupant jusqu'à dix salariés), tel que complété par l'avenant n° 1 du 17 mars 1992, et dans celui de la convention collective nationale du 8 octobre 1990 concernant les ouviers employés par les entreprises du bâtiment non visées par le décret du 1er mars 1962 (c'est-à-dire occupant plus de dix salariés), tel qu'étendu par arrêté du 8 février 1991, et dans son propre champ d'application territorial, les dispositions de l'accord régional (Pays de la Loire) du 20 septembre 2005, relatif aux salaires minimaux, conclu dans le cadre des conventions collectives susvisées.

Article 2

L'extension des effets et sanctions de l'accord susvisé est faite à dater de la publication du présent arrêté pour la durée restant à courir et aux conditions prévues par ledit accord.

Article 3

Le directeur des relations du travail au ministère de l'emploi, de la cohésion sociale et du logement et le directeur général de la forêt et des affaires rurales au ministère de l'agriculture et de la pêche sont chargés, chacun en ce qui le concerne, de l'exécution du présent arrêté, qui sera publié au Journal officiel de la République française.

Nota. - Le texte de l'accord susvisé a été publié au Bulletin officiel du ministère, fascicule conventions collectives n° 2005/45.

ARRETE du 25 avril 2006

Le ministre de l'emploi, de la cohésion sociale et du logement et le ministre de l'agriculture et de la pêche,
Vu les articles L. 133-1 et suivants du code du travail ;
Vu l'arrêté du 8 février 1991 portant extension de la convention collective nationale du 8 octobre 1990 des ouvriers employés par les entreprises du bâtiment non visées par le décret du 1er mars 1962 (c'est-à-dire occupant plus de dix salariés) ;
Vu les arrêtés des 12 février 1991 et 15 décembre 1992 portant extension de la convention collective nationale du 8 octobre 1990 des ouvriers employés par les entreprises du bâtiment visées par le décret du 1er mars 1962 (c'est-à-dire occupant jusqu'à dix salariés) et d'avenants la complétant ou la modifiant ;
Vu l'arrêté du 9 décembre 1993 et les arrêtés successifs, notamment l'arrêté du 27 décembre 2005, portant extension de la convention collective des ouvriers du bâtiment de la région parisienne du 28 juin 1993, conclue dans le cadre des conventions collectives nationales susvisées, et d'avenants la modifiant ou la complétant, notamment le protocole d'accord départemental (Seine-et-Marne) du 31 mai 1995 annexé à cette convention ;
Vu l'accord départemental (Seine-et-Marne) du 7 décembre 2005 sur les salaires, conclu dans le cadre du protocole d'accord départemental susvisé, annexé à la convention collective régionale susvisée ;
Vu l'accord départemental (Seine-et-Marne) du 7 décembre 2005 sur les indemnités de petits déplacements, conclu dans le cadre du protocole d'accord départemental susvisé, annexé à la convention collective régionale susvisée ;
Vu la demande d'extension présentée par les organisations signataires ;
Vu les avis publiés au Journal officiel des 16 février et 12 mars 2006 ;
Vu les avis recueillis au cours de l'enquête ;
Vu l'avis motivé de la Commission nationale de la négociation collective (sous-commission des conventions et accords), recueilli suivant la procédure prévue à l'article R. 133-2 du code du travail,

Le ministre de l'emploi,
de la cohésion sociale et du logement,
Pour le ministre et par délégation :
Le directeur des relations du travail,
J.-D. Combrexelle
Le ministre de l'agriculture et de la pêche,
Pour le ministre et par délégation :
Par empêchement du directeur général
de la forêt et des affaires rurales :
Le directeur du travail,
J.-P. Mazery

Article 1, 2, 3,
En vigueur

Article 1er

Sont rendues obligatoires, pour tous les employeurs et tous les salariés compris dans le champ d'application professionnel de la convention collective des ouvriers du bâtiment de la région parisienne du 28 juin 1993, soit celui de la convention collective nationale du 8 octobre 1990 des ouvriers employés par les entreprises du bâtiment visées par le décret du 1er mars 1962 (c'est-à-dire occupant jusqu'à dix salariés), tel que complété par l'avenant n° 1 du 17 mars 1992, et celui de la convention collective nationale du 8 octobre 1990 des ouvriers employés par les entreprises du bâtiment non visées par le décret du 1er mars 1962 (c'est-à-dire occupant plus de dix salariés), tel qu'étendu par l'arrêté du 8 février 1991 et dans son propre champ d'application territorial, les dispositions de :

- l'accord départemental (Seine-et-Marne) du 7 décembre 2005 sur les salaires, conclu dans le cadre du protocole d'accord départemental susvisé, annexé à la convention collective régionale susvisée ;

- l'accord départemental (Seine-et-Marne) du 7 décembre 2005 sur les indemnités de petits déplacements, conclu dans le cadre du protocole d'accord départemental susvisé, annexé à la convention collective régionale susvisée.

Article 2

L'extension des effets et sanctions de l'accord susvisé est faite à dater de la publication du présent arrêté pour la durée restant à courir et aux conditions prévues par ledit accord.

Article 3

Le directeur des relations du travail au ministère de l'emploi, de la cohésion sociale et du logement et le directeur général de la forêt et des affaires rurales au ministère de l'agriculture et de la pêche sont chargés, chacun en ce qui le concerne, de l'exécution du présent arrêté, qui sera publié au Journal officiel de la République française.

Nota. - Le texte des accords susvisés a été publié au Bulletin officiel du ministère, fascicule conventions collectives n° 2006/3.

ARRETE du 30 mai 2006

Le ministre de l'emploi, de la cohésion sociale et du logement et le ministre de l'agriculture et de la pêche,
Vu les articles L. 133-1 et suivants du code du travail ;
Vu l'arrêté du 8 février 1991 portant extension de la convention collective nationale du 8 octobre 1990 concernant les ouvriers employés par les entreprises du bâtiment non visées par le décret du 1er mars 1962 (c'est-à-dire occupant plus de dix salariés) ;
Vu les arrêtés des 12 février 1991 et 15 décembre 1992 portant extension de la convention collective nationale du 8 octobre 1990 des ouvriers employés par les entreprises visées par le décret du 1er mars 1962 (c'est-à-dire occupant jusqu'à dix salariés) et d'avenants la complétant ;
Vu l'arrêté du 17 janvier 2006 portant extension de deux accords régionaux (Picardie) conclus dans le cadre des conventions collectives nationales susvisées ;
Vu l'accord régional (Picardie) du 13 octobre 2005 portant sur les salaires, conclu dans le cadre des conventions collectives nationales susvisées ;
Vu l'accord régional (Picardie) du 13 octobre 2005 portant sur la prime d'outillage, conclu dans le cadre des conventions collectives nationales susvisées ;
Vu la demande d'extension présentée par les organisations signataires ;
Vu les avis publiés au Journal officiel des 9 février 2006 et 26 mars 2006 ;
Vu les avis recueillis au cours de l'enquête ;
Vu l'avis motivé de la Commission nationale de la négociation collective (sous-commission des conventions et accords), recueilli suivant la procédure prévue à l'article R. 133-2 du code du travail,

Le ministre de l'emploi,
de la cohésion sociale et du logement,
Pour le ministre et par délégation :
La sous-directrice de la négociation collective,
E. Frichet-Thirion
Le ministre de l'agriculture et de la pêche,
Pour le ministre et par délégation :
Par empêchement du directeur général
de la forêt et des affaires rurales :
Le directeur du travail,
J.-P. Mazery

Article 1, 2, 3,
En vigueur

Article 1er

Sont rendues obligatoires, pour tous les employeurs et tous les salariés compris dans le champ d'application professionnel de la convention collective nationale du 8 octobre 1990 des ouvriers employés par les entreprises du bâtiment visées par le décret du 1er mars 1962 (c'est-à-dire occupant jusqu'à dix salariés), tel que complété par l'avenant n° 1 du 17 mars 1992, et dans celui de la convention collective nationale du 8 octobre 1990 des ouvriers employés par les entreprises non visées par le décret du 1er mars 1962 (c'est-à-dire occupant plus de dix salariés), tel qu'étendu par l'arrêté du 8 février 1991, et dans leur propre champ d'application territorial, les dispositions de :

- l'accord régional (Picardie) du 13 octobre 2005 portant sur les salaires, conclu dans le cadre des conventions collectives nationales susvisées ;

- l'accord régional (Picardie) du 13 octobre 2005 portant sur la prime d'outillage, conclu dans le cadre des conventions collectives nationales susvisées.

Article 2

L'extension des effets et sanctions des accords susvisés est faite à dater de la publication du présent arrêté pour la durée restant à courir et aux conditions prévues par lesdits accords.

Article 3

Le directeur des relations du travail au ministère de l'emploi, de la cohésion sociale et du logement et le directeur général de la forêt et des affaires rurales au ministère de l'agriculture et de la pêche sont chargés, chacun en ce qui le concerne, de l'exécution du présent arrêté, qui sera publié au Journal officiel de la République française.

Nota. - Les textes des accords susvisés ont été publiés au Bulletin officiel du ministère, fascicule conventions collectives n° 2005/45.

ARRETE du 29 mai 2006

Le ministre de l'emploi, de la cohésion sociale et du logement et le ministre de l'agriculture et de la pêche,
Vu les articles L. 133-1 et suivants du code du travail ;
Vu l'arrêté du 8 février 1991 portant extension de la convention collective nationale du 8 octobre 1990 des ouvriers employés par les entreprises du bâtiment non visées par le décret du 1er mars 1962 (c'est-à-dire occupant plus de dix salariés) ;
Vu les arrêtés des 12 février 1991 et 15 décembre 1992 portant extension de la convention collective nationale du 8 octobre 1990 des ouvriers employés par les entreprises du bâtiment visées par le décret du 1er mars 1962 (c'est-à-dire occupant jusqu'à dix salariés) et d'avenants la complétant ;
Vu l'accord concernant les départements de la Drôme et de l'Ardèche du 27 septembre 2005 (indemnités de petits déplacements), conclu dans le cadre des conventions collectives nationales suvisées ;
Vu la demande d'extension présentée par les organisations signataires ;
Vu les avis publiés au Journal officiel des 22 février 2006 et 25 mars 2006 ;
Vu les avis recueillis au cours de l'enquête ;
Vu l'avis motivé de la Commission nationale de la négociation collective (sous-commission des conventions et accords), recueilli suivant la procédure prévue à l'article R. 133-2 du code du travail,

Le ministre de l'emploi,
de la cohésion sociale et du logement,
Pour le ministre et par délégation :
La sous-directrice de la négociation collective,
E. Frichet-Thirion
Le ministre de l'agriculture et de la pêche,
Pour le ministre et par délégation :
Par empêchement du directeur général de la forêt et des affaires rurales :
Le directeur du travail,
J.-P. Mazery

Article 1, 2, 3,
En vigueur

Article 1er

Sont rendues obligatoires, pour tous les employeurs et tous les salariés compris dans le champ d'application professionnel de la convention collective nationale du 8 octobre 1990 des ouvriers employés par les entreprises du bâtiment visées par le décret du 1er mars 1962 (c'est-à-dire occupant jusqu'à dix salariés), tel que complété par l'avenant n° 1 du 17 mars 1992, et dans celui de la convention collective nationale du 8 octobre 1990 des ouvriers employés par les entreprises du bâtiment non visées par le décret du 1er mars 1962 (c'est-à-dire occupant plus de dix salariés), tel qu'étendu par arrêté du 8 février 1991, et dans son propre champ d'application territorial, les dispositions de l'accord concernant les départements de la Drôme et de l'Ardèche du 27 septembre 2005 (indemnités de petits déplacements), conclu dans le cadre des conventions collectives nationales susvisées.

Article 2

L'extension des effets et sanctions de l'accord susvisé est faite à dater de la publication du présent arrêté pour la durée restant à courir et aux conditions prévues par ledit accord.

Article 3

Le directeur des relations du travail au ministère de l'emploi, du logement et de la cohésion sociale et le directeur général de la forêt et des affaires rurales au ministère de l'agriculture et de la pêche sont chargés, chacun en ce qui le concerne, de l'exécution du présent arrêté, qui sera publié au Journal officiel de la République française.

Nota. - Le texte de l'accord susvisé a été publié au Bulletin officiel du ministère, fascicule conventions collectives n° 2006/3.

ARRETE du 29 mai 2006

Le ministre de l'emploi, de la cohésion sociale et du logement et le ministre de l'agriculture et de la pêche,
Vu les articles L. 133-1 et suivants du code du travail ;
Vu les arrêtés des 12 février 1991 et 15 décembre 1992 portant extension de la convention collective nationale du 8 octobre 1990 des ouvriers employés par les entreprises du bâtiment visées par le décret du 1er mars 1962 (c'est-à-dire employant jusqu'à dix salariés) et d'avenants la complétant ;
Vu l'arrêté du 6 novembre 2001 portant extension de la convention collective du 19 février 2001 concernant les ouvriers du bâtiment de la région Aquitaine (entreprises occupant jusqu'à dix salariés), conclue dans le cadre de la convention collective nationale susvisée ;
Vu l'arrêté du 28 novembre 2005 portant extension de l'accord régional relatif aux salaires minimaux, conclu dans le cadre de la convention collective régionale susvisée ;
Vu l'accord régional (Aquitaine) du 15 décembre 2005, relatif aux salaires minimaux, conclu dans le cadre de la convention collective nationale susvisée ;
Vu l'accord régional (Aquitaine) du 15 décembre 2005, relatif aux primes pour travaux occasionnels, conclu dans le cadre de la convention collective nationale susvisée ;
Vu l'accord régional (Aquitaine) du 15 décembre 2005, relatif aux indemnités de petits déplacements, conclu dans le cadre de la convention collective nationale susvisée ;
Vu la demande d'extension présentée par les organisations signataires ;
Vu les avis publiés au Journal officiel des 25 février 2006 et 25 mars 2006 ;
Vu les avis recueillis au cours de l'enquête ;
Vu l'avis motivé de la Commission nationale de la négociation collective (sous-commission des conventions et accords), recueilli suivant la procédure prévue à l'article R. 133-2 du code du travail,

Le ministre de l'emploi,
de la cohésion sociale et du logement,
Pour le ministre et par délégation :
Le directeur des relations du travail,
J.-D. Combrexelle
Le ministre de l'agriculture et de la pêche,
Pour le ministre et par délégation :
Par empêchement du directeur général de la forêt et des affaires rurales :
Le directeur du travail,
J.-P. Mazery

Article 1, 2, 3,
En vigueur

Article 1er

Sont rendues obligatoires, pour tous les employeurs et tous les salariés compris dans le champ d'application professionnel de la convention collective nationale du 8 octobre 1990 des ouvriers employés par les entreprises du bâtiment visées par le décret du 1er mars 1962 (c'est-à-dire occupant jusqu'à dix salariés), tel que complété par l'avenant n° 1 du 17 mars 1992, et dans le champ d'application territorial de la convention collective de la région Aquitaine du 19 février 2001 (entreprises occupant jusqu'à dix salariés), les dispositions de :

- l'accord régional (Aquitaine) du 15 décembre 2005, relatif aux salaires minimaux, conclu dans le cadre de la convention collective nationale susvisée ;

- l'accord régional (Aquitaine) du 15 décembre 2005, relatif aux primes pour travaux occasionnels, conclu dans le cadre de la convention collective nationale susvisée ;

- l'accord régional (Aquitaine) du 15 décembre 2005, relatif aux indemnités de petits déplacements, conclu dans le cadre de la convention collective nationale susvisée.

Article 2

L'extension des effets et sanctions des accords susvisés est faite à dater de la publication du présent arrêté pour la durée restant à courir et aux conditions prévues par ladite convention.

Article 3

Le directeur des relations du travail et le directeur général de la forêt et des affaires rurales au ministère de l'agriculture et de la pêche sont chargés, chacun en ce qui le concerne, de l'exécution du présent arrêté, qui sera publié au Journal officiel de la République française.

Nota. - Les textes des accords susvisés ont été publiés au Bulletin officiel du ministère, fascicules conventions collectives n°s 2006/5 et 2006/6.

ARRETE du 6 juin 2006

Le ministre de l'emploi, de la cohésion sociale et du logement et le ministre de l'agriculture et de la pêche,
Vu les articles L. 133-1 et suivants du code du travail ;
Vu l'arrêté du 8 février 1991 portant extension de la convention collective nationale des ouvriers employés par les entreprises du bâtiment non visées par le décret du 1er mars 1962 (c'est-à-dire occupant plus de dix salariés) du 8 octobre 1990 ;
Vu l'arrêté du 6 mars 2006 portant extension d'un accord régional (Centre) conclu dans le cadre de la convention collective nationale susvisée ;
Vu l'accord du 20 juin 2005, relatif aux salaires minima, conclu dans le cadre de la convention collective nationale susvisée ;
Vu l'accord du 20 juin 2005 relatif aux indemnités de petits déplacements ;
Vu la demande d'extension présentée par les organisations signataires ;
Vu les avis publiés au Journal officiel des 25 août 2005 et 25 mars 2006 ;
Vu les avis recueillis au cours de l'enquête ;
Vu l'avis motivé de la Commission nationale de la négociation collective (sous-commission des conventions et accords), recueilli suivant la procédure prévue à l'article R. 133-2 du code du travail,

Le ministre de l'emploi,
de la cohésion sociale et du logement,
Pour le ministre et par délégation :
La sous-directrice de la négociation collective,
E. Frichet-Thirion
Le ministre de l'agriculture et de la pêche,
Pour le ministre et par délégation :
Par empêchement du directeur général
de la forêt et des affaires rurales :
Le directeur du travail,
J.-P. Mazery

Article 1, 2, 3,
En vigueur

Article 1er

Sont rendues obligatoires, pour tous les employeurs et tous les salariés compris dans le champ d'application professionnel de la convention collective nationale des ouvriers employés par les entreprises du bâtiment non visées par le décret du 1er mars 1962 (c'est-à-dire occupant plus de dix salariés) du 8 octobre 1990 et dans son propre champ d'application territorial, les dispositions de :

- l'accord du 20 juin 2005, relatif aux salaires minima, conclu dans le cadre de la convention collective nationale susvisée ;

- l'accord du 20 juin 2005 relatif aux indemnités de petits déplacements.

Article 2

L'extension des effets et sanctions des accords susvisés est faite à dater de la publication du présent arrêté pour la durée restant à courir et aux conditions prévues par lesdits accords.

Article 3

Le directeur des relations du travail est chargé de l'exécution du présent arrêté, qui sera publié au Journal officiel de la République française.

Nota. - Le texte des accords susvisés a été publié au Bulletin officiel du ministère, fascicule conventions collectives n° 2005/30.

ARRETE du 23 juin 2006

Le ministre de l'emploi, de la cohésion sociale et du logement et le ministre de l'agriculture et de la pêche,
Vu les articles L. 133-1 et suivants du code du travail ;
Vu les arrêtés des 12 février 1991 et 15 décembre 1992 portant extension de la convention collective nationale du 8 octobre 1990 concernant les ouvriers employés par les entreprises du bâtiment visées par le décret du 1er mars 1962 (c'est-à-dire occupant jusqu'à dix salariés) et de textes la modifiant ou la complétant ;
Vu l'arrêté du 18 juillet 1995 et les arrêtés successifs, notamment l'arrêté du 6 mai 2004, portant extension d'un accord régional (Bourgogne) conclu dans le cadre de la convention collective susvisée ;
Vu l'accord régional n° 9 (Bourgogne) du 12 octobre 2005, relatif aux salaires minimaux, conclu dans le cadre de la convention collective nationale susvisée ;
Vu l'accord régional n° 19 (Bourgogne) du 12 octobre 2005, relatif aux indemnités de petits déplacements, conclu dans le cadre de la convention collective nationale susvisée ;
Vu la demande d'extension présentée par les organisations signataires ;
Vu les avis publiés au Journal officiel des 15 mars et 25 mars 2006 ;
Vu les avis recueillis au cours de l'enquête ;
Vu l'avis motivé de la Commission nationale de la négociation collective (sous-commission des conventions et accords), recueilli suivant la procédure prévue à l'article R. 133-2 du code du travail,

Le ministre de l'emploi,
de la cohésion sociale et du logement,
Pour le ministre et par délégation :
La sous-directrice de la négociation collective,
E. Frichet-Thirion
Le ministre de l'agriculture et de la pêche,
Pour le ministre et par délégation :
Par empêchement du directeur général
de la forêt et des affaires rurales :
Le directeur du travail,
J.-P. Mazery

Article 1, 2, 3,
En vigueur

Article 1er

Sont rendues obligatoires, pour tous les employeurs et tous les salariés compris dans le champ d'application professionnel de la convention collective nationale du 8 octobre 1990 concernant les ouvriers employés par les entreprises du bâtiment visées par le décret du 1er mars 1962 (c'est-à-dire occupant jusqu'à dix salariés) tel que modifié par l'avenant n° 1 du 17 mars 1992, et dans son propre champ d'application territorial, les dispositions de :

- l'accord régional n° 9 (Bourgogne) du 12 octobre 2005, relatif aux salaires minimaux, conclu dans le cadre de la convention collective nationale susvisée ;

- l'accord régional n° 19 (Bourgogne) du 12 octobre 2005, relatif aux indemnités de petits déplacements, conclu dans le cadre de la convention collective nationale susvisée.

Article 2

L'extension des effets et sanctions des accords susvisés est faite à dater de la publication du présent arrêté pour la durée restant à courir et aux conditions prévues par lesdits accords.

Article 3

Le directeur des relations du travail au ministère de l'emploi, de la cohésion sociale et du logement et le directeur général de la forêt et des affaires rurales au ministère de l'agriculture et de la pêche sont chargés, chacun en ce qui le concerne, de l'exécution du présent arrêté, qui sera publié au Journal officiel de la République française.

Nota. - Les textes des accords susvisés ont été publiés au Bulletin officiel du ministère, fascicule conventions collectives n° 2006/7.

ARRETE du 25 juillet 2006

Le ministre de l'emploi, de la cohésion sociale et du logement et le ministre de l'agriculture et de la pêche,
Vu les articles L. 133-1 et suivants du code du travail ;
Vu l'arrêté du 8 février 1991 portant extension de la convention collective nationale du 8 octobre 1990 concernant les ouvriers employés par les entreprises du bâtiment non visées par le décret du 1er mars 1962 (c'est-à-dire occupant plus de dix salariés) ;
Vu les arrêtés des 12 février 1991 et 15 décembre 1992 portant extension de la convention collective nationale du 8 octobre 1990 concernant les ouvriers employés par les entreprises du bâtiment visées par le décret du 1er mars 1962 (c'est-à-dire occupant jusqu'à dix salariés) et d'avenants la complétant ;
Vu l'arrêté du 3 mai 2005 portant extension d'un accord régional (Franche-Comté) ;
Vu l'accord régional (Franche-Comté) du 13 janvier 2006 portant sur les salaires minimaux conclu dans le cadre des conventions collectives nationales susvisées ;
Vu l'accord régional (Franche-Comté) du 13 janvier 2006 portant sur les indemnités de petits déplacements conclu dans le cadre des conventions collectives nationales susvisées ;
Vu la demande d'extension présentée par les organisations signataires ;
Vu les avis publiés au Journal officiel des 15 mars et 25 mars 2006 ;
Vu les avis recueillis au cours de l'enquête ;
Vu l'avis motivé de la Commission nationale de la négociation collective (sous-commission des conventions et accords), recueilli suivant la procédure prévue à l'article R. 133-2 du code du travail,

Le ministre de l'emploi,
de la cohésion sociale et du logement,
Pour le ministre et par délégation :
La sous-directrice de la négociation collective,
E. Frichet-Thirion
Le ministre de l'agriculture et de la pêche,
Pour le ministre et par délégation :
Le directeur du travail,

J.-P. Mazery

Article 1, 2, 3,
En vigueur

Article 1er

Sont rendues obligatoires, pour tous les employeurs et tous les salariés compris dans le champ d'application professionnel de la convention collective nationale du 8 octobre 1990 concernant les ouvriers employés par les entreprises du bâtiment visées par le décret du 1er mars 1962 (c'est-à-dire occupant jusqu'à dix salariés) tel que complété par l'avenant n° 1 du 17 mars 1992, et dans celui de la convention collective nationale du 8 octobre 1990 concernant les ouvriers employés par les entreprises du bâtiment non visées par le décret du 1er mars 1962 (c'est-à-dire occupant plus de dix salariés) tel qu'étendu par l'arrêté du 8 février 1991, et dans son propre champ d'application territorial, les dispositions de :

- l'accord régional (Franche-Comté) du 13 janvier 2006 portant sur les salaires minimaux conclu dans le cadre des conventions collectives nationales susvisées ;

- l'accord régional (Franche-Comté) du 13 janvier 2006 portant sur les indemnités de petits déplacements conclu dans le cadre des conventions collectives susvisées.

Article 2

L'extension des effets et sanctions des accords susvisés est faite à dater de la publication du présent arrêté pour la durée restant à courir et aux conditions prévues par lesdits accords.

Article 3

Le directeur des relations du travail au ministère de l'emploi, de la cohésion sociale et du logement et le directeur général de la forêt et des affaires rurales au ministère de l'agriculture et de la pêche sont chargés, chacun en ce qui le concerne, de l'exécution du présent arrêté, qui sera publié au Journal officiel de la République française.

Nota. - Les textes des accords susvisés ont été publiés au Bulletin officiel du ministère, fascicule conventions collectives n° 2006/8.

ARRETE du 25 juillet 2006

Le ministre de l'emploi, de la cohésion sociale et du logement et le ministre de l'agriculture et de la pêche,
Vu les articles L. 133-1 et suivants du code du travail ;
Vu l'arrêté du 8 février 1991 et les arrêtés successifs, notamment l'arrêté du 26 août 2005, portant extension de la convention collective nationale du 8 octobre 1990 concernant les ouvriers employés par les entreprises du bâtiment non visées par le décret du 1er mars 1962 (c'est-à-dire occupant plus de dix salariés) et des textes qui l'ont modifiée ou complétée ;
Vu l'arrêté du 12 février 1991 et les arrêtés successifs, notamment l'arrêté du 26 août 2005, portant extension de la convention collective nationale du 8 octobre 1990 concernant les ouvriers employés par les entreprises du bâtiment visées par le décret du 1er mars 1962 (c'est-à-dire occupant jusqu'à dix salariés) et des textes qui l'ont modifiée ou complétée ;
Vu l'accord régional n° 13 (Basse-Normandie) du 16 février 2006, relatif aux salaires minimaux, conclu dans le cadre des conventions collectives nationales susvisées ;
Vu la demande d'extension présentée par les organisations syndicales signataires ;
Vu les avis publiés au Journal officiel des 11 avril et 17 juin 2006 ;
Vu l'avis recueilli au cours de l'enquête ;
Vu l'avis motivé de la Commission nationale de la négociation collective (sous-commission des conventions et accords), recueilli suivant la procédure prévue à l'article R. 133-2 du code du travail,

Le ministre de l'emploi,
de la cohésion sociale et du logement,
Pour le ministre et par délégation :
La sous-directrice de la négociation collective,
E. Frichet-Thirion
Le ministre de l'agriculture et de la pêche,
Pour le ministre et par délégation :
Le directeur du travail,
J.-P. Mazery

Article 1, 2, 3,
En vigueur

Sont rendues obligatoires, pour tous les employeurs et tous les salariés compris dans le champ d'application professionnel de la convention collective nationale du 8 octobre 1990 concernant les ouvriers employés par les entreprises du bâtiment visées par le décret du 1er mars 1962 (c'est-à-dire occupant jusqu'à dix salariés), tel que complété par l'avenant n° 1 du 17 mars 1992, et de la convention collective nationale du 8 octobre 1990 concernant les ouvriers employés par les entreprises du bâtiment non visées par le décret du 1er mars 1962 (c'est-à-dire occupant plus de dix salariés), tel qu'étendu par l'arrêté du 8 février 1991, et dans leur champ d'application territorial, les dispositions de l'accord régional n° 13 (Basse-Normandie) du 16 février 2006, relatif aux salaires minimaux, conclu dans le cadre des conventions collectives susvisées.

Article 2

L'extension des effets et sanctions de l'accord susvisé est faite à dater de la publication du présent arrêté pour la durée restant à courir et aux conditions prévues par ledit accord.

Article 3

Le directeur des relations du travail au ministère de l'emploi, de la cohésion sociale et du logement et le directeur général de la forêt et des affaires rurales au ministère de l'agriculture et de la pêche sont chargés, chacun en ce qui le concerne, de l'exécution du présent arrêté, qui sera publié au Journal officiel de la République française.

Nota. - Le texte de l'accord susvisé a été publié au Bulletin officiel du ministère, fascicule conventions collectives n° 2006/12.

ARRETE du 18 juillet 2006

Le ministre de l'emploi, de la cohésion sociale et du logement et le ministre de l'agriculture et de la pêche,
Vu les articles L. 133-1 et suivants du code du travail ;
Vu les arrêtés des 12 février 1991 et 15 décembre 1992 portant extension de la convention collective nationale du 8 octobre 1990 des ouvriers employés par les entreprises du bâtiment visées par le décret du 1er mars 1962 (c'est-à-dire occupant jusqu'à dix salariés) et d'avenants la complétant ;
Vu l'arrêté du 8 février 1991 portant extension de la convention collective nationale du 8 octobre 1990 des ouvriers employés par les entreprises du bâtiment non visées par le décret du 1er mars 1962 (c'est-à-dire occupant plus de dix salariés) ;
Vu l'arrêté du 5 juillet 1991 et les arrêtés successifs, notamment l'arrêté du 29 juin 2005, portant extension d'un accord régional (Lorraine), conclu dans le cadre des conventions collectives nationales susvisées ;
Vu l'accord régional (Lorraine) du 11 janvier 2006, relatif aux indemnités de petits déplacements, conclu dans le cadre des conventions collectives nationales susvisées ;
Vu la demande d'extension présentée par les organisations signataires ;
Vu les avis publiés au Journal officiel des 31 mai et 24 juin 2006 ;
Vu les avis recueillis au cours de l'enquête ;
Vu l'avis motivé de la Commission nationale de la négociation collective (sous-commission des conventions et accords), recueilli selon la procédure prévue à l'article R. 133-2 du code du travail,

Le ministre de l'emploi,
de la cohésion sociale et du logement,
Pour le ministre et par délégation :
La sous-directrice de la négociation collective,
E. Frichet-Thirion
Le ministre de l'agriculture et de la pêche,
Pour le ministre et par délégation :
Le directeur du travail
chargé de la sous-direction travail-emploi,
J.-P. Mazery

Article 1, 2, 3,
En vigueur

Article 1er

Sont rendues obligatoires, pour tous les employeurs et tous les salariés compris dans le champ d'application professionnel de la convention collective nationale du 8 octobre 1990 des ouvriers employés par les entreprises du bâtiment visées par le décret du 1er mars 1962 (c'est-à-dire occupant jusqu'à dix salariés), tel que complété par l'avenant n° 1 du 17 mars 1992, et dans celui de la convention collective nationale du 8 octobre 1990 des ouvriers employés par les entreprises du bâtiment non visées par le décret du 1er mars 1962 (c'est-à-dire occupant plus de dix salariés), tel qu'étendu par l'arrêté du 8 février 1991, et dans son propre champ d'application, les dispositions de l'accord régional (Lorraine) du 11 janvier 2006, relatif aux indemnités de petits déplacements, conclu dans le cadre des conventions collectives nationales susvisées.

Article 2

L'extension des effets et sanctions de l'accord susvisé est faite à dater de la publication du présent arrêté pour la durée restant à courir et aux conditions prévues par ledit accord.

Article 3

Le directeur des relations du travail au ministère de l'emploi, de la cohésion sociale et du logement et le directeur général de la forêt et des affaires rurales au ministère de l'agriculture et de la pêche sont chargés, chacun en ce qui le concerne, de l'exécution du présent arrêté, qui sera publié au Journal officiel de la République française.

Nota. - Le texte de l'accord susvisé a été publié au Bulletin officiel du ministère, fascicule conventions collectives n° 2006/20.

ARRETE du 2 août 2006

Le ministre de l'emploi, de la cohésion sociale et du logement et le ministre de l'agriculture et de la pêche,
Vu les articles L. 133-1 et suivants du code du travail ;
Vu l'arrêté du 8 février 1991 portant extension de la convention collective nationale du 8 octobre 1990 concernant les ouvriers employés par les entreprises du bâtiment non visées par le décret du 1er mars 1962 (c'est-à-dire occupant plus de dix salariés) ;
Vu les arrêtés du 12 février 1991 et du 15 décembre 1992 portant extension de la convention collective nationale du 8 octobre 1990 concernant les ouvriers employés par les entreprises du bâtiment visées par le décret du 1er mars 1962 (c'est-à-dire occupant jusqu'à dix salariés) et d'avenants la complétant ;
Vu l'accord départemental (Rhône) du 22 février 2006, relatif aux indemnités de petits déplacements, conclu dans le cadre de la convention collective nationale du 8 octobre 1990 concernant les ouvriers employés par les entreprises du bâtiment visées par le décret du 1er mars 1962 (c'est-à-dire occupant jusqu'à dix salariés) ;
Vu l'accord départemental (Rhône) du 22 février 2006, relatif aux indemnités de petits déplacements (barème annexé), conclu dans le cadre de la convention collective nationale du 8 octobre 1990 concernant les ouvriers employés par les entreprises du bâtiment non visées par le décret du 1er mars 1962 (c'est-à-dire occupant plus de dix salariés) ;
Vu la demande d'extension présentée par les organisations signataires ;
Vu les avis publiés au Journal officiel des 9 juin et 4 juillet 2006 ;
Vu les avis recueillis au cours de l'enquête ;
Vu l'avis motivé de la Commission nationale de la négociation collective (sous-commission des conventions et accords), recueilli suivant la procédure prévue à l'article R. 133-2 du code du travail,

Le ministre de l'emploi,
de la cohésion sociale et du logement,
Pour le ministre et par délégation :
La sous-directrice de la négociation collective,
E. Frichet-Thirion
Le ministre de l'agriculture et de la pêche,
8ZS Pour le ministre et par délégation :
Le directeur du travail,
J.-P. Mazery

Article 1, 2, 3,
En vigueur

Article 1er

Sont rendues obligatoires, pour tous les employeurs et tous les salariés compris dans le champ d'application professionnel de la convention collective nationale du 8 octobre 1990 concernant les ouvriers employés par les entreprises du bâtiment visées par le décret du 1er mars 1962 (c'est-à-dire occupant jusqu'à dix salariés), tel que complété par l'avenant n° 1 du 17 mars 1992, et dans celui de la convention collective nationale du 8 octobre 1990 concernant les ouvriers employés par les entreprises du bâtiment non visées par le décret du 1er mars 1962 (c'est-à-dire occupant plus de dix salariés), tel qu'étendu par arrêté du 8 février 1991, et dans leur propre champ d'application, les dispositions de :

- l'accord départemental (Rhône) du 22 février 2006, relatif aux indemnités de petits déplacements, conclu dans le cadre de la convention collective nationale du 8 octobre 1990 concernant les ouvriers employés par les entreprises du bâtiment visées par le décret du 1er mars 1962 (c'est-à-dire occupant jusqu'à dix salariés) ;

- l'accord départemental (Rhône) du 22 février 2006, relatif aux indemnités de petits déplacements (barème annexé), conclu dans le cadre de la convention collective nationale du 8 octobre 1990 concernant les ouvriers employés par les entreprises du bâtiment non visées par le décret du 1er mars 1962 (c'est-à-dire occupant plus de dix salariés).

Article 2

L'extension des effets et sanctions des accords susvisés est faite à dater de la publication du présent arrêté pour la durée restant à courir et aux conditions prévues par lesdits accords.

Article 3

Le directeur des relations du travail au ministère de l'emploi, de la cohésion sociale et du logement et le directeur général de la forêt et des affaires rurales au ministère de l'agriculture et de la pêche sont chargés, chacun en ce qui le concerne, de l'exécution du présent arrêté, qui sera publié au Journal officiel de la République française.

Nota. - Les textes des accords susvisés ont été publiés au Bulletin officiel du ministère, fascicule conventions collectives n° 2006/18.

ARRETE du 18 septembre 2006

Le ministre de l'emploi, de la cohésion sociale et du logement et le ministre de l'agriculture et de la pêche,
Vu les articles L. 133-1 et suivants du code du travail ;
Vu les arrêtés des 12 février 1991 et 15 décembre 1992 portant extension de la convention collective nationale du 8 octobre 1990 des ouvriers employés par les entreprises du bâtiment visées par le décret du 1er mars 1962 (c'est-à-dire occupant jusqu'à dix salariés) et d'avenants la complétant ;
Vu l'arrêté du 8 février 1991 portant extension de la convention collective nationale du 8 octobre 1990 des ouvriers employés par les entreprises du bâtiment non visées par le décret du 1er mars 1962 (c'est-à-dire occupant plus de dix salariés) ;
Vu l'arrêté du 6 juin 2006 portant extension d'un avenant à un accord régional (Limousin) conclu dans le cadre des conventions collectives nationales susvisées ;
Vu l'accord régional (Limousin) du 15 décembre 2005, relatif aux barèmes de salaires minima des ouvriers et ETAM, conclu dans le cadre des conventions collectives nationales susvisées ;
Vu l'accord régional (Limousin) du 15 décembre 2005, relatif aux primes conventionnelles et prime d'outillage des ouvriers, conclu dans le cadre des conventions collectives nationales susvisées ;
Vu l'accord régional (Limousin) du 15 décembre 2005, relatif aux indemnités de petits déplacements des ouvriers, conclu dans le cadre des conventions collectives nationales susvisées ;
Vu les demandes d'extension présentées par les organisations signataires ;
Vu les avis publiés au Journal officiel du 24 juin et du 17 août 2006 ;
Vu les avis recueillis au cours de l'enquête ;
Vu l'avis motivé de la Commission nationale de la négociation collective (sous-commission des conventions et accords), recueilli suivant la procédure prévue à l'article R. 133-2 du code du travail,

Le ministre de l'emploi,
de la cohésion sociale et du logement,
Pour le ministre et par délégation :
Le directeur général du travail,
J.-D. Combrexelle
Le ministre de l'agriculture et de la pêche,
Pour le ministre et par délégation :
Le directeur du travail,
J.-P. Mazery

Article 1, 2, 3,
En vigueur

Article 1er

Sont rendues obligatoires, pour tous les employeurs et tous les salariés compris dans le champ d'application professionnel de la convention collective nationale du 8 octobre 1990 des ouvriers employés par les entreprises du bâtiment visées par le décret du 1er mars 1962 (c'est-à-dire occupant jusqu'à dix salariés), tel que complété par l'avenant n° 1 du 17 mars 1992, et dans celui de la convention collective nationale du 8 octobre 1990 des ouvriers employés par les entreprises du bâtiment non visées par le décret du 1er mars 1962 (c'est-à-dire occupant plus de dix salariés), tel qu'étendu par l'arrêté du 8 février 1991, et dans son propre champ d'application territorial, les dispositions :

- de l'accord régional (Limousin) du 15 décembre 2005, relatif aux barèmes de salaires minima des ouvriers et ETAM, conclu dans le cadre des conventions collectives nationales susvisées, à l'exclusion :

- des termes : " et ETAM " du titre ;

- des termes : " et ETAM " mentionnés à l'article 1er ;

- des termes : " et ETAM " mentionnés à l'article 2 ;

- de l'article 5 (barème des appointements ETAM) ;

- de l'accord régional (Limousin) du 15 décembre 2005, relatif aux primes conventionnelles et à la prime d'outillage des ouvriers, conclu dans le cadre des conventions collectives nationales susvisées ;

- de l'accord régional (Limousin) du 15 décembre 2005, relatif aux indemnités de petits déplacements des ouvriers, conclu dans le cadre des conventions collectives nationales susvisées.

Article 2

L'extension des effets et sanctions des accords susvisés est faite à dater de la publication du présent arrêté pour la durée restant à courir et aux conditions prévues par ledit accord.

Article 3

Le directeur général du travail au ministère de l'emploi, de la cohésion sociale et du logement et le directeur général de la forêt et des affaires rurales au ministère de l'agriculture et de la pêche sont chargés, chacun en ce qui le concerne, de l'exécution du présent arrêté, qui sera publié au

Journal officiel de la République française.

Nota. - Les textes des accords susvisés ont été publiés au Bulletin officiel du ministère, fascicule conventions collectives n° 2006/11.

ARRETE du 18 septembre 2006

Le ministre de l'emploi, de la cohésion sociale et du logement et le ministre de l'agriculture et de la pêche,
Vu les articles L. 133-1 et suivants du code du travail ;
Vu les arrêtés du 12 février 1991 et du 15 décembre 1992 portant extension de la convention collective nationale du 8 octobre 1990 des ouvriers employés par les entreprises du bâtiment visées par le décret du 1er mars 1962 (c'est-à-dire occupant jusqu'à dix salariés) et d'avenants la complétant ;
Vu l'arrêté du 6 juin 2006 portant extension d'un accord régional (Centre) conclu dans le cadre de la convention collective nationale susvisée ;
Vu l'accord du 13 avril 2006, relatif aux salaires minima, conclu dans le cadre de la convention collective nationale susvisée ;
Vu l'accord du 13 avril 2006, relatif aux indemnités de petits déplacements, conclu dans le cadre de la convention collective nationale susvisée ;
Vu la demande d'extension présentée par les organisations signataires ;
Vu les avis publiés au Journal officiel des 7 juillet 2005 et 17 août 2006 ;
Vu les avis recueillis au cours de l'enquête ;
Vu l'avis motivé de la Commission nationale de la négociation collective (sous-commission des conventions et accords), recueilli suivant la procédure prévue à l'article R. 133-2 du code du travail,

Le ministre de l'emploi,
de la cohésion sociale et du logement,
8ZS Pour le ministre et par délégation :
Le directeur général du travail,
J.-D. Combrexelle
Le ministre de l'agriculture et de la pêche,
8ZS Pour le ministre et par délégation :
Le directeur du travail,
J.-P. Mazery

Article 1, 2, 3,
En vigueur

Article 1er

Sont rendues obligatoires, pour tous les employeurs et tous les salariés compris dans le champ d'application professionnel de la convention collective nationale du 8 octobre 1990 des ouvriers employés par les entreprises du bâtiment visées par le décret du 1er mars 1962 (c'est-à-dire occupant jusqu'à dix salariés) et dans son propre champ d'application territorial, les dispositions de :

- l'accord du 13 avril 2006, relatif aux salaires minima, conclu dans le cadre de la convention collective nationale susvisée, sous réserve du respect des dispositions réglementaires portant fixation du salaire minimum interprofessionnel de croissance ;

- l'accord du 13 avril 2006, relatif aux indemnités de petits déplacements, conclu dans le cadre de la convention collective nationale susvisée.

Article 2

L'extension des effets et sanctions des accords susvisés est faite à dater de la publication du présent arrêté pour la durée restant à courir et aux conditions prévues par lesdits accords.

Article 3

Le directeur général du travail au ministère de l'emploi, de la cohésion sociale et du logement et le directeur général de la forêt et des affaires rurales au ministère de l'agriculture et de la pêche sont chargés, chacun en ce qui le concerne, de l'exécution du présent arrêté, qui sera publié au Journal officiel de la République française.

Nota. - Les textes des accords susvisés ont été publiés au Bulletin officiel du ministère, fascicule conventions collectives n° 2006/25.

ARRETE du 21 septembre 2006

Le ministre de l'emploi, de la cohésion sociale et du logement et le ministre de l'agriculture et de la pêche,
Vu les articles L. 133-1 et suivants du code du travail ;
Vu l'arrêté du 8 février 1991 portant extension de la convention collective nationale du 8 octobre 1990 des ouvriers employés par les entreprises du bâtiment non visées par le décret du 1er mars 1962 (c'est-à-dire occupant plus de dix salariés) ;
Vu les arrêtés des 12 février 1991 et 15 décembre 1992 portant extension de la convention collective nationale du 8 octobre 1990 des ouvriers employés par les entreprises du bâtiment visées par le décret du 1er mars 1962 (c'est-à-dire occupant jusqu'à dix salariés) et d'avenants la complétant ;
Vu l'avenant n° 11 du 25 avril 2006, relatif aux salaires, à l'accord régional (Haute-Normandie) du 11 janvier 1991, conclu dans le cadre des conventions collectives nationales susvisées ;

Vu la demande d'extension présentée par les organisations signataires ;
Vu les avis publiés au Journal officiel des 17 juin et 17 août 2006 ;
Vu les avis recueillis au cours de l'enquête ;
Vu l'avis motivé de la Commission nationale de la négociation collective (sous-commission des conventions et accords), recueilli suivant la procédure prévue à l'article R. 133-2 du code du travail,

Le ministre de l'emploi,
de la cohésion sociale et du logement,
Pour le ministre et par délégation :
Le directeur général du travail,
J.-D. Combrexelle
Le ministre de l'agriculture et de la pêche,
Pour le ministre et par délégation :
Le directeur du travail,
P. Mazery

Article 1, 2, 3,
En vigueur

Article 1er

Sont rendues obligatoires, pour tous les employeurs et tous les salariés compris dans le champ d'application professionnel de la convention collective nationale du 8 octobre 1990 des ouvriers employés par les entreprises du bâtiment visées par le décret du 1er mars 1962 (c'est-à-dire occupant jusqu'à dix salariés), telle que complétée par l'avenant n° 1 du 17 mars 1992, et de la convention collective nationale du 8 octobre 1990 des ouvriers employés par les entreprises du bâtiment non visées par le décret du 1er mars 1962 (c'est-à-dire occupant plus de dix salariés), telle qu'étendue par l'arrêté du 8 février 1991, et dans son propre champ d'application territorial, les dispositions de l'avenant n° 11 du 25 avril 2006, relatif aux salaires, à l'accord régional (Haute-Normandie) du 11 janvier 1991 conclu dans le cadre des conventions collectives nationales susvisées.

Article 2

L'extension des effets et sanctions de l'avenant susvisé est faite à dater de la publication du présent arrêté pour la durée restant à courir et aux conditions prévues par ledit avenant.

Article 3

Le directeur général du travail au ministère de l'emploi, de la cohésion sociale et du logement et le directeur général de la forêt et des affaires rurales au ministère de l'agriculture et de la pêche sont chargés, chacun en ce qui le concerne, de l'exécution du présent arrêté, qui sera publié au Journal officiel de la République française.

Nota. - Le texte de l'avenant susvisé a été publié au Bulletin officiel du ministère, fascicule conventions collectives n° 2006/22.

ARRETE du 25 septembre 2006

Le ministre de l'emploi, de la cohésion sociale et du logement et le ministre de l'agriculture et de la pêche,
Vu les articles L. 133-1 et suivants du code du travail ;
Vu l'arrêté du 8 février 1991 portant extension de la convention collective nationale du 8 octobre 1990 des ouvriers employés par les entreprises du bâtiment non visées par le décret du 1er mars 1962 (c'est-à-dire occupant plus de dix salariés) ;
Vu les arrêtés du 12 février 1991 et du 15 décembre 1992 portant extension de la convention collective nationale du 8 octobre 1990 des ouvriers employés par les entreprises du bâtiment visées par le décret du 1er mars 1962 (c'est-à-dire occupant jusqu'à dix salariés) et d'avenants la complétant ;
Vu l'arrêté du 18 avril 2005 portant extension d'accords régionaux (Provence-Alpes-Côte d'Azur) conclus dans le cadre des conventions collectives nationales susvisées ;
Vu l'accord régional (Provence-Alpes-Côte d'Azur) du 5 avril 2006, relatif aux salaires minimaux, conclu dans le cadre des conventions collectives nationales susvisées ;
Vu l'accord régional (Provence-Alpes-Côte d'Azur) du 5 avril 2006, relatif aux indemntiés de petits déplacements, conclu dans le cadre des conventions collectives nationales susvisées ;
Vu l'accord régional (Provence-Alpes-Côte d'Azur) du 5 avril 2006, relatif à la prime de pénibilité, conclu dans le cadre des conventions collectives nationales susvisées ;
Vu la demande d'extension présentée par les organisations signataires ;
Vu les avis publiés au Journal officiel des 16 juin, 8 juillet et 17 août 2006 ;
Vu les avis recueillis au cours de l'enquête ;
Vu l'avis motivé de la Commission nationale de la négociation collective (sous-commission des conventions et accords), recueilli suivant la procédure prévue à l'article R. 133-2 du code du travail,

Le ministre de l'emploi,
de la cohésion sociale et du logement,
Pour le ministre et par délégation :
Le directeur général du travail,

J.-D. Combrexelle
Le ministre de l'agriculture et de la pêche,
Pour le ministre et par délégation :
Par empêchement du directeur général
de la forêt et des affaires rurales :
Le directeur du travail,
J.-P. Mazery

Article 1, 2, 3,
En vigueur

Article 1er

Sont rendues obligatoires, pour tous les employeurs et tous les salariés compris dans le champ d'application professionnel de la convention collective nationale du 8 octobre 1990 des ouvriers employés par les entreprises du bâtiment visées par le décret du 1er mars 1962 (c'est-à-dire occupant jusqu'à dix salariés), tel que complété par l'avenant n° 1 du 17 mars 1992, et dans celui de la convention collective nationale du 8 octobre 1990 des ouvriers employés par les entreprises du bâtiment non visées par le décret du 1er mars 1962 (c'est-à-dire occupant plus de dix salariés), tel qu'étendu par l'arrêté du 8 février 1991, et dans leur propre champ d'application territorial, les dispositions de :

- l'accord régional (Provence-Alpes-Côte d'Azur) du 5 avril 2006, relatif aux salaires minimaux, conclu dans le cadre des conventions collectives nationales susvisées ;

- l'accord régional (Provence-Alpes-Côte d'Azur) du 5 avril 2006, relatif aux indemnités de petits déplacements, conclu dans le cadre des conventions collectives nationales susvisées ;

- l'accord régional (Provence-Alpes-Côte d'Azur) du 5 avril 2006, relatif à la prime de pénibilité, conclu dans le cadre des conventions collectives nationales susvisées.

Article 2

L'extension des effets et sanctions des accords susvisés est faite à dater de la publication du présent arrêté pour la durée restant à courir et aux conditions prévues par lesdits accords.

Article 3

Le directeur général du travail au ministère de l'emploi, de la cohésion sociale et du logement et le directeur général de la forêt et des affaires rurales au ministère de l'agriculture et de la pêche sont chargés, chacun en ce qui le concerne, de l'exécution du présent arrêté, qui sera publié au Journal officiel de la République française.

Nota. - Les textes des accords susvisés ont été publiés au Bulletin officiel du ministère, fascicule conventions collectives n° 2006/22.

ARRETE du 25 septembre 2006

Le ministre de l'emploi, de la cohésion sociale et du logement et le ministre de l'agriculture et de la pêche,
Vu les articles L. 133-1 et suivants du code du travail ;
Vu l'arrêté du 8 février 1991 portant extension de la convention collective nationale du 8 octobre 1990 des ouvriers employés par les entreprises du bâtiment non visées par le décret du 1er mars 1962 (c'est-à-dire occupant plus dix salariés) ;
Vu les arrêtés des 12 février 1991 et 15 décembre 1992 portant extension de la convention collective nationale du 8 octobre 1990 des ouvriers employés par les entreprises du bâtiment visées par le décret du 1er mars 1962 (c'est-à-dire occupant jusqu'à dix salariés) et d'avenants la complétant ;
Vu l'accord régional (Haute-Normandie) du 25 avril 2006, relatif aux indemnités de petits déplacements et à l'indemnité de référence, conclu dans le cadre des conventions collectives nationales susvisées ;
Vu la demande d'extension présentée par les organisations signataires ;
Vu les avis publiés au Journal officiel des 18 juillet et 17 août 2006 ;
Vu les avis recueillis au cours de l'enquête ;
Vu l'avis motivé de la Commission nationale de la négociation collective (sous-commission des conventions et accords), recueilli suivant la procédure prévue à l'article R. 133-2 du code du travail,

Le ministre de l'emploi,
de la cohésion sociale et du logement,
Pour le ministre et par délégation :
Le directeur général du travail,
J.-D. Combrexelle
Le ministre de l'agriculture et de la pêche,
Pour le ministre et par délégation :
Par empêchement du directeur général
de la forêt et des affaires rurales :
Le directeur du travail,
J.-P. Mazery

Article 1, 2, 3,
En vigueur

Article 1er

Sont rendues obligatoires, pour tous les employeurs et tous les salariés compris dans le champ d'application professionnel de la convention collective nationale du 8 octobre 1990 des ouvriers employés par les entreprises du bâtiment visées par le décret du 1er mars 1962 (c'est-à-dire occupant jusqu'à dix salariés), tel que complétée par l'avenant n° 1 du 17 mars 1992 et de la convention collective nationale du 8 octobre 1990 des ouvriers employés par les entreprises du bâtiment non visées par le décret du 1er mars 1962 (c'est-à-dire occupant plus de dix salariés), telle qu'étendue par l'arrêté du 8 février 1991, et dans son propre champ d'application territorial, les dispositions de l'accord régional (Haute-Normandie) du 25 avril 2006, relatif aux indemnités de petits déplacements et à l'indemnité de référence, conclu dans le cadre des conventions collectives nationales susvisées.

Article 2

L'extension des effets et sanctions de l'accord susvisé est faite à dater de la publication du présent arrêté pour la durée restant à courir et aux conditions prévues par ledit accord.

Article 3

Le directeur général du travail au ministère de l'emploi, de la cohésion sociale et du logement et le directeur général de la forêt et des affaires rurales au ministère de l'agriculture et de la pêche sont chargés, chacun en ce qui le concerne, de l'exécution du présent arrêté, qui sera publié au Journal officiel de la République française.

Nota. - Le texte de l'accord susvisé a été publié au Bulletin officiel du ministère, fascicule conventions collectives n° 2006/24.

ARRETE du 31 octobre 2006

Le ministre de l'emploi, de la cohésion sociale et du logement et le ministre de l'agriculture et de la pêche,
Vu les articles L. 133-1 et suivants du code du travail ;
Vu les arrêtés du 12 février 1991 et du 15 décembre 1992 portant extension de la convention collective nationale du 8 octobre 1990 concernant les ouvriers employés par les entreprises du bâtiment visées par le décret du 1er mars 1962 (c'est-à-dire occupant jusqu'à dix salariés) et d'avenants la complétant ;
Vu l'arrêté du 20 février 2006 portant extension d'accords régionaux (Auvergne) conclus dans le cadre de la convention collective nationale susvisée ;
Vu l'accord régional (Auvergne) du 19 juin 2006 (Salaires minima), conclu dans le cadre de la convention collective susvisée ;
Vu l'accord régional (Auvergne) du 19 juin 2006 (Indemnités de repas et de petits déplacements), conclu dans le cadre de la convention collective nationale susvisée ;
Vu la demande d'extension présentée par les organisations signataires ;
Vu les avis publiés au Journal officiel du 24 juillet et du 14 septembre 2006 ;
Vu les avis recueillis au cours de l'enquête ;
Vu l'avis motivé de la Commission nationale de la négociation collective (sous-commission des conventions et accords), recueilli suivant la procédure prévue à l'article R. 133-2 du code du travail,

Le ministre de l'emploi,
de la cohésion sociale et du logement,
Pour le ministre et par délégation :
La sous-directrice des relations individuelles
et collectives du travail,
E. Frichet-Thirion
Le ministre de l'agriculture et de la pêche,
Pour le ministre et par délégation :
Le sous-directeur,
J.-P. Mazery

Article 1, 2, 3,
En vigueur

Article 1er

Sont rendues obligatoires, pour tous les employeurs et tous les salariés compris dans le champ d'application professionnel de la convention collective nationale du 8 octobre 1990 concernant les ouvriers employés par les entreprises du bâtiment visées par le décret du 1er mars 1962 (c'est-à-dire occupant jusqu'à dix salariés), tel que modifié par l'avenant n° 1 du 17 mars 1992, et dans leur propre champ d'application territorial, les dispositions de :

- l'accord régional (Auvergne) du 19 juin 2006 (Salaires minima), conclu dans le cadre de la convention collective nationale susvisée, sous réserve de l'application des dispositions réglementaires portant fixation du salaire minimum interprofessionnel de croissance ;

- l'accord régional (Auvergne) du 19 juin 2006 (Indemnités de repas et de petits déplacements), conclu dans le cadre de la convention collective nationale susvisée.

Article 2

L'extension des effets et sanctions des accords susvisés est faite à dater de la publication du présent arrêté pour la durée restant à courir et aux conditions prévues par lesdits accords.

Article 3

Le directeur général du travail au ministère de l'emploi, de la cohésion sociale et du logement et le directeur général de la forêt et des affaires rurales au ministère de l'agriculture et de la pêche sont chargés, chacun en ce qui le concerne, de l'exécution du présent arrêté, qui sera publié au Journal officiel de la République française.

Nota. - Le texte des accords susvisés a été publié au Bulletin officiel du ministère, fascicule conventions collectives n° 2006/28.

ARRETE du 31 octobre 2006

Le ministre de l'emploi, de la cohésion sociale et du logement et le ministre de l'agriculture et de la pêche,
Vu les articles L. 133-1 et suivants du code du travail ;
Vu les arrêtés du 12 février 1991 et du 15 décembre 1992 portant extension de la convention collective nationale du 8 octobre 1990 concernant les ouvriers employés par les entreprises du bâtiment visées par le décret du 1er mars 1962 (c'est-à-dire occupant jusqu'à dix salariés) et d'avenants la complétant ;
Vu l'arrêté du 11 janvier 2006 portant extension d'accords régionaux (Poitou-Charentes) conclus dans le cadre de la convention collective nationale susvisée ;
Vu l'accord régional (Poitou-Charentes) du 4 juillet 2006, relatif aux salaires minima, conclu dans le cadre de la convention collective nationale susvisée ;
Vu l'accord régional (Poitou-Charentes) du 4 juillet 2006, relatif aux indemnités de petits déplacements, conclu dans le cadre de la convention collective nationale susvisée ;
Vu la demande d'extension présentée par les organisations signataires ;
Vu les avis publiés au Journal officiel du 30 août et du 28 septembre 2006 ;
Vu les avis recueillis au cours de l'enquête ;
Vu l'avis motivé de la Commission nationale de la négociation collective (sous-commission des conventions et accords), recueilli selon la procédure prévue à l'article R. 133-2 du code du travail,

Le ministre de l'emploi,
de la cohésion sociale et du logement,
Pour le ministre et par délégation :
La sous-directrice des relations individuelles
et collectives du travail,
E. Frichet-Thirion
Le ministre de l'agriculture et de la pêche,
Pour le ministre et par délégation :
Le directeur du travail,
chargé de la sous-direction travail-emploi,
J.-P. Mazery

Article 1, 2, 3,
En vigueur

Article 1er

Sont rendues obligatoires, pour tous les employeurs et tous les salariés compris dans le champ d'application professionnel de la convention collective nationale du 8 octobre 1990 concernant les ouvriers employés par les entreprises du bâtiment visées par le décret du 1er mars 1962 (c'est-à-dire occupant jusqu'à dix salariés), tel que complété par l'avenant n° 1 du 17 mars 1992, et dans son propre champ d'application territorial, les dispositions de :

- l'accord régional (Poitou-Charentes) du 4 juillet 2006, relatif aux salaires minima, conclu dans le cadre de la convention collective nationale susvisée ;

- l'accord régional (Poitou-Charentes) du 4 juillet 2006, relatif aux indemnités de petits déplacements, conclu dans le cadre de la convention collective nationale susvisée.

Article 2

L'extension des effets et sanctions des accords susvisés est faite à dater de la publication du présent arrêté pour la durée restant à courir et aux conditions prévues par lesdits accords.

Article 3

Le directeur général du travail au ministère de l'emploi, de la cohésion sociale et du logement et le directeur de la forêt et des affaires rurales au ministère de l'agriculture et de la pêche sont chargés, chacun en ce qui le concerne, de l'exécution du présent arrêté, qui sera publié au Journal officiel de la République française.

Nota. - Les textes des accords susvisés ont été publiés au Bulletin officiel du ministère, fascicule conventions collectives n° 2006/32.

ARRETE du 31 octobre 2006

Le ministre de l'emploi, de la cohésion sociale et du logement et le ministre de l'agriculture et de la pêche,
Vu les articles L. 133-1 et suivants du code du travail ;
Vu l'arrêté du 8 février 1991 portant extension de la convention collective nationale du 8 octobre 1990 concernant les ouvriers employés par les entreprises du bâtiment non visées par le décret du 1er mars 1962 (c'est-à-dire occupant plus de dix salariés) ;
Vu les arrêtés du 12 février 1991 et du 15 décembre 1992 portant extension de la convention collective nationale du 8 octobre 1990 des ouvriers employés dans les entreprises du bâtiment visées par le décret du 1er mars 1962 (c'est-à-dire occupant jusqu'à dix salariés) et d'avenants la modifiant ou la complétant ;
Vu l'arrêté du 23 décembre 2004 portant extension d'un accord départemental (Ain) du 26 février 2004, conclu dans le cadre des conventions collectives nationales susvisées ;
Vu l'accord départemental (Ain) du 18 avril 2006, relatif aux indemnités de déplacements (une annexe), conclu dans le cadre des conventions collectives nationales susvisées ;
Vu la demande d'extension présentée par les organisations signataires ;
Vu les avis publiés au Journal officiel du 23 août et du 14 septembre 2006 ;
Vu les avis recueillis au cours de l'enquête ;
Vu l'avis motivé de la Commission nationale de la négociation collective (sous-commission des conventions et accords), recueilli suivant la procédure prévue à l'article R. 133-2 du code du travail,

Le ministre de l'emploi,
de la cohésion sociale et du logement,
Pour le ministre et par délégation :
La sous-directrice des relations individuelles
et collectives du travail,
E. Frichet-Thirion
Le ministre de l'agriculture et de la pêche,
Pour le ministre et par délégation :
Le directeur du travail,
chargé de la sous-direction travail-emploi,
J.-P. Mazery

Article 1, 2, 3,
En vigueur

Article 1er

Sont rendues obligatoires, pour tous les employeurs et tous les salariés compris dans le champ d'application professionnel de la convention collective nationale du 8 octobre 1990 des ouvriers employés par les entreprises du bâtiment non visées par le décret du 1er mars 1962 (c'est-à-dire occupant plus de dix salariés), tel qu'étendu par l'arrêté du 8 février 1991, et de la convention collective nationale du 8 octobre 1990 des ouvriers employés par les entreprises du bâtiment visées par le décret du 1er mars 1962 (c'est-à-dire occupant jusqu'à dix salariés), tel que complété par l'avenant n° 1 du 17 mars 1992, et dans son propre champ d'application territorial, les dispositions de l'accord départemental (Ain) du 18 avril 2006, relatif aux indemnités de déplacements (une annexe), conclu dans le cadre des conventions collectives nationales susvisées.

Article 2

L'extension des effets et sanctions de l'accord susvisé est faite à dater de la publication du présent arrêté pour la durée restant à courir et aux conditions prévues par ledit accord.

Article 3

Le directeur général du travail au ministère de l'emploi, de la cohésion sociale et du logement et le directeur général de la forêt et des affaires rurales au ministère de l'agriculture et de la pêche sont chargés, chacun en ce qui le concerne, de l'exécution du présent arrêté, qui sera publié au Journal officiel de la République française.

Nota. - Le texte de l'accord susvisé a été publié au Bulletin officiel du ministère, fascicule conventions collectives n° 2006/32.

ARRETE du 15 novembre 2006

Le ministre de l'emploi, de la cohésion sociale et du logement et le ministre de l'agriculture et de la pêche,
Vu les articles L. 133-1 et suivants du code du travail ;

Vu l'arrêté du 8 février 1991 portant extension de la convention collective nationale du 8 octobre 1990 des ouvriers employés par les entreprises du bâtiment non visées par le décret du 1er mars 1962 (c'est-à-dire occupant plus de dix salariés) et d'avenants la complétant ;
Vu les arrêtés du 12 février 1991 et du 15 décembre 1992 portant extension de la convention collective nationale du 8 octobre 1990 des ouvriers employés par les entreprises du bâtiment visées par le décret du 1er mars 1962 (c'est-à-dire occupant jusqu'à dix salariés) et d'avenants la complétant ;
Vu l'accord régional (Alsace) du 22 mars 2006 (Salaires mensuels minimaux et indemnités de petits déplacements), conclu dans le cadre des conventions collectives nationales susvisées ;
Vu la demande d'extension présentée par les organisations signataires ;
Vu les avis publiés au Journal officiel des 1er août et 28 septembre 2006 ;
Vu les avis recueillis au cours de l'enquête ;
Vu l'avis motivé de la Commission nationale de la négociation collective (sous-commission des conventions et accords), recueilli suivant la procédure prévue à l'article R. 133-2 du code du travail,

Le ministre de l'emploi,
de la cohésion sociale et du logement,
Pour le ministre et par délégation :
La sous-directrice des relations individuelles
et collectives du travail,
E. Frichet-Thirion
Le ministre de l'agriculture et de la pêche,
Pour le ministre et par délégation :
Le directeur du travail,
J.-P. Mazery

Article 1, 2, 3,
En vigueur

Article 1er

Sont rendues obligatoires, pour tous les employeurs et tous les salariés compris dans le champ d'application professionnel de la convention collective nationale du 8 octobre 1990 des ouvriers employés par les entreprises du bâtiment visées par le décret du 1er mars 1962 (c'est-à-dire occupant jusqu'à dix salariés), tel que complété par l'avenant n° 1 du 17 mars 1992, et dans son propre champ d'application territorial, et dans celui de la convention collective nationale du 8 octobre 1990 des ouvriers employés par les entreprises du bâtiment non visées par le décret du 1er mars 1962 (c'est-à-dire occupant plus de dix salariés), tel qu'étendu par l'arrêté du 8 février 1991, et dans son propre champ d'application territorial, les dispositions de l'accord régional (Alsace) du 22 mars 2006 (Salaires mensuels minimaux et indemnités de petits déplacements), conclu dans le cadre des conventions collectives nationales susvisées.

L'accord susvisé est étendu sous réserve de l'application des dispositions réglementaires portant fixation du salaire minimum interprofessionnel de croissance.

Article 2

L'extension des effets et sanctions de l'accord susvisé est faite à dater de la publication du présent arrêté pour la durée restant à courir et aux conditions prévues par ledit accord.

Article 3

Le directeur général du travail au ministère de l'emploi, de la cohésion sociale et du logement et le directeur général de la forêt et des affaires rurales au ministère de l'agriculture et de la pêche sont chargés, chacun en ce qui le concerne, de l'exécution du présent arrêté, qui sera publié au Journal officiel de la République française.

Nota. - Le texte de l'accord susvisé a été publié au Bulletin officiel du ministère, fascicule conventions collectives n° 2006/26.

ARRETE du 15 novembre 2006

Le ministre de l'emploi, de la cohésion sociale et du logement et le ministre de l'agriculture et de la pêche,
Vu les articles L. 133-1 et suivants du code du travail ;
Vu les arrêtés des 12 février 1991 et 15 décembre 1992 portant extension de la convention collective nationale du 8 octobre 1990 concernant les ouvriers employés par les entreprises du bâtiment visées par le décret du 1er mars 1962 (c'est-à-dire occupant jusqu'à dix salariés) et d'avenants la complétant ;
Vu l'arrêté du 25 août 2005 portant extension d'un accord régional (Midi-Pyrénées) conclu dans le cadre de la convention collective nationale susvisée ;
Vu l'accord régional (Midi-Pyrénées) du 5 mai 2006, relatif aux salaires minima, conclu dans le cadre de la convention collective nationale susvisée ;
Vu la demande d'extension présentée par les organisations signataires ;
Vu les avis publiés au Journal officiel du 5 juillet 2006 et du 21 octobre 2006 ;
Vu les avis recueillis au cours de l'enquête ;
Vu l'avis motivé de la Commission nationale de la négociation collective (sous-commission des conventions et accords), recueilli suivant la procédure prévue à l'article R. 133-2 du code du travail,

Le ministre de l'emploi,
de la cohésion sociale et du logement,
Pour le ministre et par délégation :
La sous-directrice des relations individuelles
et collectives du travail,
E. Frichet-Thirion
Le ministre de l'agriculture et de la pêche,
Pour le ministre et par délégation :
Le directeur du travail,
J.-P. Mazery

Article 1, 2, 3,
En vigueur

Article 1er

Sont rendues obligatoires, pour tous les employeurs et tous les salariés compris dans le champ d'application professionnel de la convention collective nationale du 8 octobre 1990 concernant les ouvriers employés par les entreprises du bâtiment visées par le décret du 1er mars 1962 (c'est-à-dire occupant jusqu'à dix salariés), tel que modifié par l'avenant n° 1 du 17 mars 1992, et dans son propre champ d'application, les dispositions de l'accord régional (Midi-Pyrénées) du 5 mai 2006, relatif aux salaires minima, conclu dans le cadre de la convention collective nationale susvisée.

Article 2

L'extension des effets et sanctions de l'accord susvisé est faite à dater de la publication du présent arrêté pour la durée restant à courir et aux conditions prévues par ledit accord.

Article 3

Le directeur général du travail au ministère de l'emploi, de la cohésion sociale et du logement et le directeur général de la forêt et des affaires rurales au ministère de l'agriculture et de la pêche sont chargés, chacun en ce qui le concerne, de l'exécution du présent arrêté, qui sera publié au Journal officiel de la République française.

Nota. - Le texte de cet accord a été publié au Bulletin officiel du ministère, fascicule conventions collectives n° 2006/28.

ARRETE du 16 janvier 2007

Le ministre de l'emploi, de la cohésion sociale et du logement et le ministre de l'agriculture et de la pêche,
Vu le code du travail, notamment ses articles L. 133-1 et suivants ;
Vu l'arrêté du 12 février 1991 et les arrêtés successifs, notamment l'arrêté du 20 février 2006, portant extension de la convention collective nationale du 8 octobre 1990 concernant les ouvriers employés par les entreprises du bâtiment visées par le décret du 1er mars 1962 (c'est-à-dire occupant jusqu'à dix salariés), et des textes la modifiant ou la complétant ;
Vu l'arrêté du 8 février 1991 et les arrêtés successifs, notamment l'arrêté du 20 février 2006, portant extension de la convention collective nationale du 8 octobre 1990 concernant les ouvriers employés par les entreprises du bâtiment non visées par le décret du 1er mars 1962 (c'est-à-dire occupant plus de dix salariés), et des textes la modifiant ou la complétant ;
Vu l'accord régional (Pays de la Loire) du 14 septembre 2006 relatif aux salaires minimaux et à l'indemnité de repas conclu dans le cadre des conventions collectives susvisées ;
Vu la demande d'extension présentée par les organisations signataires ;
Vu les avis publiés au Journal officiel des 28 novembre 2006 et 20 décembre 2006 ;
Vu les avis recueillis au cours de l'enquête ;
Vu l'avis motivé de la Commission nationale de la négociation collective (sous-commission des conventions et accords), recueilli suivant la procédure prévue à l'article R. 133-2 du code du travail,

Article 1, 2, 3,
En vigueur

Article 1er

Sont rendues obligatoires, pour tous les employeurs et tous les salariés compris dans le champ d'application professionnel de la convention collective nationale du 8 octobre 1990 concernant les ouvriers employés par les entreprises du bâtiment visées par le décret du 1er mars 1962 (c'est-à-dire occupant jusqu'à dix salariés), tel que complété par l'avenant n° 1 du 17 mars 1992, et dans celui de la convention collective nationale du 8 octobre 1990 concernant les ouvriers employés par les entreprises du bâtiment non visées par le décret du 1er mars 1962 (c'est-à-dire occupant plus de dix salariés), tel qu'étendu par arrêté du 8 février 1991, et dans son propre champ d'application territorial, les dispositions de l'accord régional (Pays de la Loire) du 14 septembre 2006 relatif aux salaires minimaux et à l'indemnité de repas conclu dans le cadre des conventions collectives susvisées.

Article 2

L'extension des effets et sanctions de l'accord susvisé est faite à dater de la publication du présent arrêté pour la durée restant à courir et aux conditions prévues par ledit accord.

Article 3

Le directeur général du travail au ministère de l'emploi, de la cohésion sociale et du logement et le directeur général de la forêt et des affaires rurales au ministère de l'agriculture et de la pêche sont chargés, chacun en ce qui le concerne, de l'exécution du présent arrêté, qui sera publié au Journal officiel de la République française.

Nota. - Le texte de l'accord susvisé a été publié au Bulletin officiel du ministère, fascicule conventions collectives, n° 2006/44.

ARRETE du 24 janvier 2007

Le ministre de l'emploi, de la cohésion sociale et du logement et le ministre de l'agriculture et de la pêche,
Vu le code du travail, notamment ses articles L. 133-1 et suivants ;
Vu les arrêtés des 12 février 1991 et 15 décembre 1992 portant extension de la convention collective nationale du 8 octobre 1990 concernant les ouvriers employés par les entreprises du bâtiment visées par le décret du 1er mars 1962 (c'est-à-dire occupant jusqu'à dix salariés) et d'avenants la complétant ;
Vu l'arrêté du 8 février 1991 portant extension de la convention collective nationale du 8 octobre 1990 concernant les ouvriers employés par les entreprises du bâtiment non visées par le décret du 1er mars 1962 (c'est-à-dire occupant plus de dix salariés) ;
Vu l'accord régional (Corse) du 30 mai 2006, relatif aux salaires minimaux, conclu dans le cadre des conventions collectives susvisées ;
Vu la demande d'extension présentée par les organisations signataires ;
Vu les avis publiés au Journal officiel des 28 novembre et 20 décembre 2006 ;
Vu les avis recueillis au cours de l'enquête ;
Vu l'avis motivé de la Commission nationale de la négociation collective (sous-commission des conventions et accords), recueilli suivant la procédure prévue à l'article R. 133-2 du code du travail,

Article 1, 2, 3,
En vigueur

Article 1er

Sont rendues obligatoires, pour tous les employeurs et tous les salariés compris dans le champ d'application de la convention collective nationale des ouvriers employés par les entreprises du bâtiment visées par le décret du 1er mars 1962 (c'est-à-dire occupant jusqu'à dix salariés) du 8 octobre 1990, tel que complété par l'avenant n° 1 du 17 mars 1992, et dans celui de la convention collective nationale des ouvriers employés par les entreprises du bâtiment non visées par le décret du 1er mars 1962 (c'est-à-dire occupant plus de dix salariés) du 8 octobre 1990, tel qu'étendu par arrêté du 8 février 1991, l'accord régional (Corse) du 30 mai 2006, relatif aux salaires minimaux, conclu dans le cadre des conventions collectives susvisées.

Article 2

L'extension des effets et sanctions de l'accord susvisé est faite à dater de la publication du présent arrêté pour la durée restant à courir et aux conditions prévues par ledit accord.

Article 3

Le directeur général du travail au ministère de l'emploi, de la cohésion sociale et du logement et le directeur général de la forêt et des affaires rurales au ministère de l'agriculture et de la pêche sont chargés, chacun en ce qui le concerne, de l'exécution du présent arrêté, qui sera publié au Journal officiel de la République française.

Nota. - Le texte de l'accord susvisé a été publié au Bulletin officiel du ministère, fascicule conventions collectives n° 2006/42.

ARRETE du 24 janvier 2007

Le ministre de l'emploi, de la cohésion sociale et du logement et le ministre de l'agriculture et de la pêche,
Vu le code du travail, notamment ses articles L. 133-1 et suivants ;
Vu les arrêtés du 12 février 1991 et du 15 décembre 1992 portant extension de la convention collective nationale du 8 octobre 1990 concernant les ouvriers employés par les entreprises du bâtiment visées par le décret du 1er mars 1962 (c'est-à-dire occupant jusqu'à dix salariés) et d'avenants la complétant ;
Vu l'arrêté du 24 juin 1992 et les arrêtés successifs, notamment l'arrêté du 28 juin 2006, portant extension d'accords régionaux (Nord - Pas-de-Calais) conclus dans le cadre de la convention collective susvisée ;
Vu l'accord régional (Nord - Pas-de-Calais) du 17 mai 2006, relatif aux indemnités de petits déplacements, conclu dans le cadre de la convention collective susvisée ;
Vu l'accord régional (Nord - Pas-de-Calais) du 17 mai 2006, relatif aux salaires, conclu dans le cadre de la convention collective susvisée ;
Vu la demande d'extension présentée par les organisations signataires ;
Vu l'avis publié au Journal officiel du 30 septembre 2006 ;
Vu les avis recueillis au cours de l'enquête ;

Vu l'avis motivé de la Commission nationale de la négociation collective (sous-commission des conventions et accords), recueilli suivant la procédure prévue à l'article R. 133-2 du code du travail,

Article 1, 2, 3,
En vigueur

Article 1er

Sont rendues obligatoires, pour tous les employeurs et tous les salariés compris dans le champ d'application professionnel de la convention collective nationale concernant les ouvriers employés par les entreprises du bâtiment visées par le décret du 1er mars 1962 (c'est-à-dire occupant jusqu'à dix salariés) du 8 octobre 1990, tel que complété par l'avenant n° 1 du 17 mars 1992, et dans son propre champ d'application territorial, les dispositions de :

- l'accord régional (Nord - Pas-de-Calais) du 17 mai 2006, relatif aux indemnités de petits déplacements, conclu dans le cadre de la convention collective susvisée ;

- l'accord régional (Nord - Pas-de-Calais) du 17 mai 2006, relatif aux salaires, conclu dans le cadre de la convention collective susvisée, sous réserve que le mot : " SMIC " figurant à six reprises à l'article 2 fasse référence à la valeur du salaire minimum interprofessionnel de croissance en vigueur au moment de la publication au Journal officiel du présent arrêté.

Article 2

L'extension des effets et sanctions des accords susvisés est faite à dater de la publication du présent arrêté pour la durée restant à courir et aux conditions prévues par lesdits accords.

Article 3

Le directeur général du travail au ministère de l'emploi, de la cohésion sociale et du logement est chargé de l'exécution du présent arrêté, qui sera publié au Journal officiel de la République française.

Nota. - Le texte des accords susvisés a été publié au Bulletin officiel du ministère, fascicule conventions collectives n° 2006/37.

ARRETE du 21 février 2007

Le ministre de l'emploi, de la cohésion sociale et du logement et le ministre de l'agriculture et de la pêche,
Vu le code du travail, notamment ses articles L. 133-1 et suivants ;
Vu les arrêtés des 12 février 1991 et 15 décembre 1992 portant extension de la convention collective nationale des ouvriers employés par les entreprises du bâtiment visées par le décret du 1er mars 1962, (c'est-à-dire occupant jusqu'à dix salariés), du 8 octobre 1990 et d'avenants la complétant ;
Vu l'arrêté du 8 février 1991 portant extension de la convention collective nationale des ouvriers employés par les entreprises du bâtiment non visées par le décret du 1er mars 1962 (c'est-à-dire occupant plus de dix salariés) du 8 octobre 1990 ;
Vu l'accord départemental (Vendée) du 18 novembre 2005 (indemnités de petits déplacements), conclu dans le cadre des conventions collectives nationales susvisées ;
Vu la demande d'extension présentée par les organisations signataires ;
Vu les avis publiés au Journal officiel des 6 et 20 décembre 2006 ;
Vu les avis recueillis au cours de l'enquête ;
Vu l'avis motivé de la Commission nationale de la négociation collective (sous-commission des conventions et accords), rendu en séance du 31 janvier 2007,

Article 1, 2, 3,
En vigueur

Article 1er

Sont rendues obligatoires, pour tous les employeurs et tous les salariés compris dans le champ d'application professionnel de la convention collective nationale des ouvriers employés par les entreprises du bâtiment non visées par le décret du 1er mars 1962 (c'est-à-dire occupant plus de dix salariés), tel qu'étendu par l'arrêté du 8 février 1991, et de la convention collective nationale des ouvriers employés par les entreprises du bâtiment visées par le décret du 1er mars 1962 (c'est-à-dire occupant jusqu'à dix salariés) du 8 octobre 1990 telle que modifiée par l'avenant n° 1 du 17 mars 1992, et dans son propre champ d'application, les dispositions de l'accord départemental (Vendée) du 18 novembre 2005 (indemnités de petits déplacements), conclu dans le cadre des conventions collectives nationales susvisées.

Article 2

L'extension des effets et sanctions de l'accord susvisé est faite à dater de la publication du présent arrêté pour la durée restant à courir et aux conditions prévues par ledit accord.

Article 3

Le directeur général du travail au ministère de l'emploi, de la cohésion sociale et du logement et le directeur général de la forêt et des affaires rurales au ministère de l'agriculture et de la pêche sont chargés, chacun en ce qui le concerne, de l'exécution du présent arrêté, qui sera publié au Journal officiel de la République française.

Nota. - Le texte de l'accord susvisé a été publié au Bulletin officiel du ministère, fascicule conventions collectives n° 2006/15.

ARRETE du 28 février 2007

Le ministre de l'emploi, de la cohésion sociale et du logement et le ministre de l'agriculture et de la pêche,
Vu les articles L. 133-1 et suivants du code du travail ;
Vu l'arrêté du 12 février 1991 et les arrêtés successifs, notamment l'arrêté du 24 août 2005, portant extension de la convention collective nationale du 8 octobre 1990 concernant les ouvriers employés par les entreprises du bâtiment visées par le décret du 1er mars 1962 (c'est-à-dire occupant jusqu'à dix salariés) et de textes qui l'ont modifiée ou complétée ;
Vu l'accord régional (Bretagne) du 20 mars 2006 relatif aux salaires minimaux, conclu dans le cadre de la convention collective nationale susvisée ;
Vu l'accord régional (Bretagne) du 20 mars 2006 relatif à l'indemnisation des petits déplacements, conclu dans le cadre de la convention collective nationale susvisée ;
Vu la demande d'extension présentée par les organisations signataires ;
Vu les avis publiés au Journal officiel du 13 août 2006 et du 17 janvier 2007 ;
Vu les avis recueillis au cours de l'enquête ;
Vu l'avis motivé de la Commission nationale de la négociation collective (sous-commission des conventions et accords) recueilli suivant la procédure prévue à l'article R. 133-2 du code du travail,

Article 1, 2, 3,
En vigueur

Article 1er

Sont rendues obligatoires, pour tous les employeurs et tous les salariés compris dans le champ d'application professionnel de la convention collective nationale du 8 octobre 1990 concernant les ouvriers employés par les entreprises du bâtiment visées par le décret du 1er mars 1962 (c'est-à-dire occupant jusqu'à dix salariés), tel que complété par l'avenant n° 1 du 17 mars 1992, et dans leur propre champ d'application territorial, les dispositions de :

- l'accord régional (Bretagne) du 20 mars 2006 relatif aux salaires minimaux, conclu dans le cadre de la convention collective nationale susvisée, sous réserve de l'application des dispositions réglementaires portant fixation du salaire minimum interprofessionnel de croissance ;

- l'accord régional (Bretagne) du 20 mars 2006 relatif à l'indemnisation des petits déplacements, conclu dans le cadre de la convention collective nationale susvisée.

Article 2

L'extension des effets et sanctions des accords susvisés est faite à dater de la publication du présent arrêté pour la durée restant à courir et aux conditions prévues par lesdits accords.

Article 3

Le directeur général du travail au ministère de l'emploi, de la cohésion sociale et du logement et le directeur général de la forêt et des affaires rurales au ministère de l'agriculture et de la pêche sont chargés, chacun en ce qui le concerne, de l'exécution du présent arrêté, qui sera publié au Journal officiel de la République française.

Nota. - Les textes des accords susvisés ont été publiés au Bulletin officiel du ministère, fascicule conventions collectives n° 2006/22.

ARRETE du 27 mars 2007

Le ministre de l'emploi, de la cohésion sociale et du logement et le ministre de l'agriculture et de la pêche,
Vu les articles L. 133-1 et suivants du code du travail ;
Vu les arrêtés des 12 février 1991 et 15 décembre 1992 portant extension de la convention collective nationale des ouvriers employés par les entreprises visées par le décret du 1er mars 1962 (c'est-à-dire occupant jusqu'à dix salariés) du 8 octobre 1990 et d'avenants la complétant ;
Vu l'arrêté du 30 mai 2006 portant extension d'accords régionaux (Picardie) conclus dans le cadre de la convention collective nationale susvisée ;
Vu l'accord régional (Picardie) du 19 octobre 2006, relatif aux salaires, conclu dans le cadre de la convention collective nationale susvisée ;
Vu la demande d'extension présentée par les organisations signataires ;
Vu les avis publiés au Journal officiel des 24 janvier et 21 février 2007 ;
Vu les avis recueillis au cours de l'enquête ;
Vu l'avis motivé de la Commission nationale de la négociation collective (sous-commission des conventions et accords), recueilli suivant la procédure prévue à l'article R. 133-2 du code du travail,

Article 1, 2, 3,
En vigueur

Article 1er

Sont rendues obligatoires, pour tous les employeurs et tous les salariés compris dans le champ d'application professionnel de la convention collective nationale du 8 octobre 1990 des ouvriers employés par les entreprises du bâtiment visées par le décret du 1er mars 1962 (c'est-à-dire occupant jusqu'à dix salariés), tel que complété par l'avenant n° 1 du 17 mars 1992, et dans son propre champ d'application territorial, les dispositions de l'accord régional (Picardie) du 19 octobre 2006, relatif aux salaires, conclu dans le cadre de la convention collective nationale susvisée.

Article 2

L'extension des effets et sanctions de l'accord susvisé est faite à dater de la publication du présent arrêté pour la durée restant à courir et aux conditions prévues par ledit accord.

Article 3

Le directeur général du travail au ministère de l'emploi, de la cohésion sociale et du logement et le directeur général de la forêt et des affaires rurales au ministère de l'agriculture et de la pêche sont chargés, chacun en ce qui le concerne, de l'exécution du présent arrêté, qui sera publié au Journal officiel de la République française.

Nota. - Le texte de l'accord susvisé a été publié au Bulletin officiel du ministère, fascicule conventions collectives n° 2006/51.

ARRETE du 27 mars 2007

Le ministre de l'emploi, de la cohésion sociale et du logement et le ministre de l'agriculture et de la pêche,
Vu les articles L. 133-1 et suivants du code du travail ;
Vu les arrêtés des 12 février 1991 et 15 décembre 1992 portant extension de la convention collective nationale du 8 octobre 1990 concernant les ouvriers employés par les entreprises du bâtiment visées par le décret du 1er mars 1962 (c'est-à-dire occupant jusqu'à dix salariés) et de textes la modifiant ou la complétant ;
Vu l'arrêté du 18 juillet 1995 et les arrêtés successifs, notamment l'arrêté du 23 juin 2006, portant extension d'un accord régional (Bourgogne) conclu dans le cadre de la convention collective susvisée ;
Vu l'accord régional n° 10 (Bourgogne) du 15 septembre 2006, relatif aux salaires minimaux, conclu dans le cadre de la convention collective nationale susvisée ;
Vu l'avenant régional n° 20 (Bourgogne) du 15 septembre 2006, relatif aux indemnités de petits déplacements, conclu dans le cadre de la convention collective nationale susvisée ;
Vu la demande d'extension présentée par les organisations signataires ;
Vu les avis publiés au Journal officiel du 20 février et du 13 mars 2006 ;
Vu les avis recueillis au cours de l'enquête ;
Vu l'avis motivé de la Commission nationale de la négociation collective (sous-commission des conventions et accords), recueilli suivant la procédure prévue à l'article R. 133-2 du code du travail,

Article 1, 2, 3,
En vigueur

Article 1er

Sont rendues obligatoires, pour tous les employeurs et tous les salariés compris dans le champ d'application professionnel de la convention collective nationale du 8 octobre 1990 concernant les ouvriers employés par les entreprises du bâtiment visées par le décret du 1er mars 1962 (c'est-à-dire occupant jusqu'à dix salariés) tel que modifié par l'avenant n° 1 du 17 mars 1992, et dans son propre champ d'application territorial, les dispositions de :

- l'accord régional n° 10 (Bourgogne) du 15 septembre 2006, relatif aux salaires minimaux, conclu dans le cadre de la convention collective nationale susvisée ;

- l'accord régional n° 20 (Bourgogne) du 15 septembre 2006, relatif aux indemnités de petits déplacements, conclu dans le cadre de la convention collective nationale susvisée.

Article 2

L'extension des effets et sanctions des accords susvisés est faite à dater de la publication du présent arrêté pour la durée restant à courir et aux conditions prévues par lesdits accords.

Article 3

Le directeur général du travail au ministère de l'emploi, de la cohésion sociale et du logement et le directeur général de la forêt et des affaires rurales au ministère de l'agriculture et de la pêche sont chargés, chacun en ce qui le concerne, de l'exécution du présent arrêté, qui sera publié au Journal officiel de la République française.

Nota. - Les textes des accords susvisés ont été publiés au Bulletin officiel du ministère, fascicule conventions collectives n° 2007/2.

ARRETE du 16 avril 2007

Le ministre de l'emploi, de la cohésion sociale et du logement et le ministre de l'agriculture et de la pêche,
Vu le code du travail, notamment ses articles L. 133-1 et suivants ;
Vu l'arrêté du 8 février 1991 portant extension de la convention collective nationale du 8 octobre 1990 des ouvriers employés par les entreprises du bâtiment non visées par le décret du 1er mars 1962 (c'est-à-dire occupant plus de dix salariés) ;
Vu les arrêtés des 12 février 1991 et 15 décembre 1992 portant extension de la convention collective nationale du 8 octobre 1990 des ouvriers employés par les entreprises du bâtiment visées par le décret du 1er mars 1962 (c'est-à-dire occupant jusqu'à dix salariés) et d'avenants la complétant ;
Vu l'accord paritaire régional (Picardie) du 19 octobre 2006 concernant les salaires des ouvriers du bâtiment conclu dans le cadre des conventions collectives nationales susvisées ;
Vu la demande d'extension présentée par les organisations signataires ;
Vu les avis publiés au Journal officiel des 22 février et 13 mars 2007 ;
Vu les avis recueillis au cours de l'enquête ;
Vu l'avis motivé de la Commission nationale de la négociation collective (sous-commission des conventions et accords), recueilli suivant la procédure prévue à l'article R. 133-2 du code du travail,

Article 1, 2, 3,
En vigueur

Article 1er

Sont rendues obligatoires, pour tous les employeurs et tous les salariés compris dans le champ d'application professionnel de la convention collective nationale du 8 octobre 1990 des ouvriers employés par les entreprises du bâtiment visées par le décret du 1er mars 1962 (c'est-à-dire occupant jusqu'à dix salariés), tel que complété par l'avenant n° 1 du 17 mars 1992, et dans celui de la convention collective nationale du 8 octobre 1990 des ouvriers employés par les entreprises du bâtiment non visées par le décret du 1er mars 1962 (c'est-à-dire occupant plus de dix salariés), tel qu'étendu par arrêté du 8 février 1991, et dans son propre champ d'application territorial, les dispositions de l'accord paritaire régional (Picardie) du 19 octobre 2006 concernant les salaires des ouvriers du bâtiment conclu dans le cadre des conventions collectives nationales susvisées.

Article 2

L'extension des effets et sanctions de l'accord régional susvisé est faite à dater de la publication du présent arrêté pour la durée restant à courir et aux conditions prévues par ledit accord.

Article 3

Le directeur général du travail au ministère de l'emploi, de la cohésion sociale et du logement et le directeur général de la forêt et des affaires rurales au ministère de l'agriculture et de la pêche sont chargés, chacun en ce qui le concerne, de l'exécution du présent arrêté, qui sera publié au Journal officiel de la République française.

Nota. - Le texte de l'accord susvisé a été publié au Bulletin officiel du ministère, fascicule conventions collectives n° 2007/3.

ARRETE du 14 juin 2007

Le ministre du travail, des relations sociales et de la solidarité et la ministre de l'agriculture et de la pêche,
Vu le code du travail, notamment ses articles L. 133-1 et suivants ;
Vu l'arrêté du 12 février 1991 et les arrêtés successifs, notamment l'arrêté du 24 janvier 2007, portant extension de la convention collective nationale du 8 octobre 1990 concernant les ouvriers employés par les entreprises du bâtiment visées par le décret du 1er mars 1962 (c'est-à-dire occupant jusqu'à dix salariés) et de textes la modifiant ou la complétant ;
Vu l'accord régional (Nord - Pas-de-Calais) du 30 novembre 2006 relatif aux indemnités de petits déplacements, conclu dans le cadre de la convention collective susvisée ;
Vu l'accord régional (Nord - Pas-de-Calais) du 30 novembre 2006 relatif aux salaires minimaux, conclu dans le cadre de la convention collective susvisée ;
Vu la demande d'extension présentée par les organisations signataires ;
Vu les avis publiés au Journal officiel du 7 mars 2007 et du 28 avril 2007 ;
Vu les avis recueillis au cours de l'enquête ;
Vu l'avis motivé de la Commission nationale de la négociation collective (sous-commission des conventions et accords), recueilli suivant la procédure prévue à l'article R. 133-2 du code du travail,

Article 1, 2, 3,
En vigueur

Article 1er

Sont rendues obligatoires, pour tous les employeurs et tous les salariés compris dans le champ d'application professionnel de la convention collective nationale du 8 octobre 1990 concernant les ouvriers employés par les entreprises du bâtiment visées par le décret du 1er mars 1962 (c'est-à-dire occupant jusqu'à dix salariés), tel qu'étendu par l'arrêté du 12 février 1991, et dans leur propre champ d'application territorial, les dispositions de :

- l'accord régional (Nord - Pas-de-Calais) du 30 novembre 2006 relatif aux indemnités de petits déplacements, conclu dans le cadre de la convention collective susvisée ;

- l'accord régional (Nord - Pas-de-Calais) du 30 novembre 2006 relatif aux salaires minimaux, conclu dans le cadre de la convention collective susvisée.

Article 2

L'extension des effets et sanctions des accords susvisés est faite à dater de la publication du présent arrêté pour la durée restant à courir et aux conditions prévues par lesdits accords.

Article 3

Le directeur général du travail au ministère du travail, des relations sociales et de la solidarité et le directeur général de la forêt et des affaires rurales au ministère de l'agriculture et de la pêche sont chargés, chacun en ce qui le concerne, de l'exécution du présent arrêté, qui sera publié au Journal officiel de la République française.

Nota. - Les textes des accords susvisés ont été publiés au Bulletin officiel du ministère, fascicule conventions collectives n° 2007/5.

ARRETE du 3 juillet 2007

Le ministre de l'agriculture et de la pêche et le ministre du travail, des relations sociales et de la solidarité,
Vu le code du travail, notamment ses articles L. 133-1 et suivants ;
Vu l'arrêté du 12 février 1991 et les arrêtés successifs, notamment l'arrêté du 18 septembre 2006, portant extension de la convention collective nationale du 8 octobre 1990 des ouvriers employés par les entreprises du bâtiment visées par le décret du 1er mars 1962 (c'est-à-dire occupant jusqu'à dix salariés) et de textes la modifiant ou la complétant ;
Vu l'arrêté du 8 février 1991 et les arrêtés successifs, notamment l'arrêté du 18 septembre 2006, portant extension de la convention collective nationale du 8 octobre 1990 des ouvriers employés par les entreprises du bâtiment non visées par le décret du 1er mars 1962 (c'est-à-dire occupant plus de dix salariés) et de textes la modifiant ou la complétant ;
Vu l'accord régional (Limousin) du 21 décembre 2006 relatif aux primes conventionnelles et à la prime d'outillage, conclu dans le cadre des conventions collectives susvisées ;
Vu l'accord régional (Limousin) du 21 décembre 2006 relatif aux indemnités de petits déplacements, conclu dans le cadre des conventions collectives susvisées ;
Vu les demandes d'extension présentées par les organisations signataires ;
Vu les avis publiés au Journal officiel des 10 mars 2007 et 26 avril 2007 ;
Vu les avis recueillis au cours de l'enquête ;
Vu l'avis motivé de la Commission nationale de la négociation collective (sous-commission des conventions et accords), recueilli suivant la procédure prévue à l'article R. 133-2 du code du travail,

Article 1, 2, 3,
En vigueur

Article 1er

Sont rendues obligatoires, pour tous les employeurs et tous les salariés compris dans le champ d'application professionnel de la convention collective nationale du 8 octobre 1990 des ouvriers employés par les entreprises du bâtiment visées par le décret du 1er mars 1962 (c'est-à-dire occupant jusqu'à dix salariés), tel que complété par l'avenant n° 1 du 17 mars 1992, et dans celui de la convention collective nationale du 8 octobre 1990 des ouvriers employés par les entreprises du bâtiment non visées par le décret du 1er mars 1962 (c'est-à-dire occupant plus de dix salariés), tel qu'étendu par l'arrêté du 8 février 1991, et dans leur propre champ d'application territorial, les dispositions de :

- l'accord régional (Limousin) du 21 décembre 2006 relatif aux primes conventionnelles et à la prime d'outillage, conclu dans le cadre des conventions collectives susvisées ;

- l'accord régional (Limousin) du 21 décembre 2006 relatif aux indemnités de petits déplacements, conclu dans le cadre des conventions collectives susvisées.

Article 2

L'extension des effets et sanctions des accords susvisés est faite à dater de la publication du présent arrêté pour la durée restant à courir et aux conditions prévues par lesdits accords.

Article 3

Le directeur général du travail au ministère du travail, des relations sociales et de la solidarité et le directeur général de la forêt et des affaires rurales au ministère de l'agriculture et de la pêche sont chargés, chacun en ce qui le concerne, de l'exécution du présent arrêté, qui sera publié au Journal officiel de la République française.

Nota. - Les textes des accords susvisés ont été publiés au Bulletin officiel du ministère, fascicule conventions collectives n° 2007/7.

ARRETE du 3 juillet 2007

Le ministre de l'agriculture et de la pêche et le ministre du travail, des relations sociales et de la solidarité,
Vu le code du travail, notamment ses articles L. 133-1 et suivants ;
Vu les arrêtés des 12 février 1991 et 15 décembre 1992 portant extension de la convention collective nationale du 8 octobre 1990 des ouvriers employés par les entreprises du bâtiment visées par le décret du 1er mars 1962 (c'est-à-dire occupant jusqu'à dix salariés) et d'avenants la complétant ;
Vu l'arrêté du 8 février 1991 portant extension de la convention collective nationale du 8 octobre 1990 des ouvriers employés par les entreprises du bâtiment non visées par le décret du 1er mars 1962 (c'est-à-dire occupant plus de dix salariés) ;
Vu l'arrêté du 5 juillet 1991 et les arrêtés successifs, notamment l'arrêté du 25 septembre 2006, portant extension d'un accord régional (Lorraine) conclu dans le cadre des conventions collectives susvisées ;
Vu l'accord régional (Lorraine) du 10 janvier 2007 relatif aux indemnités de petits déplacements et à l'indemnité de repas, conclu dans le cadre des conventions collectives nationales susvisées ;
Vu la demande d'extension présentée par les organisations signataires ;
Vu les avis publiés au Journal officiel des 3 avril 2007 et 14 juin 2007 ;
Vu les avis recueillis au cours de l'enquête ;
Vu l'avis motivé de la Commission nationale de la négociation collective (sous-commission des conventions et accords), recueilli suivant la procédure prévue à l'article R. 133-2 du code du travail,

Article 1, 2, 3
En vigueur

Article 1er

Sont rendues obligatoires, pour tous les employeurs et tous les salariés compris dans le champ d'application professionnel de la convention collective nationale du 8 octobre 1990 des ouvriers employés par les entreprises du bâtiment visées par le décret du 1er mars 1962 (c'est-à-dire occupant jusqu'à dix salariés), tel que complété par l'avenant n° 1 du 17 mars 1992, et dans celui de la convention collective nationale du 8 octobre 1990 des ouvriers employés par les entreprises du bâtiment non visées par le décret du 1er mars 1962 (c'est-à-dire occupant plus de dix salariés), tel qu'étendu par l'arrêté du 8 février 1991, et dans son propre champ d'application territorial, les dispositions de l'accord régional (Lorraine) du 10 janvier 2007 relatif aux indemnités de petits déplacements et à l'indemnité de repas, conclu dans le cadre des conventions collectives nationales susvisées.

Article 2

L'extension des effets et sanctions de l'accord susvisé est faite à dater de la publication du présent arrêté pour la durée restant à courir et aux conditions prévues par ledit accord.

Article 3

Le directeur général du travail au ministère du travail, des relations sociales et de la solidarité et le directeur général de la forêt et des affaires rurales au ministère de l'agriculture et de la pêche sont chargés, chacun en ce qui le concerne, de l'exécution du présent arrêté, qui sera publié au Journal officiel de la République française.

Nota. - Le texte de l'accord susvisé a été publié au Bulletin officiel du ministère, fascicule conventions collectives n° 2007/10.

ARRETE du 10 juillet 2007

Le ministre de l'agriculture et de la pêche et le ministre du travail, des relations sociales et de la solidarité,
Vu le code du travail, notamment ses articles L. 133-1 et suivants ;
Vu les arrêtés des 12 février 1991 et 15 décembre 1992 portant extension de la convention collective nationale des ouvriers employés par les entreprises du bâtiment du 8 octobre 1990 visées par le décret du 1er mars 1962 (c'est-à-dire occupant jusqu'à dix salariés) et de textes la modifiant ou la complétant ;
Vu l'arrêté du 8 février 1991 portant extension de la convention collective nationale des ouvriers employés par les entreprises du bâtiment non visées par le décret du 1er mars 1962 (c'est-à-dire occupant plus de dix salariés) du 8 octobre 1990 ;
Vu l'accord régional (Franche-Comté) du 15 janvier 2007 relatif aux salaires minimaux, conclu dans le cadre des conventions collectives nationales susvisées ;
Vu l'accord régional (Franche-Comté) du 15 janvier 2007 relatif aux indemnités de petits déplacements, conclu dans le cadre des conventions collectives nationales susvisées ;
Vu la demande d'extension présentée par les organisations signataires ;
Vu les avis publiés au Journal officiel des 7 avril et 14 juin 2007 ;
Vu les avis recueillis au cours de l'enquête ;
Vu l'avis motivé de la Commission nationale de la négociation collective (sous-commission des conventions et accords), recueilli suivant la

procédure prévue à l'article R. 133-2 du code du travail,

Article 1, 2, 3
En vigueur

Article 1er

Sont rendues obligatoires, pour tous les employeurs et tous les salariés compris dans le champ d'application professionnel de la convention collective nationale des ouvriers employés par les entreprises du bâtiment du 8 octobre 1990 visées par le décret du 1er mars 1962 (c'est-à-dire occupant jusqu'à dix salariés), tel que complété par l'avenant n° 1 du 17 mars 1992, et dans celui de la convention collective nationale des ouvriers employés par les entreprises du bâtiment non visées par le décret du 1er mars 1962 (c'est-à-dire occupant plus de dix salariés) du 8 octobre 1990, tel qu'étendu par l'arrêté du 8 février 1991, et dans son propre champ d'application territorial, les dispositions de :

- l'accord régional (Franche-Comté) du 15 janvier 2007 relatif aux salaires minimaux, conclu dans le cadre des conventions collectives nationales susvisées ;

- l'accord régional (Franche-Comté) du 15 janvier 2007 relatif aux indemnités de petits déplacements, conclu dans le cadre des conventions collectives nationales susvisées.

Article 2

L'extension des effets et sanctions des accords susvisés est faite à dater de la publication du présent arrêté pour la durée restant à courir et aux conditions prévues par lesdits accords.

Article 3

Le directeur général du travail au ministère du travail, des relations sociales et de la solidarité et le directeur général de la forêt et des affaires rurales au ministère de l'agriculture et de la pêche sont chargés, chacun en ce qui le concerne, de l'exécution du présent arrêté, qui sera publié au Journal officiel de la République française.

Nota. - Les textes des accords susvisés ont été publiés au Bulletin officiel du ministère, fascicule conventions collectives n° 2007/10.

ARRETE du 12 juillet 2007

Le ministre de l'agriculture et de la pêche et le ministre du travail, des relations sociales et de la solidarité,
Vu le code du travail, notamment ses articles L. 133-1 et suivants ;
Vu les arrêtés des 12 février 1991 et 15 décembre 1992 et les arrêtés successifs, notamment l'arrêté du 29 mai 2006, portant extension de la convention collective nationale du 8 octobre 1990 concernant les ouvriers employés par les entreprises du bâtiment visées par le décret du 1er mars 1962 (c'est-à-dire occupant jusqu'à dix salariés) et de textes la modifiant ou la complétant ;
Vu l'arrêté du 6 novembre 2001 portant extension de la convention collective régionale (Aquitaine) du 19 février 2001 concernant les ouvriers du bâtiment de la région Aquitaine (entreprises occupant jusqu'à dix salariés), conclue dans le cadre de la convention collective nationale susvisée ;
Vu l'accord régional (Aquitaine) du 14 décembre 2006 relatif aux salaires minimaux (2 annexes), conclu dans le cadre de la convention collective nationale susvisée ;
Vu l'accord régional (Aquitaine) du 14 décembre 2006 relatif aux indemnités de petits déplacements, conclu dans le cadre de la convention collective nationale susvisée ;
Vu l'accord régional (Aquitaine) du 14 décembre 2006 relatif aux primes pour travaux occasionnels, conclu dans le cadre de la convention collective nationale susvisée ;
Vu l'accord régional (Aquitaine) du 14 décembre 2006 relatif aux indemnités versées aux salariés titulaires du titre de " maître d'apprentissage confirmé " fixé dans l'accord national du 13 juillet 2004 (formation, certification, charte, indemnisation des maîtres d'apprentissage) dans le bâtiment et les travaux publics, conclu dans le cadre de la convention collective nationale susvisée ;
Vu la demande d'extension présentée par les organisations signataires ;
Vu les avis publiés au Journal officiel des 7 avril et 13 juin 2007 ;
Vu les avis recueillis au cours de l'enquête ;
Vu l'avis motivé de la Commission nationale de la négociation collective (sous-commission des conventions et accords), recueilli suivant la procédure prévue à l'article R. 133-2 du code du travail,

Article 1, 2, 3
En vigueur

Article 1er

Sont rendues obligatoires, pour tous les employeurs et tous les salariés compris dans le champ d'application professionnel de la convention collective nationale des ouvriers employés par les entreprises du bâtiment du 8 octobre 1990 visées par le décret du 1er mars 1962 (c'est-à-dire occupant jusqu'à dix salariés), tel que complété par l'avenant n° 1 du 17 mars 1992, et dans le champ d'application territorial de la convention collective de la région Aquitaine du 19 février 2001 (entreprises occupant jusqu'à dix salariés), les dispositions de :

- l'accord régional (Aquitaine) du 14 décembre 2006 relatif aux salaires minimaux (2 annexes), conclu dans le cadre de la convention collective nationale susvisée ;

- l'accord régional (Aquitaine) du 14 décembre 2006 relatif aux indemnités de petits déplacements, conclu dans le cadre de la convention collective nationale susvisé ;

- l'accord régional (Aquitaine) du 14 décembre 2006 relatif aux primes pour travaux occasionnels, conclu dans le cadre de la convention collective nationale susvisée ;

- l'accord régional (Aquitaine) du 14 décembre 2006 relatif aux indemnités versées aux salariés titulaires du titre de " maître d'apprentissage confirmé " fixé dans l'accord national du 13 juillet 2004 (formation, certification, charte, indemnisation des maîtres d'apprentissage) dans le bâtiment et les travaux publics, conclu dans le cadre de la convention collective nationale susvisée.

Article 2

L'extension des effets et sanctions des accords susvisés est faite à dater de la publication du présent arrêté pour la durée restant à courir et aux conditions prévues par lesdits accords.

Article 3

Le directeur général du travail au ministère du travail, des relations sociales et de la solidarité et le directeur général de la forêt et des affaires rurales au ministère de l'agriculture et de la pêche sont chargés, chacun en ce qui le concerne, de l'exécution du présent arrêté, qui sera publié au Journal officiel de la République française.

Nota. - Les textes des accords susvisés ont été publiés au Bulletin officiel du ministère, fascicule conventions collectives n° 2007/8.

ARRETE du 5 août 2007

Le ministre de l'agriculture et de la pêche et le ministre du travail, des relations sociales et de la solidarité,
Vu le code du travail, notamment ses articles L. 133-1 et suivants ;
Vu l'arrêté du 12 février 1991 et les arrêtés successifs, notamment l'arrêté du 3 juillet 2007, portant extension de la convention collective nationale du 8 octobre 1990 des ouvriers employés par les entreprises du bâtiment visées par le décret du 1er mars 1962 (c'est-à-dire occupant jusqu'à dix salariés) et de textes la modifiant ou la complétant ;
Vu l'arrêté du 8 février 1991 et les arrêtés successifs, notamment l'arrêté du 1er juillet 2007, portant extension de la convention collective nationale du 8 octobre 1990 des ouvriers employés par les entreprises du bâtiment non visées par le décret du 1er mars 1962 (c'est-à-dire occupant plus de dix salariés) et de textes la modifiant ou la complétant ;
Vu l'accord régional (Limousin) du 21 décembre 2006 relatif aux salaires minimaux, conclu dans le cadre des conventions collectives susvisées ;
Vu la demande d'extension présentée par les organisations signataires ;
Vu les avis publiés au Journal officiel des 10 mars 2007 et 26 avril 2007 ;
Vu les avis recueillis au cours de l'enquête ;
Vu l'avis motivé de la Commission nationale de la négociation collective (sous-commission des conventions et accords), recueilli suivant la procédure prévue à l'article R. 133-2 du code du travail,

Article 1, 2, 3
En vigueur

Article 1er

Sont rendues obligatoires, pour tous les employeurs et tous les salariés compris dans le champ d'application professionnel de la convention collective nationale du 8 octobre 1990 des ouvriers employés par les entreprises du bâtiment visées par le décret du 1er mars 1962 (c'est-à-dire occupant jusqu'à dix salariés), tel que complété par l'avenant n° 1 du 17 mars 1992, et dans celui de la convention collective nationale du 8 octobre 1990 des ouvriers employés par les entreprises du bâtiment non visées par le décret du 1er mars 1962 (c'est-à-dire occupant plus de dix salariés), tel qu'étendu par l'arrêté du 8 février 1991, et dans son propre champ d'application territorial, les dispositions de l'accord régional (Limousin) du 21 décembre 2006 relatif aux salaires minimaux, conclu dans le cadre des conventions collectives susvisées, sous réserve de l'application des dispositions réglementaires portant fixation du salaire minimum interprofessionnel de croissance.

Article 2

L'extension des effets et sanctions de l'accord susvisé est faite à dater de la publication du présent arrêté pour la durée restant à courir et aux conditions prévues par ledit accord.

Article 3

Le directeur général du travail et le directeur général de la forêt et des affaires rurales sont chargés, chacun en ce qui le concerne, de l'exécution du présent arrêté, qui sera publié au Journal officiel de la République française.

Nota. - Le texte de l'accord susvisé a été publié au Bulletin officiel du ministère, fascicule conventions collectives n° 2007/7.

ARRETE du 3 juillet 2007

Le ministre du travail, des relations sociales et de la solidarité,
Vu le code du travail, notamment ses articles L. 133-1 et suivants ;
Vu l'arrêté du 8 février 1991 et les arrêtés successifs, notamment l'arrêté du 12 mai 2006, portant extension de la convention collective nationale du 8 octobre 1990 concernant les ouvriers employés par les entreprises du bâtiment non visées par le décret du 1er mars 1962 (c'est-à-dire occupant plus de dix salariés) et de textes la modifiant ou la complétant ;
Vu l'arrêté du 22 octobre 2001 portant extension de la convention collective régionale (Aquitaine) du 19 février 2001 concernant les ouvriers du bâtiment de la région Aquitaine (entreprises occupant plus de dix salariés), conclue dans le cadre de la convention collective nationale susvisée ;
Vu l'accord régional (Aquitaine) du 14 décembre 2006 relatif aux salaires minimaux (2 annexes), conclu dans le cadre de la convention collective nationale susvisée ;
Vu l'accord régional (Aquitaine) du 14 décembre 2006 relatif aux indemnités de petits déplacements, conclu dans le cadre de la convention collective nationale susvisée ;
Vu l'accord régional (Aquitaine) du 14 décembre 2006 relatif aux primes pour travaux occasionnels, conclu dans le cadre de la convention collective nationale susvisée ;
Vu l'accord régional (Aquitaine) du 14 décembre 2006 relatif aux indemnités versées aux salariés titulaires du titre de " maître d'apprentissage confirmé " fixé dans l'accord national du 13 juillet 2004 (formation, certification, charte, indemnisation des maîtres d'apprentissage) dans le bâtiment et les travaux publics, conclu dans le cadre de la convention collective nationale susvisée ;
Vu la demande d'extension présentée par les organisations signataires ;
Vu l'avis publié au Journal officiel du 7 avril 2007 ;
Vu les avis recueillis au cours de l'enquête ;
Vu l'avis motivé de la Commission nationale de la négociation collective (sous-commission des conventions et accords), recueilli suivant la procédure prévue à l'article R. 133-2 du code du travail,

Article 1, 2, 3
En vigueur

Article 1er

Sont rendues obligatoires, pour tous les employeurs et tous les salariés compris dans le champ d'application professionnel de la convention collective nationale des ouvriers employés par les entreprises du bâtiment du 8 octobre 1990 non visées par le décret du 1er mars 1962 (c'est-à-dire occupant plus de dix salariés), tel qu'étendu par l'arrêté du 8 février 1991, et dans le champ d'application territorial de la convention collective de la région Aquitaine du 19 février 2001, les dispositions de :

- l'accord régional (Aquitaine) du 14 décembre 2006 relatif aux salaires minimaux (2 annexes), conclu dans le cadre de la convention collective nationale susvisée ;

- l'accord régional (Aquitaine) du 14 décembre 2006 relatif aux indemnités de petits déplacements, conclu dans le cadre de la convention collective nationale susvisé ;

- l'accord régional (Aquitaine) du 14 décembre 2006 relatif aux primes pour travaux occasionnels, conclu dans le cadre de la convention collective nationale susvisée ;

- l'accord régional (Aquitaine) du 14 décembre 2006 relatif aux indemnités versées aux salariés titulaires du titre de " maître d'apprentissage confirmé " fixé dans l'accord national du 13 juillet 2004 (formation, certification, charte, indemnisation des maîtres d'apprentissage) dans le bâtiment et les travaux publics, conclu dans le cadre de la convention collective nationale susvisée.

Article 2

L'extension des effets et sanctions des accords susvisés est faite à dater de la publication du présent arrêté pour la durée restant à courir et aux conditions prévues par lesdits accords.

Article 3

Le directeur général du travail est chargé de l'exécution du présent arrêté, qui sera publié au Journal officiel de la République française.

Nota. - Les textes des accords susvisés ont été publiés au Bulletin officiel du ministère, fascicule conventions collectives n° 2007/8.

Accord collectif national du 12 juillet 2006 relatif au travail de nuit des ouvriers, des ETAM et des cadres des entreprises du bâtiment et des travaux publics (1) Accord étendu sous réserve de l'application des dispositions des articles L. 132-7 et L. 132-8 du code du travail relatives aux modalités de révision et de dénonciation des conventions et accords collectifs de travail (arrêté du 14 juin 2007, art. 1er).

Texte de base

Travail de nuit

La confédération de l'artisanat et des petites entreprises du bâtiment (CAPEB) ;

La fédération française du bâtiment (FFB) ;

La fédération française des installateurs électriciens (FFIE) ;

La fédération nationale des travaux publics (FNTP) ;

La fédération nationale des sociétés coopératives ouvrières de production du bâtiment et des travaux publics (FNSCOP),

La fédération nationale des salariés de la construction et du bois (FNCB) CFDT ;

La fédération BATIMAT-TP CFTC ;

Le syndicat national des cadres, techniciens, agents de maîtrise et assimilés des industries du bâtiment et des travaux publics CFE-CGC ;

La fédération générale du bâtiment et des travaux publics et ses activités annexes CGT-FO.

Préambule

En vigueur étendu

Le travail de nuit constitue une nécessité pour certaines activités des entreprises de BTP, notamment en matière de maintenance-exploitation et de services. Le recours au travail de nuit vise à assurer la continuité de l'activité économique et à répondre aux contraintes spécifiques des chantiers.

Champ d'application.

Article 1

En vigueur étendu

Le présent accord national est applicable en France métropolitaine, Corse comprise, à l'exclusion des DOM-TOM :

Pour le bâtiment, aux employeurs relevant respectivement :

- de la convention collective nationale du 8 octobre 1990 applicable dans les entreprises visées par le décret n° 62-235 du 1er mars 1962 modifié par le décret n° 76-879 du 21 septembre 1976 (c'est-à-dire les entreprises occupant jusqu'à 10 salariés) ;

- ou de la convention collective nationale du 8 octobre 1990 applicable dans les entreprises non visées par le décret n° 62-235 du 1er mars 1962 modifié par le décret n° 76-879 du 21 septembre 1976 (c'est-à-dire les entreprises occupant plus de 10 salariés) ;

- et à l'ensemble de leurs salariés (ouvriers, ETAM, cadres) dont l'activité relève d'une des activités énumérées dans le champ d'application de cette convention collective ;

Pour les travaux publics, à l'ensemble des employeurs, quel qu'en soit l'effectif, et à leurs salariés (ouvriers, ETAM, cadres) dont l'activité relève d'une des activités énumérées dans le champ d'application de la convention collective nationale du 15 décembre 1992.

Définition du travail de nuit.

Article 2

En vigueur étendu

Est considéré comme travailleur de nuit, pour application du présent accord, le salarié accomplissant, au moins 2 fois par semaine dans son horaire habituel au moins 3 heures de travail effectif quotidien entre 21 heures et 6 heures, ou effectuant, au cours d'une période quelconque de 12 mois consécutifs, au moins 270 heures de travail effectif entre 21 heures et 6 heures.

Conformément à l'article L. 213-1-1 du code du travail, un accord d'entreprise ou d'établissement (ou à défaut une autorisation de l'inspection du travail) peut substituer à cette période une autre période de 9 heures consécutives, comprise entre 21 heures et 7 heures et comprenant la période comprise entre 24 heures et 5 heures.

Organisation du travail de nuit.

Article 3

En vigueur étendu

Le travail de nuit ne peut être mis en place ou étendu à de nouvelles catégories de salariés que pour des emplois pour lesquels il est impossible techniquement d'interrompre, chaque jour, le fonctionnement des équipements utilisés, ou indispensable économiquement d'allonger le temps d'utilisation des équipements, ou encore impossible, pour des raisons tenant à la sécurité des personnes ou des biens, d'interrompre l'activité des salariés au cours de tout ou partie de la plage horaire considérée ou bien de faire effectuer les travaux à un autre moment que pendant cette plage horaire.

Le comité d'entreprise ou d'établissement ou, à défaut, les délégués du personnel, ainsi que le CHSCT, sont consultés sur les modalités de mise en place ou d'extension du travail de nuit dans l'entreprise.

Durée du travail applicable.

Article 4

En vigueur étendu

Sauf dans les cas prévus par les dispositions législatives et réglementaires et aux articles 4.2.3 et 4.2.5 des conventions collectives des ETAM du bâtiment et des ETAM des travaux publics du 12 juillet 2006, la durée maximale quotidienne de travail effectif des salariés de nuit ne peut excéder 8 heures. Elle peut être portée à 12 heures pour les salariés de nuit exerçant une des activités visées à l'article R. 213-2 du code du travail dans les limites des durées hebdomadaires de travail telles que fixées à l'article L. 213-3 du code du travail.

En cas de dérogations à la durée quotidienne maximale de 8 heures, le salarié concerné bénéficie, sans réduction de sa rémunération, d'un repos d'une durée au moins équivalente au dépassement des 8 heures, conformément à l'article R. 213-4 du code du travail.

La durée moyenne hebdomadaire de travail des salariés de nuit ne peut excéder 40 heures sur une période quelconque de 12 semaines consécutives. Cependant, conformément aux dispositions légales et réglementaires, lorsque l'organisation du travail, imposée par les contraintes spécifiques des chantiers, les exigences d'intervention, dans les activités citées à l'article R. 213-2 et notamment la maintenance-exploitation ou les services, le justifie, il peut y être dérogé dans la limite de 44 heures au cours de 12 semaines consécutives.

Contreparties liées au travail de nuit.

Article 5

En vigueur étendu

Les salariés travaillant la nuit, au sens du présent article, bénéficient de l'attribution d'un repos compensateur d'une durée de 1 jour pour une période de travail comprise entre 270 heures et 349 heures de travail sur la plage 21 heures - 6 heures pendant la période de référence, ou de 2 jours pour au moins 350 heures de travail sur la plage 21 heures - 6 heures.

Ce repos ne se cumule pas avec les éventuels repos accordés par l'entreprise en application des articles 4.2.3 et 4.2.5 des conventions collectives des ETAM du bâtiment et des ETAM des travaux publics du 12 juillet 2006. L'attribution de ce repos compensateur, pris dans les conditions du repos compensateur légal visé à l'article L. 212-5-1 du code du travail, ne peut donner lieu à une réduction de la rémunération.

Par ailleurs les heures de travail accomplies entre 21 heures et 6 heures font l'objet d'une compensation financière déterminée au niveau de l'entreprise, après consultation des représentants du personnel, s'il en existe. Cette compensation spécifique ne se cumule pas avec les majorations pour heures supplémentaires ou dues au titre du 1er mai ou avec les éventuelles majorations accordées par les entreprises en application des articles 4.2.3 et 4.2.5 des conventions collectives des ETAM du bâtiment et des ETAM des travaux publics du 12 juillet 2006.

Garanties particulières.

Article 6

En vigueur étendu

Les salariés travaillant habituellement de nuit bénéficieront des garanties suivantes :

- transport, si nécessaire, pour venir travailler et/ou regagner son domicile ;

- indemnité de panier ;

- pause de 30 minutes pour un poste de nuit d'une durée égale ou supérieure à 6 heures, permettant au salarié de se restaurer et de se reposer.

Par ailleurs, les entreprises s'attacheront à adopter des formes de travail visant à réduire pour chaque salarié le nombre de nuits ou à diminuer la durée de travail de nuit et à éviter les situations de travail isolé.

Surveillance médicale spéciale.

Article 7

En vigueur étendu

Les salariés travaillant la nuit bénéficient d'une surveillance médicale renforcée ainsi que des garanties définies aux articles L. 213-4-1 à L. 213-4-3 du code du travail.

Affectation particulière.

Article 8

En vigueur étendu

Lorsque le travail de nuit est incompatible avec des obligations familiales impérieuses, telles que la garde d'un enfant de moins de 6 ans ou la prise en charge par le seul salarié d'une personne dépendante, le salarié peut demander son affectation à un poste de jour.

Maternité.

Article 9

En vigueur étendu

Les salariées de nuit enceintes, dont l'état a été médicalement constaté ou qui ont accouché, bénéficient sur leur demande ou après avis du médecin du travail d'une affectation à un poste de jour pendant le temps de la grossesse et du congé postnatal conformément à l'article L. 122-25-1-1 du code du travail.

Formation professionnelle.

Article 10

En vigueur étendu

Les salariés de nuit doivent accéder, comme les autres catégories de salariés, à des actions de formation continue, y compris *éventuellement* (1) celles relevant d'un congé individuel de formation.

Les entreprises veilleront, compte tenu de la spécificité d'exécution de leur contrat de travail, à leur faciliter cet accès et à en tenir informé le comité d'entreprise au cours de l'une des réunions prévues à l'article L. 933-3 du code du travail.

(1) Mot exclu de l'extension comme étant contraire aux dispositions de l'article L. 900-1 du code du travail (arrêté du 14 juin 2002, art. 1er).

Egalité professionnelle.

Article 11

En vigueur étendu

Aucune considération de sexe ne pourra être retenue pour embaucher un salarié à un poste de travail comportant du travail de nuit conférant à l'intéressé la qualité de travailleur de nuit ; muter un salarié d'un poste de nuit à un poste de jour ou d'un poste de jour à un poste de nuit ; prendre des mesures spécifiques aux salariés travailleurs de nuit en matière de formation professionnelle.

Le travail de nuit qui ne relève ni du travail de nuit exceptionnel ni du présent accord est déterminé au niveau de l'entreprise, après consultation des représentants du personnel, s'il en existe.

Entrée en vigueur.

Article 12

En vigueur étendu

Le présent accord est conclu pour une durée indéterminée et entrera en vigueur à compter de la date de publication de son arrêté d'extension au Journal officiel.

Dépôt.

Article 13

En vigueur étendu

Le présent accord national sera déposé en application de l'article L. 132-10 du code du travail.

Arrêté portant extension d'un accord professionnel national relatif au travail de nuit des ouvriers, des ETAM et des cadres conclu dans le secteur du bâtiment et des travaux publics. JORF 29 juin 2007.

Le ministre de l'agriculture et de la pêche et le ministre du travail, des relations sociales et de la solidarité,
Vu le code du travail, notamment ses articles L. 133-1 et suivants ;
Vu l'accord professionnel national du 12 juillet 2006 relatif au travail de nuit dans le secteur du bâtiment et des travaux publics ;
Vu la demande d'extension présentée par les organisations signataires ;
Vu les avis publiés au Journal officiel des 15 février et 26 avril 2007 ;
Vu les avis recueillis au cours de l'enquête ;
Vu l'avis motivé de la Commission nationale de la négociation collective (sous-commission des conventions et accords), rendu en séance du 13 mars 2007,

Article 1, 2, 3
En vigueur

Article 1er

Sont rendues obligatoires, pour tous les employeurs et tous les salariés compris dans son champ d'application, les dispositions de l'accord professionnel national du 12 juillet 2006 relatif au travail de nuit dans le secteur du bâtiment et des travaux publics, à l'exclusion du mot " éventuellement " figurant à l'article 10 comme étant contraire aux dispositions de l'article L. 900-3 du code du travail.

L'accord professionnel national est étendu sous réserve de l'application des dispositions des articles L. 132-7 et L. 132-8 du code du travail relatives aux modalités de révision et de dénonciation des conventions et accords collectifs de travail.

Article 2

L'extension des effets et sanctions de l'accord professionnel susvisé est faite à dater de la publication du présent arrêté pour la durée restant à courir et aux conditions prévues par ledit accord.

Article 3

Le directeur général du travail au ministère du travail, des relations sociales et de la solidarité et le directeur général de la forêt et des affaires rurales au ministère de l'agriculture et de la pêche sont chargés, chacun en ce qui le concerne, de l'exécution du présent arrêté, qui sera publié au Journal officiel de la République française.

Nota. - Le texte de l'accord susvisé a été publié au Bulletin officiel du ministère, fascicule conventions collectives n° 2006/45.

Accord collectif national du 13 avril 2004 relatif au départ et la mise à la retraite dans le bâtiment et les travaux publics

Texte de base

Retraite

La confédération de l'artisanat et des petites entreprises du bâtiment (CAPEB) ;

La fédération française du bâtiment (FFB) ;

La fédération française des installeurs électriciens (FFIE) ;

La fédération nationale des travaux publics (FNTP) ;

La fédération nationale des sociétés coopératives ouvrières de production du bâtiment et des travaux publics (FNSCOP),

La fédération nationale des salariés de la construction et du bois (FNCB) CFDT ;

La fédération BATIMAT-TP CFTC ;

Le syndicat national des cadres, techniciens, agents de maîtrise et assimilés des industries du bâtiment et des travaux publics CFE-CGC BTP ;

La fédération générale Force ouvrière du bâtiment et des travaux publics et ses activités annexes (CGT-FO).

Préambule

En vigueur étendu

Depuis 1987, les conventions collectives des ETAM et des IAC ou cadres du BTP permettent, par l'application combinée de leurs dispositions avec celles de la loi, la mise à la retraite de tout salarié ayant " entre 60 ans révolus et 65 ans qui remplit les conditions pour bénéficier d'une pension de vieillesse à taux plein du régime général de la sécurité sociale ou d'un régime assimilé au moment de la rupture du contrat de travail " (c'est-à-dire remplissant les conditions d'âge et de durée minimale d'assurance au regard des règles de sécurité sociale).

Afin de prendre en compte les dispositions de la loi du 21 août 2003, portant réforme des retraites, et notamment son article 16, les signataires du présent accord définissent ci-après les nouvelles contreparties applicables en cas de mise à la retraite par l'employeur d'un salarié âgé de 60 ans et de moins de 65 ans remplissant les conditions ci-dessus.

Dans la décision de la mise à la retraite, l'employeur portera une attention particulière aux charges de famille que supporte le salarié.

Une disposition particulière est consacrée aux salariés partant en retraite à leur initiative avant 60 ans en application de l'article 23 de ladite loi.

Mise à la retraite avant 65 ans

Article 1
En vigueur étendu

La mise à la retraite à l'initiative de l'employeur d'un salarié (ouvrier, ETAM, IAC ou cadre) âgé de moins de 65 ans (sans que cet âge puisse être inférieur à celui fixé au 1er alinéa de l'article L. 351-1 du code de la sécurité sociale) et pouvant bénéficier d'une pension de vieillesse à taux plein au sens du code de la sécurité sociale ne constitue pas un licenciement mais une cause autonome de rupture du contrat de travail, lorsqu'elle s'accompagne d'une des contreparties ci-après portant sur la formation professionnelle ou sur l'emploi.

Si l'entreprise choisit la contrepartie formation professionnelle, elle devra consacrer une part d'au moins 10 % de son obligation légale au titre du plan de formation à des actions spécifiques destinées aux salariés âgés de 45 ans et plus, notamment au bénéfice du tutorat.

Pour les entreprises dont les contributions sont mutualisées en totalité, les OPCA du BTP concernés réserveront à cet effet 10 % des fonds qu'ils gèrent au titre du plan de formation.

Si l'entreprise choisit la contrepartie emploi, elle pourra s'en acquitter :

- soit par la conclusion d'un contrat de travail à durée indéterminée ;

- soit par la conclusion d'un contrat d'apprentissage ;

- soit par la conclusion d'un contrat de formation en alternance ou d'un contrat de professionnalisation ;

- soit par la conclusion de tout autre contrat favorisant l'insertion professionnelle ;

- soit par l'embauche compensatrice déjà réalisée dans le cadre d'une mesure de préretraite progressive ou de toute autre mesure ayant le même objet.

Ces contreparties s'entendent à raison d'un contrat conclu pour 2 mises à la retraite.

Les contrats ci-dessus doivent avoir été conclus dans un délai de 6 mois maximum avant le terme du préavis des salariés mis à la retraite et dans un délai de 6 mois maximum après le terme du préavis des salariés mis à la retraite.

Pour faciliter la mise en oeuvre du présent accord, les salariés pour lesquels une mise à la retraite est envisagée pourront communiquer copie de leur relevé de carrière CNAVTS à leur employeur.

Indemnités de mise à la retraite

Article 2
En vigueur étendu

Les salariés mis à la retraite dans les conditions de l'article 1er ont droit :

- pour les ouvriers, à une indemnité versée par BTP-Prévoyance égale au montant correspondant au barème visé à l'article 21.2 des règlements des régimes de BTP-Prévoyance - catégorie ouvriers (art. 21, titre Ier - régime de base obligatoire du régime national de prévoyance des ouvriers), augmentée d'une indemnité complémentaire de mise à la retraite calculée en fonction de l'ancienneté du salarié dans l'entreprise, à partir de 2 ans révolus et à raison de 0,7/10 de mois par année d'ancienneté dans l'entreprise.

L'article 21 susvisé des règlements des régimes de BTP-Prévoyance sera modifié en conséquence ;

- pour les ETAM, à une indemnité de mise à la retraite visant à compenser la rupture du contrat de travail, indemnité versée par l'entreprise en fonction de l'ancienneté du salarié dans celle-ci et calculée à raison de :

- 1,5/10 de mois par année d'ancienneté dans l'entreprise, à partir de 2 ans révolus et jusqu'à 10 ans d'ancienneté ;

- 2,5/10 de mois par année d'ancienneté dans l'entreprise, pour les années au-delà de 10 ans d'ancienneté.

L'indemnité de mise à la retraite ne peut pas dépasser la valeur de 8 mois ;

- pour les IAC et cadres, à une indemnité de mise à la retraite visant à compenser la rupture du contrat de travail, indemnité versée par l'entreprise en fonction de l'ancienneté du salarié dans celle-ci et calculée à raison de :

- 2/10 de mois par année d'ancienneté dans l'entreprise, à partir de 2 ans révolus et jusqu'à 10 ans d'ancienneté ;

- 5/10 de mois par année d'ancienneté dans l'entreprise, pour les années au-delà de 10 ans d'ancienneté.

L'indemnité de mise à la retraite ne peut pas dépasser la valeur de 12 mois.

Pour l'application du présent article, l'ancienneté et la base de calcul (exprimée en mois de salaire) sont celles retenues respectivement pour chaque catégorie de personnel pour le calcul de l'indemnité conventionnelle de licenciement.

L'ancienneté s'apprécie dans l'entreprise ou dans le groupe lorsqu'il existe un comité de groupe.

Les indemnités de mise à la retraite visées au présent article ne se cumulent pas avec les indemnités conventionnelles de licenciement prévues pour chaque catégorie de personnel, et notamment celles versées à l'occasion d'une rupture antérieure dans la même entreprise.

Départ à la retraite avant 60 ans à l'initiative du salarié

Article 3

En vigueur étendu

Les salariés partant à la retraite de leur initiative en application de l'article 23 de la loi du 21 août 2003 et justifiant d'une longue carrière, c'est-à-dire remplissant les conditions pour bénéficier d'une retraite à taux plein à partir d'un des âges (inférieurs à 60 ans) prévus par l'article L. 351-1-1 du code de la sécurité sociale, percevront, à la condition qu'ils demandent la liquidation effective de leur retraite, une indemnité " de départ à la retraite ", égale :

- pour les ouvriers, à une indemnité versée par BTP-Prévoyance égale au montant correspondant au barème visé à l'article 21.2 des règlements des régimes de BTP-Prévoyance - catégorie ouvriers (art. 21, titre Ier - régime de base obligatoire du régime national de prévoyance des ouvriers) ;

- pour les ETAM employés dans des entreprises de bâtiment, à l'allocation de fin de carrière prévue à l'article 25 de la convention collective nationale des ETAM du bâtiment du 29 mai 1958 ;

- pour les ETAM employés dans des entreprises de travaux publics, à l'indemnité prévue à l'article 25 de la convention collective nationale des ETAM des travaux publics du 21 juillet 1965 ;

- pour les IAC employés dans des entreprises de bâtiment, à l'indemnité prévue à l'article 21 de la convention collective nationale des IAC du bâtiment du 23 juillet 1956 ;

- pour les cadres employés dans des entreprises de travaux publics, à l'indemnité prévue à l'article 21 de la convention collective nationale des IAC des travaux publics du 31 août 1955.

Préavis

Article 4 (1)

En vigueur étendu

En cas de mise ou départ en retraite, le préavis réciproque est fixé à :

- 2 mois pour les ouvriers ;

- 3 mois pour les ETAM, les IAC et les cadres, quel que soit l'âge auquel intervient la mise ou le départ en retraite et quelle que soit l'ancienneté du salarié concerné.

La mise en retraite par l'employeur ou le départ en retraite à l'initiative du salarié sera notifiée à l'autre partie par lettre recommandée avec accusé de réception dont la date de première présentation fixe le point de départ du délai de préavis.

(1) Article étendu sous réserve qu'en application des dispositions combinées du dernier alinéa de l'article L. 122-14-13 et de l'article L. 122-6 du code du travail le préavis dû par le salarié partant volontairement en retraite n'excède pas 2 mois (arrêté du 23 décembre 2003, art. 1er).

Champ d'application

Article 5

En vigueur étendu

Le présent accord national est applicable en France métropolitaine, Corse comprise, à l'exclusion des DOM-TOM :

Pour le bâtiment, aux employeurs relevant respectivement :

- de la convention collective nationale du 8 octobre 1990 applicable dans les entreprises visées par le décret n° 62-235 du 1er mars 1962 modifié par le décret n° 76-879 du 21 septembre 1976Articles 1 à 5.

(c'est-à-dire entreprises occupant jusqu'à 10 salariés) ;

- ou de la convention collective nationale du 8 octobre 1990 applicable dans les entreprises non visées par le décret n° 62-235 du 1er mars 1962 modifié par le décret n° 76-879 du 21 septembre 1976 (1) (c'est-à-dire entreprises occupant plus de 10 salariés) ;

- et à l'ensemble de leurs salariés (ouvriers, ETAM, IAC) dont l'activité relève d'une des activités énumérées dans le champ d'application de cette convention collective.

Pour les travaux publics, à l'ensemble des employeurs, quel qu'en soit l'effectif, et à leurs salariés (ouvriers, ETAM, cadres) dont l'activité relève d'une des activités énumérées dans le champ d'application de la convention collective nationale du 15 décembre 1992.

Le présent accord sera intégré par avenant respectivement dans la convention collective de chaque catégorie professionnelle concernée.

(1) Articles 1 à 5.

Entrée en vigueur

Article 6

En vigueur étendu

Le présent accord sera déposé en application de l'article L. 132-10 du code du travail.

Les parties signataires demanderont l'extension du présent accord, conformément aux dispositions des articles L. 133-1 et suivants du code du travail.

Le présent accord entrera en vigueur à compter de la date de publication de son arrêté d'extension du Journal officiel.

Les parties signataires conviennent de se revoir, au terme d'une période de 5 ans ou en cas de modification législative ou conventionnelle interprofessionnelle, en vue de faire le bilan de l'application du présent accord.

Arrêté portant extension d'un accord national conclu dans le secteur du bâtiment et des travaux publics. JORF 31 décembre 2004.

Le ministre de l'emploi, du travail et de la cohésion sociale et le ministre de l'agriculture, de l'alimentation, de la pêche et de la ruralité,
Vu les articles L. 133-1 et suivants du code du travail ;
Vu l'accord national professionnel du 13 avril 2004 relatif au départ et à la mise à la retraite dans le secteur du bâtiment et des travaux publics ;
Vu la demande d'extension présentée par les organisations signataires ;
Vu les avis publiés au Journal officiel des 11 juin et 23 octobre 2004 ;
Vu les avis recueillis au cours de l'enquête ;
Vu l'avis motivé de la Commission nationale de la négociation collective (sous-commission des conventions et accords), rendu en séance du 29 novembre 2004,

Article 1, 2, 3
En vigueur

Article 1er

Sont rendues obligatoires, pour tous les employeurs et tous les salariés compris dans son champ d'application, les dispositions de l'accord national professionnel du 13 avril 2004 relatif au départ et à la mise à la retraite dans le secteur du bâtiment et des travaux publics.

L'article 4 (Préavis) est étendu sous réserve qu'en application des dispositions combinées du dernier alinéa de l'article L. 122-14-13 et de l'article L. 122-6 du code du travail le préavis dû par le salarié partant volontairement en retraite n'excède pas deux mois.

Article 2

L'extension des effets et sanctions de l'accord susvisé est faite à dater de la publication du présent arrêté pour la durée restant à courir et aux conditions prévues par ledit accord.

Article 3

Le directeur des relations du travail au ministère de l'emploi, du travail et de la cohésion sociale et le directeur général de la forêt et des affaires rurales au ministère de l'agriculture, de l'alimentation, de la pêche et de la ruralité sont chargés, chacun en ce qui le concerne, de l'exécution du présent arrêté, qui sera publié au Journal officiel de la République française.
Le ministre de l'emploi, du travail
et de la cohésion sociale,

Nota. - Le texte de l'accord susvisé a été publié au Bulletin officiel du ministère, fascicule conventions collectives n° 2004/23.

Accord de "classification"

Texte de base

ACCORD du 30 janvier 1991

Confédération de l'artisanat et des petites entreprises du bâtiment ;
Fédération nationale du bâtiment ;
Fédération nationale des sociétés coopératives de production du bâtiment et des travaux publics (pour la section bâtiment) ;

Syndicats de salariés signataires :
Fédération générale Force ouvrière du bâtiment et des travaux publics et ses activités annexes C.G.T. - F.O. ;
Fédération nationale des salariés de la construction et du bois C.F.D.T.

En vigueur non étendu

Conformément à l'article 8 de l'accord collectif du 8 octobre 1990 relatif à la classification nationale des ouvriers employés par les entreprises du bâtiment visées par le décret du 1er mars 1962, les parties signataires se sont réunies le 30 janvier 1991.

A cette occasion, elles ont procédé à l'examen de la situation découlant dans les régions de la négociation des barèmes de salaires minimaux afférents à la grille de classification arrêtée par l'accord précité, et notamment du niveau des salaires minimaux des ouvriers du bâtiment en résultant.

Ayant constaté que des accords ont été conclus dans la quasi-totalité des régions, les parties signataires décident que l'entrée en vigueur définitive de la classification nationale des ouvriers du bâtiment convenue par l'accord collectif national du 8 octobre 1990 rappelé ci-dessus et intégrée au titre XII de la convention collective nationale du 8 octobre 1990 concernant les ouvriers employés par les entreprises du bâtiment visées par le décret du 1er mars 1962, interviendra le 1er mai 1991.

Les parties signataires rappellent les termes de l'article 9 de l'accord collectif national du 8 octobre 1990 précité et encouragent les organisations syndicales d'employeurs et de salariés à mener, au niveau régional (1), des politiques de salaires minimaux destinées à poursuivre l'effort de revalorisation découlant de la classification.

Elles demandent aux organisations syndicales d'employeurs et de salariés adhérant aux organisations nationales représentatives signataires qui, à la date de la présente réunion, n'ont pas encore fixé le premier barème de salaires minimaux de poursuivre les négociations afin d'aboutir avant le 11 février 1991 à la signature d'un accord.

(1) Ou, à défaut, à l'échelon départemental. Dans ce cas, il est souhaitable que la fixation des montants et la réunion des instances de négociation interviennent à terme à l'échelon regional.

Accord du 13 juillet 2004 relatif aux missions, à l'organisation, au fonctionnement des CPNE et des CPREF conjointes du BTP

Texte de base

CPNE et CPREF

La confédération de l'artisanat et des petites entreprises du bâtiment (CAPEB) ;

La fédération française du bâtiment (FFB) ;

La fédération nationale des sociétés coopératives de production (FNSCOP) ;

La fédération nationale des travaux publics (FNTP),

La fédération nationale des salariés de la construction et du bois CFDT ;

La fédération BATIMAT-TP CFTC ;

La fédération nationale des salariés de la construction CGT ;

La fédération générale Force ouvrière du BTP et ses activités annexes (CGT-FO) ;

Le syndicat national CFE-CGC BTP.

En vigueur étendu

Vu l'accord national interprofessionnel du 10 février 1969 modifié sur la sécurité de l'emploi,

Vu l'accord du 25 novembre 1997 relatif aux commissions paritaires pour l'emploi et la formation dans le bâtiment et les travaux publics,

Vu l'accord national interprofessionnel du 5 décembre 2003 relatif à l'accès des salariés à la formation tout au long de la vie,

Vu les accords des branches du bâtiment et des travaux publics, existants ou à venir, qu'ils soient fondateurs, structurants, d'orientation ou de financement, en formation continue et en formation initiale,

Considérant que la commission paritaire nationale de l'emploi du bâtiment et la commission paritaire nationale de l'emploi des travaux publics se réunissent conjointement sur les questions d'emploi, de formation et de qualification au niveau national comme au niveau régional,

Considérant que les commissions paritaires régionales de l'emploi et de formation du BTP sont l'expression des partenaires sociaux en région et, à ce titre, jouent un rôle premier à l'égard des organismes paritaires du BTP et des pouvoirs publics régionaux,

il est convenu ce qui suit :

- les organisations d'employeurs et de salariés du BTP réaffirment leur volonté de mener une politique active en matière d'emploi, de formation et de qualification afin d'aider les chefs d'entreprise et les salariés du bâtiment et des travaux publics à répondre aux besoins de renouvellement en emploi des branches ainsi qu'à l'adaptation des qualifications ;

- s'inscrivant dans le mouvement général de décentralisation engagé dans le pays, les organisations d'employeurs et de salariés du BTP organisent le dialogue social de branche en région, confirmant ainsi leur volonté de confier aux professions du bâtiment et des travaux publics un rôle incontournable dans les choix les concernant. Elles entendent à cette occasion conforter la structuration régionale de leurs moyens d'intervention dans le domaine emploi-formation.

Les signataires adoptent en conséquence les dispositions suivantes :

Chapitre Ier : Mise en oeuvre de la politique de branche

En vigueur étendu

Les organisations d'employeurs et de salariés représentatives du bâtiment et des travaux publics exercent leur responsabilité de partenaire social sur l'ensemble du territoire au regard des obligations qui leur sont fixées par le code du travail, les accords interprofessionnels et les accords des branches du bâtiment et des travaux publics.

Compte tenu de leur implication historique dans le paritarisme et de la nécessité de développer leurs actions de façon cohérente sur l'ensemble du territoire, les organisations d'employeurs et les fédérations de salariés du BTP prennent toutes les dispositions qui s'imposent pour que leurs accords et orientations soient mis en oeuvre.

A cet égard, elles s'engagent à maintenir la concordance entre les décisions prises par accord de branche, celles prises en commissions paritaires ou dans les conseils d'administration ou de gestion des organismes paritaires des branches du bâtiment et des travaux publics.

Chapitre II : Les commissions paritaires de l'emploi et de la formation

En vigueur étendu

Les CPNE et les CPREF expriment la volonté des partenaires sociaux des branches du bâtiment et des travaux publics aux niveaux national et régional. Les CPNE peuvent confier aux CPREF certaines des missions définies à l'article 1er ci-après, lorsqu'elles estiment que la mise en oeuvre est plus appropriée au niveau territorial (cf. article 4).

Dans le cadre et selon les modalités fixés par le présent accord, les CPNE et les CPREF assurent les 3 missions générales suivantes :

1. Mission de pilotage, d'accompagnement et de suivi de la mise en oeuvre des accords collectifs :

Outre les décisions qu'elles prennent par accords collectifs, étendus ou non, résultant de négociations, les organisations d'employeurs et de salariés du bâtiment et des travaux publics se réunissent en commissions paritaires de l'emploi pour assurer leurs prérogatives en matière de mise en oeuvre, de suivi, de contrôle et d'évaluation de leurs accords. Elles peuvent formuler des propositions et des avis préalablement aux négociations des accords de branche.

Les CPNE et les CPREF seront informées des accords et conventions conclus entre les pouvoirs publics et les organisations professionnelles concernant la formation professionnelle.

2. Mission d'expertise :

Les CPNE et les CPREF conjointes du bâtiment et des travaux publics exploitent les informations sur la relation emploi-formation et l'évolution des qualifications. Elles expertisent les activités de formation professionnelle initiale et continue (contenus, objectifs, validation) menées dans la profession.

3. Mission d'orientation, de proposition, d'avis :

Les CPNE et les CPREF définissent des orientations, émettent des propositions concertées, des avis paritaires dans le domaine de la relation emploiformation-qualification, elles en assurent la diffusion selon des modalités définies dans leur règlement intérieur.

Elles veillent à la mise en oeuvre de ces orientations, en particulier par les organismes paritaires de la branche et, à cet égard, elles sont légitimes pour émettre des directives aux organismes paritaires des branches professionnelles du bâtiment et des travaux publics et des recommandations aux pouvoirs publics et à toute autre instance intervenant dans le champ de l'emploi, de la formation et des qualifications.

Toutefois, les CPNE et les CPREF ne constituent pas des instances de négociation en matière d'emploi et de qualification. Elles sont distinctes des commissions nationales et régionales de négociation qui se réunissent pour débattre et conclure des accords sur ces sujets.

Article 1er : Missions des commissions p

En vigueur étendu

Dans le cadre du présent accord, les CPNE conjointes du bâtiment et des travaux publics exercent les missions suivantes :

Emploi, qualification et priorités de formation :

- définir, à partir des décisions prises par accords collectifs, la politique de formation professionnelle initiale et continue du BTP en prenant en compte les évolutions des emplois et des qualifications ;

- préparer pour ce faire les négociations de l'accord triennal et celles de tout autre accord définissant cette politique. En préciser les modalités générales de leur mise en oeuvre par les CPREF et les organismes paritaires des branches du BTP ;

- examiner la situation de l'emploi au niveau national en termes de bilan et de perspectives et observer l'évolution des qualifications pour en dégager des orientations et des priorités en matière de gestion prévisionnelle des emplois et des compétences. L'" observatoire prospectif des métiers et des qualifications " et les dispositifs qu'il comprend tels que " Tableau de bord sur l'emploi et la qualification des jeunes dans le BTP ", observatoires régionaux du bâtiment et des travaux publics, les travaux des organismes des branches du BTP, etc., seront notamment utilisés à ces fins ;

- accorder une attention toute particulière aux données relatives au recrutement, suivre plus spécifiquement les fluctuations de l'évolution professionnelle et de l'insertion des jeunes pour préconiser toutes mesures utiles ;

- rechercher avec les organismes de la profession et les pouvoirs publics, les mesures propres à assurer la pleine utilisation et l'efficacité des moyens de formation, proposer ces mesures et évaluer les résultats de leur mise en application ;

- informer les organismes paritaires professionnels et interprofessionnels, les pouvoirs publics et toutes autres institutions compétentes, de leurs priorités de branches du BTP en matière d'emploi, de formation professionnelle et de qualification ;

- mettre à la disposition des chefs d'entreprise, des instances représentatives du personnel et des organismes compétents du BTP, les résultats de l'examen des travaux de l'observatoire ainsi que les conclusions et recommandations en matière de priorité de formation professionnelle.

Relations avec les organismes paritaires de la branche :

- veiller à la cohérence d'ensemble des programmes d'action des organismes paritaires au regard des besoins d'emploi, de qualification, de formation initiale et continue de la profession ;

- s'assurer de la mise en application effective de cette politique dans chaque organisme paritaire des 2 branches, en suivre et en contrôler la mise en oeuvre. Pour ce faire, informer précisément les organismes paritaires du BTP des décisions, orientations prises et des modalités de suivi et de contrôle envisagées ; et présenter annuellement aux CPNE conjointes du bâtiment et des travaux publics, par les représentants des organismes paritaires nationaux, un bilan de leurs activités et des axes principaux du programme d'activités de l'année suivante.

Suivi et contrôle de la mise en oeuvre des accords relatifs à l'emploi, à la formation et à la qualification :

- suivre l'application des accords conclus par les partenaires sociaux du BTP et veiller à la mise en oeuvre des priorités de formation ;

- évaluer les résultats et formuler des observations, propositions et préconisations aux organismes paritaires de la profession ainsi qu'aux pouvoirs publics.

Concertation et contractualisation :

- examiner les modalités et faire toute proposition nécessaire à la mise en oeuvre des orientations relatives au développement des premières formations technologiques ou professionnelles, secondaires et supérieures, à l'accueil des élèves et des étudiants effectuant des stages ou périodes de formation en entreprise et à l'information en vue d'améliorer l'orientation scolaire et professionnelle des jeunes ;

- participer à la préparation, au suivi, à l'évaluation des conventions établies dans le cadre de la politique contractuelle de l'Etat, en particulier les contrats d'études prospectives et les engagements de développement de la formation.

Certifications :

- déterminer les qualifications pouvant être préparées par voie de contrat de professionnalisation et les objectifs des formations assurées dans le cadre de périodes de professionnalisation ;

- veiller à la cohérence entre les différentes certifications du BTP inscrites au répertoire national des certifications professionnelles (RNCP) que sont les diplômes, les titres à finalité professionnelle et éventuellement les CQP ;

- adopter des positions professionnelles communes sur des projets ministériels relatifs à l'évolution des diplômes et des titres ;

- créer les certificats de qualification professionnelle (CQP) et autres certifications professionnelles, en diffuser la liste, les délivrer, les supprimer, entreprendre en tant que de besoin, toutes démarches pour leur inscription au répertoire national des certifications professionnelles ou leur radiation ;

- mettre en oeuvre le dispositif de validation des acquis de l'expérience pour favoriser le développement de carrière des salariés.

Article 2 : Missions des commissions par

En vigueur étendu

Les CPREF prennent toutes initiatives pour exercer, au niveau de leur région, les missions qui leur auront été confiées par les partenaires sociaux du BTP. A ce titre, elles mettent en oeuvre la politique d'emploi, de qualification et de formation professionnelle telle qu'elle a été définie par les partenaires sociaux nationaux dans leurs accords collectifs de branche ou au sein de leurs CPNE conjointes du bâtiment et des travaux publics.

Les CPREF sont le lieu où les partenaires sociaux débattent des évolutions économiques, démographiques, des besoins de qualification et de gestion prévisionnelle des emplois en les confrontant aux politiques régionales publiques.

Dans ce cadre, elles assurent le lien avec les organismes paritaires des branches du bâtiment et des travaux publics de leur région et s'assurent de la cohérence de leurs actions avec la politique définie par les partenaires sociaux. Les CPREF veillent à assurer la communication indispensable à la diffusion des décisions, orientations et avis pris dans le cadre de leur champ de compétences

Compte tenu des prérogatives fixées par la loi aux régions dans le domaine de la formation, les partenaires sociaux du bâtiment et des travaux publics décident de confier aux CPREF, les missions suivantes :

Emploi, qualification et priorités de formation :

- mettre en oeuvre au niveau territorial les accords de branche en matière d'emploi, de qualification et de formation ;

- examiner et analyser la situation de l'emploi et des qualifications du bâtiment et des travaux publics dans la région, en prenant en compte la gestion prévisionnelle des emplois et des compétences et en s'appuyant sur les données issues des travaux de l'observatoire prospectif des métiers et des qualifications et des observatoires régionaux du bâtiment et des travaux publics qu'il comporte ;

- informer les partenaires sociaux du BTP sur la situation de l'emploi dans la région et son évolution ;

- définir la politique de formation professionnelle initiale et continue du BTP dans leur région en application des accords nationaux et des orientations définies par les CPNE, politique dont découle le programme annuel d'ouvertures et de fermetures des sections de formation initiale du BTP, qu'il s'agisse des sections des CFA paritaires ou de celles des établissements publics d'enseignement ;

- procéder ou faire procéder à toute étude permettant une meilleure connaissance des réalités de l'emploi au niveau territorial ;

- effectuer toute démarche utile auprès des organismes compétents afin de favoriser l'accès de jeunes à l'emploi ou le retour de salariés vers le bâtiment et les travaux publics.

Relations avec les organismes paritaires régionaux du BTP :

- veiller à la cohérence d'ensemble des programmes d'action des organismes paritaires régionaux au regard des besoins d'emploi, de qualification dans la région ;

- s'assurer de la mise en application effective de cette politique dans chaque organisme paritaire du BTP au niveau régional et contrôler cette mise en oeuvre. Pour ce faire, informer précisément les organismes paritaires de la branche de ces orientations et des modalités de suivi et de contrôle envisagées ; notamment la présentation annuelle par les représentants des organismes paritaires régionaux d'un bilan de leurs activités à la CPREF et des axes prioritaires de leur programme d'activités de l'année suivante ;

- impulser, suivre et contrôler les programmes d'actions des organismes paritaires régionaux ayant en charge la mise en oeuvre de la politique professionnelle en matière de formation initiale et continue.

Concertation et contractualisation :

- informer les pouvoirs publics régionaux, les organismes paritaires du bâtiment et des travaux publics et toute instance concernée des travaux menés et des orientations et décisions adoptées par les partenaires sociaux dans le cadre de leur CPREF ;

- assurer la cohérence des voies de formation en liaison avec les autorités régionales, au regard des décisions et des orientations prises dans le cadre de la CPREF et de la situation de l'emploi et des qualifications telle qu'analysée notamment à partir des travaux des observatoires régionaux du bâtiment et des travaux publics ;

- rechercher avec les pouvoirs publics régionaux les moyens d'intervenir sur le plan régional de développement de la formation professionnelle (PRDFP) ;

- participer à la préparation, au suivi et à l'évaluation des conventions établies dans le cadre de la politique contractuelle régionale dans leur champ de compétence, en particulier les contrats d'objectifs professionnels et les engagements de développement de la formation.

Certifications :

- valider, quand les branches du BTP l'auront prévu, la constitution des jurys paritaires professionnels intervenant dans les évaluations relatives au titre de maître d'apprentissage confirmé, du certificat de maîtrise professionnelle et de toute autre certification de branche ;

- participer à la mise en oeuvre, au développement et à la promotion des initiatives de la branche relatives à la VAE ;

- délivrer les certifications de branche qui lui auront été déléguées par les CPNE et notamment le titre de maître d'apprentissage confirmé et les certificats de maîtrise professionnelle.

Article 3 : Composition et fonctionnemen

En vigueur étendu

Composition : les CPNE conjointes du bâtiment et des travaux publics et les CPREF comprennent 20 membres :

- 10 représentants des organisations syndicales de salariés représentatives au plan national, à raison de 2 pour chacune d'entre-elles ;

- 10 représentants des organisations d'employeurs représentatives au plan national. La répartition des sièges entre chacune des organisations est fixée par le collège employeur ;

- ces représentants pourront se faire accompagner d'un collaborateur de leur organisation lorsqu'une expertise est requise sur un sujet particulier.

Décision : les décisions de ces commissions résultent d'un accord entre les 2 collèges.

Fonctionnement : les commissions paritaires précitées se réunissent au moins 3 fois par an et autant que de besoin. Elles peuvent créer des groupes de travail paritaires chaque fois que nécessaire.

Pour organiser le fonctionnement des CPREF, le règlement intérieur établi au niveau national et annexé au présent accord, s'applique à l'ensemble des CPREF. Ce règlement précise les modalités de fonctionnement conformément à l'article 1er du titre Ier de l'accord interprofessionnel du 10 février 1969. Il précise notamment la périodicité des réunions, les thèmes susceptibles d'être abordés, les modalités de préparation de chaque réunion.

Il indique également le mode d'élaboration de l'ordre du jour des réunions, les délais d'envoi des dossiers et de comptes rendus.

Article 4 : Relations CPNE-CPREF et orga

En vigueur étendu

Les CPNE veillent à la cohérence entre les orientations, décisions et avis, pris dans leur champ de compétence avec les orientations, décisions et avis pris par les CPREF ; elles veillent à assurer la communication et la diffusion des décisions prises et en contrôlent la mise en oeuvre territoriale. Elles peuvent formuler des recommandations ou des préconisations aux CPREF.

Par ailleurs, les CPNE informent les CPREF :

- des travaux qu'elles engagent en matière d'emploi, de qualification, de formation et des préconisations, avis et décisions qu'elles prennent ;

- des orientations générales qu'elles adressent aux pouvoirs publics ainsi qu'aux organismes professionnels et interprofessionnels ;

- elles transmettent les procès-verbaux de leurs réunions aux CPREF.

Les CPREF informent les CPNE :

- de leur activité pour permettre aux partenaires sociaux d'exercer au niveau national leurs responsabilités en connaissance des pratiques et difficultés éventuelles rencontrées au niveau local ;

- des initiatives qu'elles prennent et des actions qu'elles conduisent au niveau régional ;

- des avis, observations, préconisations et recommandations qu'elles formulent à l'égard des organismes professionnels de leur région ;

- elles transmettent les procès-verbaux de leurs réunions aux CPNE.

Le règlement intérieur prévoit les modalités de transmission des comptes rendus.

Chapitre III : Mise en oeuvre

Article 5 : Le mandat

En vigueur étendu

Les organisations d'employeurs et de salariés, au niveau national, désignent pour siéger au sein des CPNE et des CPREF conjointes des représentants :

- salariés exerçant une activité professionnelle dans les entreprises du BTP ;

- responsables d'entreprise ;

- retraités d'entreprises du BTP ;

- salariés des organisations d'employeurs et de salariés du BTP.

Elles ne pourront désigner des salariés des organismes de la profession entrant dans le champ de la formation professionnelle initiale ou continue. Toutefois, afin d'organiser cette évolution, les organisations d'employeurs et de salariés se donnent un délai de 3 ans, à partir de la signature de cet accord, pour atteindre cet objectif.

Les organisations d'employeurs et de salariés veillent à ce que les mandataires désignés tant au niveau national que régional disposent d'une connaissance de la réalité économique et sociale dans les domaines du bâtiment et des travaux publics et n'exercent pas à titre professionnel ou privé des missions ou ayant fait l'objet de poursuites ou condamnations incompatibles avec l'exercice de leur mandat.

Elles s'assurent également que leurs représentants dans les CPNE et CPREF et que leurs mandataires bénéficient des formations nécessaires à la compréhension de la politique professionnelle, du fonctionnement des instances et organismes de la profession. Pour ce faire, chaque OPCA du BTP prendra en charge ces formations conformément aux modalités définies dans un accord spécifique.

Les partenaires sociaux signataires du présent accord s'engagent à créer les conditions qui permettent à leurs représentants de participer pleinement aux commissions paritaires nationales et régionales de l'emploi et de la formation. Ainsi, les frais occasionnés par la préparation et par la participation aux réunions des commissions paritaires précitées et de leurs groupes de travail paritaires sont pris en charge selon des modalités qui sont fixées par un accord spécifique.

Article 6 : Déclinaison de l'accord au

En vigueur étendu

Dès la signature du présent accord, les organisations d'employeurs et de salariés représentatives au niveau national demanderont à leurs représentants régionaux d'organiser le fonctionnement et les travaux des CPREF selon les modalités nouvellement définies.

Une période transitoire de 1 an est prévue pour permettre la mise en place des dispositions du présent accord dans toutes les régions.

Durant cette période seront notamment déterminées les modalités de fonctionnement et d'implantation du secrétariat technique des CPREF et des CPNE prévues dans le règlement intérieur.

Les organisations d'employeurs et de salariés signataires de l'accord suivront régulièrement la mise en place des CPREF.

Article 7 : Durée, révision

En vigueur étendu

Le présent accord est conclu pour une durée indéterminée.

La dénonciation ou la demande de révision du présent accord devra être portée à la connaissance de toutes les parties signataires par lettre recommandée avec un préavis de 3 mois.

Les dispositions du présent accord prennent effet à la date de sa signature.

Article 8 : Extension, adhésion, champ

En vigueur étendu

Toute organisation représentative au plan national, non signataire du présent accord, pourra y adhérer ultérieurement en avisant par lettre recommandée, toutes les organisations signataires.

Le présent accord sera soumis à extension conformément à la réglementation en vigueur.

Le champ d'application de cet accord est défini en annexe.

Règlement intérieur national des commissions paritaires nationales de l'emploi (CPNE) conjointes du bâtiment et des travaux publics et des commissions paritaires régionales de l'emploi et de la formation conjointes du bâtiment et des travaux publics (

En vigueur étendu

Les dispositions prévues dans ce règlement intérieur type s'appliqueront dans toutes les CPNE et les CPREF conjointes du bâtiment et des travaux publics. Des dispositions complémentaires pourront être intégrées à ce règlement intérieur type après accord de la commission concernée ; elles ne pourront être en contradiction avec les dispositions inscrites dans le présent accord.

Préambule

Les 4 organisations d'employeurs et les 5 organisations de salariés du bâtiment et des travaux publics représentatives au niveau national se réunissent en commissions paritaires de l'emploi pour assurer des responsabilités dans leur champ de compétence de l'emploi et de la formation telles que définies par le code du travail et dans le cadre des accords paritaires qu'elles ont signés.

Le présent règlement est lié aux deux accords du 13 juillet 2004 :

" Missions, organisation, fonctionnement des CPNE et des CPREF conjointes du bâtiment et des travaux publics " et " Modalités de préparation et de participation aux CPNE et CPREF conjointes du bâtiment et des travaux publics et de prise en charge des formations de leurs représentants ".

Conformément aux articles 1er et 2 de l'accord concernant les missions des CPNE et des CPREF, les commissions paritaires assurent les missions principales suivantes :

- pilotage des accords de branche et consultation et suivi des contrats ou conventions passés avec les pouvoirs publics ;

- expertise des situations de l'emploi, de la formation, des indicateurs fournis par les observatoires, tableaux de bord ;

- avis et orientation sur le champ de l'emploi, de la formation et des qualifications et propositions aux négociateurs des accords sociaux du BTP ;

- relations avec les services publics de l'emploi ;

- choix des opérations et recommandations à confier aux organismes paritaires des branches du BTP ;

- évaluation des résultats de leur politique et contrôle des organismes paritaires du champ de la formation professionnelle du BTP ;

- constitution de jurys professionnels et délivrance de certifications.

Article 1er

Représentation externe

Les partenaires sociaux du BTP, au niveau national comme au niveau régional, peuvent être amenés à présenter leurs décisions communes auprès des pouvoirs publics, des organismes de la profession, etc. (avis, décisions prises dans le cadre des commissions paritaires).

Ils conviendront, au cas par cas, de la forme la plus appropriée pour ce faire et notamment de la composition de leur délégation représentative.

Article 2

Désignation des représentants des organisations membres des CPNE et CPREF

En application de l'article 3, les organisations d'employeurs et de salariés, au niveau national, désignent pour siéger au sein des CPNE et des CPREF conjointes des représentants exerçant une activité professionnelle de salarié dans les entreprises du BTP ou de responsable d'entreprise.

Les organisations pourront cependant désigner ou maintenir des représentants retraités ou préretraités d'entreprises du BTP depuis moins de 5 ans ainsi que des salariés d'organisations d'employeurs et de salariés de la profession.

Les organisations d'employeurs et de salariés ne pourront désigner des salariés des organismes paritaires de la profession entrant dans le champ de la formation professionnelle initiale ou continue. Toutefois, afin d'organiser cette évolution, les organisations d'employeurs et de salariés se donnent un délai de 3 ans, à partir de la signature de cet accord, pour atteindre cet objectif.

Article 3

Convocation aux réunions et relevé de décisions

Un calendrier prévoyant au moins 3 réunions plénières est établi au cours de la réunion bilan de fin d'année pour l'année suivante.

Les convocations accompagnées du dossier préparatoire sont adressées au minimum 15 jours avant la réunion.

Un compte rendu ou un relevé de décision est établi et validé en fin de séance ou lors de la réunion suivante ; il est ensuite adressé au responsable de chacune des organisations.

Article 4

Secrétariat et animation des commissions

Conformément aux pratiques des réunions des partenaires sociaux et aux dispositions du code du travail relatifs à ces commissions, les organisations d'employeurs ont en charge la préparation, la convocation et la tenue des commissions paritaires. L'animation des travaux des commissions revient aux organisations d'employeurs par accord préalable entre elles.

Les ordres du jour des commissions sont décidés lors de la réunion précédente en tenant compte également de l'actualité politique et sociale.

Certains éléments du dossier préparatoire aux commissions (notes techniques, expertises juridiques, indicateurs statistiques...) pourront être demandés aux organismes nationaux ou régionaux des branches du BTP.

Le siège des commissions paritaires de l'emploi et de la formation est déterminé par accord entre les organisations.

Article 5

Durée. - Révision

La durée du présent règlement est la même que celle de l'accord du 13 juillet 2004 intitulé " Missions, organisation, fonctionnement des CPNE et des CPREF conjointes du bâtiment et des travaux publics ".

Champ d'application de l'accord du 13 juillet 2004

En vigueur étendu

Activités visées sur le territoire national, y compris les départements d'outre-mer (Antilles, Guyane, Réunion) :
A. - Bâtiment
2106. Construction métallique.

Sont uniquement visés les ateliers de production et montage d'ossatures métalliques pour le bâtiment (+).
2403. Fabrication et installation de matériel aéraulique thermique et frigorifique.

Sont visées : les entreprises de fabrication et d'installation d'appareils de chauffage, ventilation et conditionnement d'air (+).
5510. Travaux d'aménagement de terres et des eaux voirie, parcs et jardins.

Sont visées :

- pour partie, les entreprises générales de bâtiment ;

- les entreprises de bâtiment effectuant des travaux d'aménagement des terres et des eaux, de VRD, de voirie et dans les parcs et jardins.
5512. Travaux d'infrastructure générale.

Sont visées : pour partie, les entreprises générales de bâtiment ; les entreprises de bâtiment effectuant des travaux d'infrastructure générale.
5520. Entreprises de forages, sondages, fondations spéciales.

Sont visées dans cette rubrique :

- pour partie, les entreprises générales de bâtiment ; les entreprises de bâtiment effectuant des forages, sondages ou des fondations spéciales ainsi que :

- les entreprises de maçonnerie, de plâtrerie, de travaux en ciment, béton, béton armé pour le bâtiment ;

- les entreprises de terrassement et de démolition pour le bâtiment ;

- les entreprises de terrassement et de maçonnerie pour le bâtiment, fondations par puits et consolidation pour le bâtiment.
5530. Construction d'ossatures autres que métalliques.

Sont visées : pour une partie, les entreprises générales de bâtiment ; les entreprises de bâtiment effectuant des travaux de construction d'ossatures autres que métalliques, demandant du fait de leurs dimensions ou du procédé utilisé une technicité particulière (par exemple, charpentes d'immeubles de 10 étages et plus).
5531. Installation industrielles, montage-levage.

Sont visées :

- pour partie, les entreprises générales de bâtiment ; les entreprises de bâtiment effectuant des travaux d'installations industrielles ou de montage-levage, ainsi que :

- les entreprises de constructions et d'entretiens de fours industriels et de boulangerie en maçonnerie et en matériaux réfractaires de tous types ;

- les entreprises de construction de cheminées d'usine.
5540. Installation électrique.

A l'exception des entreprises d'installation électrique dans les établissements industriels, de recherche radio-électrique et de l'électronique sont visées :

- les entreprises spécialisées dans l'équipement électrique des usines et autres établissements industriels (à l'exception de celles qui, à la date de la publication de l'arrêté portant extension du présent accord, appliquaient un autre accord collectif ayant le même objet) ;

- pour partie, les entreprises de couverture-plomberie et chauffage ;

- les entreprises de plomberie, chauffage et électricité ;

- les entreprises d'installations d'électricité dans les locaux d'habilitation, magasins, bureaux, bâtiments industriels et autres bâtiments ;

- les entreprises de pose d'enseignes lumineuses.
5550. Construction industrialisée.
Sont visées : pour partie, les entreprises générales de bâtiment ;

- les entreprises de bâtiment réalisant des constructions industrialisées ;

- les entreprises de fabrication et pose de maisons métalliques (+).
5560. Maçonnerie et travaux courants de béton armé.

Sont visées : pour partie, les entreprises générales de bâtiment ;

- les entreprises de bâtiment effectuant de la maçonnerie et des travaux courants de terrassement, de fondation et de démolition.
5570. Génie climatique.

Sont visées :

- les entreprises de couverture-plomberie et chauffage ;

- les entreprises d'installations de chauffage et d'électricité ;

- les entreprises de fumisterie de bâtiment, ramonage, installations de chauffage et de production d'eau chaude ;

- les entreprises d'installation de chauffage central, de ventilation, de climatisation ou d'isolation thermique, phonique et antivibratile.
5571. Menuiserie, serrurerie.

A l'exclusion des entreprises de fermetures métalliques dont l'activité se limite à la fabrication, sont notamment visées :

- les entreprises de charpente en bois ;

- les entreprises d'installation de cuisine ;

- les entreprises d'aménagements de placards ;

- les entreprises de fabrication et pose de parquets (à l'exception des parquets mosaïques) ;

- les entreprises de menuiserie du bâtiment (menuiserie bois, métallique intérieure, y compris les murs-rideaux) (pose associée ou non à la fabrication) ;

- les entreprises de charpente et de maçonnerie associées ;

- les entreprises de serrurerie intérieure et extérieure du bâtiment (fabrication, pose et réparation) (+) ;

- les entreprises de pose de petite charpente en fer pour le bâtiment ;

- les entreprises de pose de clôtures ;

- les entreprises de ferronnerie pour le bâtiment (fabrication et pose associée) (+) (balcons, rampes d'escalier, grilles...) ;

- les entreprises de fourniture d'armatures métalliques préparées pour le béton armé (+).
5572. Couverture, plomberie, installations sanitaires.

Sont visées :

- les entreprises de couverture, plomberie (avec ou sans installation de chauffage) ;

- les entreprises de couverture en tous matériaux ;

- les entreprises de plomberie, installation sanitaire ;

- les entreprises d'étanchéité.
5573. Aménagements. - Finitions.

Sont notamment visées :

- les entreprises de construction et d'installation de stands pour les foires et expositions ;

- les entreprises de fabrication de maquettes et plans en relief ;

- les entreprises de plâtrerie, staff, cloisons en plâtre, plafonnage, plafonds en plâtre ;

- les entreprises de fabrication à façon et pose de menuiserie du bâtiment ;

- les entreprises de peinture de bâtiment, décoration ;

- les entreprises d'installations diverses dans les immeubles (notamment pose de linoléums et autres revêtements plastiques...) ; pour les entreprises de pose de vitres, de glaces, de vitrines (+) ;

- les entreprises de peinture, plâtre, vitrerie (associés) ;

- les entreprises d'installation et d'aménagement des locaux commerciaux (magasins, boutiques, devantures, bars, cafés, restaurants, vitrines...) ; cependant pour l'installation et l'aménagement des locaux commerciaux à base métallique (+).

- les entreprises de pose de paratonnerre (à l'exception de la fabrication) ;

- les entreprises de travaux d'aménagements spéciaux (installations de laboratoires, revêtements de sols et de murs en tous matériaux, calfeutrements métalliques, couvre-marches), à l'exclusion de la fabrication et de l'installation de matériel de laboratoire.
8708. Service de nettoyage.

Sont visées, pour partie, les entreprises de ramonage.
Cas des entreprises mixtes bâtiment et travaux publics

Pour l'application du présent accord, est considérée comme entreprise mixte bâtiment et travaux publics, celle dont les activités sont partagées entre, d'une part, une ou plusieurs activités bâtiment, telles qu'elles sont énumérées dans la présente annexe et, d'autre part, une ou plusieurs activités travaux publics, telles qu'elles sont définies par la nomenclature INSEE NAP - 1973.

1. Le présent accord sera appliqué par les entreprises mixtes bâtiment et travaux publics, lorsque le personnel effectuant des travaux correspondant à une ou plusieurs activités bâtiment, telles qu'elles sont énumérées dans la présente annexe, représente au moins 60 % de l'ensemble du personnel de l'entreprise.

2. Lorsque le personnel effectuant des travaux correspondant à une ou plusieurs activités bâtiment se situe entre 40 et 60 % de l'ensemble du personnel, les entreprises mixtes bâtiments et travaux publics peuvent opter, après accord des représentants du personnel, entre l'application du présent accord et l'application de l'accord travaux publics.

Cette option sera portée à la connaissance du personnel dans un délai de 3 mois à compter soit de la publication de l'arrêté portant extension du présent accord, soit, pour les entreprises créées postérieurement, de la date de leur création.

3. Lorsque le personnel d'une entreprise mixte effectuant des travaux correspondant à une ou plusieurs activités bâtiment représente moins de 40 % de l'ensemble du personnel, le présent accord n'est pas applicable.

4. Les entreprises mixtes visées aux paragraphes 1 et 3 ci-dessus pourront continuer d'appliquer l'accord qu'elles appliquaient à la date du présent accord.
Cas des entreprises de menuiseries métallique
ou de menuiserie et fermetures métalliques

Est également incluse dans le champ d'application l'activité suivante, classée dans le groupe ci-dessous :
2107. Menuiserie métallique de bâtiment.

Toutefois, l'extension du présent accord ne sera pas demandée pour cette activité.

Il est sera de même pour la fabrication et la pose associées de menuiserie et de fermetures métalliques classées dans le groupe 5571.
B. - Travaux publics
5510. Travaux d'aménagement des terres et des eaux, voirie, parcs et jardins.

Sont visées les entreprises qui effectuent des travaux d'aménagement des terres et des eaux, voirie, parcs et jardins notamment :

- exécution de travaux de voirie en zone urbaine ou rurale :

- voirie urbaine ;

- petits travaux de voirie ;

- VRD, chaussées pavées, bordures ;

- signalisation ;

- aménagements d'espaces verts :

- plantations ornementales (pelouses, abords de routes...) ;

- terrains de sports ;

- aménagement de terrains de culture, remise en état du sol :

- drainage, irrigation ;

- captage par puits ou autre ;

- curage de fossés ;

- exécution d'installations d'hygiène publique :

- réseaux d'adduction et de distribution d'eau et de fluides divers par canalisations sous pression ;

- réseaux d'évacuation des eaux usées et pluviales, égouts ;

- stations de pompage ;

- stations d'épuration et de traitement des eaux usées ;

- abattoirs ;

- stations de traitement des ordures ménagères.
5511. Construction de lignes de transport d'électricité.

Sont visées les entreprises qui effectuent des travaux de construction de lignes de transport d'électricité y compris les travaux d'installation et de montage de postes de transformation, d'armoires de distribution et de groupes électrogènes qui y sont liés (+) :

- construction de lignes de très haute tension ;

- construction de réseaux haute et basse tension ;

- éclairage rural ;

- lignes aériennes de traction électrique et caténaires ;

- canalisations électriques autres qu'aériennes ;

- construction de lignes pour courants faibles (télécommunications et centraux téléphoniques) ;

- lignes de distribution ;

- signalisation, éclairage public, techniques de protection ;

- chauffage de routes ou de pistes ;

- grands postes de transformation ;

- centrales et installations industrielles de haute technicité.
5512. Travaux d'infrastructure générale.

Sont visées les entreprises qui effectuent des travaux d'infrastructure générale demandant le plus souvent une modification importante du sol ou destinés aux grandes communications, notamment :

- terrassement en grande masse ;

- démolition ou abattage par procédés mécaniques, par explosif ou par fusion thermique ;

- construction et entretien de voies ferrées et de leurs structures annexes ;

- travaux en site maritime ou fluvial :

- dragage et déroctage ;

- battage de pieux et palplanches ;

- travaux subaquatiques ;

- mise en place, au moyen d'engins flottants, d'éléments préfabriqués, en impression ou en élévation ;

- travaux souterrains ;

- travaux de pose de canalisations à grande distance pour distribution de fluide, liquide, gazeux et de réseaux de canalisations industrielles.
5513. Construction de chaussées.

Sont visées les entreprises effectuant des travaux de construction des chaussées de route de liaison, de pistes d'aérodromes et de voies de circulation ou de stationnement assimilables à des routes dans les ensembles industriels ou commerciaux, publics ou privés, ainsi que les plates-formes spéciales pour terrains de sport :

- terrassement sous chaussée ;

- construction des corps de chaussée ;

- couche de surface (en enrobés avec mise en oeuvre seule ou fabrication et mise en oeuvre, asphaltes coulés, enduits superficiels ..) ;

- mise en oeuvre de revêtement en béton de ciment ;

- rabotage, rectification et reprofilage ;

- travaux annexes (signalisation, horizontale, barrières de sécurité ..).
5520. Entreprises de forage, sondage, fondations spéciales.

Sont visées les entreprises effectuant des travaux de :

- fondation et consolidation des sols par ouvrages interposés :
pieux, puits, palplanches, caissons...

- traitement des sols :

- injection, congélation, parois moulées ;

- rabattement de nappe, béton immergé... ;

- reconnaissance des sols : forages et sondages de toute nature et par tout procédé (y compris forages pétroliers).
5530. Construction d'ossatures autres que métalliques.

Sont visées les entreprises qui effectuent des travaux de construction d'ossatures autres que métalliques, notamment en béton armé ou précontraint, demandant du fait de leurs dimensions ou du procédé une technicité particulière, par exemple :

- barrages ;

- ponts, ouvrages de croisement à plusieurs niveaux ;

- génie civil d'unités pour la sidérurgie, la chimie ;

- silos, réfrigérants hyperboliques, cheminées en béton ;

- réservoirs, cuves, châteaux d'eau ;

- coupoles, voiles minces ;

- piscines, bassins divers ;

- étanchéité.
5531. Installations industrielles. - Montage. - Levage.

Sont visées pour partie les entreprises de travaux publics et de génie civil qui effectuent des travaux d'installation, de montage ou de levage d'ouvrages de toute nature, notamment métalliques, exécutés en site terrestre, fluvial ou maritime, par exemple :

ponts fixes ou mobiles ;

- vannes de barrage ;

- portes d'écluses, élévateurs et ascenseurs à bateaux ;

- ossature de charpentes industrielles, de centrales thermiques ou nucléaires ;

- ossatures de halls industriels ;

- installations pour la sidérurgie ;

- pylônes, téléphériques ;

- éléments d'ouvrages préfabriqués.
5540. Installation électrique.

A l'exception des entreprises d'installation électrique dans les établissements industriels, de recherche radioélectrique et de l'électronique, sont visées :

Les entreprises qui effectuent des travaux (+) :

- d'éclairage extérieur, de balisage ;

- d'installation et de montage de postes de transformation, d'armoires de distribution et de groupes électrogènes (non liés à la construction de lignes de transport d'électricité) ;

- et pour partie, d'installations industrielles de technique similaire (à l'exception de celles qui, à la date de l'arrêté d'extension, appliquaient une autre convention collective que celles des travaux publics).
5550. Construction industrialisée.

Sont visées, pour partie, les entreprises de travaux publics et de génie civil réalisant des ouvrages ou partie d'ouvrages par assemblage d'éléments préfabriqués métalliques ou en béton, par exemple :

- poutres de pont ;

- voussoirs pour tunnel...
5560. Maçonnerie et travaux courants de béton armé.

Sont visées, pour partie, les entreprises exerçant des activités de génie civil non classées dans les groupes précédents et les entreprises de travaux publics effectuant de la maçonnerie, de la démolition et des travaux courants de béton armé, de terrassement et de fondation.
5570. Génie climatique.

Sont visées, pour partie, les entreprises de travaux publics et de génie civil effectuant des travaux d'application thermique et frigorifique de l'électricité (+).

(+) Clause d'attribution.

Les activités économiques pour lesquelles a été prévue la présence clause d'attribution seront soumises aux règles suivantes :

1. Le présent accord sera appliqué lorsque le personnel concourant à la pose y compris le personnel des bureaux d'études, les techniciens, la maîtrise... (le personnel administratif et le personnel dont l'activité est mal délimitée restant en dehors du calcul) - représente au moins 80 % de l'activité de l'entreprise caractérisée par les effectifs respectifs.

2. Lorsque le personnel concourant à la pose au sens ci-dessus se situe entre 20 % et 80 %, les entreprises peuvent opter entre l'application du présent accord et l'application de la convention collective correspondant à leurs autres activités, après accord avec les représentants des organisations signataires du présent accord ou, à défaut, des représentants du personnel.

Cette option sera portée à la connaissance du personnel dans un délai de 1 mois à compter soit de la publication de l'arrêté portant extension du présent accord, soit, pour les entreprises créées postérieurement, de la date de leur création.

3. Lorsque le personnel concourant à la pose au sens ci-dessus représente moins de 20 %, le présent accord n'est pas applicable.

Toutefois, les entreprises visées aux paragraphes 1 et 3 ci-dessus pourront continuer d'appliquer la convention collective qu'elles appliquaient à la date de publication de l'arrêté portant extension du présent accord.
Cas des entreprises mixtes de travaux publics

Pour l'application du présent accord, est considérée comme entreprise mixte travaux publics et bâtiment celle dont les activités sont partagées entre, d'une part, une ou plusieurs activités travaux publics, telles qu'elles sont énumérées dans la présente annexe et, d'autre part, une ou plusieurs activités bâtiment, telles qu'elles sont définies par la nomenclature INSEE NAP-1973.

1. Le présent accord sera appliqué par les entreprises mixtes travaux publics et bâtiment lorsque le personnel effectuant des travaux correspondant à une ou plusieurs activités travaux publics, telles qu'elles sont énumérées dans la présente annexe, représente au moins 60 % de l'ensemble du personnel de l'entreprise.

2. Lorsque le personnel effectuant des travaux correspondant à une ou plusieurs activités travaux publics se situe entre 40 et 60 % de l'ensemble du personnel, les entreprises mixtes travaux publics et bâtiment peuvent opter, après accord des représentants du personnels, pour l'application du présent accord.

Cette option sera portée à la connaissance du personnel dans un délai de 3 mois à compter soit de la publication de l'arrêté portant extension du présent accord, soit, pour les entreprises créées postérieurement, de la date de leur création.

3. Lorsque le personnel d'une entreprise mixte effectuant des travaux correspondant à une ou plusieurs activités travaux publics représente moins de 40 % de l'ensemble du personnel, le présent accord n'est pas applicable.

4. Les entreprises mixtes visées aux paragraphes 1 et 3 ci-dessus pourront continuer d'appliquer la convention collective qu'elles appliquaient à la date du présent accord.

Accord du 24 avril 2009 relatif aux indemnités des représentants de la CPREF BTP (Picardie)

L'union régionale CAPEB de Picardie ;

La fédération française du bâtiment de Picardie ;

La fédération Nord des SCOP BTP,

L'union régionale CFDT de Picardie ;

L'union régionale CFE-CGC de Picardie ;

L'union régionale CFTC de Picardie ;

L'union régionale CGT-FO de Picardie,

En vigueur étendu

Vu l'accord interprofessionnel du 10 février 1969 prévoyant la possibilité pour les branches professionnelles de s'organiser régionalement en matière d'emploi et de formation ;
Vu l'accord du 13 juillet 2004 relatif à la définition et la mise en oeuvre de la politique emploi, formation et qualification des partenaires sociaux du BTP,
les organisations représentatives d'employeurs et de salariés se sont réunies et ont déterminé le montant des indemnités allouées aux représentants des organisations syndicales de salariés pour leur participation aux réunions de la CPREF BTP Picardie au 1er avril 2009.

(En euros.)

INDEMNITÉ	MONTANT
Repas	16,60
Indemnité kilométrique	0,536

Conformément au code du travail, le présent accord sera déposé à la direction départementale du travail et de l'emploi de la Somme.
Les parties signataires demandent l'extension du présent accord au ministère du travail, des relations sociales, de la solidarité, de la famille et de la ville.

Arrêté portant extension d'un accord national professionnel relatif à la participation des salariés aux commissions paritaires de l'emploi et de la formation dans le secteur du bâtiment et des travau publics. JORF 22 janvier 2005.

Le ministre de l'emploi, du travail et de la cohésion sociale et le ministre de l'agriculture, de l'alimentation, de la pêche et de la ruralité,
Vu les articles L. 133-1 et suivants du code du travail ;
Vu l'accord national professionnel du 13 juillet 2004 relatif à la participation des salariés représentants des organisations syndicales de salariés aux commissions paritaires nationales de l'emploi (CPNE) et aux commissions paritaires régionales de l'emploi et de la formation (CPREF) conclu dans le secteur du bâtiment et des travaux publics ;
Vu la demande d'extension présentée par les organisations signataires ;
Vu les avis publiés au Journal officiel des 22 septembre et 27 octobre 2004 ;
Vu les avis recueillis au cours de l'enquête ;
Vu l'avis motivé de la Commission nationale de la négociation collective (sous-commission des conventions et accords) rendu en séance du 13 décembre 2004,

Article 1, 2, 3
En vigueur

Article 1er

Sont rendues obligatoires, pour tous les employeurs et tous les salariés compris dans son champ d'application, à l'exclusion des entreprises paysagistes et de reboisement répertoriées au code APE 55-10 relevant des professions agricoles, les dispositions de l'accord national professionnel du 13 juillet 2004 relatif à la participation des salariés représentants des organisations syndicales de salariés aux commissions paritaires nationales de l'emploi (CPNE) et aux commissions paritaires régionales de l'emploi et de la formation (CPREF) conclu dans le secteur du bâtiment et des travaux publics.

Article 2

L'extension des effets et sanctions de l'accord susvisé est faite à dater de la publication du présent arrêté pour la durée restant à courir et aux conditions prévues par ledit accord.

Article 3

Le directeur des relations du travail au ministère de l'emploi, du travail et de la cohésion sociale et le directeur général de la forêt et des affaires rurales au ministère de l'agriculture, de l'alimentation, de la pêche et de la ruralité sont chargés, chacun en ce qui le concerne, de l'exécution du présent arrêté, qui sera publié au Journal officiel de la République française.
Le ministre de l'emploi, du travail
et de la cohésion sociale,

Nota. - Le texte de l'accord susvisé a été publié au Bulletin officiel du ministère, fascicule conventions collectives n° 2004/36.

Arrêté portant extension d'un accord national professionnel relatif aux missions, à l'organisation et au fonctionnement des commissions paritaires conjointes de l'emploi et de la formation conclu dans le secteur du bâtiment et des travaux publics. JORF 13 mai 2005.

Le ministre de l'emploi, du travail et de la cohésion sociale et le ministre de l'agriculture, de l'alimentation, de la pêche et de la ruralité,
Vu les articles L. 133-1 et suivants du code du travail ;
Vu l'accord national professionnel du 13 juillet 2004 relatif aux missions, à l'organisation et au fonctionnement des commissions paritaires conjointes de l'emploi et de la formation conclu dans le secteur du bâtiment et des travaux publics ;
Vu la demande d'extension présentée par les organisations signataires ;
Vu les avis publiés au Journal officiel des 22 septembre et 23 octobre 2004 ;
Vu les avis recueillis au cours de l'enquête ;
Vu l'avis motivé de la Commission nationale de la négociation collective (sous-commission des conventions et accords), rendu en séance du 1er avril 2005,

Article 1, 2, 3
En vigueur

Article 1er

Sont rendues obligatoires, pour tous les employeurs et tous les salariés compris dans son champ d'application, les dispositions de l'accord national professionnel du 13 juillet 2004 relatif aux missions, à l'organisation et au fonctionnement des commissions paritaires conjointes de l'emploi et de la formation conclu dans le secteur du bâtiment et des travaux publics.

Article 2

L'extension des effets et sanctions de l'accord susvisé est faite à dater de la publication du présent arrêté pour la durée restant à courir et aux conditions prévues par ledit accord.

Article 3

Le directeur des relations du travail au ministère du travail, de l'emploi et de la cohésion sociale et le directeur de la forêt et des affaires rurales au ministère de l'agriculture, de l'alimentation, de la pêche et de la ruralité sont chargés, chacun en ce qui le concerne, de l'exécution du présent arrêté, qui sera publié au Journal officiel de la République française.

Nota. - Le texte de l'accord susvisé a été publié au Bulletin officiel du ministère, fascicules conventions collectives n° 2004/36 et n° 2005/8.

Accord du 13 juillet 2004 sur la formation professionnelle tout au long de la vie (1) L'annexe "Champ d'application" de cet accord s'applique également pour les les 3 autres accords du 13 juillet 2004 (2) Accord étendu à l'exclusion des entreprises paysagistes et de reboisement répertoriées au code APE 55-10 relevant des professions agricoles (arrêté du 28 décembre 2004, art. 1er)

Texte de base

Formation professionnelle

La confédération de l'artisanat et des petites entreprises du bâtiment (CAPEB) ;

La fédération française du bâtiment (FFB) ;

La fédération nationale des sociétés coopératives de production (FNSCOP) ;

La fédération nationale des travaux publics (FNTP),

La fédération nationale des salariés de la construction et du bois CFDT ;

La fédération BATIMAT-TP CFTC ;

La fédération nationale des salariés de la construction CGT ;

La fédération générale Force ouvrière du BTP et ses activités annexes CGT-FO ;

Le syndicat national BTP CFE-CGC.

En vigueur étendu

Vu l'accord national interprofessionnel du 5 décembre 2003,

Vu la loi n° 2004-391 du 4 mai 2004 relative à la formation professionnelle tout au long de la vie et au dialogue social,

il a été convenu ce qui suit :

Préambule

Considérant que la réforme de la formation professionnelle vise à créer les conditions d'une nouvelle mobilisation en faveur de la formation tout au long de la vie professionnelle,

Considérant qu'il s'agit d'une opportunité pour les branches du bâtiment et des travaux publics pour trouver les réponses les mieux adaptées aux enjeux du secteur ;

Les parties signataires se donnent pour objectif le développement des compétences des personnels des entreprises :

- afin que les salariés s'intègrent mieux, se qualifient, soient fidélisés et obtiennent une reconnaissance professionnelle ;

- pour qu'ils deviennent acteurs de leur formation et de leur évolution professionnelle ;

- pour que leurs expériences soient validées s'ils le souhaitent ;

- pour que les jeunes, notamment ceux qui n'ont pas bénéficié d'une formation initiale, soient accompagnés et réussissent leur formation et leur intégration dans l'entreprise.

Les parties signataires se donnent également pour objectif de créer des dispositions qui généreront du progrès dans les professions du bâtiment et des travaux publics pour que les entreprises :

- soient plus compétitives ;

- s'adaptent et se développent dans un environnement économique en évolution permanente ;

- pour qu'elles mettent en oeuvre une meilleure gestion prévisionnelle des emplois et des compétences de leurs salariés, intégrant la validation des acquis de l'expérience.

Les parties signataires se donnent, aussi, comme objectif de renforcer la politique de formation et la cohésion entre les organismes des branches du bâtiment et des travaux publics.

Enfin, les parties signataires demandent à leurs représentants nationaux et locaux de promouvoir ensemble les orientations de cet accord auprès des pouvoirs publics et des partenaires de la profession et de contractualiser des partenariats favorisant leur mise en oeuvre.

Orientations générales.

Article 1

En vigueur étendu

Les parties signataires du présent accord arrêtent les 3 grandes orientations générales suivantes :

- la personnalisation de la formation qui prend en compte l'expérience, les acquis, les attentes ainsi que les projets du salariés, et la professionnalisation qui permet l'acquisition, le maintien et le développement des compétences du salarié dans l'exercice de son métier au regard des besoins et projets de l'entreprise.

La personnalisation et la professionnalisation sont au coeur des évolutions et de l'impulsion que les parties signataires veulent donner à la formation continue et à la VAE au travers de cet accord ;

- l'adaptation de la formation aux possibilités et aux aspirations des salariés et des demandeurs d'emploi ainsi qu'aux contraintes des entreprises. Dans cette perspective, l'OPCA Bâtiment, le FAF-SAB et l'OPCA TP interviendront sur l'offre de formation ;

- l'engagement du salarié et de l'employeur basé sur l'entretien professionnel.

L'observatoire prospectif des métiers et des qualifications.

Article 2

En vigueur étendu

Les parties signataires décident la création d'un observatoire prospectif des métiers et des qualifications du BTP.

L'observatoire prospectif des métiers et des qualifications du BTP est placé sous l'égide des commissions paritaires nationales de l'emploi conjointes du bâtiment et des travaux publics. Celles-ci assurent la coordination de l'observatoire et en déterminent les orientations. Elles constitueront en leur sein un " comité de pilotage technique paritaire de l'observatoire des métiers et des qualifications dans le BTP ", chargé de définir des programmes, un calendrier de réalisations et d'effectuer des travaux préparatoires ou de suivi.

Les CPNE conjointes du bâtiment et des travaux publics orientent les travaux dans un but de prospective. Elles peuvent confier des travaux spécifiques aux organismes de la profession et s'appuient sur leurs réalisations et notamment :

- le programme coordonné d'études, d'ingénierie et d'expérimentation des organismes paritaires collecteurs agréés du bâtiment et des travaux publics (OPCA B, OPCA TP) ;

- les études réalisées par le CCCA-BTP ;

- les études, ingénierie et expérimentations réalisées par le FAF-SAB ;

- la banque nationale de données de compétences du groupe OPCA-GFC-AREF ;

- les observatoires et tableaux de bord régionaux de l'emploi et de la formation dans le BTP ;

- le tableau de bord de l'emploi et de la qualification des jeunes du BTP ;

- le contrat d'études prospectives (CEP) du secteur de la construction.

Les CPNE conjointes du bâtiment et des travaux publics ou le comité de pilotage peuvent aussi confier à des organismes compétents la mise en oeuvre de tout ou partie des actions conduites par l'observatoire ainsi que leur coordination technique.

Les CPNE conjointes du bâtiment et des travaux publics examinent tous les ans les résultats des travaux de l'observatoire et plus particulièrement l'évolution quantitative et qualitative des métiers, des emplois et des qualifications. Les résultats de cet examen, les conclusions, orientations et priorités fixées par les CPNE en matière de formation professionnelle sont communiqués aux organismes paritaires du bâtiment et des travaux publics pour contribuer à la détermination des priorités et critères de prise en charge. Ces résultats sont à la disposition des chefs d'entreprises et des institutions représentatives du personnel. Ils sont également communiqués pour information au comité paritaire national pour la formation professionnelle (CPNFP).

Le CCCA-BTP et les OPCA des branches du bâtiment et des travaux publics affectent aux actions réalisées dans le cadre de cet observatoire un budget déterminé par l'accord triennal sur les priorités et les moyens de la formation. Le budget attribué par les OPCA est financé par une partie des sommes collectées au titre des contrats et périodes de professionnalisation et des priorités de branche (1).

(1) Alinéa exclu de l'extension comme étant contraire aux dispositions du 5° de l'article R. 964-16-1 du code du travail (arrêté du 28 décembre 2004, art. 1er).

Contrat de professionnalisation.

Article 3

En vigueur étendu

3.1. Vocation du contrat de professionnalisation dans le BTP

Les parties signataires du présent accord confirment que la vocation première et prioritaire du contrat de professionnalisation dans le secteur est d'attirer, d'accueillir et de recruter des jeunes et des demandeurs d'emploi qui souhaitent s'intégrer dans les professions du BTP et y évoluer, de les former aux métiers, de les professionnaliser et de les conduire à une qualification.

3.2. Règles générales relatives au contrat de professionnalisation

Le contrat de professionnalisation est ouvert aux jeunes âgés de 16 à moins de 26 ans ainsi qu'aux demandeurs d'emploi âgés de 26 ans et plus.

La durée du contrat de professionnalisation est fixée par l'employeur et le bénéficiaire en cohérence avec la durée de l'action de professionnalisation nécessaire à l'acquisition de la qualification professionnelle visée.

La durée du contrat de professionnalisation en CDD ou de l'action de professionnalisation qui se situe en début de contrat à durée indéterminée est comprise entre 6 et 12 mois.

La durée du contrat de professionnalisation en CDD ou de l'action de professionnalisation en CDI peut être portée à un maximum de 24 mois pour les bénéficiaires qui préparent un diplôme, un titre enregistré dans le répertoire national des certifications professionnelles prévu à l'article L. 335-6 du code de l'éducation ou une qualification reconnue dans les classifications des conventions collectives.

Les actions d'évaluation et d'accompagnement ainsi que les enseignements généraux, professionnels et technologiques dispensés dans le cadre du contrat ou de l'action de professionnalisation sont d'une durée comprise entre 15 % et 25 % de la durée totale du contrat ou de l'action de professionnalisation sans être inférieure à 150 heures.

La durée des actions définies à l'alinéa précédent peut être portée à un maximum de 40 % de la durée totale du contrat ou de l'action de professionnalisation en CDI pour les bénéficiaires qui préparent un diplôme ou un titre enregistré dans le répertoire national des certifications professionnelles ou une qualification reconnue dans les classifications des conventions collectives du bâtiment et des travaux publics.

Cette même durée peut être portée à un maximum de 50 % de la durée totale du contrat lorsque celui-ci est conclu par un groupement d'employeurs pour l'insertion et la qualification (GEIQ) labellisés par le comité national de coordination et d'évaluation des GEIQ (CNCE-GEIQ).

3.3. Ordre des priorités

pour les contrats de professionnalisation dans le bâtiment

Dans le bâtiment, les contrats de professionnalisation ont pour objet de favoriser l'insertion ou la réinsertion de leurs bénéficiaires en leur permettant d'acquérir :

- soit un diplôme, un titre professionnel ou un certificat enregistrés dans le répertoire national des certifications professionnelles ;

- soit une qualification reconnue dans les classifications des conventions collectives nationales du bâtiment ;

- soit une qualification figurant sur une liste établie par les CPNE conjointes du bâtiment et des travaux publics.

Dans cette perspective, et compte tenu des besoins importants de recrutements du secteur, seront pris en charge les contrats qui ont pour objet, dans l'ordre de priorité suivant, de :

- compléter la formation initiale des jeunes par des contrats d'une durée de 6 mois à 1 an et d'une durée de formation égale au minimum à 150 heures ou à 15 % de la durée du contrat. Une priorité est donnée au contrat de professionnalisation qui permet à un jeune salarié d'obtenir la certification professionnelle du bâtiment qu'il n'aurait pas obtenue à l'issue d'une formation initiale. L'action de professionnalisation peut compléter le cas échéant la compétence professionnelle de jeunes diplômés ;

- favoriser l'intégration des demandeurs d'emploi et faciliter leur intégration professionnelle durable dans le secteur du bâtiment. Dans ce cas, les formations sont centrées sur l'emploi et le métier que les bénéficiaires vont exercer. En particulier seront privilégiés les contrats qui prévoient des formations permettant les acquisitions de compétences manuelles, techniques, technologiques, intégrant la sécurité et si nécessaires d'enseignements généraux fondamentaux indispensables aux apprentissages ;

- aider à l'intégration des travailleurs handicapés.

Pour ces deux publics prioritaires qui précèdent, les demandeurs d'emploi et les travailleurs handicapés, la durée et les modalités des formations seront ajustées aux caractéristiques de l'emploi, prendront en compte les acquis des jeunes, des demandeurs d'emploi et des travailleurs handicapés ainsi que leurs attentes à l'égard de la formation. Les partenariats avec les institutions spécialisées seront recherchés ;

- favoriser le recrutement et la formation des femmes ;

- acquérir les capacités à gérer ou à conduire une entreprise.

Hormis les formations conduisant à une certification professionnelle du bâtiment, la durée du contrat de professionnalisation de 24 mois doit rester exceptionnelle.

Cependant, les CPREF ayant une demande de formation professionnelle du bâtiment d'une durée de 24 mois conduisant à un diplôme, un titre professionnel ou un CQP, doivent apprécier son intérêt et sa qualité avant de la proposer aux CPNE conjointes du bâtiment et des travaux publics qui pourront l'inscrire sur la liste nationale des qualifications pouvant être préparées par contrat de professionnalisation.

3.4. Priorités dans les travaux publics

Dans le secteur des travaux publics, la priorité sera donnée au financement des contrats de professionnalisation dont l'objet est la formation des bénéficiaires aux métiers des travaux publics, que ces contrats s'adressent à des jeunes dépourvus de qualification ou ayant une qualification insuffisante pour occuper un emploi ou qu'il s'agisse de favoriser l'intégration des demandeurs d'emploi ou des travailleurs handicapés pour laquelle des partenariats avec les institutions spécialisées seront recherchés.

Le contrat de professionnalisation doit favoriser l'intégration du public féminin dans les entreprises de travaux publics.

3.5. Mise en oeuvre des contrats de professionnalisation

Les parcours de formation doivent répondre aux besoins réels des bénéficiaires et être précédés d'une évaluation individuelle.

Dans un délai de 2 mois maximum à compter de la date de signature du contrat, l'employeur doit examiner avec le salarié, et le cas échéant avec son tuteur, l'adéquation du programme de formation afin d'y apporter d'éventuels aménagements.

3.6. Rémunération

Les titulaires d'un contrat de professionnalisation âgés de moins de 26 ans perçoivent, pendant la durée du contrat de professionnalisation à durée déterminée ou de l'action de professionnalisation du contrat à durée indéterminée, une rémunération qui ne peut être inférieure à :

- salariés âgés de moins de 21 ans ... 65 % du SMIC

- salariés âgés de 21 ans et plus ... 80 % du SMIC

Pour les titulaires d'un bac pro, d'un brevet professionnel, d'un diplôme ou d'un titre à finalité professionnelle de niveau IV :

- salariés âgés de moins de 21 ans ... 75 % du SMIC

- salariés agés de 21 ans et plus ... 90 % du SMIC

Les titulaires d'un contrat de professionnalisation âgés d'au moins 26 ans perçoivent, pendant la durée du contrat à durée déterminée ou de l'action de professionnalisation du contrat à durée indéterminée, une rémunération qui ne peut être inférieure à 100 % du SMIC, sans que celle-ci soit inférieure à 85 % de la rémunération minimale conventionnelle de la branche dont relève l'entreprise.

3.7. Révision des modalités de mise en oeuvre

En tant que de besoin, les CPNE pourront proposer aux partenaires sociaux les aménagements aux accords qui s'avéreraient nécessaires sur les durées de contrat ou de formation admises dans la branche sans préjuger des capacités de financement par les organismes collecteurs.

Période de professionnalisation.

Article 4

En vigueur étendu

4.1. Vocation générale des périodes de professionnalisation

Les parties signataires du présent accord donnent aux périodes de professionnalisation, l'objectif de contribuer :

- à favoriser l'évolution professionnelle des salariés concernés ;

- à la mise en oeuvre de démarches de progrès par la gestion prévisionnelle des compétences au sein des entreprises ;

- à capitaliser les unités de formation et les expériences successives.

Elles demandent aux OPCA en particulier d'intervenir sur l'offre de formation pour que celle-ci propose des modules cohérents, professionnels, relativement courts et construits dans une logique de capitalisation progressive.

4.2. Salariés prioritaires

Sans préjudice des dispositions de l'article L. 982-1 du code de travail, les parties signataires décident que les périodes de professionnalisation dans le BTP sont ouvertes aux salariés dont la qualification est insuffisante ou inadaptée aux évolutions technologiques et organisationnelles et en priorité aux salariés ayant les premiers niveaux de qualification quel que soit leur âge :

- ou âgés de moins de 30 ans ;

- ou âgés de 45 ans et plus, ou ayant au moins 20 ans d'activité professionnelle pour maintenir leur employabilité ;

- ou aux salariés qui envisagent la création ou la reprise d'une entreprise ;

- ou aux travailleurs handicapés ;

- aux femmes à la suite d'un congé maternité ;

- ainsi qu'aux femmes et aux hommes qui reprennent leur emploi après un congé parental.

4.3. Nature des actions de formation

Les périodes de professionnalisation ont pour objet de permettre aux salariés d'acquérir :

- soit un diplôme, un titre professionnel ou un certificat enregistrés dans le répertoire national des certifications professionnelles, en utilisant si possible les acquis des salariés dans le cadre de la VAE ;

- soit une qualification reconnue dans les classifications des conventions collectives nationales du bâtiment et des travaux publics ;

- soit une qualification figurant sur une liste établie par les CPNE conjointes du bâtiment et des travaux publics.

Les périodes de professionnalisation peuvent aussi permettre aux salariés de participer aux types d'actions de formation suivants :

- actions ayant pour objet de favoriser l'adaptation des salariés à l'évolution des emplois ainsi que leur maintien dans l'emploi, et de participer au développement de leurs compétences ;

- actions de promotion ayant pour objet de permettre l'acquisition d'une qualification plus élevée ;

- actions de prévention ayant pour objet de réduire les risques d'inadaptation de qualification à l'évolution des techniques et des structures des entreprises, en préparant les salariés dont l'emploi est menacé à une mutation d'activité.

Les actions de formation ayant pour objet d'adapter le salarié à son poste de travail sont réalisées pendant le temps de travail.

4.4. Mise en oeuvre des périodes de professionnalisation

Les parcours de formation doivent répondre aux besoins réels des bénéficiaires et être déterminés en tenant compte des conclusions, soit de l'entretien professionnel prévu à l'article 1er de l'accord du 5 décembre 2003, soit d'une évaluation individuelle réalisée conjointement par le salarié et l'employeur, soit d'un bilan de compétence, soit d'une action de validation des acquis de l'expérience.

4.5. Révision des modalités de mise en oeuvre

Les CPNE proposeront aux partenaires sociaux les aménagements aux accords qui s'avéreraient nécessaires relatifs à la durée minimale de formation, les publics pouvant accéder en priorité aux périodes de professionnalisation ainsi que les objectifs prioritaires desdites périodes.

Tutorat et rôle de l'encadrement.

Article 5

En vigueur étendu

Modifié par Avenant n° 4 du 7 juillet 2005 art. 3 BO conventions collectives 2005-35 étendu par arrêté du 20 février 2006 JORF 1er mars 2006.

Les parties signataires du présent accord considèrent que la profession doit renforcer le tutorat dans le secteur pour contribuer à la réussite des contrats et périodes de professionnalisation et de manière plus générale au développement de la transmission des compétences au sein des entreprises.

Le tutorat a pour fonctions principales d'accueillir, d'accompagner l'intégration des nouvelles recrues au sein des entreprises et de transmettre les compétences dans l'acte de travail.

Pour atteindre ces objectifs, la mise en place du tutorat dans les entreprises sera encouragée, les contenus et les modalités de formation des tuteurs seront ajustés aux attentes des employeurs et des salariés.
5.1. Tutorat pour le contrat et la période de professionnalisation

Dans le cadre d'un contrat de professionnalisation, l'employeur doit choisir un tuteur parmi les salariés qualifiés volontaires de l'entreprise. Dans le cadre d'une période de professionnalisation, un tuteur est choisi lorsque la période de professionnalisation concerne un jeune âgé de moins de 26 ans. La personne choisie doit justifier d'une expérience professionnelle de 2 ans minimum dans une qualification en rapport avec l'objectif de professionnalisation visé. L'employeur peut aussi assurer lui-même le tutorat s'il remplit les conditions de qualification ou d'expérience.

L'employeur doit permettre au tuteur de disposer des moyens et du temps nécessaire pour exercer sa fonction tutorale et s'y préparer.
5.2. Caractéristiques des formations de tuteurs

Dans le secteur des travaux publics, le tutorat est organisé conformément aux dispositions de l'accord national collectif du 23 septembre 2003 relatif au développement du tutorat et à celles de la loi du 4 mai 2004 relatives à l'exercice de la fonction tutorale.

Dans le secteur du bâtiment, le tutorat est organisé selon les principes suivants :

Les représentants des employeurs et des salariés du bâtiment, au sein de leurs instances régionales en particulier, examineront et orienteront les contenus et les modalités des formations de tuteurs.

Le conseil proposé aux entreprises par les OPCA les incitera à développer un état d'esprit collectif sur l'importance du tutorat pour l'avenir de l'entreprise. Les formations proposées s'inspireront des modèles de développement des comportements personnels, d'écoute, d'accompagnement et de valorisation, d'organisation du travail, le tout resitué dans le contexte professionnel de l'entreprise et de la profession.

Les partenaires sociaux du bâtiment et les OPCA concernés conviennent d'examiner les formules d'encouragement au développement du tutorat.
5.3. Rôle de l'encadrement

Les parties signataires du présent accord rappellent la mission essentielle que doit jouer le personnel d'encadrement dans l'information, l'expression des projets individuels, la mise en oeuvre et l'animation du tutorat. Dans cette perspective, les actions de formation qui préparent à l'exercice de ce rôle et celles qui préparent à la conduite des entretiens professionnels sont prises en charge par les OPCA sur le budget qu'ils affecteront à cet effet.
NOTA : Arrêté du 28 décembre 2004 : Accord étendu à l'exclusion des entreprises paysagistes et de reboisement répertoriées au code APE 55-10 relevant des professions agricoles.

Dispositions financières relatives aux contrats et périodes de professionnalisation.

Article 6

En vigueur étendu

Les parties signataires affirment que les contrats et périodes de professionnalisation doivent correspondre aux besoins réels des bénéficiaires. A cette fin, il est décidé qu'une priorité de prise en charge sera accordée par les OPCA du bâtiment et des travaux publics aux contrats et périodes de professionnalisation qui auront été précédés d'une évaluation individuelle visant à déterminer la nature et la durée des actions de formation permettant l'atteinte des objectifs visés.

Les organismes paritaires collecteurs agréés du bâtiment et des travaux publics prennent en charge les actions d'évaluation, d'accompagnement et de formation prévues aux articles L. 981-3 et L. 982-4 du code du travail en fonction des priorités fixées par les CPNE ainsi que de leurs capacités de financement. Dans le cas où ils souhaiteraient avoir la possibilité de demander un concours financier au fonds national prévu par l'article L. 961-13 du code du travail, ils se conformeront à la définition du coût moyen de contrat établi par le comité paritaire national pour la formation professionnelle (CPNFP).

Les forfaits horaires de prise en charge par les OPCA des contrats et des périodes de professionnalisation feront l'objet d'un avenant à cet accord sur proposition des conseils d'administration et de gestion concernés. Pour l'OPCA TP, les forfaits horaires font l'objet d'une annexe au présent accord. Ces forfaits peuvent être adaptés périodiquement par accord de branche, sur proposition des OPCA concernés.

Les parties signataires mandatent leurs représentants dans les OPCA du bâtiment et des travaux publics pour que les conseil d'administration de ces organismes proposent des forfaits horaires d'un montant modulé pour tenir compte du coût réel lié aux spécificités de certaines formations.

Droit individuel à la formation.

Article 7
En vigueur étendu
7.1. Vocation du DIF dans le BTP

Dans le BTP, le DIF mis en oeuvre à l'initiative du salarié en accord avec son employeur a pour première priorité d'accompagner le salarié dans la réalisation de son projet de promotion. Le DIF permet au salarié en seconde priorité de bénéficier d'actions de formation à l'acquisition d'une qualification ou de perfectionnement de ses connaissances professionnelles tout en développant son employabilité.

7.2. Les règles générales relatives au DIF dans le BTP

A compter du 1er janvier 2005, tout salarié employé à temps plein ou à temps partiel, sous contrat à durée indéterminée et ayant au moins 1 an d'ancienneté dans l'entreprise qui l'emploie, bénéficie chaque année d'un droit individuel à la formation d'une durée de 20 heures cumulables pendant 6 ans. Pour les salariés à temps partiel, cette durée est calculée *pro rata temporis*. En tout état de cause, les droits acquis au titre du DIF sont cumulables jusqu'à concurrence d'un plafond fixé à 120 heures.

Les parties signataires décident que tout salarié employé à temps plein, sous contrat à durée indéterminée ayant au moins 1 an d'ancienneté dans l'entreprise qui l'emploie a acquis au titre du DIF, au titre de l'exercice 2004, 20 heures dès le 31 décembre 2004. Pour les salariés à temps partiel sous contrat à durée indéterminée et ayant au moins 1 an d'ancienneté dans l'entreprise qui les l'emploie, le DIF acquis au 31 décembre 2004 est calculé *pro rata temporis*.

Les salariés sous contrat à durée déterminée bénéficient également du DIF calculé *pro rata temporis* dès lors qu'ils justifient avoir travaillé pendant au moins 4 mois au cours des 12 derniers mois (1).

Chaque salarié est informé par écrit annuellement du total des droits acquis au titre du dispositif du DIF.

7.3. Mise en oeuvre du DIF dans le BTP

Le DIF relève de l'initiative du salarié, en accord avec son employeur. Le choix de l'action de formation est arrêté par accord écrit du salarié et de l'employeur.

L'employeur dispose de 1 mois pour notifier sa réponse motivée au salarié.

Les actions de formation au titre du DIF peuvent être réalisées en utilisant les droits acquis avec les autres moyens d'accès à la formation continue (période de professionnalisation, plan de formation...).

Les parties signataires souhaitent que le choix de l'action de formation suivie dans le cadre du DIF soit arrêté en tenant compte des conclusions, soit de l'entretien professionnel prévu à l'article 1 de l'accord interprofessionnel du 5 décembre 2003, soit d'une évaluation individuelle réalisée conjointement par le salarié et l'employeur, soit d'un bilan de compétences ou d'une action de validation des acquis de l'expérience.

Dans le secteur du bâtiment, en cas de démission ou de licenciement - sauf pour faute grave ou lourde - nonobstant le crédit acquis dans la nouvelle entreprise, le crédit d'heures attaché à un salarié ne pourra être inférieur à 60 % de son droit acquis dans l'entreprise précédente.

Ce crédit est utilisable suivant les conditions décrites ci-après :

- l'employeur fournit une attestation, indiquant le crédit d'heures acquis au titre du droit individuel à la formation ;

- l'attestation du crédit d'heures du DIF devra être présentée par le salarié préalablement à la signature du contrat de travail avec son nouvel employeur ; si l'attestation n'a pas été présentée par le salarié, le crédit d'heures devient caduc ;

- dans la nouvelle entreprise, le crédit d'heures du salarié pourra être mis en oeuvre selon les conditions et modalités de prise en charge prévues par les articles 7.3 et 7.4 du présent accord ;

- cette disposition est mise en oeuvre dans le secteur du bâtiment à titre expérimental pendant 3 ans ;

- le DIF ne peut se mettre en oeuvre avant 1 an d'ancienneté dans la nouvelle entreprise, sauf si l'employeur et le salarié en conviennent autrement.

Les salariés des entreprises du bâtiment et travaux publics constitutives d'un groupe conservent leurs droits acquis au titre du DIF et non utilisés en cas de changement d'entreprises du bâtiment et des travaux publics au sein du groupe.

L'ensemble des droits conservés par le salarié, et ceux acquis dans l'entreprise suivante, ne peut pas excéder au total le plafond de 120 heures prévu à l'article L. 933-2 du code du travail.

Afin de faciliter l'utilisation de ce nouveau moyen d'accès à la formation, les parties signataires décident que la mise en oeuvre du droit individuel à la formation prévu par l'article L. 933-1 et suivants du code du travail peut être effectuée en tout ou partie pendant le temps de travail dans les conditions fixées par accord écrit conjoint de l'employeur et du salarié.

7.4. Prise en charge par les OPCA

L'employeur et le salarié mettent au point les modalités concrètes de mise en oeuvre du DIF.

Après avoir, le cas échéant, consulté l'OPCA dont il relève, l'employeur convient avec le salarié des modalités de financement du DIF.

Priorités :

Sans préjudice des dispositions de l'article L. 933-2 du code du travail, et afin d'encourager l'utilisation du DIF, les parties signataires mandatent leurs représentants dans les conseils de gestion ou les conseils d'administration des OPCA des branches du bâtiment et des travaux publics pour donner la priorité dans la prise en charge des actions qui ont pour objet de favoriser la promotion interne, le perfectionnement des connaissances et la qualification professionnelle des salariés et notamment des ouvriers, tout en veillant à ce que les actions financées sur les autres régimes ne soient pas pénalisées et défavorisées.

Modalités de prise en charge :

Entreprises du BTP de 1 à 9 salariés :

Dans la limite des fonds qu'il affecte chaque année au financement du DIF, le FAF-SAB participe à la prise en charge du coût pédagogique, des frais annexes selon les plafonds fixés par son conseil de gestion ainsi que :

- l'allocation de formation correspondant à 50 % du salaire net quand le DIF est réalisé hors temps de travail ;

- la rémunération et les charges correspondantes à la partie totale ou partielle, quand le DIF est réalisé en tout ou partie sur le temps de travail.

Toutefois, le FAF-SAB pourra décider d'apporter un complément financier qui s'avérerait nécessaire à la mise en oeuvre du DIF - lorsqu'il se met en oeuvre hors temps de travail - dans la limite d'un pourcentage des fonds mutualisés attribués spécifiquement et fixés annuellement par son conseil d'administration.

Entreprises du bâtiment de 10 salariés et plus en option A :

L'OPCA bâtiment prend en charge les coûts pédagogiques et les frais annexes dans la limite des plafonds arrêtés chaque année par son conseil d'administration et l'allocation de formation correspondant à 50 % du salaire net lorsque la formation se déroule hors temps de travail.

Lorsque le DIF se réalise en tout ou partie sur le temps de travail, les dispositions ci-dessus s'appliquent pour la partie hors temps de travail. Concernant la part totale ou partielle du DIF réalisé sur le temps de travail, l'OPCA bâtiment rembourse à l'entreprise les coûts pédagogiques, les frais annexes, les salaires et les charges.

Le remboursement ne peut excéder le montant de la cotisation annuelle de l'entreprise au titre du plan de formation, diminuée de la part mutualisée et des autres aides financières tirées sur le plan (2).

Toutefois, l'OPCA bâtiment pourra décider d'apporter un complément financier qui s'avérerait nécessaire à la mise en oeuvre du DIF - lorsqu'il se met en oeuvre hors temps de travail - dans la limite d'un pourcentage des fonds mutualisés attribués spécifiquement et fixés annuellement par son conseil d'administration.

Entreprises du bâtiment et des travaux publics de plus de 10 salariés en option B :

L'OPCA bâtiment et l'OPCA travaux publics ne prennent en charge aucun financement du DIF.

Entreprises des travaux publics de 10 salariés et plus en option A :

Les entreprises de travaux publics de 10 salariés et plus en option A : peuvent demander l'OPCA TP le remboursement des frais qu'elles ont engagés au titre du DIF pour le coût pédagogique et les frais annexes ainsi que pour les rémunérations et les charges ou l'allocation de formation dans le cadre et dans la limite de leur crédit option A.

Dans la limite des capacités de financement de l'OPCA TP, le conseil d'administration de cet organisme pourra décider d'apporter un complément financier qui s'avérerait nécessaire pour la mise en oeuvre du DIF, selon des modalités et sur la base de forfaits horaires définis par le conseil d'administration de l'OPCA TP, pour des actions de formation aux métiers des travaux publics.

7.5. Dispositions particulières

Les parties signataires s'engagent à établir, 3 ans après l'entrée en vigueur du présent accord, un premier bilan quantitatif et qualitatif de la mise en oeuvre du DIF dans les entreprises du bâtiment et des travaux publics.

Après analyse des résultats de ce bilan, les parties signataires proposeront, le cas échéant, les mesures d'adaptation nécessaires pour que ce droit constitue un moyen efficace pour favoriser la formation des salariés des entreprises du bâtiment et des travaux publics.

(1) Alinéa étendu sous réserve de l'application des dispositions combinées du b de l'article L. 931-15 du code du travail et de la première phrase de l'article L. 931-20-2 du même code (arrêté du 28 décembre 2004, art. 1er).

(2) Alinéa exclu de l'extension comme étant contraire aux dispositions de la deuxième phrase du troisième alinéa de l'article L. 961-9 du code du travail (arrêté du 28 décembre 2004, art. 1er).

Financement de la formation professionnelle par les entreprises occupant au moins 10 salariés.

Article 8
En vigueur étendu

A compter du 1er janvier 2004, les entreprises du bâtiment et des travaux publics occupant au moins 10 salariés doivent consacrer tous les ans 1,60 % de la masse salariale au financement de la formation professionnelle continue. Cette contribution est composée comme suit :

- 0,9 % affectés au financement du plan de formation ;

- 0,5 % affectés au financement des contrats et périodes de professionnalisation et des priorités de la branche ;

- 0,2 % affectés au financement du congé individuel de formation.

Les entreprises se libèrent de leurs obligations au titre du congé individuel de formation en effectuant un versement au FONGECIF dont elles relèvent, avant le 1er mars de chaque année.

Les entreprises entrant dans le champ de l'OPCA bâtiment ainsi que celles entrant dans le champ de l'OPCA TP conservent le choix des options conformément à l'accord national du 18 décembre 1995 relatif à la formation professionnelle dans le bâtiment et à l'accord national du 14 avril 1997 relatif à la formation professionnelle dans les travaux publics.

Financement de la formation professionnelle par les entreprises occupant moins de 10 salariés.

Article 9
En vigueur étendu

Les entreprises artisanales du bâtiment et des travaux publics inscrites au répertoire des métiers et employant moins de 10 salariés doivent verser leur contribution au financement de la formation professionnelle continue au FAF-SAB.

A compter du 1er janvier 2004, cette contribution est fixée à 0,9 % et calculée sur l'assiette des salaires incluant l'incidence des congés payés. Elle est composée comme suit :

- 0,64 % affectés au financement du plan de formation ;

- 0,008 % affectés au financement du congé de formation économique, sociale et syndicale ;

- 0,252 % affectés au financement des contrats et périodes de professionnalisation et des priorités de la branche.

Autres dispositions financières.

Article 10
En vigueur étendu

Les dispositions prévues par les accords précédents relatives à la mise en oeuvre et au financement du congé de formation économique, sociale et syndicale, de la formation au dialogue social et de la mutualisation sont inchangées.

Dispositions relatives à la négociation de branche portant sur les objectifs et moyens de la formation professionnelle.

Article 11
En vigueur étendu

Conformément aux dispositions de l'article L. 934-2 du code du travail, les organisations d'employeurs et de salariés représentatives du bâtiment et des travaux publics se réuniront tous les 3 ans pour négocier sur les priorités, les objectifs et les moyens de la formation professionnelle des salariés.

Les CPNE conjointes du bâtiment et des travaux publics examineront tous les 3 ans l'évolution qualitative et quantitative des emplois et des qualifications en tenant compte des résultats des travaux de l'observatoire prospectif des métiers et des qualifications.

Suivi du présent accord.

Article 12
En vigueur étendu

Les parties signataires conviennent de procéder à une évaluation des conditions de mise en oeuvre des dispositions du présent accord, eu égard à leur objectif d'accroître de manière décisive et efficace l'accès de tous à la formation professionnelle continue dans le secteur. Dans cette perspective, elles demandent aux CPNE conjointes du bâtiment et des travaux publics de leur faire, en temps utile, des propositions d'aménagement des dispositions du présent accord.

Les négociations portant sur l'entretien professionnel, la validation des acquis de l'expérience, le bilan de compétences et le passeport formation seront entreprises au 4e trimestre 2004 en vue d'aboutir à un accord complémentaire au présent accord.

Champ d'application et extension de l'accord.

Article 13

En vigueur étendu

Modifié par Avenant n° 3 du 11 janvier 2005 art. 1 BO conventions collectives 2005-6 étendu par arrêté du 4 juillet 2005 JORF 19 juillet 2005.

L'accord susvisé est applicable à toutes les entreprises du bâtiment et des travaux publics sur le territoire métropolitain ainsi que dans les départements d'Outre-mer (DOM) conformément au champ d'application annexé.

Les parties signataires demandent l'extension du présent accord auprès du ministre du travail, de l'emploi et de la cohésion sociale.

Force obligatoire du présent accord.

Article 14

En vigueur étendu

Les accords d'entreprise ou d'établissement du BTP relatifs à la mise en oeuvre de la formation tout au long de la vie dans les entreprises ne peuvent comporter de clauses dérogeant aux dispositions du présent accord sauf dispositions plus favorables.

Forfaits horaires pour la prise en charge par l'OPCA TP des formations organisées dans le cadre des contrats et périodes de professionnalisation.

En vigueur étendu

Modifié par Avenant n° 5 du 20 décembre 2005 art. 2 BO conventions collectives 2006-11 étendu par arrêté du 3 janvier 2007 JORF 12 janvier 2007.

Dispositions applicables aux entreprises relevant de l'OPCA Bâtiment

(Remplacé, en dernier lieu, par avenant n° 6 du 28 juin 2006)

(En euros.)

	FORFAIT contrats de professionnalisation (contrat à durée déterminée)	FORFAIT contrats de professionnalisation (contrat à durée indéterminée)	FORFAIT périodes de professionnalisation
Formations à la maintenance et à la conduite d'engins (1)	20 (dont 17 maximum de prise en charge des coûts pédagogiques)	23 (dont 17 maximum de prise en charge des coûts pédagogiques)	23 (dont 17 maximum de prise en charge des coûts pédagogiques)
Formations aux autres spécialités TP et maçonnerie gros oeuvre (2)	15 (dont 12 maximum de prise en charge des coûts pédagogiques)	18 (dont 12 maximum de prise en charge des coûts pédagogiques)	18 (dont 12 maximum de prise en charge des coûts pédagogiques)
Formations aux spécialités du bâtiment	Forfait de l'OPCA Bâtiment	Forfait de l'OPCA Bâtiment	Forfait de l'OPCA Bâtiment
	10	13	13

Autres formations non spécifiques au BTP	(dont 7 maximum de prise en charge des coûts pédagogiques)	(dont 7 maximum de prise en charge des coûts pédagogiques)	(dont 7 maximum de prise en charge des coûts pédagogiques)
(1) Certaines formations techniques très coûteuses utilisant des équipements lourds peuvent être prises en charge à hauteur des forfaits fixés pour des formations à la conduite d'engins. (2) Certaines formations techniques connexes aux spécialités des TP peuvent être prises en charge à hauteur des forfaits fixés pour les formations aux autres spécialités TP.			

En vigueur étendu

Modifié par Avenant n° 7 du 13 décembre 2006 art. 1 en vigueur le 1er janvier 2007 BO conventions collectives 2007-7.

Dispositions applicables aux entreprises relevant de l'OPCA-TP

(Remplacé, en dernier lieu, par avenant n° 6 du 28 juin 2006)

(En euros.)

	FORFAIT contrats de professionnalisation (contrat à durée déterminée)	FORFAIT contrats de professionnalisation (contrat à durée indéterminée)	FORFAIT périodes de professionnalisation
Formations à la maintenance et à la conduite d'engins (1)	20 (dont 17 maximum de prise en charge des coûts pédagogiques)	23 (dont 17 maximum de prise en charge des coûts pédagogiques)	23 (dont 17 maximum de prise en charge des coûts pédagogiques)
Formations aux autres spécialités TP et maçonnerie gros oeuvre (2)	15 (dont 12 maximum de prise en charge des coûts pédagogiques)	18 (dont 12 maximum de prise en charge des coûts pédagogiques)	18 (dont 12 maximum de prise en charge des coûts pédagogiques)
Formations aux spécialités du bâtiment	Forfait de l'OPCA Bâtiment	Forfait de l'OPCA Bâtiment	Forfait de l'OPCA Bâtiment
Autres formations non spécifiques au BTP	7	7	7
(1) Certaines formations techniques très coûteuses utilisant des équipements lourds peuvent être prises en charge à hauteur des forfaits fixés pour des formations à la conduite d'engins. (2) Certaines formations techniques connexes aux spécialités des TP peuvent être prises en charge à hauteur des forfaits fixés pour les formations aux autres spécialités TP.			

Contrat de professionnalisation

En vigueur non étendu

Mise en ?uvre pratique et suivi formalisé dans l'entreprise

(Ajouté par avenant n° 6 du 28 juin 2006)

Entreprise : .... Le bénéficiaire :		
Tuteur :	Nom :	
	Qualité / Titre :	
Organisation de l'accueil, du tutorat, de l'intégration dans l'entreprise et de la professionnalisation	DESCRIPTI	
Modalités du choix du tuteur ; organisation de la relation avec le bénéficiaire quant à l'accueil, le suivi, l'activité du bénéficiaire, etc.		
Embauche d'entretien	Date :.........................	
Compétences déjà maîtrisés		
Personnalisation de la formation		
Détermination des compétences à acquérir pendant le contrat	1... .3..4..5...	
(10 compétences maxi, sous forme de « être capable de... ») *ex. : dresser un enduit*	8...9...	
Objectifs du contrat	Diplôme / Titre / CQP ou qualification reconnue dans les classificat	
Visa employeur / son représentant	Visa du salarié	
....	....	
Entretien bilan à 2 mois *Point sur l'activité, l'acquisition des compétences, les relations avec le formateur, etc.*	Appréciations :.........	Actions décidées :..

Visa employeur / son représentant	Visa du salarié	
....	....	
Entretien fin de contrat *Evaluation, analyse et réflexion sur les éventuelles suites*	....	....
Visa employeur / son représentant	Visa du salarié	
....	....	
Autres observations		....
L'accompagnement des AREF sera sollicité pour le positionnement et la		

Apprentissage.

En vigueur étendu

La confédération de l'artisanat et des petites entreprises du bâtiment (CAPEB) ;

La fédération française du bâtiment (FFB) ;

La fédération nationale des sociétés coopératives de production (FNSCOP) ;

La fédération nationale des travaux publics (FNTP),

et,

La fédération nationale des salariés de la construction et du bois CFDT ;

La fédération BATIMAT-TP CFTC ;

La fédération nationale des salariés de la construction CGT ;

La fédération générale Force ouvrière du BTP et ses activités annexes CGT-FO ;

Le syndicat national BTP CFE-CGC,

conviennent d'ouvrir une négociation sur les améliorations à apporter au statut des apprentis dès que les mesures législatives et réglementaires envisagées par le Gouvernement pour réformer l'apprentissage auront été prises.

Champ d'application de l'accord du 13 juillet 2004

En vigueur étendu

Activités visées sur le territoire national, y compris les départements d'outre-mer (Antilles, Guyane, Réunion) :

A. - Bâtiment

2106. Construction métallique.

Sont uniquement visés les ateliers de production et montage d'ossatures métalliques pour le bâtiment (+).

2403. Fabrication et installation de matériel aéraulique thermique et frigorifique.

Sont visées : les entreprises de fabrication et d'installation d'appareils de chauffage, ventilation et conditionnement d'air (+).

5510. Travaux d'aménagement de terres et des eaux voirie, parcs et jardins.

Sont visées :

- pour partie, les entreprises générales de bâtiment ;

- les entreprises de bâtiment effectuant des travaux d'aménagement des terres et des eaux, de VRD, de voirie et dans les parcs et jardins.

5512. Travaux d'infrastructure générale.

Sont visées : pour partie, les entreprises générales de bâtiment ; les entreprises de bâtiment effectuant des travaux d'infrastructure générale.

5520. Entreprises de forages, sondages, fondations spéciales.

Sont visées dans cette rubrique :

- pour partie, les entreprises générales de bâtiment ; les entreprises de bâtiment effectuant des forages, sondages ou des fondations spéciales ainsi que :

- les entreprises de maçonnerie, de plâtrerie, de travaux en ciment, béton, béton armé pour le bâtiment ;

- les entreprises de terrassement et de démolition pour le bâtiment ;

- les entreprises de terrassement et de maçonnerie pour le bâtiment, fondations par puits et consolidation pour le bâtiment.

5530. Construction d'ossatures autres que métalliques.

Sont visées : pour une partie, les entreprises générales de bâtiment ; les entreprises de bâtiment effectuant des travaux de construction d'ossatures autres que métalliques, demandant du fait de leurs dimensions ou du procédé utilisé une technicité particulière (par exemple, charpentes d'immeubles de 10 étages et plus).

5531. Installation industrielles, montage-levage.

Sont visées :

- pour partie, les entreprises générales de bâtiment ; les entreprises de bâtiment effectuant des travaux d'installations industrielles ou de montage-levage, ainsi que :

- les entreprises de constructions et d'entretiens de fours industriels et de boulangerie en maçonnerie et en matériaux réfractaires de tous types ;

- les entreprises de construction de cheminées d'usine.

5540. Installation électrique.

A l'exception des entreprises d'installation électrique dans les établissements industriels, de recherche radio-électrique et de l'électronique sont visées :

- les entreprises spécialisées dans l'équipement électrique des usines et autres établissements industriels (à l'exception de celles qui, à la date de la publication de l'arrêté portant extension du présent accord, appliquaient un autre accord collectif ayant le même objet) ;

- pour partie, les entreprises de couverture-plomberie et chauffage ;

- les entreprises de plomberie, chauffage et électricité ;

- les entreprises d'installations d'électricité dans les locaux d'habilitation, magasins, bureaux, bâtiments industriels et autres bâtiments ;

- les entreprises de pose d'enseignes lumineuses.

5550. Construction industrialisée.

Sont visées : pour partie, les entreprises générales de bâtiment ;

- les entreprises de bâtiment réalisant des constructions industrialisées ;

- les entreprises de fabrication et pose de maisons métalliques (+).

5560. Maçonnerie et travaux courants de béton armé.

Sont visées : pour partie, les entreprises générales de bâtiment ;

- les entreprises de bâtiment effectuant de la maçonnerie et des travaux courants de terrassement, de fondation et de démolition.

5570. Génie climatique.

Sont visées :

- les entreprises de couverture-plomberie et chauffage ;

- les entreprises d'installations de chauffage et d'électricité ;

- les entreprises de fumisterie de bâtiment, ramonage, installations de chauffage et de production d'eau chaude ;

- les entreprises d'installation de chauffage central, de ventilation, de climatisation ou d'isolation thermique, phonique et antivibratile.

5571. Menuiserie, serrurerie.

A l'exclusion des entreprises de fermetures métalliques dont l'activité se limite à la fabrication, sont notamment visées :

- les entreprises de charpente en bois ;

- les entreprises d'installation de cuisine ;

- les entreprises d'aménagements de placards ;

- les entreprises de fabrication et pose de parquets (à l'exception des parquets mosaïques) ;

- les entreprises de menuiserie du bâtiment (menuiserie bois, métallique intérieure, y compris les murs-rideaux) (pose associée ou non à la fabrication) ;

- les entreprises de charpente et de maçonnerie associées ;

- les entreprises de serrurerie intérieure et extérieure du bâtiment (fabrication, pose et réparation) (+) ;

- les entreprises de pose de petite charpente en fer pour le bâtiment ;

- les entreprises de pose de clôtures ;

- les entreprises de ferronnerie pour le bâtiment (fabrication et pose associée) (+) (balcons, rampes d'escalier, grilles...) ;

- les entreprises de fourniture d'armatures métalliques préparées pour le béton armé (+).

5572. Couverture, plomberie, installations sanitaires.

Sont visées :

- les entreprises de couverture, plomberie (avec ou sans installation de chauffage) ;

- les entreprises de couverture en tous matériaux ;

- les entreprises de plomberie, installation sanitaire ;

- les entreprises d'étanchéité.

5573. Aménagements. - Finitions.

Sont notamment visées :

- les entreprises de construction et d'installation de stands pour les foires et expositions ;

- les entreprises de fabrication de maquettes et plans en relief ;

- les entreprises de plâtrerie, staff, cloisons en plâtre, plafonnage, plafonds en plâtre ;

- les entreprises de fabrication à façon et pose de menuiserie du bâtiment ;

- les entreprises de peinture de bâtiment, décoration ;

- les entreprises d'installations diverses dans les immeubles (notamment pose de linoléums et autres revêtements plastiques...) ; pour les entreprises de pose de vitres, de glaces, de vitrines (+) ;

- les entreprises de peinture, plâtre, vitrerie (associés) ;

- les entreprises d'installation et d'aménagement des locaux commerciaux (magasins, boutiques, devantures, bars, cafés, restaurants, vitrines...) ; cependant pour l'installation et l'aménagement des locaux commerciaux à base métallique (+).

- les entreprises de pose de paratonnerre (à l'exception de la fabrication) ;

- les entreprises de travaux d'aménagements spéciaux (installations de laboratoires, revêtements de sols et de murs en tous matériaux, calfeutrements métalliques, couvre-marches), à l'exclusion de la fabrication et de l'installation de matériel de laboratoire.

8708. Service de nettoyage.

Sont visées, pour partie, les entreprises de ramonage.

Cas des entreprises mixtes bâtiment et travaux publics

Pour l'application du présent accord, est considérée comme entreprise mixte bâtiment et travaux publics, celle dont les activités sont partagées entre, d'une part, une ou plusieurs activités bâtiment, telles qu'elles sont énumérées dans la présente annexe et, d'autre part, une ou plusieurs activités travaux publics, telles qu'elles sont définies par la nomenclature INSEE NAP - 1973.

1. Le présent accord sera appliqué par les entreprises mixtes bâtiment et travaux publics, lorsque le personnel effectuant des travaux correspondant à une ou plusieurs activités bâtiment, telles qu'elles sont énumérées dans la présente annexe, représente au moins 60 % de l'ensemble du personnel de l'entreprise.

2. Lorsque le personnel effectuant des travaux correspondant à une ou plusieurs activités bâtiment se situe entre 40 et 60 % de l'ensemble du personnel, les entreprises mixtes bâtiments et travaux publics peuvent opter, après accord des représentants du personnel, entre l'application du présent accord et l'application de l'accord travaux publics.

Cette option sera portée à la connaissance du personnel dans un délai de 3 mois à compter soit de la publication de l'arrêté portant extension du présent accord, soit, pour les entreprises créées postérieurement, de la date de leur création.

3. Lorsque le personnel d'une entreprise mixte effectuant des travaux correspondant à une ou plusieurs activités bâtiment représente moins de 40 % de l'ensemble du personnel, le présent accord n'est pas applicable.

4. Les entreprises mixtes visées aux paragraphes 1 et 3 ci-dessus pourront continuer d'appliquer l'accord qu'elles appliquaient à la date du présent accord.

Cas des entreprises de menuiseries métallique

ou de menuiserie et fermetures métalliques

Est également incluse dans le champ d'application l'activité suivante, classée dans le groupe ci-dessous :

2107. Menuiserie métallique de bâtiment.

Toutefois, l'extension du présent accord ne sera pas demandée pour cette activité.

Il est sera de même pour la fabrication et la pose associées de menuiserie et de fermetures métalliques classées dans le groupe 5571.

B. - Travaux publics

5510. Travaux d'aménagement des terres et des eaux, voirie, parcs et jardins.

Sont visées les entreprises qui effectuent des travaux d'aménagement des terres et des eaux, voirie, parcs et jardins notamment :

- exécution de travaux de voirie en zone urbaine ou rurale :

- voirie urbaine ;

- petits travaux de voirie ;

- VRD, chaussées pavées, bordures ;

- signalisation ;

- aménagements d'espaces verts :

- plantations ornementales (pelouses, abords de routes...) ;

- terrains de sports ;

- aménagement de terrains de culture, remise en état du sol :

- drainage, irrigation ;

- captage par puits ou autre ;

- curage de fossés ;

- exécution d'installations d'hygiène publique :

- réseaux d'adduction et de distribution d'eau et de fluides divers par canalisations sous pression ;

- réseaux d'évacuation des eaux usées et pluviales, égouts ;

- stations de pompage ;

- stations d'épuration et de traitement des eaux usées ;

- abattoirs ;

- stations de traitement des ordures ménagères.

5511. Construction de lignes de transport d'électricité.

Sont visées les entreprises qui effectuent des travaux de construction de lignes de transport d'électricité y compris les travaux d'installation et de montage de postes de transformation, d'armoires de distribution et de groupes électrogènes qui y sont liés (+) :

- construction de lignes de très haute tension ;

- construction de réseaux haute et basse tension ;

- éclairage rural ;

- lignes aériennes de traction électrique et caténaires ;

- canalisations électriques autres qu'aériennes ;

- construction de lignes pour courants faibles (télécommunications et centraux téléphoniques) ;

- lignes de distribution ;

- signalisation, éclairage public, techniques de protection ;

- chauffage de routes ou de pistes ;

- grands postes de transformation ;

- centrales et installations industrielles de haute technicité.

5512. Travaux d'infrastructure générale.

Sont visées les entreprises qui effectuent des travaux d'infrastructure générale demandant le plus souvent une modification importante du sol ou destinés aux grandes communications, notamment :

- terrassement en grande masse ;

- démolition ou abattage par procédés mécaniques, par explosif ou par fusion thermique ;

- construction et entretien de voies ferrées et de leurs structures annexes ;

- travaux en site maritime ou fluvial :

- dragage et déroctage ;

- battage de pieux et palplanches ;

- travaux subaquatiques ;

- mise en place, au moyen d'engins flottants, d'éléments préfabriqués, en impression ou en élévation ;

- travaux souterrains ;

- travaux de pose de canalisations à grande distance pour distribution de fluide, liquide, gazeux et de réseaux de canalisations industrielles.

5513. Construction de chaussées.

Sont visées les entreprises effectuant des travaux de construction des chaussées de route de liaison, de pistes d'aérodromes et de voies de circulation ou de stationnement assimilables à des routes dans les ensembles industriels ou commerciaux, publics ou privés, ainsi que les plates-formes spéciales pour terrains de sport :

- terrassement sous chaussée ;

- construction des corps de chaussée ;

- couche de surface (en enrobés avec mise en oeuvre seule ou fabrication et mise en oeuvre, asphaltes coulés, enduits superficiels ..) ;

- mise en oeuvre de revêtement en béton de ciment ;

- rabotage, rectification et reprofilage ;

- travaux annexes (signalisation, horizontale, barrières de sécurité ..).

5520. Entreprises de forage, sondage, fondations spéciales.

Sont visées les entreprises effectuant des travaux de :

- fondation et consolidation des sols par ouvrages interposés :

pieux, puits, palplanches, caissons...

- traitement des sols :

- injection, congélation, parois moulées ;

- rabattement de nappe, béton immergé... ;

- reconnaissance des sols : forages et sondages de toute nature et par tout procédé (y compris forages pétroliers).

5530. Construction d'ossatures autres que métalliques.

Sont visées les entreprises qui effectuent des travaux de construction d'ossatures autres que métalliques, notamment en béton armé ou précontraint, demandant du fait de leurs dimensions ou du procédé une technicité particulière, par exemple :

- barrages ;

- ponts, ouvrages de croisement à plusieurs niveaux ;

- génie civil d'unités pour la sidérurgie, la chimie ;

- silos, réfrigérants hyperboliques, cheminées en béton ;

- réservoirs, cuves, châteaux d'eau ;

- coupoles, voiles minces ;

- piscines, bassins divers ;

- étanchéité.

5531. Installations industrielles. - Montage. - Levage.

Sont visées pour partie les entreprises de travaux publics et de génie civil qui effectuent des travaux d'installation, de montage ou de levage d'ouvrages de toute nature, notamment métalliques, exécutés en site terrestre, fluvial ou maritime, par exemple :

- ponts fixes ou mobiles ;

- vannes de barrage ;

- portes d'écluses, élévateurs et ascenseurs à bateaux ;

- ossature de charpentes industrielles, de centrales thermiques ou nucléaires ;

- ossatures de halls industriels ;

- installations pour la sidérurgie ;

- pylônes, téléphériques ;

- éléments d'ouvrages préfabriqués.

5540. Installation électrique.

A l'exception des entreprises d'installation électrique dans les établissements industriels, de recherche radioélectrique et de l'électronique, sont visées :

Les entreprises qui effectuent des travaux (+) :

- d'éclairage extérieur, de balisage ;

- d'installation et de montage de postes de transformation, d'armoires de distribution et de groupes électrogènes (non liés à la construction de lignes de transport d'électricité) ;

- et pour partie, d'installations industrielles de technique similaire (à l'exception de celles qui, à la date de l'arrêté d'extension, appliquaient une autre convention collective que celles des travaux publics).

5550. Construction industrialisée.

Sont visées, pour partie, les entreprises de travaux publics et de génie civil réalisant des ouvrages ou partie d'ouvrages par assemblage d'éléments préfabriqués métalliques ou en béton, par exemple :

- poutres de pont ;

- voussoirs pour tunnel...

5560. Maçonnerie et travaux courants de béton armé.

Sont visées, pour partie, les entreprises exerçant des activités de génie civil non classées dans les groupes précédents et les entreprises de travaux publics effectuant de la maçonnerie, de la démolition et des travaux courants de béton armé, de terrassement et de fondation.

5570. Génie climatique.

Sont visées, pour partie, les entreprises de travaux publics et de génie civil effectuant des travaux d'application thermique et frigorifique de l'électricité (+).

(+) Clause d'attribution

Les activités économiques pour lesquelles a été prévue la présence clause d'attribution seront soumises aux règles suivantes :

1. Le présent accord sera appliqué lorsque le personnel concourant à la pose y compris le personnel des bureaux d'études, les techniciens, la maîtrise... (le personnel administratif et le personnel dont l'activité est mal délimitée restant en dehors du calcul) - représente au moins 80 % de l'activité de l'entreprise caractérisée par les effectifs respectifs.

2. Lorsque le personnel concourant à la pose au sens ci-dessus se situe entre 20 % et 80 %, les entreprises peuvent opter entre l'application du présent accord et l'application de la convention collective correspondant à leurs autres activités, après accord avec les représentants des organisations signataires du présent accord ou, à défaut, des représentants du personnel.

Cette option sera portée à la connaissance du personnel dans un délai de 1 mois à compter soit de la publication de l'arrêté portant extension du présent accord, soit, pour les entreprises créées postérieurement, de la date de leur création.

3. Lorsque le personnel concourant à la pose au sens ci-dessus représente moins de 20 %, le présent accord n'est pas applicable.

Toutefois, les entreprises visées aux paragraphes 1 et 3 ci-dessus pourront continuer d'appliquer la convention collective qu'elles appliquaient à la date de publication de l'arrêté portant extension du présent accord.

Cas des entreprises mixtes de travaux publics

Pour l'application du présent accord, est considérée comme entreprise mixte travaux publics et bâtiment celle dont les activités sont partagées entre, d'une part, une ou plusieurs activités travaux publics, telles qu'elles sont énumérées dans la présente annexe et, d'autre part, une ou plusieurs activités bâtiment, telles qu'elles sont définies par la nomenclature INSEE NAP-1973.

1. Le présent accord sera appliqué par les entreprises mixtes travaux publics et bâtiment lorsque le personnel effectuant des travaux correspondant à une ou plusieurs activités travaux publics, telles qu'elles sont énumérées dans la présente annexe, représente au moins 60 % de l'ensemble du personnel de l'entreprise.

2. Lorsque le personnel effectuant des travaux correspondant à une ou plusieurs activités travaux publics se situe entre 40 et 60 % de l'ensemble du personnel, les entreprises mixtes travaux publics et bâtiment peuvent opter, après accord des représentants du personnels, pour l'application du

présent accord.

Cette option sera portée à la connaissance du personnel dans un délai de 3 mois à compter soit de la publication de l'arrêté portant extension du présent accord, soit, pour les entreprises créées postérieurement, de la date de leur création.

3. Lorsque le personnel d'une entreprise mixte effectuant des travaux correspondant à une ou plusieurs activités travaux publics représente moins de 40 % de l'ensemble du personnel, le présent accord n'est pas applicable.

4. Les entreprises mixtes visées aux paragraphes 1 et 3 ci-dessus pourront continuer d'appliquer la convention collective qu'elles appliquaient à la date du présent accord.

Avenant n° 2 du 11 janvier 2005 relatif aux forfaits horaires dans le cadre des contrats de professionnalisation

La confédération de l'artisanat et des petites entreprises du bâtiment (CAPEB) ;

La fédération française du bâtiment (FFB) ;

La fédération nationale des sociétés coopératives de production (FNSCOP) ;

La fédération nationale des travaux publics (FNTP),

La fédération nationale des salariés de la construction et du bois CFDT ;

La fédération BATIMAT-TP CFTC ;

La fédération nationale des salariés de la construction CGT ;

La fédération générale Force ouvrière du BTP et ses activités annexes CGT-FO ;

Le syndicat national BTP CFE-CGC,

En vigueur étendu

Vu l'accord national interprofessionnel du 5 décembre 2003, relatif à la formation tout au long de la vie professionnelle ;

Vu la loi n° 2004-391 du 4 mai 2004 relative à la formation professionnelle tout au long de la vie et au dialogue social ;

Vu l'accord national du 13 juillet 2004 relatif à la mise en oeuvre de la formation professionnelle tout au long de la vie dans les entreprises du bâtiment et des travaux publics,
il a été convenu ce qui suit :

Article 1
En vigueur étendu

Conformément à l'article 6 de l'accord du 13 juillet 2004 et après consultation du conseil de gestion du FAF-SAB, les forfaits horaires de participation financière des contrats de professionnalisation applicables aux entreprises ressortissantes au FAF-SAB, à compter du 1er janvier 2009, sont les suivants :

- formations relevant du domaine tertiaire : 7 € / heure ;

- formations relevant des domaines techniques du BTP : 10 € / heure ;

- formations préparant à la conduite et / ou la maintenance d'engins : 13 € / heure.

Extension - Champ.

Article 2
En vigueur étendu

Les parties signataires demandent l'extension du présent accord auprès du ministre du travail, de l'emploi et de la cohésion sociale.

Le présent avenant est applicable sur le territoire métropolitain ainsi que dans les DOM à toutes les entreprises artisanales du bâtiment et des travaux publics définis à l'article 1er de l'accord collectif de création du FAFSAB du 23 février 1989, relevant du champ d'application professionnel du FAFSAB rappelé en annexe.

Suivi

Article 3
En vigueur étendu

Les parties signataires du présent accord conviennent de se revoir avant la fin 2005, pour étudier la possibilité de faire éventuellement évoluer les taux.

Force obligatoire du présent avenant

Article 4
En vigueur étendu

Les accords d'entreprise ou d'établissement du BTP relatifs à la mise en oeuvre de la formation tout au long de la vie dans les entreprises ne peuvent comporter de clauses dérogeant aux dispositions du présent accord sauf dispositions plus favorables.

Modification du champ d'application Avenant n° 3 du 11 janvier 2005

Organisations patronales signataires :
Confédération de l'artisanat et des petites entreprises du bâtiment (CAPEB) ;
Fédération nationale des sociétés coopératives du BTP (FNSCOP) ;
Fédération française du bâtiment (FFB) ;
Fédération nationale des travaux publics (FNTP).

Syndicats de salariés signataires :
Fédération nationale des salariés de la construction et du bois CFDT ;
Fédération nationale des salariés de la construction CGT ;
Fédération BATIMAT-TP CFTC ;
Fédération générale Force ouvrière du BTP et ses activités annexes CGT-FO ;
Syndicat national CFE CGC-BTP.

En vigueur étendu

Vu la loi n° 2004-391 du 4 mai 2004 relative à la formaion professionnelle tout au long de la vie et au dialogue social ;

Vu l'accord national interprofessionnel du 5 décembre 2003 ;

Vu l'accord national du 13 juillet 2004 relatif à la mise en oeuvre de la formation professionnelle tout au long de la vie dans le BTP ;

Vu l'article L. 132-5 du code du travail,

il a été convenu ce qui suit :

Article 1
En vigueur étendu

L'article 13 de l'accord national relatif à la mise en oeuvre de la formation professionnelle tout au long de vie dans le BTP est modifié comme suit :

(voir cet article)

Article 2
En vigueur étendu

Les parties signataires demandent l'extension du présent avenant auprès du ministre du travail, de l'emploi et de la cohésion sociale.

Fait à Paris, le 11 janvier 2005.

Avenant à l'accord du 13 juillet 2004, relatif aux forfaits horaires et modalités de prise en charge par l'OPCA des actions organisées dans le cadre de la professionnalisation Avenant n° 5 du 20 décembre 2005

Organisations patronales signataires :
Confédération de l'artisanat et des petites entreprises du bâtiment (CAPEB) ;
Fédération française du bâtiment (FFB) ;
Fédération nationale des sociétés coopératives du BTP (FNSCOP).
Fédération nationale des travaux publics (FNTP).

Syndicats de salariés signataires :
Fédération nationale des salariés de la construction et du bois CFDT ;
Fédération BATIMAT-TP CFTC ;
Fédération nationale des salariés de la construction CGT ;
Syndicat national BTP CFE-CGC ;
Fédération générale Force ouvrière du BTP et ses activités annexes (CGT-FO).

En vigueur étendu

Vu la loi n° 2004-391 du 4 mai 2004 relative à la formation professionnelle tout au long de la vie et au dialogue social ;

Vu l'accord national interprofessionnel du 5 décembre 2003 ;

Vu l'article 6, alinéa 3, de l'accord national du 13 juillet 2004 relatif à la mise en oeuvre de la formation professionnelle tout au long de la vie dans les entreprises du bâtiment et des travaux publics,

Vu l'avenant n° 4 du 7 juillet 2005,

il a été convenu ce qui suit :

Le présent avenant n° 5 à l'accord du 13 juillet 2004 précité annule et remplace l'avenant n° 4 du 7 juillet 2005 dans les termes suivants :

Dispositions applicables aux entreprises relevant de l'OPCA bâtiment.

Article 1

En vigueur étendu

L'avenant n° 1 du 21 septembre 2004 et l'avenant n° 2 bis du 15 mars 2005 à l'accord du 13 juillet 2004 précité sont annulés.

En application de l'article 6 de l'accord du 13 juillet 2004 et sur proposition du conseil d'administration de l'OPCA bâtiment, les organisations d'employeurs et de salariés signataires du présent avenant décident de fixer les montants des nouveaux forfaits horaires de prise en charge des contrats et des périodes de professionnalisation de la manière suivante :
(En euros.)

(1) CONTRAT de 6 à 12 mois ou période d'une durée inférieure ou égale à 12 mois (pour tous types de formations hors " tertiaires ")+

(2) CONTRAT ou période de plus de 12 mois (pour la préparation de certifications spécifiques du bâtiment et des TP)

(3) FORMATIONS " tertiaires " (durée de financement plafonnée à 12 mois)

	(1)	(2)	(3)
Forfaits horaires de prise			
en charge par l'OPCA bâtiment	18	15	13
Plafond de paiement des			
prestations de l'organisme			
de formation	12	9	7
Partie réservée à l'entreprise			
pour le financement des			
rémunérations, charges, frais			
de transport, frais annexes, etc	6	6	6

Lorsque le contrat de professionnalisation est un CDI, la partie réservée à l'entreprise est portée à 12 euros. Cette disposition ne s'applique pas au " contrat nouvelle embauche ".
(+) Pour les formations à la maintenance et à la conduite d'engins : 23 euros dont 17 euros maximum pour la prise en charge des coûts pédagogiques.
L'OPCA bâtiment prend en charge les coûts liés à l'exercice du tutorat à hauteur de 230 euros par mois et par bénéficiaire pendant 6 mois.

Dispositions applicables aux entreprises relevant de l'OPCA-TP.

Article 2
En vigueur étendu

L'annexe à l'accord du 13 juillet 2004 relatif à la mise en oeuvre de la formation professionnelle tout au long de la vie dans le BTP fixant les forfaits horaires pour la prise en charge, par l'OPCA-TP, des formations organisées dans le cadre des contrats et des périodes de professionnalisation, est remplacée par les dispositions suivantes :

(voir cette annexe)

Dispositions communes aux entreprises du bâtiment et des travaux publics.

Article 3
En vigueur étendu

La première phrase de l'article 5.1, alinéa 1, est modifiée comme suit :

(voir cet article)

Pour garantir la réussite du contrat, les entreprises s'engagent à assurer la mise en oeuvre pratique du contrat et un suivi régulier du bénéficiaire par 2 moyens :

1. En organisant :

- un tutorat ;

- un entretien d'embauche destiné principalement à déterminer les compétences à acquérir ;

- un entretien-bilan à 2 mois ;

- un entretien de fin de contrat.

2. En formalisant ces différentes étapes sur un support (annexé au présent avenant) défini par les organisations signataires.

Date d'application.

Article 4
En vigueur étendu

En ce qui concerne les entreprises des TP, les forfaits et modalités visés à l'article 2 prennent effet à compter du 1er janvier 2006.

En ce qui concerne les entreprises du bâtiment, les forfaits et modalités visés à l'article 1er prennent effet à compter du 1er janvier 2006. Les parties signataires conviennent de dresser un bilan du présent avenant avant le 1er juillet 2006.

Champ d'application.

Article 5
En vigueur étendu

Le présent avenant est applicable à toutes les entreprises du bâtiment et des travaux publics sur le territoire métropolitain ainsi que dans les départements d'outre mer (DOM).

Extension.

Article 6
En vigueur étendu

Les parties signataires demandent l'extension du présent avenant auprès du ministre de l'emploi, de la cohésion sociale et du logement.

Fait à Paris, le 20 décembre 2005.

Contrat de professionnalisation

En vigueur étendu

Mise en oeuvre pratique et suivi formalisé dans l'entreprise

Entreprise : ... Le bénéficiaire : ...

Tuteur :

Nom : ...

Prénom :... Qualité/Titre : ...
Organisation de l'accueil, du tutorat, de l'intégration dans l'entreprise et de la professionnalisation
Modalités du choix du tuteur ; organisation de la relation avec le bénéficiaire quant à l'accueil, le suivi, l'activité du bénéficiaire, etc.
DESCRIPTION
...
...
...
...
...

Entretien d'embauche

Date : ...

Avec : ...
Compétences déjà maîtrisées
Personnalisation de la formation
...
...
...
...

Détermination des compétences à acquérir pendant le contrat
(10 compétences maxi, sous forme de " être capable de .. ")
ex. : dresser un enduit

1 ...

2 ...

3 ...

4 ...

5 ...

6 ...

7 ...

8 ...

9 ...
10 ...
Objectifs du contrat
Diplôme/Titre/CQP ou qualification reconue dans les classifications de la CCN ou sur la liste des CPNE préparés : ...
Visa employeur/son représentant
Visa du salarié
Visa du tuteur
...
...
...

Entretien bilan à 2 mois
Point sur l'activité, l'acquisition des compétences, les relations avec le formateur, etc.
Appréciations : ...
...
...
...
Actions décidées : ...
...
...
...
Visa employeur/son représentant

Visa du salarié
Visa du tuteur
...
...
...

Entretien fin de contrat
Evaluation, analyse et réflexion sur les éventuelles suites
...
...
...
Visa employeur/son représentant
Visa du salarié
Visa du tuteur
...
...
...

Autres observations
...
...

L'accompagnement des AREF sera sollicité pour le positionnement et la définition des objectifs.

Avenant n° 6 du 28 juin 2006 relatif aux forfaits horaires et modalités de prise en charge par l'OPCA Bâtiment

Confédération de l'artisanat et des petites entreprises du bâtiment (CAPEB) ;

Fédération nationale des sociétés coopératives du BTP (FNSCOP).

Syndicat national BTP CFE-CGC ;

Fédération française du bâtiment (FFB) ;

Fédération nationale des salariés de la construction et du bois CFDT ;

Fédération nationale des salariés de la construction CGT ;

Fédération générale Force ouvrière du BTP et ses activités annexes CGT-FO.

En vigueur étendu

Entre les soussignés,

Vu la loi n° 2004-391 du 4 mai 2004 relative à la formation professionnelle tout au long de la vie et au dialogue social ;

Vu l'accord national interprofessionnel du 5 décembre 2003 ;

Vu l'article 6, alinéa 3, de l'accord national du 13 juillet 2004 relatif à la mise en oeuvre de la formation professionnelle tout au long de la vie dans les entreprises du BTP ;

Vu l'avenant n° 4 du 7 juillet 2005,

Vu l'avenant n° 5 du 20 décembre 2005,

il a été convenu ce qui suit :

Bilan de l'avenant n° 5 du 20 décembre 2005

Article 1

En vigueur étendu

Conformément à l'avenant n° 5 du 20 décembre 2005, les organisations d'employeurs et de salariés se sont réunies le 28 juin 2006 pour examiner le bilan des contrats de professionnalisation dans les entreprises relevant de l'OPCA Bâtiment. Les résultats sont très satisfaisants : 1 500 contrats ont été enregistrés durant le 1er semestre 2006.

Au regard du coût moyen de ces 1 500 contrats et de la période actuelle de croissance favorable, les organisations d'employeurs et de salariés représentatives du bâtiment tiennent à accompagner les entreprises dans leur recrutement de jeunes et de demandeurs d'emploi à l'aide du contrat de professionnalisation.

A cet effet, elles conviennent de revoir les modalités de prise en charge de ces contrats par l'OPCA Bâtiment, notamment pour permettre à cet organisme d'accéder au FUP, dans la perspective du financement d'un plus grand nombre de contrats.

Dispositions applicables aux entreprises relevant de l'OPCA Bâtiment.

Article 2

En vigueur étendu

Les signataires de cet avenant rappellent que l'objectif prioritaire reste l'intégration de jeunes et de demandeurs d'emploi dans la profession par l'utilisation de contrats de professionnalisation d'une durée de 6 mois à 1 an.

C'est pourquoi le nouveau dispositif ci-après repose sur la mise en oeuvre d'un contrat de professionnalisation de référence ayant les caractéristiques suivantes :

Contrat de référence :

- durée du contrat : 1 an ;

- nombre d'heures de formation : 400 heures ;

- coût moyen : 6 800 .

Modulations possibles

Selon l'évaluation et la finalité de la formation, il est possible de faire varier la durée du contrat, le nombre d'heures de formation et par voie de conséquences le coût, pour autant que le coût moyen fixé par le FUP de 6 800 de l'ensemble des contrats gérés annuellement par chaque AREF est respecté.

Mise en oeuvre

Il appartiendra à l'OPCA Bâtiment, en fonction de son budget, de définir les modalités de mise en oeuvre, notamment en responsabilisant chaque AREF sur la tenue du coût moyen à son niveau.

Cependant, le groupe OPCA-GFC-AREF est invité à développer les contrats de professionnalisation en maintenant toutefois les conditions qui permettront à l'OPCA d'accéder sans difficulté à la mutualisation du FUP.

Montant maximum des prises en charge

Les dispositions applicables aux entreprises relevant de l'OPCA Bâtiment contenues dans l'avenant n° 5 du 20 décembre 2005 à l'accord du 13 juillet 2004 précité sont annulées et remplacées par les dispositions ci-après.

En application de l'article 6 de l'accord du 13 juillet 2004, les organisations d'employeurs et de salariés signataires du présent avenant décident de fixer les forfaits de prise en charge des contrats et des périodes de professionnalisation de la manière suivante.

(1) TOUS TYPES DE FORMATION hors " tertiaires " et conduites d'engins

(2) FORMATIONS à la conduite d'engins

(3) FORMATIONS " TERTIAIRES " - Durée de financement plafonnée à une année

(en euros)

CONTRATS DE PROFESSIONNALISATION	(1)	(2)	(3)		
	CDD	CDI	CDD	CDI	CDD-CDI
Forfaits horaires de prise en					

charge par l'OPCA Bâtiment	15	18	20	23	7
Plafond de paiement des prestations					
de l'organisme de formation	12	12	17	17	7
Partie réservée à l'entreprise					
pour le financement des rémunérations					
charges, frais de transport,					
frais annexes, etc.	3	6	3	6	0
PÉRIODES DE PROFESSIONNALISATION	17	17	7		

Rapport qualité-prix

Les partenaires signataires de cet avenant insistent sur le fait qu'il est question de plafond et qu'en conséquence, il convient de négocier les coûts des prestations dans la logique du meilleur rapport qualité/prix.

Contrats de professionnalisation Bâtiment des GEIQ

Article 3
En vigueur étendu

Compte tenu de la décision du FUP du 1er février 2006 d'exclure les GEIQ du calcul du coût unitaire moyen des contrats jeunes de moins de 26 ans pris en charge par les OPCA, compte tenu de leur spécificité et en application des alinéas 4 et 7 de l'article 3.2 de l'accord du 13 juillet du BTP :

- l'OPCA Bâtiment peut financer les contrats des GEIQ dans la limite de 900 heures de formation pour un contrat de 24 mois au maximum ;

- l'OPCA Bâtiment peut prendre en charge les coûts liés à l'exercice du tutorat à hauteur de 230 par mois et par bénéficiaire pendant 6 mois ;

- en conséquence ces contrats feront l'objet d'une comptabilisation séparée pour permettre, le cas échéant, d'avoir accès aux financements spécifiques du FUP.

Rappels concernant les conditions de réussite

Article 4
En vigueur étendu

Dans le cadre d'un contrat de professionnalisation, l'employeur doit choisir un tuteur parmi les salariés qualifiés volontaires de l'entreprise.

Dans le cadre d'une période de professionnalisation, un tuteur est choisi lorsque la période de professionnalisation concerne un jeune âgé de moins de 26 ans.

L'OPCA Bâtiment prend en charge les coûts liés à l'exercice du tutorat pour les contrats de professionnalisation à hauteur de 230 par mois et par bénéficiaire pendant 3 mois dans la limite du budget affecté par l'OPCA Bâtiment, et sous réserve de l'envoi par l'entreprise d'une photocopie ou d'une télécopie de la fiche de mise en oeuvre et de suivi attestant de l'organisation effective des 2 premiers entretiens évoqués ci-dessous.

Pour garantir la réussite du contrat, les entreprises s'engagent à assurer la mise en oeuvre pratique du contrat et un suivi régulier du bénéficiaire par 2 moyens :

1. En organisant :

- un tutorat ;

- un entretien d'embauche destiné à déterminer les compétences à acquérir ;

- un entretien bilan à 2 mois ;

- un entretien de fin de contrat.

2. En formalisant ces différentes étapes sur un support (annexé au présent avenant) défini par les organisations signataires.

Date d'application

Article 5
En vigueur étendu

La date d'entrée en application du présent avenant s'applique aux contrats signés à compter du 1er juillet 2006.

Les parties signataires conviennent de dresser un bilan du présent avenant avant le 31 décembre 2008, cette date pouvant être avancée sur saisine de l'OPCA Bâtiment.

Champ d'application

Article 6
En vigueur étendu

Le présent avenant est applicable à toutes les entreprises du bâtiment relevant du champ d'application de l'OPCA Bâtiment sur le territoire métropolitain ainsi que dans les départements d'outre-mer (DOM).

Extension

Article 7
En vigueur étendu

Les parties signataires demandent l'extension du présent avenant auprès du ministre de l'emploi, de la cohésion sociale et du logement.

CONTRAT DE PROFESSIONNALISATION

En vigueur étendu

Mise en oeuvre pratique et suivi formalisé dans l'entreprise.
(tableau non reproduit)

Avenant n° 7 du 13 décembre 2006 relatif aux forfaits horaires

La fédération nationale des sociétés coopératives ouvrières de production du bâtiment et des travaux publics (FNSCOP - section TP) ;

La fédération nationale des travaux publics (FNTP),

La fédération nationale des salariés de la construction et du bois CFDT ;

La fédération BATIMAT-TP CFTC ;

Le syndicat national BTP CFE-CGC ;

La fédération nationale des salariés de la construction CGT ;

La fédération générale Force ouvrière du bâtiment et des travaux publics et ses activités annexes CGT-FO.

En vigueur non étendu

Vu la loi n° 2004-391 du 4 mai 2004 relative à la formation professionnelle tout au long de la vie et au dialogue social ;

Vu l'accord national interprofessionnel du 5 décembre 2003 ;

Vu l'article 6, alinéa 3, de l'accord national du 13 juillet 2004 relatif à la mise en oeuvre de la formation professionnelle tout au long de la vie dans les entreprises du bâtiment et des travaux publics ;

Vu l'avenant n° 5 du 20 décembre 2005,

Pour pallier les difficultés de recrutement des entreprises, la profession des travaux publics conduit une politique active de développement des contrats de professionnalisation.

Les premiers résultats de cette politique sont positifs puisque le nombre de contrats, qui était de 1 944 en 2005, a fortement progressé et devrait atteindre le nombre de 2 500 pour l'année 2006.

Afin de ne pas ralentir cette dynamique tout en veillant au respect des orientations du CPNFP quant au coût moyen des contrats de professionnalisation, les parties signataires, sur proposition de l'OPCA travaux publics, conviennent ce qui suit :

Article 1
En vigueur non étendu

L'article 2 de l'avenant n° 5 à l'accord du 13 juillet 2004 est modifié comme suit :

- les forfaits horaires pour la prise en charge, par l'OPCA travaux publics, des formations organisées dans le cadre des contrats et des périodes de professionnalisation, est fixé à 7 pour les formations non spécifiques du BTP, quelle que soit la nature du contrat ;

- les forfaits horaires des formations à la maintenance et à la conduite d'engins, des formations aux autres spécialités TP et maçonnerie gros oeuvre ainsi que des formations aux spécialités du bâtiment restent inchangés.

Date d'application

Article 2
En vigueur non étendu

Les dispositions du présent avenant prennent effet à compter du 1er janvier 2007.

Champ d'application.

Article 3
En vigueur non étendu

Le présent avenant est applicable à toutes les entreprises adhérentes à l'OPCA travaux publics.

Dépôt

Article 4
En vigueur non étendu
Le texte du présent avenant sera déposé à la direction départementale du travail, de l'emploi et de la formation professionnelle de Paris et au secrétariat-greffe du conseil de prud'hommes de Paris, conformément aux dispositions de l'article L. 132-10 du code du travail.

Avenant n° 7 du 5 décembre 2008 à l'accord du 13 juillet 2004 relatif à la formation professionnelle tout au long de la vie

En vigueur étendu

Entre :

La confédération de l'artisanat et des petites entreprises du bâtiment (CAPEB) ;

La fédération française du bâtiment (FFB) ;

La fédération nationale des sociétés coopératives de production du bâtiment et des travaux publics (FNSCOP-BTP) ;

La fédération nationale des travaux publics (FNTP),

D'une part, et

La fédération nationale des salariés de la construction et du bois CFDT ;

La fédération BATIMAT-TP CFTC ;

La fédération nationale des salariés de la construction (FNSC) CGT ;

La fédération générale du BTP et ses activités annexes CGT-FO ;

Le syndicat national des cadres, ETAM et assimilés des industries du bâtiment, des travaux publics et des activités annexes et connexes CFE-CGC BTP,

D'autre part,

Vu la loi n° 2004-391 du 4 mai 2004 relative à la formation professionnelle tout au long de la vie et au dialogue social ;

Vu l'accord national interprofessionnel du 5 décembre 2003 relatif à la formation tout au long de la vie professionnelle ;

Vu l'article 6, alinéa 3, de l'accord national du 13 juillet 2004relatif à la mise en oeuvre de la formation professionnelle tout au long de la vie dans les entreprises du bâtiment et des travaux publics,

Article 1
En vigueur étendu

L'article 1er de l'avenant n° 2 du 11 janvier 2005à l'accord du 13 juillet 2004 précité est modifié comme suit :
« Conformément à l'article 6 de l'accord du 13 juillet 2004 et après consultation du conseil de gestion du FAF-SAB, les forfaits horaires de participation financière des contrats de professionnalisation applicables aux entreprises ressortissantes au FAF-SAB, à compter du 1er janvier 2009, sont les suivants :
- formations relevant du domaine tertiaire : 7 € / heure ;
- formations relevant des domaines techniques du BTP : 10 € / heure ;
- formations préparant à la conduite et / ou la maintenance d'engins : 13 € / heure. »

Article 2
En vigueur étendu

Le présent avenant est applicable sur le territoire métropolitain ainsi que dans les DOM à toutes les entreprises artisanales du bâtiment et des travaux publics définis à l'article 1er de l'accord collectif de création du FAF-SAB du 23 février 1989, relevant du champ d'application professionnel du FAF-SAB.

Article 3
En vigueur étendu

Le présent accord sera déposé en application de l'article L. 2231-6 du code du travail.
Les parties signataires demanderont l'extension du présent accord.

Arrêté portant extension d'un accord national professionnel relatif à la mise en oeuvre de la formation tout au long de la vie professionnelle dans le secteur du bâtiment et des travaux publics. JORF 22 janvier 2005.

Le ministre de l'emploi, du travail et de la cohésion sociale et le ministre de l'agriculture, de l'alimentation, de la pêche et de la ruralité,
Vu les articles L. 133-1 et suivants du code du travail ;
Vu l'accord national professionnel du 13 juillet 2004 relatif à la mise en oeuvre de la formation professionnelle tout au long de la vie, conclu dans le secteur du bâtiment et des travaux publics ;
Vu la demande d'extension présentée par les organisations signataires ;
Vu les avis publiés au Journal officiel des 19 septembre et 23 octobre 2004 ;
Vu les avis recueillis au cours de l'enquête ;
Vu l'avis motivé de la Commission nationale de la négociation collective (sous-commission des conventions et accords) rendu en séance du 13 décembre 2004,

Article 1, 2, 3
En vigueur

Article 1er

Sont rendues obligatoires, pour tous les employeurs et tous les salariés compris dans son champ d'application, à l'exclusion des entreprises paysagistes et de reboisement répertoriées au code APE 55-10 relevant des professions agricoles, les dispositions de l'accord national professionnel du 13 juillet 2004 relatif à la mise en oeuvre de la formation professionnelle tout au long de la vie, conclu dans le secteur du bâtiment et des travaux publics, à l'exclusion :

- du dernier alinéa de l'article 2 (L'observatoire prospectif des métiers et qualifications) comme étant contraire aux dispositions du 5° de l'article R. 964-16-1 du code du travail ;

- du troisième alinéa des stipulations relatives aux entreprises du bâtiment de dix salariés et plus en option A, du point sur les modalités de prise en charge du 7.4 (prise en charge par les OPCA) de l'article 7 (Droit individuel à la formation) comme étant contraire aux dispositions de la deuxième phrase du troisième alinéa de l'article L. 961-9 du code du travail.

Le troisième alinéa du 7.2 (les règles générales relatives au DIF dans le BTP) de l'article 7 (Droit individuel à la formation) est étendu sous réserve de l'application des dispositions combinées du b de l'article L. 931-15 du code du travail et de la première phrase de l'article L. 931-20-2 du même code.

Article 2

L'extension des effets et sanctions de l'accord susvisé est faite à dater de la publication du présent arrêté pour la durée restant à courir et aux conditions prévues par ledit accord.

Article 3

Le directeur des relations du travail au ministère de l'emploi, du travail et de la cohésion sociale et le directeur général de la forêt et des affaires rurales au ministère de l'agriculture, de l'alimentation, de la pêche et de la ruralité sont chargés, chacun en ce qui le concerne, de l'exécution du présent arrêté, qui sera publié au Journal officiel de la République française.
Le ministre de l'emploi, du travail
et de la cohésion sociale,

Nota. - Le texte de l'accord susvisé a été publié au Bulletin officiel du ministère, fascicule conventions collectives n° 2004/36.

Arrêté portant extension d'un accord national professionnel relatif au maître d'apprentissage, conclu dans le secteur du bâtiment et des travaux publics. JORF 13 mai 2005.

Le ministre de l'emploi, du travail et de la cohésion sociale et le ministre de l'agriculture, de l'alimentation, de la pêche et de la ruralité,
Vu les articles L. 133-1 et suivants du code du travail ;
Vu l'accord national professionnel du 13 juillet 2004 relatif au maître d'apprentissage, conclu dans le secteur du bâtiment et des travaux publics ;
Vu la demande d'extension présentée par les organisations signataires ;
Vu les avis publiés au Journal officiel des 22 septembre et 27 octobre 2004 ;
Vu les avis recueillis au cours de l'enquête ;

Vu l'avis motivé de la Commission nationale de la négociation collective (sous-commission des conventions et accords), rendu en séance du 1er avril 2005,

Article 1, 2, 3
En vigueur

Article 1er

Sont rendues obligatoires, pour tous les employeurs et tous les salariés compris dans son champ d'application, les dispositions de l'accord national professionnel du 13 juillet 2004 relatif au maître d'apprentissage, conclu dans le secteur du bâtiment et des travaux publics.

Article 2

L'extension des effets et sanctions de l'accord susvisé est faite à dater de la publication du présent arrêté pour la durée restant à courir et aux conditions prévues par ledit accord.

Article 3

Le directeur des relations du travail au ministère du travail, de l'emploi et de la cohésion sociale et le directeur de la forêt et des affaires rurales au ministère de l'agriculture, de l'alimentation, de la pêche et de la ruralité sont chargés, chacun en ce qui le concerne, de l'exécution du présent arrêté, qui sera publié au Journal officiel de la République française.

Nota. - Le texte de l'accord susvisé a été publié au Bulletin officiel du ministère, fascicules conventions collectives n°s 2004/36 et 2005/8.

Arrêté portant extension d'un accord national professionnel relatif aux six axes de progrès pour la formation initiale de l'apprentissage, conclu dans le secteur du bâtiment et des travaux publics. JORF 13 mai 2005.

Le ministre de l'emploi, du travail et de la cohésion sociale et le ministre de l'agriculture, de l'alimentation, de la pêche et de la ruralité,
Vu les articles L. 133-1 et suivants du code du travail ;
Vu l'accord national professionnel du 13 juillet 2004 relatif aux six axes de progrès pour la formation initiale et l'apprentissage, conclu dans le secteur du bâtiment et des travaux publics ;
Vu la demande d'extension présentée par les organisations signataires ;
Vu les avis publiés au Journal officiel des 19 septembre et 23 octobre 2004 ;
Vu les avis recueillis au cours de l'enquête ;
Vu l'avis motivé de la Commission nationale de la négociation collective (sous-commission des conventions et accords), rendu en séance du 1er avril 2005,

Article 1, 2, 3
En vigueur

Article 1er

Sont rendues obligatoires, pour tous les employeurs et tous les salariés compris dans son champ d'application, les dispositions de l'accord national professionnel du 13 juillet 2004 relatif aux six axes de progrès pour la formation initiale et l'apprentissage, conclu dans le secteur du bâtiment et des travaux publics.

Article 2

L'extension des effets et sanctions de l'accord susvisé est faite à dater de la publication du présent arrêté pour la durée restant à courir et aux conditions prévues par ledit accord.

Article 3

Le directeur des relations du travail au ministère du travail, de l'emploi et de la cohésion sociale et le directeur de la forêt et des affaires rurales au ministère de l'agriculture, de l'alimentation, de la pêche et de la ruralité sont chargés, chacun en ce qui le concerne, de l'exécution du présent arrêté, qui sera publié au Journal officiel de la République française.

Nota. - Le texte de l'accord susvisé a été publié au Journal officiel du ministère, fascicules conventions collectives n°s 2004/36 et 2005/8.

Arrêté portant extension d'un avenant à l'accord national professionnel relatif à la mise en oeuvre de la formation professionnelle tout au long de la vie conclu dans le secteur du bâtiment et des travaux publics. JORF 19 juillet 2005.

Le ministre de l'emploi, de la cohésion sociale et du logement et le ministre de l'agriculture et de la pêche,
Vu les articles L. 133-1 et suivants du code du travail ;
Vu l'arrêté du 28 décembre 2004 portant extension de l'accord national professionnel du 13 juillet 2004 relatif à la mise en oeuvre de la formation professionnelle tout au long de la vie ;
Vu l'avenant n° 3 du 11 janvier 2005 à l'accord national professionnel du 13 juillet 2004 susvisé ;
Vu la demande d'extension présentée par les organisations signataires ;
Vu les avis publiés au Journal officiel des 11 mars 2005 et 30 avril 2005 ;
Vu les avis recueillis au cours de l'enquête ;
Vu l'avis motivé de la Commission nationale de la négociation collective (sous-commission des conventions et accords) rendu en sa séance du 1er avril 2005,

Article 1, 2, 3
En vigueur

Article 1er

Sont rendues obligatoires, pour tous les employeurs et tous les salariés compris dans le champ d'application de l'accord national professionnel du 13 juillet 2004 susvisé, tel qu'étendu par arrêté du 28 décembre 2004, les dispositions de l'avenant n° 3 du 11 janvier 2005 à l'accord national professionnel du 13 juillet 2004 relatif à la mise en oeuvre de la formation professionnelle tout au long de la vie.

Article 2

L'extension des effets et sanctions de l'accord susvisé est faite à dater de la publication du présent arrêté pour la durée restant à courir et aux conditions prévues par ledit accord.

Article 3

Le directeur des relations du travail au ministère de l'emploi, de la cohésion sociale et du logement et le directeur général de la forêt et des affaires rurales au ministère de l'agriculture et de la pêche sont chargés, chacun en ce qui le concerne, de l'exécution du présent arrêté, qui sera publié au Journal officiel de la République française.

Nota. - Le texte de l'accord susvisé a été publié au Bulletin officiel du ministère, fascicule conventions collectives n° 2005/6.

Arrêté portant extension d'un avenant à l'accord national professionnel relatif à la mise en oeuvre de la formation professionnelle tout au long de la vie conclu dans le secteur du bâtiment et des travaux publics. JORF 26 juillet 2005.

Le ministre de l'emploi, de la cohésion sociale et du logement et le ministre de l'agriculture et de la pêche,
Vu les articles L. 133-1 et suivants du code du travail ;
Vu l'avenant n° 2 du 11 janvier 2005 à l'accord national professionnel du 13 juillet 2004 relatif à la mise en oeuvre de la formation professionnelle tout au long de la vie, conclu dans le secteur du bâtiment et des travaux publics ;
Vu la demande d'extension présentée par les organisations signataires ;
Vu les avis publiés au Journal officiel des 26 mars 2005 et 30 avril 2005 ;
Vu les avis recueillis au cours de l'enquête ;
Vu l'avis motivé de la Commission nationale de la négociation collective (sous-commission des conventions et accords), rendu en sa séance du 30 mai 2005,

Article 1, 2, 3
En vigueur

Article 1er

Sont rendues obligatoires, pour tous les employeurs et tous les salariés compris dans le champ d'application de l'accord national professionnel du 13 juillet 2004 précité, et dans son propre champ, les dispositions de l'avenant n° 2 du 11 janvier 2005 à l'accord national professionnel du 13 juillet 2004 relatif à la mise en oeuvre de la formation professionnelle tout au long de la vie, conclu dans le secteur du bâtiment et des travaux publics.

Article 2

L'extension des effets et sanctions de l'avenant susvisé est faite à dater de la publication du présent arrêté pour la durée restant à courir et aux conditions prévues par ledit avenant.

Article 3

Le directeur des relations du travail au ministère de l'emploi, de la cohésion sociale et du logement et le directeur général de la forêt et des affaires rurales au ministère de l'agriculture et de la pêche sont chargés, chacun en ce qui le concerne, de l'exécution du présent arrêté, qui sera publié au Journal officiel de la République française.

Nota. - Le texte de l'avenant susvisé a été publié au Bulletin officiel du ministère, fascicule conventions collectives n° 2005/6.

Arrêté portant extension d'un avenant à un accord relatif à la formation tout au long de la vie conclu dans le secteur du bâtiment et des travaux publics. JORF 2 septembre 2005.

Le ministre de l'emploi, de la cohésion sociale et du logement et le ministre de l'agriculture et de la pêche,
Vu les articles L. 133-1 et suivants du code du travail ;
Vu l'arrêté du 28 décembre 2004 portant extension de l'accord national professionnel du 13 juillet 2004 relatif à la mise en oeuvre de la formation professionnelle tout au long de la vie dans le secteur du bâtiment et des travaux publics ;
Vu l'avenant n° 1 du 21 septembre 2004 (Forfaits horaires pour la prise en charge par l'OPCA bâtiment des actions organisées dans le cadre des contrats et périodes de professionnalisation) à l'accord national professionnel susvisé ;
Vu la demande d'extension présentée par les organisations signataires ;
Vu les avis publiés au Journal officiel des 23 avril et 7 août 2005 ;
Vu les avis recueillis au cours de l'enquête ;
Vu l'avis motivé de la Commission nationale de la négociation collective (sous-commission des conventions et accords), rendu en séance du 8 juillet 2005,

Article 1, 2, 3
En vigueur

Article 1er

Sont rendues obligatoires, pour tous les employeurs et tous les salariés compris dans le champ d'application de l'accord national professionnel du 13 juillet 2004 relatif à la mise en oeuvre de la formation professionnelle tout au long de la vie dans le secteur du bâtiment et des travaux publics, les dispositions de l'avenant n° 1 du 21 septembre 2004 (Forfaits horaires pour la prise en charge par l'OPCA bâtiment des actions organisées dans le cadre des contrats et périodes de professionnalisation) à l'accord national professionnel susvisé.

Article 2

L'extension des effets et sanctions de l'avenant susvisé est faite à dater de la publication du présent arrêté pour la durée restant à courir et aux conditions prévues par ledit avenant.

Article 3

Le directeur des relations du travail au ministère de l'emploi, de la cohésion sociale et du logement et le directeur général de la forêt et des affaires rurales au ministère de l'agriculture et de la pêche sont chargés, chacun en ce qui le concerne, de l'exécution du présent arrêté, qui sera publié au Journal officiel de la République française.

Nota. - Le texte de l'avenant susvisé a été publié au Bulletin officiel du ministère, fascicule conventions collectives n° 2005/11.

Arrêté portant extension d'un avenant à un accord professionnel conclu dans le secteur du bâtiment et des travaux publics. JORF 1er mars 2006.

Le ministre de l'emploi, de la cohésion sociale et du logement et le ministre de l'agriculture et de la pêche,
Vu les articles L. 133-1 et suivants du code du travail ;
Vu l'arrêté du 3 mai 2005 portant extension de l'accord national professionnel du 13 juillet 2004, relatif à la formation professionnelle tout au long de la vie, conclu dans le secteur du bâtiment et des travaux publics ;
Vu l'avenant n° 4 du 7 juillet 2005 à l'accord national professionnel susvisé ;
Vu la demande d'extension présentée par les organisations signataires ;
Vu les avis publiés au Journal officiel des 6 octobre et 3 novembre 2005 ;
Vu les avis recueillis au cours de l'enquête ;
Vu l'avis motivé de la Commission nationale de la négociation collective (sous-commission des conventions et accords), rendu en séance du 17 janvier 2006,

Article 1, 2, 3
En vigueur

Article 1er

Sont rendues obligatoires, pour tous les employeurs et tous les salariés compris dans le champ d'application de l'accord national professionnel du 13 juillet 2004, relatif à la formation professionnelle tout au long de la vie, conclu dans le secteur du bâtiment et des travaux publics, les dispositions de l'avenant n° 4 du 7 juillet 2005 à l'accord national professionnel susvisé.

Article 2

L'extension des effets et sanctions de l'avenant susvisé est faite à dater de la publication du présent arrêté pour la durée restant à courir et aux conditions prévues par ledit avenant.

Article 3

Le directeur des relations du travail au ministère de l'emploi, de la cohésion sociale et du logement et le directeur général de la forêt et des affaires rurales au ministère de l'agriculture et de la pêche sont chargés, chacun en ce qui le concerne, de l'exécution du présent arrêté, qui sera publié au Journal officiel de la République française.

Nota. - Le texte de l'avenant susvisé a été publié au Bulletin officiel du ministère, fascicule conventions collectives n° 2005/35.

Arrêté portant extension d'un avenant à un accord relatif à la formation tout au long de la vie conclu dans le secteur du bâtiment et des travaux publics. JORF 12 janvier 2007.

Le ministre de l'emploi, de la cohésion sociale et du logement et le ministre de l'agriculture et de la pêche,
Vu le code du travail, notamment ses articles L. 133-1 et suivants ;
Vu l'arrêté du 28 décembre 2004 portant extension de l'accord national professionnel du 13 juillet 2004 relatif à la mise en oeuvre de la formation professionnelle tout au long de la vie dans le secteur du bâtiment et des travaux publics ;
Vu l'avenant n° 5 du 20 décembre 2005 (Forfaits horaires pour la prise en charge par l'OPCA d'actions et de périodes de professionnalisation) à l'accord national professionnel susvisé ;
Vu la demande d'extension présentée par les organisations signataires ;
Vu les avis publiés au Journal officiel des 27 juin et 7 décembre 2006 ;
Vu les avis recueillis au cours de l'enquête ;
Vu l'avis motivé de la Commission nationale de la négociation collective (sous-commission des conventions et accords), rendu en séance du 6 octobre 2006,

Article 1, 2, 3
En vigueur

Article 1er

Sont rendues obligatoires, pour tous les employeurs et tous les salariés compris dans le champ d'application de l'accord national professionnel du 13 juillet 2004 relatif à la mise en oeuvre de la formation professionnelle tout au long de la vie dans le secteur du bâtiment et des travaux publics, les dispositions de l'avenant n° 5 du 20 décembre 2005 (Forfaits horaires pour la prise en charge par l'OPCA d'actions et de périodes de professionnalisation) à l'accord national professionnel susvisé.

Article 2

L'extension des effets et sanctions de l'avenant susvisé est faite à dater de la publication du présent arrêté pour la durée restant à courir et aux conditions prévues par ledit avenant.

Article 3

Le directeur général du travail au ministère de l'emploi, de la cohésion sociale et du logement et le directeur de la forêt et des affaires rurales au ministère de l'agriculture et de la pêche sont chargés, chacun en ce qui le concerne, de l'exécution du présent arrêté, qui sera publié au Journal officiel de la République française.

Nota. - Le texte de l'avenant susvisé a été publié au Bulletin officiel du ministère, fascicule conventions collectives n° 2006/11.

Arrêté portant extension d'un avenant à un accord relatif à la formation tout au long de la vie conclu dans le secteur du bâtiment et des travaux publics. JORF 2 mars 2007.

Le ministre de l'emploi, de la cohésion sociale et du logement et le ministre de l'agriculture et de la pêche,
Vu le code du travail, notamment ses articles L. 133-1 et suivants ;
Vu l'arrêté du 3 mai 2005 et les arrêtés successifs, notamment l'arrêté du 20 février 2006, portant extension de l'accord national professionnel du 13 juillet 2004 relatif à la mise en oeuvre de la formation professionnelle tout au long de la vie conclu dans le secteur du bâtiment et des travaux publics ;
Vu l'avenant n° 6 du 28 juin 2006 à l'accord national professionnel susvisé ;
Vu la demande d'extension présentée par les organisations signataires ;
Vu les avis publiés au Journal officiel des 18 août et 14 septembre 2006 ;
Vu les avis recueillis au cours de l'enquête ;
Vu l'avis motivé de la Commission nationale de la négociation collective (sous-commission des conventions et accords), rendu en séance du 31 janvier 2007,

Article 1, 2, 3
En vigueur

Article 1er

Sont rendues obligatoires, pour tous les employeurs et tous les salariés compris dans le champ d'application de l'accord national professionnel du 13 juillet 2004 relatif à la mise en oeuvre de la formation professionnelle tout au long de la vie dans le secteur du bâtiment et des travaux publics, les dispositions de l'avenant n° 6 du 28 juin 2006 à l'accord national professionnel susvisé.

Article 2

L'extension des effets et sanctions de l'avenant susvisé est faite à dater de la publication du présent arrêté pour la durée restant à courir et aux conditions prévues par ledit avenant.

Article 3

Le directeur général du travail au ministère de l'emploi, de la cohésion sociale et du logement et le directeur de la forêt et des affaires rurales au ministère de l'agriculture et de la pêche sont chargés, chacun en ce qui le concerne, de l'exécution du présent arrêté, qui sera publié au Journal officiel de la République française.

Nota. - Le texte de l'avenant susvisé a été publié au Bulletin officiel du ministère, fascicule conventions collectives n° 2006/30.

Accord du 17 janvier 2008 instituant les plans d'épargne interentreprises

Texte de base

Plans d'épargne interentreprises

La confédération de l'artisanat et des petites entreprises du bâtiment (CAPEB) ;

La fédération française du bâtiment (FFB) ;

La fédération française des installateurs électriciens (FFIE) ;

La fédération nationale des sociétés coopératives de production du bâtiment et des travaux publics et des activités annexes et connexes (FNSCOP) ;

La fédération nationale des travaux publics (FNTP),

La fédération nationale des salariés de la construction et du bois CFDT ;

La fédération BATIMAT-TP CFTC ;

Le syndicat national des cadres, employés, techniciens, agents de maîtrise et assimilés des industries du bâtiment, des travaux publics et des activités annexes et connexes CFE-CGC ;

La fédération générale du bâtiment et des travaux publics et des activités connexes CGT-FO,

En vigueur étendu

Le présent accord a pour objet la mise en place (1) d'un dispositif d'épargne salariale propre au BTP et à cet effet de définir les conditions d'application des articles L. 443-1 et suivants du code du travail, titre IV, livre IV, au personnel des entreprises du bâtiment et des travaux publics visées à l'article 1er ci-dessous.
Il est destiné à favoriser, conformément à la loi susvisée, la formation d'une épargne nouvelle permettant aux bénéficiaires, visés à l'article 2 ci-dessous, des entreprises du bâtiment et des travaux publics de participer à la constitution d'un portefeuille collectif de valeurs mobilières avec l'aide de leur entreprise.
Chacun des plans d'épargne, dont le présent accord constitue notamment les dispositions générales, fait l'objet d'un accord distinct précisant ses conditions particulières d'application.

(1) Ce texte constitue un renouvellement de l'accord initialement conclu le 20 janvier 2003.

En vigueur étendu

Champ d'application

Article 1
En vigueur étendu

Sont comprises dans le champ d'application du présent accord les entreprises ou organismes, ainsi que leurs filiales, dont l'activité principale exercée sur le territoire national français, y compris les départements d'outre-mer, est visée à l'annexe I au présent accord.

Article 2
En vigueur étendu

Tous les salariés des entreprises ou organismes visés à l'article 1er ci-dessus, ayant au moins 3 mois d'ancienneté peuvent adhérer aux plans prévus par le présent accord par l'intermédiaire de leur entreprise si celle-ci y a adhéré. Les salariés qui n'ont pas accès à un plan d'épargne d'entreprise, de groupe ou interentreprises prévoyant des dispositions spécifiques en matière d'épargne salariale peuvent adhérer directement aux plans prévus par le présent accord.
Pour la détermination de cette ancienneté sont prises en compte les périodes de travail acquises au titre de l'exercice ainsi que celles acquises au titre des 12 mois précédents.
Peuvent également adhérer le cas échéant aux plans prévus par le présent accord, selon les conditions spécifiques qui s'y rapportent, les anciens bénéficiaires de ces mêmes entreprises ou organismes ainsi que les dirigeants visés à l'article L. 443-1, alinéa 3, du code du travail.

En vigueur étendu

Modalités d'adhésion

Article 3
En vigueur étendu

L'entreprise qui souhaite adhérer :
- transmet à la société de gestion un bulletin d'adhésion ;
- informe par courrier la direction départementale du travail, de l'emploi et de la formation professionnelle de son adhésion ;
- informe les représentants du personnel, s'ils existent, et l'ensemble du personnel.

Article 4
En vigueur étendu

L'adhésion du bénéficiaire est réalisée selon les modalités prévues par son entreprise si celle-ci adhère au présent accord.
Dans le cas contraire, l'adhésion du bénéficiaire s'effectue selon les modalités prévues dans le document fourni par la société de gestion.

En vigueur étendu

Mise en oeuvre

Article 5
En vigueur étendu

La société de développement et de gestion de l'épargne salariale dans les industries du bâtiment et des travaux publics, GESTIONBTP, dont le siège social est 7, rue du Regard, Paris (6e), est chargée de la mise en oeuvre du présent accord.

Gestion financière

Article 6
En vigueur étendu

Les sommes recueillies sont immédiatement versées sur le compte du dépositaire et intégralement investies en parts de fonds communs de placement d'entreprise définis ci-après, au choix des bénéficiaires :
- BTP épargne Monétaire : investissement à 100 % en instruments monétaires ;
- BTP épargne Obligataire : investissement à 100 % en instruments de taux ;
- BTP épargne Actions : investissement en actions de 75 % à 100 % des actifs ;
- BTP épargne Prudent : investissement en actions de 0 % à 20 % des actifs et en instruments de taux de 80 % à 100 % des actifs ;

- BTP épargne Equilibre : investissement en actions de 20 % à 50 % des actifs et en instruments de taux de 50 % à 80 % des actifs ;
- BTP épargne Dynamique : investissement en actions de 50 % à 70 % des actifs et en instruments de taux de 30 % à 50 % des actifs ;
- BTP épargne et solidarité : investissement de 98 % à 100 % en actions de la SICAV « Choix solidaire » gérée par ECOFI Investissements et de 0 % à 2 % en trésorerie ;
- BTP Horizon : FCPE proposé à la souscription sous réserve de l'agrément des autorités de tutelle.

Gestion pilotée adaptée à la date envisagée de départ à la retraite de chaque bénéficiaire, avec diminution du risque action l'échéance se rapprochant.

FCPE composé de plusieurs compartiments à allocation d'actif évolutive :

Chaque compartiment correspond à un horizon de placement spécifique : à l'horizon le plus éloigné correspond la part actions la plus importante, qui a vocation à être progressivement réduite, en fonction des conditions de marché et de la durée restant à courir jusqu'à la date d'horizon fixée par le compartiment. Elle sera remplacée par des produits de taux (obligations et monétaire) en vue d'obtenir un actif totalement investi en monétaire à l'horizon fixé par chaque compartiment.

Sous réserve de l'agrément des autorités de tutelle et des conditions de marché, un nouveau compartiment sera régulièrement créé afin de proposer, en permanence, dans cette gamme, un horizon de placement de 18 ans.

Les FCPE BTP épargne Monétaire, BTP épargne Obligataire, BTP épargne Actions, BTP épargne Prudent, BTP épargne Equilibre, BTP épargne Dynamique, BTP épargne et solidarité et BTP Horizon constituent la gamme « BTP Epargne ».

FIBTP millésimé : gestion pilotée sur 5 ans, avec diminution du risque action l'échéance se rapprochant.

Investissement allant de 25 % maximum en actions la 1re année de placement à 10 % maximum la 5e année.

Sous réserve de l'agrément des autorités de tutelle et des conditions de marché, un nouveau fonds sera créé chaque année afin de proposer, en permanence, dans cette gamme, un FCPE offrant un horizon de placement de 5 ans ;

FIBTP long terme : investissement de 0 % à 10 % maximum en actions.

Ce fonds a vocation à recueillir, 1 an après l'expiration du délai d'indisponibilité de 5 ans, les avoirs investis en parts de FIBTP millésimés des salariés qui n'en ont pas demandé le remboursement ni le transfert dans un ou plusieurs fonds communs.

Les FCPE FIBTP millésimés et FIBTP long terme constituent la gamme FIBTP.

La notice d'information des fonds communs de placement d'entreprise susvisés figure en annexe II du présent accord.

Le bulletin individuel de souscription établi à chaque versement au nom du bénéficiaire fait apparaître le nom du ou des fonds choisis. A défaut de choix exprimé par le salarié, les fonds seront investis en parts du FCPE BTP épargne Prudent.

Les parts ou fractions de parts acquises de ce fait par chaque adhérent sont portées au crédit d'un compte individuel en parts.

L'investissement est effectué au prix de souscription de la part, dans les conditions prévues dans le règlement du fonds commun de placement d'entreprise.

Droits d'entrée

Les droits d'entrée perçus à la souscription dans le(s) fonds commun(s) de placement d'entreprise choisi(s) sont pris en charge, au choix de l'entreprise adhérente, par le bénéficiaire ou l'entreprise.

Dans le cas où l'entreprise n'adhère pas à l'accord du 17 janvier 2008, les droits d'entrée perçus à la souscription dans le(s) fonds commun(s) de placement d'entreprise choisi(s) sont pris en charge par le bénéficiaire.

Réinvestissement des revenus

Les revenus et produits procurés par les sommes placées dans le cadre des plans institués au titre du présent accord sont réinvestis dans ces mêmes plans et, de ce fait, exonérés d'impôt sur le revenu.

Changement de FCPE

Une fois par an, chaque bénéficiaire peut demander le changement de placement de tout ou partie de son épargne vers un autre des FCPE mentionnés ci-dessus. Cette opération s'effectue à ses frais (tels qu'ils figurent dans la notice d'information en cours de validité du fonds concerné) ; elle est formulée à l'initiative des bénéficiaires à l'aide d'un document d'arbitrage.

En vigueur étendu

Structures de pilotage, de gestion et de contrôle

Article 7

En vigueur étendu

Paragraphe 1
Conseil de surveillance des FCPE de la gamme BTP Epargne

Un conseil de surveillance commun des fonds communs de placement d'entreprise de la gamme BTP Epargne composé de 20 membres est institué.

Il est composé à parité de 10 représentants des salariés porteurs de parts d'au moins un des fonds communs de placement d'entreprise, désignés par les fédérations syndicales professionnelles de salariés représentatives au niveau national et signataires ou adhérentes au présent accord, et de 10 représentants des entreprises adhérentes, désignés par les organisations professionnelles d'employeurs. Chaque fonds dispose d'au moins un porteur de parts au conseil de surveillance.
Le conseil de surveillance paritaire délibère valablement lorsque 6 membres au moins sont présents ou représentés dans chaque collège. Le président du conseil de surveillance est élu pour 2 ans parmi les représentants de salariés. Son mandat arrive à expiration à l'issue du conseil de surveillance qui approuve le rapport annuel de gestion. Il est alors remplacé par un nouveau représentant des salariés. En cas d'absence ou d'empêchement du président, son remplacement est assuré par un représentant du collège des salariés. Le vice-président est élu pour la même durée parmi les représentants des employeurs. En cas de partage des voix, le président a voix prépondérante. Les procès-verbaux des réunions, datés et signés par le président, sont adressés à l'ensemble des membres avec indication pour chaque résolution des voix favorables et défavorables.
En cas d'empêchement, un membre peut se faire représenter par un autre membre du même collège.
Un membre ne peut recevoir plus d'une délégation de pouvoir. Cette dernière est consentie pour une seule réunion.
Le conseil se réunit au moins 2 fois par an.
Les délibérations du conseil de surveillance sont prises à la majorité des voix, chaque membre du conseil, présent ou représenté, disposant d'une voix. Toutefois, pour les décisions portant directement sur :
- la définition et le changement d'orientation des fonds ;
- l'action en justice pour défendre et faire valoir les droits ou intérêts des porteurs de parts ;
- le retrait ou l'interdiction d'une valeur mobilière pour raison éthique motivée ;
- la qualité de l'information aux porteurs de parts ;
- la désignation des mandataires représentant le fonds aux assemblées générales des sociétés émettrices,
chaque représentant des salariés porteurs de parts dispose de 2 voix.
Le conseil de surveillance est chargé notamment des orientations en matière de placement, du contrôle et du suivi de la gestion financière, administrative et comptable des FCPE. Il décide des fusions, scissions ou liquidations de ces derniers et peut agir en justice pour défendre ou faire valoir les droits ou intérêts des porteurs. Il veille au respect de l'ensemble des dispositions prévues dans le présent accord.
Le conseil examine le rapport annuel de gestion. Il entend chaque fois qu'il le juge utile l'organisme gestionnaire et la mission expert pour arrêter les grandes orientations en matière de placements. Dans ce cadre, après consultation de la mission expert, le conseil de surveillance examine les éventuelles opportunités de placement permettant un retour vers la profession.
Il peut à tout moment missionner la mission expert prévue à l'article 11.
Il adopte un rapport annuel.
Le conseil exerce les droits de vote attachés aux actions détenues par le fonds. Il désigne un de ses membres pour le représenter, dans les conditions arrêtées en conseil de surveillance. Il se prononce sur les grandes orientations en matière de vote pour les parts de fonds en actions détenues, suite au rapport du gestionnaire de fonds.
En outre, le conseil de surveillance, dans un souci de gestion socialement responsable et tout en prenant en compte l'intérêt des porteurs de parts ainsi que les contraintes de marché et techniques, peut décider le retrait ou l'interdiction d'un investissement sur la base d'un dossier documenté et motivé.
Chaque membre du conseil de surveillance peut bénéficier d'une formation spécifique dans le cadre, en ce qui concerne les représentants des salariés porteurs de parts, du congé de formation économique, sociale et syndicale visé à l'article L. 451-1 du code du travail.

Paragraphe 2
Conseil de surveillance des FCPE de la gamme FIBTP

Un conseil de surveillance commun des fonds communs de placement multi-entreprises FIBTP millésimés et FIBTP long terme comprenant 10 membres est institué. Il est composé pour moitié de salariés porteurs de parts d'au moins un des fonds communs de placement multi-entreprises choisis par les fédérations syndicales professionnelles de salariés (CFDT, CFTC, CFE-CGC, CGT, CGT-FO) signataires de la convention relative à la participation des salariés aux résultats des entreprises du BTP et pour moitié de représentants des entreprises adhérentes, désignés à raison de 2 représentants chacun par la FFB et la FNTP et d'un cinquième appartenant à une entreprise mixte désigné d'un commun accord entre les 2 fédérations. Chaque fonds commun a au moins un porteur de parts au sein du conseil de surveillance commun.
Le président du conseil de surveillance est élu pour 2 ans parmi les représentants des salariés porteurs de parts, son mandat arrivant à expiration à l'issue du conseil de surveillance qui approuve le rapport annuel de gestion. Le vice-président est élu pour la même durée parmi les représentants des employeurs. En cas de partage des voix, le président a voix prépondérante.
Le conseil de surveillance se réunit au moins une fois par an pour examiner le rapport annuel de gestion des fonds communs de placement multi-entreprises et le rapport sur la gestion administrative. Il détermine les conditions dans lesquelles est assurée l'information des salariés. Il exerce les droits de vote attachés aux titres inscrits à l'actif des fonds communs et, à cet effet, désigne un ou plusieurs mandataires aux assemblées générales des sociétés émettrices. Il décide de toute modification des règlements des fonds communs, des transformation, fusion, scission et liquidation des fonds communs. Il se prononce sur les grandes orientations en matière de vote pour les parts de fonds en actions détenues, suite au rapport du gestionnaire de fonds.
Les délibérations du conseil de surveillance sont prises à la majorité des voix, chaque membre du conseil, présent ou représenté, disposant d'une voix. Toutefois, pour les décisions portant directement sur :
- la définition et le changement d'orientation des fonds ;
- l'action en justice pour défendre et faire valoir les droits ou intérêts des porteurs de parts ;
- le retrait ou l'interdiction d'une valeur mobilière pour raison éthique motivée ;
- la qualité de l'information aux porteurs de parts ;
- la désignation des mandataires représentant le fonds aux assemblées générales des sociétés émettrices, chaque membre représentant des porteurs de parts, présent ou ayant donné pouvoir de le représenter, dispose de 2 voix.
Il suit la gestion des droits des salariés en période de blocage, de maintien volontaire et en situation de déshérence.

Article 8
En vigueur étendu

La gestion financière et comptable des FCPE est confiée, conformément aux règlements des fonds, à la société de développement et de gestion de l'épargne salariale dans les industries du bâtiment et des travaux publics, GESTIONBTP, 7, rue du Regard, 75006 Paris.
GESTIONBTP peut déléguer la gestion financière de ces fonds à PRO BTP Finance et à SMA Gestion, à raison respectivement de 65 % et 35 % des sommes recueillies.

Article 9

En vigueur étendu

Le teneur de compte conservateur de parts est REGARDBTP, 7, rue du Regard, 75006 Paris.
Il demandera à BTP-Prévoyance, teneur de registre, de mettre à sa disposition les moyens techniques et humains nécessaires pour assurer la tenue des registres.
Les frais correspondants sont à la charge de l'entreprise, sauf cas particuliers prévus dans les accords portant règlement des plans institués au titre du présent accord.

Article 10

En vigueur étendu

Le dépositaire des avoirs des FCPE prévus ci-dessus est BNP Paribas Securities services, 66, rue de la Victoire, 75009 Paris.

Article 11

En vigueur étendu

Le contrôle et les grandes orientations en matière de placement des FCPE créés au titre de l'accord sont assurés par le conseil de surveillance des FCPE.
La gestion financière, administrative et comptable des FCPE est assurée sous la responsabilité du conseil d'administration paritaire de la société de gestion GESTIONBTP.
De plus, les contrôles contractuels sont exercés complémentairement :
- par le dépositaire des FCPE ;
- par les contrôleurs légaux des comptes des FCPE.

En outre, afin d'aider les partenaires sociaux dans la conduite financière de l'épargne salariale, une mission expert, composée de 2 personnalités choisies par les partenaires sociaux sur proposition du conseil de surveillance, est constituée.
Elle est chargée, à la demande du conseil de surveillance :
- d'apporter un avis sur la gamme des FCPE proposée, son application et son évolution ;
- d'effectuer tout contrôle sur la mise en oeuvre de la politique financière ;
- d'analyser les différents rapports de gestion ;
- d'entreprendre toute étude ou enquête auprès de GESTIONBTP et des gestionnaires des fonds utilisés permettant d'éclairer le conseil de surveillance sur la qualité des prestations apportées par ces entités au dispositif.

Ces avis et études feront l'objet de présentations au conseil de surveillance qui validera et transmettra au conseil d'administration de GESTIONBTP.

En vigueur étendu

Information des bénéficiaires

Article 12

En vigueur étendu

L'entreprise s'engage à exécuter pour le compte des bénéficiaires toutes les obligations qui lui sont imparties du fait du présent accord et à servir d'intermédiaire entre eux et GESTIONBTP et le teneur de compte conservateur de parts désigné ci-dessus, notamment en ce qui concerne les souscriptions ou toute information utile sur la situation des bénéficiaires.

Article 13

En vigueur étendu

Le personnel est informé de l'établissement du présent accord par voie d'affichage.
L'entreprise reçoit au plus tard le 30 juin de chaque année les rapports annuels de gestion et les inventaires des FCPE arrêtés au 31 décembre de l'exercice précédent, établis par GESTIONBTP et approuvés par le conseil de surveillance des FCPE.

Article 14
En vigueur étendu

Après chaque souscription et au minimum une fois par an, les bénéficiaires reçoivent un récapitulatif de leurs avoirs investis dans les plans.
Les règlements des fonds communs de placement d'entreprise, le présent accord ainsi que les accords portant règlement des plans qui s'y rapportent sont disponibles auprès de leur employeur.
Une synthèse du rapport annuel établi par GESTIONBTP est disponible chaque année sur internet.
Le rapport annuel de gestion complet ainsi que les inventaires des portefeuilles au 31 décembre de l'exercice précédent sont tenus à la disposition des porteurs par leur employeur.
Toutefois, lorsque l'entreprise n'adhère pas aux plans institués par le présent accord, les bénéficiaires peuvent obtenir ce document directement auprès de GESTIONBTP. Cette possibilité est mentionnée dans la documentation d'information qui leur est remise lors de leur première souscription.

Article 15
En vigueur étendu

L'entreprise informe la société de gestion du départ d'un de ses bénéficiaires. Il lui est remis un état récapitulatif de ses droits ainsi qu'un livret d'épargne salariale s'il n'en a pas déjà un.
L'entreprise s'engage à prendre note de l'adresse à laquelle devront être envoyés les sommes ou avis relatifs à ses droits et la communique à REGARDBTP. En cas de changement d'adresse, le bénéficiaire doit en aviser le teneur de compte.
Lorsque le bénéficiaire ne peut être joint à la dernière adresse indiquée par lui, les avoirs auxquels il peut prétendre sont conservés dans les fonds communs de placement par l'organisme gestionnaire qui procède à leur liquidation à l'expiration du délai de prescription (30 ans), et verse le montant ainsi obtenu au Trésor public.
Dès qu'il est informé du décès d'un bénéficiaire, l'organisme gestionnaire contacte et informe le ou les ayants droit désignés par celui-ci lors de la souscription.

En vigueur étendu

Dispositions diverses

Article 16
En vigueur étendu

Les parties signataires conviennent de se réunir afin d'examiner les évolutions de comportement des entreprises et des salariés en matière d'épargne salariale. A ce titre, GESTIONBTP mettra à leur disposition toutes les données nécessaires à cette analyse.

Article 17
En vigueur étendu

Le présent accord est déposé à la direction générale du travail.
Les parties signataires demanderont son extension dans les conditions prévues aux articles L. 133-1 et suivants du code du travail.

Article 18
En vigueur étendu

Toutes contestations relatives au présent accord qui peuvent s'élever pendant la durée de fonctionnement de celui-ci sont soumises à la juridiction des tribunaux compétents.

Article 19
En vigueur étendu
L'entrée en vigueur du présent accord est fixée au 1er février 2008, pour une durée de 5 ans, sous réserve de l'agrément de l'autorité des marchés financiers portant sur le règlement des fonds communs de placement.

Textes Attachés

Accord du 17 janvier 2008 relatif au règlement du PERCO interentreprises (PERCO-BTP)

La confédération de l'artisanat et des petites entreprises du bâtiment (CAPEB) ;

La fédération française du bâtiment (FFB) ;

La fédération française des installateurs électriciens (FFIE) ;

La fédération nationale des sociétés coopératives de production du bâtiment et des travaux publics et des activités annexes et connexes (FNSCOP) ;

La fédération nationale des travaux publics (FNTP),

La fédération nationale des salariés de la construction et du bois CFDT ;

La fédération BATIMAT-TP CFTC ;

Le syndicat national des cadres, employés, techniciens, agents de maîtrise et assimilés des industries du bâtiment, des travaux publics et des activités annexes et connexes CFE-CGC,

Préambule

En vigueur étendu

Le présent accord porte application de l'accord-cadre du 17 janvier 2008 instituant les plans d'épargne interentreprises du bâtiment et des travaux publics.
La société de développement et de gestion de l'épargne salariale dans les industries du bâtiment et des travaux publics, GESTIONBTP, dont le siège social est à Paris (6e), 7, rue du Regard, est chargée de la mise en oeuvre du présent accord.
Le PERCO-BTP est proposé aux bénéficiaires visés ci-dessus en complément du PEI à 5 ans (PEI-BTP) ou de tout autre plan d'épargne d'entreprise à 5 ans dont il pourrait bénéficier.

En vigueur étendu

I. - Dispositions spécifiques au PERCO-BTP

Article 1

En vigueur étendu

Le présent plan, qui a pour dénomination plan d'épargne pour la retraite collectif du bâtiment et des travaux publics (PERCO-BTP), est constitué dans le cadre des articles L. 443-1 et suivants du code du travail.
Ce PERCO-BTP a pour objet de permettre aux bénéficiaires visés à l'accord-cadre du 17 janvier 2008 instituant les plans d'épargne interentreprises du bâtiment et des travaux publics de participer à la constitution d'un portefeuille collectif de valeurs mobilières avec l'aide de leur entreprise selon les règles prévues ci-après.

Alimentation du PERCO-BTP

Les sommes recueillies telles que décrites aux articles 3 à 8 ci-dessous sont immédiatement versées sur le compte du dépositaire et intégralement investies en parts de FCPE visés à l'accord-cadre du 17 janvier 2008 instituant les plans d'épargne interentreprises du bâtiment et des travaux publics, au choix des bénéficiaires.

Article 2

En vigueur étendu

Le fonds solidaire du PERCO-BTP est le FCPE BTP épargne et solidarité, qui sera lui-même essentiellement constitué d'actions de la SICAV choix solidaire, dont la société de gestion est ECOFI Investissements, agréée en qualité de société de gestion de portefeuille sous le numéro GP 97-04, société anonyme au capital de 4 445 545 €, située 251, boulevard Pereire, 75017 Paris, le dépositaire Crédit coopératif, société coopérative anonyme de banque populaire à capital variable située 33, rue des Trois-Fontanot, 92000 Nanterre, et le conservateur Crédit agricole titres, société en nomcollectif au capital de 15 245 440 €, située 4, avenue d'Alsace, BP 12,41500 Mer.

Article 3
En vigueur étendu

Le PERCO-BTP peut être alimenté par des versements de plusieurs natures :
- versements volontaires ;
- versement de l'intéressement ;
- versement de la participation ;
- contribution de l'entreprise (abondement) ;
- transferts d'un autre plan ou de sommes issues de la participation.

L'ensemble de ces versements et transferts s'effectue conformément aux règles issues du titre IV, livre IV, du code du travail et dans les conditions précisées ci-après.

Article 4
En vigueur étendu

Les salariés des entreprises comprises dans le champ d'application du PERCO-BTP ainsi que les dirigeants visés à l'article L. 443-1, alinéa 3, du code du travail peuvent effectuer des versements au PERCO-BTP dans la limite d'une somme annuelle égale à 1/4 de leur rémunération brute annuelle, telle que visée par les textes en vigueur. Cette limite est appréciée par l'intéressé sous sa responsabilité.
En tout état de cause, ces versements, y compris le cas échéant ceux issus de l'intéressement, ne peuvent être inférieurs à 160 € par an.
Dans ces limites, le montant du versement annuel est libre.
En cas d'adhésion de l'entreprise, cette dernière fixe les modalités de ces versements.
En cas d'épargnant individuel, le bénéficiaire remplit un bulletin individuel de souscription indiquant le montant de son versement.
Les anciens bénéficiaires ayant quitté l'entreprise peuvent continuer à effectuer des versements au PERCO-BTP, sous réserve qu'ils aient adhéré au PERCO-BTP avant leur départ de l'entreprise et qu'ils y aient conservé des avoirs. Ces versements ne peuvent toutefois donner lieu à l'abondement prévu ci-après.

Article 5
En vigueur étendu

L'intéressement peut être, sur décision individuelle de chaque salarié, versé en tout ou partie au PERCO-BTP, pour un montant minimum, y compris les versements volontaires visés à l'article 4 ci-dessus, de 160 € par an.
Le versement de l'intéressement au PERCO-BTP est pris en compte dans la limite mentionnée au 1er alinéa de l'article 4 ci-dessus.
Au reçu de la fiche individuelle d'information de ses droits que lui aura adressée son entreprise, le salarié fait connaître à celle-ci l'emploi qu'il souhaite donner à son intéressement.
En cas de placement dans le PERCO-BTP, les sommes correspondantes sont transmises, par l'entreprise au teneur de comptes conservateur de parts, dans les 15 jours qui suivent la date à laquelle elles sont dues.
L'intéressement que les salariés décident d'affecter au PERCO-BTP est exonéré de l'impôt sur le revenu dans une limite fixée par la réglementation en vigueur (au jour de signature de l'accord : moitié du plafond annuel moyen de la sécurité sociale).
Les anciens salariés ayant quitté l'entreprise peuvent affecter au PERCO-BTP leur intéressement versé postérieurement à leur départ de l'entreprise sans pouvoir prétendre à l'abondement.

Article 6
En vigueur étendu

Les sommes constituant les réserves spéciales de participation des entreprises ayant adhéré au présent règlement PERCO-BTP peuvent être affectées au PERCO-BTP.

Article 7
En vigueur étendu

L'entreprise est libre de verser chaque année un abondement.
Au plus tard 1 mois avant chaque période annuelle de versements, l'entreprise prend sa décision d'abonder ou non et en informe l'ensemble de ses salariés ainsi que l'organisme gestionnaire du PERCO-BTP. Elle précise à cette occasion, en cas de décision d'abonder, la ou les origines de versements qu'elle souhaite abonder (intéressement uniquement, tous versements volontaires, versements volontaires hors intéressement, participation...) et les taux d'abondement qu'elle retient pour cette période annuelle, conformément aux dispositions suivantes :

- au minimum 50 % sur la partie du versement annuel du bénéficiaire inférieure à 320 €, sans que le montant de l'abondement puisse être inférieur à 160 € ;
- au minimum 25 % sur la partie du versement annuel du bénéficiaire comprise entre 320 € et 770 € ;
- au minimum 10 % sur la partie du versement annuel du bénéficiaire comprise entre 770 € et 8 % du plafond annuel de la sécurité sociale.
Toutefois, le taux retenu pour cette tranche de versement doit être inférieur ou égal à ceux qui ont été fixés pour les 2 premières tranches.
L'entreprise peut par ailleurs retenir un plafond d'abondement, par an et par bénéficiaire, pouvant être égal, au choix de l'entreprise, à 2 %, 4 %, 6 %, 8 %, 10 %, 12 % ou 14 % du plafond annuel de la sécurité sociale.
Pour chaque année où elle décide d'abonder, l'entreprise porte à la connaissance de l'ensemble de son personnel les taux et plafonds d'abondement retenus.
En tout état de cause, l'abondement global de l'entreprise est limité, par bénéficiaire et par an, aux plafonds légaux, soit 300 % du versement du bénéficiaire et 16 % du plafond annuel de la sécurité sociale.
Les sommes versées par l'entreprise au titre de l'abondement ne peuvent se substituer en aucune manière aux éléments de rémunération contractuels ou conventionnels des salariés.
Dans tous les cas, qu'elle ait adhéré ou non au présent PERCO-BTP, l'entreprise prend à sa charge les frais de tenue de comptes individuels des bénéficiaires.
Toutefois, les frais de tenue de compte des anciens salariés partis depuis plus de 1 an, à l'exception des salariés retraités et préretraités, sont mis à la charge des intéressés par prélèvement sur leurs avoirs.

Article 8
En vigueur étendu

Les bénéficiaires peuvent effectuer tous transferts prévus par la législation en vigueur de sommes issues de l'épargne salariale vers le PERCO-BTP.
Toutefois, les salariés des entreprises coopératives de production « SCOP » ne pourront demander le transfert de leur participation au PERCO-BTP qu'après avoir satisfait à leur obligation statutaire de contribution au capital de l'entreprise.
Les sommes transférées n'entrent pas dans le calcul de la limite du plafond des versements annuels du quart de la rémunération annuelle du bénéficiaire concerné.
Ces transferts sont réalisés aux frais des bénéficiaires. La CSG, la CRDS et le prélèvement social dus au titre des produits de placement selon la réglementation en vigueur ne sont pas prélevés lors du transfert, mais sont reportés lors de la délivrance ultérieure des avoirs.
L'opération de transfert est effectuée par le teneur de comptes conservateur de parts visé à l'accord-cadre du 17 janvier 2008 instituant les plans d'épargne interentreprises du bâtiment et des travaux publics.

Régime social et fiscal

Le régime social et fiscal du PERCO-BTP est déterminé par la réglementation en vigueur. Il est, au jour de la signature du présent accord, le suivant :

Article 9
En vigueur étendu

L'abondement au PERCO-BTP versé par l'entreprise, conformément aux dispositions de l'article 7 ci-dessus, est exonéré des cotisations sociales dans la limite du triple du versement du bénéficiaire, plafonné à 16 % du PASS.
Toutefois, s'il dépasse, par an et par bénéficiaire, la somme mentionnée à l'article L. 137-5 du code de la sécurité sociale, l'excédent est assujetti, selon la réglementation en vigueur, à une contribution sociale spéciale à charge de l'employeur et affectée au fonds de réserve des retraites.
L'abondement au PERCO-BTP est, selon la réglementation en vigueur, assujetti à la CSG et à la CRDS après un abattement de 3 %.
L'abondement au PERCO-BTP est pris en compte pour l'appréciation du dépassement de la limite d'exclusion de l'assiette des cotisations de sécurité sociale des contributions patronales destinées au financement des prestations complémentaires de retraite visées à l'alinéa 6 de l'article L. 242-1 du code de la sécurité sociale.

Article 10
En vigueur étendu

L'abondement au PERCO-BTP est déductible des bénéfices imposables et n'est pas soumis à la taxe sur les salaires. Il est également exonéré de l'impôt sur le revenu établi au nom du bénéficiaire.

Article 11
En vigueur étendu

Les revenus et les plus-values générés par la gestion des sommes placées au PERCO-BTP sont réinvestis dans le PERCO-BTP et, de ce fait, exonérés d'impôt sur le revenu. Ils seront toutefois soumis, selon la réglementation en vigueur, à la CSG et à la CRDS ainsi qu'au prélèvement social additionnel lorsque les bénéficiaires demanderont le remboursement de leurs droits. Les sommes dont le bénéficiaire demande la délivrance sont soumises au régime fiscal et social en vigueur au moment de la demande.

Indisponibilité, modalités de délivrance des avoirs
lors du départ en retraite et exigibilité des droits

Article 12
En vigueur étendu

Les sommes ou valeurs inscrites aux comptes de participants doivent être détenues jusqu'au départ à la retraite.
A l'échéance de la durée d'indisponibilité des avoirs - en l'occurrence lors de la liquidation par le participant de sa position dans un régime obligatoire d'assurance vieillesse -, la délivrance des sommes ou valeurs susvisées s'effectue selon l'une des modalités suivantes au choix du bénéficiaire :
- soit sous forme de rente viagère acquise à titre onéreux, dans les conditions fixées par la législation en vigueur au moment de la demande de la délivrance.
A ce titre, le participant pourra souscrire, 6 mois avant la délivrance des sommes inscrites à son compte, un contrat de rente viagère auprès de l'organisme cité ci-après, avec lequel GESTIONBTP a conclu un contrat d'assurance de groupe à adhésion facultative pour le service d'une rente dans le cadre de la liquidation des avoirs du PERCO-BTP :
PRO BTP épargne, retraite, prévoyance (PRO BTP ERP) est une société anonyme d'assurance à directoire et conseil de surveillance (paritaire), régie par le code des assurances, immatriculée au RCS en date du 12 mai 2005, et agréée pour pratiquer les opérations d'assurances relevant des branches 1, 2, 20 et 26 de l'article R. 321-1 du code des assurances ;
- soit sous forme de capital en un versement unique ou fractionné.
Chaque bénéficiaire exprime son choix entre une sortie en rente et une sortie en capital lors du déblocage des sommes ou valeurs.
Cependant, le déblocage anticipé de l'épargne est possible dans les cas explicitement prévus par la réglementation en vigueur (article R. 443-12 du code du travail) :
- décès du participant, de son conjoint, ou de la personne qui lui est liée par un pacte civil de solidarité ;
- expiration des droits à l'assurance chômage du participant ;
- invalidité du participant, de ses enfants, de son conjoint ou de la personne qui lui est liée par un pacte civil de solidarité : invalidité au sens de la 2e ou de la 3e catégorie du code de la sécurité sociale (art. L. 341-4) ou reconnue par décision de la COTOREP ou de la CDES à condition que le taux d'incapacité atteigne au moins 80 % et que l'intéressé n'exerce aucune activité professionnelle ;
- situation de surendettement du participant définie à l'article L. 331-2 du code de la consommation, sur demande adressée à l'organisme gestionnaire des fonds ou à l'employeur soit par le président de la commission de surendettement des particuliers, soit par le juge lorsque le déblocage des droits paraît nécessaire à l'apurement du passif de l'intéressé ;
- affectation des sommes épargnées à l'acquisition de la résidence principale ou à la remise en état de la résidence principale endommagée à la suite d'une catastrophe naturelle reconnue par arrêté ministériel.

En vigueur étendu

II. - Dispositions diverses

Article 13
En vigueur étendu

Le présent accord est déposé à la direction générale du travail.
Les parties signataires demanderont son extension dans les conditions prévues aux articles L. 133-1 et suivants du code du travail.

Article 14
En vigueur étendu

Toutes contestations relatives aux dispositions du présent accord qui peuvent s'élever sont soumises à la juridiction des tribunaux compétents.

Article 15
En vigueur étendu

L'entrée en vigueur du présent accord est fixée au 1er février 2008, pour une durée de 5 ans.

Accord du 17 janvier 2008 relatif au règlement du plan d'épargne interentreprises à 5 ans (PEI-BTP)

La confédération de l'artisanat et des petites entreprises du bâtiment (CAPEB) ;

La fédération française du bâtiment (FFB) ;

La fédération française des installateurs électriciens (FFIE) ;

La fédération nationale des sociétés coopératives de production du bâtiment et des travaux publics et des activités annexes et connexes (FNSCOP),

La fédération nationale des salariés de la construction et du bois CFDT ;

La fédération BATIMAT-TP CFTC ;

Le syndicat national des cadres, employés, techniciens, agents de maîtrise et assimilés des industries du bâtiment, des travaux publics et des activités annexes et connexes CFE-CGC ;

La fédération générale du bâtiment et des travaux publics et des activités connexes CGT-FO,

Préambule

En vigueur étendu

Le présent accord porte application de l'accord-cadre du 17 janvier 2008 instituant les plans d'épargne interentreprises du bâtiment et des travaux publics.
Il complète en outre la convention relative à la participation des salariés aux résultats des entreprises du BTP.
La société de développement et de gestion de l'épargne salariale dans les industries du bâtiment et des travaux publics, GESTIONBTP, dont le siège social est à Paris (6e), 7, rue du Regard, est chargée de la mise en oeuvre du présent accord.

En vigueur étendu

I. - Dispositions spécifiques au PEI-BTP

Article 1

En vigueur étendu

Le présent plan, qui a pour dénomination plan d'épargne interentreprises du bâtiment et des travaux publics (PEI-BTP), est constitué dans le cadre des articles L. 443-1 et suivants du code du travail.
Ce PEI-BTP a pour objet de permettre aux bénéficiaires visés à l'accord-cadre du 17 janvier 2008 instituant les plans d'épargne interentreprises du bâtiment et des travaux publics de participer à la constitution d'un portefeuille collectif de valeurs mobilières avec l'aide de leur entreprise selon les règles prévues ci-après.
Au regard des règles d'indisponibilité visées à l'article 11 ci-dessous, le PEI-BTP est conclu avec un terme glissant : les sommes y sont bloquées, sauf conditions particulières décrites ci-après, jusqu'à expiration d'un délai de 5 ans à compter de chaque versement.

Alimentation du plan d'épargne à 5 ans (PEI-BTP)

Les sommes recueillies telles que décrites aux articles 2 à 7 ci-dessous sont immédiatement versées sur le compte du dépositaire et intégralement investies en parts de FCPE visés à l'accord-cadre du 17 janvier 2008 instituant les plans d'épargne interentreprises du bâtiment et des travaux publics, au choix des bénéficiaires.

Article 2

En vigueur étendu

Le PEI-BTP peut être alimenté par des versements de plusieurs natures :
- versements volontaires ;
- versement de l'intéressement ;
- versement de la participation ;
- contribution de l'entreprise (abondement) ;
- transferts d'un autre plan ou de sommes issues de la participation.
L'ensemble de ces versements et transferts s'effectue conformément aux règles issues du titre IV, livre IV, du code du travail et dans les conditions précisées ci-après.

Article 3

En vigueur étendu

Les salariés des entreprises comprises dans le champ d'application du PEI-BTP ainsi que les dirigeants visés à l'article L. 443-1, alinéa 3, du code du travail peuvent effectuer des versements au PEI-BTP dans la limite d'une somme annuelle égale à 1/4 de leur rémunération brute annuelle, telle que visée par les textes en vigueur. Cette limite est appréciée par l'intéressé sous sa responsabilité.
En tout état de cause, ces versements, y compris le cas échéant ceux issus de l'intéressement, ne peuvent être inférieurs à 160 € par an.
Dans ces limites, le montant du versement annuel est libre.
En cas d'adhésion de l'entreprise, cette dernière fixe les modalités de ces versements.
En cas d'épargnant individuel, le bénéficiaire remplit un bulletin individuel de souscription indiquant le montant de son versement.
Les anciens bénéficiaires ayant quitté l'entreprise pour départ en retraite ou préretraite peuvent continuer à effectuer des versements au PEI-BTP sous réserve qu'ils aient adhéré au PEI-BTP avant leur départ de l'entreprise et qu'ils y aient conservé des avoirs. Ces versements ne peuvent toutefois donner lieu à l'abondement prévu ci-après.

Article 4
En vigueur étendu

L'intéressement peut être, sur décision individuelle de chaque salarié, versé en tout ou partie au PEI-BTP, pour un montant minimum, y compris les versements volontaires visés à l'article 3 ci-dessus, de 160 € par an.
Le versement de l'intéressement au PEI-BTP est pris en compte dans la limite mentionnée au 1er alinéa de l'article 3 ci-dessus.
Au reçu de la fiche individuelle d'information de ses droits que lui aura adressée son entreprise, le salarié fait connaître à celle-ci l'emploi qu'il souhaite donner à son intéressement.
En cas de placement dans le PEI-BTP, les sommes correspondantes sont transmises, par l'entreprise au teneur de comptes conservateur de parts, dans les 15 jours qui suivent la date à laquelle elles sont dues.
L'intéressement que les salariés décident d'affecter au PEI-BTP est exonéré de l'impôt sur le revenu dans une limite fixée par la réglementation en vigueur (au jour de signature de l'accord : moitié du plafond annuel moyen de la sécurité sociale).
Les anciens salariés ayant quitté l'entreprise peuvent affecter au PEI-BTP leur intéressement versé postérieurement à leur départ de l'entreprise sans pouvoir prétendre à l'abondement.

Article 5
En vigueur étendu

Paragraphe 1
Versement de la participation obligatoire

Les sommes constituant les réserves spéciales de participation des entreprises assujetties à la participation et ayant adhéré au présent règlement PEI-BTP peuvent être affectées au PEI-BTP.

Paragraphe 2
Versement de la participation volontaire

Les entreprises qui ne sont pas assujetties obligatoirement à la participation et qui entrent dans le champ d'application du PEI-BTP peuvent décider unilatéralement de mettre en oeuvre la participation. Dans un tel cas, ce règlement fait office d'accord de participation. Il appartient au chef d'entreprise d'informer par tous moyens appropriés le personnel de l'existence d'un droit à participation. La formule de calcul de la participation et les modes de répartition de la réserve spéciale de participation à appliquer figurent à la section 2 du présent accord.

Article 6
En vigueur étendu

L'entreprise est libre de verser chaque année un abondement.
Au plus tard 1 mois avant chaque période annuelle de versements, l'entreprise prend sa décision d'abonder ou non et en informe l'ensemble de ses salariés ainsi que l'organisme gestionnaire du PEI-BTP. Elle précise à cette occasion, en cas de décision d'abonder, la ou les origines de versements qu'elle souhaite abonder (intéressement uniquement, tous versements volontaires, versements volontaires hors intéressement) et les taux d'abondement qu'elle retient pour cette période annuelle, conformément aux dispositions suivantes :
- au minimum 50 % sur la partie du versement annuel du bénéficiaire inférieure à 320 €, sans que le montant de l'abondement puisse être inférieur à 160 € ;
- au minimum 25 % sur la partie du versement annuel du bénéficiaire comprise entre 320 € et 770 € ;
- au minimum 10 % sur la partie du versement annuel du bénéficiaire comprise entre 770 € et 8 % du plafond annuel de la sécurité sociale.
Toutefois, le taux retenu pour cette tranche de versement doit être inférieur ou égal à ceux qui ont été fixés pour les 2 premières tranches.
L'entreprise peut par ailleurs retenir un plafond d'abondement, par an et par bénéficiaire, pouvant être égal, au choix de l'entreprise, à 2 %, 3 %, 4 %, 5 %, 6 % ou 7 % du plafond annuel de la sécurité sociale.
Pour chaque année où elle décide d'abonder, l'entreprise porte à la connaissance de l'ensemble de son personnel les taux et plafonds d'abondement retenus.
En tout état de cause, l'abondement global de l'entreprise est limité, par bénéficiaire et par an, aux plafonds légaux, soit 300 % du versement du bénéficiaire, et 8 % du plafond annuel de la sécurité sociale.

Les sommes versées au titre de la participation ainsi que des transferts ne bénéficient pas de l'abondement.
Les sommes versées par l'entreprise au titre de l'abondement ne peuvent se substituer en aucune manière aux éléments de rémunération contractuels ou conventionnels des salariés.
Dans tous les cas, qu'elle ait adhéré ou non au présent PEI-BTP, l'entreprise prend à sa charge les frais de tenue de comptes individuels des bénéficiaires.
Toutefois, les frais de tenue de compte des anciens salariés partis depuis plus de 1 an, à l'exception des salariés retraités et préretraités, sont mis à la charge des intéressés par prélèvement sur leurs avoirs.

Article 7
En vigueur étendu

Les bénéficiaires peuvent effectuer tous transferts prévus par la législation en vigueur de sommes issues de l'épargne salariale vers le PEI-BTP.
Toutefois, les salariés des entreprises coopératives de production SCOP ne pourront demander le transfert de leur participation au PEI-BTP qu'après avoir satisfait à leur obligation statutaire de contribution au capital de l'entreprise.
Les sommes transférées n'entrent pas dans le calcul de la limite du plafond des versements annuels du quart de la rémunération annuelle du bénéficiaire concerné.
Ces transferts sont réalisés aux frais des bénéficiaires. La CSG, la CRDS et le prélèvement social dus au titre des produits de placement ne sont pas prélevés lors du transfert, mais sont reportés lors de la délivrance ultérieure des avoirs.
L'opération de transfert est effectuée par le teneur de comptes conservateur de parts visé à l'accord-cadre du 17 janvier 2008 instituant les plans d'épargne interentreprises du bâtiment et des travaux publics.

Régime social et fiscal

Le régime social et fiscal du PEI-BTP est déterminé par la réglementation en vigueur. Il est, au jour de la signature du présent accord, le suivant :

Article 8
En vigueur étendu

L'abondement au PEI-BTP versé par l'entreprise, conformément aux dispositions de l'article 6 ci-dessus, est exonéré des cotisations sociales dans la limite du triple du versement du bénéficiaire, plafonné à 8 % du PASS.
L'abondement au PEI-BTP est assujetti à la CSG et à la CRDS après un abattement de 3 %.

Article 9
En vigueur étendu

L'abondement au PEI-BTP est déductible des bénéfices imposables et n'est pas soumis à la taxe sur les salaires. Il est également exonéré de l'impôt sur le revenu établi au nom du bénéficiaire.

Article 10
En vigueur étendu

Les revenus et les plus-values générés par la gestion des sommes placées au PEI-BTP sont réinvestis dans le PEI-BTP et, de ce fait, exonérés d'impôt sur le revenu. Ils seront toutefois soumis à la CSG et à la CRDS ainsi qu'au prélèvement social additionnel lorsque les bénéficiaires demanderont le remboursement de leurs droits.

Article 11
En vigueur étendu

Les sommes versées au PEI-BTP ne peuvent être retirées que 5 ans après la date de chaque versement.
Dans la pratique, les sommes versées au PEI-BTP seront disponibles à l'expiration d'un délai de 5 ans courant à compter du 1er jour du 7e mois de l'année au cours de laquelle les versements ont été faits. Toutefois, les sommes provenant du versement de la participation seront exigibles à l'expiration d'un délai de 5 ans courant à compter du 1er jour du 4e mois suivant la clôture de l'exercice au titre duquel sont nés les droits.
Si dans une entreprise adhérente au PEI-BTP les salariés acquièrent des droits à la fois aux titres de versements au PEI-BTP et de la participation, l'ensemble de ces droits peut, si l'entreprise le demande, bénéficier d'une date unique de mise en disponibilité alignée sur la date de disponibilité quinquennale de la participation au 1er jour du 4e mois.
Passé ce délai, les bénéficiaires peuvent demander le remboursement de leurs avoirs ou les conserver sur le PEI-BTP où ils continuent de fructifier.
Cependant, le déblocage anticipé de l'épargne est possible dans les cas explicitement prévus par la réglementation en vigueur (art. R. 442-17 du code du travail).
Actuellement :
- mariage ou conclusion d'un PACS par l'intéressé ;

- naissance ou arrivée au foyer d'un enfant en vue de son adoption lorsque le foyer comporte déjà au moins 2 enfants à charge ;
- divorce, séparation ou dissolution d'un PACS assortis d'un jugement prévoyant la résidence habituelle (unique ou partagée) d'au moins un enfant au domicile de l'intéressé ;
- invalidité du bénéficiaire, de ses enfants, de son conjoint ou de la personne qui lui est liée par un PACS : invalidité au sens de la 2e ou 3e catégorie du code de la sécurité sociale (art. L. 341-4) ou reconnue par décision de la COTOREP ou de la CDES à condition que le taux d'incapacité atteigne au moins 80 % et que l'intéressé n'exerce aucune activité professionnelle ;
- décès du bénéficiaire, de son conjoint ou de la personne liée au bénéficiaire par un PACS ;
- cessation du contrat de travail ;
- affectation des sommes épargnées à la création ou reprise, par le bénéficiaire, ses enfants, son conjoint ou la personne liée au bénéficiaire par un PACS, d'une entreprise industrielle, commerciale, artisanale ou agricole, soit à titre individuel, soit sous la forme d'une société, à condition d'en exercer effectivement le contrôle (art. R. 351-43), à l'installation en vue de l'exercice d'une autre profession non salariée ou à l'acquisition de parts sociales d'une SCOP ;
- affectation des sommes épargnées à l'acquisition ou agrandissement de la résidence principale portant création de surface habitable nouvelle, sous réserve de l'existence d'un permis de construire ou d'une déclaration préalable de travaux ou à la remise en état de la résidence principale à la suite d'une catastrophe naturelle reconnue par arrêté ministériel ;
- situation de surendettement du bénéficiaire définie à l'article L. 331-2 du code de la consommation sur demande adressée à l'organisme gestionnaire des fonds ou à l'employeur soit par le président de la commission de surendettement des particuliers, soit par le juge lorsque le déblocage des droits paraît nécessaire à l'apurement du passif de l'intéressé.

Toute demande de remboursement doit être présentée dans les 6 mois du fait générateur (excepté dans les cas de cessation du contrat de travail, décès, invalidité et situation de surendettement). Ce remboursement porte, au choix du bénéficiaire, sur la totalité ou une partie seulement de ses avoirs susceptibles d'être débloqués à ce titre, et ne peut faire l'objet que d'un seul versement.

Dès qu'il est informé du décès d'un bénéficiaire, l'organisme gestionnaire contacte et informe le ou les ayants droit désignés par celui-ci lors de la souscription.

En vigueur étendu

II. - Accord de participation volontaire

L'accord de participation volontaire se situe dans le cadre du PEI-BTP. Les conditions de la section 1, à l'exclusion des articles 6, 8 et 9 concernant l'abondement qui ne s'applique pas à la participation et les dispositions diverses de la section 3 s'appliquent de plein droit à l'accord de participation volontaire.

Article 12

En vigueur étendu

Dans chaque entreprise, le montant global des droits des salariés constituant la réserve spéciale de participation est calculé selon les dispositions des articles L. 442-2 et R. 442-2 à 5 du code du travail.

Ce montant s'exprime par la formule suivante :

$$RSP = 1/2 \times (B - 5/100 \text{ de } C) \times 5/VA$$

dans laquelle :

B : représente le bénéfice de l'entreprise réalisé en France métropolitaine et dans les départements d'outre-mer, tel que défini au 1° de l'article L. 442-2 du code du travail.

C : représente les capitaux propres de l'entreprise, tels que définis au 3° de l'article R. 442-2 du code du travail.

S : représente les salaires versés au cours de l'exercice déterminés selon les règles prévues pour le calcul des rémunérations au sens de l'article L. 242-1 du code de la sécurité sociale.

La masse salariale sera majorée pour tenir compte forfaitairement de l'incidence des congés payés dont le versement est assuré par une caisse professionnelle.

Le taux de cette majoration sera égal au rapport entre le nombre de semaines de congés payés prévu par le régime applicable dans la profession et le nombre annuel de semaines de travail dans l'entreprise, le résultat étant majoré du montant de la prime de vacances correspondante, telle que définie par les accords professionnels.

La disposition ci-dessus ne s'appliquera pas aux salaires versés aux salariés percevant leurs indemnités de congés payés directement de l'entreprise.

VA : représente la valeur ajoutée par l'entreprise, telle que définie au 2° de l'article R. 442-2 du code du travail.

Article 13

En vigueur étendu

Les entreprises doivent verser le montant de leur réserve spéciale de participation avant le 1er jour du 4e mois suivant la clôture de l'exercice au cours duquel sont nés les droits à participation.

Passé ce délai, les entreprises devront augmenter leur versement d'un intérêt de retard, selon les dispositions de l'article R. 442-10 du code du travail, égal à 1,33 fois le taux moyen de rendement des obligations des sociétés privées publié par le ministre chargé de l'économie.

Article 14
En vigueur étendu

En application de l'article R. 442-6 du code du travail, la répartition entre les salariés bénéficiaires est effectuée par le teneur de comptes conservateur de parts visé à l'accord-cadre du 17 janvier 2008 instituant les plans d'épargne interentreprises du bâtiment et des travaux publics, proportionnellement au salaire perçu, limité à 4 fois le plafond moyen ayant servi au calcul des cotisations de sécurité sociale pendant l'exercice. Le montant des droits susceptibles d'être attribués à un même bénéficiaire ne pourra excéder une somme égale aux 3/4 du montant de ce même plafond.
Pour tenir compte forfaitairement de l'incidence des congés payés dont le versement est assuré par une caisse professionnelle, une majoration, identique à celle prévue à l'article 1er du titre III, sera appliquée aux salaires servant de base à la répartition entre les salariés.
Les sommes qui n'auraient pu être attribuées en vertu des règles limitant les droits d'un même bénéficiaire pour un même exercice seront réparties immédiatement entre les salariés qui n'atteignent pas les limites fixées par ces règles. Si le 2e calcul faisait apparaître de nouvelles répartitions supérieures à ces limites, la même règle serait appliquée jusqu'à épuisement du solde de répartition.

Article 15
En vigueur étendu

Les sommes constituant la réserve spéciale de participation sont affectées à des comptes ouverts au nom des intéressés en application du plan d'épargne interentreprises du bâtiment et des travaux publics PEI-BTP.
Les sommes constituant la réserve spéciale de participation sont transmises au teneur de comptes conservateur de parts, visé à l'accord-cadre du 17 janvier 2008 instituant les plans d'épargne interentreprises du bâtiment et des travaux publics, qui informe la société de développement et de gestionde l'épargne salariale des industries du bâtiment et des travaux publicsGESTIONBTP.
Le teneur de comptes conservateur de parts a l'obligation d'employer chaque réserve spéciale de participation qui lui a été transmise, immédiatement et pour son intégralité, en parts de fonds communs de placement d'entreprise créés pour recevoir les réserves de participation. Ces fonds communs de placement d'entreprise (FCPE) sont régis par l'article L. 214-39 du code monétaire et financier.
Les revenus et produits des fonds communs ci-dessus mentionnés sont de plein droit capitalisés. En conséquence, les dividendes et intérêts afférents aux valeurs mobilières constituant le portefeuille du fonds, ainsi que tous autres produits, sont réinvestis dans le fonds.
Les sommes issues de la réserve spéciale de participation et dirigées vers le PEI-BTP sont investies dans l'un des fonds communs de placement d'entreprise visés à l'accord-cadre du 17 janvier 2008 instituant les plans d'épargne interentreprises du bâtiment et des travaux publics et, à défaut de choix de la part du salarié, sur le fonds BTP épargne Prudent.
Les sommes issues de la réserve spéciale de participation et dirigées vers le PERCO-BTP sont investies dans l'un des fonds communs de placement d'entreprise visés à l'accord-cadre du 17 janvier 2008 instituant les plans d'épargne interentreprises du bâtiment et des travaux publics et, à défaut de choix de la part du salarié, sur le fonds BTP épargne Prudent.

En vigueur étendu

III. - Dispositions diverses

Article 16
En vigueur étendu

Le présent accord est déposé à la direction générale du travail.
Les parties signataires demanderont son extension dans les conditions prévues aux articles L. 133-1 et suivants du code du travail.

Article 17
En vigueur étendu

Toutes contestations relatives aux dispositions du présent accord qui peuvent s'élever sont soumises à la juridiction des tribunaux compétents.

Article 18
En vigueur étendu

L'entrée en vigueur du présent accord est fixée au 1er février 2008, pour une durée de 5 ans.

Accord du 20 janvier 2003 instituant les plans d'épargne interentreprises (épargne salariale) du bâtiment et des travaux publics.

Texte de base

Epargne salariale

La confédération de l'artisanat et des petites entreprises du bâtiment CAPEB ;

La fédération française du bâtiment FFB ;

La fédération française des installateurs électriciens FFIE ;

La fédération nationale des sociétés coopératives de production du bâtiment et des travaux publics et des activités annexes et connexes FNSCOP ;

La fédération nationale des travaux publics FNTP.

La fédération nationale des salariés de la construction et du bois CFDT ;

La fédération BATI-MAT-TP CFTC ;

Le syndicat national des cadres, employés, techniciens, agents de maîtrise et assimilés des industries du bâtiment, des travaux publics et des activités annexes et connexes CFE-CGC-BTP ;

La fédération générale Force ouvrière du bâtiment et des travaux publics et des activités connexes CGT-FO.

Préambule

En vigueur étendu

Modifié par Avenant du 22 novembre 2005 art. 1 en vigueur le 1er décembre 2005 BO conventions collectives 2005-51 étendu par arrêté du 13 juin 2006 JORF 23 juin 2006.

Le présent accord a pour objet la mise en place d'un dispositif d'épargne salariale propre au BTP et à cet effet de définir les conditions d'application de la loi n° 2001-152 du 19 février 2001 modifiée sur l'épargne salariale et des articles L. 443-1 et suivants du code du travail, au personnel des entreprises du bâtiment et des travaux publics visées à l'article 1er ci-dessous.

Il est destiné à favoriser, conformément à la loi susvisée, la formation d'une épargne nouvelle permettant aux bénéficiaires, visés à l'article 2 ci-dessous, des entreprises du bâtiment et des travaux publics de participer à la constitution d'un portefeuille collectif de valeurs mobilières avec l'aide de leur entreprise.

Chacun des plans d'épargne, dont le présent accord constitue notamment les dispositions générales, fait l'objet d'un accord distinct précisant ses conditions particulières d'application.

Champ d'application

Entreprises

Article 1
En vigueur étendu

Sont comprises dans le champ d'application du présent accord les entreprises ou organismes, ainsi que leurs filiales, dont l'activité principale, exercée sur le territoire français y compris les départements d'outre-mer, est visée à l'annexe I.

Bénéficiaires

Article 2
En vigueur étendu

Tous les salariés des entreprises ou organismes visés à l'article 1er ci-dessus, ayant au moins 3 mois d'ancienneté, peuvent adhérer aux plans prévus par le présent accord par l'intermédiaire de leur entreprise si celle-ci y a adhéré. Les salariés qui n'ont pas accès à un plan d'épargne d'entreprise, de groupe ou interentreprises prévoyant des dispositions spécifiques en matière d'épargne salariale peuvent adhérer directement aux plans prévus par le présent accord.

Pour la détermination de cette ancienneté sont prises en compte les périodes de travail acquises au titre de l'exercice ainsi que celles acquises au titre des 12 mois précédents.

Peuvent également adhérer le cas échéant aux plans prévus par le présent accord, selon les conditions spécifiques qui s'y rapportent, les anciens bénéficiaires de ces mêmes entreprises ou organismes ainsi que les dirigeants visés à l'article L. 443-1, alinéa 3, du cod du travail.

Modalités d'adhésion

Adhésion des entreprises

Article 3
En vigueur étendu

L'entreprise qui souhaite adhérer :

- transmet à la société de gestion un bulletin d'adhésion ;

- informe par courrier la direction départementale du travail, de l'emploi et de la formation professionnelle de son adhésion ;

- informe les représentants du personnel, s'ils existent, et l'ensemble du personnel.

Adhésion des bénéficiaires

Article 4
En vigueur étendu

L'adhésion du bénéficiaire est réalisée selon les modalités prévues par son entreprise si celle-ci adhère au présent accord.

Dans le cas contraire, l'adhésion du bénéficiaire s'effectue selon les modalités prévues dans le document fourni par la société de gestion.

Mise en oeuvre

Mise en oeuvre

Article 5
En vigueur étendu
Modifié par Avenant du 22 novembre 2005 art. 2 en vigueur le 1er décembre 2005 BO conventions collectives 2005-51 étendu par arrêté du 13 juin 2006 JORF 23 juin 2006.

La société de développement et de gestion de l'épargne salariale dans les industries du bâtiment et des travaux publics - GESTIONBTP dont le siège social est à Paris 6e, 7, rue du Regard - est chargée de la mise en oeuvre du présent accord.

Gestion financière

Fonds commun de placement multientreprises

Article 6

En vigueur étendu

Les sommes recueillies sont immédiatement versées sur le compte du dépositaire et intégralement investies en parts de fonds communs de placement d'entreprise définis ci-après, au choix des bénéficiaires :

- BTP Epargne monétaire : investissement entièrement à court terme ;

- BTP Epargne obligataire : investissement de type obligataire de durée de vie moyenne supérieure à 1 an ;

- BTP Epargne Actions : investissement à au moins 75 % en actions ;

- BTP Epargne Prudent : investissement en actions de 0 % à 20 % des actifs avec une cible à 10 % ;

- BTP Epargne Equilibre : investissement en actions de 20 % à 50 % des actifs avec une cible à 35 % ;

- BTP Epargne dynamique : investissement en actions de 50 % à 70 % des actifs avec une cible à 60 % ;

- BTP Epargne solidaire :

- investissement de 98 % à 100 % en parts du FCP « choix solidaire » créé et géré par BTP Investissements ;

- de 0 % à 2 % en trésorerie.

Les FCPE BTP Epargne monétaire, BTP Epargne obligataire, BTP Epargne Actions, BTP Epargne Prudent, BTP Epargne Equilibre, BTP Epargne dynamique et BTP Epargne solidaire constituent la gamme « BTP Epargne ».

- FIBTP millésimés :

- gestion pilotée sur 5 ans, avec diminution du risque action l'échéance se rapprochant ;

- investissement allant de 25 % maximum en actions la 1re année de placement à 10 % maximum la 5e année.

Sous réserve de l'agrément des autorités de tutelle et des conditions de marché, un nouveau fonds sera créé chaque année afin de proposer, en permanence, dans cette gamme, un FCPE offrant un horizon de placement de 5 ans.

- FIBTP long terme : investissement de 0 % à 10 % maximum en actions ;

Ce fonds a vocation à recueillir, 1 an après l'expiration du délai d'indisponibilité, les avoirs investis en parts de FIBTP millésimés des salariés qui n'en ont pas demandé le remboursement ni le transfert dans un ou plusieurs fonds communs.

Les FCPE FIBTP millésimés et FIBTP long terme constituent la gamme FIBTP.

La notice d'information des fonds communs figure en annexe II du présent accord.

Le bulletin individuel de souscription, établi à chaque versement au nom du bénéficiaire, fait apparaître le nom du (ou des) fonds choisi (s).

Les parts ou fractions de parts acquises de ce fait par chaque adhérent sont portées au crédit d'un compte individuel en parts.

L'investissement est effectué au prix de souscription de la part, dans les conditions prévues dans le règlement du fonds commun de placement d'entreprise.

Droits d'entrée

Les droits d'entrée perçus à la souscription dans le (s) fonds commun (s) de placement d'entreprise choisi (s) sont pris en charge, au choix de l'entreprise adhérente, par le bénéficiaire ou l'entreprise.

Dans le cas où l'entreprise n'adhère pas à l'accord du 20 janvier 2003, les droits d'entrée perçus à la souscription dans le (s) fonds commun (s) de placement d'entreprise choisi (s) sont pris en charge par le bénéficiaire.

Réinvestissement des revenus

Les revenus et produits procurés par les sommes placées dans le cadre des plans institués au titre du présent accord sont réinvestis dans ces mêmes plans et, de ce fait, exonérés d'impôt sur le revenu.

Changement de FCPE

Une fois par an, chaque bénéficiaire peut demander le changement de placement de tout ou partie de son épargne vers un autre des FCPE mentionnés ci-dessus. Cette opération s'effectue à ses frais (tels qu'ils figurent dans la notice d'information en cours de validité du fonds concerné) ; elle est formulée à l'initiative des bénéficiaires à l'aide d'un document d'arbitrage.

Structures de pilotage, de gestion et de contrôle

Conseil de surveillance

Article 7
En vigueur étendu
§ 1. Conseil de surveillance des FCPE de la gamme BTP Epargne

Un conseil de surveillance commun des fonds communs de placement d'entreprise de la gamme BTP Epargne composé de 20 membres est institué. Il est composé à parité de 10 représentants des salariés porteurs de parts d'au moins un des fonds communs de placement d'entreprise, désignés par les fédérations syndicales professionnelles de salariés représentatives au niveau national et signataires ou adhérentes au présent accord, et de 10 représentants des entreprises adhérentes, désignés par les organisations professionnelles d'employeurs. Chaque fonds dispose d'au moins un porteur de parts au conseil de surveillance.

Le conseil de surveillance paritaire délibère valablement lorsque 6 membres au moins sont présents ou représentés dans chaque collège. Le président du conseil de surveillance est élu pour 2 ans parmi les représentants de salariés. Son mandat arrive à expiration à l'issue du conseil de surveillance qui approuve le rapport annuel de gestion. Il est alors remplacé par un nouveau représentant des salariés. En cas d'absence ou d'empêchement du président, son remplacement est assuré par un représentant du collège des salariés. Le vice-président est élu pour la même durée parmi les représentants des employeurs. En cas de partage des voix, le président a voix prépondérante. Les procès-verbaux des réunions, datés et signés par le président, sont adressés à l'ensemble des membres avec indication pour chaque résolution des voix favorables et défavorables.

En cas d'empêchement, un membre peut se faire représenter par un autre membre du même collège. Un membre ne peut recevoir plus d'une délégation de pouvoir. Cette dernière est consentie pour une seule réunion.

Le conseil se réunit au moins 2 fois par an.

Les délibérations du conseil de surveillance sont prises à la majorité des voix, chaque membre du conseil, présent ou représenté, disposant d'une voix. Toutefois, pour les décisions portant directement sur :

- la définition et le changement d'orientation des fonds ;

- l'action en justice pour défendre et faire valoir les droits ou intérêts des porteurs de part ;

- le retrait ou l'interdiction d'une valeur mobilière pour raison éthique motivée ;

- la qualité de l'information aux porteurs de parts ;

- la désignation des mandataires représentant le fonds aux assemblées générales des sociétés émettrices,

chaque représentant des salariés porteurs de parts dispose de 2 voix.

Le conseil de surveillance est chargé notamment des orientations en matière de placement, du contrôle et du suivi de la gestion financière, administrative et comptable des FCPE. Il décide des fusions, scissions ou liquidations de ces derniers et peut agir en justice pour défendre ou faire valoir les droits ou intérêts des porteurs. Il veille au respect de l'ensemble des dispositions prévues dans le présent accord.

Le conseil examine le rapport annuel de gestion. Il entend chaque fois qu'il le juge utile l'organisme gestionnaire et la mission expert pour arrêter les grandes orientations en matière de placements. Dans ce cadre, après consultation de la Mission expert, le conseil de surveillance examine les éventuelles opportunités de placement permettant un retour vers la profession.

Il peut à tout moment missionner la mission expert prévue à l'article 11.

Il adopte un rapport annuel.

Le conseil exerce les droits de vote attachés aux actions détenues par le fonds. Il désigne un de ses membres pour le représenter, dans les conditions arrêtées en conseil de surveillance.

En outre, le conseil de surveillance, dans un souci de gestion socialement responsable et tout en prenant en compte l'intérêt des porteurs de parts ainsi que les contraintes de marché et techniques, peut décider le retrait ou l'interdiction d'un investissement sur la base d'un dossier documenté et motivé.

Chaque membre du conseil de surveillance peut bénéficier d'une formation spécifique dans le cadre, en ce qui concerne les représentants des salariés porteurs de part, du congé de formation économique, sociale et syndicale visé à l'article L. 451-1 du code du travail.

§ 2. Conseil de surveillance des FCPE de la gamme FIBTP

Un conseil de surveillance commun des fonds communs de placement multi-entreprise FIBTP millésimés et FIBTP long terme comprenant 10 membres est institué. Il est composé pour moitié de salariés porteurs de parts d'au moins un des fonds communs de placement multi-entreprise choisis par les fédérations syndicales professionnelles de salariés (CFDT, CFTC, CFE-CGC, CGT, CGT-FO) signataires de la convention relative à la participation des salariés aux résultats des entreprises du BTP et pour moitié de représentants des entreprises adhérentes, désignés à raison de 2 représentants chacun par la FFB et la FNTP et de 1/5 appartenant à une entreprise mixte désigné d'un commun accord entre les 2 fédérations. Chaque fonds commun a au moins un porteur de parts au sein du conseil de surveillance commun.

Le président du conseil de surveillance est élu pour 2 ans parmi les représentants des salariés porteurs de parts, son mandat arrivant à expiration à l'issue du conseil de surveillance qui approuve le rapport annuel de gestion. Le vice-président est élu pour la même durée parmi les représentants des employeurs. En cas de partage des voix, le président a voix prépondérante.

Le conseil de surveillance se réunit au moins une fois par an pour examiner le rapport annuel de gestion des fonds communs de placement multientreprises et le rapport sur la gestion administrative. Il détermine les conditions dans lesquelles est assurée l'information des salariés. Il exerce les droits de vote attachés aux titres inscrits à l'actif des fonds communs et, à cet effet, désigne 1 ou plusieurs mandataires aux assemblées générales des sociétés émettrices. Il décide de toute modification des règlements des fonds communs, des transformations, fusion, scission et liquidation des fonds communs.

Les délibérations du conseil de surveillance sont prises à la majorité des voix, chaque membre du conseil, présent ou représenté, disposant d'une voix. Toutefois, pour les décisions portant directement sur :

- la définition et le changement d'orientation des fonds ;

- l'action en justice pour défendre et faire valoir les droits ou intérêts des porteurs de part ;

- le retrait ou l'interdiction d'une valeur mobilière pour raison éthique motivée ;

- la qualité de l'information aux porteurs de parts ;

- la désignation des mandataires représentant le fonds aux assemblées générales des sociétés émettrices ;

chaque membre représentant des porteurs de parts, présent ou ayant donné pouvoir de le représenter, dispose de 2 voix.

Il suit la gestion des droits des salariés en période de blocage, de maintien volontaire et en situation de déshérence.

Gestion des FCPE

Article 8

En vigueur étendu

Modifié par Avenant du 22 novembre 2005 art. 2 en vigueur le 1er décembre 2005 BO conventions collectives 2005-51 étendu par arrêté du 13 juin 2006 JORF 23 juin 2006.

La gestion financière et comptable des FCPE est confiée, conformément aux règlements des fonds, à la société de développement et de gestion de l'épargne salariale dans les industries du bâtiment et des travaux publics - GESTIONBTP, 7, rue du Regard, 75006 Paris.

GESTIONBTP peut déléguer la gestion financière de ces fonds à PRO BTP Finance et à SMA Gestion, à raison respectivement de 65 % et 35 % des sommes recueillies.

Teneur de comptes conservateur de part - tenue des registres

Article 9

En vigueur étendu

Modifié par Avenant du 22 novembre 2005 art. 4 en vigueur le 1er décembre 2005 BO conventions collectives 2005-51 étendu par arrêté du 13 juin 2006 JORF 23 juin 2006.

Le teneur de compte conservateur de parts est : REGARDBTP - 7, rue du Regard, 75006 Paris.

Il demandera à BTP-Prévoyance, teneur de registre, de mettre à sa disposition les moyens techniques et humains nécessaires pour assurer la tenue des registres.

Les frais correspondants sont à la charge de l'entreprise, sauf cas particulier prévus dans les accords portant règlement des plans institués au titre du présent accord.

Dépositaire

Article 10

En vigueur étendu

Modifié par Avenant du 22 novembre 2005 art. 5 en vigueur le 1er décembre 2005 BO conventions collectives 2005-51 étendu par arrêté du 13 juin 2006 JORF 23 juin 2006.

Le dépositaire des avoirs de FCPE prévus ci-dessus est : BNP PARIBAS Securities Services, 3, rue d'Antin, 75002 Paris.

Pilotage, gestion et contrôle

Article 11

En vigueur étendu

Modifié par Avenant du 22 novembre 2005 art. 6 en vigueur le 1er décembre 2005 BO conventions collectives 2005-51 étendu par arrêté du 13 juin 2006 JORF 23 juin 2006.

Le contrôle et les grandes orientations en matière de placement des FCPE créés au titre de l'accord sont assurés par le conseil de surveillance des FCPE.

La gestion financière, administrative et comptable des FCPE est assurée sous la responsabilité du conseil d'administration paritaire de la société de gestion Gestion BTP.

De plus, les contrôles contractuels sont exercés complémentairement :

- par le dépositaire des FCPE ;

- par les contrôleurs légaux des comptes des FCPE.

En outre, afin d'aider les partenaires sociaux dans la conduite financière de l'épargne salariale, une mission expert, composée de 2 personnalités choisies par les partenaires sociaux sur proposition du conseil de surveillance, est constituée.

Elle est chargée, à la demande du conseil de surveillance :

- d'apporter un avis sur la gamme des FCPE proposée, son application et son évolution ;

- d'effectuer tout contrôle sur la mise en oeuvre de la politique financière ;

- d'analyser les différents rapports de gestion ;

- d'entreprendre toute étude ou enquête auprès de GESTIONBTP et des gestionnaires des fonds utilisés permettant d'éclairer le conseil de surveillance sur la qualité des prestations apportées par ces entités au dispositif.

Ces avis et études feront l'objet de présentations au conseil de surveillance qui validera et transmettra au conseil d'administration de GESTIONBTP.

Information des bénéficiaires

Obligation de l'entreprise

Article 12

En vigueur étendu

Modifié par Avenant du 22 novembre 2005 art. 7 en vigueur le 1er décembre 2005 BO conventions collectives 2005-51 étendu par arrêté du 13 juin 2006 JORF 23 juin 2006.

L'entreprise s'engage à exécuter pour le compte des bénéficiaires toutes les obligations qui lui son imparties du fait du présent accord et à servir d'intermédiaire entre eux et GESTIONBTP et le teneur de compte conservateur de parts désigné ci-dessus, notamment en ce qui concerne les souscriptions ou toute information utile sur la situation des bénéficiaires.

Information collective

Article 13

En vigueur étendu

Modifié par Avenant du 22 novembre 2005 art. 7 en vigueur le 1er décembre 2005 BO conventions collectives 2005-51 étendu par arrêté du 13 juin 2006 JORF 23 juin 2006.

Le personnel est informé de l'établissement du présent accord par voie d'affichage.

L'entreprise reçoit au plus tard le 30 juin de chaque année les rapports annuels de gestion et les inventaires des FCPE arrêtés au 31 décembre de l'exercice précédent, établis par GESTIONBTP et approuvés par le conseil de surveillance des FCPE.

Information individuelle

Article 14

En vigueur étendu

Après chaque souscription et au minimum une fois par an, les bénéficiaires reçoivent un récapitulatif de leurs avoirs investis dans les plans.

Les règlements des fonds communs de placement d'entreprise, le présent accord ainsi que les accords portant règlement des plans qui s'y rapportent sont disponibles auprès de leur employeur.

Une synthèse du rapport annuel établi par GESTIONBTP est disponible chaque année sur Internet.

Le rapport annuel de gestion complet ainsi que les inventaires des portefeuilles au 31 décembre de l'exercice précédent sont tenus à la disposition des porteurs par leur employeur.

Toutefois, lorsque l'entreprise n'adhère pas aux plans institués par le présent accord, les bénéficiaires peuvent obtenir ce document directement auprès de GESTIONBTP. Cette possibilité est mentionnée dans la documentation d'information qui leur est remise lors de leur première souscription.

Cas du départ du bénéficiaire

Article 15
En vigueur étendu
Modifié par Avenant du 22 novembre 2005 art. 4 en vigueur le 1er décembre 2005 BO conventions collectives 2005-51 étendu par arrêté du 13 juin 2006 JORF 23 juin 2006.

L'entreprise informe la société de gestion du départ d'un de ses bénéficiaires. Il lui est remis un état récapitulatif de ses droits ainsi qu'un livret d'épargne salariale s'il n'en a pas déjà un.

L'entreprise s'engage à prendre note de l'adresse à laquelle devront être envoyés les sommes ou avis relatifs à ses droits et la communique au REGARDBTP. En cas de changement d'adresse, le bénéficiaire doit en aviser le teneur de compte.

Lorsque le bénéficiaire ne peut être joint à la dernière adresse indiquée par lui, les avoirs auxquels il peut prétendre sont conservés dans les fonds communs de placement par l'organisme gestionnaire qui procède à leur liquidation à l'expiration du délai de prescription (30 ans) et verse le montant ainsi obtenu au Trésor public.

Dès qu'il est informé du décès d'un bénéficiaire, l'organisme gestionnaire contacte et informe le ou les ayants droit désignés par celui-ci lors de la souscription.

Dispositions diverses

Dépôt et extension de l'accord

Article 16
En vigueur étendu

Le présent accord est déposé à la direction départementale du travail et de l'emploi et de la formation professionnelle.

Les parties signataires demanderont son extension dans les conditions prévues aux articles L. 133-1 et suivants du code du travail.

Litiges

Article 17
En vigueur étendu

Toutes contestations relatives au présent accord qui peuvent s'élever pendant la durée de fonctionnement de celui-ci sont soumises à la juridiction des tribunaux compétents.

Entrée en vigueur et durée

Article 18
En vigueur étendu

L'entrée en vigueur du présent accord est fixée au 1er février 2003, pour une durée de 5 ans, sous réserve de l'agrément de la commission des opérations de bourse portant sur le règlement des fonds communs de placement.

Fait à Paris, le 20 janvier 2003.

Champ d'application de l'accord-cadre du 20 janvier 2003 instituant les plans d'épargne interentreprises du bâtiment et des travaux publics

En vigueur étendu
Modifié par Avenant du 22 novembre 2005 art. 8 en vigueur le 1er décembre 2005 BO conventions collectives 2005-51 étendu par arrêté du 13 juin 2006 JORF 23 juin 2006.
Activités visées

A. - Bâtiment (selon la nomenclature INSEE NAP-1973,

décret n° 73-1306 du 9 novembre 1973)

2106. - Construction métallique.

Sont uniquement visés les ateliers de production et montage d'ossatures métalliques pour le bâtiment (*).

2403. - Fabrication et installation de matériel aéraulique thermique et frigorifique.

Sont visées :

- les entreprises de fabrication et d'installation d'appareils de chauffage, ventilation et conditionnement d'air (*).

5510. - Travaux d'aménagement de terres et des eaux, voirie, parcs et jardins.

Sont visées :

- pour partie, les entreprises générales de bâtiment ; les entreprises de bâtiment effectuant des travaux d'aménagement des terres et des eaux, de VRD, de voirie et dans les parcs et jardins.

5512. - Travaux d'infrastructure générale.

Sont visées :

- pour partie, les entreprises générales de bâtiment ; les entreprises de bâtiment effectuant des travaux d'infrastructure générale.

5520. - Entreprises de forages, sondages, fondations spéciales.

Sont visées :

- pour partie, les entreprises générales de bâtiment ; les entreprises de bâtiment effectuant des forages, sondages ou des fondations spéciales, ainsi que :

- les entreprises de maçonnerie, de plâtrerie, de travaux en ciment, béton, béton armé pour le bâtiment ;

- les entreprises de terrassement et de démolition pour le bâtiment ;

- les entreprises de terrassement et de maçonnerie pour le bâtiment, fondations par puits et consolidation pour le bâtiment.

5530. - Construction d'ossatures autres que métalliques.

Sont visées :

- pour partie, les entreprises générales de bâtiment ; les entreprises de bâtiment effectuant des travaux de construction d'ossatures autres que métalliques, demandant du fait de leurs dimensions ou du procédé utilisé une technicité particulière (par exemple, charpentes d'immeubles de 10 étages et plus).

5531. - Installation industrielle, montage-levage.

Sont visées :

- pour partie, les entreprises générales de bâtiment ; les entreprises de bâtiment effectuant des travaux d'installations industrielles ou de montage-levage, ainsi que :

- les entreprises de constructions et d'entretiens de fours industriels et de boulangerie en maçonnerie et en matériaux réfractaires de tous types ;

- les entreprises de construction de cheminées d'usine.

5540. - Installation électrique.

A l'exception des entreprises d'installation électrique dans les établissements industriels, de recherche radio-électrique et de l'électronique, sont visées :

- les entreprises spécialisées dans l'équipement électrique des usines et autres établissements industriels (à l'exception de celles qui, à la date de la publication de l'arrêté portant extension du présent accord, appliquaient un autre accord collectif ayant le même objet) ;

- pour partie, les entreprises de couverture-plomberie et chauffage ;

- les entreprises de plomberie, chauffage et électricité ;

- les entreprises d'installations d'électricité dans les locaux d'habitation, magasins, bureaux, bâtiments industriels et autres bâtiments ;

- les entreprises de pose d'enseignes lumineuses.

5550. - Construction industrialisée.

Sont visées :

- pour partie, les entreprises générales de bâtiment ; les entreprises de bâtiment réalisant des constructions industrialisées ; les entreprises de fabrication et pose de maisons métalliques (*).

5560. - Maçonnerie et travaux courants de béton armé.

Sont visées :

- pour partie, les entreprises générales de bâtiment ; les entreprises de bâtiment effectuant de la maçonnerie et des travaux courants de terrassement, de fondation et de démolition.

5570. - Génie climatique.

Sont visées :

- les entreprises de couverture-plomberie et chauffage ;

- les entreprises d'installations de chauffage et d'électricité ;

- les entreprises de fumisterie de bâtiment, ramonage, installations de chauffage et de production d'eau chaude ;

- les entreprises d'installations de chauffage central, de ventilation, de climatisation ou d'isolation thermique, phonique et antivibratile.

5571. - Menuiserie - Serrurerie.

A l'exclusion des entreprises de fermetures métalliques dont l'activité se limite à la fabrication, sont notamment visées :

- les entreprises de charpente en bois ;

- les entreprises d'installation de cuisine ;

- les entreprises d'aménagements de placards ;

- les entreprises de fabrication et pose de parquets (à l'exception des parquets mosaïques) ;

- les entreprises de menuiserie du bâtiment (menuiserie bois, métallique intérieure, extérieure, y compris les murs-rideaux) (pose associée ou non à la fabrication) ;

- les entreprises de charpente et de maçonnerie associées ;

- les entreprises de serrurerie intérieure et extérieure du bâtiment (fabrication, pose et réparation) (*) ;

- les entreprises de pose de petite charpente en fer pour le bâtiment ;

- les entreprises de pose de clôtures ;

- les entreprises de ferronnerie pour le bâtiment (fabrication et pose associées) (*) (balcons, rampes d'escalier, grilles...) ;

- les entreprises de fourniture d'armatures métalliques préparées pour le béton armé (*).

5572. - Couverture - Plomberie, installations sanitaires.

Sont visées :

- les entreprises de couverture - plomberie (avec ou sans installation de chauffage) ;

- les entreprises de couverture en tous matériaux ;

- les entreprises de plomberie - installation sanitaire ;

- les entreprises d'étanchéité.

5573. - Aménagements - Finitions.

Sont notamment visées :

- les entreprises de construction et d'installation de stands pour les foires et expositions ;

- les entreprises de fabrication de maquettes et plans en relief ; les entreprises de plâtrerie, staff, cloisons en plâtre, plafonnage, plafonds en plâtre ;

- les entreprises de fabrication à façon et pose de menuiserie du bâtiment ;

- les entreprises de peinture de bâtiment, décoration ;

- les entreprises d'installations diverses dans les immeubles (notamment pose de linoléums et autres revêtements plastiques ..) ; pour les entreprises de pose de vitres, de glaces, de vitrines (*) ;

- les entreprises de peinture, plâtre, vitrerie (associés) ;

- les entreprises d'installations et d'aménagement des locaux commerciaux (magasins, boutiques, devantures, bars, cafés, restaurants, vitrines ..) ; cependant pour l'installation et l'aménagement des locaux commerciaux à base métallique (+) ;

- les entreprises de pose de paratonnerre (à l'exception de la fabrication) ;

- les entreprises de travaux d'aménagements spéciaux (installations de laboratoires, revêtements de sols et des murs en tous matériaux, calfeutrements métalliques, couvre-marches), à l'exclusion de la fabrication et de l'installation de matériel de laboratoire.

8708. - Services de nettoyage.

Sont visées :

- pour partie, les entreprises de ramonage.

Clause d'attribution (*)

Les activités économiques pour lesquelles a été prévue la présente clause d'attribution seront soumises aux règles suivantes :

1. Le présent accord sera appliqué lorsque le personnel concourant à la pose - y compris le personnel des bureaux d'études, les techniciens, la maîtrise... (le personnel administratif et le personnel dont l'activité est mal délimitée restant en dehors du calcul) - représente au moins 80 % de l'activité de l'entreprise caractérisée par les effectifs respectifs.

2. Lorsque le personnel concourant à la pose au sens ci-dessus se situe entre 20 et 80 %, les entreprises peuvent opter entre l'application du présent accord et l'application de l'accord correspondant à leurs autres activités, après accord avec les représentants des organisations signataires du présent accord ou, à défaut, des représentants du personnel.

Cette option sera portée à la connaissance du personnel dans un délai de 3 mois à compter soit de la publication de l'arrêté portant extension du présent accord, soit, pour les entreprises créées postérieurement, de la date de leur création.

3. Lorsque le personnel concourant à la pose au sens ci-dessus représente moins de 20 %, le présent accord n'est pas applicable.

Toutefois, les entreprises visées aux paragraphes 1 et 3 pourront continuer d'appliquer l'accord qu'elles appliquaient à la date de publication de l'arrêté portant extension du présent accord.

Cas des entreprises mixtes bâtiment et travaux publics

Pour l'application du présent accord, est considérée comme entreprise mixte bâtiment et travaux publics celle dont les activités sont partagées entre, d'une part, une ou plusieurs activités bâtiment, telles qu'elles sont énumérées dans la présente annexe, et, d'autre part, une ou plusieurs activités travaux publics, telles qu'elles sont définies par la nomenclature INSEE NAP - 1973 (décret n° 73-1306 du 9 novembre 1973).

1. Le présent accord sera appliqué par les entreprises mixtes bâtiment et travaux publics lorsque le personnel effectuant des travaux correspondant à une ou plusieurs activités bâtiment, telles qu'elles sont énumérées dans la présente annexe, représente au moins 60 % de l'ensemble du personnel de l'entreprise.

2. Lorsque le personnel effectuant des travaux correspondant à une ou plusieurs activités bâtiment se situe entre 40 et 60 % de l'ensemble du personnel, les entreprises mixtes bâtiment et travaux publics peuvent opter, après accord des représentants du personnel, entre l'application du présent accord et l'application de l'accord travaux publics.

Cette option sera portée à la connaissance du personnel dans un délai de 3 mois à compter soit de la publication de l'arrêté portant extension du présent accord, soit, pour les entreprises créées postérieurement, de la date de leur création.

3. Lorsque le personnel d'une entreprise mixte effectuant des travaux correspondant à une ou plusieurs activités bâtiment représente moins de 40 % de l'ensemble du personnel, le présent accord n'est pas applicable.

4. Les entreprises mixtes visées aux paragraphes 1 et 3 ci-dessus pourront continuer d'appliquer l'accord qu'elles appliquaient à la date du présent accord.

Cas des entreprises de menuiserie métallique

ou de menuiserie et fermetures métalliques

Est également incluse dans le champ d'application l'activité suivante, classée dans le groupe ci-dessous.

2107 - Menuiserie métallique de bâtiment.

Toutefois, l'extension du présent accord ne sera pas demandé pour cette activité.

Il en sera de même pour la fabrication et la pose associées de menuiserie et de fermetures métalliques classées dans le groupe 5571.

B. - Travaux publics (selon la nomenclature INSEE NAP-1973,

décret n° 73-1306 du 9 novembre 1973)

55.10. - Travaux d'aménagement des terres et des eaux, voirie, parcs et jardins.

Sont visées :

Les entreprises qui effectuent des travaux d'aménagement des terres et des eaux, voirie, parcs et jardins notamment :

- exécution de travaux de voirie en zone urbaine ou rurale :

- voirie urbaine

- petits travaux de voirie :

- VRD, chaussées pavées, bordures ;

- signalisation,

- aménagements d'espaces verts :

- plantations ornementales (pelouses, abords de routes...) ;

- terrains de sports,

- aménagement de terrains de culture, remise en état du sol :

- drainage, irrigation ;

- captage par puits ou autre ;

- curage de fossés,

- exécution d'installations d'hygiène publique :

- réseaux d'adduction et de distribution d'eau et de fluides divers par canalisations sous pression ;

- réseaux d'évacuation des eaux usées et pluviales, égouts. Stations de pompage ;

- stations d'épuration et de traitement des eaux usées ;

- abattoirs ;

- stations de traitement des ordures ménagères.

55.11. - Construction de lignes de transport d'électricité.

Sont visées :

Les entreprises qui effectuent des travaux de construction de lignes de transport d'électricité, y compris les travaux d'installation et montage de postes de transformation, d'armoires de distribution et de groupes électrogènes qui y sont liés (+) :

- construction de lignes de très haute tension ;

- construction de réseaux haute et basse tension ;

- éclairage rural ;

- lignes aériennes de traction électrique et caténaires ;

- canalisations électriques autres qu'aériennes ;

- construction de lignes pour courants faibles (télécommunications et centraux téléphoniques) ;

- lignes de distribution ;

- signalisation, éclairage public, techniques de protection ;

- chauffage de routes ou de pistes ;

- grands postes de transformation ;

- centrales et installations industrielles de haute technicité.

55.12. - Travaux d'infrastructure générale.

Sont visées :

Les entreprises qui effectuent des travaux d'infrastructure générale demandant le plus souvent une modification importante du sol ou destinés aux grandes communications notamment :

- terrassement en grande masse ;

- démolition ou abattage par procédés mécaniques, par explosif ou par fusion thermique... ;

- construction et entretien de voies ferrées et de leurs structures annexes ;

- travaux en site maritime ou fluvial :

- dragage et déroctage ;

- battage de pieux et palplanches ;

- travaux subaquatiques...

- mise en place, au moyen d'engins flottants, d'éléments préfabriqués, en immersion ou en élévation ;

- travaux souterrains ;

- travaux de pose de canalisations à grande distance pour distribution de fluide, liquide, gazeux et de réseaux de canalisations industrielles.

55.13. - Construction de chaussées.

Sont visées :

Les entreprises effectuant des travaux de construction des chaussées de routes de liaison, de pistes d'aérodromes et de voies de circulation ou de stationnement assimilables à des routes dans les ensembles industriels ou commerciaux, publics ou privés, ainsi que les plate-formes spéciales pour terrains de sports :

- terrassement sous chaussée ;

- construction des corps de chaussée ;

- couche de surface (en enrobés avec mise en oeuvre seule ou fabrication et mise en oeuvre, asphaltes coulés, enduits superficiels ..) ;

- mise en oeuvre de revêtement en béton de ciment ;

- rabotage, rectification et reprofilage ,

- travaux annexes (signalisation horizontale, barrières de sécurité ..).

55.20. - Entreprises de forages, sondages, fondations spéciales.

Sont visées :

Les entreprises effectuant des travaux de :

- fondation et consolidation des sols par ouvrages interposés pieux, puits, palplanches, caissons ...

- traitement des sols :

- injection, congélation, parois moulées ;

- rabattement de nappe, béton immergé...

- reconnaissance des sols : forages et sondages de toute nature et par tout procédé (y compris forages pétroliers).

55.30. - Construction d'ossatures autres que métalliques

Sont visées :

Les entreprises qui effectuent des travaux de construction d'ossatures autres que métalliques, notamment en béton armé ou précontraint, demandant du fait de leurs dimensions ou du procédé une technicité particulière, par exemple :

- barrages ;

- ponts, ouvrages de croisement à plusieurs niveaux ;

- génie civil de centrales de toute nature productrices d'énergie ;

- génie civil d'unités pour la sidérurgie, la chimie .. ;

- silos, réfrigérants hyperboliques, cheminées en béton ;

- réservoirs, cuves, châteaux d'eau ;

- coupoles, voiles minces ;

- piscines, bassins divers ;

- étanchéité...

55.31. - Installations industrielles - Montage - Levage.

Sont visées :

Pour partie, les entreprises de travaux publics et de génie civil qui effectuent des travaux d'installation, de montage ou de levage d'ouvrages de toute nature, notamment métallique, exécutés en site terrestre, fluvial ou maritime, par exemple :

- ponts fixes ou mobiles ;

- vannes de barrage ;

- portes d'écluses, élévateurs et ascenseurs à bateaux ;

- ossatures de charpentes industrielles, de centrales thermiques ou nucléaires ;

- ossatures de halls industriels ;

- installations pour la sidérurgie ;

- pylônes, téléphériques ;

- éléments d'ouvrages préfabriqués.

55.40. - Installation électrique.

A l'exception des entreprises d'installation électrique dans les établissements industriels, de recherche radioélectrique et de l'électronique, sont visées :

Les entreprises qui effectuent des travaux (*) :

- d'éclairage extérieur, de balisage ;

- d'installation et de montage de postes de transformation, d'armoires de distribution et de groupes électrogènes (non liés à la construction de lignes de transport d'électricité) ;

- et, pour partie, d'installations industrielles de technique similaire (à l'exception de celles qui, à la date de l'arrêté d'extension, appliquaient une autre convention collective que celles des travaux publics).

55.50. - Construction industrialisée.

Sont visées :

Pour partie, les entreprises de travaux publics et de génie civil réalisant des ouvrages ou partie d'ouvrages par assemblage d'éléments préfabriqués métalliques ou en béton, par exemple :

- poutres de pont ;

- voussoirs pour tunnel ...

55.60. - Maçonnerie et travaux courants de béton armé.

Sont visées :

Pour partie, les entreprises exerçant des activités de génie civil non classées dans les groupes précédents et les entreprises de travaux publics effectuant de la maçonnerie, de la démolition et des travaux courants de béton armé, de terrassement et de fondation.

55.70. - Génie climatique.

Sont visées :

Pour partie, les entreprises de travaux publics et de génie civil effectuant des travaux d'application thermique et frigorifique de l'électricité (*).

Clause d'attribution (*)

Les activités économiques pour lesquelles a été prévue la présente clause d'attribution seront soumises aux règles suivantes :

1. Le présent accord sera appliqué lorsque le personnel concourant à la pose - y compris le personnel des bureaux d'études, les techniciens, la maîtrise (le personnel administratif et le personnel dont l'activité est mal délimitée restant en dehors du calcul) - représente au moins 80 % de l'activité de l'entreprise caractérisée par les effectifs respectifs.

2. Lorsque le personnel concourant à la pose au sens ci-dessus se situe entre 20 % et 80 %, les entreprises peuvent opter entre l'application du présent accord et l'application de l'accord correspondant à leurs autres activités, après accord avec les représentants des organisations signataires du présent accord ou, à défaut, des représentants du personnel.

Cette option sera portée à la connaissance du personnel dans un délai de 1 mois à compter soit de la publication de l'arrêté portant extension du présent accord, soit, pour les entreprises créées postérieurement, de la date de leur création.

3. Lorsque le personnel concourant à la pose au sens ci-dessus représente moins de 20 %, le présent accord n'est pas applicable.

Toutefois, les entreprises visées aux paragraphes 1 et 3 ci-dessus pourront continuer d'appliquer l'accord qu'elles appliquaient à la date de publication de l'arrêté portant extension du présent accord.

Cas des entreprises mixtes de travaux publics

Pour l'application du présent accord, est considérée comme entreprise mixte travaux publics et bâtiment celle dont les activités sont partagées entre, d'une part, une ou plusieurs activités travaux publics, telles qu'elles sont énumérées dans la présente annexe, et, d'autre part, une ou plusieurs activités bâtiment telles qu'elles sont définies par la nomenclature INSEE NAP - 1973 (décret n° 73-1306 du 9 novembre 1973).

1. Le présent accord sera appliqué par les entreprises mixtes travaux publics et bâtiment lorsque le personnel effectuant des travaux correspondant à une ou plusieurs activités travaux publics, telles qu'elles sont énumérées dans la présente annexe, représente au moins 60 % de l'ensemble du personnel de l'entreprise.

2. Lorsque le personnel effectuant des travaux correspondant à une ou plusieurs activités travaux publics se situe entre 40 et 60 % de l'ensemble du personnel, les entreprises mixtes travaux publics et bâtiment peuvent opter, après accord des représentants du personnel, pour l'application du présent accord.

Cette option sera portée à la connaissance du personnel dans un délai de 3 mois à compter, soit de la publication de l'arrêté portant extension du présent accord, soit, pour les entreprises créées, postérieurement, de la date de leur création.

3. Lorsque le personnel d'une entreprise mixte effectuant des travaux correspondant à une ou plusieurs activités travaux publics représente moins de 40 % de l'ensemble du personnel, le présent accord n'est pas applicable.

4. Les entreprises mixtes visées aux paragraphes 1 et 3 ci-dessus pourront continuer d'appliquer la convention collective qu'elles appliquaient à la date du présent accord.

C. - Organisations professionnelles et syndicales du BTP

(selon la nomenclature INSEE NAF-1993)

91.1A. - Organisations patronales et consulaires.

91.1C. - Organisations professionnelles.

91.2Z. - Syndicats de salariés :

Lorsque leur activité s'exerce dans le cadre ou en direction de tout ou partie du champ défini en A et B ci-dessus.

D. - Administration des entreprises

(selon la nomenclature INSEE NAF-1993)

74.1J. - Administration des entreprises.

Dans cette classe, sont visés :

- les sièges sociaux et autres établissements chargés de l'administration des entreprises visées par le présent accord ;

- les groupements d'employeurs et les GIE composés en majorité d'entreprises visées par le présent accord ;

- les sociétés détenant des participations dans des entreprises visées par le présent accord, pour un montant supérieur à la moitié de la valeur de leur portefeuille, tels qu'ils figurent au poste " immobilisations " du bilan arrêté à la fin du dernier exercice clos (sociétés mères et holdings).

E. - Services interentreprises de santé au travail du BTP

(selon la nomenclature INSEE NAF-1993 : 85.1 C)

F. - Autres entreprises visées par l'accord

Bureau de normalisation des techniques et équipements de la construction du bâtiment (BNTEC - ASSOCIATION), 9, rue La Pérouse, 75784 Paris Cedex 16.

Institut technique de la fédération française du bâtiment (IT-FFB), 9, rue La Pérouse, 75784 Paris Cedex 16.

Sociétés d'édition du bâtiment et des travaux publics (SEBTP), 6-14, rue La Pérouse, 75784 Paris Cedex 16.

Société européenne de communication et de gestion (SECOGEST), 9, rue La Pérouse, 75784 Paris Cedex 16.

Société immobilière du domaine de Saint-Paul, 9, rue La Pérouse, 75784 Paris Cedex 16.

OPCA-BATIMENT, 6-14, rue La Pérouse, 75784 Paris Cedex 16.

GFC-BTP, 6, rue de Beaubourg, 75194 Paris Cedex 04 et les associations régionales paritaires de formation continue (AREF-BTP).

CCCA-BTP, 19, rue du Père-Corentin, 75680 Paris Cedex 14, et les associations gestionnaires paritaires des CFA du BTP.

A2C, 6-14, rue La Pérouse 75784 Paris Cedex 16.

Association foncière logement 3, rue de l'Armée, 75014 Paris.

SAS Foncière Logement, 3, rue de l'Armée, 75014 Paris.

Centre de gestion national du bâtiment et des travaux publics agréé et habilité (CGA - BTP), 33, avenue Kléber, 75784 Paris Cedex 16.

Fédération française des artisans coopérateurs du bâtiment (FFACB), 11, rue Vaudétard, 92130 Issy-les-Moulineaux.

Association paritaire nationale pour le développement de la politique contractuelle dans les entreprises artisanales du bâtiment (APNAB), 2 bis, rue Béranger, 75003 Paris.

Association nationale de formation pour l'artisanat du bâtiment (ANFAB), 2 bis, rue Béranger, 75003 Paris.

Fonds d'assurance de formation des salariés de l'artisanat du bâtiment et des travaux publics (FAFSAB), 8, rue du Regard, 75280 Paris Cedex 06.

Centre de l'industrie française des travaux publics (CIFTP) 3, rue de Berri, 75008 Paris.

L'Immobilière des travaux publics, 3, rue de Berri, 75008 Paris.

Organisme paritaire collecteur agréé travaux publics (OPCA TP) 10, rue Washington, 75008 Paris.

Syndicat des entrepreneurs français internationaux (SEFI) 10, rue Washington, 75008 Paris.

Association gestionnaire des écoles d'application aux métiers des travaux publics (AGEATP), 3, rue de Berri, 75008 Paris.

Association gestionnaire des centres de formation continue de la fédération nationale des travaux publics (AGCFTP), 3, rue de Berri, 75008 Paris.

BTP GESTION 7, rue du Regard, 75006 Paris.

Société de développement et de gestion de l'épargne salariale dans les industries du bâtiment et des travaux publics - GESTIONBTP, 7, rue du Regard, 75006 Paris.

REGARD BTP 7, rue du Regard, 75006 Paris.

Fondation BTP Gestion 7, rue du Regard, 75006 Paris.

BTP Services 9, rue La Pérouse, 75784 Paris Cedex 16.

Notices d'information des fonds communs de placement d'entreprise définis par l'accord-cadre du 20 janvier 2003 instituant les plans d'épargne interentreprises du bâtiment et des travaux publics

Notice d'information du fonds commun de placement d'entreprise BTP Epargne monétaire

En vigueur étendu

N° code COB :

Compartiment : OUI NON x

Nourricier : OUI NON x

Un fonds commun de placement d'entreprise (FCPE) est un organisme de placement collectif en valeurs mobilières (OPCVM), c'est-à-dire un produit d'épargne qui permet à plusieurs investisseurs de détenir en commun un portefeuille de valeurs mobilières. Le FCPE est réservé aux salariés des entreprises et destiné à recevoir et à investir leur épargne salariale. Il est géré par une société de gestion.

La gestion du FCPE est contrôlée par un conseil de surveillance, composé de représentants des salariés et de représentants des entreprises. Ce conseil a notamment pour fonction d'examiner le rapport de gestion et les comptes annuels de l'OPCVM, d'examiner la gestion financière, administrative et comptable de l'OPCVM (le cas échéant, d'exercer les droits de vote attachés aux titres de capital détenus dans le portefeuille, de décider de l'apport des titres en cas d'offre publique), de décider des opérations du fusion, scission ou liquidation et de donner son accord préalable aux modifications du règlement du FCPE. Le conseil de surveillance d'un FCPE adopte en outre un rapport annuel mis à la disposition de chaque porteur de parts.

L'adhésion au présent FCPE emporte acceptation des dispositions contenues dans son règlement.

Le souscripteur peut obtenir, sans frais, communication du règlement du FCPE sur simple demande auprès de son entreprise.

La FCPE BTP Epargne monétaire est un fonds multientreprises créé pour l'application de l'accord-cadre instituant les plans d'épargne interentreprises du bâtiment et des travaux publics, signé le 20 janvier 2003.

Il est réservé aux bénéficiaires de l'accord ci-dessus mentionné. Il peut également être ouvert aux bénéficiaires d'accords mis en place en application des articles L. 441-1 à L. 444-7 du code du travail au profit des salariés d'entreprises du secteur du bâtiment et des travaux publics ou de secteurs connexes ainsi que d'entreprises qui sont filiales d'entreprises relevant elles-mêmes de ces secteurs.

Le fonds est régi par les dispositions de l'article L. 214-39 du code monétaire et financier.

Le conseil de surveillance

Un conseil de surveillance commun aux fonds communs de placement d'entreprise créés dans le cadre de l'accord-cadre mentionné ci-dessus, composé de 20 membres, est institué. Il est composé à parité de 10 membres salariés porteurs de parts d'au moins un des fonds communs de placement d'entreprise représentant les porteurs de parts, désignés par les fédérations syndicales professionnelles de salariés, et de 10 représentants des entreprises adhérentes, désignés par les organisations professionnelles d'employeurs. Chaque fonds dispose d'au moins un porteur de parts au conseil de surveillance.

Orientation de gestion du fonds

Le FCPE BTP Epargne monétaire est classé dans la catégorie " FCPE Monétaire euro ".

A ce titre, le FCPE est en permanence géré à l'intérieur d'une fourchette de sensibilité de 0 à 0,5.

Intervention sur les marchés à terme dans un but de protection du portefeuille : oui.

Pourcentage de détention de l'actif en autres OPCVM :

investissement majoritaire en OPCVM classés " Monétaires euro ".

Zone géographique prépondérante : zone euro.

Indicateurs du marché monétaire : EONIA.

Fonctionnement du fonds

La valeur liquidative est calculée chaque vendredi, ainsi que le 30 juin et le 31 décembre de chaque année. Dans le cas où ces jours ne seraient pas des jours d'ouverture de la bourse de Paris, ou seraient des jours fériés légaux, la valeur liquidative est établie le jour ouvré précédent.

Lieu et mode de publication de la valeur liquidative :

Les valeurs liquidatives sont publiées :

- sur Minitel : 3614 PRO BTP (rubrique GESTIONBTP), 0,019 Euros à la connexion puis 0,057 Euro la minute ;

- sur Internet : www.gestionbtp.com (rubrique épargne salariale) ou www.smabtp.fr.

La composition de l'actif du FCPE est publiée chaque semestre. Tout salarié qui en fait la demande peut recevoir le rapport annuel.

Etablissement chargé des souscriptions : TCCP BTP. Les souscriptions s'effectuent par l'intermédiaire des entreprises, ou individuellement au cas où l'entreprise n'adhère pas aux plans.

Etablissement chargé des rachats de parts : TCCP BTP.

Modalités de souscription et de rachat :

- apports et retraits : en numéraire ;

- mode d'exécution : prochaine valeur liquidative ;

- commission de souscription à l'entrée : 0,75 % maximum à la charge des porteurs de parts ;

- commission de rachat à la sortie : néant ;

- commission d'arbitrage : 0,375 % maximum à la charge des porteurs de parts ;

- les frais de gestion directs du fonds s'élèvent à un montant de 0,25 % l'an (HT), à la charge du fonds.

Les frais de gestion indirects du fonds s'élèvent à un montant maximum de 0,4 % l'an (HT), à la charge du fonds.

Le total des frais de gestion et commissions directs et indirects ne dépasseront pas un maximum de 0,5 % l'an (HT), à la charge du fonds ;

- affectation des revenus du fonds : réinvestissement dans le fonds ;

- frais de tenue de compte conservation : à la charge de l'entreprise, ils sont à la charge du porteur de parts lorsque celui-ci a quitté l'entreprise et que ses droits acquis ont été mis en disponibilité, à l'exception des frais de tenue de compte concernant les salariés qui ont quitté l'entreprise pour départ en retraite ou préretraite ;

- délai d'indisponibilité : 5 ans pour les plans d'épargne et accords de participation, 10 ans pour le PPESVI ;

- disponibilité des parts : les parts sont disponibles selon les modalités prévues par l'accord national instituant les plans d'épargne interentreprises du bâtiment et des travaux publics soit, le cas échéant, selon les termes de l'accord d'entreprise ;

- modalités de demande de remboursements anticipés et de parts disponibles : adresser la demande, accompagnée s'il y a lieu, des pièces justificatives, à TCCP BTP. Les parts sont payées en numéraire dans un délai n'excédant pas 1 mois après l'établissement de la première valeur de part qui suit la réception de la demande de rachat ;

- valeur de la part à la constitution du fonds : 10 Euros.

Nom et adresse des intervenants :

- société de gestion : GESTIONBTP, 7, rue du Regard, 75006 Paris ;

- sociétés de gestion délégataires : PRO BTP Finance et SMA Gestion ;

- société de gestion assurant la délégation comptable du fonds : PRO BTP Finance ;

- dépositaire : Natexis Banques populaires, 45, rue Saint-Dominique, 75007 Paris ;

- commissaires aux comptes :

- Mazars et Guérard, Le Vinci, 4, allée de l'Arche, 92075 La Défense Cedex ;

- Coopers et Lybrand audit, 32, rue Guersant, 75017 Paris.

- teneur de compte, conservateur des parts : TCCP BTP, 7, rue du Regard, 75006 Paris ;

- teneur de registre : BTP Prévoyance (PRO BTP), service Participation, 94966 Créteil Cedex 9.

Ce FCPE a été agréé par la Commission des opérations de bourse, le 11 avril 2003.

La présente notice d'information doit être remise aux porteurs préalablement à toute souscription.

Notice d'information du fonds commun de placement d'entreprise BTP Epargne obligataire

En vigueur étendu

N° code COB :

Compartiment : OUI NON x

Nourricier : OUI NON x

Un fonds commun de placement d'entreprise (FCPE) est un organisme de placement collectif en valeurs mobilières (OPCVM), c'est-à-dire un produit d'épargne qui permet à plusieurs investisseurs de détenir en commun un portefeuille de valeurs mobilières. Le FCPE est réservé aux salariés des entreprises et destiné à recevoir et à investir leur épargne salariale. Il est géré par une société de gestion.

La gestion du FCPE est contrôlée par un conseil de surveillance, composé de représentants des salariés et de représentants des entreprises. Ce conseil a notamment pour fonction d'examiner le rapport de gestion et les comptes annuels de l'OPCVM, d'examiner la gestion financière, administrative et comptable de l'OPCVM (le cas échéant, d'exercer les droits de vote attachés aux titres de capital détenus dans le portefeuille, de décider de l'apport des titres en cas d'offre publique), de décider des opérations du fusion, scission ou liquidation et de donner son accord préalable aux modifications du règlement du FCPE. Le conseil de surveillance d'un FCPE adopte en outre un rapport annuel mis à la disposition de chaque porteur de parts.

L'adhésion au présent FCPE emporte acceptation des dispositions contenues dans son règlement.

Le souscripteur peut obtenir, sans frais, communication du règlement du FCPE sur simple demande auprès de son entreprise.

La FCPE BTP Epargne obligataire est un fonds multientreprises créé pour l'application de l'accord-cadre instituant les plans d'épargne interentreprises du bâtiment et des travaux publics, signé le 20 janvier 2003.

Il est réservé aux bénéficiaires de l'accord ci-dessus mentionné. Il peut également être ouvert aux bénéficiaires d'accords mis en place en application des articles L. 441-1 à L. 444-7 du code du travail au profit des salariés d'entreprises du secteur du bâtiment et des travaux publics ou de secteurs connexes ainsi que d'entreprises qui sont filiales d'entreprises relevant elles-mêmes de ces secteurs.

Le fonds est régi par les dispositions de l'article L. 214-39 du code monétaire et financier.

Le conseil de surveillance

Un conseil de surveillance commun aux fonds communs de placement d'entreprise créés dans le cadre de l'accord-cadre mentionné ci-dessus, composé de 20 membres, est institué. Il est composé à parité de 10 membres salariés porteurs de parts d'au moins un des fonds communs de placement d'entreprise représentant les porteurs de parts, désignés par les fédérations syndicales professionnelles de salariés, et de 10 représentants des entreprises adhérentes, désignés par les organisations professionnelles d'employeurs. Chaque fonds dispose d'au moins un porteur de parts au conseil de surveillance.

Orientation de gestion du fonds

Le FCPE BTP Epargne obligataire est classé dans la catégorie " FCPE Obligations et autres titres de créances libellés en euros ".

A ce titre, le FCPE est en permanence investi en produits de taux (obligataires et monétaires) et assimilés sur un ou plusieurs marchés de taux de pays de la zone euro, de durée de vie moyenne supérieure à un an.

Intervention sur les marchés à terme dans un but de protection du portefeuille : oui

Pourcentage de détention de l'actif en autres OPCVM :

investissement majoritaire en OPCVM.

Zone géographique prépondérante : zone euro.

Sensibilité : supérieure à 0,55.

Fonctionnement du fonds

La valeur liquidative est calculée chaque vendredi, ainsi que le 30 juin et le 31 décembre de chaque année. Dans le cas où ces jours ne seraient pas des jours d'ouverture de la bourse de Paris, ou seraient des jours fériés légaux, la valeur liquidative est établie le jour ouvré précédent.

Lieu et mode de publication de la valeur liquidative :

Les valeurs liquidatives sont publiées :

- sur Minitel : 3614 PRO BTP (rubrique GESTIONBTP), 0,019 Euros à la connexion puis 0,057 Euro la minute ;

- sur Internet : www.gestionbtp.com (rubrique épargne salariale) ou www.smabtp.fr .

La composition de l'actif du FCPE est publiée chaque semestre. Tout salarié qui en fait la demande peut recevoir le rapport annuel.

Etablissement chargé des souscriptions : TCCP BTP. Les souscriptions s'effectuent par l'intermédiaire des entreprises, ou individuellement au cas où l'entreprise n'adhère pas aux plans.

Etablissement chargé des rachats de parts : TCCP BTP.

Modalités de souscription et de rachat :

- apports et retraits : en numéraire ;

- mode d'exécution : prochaine valeur liquidative ;

- commission de souscription à l'entrée : 1 % maximum à la charge des porteurs de parts ;

- commission de rachat à la sortie : néant ;

- commission d'arbitrage : 0,5 % maximum à la charge des porteurs de parts ;

- les frais de gestion directs du fonds s'élèvent à un montant de 0,4 % l'an (HT), à la charge du fonds.

Les frais de gestion indirects du fonds s'élèvent à un montant maximum de 0,8 % l'an (HT), à la charge du fonds.

Le total des frais de gestion et commissions directs et indirects ne dépasseront pas un maximum de 1 % l'an (HT), à la charge du fonds ;

- affectation des revenus du fonds : réinvestissement dans le fonds ;

- frais de tenue de compte conservation : à la charge de l'entreprise, ils sont à la charge du porteur de parts lorsque celui-ci a quitté l'entreprise et que ses droits acquis ont été mis en disponibilité, à l'exception des frais de tenue de compte concernant les salariés qui ont quitté l'entreprise pour départ en retraite ou préretraite ;

- délai d'indisponibilité : 5 ans pour les plans d'épargne et accords de participation, 10 ans pour le PPESVI ;

- disponibilité des parts : les parts sont disponibles selon les modalités prévues par l'accord national instituant les plans d'épargne interentreprises du bâtiment et des travaux publics soit, le cas échéant, selon les termes de l'accord d'entreprise ;

- modalités de demande de remboursements anticipés et de parts disponibles : adresser la demande, accompagnée s'il y a lieu, des pièces justificatives, à TCCP BTP. Les parts sont payées en numéraire dans un délai n'excédant pas 1 mois après l'établissement de la première valeur de part qui suit la réception de la demande de rachat ;

- valeur de la part à la constitution du fonds : 10 Euros.

Nom et adresse des intervenants :

- société de gestion : GESTIONBTP, 7, rue du Regard, 75006 Paris ;

- sociétés de gestion délégataires : PRO BTP Finance et SMA Gestion ;

- société de gestion assurant la délégation comptable du fonds : PRO BTP Finance ;

- dépositaire : Natexis Banques populaires, 45, rue Saint-Dominique, 75007 Paris ;

- commissaires aux comptes :

- Coopers et Lybrand audit, 32, rue Guersant, 75017 Paris.

- Mazars et Guérard, Le Vinci, 4, allée de l'Arche, 92075 La Défense Cedex ;

- teneur de compte, conservateur des parts : TCCP BTP, 7, rue du Regard, 75006 Paris ;

- teneur de registre : BTP Prévoyance (PRO BTP), service Participation, 94966 Créteil Cedex 9.

Ce FCPE a été agréé par la Commission des opérations de bourse, le 11 avril 2003.

La présente notice d'information doit être remise aux porteurs préalablement à toute souscription.

Notice d'information du fonds commun de placement d'entreprise BTP Epargne Actions

En vigueur étendu

N° code COB :

Compartiment : OUI NON x

Nourricier : OUI NON x

Un fonds commun de placement d'entreprise (FCPE) est un organisme de placement collectif en valeurs mobilières (OPCVM), c'est-à-dire un produit d'épargne qui permet à plusieurs investisseurs de détenir en commun un portefeuille de valeurs mobilières. Le FCPE est réservé aux salariés des entreprises et destiné à recevoir et à investir leur épargne salariale. Il est géré par une société de gestion.

La gestion du FCPE est contrôlée par un conseil de surveillance, composé de représentants des salariés et de représentants des entreprises. Ce conseil a notamment pour fonction d'examiner le rapport de gestion et les comptes annuels de l'OPCVM, d'examiner la gestion financière, administrative et comptable de l'OPCVM (le cas échéant, d'exercer les droits de vote attachés aux titres de capital détenus dans le portefeuille, de décider de l'apport des titres en cas d'offre publique), de décider des opérations du fusion, scission ou liquidation et de donner son accord préalable aux modifications du règlement du FCPE. Le conseil de surveillance d'un FCPE adopte en outre un rapport annuel mis à la disposition de chaque porteur de parts.

L'adhésion au présent FCPE emporte acceptation des dispositions contenues dans son règlement.

Le souscripteur peut obtenir, sans frais, communication du règlement du FCPE sur simple demande auprès de son entreprise.

La FCPE BTP Epargne Actions est un fonds multientreprises créé pour l'application de l'accord-cadre instituant les plans d'épargne interentreprises du bâtiment et des travaux publics, signé le 20 janvier 2003.

Il est réservé aux bénéficiaires de l'accord ci-dessus mentionné. Il peut également être ouvert aux bénéficiaires d'accords mis en place en application des articles L. 441-1 à L. 444-7 du code du travail au profit des salariés d'entreprises du secteur du bâtiment et des travaux publics ou de secteurs connexes ainsi que d'entreprises qui sont filiales d'entreprises relevant elles-mêmes de ces secteurs.

Le fonds est régi par les dispositions de l'article L. 214-39 du code monétaire et financier.

Le conseil de surveillance

Un conseil de surveillance commun aux fonds communs de placement d'entreprise créés dans le cadre de l'accord-cadre mentionné ci-dessus, composé de 20 membres, est institué. Il est composé à parité de 10 membres salariés porteurs de parts d'au moins un des fonds communs de placement d'entreprise représentant les porteurs de parts, désignés par les fédérations syndicales professionnelles de salariés, et de 10 représentants des entreprises adhérentes, désignés par les organisations professionnelles d'employeurs. Chaque fonds dispose d'au moins un porteur de parts au conseil de surveillance.

Orientation de gestion du fonds

Le FCPE BTP Epargne Actions est classé dans la catégorie " FCPE Actions de pays de la zone euro ".

A ce titre, le FCPE est investi en permanence à 75 % minimum en actions et assimilées d'un ou plusieurs marchés de pays de la zone euro.

Intervention sur les marchés à terme dans un but de protection du portefeuille : oui.

Pourcentage de détention de l'actif en autres OPCVM :

investissement majoritaire en OPCVM.

Zone géographique prépondérante : zone euro.

Fonctionnement du fonds

La valeur liquidative est calculée chaque vendredi, ainsi que le 30 juin et le 31 décembre de chaque année. Dans le cas où ces jours ne seraient pas des jours d'ouverture de la bourse de Paris, ou seraient des jours fériés légaux, la valeur liquidative est établie le jour ouvré précédent.

Lieu et mode de publication de la valeur liquidative :

Les valeurs liquidatives sont publiées :

- sur Minitel : 3614 PRO BTP (rubrique GESTIONBTP), 0,019 Euro à la connexion puis 0,057 Euros la minute ;

- sur Internet : www.gestionbtp.com (rubrique épargne salariale) ou www.smabtp.fr .

La composition de l'actif du FCPE est publiée chaque semestre. Tout salarié qui en fait la demande, peut recevoir le rapport annuel.

Etablissement chargé des souscriptions : TCCP BTP. Les souscriptions s'effectuent par l'intermédiaire des entreprises, ou individuellement au cas où l'entreprise n'adhère pas aux plans.

Etablissement chargé des rachats de parts : TCCP BTP.

Modalités de souscription et de rachat :

- apports et retraits : en numéraire ;

- mode d'exécution : prochaine valeur liquidative ;

- commission de souscription à l'entrée : 2 % maximum à la charge des porteurs de parts ;

- commission de rachat à la sortie : néant ;

- commission d'arbitrage : 1 % maximum à la charge des porteurs de parts ;

- les frais de gestion directs du fonds s'élèvent à un montant de 0,9 % l'an (HT), à la charge du fonds.

Les frais de gestion indirects du fonds s'élèvent à un montant maximum de 1,5 % l'an (HT), à la charge du fonds.

Le total des frais de gestion et commissions directs et indirects ne dépasseront pas un maximum de 1,5 % l'an (HT), à la charge du fonds ;

- affectation des revenus du fonds : réinvestissement dans le fonds ;

- frais de tenue de compte conservation : à la charge de l'entreprise, ils sont à la charge du porteur de parts lorsque celui-ci a quitté l'entreprise et que ses droits acquis ont été mis en disponibilité, à l'exception des frais de tenue de compte concernant les salariés qui ont quitté l'entreprise pour départ en retraite ou préretraite ;

- délai d'indisponibilité : 5 ans pour les plans d'épargne et accords de participation, 10 ans pour le PPESVI ;

- disponibilité des parts : les parts sont disponibles selon les modalités prévues par l'accord national instituant les plans d'épargne interentreprises du bâtiment et des travaux publics soit, le cas échéant, selon les termes de l'accord d'entreprise ;

- modalités de demande de remboursements anticipés et de parts disponibles : adresser la demande, accompagnée s'il y a lieu, des pièces justificatives, à TCCP BTP. Les parts sont payées en numéraire dans un délai n'excédant pas 1 mois après l'établissement de la première valeur de part qui suit la réception de la demande de rachat ;

- valeur de la part à la constitution du fonds : 10 Euros.

Nom et adresse des intervenants :

- société de gestion : GESTIONBTP, 7, rue du Regard, 75006 Paris ;

- sociétés de gestion délégataires : PRO BTP Finance et SMA Gestion ;

- société de gestion assurant la délégation comptable du fonds : PRO BTP Finance, 7, rue du Regard, 75006 Paris ;

- dépositaire : Natexis Banques populaires, 45, rue Saint-Dominique, 75007 Paris ;

- commissaires aux comptes :

- Mazars et Guérard, Le Vinci, 4, allée de l'Arche, 92075 La Défense Cedex ;

- Coopers et Lybrand audit, 32, rue Guersant, 75017 Paris.

- teneur de compte, conservateur des parts : TCCP BTP, 7, rue du Regard, 75006 Paris ;

- teneur de registre : BTP Prévoyance (PRO BTP), service Participation, 94966 Créteil Cedex 9.

Ce FCPE a été agréé par la Commission des opérations de bourse, le 11 avril 2003.

La présente notice d'information doit être remise aux porteurs préalablement à toute souscription.

Notice d'information du fonds commun de placement d'entreprise BTP Epargne prudent

En vigueur étendu

N° code COB :

Compartiment : OUI NON x

Nourricier : OUI NON x

Un fonds commun de placement d'entreprise (FCPE) est un organisme de placement collectif en valeurs mobilières (OPCVM), c'est-à-dire un produit d'épargne qui permet à plusieurs investisseurs de détenir en commun un portefeuille de valeurs mobilières. Le FCPE est réservé aux salariés des entreprises et destiné à recevoir et à investir leur épargne salariale. Il est géré par une société de gestion.

La gestion du FCPE est contrôlée par un conseil de surveillance, composé de représentants des salariés et de représentants des entreprises. Ce conseil a notamment pour fonction d'examiner le rapport de gestion et les comptes annuels de l'OPCVM, d'examiner la gestion financière, administrative et comptable de l'OPCVM (le cas échéant, d'exercer les droits de vote attachés aux titres de capital détenus dans le portefeuille, de décider de l'apport des titres en cas d'offre publique), de décider des opérations du fusion, scission ou liquidation et de donner son accord préalable aux modifications du règlement du FCPE. Le conseil de surveillance d'un FCPE adopte en outre un rapport annuel mis à la disposition de chaque porteur de parts.

L'adhésion au présent FCPE emporte acceptation des dispositions contenues dans son règlement.

Le souscripteur peut obtenir, sans frais, communication du règlement du FCPE sur simple demande auprès de son entreprise.

La FCPE BTP Epargne prudent est un fonds multientreprises, créé pour l'application de l'accord-cadre instituant les plans d'épargne interentreprises du bâtiment et des travaux publics, signé le 20 janvier 2003.

Il est réservé aux bénéficiaires de l'accord ci-dessus mentionné. Il peut également être ouvert aux bénéficiaires d'accords mis en place en application des articles L. 441-1 à L. 444-7 du code du travail au profit des salariés d'entreprises du secteur du bâtiment et des travaux publics ou de secteurs connexes ainsi que d'entreprises qui sont filiales d'entreprises relevant elles-mêmes de ces secteurs.

Le fonds est régi par les dispositions de l'article L. 214-39 du code monétaire et financier.

Le conseil de surveillance

Un conseil de surveillance commun aux fonds communs de placement d'entreprise créés dans le cadre de l'accord-cadre mentionné ci-dessus, composé de 20 membres, est institué. Il est composé à parité de 10 membres salariés porteurs de parts d'au moins un des fonds communs de placement d'entreprise représentant les porteurs de parts, désignés par les fédérations syndicales professionnelles de salariés, et de 10 représentants des entreprises adhérentes, désignés par les organisations professionnelles d'employeurs. Chaque fonds dispose d'au moins un porteur de parts au conseil de surveillance.

Orientation de gestion du fonds

Le FCPE BTP Epargne prudent est classé dans la catégorie " FCPE diversifié ".

A ce titre, le FCPE est en permanence investi à hauteur de 80 % minimum en produits de taux (obligataires et monétaires) et assimilés et de 0 à 20 % en actions et assimilées.

Intervention sur les marchés à terme dans un but de protection du portefeuille : oui.

Pourcentage de détention de l'actif en autres OPCVM :

investissement majoritaire en OPCVM.

Zone géographique prépondérante : zone euro.

Fonctionnement du fonds

La valeur liquidative est calculée chaque vendredi, ainsi que le 30 juin et le 31 décembre de chaque année. Dans le cas où ces jours ne seraient pas des jours d'ouverture de la bourse de Paris, ou seraient des jours fériés légaux, la valeur liquidative est établie le jour ouvré précédent.

Lieu et mode de publication de la valeur liquidative :

Les valeurs liquidatives sont publiées :

- sur Minitel : 3614 PRO BTP (rubrique GESTIONBTP), 0,019 Euro à la connexion puis 0,057 Euros la minute ;

- sur Internet : www.gestionbtp.com (rubrique épargne salariale) ou www.smabtp.fr .

La composition de l'actif du FCPE est publiée chaque semestre. Tout salarié qui en fait la demande peut recevoir le rapport annuel.

Etablissement chargé des souscriptions : TCCP BTP. Les souscriptions s'effectuent par l'intermédiaire des entreprises, ou individuellement au cas où l'entreprise n'adhère pas aux plans.

Etablissement chargé des rachats de parts : TCCP BTP.

Modalités de souscription et de rachat :

- apports et retraits : en numéraire ;

- mode d'exécution : prochaine valeur liquidative ;

- commission de souscription à l'entrée : 1 % maximum à la charge des porteurs de parts ;

- commission de rachat à la sortie : néant ;

- commission d'arbitrage : 0,5 % maximum à la charge des porteurs de parts ;

- les frais de gestion directs du fonds s'élèvent à un montant de 0,4 % l'an (HT), à la charge du fonds.

Les frais de gestion indirects du fonds s'élèvent à un montant maximum de 1 % l'an (HT), à la charge du fonds.

Le total des frais de gestion et commissions directs et indirects ne dépasseront pas un maximum de 1 % l'an (HT), à la charge du fonds ;

- affectation des revenus du fonds : réinvestissement dans le fonds ;

- frais de tenue de compte conservation : à la charge de l'entreprise, ils sont à la charge du porteur de parts lorsque celui-ci a quitté l'entreprise et que ses droits acquis ont été mis en disponibilité, à l'exception des frais de tenue de compte concernant les salariés qui ont quitté l'entreprise pour départ en retraite ou préretraite ;

- délai d'indisponibilité : 5 ans pour les plans d'épargne et accords de participation, 10 ans pour le PPESVI ;

- disponibilité des parts : les parts sont disponibles selon les modalités prévues par l'accord national instituant les plans d'épargne interentreprises du bâtiment et des travaux publics soit, le cas échéant, selon les termes de l'accord d'entreprise ;

- modalités de demande de remboursements anticipés et de parts disponibles : adresser la demande, accompagnée s'il y a lieu, des pièces justificatives, à TCCP BTP. Les parts sont payées en numéraire dans un délai n'excédant pas 1 mois après l'établissement de la première valeur de part qui suit la réception de la demande de rachat ;

- valeur de la part à la constitution du fonds : 10 Euros.

Nom et adresse des intervenants :

- société de gestion : GESTIONBTP, 7, rue du Regard, 75006 Paris ;

- sociétés de gestion délégataires : PRO BTP Finance et SMA Gestion ;

- société de gestion assurant la délégation comptable du fonds : PRO BTP Finance ;

- dépositaire : Natexis Banques populaires, 45, rue Saint-Dominique, 75007 Paris ;

- commissaires aux comptes :

- Mazars et Guérard, Le Vinci, 4, allée de l'Arche, 92075 La Défense Cedex ;

- Coopers et Lybrand audit, 32, rue Guersant, 75017 Paris.

- teneur de compte, conservateur des parts : TCCP BTP, 7, rue du Regard, 75006 Paris ;

- teneur de registre : BTP Prévoyance (PRO BTP), service Participation, 94966 Créteil Cedex 9.

Ce FCPE a été agréé par la Commission des opérations de bourse, le 11 avril 2003.

La présente notice d'information doit être remise aux porteurs préalablement à toute souscription.

Notice d'information du fonds commun de placement d'entreprise BTP Epargne Equilibre

En vigueur étendu

N° code COB :

Compartiment : OUI NON x

Nourricier : OUI NON x

Un fonds commun de placement d'entreprise (FCPE) est un organisme de placement collectif en valeurs mobilières (OPCVM), c'est-à-dire un produit d'épargne qui permet à plusieurs investisseurs de détenir en commun un portefeuille de valeurs mobilières. Le FCPE est réservé aux salariés des entreprises et destiné à recevoir et à investir leur épargne salariale. Il est géré par une société de gestion.

La gestion du FCPE est contrôlée par un conseil de surveillance, composé de représentants des salariés et de représentants des entreprises. Ce conseil a notamment pour fonction d'examiner le rapport de gestion et les comptes annuels de l'OPCVM, d'examiner la gestion financière, administrative et comptable de l'OPCVM (le cas échéant, d'exercer les droits de vote attachés aux titres de capital détenus dans le portefeuille, de décider de l'apport des titres en cas d'offre publique), de décider des opérations du fusion, scission ou liquidation et de donner son accord préalable aux modifications du règlement du FCPE. Le conseil de surveillance d'un FCPE adopte en outre un rapport annuel mis à la disposition de chaque porteur de parts.

L'adhésion au présent FCPE emporte acceptation des dispositions contenues dans son règlement.

Le souscripteur peut obtenir, sans frais, communication du règlement du FCPE sur simple demande auprès de son entreprise.

La FCPE BTP Epargne Equilibre est un fonds multientreprises créé pour l'application de l'accord-cadre instituant les plans d'épargne interentreprises du bâtiment et des travaux publics, signé le 20 janvier 2003.

Il est réservé aux bénéficiaires de l'accord ci-dessus mentionné. Il peut également être ouvert aux bénéficiaires d'accords mis en place en application des articles L. 441-1 à L. 444-7 du code du travail au profit des salariés d'entreprises du secteur du bâtiment et des travaux publics ou de secteurs connexes ainsi que d'entreprises qui sont filiales d'entreprises relevant elles-mêmes de ces secteurs.

Le fonds est régi par les dispositions de l'article L. 214-39 du code monétaire et financier.

Le conseil de surveillance

Un conseil de surveillance commun aux fonds communs de placement d'entreprise créés dans le cadre de l'accord-cadre mentionné ci-dessus, composé de 20 membres, est institué. Il est composé à parité de 10 membres salariés porteurs de parts d'au moins un des fonds communs de placement d'entreprise représentant les porteurs de parts, désignés par les fédérations syndicales professionnelles de salariés, et de 10 représentants des entreprises adhérentes, désignés par les organisations professionnelles d'employeurs. Chaque fonds dispose d'au moins un porteur de parts au conseil de surveillance.

Orientation de gestion du fonds

Le FCPE BTP Epargne Equilibre est classé dans la catégorie " FCPE diversifié ".

A ce titre, le FCPE est en permanence investi à hauteur de 50 % minimum en produits de taux (obligataires et monétaires) et assimilés entre 20 % et 50 % en actions et assimilées.

Intervention sur les marchés à terme dans un but de protection du portefeuille : oui.

Pourcentage de détention de l'actif en autres OPCVM :

investissement majoritaire en OPCVM.

Zone géographique prépondérante : zone euro.

Fonctionnement du fonds

La valeur liquidative est calculée chaque vendredi, ainsi que le 30 juin et le 31 décembre de chaque année. Dans le cas où ces jours ne seraient pas des jours d'ouverture de la bourse de Paris, ou seraient des jours fériés légaux, la valeur liquidative est établie le jour ouvré précédent.

Lieu et mode de publication de la valeur liquidative :

Les valeurs liquidatives sont publiées :

sur Minitel : 3614 PRO BTP (rubrique GESTIONBTP), 0,019 Euro à la connexion puis 0,057 Euros la minute ;

- sur Internet : www.gestionbtp.com (rubrique épargne salariale) ou www.smabtp.fr .

La composition de l'actif du FCPE est publiée chaque semestre. Tout salarié qui en fait la demande peut recevoir le rapport annuel.

Etablissement chargé des souscriptions : TCCP BTP. Les souscriptions s'effectuent par l'intermédiaire des entreprises, ou individuellement au cas où l'entreprise n'adhère pas aux plans.

Etablissement chargé des rachats de parts : TCCP BTP.

Modalités de souscription et de rachat :

- apports et retraits : en numéraire ;

- mode d'exécution : prochaine valeur liquidative ;

- commission de souscription à l'entrée : 1,5 % maximum à la charge des porteurs de parts ;

- commission de rachat à la sortie : néant ;

- commission d'arbitrage : 0,75 % maximum à la charge des porteurs de parts ;

- les frais de gestion directs du fonds s'élèvent à un montant de 0,6 % l'an (HT), à la charge du fonds.

Les frais de gestion indirects du fonds s'élèvent à un montant maximum de 1,2 % l'an (HT), à la charge du fonds.

Le total des frais de gestion et commissions directs et indirects ne dépasseront pas un maximum de 1,25 % l'an (HT), à la charge du fonds ;

- affectation des revenus du fonds : réinvestissement dans le fonds ;

- frais de tenue de compte conservation : à la charge de l'entreprise, ils sont à la charge du porteur de parts lorsque celui-ci a quitté l'entreprise et que ses droits acquis ont été mis en disponibilité, à l'exception des frais de tenue de compte concernant les salariés qui ont quitté l'entreprise pour départ en retraite ou préretraite ;

- délai d'indisponibilité : 5 ans pour les plans d'épargne et accords de participation, 10 ans pour le PPESVI ;

- disponibilité des parts : les parts sont disponibles selon les modalités prévues par l'accord national instituant les plans d'épargne interentreprises du bâtiment et des travaux publics soit, le cas échéant, selon les termes de l'accord d'entreprise ;

- modalités de demande de remboursements anticipés et de parts disponibles : adresser la demande, accompagnée s'il y a lieu, des pièces justificatives, à TCCP BTP. Les parts sont payées en numéraire dans un délai n'excédant pas 1 mois après l'établissement de la première valeur de part qui suit la réception de la demande de rachat ;

- valeur de la part à la constitution du fonds : 10 Euros.

Nom et adresse des intervenants :

- société de gestion : GESTIONBTP, 7, rue du Regard, 75006 Paris ;

- sociétés de gestion délégataires : PRO BTP Finance et SMA Gestion ;

- société de gestion assurant la délégation comptable du fonds : PRO BTP Finance ;

- dépositaire : Natexis Banques populaires, 45, rue Saint-Dominique, 75007 Paris ;

- commissaires aux comptes :

- Mazars et Guérard, Le Vinci, 4, allée de l'Arche, 92075 La Défense Cedex ;

- Coopers et Lybrand audit, 32, rue Guersant, 75017 Paris.

- teneur de compte, conservateur des parts : TCCP BTP, 7, rue du Regard, 75006 Paris ;

- teneur de registre : BTP Prévoyance (PRO BTP), service Participation, 94966 Créteil Cedex 9.

Ce FCPE a été agréé par la Commission des opérations de bourse, le 11 avril 2003.

La présente notice d'information doit être remise aux porteurs préalablement à toute souscription.

Notice d'information du fonds commun de placement d'entreprise BTP Epargne dynamique

En vigueur étendu

N° code COB :

Compartiment : OUI NON x

Nourricier : OUI NON x

Un fonds commun de placement d'entreprise (FCPE) est un organisme de placement collectif en valeurs mobilières (OPCVM), c'est-à-dire un produit d'épargne qui permet à plusieurs investisseurs de détenir en commun un portefeuille de valeurs mobilières. Le FCPE est réservé aux salariés des entreprises et destiné à recevoir et à investir leur épargne salariale. Il est géré par une société de gestion.

La gestion du FCPE est contrôlée par un conseil de surveillance, composé de représentants des salariés et de représentants des entreprises. Ce conseil a notamment pour fonction d'examiner le rapport de gestion et les comptes annuels de l'OPCVM, d'examiner la gestion financière, administrative et comptable de l'OPCVM (le cas échéant, d'exercer les droits de vote attachés aux titres de capital détenus dans le portefeuille, de décider de l'apport des titres en cas d'offre publique), de décider des opérations de fusion, scission ou liquidation et de donner son accord préalable aux modifications du règlement du FCPE. Le conseil de surveillance d'un FCPE adopte en outre un rapport annuel mis à la disposition de chaque porteur de parts.

L'adhésion au présent FCPE emporte acceptation des dispositions contenues dans son règlement.

Le souscripteur peut obtenir, sans frais, communication du règlement du FCPE sur simple demande auprès de son entreprise.

La FCPE BTP Epargne dynamique est un fonds multientreprises, créé pour l'application de l'accord-cadre instituant les plans d'épargne interentreprises du bâtiment et des travaux publics, signé le 20 janvier 2003.

Il est réservé aux bénéficiaires de l'accord ci-dessus mentionné. Il peut également être ouvert aux bénéficiaires d'accords mis en place en application des articles L. 441-1 à L. 444-7 du code du travail au profit des salariés d'entreprises du secteur du bâtiment et des travaux publics ou de secteurs connexes ainsi que d'entreprises qui sont filiales d'entreprises relevant elles-mêmes de ces secteurs.

Le fonds est régi par les dispositions de l'article L. 214-39 du code monétaire et financier.

Le conseil de surveillance

Un conseil de surveillance commun aux fonds communs de placement d'entreprise créés dans le cadre de l'accord-cadre mentionné ci-dessus, composé de 20 membres, est institué. Il est composé à parité de 10 membres salariés porteurs de parts d'au moins un des fonds communs de placement d'entreprise représentant les porteurs de parts, désignés par les fédérations syndicales professionnelles de salariés, et de 10 représentants des entreprises adhérentes, désignés par les organisations professionnelles d'employeurs. Chaque fonds dispose d'au moins un porteur de parts au conseil de surveillance.

Orientation de gestion du fonds

Le FCPE BTP Epargne dynamique est classé dans la catégorie " FCPE Actions de pays de la zone euro ".

A ce titre, le FCPE est en permanence investi de 50 à 70 % en actions et assimilées d'un ou plusieurs marchés de pays de la zone euro.

Intervention sur les marchés à terme dans un but de protection du portefeuille : oui.

Pourcentage de détention de l'actif en autres OPCVM :

investissement majoritaire en OPCVM.

Zone géographique prépondérante : zone euro.

Fonctionnement du fonds

La valeur liquidative est calculée chaque vendredi, ainsi que le 30 juin et le 31 décembre de chaque année. Dans le cas où ces jours ne seraient pas des jours d'ouverture de la bourse de Paris, ou seraient des jours fériés légaux, la valeur liquidative est établie le jour ouvré précédent.

Lieu et mode de publication de la valeur liquidative :

Les valeurs liquidatives sont publiées :

- sur Minitel : 3614 PRO BTP (rubrique GESTIONBTP), 0,019 Euro à la connexion puis 0,057 Euro la minute ;

- sur Internet : www.gestionbtp.com (rubrique épargne salariale) ou www.smabtp.fr .

La composition de l'actif du FCPE est publiée chaque semestre. Tout salarié qui en fait la demande peut recevoir le rapport annuel.

Etablissement chargé des souscriptions : TCCP BTP. Les souscriptions s'effectuent par l'intermédiaire des entreprises, ou individuellement au cas où l'entreprise n'adhère pas aux plans.

Etablissement chargé des rachats de parts : TCCP BTP.

Modalités de souscription et de rachat :

- apports et retraits : en numéraire ;

- mode d'exécution : prochaine valeur liquidative ;

- commission de souscription à l'entrée : 2 % maximum à la charge des porteurs de parts ;

- commission de rachat à la sortie : néant ;

- commission d'arbitrage : 1 % maximum à la charge des porteurs de parts ;

- les frais de gestion directs du fonds s'élèvent à un montant de 0,9 % l'an (HT), à la charge du fonds.

Les frais de gestion indirects du fonds s'élèvent à un montant maximum de 1,5 % l'an (HT), à la charge du fonds.

Le total des frais de gestion et commissions directs et indirects ne dépasseront pas un maximum de 1,5 % l'an (HT), à la charge du fonds ;

- affectation des revenus du fonds : réinvestissement dans le fonds ;

- frais de tenue de compte conservation : à la charge de l'entreprise, ils sont à la charge du porteur de parts lorsque celui-ci a quitté l'entreprise et que ses droits acquis ont été mis en disponibilité, à l'exception des frais de tenue de compte concernant les salariés qui ont quitté l'entreprise pour départ en retraite ou préretraite ;

- délai d'indisponibilité : 5 ans pour les plans d'épargne et accords d'entreprise, 10 ans pour le PPESVI ;

- disponibilité des parts : les parts sont disponibles selon les modalités prévues par l'accord national instituant les plans d'épargne interentreprises du bâtiment et des travaux publics soit, le cas échéant, selon les termes de l'accord d'entreprise ;

- modalités de demande de remboursements anticipés et de parts disponibles : adresser la demande, accompagnée s'il y a lieu, des pièces justificatives, à TCCP BTP. Les parts sont payées en numéraire dans un délai n'excédant pas 1 mois après l'établissement de la première valeur de part qui suit la réception de la demande de rachat ;

- valeur de la part à la constitution du fonds : 10 Euros.

Nom et adresse des intervenants :

- société de gestion : GESTIONBTP, 7, rue du Regard, 75006 Paris ;

- sociétés de gestion délégataires : PRO BTP Finance et SMA Gestion ;

- société de gestion assurant la délégation comptable du fonds : PRO BTP Finance ;

- dépositaire : Natexis Banques populaires, 45, rue Saint-Dominique, 75007 Paris ;

- commissaires aux comptes :

- Mazars et Guérard, Le Vinci, 4, allée de l'Arche, 92075 La Défense Cedex ;

- Coopers et Lybrand audit, 32, rue Guersant, 75017 Paris.

- teneur de compte, conservateur des parts : TCCP BTP, 7, rue du Regard, 75006 Paris ;

- teneur de registre : BTP Prévoyance (PRO BTP), service Participation, 94966 Créteil Cedex 9.

Ce FCPE a été agréé par la Commission des opérations de bourse, le 11 avril 2003.

La présente notice d'information doit être remise aux porteurs préalablement à toute souscription.

Notice d'information du fonds commun de placement d'entreprise BTP Epargne solidaire

En vigueur étendu

N° code COB :

Compartiment : OUI NON x

Nourricier : OUI x NON

Un fonds commun de placement d'entreprise (FCPE) est un organisme de placement collectif en valeurs mobilières (OPCVM), c'est-à-dire un produit d'épargne qui permet à plusieurs investisseurs de détenir en commun un portefeuille de valeurs mobilières. Le FCPE est réservé aux salariés des entreprises et destiné à recevoir et à investir leur épargne salariale. Il est géré par une société de gestion.

La gestion du FCPE est contrôlée par un conseil de surveillance, composé de représentants des salariés et de représentants des entreprises. Ce conseil a notamment pour fonction d'examiner le rapport de gestion et les comptes annuels de l'OPCVM, d'examiner la gestion financière, administrative et comptable de l'OPCVM (le cas échéant, d'exercer les droits de vote attachés aux titres de capital détenus dans le portefeuille, de décider de l'apport des titres en cas d'offre publique), de décider des opérations du fusion, scission ou liquidation et de donner son accord préalable aux modifications du règlement du FCPE. Le conseil de surveillance d'un FCPE adopte en outre un rapport annuel mis à la disposition de chaque porteur de parts.

L'adhésion au présent FCPE emporte acceptation des dispositions contenues dans son règlement.

Le souscripteur peut obtenir, sans frais, communication du règlement du FCPE sur simple demande auprès de son entreprise.

La FCPE BTP Epargne solidaire est un fonds multientreprises créé pour l'application de l'accord-cadre instituant les plans d'épargne interentreprises du bâtiment et des travaux publics, signé le 20 janvier 2003.

Il est réservé aux bénéficiaires de l'accord ci-dessus mentionné. Il peut également être ouvert aux bénéficiaires d'accords mis en place en application des articles L. 441-1 à L. 444-7 du code du travail au profit des salariés d'entreprises du secteur du bâtiment et des travaux publics ou de secteurs connexes ainsi que d'entreprises qui sont filiales d'entreprises relevant elles-mêmes de ces secteurs.

Le fonds est régi par les dispositions de l'article L. 214-39 du code monétaire et financier.

Le conseil de surveillance

Un conseil de surveillance commun aux fonds communs de placement d'entreprise créés dans le cadre de l'accord-cadre mentionné ci-dessus, composé de 20 membres, est institué. Il est composé à parité de 10 membres salariés porteurs de parts d'au moins un des fonds communs de placement d'entreprise représentant les porteurs de parts, désignés par les fédérations syndicales professionnelles de salariés, et de 10 représentants des entreprises adhérentes, désignés par les organisations professionnelles d'employeurs. Chaque fonds dispose d'au moins un porteur de parts au conseil de surveillance.

Orientation de gestion du fonds

Le FCPE BTP Epargne solidaire est classé dans la catégorie " FCPE diversifié ".

A ce titre, le FCPE est en permanence investi de 98 à 100 % en parts du FCP Choix solidaire, 2 % de l'actif du fonds pouvant être investi en SICAV de trésorerie.

Intervention sur les marchés à terme dans un but de protection du portefeuille : oui.

Pourcentage de détention de l'actif en autres OPCVM : de 98 à 100 % en FCP Choix solidaire géré par BTP Investissements.

Zone géographique prépondérante : zone euro.

Fonctionnement du fonds

La valeur liquidative est calculée chaque vendredi, ainsi que le 30 juin et le 31 décembre de chaque année. Dans le cas où ces jours ne seraient pas des jours d'ouverture de la bourse de Paris, ou seraient des jours fériés légaux, la valeur liquidative est établie le jour ouvré précédent.

Lieu et mode de publication de la valeur liquidative :

Les valeurs liquidatives sont publiées :

- sur Minitel : 3614 PRO BTP (rubrique GESTIONBTP), 0,019 Euro à la connexion puis 0,057 Euro la minute ;

- sur Internet : www.gestionbtp.com (rubrique épargne salariale) ou www.smabtp.fr .

La composition de l'actif du FCPE est publiée chaque semestre. Tout salarié qui en fait la demande peut recevoir le rapport annuel.

Etablissement chargé des souscriptions : TCCP BTP. Les souscriptions s'effectuent par l'intermédiaire des entreprises, ou individuellement au cas où l'entreprise n'adhère pas aux plans.

Etablissement chargé des rachats de parts : TCCP BTP.

Modalités de souscription et de rachat :

- apports et retraits : en numéraire ;

- mode d'exécution : prochaine valeur liquidative ;

commission de souscription à l'entrée : 2 % maximum à la charge des porteurs de parts ;

- commission de rachat à la sortie : néant ;

- commission d'arbitrage : 1,5 % maximum à la charge des porteurs de parts ;

- les frais de gestion directs du fonds s'élèvent à un montant de 0,2 % l'an (HT), à la charge du fonds.

Les frais de gestion indirects du fonds s'élèvent à un montant maximum de 3,3 % l'an (HT), à la charge du fonds.

Le total des frais de gestion et commissions directs et indirects ne dépasseront pas un maximum de 3,5 % l'an (HT), à la charge du fonds ;

- affectation des revenus du fonds : réinvestissement dans le fonds ;

- frais de tenue de compte conservation : à la charge de l'entreprise, ils sont à la charge du porteur de parts lorsque celui-ci a quitté l'entreprise et que ses droits acquis ont été mis en disponibilité, à l'exception des frais de tenue de compte concernant les salariés qui ont quitté l'entreprise pour départ en retraite ou préretraite ;

- délai d'indisponibilité : 10 ans ;

- disponibilité des parts : les parts sont disponibles selon les modalités prévues par l'accord national instituant les plans d'épargne interentreprises du bâtiment et des travaux publics ;

- modalités de demande de remboursements anticipés et de parts disponibles : adresser la demande, accompagnée s'il y a lieu, des pièces justificatives, à TCCP BTP. Les parts sont payées en numéraire dans un délai n'excédant pas 1 mois après l'établissement de la première valeur de part qui suit la réception de la demande de rachat ;

- valeur de la part à la constitution du fonds : 10 Euros.

Nom et adresse des intervenants :

- société de gestion : GESTIONBTP, 7, rue du Regard, 75006 Paris ;

- société de gestion délégataire : PRO BTP Finance, 7, rue du Regard, 75006 Paris ;

- société de gestion assurant la délégation comptable du fonds : PRO BTP Finance ;

- dépositaire : Natexis Banques populaires, 45, rue Saint-Dominique, 75007 Paris ;

- commissaires aux comptes :

- Coopers et Lybrand audit, 32, rue Guersant, 75017 Paris ;

- Mazars et Guérard, Le Vinci, 4, allée de l'Arche, 92075 La Défense Cedex ;

- teneur de compte, conservateur des parts : TCCP BTP, 7, rue du Regard, 75006 Paris ;

- teneur de registre : BTP Prévoyance (PRO BTP), service Participation, 94966 Créteil Cedex 9.

Ce FCPE a été agréé par la Commission des opérations de bourse, le 22 août 2003.

La présente notice d'information doit être remise aux porteurs préalablement à toute souscription. Les documents d'information relatifs au FCP Choix solidaire sont disponibles auprès de sa société de gestion, BTP Investissements, 33, rue des Trois-Fontanot, 92002 Nanterre.

Règlement du fonds commun de placement d'entreprise régi par l'article L. 214-39 du code monétaire et financier (FCPE BTP épargne et solidarité FCPE solidaire)

En vigueur étendu

La souscription de parts d'un fonds commun de placement emporte acceptation de son règlement.

En application des dispositions des articles L. 214-24 et 214-39 du code monétaire et financier, il est constitué à l'initiative :

- de la société de gestion d'OPCVM : GESTIONBTP au capital de 500 000 Euros, siège social : 7, rue du Regard, 75006 Paris, immatriculée au registre du commerce et des sociétés sous le numéro Paris B 306 262 593, ci-après dénommée " La société de gestion ", d'une part,

- et de l'établissement Natexis banques populaires au capital de 759 085 392 Euros, siège social : 45, rue Saint-Dominique, 75007 Paris, immatriculé au registre du commerce et des sociétés sous le numéro Paris B 542 044 524, ci-après dénommé " Le dépositaire ", d'autre part.

Le FCPE BTP Epargne et solidarité est un fonds multientreprises, créé pour l'application de l'accord-cadre instituant les plans d'épargne interentreprises du bâtiment et des travaux publics, signé le 20 janvier 2003.

Il est réservé aux bénéficiaires de l'accord ci-dessus mentionné. Il peut également être ouvert aux bénéficiaires d'accords mis en place en application des articles L. 441-1 à L. 444-7 du code du travail au profit des salariés d'entreprises du secteur du bâtiment et des travaux publics ou de secteurs connexes ainsi que d'entreprises qui sont filiales d'entreprises relevant elles-même de ces secteurs.

Le fonds est régi par les dispositions de l'article L. 214-39 du code monétaire et financier.
TITRE Ier
Identification
Article 1er
Dénomination

Le fonds a pour dénomination : " BTP épargne et solidarité ".
Article 2
Objet

Le fonds a pour objet la constitution d'un portefeuille de valeurs mobilières conforme à l'orientation définie à l'article 3 ci-après. A cette fin, le fonds ne peut recevoir que les sommes versées dans le cadre du PEV-BTP signé le 20 janvier 2003 ou des PPESV mis en place par accord d'entreprise :

- versements volontaires ;

- contribution de l'entreprise ;

- sommes attribuées aux salariés de l'entreprise au titre de la participation des salariés aux résultats de l'entreprise ;

- sommes provenant du transfert de parts à partir d'autres fonds ;

- sommes gérées jusque-là en comptes courants bloqués, pour la période d'indisponibilité restant à courir, dès lors que les accords précités le prévoient ;

- sommes gérées jusque-là en comptes courants bloqués et devenues disponibles en application des articles L. 442-5 et R. 442-13.3° du code du travail.
Article 3
Orientation de la gestion

Le FCPE BTP épargne et solidarité est classé dans la catégorie " FCPE diversifié ".

A ce titre, le FCPE est en permanence investi de 98 % à 100 % en parts du FCP maître " choix solidaire ". Les 2 %, au maximum, de l'actif du fonds compris entre 98 % et 100 % seront investis en liquidités.

L'orientation des placements du FCP maître " choix solidaire " est la suivante :

Le fonds a pour particularité de contribuer au financement de personnes morales solidaires non cotées, françaises et européennes. L'essentiel du portefeuille est investi de manière diversifiée en actions d'entreprises cotées, à caractère socialement responsable, en obligations et produits monétaires européens. L'allocation entre ces classes d'actifs est déterminée en fonction des anticipations de leurs potentiels d'évolution. Les personnes morales solidaires sont celles qui sont visées à l'article L. 443-3-1 du code du travail ou celles qui ont une activité solidaire telle que le micro-crédit, etc. ; les entreprises socialement responsables privilégient la création d'emplois, le dialogue social, le contrôle de la qualité sociale chez leurs fournisseurs, le développement local, ou visent à préserver l'environnement en exerçant leur activité dans le domaine de l'agriculture biologique ou des énergies renouvelables.

Le portefeuille est constitué :

- pour 10 %, au plus, de titres de structures contribuant au financement solidaire, dont 5 % au moins de titres d'entreprises solidaires au sens de l'article L. 443-3-1 du code du travail ;

- pour 45 %, au plus, d'actions et autres titres de capital détenus en direct ;

- pour le solde, d'obligations et autres titres de créances.

Le fonds peut effectuer des opérations de pension livrée, de prêt et emprunt de titres.

Dans les limites prévues par la réglementation, l'OPCVM pourra intervenir sur des instruments financiers à terme négociés sur des marchés réglementés français et étrangers ou de gré à gré.

Dans ce cadre, le gérant pourra prendre des positions en vue de couvrir le portefeuille au risque de change et en vue de couvrir le portefeuille ou de l'exposer aux risques de taux d'intérêt et d'actions (indices boursiers, actions et titres assimilés), afin de réaliser l'objectif de gestion. Ces opérations seront effectuées dans la limite de l'engagement maximal d'une fois l'actif de l'OPCVM.

Les titres et instruments pouvant être utilisés par le FCPE sont les suivants :

- les parts ou actions d'organismes de placement collectif en valeurs mobilières (conformes aux dispositions du chapitre Ier et V du décret n° 89-623 du 6 septembre 1989 modifié) ;

- les interventions sur les marchés à terme fermes ou optionnels (MATIF et MONEP), dans le cadre de la réglementation en vigueur ;

- la société de gestion peut, pour le compte du fonds, procéder à des emprunts en espèces dans la limite de 10 % de l'actif du fonds et dans le cadre exclusif de l'objet et de l'orientation de la gestion du fonds. Il ne pourra être procédé au nantissement du portefeuille du fonds en garantie de cet emprunt.

Le fonds est un FCPE solidaire. A ce titre, l'actif du fonds est investi entre 5 % et 10 % en titres émis par des entreprises solidaires agréées en application de l'article L. 443-3-1 du code du travail, au travers du FCP maître " choix solidaire ".
Article 4
Mécanismes destinés à assurer la liquidité des titres
non cotés dits de l'entreprise

Néant.
Article 5
Durée du fonds

Le fonds est créé pour une durée indéterminée.
TITRE II
Les acteurs du fonds
Article 6

La société de gestion

Le fonds est géré par GESTIONBTP, société commerciale agréée dans les conditions prévues par l'article L. 214-25 du code monétaire et financier et par le règlement n° 96-02 de la COB.

La société de gestion constitue le portefeuille collectif en fonction de l'objet et de l'orientation définis aux articles 2 et 3 du présent règlement. Elle peut ainsi, pour le compte du fonds, acquérir, vendre, échanger tous titres composant le portefeuille et effectuer tous remplois ; elle peut, dans les limites de la réglementation, conserver des liquidités notamment pour faire face à des demandes de rachat.

Elle doit, en vertu des dispositions de l'article L. 233-7 du code de commerce, déclarer, pour le compte du fonds, tout franchissement de seuil prévu par cet article.

Sous réserve des pouvoirs dont dispose le conseil de surveillance, la société de gestion agit pour le compte des porteurs de parts et les représente à l'égard des tiers dans tous les actes concernant le fonds.

La société de gestion établit les documents comptables et publie les documents périodiques d'information, dans les conditions prévues au titre IV du présent règlement.

Article 7

Le dépositaire

Le dépositaire est Natexis Banques populaires. Il est responsable de la conservation des titres compris dans le fonds.

Il exécute les ordres d'achat, d'échange, de vente de titres composant le portefeuille et effectue les diligences nécessaires pour permettre au fonds d'exercer les droits attachés aux valeurs détenues en portefeuille. Il procède par ailleurs aux encaissements et paiements engendrés par la gestion du fonds.

Dans un délai de 6 semaines suivant chaque semestre, il contrôle l'inventaire des actifs du fonds établi par la société de gestion ; il certifie l'inventaire de l'actif du fonds en fin d'exercice.

Il s'assure de la régularité des opérations exécutées au regard des dispositions de la législation des fonds communs de placement et aux dispositions du présent règlement. Il doit, le cas échéant, prendre toute mesure conservatoire qu'il juge utile. En cas de litige important avec la société de gestion, il informe la Commission des opérations de bourse.

Le fonds est un FCPE nourricier ; le dépositaire a donc conclu une convention d'échange d'information avec le dépositaire de l'OPCVM maître.

Article 8

Le teneur de compte conservateur des parts du fonds

Le teneur de compte conservateur est à titre provisoire BTP Prévoyance.

Il est responsable de la tenue de compte conservation des parts du fonds détenues par le salarié.

Il reçoit les demandes de souscriptions et de rachat des parts, procède à leur traitement et initie les règlements correspondants.

Article 9

Le conseil de surveillance

1. Composition

Un conseil de surveillance commun aux fonds communs de placement d'entreprise créés dans le cadre de l'accord-cadre mentionné ci-dessus, composé de 20 membres, est institué. Il est composé à parité de 10 membres salariés porteurs de parts d'au moins un des fonds communs de placement d'entreprise représentant les porteurs de parts, désignés par les fédérations syndicales professionnelles de salariés représentatives au niveau national et signataires ou adhérentes audit accord, et de 10 représentants des entreprises adhérentes, désignés par les organisations professionnelles d'employeurs signataires dudit accord. Chaque fonds dispose d'au moins un porteur de parts au conseil de surveillance.

Dans tous les cas, le nombre de représentants de l'entreprise sera au plus égal au nombre de représentants des salariés.

La durée du mandat est fixée à 2 exercices. Le mandat expire effectivement après la réunion du conseil de surveillance qui statue sur les comptes du dernier exercice du mandat. Celui-ci est renouvelable par tacite reconduction.

Le renouvellement d'un poste devenu vacant s'effectue dans les conditions de désignation décrites ci-dessus. Il doit être réalisé, en tout état de cause, avant la prochaine réunion du conseil de surveillance.

2. Missions

Le conseil de surveillance se réunit au moins une fois par an pour l'examen du rapport de gestion et des comptes annuels du fonds, l'examen de la gestion financière, administrative et comptable et l'adoption de son rapport annuel.

Il exerce les droits de vote attachés aux valeurs inscrites à l'actif du fonds et décide de l'apport des titres et, à cet effet, désigne un ou plusieurs mandataires représentant le fonds aux assemblées générales des sociétés émettrices.

Il peut présenter des résolutions aux assemblées générales.

Il peut demander à entendre la société de gestion, le dépositaire et les commissaires aux comptes du fonds qui sont tenus de déférer à sa convocation. Il décide des fusions, scissions et liquidation du fonds. Sans préjudice des compétences de la société de gestion et de celles du liquidateur, le conseil de surveillance peut agir en justice pour défendre ou faire valoir les droits ou intérêts des porteurs.

Le conseil de surveillance donne son accord sur toutes les modifications du règlement.

La société de gestion peut recueillir l'avis du conseil de surveillance en cas de suspension provisoire de l'établissement de la valeur liquidative suite à des demandes de rachat nécessitant la liquidation d'une partie importante du portefeuille.

3. Quorum

Lors d'une première convocation, le conseil de surveillance ne délibère valablement que si le quart des représentants des entreprises et le quart des représentants des porteurs de parts sont présents.

Si le quorum n'est pas atteint, il est procédé à une deuxième convocation par lettre recommandée avec accusé de réception. Le conseil de surveillance ne pourra délibérer valablement que si les mêmes conditions de représentativité sont remplies.

Lorsque, après une deuxième convocation, le conseil de surveillance ne peut toujours pas être réuni, la société de gestion établit un procès-verbal de carence. Un nouveau conseil de surveillance peut alors être constitué à l'initiative des signataires des accords de participation mentionnés ci-dessus, d'un porteur de parts au moins ou de la société de gestion dans les conditions prévues par le présent règlement.

Si ces dispositions ne peuvent être appliquées, la société de gestion, en accord avec le dépositaire, se réserve la possibilité de transférer les actifs du fonds vers un fonds multientreprises.

4. Décisions

Le conseil de surveillance élit parmi les représentants des porteurs de parts un président et parmi les représentants des entreprises un vice-président, pour une durée de 2 ans.

Le conseil de surveillance peut être réuni à toute époque de l'année soit sur convocation de son président, soit à la demande des 2/3 au moins de ses membres, soit à l'initiative de la société de gestion ou du dépositaire.

Les résolutions concernant la modification du présent règlement, la dissolution du fonds et sa liquidation, le remplacement du dépositaire ou de la société de gestion sont prises à la majorité des 3/4 des membres présents ou représentés, les votes pouvant être exprimés par correspondance. Toutes les autres résolutions sont prises à la majorité simple des membres présents. En cas de partage, la voix du président est prépondérante.

Un représentant de la société de gestion et un représentant de BTP Prévoyance assistent, dans la mesure du possible, aux réunions du conseil de surveillance. Le dépositaire, s'il le juge nécessaire, peut également assister aux réunions du conseil de surveillance.

Il est tenu un registre de présence signé par les membres présents. Les délibérations du conseil de surveillance sont consignées dans des procès-verbaux signés par le président de séance et au minimum un membre présent à la réunion.

Ces procès-verbaux reprennent la composition du conseil, les règles de quorum et de majorité, les membres présents, représentés ou absents et, pour chaque résolution, le nombre de voix favorables et défavorables, le nom et la fonction des signataires du procès-verbal. Ils doivent être conservés au siège de la société de gestion.

Dans tous les cas, un procès-verbal de séance sera établi au nom de chacun des fonds concernés par la réunion ou par les décisions du conseil de surveillance.

En cas d'empêchement du président, celui-ci est remplacé par le vice-président ou, à défaut, par un des membres salariés porteurs de parts présents à la réunion désigné par ses collègues.

En cas d'empêchement, chaque membre du conseil de surveillance peut se faire représenter par le président de ce conseil ou par tout autre membre, sous réserve que ce dernier soit porteur de parts. Les pouvoirs ainsi délégués doivent être annexés à la feuille de présence et être mentionnés dans le procès-verbal de la réunion. Les délégations de pouvoir ne peuvent être consenties que pour une seule réunion.

Article 10

Les commissaires aux comptes

Les 2 commissaires aux comptes sont désignés pour 6 exercices par le conseil d'administration de la société de gestion, après accord de la Commission des opérations de bourse.

Ils effectuent les diligences et contrôles prévus par les textes et certifient notamment, chaque fois qu'il y a lieu, l'exactitude de l'information publiée, ainsi que la sincérité et la régularité des comptes et indications de nature comptable contenues dans le rapport de gestion.

Ils portent à la connaissance de la société de gestion ainsi qu'à celle de la Commission des opérations de bourse les irrégularités et inexactitudes qu'ils ont relevées dans l'accomplissement de leur mission.

Le montant des honoraires des commissaires aux comptes figure dans le rapport annuel du fonds.

Les commissaires aux comptes ont conclu une convention d'échange d'information avec le commissaire aux comptes de " Choix solidaire ".

TITRE III

Fonctionnement et frais du fonds

Article 11

Les parts

Les droits des copropriétaires sont exprimés en parts ; chaque part correspond à une même fraction de l'actif du fonds et peut être divisée en 1/10, 1/100, 1/1000, etc.

La valeur initiale de la part à la constitution du fonds est de 10 Euros (dix euros).

Le fonds est un FCPE nourricier. Les porteurs de parts de ce FCPE nourricier bénéficient des mêmes informations que s'ils étaient porteurs de parts du FCP maître " Choix solidaire ".
Article 12
Valeur liquidative

La valeur liquidative est la valeur unitaire de la part. Elle est calculée en divisant l'actif net du fonds par le nombre de parts émises, chaque vendredi ainsi que le 30 juin et le 31 décembre de chaque année. Dans les cas où ces jours ne seraient pas des jours d'ouverture de la bourse de Paris ou seraient des jours fériés légaux, la valeur liquidative serait établie le jour ouvré précédent.

Conformément aux dispositions de l'article 24 du règlement n° 89-02 de la Commission des opérations de bourse, elle est transmise à la Commission des opérations de bourse dans un délai de 24 heures. La valeur liquidative de fin de mois est communiquée au conseil de surveillance au plus tard 1 mois à compter du premier jour ouvrable qui suit sa détermination et affichée dans les locaux de l'entreprise et de ses établissements. Le conseil de surveillance peut obtenir sur sa demande communication des dernières valeurs liquidatives calculées.

Les valeurs mobilières et instruments financiers figurant à l'article 3 du présent règlement et inscrits à l'actif du fonds sont évalués de la manière suivante :

Les parts ou actions d'OPCVM sont évaluées à la dernière valeur liquidative connue au jour de l'évaluation.
Article 13
Revenus

Les revenus et produits des avoirs compris dans le fonds sont obligatoirement réinvestis. Il en va de même des crédits d'impôt et avoirs fiscaux qui leur sont attachés et dont la restitution sera demandée à l'administration par le dépositaire. Les sommes ainsi réemployées viennent en accroissement de la valeur globale des actifs et ne donnent pas lieu à l'émission de parts nouvelles.
Article 14
Souscription

Les sommes versées au fonds sont souscrites le premier jour ouvré de la semaine qui suit leur encaissement.

En cas de nécessité, la société de gestion pourra procéder à une évaluation exceptionnelle de la part pour permettre, par exemple, l'intégration immédiate du versement d'une réserve spéciale de participation. En cas d'évaluation exceptionnelle, tous les porteurs sont informés afin qu'ils aient la possibilité de faire une souscription - rachat.

BTP Prévoyance crée le nombre de parts que chaque versement permet en divisant ce dernier par le premier prix d'émission connu après son encaissement.

BTP Prévoyance indique à l'entreprise le nombre de parts revenant à chaque salarié en fonction d'un état de répartition établi par celle-ci. L'entreprise informe chaque salarié de cette attribution.
Article 15
Rachat

1. Les salariés bénéficiaires ou leurs ayants droit peuvent demander le rachat de tout ou partie de leurs parts, dans les conditions prévues dans les PPESV.

Les porteurs de parts ayant quitté l'entreprise sont avertis par cette dernière de la disponibilité de leurs parts. S'ils ne peuvent être joints à la dernière adresse indiquée, leurs droits sont conservés dans le fonds par la société de gestion jusqu'au terme de la prescription trentenaire.

Au terme de la prescription trentenaire, la société de gestion procède à la liquidation des parts non réclamées et en verse le montant au Trésor public.

2. Les demandes de rachat, accompagnées s'il y a lieu des pièces justificatives, sont à adresser, éventuellement par l'intermédiaire de l'entreprise, à BTP Prévoyance et sont exécutées au prix de rachat du dernier jour de la semaine au cours de laquelle elles ont été enregistrées conformément aux modalités prévues dans le règlement.

Les parts sont payées en numéraire par prélèvements sur les avoirs du fonds. En aucun cas le règlement ne peut transiter par les comptes bancaires d'intermédiaires, notamment ceux de l'entreprise ou de la société de gestion, et les sommes correspondantes sont adressées aux bénéficiaires directement par le teneur de compte conservateur de parts ; cette opération est effectuée dans un délai n'excédant pas 1 mois après l'établissement de la valeur liquidative suivant la réception de la demande de rachat.

En cas de circonstances exceptionnelles, afin de sauvegarder les droits des porteurs restants, notamment lorsque les demandes de rachat nécessitent la liquidation d'une partie importante du portefeuille, la société de gestion peut décider de suspendre provisoirement l'établissement de la valeur liquidative. La société de gestion en informe immédiatement la Commission des opérations de bourse, le conseil de surveillance, le dépositaire et le commissaire aux comptes. Le délai de règlement indiqué ci-avant est prolongé d'autant.
Article 16
Prix d'émission et de rachat

1. Le prix d'émission de la part est égal à la valeur liquidative calculée conformément à l'article 12 ci-dessus, majorée (le cas échéant) d'une commission de souscription de 2 % au maximum, destinée à être rétrocédée.

En cas d'arbitrage entre FCPE créés dans le cadre de l'accord-cadre mentionné ci-dessus, la commission de souscription se montera à 1,5 % au maximum, elle est destinée à être rétrocédée.

Ces commissions sont à la charge des porteurs de parts.

2. Le prix de rachat de la part est égal à la valeur liquidative calculée conformément à l'article 12 ci-dessus.

Article 17

Frais de gestion et de courtage

Les frais de gestion directs du fonds comprenant les honoraires des commissaires aux comptes s'élèvent à un montant maximalde 0,2 % l'an (HT), à la charge du fonds.

Ils sont perçus mensuellement.

Ils sont calculés et provisionnés sur la moyenne des actifs gérés, constatée lors de chaque valeur liquidative.

Les courtages, commissions et frais afférents aux ventes de titres compris dans le portefeuille collectif ainsi qu'aux acquisitions de titres effectuées au moyen de sommes provenant soit de la vente ou du remboursement de titres, soit des revenus des avoirs compris dans le FCPE sont prélevés sur lesdits avoirs et viennent en déduction des liquidités du fonds.

Les frais de gestion indirects du fonds s'élèvent à un montant maximal de 3,3 % l'an (HT), à la charge du fonds.

Le total des frais de gestion et commissions directs et indirects ne dépasseront pas un maximum de 3,5 % l'an (HT), à la charge du fonds.

TITRE IV

Éléments comptables et documents d'information

Article 18

Exercice comptable

L'exercice comptable commence le lendemain du dernier jour de bourse du mois de décembre et se termine le dernier jour de bourse du même mois de l'année suivante.

Exceptionnellement, le premier exercice commencera à la date d'agrément et se terminera le dernier jour de bourse du mois de décembre 2003.

Article 19

Document semestriel

Dans les 6 semaines suivant chaque semestre de l'exercice, la société de gestion établit l'inventaire de l'actif du fonds sous le contrôle du dépositaire.

Dans un délai de 8 semaines à compter de la fin de chaque semestre, elle est tenue de publier la composition de l'actif du fonds, après certification du commissaire aux comptes du fonds. A cet effet, la société de gestion communique ces informations au conseil de surveillance et aux entreprises, auprès desquels tout porteur peut les demander.

Article 20

Rapport annuel

Chaque année, dans les 4 mois suivant la clôture de l'exercice, la société de gestion adresse à l'entreprise l'inventaire de l'actif, certifié par le dépositaire, le bilan, le compte de résultat, l'annexe et le rapport de gestion établis conformément aux dispositions du plan comptable en vigueur, certifiés par le commissaire aux comptes.

L'entreprise remettra à chaque porteur de parts un exemplaire du rapport de gestion qui peut être, en accord avec le conseil de surveillance, remplacé par un rapport simplifié comportant une mention indiquant que le rapport annuel est à la disposition de tout salarié qui en fait la demande auprès du conseil de surveillance ou des entreprises.

Le rapport annuel indique notamment :

- le montant des honoraires des commissaires aux comptes ;

- les commissions indirectes (frais de gestion, commissions de souscriptions et de rachat) supportées par le FCPE investi en parts de l'OPCVM maître.

Le souscripteur du FCPE peut demander communication de tous documents et informations auxquels le souscripteur du FCP maître a accès.

TITRE V

Modifications, liquidation et contestations

Article 21

Modification du règlement

Les modifications du présent règlement sont soumises à l'accord préalable du conseil de surveillance. Toute modification entre en vigueur au plus tôt 3 jours ouvrés après l'information des porteurs de parts, dispensée soit par la société de gestion soit par l'entreprise d'après les modalités précisées par instruction de la COB, à savoir, selon les cas, affichage dans les locaux de l'entreprise, insertion dans un document d'information et

courrier adressé à chaque porteur de parts.
Article 22
Changement de société de gestion et/ou de dépositaire

Le conseil de surveillance peut décider de changer de société de gestion et/ou de dépositaire, notamment lorsque celle-ci ou celui-ci déciderait de ne plus assurer ou ne serait plus en mesure d'assurer ses fonctions.

Tout changement d'une société de gestion et/ou de dépositaire est soumis à l'accord préalable du conseil de surveillance et à l'agrément de la Commission des opérations de bourse.

Une fois la nouvelle société de gestion et/ou le nouveau dépositaire désignés, le transfert est effectué dans les 3 mois maximum suivant la décision de transfert.

Durant ce délai, l'ancienne société de gestion établit un rapport de gestion intermédiaire, couvrant la période de l'exercice durant laquelle elle a opéré la gestion et dresse l'inventaire des actifs du fonds. Ces documents sont transmis à la nouvelle société de gestion à une date fixée d'un commun accord entre l'ancienne et la nouvelle société de gestion et l'ancien et le nouveau dépositaire après information du conseil de surveillance sur cette date, ou à défaut, à l'expiration du délai de 3 mois précité.

En cas de changement de dépositaire, l'ancien dépositaire procède au virement des titres et autres éléments de l'actif chez le nouveau dépositaire selon les dispositions arrêtées entre eux et, le cas échéant, la ou les sociétés de gestion concernées.
Article 23
Fusion, scission

Les opérations de fusion et de scission sont effectuées dans le cadre des articles 13 et suivants du règlement n° 89-02 de la commission, à l'exception des formalités de publicité de l'article 15, alinéa 1er, du règlement précité.

L'opération est décidée par le conseil de surveillance. Dans l'hypothèse où celui-ci ne peut plus être réuni, la société de gestion peut, en accord avec le dépositaire, transférer les actifs de ce fonds dans un fonds multientreprises.

L'accord du conseil de surveillance du fonds receveur est nécessaire. Toutefois, si le règlement du fonds receveur prévoit l'apport d'actifs en provenance d'autres fonds, cet accord n'est pas requis.

Ces opérations ne peuvent intervenir qu'après agrément de la Commission des opérations de bourse et information des porteurs de parts du (des) fonds apporteur(s) dans les conditions précisées à l'article " Modification du règlement ". Elles sont effectuées sous le contrôle du commissaire aux comptes.

Si le conseil de surveillance ne peut plus être réuni, le transfert des actifs ne peut être effectué qu'après l'envoi de la lettre d'information adressée aux porteurs de parts par la société de gestion ou, à défaut, par l'entreprise.

Les nouveaux droits des salariés sont calculés sur la base de la valeur liquidative des parts du ou des fonds, déterminée le jour de la réalisation de ces opérations. (La société de gestion, l'entreprise ou l'établissement auquel l'entreprise a confié la tenue des comptes des salariés, adresse aux porteurs de parts du fonds absorbé ou scindé une attestation leur précisant le nombre de parts du ou des nouveaux fonds dont ils sont devenus porteurs.) L'entreprise remet aux porteurs de parts le texte du ou des règlements de ce(s) nouveau(x) fonds préalablement mis en harmonie, le cas échéant, avec les textes en vigueur.
Article 24
Transferts de parts

Ces opérations sont possibles si la liquidité du FCPE d'origine le permet.

Si le règlement du PPESV le prévoit, un porteur de parts peut demander le transfert de ses avoirs du présent FCPE vers un autre support d'investissement.

Dans ce cas, il doit adresser une demande de transfert au teneur de compte conservateur de parts (ou se conformer aux dispositions prévues par l'accord d'entreprise).

Le comité d'entreprise ou, à défaut, les signataires des accords ou, à défaut, les 2/3 des porteurs de parts d'une même entreprise, peuvent décider le transfert collectif des avoirs des salariés d'une même entreprise du présent fonds vers un autre support d'investissement.

L'apport à un nouveau FCPE se fait alors dans les mêmes conditions que celles prévues à l'article 23 du présent règlement.
Article 25
Liquidation

Les opérations de liquidation sont effectuées dans le cadre des articles 18 et 19 du règlement n° 89-02 de la commission.

Il ne peut être procédé à la liquidation du fonds tant qu'il subsiste des parts indisponibles.

1. Lorsque toutes les parts sont disponibles, la société de gestion, le dépositaire et le conseil de surveillance peuvent décider, d'un commun accord, de dissoudre le fonds parce que toutes les parts ont été rachetées. Dans ce cas, la société de gestion a tous les pouvoirs pour procéder à la liquidation des actifs, et le dépositaire pour répartir en une ou plusieurs fois, aux porteurs de parts, le produit de cette liquidation.

A défaut, le liquidateur est désigné en justice à la demande de tout porteur de parts.

Les commissaires aux comptes et le dépositaire continuent d'exercer leurs fonctions jusqu'au terme des opérations de liquidation.

2. Lorsqu'il subsiste des porteurs de parts qui n'ont pu être joints à la dernière adresse indiquée par eux, la liquidation ne peut intervenir qu'à la fin de la première année suivant la disponibilité des dernières parts créées.

Dans l'hypothèse où la totalité des parts devenues disponibles appartiennent à des porteurs de parts qui n'ont pu être joints à la dernière adresse indiquée par eux, la société de gestion pourra, en accord avec le dépositaire, transférer ces parts, à l'expiration d'un délai d'un an à compter de la date de disponibilité de l'ensemble des droits des salariés, dans un fonds " multi-entreprises " appartenant à la classification " Monétaire euro " définie à l'annexe V de l'instruction de la Commission des opérations de bourse du 20 décembre 2001 dont elle assure la gestion et procéder à la dissolution du FCPE.
Article 26
Contestation. - Compétence

Toutes contestations relatives au fonds qui peuvent s'élever pendant la durée de fonctionnement de celui-ci, ou lors de sa liquidation, entre les porteurs de parts et la société de gestion ou le dépositaire, sont soumises à la juridiction des tribunaux compétents.

Règlement du FCPE : BTP Epargne et solidarité.

Approuvé par la COB le 22 août 2003.

Notice d'information du fonds commun de placement d'entreprise solidaire BTP Epargne et solidarité

En vigueur étendu

N° code COB : 131782

Compartiment : OUI NON x

Nourricier : OUI x NON

Un fonds commun de placement d'entreprise (FCPE) est un organisme de placement collectif en valeurs mobilières (OPCVM), c'est-à-dire un produit d'épargne qui permet à plusieurs investisseurs de détenir en commun un portefeuille de valeurs mobilières. Le FCPE est réservé aux salariés des entreprises et destiné à recevoir et à investir leur épargne salariale. Il est géré par une société de gestion.

La gestion du FCPE est contrôlée par un conseil de surveillance, composé de représentants des salariés et de représentants des entreprises. Ce conseil a notamment pour fonction d'examiner le rapport de gestion et les comptes annuels de l'OPCVM, d'examiner la gestion financière, administrative et comptable de l'OPCVM (le cas échéant, d'exercer les droits de vote attachés aux titres de capital détenus dans le portefeuille, de décider de l'apport des titres en cas d'offre publique), de décider des opérations du fusion, scission ou liquidation et de donner son accord préalable aux modifications du règlement du FCPE. Le conseil de surveillance d'un FCPE adopte en outre un rapport annuel mis à la disposition de chaque porteur de parts.

L'adhésion au présent FCPE emporte acceptation des dispositions contenues dans son règlement.

Le souscripteur peut obtenir, sans frais, communication du règlement du FCPE sur simple demande auprès de son entreprise.

Le FCPE BTP Epargne et solidarité est un fonds multientreprises créé pour l'application de l'accord-cadre instituant les plans d'épargne interentreprises du bâtiment et des travaux publics, signé le 20 janvier 2003.

Il est réservé aux bénéficiaires de l'accord ci-dessus mentionné. Il peut également être ouvert aux bénéficiaires d'accords mis en place en application des articles L. 441-1 à L. 444-7 du code du travail au profit des salariés d'entreprises du secteur du bâtiment et des travaux publics ou de secteurs connexes ainsi que d'entreprises qui sont filiales d'entreprises relevant elles-mêmes de ces secteurs.

Le fonds est régi par les dispositions de l'article L. 214-39 du code monétaire et financier.

Le conseil de surveillance.

Un conseil de surveillance commun aux fonds communs de placement d'entreprise créés dans le cadre de l'accord-cadre mentionné ci-dessus, composé de 20 membres, est institué. Il est composé à parité de 10 membres salariés porteurs de parts d'au moins un des fonds communs de placement d'entreprise représentant les porteurs de parts, désignés par les fédérations syndicales professionnelles de salariés représentatives au niveau national et signataires ou adhérentes audit accord et de 10 représentants des entreprises adhérentes, désignés par les organisations professionnelles d'employeurs signataires dudit accord. Chaque fonds dispose d'au moins un porteur de parts au conseil de surveillance.

Orientation de gestion du fonds

Le FCPE BTP Epargne et solidarité est classé dans la catégorie " FCPE diversifié ".

A ce titre, le FCPE est en permanence investi de 98 à 100 % en parts du FCP maître " Choix solidaire ". Les 2 %, au maximum, de l'actif du fonds compris entre 98 et 100 % seront investis en liquidités.

L'orientation des placements du FCP maître " Choix solidaire " est la suivante :

Le fonds a pour particularité de contribuer au financement de personnes morales solidaires non cotées, françaises et européennes. L'essentiel du portefeuille est investi de manière diversifiée en actions d'entreprises cotées, à caractère socialement responsable, en obligations et produits monétaires européens. L'allocation entre ces classes d'actifs est déterminée en fonction des anticipations de leurs potentiels d'évolution. Les personnes morales solidaires sont celles qui sont visées à l'article L. 443-3-1 du code du travail ou celles qui ont une activité solidaire telle que le micro-crédit, etc. ; les entreprises socialement responsables privilégient la création d'emplois, le dialogue social, le contrôle de la qualité sociale chez leurs fournisseurs, le développement local, ou visent à préserver l'environnement en exerçant leur activité dans le domaine de l'agriculture biologique ou des énergies renouvelables.

Le portefeuille est constitué :

- pour 10 % au plus de titres de structures contribuant au financement solidaire, dont 5 % au moins de titres d'entreprises solidaires au sens de l'article L. 443-3-1 du code du travail ;

- pour 45 % au plus d'actions et autres titres de capital détenus en direct ;

- pour le solde, d'obligations et autres titres de créances.

Le fonds peut effectuer des opérations de pension livrée, de prêt et emprunt de titres.

Dans les limites prévues par la réglementation, l'OPCVM pourra intervenir sur des instruments financiers à terme négociés sur des marchés réglementés français et étrangers ou de gré à gré.

Dans ce cadre, le gérant pourra prendre des positions en vue de couvrir le portefeuille au risque de change et en vue de couvrir le portefeuille ou de l'exposer aux risques de taux d'intérêt et d'actions (indices boursiers, actions et titres assimilés), afin de réaliser l'objectif de gestion. Ces opérations seront effectuées dans la limite de l'engagement maximal d'une fois l'actif de l'OPCVM.

Les valeurs mobilières et instruments financiers pouvant être utilisés dans le FCPE sont les suivants :

- intervention sur les marchés à terme dans un but de protection du portefeuille : MATIF et MONEP ;

- pourcentage de détention de l'actif en autres OPCVM : de 98 à 100 % en FCP " Choix solidaire " géré par ECOFI Investissements.

- zone géographique prépondérante : zone euro.

Fonctionnement du fonds

La valeur liquidative est calculée chaque vendredi, ainsi que le 30 juin et le 31 décembre de chaque année. Dans le cas où ces jours ne seraient pas des jours d'ouverture de la bourse de Paris, ou seraient des jours fériés légaux, la valeur liquidative est établie le jour ouvré précédent.

Lieu et mode de publication de la valeur liquidative :

Les valeurs liquidatives sont publiées :

- sur Minitel : 3614 PRO BTP (rubrique GESTIONBTP), 0,019 Euro à la connexion puis 0,057 Euro la minute ;

- sur Internet : www.gestionbtp.com (rubrique épargne salariale) ou www.smabtp.fr .

La composition de l'actif du FCPE est publiée chaque semestre. Tout salarié qui en fait la demande peut recevoir le rapport annuel.

Etablissement chargé des souscriptions : BTP Prévoyance. Les souscriptions s'effectuent par l'intermédiaire des entreprises, ou individuellement au cas où l'entreprise n'adhère pas aux plans.

Etablissement chargé des rachats de parts : BTP Prévoyance.

Modalités de souscription et de rachat :

- apports et retraits : en numéraire ;

- mode d'exécution : prochaine valeur liquidative ;

- commission de souscription à l'entrée : 2 % maximum à la charge des porteurs de parts ;

- commission de rachat à la sortie : néant ;

- commission d'arbitrage : 1,5 % maximum à la charge des porteurs de parts ;

- les frais de gestion directs du fonds comprenant les honoraires des commissaires aux comptes s'élèvent à un montant maximum de 0,2 % l'an (HT), à la charge du fonds ;

Les frais de gestion indirects du fonds s'élèvent à un montant maximum de 3,3 % l'an (HT), à la charge du fonds.

Le total des frais de gestion et commissions directs et indirects ne dépasseront pas un maximum de 3,5 % l'an (HT), à la charge du fonds ;

- affectation des revenus du fonds : réinvestissement dans le fonds ;

- frais de tenue de compte conservation : à la charge de l'entreprise, ils sont à la charge du porteur de parts lorsque celui-ci a quitté l'entreprise et que ses droits acquis ont été mis en disponibilité, à l'exception des frais de tenue de compte concernant les salariés qui ont quitté l'entreprise pour départ en retraite ou préretraite ;

- délai d'indisponibilité : 10 ans ;

- disponibilité des parts : les parts sont disponibles selon les modalités prévues par l'accord national instituant les plans d'épargne interentreprises du bâtiment et des travaux publics ;

- modalités de demande de remboursements anticipés et de parts disponibles : adresser la demande, accompagnée, s'il y a lieu, des pièces justificatives, à BTP Prévoyance. Les parts sont payées en numéraire dans un délai n'excédant pas 1 mois après l'établissement de la première valeur de part qui suit la réception de la demande de rachat ;

- valeur de la part à la constitution du fonds : 10 Euros.

Nom et adresse des intervenants :

- société de gestion : GESTIONBTP, 7, rue du Regard, 75006 Paris ;

- société de gestion délégataire : PRO BTP Finance, 7, rue du Regard, 75006 Paris ;

- société de gestion assurant la délégation comptable du fonds :

PRO BTP Finance ;

- dépositaire : Natexis Banques populaires, 45, rue Saint-Dominique, 75007 Paris ;

- commissaires aux comptes :

- Coopers et Lybrand audit, 32, rue Guersant, 75017 Paris ;

- Mazars et Guérard, Le Vinci, 4, allée de l'Arche, 92075 La Défense Cedex ;

- teneur de compte, conservateur des parts : BTP Prévoyance, 94966 Créteil Cedex 9 ;

- teneur de registre : BTP Prévoyance (PRO BTP), service Participation, 94966 Créteil Cedex 9.

Ce FCPE a été agréé par la Commission des opérations de bourse, le 22 août 2003.

La présente notice d'information, à laquelle est jointe la notice du FCP maître " Choix solidaire ", doit être remise aux porteurs préalablement à toute souscription. Le souscripteur peut obtenir sans frais la communication du règlement du FCP maître ainsi que tout autre document d'information sur simple demande auprès de la société de gestion, ECOFI Investissements, 48, rue Notre-Dame-des-Victoires, 75002 Paris.

Notice d'information

En vigueur étendu

Choix solidaire

Forme juridique de l'OPCVM : fonds commun de placement.

Promoteur : Groupe Crédit coopératif.

Société de gestion : ECOFI investissements.

Dépositaire : Crédit coopératif.

Etablissements conservateurs : caisse centrale de Crédit coopératif et service central de titres de Brunoy.

Commissaire aux comptes : KPMG.

Compartiment : non.

Nourricier : non.
Caractéristiques financières

Classification : OPCVM diversifié.

Objectif : les valeurs en portefeuille, sélectionnées selon des critères éthiques " socialement responsables " ou solidaires, sont choisies dans une perspective de progression de la valeur liquidative du fonds.

Orientation des placements : marchés, instruments et techniques d'intervention.

Le fonds a pour particularité de contribuer au financement de personnes morales solidaires non cotées, françaises et européennes. L'essentiel du portefeuille est investi de manière diversifiée en actions d'entreprises cotées, à caractère socialement responsable, en obligations et produits monétaires européens. L'allocation entre ces classes d'actifs est déterminée en fonction des anticipations de leurs potentiels d'évolution. Les personnes morales solidaires sont celles qui sont visées à l'article L. 443-3-1 du code du travail ou celles qui ont une activité solidaire telle que le micro-crédit, etc. ; les entreprises socialement responsables privilégient la création d'emplois, le dialogue social, le contrôle de la qualité sociale chez leurs fournisseurs, le développement local, ou visent à préserver l'environnement en exerçant leur activité dans le domaine de l'agriculture biologique ou des énergies renouvelables.

Le portefeuille est constitué :

- pour 10 % au plus, de titres de structures contribuant au financement solidaire, dont 5 % au moins de titres d'entreprises solidaires au sens de l'article L. 443-3-1 du code du travail ;

- pour 45 % au plus, d'actions et autres titres de capital détenus en direct ;

- pour le solde, d'obligations et autres titres de créances.

Le fonds peut effectuer des opérations de pension livrée, de prêt et emprunt de titres.

Dans les limites prévues par la réglementation, l'OPCVM pourra intervenir sur des instruments financiers à terme négociés sur des marchés réglementés français et étrangers ou de gré à gré. Dans ce cadre, le gérant pourra prendre des positions en vue de couvrir le portefeuille au risque de change et en vue de couvrir le portefeuille ou de l'exposer aux risques de taux d'intérêt et d'actions (indices boursiers, actions et titres assimilés), afin de réaliser l'objectif de gestion. Ces opérations seront effectuées dans la limite de l'engagement maximal d'une fois l'actif de l'OPCVM.

Existence d'un risque de change pour le résident français.

Détention de parts ou d'actions d'OPCVM :

La société de gestion se réserve la possibilité d'investir entre 5 % et 50 % de l'actif du fonds en titres d'autres OPCVM dans le respect des conditions légales et réglementaires.

Durée minimale de placement recommandée : supérieure à 2 ans.

Souscripteurs concernés : tous souscripteurs.

Affectation des résultats : capitalisation.

Modalités de fonctionnement

En vigueur étendu

Date de clôture de l'exercice : dernier jour de bourse de Paris du mois de décembre (de décembre 2003 pour le premier exercice).

Valeur liquidative d'origine : 500 Euros.

Date et périodicité de calcul de la valeur liquidative :

hebdomadaire, le jeudi (la veille si ce jeudi est jour férié légal en France ou n'est pas jour de bourse de Paris ; la valeur liquidative inclut les coupons courus des jours fériés suivants et est datée du dernier jour férié inclus).

Conditions de souscription et de rachat : les ordres sont centralisés chaque jour de calcul de la valeur liquidative avant 11 h 30 au siège du dépositaire et exécutés sur la base de la prochaine valeur liquidative. Montant minimal de toute souscription :

1 part. Possibilité de souscrire et racheter des millièmes de part.

Commission de souscription maximale : 2 %,

- dont part acquise à l'OPCVM : néant ;

- cas d'exonération : opérations de rachat et de souscription simultanées portant sur le même nombre de titres.

Commission de rachat : néant.

Frais de gestion maximum : 1,30 % toutes taxes comprises de l'actif net.

Libellé de la devise de comptabilité : euro.

Adresse de la société de gestion : 48, rue Notre-Dame-des-Victoires, 75002 Paris.

Adresse du dépositaire : 33, rue des Trois-Fontanot, BP 211, 92002 Nanterre Cedex.

Lieu ou mode de publication de la valeur liquidative : bureaux de la société de gestion ou du dépositaire, Internet :

www.credit-cooperatif.fr .

La présente notice doit obligatoirement être proposée aux souscripteurs préalablement à la souscription, remise à la souscription et mise à la disposition du public sur simple demande.

La note d'information complète de l'OPCVM et le dernier document périodique sont disponibles auprès du dépositaire et de la société de gestion.

Date d'agrément de l'OPCVM par la commission : 19 juillet 2002.

Date d'édition de la notice d'information : 30 décembre 2002.

GESTIONBTP

Séance du conseil d'administration du du 22 mai 2003

Extrait de procès verbal.

En vigueur étendu

L'an deux mille trois, le 22 mai, à 14 h 30, le conseil d'administration de GESTIONBTP s'est réuni à Paris (6e), 7, rue du Regard.
Etaient présents

M. Bonche, président.

M. Richard, administrateur.

M. Emile, représentant la fédération générale Force ouvrière du bâtiment, bois, travaux publics et matériaux de construction (CGT/FO), administrateur.

M. Couvran, représentant le syndicat national des cadres, techniciens et agents de maîtrise des industries du bâtiment et des travaux publics CFE/CGC, administrateur.

M. Guelennoc, représentant la fédération nationale des salariés de la construction et du bois CFDT, administrateur.

M. Lefevre, représentant la fédération nationale des travaux publics, administrateur.

M. Mounier, représentant la fédération nationale des travailleurs de la construction CGT, administrateur.

M. Vaillendet, représentant la fédération BATIMAT-TP CFTC, administrateur.
Etaient absents et excusés

M. Levaux, administrateur.

M. Garde, représentant la fédération française du bâtiment, administrateur.
Assistaient à la réunion

M. Paul Maillard, directeur général délégué ; Mme Véronique Amiable (GESTIONBTP) ; M. Grasset, représentant PRO BTP, et M. Dominique de Saivre, PRO BTP Finance.

Le président constate que le quorum est atteint et déclare la séance ouverte.

...

Application de l'accord-cadre du 20 janvier 2003.

...

De plus, concernant la dénomination de BTP Epargne solidaire, la société de gestion du FCP " Choix solidaire " dans lequel sera investi le FCPE BTP Epargne solidaire indique qu'un de leurs FCP, créé en 1987, a pour dénomination " Epargne solidaire ". Un changement de dénomination de BTP " Epargne solidaire " en BTP " Epargne et solidarité " est décidé à l'unanimité par les administrateurs.

Plus rien n'étant à l'ordre du jour et plus personne ne demandant la parole, la séance est levée à 16 h 15.

Certifié conforme le 30 juin 2003.

Directeur général délégué,
P. Maillard

Avenant du 20 janvier 2003 portant règlement du plan d'épargne interentreprises à 5 ans (PEI-BTP)

La confédération de l'artisanat et des petites entreprises du bâtiment (CAPEB) ;

La fédération française du bâtiment (FFB) ;

La fédération française des installateurs électriciens (FFIE) ;

La fédération nationale des sociétés coopératives de production du bâtiment et des travaux publics et des activités annexes et connexes (FNSCOP) ;

La fédération nationale des travaux publics (FNTP),

La fédération nationale des salariés de la construction et du bois CFDT ;

La fédération Batimat-TP CFTC ;

Le syndicat national des cadres, employés, techniciens, agents de maîtrise et assimilés des industries du bâtiment, des travaux publics et des activités annexes et connexes CFE-CGC-BTP ;

La fédération générale Force ouvrière du bâtiment et des travaux publics et des activités connexes (CGT-FO).

Préambule

En vigueur étendu

Modifié par Avenant du 22 novembre 2005 art. 1 en vigueur le 1er décembre 2005 BO conventions collectives 2005-51 étendu par arrêté du 13 juin 2006 JORF 23 juin 2006.

Le présent accord porte application de l'accord-cadre du 20 janvier 2003 instituant les plans d'épargne interentreprises du bâtiment et des travaux publics.

Il complète en outre la convention relative à la participation des salariés des entreprises du BTP.

La société de développement et de gestion de l'épargne salariale dans les industries du bâtiment et des travaux publics - GESTIONBTP, dont le siège social est à Paris (6e), 7, rue du Regard - est chargée de la mise en oeuvre du présent accord.

Section 1 : Dispositions spécifiques au PEI-BTP

Cadre juridique - Dénomination.

Article 1

En vigueur étendu

Modifié par avenant n° 2 du 11 juillet 2007 BO CC 2007-43 étendu par arrêté du 9 juillet 2008 JORF 17 juillet 2008.

Le présent plan, qui a pour dénomination Plan d'épargne interentreprises du bâtiment et des travaux publics (PEI-BTP), est constitué dans le cadre de la loi n° 2001-152 du 19 février 2001 modifiée et des articles L. 443-1 et suivants du code du travail.

Ce PEI-BTP a pour objet de permettre aux bénéficiaires visés à l'accord cadre du 20 janvier 2003 instituant les plans d'épargne interentreprises du bâtiment et des travaux publics de participer à la constitution d'un portefeuille collectif de valeurs mobilières avec l'aide de leur entreprise selon les règles prévues ci-après.

Au regard des règles d'indisponibilité visées à l'article 11 ci-dessous, le PEI-BTP est conclu avec un terme glissant : les sommes y sont bloquées, sauf conditions particulières décrites ci-après, jusqu'à expiration d'un délai de 5 ans à compter de chaque versement.

Alimentation du plan d'épargne à 5 ans (PEI-BTP)

Les sommes recueillies telles que décrites aux articles 2 à 7 ci-dessous sont immédiatement versées sur le compte du dépositaire et intégralement investies en parts de FCPE visés à l'accord-cadre du 20 janvier 2003 instituant les plans d'épargne interentreprises du bâtiment et des travaux publics, au choix des bénéficiaires.

Alimentation du plan d'épargne à 5 ans (PEI-BTP).

Alimentation du PEI-BTP.

Article 2
En vigueur étendu

Le PEI-BTP peut être alimenté par des versements de plusieurs natures :

- versements volontaires ;

- versement de l'intéressement ;

- versement de la participation ;

- contribution de l'entreprise (abondement) ;

- transferts d'un autre plan ou de sommes issues de la participation.

L'ensemble de ces versements et transferts s'effectue conformément aux règles issues de la loi n° 2001-152 du 19 février 2001 et dans les conditions précisées ci-après.

Versements volontaires.

Article 3
En vigueur étendu

Les salariés et anciens salariés des entreprises comprises dans le champ d'application du PEI-BTP ainsi que les dirigeants visés à l'article L. 443-1, alinéa 3, du code du travail peuvent effectuer des versements au PEI-BTP dans la limite d'une somme annuelle au quart de leur rémunération brute annuelle, telle que visée par les textes en vigueur. Cette limite est appréciée par l'intéressé sous sa responsabilité.

En tout état de cause, ces versements, y compris le cas échéant ceux issus de l'intéressement, ne peuvent être inférieurs à 160 € par an.

Dans ces limites, le montant du versement annuel est libre.

En cas d'adhésion de l'entreprise, cette dernière fixe les modalités de ces versements.

En cas d'épargnant individuel, le bénéficiaire remplit un bulletin individuel de souscription indiquant le montant de son versement.

Les anciens bénéficiaires ayant quitté l'entreprise pour départ en retraite ou préretraite peuvent continuer à effectuer des versements au PEI-BTP sous réserve qu'ils aient adhéré au PEI-BTP avant leur départ de l'entreprise et qu'ils y aient conservé des avoirs. Ces versements ne peuvent toutefois donner lieu à l'abondement prévu ci-après.

Versement de l'intéressement.

Article 4
En vigueur étendu

L'intéressement peut être, sur décision individuelle de chaque salarié, versé en tout ou partie au PEI-BTP, pour un montant minimum, y compris les versements volontaires visés à l'article 3 ci-dessus, de 160 € par an.

Le versement de l'intéressement au PEI-BTP est pris en compte dans la limite mentionnée au 1er alinéa de l'article 3 ci-dessus.

Au reçu de la fiche individuelle d'information de ses droits que lui aura adressée son entreprise, le salarié fait connaître à celle-ci l'emploi qu'il souhaite donner à son intéressement.

En cas de placement dans le PEI-BTP, les sommes correspondantes sont transmises par l'entreprise au TCCP-BTP dans les 15 jours qui suivent la date à laquelle elles sont dues.

L'intéressement que les salariés décident d'affecter au PEI-BTP est exonéré de l'impôt sur le revenu dans une limite fixée par la réglementation en vigueur (au jour de signature de l'accord : moitié du plafond annuel moyen de la sécurité sociale).

Les anciens salariés ayant quitté l'entreprise peuvent affecter au PEI-BTP leur intéressement versé postérieurement à leur départ de l'entreprise sans pouvoir prétendre à l'abondement.

Versement de la participation

Article 5
En vigueur étendu
§ 1. Versement de la participation obligatoire

Les sommes constituant les réserves spéciales de participation des entreprises assujetties à la participation et ayant adhéré au présent règlement PEI-BTP peuvent être affectées au PEI-BTP.

§ 2. Versement de la participation volontaire

Les entreprises qui ne sont pas assujetties obligatoirement à la participation et qui entrent dans le champ d'application du PEI-BTP peuvent décider unilatéralement de mettre en oeuvre la participation. Dans un tel cas, ce règlement fait office d'accord de participation. Il appartient au chef d'entreprise d'informer par tous moyens appropriés le personnel de l'existence d'un droit à participation. La formule de calcul de la participation et les modes de répartition de la réserve spéciale de participation à appliquer figurent à la section 2 du présent accord.

Contribution de l'entreprise, abondement

Article 6
En vigueur étendu

L'entreprise est libre de verser chaque année un abondement.
Au plus tard 1 mois avant chaque période annuelle de versements, l'entreprise prend sa décision d'abonder ou non et en informe l'ensemble de ses salariés ainsi que l'organisme gestionnaire du PEI-BTP. Elle précise à cette occasion, en cas de décision d'abonder, la ou les origines des versements qu'elle souhaite abonder (intéressement uniquement, tous versements volontaires, versements volontaires hors intéressement), et les taux d'abondement qu'elle retient pour cette période annuelle, conformément aux dispositions suivantes :
- au minimum 50 % sur la partie du versement (1) annuel du bénéficiaire inférieure à 320 €, sans que le montant de l'abondement puisse être inférieur à 160 €.
- au minimum 25 % sur la partie du versement (1) annuel du bénéficiaire comprise entre 320 € et 770 €.
- au minimum 10 % sur la partie du versement (1) annuel du bénéficiaire comprise entre 770 € et 8 % du plafond annuel de la sécurité sociale. Toutefois, le taux retenu pour cette tranche de versement doit être inférieur ou égal à ceux qui ont été fixés pour les deux premières tranches.
Pour chaque année où elle décide d'abonder, l'entreprise porte à la connaissance de l'ensemble de son personnel les taux d'abondement retenus.
En tout état de cause, l'abondement global de l'entreprise est limité, par bénéficiaire et par an, aux plafonds légaux soit 300 % du versement du bénéficiaire et 8 % du plafond annuel de la sécurité sociale.
Les sommes versées par l'entreprise au titre de l'abondement ne peuvent se substituer en aucune manière aux éléments de rémunération contractuels ou conventionnels des salariés.
Dans tous les cas, qu'elle ait adhéré ou non au présent PEI-BTP, l'entreprise prend à sa charge les frais de tenue de comptes individuels des bénéficiaires.
Toutefois, les frais de tenue de compte des anciens salariés partis depuis plus de 1 an, à l'exception des salariés retraités et préretraités, sont mis à la charge des intéressés par prélèvement sur leurs avoirs.

(1) Quelle que soit la nature de ce versement à l'exclusion des sommes issues des droits à la participation ainsi que des transferts d'un autre plan d'épargne salariale (PEE, PEG, PEI ou PERCO).

Transfert d'un autre plan d'épargne salariale ou de sommes issues de la participation

Article 7
En vigueur étendu
Modifié par Avenant du 22 novembre 2005 art. 4 en vigueur le 1er décembre 2005 BO conventions collectives 2005-51 étendu par arrêté du 13 juin 2006 JORF 23 juin 2006.

Les bénéficiaires peuvent effectuer tous transferts prévus par la législation en vigueur de sommes issues de l'épargne salariale vers le PEI-BTP. Toutefois, les salariés des entreprises coopératives de production SCOP ne pourront demander le transfert de leur participation au PEI-BTP qu'après avoir satisfait à leur obligation statutaire de contribution au capital de l'entreprise.

Les sommes transférées n'entrent pas dans le calcul de la limite du plafond des versements annuels du quart de rémunération annuelle du bénéficiaire concerné.

Ces transferts sont réalisés aux frais des bénéficiaires. La CSG, la CRDS et le prélèvement social dus au titre des produits de placement ne sont pas prélevés lors du transfert mais sont reportés lors de la délivrance ultérieure des avoirs.

L'opération de transfert est effectuée par le teneur de comptes conservateur de parts visé à l'accord-cadre du 20 janvier 2003 instituant les plans d'épargne interentreprises du bâtiment et des travaux publics.

Régime social et fiscal.

En vigueur étendu

Le régime social et fiscal du PEI-BTP est déterminé par la réglementation en vigueur. Il est, au jour de la signature du présent accord, le suivant.

Régime social de l'abondement.

Article 8
En vigueur étendu

L'abondement au PEI-BTP versé par l'entreprise, conformément aux dispositions de l'article 6 ci-dessus, est exonéré des cotisations sociales dans la limite du triple du versement du bénéficiaire, plafonné à 2 300 Euros.

L'abondement au PEI-BTP est assujetti à la CSG et à la CRDS après un abattement de 5 %.

Régime fiscal de l'abondement

Article 9
En vigueur étendu

L'abondement au PEI-BTP est déductible des bénéfices imposables et n'est pas soumis à la taxe sur les salaires. Il est également exonéré de l'impôt sur le revenu établi au nom du bénéficiaire.

Régime fiscal et social des revenus et des plus-values du PEI-BTP

Article 10
En vigueur étendu
Modifié par Avenant du 22 novembre 2005 art. 5 en vigueur le 1er décembre 2005 BO conventions collectives 2005-51 étendu par arrêté du 13 juin 2006 JORF 23 juin 2006.

Les revenus et les plus-values générés par la gestion des sommes placées au PEI-BTP sont réinvestis dans le PEI-BTP, et de ce fait, exonérés d'impôt sur le revenu. Ils seront toutefois soumis à la CSG et à la CRDS ainsi qu'au prélèvement social, lorsque les bénéficiaires demanderont le remboursement de leurs droits.

Règles d'indisponibilité

Article 11
En vigueur étendu
Les sommes versées au PEI-BTP ne peuvent être retirées que 5 ans après la date de chaque versement.

Dans la pratique, les sommes versées au PEI-BTP seront disponibles à l'expiration d'un délai de 5 ans courant à compter du premier jour du septième mois de l'année au cours de laquelle les versements ont été faits. Toutefois, les sommes provenant du versement de la participation seront exigibles à l'expiration d'un délai de 5 ans courant à compter du premier jour du quatrième mois suivant la clôture de l'exercice au titre duquel sont nés les droits.

Si dans une entreprise adhérente au PEI-BTP les salariés acquièrent des droits à la fois aux titres de versements au PEI-BTP et de la participation, l'ensemble de ces droits peut, si l'entreprise le demande, bénéficier d'une date unique de mise en disponibilité alignée sur la date de disponibilité quinquennale de la participation au premier jour du quatrième mois.

Passé ce délai, les bénéficiaires peuvent demander le remboursement de leurs avoirs ou les conserver sur le PEI-BTP où ils continuent de fructifier.

Cependant, le déblocage anticipé de l'épargne est possible dans les cas explicitement prévus par la réglementation en vigueur (art. R. 442-17 du code du travail).

Actuellement :

- mariage ou conclusion d'un Pacs par l'intéressé ;

- naissance ou arrivée au foyer d'un enfant en vue de son adoption lorsque le foyer comporte déjà au moins 2 enfants à charge ;

- divorce, séparation ou dissolution d'un Pacs assortis d'un jugement prévoyant la résidence habituelle (unique ou partagée) d'au moins 1 enfant au domicile de l'intéressé ;

- invalidité du bénéficiaire, de ses enfants, de son conjoint ou de la personne qui lui est liée par un Pacs (invalidité au sens de la 2e ou 3e catégorie du code de la sécurité sociale [art. L. 341-4], reconnue par décision de la Cotorep ou de la CDES) à condition que le taux d'incapacité atteigne au moins 80 % et que l'intéressé n'exerce aucune activité professionnelle ;

- décès du bénéficiaire, de son conjoint ou de la personne liée au bénéficiaire par un Pacs ;

- cessation du contrat de travail ;

- affectation des sommes épargnées à la création ou reprise, par le bénéficiaire, ses enfants, son conjoint ou la personne liée au bénéficiaire par un Pacs, d'une entreprise industrielle, commerciale, artisanale ou agricole soit à titre individuel, soit sous la forme d'une société, à condition d'en exercer effectivement le contrôle (art. R. 351-43), à l'installation en vue de l'exercice d'une autre profession non salariée ou à l'acquisition de parts sociales d'une SCOP ;

- affectation des sommes épargnées à l'acquisition ou l'agrandissement de la résidence principale portant création d'une surface habitable nouvelle, sous réserve de l'existence d'un permis de construire ou d'une déclaration préalable de travaux ou à la remise en état de la résidence principale à la suite d'une catastrophe naturelle reconnue par arrêté ministériel ;

- situation de surendettement du bénéficiaire, sur demande adressée à l'organisme gestionnaire ou à l'employeur soit par le président de la commission de surendettement, soit par le juge lorsque le déblocage des droits paraît nécessaire à l'apurement du passif de l'intéressé.

Toute demande de remboursement doit être présentée dans les 6 mois du fait générateur (excepté dans les cas de cessation du contrat de travail, décès, invalidité et situation de surendettement). Ce remboursement porte au choix du bénéficiaire sur la totalité ou une partie seulement de ses avoirs susceptibles d'être débloqués à ce titre et ne peut faire l'objet que d'un seul versement.

Dès qu'il est informé du décès d'un bénéficiaire, l'organisme gestionnaire contacte et informe le ou les ayants droit désignés par celui-ci lors de la souscription..

Section 2 : Accord de participation volontaire

En vigueur étendu

L'accord de participation volontaire se situe dans le cadre du PEI-BTP Les conditions de la section 1re - à l'exclusion des articles 8 et 9 concernant l'abondement qui ne s'applique pas à la participation - et les dispositions diverses de la section 3 s'appliquent de plein droit à l'accord de participation volontaire.

Calcul du montant de la réserve spéciale de participation.

Article 12
En vigueur étendu

Dans chaque entreprise, le montant global des droits des salariés constituant la réserve spéciale de participation est calculé selon les dispositions des articles L. 442-2 et R. 442-2 à 5 du code du travail.

Ce montant s'exprime par la formule suivante :

RSP = 1/2 x (B - 5/100 de C) x S/VA
dans laquelle :

B : représente le bénéfice de l'entreprise réalisé en France métropolitaine et dans les départements d'outre-mer, tel que défini au 1° de l'article L. 442-2 du code du travail.

C : représente les capitaux propres de l'entreprise, tels que définis au 3° de l'article R. 442-2 du code du travail.

S : représente les salaires versés au cours de l'exercice déterminés selon les règles prévues pour le calcul des rémunérations au sens de l'article L. 242-1 du code de la sécurité sociale.

La masse salariale sera majorée pour tenir compte forfaitairement de l'incidence des congés payés dont le versement est assuré par une caisse professionnelle.

Le taux de cette majoration sera égal au rapport entre le nombre de semaines de congés payés prévu par le régime applicable dans la profession et le nombre annuel de semaines de travail dans l'entreprise, le résultat étant majoré du montant de la prime de vacances correspondante, telle que définie par les accords professionnels.

La disposition ci-dessus ne s'appliquera pas aux salaires versés aux salariés percevant leurs indemnités de congés payés directement de l'entreprise.

VA : représente la valeur ajoutée par l'entreprise telle que définie au 2° de l'article R. 442-2 du code du travail.

Date de versement - Majorations de retard.

Article 13
En vigueur étendu

Les entreprises doivent verser le montant de leur réserve spéciale de participation avant le premier jour du quatrième mois suivant la clôture de l'exercice au cours duquel sont nés les droits à participation.

Passé ce délai, les entreprises devront augmenter leur versement d'un intérêt de retard selon les dispositions de l'article R. 442-10 du code du travail, égal à 1,33 fois le taux moyen de rendement des obligations des sociétés privées publié par le ministre chargé de l'économie.

Règles de répartition de la réserve spéciale de participation entre les salariés bénéficiaires.

Article 14
En vigueur étendu
Modifié par Avenant du 22 novembre 2005 art. 6 en vigueur le 1er décembre 2005 BO conventions collectives 2005-51 étendu par arrêté du 13 juin 2006 JORF 23 juin 2006.

En application de l'article R. 442-6 du code du travail, la répartition entre les salariés bénéficiaires est effectuée par BTP Prévoyance, proportionnellement au salaire perçu, limité à 4 fois le plafond moyen ayant servi au calcul des cotisations de sécurité sociale pendant l'exercice. Le montant des droits susceptibles d'être attribués à un même bénéficiaire ne pourra excéder une somme égale aux 3/4 du montant de ce même plafond.

Pour tenir compte forfaitairement de l'incidence des congés payés dont le versement est assuré par une caisse professionnelle, une majoration, identique à celle prévue à l'article 1er du titre 3, sera appliquée aux salaires servant de base à la répartition entre les salariés.

Les sommes qui n'auraient pu être attribuées en vertu des règles limitant les droits d'un même bénéficiaire pour un même exercice seront réparties immédiatement entre les salariés qui n'atteignent pas les limites fixées par ces règles. Si le deuxième calcul faisait apparaître de nouvelles répartitions supérieures à ces limites, la même règle serait appliquée jusqu'à épuisement du solde de répartition.

Les frais de gestion engagés par BTP Prévoyance pour les opérations de répartition de la réserve spéciale de participation et de gestion du registre des salariés et ceux engagés par le teneur de comptes conservateur de parts visé à l'accord-cadre du 20 janvier 2003 instituant les plans d'épargne interentreprises du bâtiment et des travaux publics pour la tenue et la surveillance des comptes des porteurs de parts sont à la charge des entreprises.

Collecte et affectation des sommes.

Article 15
En vigueur étendu
Modifié par Avenant du 22 novembre 2005 art. 7 en vigueur le 1er décembre 2005 BO conventions collectives 2005-51 étendu par arrêté du 13 juin 2006 JORF 23 juin 2006.

Les sommes constituant la réserve spéciale de participation sont transmises au teneur de comptes conservateur de parts visé à l'accord-cadre du 20 janvier 2003 instituant les plans d'épargne interentreprises du bâtiment et des travaux publics, qui informe la société de développement et de gestion de l'épargne salariale dans les industries du bâtiment et des travaux publics - GESTIONBTP.

GESTIONBTP a l'obligation d'employer chaque réserve spéciale de participation qui lui a été transmise, immédiatement et pour son intégralité, en parts de fonds communs de placement d'entreprise créés pour recevoir les réserves de participation. Ces fonds communs de placement d'entreprise (FCPE) sont régis par l'article L. 214-39 du code monétaire et financier.

Les revenus et produits des fonds communs ci-dessus mentionnés sont de plein droit capitalisés. En conséquence, les dividendes et intérêts afférents aux valeurs mobilières constituant le portefeuille du fonds, ainsi que tous autres produits, sont réinvestis dans le fonds, de même que les avoirs fiscaux ou crédits d'impôt attachés à ces revenus.

Les sommes issues de la réserve spéciale de participation et dirigées vers le PEI-BTP sont investies dans l'un des fonds communs de placement visés à l'accord-cadre du 20 janvier 2003 instituant les plans d'épargne interentreprises du bâtiment et des travaux publics - à l'exclusion du fonds BTP épargne et solidarité - et, à défaut de choix de la part du salarié, sur le fonds BTP épargne monétaire.

Les sommes issues de la réserve spéciale de participation et dirigées vers le PPESVI à 10 ans sont investies dans l'un des fonds communs de placement visés à l'accord-cadre du 20 janvier 2003 instituant les plans d'épargne interentreprises du bâtiment et des travaux publics et, à défaut de choix de la part du salarié, sur le fonds BTP épargne monétaire.

Section 3 : Dispositions diverses

Dépôt et extension de l'accord.

Article 16
En vigueur étendu

Le présent accord est déposé à la direction départementale du travail, de l'emploi et de la formation professionnelle.

Les parties signataires demanderont son extension dans les conditions prévues aux articles L. 133-1 et suivants du code du travail.

Litiges.

Article 17
En vigueur étendu

Toutes contestations relatives aux dispositions du présent accord qui peuvent s'élever sont soumises à la juridiction des tribunaux compétents.

Entrée en vigueur et durée.

Article 18

En vigueur étendu

L'entrée en vigueur du présent accord est fixée au 1er février 2003, pour une durée de 5 ans, sous réserve de l'agrément de la Commission des opérations de bourse portant sur le règlement des fonds communs de placement.

Accord du 20 janvier 2003 portant règlement du PPESVI à 10 ans (PEV-BTP)

La confédération de l'artisanat et des petites entreprises du bâtiment (CAPEB) ;

La fédération française du bâtiment (FFB) ;

La fédération française des installateurs électriciens (FFIE) ;

La fédération nationale des sociétés coopératives de production du bâtiment et des travaux publics et des activités annexes et connexes (FNSCOP) ;

La fédération nationale des travaux publics (FNTP),

La fédération nationale des salariés de la construction et du bois CFDT ;

La fédération BATIMAT-TP CFTC ;

Le syndicat national des cadres, employés, techniciens, agents de maîtrise et assimilés des industries du bâtiment, des travaux publics et des activités annexes et connexes CFE-CGC-BTP ;

La fédération générale Force ouvrière du bâtiment et des travaux publics et des activités connexes (CGT-FO).

Préambule

En vigueur étendu

Modifié par Avenant du 22 novembre 2005 art. 1 en vigueur le 1er décembre 2005 BO conventions collectives 2005-51 étendu par arrêté du 13 juin 2006 JORF 23 juin 2006.

Le présent accord porte application de l'accord-cadre du 20 janvier 2003 instituant les plans d'épargne interentreprises du bâtiment et des travaux publics.

La société de développement et de gestion de l'épargne salariale dans les industries du bâtiment et des travaux publics - GESTIONBTP dont le siège social est à Paris (6e), 7, rue du Regard - est chargée de la mise en oeuvre du présent accord.

Section 1 : Dispositions spécifiques

Cadre juridique

Dénomination

Article 1

En vigueur étendu

Modifié par Avenant du 24 novembre 2004 en vigueur le 1er janvier 2005 BO conventions collectives 2005-1 étendu par arrêté du 13 juillet 2005 JORF 26 juillet 2005.

Le présent plan, qui a pour dénomination plan d'épargne pour la retraite collectif du bâtiment et des travaux publics (PERCO-BTP), est constitué dans le cadre de la loi n° 2003-775 du 21 août 2003 et des articles L. 443-1 et suivants du code du travail.

Ce PERCO-BTP a pour objet de permettre aux salariés, anciens salariés et dirigeants visés à l'article L. 443-1, alinéa 3 du code du travail des entreprises visées à l'accord cadre du 20 janvier 2003 instituant les plans d'épargne interentreprises du bâtiment et des travaux publics de participer à la constitution d'un portefeuille collectif de valeurs mobilières avec l'aide de leur entreprise selon les règles prévues ci-après.

Les sommes ou valeurs inscrites aux comptes des participants doivent être détenues jusqu'au départ à la retraite, sauf cas de déblocages anticipés prévues par la réglementation en vigueur.

La délivrance des sommes ou valeurs susvisées s'effectue selon l'une des modalités suivantes au choix du bénéficiaire :

- soit sous forme de rente viagère acquise à titre onéreux dans les conditions fixées par la législation en vigueur au moment de la demande de la délivrance ;

- soit sous forme de capital, en un versement unique ou fractionné.

Chaque bénéficiaire exprime son choix entre une sortie en rente et une sortie en capital lors du déblocage des sommes ou valeurs.

Le PERCO-BTP est proposé aux bénéficiaires visés ci-dessus en complément du PEI à 5 ans (PEI-BTP) ou de tout autre plan d'épargne d'entreprise à 5 ans dont il pourrait bénéficier.

Alimentation du PERCO-BTP

En vigueur étendu

Modifié par Avenant du 24 novembre 2004 en vigueur le 1er janvier 2005 BO conventions collectives 2005-1 étendu par arrêté du 13 juillet 2005 JORF 26 juillet 2005.

Les sommes recueillies telles que décrites aux articles 3 à 8 ci-dessous sont immédiatement versées sur le compte du dépositaire et intégralement investies en parts de FCPE visées à l'accord-cadre du 20 janvier 2003 instituant les plans d'épargne interentreprises du bâtiment et des travaux publics, au choix des bénéficiaires.

Fonds solidaire

Article 2

En vigueur étendu

Modifié par Avenant du 22 novembre 2005 art. 2 en vigueur le 1er décembre 2005 BO conventions collectives 2005-51 étendu par arrêté du 13 juin 2006 JORF 23 juin 2006.

Le fonds solidaire du PERCO-BTP est BTP Epargne et Solidarité qui sera lui-même essentiellement constitué d'actions de la SICAV " choix solidaire ", dont la société de gestion est : ECOFI Investissements, 48, rue Notre-Dame-des-Victoires, 75002 Paris, et le dépositaire : crédit coopératif, 33, rue des Trois-Fontanot, BP 211, 92002 Nanterre Cedex. La notice d'information de la SICAV " choix solidaire " figure à l'annexe I du présent accord.

Alimentation du PERCO-BTP

Article 3

En vigueur étendu

Modifié par Avenant du 24 novembre 2004 en vigueur le 1er janvier 2005 BO conventions collectives 2005-1 étendu par arrêté du 13 juillet 2005 JORF 26 juillet 2005.

Le PERCO-BTP peut être alimenté par des versements de plusieurs natures :

- versements volontaires ;

- intéressement ;

- participation ;

- transferts d'un autre plan ou de sommes issues de la participation ;

- contribution de l'entreprise - abondement.

L'ensemble de ces versements et transferts s'effectue conformément aux règles issues des lois n° 2001-152 du 19 février 2001 et n° 2003-1311 du 30 décembre 2003 et dans les conditions précisées ci-après.

Versements volontaires

Article 4

En vigueur étendu

Modifié par Avenant du 24 novembre 2004 en vigueur le 1er janvier 2005 BO conventions collectives 2005-1 étendu par arrêté du 13 juillet 2005 JORF 26 juillet 2005.

Les salariés et anciens salariés des entreprises comprises dans le champ d'application du PERCO-BTP ainsi que les dirigeants visés à l'article L. 443-1, alinéa 3, du code du travail peuvent effectuer des versements au PERCO-BTP dans la limite d'une somme annuelle égale à 1/4 de leur rémunération brute annuelle, telle que visée par les textes en vigueur. Cette limite est appréciée par l'intéressé sous sa responsabilité.

En tout état de cause, ces versements, y compris le cas échéant ceux issus de l'intéressement, ne peuvent être inférieurs à 160 Euros par an.

Dans ces limites, le montant du versement annuel est libre.

En cas d'adhésion de l'entreprise, cette dernière fixe les modalités de ces versements.

En cas d'épargnant individuel, le bénéficiaire remplit un bulletin individuel de souscription indiquant le montant de son versement.

Versement de l'intéressement

Article 5

En vigueur étendu

Modifié par Avenant du 22 novembre 2005 art. 3 en vigueur le 1er décembre 2005 BO conventions collectives 2005-51 étendu par arrêté du 13 juin 2006 JORF 23 juin 2006.

L'intéressement peut être, sur décision individuelle de chaque salarié, versé en tout ou partie au PERCO-BTP, pour un montant minimum, y compris les versements volontaires visés à l'article 4 ci-dessus, de 160 € par an.

Le versement de l'intéressement au PERCO-BTP est pris en compte dans la limite mentionnée au 1er alinéa de l'article 4 ci-dessus.

Au reçu de la fiche individuelle d'information de ses droits que lui aura adressée son entreprise, le salarié fait connaître à celle-ci l'emploi qu'il souhaite donner à son intéressement.

En cas de placement dans le PERCO-BTP, les sommes correspondantes sont transmises par l'entreprise au teneur de comptes conservateur de parts visé à l'accord cadre du 20 janvier 2003 instituant les plans d'épargne interentreprises du bâtiment et travaux publics, dans les 15 jours qui suivent la date à laquelle elles sont dues.

L'intéressement que les salariés décident d'affecter au PERCO-BTP est exonéré de l'impôt sur le revenu dans une limite fixée par la réglementation en vigueur (au jour de signature de l'accord : moitié du plafond annuel moyen de la sécurité sociale).

Les anciens salariés ayant quitté l'entreprise peuvent affecter au PERCO-BTP leur intéressement versé postérieurement à leur départ de l'entreprise sans pouvoir prétendre à l'abondement.

Versement de la participation

Article 6

En vigueur étendu

Les sommes constituant les réserves spéciales de participation des entreprises ayant adhéré au présent règlement PERCO-BTP peuvent être affectées au PERCO-BTP.

Contribution de l'entreprise

Abondement

Article 7

En vigueur étendu

L'entreprise est libre de verser chaque année un abondement.

Au plus tard 1 mois avant chaque période annuelle de versements, l'entreprise prend sa décision d'abonder ou non et en informe l'ensemble de ses salariés ainsi que l'organisme gestionnaire du PERCO-BTP. Elle précise à cette occasion, en cas de décision d'abonder, la ou les origines de versements qu'elle souhaite abonder (intéressement uniquement, tous versements volontaires, versements volontaires hors intéressement, participation...) et les taux d'abondement qu'elle retient pour cette période annuelle, conformément aux dispositions suivantes :

- au minimum 50 % sur la partie du versement annuel du bénéficiaire inférieure à 320 €, sans que le montant de l'abondement puisse être inférieur à 160 € ;

- au minimum 25 % sur la partie du versement annuel du bénéficiaire comprise entre 320 € et 770 € ;

- au minimum 10 % sur la partie du versement annuel du bénéficiaire comprise entre 770 € et 8 % du plafond annuel de la sécurité sociale. Toutefois, le taux retenu pour cette tranche de versement doit être inférieur ou égal à ceux qui ont été fixés pour les 2 premières tranches.

Pour chaque année où elle décide d'abonder, l'entreprise porte à la connaissance de l'ensemble de son personnel les taux d'abondement retenus et précise si elle abonde ou non le versement de la participation.

En tout état de cause, l'abondement global de l'entreprise est limité, par bénéficiaire et par an, aux plafonds légaux, soit 300 % du versement du bénéficiaire et 16 % du plafond annuel de la sécurité sociale.

Les sommes versées par l'entreprise au titre de l'abondement ne peuvent se substituer en aucune manière aux éléments de rémunération contractuels ou conventionnels des salariés.

Dans tous les cas, qu'elle ait adhéré ou non au présent PERCO-BTP, l'entreprise prend à sa charge les frais de tenue de comptes individuels des bénéficiaires.

Toutefois, les frais de tenue de compte des anciens salariés partis depuis plus de 1 an, à l'exception des salariés retraités et préretraités, sont mis à la charge des intéressés par prélèvement sur leurs avoirs.

Transfert d'un autre plan d'épargne salariale ou de sommes issues de la participation

Article 8

En vigueur étendu

Modifié par Avenant du 22 novembre 2005 art. 3 en vigueur le 1er décembre 2005 BO conventions collectives 2005-51 étendu par arrêté du 13 juin 2006 JORF 23 juin 2006.

Les bénéficiaires peuvent effectuer tous transferts prévus par la législation en vigueur de sommes issues de l'épargne salariale vers le PERCO-BTP. Toutefois, les salariés des entreprises coopératives de production " SCOP " ne pourront demander le transfert de leur participation au PERCO-BTP qu'après avoir satisfait à leur obligation statutaire de contribution au capital de l'entreprise.

Les sommes transférées n'entrent pas dans le calcul de la limite du plafond des versements annuels du 1/4 de la rémunération annuelle du bénéficiaire concerné.

Ces transferts sont réalisés aux frais des bénéficiaires. La CSG, la CRDS et le prélèvement social dus au titre des produits de placement selon la réglementation en vigueur ne sont pas prélevés lors du transfert mais sont reportés lors de la délivrance ultérieure des avoirs.

L'opération de transfert est effectuée par le teneur de comptes conservateur de parts visé à l'accord-cadre du 20 janvier 2003 instituant les plans d'épargne interentreprises du bâtiment et travaux publics.

Régime social et fiscal

En vigueur étendu

Modifié par Avenant du 24 novembre 2004 en vigueur le 1er janvier 2005 BO conventions collectives 2005-1 étendu par arrêté du 13 juillet 2005 JORF 26 juillet 2005.

Le régime social et fiscal du PERCO-BTP est déterminé par la réglementation en vigueur. Il est, au jour de la signature du présent accord, le suivant :

Régime social et fiscal Régime social de l'abondement

Article 9

En vigueur étendu

Modifié par Avenant du 24 novembre 2004 en vigueur le 1er janvier 2005 BO conventions collectives 2005-1 étendu par arrêté du 13 juillet 2005 JORF 26 juillet 2005.

L'abondement au PERCO-BTP versé par l'entreprise, conformément aux dispositions de l'article 7 est exonéré des cotisations sociales. Toutefois, s'il dépasse, par an et par bénéficiaire, la somme de 2 300 €, l'excédent est assujetti, selon la réglementation en vigueur, à une contribution sociale spéciale à charge de l'employeur et affectée au fonds de réserve des retraites.

L'abondement au PERCO-BTP est, selon la réglementation en vigueur, assujetti à la CSG et à la CRDS après un abattement.

L'abondement au PERCO-BTP est pris en compte pour l'appréciation du dépassement de la limite d'exclusion de l'assiette des cotisations de sécurité sociale des contributions patronales destinées au financement des prestations complémentaires de retraite visées au 6e alinéa de l'article L. 242-1 du code de la sécurité sociale.

Régime social et fiscal Régime fiscal de l'abondement

Article 10

En vigueur étendu

Modifié par Avenant du 24 novembre 2004 en vigueur le 1er janvier 2005 BO conventions collectives 2005-1 étendu par arrêté du 13 juillet 2005 JORF 26 juillet 2005.

L'abondement au PERCO-BTP est déductible des bénéfices imposables et n'est pas soumis à la taxe sur les salaires. Il est également exonéré de l'impôt sur le revenu établi au nom du bénéficiaire.

Régime social et fiscal Régime fiscal et social des revenus et des plus-values du PERCO-BTP

Article 11

En vigueur étendu

Modifié par Avenant du 24 novembre 2004 en vigueur le 1er janvier 2005 BO conventions collectives 2005-1 étendu par arrêté du 13 juillet 2005 JORF 26 juillet 2005.

Les revenus et les plus-values générés par la gestion des sommes placées au PERCO-BTP sont réinvestis dans le PERCO-BTP et, de ce fait, exonérés d'impôt sur le revenu. Ils seront toutefois soumis, selon la réglementation en vigueur, à la CSG et à la CRDSainsi qu'au prélèvement social, lorsque les bénéficiaires demanderont le remboursement de leurs droits. Les sommes dont le bénéficiaire demande la délivrance sont soumises au régime fiscal et social en vigueur au moment de la demande.

Règles d'indisponibilité.

Article 12
En vigueur étendu
Modifié par Avenant du 24 novembre 2004 en vigueur le 1er janvier 2005 BO conventions collectives 2005-1 étendu par arrêté du 13 juillet 2005 JORF 26 juillet 2005.

Les sommes versées au PERCO-BTP ne peuvent être retirées avant le départ à la retraite.

Cependant, le déblocage anticipée de l'épargne sera possible dans les cas explicitement prévus par la réglementation en vigueur (art. R. 443-12 du code du travail).

Actuellement :

- décès du bénéficiaire, de son conjoint ou de la personne liée au bénéficiaire par un PACS. En cas de décès du participant, il appartient à ses ayants droit de demander la liquidation de ses droits ;

- expiration des droits à l'assurance chômage du titulaire ;

- invalidité du bénéficiaire, de ses enfants, de son conjoint ou de la personne qui lui est liée par un PACS : invalidité au sens de la 2e ou 3e catégorie du code de la sécurité sociale - article L. 341-4 - ou reconnue par décision de la COTOREP ou de la CDES à condition que le taux d'incapacité atteigne au moins 80 % et que l'intéressé n'exerce aucune activité professionnelle. Le déblocage pour chacun de ces motifs ne peut intervenir qu'une seule fois ;

- situation de surendettement du participant sur demande adressée à l'organisme gestionnaire ou à l'employeur soit par le président de la commission de surendettement soit par le juge lorsque le déblocage des droits paraît nécessaire à l'apurement du passif de l'intéressé ;

- affectation des sommes épargnées à l'acquisition de la résidence principale ou à la remise en état de la résidence principale à la suite d'une catastrophe naturelle reconnue par arrêté ministériel.

La demande de remboursement porte au choix du bénéficiaire sur la totalité ou une partie seulement de ses avoirs susceptibles d'être débloqués à ce titre et ne peut faire l'objet que d'un seul versement.

Section 2 : Dispositions diverses

Dépôt et extension de l'accord.

Article 13
En vigueur étendu
Modifié par Avenant du 24 novembre 2004 en vigueur le 1er janvier 2005 BO conventions collectives 2005-1 étendu par arrêté du 13 juillet 2005 JORF 26 juillet 2005.

Le présent accord est déposé à la direction départementale du travail et de l'emploi et de la formation professionnelle.

Les parties signataires demanderont son extension dans les conditions prévues aux articles L. 133-1 et suivants du code du travail.

Litiges.

Article 14
En vigueur étendu
Modifié par Avenant du 24 novembre 2004 en vigueur le 1er janvier 2005 BO conventions collectives 2005-1 étendu par arrêté du 13 juillet 2005 JORF 26 juillet 2005.

Toutes contestations relatives aux dispositions du présent accord qui peuvent s'élever sont soumises à la juridiction des tribunaux compétents.

Entrée en vigueur et durée.

Article 15
En vigueur étendu
Modifié par Avenant du 24 novembre 2004 en vigueur le 1er janvier 2005 BO conventions collectives 2005-1 étendu par arrêté du 13 juillet 2005 JORF 26 juillet 2005.

L'entrée en vigueur du présent accord est fixée au 1er janvier 2005, pour une durée de 3 ans et 1 mois.

Notice d'information du fonds commun de placement défini par l'accord du du 20 janvier 2003 portant règlement du PERCO interentreprises (PERCO-BTP) pour l'application de l'accord cadre du du 20 janvier 2003

En vigueur étendu

Modifié par Avenant du 24 novembre 2004 en vigueur le 1er janvier 2005 BO conventions collectives 2005-1 étendu par arrêté du 13 juillet 2005 JORF 26 juillet 2005.

NOTICE D'INFORMATION

du fonds commun de placement d'entreprise solidaire

BTP Epargne et solidarité : N° code COB : 131782

compartiment : oui - non

nourricier : oui non -

Un fonds commun de placement d'entreprise (FCPE) est un organisme de placement collectif en valeurs mobilières (OPCVM), c'est-à-dire un produit d'épargne qui permet à plusieurs investisseurs de détenir en commun un portefeuille de valeurs mobilières. Le FCPE est réservé aux salariés des entreprises et destiné à recevoir et à investir leur épargne salariale. Il est géré par une société de gestion.

La gestion du FCPE est contrôlée par un conseil de surveillance, composé de représentants des salariés et de représentants des entreprises. Ce conseil a notamment pour fonction d'examiner le rapport de gestion et les comptes annuels de l'OPCVM, d'examiner la gestion financière, administrative et comptable de l'OPCVM, d'exercer les droits de vote attachés aux titres de capital détenus dans le portefeuille, de décider de l'apport des titres en cas d'offre publique, de décider des opérations de fusion, scission ou liquidation et de donner son accord préalable aux modifications du règlement du FCPE. Le conseil de surveillance d'un FCPE adopte en outre un rapport annuel mis à la disposition de chaque porteur de parts.

L'adhésion au présent FCPE emporte acceptation des dispositions contenues dans son règlement.

Le souscripteur peut obtenir, sans frais, communication du règlement du FCPE sur simple demande auprès de son entreprise.

Le FCPE BTP Epargne et solidarité est un fonds multi-entreprises, créé pour l'application de l'accord cadre du 20 janvier 2003 instituant les plans d'épargne interentreprises du bâtiment et des travaux publics.

Il est réservé aux bénéficiaires de l'accord ci-dessus mentionné. Il peut également être ouvert aux bénéficiaires d'accords mis en place en application des articles L. 441-1 à L. 444-7 du code du travail au profit des salariés d'entreprises du secteur du bâtiment et des travaux publics ou de secteurs connexes ainsi que d'entreprises qui sont filiales d'entreprises relevant elles-mêmes de ces secteurs.

Le fonds est régi par les dispositions de l'article L. 214-39 du code monétaire et financier.

Le conseil de surveillance

Un conseil de surveillance commun aux fonds communs de placements d'entreprise créés dans le cadre de l'accord cadre mentionné ci-dessus, composé de 20 membres, est institué. Il est composé à parité de 10 membres salariés porteurs de parts d'au moins un des fonds communs de placement d'entreprise représentant les porteurs de parts, désignés par les fédérations syndicales professionnelles de salariés représentatives au niveau national et signataires ou adhérents à l'accord cadre mentionné ci-dessus, et de 10 représentants des entreprises adhérentes, désignés par les organisations professionnelles d'employeurs. Chaque fonds dispose d'au moins un porteur de parts au conseil de surveillance.

Orientation de gestion du fonds

Le FCPE BTP Epargne et solidarité est classé dans la catégorie " FCPE diversifié ". A ce titre, le FCPE est en permanence investi de 98 à 100 % en parts du FCP maître " Choix solidaire ". Les 2 %, au maximum, de l'actif du fonds compris entre 98 et 100 % seront investis en liquidités.

L'orientation des placements du FCP maître " Choix solidaire " est la suivante :

Le fonds a pour particularité de contribuer au financement de personnes morales solidaires non cotées, françaises et européennes. L'essentiel du portefeuille est investi de manière diversifiée en actions d'entreprises cotées, à caractère socialement responsable, en obligations et produits monétaires européens. L'allocation entre ces classes d'actifs est déterminée en fonction des anticipations de leurs potentiels d'évolution. Les personnes morales solidaires sont celles qui sont visées à l'article L. 443-3-1 du code du travail ou celles qui ont une activité solidaire telle que le micro-crédit, etc. ; les entreprises socialement responsables privilégient la création d'emplois, le dialogue social, le contrôle de la qualité sociale chez leurs fournisseurs, le développement local, ou visent à préserver l'environnement en exerçant leur activité dans le domaine de l'agriculture biologique ou des énergies renouvelables.

Le portefeuille est constitué :

- pour 10 % au plus, de titres de structures contribuant au financement solidaire, dont 5 % au moins de titres d'entreprises solidaires au sens de l'article L. 443-3-1 du code du travail ;

- pour 45 % au plus, d'actions et autres titres de capital détenus en direct ;

- pour le solde, d'obligations et autres titres de créances.

Le fonds peut effectuer des opérations de pension livrée, de prêt et emprunt de titres. Dans les limites prévues par la réglementation, l'OPCVM pourra intervenir sur des instruments financiers à terme négociés sur des marchés réglementés français et étrangers ou de gré à gré. Dans ce cadre, le gérant pourra prendre des positions en vue de couvrir le portefeuille au risque de change et en vue de couvrir le portefeuille ou de l'exposer aux risques de taux d'intérêt et d'actions (indices boursiers, actions et titres assimilés), afin de réaliser l'objectif de gestion. Ces opérations seront effectuées dans la limite de l'engagement maximal d'une fois l'actif de l'OPCVM.

Intervention sur les marchés à terme dans un but de protection du portefeuille (MATIF, MONEP) : non.

Pourcentage de détention de l'actif en autres OPCVM : de 98 à 100 % en FCP choix solidaire géré par Ecofi Investissements.

Zone géographique prépondérante : zone Europe.

Fonctionnement du fonds :

La valeur liquidative est calculée chaque vendredi, ainsi que le 30 juin et le 31 décembre de chaque année. Dans le cas où ces jours ne seraient pas des jours d'ouverture de la Bourse de Paris ou seraient des jours fériés légaux, la valeur liquidative est établie le jour ouvré précédent.

Dans le cadre des arrêtés comptables, une valeur indicative de la valeur liquidative, appelée " valeur estimative " est calculée le 30 juin et le 31 décembre de chaque année. Elle ne peut servir de base aux souscriptions - rachats. Toutefois, dans le cas où ces jours seraient des vendredis, elle servirait également aux souscriptions-rachats.

Lieu et mode de publication de la valeur liquidative :

Les valeurs liquidatives sont publiées :

- sur Minitel : 3614 PRO BTP (rubrique Gestion BTP) (0,019 Euros à la connexion puis 0,057 Euros la minute) ;

- sur internet : www.gestionbtp.com (rubrique épargne salariale) ou www.smabtp.fr ;

La composition de l'actif du FCPE est publiée chaque semestre. Tout porteur de parts qui en fait la demande, peut recevoir le rapport annuel.

Établissement chargé des souscriptions et des rachats de parts :

Regard BTP. Les souscriptions s'effectuent par l'intermédiaire des entreprises, ou individuellement au cas où l'entreprise n'adhère pas aux plans.

Modalités de souscription et de rachat :

- apports et retraits : en numéraire ;

- mode d'exécution : prochaine valeur liquidative ;

- commission de souscription à l'entrée : 2 % maximum à la charge des porteurs de parts ;

- commission de rachat à la sortie : néant ;

- commission d'arbitrage : 1,5 % maximum à la charge des porteurs de parts ;

- total des frais sur encours : 0,24 % l'an TTC, à la charge du fonds.

Les frais de gestion indirects du fonds s'élèvent à un montant maximum de 3,95 % l'an TTC à la charge du fonds.

Le total des frais de gestion et commissions directs et indirects ne dépasseront pas un maximum de 4,19 % l'an TTC, à la charge du fonds.

- affectation des revenus du fonds : réinvestissement dans le fond ;

- frais de tenue de compte conservation : à la charge de l'entreprise, ils sont à la charge du porteur de parts lorsque celui-ci a quitté l'entreprise et que ses droits acquis ont été mis en disponibilité, à l'exception des frais de tenue de compte concermant les salariés qui ont quitté l'entreprise pour départ en retraite ou préretraite ;

- délai d'indisponibilité : 5 ans pour les plans d'épargne et accords de participation, 10 ans pour le PPESVI, date de départ en retraite pour le PERCOI ;

- disponibilité des parts : les parts sont disponibles selon les modalités prévues par l'accord national instituant les plans d'épargne interentreprises du bâtiment et des travaux publics soit, le cas échéant, selon les termes de l'accord d'entreprise ;

- modalités de demande de remboursements anticipés et de parts disponibles : adresser la demande, accompagnée s'il y a lieu des pièces justificatives, à BTP Prévoyance. Les parts sont payées en numéraire dans un délai n'excédant pas 1 mois après l'établissement de la première valeur de part qui suit la réception de la demande de rachat ;

- valeur de la part à la constitution du fonds : 10 Euros.

Nom et adresse des intervenants :

Société de gestion : Gestion BTP, 7, rue du Regard, 75006 Paris.

Sociétés de gestion délégataires : PRO BTP Finance et SMA Gestion.

Société de gestion assurant la délégation comptable du fonds : PRO Finance, 7, rue du Regard, 75006 Paris.

Dépositaire : Natexis Banques populaires, 45, rue Saint-Dominique, 75007 Paris.

Commissaires aux comptes :

- Mazars et Guérard, Le Vinci, 4, allée de l'Arche, 92075 La Défense Cedex ;

- Pricewaterhouse Coopers audit, 32, rue Guersant, 75017 Paris ;

Teneur de compte - conservateur des parts : Regard BTP, 7, rue du Regard, 75006 Paris.

Ce FCPE a été agréé par la Commission des opérations de bourse, le 22 août 2003.

Date de dernière mise à jour : 30 novembre 2004.

La présente notice d'information, à laquelle est jointe la notice du FCP maître " Choix solidaire ", doit être remise aux porteurs préalablement à toute souscription. Le souscripteur peut obtenir sans frais la communication du règlement du FCP maître ainsi que tout autre document d'information sur simple demande auprès de la société de gestion, Ecofi Investissements, 48, rue Notre-Dame-des-Victoires, 75002 Paris.

Notice d'information

Choix solidaire

Forme juridique de l'OPCVM : fonds commun de placement.

Promoteur : groupe crédit coopératif.

Société de gestion : Ecofi Investissements.

Dépositaire : Crédit coopératif.

Etablissements conservateurs : caisse centrale de Crédit coopératif et service central de titres de Brunoy.

Commissaire aux comptes : KPMG.

Compartiment : non.

Nourricier : non.

Caractéristiques financières

Classification : OPCVM diversifié.

Objectif : les valeurs en portefeuille, sélectionnées selon des critères éthique " socialement responsable " ou solidaires, sont choisies dans une perspective de progression de la valeur liquidative du fonds.

Orientation des placements :

- marchés, instruments et techniques d'intervention.

Le fonds a pour particularité de contribuer au financement de personnes morales solidaires non cotées, françaises et européennes. L'essentiel du portefeuille est investi de manière diversifiée en actions d'entreprises cotées, à caractère socialement responsable, en obligations et produits monétaires européens. L'allocation entre ces classes d'actifs est déterminée en fonction des anticipations de leurs potentiels d'évolution. Les personnes morales solidaires sont celles qui sont visées à l'article L. 443-3-1 du code du travail ou celles qui ont une activité solidaire telle que le micro-crédit, etc ; les entreprises socialement responsables privilégient la création d'emplois, le dialogue social, le contrôle de la qualité social chez leurs fournisseurs, le développement local, ou visent à préserver l'environnement en exerçant leur activité dans le domaine de l'agriculture biologique ou des énergies renouvelables.

Le portefeuille est constitué :

- pour 10 % au plus, de titres de structures contribuant au financement solidaire, dont 5 % au moins de titres d'entreprises soolidaires au sens de l'article L. 443-3-1 du code du travail ;

- pour 45 % au plus, d'actions et autres titres de capital détenus en direct ;

- pour le solde, d'obligations et autres titres de créances.

Le fonds peut effectuer des opérations de pension livrée, de prêt et emprunt de titres.

Dans les limites prévues par la réglementation, l'OPCVM pourra intervenir sur des instruments financiers à terme négociés sur des marchés réglementés français et étrangers ou de gré à gré. Dans ce cadre, le gérant pourra prendre des positions en vue de couvrir le portefeuille au risque de change et en vue de couvrir le portefeuille ou de l'exposer aux risques de taux d'intérêt et d'actions (indices boursiers, actions et titres assimilés), afin de réaliser l'objectif de gestion. Ces opérations seront effectuées dans la limite de l'engagement maximal d'une fois l'actif de l'OPCVM.

Existence d'un risque de change pour le résident français :

- détention de parts ou d'actions d'OPCVM.

La société de gestion se réserve la possibilité d'investir entre + 5 et 50 % de l'actif du fonds en titres d'autres OPCVM dans le respect des conditions légales et réglementaires.

Durée minimale de placement recommandée : supérieure à 2 ans.

Souscripteurs concernés : tous souscripteurs.

Affectation des résultats : capitalisation.

Modalités de fonctionnement

Date et clôture de l'exercice : dernier jour de Bourse de Paris du mois de décembre (de décembre 2003 pour le premier exercice).

Valeur liquidative d'origine : 500 Euros.

Date et périodicité de calcul de la valeur liquidative :

hebdomadaire, le jeudi (la veille si ce jeudi est jour férié légal en France ou n'est pas jour de Bourse de Paris ; la valeur liquidative inclut les coupons courus des jours fériés suivants et est datée du dernier jour férié inclus).

Conditions de souscription et de rachat : les ordres sont centralisés chaque jour de calcul de la valeur liquidative avant 11 h 30 au siège du dépositaire et exécutés sur la base de la prochaine valeur liquidative. Montant minimal de toute souscription :

une part.

Possibilité de souscrire et racheter des millièmes de part.

Commission de souscription maximale : 2 % :

- dont part acquise à l'OPCVM : néant ;

- cas d'exonération : opérations de rachat et de souscription simultanées portant sur le même nombre de titres.

Commission de rachat : néant.

Frais de gestion maximum : 1,30 % toutes taxes comprises de l'actif net.

Libellé de la devise de comptabilité : euro.

Adresse de la société de gestion : 48, rue Notre-Dame-des-Victoires, 75002 Paris.

Adresse du dépositaire : 33, rue des Trois-Fontanot, B.P. 211, 92002 Nanterre cedex.

Lieu ou mode de publication de la valeur liquidative : bureaux de la société de gestion ou du dépositaire, Internet :

www.crédit-coopératif.fr

La présente notice doit obligatoirement être proposée aux souscripteurs préalablement à la souscription, remise à la souscription et mise à disposition du public sur simple demande.

La note d'information complète de l'OPCVM et le dernier document périodique sont disponibles auprès du dépositaire et de la société de gestion.

Date d'agrément de l'OPCVM par la commission : 19 juillet 2002.

Date d'édition de la notice d'information : 30 décembre 2002.

Transformation du PPESVI (PEV-BTP) en PERCO-Interentreprises (PERCO-BTP) Avenant du 24 novembre 2004

Organisations patronales signataires :
La confédération de l'artisanat et des petites entreprises du bâtiment (CAPEB) ;
La fédération française du bâtiment (FFB) ;
La fédération française des installateurs électriciens (FFIE) ;
La fédération nationale des sociétés coopératives de production du bâtiment et des travaux publics et des activités annexes et connexes (FNSCOP) ;
La fédération nationale des travaux publics (FNTP),

Syndicats de salariés signataires :
La fédération nationale des salariés de la construction et du bois CFDT ;
La fédération BATI-MAT-TP CFTC ;
Le syndicat national des cadres, employés, techniciens, agents de maîtrise et assimilés des industries du bâtiment, des travaux publics et des activités annexes et connexes BTP CFE-CGC,

En vigueur non étendu

considérant :

- que la loi n° 2003-775 du 21 août 2003 a institué le PPESVR, rebaptisé PERCO (plan d'épargne pour la retraite collectif) par la loi de finances pour 2004 ;

- qu'aux termes de cette même loi, le PPESV cessera d'exister le 22 août 2006 avec comme conséquence le transfert automatique des avoirs des bénéficiaires sur un plan d'épargne à 5 ans - PEI ou PEE -, sans prise en compte des délais de blocage déjà courus ;

- que, cependant, la loi du 21 août 2003 a prévu la possibilité de transformer, avant le 31 décembre 2004, le PPESV en PERCO par voie d'avenant ;

- que cette transformation par voie d'avenant, avant le 31 décembre 2004, offre le choix aux bénéficiaires d'un PPESV, pendant un délai de 6 mois, d'affecter leurs avoirs :

- soit dans le PERCO ;

- soit dans un plan d'épargne salariale à 5 ans (PEI-BTP ou PEE)

et que ce choix constitue une souplesse et autorise une continuité que la majorité des bénéficiaires attendent et que les professions du BTP se doivent de leur proposer,

il est convenu ce qui suit :

Article 1
En vigueur non étendu

Le titre " Accord du 20 janvier 2003 portant règlement du PPESVI à 10 ans (PEV-BTP) pour l'application de l'accord-cadre du 20 janvier 2003 " est modifié et remplacé par le suivant " Accord du 20 janvier 2003 modifié portant règlement du PERCO Interentreprises (PERCO-BTP) pour l'application de l'accord cadre du 20 janvier 2003 ".

Article 2
En vigueur non étendu

Le texte de l'accord du 20 janvier 2003 portant règlement du PPESVI à 10 ans (PEV-BTP) pour l'application de l'accord-cadre du 20 janvier 2003 est modifié et remplacé par le suivant :

(voir cet accord)

Dépôt.

Article 3
En vigueur non étendu

Le présent avenant est déposé à la direction départementale du travail de l'emploi et de la formation professionnelle.

Les parties signataires demanderont son extension dans les conditions prévues aux articles L. 133-1 et suivants du code du travail.

Entrée en vigueur.

Article 4
En vigueur non étendu

L'entrée en vigueur du présent avenant est fixée au 1er janvier 2005.

Fait à Paris, le 24 novembre 2004.

Avenant à l'accord du 20 janvier 2003 portant règlement du plan d'épargne interentreprises à 5 ans (PEI-BTP) pour l'application de l'accord-cadre du 20 janvier 2003 Avenant du 22 novembre 2005

Organisations patronales signataires :
La confédération de l'artisanat et des petites entreprises du bâtiment (CAPEB) ;
La fédération française du bâtiment (FFB) ;
La fédération française des installateurs électriciens (FFIE) ;
La fédération nationale des sociétés coopératives de production du bâtiment et des travaux publics et des activités annexes et connexes (FNSCOP) ;
La fédération nationale des travaux publics (FNTP),

Syndicats de salariés signataires :
La fédération nationale des salariés de la construction et du bois CFDT ;
La fédération BATIMAT-TP CFTC ;
Le syndicat national des cadres, employés, techniciens, agents de maîtrise et assimilés des industries du bâtiment, des travaux publics et des activités annexes et connexes CFE-CGC BTP ;
La fédération générale Force ouvrière du bâtiment et des travaux publics et des activités connexes CGT-FO,

Article 1
En vigueur étendu

Au troisième alinéa du préambule de l'accord du 20 janvier 2003 portant règlement du plan d'épargne interentreprises à 5 ans (PEI-BTP), les mots : " la société de gestion d'organismes de placement collectif en valeurs mobilières d'épargne salariale des industries du bâtiment et des travaux publics : GESTION BTP " sont remplacés par les mots : " la société de développement et de gestion de l'épargne salariale dans les industries du bâtiment et des travaux publics - GESTIONBTP ".

Article 2
En vigueur étendu

A l'article 1er " Cadre juridique. - Dénomination " de l'accord visé à l'article 1er ci-dessus, la référence à la " loi n° 2001-152 du 19 février 2001 " est remplacée par : " loi n° 2001-152 du 19 février 2001 modifiée " et les mots : " fonds BTP épargne solidaire " sont remplacés par les mots : " fonds BTP épargne et solidarité ".

Article 3
En vigueur étendu

A l'article 6 " Contribution de l'entreprise. - Abondement " de l'accord visé à l'article 1er ci-dessus, à la dernière phrase, les mots : " par prélèvement de REGARDBTP ", sont insérés entre les mots : " incombent " et " au porteur de parts ".

Article 4
En vigueur étendu

A l'article 7 " Transfert d'un autre plan d'épargne salariale ou de sommes issues de la participation " de l'accord visé à l'article 1er ci-dessus, les mots : " prélèvement social de 2 % " sont remplacés par : " prélèvement social " et le mot : " TCCP-BTP " est remplacé par les mots " le teneur de comptes conservateur de parts ".

Article 5
En vigueur étendu

A l'article 10 " Régime fiscal et social des revenus et des plus-values du PEI-BTP " de l'accord visé à l'article 1er ci-dessus, les mots : " prélèvement social de 2 % " sont remplacés par :
" prélèvement social ".

Article 6
En vigueur étendu

A l'article 14 " Règles de répartition de la réserve spéciale de participation entre les salariés bénéficiaires " de l'accord visé à l'article 1er ci-dessus, le mot : " TCCP-BTP " est remplacé par les mots : " le teneur de comptes conservateur de parts visé à l'accord-cadre du 20 janvier 2003 instituant les plans d'épargne interentreprises du bâtiment et des travaux publics ".

Article 7
En vigueur étendu

A l'article 15 " Collecte et affectation des sommes " de l'accord visé à l'article 1er ci-dessus, les mots : " TCCP-BTP qui informe la société de gestion d'organismes de placement collectif en valeurs mobilières d'épargne salariale des industries du bâtiment et des travaux publics : GESTION BTP " sont remplacés par : " le teneur de comptes conservateur de parts visé à l'accord cadre du 20 janvier 2003 instituant les plans d'épargne interentreprises du bâtiment et des travaux publics, qui informe la société de développement et de gestion de l'épargne salariale dans les industries du bâtiment et des travaux publics - GESTIONBTP " et les mots : " fonds BTP épargne solidaire " sont remplacés par : " fonds BTP épargne et solidarité ".

Dépôt.

Article 8
En vigueur étendu

Le présent avenant est déposé à la direction départementale du travail, de l'emploi et de la formation professionnelle.

Les parties signataires demanderont son extension dans les conditions prévues aux articles L. 133-1 et suivants du code du travail.

Litiges.

Article 9
En vigueur étendu

Toutes contestations relatives au présent avenant qui peuvent s'élever pendant la durée de fonctionnement de celui-ci sont soumises à la juridiction des tribunaux compétents.

Entrée en vigueur et durée.

Article 10
En vigueur étendu

L'entrée en vigueur du présent avenant est fixée au 1er décembre 2005.

Fait à Paris, le 22 novembre 2005.

Avenant à l'accord du 20 janvier 2003 portant règlement du PERCO interentreprises Avenant du 22 novembre 2005

Article 1
En vigueur étendu

Au deuxième alinéa du préambule de l'accord du 20 janvier 2003 portant règlement du PERCO interentreprises (PERCO-BTP), les mots :
" La société de gestion de portefeuilles des industries du bâtiment et des travaux publics : GESTION BTP " sont remplacés par : " La société de développement et de gestion de l'épargne salariale dans les industries du bâtiment et des travaux publics - GESTIONBTP ".

Article 2
En vigueur étendu

A l'article 2 " Fonds solidaire " de l'accord visé à l'article 1er ci-dessus, les mots : " constitué de parts du FCP " sont remplacés par : " constitué d'actions de la SICAV " et les mots : " du FCP " sont remplacés par : " de la SICAV ".

Article 3
En vigueur étendu

Aux articles 5 " Versement de l'intéressement " et 8 " Transfert d'un autre plan d'épargne salariale ou de sommes issues de la participation " de l'accord visé à l'article 1er ci-dessus, les mots : " TCCP-BTP " sont remplacés par : " teneur de comptes conservateur de parts ".

Article 4
En vigueur étendu

A l'article 7 " Contribution de l'entreprise. - Abondement " de l'accord visé à l'article 1er ci-dessus, tous les renvois : " (1) ", ainsi que la note de bas de page : " (1) Quelle que soit la nature de ce versement à l'exclusion des sommes issues des droits à la participation et des transferts d'un autre plan d'épargne salariale (PEE, PEG, PEI) " sont supprimés et le troisième alinéa : " Pour chaque année où elle décide d'abonder, l'entreprise porte à la connaissance de l'ensemble de son personnel les 3 taux d'abondement retenus " est complété par la phrase : " et précise si elle abonde ou non le versement de la participation ". Au dernier alinéa de l'article 7 susvisé, les mots : " Gestion BTP " sont remplacés par : " REGARDBTP ".

Dépôt.

Article 5
En vigueur étendu

Le présent avenant est déposé à la direction départementale du travail de l'emploi et de la formation professionnelle.

Les parties signataires demanderont son extension dans les conditions prévues aux articles L. 133-1 et suivants du code du travail.

Litiges.

Article 6
En vigueur étendu

Toutes contestations relatives au présent avenant qui peuvent s'élever pendant la durée de fonctionnement de celui-ci sont soumises à la juridiction des tribunaux compétents.

Entrée en vigueur et durée.

Article 7
En vigueur étendu

L'entrée en vigueur du présent avenant est fixée au 1er décembre 2005.

Fait à Paris, le 22 novembre 2005.

Notice d'information du fonds commun de placement défini par l'accord du du 20 janvier 2003 portant règlement du PERCO Interentreprises (PERCO-BTP) pour l'application de l'accord-cadre du du 20 janvier 2003

Notice d'information du fonds commun de placement d'entreprise solidaire BTP Epargne et solidarité.

En vigueur étendu

N° code AMF FCE20030172

Compartiment : oui = - non = x

Nourricier : oui = x non = -

Un fonds commun de placement d'entreprise (FCPE) est un organisme de placement collectif en valeurs mobilières (OPCVM), c'est-à-dire un produit d'épargne qui permet à plusieurs investisseurs de détenir en commun un portefeuille de valeurs mobilières. Le FCPE est réservé aux salariés des entreprises et destiné à recevoir et à investir leur épargne salariale. Il est géré par une société de gestion.

La gestion du FCPE est contrôlée par un conseil de surveillance, composé de représentants des porteurs de parts et de représentants des entreprises. Ce conseil a notamment pour fonction d'examiner le rapport de gestion et les comptes annuels de l'OPCVM, d'examiner la gestion financière, administrative et comptable de l'OPCVM, d'exercer les droits de vote attachés aux titres de capital détenus dans le portefeuille, de décider de l'apport des titres en cas d'offre publique, de décider des opérations de fusion, scission ou liquidation et de donner son accord préalable aux modifications du règlement du FCPE. Le conseil de surveillance d'un FCPE adopte en outre un rapport annuel mis à la disposition de chaque porteur de parts.

L'adhésion au présent FCPE emporte acceptation des dispositions contenues dans son règlement. Le souscripteur peut obtenir, sans frais, communication du règlement du FCPE sur simple demande auprès de son entreprise.

Le FCPE BTP Epargne et solidarité est un fonds multi-entreprises, créé pour l'application de l'accord-cadre du 20 janvier 2003 instituant les plans d'épargne interentreprises du bâtiment et des travaux publics.

Il est réservé aux bénéficiaires de l'accord ci-dessus mentionné. Il peut également être ouvert aux bénéficiaires d'accords mis en place en application des articles L. 441-1 à L. 444-7 du code du travail au profit des salariés d'entreprises du secteur du bâtiment et des travaux publics ou de secteurs connexes ainsi que d'entreprises qui sont filiales d'entreprises relevant elles-mêmes de ces secteurs.

Le fonds est régi par les dispositions de l'article L. 214-39 du code monétaire et financier.

Le conseil de surveillance

Un conseil de surveillance commun aux fonds communs de placement d'entreprise créés dans le cadre de l'accord-cadre mentionné ci-dessus, composé de 20 membres, est institué. Il est composé à parité de 10 membres salariés porteurs de parts d'au moins un des fonds communs de placement d'entreprise représentant les porteurs de parts, désignés par les fédérations syndicales professionnelles de salariés représentatives au niveau national et signataires ou adhérents à l'accord-cadre mentionné ci-dessus, et de 10 représentants des entreprises adhérentes, désignés par les organisations professionnelles d'employeurs. Chaque fonds dispose d'au moins un porteur de parts au conseil de surveillance.

Orientation de gestion du fonds BTP Epargne et solidarité

Le FCPE BTP Epargne et solidarité est classé dans la catégorie " FCPE diversifié ".

Objectif de gestion du fonds BTP Epargne et solidarité

Le FCPE BTP Epargne et solidarité est un fonds nourricier de la SICAV " Choix solidaire ", également classée dans la catégorie " diversifié ".

A ce titre, le FCPE investit en permanence 98 à 100 % de son actif en actions de la SICAV maître " Choix solidaire ". Le solde de 2 %, au maximum, sera investi en liquidités.

L'objectif de gestion de ce fonds consiste à offrir une performance aussi proche que possible de celle de la SICAV maître " Choix solidaire ", le fonds détenant de 98 à 100 % d'actions de cette dernière. La performance du fonds pourra être différente de celle de la SICAV maître, en raison notamment des frais de gestion propres au nourricier.

Le FCPE aura pour vocation de contribuer au financement d'entreprises solidaires agréées en application de l'article L. 443-3-1 du code du travail, au travers de la SICAV maître " Choix solidaire ".

Orientation de gestion de l'OPCVM maître

La SICAV maître " Choix solidaire " est classée dans la catégorie " OPCVM diversifié ".

Orientation des placements de l'OPCVM maître

La SICAV a pour objectif de battre son indicateur de référence (Livret A + 1,50 %) par une allocation diversifiée en actions et produits de taux sélectionnés en considération de critères éthiques.

Indicateur de référence

L'indicateur de référence servant d'étalon à la gestion du portefeuille est le taux de rémunération brut du Livret A majoré de 1,50 %. Toutefois, le portefeuille est largement diversifié et directement exposé aux principaux risques des marchés financiers. La performance effective de la SICAV évolue donc de façon très différente de celle d'un placement à taux fixe.

Stratégie d'investissement de l'OPCVM maître

La SICAV est investie de manière très diversifiée en actions et obligations internationales (y compris françaises) négociées sur les principales places boursières des pays membres de l'OCDE et situés en Europe continentale. Les produits de taux, investis en direct ou via des parts ou actions d'OPCVM, représentent au minimum 65 % du portefeuille. Les titres éligibles peuvent indifféremment être représentatifs de dettes publiques (Etats et collectivités locales) comme de dettes privées. Dans ce cas, les émissions non notées ou ayant une note inférieure à " BBB - " ne sont pas éligibles à l'actif de la SICAV. Les investissements en actions ne peuvent représenter plus de 35 % du portefeuille. Ils portent soit sur des actions cotées (grandes et moyennes capitalisations boursières), soit sur des actions non cotées d'émetteurs solidaires.

Tous les investissements en portefeuille résultent d'un processus de sélection des émetteurs privés dénommé " filtre éthique ", qui s'appuie sur l'approche développée par l'agence de notation extra-française VIGEO. Au-delà du filtre, la gestion du portefeuille est réalisée de manière discrétionnaire.

Au sein de la SICAV Choix solidaire, la priorité est donnée aux émetteurs particulièrement respectueux de la gestion des ressources humaines, de l'environnement et des relations clients-fournisseurs.

La SICAV a pour particularité de contribuer à la dotation en moyens financiers de personnes morales françaises ou européennes non cotées ayant la qualité d'acteur solidaire. Il peut s'agir notamment d'organismes distribuant du microcrédit, d'entreprises qui privilégient la réinsertion de personnes handicapées ou en situation de grande exclusion, ou encore de maisons de retraites à but non lucratif. Ces investissements solidaires représentent en permanence entre 5 % et 10 % du portefeuille ; la part des émetteurs français représente quant à elle au moins 5 % de l'encours de la SICAV.

L'OPCVM peut également intervenir sur des instruments financiers à terme (notamment opérations d'échange de devises). Le gérant peut prendre des positions en couverture dans la limite de 100 % de l'actif au maximum. Ces interventions sont destinées à faire face au risque de taux en couverture, au risque actions dans les zones géographiques où le portefeuille est exposé et au risque de change en couverture.

Pour la gestion de sa trésorerie, la SICAV aura recours à des dépôts, des emprunts d'espèces, des opérations d'acquisition et de cession temporaire de titres, et des parts et actions d'OPCVM français, coordonnés ou non, classés dans les catégories " Monétaires euro " et " Obligations et autres TCN libellés en euros ", gérés ou promus par Ecofi Investissements.

Profil de risque de l'OPCVM maître

Votre argent sera principalement investi dans des instruments financiers sélectionnés par la société de gestion. Ces instruments connaîtront les évolutions et aléas des marchés.

Risques significatifs

Le risque de taux : risque d'une baisse de la valeur des obligations, et donc du portefeuille, provoquée par une augmentation des taux d'intérêt.

Le risque actions : risque d'une baisse de la valeur du portefeuille en raison de la détérioration des marchés actions.

Risque de perte de capital : l'OPCVM ne bénéficie d'aucune garantie, ni protection. Il se peut donc que le capital investi ne soit pas intégralement recouvré lors du rachat.

Risques accessoires

Risque de liquidité : risque de ne pouvoir obtenir à brefs délais le rachat des instruments figurant en portefeuille, soit parce que ces instruments sont négociés sur un marché peu actif, soit parce qu'ils ne sont pas cotés. Les titres émis par les acteurs du monde solidaire se caractérisent généralement par leur faible liquidité.

Risque de change : impact des variations des taux de change entre l'euro (devise dans laquelle l'OPCVM valorise ses actifs) et les monnaies étrangères utilisées.

Pour plus de détails sur les risques, il convient de se reporter aux mentions contenues dans la note détaillée de l'OPCVM.

Durée minimale de placement recommandée

Supérieure à 2 ans.

Cette durée minimale de placement recommandée ne tient pas compte de la durée de blocage de votre épargne.

Marchés d'évolution

Obligataire zone euro.

Actions européennes.

Monétaire euro.

Zone géographique prépondérante : zone Europe.

Fonctionnement du fonds

La valeur liquidative est calculée chaque vendredi, ainsi que le 30 juin et le 31 décembre de chaque année. Dans le cas où ces jours ne seraient pas des jours d'ouverture de la Bourse de Paris ou seraient les jours fériés légaux, la valeur liquidative est établie le jour ouvré précédent.

Dans le cadre des arrêtés comptables, une valeur indicative de la valeur liquidative, appelée " valeur estimative ", est calculée le 30 juin et le 31 décembre de chaque année. Elle ne peut servir de base aux souscriptions-rachats. Toutefois, dans le cas où ces jours seraient des vendredis, elle servirait également aux souscriptions-rachats.

Lieu et mode de publication de la valeur liquidative, sur Internet : www.gestionbtp.com (rubrique épargne salariale).

La composition de l'actif du FCPE est publiée chaque semestre. Tout porteur de parts qui en fait la demande peut recevoir le rapport annuel.

Etablissement chargé des souscriptions et des rachats de parts :

REGARDBTP. Les souscriptions s'effectuent par l'intermédiaire des entreprises, ou individuellement au cas où l'entreprise n'adhère pas aux plans.

Modalités de souscription et de rachat

La commission de souscription peut être à la charge des porteurs ou à celle de l'entreprise :

- apports et retraits : en numéraire ;

- mode d'exécution : prochaine valeur liquidative ;

- commission de souscription : 2 % maximum à la charge des porteurs de parts ou de l'entreprise selon convention de l'entreprise ;

- commission de rachat : néant ;

- commission d'arbitrage : 1,5 % maximum à la charge des porteurs de parts ;

- frais de fonctionnement et de gestion : 0,24 % l'an TTC maximum de l'actif net, à la charge du fonds ;

- commission de surperformance : néant ;

- commission de mouvement : néant ;

- frais de gestion indirects :

- les frais de gestion indirects du fonds s'élèvent à un montant maximum de 0,90 % l'an TTC maximum de l'actif net du fonds maître, à la charge du fonds ;

- les commissions de souscription indirectes sont de 1 % maximum à la charge du fonds. Il n'y a pas de commissions de rachat indirectes ;

- affectation des revenus du fonds : capitalisation dans le fonds ;

- frais de tenue de compte conservation : à la charge de l'entreprise, ils sont à la charge du porteur de parts lorsque celui-ci a quitté l'entreprise et que ses droits acquis ont été mis en disponibilité, à l'exception des frais de tenue de compte concernant les salariés qui ont quitté l'entreprise pour départ en retraite ou préretraite ;

- délai d'indisponibilité : 5 ans pour les plans d'épargne et accords de participation, départ à la retraite pour le PERCO-BTP ;

- disponibilité des parts : les parts sont disponibles selon les modalités prévues par l'accord national instituant les plans d'épargne interentreprises du bâtiment et des travaux publics soit, le cas échéant, selon les termes de l'accord d'entreprise.

Modalités de demande de remboursements anticipés et de parts disponibles : adresser la demande, accompagnée des pièces justificatives à BTP Prévoyance. Les parts sont payées en numéraire dans un délai n'excédant pas 1 mois après l'établissement de la première valeur de part qui suit la réception de la demande de rachat.

Valeur de la part à la constitution du fonds : 10 Euros.

Nom et adresse des intervenants

Société de gestion : GESTIONBTP, 7, rue du Regard, 75006 Paris.

Dépositaire : BNP Paribas Securities Services, 3, rue d'Antin, 75002 Paris.

Contrôleurs légaux des comptes :

- Mazars & Guerard, Le Vinci, 4, allée de l'Arche, 92075 La Défense Cedex ;

- PriceWaterhouseCoopers Audit, 32, rue Guersant, 75017 Paris.

Teneur de compte - conservateur des parts : REGARDBTP, 7, rue du Regard, 75006 PARIS.

Agréé en date du 22 août 2003 par la COB.

Dernière mise à jour de la notice et agrément de l'AMF le 20 octobre 2005.

Lors de la clôture de chaque exercice, la société de gestion rédige le rapport annuel du FCPE et tient à la disposition de chaque porteur de parts un exemplaire du rapport de gestion qui peut être, en accord avec le conseil de surveillance, remplacé par un rapport simplifié comportant une mention indiquant que le rapport annuel est à la disposition de tout porteur de parts qui en fait la demande auprès de l'entreprise.

La présente notice d'information, à laquelle est jointe la notice de la SICAV maître Choix solidaire, doit être remise aux porteurs préalablement à toute souscription. Le souscripteur peut obtenir sans frais la communication du règlement de la SICAV maître ainsi que tout autre document d'information sur simple demande auprès de la société de gestion, ECOFI Investissements, 48, rue Notre-Dame-des-Victoires, 75002 Paris.

CHOIX SOLIDAIRE

Prospectus simplifié

Partie A statutaire.

En vigueur étendu

OPCVM conforme à la directive européenne

Présentation succincte

Code ISIN

Action " C "

FR0010177899

Action " D "

FR0010202663

Action Crédit Coopératif Agir UNICEF (AU)

FR0010222281

Dénomination : Choix solidaire

Forme juridique : SICAV de droit français

Compartiment-nourricier : Sans objet

Société de gestion par délégation : Ecofi Investissements

Autres délégataires : sans objet

Dépositaire : Crédit coopératif

Conservateurs : Crédit agricole titres (valeurs mobilières)

Crédit coopératif (actifs monétaires)

Délégataire(s)

Gestion comptable : GIE USCC (" Union des sociétés du Crédit coopératif ")

Commissaire aux comptes : KPMG

Commercialisateur : Groupe Crédit coopératif

Information concernant les placements et la gestion

Classification : OPCVM diversifié

OPCVM d'OPCVM : Inférieur à 10 % de l'actif

Objectif de gestion

La SICAV a pour objectif de battre son indicateur de référence (Livret A + 1,50 %) par une allocation diversifiée en actions et produits de taux sélectionnés en considération de critères éthiques.

Indicateur de référence

L'indicateur de référence servant d'étalon à la gestion du portefeuille est le taux de rémunération brut du Livret A majoré de 1,50 %. Toutefois, le portefeuille est largement diversifié et directement exposé aux principaux risques des marchés financiers. La performance effective de la SICAV évolue donc de façon très différente de celle d'un placement à taux fixe.

Stratégie d'investissement

La SICAV est investie de manière très diversifiée en actions et obligations internationales (y compris françaises) négociées sur les principales places boursières des pays membres de l'OCDE et situés en Europe continentale. Les produits des taux, investis en direct ou via des parts en actions d'OPCVM, représentent au minimum 65 % du portefeuille. Les titres éligibles peuvent indifféremment être représentatifs de dettes publiques (Etats et collectivités locales) comme de dettes privées. Dans ce cas, les émissions non notées ou ayant une note inférieure à " BBB - " ne sont pas éligibles à l'actif de la SICAV. Les investissements et actions ne peuvent représenter plus de 35 % du portefeuille. Ils portent soit sur des actions cotées (grandes et moyennes capitalisations boursières), soit sur des actions non cotées d'émetteurs solidaires.

Tous les investissements en portefeuille résultent d'un processus de sélection des émetteurs privés dénommé " filtre éthique ", qui s'appuie sur l'approche développée par l'agence de notation extra-financière française VIGEO. Au-delà du filtre, la gestion du portefeuille est réalisée de manière discrétionnaire.

Au sein de la SICAV Choix solidaire, la priorité est donnée aux émetteurs particulièrement respectueux de la gestion des ressources humaines, de l'environnement et des relations clients-fournisseurs.

La SICAV a pour particularité de contribuer à la dotation en moyens financiers de personnes morales françaises ou européennes non cotées ayant la qualité d'acteur solidaire. Il peut s'agir notamment d'organismes distribuant du microcrédit, d'entreprises qui privilégient la réinsertion de personnes handicapées ou en situation de grande exclusion, ou encore de maisons de retraites à but non lucratif. Ces investissements solidaires représentent en permanence entre 5 % et 10 % du portefeuille ; la part des émetteurs représente quant à elle au moins 5 % de l'encours de la SICAV.

L'OPCVM peut également intervenir sur des instruments financiers à terme (notamment opérations d'échange de devises). Le gérant peut prendre des positions en couverture dans la limite de 100 % de l'actif au maximum. Ces interventions sont destinées à faire face au risque de taux en couverture, au risque actions dans les zones géographiques où le portefeuille est exposé et au risque de change en couverture.

Pour la gestion de sa trésorerie, la SICAV aura recours à des dépôts, des emprunts d'espèces, des opérations d'acquisition et de cession temporaire de titres, et des parts et actions d'OPCVM français, coordonnés ou non, classés dans les catégories " Monétaires euro " et " Obligations et autres TCN libellés en euros ", gérés ou promus par Ecofi Investissements.

Profil de risque

Votre argent sera principalement investi dans des instruments financiers sélectionnés par la société de gestion. Ces instruments connaîtront les évolutions et aléas des marchés.

Risques significatifs :

- le risque de taux : risque d'une baisse de la valeur des obligations, et donc du portefeuille, provoquée par une augmentation des taux d'intérêt ;

- le risque actions : risque d'une baisse de la valeur du portefeuille en raison de la détérioration des marchés actions ;

- risque de perte de capital : l'OPCVM ne bénéficie d'aucune garantie ni protection. Il se peut donc que le capital investi ne soit pas intégralement recouvré lors du rachat.

Risques accessoires :

- risque de liquidité : risque de ne pouvoir obtenir à brefs délais le rachat des instruments figurant en portefeuille, soit parce que ces instruments sont négociés sur un marché peu actif, soit parce qu'ils ne sont pas cotés. Les titres émis par les acteurs du monde solidaire se caractérisent généralement par leur faible liquidité ;

- risque de change : impact des variations des taux de change entre l'euro (devise dans laquelle l'OPCVM valorise ses actifs) et les monnaies étrangères utilisées.

Pour plus de détails sur les risques, il convient de se reporter aux mentions contenues dans la note détaillée de l'OPCVM.

Garantie ou protection : néant.

Souscripteurs concernés et profil de l'investisseur type

La SICAV s'adresse aux investisseurs de toutes natures : personnes physiques (en direct ou via un FCPE), personnes morales (entreprises, associations, institutionnels...), qui souhaitent disposer d'un support d'investissement collectif largement diversifié, investissement auprès d'émetteurs solidaires.

L'action Crédit coopératif Agir UNICEF (AU) s'adresse à tous souscripteurs, plus particulièrement à ceux qui sont soucieux de participer au financement des actions de l'UNICEF.

Le montant qu'il est raisonnable d'investir dans cet OPCV dépend de votre situation personnelle. Pour le déterminer, vous devez tenir compte de votre patrimoine personnel, de vos besoins actuels et à 2 ans de terme mais également de votre souhait de prendre des risques ou au contraire de privilégier un investissement prudent. Il est également fortement recommandé de diversifier suffisamment vos investissements afin de ne pas les exposer uniquement aux risques du présent OPCVM.

La durée de placement recommandée est de 2 ans minimum.

Information sur les frais, commissions et la fiscalité

Frais et commissions

Commissions de souscription et de rachat

Les commissions de souscription et de rachat viennent augmenter le prix de souscription payé par l'investisseur ou diminuer le prix de remboursement.

Les commissions acquises à l'OPCVM servent à compenser les frais supportés par l'OPCVM pour investir ou désinvestir les avoirs confiés. Les commissions non acquises reviennent à la société de gestion, au commercialisateur, etc.

-

FRAIS À LA CHARGE DE L'INVESTISSEUR prélevés lors des souscriptions et des rachats

Commission de souscription non acquises à l'OPCVM

ASSIETTE : Valeur liquidative x nombre d'actions

TAUX barème : 1,00 % (maximum)

FRAIS À LA CHARGE DE L'INVESTISSEUR prélevés lors des souscriptions et des rachats

Commission de souscription acquise à l'OPCVM

ASSIETTE : Valeur liquidative x nombre d'actions

TAUX barème : Néant

FRAIS À LA CHARGE DE L'INVESTISSEUR prélevés lors des souscriptions et des rachats

Commission de rachat non acquise à l'OPCVM

ASSIETTE : Valeur liquidative x nombre d'actions

TAUX barème : Néant

FRAIS À LA CHARGE DE L'INVESTISSEUR prélevés lors des souscriptions et des rachats

Commission de rachat acquise à l'OPCVM

ASSIETTE : Valeur liquidative x nombre d'actions

TAUX barème : Néant

Les frais de fonctionnement et de gestion

Ces frais recouvrent tous les frais facturés directement à l'OPCVM, à l'exception des frais de transaction. Les frais de transaction incluent les frais d'intermédiation (courtage, impôts de Bourse, etc.) et la commission de mouvement, le cas échéant, qui peut être perçue notamment par le dépositaire et la société de gestion.

Aux frais de fonctionnement et de gestion peuvent s'ajouter :

- des commissions de surperformance. Celles-ci rémunèrent la société de gestion dès lors que l'OPCVM a dépassé ses objectifs. Elles sont donc facturées à l'OPCVM ;

- des commissions de mouvement facturées à l'OPCVM ;

- une part des revenus des opérations d'acquisition et cession temporaires de titres facturées à l'OPCVM aux conditions de marché.

Pour plus de précision sur les frais effectivement facturés à l'OPCVM, se reporter à la partie B du prospectus simplifié.

-

FRAIS FACTURÉS À L'OPCVM

Frais de fonctionnement et de gestion TTC (incluant tous les frais, hors frais de transaction, de surperformance et frais liés aux investissements dans des OPCVM ou fonds d'investissement)

ASSIETTE : Actif net

TAUX barème : 0,90 % TTC (maximum)

FRAIS FACTURÉS À L'OPCVM

Commission de surperformance

ASSIETTE : Actif net

TAUX barème : Néant

Régime fiscal

La société de gestion ne reçoit aucune prestation en nature (soit commissions) de la part des intermédiaires avec lesquels elle travaille dans le cadre de son activité de gestion de portefeuille pour compte de tiers.

Le passage d'une catégorie d'actions à l'autre est soumise au régime fiscal des plus ou moins-values.

Les opérations d'acquisition et cession temporaire de titres sont réalisées aux conditions de marché ; la société de gestion ne percevant pas de rémunération à ce titre.

Pour toute information complémentaire, les souscripteurs peuvent se rapporter au rapport annuel de l'OPCVM.

Informations d'ordre commercial

Conditions de souscription et de rachat

La centralisation des ordres est effectuée à 11 h 30, chaque jour de Bourse à Paris par le dépositaire :

Crédit coopératif

BP 211, 33, rue des Trois-Fontanot

92002 Nanterre Cedex

Service titres, tél. : 01-47-24-85-66.

Toutefois, l'OPCVM ne fait l'objet d'aucune centralisation des ordres de souscription et de rachat lors des jours fériés légaux en France.

Les ordres sont exécutés à cours inconnu, c'est-à-dire sur la base de la première valeur liquidative établie après l'exécution.

Les souscriptions doivent être intégralement libérées le jour de l'exécution de l'ordre correspondant. Elles peuvent être effectuées en numéraire et/ou par apport de valeurs mobilières. Les apports en nature ne peuvent comporter que les titres, valeurs ou contrats admis à composer l'actif de l'OPCVM. Toutefois, la société de gestion par délégation a le droit de refuser les valeurs proposées - même si elles sont éligibles à l'actif de l'OPCVM - et, à cet effet, dispose d'un délai de 7 jours - à partir de leur transfert complet auprès du dépositaire - pour faire connaître sa décision. En cas d'acceptation, les apports sont évalués conformément aux règles d'évaluation applicables au calcul de la valeur liquidative. La souscription est alors réalisée sur la base de la première valeur liquidative suivant l'acceptation des valeurs concernées.

Les actions sont fractionnées et exprimées en millièmes d'action.

La première souscription ne peut être inférieure à une action.

Date de clôture de l'exercice

Les comptes annuels sont arrêtés le dernier jour de Bourse de chaque mois de décembre.

Affectation du résultat

Les revenus distribuables sont distribués annuellement aux détenteurs d'actions " D " et capitalisés pour les titulaires d'actions " C ".

Les revenus distribuables des actions de partage Crédit coopératif Agir UNICEF (AU) sont pour moitié capitalisés et pour moitié distribués annuellement sous forme de don en espèce au profit de l'UNICEF.

Date et périodicité de calcul de la valeur liquidative

La valeur liquidative est établie quotidiennement chaque jour de Bourse à Paris. Quand le jour d'établissement de la valeur liquidative est un jour férié en France, la valeur liquidative est calculée le jour ouvré immédiatement précédent et porte la date dudit jour férié. Dans ce cas, la valeur liquidative intègre alors les intérêts courus jusqu'au dernier jour férié compris.

En outre, la valorisation de l'OPCVM peut ne pas être effectuée lorsqu'une majorité de lignes du portefeuille n'a pu être cotée du fait de la fermeture des marchés financiers sur lesquels ces titres sont négociés.

Lieu et modalités de publication ou de communication

de la valeur liquidative

La valeur liquidative est disponible auprès de la société de gestion, du dépositaire et du commercialisateur, notamment sur le site www.ecofi.fr.

-

Devise de libellé des parts

LIBELLÉ : Action " C "

CODE ISIN : FR0010177899

AFFECTATION des revenus : Capitalisation

DEVISE : euros

SOUSCRIPTEURS concernés : Tous souscripteurs

FRACTIONNEMENT : En millièmes

PREMIÈRE SOUSCRIPTION minimale : 1 action

VALEUR d'origine (en euros): 10 000 (+)

LIBELLÉ : Action " D "

CODE ISIN : FR0010202663

AFFECTATION des revenus : Distribution

DEVISE : euros

SOUSCRIPTEURS concernés : Tous souscripteurs

FRACTIONNEMENT : En millièmes

PREMIÈRE SOUSCRIPTION minimale : 1 action

VALEUR d'origine (en euros): 50

LIBELLÉ : Action crédit coopératif Agir UNICEF (AU)

CODE ISIN : FR0010222281

AFFECTATION des revenus : Capitalisation et distribution

DEVISE : euros

SOUSCRIPTEURS concernés : Tous souscripteurs soucieux de participer au financement des actions de l'UNICEF

FRACTIONNEMENT : En millièmes

PREMIÈRE SOUSCRIPTION minimale : 1 action

VALEUR d'origine (en euros): 50

(+) La valeur nominale des actions de la SICAV a été divisée par " 200 " en date du 5 avril 2005.

Date de création

Cet OPCVM a été agréé par la commission des opérations de Bourse le 1er février 2000.

Il a été créé le 1er mars 2000.

Informations supplémentaires

Le prospectus complet de l'OPCVM et les derniers documents annuels et périodiques sont adressés dans un délai d'une semaine sur simple demande écrite du porteur auprès de la société de gestion :

Ecofi Investissements. Service clients

48, rue Notre-Dame-des-Victoires, 75002 Paris

Tél. : 01-44-88-39-00, télécopie : 01-44-88-39-29,

mail : contactecofi.fr .

La procédure élaborée par la société de gestion en matière de " politique de vote " en vertu de l'article 322.75 du règlement général de l'AMF peut être obtenue sur simple demande à l'adresse ci-dessus.

Si nécessaire, des informations supplémentaires peuvent être obtenues auprès de la société de gestion Ecofi Investissements et plus particulièrement auprès du service clients.

Date de publication du prospectus : 20 septembre 2005.

Le site de l'autorité des marchés financiers (www.amf-france.org) contient des informations complémentaires sur la liste des documents réglementaires et l'ensemble des dispositions relatives à la protection des investisseurs.

Ce présent prospectus simplifié doit être remis aux souscripteurs préalablement à la souscription.

Partie B statistique.

En vigueur étendu

Performances du FCP au 31 décembre 2004

(graphique non reproduit)
Commentaire

Les informations données dans la présente section sont relatives au FCP Choix solidaire (FR0000987117), dont la gestion se poursuit depuis le 14 juin 2005 sous la forme juridique d'une SICAV après son absorption par une SICAV préexistante et devenue vacante.

AVERTISSEMENT : les performances passées ne préjugent pas des performances futures. Elles ne sont pas constantes dans le temps.
Présentation des frais facturés à l'OPCVM
au cours du dernier exercice clos
Sans objet avant la clôture du premier exercice
ouvert à compter du 1er janvier 2005

FRAIS DE FONCTIONNEMENT ET DE GESTION
Coût induit par l'investissement dans d'autres OPCVM ou fonds d'investissement ...
Ce coût se détermine à partir :

- des coûts liés à l'achat d'OPCVM et fonds d'investissement

- déduction faite des rétrocessions négociées par la société de gestion de l'OPCVM investisseur
Autres frais facturés à l'OPCVM :

Ces autres frais se décomposent en :

- commission de surperformance

- commission de mouvement
Total facturé à l'OPCVM au cours du dernier exercice clos ...
Frais de fonctionnement et de gestion

Ils recouvrent tous les frais facturés directement à l'OPCVM, à l'exception des frais de transaction, et le cas échéant, de la commission de surperformance. Les frais de transaction incluent les frais d'intermédiation (courtage, impôts de Bourse...) et la commission de mouvement (voir ci-dessous). Les frais de fonctionnement et de gestion incluent notamment des frais de gestion financière, les frais de gestion administrative et comptable, les frais de dépositaire, de conservation et d'audit.
Coût induit par l'achat d'OPCVM et/ou de fonds d'investissement

Certains OPCVM investissent dans d'autres OPCVM ou dans des fonds d'investissement de droit étranger (OPCVM cibles). L'acquisition et la détention d'un OPCVM cible (ou d'un fonds d'investissement) font supporter à l'OPCVM acheteur deux types de coûts évalués ici :

a) Des commissions de souscriptions-achat. Toutefois la part de ces commissions acquises à l'OPCVM cible est assimilée à des frais de transaction et n'est donc pas comptée ici.

b) Des frais facturés directement à l'OPCVM cible, qui constituent des coûts indirects pour l'OPCVM acheteur. Dans certains cas, l'OPCVM acheteur peut négocier des rétrocessions, c'est-à-dire des rabais sur certains de ces frais. Ces rabais viennent diminuer le total des frais que l'OPCVM acheteur supporte effectivement.
Autres frais facturés à l'OPCVM

D'autres frais peuvent être facturés à l'OPCVM. Il s'agit :

a) Des commissions de surperformance. Celles-ci rémunèrent la société de gestion dès lors que l'OPCVM a dépassé ses objectifs ;

b) Des commissions de mouvement. La commission de mouvement est une commission facturée à l'OPCVM à chaque opération sur le portefeuille. Le prospectus complet détaille ces commissions. La société de gestion
peut en bénéficier dans les conditions prévues en partie A du prospectus simplifié.

L'attention de l'investisseur est appelée sur le fait que ces autres frais sont susceptibles de varier fortement d'une année à l'autre et que les chiffres présentés ici sont constatés au cours de l'exercice précédent.
Information sur les transactions

Sans objet avant la clôture du premier exercice
ouvert à compter du 1er janvier 2005

CLASSES D'ACTIFS	TRANSACTIONS
Actions	...
Titres de créances	...

Dernière mise à jour en date du 14 juin 2005.

Modification de l'accord du 20 janvier 2003 instituant les plans d'épargne interentreprises du BTP Avenant du 22 novembre 2005

Article 1
En vigueur étendu

Au premier alinéa du préambule de l'accord-cadre du 20 janvier 2003 instituant les plans d'épargne interentreprises du bâtiment et des travaux publics, la référence à la " loi n° 2001-152 du 19 février 2001 " est remplacée par : " loi n° 2001-152 du 19 février 2001 modifiée ".

Article 2
En vigueur étendu

Aux articles 5 " Mise en oeuvre " et 8 " Gestion des FCPE " de l'accord visé à l'article 1er ci-avant, les mots : " la société de gestion d'organismes de placement collectif en valeurs mobilières d'épargne salariale des industries du bâtiment et des travaux publics : GESTION BTP " sont remplacés par : " la société de développement et de gestion de l'épargne salariale dans les industries du bâtiment et des travaux publics - GESTIONBTP ".

Article 3
En vigueur étendu

A l'article 6 " Fonds commun de placement multi-entreprises " de l'accord visé à l'article 1er ci-dessus, les mots : " BTP épargne solidaire " sont remplacés par : " BTP Epargne et solidarité " et les mots : " Investissement de 98 % à 100 % en parts du FCP Choix solidaire créé et géré par BTP investissements " sont remplacés par :
" Investissement de 98 % à 100 % en actions de la SICAV Choix solidaire gérée par ECOFI Investissements ".

Article 4
En vigueur étendu

Aux articles 9 " Teneur de comptes conservateur de parts. - Tenue des registres " et 15 " Cas du départ du bénéficiaire " de l'accord visé à l'article 1er ci-dessus, les mots : " TCCP BTP " sont remplacés par les suivants : " REGARDBTP ".

Article 5
En vigueur étendu

A l'article 10 " Dépositaire ", les mots : " Natexis Banques Populaires, 45, rue Saint-Dominique, 75007 Paris " sont remplacés par : " BNP PARIBAS Securities Services, 3, rue d'Antin, 75002 Paris ".

Article 6
En vigueur étendu

A l'article 11 " Pilotage, gestion et contrôle de l'accord " visé à l'article 1er ci-dessus, les mots : " commissaires aux comptes " sont remplacés par : " contrôleurs légaux des comptes ".

Article 7
En vigueur étendu

Dans l'accord visé à l'article 1er ci-dessus, les mots " GESTION BTP " sont remplacés par " GESTIONBTP ".

Article 8
En vigueur étendu

L'annexe I " Champ d'application " à l'accord visé à l'article 1er ci-dessus est remplacée par l'annexe I " Champ d'application " annexée au présent avenant.

Dépôt.

Article 9
En vigueur étendu

Le présent avenant est déposé à la direction départementale du travail de l'emploi et de la formation professionnelle.

Les parties signataires demanderont son extension dans les conditions prévues aux articles L. 133-1 et suivants du code du travail.

Litiges.

Article 10
En vigueur étendu

Toutes contestations relatives au présent avenant qui peuvent s'élever pendant la durée de fonctionnement de celui-ci sont soumises à la juridiction des tribunaux compétents.

Entrée en vigueur et durée.

Article 11
En vigueur étendu

L'entrée en vigueur du présent avenant est fixée au 1er décembre 2005.

Fait à Paris, le 22 novembre 2005.

Champ d'application de l'accord-cadre du 20 janvier 2003 instituant les plans d'épargne interentreprises du bâtiment et des travaux publics

En vigueur étendu

Activités visées
A. - Bâtiment (selon la nomenclature INSEE NAP-1973,
décret n° 73-1306 du 9 novembre 1973)

2106. - Construction métallique.

Sont uniquement visés les ateliers de production et montage d'ossatures métalliques pour le bâtiment (*).

2403. - Fabrication et installation de matériel aéraulique thermique et frigorifique.

Sont visées :
- les entreprises de fabrication et d'installation d'appareils de chauffage, ventilation et conditionnement d'air (*).

5510. - Travaux d'aménagement de terres et des eaux, voirie, parcs et jardins.

Sont visées :
- pour partie, les entreprises générales de bâtiment ; les entreprises de bâtiment effectuant des travaux d'aménagement des terres et des eaux, de VRD, de voirie et dans les parcs et jardins.

5512. - Travaux d'infrastructure générale.

Sont visées :
- pour partie, les entreprises générales de bâtiment ; les entreprises de bâtiment effectuant des travaux d'infrastructure générale.

5520. - Entreprises de forages, sondages, fondations spéciales.

Sont visées :
- pour partie, les entreprises générales de bâtiment ; les entreprises de bâtiment effectuant des forages, sondages ou des fondations spéciales, ainsi que :
- les entreprises de maçonnerie, de plâtrerie, de travaux en ciment, béton, béton armé pour le bâtiment ;
- les entreprises de terrassement et de démolition pour le bâtiment ;
- les entreprises de terrassement et de maçonnerie pour le bâtiment, fondations par puits et consolidation pour le bâtiment.

5530. - Construction d'ossatures autres que métalliques.
Sont visées :
- pour partie, les entreprises générales de bâtiment ; les entreprises de bâtiment effectuant des travaux de construction d'ossatures autres que métalliques, demandant du fait de leurs dimensions ou du procédé utilisé une technicité particulière (par exemple, charpentes d'immeubles de 10 étages et plus).

5531. - Installation industrielle, montage-levage.
Sont visées :

- pour partie, les entreprises générales de bâtiment ; les entreprises de bâtiment effectuant des travaux d'installations industrielles ou de montage-levage, ainsi que :
- les entreprises de constructions et d'entretiens de fours industriels et de boulangerie en maçonnerie et en matériaux réfractaires de tous types ;
- les entreprises de construction de cheminées d'usine.

5540. - Installation électrique.
A l'exception des entreprises d'installation électrique dans les établissements industriels, de recherche radio-électrique et de l'électronique, sont visées :
- les entreprises spécialisées dans l'équipement électrique des usines et autres établissements industriels (à l'exception de celles qui, à la date de la publication de l'arrêté portant extension du présent accord, appliquaient un autre accord collectif ayant le même objet) ;
- pour partie, les entreprises de couverture-plomberie et chauffage ;
- les entreprises de plomberie, chauffage et électricité ;
- les entreprises d'installations d'électricité dans les locaux d'habitation, magasins, bureaux, bâtiments industriels et autres bâtiments ;
- les entreprises de pose d'enseignes lumineuses.

5550. - Construction industrialisée.
Sont visées :
- pour partie, les entreprises générales de bâtiment ; les entreprises de bâtiment réalisant des constructions industrialisées ; les entreprises de fabrication et pose de maisons métalliques (*).

5560. - Maçonnerie et travaux courants de béton armé.
Sont visées :

- pour partie, les entreprises générales de bâtiment ; les entreprises de bâtiment effectuant de la maçonnerie et des travaux courants de terrassement, de fondation et de démolition.

5570. - Génie climatique.
Sont visées :
- les entreprises de couverture-plomberie et chauffage ;
- les entreprises d'installations de chauffage et d'électricité ;
- les entreprises de fumisterie de bâtiment, ramonage, installations de chauffage et de production d'eau chaude ;
- les entreprises d'installations de chauffage central, de ventilation, de climatisation ou d'isolation thermique, phonique et antivibratile.

5571. - Menuiserie - Serrurerie.
A l'exclusion des entreprises de fermetures métalliques dont l'activité se limite à la fabrication, sont notamment visées :
- les entreprises de charpente en bois ;
- les entreprises d'installation de cuisine ;
- les entreprises d'aménagements de placards ;
- les entreprises de fabrication et pose de parquets (à l'exception des parquets mosaïques) ;
- les entreprises de menuiserie du bâtiment (menuiserie bois, métallique intérieure, extérieure, y compris les murs-rideaux) (pose associée ou non à la fabrication) ;
- les entreprises de charpente et de maçonnerie associées ;
- les entreprises de serrurerie intérieure et extérieure du bâtiment (fabrication, pose et réparation) (*) ;
- les entreprises de pose de petite charpente en fer pour le bâtiment ;
- les entreprises de pose de clôtures ;
- les entreprises de ferronnerie pour le bâtiment (fabrication et pose associées) (*) (balcons, rampes d'escalier, grilles...) ;
- les entreprises de fourniture d'armatures métalliques préparées pour le béton armé (*).

5572. - Couverture - Plomberie, installations sanitaires.
Sont visées :
- les entreprises de couverture - plomberie (avec ou sans installation de chauffage) ;
- les entreprises de couverture en tous matériaux ;
- les entreprises de plomberie - installation sanitaire ;
- les entreprises d'étanchéité.

5573. - Aménagements - Finitions.
Sont notamment visées :
- les entreprises de construction et d'installation de stands pour les foires et expositions ;
- les entreprises de fabrication de maquettes et plans en relief ; les entreprises de plâtrerie, staff, cloisons en plâtre, plafonnage, plafonds en plâtre ;
- les entreprises de fabrication à façon et pose de menuiserie du bâtiment ;
- les entreprises de peinture de bâtiment, décoration ;
- les entreprises d'installations diverses dans les immeubles (notamment pose de linoléums et autres revêtements plastiques ..) ; pour les entreprises de pose de vitres, de glaces, de vitrines (1) ;
- les entreprises de peinture, plâtre, vitrerie (associés) ;
- les entreprises d'installations et d'aménagement des locaux commerciaux (magasins, boutiques, devantures, bars, cafés, restaurants, vitrines ..) ; cependant pour l'installation et l'aménagement des locaux commerciaux à base métallique (+) ;
- les entreprises de pose de paratonnerre (à l'exception de la fabrication) ;
- les entreprises de travaux d'aménagements spéciaux (installations de laboratoires, revêtements de sols et des murs en tous matériaux, calfeutrements métalliques, couvre-marches), à l'exclusion de la fabrication et de l'installation de matériel de laboratoire.

8708. - Services de nettoyage.
Sont visées :

- pour partie, les entreprises de ramonage.
Clause d'attribution (+)

Les activités économiques pour lesquelles a été prévue la présente clause d'attribution seront soumises aux règles suivantes :

1. Le présent accord sera appliqué lorsque le personnel concourant à la pose - y compris le personnel des bureaux d'études, les techniciens, la maîtrise... (le personnel administratif et le personnel dont l'activité est mal délimitée restant en dehors du calcul) - représente au moins 80 % de l'activité de l'entreprise caractérisée par les effectifs respectifs.

2. Lorsque le personnel concourant à la pose au sens ci-dessus se situe entre 20 et 80 %, les entreprises peuvent opter entre l'application du présent accord et l'application de l'accord correspondant à leurs autres activités, après accord avec les représentants des organisations signataires du présent accord ou, à défaut, des représentants du personnel.

Cette option sera portée à la connaissance du personnel dans un délai de 3 mois à compter soit de la publication de l'arrêté portant extension du présent accord, soit, pour les entreprises créées postérieurement, de la date de leur création.

3. Lorsque le personnel concourant à la pose au sens ci-dessus représente moins de 20 %, le présent accord n'est pas applicable.

Toutefois, les entreprises visées aux paragraphes 1 et 3 pourront continuer d'appliquer l'accord qu'elles appliquaient à la date de publication de l'arrêté portant extension du présent accord.
Cas des entreprises mixtes bâtiment et travaux publics

Pour l'application du présent accord, est considérée comme entreprise mixte bâtiment et travaux publics celle dont les activités sont partagées entre, d'une part, une ou plusieurs activités bâtiment, telles qu'elles sont énumérées dans la présente annexe, et, d'autre part, une ou plusieurs activités travaux publics, telles qu'elles sont définies par la nomenclature INSEE NAP - 1973 (décret n° 73-1306 du 9 novembre 1973).

1. Le présent accord sera appliqué par les entreprises mixtes bâtiment et travaux publics lorsque le personnel effectuant des travaux correspondant à une ou plusieurs activités bâtiment, telles qu'elles sont énumérées dans la présente annexe, représente au moins 60 % de l'ensemble du personnel de l'entreprise.

2. Lorsque le personnel effectuant des travaux correspondant à une ou plusieurs activités bâtiment se situe entre 40 et 60 % de l'ensemble du personnel, les entreprises mixtes bâtiment et travaux publics peuvent opter, après accord des représentants du personnel, entre l'application du présent accord et l'application de l'accord travaux publics.

Cette option sera portée à la connaissance du personnel dans un délai de 3 mois à compter soit de la publication de l'arrêté portant extension du présent accord, soit, pour les entreprises créées postérieurement, de la date de leur création.

3. Lorsque le personnel d'une entreprise mixte effectuant des travaux correspondant à une ou plusieurs activités bâtiment représente moins de 40 % de l'ensemble du personnel, le présent accord n'est pas applicable.

4. Les entreprises mixtes visées aux paragraphes 1 et 3 ci-dessus pourront continuer d'appliquer l'accord qu'elles appliquaient à la date du présent accord.
Cas des entreprises de menuiserie métallique
ou de menuiserie et fermetures métalliques

Est également incluse dans le champ d'application l'activité suivante, classée dans le groupe ci-dessous.

2107 - Menuiserie métallique de bâtiment.

Toutefois, l'extension du présent accord ne sera pas demandé pour cette activité.

Il en sera de même pour la fabrication et la pose associées de menuiserie et de fermetures métalliques classées dans le groupe 5571.

B. - Travaux publics (selon la nomenclature INSEE NAP-1973,
décret n° 73-1306 du 9 novembre 1973

55.10. - Travaux d'aménagement des terres et des eaux, voirie, parcs et jardins.
Sont visées :
Les entreprises qui effectuent des travaux d'aménagement des terres et des eaux, voirie, parcs et jardins notamment :
- exécution de travaux de voirie en zone urbaine ou rurale :

- voirie urbaine

- petits travaux de voirie :

- VRD, chaussées pavées, bordures ;

- signalisation,

- aménagements d'espaces verts :

- plantations ornementales (pelouses, abords de routes...) ;

- terrains de sports,

- aménagement de terrains de culture, remise en état du sol :

- drainage, irrigation ;

- captage par puits ou autre ;

- curage de fossés,
- exécution d'installations d'hygiène publique :

- réseaux d'adduction et de distribution d'eau et de fluides divers par canalisations sous pression ;

- réseaux d'évacuation des eaux usées et pluviales, égouts. Stations de pompage ;

- stations d'épuration et de traitement des eaux usées ;

- abattoirs ;

- stations de traitement des ordures ménagères.

55.11. - Construction de lignes de transport d'électricité.
Sont visées :
Les entreprises qui effectuent des travaux de construction de lignes de transport d'électricité, y compris les travaux d'installation et montage de postes de transformation, d'armoires de distribution et de groupes électrogènes qui y sont liés (+) :
- construction de lignes de très haute tension ;
- construction de réseaux haute et basse tension ;
- éclairage rural ;
- lignes aériennes de traction électrique et caténaires ;
- canalisations électriques autres qu'aériennes ;
- construction de lignes pour courants faibles (télécommunications et centraux téléphoniques) ;
- lignes de distribution ;
- signalisation, éclairage public, techniques de protection ;
- chauffage de routes ou de pistes ;
- grands postes de transformation ;
- centrales et installations industrielles de haute technicité.

55.12. - Travaux d'infrastructure générale.
Sont visées :
Les entreprises qui effectuent des travaux d'infrastructure générale demandant le plus souvent une modification importante du sol ou destinés aux grandes communications notamment :
- terrassement en grande masse ;
- démolition ou abattage par procédés mécaniques, par explosif ou par fusion thermique... ;
- construction et entretien de voies ferrées et de leurs structures annexes ;
- travaux en site maritime ou fluvial :

- dragage et déroctage ;

- battage de pieux et palplanches ;

- travaux subaquatiques...
- mise en place, au moyen d'engins flottants, d'éléments préfabriqués, en immersion ou en élévation ;
- travaux souterrains ;
- travaux de pose de canalisations à grande distance pour distribution de fluide, liquide, gazeux et de réseaux de canalisations industrielles.

55.13. - Construction de chaussées.
Sont visées :
Les entreprises effectuant des travaux de construction des chaussées de routes de liaison, de pistes d'aérodromes et de voies de circulation ou de stationnement assimilables à des routes dans les ensembles industriels ou commerciaux, publics ou privés, ainsi que les plate-formes spéciales pour terrains de sports :
- terrassement sous chaussée ;
- construction des corps de chaussée ;
- couche de surface (en enrobés avec mise en oeuvre seule ou fabrication et mise en oeuvre, asphaltes coulés, enduits superficiels ..) ;
- mise en oeuvre de revêtement en béton de ciment ;
- rabotage, rectification et reprofilage ;
- travaux annexes (signalisation horizontale, barrières de sécurité ..).

55.20. - Entreprises de forages, sondages, fondations spéciales.
Sont visées :
Les entreprises effectuant des travaux de :
- fondation et consolidation des sols par ouvrages interposés pieux, puits, palplanches, caissons ...

- traitement des sols :

- injection, congélation, parois moulées ;

- rabattement de nappe, béton immergé...
- reconnaissance des sols : forages et sondages de toute nature et par tout procédé (y compris forages pétroliers).

55.30. - Construction d'ossatures autres que métalliques
Sont visées :
Les entreprises qui effectuent des travaux de construction d'ossatures autres que métalliques, notamment en béton armé ou précontraint, demandant du fait de leurs dimensions ou du procédé une technicité particulière, par exemple :
- barrages ;
- ponts, ouvrages de croisement à plusieurs niveaux ;
- génie civil de centrales de toute nature productrices d'énergie ;
- génie civil d'unités pour la sidérurgie, la chimie .. ;
- silos, réfrigérants hyperboliques, cheminées en béton ;
- réservoirs, cuves, châteaux d'eau ;
- coupoles, voiles minces ;
- piscines, bassins divers ;
- étanchéité...

55.31. - Installations industrielles - Montage - Levage.
Sont visées :
Pour partie, les entreprises de travaux publics et de génie civil qui effectuent des travaux d'installation, de montage ou de levage d'ouvrages de toute nature, notamment métallique, exécutés en site terrestre, fluvial ou maritime, par exemple :
- ponts fixes ou mobiles ;
- vannes de barrage ;
- portes d'écluses, élévateurs et ascenseurs à bateaux ;
- ossatures de charpentes industrielles, de centrales thermiques ou nucléaires ;
- ossatures de halls industriels ;
- installations pour la sidérurgie ;
- pylônes, téléphériques ;
- éléments d'ouvrages préfabriqués.

55.40. - Installation électrique.
A l'exception des entreprises d'installation électrique dans les établissements industriels, de recherche radioélectrique et de l'électronique, sont visées :
Les entreprises qui effectuent des travaux (+) :
- d'éclairage extérieur, de balisage ;
- d'installation et de montage de postes de transformation, d'armoires de distribution et de groupes électrogènes (non liés à la construction de lignes de transport d'électricité) ;
- et, pour partie, d'installations industrielles de technique similaire (à l'exception de celles qui, à la date de l'arrêté d'extension, appliquaient une autre convention collective que celles des travaux publics).

55.50. - Construction industrialisée.
Sont visées :
Pour partie, les entreprises de travaux publics et de génie civil réalisant des ouvrages ou partie d'ouvrages par assemblage d'éléments préfabriqués métalliques ou en béton, par exemple :
- poutres de pont ;
- voussoirs pour tunnel ...

55.60. - Maçonnerie et travaux courants de béton armé.
Sont visées :
Pour partie, les entreprises exerçant des activités de génie civil non classées dans les groupes précédents et les entreprises de travaux publics effectuant de la maçonnerie, de la démolition et des travaux courants de béton armé, de terrassement et de fondation.

55.70. - Génie climatique.
Sont visées :
Pour partie, les entreprises de travaux publics et de génie civil effectuant des travaux d'application thermique et frigorifique de l'électricité (+).
Clause d'attribution (+)

Les activités économiques pour lesquelles a été prévue la présente clause d'attribution seront soumises aux règles suivantes :

1. Le présent accord sera appliqué lorsque le personnel concourant à la pose - y compris le personnel des bureaux d'études, les techniciens, la maîtrise (le personnel administratif et le personnel dont l'activité est mal délimitée restant en dehors du calcul) - représente au moins 80 % de l'activité de l'entreprise caractérisée par les effectifs respectifs.

2. Lorsque le personnel concourant à la pose au sens ci-dessus se situe entre 20 % et 80 %, les entreprises peuvent opter entre l'application du présent accord et l'application de l'accord correspondant à leurs autres activités, après accord avec les représentants des organisations signataires du présent accord ou, à défaut, des représentants du personnel.

Cette option sera portée à la connaissance du personnel dans un délai de 1 mois à compter soit de la publication de l'arrêté portant extension du présent accord, soit, pour les entreprises créées postérieurement, de la date de leur création.

3. Lorsque le personnel concourant à la pose au sens ci-dessus représente moins de 20 %, le présent accord n'est pas applicable.

Toutefois, les entreprises visées aux paragraphes 1 et 3 ci-dessus pourront continuer d'appliquer l'accord qu'elles appliquaient à la date de publication de l'arrêté portant extension du présent accord.
Cas des entreprises mixtes de travaux publics

Pour l'application du présent accord, est considérée comme entreprise mixte travaux publics et bâtiment celle dont les activités sont partagées entre, d'une part, une ou plusieurs activités travaux publics, telles qu'elles sont énumérées dans la présente annexe, et, d'autre part, une ou plusieurs activités bâtiment telles qu'elles sont définies par la nomenclature INSEE NAP - 1973 (décret n° 73-1306 du 9 novembre 1973).

1. Le présent accord sera appliqué par les entreprises mixtes travaux publics et bâtiment lorsque le personnel effectuant des travaux correspondant à une ou plusieurs activités travaux publics, telles qu'elles sont énumérées dans la présente annexe, représente au moins 60 % de l'ensemble du personnel de l'entreprise.

2. Lorsque le personnel effectuant des travaux correspondant à une ou plusieurs activités travaux publics se situe entre 40 et 60 % de l'ensemble du personnel, les entreprises mixtes travaux publics et bâtiment peuvent opter, après accord des représentants du personnel, pour l'application du présent accord.

Cette option sera portée à la connaissance du personnel dans un délai de 3 mois à compter, soit de la publication de l'arrêté portant extension du présent accord, soit, pour les entreprises créées, postérieurement, de la date de leur création.

3. Lorsque le personnel d'une entreprise mixte effectuant des travaux correspondant à une ou plusieurs activités travaux publics représente moins de 40 % de l'ensemble du personnel, le présent accord n'est pas applicable.

4. Les entreprises mixtes visées aux paragraphes 1 et 3 ci-dessus pourront continuer d'appliquer la convention collective qu'elles appliquaient à la date du présent accord.
C. - Organisations professionnelles et syndicales du BTP
(selon la nomenclature INSEE NAF-1993)

91.1A. - Organisations patronales et consulaires.

91.1C. - Organisations professionnelles.

91.2Z. - Syndicats de salariés :
Lorsque leur activité s'exerce dans le cadre ou en direction de tout ou partie du champ défini en A et B ci-dessus.
D. - Administration des entreprises
(selon la nomenclature INSEE NAF-1993)

74.1J. - Administration des entreprises.
Dans cette classe, sont visés :
- les sièges sociaux et autres établissements chargés de l'administration des entreprises visées par le présent accord ;
- les groupements d'employeurs et les GIE composés en majorité d'entreprises visées par le présent accord ;
- les sociétés détenant des participations dans des entreprises visées par le présent accord, pour un montant supérieur à la moitié de la valeur de leur portefeuille, tels qu'ils figurent au poste " immobilisations " du bilan arrêté à la fin du dernier exercice clos (sociétés mères et holdings).
E. - Services interentreprises de santé au travail du BTP
(selon la nomenclature INSEE NAF-1993 : 85.1 C)
F. - Autres entreprises visées par l'accord

Bureau de normalisation des techniques et équipements de la construction du bâtiment (BNTEC - ASSOCIATION), 9, rue La Pérouse, 75784 Paris Cedex 16.

Institut technique de la fédération française du bâtiment (IT-FFB), 9, rue La Pérouse, 75784 Paris Cedex 16.

Sociétés d'édition du bâtiment et des travaux publics (SEBTP), 6-14, rue La Pérouse, 75784 Paris Cedex 16.

Société européenne de communication et de gestion (SECOGEST), 9, rue La Pérouse, 75784 Paris Cedex 16.

Société immobilière du domaine de Saint-Paul, 9, rue La Pérouse, 75784 Paris Cedex 16.

OPCA-BATIMENT, 6-14, rue La Pérouse, 75784 Paris Cedex 16.

GFC-BTP, 6, rue de Beaubourg, 75194 Paris Cedex 04 et les associations régionales paritaires de formation continue (AREF-BTP).

CCCA-BTP, 19, rue du Père-Corentin, 75680 Paris Cedex 14, et les associations gestionnaires paritaires des CFA du BTP.

A2C, 6-14, rue La Pérouse 75784 Paris Cedex 16.

Association foncière logement 3, rue de l'Armée, 75014 Paris.

SAS Foncière Logement, 3, rue de l'Armée, 75014 Paris.

Centre de gestion national du bâtiment et des travaux publics agréé et habilité (CGA - BTP), 33, avenue Kléber, 75784 Paris Cedex 16.

Fédération française des artisans coopérateurs du bâtiment (FFACB), 11, rue Vaudétard, 92130 Issy-les-Moulineaux.

Association paritaire nationale pour le développement de la politique contractuelle dans les entreprises artisanales du bâtiment (APNAB), 2 bis, rue Béranger, 75003 Paris.

Association nationale de formation pour l'artisanat du bâtiment (ANFAB), 2 bis, rue Béranger, 75003 Paris.

Fonds d'assurance de formation des salariés de l'artisanat du bâtiment et des travaux publics (FAFSAB), 8, rue du Regard, 75280 Paris Cedex 06.

Centre de l'industrie française des travaux publics (CIFTP) 3, rue de Berri, 75008 Paris.

L'Immobilière des travaux publics, 3, rue de Berri, 75008 Paris.

Organisme paritaire collecteur agréé travaux publics (OPCA TP) 10, rue Washington, 75008 Paris.

Syndicat des entrepreneurs français internationaux (SEFI) 10, rue Washington, 75008 Paris.

Association gestionnaire des écoles d'application aux métiers des travaux publics (AGEATP), 3, rue de Berri, 75008 Paris.

Association gestionnaire des centres de formation continue de la fédération nationale des travaux publics (AGCFTP), 3, rue de Berri, 75008 Paris.

BTP GESTION 7, rue du Regard, 75006 Paris.

Société de développement et de gestion de l'épargne salariale dans les industries du bâtiment et des travaux publics - GESTIONBTP, 7, rue du Regard, 75006 Paris.
REGARD BTP 7, rue du Regard, 75006 Paris.

Fondation BTP Gestion 7, rue du Regard, 75006 Paris.

BTP Services 9, rue La Pérouse, 75784 Paris Cedex 16.

Notices d'information des fonds communs de placement d'entreprises définis par l'accord-cadre du 20 janvier 2003 instituant les plans d'épargne interentreprises du bâtiment et des travaux publics

NOTICE D'INFORMATION du fonds commun de placement d'entreprise : BTP Epargne monétaire

N° code AMF FCE20030032.

En vigueur étendu

Compartiment : oui = - non = x

Nourricier : oui = - non = x

Un fonds commun de placement d'entreprise (FCPE) est un organisme de placement collectif en valeurs mobilières (OPCVM), c'est-à-dire un produit d'épargne qui permet à plusieurs investisseurs de détenir en commun un portefeuille de valeurs mobilières. Le FCPE est réservé aux salariés des entreprises et destiné à recevoir et à investir leur épargne salariale. Il est géré par une société de gestion.

La gestion du FCPE est contrôlée par un conseil de surveillance, composé de représentants des salariés et de représentants des entreprises. Ce conseil a notamment pour fonction d'examiner le rapport de gestion et les comptes annuels de l'OPCVM, d'examiner la gestion financière, administrative et comptable de l'OPCVM, d'exercer les droits de vote attachés aux titres de capital détenus dans le portefeuille, de décider de l'apport des titres en cas d'offre publique, de décider des opérations de fusion, scission ou liquidation et de donner son accord préalable aux modifications du règlement du FCPE. Le conseil de surveillance d'un FCPE adopte en outre un rapport annuel mis à la disposition de chaque porteur de parts.

L'adhésion au présent FCPE emporte acceptation des dispositions contenues dans son règlement.

Le souscripteur peut obtenir, sans frais, communication du règlement du FCPE sur simple demande auprès de son entreprise.

Le FCPE BTP Epargne monétaire est un fonds multi-entreprises, créé pour l'application de l'accord-cadre du 20 janvier 2003 instituant les plans d'épargne interentreprises du bâtiment et des travaux publics.

Il est réservé aux bénéficiaires de l'accord ci-dessus mentionné. Il peut également être ouvert aux bénéficiaires d'accords mis en place en application des articles L. 441-1 à L. 444-7 du code du travail au profit des salariés d'entreprises du secteur du bâtiment et des travaux publics ou de secteurs connexes ainsi que d'entreprises qui sont filiales d'entreprises relevant elles-mêmes de ces secteurs.

Le fonds est régi par les dispositions de l'article L. 214-39 du code monétaire et financier.

Le conseil de surveillance

Un conseil de surveillance commun aux fonds communs de placement d'entreprise créés dans le cadre de l'accord-cadre mentionné ci-dessus, composé de 20 membres, est institué. Il est composé à parité de 10 membres salariés porteurs de parts d'au moins 1 des fonds communs de placement d'entreprise représentant les porteurs de parts, désignés par les fédérations syndicales professionnelles de salariés représentatives au niveau national et signataires ou adhérents à l'accord-cadre mentionné ci-dessus, et de 10 représentants des entreprises adhérentes, désignés par les organisations professionnelles d'employeurs. Chaque fonds dispose d'au moins 1 porteur de parts au conseil de surveillance.

Orientation de gestion du fonds

Le FCPE BTP Epargne monétaire est classé dans la catégorie " FCPE Monétaire Euro ".

Ces FCPE sont gérés à l'intérieur d'une fourchette de sensibilité de 0 à 0,5.

L'exposition au risque action est interdite.

Objectif de gestion

L'objectif de gestion consiste à obtenir une performance comparable à celle de l'EONIA (Euro Overnight Index Average) minorée des frais de gestion et d'assurer ainsi une progression très régulière de la valeur liquidative.

Indicateur de référence

L'EONIA (Euro Overnight Index Average) : taux moyen des opérations au jour le jour sur le marché interbancaire en euro. Il correspond à la moyenne pondérée des transactions effectuées entre les principales banques de la zone euro. Il est calculé par la Banque centrale européenne et publié par la Fédération bancaire européenne.

Stratégie d'investissement

La gestion repose sur la sélection d'OPCVM monétaire de la zone euro choisie par la qualité des établissements gestionnaires, la régularité et la qualité de leur performance.

Ces parts ou actions d'OPCVM seront conformes à la directive, français ou européens.

Profil de risque

Votre portefeuille sera investi dans des instruments financiers sélectionnés par le gestionnaire financier. Ces instruments connaîtront les évolutions et aléas du marché.

L'investisseur est averti que la performance du FCPE peut ne pas être conforme à ses objectifs et que son capital investi peut ne pas lui être totalement restitué.

Risque de taux

Le risque de taux d'intérêt traduit la diminution de la valeur des investissements du FCPE dans le cas de l'augmentation des taux d'intérêt. Le risque de taux d'intérêt est généralement plus important pour les investissements dans les titres de créances ayant des échéances relativement longues que pour des investissements dans les titres de créances ayant des échéances plus courtes.

Risque de crédit

Ce risque peut résulter de la dégradation de la qualité de signature d'un émetteur sur lequel est exposé le FCPE et ainsi être susceptible de faire baisser la valeur des investissements du FCPE.

Risque de perte en capital

Les investisseurs supportent un risque de perte en capital lié à la nature des placements réalisés par le FCPE. La perte en capital se produit lors de la vente d'une part à un prix inférieur à sa valeur d'achat.

Durée de placement minimum conseillée : moins de 3 mois.

Composition de l'OPCVM :

100 % d'instruments monétaires.

Le FCPE peut intervenir sur les contrats à terme ou des options sur taux d'intérêts à court terme pour exposer le portefeuille. Ces contrats peuvent également servir à diminuer l'exposition au risque de taux dans un contexte d'anticipation de hausse des taux.

Ces opérations seront effectuées dans la limite d'un engagement maximum d'une fois l'actif net.

Marchés d'évolution

Monétaire.

Obligataire zone européenne.

Intervention sur les marchés à terme dans un but de protection du portefeuille (EUREX) vente de call, achat de put, vente de contrats d'instruments à terme.

Pourcentage de détention de l'actif en autres OPCVM : ce fonds pourra investir plus de 50 % en OPCVM permettant de réaliser l'orientation des placements, à savoir OPCVM monétaires, obligations.

Zone géographique prépondérante : zone Europe.

Indicateurs du marché monétaire : EONIA.

Fonctionnement du fonds

La valeur liquidative est calculée chaque vendredi, ainsi que le 30 juin et le 31 décembre de chaque année. Dans le cas où ces jours ne seraient pas des jours d'ouverture de la Bourse de Paris ou seraient des jours fériés légaux, la valeur liquidative est établie le jour ouvré précédent.

Dans le cadre des arrêtés comptables, une valeur indicative de la valeur liquidative, appelée " valeur estimative " est calculée le 30 juin et le 31 décembre de chaque année. Elle ne peut servir de base aux souscriptions-rachats. Toutefois, dans le cas où ces jours seraient des vendredis, elle servirait également aux souscriptions-rachats.

Lieu et mode de publication de la valeur liquidative :

Les valeurs liquidatives sont publiées :

- sur Minitel : 3614 PRO BTP (rubrique GESTIONBTP) (0,019 à la connexion puis 0,057 la minute) ;

- sur Internet : www.gestionbtp.com (rubrique épargne salariale).

La composition de l'actif du FCPE est publiée chaque semestre. Tout porteur de parts qui en fait la demande, peut recevoir le rapport annuel.

Etablissement chargé des souscriptions et des rachats de parts :

REGARDBTP. Les souscriptions s'effectuent par l'intermédiaire des entreprises, ou individuellement au cas où l'entreprise n'adhère pas aux plans.

Modalités de souscription et de rachat

La commission de souscription peut être à la charge des porteurs ou à celle de l'entreprise :

- apports et retraits : en numéraire ;

- mode d'exécution : prochaine valeur liquidative ;

- commission de souscription : 0,75 % maximum à la charge des porteurs de parts ou de l'entreprise selon convention de l'entreprise ;

- commission de rachat : néant ;

- commission d'arbitrage : 0,375 % maximum à la charge des porteurs de parts ;

- frais de fonctionnement et de gestion : 0,60 % l'an TTC maximum de l'actif net, à la charge du fonds ;

- commission de surperformance : néant ;

- commission de mouvement : néant ;

- frais de gestion indirects : les commissions de gestion indirectes du fonds s'élèvent à un montant de 0,24 % l'an TTC maximum de l'actif net à la charge du fonds ;

- affectation des revenus du fonds : capitalisation dans le fonds ;

- frais de tenue de compte conservation : à la charge de l'entreprise, ils sont à la charge du porteur de parts lorsque celui-ci a quitté l'entreprise et que ses droits acquis ont été mis en disponibilité, à l'exception des frais de tenue de compte concernant les salariés qui ont quitté l'entreprise pour départ en retraite ou préretraite ;

- délai d'indisponibilité : 5 ans pour les plans d'épargne et accords de participation, 10 ans pour le PPESVI, date de départ à la retraite pour le PERCOI ;

- disponibilité des parts : les parts sont disponibles selon les modalités prévues par l'accord national instituant les plans d'épargne interentreprises du bâtiment et des travaux publics soit, le cas échéant, selon les termes de l'accord d'entreprise.

Modalités de demande de remboursements anticipés et de parts disponibles : adresser la demande, accompagnée des pièces justificatives à BTP Prévoyance. Les parts sont payées en numéraire dans un délai n'excédant pas 1 mois après l'établissement de la première valeur de part qui suit la réception de la demande de rachat.

Valeur de la part à la constitution du fonds : 10 Euros.

Nom et adresse des intervenants

Société de gestion : GESTIONBTP, 7, rue du Regard, 75006 Paris.

Dépositaire : BNP Paribas Securities Services, 3, rue d'Antin, 75002 Paris.

Contrôleurs légaux des comptes :

- Mazars & Guerard, Le Vinci, 4, allée de l'Arche, 92075 La Défense Cedex ;

- PriceWaterHouseCoopers audit, 32, rue Guersant, 75017 Paris.

Teneur de compte - conservateur des parts : REGARDBTP, 7, rue du Regard, 75006 Paris.

Agréé en date du 11 avril 2003 par la COB.

Dernière mise à jour de la notice et agrément de l'AMF le 23 juin 2005.

Lors de la clôture de chaque exercice, la société de gestion rédige le rapport annuel du FCPE et tient à la disposition de chaque porteur de parts un exemplaire du rapport de gestion qui peut être, en accord avec le conseil de surveillance, remplacé par un rapport simplifié comportant une mention indiquant que le rapport annuel est à la disposition de tout porteur de parts qui en fait la demande auprès de l'entreprise.

La présente notice d'information doit être remise aux porteurs préalablement à toute souscription.

NOTICE D'INFORMATION du fonds commun de placement d'entreprise BTP Epargne obligataire

N° code AMF FCE20030061.

En vigueur étendu

Compartiment : oui = - non = x
Nourricier : oui = - non = x

Un fonds commun de placement d'entreprise (FCPE) est un organisme de placement collectif en valeurs mobilières (OPCVM), c'est-à-dire un produit d'épargne qui permet à plusieurs investisseurs de détenir en commun un portefeuille de valeurs mobilières. Le FCPE est réservé aux salariés des entreprises et destiné à recevoir et à investir leur épargne salariale. Il est géré par une société de gestion.

La gestion du FCPE est contrôlée par un conseil de surveillance, composé de représentants des salariés et de représentants des entreprises. Ce conseil a notamment pour fonction d'examiner le rapport de gestion et les comptes annuels de l'OPCVM, d'examiner la gestion financière, administrative et comptable de l'OPCVM, d'exercer les droits de vote attachés aux titres de capital détenus dans le portefeuille, de décider de l'apport des titres en cas d'offre publique, de décider des opérations de fusion, scission ou liquidation et de donner son accord préalable aux modifications du règlement du FCPE. Le conseil de surveillance d'un FCPE adopte en outre un rapport annuel mis à la disposition de chaque porteur de parts.

L'adhésion au présent FCPE emporte acceptation des dispositions contenues dans son règlement. Le souscripteur peut obtenir, sans frais, communication du règlement du FCPE sur simple demande auprès de son entreprise.

Le FCPE BTP Epargne obligataire est un fonds multi-entreprises, créé pour l'application de l'accord-cadre du 20 janvier 2003 instituant les plans d'épargne interentreprises du bâtiment et des travaux publics.

Il est réservé aux bénéficiaires de l'accord ci-dessus mentionné. Il peut également être ouvert aux bénéficiaires d'accords mis en place en application des articles L. 441-1 à L. 444-7 du code du travail au profit des salariés d'entreprises du secteur du bâtiment et des travaux publics ou de secteurs connexes ainsi que d'entreprises qui sont filiales d'entreprises relevant elles-mêmes de ces secteurs.

Le fonds est régi par les dispositions de l'article L. 214-39 du code monétaire et financier.
Le conseil de surveillance

Un conseil de surveillance commun aux fonds communs de placement d'entreprise créés dans le cadre de l'accord-cadre mentionné ci-dessus, composé de 20 membres, est institué. Il est composé à parité de 10 membres salariés porteurs de parts d'au moins 1 des fonds communs de placement d'entreprise représentant les porteurs de parts, désignés par les fédérations syndicales professionnelles de salariés représentatives au niveau national et signataires ou adhérents à l'accord cadre mentionné ci-dessus, et de 10 représentants des entreprises adhérentes, désignés par les organisations professionnelles d'employeurs. Chaque fonds dispose d'au moins 1 porteur de parts au conseil de surveillance.
Orientation de gestion du fonds

Le FCPE BTP Epargne obligataire est classé dans la catégorie " FCPE obligations et autres titres de créances libellés en euro ".

Le FCPE est en permanence exposé sur un ou plusieurs marchés de taux de pays de la zone euro. L'exposition au risque action ne doit pas excéder 10 % de l'actif net.

L'exposition au risque de change ou de marchés autres que ceux de la zone euro doit rester accessoire.
Objectif de gestion

L'objectif de gestion consiste à obtenir une performance comparable à celle de l'indice de référence, l'EuroMTS 5-7 ans, minorée des frais de gestion et d'assurer ainsi à moyen terme une progression de la valeur liquidative supérieure à celle du marché monétaire.
Indicateur de référence

L'indice de référence est l'EuroMTS 5-7 ans publié par la société EuroMTS. Cet indice reproduit la performance d'un panier constitué des obligations émises par les Etats de la zone euro dont la durée de vie est comprise entre 7 et 10 ans et dont l'encours est supérieur à 2 milliards d'euros. Cet indice est un indice " coupons réinvestis ".
Stratégie d'investissement

La gestion de ce FCPE est une gestion active. La stratégie d'investissement est la combinaison de choix en matière de duration du portefeuille, de positionnement sur la courbe des rendements obligataires, et dans une moindre mesure dans la sélection d'obligations émises par des émetteurs privés dont la notation fera partie de la catégorie titres d'investissement, ainsi que par la sélection d'obligations convertibles.
Profil de risque

Le portefeuille sera investi dans des instruments financiers sélectionnés par le gestionnaire financier. Ces instruments connaîtront les évolutions et aléas du marché.

L'investisseur est averti que la performance du FCPE peut ne pas être conforme à ses objectifs et que son capital investi peut ne pas lui être totalement restitué puisque le FCPE n'intègre pas de garantie en capital.
Risque taux d'intérêts

Le risque de taux d'intérêt traduit la diminution de la valeur des investissements du FCPE dans le cas de l'augmentation des taux d'intérêt. Le risque de taux d'intérêt est généralement plus important pour les investissements dans les titres de créances ayant des échéances relativement longues que pour des investissements dans les titres de créances ayant des échéances plus courtes.
Risque de crédit

Ce risque peut résulter de la dégradation de la qualité de signature d'un émetteur sur lequel est exposé le FCPE et ainsi être susceptible de faire baisser la valeur des investissements du FCPE.
Risque de perte en capital

Les investisseurs supportent un risque de perte en capital lié à la nature des placements réalisés par le FCPE. La perte en capital se produit lors de la vente d'une part à un prix inférieur à sa valeur d'achat.

Durée de placement minimum conseillée : 1 an.
Composition de l'OPCVM

Les obligations privées représenteront au maximum 1/3 de l'encours obligataire du FCPE.

Les obligations convertibles représenteront au maximum 10 % de l'encours.

Ces parts ou actions d'OPCVM seront conformes à la directive, français ou européens.

Le FCPE peut intervenir sur les contrats à terme ou des options sur taux d'intérêts ou indice obligataire et actions pour couverture.

Ces opérations seront effectuées dans la limite d'un engagement maximum d'une fois l'actif net.
Marchés d'évolution

Obligataire zone euro.

Intervention sur les marchés à terme dans un but de protection du portefeuille (EUREX) vente de call, achat de put, vente de contrats d'instruments à terme ;

Pourcentage de détention de l'actif en autres OPCVM :
investissement au moins à 50 % en OPCVM.

Zone géographique prépondérante : zone Europe.
Fonctionnement du fonds

La valeur liquidative est calculée chaque vendredi, ainsi que le 30 juin et le 31 décembre de chaque année. Dans le cas où ces jours ne seraient pas des jours d'ouverture de la Bourse de Paris ou seraient des jours fériés légaux, la valeur liquidative est établie le jour ouvré précédent. Dans le cadre des arrêtés comptables, une valeur indicative de la valeur liquidative, appelée " valeur estimative " est calculée le 30 juin et le 31 décembre de chaque année. Elle ne peut servir de base aux souscriptions - rachats. Toutefois, dans le cas où ces jours seraient des vendredis, elle servirait également aux souscriptions-rachats.

Lieu et mode de publication de la valeur liquidative :

- les valeurs liquidatives sont publiées :

- sur Minitel : 3614 PRO BTP (rubrique GESTIONBTP) (0,019 euro à la connexion puis 0,057 euro la minute) ;

- sur Internet : www.gestionbtp.com (rubrique épargne salariale).

La composition de l'actif du FCPE est publiée chaque semestre. Tout porteur de parts qui en fait la demande peut recevoir le rapport annuel.

Etablissement chargé des souscriptions et des rachats de parts :
REGARD-BTP. Les souscriptions s'effectuent par l'intermédiaire des entreprises, ou individuellement au cas où l'entreprise n'adhère pas aux plans.
Modalités de souscription et de rachat

La commission de souscription peut être à la charge des porteurs ou à celle de l'entreprise :

- apports et retraits : en numéraire ;

- mode d'exécution : prochaine valeur liquidative ;

- commission de souscription : 1 % maximum à la charge des porteurs de parts ou de l'entreprise selon convention de l'entreprise ;

- commission de rachat : néant ;

- commission d'arbitrage : 0,5% maximum à la charge des porteurs de parts ;

- frais de fonctionnement et de gestion : 1,20 % l'an TTC maximum de l'actif net, à la charge du fonds ;

- commission de surperformance : néant ;

- commission de mouvement : néant ;

- frais de gestion indirects : les commissions de gestion indirectes du fonds s'élèvent à un montant maximum de 0,24 % l'an TTC maximum de l'actif net à la charge du fonds ;

- affectation des revenus du fonds : capitalisation dans le fonds ;

- frais de tenue de compte conservation : à la charge de l'entreprise, ils sont à la charge du porteur de parts lorsque celui-ci a quitté l'entreprise et que ses droits acquis ont été mis en disponibilité, à l'exception des frais de tenue de compte concernant les salariés qui ont quitté l'entreprise pour départ en retraite ou préretraite ;

- délai d'indisponibilité : 5 ans pour les plans d'épargne et accords de participation, date de départ à la retraite pour le PERCO-BTP ;

- disponibilité des parts : les parts sont disponibles selon les modalités prévues par l'Accord national instituant les plans d'épargne interentreprises du bâtiment et des travaux publics soit, le cas échéant, selon les termes de l'accord d'entreprise.

Modalités de demande de remboursements anticipés et de parts disponibles : adresser la demande, accompagnée des pièces justificatives à BTP Prévoyance. Les parts sont payées en numéraire dans un délai n'excédant pas 1 mois après l'établissement de la première valeur de part qui suit la réception de la demande de rachat.

Valeur de la part à la constitution du fonds : 10 Euros.
Nom et adresse des intervenants

Société de gestion : GESTIONBTP, 7, rue du Regard, 75006 Paris.

Dépositaire : BNP Paribas securities services, 3, rue d'Antin, 75002 Paris, contrôleurs légaux des comptes :

- Mazars & Guerard, Le Vinci, 4, allée de l'Arche, 92075 La Défense Cedex ;

- PriceWaterhouseCoopers Audit, 32, rue Guersant, 75017 Paris.

Teneur de compte - conservateur des parts : REGARDBTP, 7, rue du Regard, 75006 Paris.

Agréé en date du 11 avril 2003 par la COB.

Dernière mise à jour de la notice et agrément de l'AMF le 23 juin 2005.

Lors de la clôture de chaque exercice, la société de gestion rédige le rapport annuel du FCPE et tient à la disposition de chaque porteur de parts un exemplaire du rapport de gestion qui peut être, en accord avec le conseil de surveillance, remplacé par un rapport simplifié comportant une mention indiquant que le rapport annuel est à la disposition de tout porteur de parts qui en fait la demande auprès de l'entreprise.

La présente notice d'information doit être remise aux porteurs préalablement à toute souscription.

NOTICE D'INFORMATION du fonds commun de placement d'entreprise BTP Epargne prudent

N° code AMF FCE20030056.

En vigueur étendu

Compartiment : oui = - non = x

Nourricier : oui = - non = x

Un fonds commun de placement d'entreprise (FCPE) est un organisme de placement collectif en valeurs mobilières (OPCVM), c'est-à-dire un produit d'épargne qui permet à plusieurs investisseurs de détenir en commun un portefeuille de valeurs mobilières. Le FCPE est réservé aux salariés des entreprises et destiné à recevoir et à investir leur épargne salariale. Il est géré par une société de gestion.

La gestion du FCPE est contrôlée par un conseil de surveillance composé de représentants des salariés et de représentants des entreprises. Ce conseil a notamment pour fonction d'examiner le rapport de gestion et les comptes annuels de l'OPCVM, d'examiner la gestion financière, administrative et comptable de l'OPCVM, d'exercer les droits de vote attachés aux titres de capital détenus dans le portefeuille, de décider de l'apport des titres en cas d'offre publique, de décider des opérations de fusion, scission ou liquidation et de donner son accord préalable aux modifications du règlement du FCPE. Le Conseil de surveillance d'un FCPE adopte en outre un rapport annuel mis à la disposition de chaque porteur de parts.

L'adhésion au présent FCPE emporte acceptation des dispositions contenues dans son règlement.

Le souscripteur peut obtenir, sans frais, communication du règlement du FCPE sur simple demande auprès de son entreprise.

Le FCPE BTP Epargne prudent est un fonds multi-entreprises, créé pour l'application de l'accord-cadre du 20 janvier 2003 instituant les plans d'épargne interentreprises du bâtiment et des travaux publics.

Il est réservé aux bénéficiaires de l'accord ci-dessus mentionné. Il peut également être ouvert aux bénéficiaires d'accords mis en place en application des articles L. 441-1 à L. 444-7 du code du travail au profit des salariés d'entreprises du secteur du bâtiment et des travaux publics ou de secteurs connexes ainsi que d'entreprises qui sont filiales d'entreprises relevant elles-mêmes de ces secteurs.

Le fonds est régi par les dispositions de l'article L. 214-39 du code monétaire et financier.

Le conseil de surveillance

Un conseil de surveillance commun aux fonds communs de placement d'entreprise créés dans le cadre de l'accord-cadre mentionné ci-dessus, composé de 20 membres, est institué. Il est composé à parité de 10 membres salariés porteurs de parts d'au moins un des fonds communs de placement d'entreprise représentant les porteurs de parts, désignés par les fédérations syndicales professionnelles de salariés représentatives au niveau national et signataires ou adhérents à l'accord-cadre mentionné ci-dessus, et de 10 représentants des entreprises adhérentes, désignés par les organisations professionnelles d'employeurs. Chaque fonds dispose d'au moins un porteur de parts au conseil de surveillance.

Orientation de gestion du fonds

Le FCPE BTP Epargne prudent est classé dans la catégorie " FCPE diversifié ".

Le FCPE gère de façon discrétionnaire, dans le respect des ratios prévus par la réglementation, des actifs financiers français ou étrangers (valeurs mobilières et instruments financiers à terme).

Objectif de gestion

L'objectif de gestion consiste à obtenir à moyen terme une performance supérieure à celle d'un benchmark composé à 10 % de l'indice Dow Jones STOXX50 et à 90 % de l'indice EuroMTS 5-7 ans.

Indicateurs de références

Le Dow Jones STOXX50 en cours de clôture, coupons non réinvestis publié par la société STOXX Ltd. reproduit la performance d'un panier constitué des 50 premières capitalisations boursières des sociétés cotées européennes.

L'EuroMTS 5-7 ans publié par la société EuroMTS reproduit la performance d'un panier constitué des obligations émises par les Etats de la zone euro dont la durée de vie est comprise entre 7 et 10 ans et dont l'encours est supérieur à 2 milliards d'euros. Cet indice est un indice " coupons réinvestis ".

Stratégie d'investissement

La gestion de ce FCPE est une gestion active à très forte dominante obligations. Le gérant en fonction des données macro-économiques, des politiques monétaires, des évolutions des courbes de taux et des fondamentaux des sociétés pourra faire évoluer la répartition entre obligations et actions du FCPE.

Profil de risque

Le portefeuille sera investi dans des instruments financiers sélectionnés par le gestionnaire financier.

Ces instruments connaîtront les évolutions et aléas du marché.

Risque lié à la gestion discrétionnaire

Le style de gestion discrétionnaire privilégié par le gérant repose sur l'anticipation de l'évolution de différents marchés (actions obligations). Il existe un risque pour que le fonds ne soit pas investi à tout moment sur les marchés les plus performants.

L'investisseur est averti que la performance du FCPE peut ne pas être conforme à ses objectifs et que son capital investi peut ne pas lui être totalement restitué, puisque le FCPE n'intègre pas de garantie en capital.

Le profil de risque dominant est celui résultant de l'investissement sur les marchés obligataires, mais l'exposition au risque actions sera également une des composantes du profil.

Risque actions

Le FCPE peut être exposé au risque actions à hauteur de 20 % maximum de son actif. En conséquence, il supporte un risque lié à la fluctuation à la hausse comme à la baisse de ces actifs.

Risque taux d'intérêt

Le risque de taux d'intérêt traduit la diminution de la valeur des investissements du FCPE dans le cas de l'augmentation des taux d'intérêt. Le risque de taux d'intérêt est généralement plus important pour les investis-sements dans les titres de créances ayant des échéances relativement longues que pour des investissements dans les titres de créances ayant des échéances plus courtes.

Risque de crédit

Ce risque peut résulter de la dégradation de la qualité de signature d'un émetteur sur lequel est exposé le FCPE et ainsi être susceptible de faire baisser la valeur des investissements du FCPE.

Risque de perte en capital

Les investisseurs supportent un risque de perte en capital lié à la nature des placements réalisés par le FCPE. La perte en capital se produit lors de la vente d'une part à un prix inférieur à sa valeur d'achat.

Durée de placement minimum conseillée : 2 ans.

Composition de l'OPCVM

La part obligations peut évoluer entre 80 % minimum et 100 % maximum de l'encours du FCPE.

La part consacrée aux actions peut être au maximum de 20 % sans minimum.

Une fraction maximum de 10 % de l'encours pourra de plus être investie sur les obligations convertibles européennes à titre de diversification.

Le FCPE peut intervenir sur les contrats à terme ou des options sur taux d'intérêts et actions ou indice obligataire et actions pour couverture.

Ces opérations seront effectuées dans la limite d'un engagement maximum d'une fois l'actif net.

Marchés d'évolution

Obligataire zone euro.

Actions européennes.

Intervention sur les marchés à terme dans un but de protection du portefeuille (EUREX) : vente de call, achat de put, vente de contrats d'instruments à terme.

Pourcentage de détention de l'actif en autres OPCVM :

investissement au moins à 50 % en OPCVM.

Zone géographique prépondérante : zone Europe.

Fonctionnement du fonds

La valeur liquidative est calculée chaque vendredi, ainsi que le 30 juin et le 31 décembre de chaque année. Dans le cas où ces jours ne seraient pas des jours d'ouverture de la Bourse de Paris ou seraient des jours fériés légaux, la valeur liquidative est établie le jour ouvré précédent.

Dans le cadre des arrêtés comptables, une valeur indicative de la valeur liquidative, appelée " valeur estimative " est calculée le 30 juin et le 31 décembre de chaque année. Elle ne peut servir de base aux souscriptions-rachats. Toutefois, dans le cas où ces jours seraient des vendredis, elle servirait également aux souscriptions-rachats.

Lieu et mode de publication de la valeur liquidative

Les valeurs liquidatives sont publiées :

Sur Minitel : 3614 PRO BTP (rubrique Gestion BTP) (0,019 à la connexion puis 0,057 la minute).

Sur Internet : www.gestionbtp.com (rubrique épargne salariale).

La composition de l'actif du FCPE est publiée chaque semestre. Tout porteur de parts qui en fait la demande peut recevoir le rapport annuel.

Etablissement chargé des souscriptions et des rachats de parts :

REGARDBTP. Les souscriptions s'effectuent par l'intermédiaire des entreprises, ou individuellement au cas où l'entreprise n'adhère pas aux plans.

Modalités de souscription et de rachat

La commission de souscription peut être à la charge des porteurs ou à celle de l'entreprise :

- apports et retraits : en numéraire ;

- mode d'exécution : prochaine valeur liquidative ;

- commission de souscription : 1 % maximum à la charge des porteurs de parts ou de l'entreprise selon convention de l'entreprise ;

- commission de rachat : néant ;

- commission d'arbitrage : 0,5 % maximum à la charge des porteurs de parts ;

- frais de fonctionnement et de gestion : 1,20 % l'an TTC maximum de l'actif net, à la charge du fonds ;

- commission de surperformance : néant ;

- commission de mouvement : néant ;

- frais de gestion indirects : les commissions de gestion indirectes du fonds s'élèvent à un montant de 0,24 % l'an TTC maximum de l'actif net à la charge du fonds ;

- affectation des revenus du fonds : capitalisation dans le fonds ;

- frais de tenue de compte conservation : à la charge de l'entreprise, ils sont à la charge du porteur de parts lorsque celui-ci a quitté l'entreprise et que ses droits acquis ont été mis en disponibilité, à l'exception des frais de tenue de compte concernant les salariés qui ont quitté l'entreprise pour départ en retraite ou préretraite ;

- délai d'indisponibilité : 5 ans pour les plans d'épargne et accords de participation, départ à la retraite pour le PERCO-BTP ;

- disponibilité des parts : les parts sont disponibles selon les modalités prévues par l'accord national instituant les plans d'épargne interentreprises du bâtiment et des travaux publics soit, le cas échéant, selon les termes de l'accord d'entreprise.

Modalités de demande de remboursements anticipés et de parts disponibles : adresser la demande, accompagnée des pièces justificatives à BTP Prévoyance. Les parts sont payées en numéraire dans un délai n'excédant pas 1 mois après l'établissement de la première valeur de part qui suit la réception de la demande de rachat.

Valeur de la part à la constitution du fonds : 10 Euros.

Nom et adresse des intervenants

Société de gestion : GESTIONBTP, 7, rue du Regard, 75006 Paris.

Dépositaire : BNP Paribas Securities Services, 3, rue d'Antin 75002 Paris.

Contrôleurs légaux des comptes :

- Mazars & Guerard, Le Vinci, 4, allée de l'Arche, 92075 La Défense Cedex ;

- PriceWaterhouseCoopers Audit, 32, rue Guersant, 75017 Paris.

Teneur de compte - conservateur des parts : REGARDBTP, 7, rue du Regard, 75006 Paris.

Agréé en date du 11 avril 2003 par la COB.

Dernière mise à jour de la notice et agrément de l'AMF le 23 juin 2005.

Lors de la clôture de chaque exercice, la société de gestion rédige le rapport annuel du FCPE et tient à la disposition de chaque porteur de parts un exemplaire du rapport de gestion qui peut être, en accord avec le conseil de surveillance, remplacé par un rapport simplifié comportant une mention indiquant que le rapport annuel est à la disposition de tout porteur de parts qui en fait la demande auprès de l'entreprise.

La présente notice d'information doit être remise aux porteurs préalablement à toute souscription.

NOTICE D'INFORMATION du fonds commun de placement d'entreprise BTP Epargne équilibre

N° code AMF FCE20030058.

En vigueur étendu

Compartiment : oui = - non = x

Nourricier : oui = - non = x

Un fonds commun de placement d'entreprise (FCPE) est un organisme de placement collectif en valeurs mobilières (OPCVM), c'est-à-dire un produit d'épargne qui permet à plusieurs investisseurs de détenir en commun un portefeuille de valeurs mobilières. Le FCPE est réservé aux salariés des entreprises et destiné à recevoir et à investir leur épargne salariale. Il est géré par une société de gestion.

La gestion du FCPE est contrôlée par un conseil de surveillance, composé de représentants des salariés et de représentants des entreprises. Ce conseil a notamment pour fonction d'examiner le rapport de gestion et les comptes annuels de l'OPCVM, d'examiner la gestion financière, administrative et comptable de l'OPCVM, d'exercer les droits de vote attachés aux titres de capital détenus dans le portefeuille, de décider de l'apport des titres en cas d'offre publique, de décider des opérations de fusion, scission ou liquidation et de donner son accord préalable aux modifications du règlement du FCPE. Le conseil de surveillance d'un FCPE adopte en outre un rapport annuel mis à la disposition de chaque porteur de parts.

L'adhésion au présent FCPE emporte acceptation des dispositions contenues dans son règlement. Le souscripteur peut obtenir, sans frais, communication du règlement du FCPE sur simple demande auprès de son entreprise.

Le FCPE BTP Epargne équilibre est un fonds multi-entreprises, créé pour l'application de l'accord-cadre du 20 janvier 2003 instituant les plans d'épargne interentreprises du bâtiment et des travaux publics.

Il est réservé aux bénéficiaires de l'accord ci-dessus mentionné. Il peut également être ouvert aux bénéficiaires d'accords mis en place en application des articles L. 441-1 à L. 444-7 du code du travail au profit des salariés d'entreprises du secteur du bâtiment et des travaux publics ou de secteurs connexes ainsi que d'entreprises qui sont filiales d'entreprises relevant elles-mêmes de ces secteurs.

Le fonds est régi par les dispositions de l'article L. 214-39 du code monétaire et financier.

Le conseil de surveillance

Un conseil de surveillance commun aux fonds communs de placement d'entreprise créés dans le cadre de l'accord-cadre mentionné ci-dessus, composé de 20 membres, est institué. Il est composé à parité de 10 membres salariés porteurs de parts d'au moins un des fonds communs de placement d'entreprise représentant les porteurs de parts, désignés par les fédérations syndicales professionnelles de salariés représentatives au niveau national et signataires ou adhérents à l'accord-cadre mentionné ci-dessus, et de 10 représentants des entreprises adhérentes, désignés par les organisations professionnelles d'employeurs. Chaque fonds dispose d'au moins un porteur de parts au conseil de surveillance.

Orientation de gestion du fonds

Le FCPE BTP Epargne équilibre est classé dans la catégorie " FCPE diversifié ".

Le FCPE gère de façon discrétionnaire, dans le respect des ratios prévus par la réglementation, des actifs financiers français ou étrangers (valeurs mobilières et instruments financiers à terme).

Objectif de gestion

L'objectif de gestion consiste à obtenir à moyen terme une performance supérieure à celle d'un benchmark composé à 35 % de l'indice Dow Jones STOXX50 et à 65 % de l'indice EuroMTS 5-7 ans.

Indicateurs de références

Le Dow Jones STOXX50 en cours de clôture, coupons non réinvestis publié par la société STOXX Ltd. reproduit la performance d'un panier constitué des 50 premières capitalisations boursières des sociétés cotées européennes.

L'Euro MTS 5-7 ans publié par la société Euro MTS reproduit la performance d'un panier constitué des obligations émises par les Etats de la zone euro dont la durée de vie est comprise entre 7 et 10 ans et dont l'encours est supérieur à 2 milliards d'euros. Cet indice est un indice " coupons réinvestis ".

Stratégie d'investissement

La gestion de ce FCPE est une gestion active à dominante obligations. Le gérant en fonction des données macro-économiques, des politiques monétaires, des évolutions des courbes de taux et des fondamentaux des sociétés pourra faire évoluer la répartition entre obligations et actions du FCPE.

Profil de risque

Le portefeuille sera investi dans des instruments financiers sélectionnés par le gestionnaire financier. Ces instruments connaîtront les évolutions et aléas du marché.

Risque lié à la gestion discrétionnaire

Le style de gestion discrétionnaire privilégié par le gérant repose sur l'anticipation de l'évolution de différents marchés (actions obligations). Il existe un risque pour que le fonds ne soit pas investi à tout moment sur les marchés les plus performants.

L'investisseur est averti que la performance du FCPE peut ne pas être conforme à ses objectifs et que son capital investi peut ne pas lui être totalement restitué, puisque le FCPE n'intègre pas de garantie en capital.

Le profil de risque est relativement équilibré entre la partie actions et obligations, mais l'exposition sera principalement centrée sur les marchés de taux d'intérêts.

Risque actions

Le FCPE peut être exposé au risque actions à hauteur de 50 % maximum de son actif. En conséquence, il supporte un risque lié à la fluctuation à la hausse comme à la baisse de ces actifs.

Risque taux d'intérêt

Le risque de taux d'intérêt traduit la diminution de la valeur des investissements du FCPE dans le cas de l'augmentation des taux d'intérêt. Le risque de taux d'intérêt est généralement plus important pour les investissements dans les titres de créances ayant des échéances relativement longues que pour des investissements dans les titres de créances ayant des échéances plus courtes.

Durée de placement minimum conseillée : 5 ans.

Composition de l'OPCVM

La part obligations peut évoluer entre 50 % minimum et 80 % maximum de l'encours du FCPE. La part consacrée aux actions peut évoluer entre 20 % minimum et 50 % maximum.

Une fraction maximum de 10 % de l'encours pourra de plus être investie sur les obligations convertibles européennes à titre de diversification.

Le FCPE peut intervenir sur les contrats à terme ou des options sur taux d'intérêts et actions ou indice obligataire et actions pour couverture.

Ces opérations seront effectuées dans la limite d'un engagement maximum d'une fois l'actif net.

Marchés d'évolution

Obligataire zone euro.

Actions européennes.

Intervention sur les marchés à terme dans un but de protection du portefeuille (EUREX) : vente de call, achat de put, vente de contrats d'instruments à terme.

Pourcentage de détention de l'actif en autres OPCVM :

investissement au moins à 50 % en OPCVM.

Zone géographique prépondérante : zone Europe.

Fonctionnement du fonds

La valeur liquidative est calculée chaque vendredi, ainsi que le 30 juin et le 31 décembre de chaque année. Dans le cas où ces jours ne seraient pas des jours d'ouverture de la Bourse de Paris ou seraient des jours fériés légaux, la valeur liquidative est établie le jour ouvré précédent.

Dans le cadre des arrêtés comptables, une valeur indicative de la valeur liquidative, appelée " valeur estimative " est calculée le 30 juin et le 31 décembre de chaque année. Elle ne peut servir de base aux souscriptions-rachats. Toutefois, dans le cas où ces jours seraient des vendredis, elle servirait également aux souscriptions-rachats.

Lieu et mode de publication de la valeur liquidative :

- les valeurs liquidatives sont publiées :

- sur Minitel : 3614 PRO BTP (rubrique GESTIONBTP) (0,019 à la connexion puis 0,057 la minute) ;

- sur Internet : www.gestionbtp.com (rubrique épargne salariale).

La composition de l'actif du FCPE est publiée chaque semestre. Tout porteur de parts qui en fait la demande, peut recevoir le rapport annuel.

Etablissement chargé des souscriptions et des rachats de parts :

REGARDBTP. Les souscriptions s'effectuent par l'intermédiaire des entreprises, ou individuellement au cas où l'entreprise n'adhère pas aux plans.

Modalités de souscription et de rachat

La commission de souscription peut être à la charge des porteurs ou à celle de l'entreprise :

- apports et retraits : en numéraire ;

- mode d'exécution : prochaine valeur liquidative ;

- commission de souscription : 1,5 % maximum à la charge des porteurs de parts ou de l'entreprise selon convention de l'entreprise ;

- commission de rachat : néant ;

- commission d'arbitrage : 0,75 % maximum à la charge des porteurs de parts ;

- frais de fonctionnement et de gestion : 1,50 % TTC l'an maximum de l'actif net, à la charge du fonds ;

- commission de surperformance : néant ;

- commission de mouvement : néant ;

- frais de gestion indirects : les commissions de gestion indirectes du fonds s'élèvent à un montant maximum de 0,24 % TTC maximum l'an de l'actif net à la charge du fonds ;

- affectation des revenus du fonds : capitalisation dans le fonds ;

- frais de tenue de compte conservation : à la charge de l'entreprise, ils sont à la charge du porteur de parts lorsque celui-ci a quitté l'entreprise et que ses droits acquis ont été mis en disponibilité, à l'exception des frais de tenue de compte concernant les salariés qui ont quitté l'entreprise pour départ en retraite ou préretraite ;

- délai d'indisponibilité : 5 ans pour les plans d'épargne et accords de participation, départ à la retraite pour le PERCO-BTP ;

- disponibilité des parts : les parts sont disponibles selon les modalités prévues par l'accord national instituant les plans d'épargne interentreprises du bâtiment et des travaux publics soit, le cas échéant, selon les termes de l'accord d'entreprise.

Modalités de demande de remboursements anticipés et de parts disponibles : adresser la demande, accompagnée des pièces justificatives à BTP Prévoyance. Les parts sont payées en numéraire dans un délai n'excédant pas un mois après l'établissement de la première valeur de part qui suit la réception de la demande de rachat.

Valeur de la part à la constitution du fonds : 10 Euros.

Nom et adresse des intervenants :

Société de gestion : GESTIONBTP, 7, rue du Regard 75006 Paris.

Dépositaire : BNP Paribas Securities Services, 3, rue d'Antin, 75002 Paris.

Contrôleurs légaux des comptes :

- Mazars & Guerard, Le Vinci, 4, allée de l'Arche, 92075 La Défense Cedex ;

- PriceWaterhouseCoopers Audit, 32, rue Guersant 75017 Paris.

Teneur de compte - conservateur des parts : REGARDBTP, 7, rue du Regard, 75006 Paris.

Agréé en date du 11 avril 2003 par la COB.

Dernière mise à jour de la notice et agrément de l'AMF le 23 juin 2005.

Lors de la clôture de chaque exercice, la société de gestion rédige le rapport annuel du FCPE et tient à la disposition de chaque porteur de parts un exemplaire du rapport de gestion qui peut être, en accord avec le conseil de surveillance, remplacé par un rapport simplifié comportant une mention indiquant que le rapport annuel est à la disposition de tout porteur de parts qui en fait la demande auprès de l'entreprise.

La présente notice d'information doit être remise aux porteurs préalablement à toute souscription.

NOTICE D'INFORMATION du fonds commun de placement d'entreprise dynamique BTP Epargne

N° code AMF FCE20030059.

En vigueur étendu

Compartiment : oui = - non = x

Nourricier : oui = - non = x

Un fonds commun de placement d'entreprise (FCPE) est un organisme de placement collectif en valeurs mobilières (OPCVM), c'est-à-dire un produit d'épargne qui permet à plusieurs investisseurs de détenir en commun un portefeuille de valeurs mobilières. Le FCPE est réservé aux salariés des entreprises et destiné à recevoir et à investir leur épargne salariale. Il est géré par une société de gestion.

La gestion du FCPE est contrôlée par un conseil de surveillance, composé de représentants des salariés et de représentants des entreprises. Ce conseil a notamment pour fonction d'examiner le rapport de gestion et les comptes annuels de l'OPCVM, d'examiner la gestion financière, administrative et comptable de l'OPCVM, d'exercer les droits de vote attachés aux titres de capital détenus dans le portefeuille, de décider de l'apport des titres en cas d'offre publique, de décider des opérations de fusion, scission ou liquidation et de donner son accord préalable aux modifications du règlement du FCPE. Le conseil de surveillance d'un FCPE adopte en outre un rapport annuel mis à la disposition de chaque porteur de parts.

L'adhésion au présent FCPE emporte acceptation des dispositions contenues dans son règlement. Le souscripteur peut obtenir, sans frais, communication du règlement du FCPE sur simple demande auprès de son entreprise.

Le FCPE BTP Epargne dynamique est un fonds multi-entreprises, créé pour l'application de l'accord-cadre du 20 janvier 2003 instituant les plans d'épargne interentreprises du bâtiment et des travaux publics.

Il est réservé aux bénéficiaires de l'accord ci-dessus mentionné. Il peut également être ouvert aux bénéficiaires d'accords mis en place en application des articles L. 441-1 à L. 444-7 du code du travail au profit des salariés d'entreprises du secteur du bâtiment et des travaux publics ou de secteurs connexes ainsi que d'entreprises qui sont filiales d'entreprises relevant elles-mêmes de ces secteurs.

Le fonds est régi par les dispositions de l'article L. 214-39 du code monétaire et financier.

Le conseil de surveillance

Un conseil de surveillance commun aux fonds communs de placement d'entreprise créés dans le cadre de l'accord-cadre mentionné ci-dessus, composé de 20 membres, est institué. Il est composé à parité de 10 membres salariés porteurs de parts d'au moins un des fonds communs de placement d'entreprise représentant les porteurs de parts, désignés par les fédérations syndicales professionnelles de salariés représentatives au niveau national et signataires ou adhérents à l'accord cadre mentionné ci-dessus, et de 10 représentants des entreprises adhérentes, désignés par les organisations professionnelles d'employeurs. Chaque fonds dispose d'au moins un porteur de parts au conseil de surveillance.

Orientation de gestion du fonds

Le FCPE BTP Epargne dynamique est classé dans la catégorie " FCPE diversifié ".

Le FCPE gère de façon discrétionnaire, dans le respect des ratios prévus par la réglementation, des actifs financiers français ou étrangers (valeurs mobilières et instruments financiers à terme).

Objectif de gestion

L'objectif de gestion consiste à obtenir à moyen terme une performance supérieure à celle d'un benchmark composé à 60 % de l'indice Dow Jones STOXX50 et à 40 % de l'indice EuroMTS 5-7 ans.

Indicateurs de références

Le Dow Jones STOXX50 en cours de clôture, coupons non réinvestis publié par la société STOXX Ltd. reproduit la performance d'un panier constitué des 50 premières capitalisations boursières des sociétés cotées européennes.

L'EuroMTS 5-7 ans publié par la société EuroMTS reproduit la performance d'un panier constitué des obligations émises par les Etats de la zone euro dont la durée de vie est comprise entre 7 et 10 ans et dont l'encours est supérieur à 2 milliards d'euros. Cet indice est un indice " coupons réinvestis ".

Stratégie d'investissement

La gestion de ce FCPE est une gestion active à dominante actions. Le gérant en fonction des données macro-économiques, des politiques monétaires, des évolutions des courbes de taux et des fondamentaux des sociétés pourra faire évoluer la répartition entre actions et obligations du FCPE.

Profil de risque

Le portefeuille sera investi dans des instruments financiers sélectionnés par le gestionnaire financier. Ces instruments connaîtront les évolutions et aléas du marché.

Risque lié à la gestion discrétionnaire

Le style de gestion discrétionnaire privilégié par le gérant repose sur l'anticipation de l'évolution de différents marchés (actions obligations). Il existe un risque pour que le fonds ne soit pas investi à tout moment sur les marchés les plus performants.

L'investisseur est averti que la performance du FCPE peut ne pas être conforme à ses objectifs et que son capital investi peut ne pas lui être totalement restitué, puisque le FCPE n'intègre pas de garantie en capital.

Risque actions

Le FCPE peut être exposé au risque actions à hauteur de 70 % maximum de son actif. En conséquence, il supporte un risque lié à la fluctuation à la hausse comme à la baisse de ces actifs.

Risque taux d'intérêt

Le risque de taux d'intérêt traduit la diminution de la valeur des investissements du FCPE dans le cas de l'augmentation des taux d'intérêt. Le risque de taux d'intérêt est généralement plus important pour les investissements dans les titres de créances ayant des échéances relativement longues que pour des investissements dans les titres de créances ayant des échéances plus courtes.

Risque de crédit

Ce risque peut résulter de la dégradation de la qualité de signature d'un émetteur sur lequel est exposé le FCPE et ainsi être susceptible de faire baisser la valeur des investissements du FCPE.

Risque de perte en capital

Les investisseurs supportent un risque de perte en capital lié à la nature des placements réalisés par le FCPE. La perte en capital se produit lors de la vente d'une part à un prix inférieur à sa valeur d'achat.

Durée de placement minimum conseillée : 5 ans.

Composition de l'OPCVM

Ce fonds est majoritairement investi sur des actions européennes.

La part actions peut évoluer entre 50 % minimum et 70 % maximum de l'encours du FCPE. La part consacrée aux obligations peut évoluer entre 30 % minimum et 50 % maximum. Une fraction maximum de 10 % de l'encours pourra de plus être investie sur les obligations convertibles européennes à titre de diversification.

Le FCPE peut intervenir sur les contrats à terme ou des options sur taux d'intérêts et actions ou indice obligataire et actions pour couverture.

Ces opérations seront effectuées dans la limite d'un engagement maximum d'une fois l'actif net.

Marchés d'évolution

Obligataire zone euro.

Actions européennes.

Intervention sur les marchés à terme dans un but de protection du portefeuille (EUREX) : vente de call, achat de put, vente de contrats d'instruments à terme.

Pourcentage de détention de l'actif en autres OPCVM :

investissement au moins à 50 % en OPCVM.

Zone géographique prépondérante : zone Europe.

Fonctionnement du fonds

La valeur liquidative est calculée chaque vendredi, ainsi que le 30 juin et le 31 décembre de chaque année. Dans le cas où ces jours ne seraient pas des jours d'ouverture de la Bourse de Paris ou seraient des jours fériés légaux, la valeur liquidative est établie le jour ouvré précédent.

Dans le cadre des arrêtés comptables, une valeur indicative de la valeur liquidative, appelée " valeur estimative " est calculée le 30 juin et le 31 décembre de chaque année.

Elle ne peut servir de base aux souscriptions-rachats. Toutefois, dans le cas où ces jours seraient des vendredis, elle servirait également aux souscriptions-rachats.

Lieu et mode de publication de la valeur liquidative :

- les valeurs liquidatives sont publiées :

- sur Minitel : 3614 PRO BTP (rubrique GESTIONBTP) (0,019 à la connexion puis 0,057 la minute) ;

- sur Internet : www.gestionbtp.com (rubrique épargne salariale).

La composition de l'actif du FCPE est publiée chaque semestre. Tout porteur de parts qui en fait la demande peut recevoir le rapport annuel.

Etablissement chargé des souscriptions et des rachats de parts :

Regard BTP. Les souscriptions s'effectuent par l'intermédiaire des entreprises, ou individuellement au cas où l'entreprise n'adhère pas aux plans.

Modalités de souscription et de rachat

La commission de souscription peut être à la charge des porteurs ou à celle de l'entreprise :

- apports et retraits : en numéraire ;

- mode d'exécution : prochaine valeur liquidative ;

- commission de souscription : 2 % maximum à la charge des porteurs de parts ou de l'entreprise selon convention de l'entreprise ;

- commission de rachat : néant ;

- commission d'arbitrage : 1 % maximum à la charge des porteurs de parts ;

- frais de fonctionnement et de gestion : 1,79 % l'an TTC maximum de l'actif net, à la charge du fonds ;

- commission de surperformance : néant ;

- commission de mouvement : néant ;

- frais de gestion indirects : les commissions de gestion indirectes du fonds s'élèvent à un montant maximum de 0,24 % l'an TTC de l'actif net à la charge du fonds ;

- affectation des revenus du fonds : capitalisation dans le fonds ;

- frais de tenue de compte conservation : à la charge de l'entreprise, ils sont à la charge du porteur de parts lorsque celui-ci a quitté l'entreprise et que ses droits acquis ont été mis en disponibilité, à l'exception des frais de tenue de compte concernant les salariés qui ont quitté l'entreprise pour départ en retraite ou préretraite ;

- délai d'indisponibilité : 5 ans pour les plans d'épargne et accords d'entreprise, date de départ à la retraite pour le PERCO ;

- disponibilité des parts : les parts sont disponibles selon les modalités prévues par l'accord national instituant les plans d'épargne interentreprises du bâtiment et des travaux publics soit, le cas échéant, selon les termes de l'accord d'entreprise.

Modalités de demande de remboursements anticipés et de parts disponibles : adresser la demande, accompagnée des pièces justificatives à BTP Prévoyance Les parts sont payées en numéraire dans un délai n'excédant pas un mois après l'établissement de la première valeur de part qui suit la réception de la demande de rachat.

Valeur de la part à la constitution du fonds : 10 Euros.

Nom et adresse des intervenants

Société de gestion : GESTIONBTP, 7, rue du Regard, 75006 Paris.

Dépositaire : BNP Paribas Securities Services, 3, rue d'Antin, 75002 Paris.

Contrôleurs légaux des comptes :

- Mazars & Guerard, Le Vinci, 4, allée de l'Arche, 92075 La Défense Cedex;

- PriceWaterhouseCoopers Audit, 32, rue Guersant, 75017 Paris.

Teneur de compte - conservateur des parts : REGARDBTP, 7, rue du Regard, 75006 Paris.

Agréé en date du 11 avril 2003 par la COB.

Dernière mise à jour de la notice et agrément de l'AMF le 23 juin 2005.

Lors de la clôture de chaque exercice, la société de gestion rédige le rapport annuel du FCPE et tient à la disposition de chaque porteur de parts un exemplaire du rapport de gestion qui peut être, en accord avec le conseil de surveillance, remplacé par un rapport simplifié comportant une mention indiquant que le rapport annuel est à la disposition de tout porteur de parts qui en fait la demande auprès de l'entreprise.

La présente notice d'information doit être remise aux porteurs préalablement à toute souscription.

NOTICE D'INFORMATION du fonds commun de placement d'entreprise BTP Epargne Actions

N° code AMF FCE20030057.

En vigueur étendu

Compartiment : oui = - non = x

Nourricier : oui = - non = x

Un fonds commun de placement d'entreprise (FCPE) est un organisme de placement collectif en valeurs mobilières (OPCVM), c'est-à-dire un produit d'épargne qui permet à plusieurs investisseurs de détenir en commun un portefeuille de valeurs mobilières. Le FCPE est réservé aux salariés des entreprises et destiné à recevoir et à investir leur épargne salariale. Il est géré par une société de gestion.

La gestion du FCPE est contrôlée par un conseil de surveillance, composé de représentants des salariés et de représentants des entreprises. Ce conseil a notamment pour fonction d'examiner le rapport de gestion et les comptes annuels de l'OPCVM, d'examiner la gestion financière, administrative et comptable de l'OPCVM, d'exercer les droits de vote attachés aux titres de capital détenus dans le portefeuille, de décider de l'apport des titres en cas d'offre publique, de décider des opérations de fusion, scission ou liquidation et de donner son accord préalable aux modifications du règlement du FCPE. Le conseil de surveillance d'un FCPE adopte en outre un rapport annuel mis à la disposition de chaque porteur de parts.

L'adhésion au présent FCPE emporte acceptation des dispositions contenues dans son règlement. Le souscripteur peut obtenir, sans frais, communication du règlement du FCPE sur simple demande auprès de son entreprise.

Le FCPE BTP Epargne Actions est un fonds multi-entreprises, créé pour l'application de l'accord-cadre du 20 janvier 2003 instituant les plans d'épargne interentreprises du bâtiment et des travaux publics.

Il est réservé aux bénéficiaires de l'accord ci-dessus mentionné. Il peut également être ouvert aux bénéficiaires d'accords mis en place en application des articles L. 441-1 à L. 444-7 du code du travail au profit des salariés d'entreprises du secteur du bâtiment et des travaux publics ou de secteurs connexes ainsi que d'entreprises qui sont filiales d'entreprises relevant elles-mêmes de ces secteurs.

Le fonds est régi par les dispositions de l'article L. 214-39 du code monétaire et financier.

Le conseil de surveillance

Un conseil de surveillance commun aux fonds communs de placement d'entreprise créés dans le cadre de l'accord-cadre mentionné ci-dessus, composé de 20 membres, est institué. Il est composé à parité de 10 membres salariés porteurs de parts d'au moins un des fonds communs de placement d'entreprise représentant les porteurs de parts, désignés par les fédérations syndicales professionnelles de salariés représentatives au niveau national et signataires ou adhérentes à l'accord-cadre mentionné ci-dessus, et de 10 représentants des entreprises adhérentes, désignés par les organisations professionnelles d'employeurs. Chaque fonds dispose d'au moins un porteur de parts au conseil de surveillance.

Orientation de gestion du fonds

Le FCPE BTP Epargne Actions est classé dans la catégorie " FCPE actions de pays de la Communauté européenne ".

Le FCPE est en permanence exposé à hauteur de 60 % au moins sur un ou plusieurs marchés des actions émises dans un ou plusieurs pays de la Communauté européenne dont, éventuellement, les marchés de la zone euro.

L'exposition au risque de change, pour des devises autres que celles de la zone euro ou de la Communauté européenne, doit rester accessoire.

L'exposition aux risques de marchés, autres que ceux de la Communauté européenne, doit rester accessoire.

Objectif de gestion

L'objectif de gestion consiste à obtenir à moyen terme une performance supérieure à celle de l'indice de référence, le Dow Jones STOXX50.

Indicateur de référence

L'indice de référence est le Dow Jones STOXX50 en cours de clôture, coupons non réinvestis. Publié par la société STOXX Ltd. Cet indice reproduit la performance d'un panier constitué des 50 premières capitalisations boursières des sociétés cotées européennes.

Stratégie d'investissement

La gestion de ce FCPE est une gestion de type actif qui combine 2 approches : une première utilisant les fondamentaux macroéconomiques par zone ou par pays (taux de chômage, niveau d'inflation, croissance du PIB, taux d'intérêts), et une seconde se focalisant sur les qualités intrinsèques d'une société et de sa valorisation. De plus le portefeuille sera essentiellement investi sur des valeurs appartenant à l'univers du DJSTOXX200 répondant à des critères socialement responsables et ce sur l'ensemble des marchés européens au-delà de la zone euro, définis au sein de la société de gestion.

Profil de risque

Le portefeuille sera investi dans des instruments financiers sélectionnés par le gestionnaire financier. Ces instruments connaîtront les évolutions et aléas du marché.

L'investisseur est averti que la performance du FCPE peut ne pas être conforme à ses objectifs et que son capital investi peut ne pas lui être totalement restitué, puisque le FCPE n'intègre pas de garantie en capital.

Risque actions

Le FCPE peut être exposé au risque actions à hauteur de 100 % maximum de son actif. En conséquence, il supporte un risque lié à la fluctuation à la hausse comme à la baisse de ces actifs.

Risque de change

Le FCPE est susceptible d'investir dans les instruments financiers libellés en devises autres que l'euro notamment de par ses investissements en Europe hors zone euro. Il peut en effet subir les fluctuations d'une devise par rapport à la monnaie de référence.

Les valeurs cotées au Royaume-Uni et en Suisse en monnaie locale sont assujetties à leur parité contre l'euro et donc susceptibles d'influer sur le comportement de la valeur liquidative du FCPE.

Risque taux d'intérêt

Le risque de taux d'intérêt traduit la diminution de la valeur des investissements du FCPE dans le cas de l'augmentation des taux d'intérêt. Le risque de taux d'intérêt est généralement plus important pour les investissements dans les titres de créances ayant des échéances relativement longues que pour des investissements dans les titres de créances ayant des échéances plus courtes.

Risque de crédit

Ce risque peut résulter de la dégradation de la qualité de signature d'un émetteur sur lequel est exposé le FCPE et ainsi être susceptible de faire baisser la valeur des investissements du FCPE.

Risque de perte en capital

Les investisseurs supportent un risque de perte en capital lié à la nature des placements réalisés par le FCPE. La perte en capital se produit lors de la vente d'une part à un prix inférieur à sa valeur d'achat.

Durée de placement minimum conseillée : 5 ans.

Composition de l'OPCVM

L'exposition minimale au risque actions est de 75 % de l'actif, 25 % pouvant être consacré à des investissements en obligations émises par des émetteurs de la zone euro.

Les obligations convertibles pourront représenter au maximum 10 % de l'encours du FCPE à titre de diversification.

Le FCPE peut intervenir sur les contrats à terme ou des options sur taux d'intérêt et actions ou indice obligataire et actions pour couverture.

Ces opérations seront effectuées dans la limite d'un engagement maximum d'une fois l'actif net.

Marchés d'évolution

Obligataire zone euro.

Actions européennes.

Intervention sur les marchés à terme dans un but de protection du portefeuille (EUREX) vente de call, achat de put, vente de contrats d'instruments à terme.

Pourcentage de détention de l'actif en autres OPCVM :

investissement au moins à 50 % en OPCVM (Classification : actions européennes et actions internationales)

Zone géographique prépondérante : zone Europe.

Fonctionnement du fonds

La valeur liquidative est calculée chaque vendredi, ainsi que le 30 juin et le 31 décembre de chaque année. Dans le cas où ces jours ne seraient pas des jours d'ouverture de la Bourse de Paris ou seraient des jours fériés légaux, la valeur liquidative est établie le jour ouvré précédent.

Dans le cadre des arrêtés comptables, une valeur indicative de la valeur liquidative, appelée " valeur estimative " est calculée le 30 juin et le 31 décembre de chaque année. Elle ne peut servir de base. Aux souscriptions-rachats. Toutefois, dans le cas où ces jours seraient des vendredis, elle servirait également aux souscriptions-rachats.

Lieu et mode de publication de la valeur liquidative :

- les valeurs liquidatives sont publiées :

- sur Minitel : 3614 PRO BTP (rubrique Gestion BTP) (0,019 à la connexion puis 0,057 la minute) ;

- sur Internet : www.gestionbtp.com (rubrique épargne salariale).

La composition de l'actif du FCPE est publiée chaque semestre. Tout porteur de parts qui en fait la demande peut recevoir le rapport annuel.

Etablissement chargé des souscriptions et des rachats de parts :

Regard BTP. Les souscriptions s'effectuent par l'intermédiaire des entreprises, ou individuellement au cas où l'entreprise n'adhère pas aux plans.

Modalités de souscription et de rachat

La commission de souscription peut être à la charge des porteurs ou à celle de l'entreprise :

- apports et retraits : en numéraire ;

- mode d'exécution : prochaine valeur liquidative ;

- commission de souscription : 2 % maximum à la charge des porteurs de parts ou de l'entreprise selon convention de l'entreprise ;

- commission de rachat : néant ;

- commission d'arbitrage : 1 % maximum à la charge des porteurs de parts ;

- frais de fonctionnement et de gestion : 1,79 % l'an TTC maximum de l'actif net, à la charge du fonds ;

- commission de surperformance : néant ;

- commission de mouvement : néant ;

- frais de gestion indirects : les commissions de gestion indirectes du fonds s'élèvent à un montant maximum de 0,24 % l'an TTC à la charge du fonds ;

- commission de souscription indirecte : néant ;

- commission de rachat indirecte : néant ;

- affectation des revenus du fonds : capitalisation dans le fonds ;

- frais de tenue de compte conservation : à la charge de l'entreprise, ils sont à la charge du porteur de parts lorsque celui-ci a quitté l'entreprise et que ses droits acquis ont été mis en disponibilité, à l'exception des frais de tenue de compte concernant les salariés qui ont quitté l'entreprise pour départ en retraite ou préretraite ;

- délai d'indisponibilité : 5 ans pour les plans d'épargne et accords de participation, départ à la retraite pour le PERCO-BTP ;

- disponibilité des parts : les parts sont disponibles selon les modalités prévues par l'accord national instituant les plans d'épargne interentreprises du bâtiment et des travaux publics soit, le cas échéant, selon les termes de l'accord d'entreprise.

Modalités de demande de remboursements anticipés et de parts disponibles : adresser la demande, accompagnée des pièces justificatives à BTP Prévoyance. Les parts sont payées en numéraire dans un délai n'excédant pas 1 mois après l'établissement de la première valeur de part qui suit la réception de la demande de rachat.

Valeur de la part à la constitution du fonds : 10 Euros.

Nom et adresse des intervenants

Société de gestion : GESTIONBTP, 7, rue du Regard, 75006 Paris.

Dépositaire : BNP Paribas Securities Services, 3, rue d'Antin, 75002 Paris.

Contrôleurs légaux des comptes :

- Mazars & Guerard, Le Vinci, 4, allée de l'Arche, 92075 La Défense Cedex ;

- PriceWaterhouseCoopers Audit, 32, rue Guersant, 75017 Paris.

Teneur de compte - conservateur des parts : REGARDBTP, 7, rue du Regard, 75006 Paris.

Agréé en date du 11 avril 2003 par la COB.

Dernière mise à jour de la notice et agrément de l'AMF le 1er juillet 2005.

Lors de la clôture de chaque exercice, la société de gestion rédige le rapport annuel du FCPE et tient à la disposition de chaque porteur de parts un exemplaire du rapport de gestion qui peut être, en accord avec le conseil de surveillance, remplacé par un rapport simplifié comportant une mention indiquant que le rapport annuel est à la disposition de tout porteur de parts qui en fait la demande auprès de l'entreprise.

La présente notice d'information doit être remise aux porteurs préalablement à toute souscription.

Avenant n° 2 du 11 juillet 2007 modifiant l'accord du 20 janvier 2003

La confédération de l'artisanat et des petites entreprises du bâtiment (CAPEB) ;

La fédération française du bâtiment (FFB) ;

La fédération française des installateurs électriciens (FFIE) ;

La fédération nationale des sociétés coopératives de production du bâtiment et des travaux publics (FNSCOP) ;

La fédération nationale des travaux publics (FNTP),

La fédération nationale des salariés de la construction et du bois CFDT ;

La fédération BATIMAT-TP CFTC ;

Le syndicat national des cadres, employés, techniciens, agents de maîtrise et assimilés des industries du bâtiment, des travaux publics et des activités annexes et connexes CFE-CGC ;

La fédération générale du bâtiment et des travaux publics et des activités connexes CGT-FO,

Préambule

En vigueur étendu

Les parties signataires ont conclu, en date du 20 janvier 2003, un accord intitulé « Accord-cadre du 20 janvier 2003 instituant les plans d'épargne interentreprises du bâtiment et des travaux publics ».
Les parties signataires, suite à la publication de la loi n° 2006-1770 pour le développement de la participation et de l'actionnariat salarié du 30 décembre 2006, ont conclu le présent avenant.
Sauf dispositions particulières, le présent avenant produit ses effets pour l'application de l'accord-cadre susvisé.

Article 1

En vigueur étendu

L'article 3 de l'accord-cadre du 20 janvier 2003intitulé « Adhésion des entreprises » est modifié comme suit :
« L'entreprise qui souhaite adhérer :
- transmet à la société de gestion un bulletin d'adhésion ;
- informe par courrier la direction départementale du travail, de l'emploi et de la formation professionnelle de son adhésion ;
- informe les représentants du personnel, s'ils existent, et l'ensemble du personnel. »

Article 2

En vigueur étendu

L'article 6 de l'accord-cadre du 20 janvier 2003intitulé « Fonds communs de placement multi-entreprise » est modifié comme suit :
« Les sommes recueillies sont immédiatement versées sur le compte du dépositaire et intégralement investies en parts de fonds communs de placement d'entreprise définis ci-après, au choix des bénéficiaires :
- BTP Epargne monétaire : investissement entièrement à court terme ;

- BTP Epargne obligataire : investissement de type obligataire de durée de vie moyenne supérieure à 1 an ;
- BTP Epargne Actions : investissement à au moins 75 % en actions ;
- BTP Epargne Prudent : investissement en actions de 0 % à 20 % des actifs avec une cible à 10 % ;
- BTP Epargne Equilibre : investissement en actions de 20 % à 50 % des actifs avec une cible à 35 % ;
- BTP Epargne dynamique : investissement en actions de 50 % à 70 % des actifs avec une cible à 60 % ;
- BTP Epargne solidaire :
- investissement de 98 % à 100 % en parts du FCP « choix solidaire » créé et géré par BTP Investissements ;
- de 0 % à 2 % en trésorerie.

Les FCPE BTP Epargne monétaire, BTP Epargne obligataire, BTP Epargne Actions, BTP Epargne Prudent, BTP Epargne Equilibre, BTP Epargne dynamique et BTP Epargne solidaire constituent la gamme « BTP Epargne ».

- FIBTP millésimés :
- gestion pilotée sur 5 ans, avec diminution du risque action l'échéance se rapprochant ;
- investissement allant de 25 % maximum en actions la 1re année de placement à 10 % maximum la 5e année.

Sous réserve de l'agrément des autorités de tutelle et des conditions de marché, un nouveau fonds sera créé chaque année afin de proposer, en permanence, dans cette gamme, un FCPE offrant un horizon de placement de 5 ans.

- FIBTP long terme : investissement de 0 % à 10 % maximum en actions ;

Ce fonds a vocation à recueillir,1 an après l'expiration du délai d'indisponibilité, les avoirs investis en parts de FIBTP millésimés des salariés qui n'en ont pas demandé le remboursement ni le transfert dans un ou plusieurs fonds communs.

Les FCPE FIBTP millésimés et FIBTP long terme constituent la gamme FIBTP.

La notice d'information des fonds communs figure en annexe II du présent accord.

Le bulletin individuel de souscription, établi à chaque versement au nom du bénéficiaire, fait apparaître le nom du (ou des) fonds choisi (s).

Les parts ou fractions de parts acquises de ce fait par chaque adhérent sont portées au crédit d'un compte individuel en parts.

L'investissement est effectué au prix de souscription de la part, dans les conditions prévues dans le règlement du fonds commun de placement d'entreprise.

Droits d'entrée

Les droits d'entrée perçus à la souscription dans le (s) fonds commun (s) de placement d'entreprise choisi (s) sont pris en charge, au choix de l'entreprise adhérente, par le bénéficiaire ou l'entreprise.

Dans le cas où l'entreprise n'adhère pas à l'accord du 20 janvier 2003, les droits d'entrée perçus à la souscription dans le (s) fonds commun (s) de placement d'entreprise choisi (s) sont pris en charge par le bénéficiaire.

Réinvestissement des revenus

Les revenus et produits procurés par les sommes placées dans le cadre des plans institués au titre du présent accord sont réinvestis dans ces mêmes plans et, de ce fait, exonérés d'impôt sur le revenu.

Changement de FCPE

Une fois par an, chaque bénéficiaire peut demander le changement de placement de tout ou partie de son épargne vers un autre des FCPE mentionnés ci-dessus. Cette opération s'effectue à ses frais (tels qu'ils figurent dans la notice d'information en cours de validité du fonds concerné) ; elle est formulée à l'initiative des bénéficiaires à l'aide d'un document d'arbitrage. »

Article 3
En vigueur étendu

L'article 7 de l'accord-cadre du 20 janvier 2003 intitulé « Conseil de surveillance » est modifié comme suit :

« § 1. Conseil de surveillance des FCPE de la gamme BTP Epargne.

Un conseil de surveillance commun des fonds communs de placement d'entreprise de la gamme BTP Epargne composé de 20 membres est institué. Il est composé à parité de 10 représentants des salariés porteurs de parts d'au moins un des fonds communs de placement d'entreprise, désignés par les fédérations syndicales professionnelles de salariés représentatives au niveau national et signataires ou adhérentes au présent accord, et de 10 représentants des entreprises adhérentes, désignés par les organisations professionnelles d'employeurs. Chaque fonds dispose d'au moins un porteur de parts au conseil de surveillance.

Le conseil de surveillance paritaire délibère valablement lorsque 6 membres au moins sont présents ou représentés dans chaque collège. Le président du conseil de surveillance est élu pour 2 ans parmi les représentants de salariés. Son mandat arrive à expiration à l'issue du conseil de surveillance qui approuve le rapport annuel de gestion. Il est alors remplacé par un nouveau représentant des salariés. En cas d'absence ou d'empêchement du président, son remplacement est assuré par un représentant du collège des salariés. Le vice-président est élu pour la même durée parmi les représentants des employeurs. En cas de partage des voix, le président a voix prépondérante. Les procès-verbaux des réunions, datés et signés par le président, sont adressés à l'ensemble des membres avec indication pour chaque résolution des voix favorables et défavorables.

En cas d'empêchement, un membre peut se faire représenter par un autre membre du même collège. Un membre ne peut recevoir plus d'une délégation de pouvoir. Cette dernière est consentie pour une seule réunion.

Le conseil se réunit au moins 2 fois par an.

Les délibérations du conseil de surveillance sont prises à la majorité des voix, chaque membre du conseil, présent ou représenté, disposant d'une voix. Toutefois, pour les décisions portant directement sur :

- la définition et le changement d'orientation des fonds ;
- l'action en justice pour défendre et faire valoir les droits ou intérêts des porteurs de part ;
- le retrait ou l'interdiction d'une valeur mobilière pour raison éthique motivée ;
- la qualité de l'information aux porteurs de parts ;
- la désignation des mandataires représentant le fonds aux assemblées générales des sociétés émettrices,
chaque représentant des salariés porteurs de parts dispose de 2 voix.
Le conseil de surveillance est chargé notamment des orientations en matière de placement, du contrôle et du suivi de la gestion financière, administrative et comptable des FCPE. Il décide des fusions, scissions ou liquidations de ces derniers et peut agir en justice pour défendre ou faire valoir les droits ou intérêts des porteurs. Il veille au respect de l'ensemble des dispositions prévues dans le présent accord.
Le conseil examine le rapport annuel de gestion. Il entend chaque fois qu'il le juge utile l'organisme gestionnaire et la mission expert pour arrêter les grandes orientations en matière de placements. Dans ce cadre, après consultation de la Mission expert, le conseil de surveillance examine les éventuelles opportunités de placement permettant un retour vers la profession.
Il peut à tout moment missionner la mission expert prévue à l'article 11.
Il adopte un rapport annuel.
Le conseil exerce les droits de vote attachés aux actions détenues par le fonds. Il désigne un de ses membres pour le représenter, dans les conditions arrêtées en conseil de surveillance.
En outre, le conseil de surveillance, dans un souci de gestion socialement responsable et tout en prenant en compte l'intérêt des porteurs de parts ainsi que les contraintes de marché et techniques, peut décider le retrait ou l'interdiction d'un investissement sur la base d'un dossier documenté et motivé.
Chaque membre du conseil de surveillance peut bénéficier d'une formation spécifique dans le cadre, en ce qui concerne les représentants des salariés porteurs de part, du congé de formation économique, sociale et syndicale visé à l'article L. 451-1 du code du travail.
§ 2. Conseil de surveillance des FCPE de la gamme FIBTP.
Un conseil de surveillance commun des fonds communs de placement multi-entreprise FIBTP millésimés et FIBTP long terme comprenant 10 membres est institué. Il est composé pour moitié de salariés porteurs de parts d'au moins un des fonds communs de placement multi-entreprise choisis par les fédérations syndicales professionnelles de salariés (CFDT, CFTC, CFE-CGC, CGT, CGT-FO) signataires de la convention relative à la participation des salariés aux résultats des entreprises du BTP et pour moitié de représentants des entreprises adhérentes, désignés à raison de 2 représentants chacun par la FFB et la FNTP et d'un cinquième appartenant à une entreprise mixte désigné d'un commun accord entre les 2 fédérations. Chaque fonds commun a au moins un porteur de parts au sein du conseil de surveillance commun.
Le président du conseil de surveillance est élu pour 2 ans parmi les représentants des salariés porteurs de parts, son mandat arrivant à expiration à l'issue du conseil de surveillance qui approuve le rapport annuel de gestion. Le vice-président est élu pour la même durée parmi les représentants des employeurs. En cas de partage des voix, le président a voix prépondérante.
Le conseil de surveillance se réunit au moins une fois par an pour examiner le rapport annuel de gestion des fonds communs de placement multientreprises et le rapport sur la gestion administrative. Il détermine les conditions dans lesquelles est assurée l'information des salariés. Il exerce les droits de vote attachés aux titres inscrits à l'actif des fonds communs et, à cet effet, désigne un ou plusieurs mandataires aux assemblées générales des sociétés émettrices. Il décide de toute modification des règlements des fonds communs, des transformations, fusion, scission et liquidation des fonds communs.
Les délibérations du conseil de surveillance sont prises à la majorité des voix, chaque membre du conseil, présent ou représenté, disposant d'une voix. Toutefois, pour les décisions portant directement sur :
- la définition et le changement d'orientation des fonds ;
- l'action en justice pour défendre et faire valoir les droits ou intérêts des porteurs de part ;
- le retrait ou l'interdiction d'une valeur mobilière pour raison éthique motivée ;
- la qualité de l'information aux porteurs de parts ;
- la désignation des mandataires représentant le fonds aux assemblées générales des sociétés émettrices ;
chaque membre représentant des porteurs de parts, présent ou ayant donné pouvoir de le représenter, dispose de 2 voix.
Il suit la gestion des droits des salariés en période de blocage, de maintien volontaire et en situation de déshérence. »

Article 4
En vigueur étendu

L'article 14 de l'accord-cadre du 20 janvier 2003 intitulé « Information individuelle » est désormais rédigé comme suit :
« Après chaque souscription et au minimum une fois par an, les bénéficiaires reçoivent un récapitulatif de leurs avoirs investis dans les plans.
Les règlements des fonds communs de placement d'entreprise, le présent accord ainsi que les accords portant règlement des plans qui s'y rapportent sont disponibles auprès de leur employeur.
Une synthèse du rapport annuel établi par GESTIONBTP est disponible chaque année sur Internet.
Le rapport annuel de gestion complet ainsi que les inventaires des portefeuilles au 31 décembre de l'exercice précédent sont tenus à la disposition des porteurs par leur employeur.
Toutefois, lorsque l'entreprise n'adhère pas aux plans institués par le présent accord, les bénéficiaires peuvent obtenir ce document directement auprès de GESTIONBTP. Cette possibilité est mentionnée dans la documentation d'information qui leur est remise lors de leur première souscription. »

Article 5
En vigueur étendu

Les dispositions de l'accord-cadre du 20 janvier 2003 qui n'auraient pas été modifiées par le présent avenant ou dont le présent avenant n'aurait pas écarté l'application demeurent en vigueur.

Article 6
En vigueur étendu

Le présent avenant est déposé à la direction générale du travail.
Les parties signataires demanderont son extension dans les conditions prévues aux articles L. 133-1 et suivants du code du travail.

Article 7
En vigueur étendu

Toutes contestations relatives aux dispositions du présent avenant qui peuvent s'élever sont soumises à la juridiction des tribunaux compétents.

Article 8
En vigueur étendu

Le présent avenant entre en vigueur à la date de son dépôt à la direction générale du travail.

Annexe II : Notices d'information des fonds communs de placement d'entreprise définis par l'accord-cadre du 20 janvier 2003 instituant les plans d'épargne interentreprises du bâtiment et des travaux publics.

NOTICE D'INFORMATION
En vigueur étendu

n° code AMF FCE20030032

Compartiment : oui :-non : x
Nourricier : oui :-non : x

x

Un fonds commun de placement d'entreprise (FCPE) est un organisme de placement collectif en valeurs mobilières (OPCVM), c'est-à-dire un produit d'épargne qui permet à plusieurs investisseurs de détenir en commun un portefeuille de valeurs mobilières. Le FCPE est réservé aux salariés des entreprises et destiné à recevoir et à investir leur épargne salariale. Il est géré par une société de gestion.
La gestion du FCPE est contrôlée par un conseil de surveillance, composé de représentants des salariés et de représentants des entreprises. Ce conseil a notamment pour fonction d'examiner le rapport de gestion et les comptes annuels de l'OPCVM, d'examiner la gestion financière, administrative et comptable de l'OPCVM, d'exercer les droits de vote attachés aux titres de capital détenus dans le portefeuille, de décider de l'apport des titres en cas d'offre publique, de décider des opérations de fusion, scission ou liquidation et de donner son accord préalable aux modifications du règlement du FCPE. Le conseil de surveillance d'un FCPE adopte en outre un rapport annuel mis à la disposition de chaque porteur de parts.
L'adhésion au présent FCPE emporte acceptation des dispositions contenues dans son règlement.
Le souscripteur peut obtenir, sans frais, communication du règlement du FCPE sur simple demande auprès de son entreprise.
Le FCPE BTP Epargne monétaire est un fonds multi-entreprise, créé pour l'application de l'accord-cadre du 20 janvier 2003 instituant les plans d'épargne interentreprises du bâtiment et des travaux publics.
Il est réservé aux bénéficiaires de l'accord ci-dessus mentionné. Il peut également être ouvert aux bénéficiaires d'accords mis en place en application des articles L. 441-1 à L. 444-7 du code du travail au profit des salariés d'entreprises du secteur du bâtiment et des travaux publics ou de secteurs connexes ainsi que d'entreprises qui sont filiales d'entreprises relevant elles-mêmes de ces secteurs.
Le fonds est régi par les dispositions de l'article L. 214-39 du code monétaire et financier.

Conseil de surveillance

Un conseil de surveillance commun aux fonds communs de placement d'entreprise créés dans le cadre de l'accord-cadre mentionné ci-dessus, composé de 20 membres, est institué. Il est composé à parité de 10 membres salariés porteurs de parts d'au moins un des fonds communs de placement d'entreprise représentant les porteurs de parts, désignés par les fédérations syndicales professionnelles de salariés représentatives au niveau national et signataires ou adhérents de l'accord-cadre mentionné ci-dessus, et de 10 représentants des entreprises adhérentes, désignés par les organisations professionnelles d'employeurs. Chaque fonds dispose d'au moins un porteur de parts au conseil de surveillance.

Orientation de gestion du fonds

Le FCPE BTP Epargne monétaire est classé dans la catégorie "FCPE monétaire euro" .
Ces FCPE sont gérés à l'intérieur d'une fourchette de sensibilité de 0 à 0,5. L'exposition au risque action est interdite.

Objectif de gestion

L'objectif de gestion consiste à obtenir une performance comparable à celle de l'EONIA (Euro Overnight Index Average) minorée des frais de gestion et d'assurer ainsi une progression très régulière de la valeur liquidative.

Indicateur de références

L'EONIA (Euro Overnight Index Average) : taux moyen des opérations au jour le jour sur le marché interbancaire en euros. Il correspond à la moyenne pondérée des transactions effectuées entre les principales banques de la zone euro. Il est calculé par la Banque centrale européenne et publié par la Fédération bancaire européenne.

Stratégie d'investissement

La gestion repose sur la sélection d'OPCVM monétaire de la zone euro choisie pour la qualité des établissements gestionnaires, la régularité et la qualité de leur performance. Ces parts ou actions d'OPCVM seront conformes à la directive, française ou européenne.

Profil de risque

Votre portefeuille sera investi dans des instruments financiers sélectionnés par le gestionnaire financier. Ces instruments connaîtront les évolutions et aléas du marché. L'investisseur est averti que la performance du FCPE peut ne pas être conforme à ses objectifs et que son capital investi peut ne pas lui être totalement restitué.

Risque de taux

Le risque de taux d'intérêt traduit la diminution de la valeur des investissements du FCPE dans le cas de l'augmentation des taux d'intérêt. Le risque de taux d'intérêt est généralement plus important pour les investissements dans les titres de créances ayant des échéances relativement longues que pour des investissements dans les titres de créances ayant des échéances plus courtes.

Risque de crédit

Ce risque peut résulter de la dégradation de la qualité de signature d'un émetteur sur lequel est exposé le FCPE et ainsi être susceptible de faire baisser la valeur des investissements du FCPE.

Risque de perte en capital

Les investisseurs supportent un risque de perte en capital lié à la nature des placements réalisés par le FCPE. La perte en capital se produit lors de la vente d'une part à un prix inférieur à sa valeur d'achat.
Durée de placement minimum conseillée : moins de 3 mois.

Composition de l'OPCVM

100 % d'instruments monétaires.
Le FCPE peut intervenir sur les contrats à terme ou des options sur taux d'intérêt à court terme pour exposer le portefeuille. Ces contrats peuvent également servir à diminuer l'exposition au risque de taux dans un contexte d'anticipation de hausse des taux. Ces opérations seront effectuées dans la limite d'un engagement maximum d'une fois l'actif net.

Marchés d'évolution

Monétaire.
Obligataire zone européenne.
Intervention sur les marchés à terme dans un but de protection du portefeuille (EUREX) : vente de call, achat de put, vente de contrats d'instruments à terme.
Pourcentage de détention de l'actif en autres OPCVM : ce fonds pourra investir plus de 50 % en OPCVM permettant de réaliser l'orientation des placements, à savoir OPCVM monétaires, obligations.
Zone géographique prépondérante : zone Europe.
Indicateurs du marché monétaire : EONIA.

Fonctionnement du fonds

La valeur liquidative est calculée chaque vendredi, ainsi que le 30 juin et le 31 décembre de chaque année. Dans le cas où ces jours ne seraient pas des jours d'ouverture de la Bourse de Paris ou seraient des jours fériés légaux, la valeur liquidative est établie le jour ouvré précédent.
Dans le cadre des arrêtés comptables, une valeur indicative de la valeur liquidative, appelée "valeur estimative", est calculée le 30 juin et le 31 décembre de chaque année. Elle ne peut servir de base aux souscriptions-rachats. Toutefois, dans le cas où ces jours seraient des vendredis, elle servirait également aux souscriptions-rachats.
Lieu et mode de publication de la valeur liquidative :
- les valeurs liquidatives sont publiées sur Internet : www.gestionbtp.com (rubrique épargne salariale).
La composition de l'actif du FCPE est publiée chaque semestre. Tout porteur de parts qui en fait la demande peut recevoir le rapport annuel.
Etablissement chargé des souscriptions et des rachats de parts : REGARDBTP. Les souscriptions s'effectuent par l'intermédiaire des entreprises, ou individuellement au cas où l'entreprise n'adhère pas aux plans.

Modalités de souscription et de rachat

La commission de souscription peut être à la charge des porteurs ou à celle de l'entreprise :
- apports et retraits : en numéraire ;
- mode d'exécution : prochaine valeur liquidative ;
- commission de souscription : 0,75 % maximum à la charge des porteurs de parts ou de l'entreprise selon convention de l'entreprise ;
- commission de rachat : néant ;

- commission d'arbitrage : néant ;
- frais de fonctionnement et de gestion : 0,60 % TTC l'an maximum de l'actif net à la charge du fonds ;
- commission de surperformance : néant ;
- commission de mouvement : néant ;
- frais de gestion indirects : les commissions de gestion indirectes du fonds s'élèvent à un montant de 0,24 % TTC l'an maximum de l'actif net à la charge du fonds ;
- affectation des revenus du fonds : capitalisation dans le fonds ;
- frais de tenue de compte conservation : à la charge de l'entreprise, ils sont à la charge du porteur de parts lorsque celui-ci a quitté l'entreprise et que ses droits acquis ont été mis en disponibilité, à l'exception des frais de tenue de compte concernant les salariés qui ont quitté l'entreprise pour départ en retraite ou préretraite ;
- délai d'indisponibilité : 5 ans pour les plans d'épargne et accords de participation,10 ans pour le PPESVI, date de départ en retraite pour le PERCOI ;
- disponibilité des parts : les parts sont disponibles selon les modalités prévues par l'accord national instituant les plans d'épargne interentreprises du bâtiment et des travaux publics, soit, le cas échéant, selon les termes de l'accord d'entreprise.

Modalités de demande de remboursements anticipés et de parts disponibles : adresser la demande, accompagnée des pièces justificatives à BTP-Prévoyance. Les parts sont payées en numéraire dans un délai n'excédant pas 1 mois après l'établissement de la première valeur de part qui suit la réception de la demande de rachat.

Valeur de la part à la constitution du fonds : 10 €.

Nom et adresse des intervenants

Société de gestion : GESTIONBTP,7, rue du Regard,75006 Paris.
Dépositaire : BNP Paribas Securities Services,3, rue d'Antin,75002 Paris.
Contrôleurs légaux des comptes :
- Mazars & Guerard, Le Vinci,4, allée de l'Arche,92075 La Défense Cedex ;
- PriceWaterHouseCoopers Audit SA,32, rue Guersant,75017 Paris.

Teneur de compte, conservateur des parts : REGARDBTP,7, rue du Regard,75006 Paris.
Agréé en date du 11 avril 2003 par la COB.
Dernière mise à jour de la notice et agrément de l'AMF le 23 juin 2005.
Lors de la clôture de chaque exercice, la société de gestion rédige le rapport annuel du FCPE et tient à la disposition de chaque porteur de parts un exemplaire du rapport de gestion qui peut être, en accord avec le conseil de surveillance, remplacé par un rapport simplifié comportant une mention indiquant que le rapport annuel est à la disposition de tout porteur de parts qui en fait la demande auprès de l'entreprise.
La présente notice d'information doit être remise aux porteurs préalablement à toute souscription.

NOTICE D'INFORMATION

En vigueur étendu

n° code AMF FCE20030061

Compartiment : oui : non : x
Nourricier : oui : - non : x

Un fonds commun de placement d'entreprise (FCPE) est un organisme de placement collectif en valeurs mobilières (OPCVM), c'est-à-dire un produit d'épargne qui permet à plusieurs investisseurs de détenir en commun un portefeuille de valeurs mobilières. Le FCPE est réservé aux salariés des entreprises et destiné à recevoir et à investir leur épargne salariale. Il est géré par une société de gestion.

La gestion du FCPE est contrôlée par un conseil de surveillance, composé de représentants des salariés et de représentants des entreprises. Ce conseil a notamment pour fonction d'examiner le rapport de gestion et les comptes annuels de l'OPCVM, d'examiner la gestion financière, administrative et comptable de l'OPCVM, d'exercer les droits de vote attachés aux titres de capital détenus dans le portefeuille, de décider de l'apport des titres en cas d'offre publique, de décider des opérations de fusion, scission ou liquidation et de donner son accord préalable aux modifications du règlement du FCPE. Le conseil de surveillance d'un FCPE adopte en outre un rapport annuel mis à la disposition de chaque porteur de parts.

L'adhésion au présent FCPE emporte acceptation des dispositions contenues dans son règlement.

Le souscripteur peut obtenir, sans frais, communication du règlement du FCPE sur simple demande auprès de son entreprise.

Le FCPE BTP Epargne obligataire est un fonds multi-entreprise, créé pour l'application de l'accord-cadre du 20 janvier 2003 instituant les plans d'épargne interentreprises du bâtiment et des travaux publics.

Il est réservé aux bénéficiaires de l'accord ci-dessus mentionné. Il peut également être ouvert aux bénéficiaires d'accords mis en place en application des articles L. 441-1 à L. 444-7 du code du travail au profit des salariés d'entreprises du secteur du bâtiment et des travaux publics ou de secteurs connexes ainsi que d'entreprises qui sont filiales d'entreprises relevant elles-mêmes de ces secteurs.

Le fonds est régi par les dispositions de l'article L. 214-39 du code monétaire et financier.

Conseil de surveillance

Un conseil de surveillance commun aux fonds communs de placement d'entreprise créés dans le cadre de l'accord-cadre mentionné ci-dessus, composé de 20 membres, est institué. Il est composé à parité de 10 membres salariés porteurs de parts d'au moins un des fonds communs de placement d'entreprise représentant les porteurs de parts, désignés par les fédérations syndicales professionnelles de salariés représentatives au niveau national et signataires ou adhérents à l'accord-cadre mentionné ci-dessus, et de 10 représentants des entreprises adhérentes, désignés par les organisations professionnelles d'employeurs. Chaque fonds dispose d'au moins un porteur de parts au conseil de surveillance.

Orientation de gestion du fonds

Le FCPE BTP Epargne obligataire est classé dans la catégorie "FCPE obligations et autres titres de créances libellés en euros" .

Le FCPE est en permanence exposé sur un ou plusieurs marchés de taux de pays de la zone euro. L'exposition au risque action ne doit pas excéder 10 % de l'actif net. L'exposition au risque de change ou de marchés autres que ceux de la zone euro doit rester accessoire.

Objectif de gestion

L'objectif de gestion consiste à obtenir une performance comparable à celle de l'indice de référence, l'EuroMTS 5-7 ans, minorée des frais de gestion est d'assurer ainsi à moyen terme une progression de la valeur liquidative supérieure à celle du marché monétaire.

Indicateur de références

L'indice de référence est l'EuroMTS 5-7 ans, publié par la société EuroMTS. Cet indice reproduit la performance d'un panier constitué des obligations émises par les Etats de la zone euro dont la durée de vie est comprise entre 7 et 10 ans et dont l'encours est supérieur à 2 milliards d'euros. Cet indice est un indice "coupons réinvestis".

Stratégie d'investissement

La gestion de ce FCPE est une gestion active. La stratégie d'investissement est la combinaison de choix en matière de duration du portefeuille, de positionnement sur la courbe des rendements obligataires, et dans une moindre mesure dans la sélection d'obligations émises par des émetteurs privés dont la notation fera partie de la catégorie titre d'investissement, ainsi que par la sélection d'obligations convertibles.

Profil de risque

Le portefeuille sera investi dans des instruments financiers sélectionnés par le gestionnaire financier. Ces instruments connaîtront les évolutions et aléas du marché. L'investisseur est averti que la performance du FCPE peut ne pas être conforme à ses objectifs et que son capital investi peut ne pas lui être totalement restitué puisque le FCPE n'intègre pas de garantie en capital.

Risque de taux d'intérêt

Le risque de taux d'intérêt traduit la diminution de la valeur des investissements du FCPE dans le cas de l'augmentation des taux d'intérêt. Le risque de taux d'intérêt est généralement plus important pour les investissements dans les titres de créances ayant des échéances relativement longues que pour des investissements dans les titres de créances ayant des échéances plus courtes.

Risque de crédit

Ce risque peut résulter de la dégradation de la qualité de signature d'un émetteur sur lequel est exposé le FCPE et ainsi être susceptible de faire baisser la valeur des investissements du FCPE.

Risque de perte en capital

Les investisseurs supportent un risque de perte en capital lié à la nature des placements réalisés par le FCPE. La perte en capital se produit lors de la vente d'une part à un prix inférieur à sa valeur d'achat.

Durée de placement minimum conseillée : 1 an.

Composition de l'OPCVM

Les obligations privées représenteront au maximum 1/3 de l'encours obligataire du FCPE.

Les obligations convertibles représenteront au maximum 10 % de l'encours.

Ces parts ou actions d'OPCVM seront conformes à la directive, française ou européenne.

Le FCPE peut intervenir sur les contrats à terme ou des options sur taux d'intérêt ou indice obligataire et actions pour couverture.

Ces opérations seront effectuées dans la limite d'un engagement maximum d'une fois l'actif net.

Marchés d'évolution

Obligataire zone euro.

Intervention sur les marchés à terme dans un but de protection du portefeuille (EUREX) : vente de call, achat de put, vente de contrats d'instruments à terme.

Pourcentage de détention de l'actif en autres OPCVM : investissement au moins à 50 % en OPCVM.

Zone géographique prépondérante : zone Europe.

Fonctionnement du fonds

La valeur liquidative est calculée chaque vendredi, ainsi que le 30 juin et le 31 décembre de chaque année. Dans le cas où ces jours ne seraient pas des jours d'ouverture de la Bourse de Paris ou seraient des jours fériés légaux, la valeur liquidative est établie le jour ouvré précédent.

Dans le cadre des arrêtés comptables, une valeur indicative de la valeur liquidative, appelée "valeur estimative", est calculée le 30 juin et le 31 décembre de chaque année. Elle ne peut servir de base aux souscriptions-rachats. Toutefois, dans le cas où ces jours seraient des vendredis, elle servirait également aux souscriptions-rachats.

Lieu et mode de publication de la valeur liquidative :

- les valeurs liquidatives sont publiées sur Internet : www.gestionbtp.com (rubrique épargne salariale).

La composition de l'actif du FCPE est publiée chaque semestre. Tout porteur de parts qui en fait la demande peut recevoir le rapport annuel.

Etablissement chargé des souscriptions et des rachats de parts : REGARDBTP. Les souscriptions s'effectuent par l'intermédiaire des entreprises, ou individuellement au cas où l'entreprise n'adhère pas aux plans.

Modalités de souscription et de rachat

La commission de souscription peut être à la charge des porteurs ou à celle de l'entreprise :

- apports et retraits : en numéraire ;

- mode d'exécution : prochaine valeur liquidative ;

- commission de souscription : 1 % maximum à la charge des porteurs de parts ou de l'entreprise selon convention de l'entreprise ;

- commission de rachat : néant ;

- commission d'arbitrage : néant ;

- frais de fonctionnement et de gestion : 1,20 % TTC l'an maximum de l'actif net à la charge du fonds.

- commission de surperformance : néant ;

- commission de mouvement : néant ;

- frais de gestion indirects : les commissions de gestion indirectes du fonds s'élèvent à un montant de 0,24 % TTC l'an maximum de l'actif net à la charge du fonds ;

- affectation des revenus du fonds : capitalisation dans le fonds ;

- frais de tenue de compte conservation : à la charge de l'entreprise, ils sont à la charge du porteur de parts lorsque celui-ci a quitté l'entreprise et que ses droits acquis ont été mis en disponibilité, à l'exception des frais de tenue de compte concernant les salariés qui ont quitté l'entreprise pour départ en retraite ou préretraite ;

- délai d'indisponibilité : 5 ans pour les plans d'épargne et accords de participation, date de départ en retraite pour le PERCO-BTP ;

- disponibilité des parts : les parts sont disponibles selon les modalités prévues par l'accord national instituant les plans d'épargne interentreprises du bâtiment et des travaux publics, soit, le cas échéant, selon les termes de l'accord d'entreprise.

Modalités de demande de remboursements anticipés et de parts disponibles : adresser la demande, accompagnée des pièces justificatives à BTP-Prévoyance. Les parts sont payées en numéraire dans un délai n'excédant pas 1 mois après l'établissement de la première valeur de part qui suit la réception de la demande de rachat.

Valeur de la part à la constitution du fonds : 10 €.

Nom et adresse des intervenants

Société de gestion : GESTIONBTP, 7, rue du Regard, 75006 Paris.

Dépositaire : BNP Paribas Securities Services, 3, rue d'Antin, 75002 Paris.

Contrôleurs légaux des comptes :

- Mazars & Guerard, Le Vinci, 4, allée de l'Arche, 92075 La Défense Cedex ;

- PriceWaterHouseCoopers Audit SA, 32, rue Guersant, 75017 Paris.

Teneur de compte, conservateur des parts : REGARDBTP, 7, rue du Regard, 75006 Paris.

Agréé en date du 11 avril 2003 par la COB.

Dernière mise à jour de la notice et agrément de l'AMF le 23 juin 2005.

Lors de la clôture de chaque exercice, la société de gestion rédige le rapport annuel du FCPE et tient à la disposition de chaque porteur de parts un exemplaire du rapport de gestion qui peut être, en accord avec le conseil de surveillance, remplacé par un rapport simplifié comportant une mention indiquant que le rapport annuel est à la disposition de tout porteur de parts qui en fait la demande auprès de l'entreprise.

La présente notice d'information doit être remise aux porteurs préalablement à toute souscription.

NOTICE D'INFORMATION
En vigueur étendu
n° code AMF FCE20030056

Compartiment : oui : - non : x
Nourricier : oui : - non : x

Un fonds commun de placement d'entreprise (FCPE) est un organisme de placement collectif en valeurs mobilières (OPCVM), c'est-à-dire un produit d'épargne qui permet à plusieurs investisseurs de détenir en commun un portefeuille de valeurs mobilières. Le FCPE est réservé aux salariés des entreprises et destiné à recevoir et à investir leur épargne salariale. Il est géré par une société de gestion.

La gestion du FCPE est contrôlée par un conseil de surveillance, composé de représentants des salariés et de représentants des entreprises. Ce conseil a notamment pour fonction d'examiner le rapport de gestion et les comptes annuels de l'OPCVM, d'examiner la gestion financière, administrative et comptable de l'OPCVM, d'exercer les droits de vote attachés aux titres de capital détenus dans le portefeuille, de décider de l'apport des titres en cas d'offre publique, de décider des opérations de fusion, scission ou liquidation et de donner son accord préalable aux modifications du règlement du FCPE. Le conseil de surveillance d'un FCPE adopte en outre un rapport annuel mis à la disposition de chaque porteur de parts.

L'adhésion au présent FCPE emporte acceptation des dispositions contenues dans son règlement.

Le souscripteur peut obtenir, sans frais, communication du règlement du FCPE sur simple demande auprès de son entreprise.

Le FCPE BTP Epargne Prudent est un fonds multi-entreprise, créé pour l'application de l'accord-cadre du 20 janvier 2003 instituant les plans d'épargne interentreprises du bâtiment et des travaux publics.

Il est réservé aux bénéficiaires de l'accord ci-dessus mentionné. Il peut également être ouvert aux bénéficiaires d'accords mis en place en application des articles L. 441-1 à L. 444-7 du code du travail au profit des salariés d'entreprises du secteur du bâtiment et des travaux publics ou de secteurs connexes ainsi que d'entreprises qui sont filiales d'entreprises relevant elles-mêmes de ces secteurs.

Le fonds est régi par les dispositions de l'article L. 214-39 du code monétaire et financier.

Conseil de surveillance

Un conseil de surveillance commun aux fonds communs de placement d'entreprise créés dans le cadre de l'accord-cadre mentionné ci-dessus, composé de 20 membres, est institué. Il est composé à parité de 10 membres salariés porteurs de parts d'au moins un des fonds communs de placement d'entreprise représentant les porteurs de parts, désignés par les fédérations syndicales professionnelles de salariés représentatives au niveau national et signataires ou adhérents à l'accord-cadre mentionné ci-dessus, et de 10 représentants des entreprises adhérentes, désignés par les organisations professionnelles d'employeurs. Chaque fonds dispose d'au moins un porteur de parts au conseil de surveillance.

Orientation de gestion du fonds

Le FCPE BTP Epargne Prudent est classé dans la catégorie "FCPE diversifié" .

Le FCPE gère de façon discrétionnaire, dans le respect des ratios prévus par la réglementation, des actifs financiers français ou étrangers (valeurs mobilières et instruments financiers à terme).

Objectif de gestion

L'objectif de gestion consiste à obtenir une performance supérieure à celle d'un benchmark composé à 10 % de l'indice Dow Jones Stoxx50 et à 90 % de l'indice EuroMTS 5-7 ans.

Indicateur de références

Le Dow Jones Stoxx50 en cours de clôture, coupons non réinvestis, publié par la société Stoxx Ltd, reproduit la performance d'un panier constitué des 50 premières capitalisations boursières des sociétés cotées européennes.

L'EuroMTS 5-7 ans publié par la société EuroMTS reproduit la performance d'un panier constitué des obligations émises par les états de la zone euro dont la durée de vie est comprise en 7 et 10 ans et dont l'encours est supérieur à 2 milliards d'euros. Cet indice est un indice "coupons réinvestis".

Stratégie d'investissement

La gestion de ce FCPE est une gestion active à très forte dominante obligations. Le gérant en fonction des données macro-économiques, des politiques monétaires, des évolutions des courbes de taux et des fondamentaux des sociétés pourra faire évoluer la répartition entre obligations et actions du FCPE.

Profil de risque

Le portefeuille sera investi dans des instruments fianciers sélectionnés par le gestionnaire financier. Ces instruments connaîtront les évolutions et aléas du marché.

Risque lié à la gestion discrétionnaire

Le style de gestion discrétionnaire privilégié par le gérant repose sur l'anticipation de l'évolution de différents marchés (actions obligations). Il existe un risque pour que le fonds ne soit pas investi à tout moment sur les marchés les plus performants.

L'investisseur est averti que la performance du FCPE peut ne pas être conforme à ses objectifs et que son capital investi peut ne pas lui être totalement restitué, puisque le FCPE n'intègre pas de garantie en capital.

Le profil de risque dominant est celui résultant de l'investissement sur les marchés obligataires, mais l'exposition au risque actions sera également un des composantes du profil.

Risque actions

Le FCPE peut être exposé au risque actions à hauteur de 20 % maximum de son actif.

En conséquence, il supporte un risque lié à la fluctuation à la hausse comme à la baisse de ces actifs.

Risque taux d'intérêt

Le risque de taux d'intérêt traduit la diminution de la valeur des investissements du FCPE dans le cas de l'augmentation des taux d'intérêt. Le risque de taux d'intérêt est généralement plus important pour les investissements dans les titres de créances ayant des échéances relativement longues que pour des investissements dans les titres de créances ayant des échéances plus courtes.

Risque de crédit

Ce risque peut résulter de la dégradation de la qualité de signature d'un émetteur sur lequel est exposé le FCPE et ainsi être susceptible de faire baisser la valeur des investissements du FCPE.

Risque de perte en capital

Les investisseurs supportent un risque de perte en capital lié à la nature des placements réalisés par le FCPE. La perte en capital se produit lors de la vente d'une part à un prix inférieur à sa valeur d'achat.

Durée de placement minimum conseillée : 2 ans.

Composition de l'OPCVM

La part des produits de taux peut évoluer entre 80 % minimum et 100 % maximum.

La part consacrée aux actions peut être au maximum de 20 % sans minimum.

Une fraction maximum de 10 % de l'encours pourra de plus être investi sur les obligations convertibles européennes à titre de diversification.

Le FCPE peut intervenir sur les contrats à terme ou des options sur taux d'intérêts et actions ou indice obligataire et actions pour couverture.

Ces opérations seront effectuées dans la limite d'un engagement maximum d'une fois l'actif net.

Marchés d'évolution

Obligataire zone euro.

Actions européennes.

Intervention sur les marchés à terme dans un but de protection du portefeuille (EUREX) : vente de call, achat de put, vente de contrats d'instruments à terme.

Pourcentage de détention de l'actif en autres OPCVM : investissement au moins à 50 % en OPCVM.

Zone géographique prépondérante : zone Europe.

Fonctionnement du fonds

La valeur liquidative est calculée chaque vendredi, ainsi que le 30 juin et le 31 décembre de chaque année. Dans le cas où ces jours ne seraient pas des jours d'ouverture de la Bourse de Paris ou seraient des jours fériés légaux, la valeur liquidative est établie le jour ouvré précédent.

Dans le cadre des arrêtés comptables, une valeur indicative de la valeur liquidative, appelée "valeur estimative", est calculée le 30 juin et le 31 décembre de chaque année. Elle ne peut servir de base aux souscriptions-rachats. Toutefois, dans le cas où ces jours seraient des vendredis, elle servirait également aux souscriptions-rachats.

Lieu et mode de publication de la valeur liquidative :

- Les valeurs liquidatives sont publiées sur Internet : www.gestionbtp.com (rubrique épargne salariale).

La composition de l'actif du FCPE est publiée chaque semestre. Tout porteur de parts qui en fait la demande peut recevoir le rapport annuel.

Etablissement chargé des souscriptions et des rachats de parts : REGARDBTP. Les souscriptions s'effectuent par l'intermédiaire des entreprises, ou individuellement au cas où l'entreprise n'adhère pas aux plans.

Modalités de souscription et de rachat

La commission de souscription peut être à la charge des porteurs ou à celle de l'entreprise :

- apports et retraits : en numéraire ;

- mode d'exécution : prochaine valeur liquidative ;

- commission de souscription : 1 % maximum à la charge des porteurs de parts ou de l'entreprise selon convention de l'entreprise ;

- commission de rachat : néant ;

- commission d'arbitrage : néant ;

- frais de fonctionnement et de gestion : 1,20 % TTC l'an maximum de l'actif net à la charge du fonds ;

- commission de surperformance : néant ;

- commission de mouvement : néant ;

- frais de gestion indirects : les commissions de gestion indirectes du fonds s'élèvent à un montant de 0,24 % TTC l'an maximum de l'actif net à la charge du fonds ;

- affectation des revenus du fonds : capitalisation dans le fonds ;

- frais de tenue de compte conservation : à la charge de l'entreprise, ils sont à la charge du porteur de parts lorsque celui-ci a quitté l'entreprise et que ses droits acquis ont été mis en disponibilité, à l'exception des frais de tenue de compte concernant les salariés qui ont quitté l'entreprise pour départ en retraite ou préretraite ;

- délai d'indisponibilité : 5 ans pour les plans d'épargne et accords de participation, date de départ pour le PERCO-BTP ;

- disponibilité des parts : les parts sont disponibles selon les modalités prévues par l'accord national instituant les plans d'épargne interentreprises du bâtiment et des travaux publics, soit, le cas échéant, selon les termes de l'accord d'entreprise.

Modalités de demande de remboursements anticipés et de parts disponibles : adresser la demande, accompagnée des pièces justificatives à BTP-Prévoyance. Les parts sont payées en numéraire dans un délai n'excédant pas 1 mois après l'établissement de la première valeur de part qui suit la réception de la demande de rachat.

Valeur de la part à la constitution du fonds : 10 €.

Nom et adresse des intervenants

Société de gestion : GESTIONBTP, 7, rue du Regard, 75006 Paris.

Dépositaire : BNP Paribas Securities Services, 3, rue d'Antin, 75002 Paris.

Contrôleurs légaux des comptes :

- Mazars & Guerard, Le Vinci, 4, allée de l'Arche, 92075 La Défense Cedex ;

- PriceWaterHouseCoopers Audit SA, 32, rue Guersant, 75017 Paris.

Teneur de compte, conservateur des parts : REGARDBTP, 7, rue du Regard, 75006 Paris.

Agréé en date du 11 avril 2003 par la COB.

Dernière mise à jour de la notice et agrément de l'AMF le 23 juin 2005.

Lors de la clôture de chaque exercice, la société de gestion rédige le rapport annuel du FCPE et tient à la disposition de chaque porteur de parts un exemplaire du rapport de gestion qui peut être, en accord avec le conseil de surveillance, remplacé par un rapport simplifié comportant une mention indiquant que le rapport annuel est à la disposition de tout porteur de parts qui en fait la demande auprès de l'entreprise.

La présente notice d'information doit être remise aux porteurs préalablement à toute souscription.

NOTICE D'INFORMATION

En vigueur étendu

n° code AMF FCE20030058

Compartiment : oui : - non : x
Nourricier : oui : - non : x

Un fonds commun de placement d'entreprise (FCPE) est un organisme de placement collectif en valeurs mobilières (OPCVM), c'est-à-dire un produit d'épargne qui permet à plusieurs investisseurs de détenir en commun un portefeuille de valeurs mobilières. Le FCPE est réservé aux salariés des entreprises et destiné à recevoir et à investir leur épargne salariale. Il est géré par une société de gestion.

La gestion du FCPE est contrôlée par un conseil de surveillance, composé de représentants des salariés et de représentants des entreprises. Ce conseil a notamment pour fonction d'examiner le rapport de gestion et les comptes annuels de l'OPCVM, d'examiner la gestion financière, administrative et comptable de l'OPCVM, d'exercer les droits de vote attachés aux titres de capital détenus dans le portefeuille, de décider de l'apport des titres en cas d'offre publique, de décider des opérations de fusion, scission ou liquidation et de donner son accord préalable aux modifications du règlement du FCPE. Le conseil de surveillance d'un FCPE adopte en outre un rapport annuel mis à la disposition de chaque porteur de parts.

L'adhésion au présent FCPE emporte acceptation des dispositions contenues dans son règlement.

Le souscripteur peut obtenir, sans frais, communication du règlement du FCPE sur simple demande auprès de son entreprise.

Le FCPE BTP Epargne Equilibre est un fonds multi-entreprise, créé pour l'application de l'accord-cadre du 20 janvier 2003 instituant les plans d'épargne interentreprises du bâtiment et des travaux publics.

Il est réservé aux bénéficiaires de l'accord ci-dessus mentionné. Il peut également être ouvert aux bénéficiaires d'accords mis en place en application des articles L. 441-1 à L. 444-7 du code du travail au profit des salariés d'entreprises du secteur du bâtiment et des travaux publics ou de secteurs connexes ainsi que d'entreprises qui sont filiales d'entreprises relevant elles-mêmes de ces secteurs.

Le fonds est régi par les dispositions de l'article L. 214-39 du code monétaire et financier.

Conseil de surveillance

Un conseil de surveillance commun aux fonds communs de placement d'entreprise créés dans le cadre de l'accord-cadre mentionné ci-dessus, composé de 20 membres, est institué. Il est composé à parité de 10 membres salariés porteurs de parts d'au moins un des fonds communs de placement d'entreprise représentant les porteurs de parts, désignés par les fédérations syndicales professionnelles de salariés représentatives au niveau national et signataires ou adhérents à l'accord-cadre mentionné ci-dessus, et de 10 représentants des entreprises adhérentes, désignés par les organisations professionnelles d'employeurs. Chaque fonds dispose d'au moins un porteur de parts au conseil de surveillance.

Orientation de gestion du fonds

Le FCPE BTP Epargne Equilibre est classé dans la catégorie "FCPE diversifié" .

Le FCPE gère de façon discrétionnaire, dans le respect des ratios prévus par la réglementation, des actifs financiers français ou étrangers (valeurs mobilières et instruments financiers à terme).

Objectif de gestion

L'objectif de gestion consiste à obtenir à moyen terme une performance supérieure à celle d'un benchmark composé à 35 % de l'indice Dow Jones Stoxx50 et à 65 % de l'indice EuroMTS 5-7 ans.

Indicateur de références

Le Dow Jones Stoxx50 en cours de clôture, coupons non réinvestis, publié par la société Stoxx Ltd, reproduit la performance d'un panier constitué des 50 premières capitalisations boursières des sociétés cotées européennes.

L'EuroMTS 5-7 ans publié par la société EuroMTS reprosuit la performance d'un panier constitué des obligations émises par les Etats de la zone euro dont la durée de vie est comprise entre 7 et 10 ans et dont l'encours est supérieur à 2 milliards d'euros. Cet indice est un indice "coupons réinvestis".

Stratégie d'investissement

La gestion de ce FCPE est une gestion active à dominante obligations. Le gérant en fonction des données macro-économiques, des politiques monétaires, des évolutions des courbes de taux et des fondamentaux des sociétés pourra faire évoluer la répartition entre obligations et actions du FCPE.

Profil de risque

Le portefeuille sera investi dans des instruments financiers sélectionnés par le gestionnaire financier. Ces instruments connaîtront les évolutions et aléas du marché.

Risque lié à la gestion discrétionnaire

Le style de gestion discrétionnaire privilégié par le gérant repose sur l'anticipation de l'évolution de différents marchés (actions obligations). Il existe un risque pour que le fonds ne soit pas investi à tout moment sur les marchés les plus performants.

L'investisseur est averti que la performance du FCPE peut ne pas être conforme à ses objectifs et que son capital investi peut ne pas lui être totalement restitué, puisque le FCPE n'intègre pas de garantie en capital.

Le profil de risque est relativement équilibré entre la partie actions et obligations, mais l'exposition sera principalement centrée sur les marchés de taux d'intérêts.

Risque actions

Le FCPE peut être exposé au risque actions à hauteur de 50 % maximum de son actif. En conséquence, il supporte un risque lié à la fluctuation à la hausse comme à la baisse de ces actifs.

Risque de taux d'intérêt

Le risque de taux d'intérêt traduit la diminution de la valeur des investissements du FCPE dans le cas de l'augmentation des taux d'intérêt. Le risque de taux d'intérêt est généralement plus important pour les investissements dans les titres de créances ayant des échéances relativement longues que pour des investissements dans les titres de créances ayant des échéances plus courtes.

Durée de placement minimum conseillée : 5 ans.

Composition de l'OPCVM

La part des produits de taux peut évoluer entre 50 % minimum et 80 % maximum.

La part consacrée aux actions peut évoluer entre 20 % minimum et 50 % maximum.

Une fraction maximum de 10 % de l'encours pourra de plus être investi sur les obligations convertibles européennes à titre de diversification.

Le FCPE peut intervenir sur les contrats à terme ou des options sur taux d'intérêt et actions ou indice obligataire et actions pour couverture.

Ces opérations seront effectuées dans la limite d'un engagement maximum d'une fois l'actif net.

Marchés d'évolution

Obligataire zone euro.

Actions européennes.

Intervention sur les marchés à terme dans un but de protection du portefeuille (EUREX) : vente de call, achat de put, vente de contrats d'instruments à terme.

Pourcentage de détention de l'actif en autres OPCVM : investissement au moins à 50 % en OPCVM.

Zone géographique prépondérante : zone Europe.

Fonctionnement du fonds

La valeur liquidative est calculée chaque vendredi, ainsi que le 30 juin et le 31 décembre de chaque année. Dans le cas où ces jours ne seraient pas des jours d'ouverture de la Bourse de Paris ou seraient des jours fériés légaux, la valeur liquidative est établie le jour ouvré précédent.

Dans le cadre des arrêtés comptables, une valeur indicative de la valeur liquidative, appelée "valeur estimative" est calculée le 30 juin et le 31 décembre de chaque année. Elle ne peut servir de base aux souscriptions-rachats. Toutefois, dans le cas où ces jours seraient des vendredis, elle servirait également aux souscriptions-rachats.

Lieu et mode de publication de la valeur liquidative :

- les valeurs liquidatives sont publiées sur Internet : www.gestionbtp.com (rubrique épargne salariale).

La composition de l'actif du FCPE est publiée chaque semestre. Tout porteur de parts qui en fait la demande peut recevoir le rapport annuel.

Etablissement chargé des souscriptions et des rachats de parts : REGARDBTP. Les souscriptions s'effectuent par l'intermédiaire des entreprises, ou individuellement au cas où l'entreprise n'adhère pas aux plans.

Modalités de souscription et de rachat

La commission de souscription peut être à la charge des porteurs ou à celle de l'entreprise :

- apports et retraits : en numéraire ;

- mode d'exécution : prochaine valeur liquidative ;

- commission de souscription : 1,50 % maximum à la charge des porteurs de parts ou de l'entreprise selon convention de l'entreprise ;

- commission de rachat : néant ;

- commission d'arbitrage : néant ;

- frais de fonctionnement et de gestion : 1,50 % TTC l'an maximum de l'actif net à la charge du fonds ;

- commission de surperformance : néant ;

- commission de mouvement : néant ;

- frais de gestion indirects : les commissions de gestion indirectes du fonds s'élèvent à un montant de 0,24 % TTC l'an maximum de l'actif net à la charge du fonds ;

- affectation des revenus du fonds : capitalisation dans le fonds ;

- frais de tenue de compte conservation : à la charge de l'entreprise, ils sont à la charge du porteur de parts lorsque celui-ci a quitté l'entreprise et que ses droits acquis ont été mis en disponibilité, à l'exception des frais de tenue de compte concernant les salariés qui ont quitté l'entreprise pour départ en retraite ou préretraite ;

- délai d'indisponibilité : 5 ans pour les plans d'épargne et accords de participation, date de départ en retraite pour le PERCO-BTP ;

- disponibilité des parts : les parts sont disponibles selon les modalités prévues par l'accord national instituant les plans d'épargne interentreprises du bâtiment et des travaux publics, soit, le cas échéant, selon les termes de l'accord d'entreprise.

Modalités de demande de remboursements anticipés et de parts disponibles : adresser la demande, accompagnée des pièces justificatives à BTP Prévoyance. Les parts sont payées en numéraire dans un délai n'excédant pas 1 mois après l'établissement de la première valeur de part qui suit la réception de la demande de rachat.

Valeur de la part à la constitution du fonds : 10 €.

Nom et adresse des intervenants

Société de gestion : GESTIONBTP, 7, rue du Regard, 75006 Paris.

Dépositaire : BNP Paribas Securities Services, 3, rue d'Antin, 75002 Paris.

Contrôleurs légaux des comptes :

- Mazars & Guerard, Le Vinci, 4, allée de l'Arche, 92075 La Défense Cedex ;

- PriceWaterHouseCoopers Audit SA, 32, rue Guersant, 75017 Paris.

Teneur de compte, conservateur des parts : REGARDBTP, 7, rue du Regard, 75006 Paris.

Agréé en date du 11 avril 2003 par la COB.

Dernière mise à jour de la notice et agrément de l'AMF le 23 juin 2005.

Lors de la clôture de chaque exercice, la société de gestion rédige le rapport annuel du FCPE et tient à la disposition de chaque porteur de parts un exemplaire du rapport de gestion qui peut être, en accord avec le conseil de surveillance, remplacé par un rapport simplifié comportant une mention indiquant que le rapport annuel est à la disposition de tout porteur de parts qui en fait la demande auprès de l'entreprise.

La présente notice d'information doit être remise aux porteurs préalablement à toute souscription.

NOTICE D'INFORMATION

En vigueur étendu

n° code AMF FCE20030061

Compartiment : oui : - non : x
Nourricier : oui : - non : x

Un fonds commun de placement d'entreprise (FCPE) est un organisme de placement collectif en valeurs mobilières (OPCVM), c'est-à-dire un produit d'épargne qui permet à plusieurs investisseurs de détenir en commun un portefeuille de valeurs mobilières. Le FCPE est réservé aux salariés des entreprises et destiné à recevoir et à investir leur épargne salariale. Il est géré par une société de gestion.

La gestion du FCPE est contrôlée par un conseil de surveillance, composé de représentants des salariés et de représentants des entreprises. Ce conseil a notamment pour fonction d'examiner le rapport de gestion et les comptes annuels de l'OPCVM, d'examiner la gestion financière, administrative et comptable de l'OPCVM, d'exercer les droits de vote attachés aux titres de capital détenus dans le portefeuille, de décider de l'apport des titres en cas d'offre publique, de décider des opérations de fusion, scission ou liquidation et de donner son accord préalable aux modifications du règlement du FCPE. Le conseil de surveillance d'un FCPE adopte en outre un rapport annuel mis à la disposition de chaque porteur de parts.

L'adhésion au présent FCPE emporte acceptation des dispositions contenues dans son règlement.

Le souscripteur peut obtenir, sans frais, communication du règlement du FCPE sur simple demande auprès de son entreprise.

Le FCPE BTP Epargne dynamique est un fonds multi-entreprise, créé pour l'application de l'accord-cadre du 20 janvier 2003 instituant les plans d'épargne interentreprises du bâtiment et des travaux publics.

Il est réservé aux bénéficiaires de l'accord ci-dessus mentionné. Il peut également être ouvert aux bénéficiaires d'accords mis en place en application des articles L. 441-1 à L. 444-7 du code du travail au profit des salariés d'entreprises du secteur du bâtiment et des travaux publics ou de secteurs connexes ainsi que d'entreprises qui sont filiales d'entreprises relevant elles-mêmes de ces secteurs.

Le fonds est régi par les dispositions de l'article L. 214-39 du code monétaire et financier.

Conseil de surveillance

Un conseil de surveillance commun aux fonds communs de placement d'entreprise créés dans le cadre de l'accord-cadre mentionné ci-dessus, composé de 20 membres, est institué. Il est composé à parité de 10 membres salariés porteurs de parts d'au moins un des fonds communs de placement d'entreprise représentant les porteurs de parts, désignés par les fédérations syndicales professionnelles de salariés représentatives au niveau national et signataires ou adhérents à l'accord-cadre mentionné ci-dessus, et de 10 représentants des entreprises adhérentes, désignés par les organisations professionnelles d'employeurs. Chaque fonds dispose d'au moins un porteur de parts au conseil de surveillance.

Orientation de gestion du fonds

Le FCPE BTP Epargne dynamique est classé dans la catégorie "FCPE diversifié" .

Le FCPE gère de façon discrétionnaire, dans le respect des ratios prévus par la réglementation, des actifs financiers français ou étrangers (valeurs mobilières et instruments financiers à terme).

Objectif de gestion

L'objectif de gestion consiste à obtenir à moyen terme une performance supérieure à celle d'un benchmark à 60 % de l'indice Dow Jones Stoxx50 et à 40 % de l'indice EuroMTS 5-7 ans.

Indicateur de références

Le Dow Jones Stoxx50 en cours de clôture, coupons non réinvestis, publié par la société Stoxx Ltd, reproduit la performance d'un panier constitué des 50 premières capitalisations boursières des sociétés cotées européennes.

L'EuroMTS 5-7 ans publié par la société EuroMTS reproduit la performance d'un panier constitué des obligations émises par les états de la zone euro dont la durée de vie est comprise entre 7 et 10 ans et dont l'encours est supérieur à 2 milliards d'euros. Cet indice est un indice "coupons réinvestis".

Stratégie d'investissement

La gestion de ce FCPE est une gestion active à dominante actions. Le gérant en fonction des données macro-économiques, des politiques monétaires, des évolutions des courbes de taux et des fondamentaux des sociétés pourra faire évoluer la répartition entre actions et obligations du FCPE.

Profil de risque

Le portefeuille sera investi dans des instruments financiers sélectionnés par le gestionnaire financier. Ces instruments connaîtront les évolutions et aléas du marché.

Risque lié à la gestion discrétionnaire

Le style de gestion discrétionnaire privilégié par le gérant repose sur l'anticipation de l'évolution de différents marchés (actions obligations). Il existe un risque pour que le fonds ne soit pas investi à tout moment sur les marchés les plus performants.

L'investisseur est averti que la performance du FCPE peut ne pas être conforme à ses objectifs et que son capital investi peut ne pas lui être totalement restitué, puisque le FCPE n'intègre pas de garantie en capital.

Risque actions

Le FCPE peut être exposé au risque actions à hauteur de 70 % maximum de son actif. En conséquence, il supporte un risque lié à la fluctuation à la hausse comme à la baisse de ces actifs.

Risque taux d'intérêt

Le risque de taux d'intérêt traduit la diminution de la valeur des investissements du FCPE dans le cas de l'augmentation des taux d'intérêt. Le risque de taux d'intérêt est généralement plus important pour les investissements dans les titres de créances ayant des échéances relativement longues que pour des investissements dans les titres de créances ayant des échéances plus courtes.

Risque de crédit

Ce risque peut résulter de la dégradation de la qualité de signature d'un émetteur sur lequel est exposé le FCPE et ainsi être susceptible de faire baisser la valeur des investissements du FCPE.

Risque de perte en capital

Les investisseurs supportent un risque de perte en capital lié à la nature des placements réalisés par le FCPE. La perte en capital se produit lors de la vente d'une part à un prix inférieur à sa valeur d'achat.

Durée de placement minimum conseillée : 5 ans.

Composition de l'OPCVM

Ce fonds est majoritairement investi sur des actions européennes.

La part actions peut évoluer entre 50 % minimum et 70 % maximum de l'encours du FCPE.

La part des produits de taux peut évoluer entre 30 % minimum et 50 % maximum.

Une fraction maximum de 10 % de l'encours pourra de plus être investi sur les obligations convertibles européennes à titre de diversification.

Le FCPE peut intervenir sur les contrats à terme ou des options sur taux d'intérêt et actions ou indice obligataire et actions pour couverture. Ces opérations seront effectuées dans la limite d'un engagement maximum d'une fois l'actif net.

Marchés d'évolution

Obligataire zone euro.

Actions européennes.

Intervention sur les marchés à terme dans un but de protection du portefeuille (EUREX) : vente de call, achat de put, vente de contrats d'instruments à terme.

Pourcentage de détention de l'actif en autres OPCVM : investissement au moins à 50 % en OPCVM.

Zone géographique prépondérante : zone Europe.

Fonctionnement du fonds

La valeur liquidative est calculée chaque vendredi, ainsi que le 30 juin et le 31 décembre de chaque année. Dans le cas où ces jours ne seraient pas des jours d'ouverture de la Bourse de Paris ou seraient des jours fériés légaux, la valeur liquidative est établie le jour ouvré précédent.

Dans le cadre des arrêtés comptables, une valeur indicative de la valeur liquidative, appelée "valeur estimative", est calculée le 30 juin et le 31 décembre de chaque année. Elle ne peut servir de base aux souscriptions-rachats. Toutefois, dans le cas où ces jours seraient des vendredis, elle servirait également aux souscriptions-rachats.

Lieu et mode de publication de la valeur liquidative :

- les valeurs liquidatives sont publiées sur Internet : www.gestionbtp.com (rubrique épargne salariale).

La composition de l'actif du FCPE est publiée chaque semestre. Tout porteur de parts qui en fait la demande peut recevoir le rapport annuel.

Etablissement chargé des souscriptions et des rachats de parts : REGARDBTP. Les souscriptions s'effectuent par l'intermédiaire des entreprises, ou individuellement au cas où l'entreprise n'adhère pas aux plans.

Modalités de souscription et de rachat

La commission de souscription peut être à la charge des porteurs ou à celle de l'entreprise :

- apports et retraits : en numéraire ;

- mode d'exécution : prochaine valeur liquidative ;

- commission de souscription : 2 % maximum à la charge des porteurs de parts ou de l'entreprise selon convention de l'entreprise ;

- commission de rachat : néant ;

- commission d'arbitrage : néant ;

- frais de fonctionnement et de gestion : 1,79 % TTC l'an maximum de l'actif net à la charge du fonds ;

- commission de surperformance : néant ;

- commission de mouvement : néant ;

- frais de gestion indirects : les commissions de gestion indirectes du fonds s'élèvent à un montant de 0,24 % TTC l'an maximum de l'actif net à la charge du fonds ;

- affectation des revenus du fonds : capitalisation dans le fonds ;

- frais de tenue de compte conservation : à la charge de l'entreprise, ils sont à la charge du porteur de parts lorsque celui-ci a quitté l'entreprise et que ses droits acquis ont été mis en disponibilité, à l'exception des frais de tenue de compte concernant les salariés qui ont quitté l'entreprise pour départ en retraite ou préretraite ;

- délai d'indisponibilité : 5 ans pour les plans d'épargne et accords d'entreprise, date de départ en retraite pour le PERCO ;

- disponibilité des parts : les parts sont disponibles selon les modalités prévues par l'accord national instituant les plans d'épargne interentreprises du bâtiment et des travaux publics, soit, le cas échéant, selon les termes de l'accord d'entreprise.

Modalités de demande de remboursements anticipés et de parts disponibles : adresser la demande, accompagnée des pièces justificatives à BTP-Prévoyance. Les parts sont payées en numéraire dans un délai n'excédant pas 1 mois après l'établissement de la première valeur de part qui suit la réception de la demande de rachat.

Valeur de la part à la constitution du fonds : 10 €.

Nom et adresse des intervenants

Société de gestion : GESTIONBTP, 7, rue du Regard, 75006 Paris.

Dépositaire : BNP Paribas Securities Services, 3, rue d'Antin, 75002 Paris.

Contrôleurs légaux des comptes :

- Mazars & Guerard, Le Vinci, 4, allée de l'Arche, 92075 La Défense Cedex ;

- PriceWaterHouseCoopers Audit SA, 32, rue Guersant, 75017 Paris.

Teneur de compte, conservateur des parts : REGARDBTP, 7, rue du Regard, 75006 Paris.

Agréé en date du 11 avril 2003 par la COB.

Dernière mise à jour de la notice et agrément de l'AMF le 23 juin 2005.

Lors de la clôture de chaque exercice, la société de gestion rédige le rapport annuel du FCPE et tient à la disposition de chaque porteur de parts un exemplaire du rapport de gestion qui peut être, en accord avec le conseil de surveillance, remplacé par un rapport simplifié comportant une mention indiquant que le rapport annuel est à la disposition de tout porteur de parts qui en fait la demande auprès de l'entreprise.

La présente notice d'information doit être remise aux porteurs préalablement à toute souscription.

NOTICE D'INFORMATION

En vigueur étendu

n° code AMF FCE20030057

Compartiment : oui : - non : x
Nourricier : oui : - non : x

Un fonds commun de placement d'entreprise (FCPE) est un organisme de placement collectif en valeurs mobilières (OPCVM), c'est-à-dire un produit d'épargne qui permet à plusieurs investisseurs de détenir en commun un portefeuille de valeurs mobilières. Le FCPE est réservé aux salariés des entreprises et destiné à recevoir et à investir leur épargne salariale. Il est géré par une société de gestion.

La gestion du FCPE est contrôlée par un conseil de surveillance, composé de représentants des salariés et de représentants des entreprises. Ce conseil a notamment pour fonction d'examiner le rapport de gestion et les comptes annuels de l'OPCVM, d'examiner la gestion financière, administrative et comptable de l'OPCVM, d'exercer les droits de vote attachés aux titres de capital détenus dans le portefeuille, de décider de l'apport des titres en cas d'offre publique, de décider des opérations de fusion, scission ou liquidation et de donner son accord préalable aux modifications du règlement du FCPE. Le conseil de surveillance d'un FCPE adopte en outre un rapport annuel mis à la disposition de chaque porteur de parts.

L'adhésion au présent FCPE emporte acceptation des dispositions contenues dans son règlement.

Le souscripteur peut obtenir, sans frais, communication du règlement du FCPE sur simple demande auprès de son entreprise.

Le FCPE BTP Epargne Actions est un fonds multi-entreprise, créé pour l'application de l'accord-cadre du 20 janvier 2003 instituant les plans d'épargne interentreprises du bâtiment et des travaux publics.

Il est réservé aux bénéficiaires de l'accord ci-dessus mentionné. Il peut également être ouvert aux bénéficiaires d'accords mis en place en application des articles L. 441-1 à L. 444-7 du code du travail au profit des salariés d'entreprises du secteur du bâtiment et des travaux publics ou de secteurs connexes ainsi que d'entreprises qui sont filiales d'entreprises relevant elles-mêmes de ces secteurs.

Le fonds est régi par les dispositions de l'article L. 214-39 du code monétaire et financier.

Le conseil de surveillance

Un conseil de surveillance commun aux fonds communs de placement d'entreprise créé dans le cadre de l'accord-cadre mentionné ci-dessus, composé de 20 membres, est institué. Il est composé à parité de 10 membres salariés porteurs de parts d'au moins un des fonds communs de placement d'entreprise représentant les porteurs de parts, désignés par les fédérations syndicales professionnelles de salariés représentatives au niveau national et signataires ou adhérents à l'accord-cadre mentionné ci-dessus, et de 10 représentants des entreprises adhérentes, désignés par les organisations professionnelles d'employeurs. Chaque fonds dispose d'au moins un porteur de parts au conseil de surveillance.

Orientation de gestion du fonds

Le FCPE BTP Epargne Actions est classé dans la catégorie "FCPE Actions de pays de la Communauté européenne ».

Le FCPE est en permanence exposé à hauteur de 60 % au moins sur un ou plusieurs marchés des actions émises dans un ou plusieurs pays de la Communauté européenne, dont éventuellement les marchés de la zone euro.

L'exposition au risque de change, pour des devises autres que celles de la zone euro ou de la Communauté européenne, doit rester accessoire.

L'exposition au risque de marché autres que ceux de la Communauté européenne doit rester accessoire.

Objectif de gestion

L'objectif de gestion consiste à obtenir à moyen terme une performance supérieure à celle de l'indice de référence, le Dow Jones Stoxx50.

Indicateur de références

L'indice de référence est le Dow Jones Stoxx50 en cours de clôture, coupons non réinvestis, publié par la société Stoxx Ltd. Cet indice reproduit la performance d'un panier constitué des 50 premières capitalisations boursières des sociétés cotées européennes.

Stratégie d'investissement

La gestion de ce FCPE est une gestion de type actif qui combine deux approches : une première utilisant les fondamentaux macro-économiques par zone ou par pays (taux de chômage, niveau d'inflation, croissance du PIB, taux d'intérêt) et une seconde se focalisant sur les qualités intrinsèques d'une société et de sa valorisation. De plus le portefeuille sera essentiellement investi sur des valeurs appartenant à l'univers du DJStoxx200 répondant à des critères socialement responsables, et ce sur l'ensemble des marchés européens au-delà de la zone euro, définis au sein de la société de gestion.

Profil de risque

Le portefeuille sera investi dans des instruments financiers sélectionnés par le gestionnaire financier. Ces instruments connaîtront les évolutions et aléas du marché.

L'investisseur est averti que la performance du FCPE peut ne pas être conforme à ses objectifs et que son capital investi peut ne pas lui être totalement restitué, puisque le FCPE n'intègre pas de garantie en capital.

Risque actions

Le FCPE peut être exposé au risque actions à hauteur de 100 % maximum de son actif. En conséquence, il supporte un risque lié à la fluctuation à la hausse comme à la baisse de ses actifs.

Risque de change

Le FCPE est susceptible d'investir dans les instruments financiers libellés en devises autres que l'euro, notamment de par ses investissements en Europe hors zone euro. Il peut en effet subir les fluctuations d'une devise par rapport à la monnaie de référence.

Les valeurs cotées au Royaume-Uni et en Suisse en monnaie locale sont assujetties à leur parité contre l'euro et donc susceptibles d'influer sur le comportement de la valeur liquidative du FCPE.

Risque taux d'intérêt

Le risque de taux d'intérêt traduit la diminution de la valeur des investissements du FCPE dans le cas de l'augmentation des taux d'intérêt. Le risque de taux d'intérêt est généralement plus important pour les investissements dans les titres de créances ayant des échéances relativement longues que pour des investissements dans les titres de créances ayant des échéances plus courtes.

Risque de crédit

Ce risque peut résulter de la dégradation de la qualité de signature d'un émetteur sur lequel est exposé le FCPE et ainsi être susceptible de faire baisser la valeur des investissements du FCPE.

Risque de perte en capital

Les investisseurs supportent un risque de perte en capital lié à la nature des placements réalisés par le FCPE. La perte en capital se produit lors de la vente d'une part à un prix inférieur à sa valeur d'achat.

Durée de placement minimum conseillée : 5 ans.

Composition de l'OPCVM

L'exposition minimale au risque actions est de 75 % de l'actif, 25 % pouvant être consacrés à des investissements en obligations émises par des émetteurs de la zone euro.

Les obligations convertibles pourront représenter au maximum 10 % de l'encours du FCPE à titre de diversification.

Le FCPE peut intervenir sur les contrats à terme ou des options sur taux d'intérêt et actions ou indice obligataire et actions pour couverture.

Ces opérations seront effectuées dans la limite d'un engagement maximum d'une fois l'actif net.

Marchés d'évolution

Obligataire zone euro.

Actions européennes.

Intervention sur les marchés à terme dans un but de protection du portefeuille (EUREX) : vente de call, achat de put, vente de contrats d'instruments à terme.

Pourcentage de détention de l'actif en autres OPCVM : investissement au moins à 50 % en OPCVM (classification : actions européennes et actions internationales).

Zone géographique prépondérante : zone Europe.

Fonctionnement du fonds

La valeur liquidative est calculée chaque vendredi, ainsi que le 30 juin et le 31 décembre de chaque année. Dans le cas où ces jours ne seraient pas des jours d'ouverture de la Bourse de Paris ou seraient des jours fériés légaux, la valeur liquidative est établie le jour ouvré précédent.

Dans le cadre des arrêtés comptables, une valeur indicative de la valeur liquidative, appelée "valeur estimative" , est calculée le 30 juin et le 31 décembre de chaque année. Elle ne peut servir de base aux souscriptions-rachats. Toutefois, dans le cas où ces jours seraient des vendredis, elle servirait également aux souscriptions-rachats.

Lieu et mode de publication de la valeur liquidative :

- les valeurs liquidatives sont publiées sur Internet : www.gestionbtp.com (rubrique épargne salariale).

La composition de l'actif du FCPE est publiée chaque semestre. Tout porteur de parts qui en fait la demande, peut recevoir le rapport annuel.

Etablissement chargé des souscriptions et des rachats de parts : REGARDBTP. Les souscriptions s'effectuent par l'intermédiaire des entreprises ou individuellement au cas où l'entreprise n'adhère pas aux plans.

Modalités de souscription et de rachat

La commission de souscription peut être à la charge des porteurs ou à celle de l'entreprise :

- apports et retraits : en numéraire ;

- mode d'exécution : prochaine valeur liquidative ;

- commission de souscription : 2 % maximum à la charge des porteurs de parts ou de l'entreprise selon convention de l'entreprise ;

- commission de rachat : néant ;

- commission d'arbitrage : néant ;

- frais de fonctionnement et de gestion : 1,79 % TTC l'an maximum de l'actif net à la charge du fonds ;

- commission de surperformance : néant ;

- commission de mouvement : néant ;

- frais de gestion indirects : les commissions de gestion indirectes du fonds s'élèvent à un montant de 0,24 % TTC l'an maximum de l'actif net à la charge du fonds ;

- commission de souscription indirecte : néant ;

- commission de rachat indirecte : néant ;

- affectation des revenus du fonds : capitalisation dans le fonds ;

- frais de tenue de compte conservation : à la charge de l'entreprise, ils sont à la charge du porteur de parts lorsque celui-ci a quitté l'entreprise et que ses droits acquis ont été mis en disponibilité, à l'exception des frais de tenue de compte concernant les salariés qui ont quitté l'entreprise pour départ en retraite ou préretraite ;

- délai d'indisponibilité : 5 ans pour les plans d'épargne et accords d'entreprise, date de départ en retraite pour le PERCO-BTP ;

- disponibilité des parts : les parts sont disponibles selon les modalités prévues par l'accord national instituant les plans d'épargne interentreprises du bâtiment et des travaux publics soit, le cas échéant, selon les termes de l'accord d'entreprise.

Modalités de demande de remboursements anticipés et de parts disponibles : adresser la demande, accompagnée des pièces justificatives à BTP-Prévoyance. Les parts sont payées en numéraire dans un délai n'excédant pas 1 mois après l'établissement de la première valeur de part qui suit la réception de la demande de rachat.

Valeur de la part à la constitution du fonds : 10 €.

Nom et adresse des intervenants

Société de gestion : GESTIONBTP, 7, rue du Regard, 75006 Paris.

Dépositaire : BNP Paribas Securities Services, 3, rue d'Antin, 75002 Paris.

Contrôleurs légaux des comptes :

- Mazars & Guerard, Le Vinci, 4, allée de l'Arche, 92075 La Défense Cedex.

- PriceWaterHouseCoopers Audit SA, 32, rue Guersant, 75017 Paris.

Teneur de compte, conservateur des parts : REGARDBTP, 7, rue du Regard, 75006 Paris.

Agréé en date du 11 avril 2003 par la COB.

Dernière mise à jour de la notice et agrément de l'AMF le 1er juillet 2005.

Lors de la clôture de chaque exercice, la société de gestion rédige le rapport annuel du FCPE et tient à la disposition de chaque porteur de parts un exemplaire du rapport de gestion qui peut être, en accord avec le conseil de surveillance, remplacé par un rapport simplifié comportant une mention indiquant que le rapport annuel est à la disposition de tout porteur de parts qui en fait la demande auprès de l'entreprise.

La présente notice d'information doit être remise aux porteurs préalablement à toute souscription.

NOTICE D'INFORMATION
En vigueur étendu
n° code AMF FCE20030172

Compartiment : oui : - non : x
Nourricier : oui : - non : x

Un fonds commun de placement d'entreprise (FCPE) est un organisme de placement collectif en valeurs mobilières (OPCVM), c'est-à-dire un produit d'épargne qui permet à plusieurs investisseurs de détenir en commun un portefeuille de valeurs mobilières. Le FCPE est réservé aux salariés des entreprises et destiné à recevoir et à investir leur épargne salariale. Il est géré par une société de gestion.

La gestion du FCPE est contrôlée par un conseil de surveillance, composé de représentants des salariés et de représentants des entreprises. Ce conseil a notamment pour fonction d'examiner le rapport de gestion et les comptes annuels de l'OPCVM, d'examiner la gestion financière, administrative et comptable de l'OPCVM, d'exercer les droits de vote attachés aux titres de capital détenus dans le portefeuille, de décider de l'apport des titres en cas d'offre publique, de décider des opérations de fusion, scission ou liquidation et de donner son accord préalable aux modifications du règlement du FCPE. Le conseil de surveillance d'un FCPE adopte en outre un rapport annuel mis à la disposition de chaque porteur de parts.

L'adhésion au présent FCPE emporte acceptation des dispositions contenues dans son règlement.

Le souscripteur peut obtenir, sans frais, communication du règlement du FCPE sur simple demande auprès de son entreprise.

Le FCPE BTP Epargne et solidarité est un fonds multi-entreprise, créé pour l'application de l'accord-cadre du 20 janvier 2003 instituant les plans d'épargne interentreprises du bâtiment et des travaux publics.

Il est réservé aux bénéficiaires de l'accord ci-dessus mentionné. Il peut également être ouvert aux bénéficiaires d'accords mis en place en application des articles L. 441-1 à L. 444-7 du code du travail au profit des salariés d'entreprises du secteur du bâtiment et des travaux publics ou de secteurs connexes ainsi que d'entreprises qui sont filiales d'entreprises relevant elles-mêmes de ces secteurs.

Le fonds est régi par les dispositions de l'article L. 214-39 du code monétaire et financier.

Conseil de surveillance

Un conseil de surveillance commun aux fonds communs de placement d'entreprise créé dans le cadre de l'accord-cadre mentionné ci-dessus, composé de 20 membres, est institué. Il est composé à parité de 10 membres salariés porteurs de parts d'au moins un des fonds communs de placement d'entreprise représentant les porteurs de parts, désignés par les fédérations syndicales professionnelles de salariés représentatives au niveau national et signataires ou adhérents de l'accord-cadre mentionné ci-dessus, et de 10 représentants des entreprises adhérentes, désignés par les organisations professionnelles d'employeurs. Chaque fonds dispose d'au moins un porteur de parts au conseil de surveillance.

Orientation de gestion du fonds BTP Epargne et solidarité

Le FCPE BTP Epargne et solidarité est classé dans la catégorie "FCPE diversifié" .

Objectif de gestion du fonds BTP Epargne et solidarité

Le FCPE BTP Epargne et solidarité est un fonds nourricier de la SICAV "choix solidaire" est également classée dans la catégorie "diversifié". A ce titre, le FCPE investit en permanence 98 % à 100 % de son actif en actions de la SICAV maître "choix solidaire". Le solde de 2 %, au maximum, sera investi en liquidités.

L'objectif de gestion de ce fonds consiste à offrir une performance aussi proche que possible de celle de la SICAV maître "choix solidaire", le fonds détenant de 98 % à 100 % d'actions de cette dernière. La performance du fonds pourra être différente de celle de la SICAV maître, en raison notamment des frais de gestion propres au nourricier.

Le FCPE aura pour vocation de contribuer au financement d'entreprises solidaires agréées en application de l'article L. 443-3-1 du code du travail, au travers de la SICAV maître "choix solidaire".

Orientation de gestion de l'OPCVM maître

La SICAV maître "choix solidaire", classée dans la catégorie "OPCVM diversifié".

Orientation des placements de l'OPCVM maître

La SICAV a pour objectif de battre son indicateur de référence (Livret A + 1,50 %) par une allocation diversifiée en actions et produits de taux sélectionnés en considération de critères éthiques.

Indicateur de références

L'indicateur de référence servant d'étalon à la gestion du portefeuille est le taux de rémunération brut du Livret A majoré de 1,50 %. Toutefois, le portefeuille est largement diversifié et directement exposé aux principaux risques des marchés financiers. La performance effective de la SICAV évolue donc de façon très différente de celle d'un placement à taux fixe.

Stratégie d'investissement de l'OPCVM maître

La SICAV est investie de manière très diversifiée en actions et obligations internationales (y compris françaises) négociées sur les principales places boursières des pays membres de l'OCDE et situés en Europe continentale. Les produits de taux, investis en direct ou via des parts ou actions d'OPCVM, représentent au minimum 65 % du portefeuille. Les titres éligibles peuvent indifféremment être représentatifs de dettes publiques (Etats et collectivités locales) comme de dettes privées. Dans ce cas, les émissions non notées ou ayant une note inférieure à "BBB-" ne sont pas éligibles à l'actif de la SICAV. Les investissements en actions ne peuvent représenter plus de 35 % du portefeuille. Ils portent soit sur des actions cotées (grandes et moyennes capitalisations boursières), soit sur des actions non cotées d'émetteurs solidaires.

Tous les investissements en portefeuille résultent d'un processus de sélection des émetteurs privés dénommé "filtre éthique", qui s'appuie sur l'approche développée par l'agence de notation extra-financière française VIGEO. Au-delà du filtre, la gestion du portefeuille est réalisée de manière discrétionnaire.

Au sein de la SICAV "choix solidaire", la priorité est donnée aux émetteurs particulièrement respectueux de la gestion des ressources humaines, de l'environnement et des relations clients-fournisseurs.

La SICAV a pour particularité de contribuer à la dotation en moyens financiers de personnes morales françaises ou européennes non cotées ayant la qualité d'acteur solidaire. Il peut s'agir notamment d'organismes ditribuant du micro-crédit, d'entreprises qui privilégient la réinsertion de personnes handicapées ou en situation de grande exclusion, ou encore de maisons de retraite à but non lucratif. Ces investissements solidaires représentent en permanence entre 5 % et 10 % du portefeuille ; la part des émetteurs français représente quant à elle au moins 5 % de l'encours de la SICAV.

L'OPCVM peut également intervenir sur des instruments financiers à terme (notamment opérations d'échange de devises). Le gérant peut prendre des positions en couverture dans la limite de 100 % de l'actif au maximum. Ces interventions sont destinées à faire face au risque de taux en couverture, au risque actions dans les zones géographiques où le portefeuille est exposé et au risque de change en couverture.

Pour la gestion de sa trésorerie, la SICAV aura recours à des dépôts, des emprunts d'espèces, des opérations d'acquisition et de cession temporaire de titres, et des parts et actions d'OPCVM français, coordonnés ou non, classés dans les catégories "Monétaires euro" et "Obligations et autres TCN libellés en euros", gérés ou promus par ECOFI Investissements.

Profil de risque de l'OPCVM maître

Votre argent sera principalement investi dans des instruments financiers sélectionnés par la société de gestion. Ces instruments connaîtront les évolutions et aléas des marchés.

Risques significatifs

Le risque de taux : risque d'une baisse de la valeur des obligations, et donc du portefeuille, provoquée par une augmentation des taux d'intérêt.

Le risque actions : risque d'une baisse de la valeur du portefeuille en raison de détérioration des marchés actions.

Risque de perte de capital : l'OPCVM ne bénéficie d'aucune garantie ni protection. Il se peut donc que le capital investi ne soit pas intégralement recouvré lors du rachat.

Risques accessoires

Risque de liquidité : risque de ne pouvoir obtenir à brefs délais le rachat des instruments figurant en portefeuille, soit parce que ces instruments sont négociés sur un marché peu actif, soit parce qu'ils ne sont pas cotés. Les titres émis par les acteurs du monde solidaire se caractérisent généralement par leur faible liquidité.

Risque de change : impact des variations des taux de change entre l'euro (devise dans laquelle l'OPCVM valorise ses actifs) et les monnaies étrangères utilisées.

Pour plus de détails sur les risques, il convient de se reporter aux mentions contenues dans la note détaillée de l'OPCVM.

Durée minimale de placement recommandée : supérieure à 2 ans.

Cette durée minimale de placement recommandée ne tient pas compte de la durée de blocage de votre épargne.

Marchés d'évolution

Obligataire zone euro.

Actions européennes.

Monétaire euro.

Zone géographique prépondérante : zone Europe.

Fonctionnement du fonds

La valeur liquidative est calculée chaque vendredi, ainsi que le 30 juin et le 31 décembre de chaque année. Dans le cas où ces jours ne seraient pas des jours d'ouverture de la Bourse de Paris ou seraient des jours fériés légaux, la valeur liquidative est établie le jour ouvré précédent.

Dans le cadre des arrêtés comptables, une valeur indicative de la valeur liquidative, appelée "valeur estimative", est calculée le 30 juin et le 31 décembre de chaque année. Elle ne peut servir de base aux souscriptions-rachats. Toutefois, dans le cas où ces jours seraient des vendredis, elle servirait également aux souscriptions-rachats.

Lieu et mode de publication de la valeur liquidative.

- les valeurs liquidatives sont publiées sur Internet : www.gestionbtp.com (rubrique épargne salariale).

La composition de l'actif du FCPE est publiée chaque semestre. Tout porteur de parts qui en fait la demande peut recevoir le rapport annuel.

Etablissement chargé des souscriptions et des rachats de parts : REGARDBTP. Les souscriptions s'effectuent par l'intermédiaire des entreprises, ou individuellement au cas où l'entreprise n'adhère pas aux plans.

Modalités de souscription et de rachat

La commission de souscription peut être à la charge des porteurs ou à celle de l'entreprise :

- apports et retraits : en numéraire ;

- mode d'exécution : prochaine valeur liquidative ;

- commission de souscription : 2 % maximum à la charge des porteurs de parts ou de l'entreprise selon convention de l'entreprise ;

- commission de rachat : néant ;

- commission d'arbitrage : néant ;

- frais de fonctionnement et de gestion : 0,24 % TTC l'an maximum de l'actif net, à la charge du fonds ;

- commission de surperformance : néant ;

- commission de mouvement : néant ;

- frais de gestion indirects :

Les frais de gestion indirects du fonds s'élèvent à un montant maximum de 0,90 % TTC l'an maximum de l'actif net du fonds maître, à la charge du fonds.

Les commissions de souscription indirectes sont de 1 % maximum à la charge du fonds.

Il n'y a pas de commission de rachat indirecte ;

- affectation des revenus du fonds : capitalisation dans le fonds ;

- frais de tenue de compte conservation : à la charge de l'entreprise, ils sont à la charge du porteur de parts lorsque celui-ci a quitté l'entreprise et que ses droits acquis ont été mis en disponibilité, à l'exception des frais de tenue de compte concernant les salariés qui ont quitté l'entreprise pour départ en retraite ou préretraite ;

- délai d'indisponibilité : 5 ans pour les plans d'épargne et accords de participation, date de départ en retraite pour le PERCO-BTP.

- disponibilité des parts : les parts sont disponibles selon les modalités prévues par l'accord national instituant les plans d'épargne interentreprises du bâtiment et des travaux publics, soit, le cas échéant, selon les termes de l'accord d'entreprise ;

- modalités de demande de remboursements anticipés et de parts disponibles : adresser la demande accompagnée des pièces justificatives à BTP Prévoyance. Les parts sont payées en numéraire dans un délai n'excédant pas 1 mois après l'établissement de la première valeur de part qui suit la réception de la demande de rachat ;

- valeur de la part à la constitution du fonds : 10 €.

Nom et adresse des intervenants

Société de gestion : GESTIONBTP, 7, rue du Regard, 75006 Paris.

Dépositaire : BNP Paribas Securities Services, 3, rue d'Antin, 75002 Paris.

Contrôleurs légaux des comptes :

- Mazars & Guerard, Le Vinci, 4, allée de l'Arche, 92075 La Défense Cedex ;

- PriceWaterHouseCoopers Audit SA, 32, rue Guersant, 75017 Paris.

Teneur de compte, conservateur des parts : REGARDBTP, 7, rue du Regard, 75006 Paris.

Agréé en date du 22 août 2003 par la COB.

Dernière mise à jour de la notice et agrément par l'AMF le 20 octobre 2005.

Lors de la clôture de chaque exercice, la société de gestion rédige le rapport annuel du FCPE et tient à la disposition de chaque porteur de parts un exemplaire du rapport de gestion qui peut être, en accord avec le conseil de surveillance, remplacé par un rapport simplifié comportant une mention indiquant que le rapport annuel est à la disposition de tout porteur de parts qui en fait la demande auprès de l'entreprise.

La présente notice d'information, à laquelle est jointe la notice de la SICAV maître "choix solidaire", doit être remise aux porteurs préalablement à toute souscription. Le souscripteur peut obtenir sans frais la communication du règlement de la SICAV maître ainsi que tout autre document d'information sur simple demande auprès de la société de gestion, ECOFI Investissements, 48, rue Notre-Dame-des-Victoires, 75002 Paris.

CHOIX SOLIDAIRE

En vigueur étendu

Graphique non reproduit - voir BO conventions collectives 2007-43

NOTICE D'INFORMATION

En vigueur étendu

n° code AMF FCE20020022

Compartiment : oui : - non : x
Nourricier : oui : - non : x

Un fonds commun de placement d'entreprise (FCPE) est un organisme de placement collectif en valeurs mobilières (OPCVM), c'est-à-dire un produit d'épargne qui permet à plusieurs investisseurs de détenir en commun un portefeuille de valeurs mobilières. Le FCPE est réservé aux salariés des entreprises et destiné à recevoir et à investir leur épargne salariale. Il est géré par une société de gestion.

La gestion du FCPE est contrôlée par un conseil de surveillance, composé de représentants des salariés et de représentants des entreprises. Ce conseil a notamment pour fonction d'examiner le rapport de gestion et les comptes annuels de l'OPCVM, d'examiner la gestion financière, administrative et comptable de l'OPCVM, d'exercer les droits de vote attachés aux titres de capital détenus dans le portefeuille, de décider de l'apport des titres en cas d'offre publique, de décider des opérations de fusion, scission ou liquidation et de donner son accord préalable aux modifications du règlement du FCPE. Le conseil de surveillance d'un FCPE adopte en outre un rapport annuel mis à la disposition de chaque porteur de parts.

L'adhésion au présent FCPE emporte acceptation des dispositions contenues dans son règlement.

Le souscripteur peut obtenir, sans frais, communication du règlement du FCPE FIBTP 2002 sur simple demande auprès de son entreprise.

Le FCPE FIBTP 2002 est un fonds multi-entreprise réservé aux entreprises du BTP et des secteurs connexes.

Le fonds est régi par les dispositions de l'article L. 214-39 du code monétaire et financier et à ce titre est investi à moins d'un tiers de son actif en titres de l'entreprise.

Créé pour l'application :

1. De l'avenant portant convention relative à la participation des salariés aux résultats des entreprises du BTP, signé le 9 décembre 2003 entre : la fédération française du bâtiment ; La fédération nationale des travaux publics, et la fédération nationale des salariés de la construction et du bois CFDT ; la fédération BATIMAT-TP CFTC ; le syndicat national des cadres, techniciens, agents de maîtrise et assimilés des industries du bâtiment et des travaux publics CFE-CGC ; la fédération nationale des salariés de la construction CGT ; la fédération générale du bâtiment, bois, travaux publics et matériaux de construction CGT-FO ;

2. Des accords de participation négociés soit dans un cadre spécifique, soit dans un cadre de plan d'épargne d'entreprise et gérés selon les termes de l'accord ci-dessus désigné au bénéfice des salariés et anciens salariés des entreprises adhérentes.

Conseil de surveillance

Commun à l'ensemble des fonds communs de placement d'entreprise FIBTP millésimés et FIBTP LT, il est institué en application de l'article L. 214-39 du code monétaire et financier et comprend 10 membres :

- 5 membres salariés porteurs de parts d'au moins un fonds commun de placement d'entreprise FIBTP millésimés et/ou FIBTP LT représentant les porteurs de parts salariés et anciens salariés, désignés par les fédérations syndicales professionnelles de salariés (CFDT, CFTC, CFE-CGC, CGT, CGT-FO) signataires de la convention de branche ;

- et de 5 membres représentant les entreprises adhérentes, à raison de 2 représentants par chacune des fédérations, FFB et FNTP et un cinquième appartenant à une entreprise mixte désignée d'un commun accord entre les 2 fédérations.

Orientation de gestion du fonds

Le fonds est classé dans la catégorie suivante : « FCPE diversifié ».

Le FCPE gère de façon discrétionnaire, dans le respect des ratios prévus par la réglementation, des actifs financiers français ou étrangers (valeurs mobilières et instruments financiers à terme).

Objectif de gestion et stratégie d'investissement

L'objectif de gestion consiste, d'une part, à gérer le portefeuille avec un niveau de risque limité en optimisant l'allocation de l'actif entre les produits de taux et d'actions en rapport avec l'horizon de placement et, d'autre part, à assurer le plus possible une croissance régulière de la valeur de la part, pendant la durée normale de blocage de participation, soit 5 ans.

Les indices composites de référence s'établiront comme suit :

- les 2 premières années : 85 % EuroMTS 5-7 ans, 15 % DJ Stoxx50 ;

- les 2 années suivantes : 90 % EuroMTS 3-5 ans, 10 % DJ Stoxx50 ;

- jusqu'à la fin de période de blocage : 95 % EuroMts 1-3 ans, 5 % DJ Stoxx50.

Profil de risque

Le profil de risque sera décroissant au fur et à mesure de la durée de détention.

Risque lié à la gestion discrétionnaire

Le style de gestion discrétionnaire privilégié par le gérant repose sur l'anticipation de l'évolution de différents marchés (actions obligations). Il existe un risque pour que le fonds ne soit pas investi à tout moment sur les marchés les plus performants.

Risque de change

Le FCPE est susceptible d'investir dans les instruments financiers libellés en devises autres que l'euro, notamment de par ses investissements en Europe hors zone euro. Il peut en effet subir les fluctuations d'une devise par rapport à la monnaie de référence.

Le fonds supporte un risque de change accessoire.

Risque de taux

Le risque de taux d'intérêt traduit la diminution de la valeur des investissements du FCPE dans le cas de l'augmentation des taux d'intérêt. Le risque de taux d'intérêt est généralement plus important pour les investissements dans les titres de créances ayant des échéances relativement longues que pour des investissements dans les titres de créances ayant des échéances plus courtes.

Une partie du portefeuille pouvant aller jusqu'à 95 % de l'actif peut être investie en produits de taux d'intérêt sous la forme de titres de créances ou d'OPCVM obligataires ou monétaires. En cas de hausse des taux d'intérêt, la valeur des produits investis en taux fixe peut baisser ; la valeur liquidative du fonds peut baisser.

Risque de crédit

Ce risque peut résulter de la dégradation de la qualité de signature d'un émetteur sur lequel est exposé le FCPE et ainsi être susceptible de faire baisser la valeur des investissements du FCPE.

Risque de marchés

Le FCPE peut être exposé au risque actions à hauteur de 25 % maximum de son actif. En conséquence, il supporte un risque lié à la fluctuation à la hausse comme à la baisse de ses actifs.

Risque de perte en capital

Les investisseurs supportent un risque de perte en capital lié à la nature des placements réalisés par le FCPE. La perte en capital se produit lors de la vente d'une part à un prix inférieur à sa valeur d'achat.

Durée de placement minimum conseillée : 5 ans.

Composition de l'OPCVM

Le FCPE est en permanence exposé à hauteur de 75 % au moins de son actif net en produits de taux (obligataires et monétaires) et assimilés, et à 25 % en actions et assimilées. Le FCPE pourra être investi à plus de 50 % de son actif dans divers OPCVM permettant de réaliser cette orientation des placements, à savoir OPCVM monétaires, obligataires, actions et diversifiés.

Chaque année, la part consacrée aux actions sera automatiquement diminuée pour passer au maximum de 25 % la première année à un maximum de 10 % à l'issue de la quatrième année.

La fraction minimum consacrée aux obligations sera quant à elle progressivement augmentée pour passer de 75 % à 90 % sur la durée de détention.

Le gérant aura la faculté d'ajuster - dans les marges définies pour les deux premières années, les deux années suivantes et la durée résiduelle - la répartition entre actions et obligations année par année, pour tenir compte des fluctuations des marchés.

Marchés d'évolution

Obligataire zone euro.

Actions européennes.

Interventions sur les marchés à terme fermes ou optionnels, dans le cadre de la réglementation en vigueur : instruments financiers à terme négociés sur l'EUREX et le MONEP, notamment contrats d'instruments financiers, options sur indices action, options sur action. L'ensemble de ces instruments sera utilisé pour couvrir le portefeuille aux risques actions et risque de taux en raison de l'investissement du portefeuille sur les marchés actions européens ainsi que dans le cadre d'arbitrages (au sens de : privilégier pendant une période plus ou moins longue un investissement sur un marché au détriment d'un autre marché).

Pourcentage de détention de l'actif en autres OPCVM : ce fonds pourra investir plus de 50 % de son actif dans divers OPCVM permettant de réaliser l'orientation des placements, à savoir OPCVM monétaires, obligations, actions et diversifiés.

Zone géographique prépondérante : Europe.

Fonctionnement du fonds

La valeur liquidative est calculée chaque vendredi, ainsi que le 30 juin et le 31 décembre de chaque année. Dans le cas où ces jours ne seraient pas des jours d'ouverture de la Bourse de Paris ou seraient des jours fériés légaux, la valeur liquidative est établie le jour ouvré précédent.

Lieu et mode de publication de la valeur liquidative :

- les valeurs liquidatives sont publiées sur Internet : www.probtp.com ou www.gestionbtp.com (rubrique salariale) ;

- les valeurs liquidatives sont disponibles auprès de GESTIONBTP. La valeur liquidative de fin de mois est affichée dans les locaux des entreprises.

La composition de l'actif du FCPE est publiée chaque semestre. Tout salarié qui en fait la demande auprès de GESTIONBTP peut recevoir le rapport annuel.

Etablissement chargé des souscriptions et des rachats de parts : REGARDBTP. Les souscriptions s'effectuent par l'intermédiaire des entreprises.

Modalités de souscription et de rachat

La commission de souscription peut être à la charge des porteurs ou à celle de l'entreprise :

- apports et retraits : en numéraire ;

- mode d'exécution : prochaine valeur liquidative ;

- commission de souscription : 1 % maximum à la charge des porteurs de parts ou de l'entreprise, selon convention de l'entreprise ;

- commission de rachat : néant ;

- commission d'arbitrage : néant ;

- frais de fonctionnement et de gestion : 1,08 % TTC l'an maximum de l'actif net à la charge du fonds ;

- commission de surperformance : néant ;

- commission de mouvement : néant ;

- frais de gestion indirects : les commissions de gestion indirectes à la charge du fonds s'élèvent à un montant de 0,24 % TTC l'an maximum de l'actif net ;

- commission de souscription indirecte : néant ;

- commission de rachat indirecte : néant ;

- affectation des revenus du fonds : capitalisation dans le fonds ;

- frais de tenue de compte conservation : à la charge de l'entreprise ;

- délai d'indisponibilité : 5 ans ;

- disponibilité des parts : premier jour du 4e mois (pour les droits issus de la participation seule).

Modalités de demande de remboursements anticipés et à échéance : adresser la demande, accompagnée s'il y a lieu des pièces justificatives, à BTP-Prévoyance. Les parts sont payées en numéraire dans un délai n'excédant pas 1 mois après l'établissement de la première valeur de part qui suit la réception de la demande de rachat.

Valeur de la part à la constitution du fonds : 10 €.

Nom et adresse des intervenants

Société de gestion : GESTIONBTP, 7, rue du Regard, 75006 Paris.

Dépositaire : BNP Paribas Securities Services, 3, rue d'Antin, 75002 Paris.

Contrôleurs légaux des comptes :

- Audit et Communication, 118, avenue Jean-Jaurès, 75019 Paris ;

- PriceWaterHouseCoopers Audit SA, 63, rue de Villiers, 92208 Neuilly-sur-Seine Cedex.

Teneur de compte, conservateur des parts : REGARDBTP, 7, rue du Regard, 75006 Paris.

Agréé en date du 26 février 2002 par la COB.

Agrément par l'AMF le 23 juin 2005.

Dernière mise à jour de la notice le 22 juin 2007.

Lors de la clôture de chaque exercice, la société de gestion rédige le rapport annuel du FCPE et tient à la disposition de chaque porteur de parts un exemplaire du rapport de gestion qui peut être en accord avec le conseil de surveillance, remplacé par un rapport simplifié comportant une mention indiquant que le rapport annuel est à la disposition de tout porteur de parts qui en fait la demande auprès de l'entreprise.

La présente notice d'information doit être remise aux porteurs préalablement à toute souscription.

NOTICE D'INFORMATION
En vigueur étendu

n° code AMF FCE20030060

Compartiment : oui : - non : x
Nourricier : oui : - non : x

Un fonds commun de placement d'entreprise (FCPE) est un organisme de placement collectif en valeurs mobilières (OPCVM), c'est-à-dire un produit d'épargne qui permet à plusieurs investisseurs de détenir en commun un portefeuille de valeurs mobilières. Le FCPE est réservé aux salariés des entreprises et destiné à recevoir et à investir leur épargne salariale. Il est géré par une société de gestion.

La gestion du FCPE est contrôlée par un conseil de surveillance, composé de représentants des salariés et de représentants des entreprises. Ce conseil a notamment pour fonction d'examiner le rapport de gestion et les comptes annuels de l'OPCVM, d'examiner la gestion financière, administrative et comptable de l'OPCVM, d'exercer les droits de vote attachés aux titres de capital détenus dans le portefeuille, de décider de l'apport des titres en cas d'offre publique, de décider des opérations de fusion, scission ou liquidation et de donner son accord préalable aux modifications du règlement du FCPE. Le conseil de surveillance d'un FCPE adopte en outre un rapport annuel mis à la disposition de chaque porteur de parts.

L'adhésion au présent FCPE emporte acceptation des dispositions contenues dans son règlement.

Le souscripteur peut obtenir, sans frais, communication du règlement du FCPE FIBTP 2003 sur simple demande auprès de son entreprise.

Le FCPE FIBTP 2003 est un fonds multi-entreprise réservé aux entreprises du BTP et des secteurs connexes.

Le fonds est régi par les dispositions de l'article L. 214-39 du code monétaire et financier et à ce titre est investi à moins d'un tiers de son actif en titres de l'entreprise.

Créé pour l'application :

1. De l'avenant portant convention relative à la participation des salariés aux résultats des entreprises du BTP, signé le 9 décembre 2003 entre : la fédération française du bâtiment ; la fédération nationale des travaux publics et la fédération nationale des salariés de la construction et du bois, confédération française démocratique du travail (CFDT) ; la fédération BATIMAT-TP (CFTC) ; le syndicat national des cadres, techniciens, agents de maîtrise et assimilés des industries du bâtiment et des travaux publics CFE-CGC ; la fédération nationale des salariés de la construction CGT ; la fédération générale du bâtiment, bois, travaux publics et matériaux de construction CGT-FO,

2. Des accords de participation négociés soit dans un cadre spécifique, soit dans un cadre de plan d'épargne d'entreprise et gérés selon les termes de l'accord ci-dessus désigné au bénéfice des salariés et anciens salariés des entreprises adhérentes.

Conseil de surveillance

Commun à l'ensemble des fonds communs de placement d'entreprise FIBTP millésimés et FIBTP LT, il est institué en application de l'article L. 214-39 du code monétaire et financier et comprend 10 membres :

- 5 membres salariés porteurs de parts d'au moins un fonds commun de placement d'entreprise FIBTP millésimés et/ou FIBTP LT représentant les porteurs de parts salariés et anciens salariés, désignés par les fédérations syndicales professionnelles de salariés (CFDT, CFTC, CFE-CGC, CGT, CGT-FO) signataires de la convention de branche ;

- et de 5 membres représentant les entreprises adhérentes, à raison de 2 représentants par chacune des fédérations, FFB et FNTP et un cinquième appartenant à une entreprise mixte désignée d'un commun accord entre les 2 fédérations.

Orientation de gestion du fonds

Le fonds est classé dans la catégorie suivante : « FCPE diversifié ».

Le FCPE gère de façon discrétionnaire, dans le respect des ratios prévus par la réglementation, des actifs financiers français ou étrangers (valeurs mobilières et instruments financiers à terme).

Objectif de gestion et stratégie d'investissement

L'objectif de gestion consiste, d'une part, à gérer le portefeuille avec un niveau de risque limité en optimisant l'allocation de l'actif entre les produits de taux et d'actions en rapport avec l'horizon de placement et, d'autre part, à assurer le plus possible une croissance régulière de la valeur de la part, pendant la durée normale de blocage de participation, soit 5 ans.

Les indices composites de référence s'établiront comme suit :

- les 2 premières années : 85 % EuroMTS 5-7 ans, 15 % DJ Stoxx50 ;

- les 2 années suivantes : 90 % EuroMTS 3-5 ans, 10 % DJ Stoxx50 ;

- jusqu'à la fin de période de blocage : 95 % EuroMTS 1-3 ans, 5 % DJ Stoxx50.

Profil de risque

Le profil de risque sera décroissant au fur et à mesure de la durée de détention.

Risque lié à la gestion discrétionnaire

Le style de gestion discrétionnaire privilégié par le gérant repose sur l'anticipation de l'évolution de différents marchés (actions obligations). Il existe un risque pour que le fonds ne soit pas investi à tout moment sur les marchés les plus performants.

Risque de change

Le FCPE est susceptible d'investir dans les instruments financiers libellés en devises autres que l'euro, notamment de par ses investissements en Europe hors zone euro. Il peut en effet subir les fluctuations d'une devise par rapport à la monnaie de référence.

Le fonds supporte un risque de change accessoire.

Risque de taux

Le risque de taux d'intérêt traduit la diminution de la valeur des investissements du FCPE dans le cas de l'augmentation des taux d'intérêt. Le risque de taux d'intérêt est généralement plus important pour les investissements dans les titres de créances ayant des échéances relativement longues que pour des investissements dans les titres de créances ayant des échéances plus courtes.

Une partie du portefeuille pouvant aller jusqu'à 95 % de l'actif peut être investie en produits de taux d'intérêt sous la forme de titres de créances ou d'OPCVM obligataires ou monétaires. En cas de hausse des taux d'intérêt, la valeur des produits investis en taux fixe peut baisser ; la valeur liquidative du fonds peut baisser.

Risque de crédit

Ce risque peut résulter de la dégradation de la qualité de signature d'un émetteur sur lequel est exposé le FCPE et ainsi être susceptible de faire baisser la valeur des investissements du FCPE.

Risque de marchés

Le FCPE peut être exposé au risque actions à hauteur de 25 % maximum de son actif. En conséquence, il supporte un risque lié à la fluctuation à la hausse comme à la baisse de ses actifs.

Risque de perte en capital

Les investisseurs supportent un risque de perte en capital lié à la nature des placements réalisés par le FCPE. La perte en capital se produit lors de la vente d'une part à un prix inférieur à sa valeur d'achat.

Durée de placement minimum conseillée : 5 ans.

Composition de l'OPCVM

Le FCPE est en permanence exposé à hauteur de 75 % au moins de son actif net en produits de taux (obligataires et monétaires) et assimilés, et à 25 % en actions et assimilées. Le FCPE pourra être investi à plus de 50 % de son actif dans divers OPCVM permettant de réaliser cette orientation des placements, à savoir OPCVM monétaires, obligataires, actions et diversifiés.

Chaque année la part consacrée aux actions sera automatiquement diminuée pour passer au maximum de 25 % la première année à un maximum de 10 % à l'issue de la quatrième année.

La fraction minimum consacrée aux obligations sera quant à elle progressivement augmentée pour passer de 75 % à 90 % sur la durée de détention.

Le gérant aura la faculté d'ajuster - dans les marges définies pour les deux premières années, les deux années suivantes et la durée résiduelle - la répartition entre actions et obligations année par année, pour tenir compte des fluctuations des marchés.

Marchés d'évolution

Obligataire zone euro.

Actions européennes.

Interventions sur les marchés à terme fermes ou optionnels, dans le cadre de la réglementation en vigueur : instruments financiers à terme, négociés sur l'EUREX et le MONEP, notamment contrats d'instruments financiers, options sur l'indices action, options sur action. L'ensemble de ces instruments sera utilisé pour couvrir le portefeuille aux risques actions et risque de taux en raison de l'investissement du portefeuille sur les marchés actions européens ainsi que dans le cadre d'arbitrages (au sens de : privilégier pendant une période plus ou moins longue un investissement sur un marché au détriment d'un autre marché).

Pourcentage de détention de l'actif en autres OPCVM : ce fonds pourra investir plus de 50 % de son actif dans divers OPCVM permettant de réaliser l'orientation des placements, à savoir OPCVM monétaires, obligations, actions et diversifiés.

Zone géographique prépondérante : Europe.

Fonctionnement du fonds

La valeur liquidative est calculée chaque vendredi, ainsi que le 30 juin et le 31 décembre de chaque année. Dans le cas où ces jours ne seraient pas des jours d'ouverture de la Bourse de Paris ou seraient des jours fériés légaux, la valeur liquidative est établie le jour ouvré précédent.

Lieu et mode de publication de la valeur liquidative :

- les valeurs liquidatives sont publiées sur Internet : www.probtp.com ou www.gestionbtp.com (rubrique épargne salariale) ;

- les valeurs liquidatives sont disponibles auprès de GESTIONBTP. La valeur liquidative de fin de mois est affichée dans les locaux des entreprises ;

La composition de l'actif du FCPE est publiée chaque semestre. Tout salarié qui en fait la demande auprès de GESTIONBTP peut recevoir le rapport annuel.

Etablissement chargé des souscriptions et des rachats de parts : REGARDBTP. Les souscriptions s'effectuent par l'intermédiaire des entreprises.

Modalités de souscription et de rachat

La commission de souscription peut être à la charge des porteurs ou à celle de l'entreprise :

- apports et retraits : en numéraire ;

- mode d'exécution : prochaine valeur liquidative ;

- commission de souscription : 1 % maximum à la charge des porteurs de parts ou de l'entreprise, selon la convention de l'entreprise ;

- commission de rachat : néant ;

- commission d'arbitrage : néant ;

- frais de fonctionnement et de gestion : 1,08 % TTC l'an maximum de l'actif net à la charge du fonds ;

- commission de surperformance : néant ;

- commission de mouvement : néant ;

- frais de gestion indirects : les commissions de gestion indirectes à la charge du fonds s'élèvent à 0,24 % TTC l'an maximum de l'actif net ;

- commission de souscription indirecte : néant ;

- commission de rachat indirecte : néant ;

- affectation des revenus du fonds : capitalisation dans le fonds ;

- frais de tenue de compte conservation : à la charge de l'entreprise ;

- délai d'indisponibilité : 5 ans ;

- disponibilité des parts : premier jour du 4e mois (pour les droits issus de la participation seule).

Modalités de demande de remboursements anticipés et à échéance : adresser la demande, accompagnée s'il y a lieu des pièces justificatives, à BTP-Prévoyance. Les parts sont payées en numéraire dans un délai n'excédant pas 1 mois après l'établissement de la première valeur de part qui suit la réception de la demande de rachat.

Valeur de la part à la constitution du fonds : 10 €.

Nom et adresse des intervenants

Société de gestion : GESTIONBTP, 7, rue du Regard, 75006 Paris.

Dépositaire : BNP Paribas Securities Services, 3, rue d'Antin, 75002 Paris.

Contrôleurs légaux des comptes :

- Audit et Communication, 118, avenue Jean-Jaurès, 75019 Paris.

- PriceWaterHouseCoopers Audit SA, 63, rue de Villiers, 92208 Neuilly-sur-Seine Cedex.

Teneur de compte, conservateur de parts : REGARDBTP, 7, rue du Regard, 75006 Paris.

Agréé en date du 11 avril 2003 par la COB.

Agrément par l'AFM : 23 juin 2005.

Dernière mise à jour de la notice : 22 juin 2007.

Lors de la clôture de chaque exercice, la société de gestion rédige le rapport annuel du FCPE et tient à la disposition de chaque porteur de parts un exemplaire du rapport de gestion qui peut être, en accord avec le conseil de surveillance, remplacé par un rapport simplifié comportant une mention indiquant que le rapport annuel est à la disposition de tout porteur de parts qui en fait la demande auprès de l'entreprise.

La présente notice d'information doit être remise aux porteurs préalablement à toute souscription.

NOTICE D'INFORMATION

En vigueur étendu

n° code AMF : FCE20040032

Compartiment : oui : - non : x
Nourricier : oui : - non : x

Un fonds commun de placement d'entreprise (FCPE) est un organisme de placement collectif en valeurs mobilières (OPCVM), c'est-à-dire un produit d'épargne qui permet à plusieurs investisseurs de détenir en commun un portefeuille de valeurs mobilières. Le FCPE est réservé aux salariés des entreprises et destiné à recevoir et à investir leur épargne salariale. Il est géré par une société de gestion.

La gestion du FCPE est contrôlée par un conseil de surveillance, composé de représentants des porteurs de parts et de représentants des entreprises. Ce conseil a notamment pour fonction d'examiner le rapport de gestion et les comptes annuels de l'OPCVM, d'examiner la gestion financière, administrative et comptable de l'OPCVM, d'exercer les droits de vote attachés aux titres de capital détenus dans le portefeuille, de décider de l'apport des titres en cas d'offre publique, de décider des opérations de fusion, scission ou liquidation et de donner son accord préalable aux modifications du règlement du FCPE. Le Conseil de surveillance d'un FCPE adopte en outre un rapport annuel mis à la disposition de chaque porteur de parts.

L'adhésion au présent FCPE emporte acceptation des dispositions contenues dans son règlement.

Le souscripteur peut obtenir, sans frais, communication du règlement du FCPE FIBTP 2004 sur simple demande auprès de son entreprise.

Le FCPE FIBTP 2004 est un fonds multi-entreprise, réservé aux entreprises du BTP et des secteurs connexes.

Le fonds est régi par les dispositions de l'article L. 214-39 du code monétaire et financier et à ce titre est investi à moins de 1/3 de son actif en titres de l'entreprise.

Créé pour l'application :

1. De l'avenant portant convention relative à la participation des salariés aux résultats des entreprises du BTP signé le 9 décembre 2003 entre : la fédération française du bâtiment ; la fédération nationale des travaux publics ; la fédération nationale des salariés de la construction et du bois, confédération française démocratique du travail (CFDT) ; la fédération BATIMAT-TP CFTC ; le syndicat national des cadres, techniciens, agents de maîtrise et assimilés des industries du bâtiment et des travaux publics CFE-CGC ; la fédération nationale des salariés de la construction CGT ; la fédération générale Force ouvrière du bâtiment, bois, travaux publics et matériaux de construction CGT-FO.

2. Des accords de participation négociés, soit dans un cadre spécifique, soit dans un cadre de plan d'épargne d'entreprise et gérés selon les termes de l'accord ci-dessus désigné au bénéfice des salariés et anciens salariés des entreprises adhérentes.

Conseil de surveillance

Commun à l'ensemble des fonds communs de placement d'entreprise FIBTP millésimés et FIBTP LT, il est institué en application de l'article L. 214-39 du code monétaire et financier et comprend 10 membres :

- 5 membres salariés porteurs de parts d'au moins 1 fonds commun de placement d'entreprise FIBTP millésimés et/ou FIBTP LT représentant les porteurs de parts salariés et anciens salariés, désignés par les fédérations syndicales professionnelles de salariés (CFDT, CFTC, CFE-CGC, CGT, CGT-FO) signataires de la convention de branche ;

- et 5 membres représentant les entreprises adhérentes, à raison de 2 représentants par chacune des fédérations, FFB et FNTP et un cinquième appartenant à une entreprise mixte désignée d'un commun accord entre les deux fédérations.

Orientation de gestion du fonds

Le fonds est classé dans la catégorie suivante : « FCPE diversifié ».

Le FCPE gère de façon discrétionnaire, dans le respect des ratios prévus par la réglementation, des actifs financiers français ou étrangers (valeurs mobilières et instruments financiers à terme).

Objectif de gestion et stratégie d'investissement :

L'objectif de gestion consiste, d'une part, à gérer le portefeuille avec un niveau de risque limité en optimisant l'allocation de l'actif entre les produits de taux et d'actions en rapport avec l'horizon de placement et, d'autre part, à assurer le plus possible une croissance régulière de la valeur de la part, pendant la durée normale de blocage de participation, soit 5 ans.

Les indices composites de référence s'établiront comme suit :

- les 2 premières années : 85 % EuroMTS 5-7 ans, 15 % DJ Stoxx50 ;

- les 2 années suivantes : 90 % EuroMTS 3-5 ans, 10 % DJ Stoxx50 ;

- jusqu'à la fin de période de blocage : 95 % EuroMTS 1-3 ans, 5 % DJ Stoxx50.

Profil de risque

Le profil de risque sera décroissant au fur et à mesure de la durée de détention.

Risque lié à la gestion discrétionnaire

Le style de gestion discrétionnaire privilégié par le gérant repose sur l'anticipation de l'évolution de différents marchés (actions obligations). Il existe un risque pour que le fonds ne soit pas investi à tout moment sur les marchés les plus performants.

Risque de change

Le FCPE est susceptible d'investir dans les instruments financiers libellés en devises autres que l'euro, notamment de par ses investissements en Europe hors zone euro. Il peut en effet subir les fluctuations d'une devise par rapport à la monnaie de référence.

Le fonds supporte un risque de change accessoire.

Risque de taux

Le risque de taux d'intérêt traduit la diminution de la valeur des investissements du FCPE dans le cas de l'augmentation des taux d'intérêt. Le risque de taux d'intérêt est généralement plus important pour les investissements dans les titres de créances ayant des échéances relativement longues que pour des investissements dans les titres de créances ayant des échéances plus courtes.

Une partie du portefeuille pouvant aller jusqu'à 95 % de l'actif peut être investie en produits de taux d'intérêt sous la forme de titres de créances ou d'OPCVM obligataires ou monétaires. En cas de hausse des taux d'intérêt, la valeur des produits investis en taux fixe peut baisser ; la valeur liquidative du fonds peut baisser.

Risque de crédit

Ce risque peut résulter de la dégradation de la qualité de signature d'un émetteur sur lequel est exposé le FCPE et ainsi être susceptible de faire baisser la valeur des investissements du FCPE.

Risque de marchés

Le FCPE peut être exposé au risque actions à hauteur de 25 % maximum de son actif. En conséquence, il supporte un risque lié à la fluctuation à la hausse comme à la baisse de ces actifs.

Risque de perte en capital

Les investisseurs supportent un risque de perte en capital lié à la nature des placements réalisés par le FCPE. La perte en capital se produit lors de la vente d'une part à un prix inférieur à sa valeur d'achat.

Durée de placement minimum conseillé : 5 ans.

Composition de l'OPCVM

Le FCPE est en permanence exposé à hauteur de 75 % au moins de son actif net en produits de taux (obligataires et monétaires) et assimilés, et à 25 % en actions et assimilées. Le FCPE pourra être investi à plus de 50 % de son actif dans divers OPCVM permettant de réaliser cette orientation des placements, à savoir OPCVM monétaires, obligations, actions et diversifiés.

Chaque année, la part consacrée aux actions sera automatiquement diminuée pour passer au maximum de 25 % la première année à un maximum de 10 % à l'issue de la quatrième année.

La fraction minimum consacrée aux obligations sera quant à elle progressivement augmentée pour passer de 75 % à 90 % sur la durée de détention.

Le gérant aura la faculté d'ajuster - dans les marges définies pour les 2 premières années, les 2 années suivantes et la durée résiduelle - la répartition entre actions et obligations année par année, pour tenir compte des fluctuations des marchés.

Marchés d'évolution

Obligataire zone euro.

Actions européennes.

Interventions sur les marchés à terme fermes ou optionnels, dans le cadre de la réglementation en vigueur : instruments financiers à terme négociés sur l'EUREX et le MONEP, notamment contrats d'instruments financiers, options sur indices action, options sur action. L'ensemble de ces instruments sera utilisé pour couvrir le portefeuille aux risques actions et risque de taux en raison de l'investissement du portefeuille sur les marchés actions européens ainsi que dans le cadre d'arbitrages (au sens de : privilégier pendant une période plus ou moins longue un investissement sur un marché au détriment d'un autre marché).

Pourcentage de détention de l'actif en autres OPCVM : ce fonds pourra investir plus de 50 % de son actif dans divers OPCVM permettant de réaliser l'orientation des placements, à savoir OPCVM monétaires, obligations, actions et diversifiés.

Zone géographique prépondérante : Europe.

Fonctionnement du fonds

La valeur liquidative est calculée chaque vendredi, ainsi que le 30 juin et le 31 décembre de chaque année. Dans le cas où ces jours ne seraient pas des jours d'ouverture de la Bourse de Paris ou seraient des jours fériés légaux, la valeur liquidative est établie le jour ouvré précédent.

Lieu et mode de publication de la valeur liquidative :

- Les valeurs liquidatives sont publiées :

- sur internet : www.probtp.com ou www.gestionbtp.com (rubrique épargne salariale) ;

- Les valeurs liquidatives sont disponibles auprès de GESTIONBTP. La valeur liquidative de fin de mois est affichée dans les locaux des entreprises.

La composition de l'actif du FCPE est publiée chaque semestre. Tout salarié qui en fait la demande auprès de GESTIONBTP peut recevoir le rapport annuel.

Etablissement chargé des souscriptions et des rachats de parts : REGARDBTP. Les souscriptions s'effectuent par l'intermédiaire des entreprises.

Modalités de souscription et de rachat

La commission de souscription peut être à la charge des porteurs ou à celle de l'entreprise :

- apports et retraits : en numéraire ;

- mode d'exécution : prochaine valeur liquidative ;

- commission de souscription : 1 % maximum à la charge des porteurs de parts ou de l'entreprise, selon convention de l'entreprise ;

- commission de rachat : néant ;

- commission d'arbitrage : néant ;

- frais de fonctionnement et de gestion : 1,08 % TTC l'an maximum de l'actif net à la charge du fonds ;

- commission de surperformance : néant ;

- commission de mouvement : néant ;

- frais de gestion indirects : les commissions de gestion indirectes - à la charge du fonds - s'élèvent à un montant de 0,24 % TTC l'an maximum de l'actif net ;

- commission de souscription indirecte : néant ;

- commission de rachat indirecte : néant ;

- affectation des revenus du fonds : capitalisation dans le fonds ;

- frais de tenue de compte conservation : à la charge de l'entreprise ;

- délai d'indisponibilité : 5 ans ;

- disponibilité des parts : 1er jour du 4e mois (pour les droits issus de la participation seule).

Modalités de demande de remboursements anticipés et à échéance : adresser la demande, accompagnée s'il y a lieu des pièces justificatives, à BTP Prévoyance. Les parts sont payées en numéraire dans un délai n'excédant pas 1 mois après l'établissement de la première valeur de part qui suit la réception de la demande de rachat.

Valeur de la part à la constitution du fonds : 10 €.

Nom et adresse des intervenants

Société de gestion : GESTIONBTP, 7, rue du Regard, 75006 Paris.

Dépositaire : BNP Paribas Securities Services, 3, rue d'Antin, 75002 Paris.

Contrôleurs légaux des comptes :

- Audit et Communication, 118, avenue Jean-Jaurès, 75019 Paris.

- PriceWaterHouseCoopers Audit SA, 63, rue de Villiers, 92208 Neuilly-sur-Seine Cedex.

Teneur de compte conservateur des parts : REGARDBTP, 7, rue du Regard, 75006 Paris.

Agréé en date du 12 mars 2004 par l'AMF.

Agrément par l'AMF le 24 juin 2005.

Dernière mise à jour de la notice : 22 juin 2007.

Lors de la clôture de chaque exercice, la société de gestion rédige le rapport annuel du FCPE et tient à la disposition de chaque porteur de parts un exemplaire du rapport de gestion qui peut être en accord avec le conseil de surveillance, remplacé par un rapport simplifié comportant une mention indiquant que le rapport annuel est à la disposition de tout porteur de parts qui en fait la demande auprès de l'entreprise.

La présente notice d'information doit être remise aux porteurs préalablement à toute souscription

NOTICE D'INFORMATION

En vigueur étendu

n° code AMF : FCE20050065

Compartiment : oui : - non : x
Nourricier : oui : - non : x

Un fonds commun de placement d'entreprise (FCPE) est un organisme de placement collectif en valeurs mobilières (OPCVM), c'est-à-dire un produit d'épargne qui permet à plusieurs investisseurs de détenir en commun un portefeuille de valeurs mobilières. Le FCPE est réservé aux salariés des entreprises et destiné à recevoir et à investir leur épargne salariale. Il est géré par une société de gestion.

La gestion du FCPE est contrôlée par un conseil de surveillance, composé de représentants des porteurs de parts et de représentants de l'entreprise. Ce conseil a notamment pour fonction d'examiner le rapport de gestion et les comptes annuels de l'OPCVM, d'examiner la gestion financière, administrative et comptable de l'OPCVM, d'exercer les droits de vote attachés aux titres de capital détenus dans le portefeuille, de décider de l'apport des titres en cas d'offre publique, de décider des opérations de fusion, scission ou liquidation et de donner son accord préalable aux modifications du règlement du FCPE. Le conseil de surveillance d'un FCPE adopte en outre un rapport annuel mis à la disposition de chaque porteur de parts.

L'adhésion au présent FCPE emporte acceptation des dispositions contenues dans son règlement.

Le souscripteur peut obtenir, sans frais, communication du règlement du FCPE FIBTP 2005 sur simple demande auprès de son entreprise.

Le FCPE FIBTP 2005 est un fonds multi-entreprise, réservé aux entreprises du BTP et des secteurs connexes.

Le fonds est régi par les dispositions de l'article L. 214-39 du code monétaire et financier et à ce titre est investi à moins de 1/3 de son actif en titres de l'entreprise.

Créé pour l'application :

1. De l'avenant portant convention relative à la participation des salariés aux résultats des entreprises du BTP signé le 9 décembre 2003 entre : la fédération française du bâtiment ; la fédération nationale des travaux publics, et la fédération nationale des salariés de la construction et du bois CFDT ; la fédération BATIMAT-TP CFTC ; le syndicat national des cadres, techniciens, agents de maîtrise et assimilés des industries du bâtiment et des travaux publics CFE-CGC ; la fédération nationale des salariés de la construction CGT ; la fédération générale Force ouvrière du bâtiment, bois, travaux publics et matériaux de construction CGT-FO.

2. Des accords de participation négociés, soit dans un cadre spécifique, soit dans un cadre de plan d'épargne d'entreprise et gérés selon les termes de l'accord ci-dessus désigné au bénéfice des salariés et anciens salariés des entreprises adhérentes.

Conseil de surveillance

Commun à l'ensemble des fonds communs de placement d'entreprise FIBTP millésimés et FIBTP LT, il est institué en application de l'article L. 214-39 du code monétaire et financier et comprend 10 membres :

- 5 membres salariés porteurs de parts d'au moins 1 fonds commun de placement d'entreprise FIBTP millésimés et/ou FIBTP LT représentant les porteurs de parts salariés et anciens salariés, désignés par les fédérations syndicales professionnelles de salariés (CFDT, CFTC, CFE-CGC, CGT, CGT-FO) signataires de la convention de branche ;

- et de 5 membres représentant les entreprises adhérentes, à raison de 2 représentants par chacune des fédérations, FFB et FNTP et un cinquième appartenant à une entreprise mixte désignée d'un commun accord entre les 2 fédérations.

Orientation de gestion du fonds

Le fonds est classé dans la catégorie suivante : « FCPE diversifié ».

Le FCPE gère de façon discrétionnaire, dans le respect des ratios prévus par la réglementation, des actifs financiers français ou étrangers (valeurs mobilières et instruments financiers à terme).

Objectif de gestion et stratégie d'investissement

L'objectif de gestion consiste, d'une part, à gérer le portefeuille avec un niveau de risque limité en optimisant l'allocation de l'actif entre les produits de taux et d'actions en rapport avec l'horizon de placement et, d'autre part, à assurer le plus possible une croissance régulière de la valeur de la part, pendant la durée normale de blocage de participation, soit 5 ans.

Les indices composites de référence s'établiront comme suit :

- les 2 premières années : 85 % EuroMTS 5-7 ans, 15 % DJ Stoxx50 ;

- les 2 années suivantes : 90 % EuroMTS 3-5 ans, 10 % DJ Stoxx50 ;

- jusqu'à la fin de période de blocage : 95 % EuroMTS 1-3 ans, 5 % DJ Stoxx50.

Profil de risque

Le profil de risque sera décroissant au fur et à mesure de la durée de détention.

Risque lié à la gestion discrétionnaire

Le style de gestion discrétionnaire privilégié par le gérant repose sur l'anticipation de l'évolution des différents marchés (actions obligations). Il existe un risque pour que le fonds ne soit pas investi à tout moment sur les marchés les plus performants.

Risque de change

Le FCPE est susceptible d'investir dans les instruments financiers libellés en devises autres que l'euro, notamment de par ses investissements en Europe hors zone euro. Il peut en effet subir les fluctuations d'une devise par rapport à la monnaie de référence.

Le fonds supporte un risque de change accessoire.

Risque de taux

Le risque de taux d'intérêt traduit la diminution de la valeur des investissements du FCPE dans le cas de l'augmentation des taux d'intérêt. Le risque de taux d'intérêt est généralement plus important pour les investissements dans les titres de créances ayant des échéances relativement longues que pour des investissements dans les titres de créances ayant des échéances plus courtes.

Une partie du portefeuille pouvant aller jusqu'à 95 % de l'actif peut être investie en produits de taux d'intérêt sous la forme de titres de créances ou d'OPCVM obligataires ou monétaires. En cas de hausse des taux d'intérêt, la valeur des produits investis en taux fixe peut baisser ; la valeur liquidative du fonds peut baisser.

Risque de crédit

Ce risque peut résulter de la dégradation de la qualité de signature d'un émetteur sur lequel est exposé le FCPE et ainsi être susceptible de faire baisser la valeur des investissements du FCPE.

Risque de marchés

Le FCPE peut être exposé au risque actions à hauteur de 25 % maximum de son actif. En conséquence, il supporte un risque lié à la fluctuation à la hausse comme à la baisse de ces actifs.

Risque de perte en capital

Les investisseurs supportent un risque de perte en capital lié à la nature des placements réalisés par le FCPE. La perte en capital se produit lors de la vente d'une part à un prix inférieur à sa valeur d'achat.

Durée de placement minimum conseillé : 5 ans.

Composition de l'OPCVM

Le FCPE est en permanence exposé à hauteur de 75 % au moins de son actif net en produits de taux (obligataires et monétaires) et assimilés, et à 25 % en actions et assimilées. Le FCPE pourra être investi à plus de 50 % de son actif dans divers OPCVM permettant de réaliser cette orientation des placements, à savoir OPCVM monétaires, obligations, actions et diversifiés.

Chaque année, la part consacrée aux actions sera automatiquement diminuée pour passer au maximum de 25 % la première année à un maximum de 10 % à l'issue de la quatrième année.

La fraction minimum consacrée aux obligations sera quant à elle progressivement augmentée pour passer de 75 % à 90 % sur la durée de détention.

Le gérant aura la faculté d'ajuster - dans les marges définies pour les 2 premières années, les 2 années suivantes et la durée résiduelle - la répartition entre actions et obligations année par année, pour tenir compte des fluctuations des marchés.

Marchés d'évolution

Obligataire zone euro.

Actions européennes.

Interventions sur les marchés à terme fermes ou optionnels, dans le cadre de la réglementation en vigueur : instruments financiers à terme négociés sur l'EUREX et le MONEP, notamment contrats d'instruments financiers, options sur indices action, options sur action. L'ensemble de ces instruments sera utilisé pour couvrir le portefeuille aux risques actions et risque de taux en raison de l'investissement du portefeuille sur les marchés actions européens ainsi que dans le cadre d'arbitrages (au sens de : privilégier pendant une période plus ou moins longue un investissement sur un marché au détriment d'un autre marché).

Pourcentage de détention de l'actif en autres OPCVM : ce fonds pourra investir plus de 50 % de son actif dans divers OPCVM permettant de réaliser l'orientation des placements, à savoir OPCVM monétaires, obligations, actions et diversifiés.

Zone géographique prépondérante : Europe.

Fonctionnement du fonds

La valeur liquidative est calculée chaque vendredi, ainsi que le 30 juin et le 31 décembre de chaque année. Dans le cas où ces jours ne seraient pas des jours d'ouverture de la Bourse de Paris ou seraient des jours fériés légaux, la valeur liquidative est établie le jour ouvré précédent.

Lieu et mode de publication de la valeur liquidative :

- les valeurs liquidatives sont publiées sur Internet : www.probtp.com ou www.gestionbtp.com (rubrique épargne salariale) ;

- les valeurs liquidatives sont disponibles auprès de GESTIONBTP. La valeur liquidative de fin de mois est affichée dans les locaux des entreprises.

La composition de l'actif du FCPE est publiée chaque semestre. Tout salarié qui en fait la demande auprès de GESTIONBTP peut recevoir le rapport annuel.

Etablissement chargé des souscriptions et des rachats de parts : REGARDBTP. Les souscriptions s'effectuent par l'intermédiaire des entreprises.

Modalités de souscription et de rachat

La commission de souscription peut être à la charge des porteurs ou à celle de l'entreprise :

- apports et retraits : en numéraire ;

- mode d'exécution : prochaine valeur liquidative ;

- commission de souscription : 1 % maximum à la charge des porteurs de parts ou de l'entreprise, selon convention de l'entreprise ;

- commission de rachat : néant ;

- commission d'arbitrage : néant ;

- frais de fonctionnement et de gestion : 1,08 % TTC l'an maximum de l'actif net à la charge du fonds ;

- commission de surperformance : néant ;

- commission de mouvement : néant ;

- frais de gestion indirects : les commissions de gestion indirectes à la charge du fonds s'élèvent à un montant de 0,24 % TTC l'an maximum de l'actif net ;

- commission de souscription indirecte : néant ;

- commission de rachat indirecte : néant ;

- affectation des revenus du fonds : capitalisation dans le fonds ;

- frais de tenue de compte conservation : à la charge de l'entreprise ;

- délai d'indisponibilité : 5 ans ;

- disponibilité des parts : 1er jour du 4e mois (pour les droits issus de la participation seule).

Modalités de demande de remboursements anticipés et à échéance : adresser la demande, accompagnée s'il y a lieu des pièces justificatives, à BTP Prévoyance. Les parts sont payées en numéraire dans un délai n'excédant pas 1 mois après l'établissement de la première valeur de part qui suit la réception de la demande de rachat.

Valeur de la part à la constitution du fonds : 10 €.

Nom et adresse des intervenants

Société de gestion : GESTIONBTP, 7, rue du Regard, 75006 Paris.

Dépositaire : BNP Paribas Securities Services, 3, rue d'Antin, 75002 Paris.

Contrôleurs légaux des comptes :

- Audit et Communication, 118, avenue Jean-Jaurès, 75019 Paris.

- PriceWaterHouseCoopers Audit SA, 63, rue de Villiers, 92208 Neuilly-sur-Seine Cedex.

Teneur de compte conservateur des parts : REGARDBTP, 7, rue du Regard, 75006 Paris.

Agréé en date du 1er avril 2005 par l'AMF.

Agrément par l'AMF le 23 juin 2005.

Dernière mise à jour de la notice : 22 juin 2007.

Lors de la clôture de chaque exercice, la société de gestion rédige le rapport annuel du FCPE et tient à la disposition de chaque porteur de parts un exemplaire du rapport de gestion qui peut être en accord avec le conseil de surveillance, remplacé par un rapport simplifié comportant une mention indiquant que le rapport annuel est à la disposition de tout porteur de parts qui en fait la demande auprès de l'entreprise.

La présente notice d'information doit être remise aux porteurs préalablement à toute souscription.

NOTICE D'INFORMATION

En vigueur étendu

n° code AMF : FCE20060074

Compartiment : oui : - non : x
Nourricier : oui : - non : x

Un fonds commun de placement d'entreprise (FCPE) est un organisme de placement collectif en valeurs mobilières (OPCVM), c'est-à-dire un produit d'épargne qui permet à plusieurs investisseurs de détenir en commun un portefeuille de valeurs mobilières. Le FCPE est réservé aux salariés des entreprises et destiné à recevoir et à investir leur épargne salariale. Il est géré par une société de gestion.

La gestion du FCPE est contrôlée par un conseil de surveillance, composé de représentants des porteurs de parts et de représentants des entreprises. Ce conseil a notamment pour fonction d'examiner le rapport de gestion et les comptes annuels de l'OPCVM, d'examiner la gestion financière, administrative et comptable de l'OPCVM, d'exercer les droits de vote attachés aux titres de capital détenus dans le portefeuille, de décider de l'apport des titres en cas d'offre publique, de décider des opérations de fusion, scission ou liquidation et de donner son accord préalable aux modifications du règlement du FCPE. Le conseil de surveillance d'un FCPE adopte en outre un rapport annuel mis à la disposition de chaque porteur de parts.

L'adhésion au présent FCPE emporte acceptation des dispositions contenues dans son règlement.

Le souscripteur peut obtenir, sans frais, communication du règlement du FCPE FIBTP 2006 sur simple demande auprès de son entreprise.

Le FCPE FIBTP 2006 est un fonds multi-entreprise, réservé aux entreprises du BTP et des secteurs connexes.

Le fonds est régi par les dispositions de l'article L. 214-39 du code monétaire et financier et à ce titre est investi à moins de 1/3 de son actif en titres de l'entreprise, ou d'une entreprise liée au sens du second alinéa de l'article L. 444-3 du code du travail.

Créé pour l'application :

1. De l'avenant portant convention relative à la participation des salariés aux résultats des entreprises du BTP signé le 9 décembre 2003 entre : la fédération française du bâtiment ; la fédération nationale des travaux publics, et la fédération nationale des salariés de la construction et du bois CFDT ; la fédération BATIMAT-TP CFTC ; le syndicat national des cadres, techniciens, agents de maîtrise et assimilés des industries du bâtiment et des travaux publics CFE-CGC ; la fédération nationale des salariés de la construction CGT ; la fédération générale Force ouvrière du bâtiment, bois, travaux publics et matériaux de construction CGT-FO.

2. Des accords de participation négociés, soit dans un cadre spécifique, soit dans un cadre de plan d'épargne d'entreprise et gérés selon les termes de l'accord ci-dessus désigné au bénéfice des salariés et anciens salariés des entreprises adhérentes.

Conseil de surveillance

Commun à l'ensemble des fonds communs de placement d'entreprise FIBTP millésimés et FIBTP LT, il est institué en application de l'article L. 214-39 du code monétaire et financier et comprend 10 membres :

- 5 membres salariés porteurs de parts d'au moins 1 fonds commun de placement d'entreprise FIBTP millésimé et/ou FIBTP LT représentant les porteurs de parts salariés et anciens salariés, désignés par les fédérations syndicales professionnelles de salariés (CFDT, CFTC, CFE-CGC, CGT, CGT-FO) signataires de la convention de branche ;

- et 5 membres représentant les entreprises adhérentes, à raison de 2 représentants par chacune des fédérations, FFB et FNTP, et de un cinquième appartenant à une entreprise mixte désignée d'un commun accord entre les deux fédérations.

Orientation de gestion du fonds

Le fonds est classé dans la catégorie suivante : « FCPE diversifié ».

Le FCPE gère de façon discrétionnaire, dans le respect des ratios prévus par la réglementation, des actifs financiers français ou étrangers (valeurs mobilières et instruments financiers à terme).

Objectif de gestion et stratégie d'investissement

L'objectif de gestion consiste, d'une part, à gérer le portefeuille avec un niveau de risque limité en optimisant l'allocation de l'actif entre les produits de taux et d'actions en rapport avec l'horizon de placement et, d'autre part, à assurer le plus possible une croissance régulière de la valeur de la part, pendant la durée normale de blocage de participation, soit 5 ans.

Les indices composites de référence s'établiront comme suit :

- les 2 premières années : 85 % EuroMTS 5-7 ans, 15 % DJ Stoxx50 ;

- les 2 années suivantes : 90 % EuroMTS 3-5 ans, 10 % DJ Stoxx50 ;

- jusqu'à la fin de période de blocage : 95 % EuroMTS 1-3 ans, 5 % DJ Stoxx50.

La diminution progessive de la part actions au sein de l'OPCVM vise, dans la durée normale de blocage de 5 ans, à baisser progressivement la part du risque actions plafonné à 25 % les 2 premières années, en augmentant la partie des investissements consacrés aux obligations.

Profil de risque

La part de risque liée à l'investissement en actions sera décroissante en fonction de la durée de détention.

Risque lié à la gestion discrétionnaire

Le style de gestion discrétionnaire privilégié par le gérant repose sur l'anticipation de l'évolution de différents marchés (actions obligations). Il existe un risque pour que le fonds ne soit pas investi à tout moment sur les marchés les plus performants.

Risque d'action

Le FCPE peut être exposé au risque actions à hauteur de 25 % maximum de son actif. En conséquence, il supporte un risque lié à la fluctuation à la hausse comme à la baisse de ces actifs.

Risque de perte en capital

Les investisseurs supportent un risque de perte en capital lié à la nature des placements réalisés par le FCPE. La perte en capital se produit lors de la vente d'une part à un prix inférieur à sa valeur d'achat.

Risque de taux

Le risque de taux d'intérêt traduit la diminution de la valeur des investissements du FCPE dans le cas de l'augmentation des taux d'intérêt. Le risque de taux d'intérêt est généralement plus important pour les investissements dans les titres de créances ayant des échéances relativement longues que pour des investissements dans les titres de créances ayant des échéances plus courtes.

Une partie du portefeuille pouvant aller jusqu'à 95 % de l'actif peut être investie en produits de taux d'intérêt sous la forme de titres de créances ou d'OPCVM obligataires ou monétaires. En cas de hausse des taux d'intérêt, la valeur des produits investis en taux fixe peut baisser ; la valeur liquidative du fonds peut baisser.

Risque de crédit

Ce risque peut résulter de la dégradation de la qualité de signature d'un émetteur sur lequel est exposé le FCPE et ainsi être susceptible de faire baisser la valeur des investissement du FCPE.

Risque de change

Le FCPE est susceptible d'investir dans les instruments financiers libellés en devises autres que l'euro, notamment de par ses investissements en Europe hors zone euro. Il peut en effet subir les fluctuations d'une devise par rapport à la monnaie de référence.

Le fonds supporte un risque de change accessoire.

Durée de placement minimum conseillé : 5 ans.

Nous attirons l'attention des porteurs de parts sur la durée légale de blocage de leurs avoirs.

Composition de l'OPCVM

Le FCPE est en permanence exposé à hauteur de 75 % au moins de son actif net en produits de taux monétaires, obligataires (emprunts d'Etat et obligations du secteur privé de la zone euro) et assimilés, et à 25 % en actions de la zone Europe et assimilées. Le FCPE pourra être investi à plus de 50 % de son actif dans divers OPCVM permettant de réaliser cette orientation des placements, à savoir OPCVM monétaires, obligations (emprunts d'Etat et obligations du secteur privé de la zone euro), actions des pays de la Communauté européenne et diversifiés.

Allocation d'actifs

CRÉATION	**HORIZON de gestion**	**ALLOCATION D'ACTIF**	
		Action (maxi)	**Obligation (durée moyenne)**
Année N + 5	< 1 an	10 %	90 % (1/3 ans)
Année N + 4	1 an	10 %	90 % (3/5 ans)
Année N + 3	2 ans	20 %	80 % (3/5 ans)
Année N + 2	3 ans	20 %	80 % (5/7 ans)
Année N + 1	4 ans	25 %	75 % (EuroMTS 5/7 ans)
Année N	5 ans	25 %	75 % (EuroMTS 5/7 ans)

Plus on se rapproche de l'échéance, plus le risque action devient accessoire.

Marchés d'évolution

Obligataire zone euro.

Actions européennes.

Interventions sur les marchés à terme fermes ou optionnels, dans le cadre de la réglementation en vigueur : instruments financiers à terme négociés sur l'EUREX et le MONEP, notamment contrats d'instruments financiers, options sur indices action, options sur action. L'ensemble de ces instruments sera utilisé pour couvrir le portefeuille aux risques actions et risque de taux en raison de l'investissement du portefeuille sur les marchés actions européens ainsi que dans le cadre d'arbitrages (au sens de : privilégier pendant une période plus ou moins longue un investissement sur un marché au détriment d'un autre marché).

Pourcentage de détention de l'actif en autres OPCVM : ce fonds pourra investir plus de 50 % de son actif dans divers OPCVM permettant de réaliser l'orientation des placements, à savoir OPCVM monétaires, obligations (emprunts d'Etat et obligations du secteur privé de la zone euro), actions de la zone Europe et diversifiés.

Zone géographique prépondérante : Europe.

Fonctionnement du fonds

La valeur liquidative est calculée chaque vendredi, ainsi que le 30 juin et le 31 décembre de chaque année. Dans le cas où ces jours ne seraient pas des jours d'ouverture de la Bourse de Paris ou seraient des jours fériés légaux, la valeur liquidative est établie le jour ouvré précédent.

Lieu et mode de publication de la valeur liquidative :

- les valeurs liquidatives sont publiées sur Internet : www.probtp.com ou www.gestionbtp.com (rubrique épargne salariale) ;

- les valeurs liquidatives sont disponibles auprès de GESTIONBTP. La valeur liquidative de fin de mois est affichée dans les locaux des entreprises.

La composition de l'actif du FCPE est publiée chaque semestre. Tout salarié qui en fait la demande auprès de GESTIONBTP peut recevoir le rapport annuel.

Etablissement chargé des souscriptions et des rachats de parts : REGARDBTP. Les souscriptions s'effectuent par l'intermédiaire des entreprises.

Modalités de souscription et de rachat

La commission de souscription peut être à la charge des porteurs ou à celle de l'entreprise :

- apports et retraits : en numéraire ;

- mode d'exécution : prochaine valeur liquidative ;

- commission de souscription : 1 % maximum à la charge des porteurs de parts ou de l'entreprise, selon convention de l'entreprise ;

- commission de rachat : néant ;

- commission d'arbitrage : néant ;

- frais de fonctionnement et de gestion : 1,08 % TTC l'an maximum de l'actif net à la charge du fonds ;

- commission de surperformance : néant ;

- commission de mouvement : néant ;

- frais de gestion indirects : les commissions de gestion indirectes à la charge du fonds s'élèvent à un montant de 0,24 % TTC l'an maximum de l'actif net des fonds sous-jacents ;

- commission de souscription indirecte : néant ;

- commission de rachat indirecte : néant ;

- affectation des revenus du fonds : capitalisation dans le fonds ;

- frais de tenue de compte conservation : à la charge de l'entreprise ;

- délai d'indisponibilité : 5 ans ;

- disponibilité des parts : 1er jour du 4e mois (pour les droits issus de la participation seule).

Modalités de demande de remboursements anticipés et à échéance : adresser la demande, accompagnée s'il y a lieu des pièces justificatives, à BTP Prévoyance. Les parts sont payées en numéraire dans un délai n'excédant pas 1 mois après l'établissement de la première valeur de part qui suit la réception de la demande de rachat.

Valeur de la part à la constitution du fonds : 10 €.

Nom et adresse des intervenants

Société de gestion : GESTIONBTP, 7, rue du Regard, 75006 Paris.

Dépositaire : BNP Paribas Securities Services, 3, rue d'Antin, 75002 Paris.

Contrôleurs légaux des comptes :

- Audit et Communication, 118, avenue Jean-Jaurès, 75019 Paris.

- PriceWaterHouseCoopers Audit SA, 63, rue de Villiers, 92208 Neuilly-sur-Seine Cedex.

Teneur de compte conservateur des parts : REGARDBTP, 7, rue du Regard, 75006 Paris.

Agréé en date du 12 mars 2004 par l'AMF.

Agrément par l'AMF le 24 juin 2005.

Dernière mise à jour de la notice : 22 juin 2007.

Lors de la clôture de chaque exercice, la société de gestion rédige le rapport annuel du FCPE et tient à la disposition de chaque porteur de parts un exemplaire du rapport de gestion qui peut être en accord avec le conseil de surveillance, remplacé par un rapport simplifié comportant une mention indiquant que le rapport annuel est à la disposition de tout porteur de parts qui en fait la demande auprès de l'entreprise.

La présente notice d'information doit être remise aux porteurs préalablement à toute souscription.

NOTICE D'INFORMATION

En vigueur étendu

n° code AMF : FCE20060219

Compartiment : oui : - non : x
Nourricier : oui : - non : x

Un fonds commun de placement d'entreprise (FCPE) est un organisme de placement collectif en valeurs mobilières (OPCVM), c'est-à-dire un produit d'épargne qui permet à plusieurs investisseurs de détenir en commun un portefeuille de valeurs mobilières. Le FCPE est réservé aux salariés des entreprises et destiné à recevoir et à investir leur épargne salariale. Il est géré par une société de gestion.

La gestion du FCPE est contrôlée par un conseil de surveillance, composé de représentants des porteurs de parts et de représentants des entreprises. Ce conseil a notamment pour fonction d'examiner le rapport de gestion et les comptes annuels de l'OPCVM, d'examiner la gestion financière, administrative et comptable de l'OPCVM, d'exercer les droits de vote attachés aux titres de capital détenus dans le portefeuille, de décider de l'apport des titres en cas d'offre publique, de décider des opérations de fusion, scission ou liquidation et de donner son accord préalable aux modifications du règlement du FCPE. Le conseil de surveillance d'un FCPE adopte en outre un rapport annuel mis à la disposition de chaque porteur de parts.

L'adhésion au présent FCPE emporte acceptation des dispositions contenues dans son règlement.

Le souscripteur peut obtenir, sans frais, communication du règlement du FCPE FIBTP 2007 sur simple demande auprès de son entreprise.

Le FCPE FIBTP 2007 est un fonds multi-entreprise, réservé aux entreprises du BTP et des secteurs connexes.

Le fonds est régi par les dispositions de l'article L. 214-39 du code monétaire et financier et à ce titre est investi à moins de 1/3 de son actif en titres de l'entreprise, ou d'une entreprise liée au sens du second alinéa de l'article L. 444-3 du code du travail.

Créé pour l'application :

1. De l'avenant portant convention relative à la participation des salariés aux résultats des entreprises du BTP signé le 9 décembre 2003 entre : la fédération française du bâtiment ; la fédération nationale des travaux publics, et la fédération nationale des salariés de la construction et du bois CFDT ; la fédération BATIMAT-TP CFTC ; le syndicat national des cadres, techniciens, agents de maîtrise et assimilés des industries du bâtiment et des travaux publics CFE-CGC ; la fédération nationale des salariés de la construction CGT ; la fédération générale Force ouvrière du bâtiment, bois, travaux publics et matériaux de construction CGT-FO.

2. Des accords de participation négociés, soit dans un cadre spécifique, soit dans un cadre de plan d'épargne d'entreprise et gérés selon les termes de l'accord ci-dessus désigné au bénéfice des salariés et anciens salariés des entreprises adhérentes.

Conseil de surveillance

Commun à l'ensemble des fonds communs de placement d'entreprise FIBTP millésimés et FIBTP LT, il est institué en application de l'article L. 214-39 du code monétaire et financier et comprend 10 membres :

- 5 membres salariés porteurs de parts d'au moins 1 fonds commun de placement d'entreprise FIBTP millésimé et/ou FIBTP LT représentant les porteurs de parts salariés et anciens salariés, désignés par les fédérations syndicales professionnelles de salariés (CFDT, CFTC, CFE-CGC, CGT, CGT-FO) signataires de la convention de branche ;

- et 5 membres représentant les entreprises adhérentes, à raison de 2 représentants par chacune des fédérations, FFB et FNTP, et un cinquième appartenant à une entreprise mixte désignée d'un commun accord entre les deux fédérations.

Orientation de gestion du fonds

Le fonds est classé dans la catégorie suivante : « FCPE diversifié ».

Le FCPE gère de façon discrétionnaire, dans le respect des ratios prévus par la réglementation, des actifs financiers français ou étrangers (valeurs mobilières et instruments financiers à terme).

Objectif de gestion et stratégie d'investissement

L'objectif de gestion consiste, d'une part, à gérer le portefeuille en optimisant l'allocation de l'actif entre les produits de taux et d'actions en rapport avec l'horizon de placement et, d'autre part, à assurer le plus possible une croissance régulière de la valeur de la part, pendant la durée normale de blocage de participation, soit 5 ans.

Les indices composites de référence s'établiront comme suit :

- les 2 premières années : 85 % EuroMTS 5-7 ans (1), 15 % DJ Stoxx50 (2) ;

- Les 2 années suivantes : 90 % EuroMTS 3-5 ans (3), 10 % DJ Stoxx50 (4) ;

- jusqu'à la fin de période de blocage : 95 % EuroMTS 1-3 ans (5), -5 % DJ Stoxx50 (6).

La diminution progessive de la part actions au sein de l'OPCVM vise, dans la durée normale de blocage de 5 ans, à baisser progressivement la part du risque actions plafonné à 25 % les 2 premières années, en augmentant la partie des investissements consacrés aux obligations.

Profil de risque

Risque lié à la gestion discrétionnaire

Le style de gestion discrétionnaire privilégié par le gérant repose sur l'anticipation de l'évolution de différents marchés (actions obligations). Il existe un risque pour que le fonds ne soit pas investi à tout moment sur les marchés les plus performants.

Risque d'action

La part de risque liée à l'investissement en actions sera décroissant en fonction de la durée de détention.

Le FCPE peut être exposé au risque actions à hauteur de 25 % maximum de son actif. En conséquence, il supporte un risque lié à la fluctuation à la baisse de ces actifs. En effet, dans ce cas la valeur liquidative du FCPE baissera en conséquence.

Risque de perte en capital

Les investisseurs supportent un risque de perte en capital lié à la nature des placements réalisés par le FCPE. La perte en capital se produit lors de la vente d'une part à un prix inférieur à sa valeur d'achat.

Risque de taux

Le risque de taux d'intérêt traduit la diminution de la valeur des investissements du FCPE dans le cas de l'augmentation des taux d'intérêt. Le risque de taux d'intérêt est généralement plus important pour les investissements dans les titres de créances ayant des échéances relativement longues que pour des investissements dans les titres de créances ayant des échéances plus courtes.

Une partie du portefeuille pouvant aller jusqu'à 95 % de l'actif peut être investie en produits de taux d'intérêt sous la forme de titres de créances ou d'OPCVM obligataires ou monétaires. En cas de hausse des taux d'intérêt, la valeur des produits investis en taux fixe peut baisser ; la valeur liquidative du fonds peut baisser.

Risque de crédit

Ce risque peut résulter de la dégradation de la qualité de signature d'un émetteur sur lequel est exposé le FCPE et ainsi être susceptible de faire baisser la valeur des investissement du FCPE.

Risque de change

Le FCPE est susceptible d'investir dans les instruments financiers libellés en devises autres que l'euro, notamment de par ses investissements en Europe hors zone euro. Il peut en effet subir les fluctuations d'une devise par rapport à la monnaie de référence.

Le fonds supporte un risque de change accessoire.

Durée de placement minimum conseillé : 5 ans.

Nous attirons l'attention des porteurs de parts sur la durée légale de blocage de leurs avoirs.

Composition de l'OPCVM

Le FCPE est en permanence exposé à hauteur de 75 % au moins de son actif net en produits de taux monétaires, obligataires (emprunts d'Etat et obligations du secteur privé de la zone euro) et assimilés (titres négociables conférant un droit de créance sur l'émetteur, présentant des caractéristiques particulières tenant aux modalités de remboursement, de rémunération, ou aux droits aux porteurs), ainsi qu'à 25 % en actions des pays de la communauté européenne et assimilées (titres donnant accès au capital). Le FCPE pourra être investi à plus de 50 % de son actif dans divers OPCVM permettant de réaliser cette orientation des placements, à savoir OPCVM monétaires, obligatoires (emprunts d'Etat et obligations du secteur privé de la zone euro), actions des pays de la Communauté européenne et diversifiés.

La société de gestion tiendra à la disposition des porteurs de parts les documents d'information relatifs aux OPCVM sous-jacents dans lesquels le FCPE est investi.

Les fonds sous-jacents pourront être les suivants et leur utilisation correspondra à l'objectif de gestion et la stratégie d'investissement décrite plus haut :

- FCP REGARD Actions développement durable (action des pays de la Communauté européenne, actions Europe général) ;

- FCP REGARD obligations long terme (obligations et autres TC libellés en euros, obligations Euro LT) ;

- FCP REGARD obligations court terme (obligations et autres TC libellés en euros, obligations Euro CT) ;

- FCP REGARD obligations (obligations et autres TC libellés en euros, obligations Euro MT) ;

- FCP REGARD rendement (obligations et autres TC libellés en euros, obligations Euro MT) ;

- FCP REGARD eurocrédit (obligations et autres TC libellés en euros, obligations Euro MT).

Tous ces fonds ont pour société de gestion PRO BTP FINANCE.

CRÉATION	HORIZON de gestion	ALLOCATION D'ACTIF	
		Action (maxi)	Obligation (durée moyenne)
Année N + 5	< 1 an	10 %	90 % (1/3 ans)
Année N + 4	1 an	10 %	90 % (3/5 ans)
Année N + 3	2 ans	20 %	80 % (3/5 ans)
Année N + 2	3 ans	20 %	80 % (5/7 ans)
Année N + 1	4 ans	25 %	75 % (EuroMTS 5/7 ans)
Année N	5 ans	25 %	75 % (EuroMTS 5/7 ans)

Plus on se rapproche de l'échéance, plus le risque devient accessoire.

Marchés d'évolution

Obligataire zone euro.

Actions européennes.

Interventions sur les marchés à terme fermes ou optionnels, dans le cadre de la réglementation en vigueur : instruments financiers à terme négociés sur l'EUREX et le MONEP, notamment contrats d'instruments financiers, options sur l'indices action, options sur action. L'ensemble de ces instruments sera utilisé pour couvrir le portefeuille aux risques actions et risque de taux en raison de l'investissement du portefeuille sur les marchés actions européens ainsi que dans le cadre d'arbitrages (au sens de : privilégier pendant une période plus ou moins longue un investissement sur un marché au détriment d'un autre marché).

Pourcentage de détention de l'actif en autres OPCVM : ce fonds pourra investir plus de 50 % en OPCVM permettant de réaliser l'orientation des placements, à savoir OPCVM monétaires, obligations (emprunts d'Etat et obligations du secteur privé de la zone euro), actions des pays de la Communauté européenne et diversifiés.

Zone géographique prépondérante : Europe.

Fonctionnement du fonds

La valeur liquidative est calculée chaque vendredi, ainsi que le 30 juin et le 31 décembre de chaque année. Dans le cas où ces jours ne seraient pas des jours d'ouverture de la Bourse de Paris ou seraient des jours fériés légaux, la valeur liquidative est établie le jour ouvré précédent.

Lieu et mode de publication de la valeur liquidative :

- les valeurs liquidatives sont publiées sur Internet : www.probtp.com ou www.gestionbtp.com (rubrique épargne salariale) ;

- les valeurs liquidatives sont disponibles auprès de GESTIONBTP. La valeur liquidative de fin de mois est affichée dans les locaux des entreprises.

La composition de l'actif du FCPE est publiée chaque semestre. Tout salarié qui en fait la demande auprès de GESTIONBTP peut recevoir le rapport annuel.

Etablissement chargé des souscriptions et des rachats de parts : REGARDBTP. Les souscriptions s'effectuent par l'intermédiaire des entreprises.

Modalités de souscription et de rachat

La commission de souscription peut être à la charge des porteurs ou à celle de l'entreprise :

- apports et retraits : en numéraire ;

- mode d'exécution : prochaine valeur liquidative ;

- commission de souscription : 1 % TTC l'an maximum de l'actif net à la charge des porteurs de parts ou de l'entreprise, selon convention de l'entreprise ;

- commission de rachat : néant ;

- commission d'arbitrage : néant ;

- frais de fonctionnement et de gestion : 1,08 % TTC l'an maximum de l'actif net à la charge du fonds ;

- commission de surperformance : néant ;

- commission de mouvement : néant ;

- frais de gestion indirects : les commissions de gestion indirectes - à la charge du fonds - s'élèvent à 0,24 % TTC l'an maximum de l'actif net des fonds sous-jacents ;

- commission de souscription indirecte : néant ;

- commission de rachat indirecte : néant ;

- affectation des revenus du fonds : capitalisation dans le fonds ;

- frais de tenue de compte conservation : à la charge de l'entreprise ;

- délai d'indisponibilité : 5 ans ;

- disponibilité des parts : 1er jour du 4e mois (pour les droits issus de la participation seule).

Modalités de demande de remboursements anticipés et à échéance : adresser la demande, accompagnée s'il y a lieu des pièces justificatives, à BTP Prévoyance. Les parts sont payées en numéraire dans un délai n'excédant pas 1 mois après l'établissement de la première valeur de part qui suit la réception de la demande de rachat.

Valeur de la part à la constitution du fonds : 10 €.

Nom et adresse des intervenants

Société de gestion : GESTIONBTP, 7, rue du Regard, 75006 Paris.

Dépositaire : BNP Paribas Securities Services, 3, rue d'Antin, 75002 Paris.

Contrôleurs légaux des comptes :

- Audit et Communication, 118, avenue Jean-Jaurès, 75019 Paris.

- PriceWaterHouseCoopers Audit SA, 63, rue de Villiers, 92200 Neuilly-sur-Seine Cedex.

Teneur de compte, conservateur de parts : REGARDBTP, 7, rue du Regard, 75006 Paris.

Agréé en date du 20 octobre 2006 par l'AMF.

Dernière mise à jour de la notice : 22 juin 2007.

Lors de la clôture de chaque exercice, la société de gestion rédige le rapport annuel du FCPE et tient à la disposition de chaque porteur de parts 1 exemplaire du rapport de gestion qui peut être en accord avec le conseil de surveillance, remplacé par un rapport simplifié comportant une mention indiquant que le rapport annuel est à la disposition de tout porteur de parts qui en fait la demande auprès de l'entreprise.

La présente notice d'information doit être remise aux porteurs préalablement à toute souscription.

(1) L'EuroMTS 5-7 ans est donc un sous-indice portant sur une tranche de maturité de 5 à 7 ans.(2) DJ Stoxx50 : indice des valeurs vedettes européennes englobant les 50 premières capitalisations au seins de 17 pays d'Europe occidentale, à savoir l'Allemagne, l'Autriche, la Belgique, le Danemark, l'Espagne, la Finlande, la France, la Grèce, l'Italie, l'Irlande, le Luxembourg, la Norvège, les Pays-Bas, le Portugal, et le Royaume-Uni, la Suède et la Suisse. Les titres qui entrent dans la composition de l'indice sont sélectionnés à partir de l'indice Dow Jones Stoxx600, qui comprend les 600 valeurs les plus importantes négociées sur les principales places boursières européennes.(3) EuroMTS 3-5 ans : les indices EuroMTS répliquent la performance du marché des obligations d'Etat libellées en euros.Ces indices comprennent un indice global et 6 sous-indices portant sur différentes tranches de maturité : 1-3, 3-5, 5-7, 7-10, 10-15, 15 ans et +.L'EuroMTS 3-5 ans est donc un sous-indice portant sur une tranche de maturité de 3 à 5 ans.(4) DJ Stoxx50 : indice des valeurs vedettes européennes englobant les 50 premières capitalisations au seins de 17 pays d'Europe occidentale, à savoir l'Allemagne, l'Autriche, la Belgique, le Danemark, l'Espagne, la Finlande, la France, la Grèce, l'Italie, l'Irlande, le Luxembourg, la Norvège, les Pays-Bas, le Portugal, et le Royaume-Uni, la Suède et la Suisse. Les titres qui entrent dans la composition de l'indice sont sélectionnés à partir de l'indice Dow Jones Stoxx600, qui comprend les 600 valeurs les plus importantes négociées sur les principales places boursières européennes.(5) EuroMTS 1-3 ans : les indices EuroMTS répliquent la performance du marché des obligations d'Etat libellées en euros.Ces indices comprennent un indice global et 6 sous-indices portant sur différentes tranches de maturité : 1-3, 3-5, 5-7, 7-10, 10-15, 15 ans et +.L'EuroMTS 1-3 ans est donc un sous-indice portant sur une tranche de maturité de 1 à 3 ans.(6) DJ Stoxx50 : indice des valeurs vedettes européennes englobant les 50 premières capitalisations au seins de 17 pays d'Europe occidentale, à savoir l'Allemagne, l'Autriche, la Belgique, le Danemark, l'Espagne, la Finlande, la France, la Grèce, l'Italie, l'Irlande, le Luxembourg, la Norvège, les Pays-Bas, le Portugal, et le Royaume-Uni, la Suède et la Suisse. Les titres qui entrent dans la composition de l'indice sont

sélectionnés à partir de l'indice Dow Jones Stoxx600, qui comprend les 600 valeurs les plus importantes négociées sur les principales places boursières européennes

NOTICE D'INFORMATION

En vigueur étendu

n° code AMF : FCE19810065

Compartiment : oui : - non : x
Nourricier : oui : - non : x

Un fonds commun de placement d'entreprise (FCPE) est un organisme de placement collectif en valeurs mobilières (OPCVM), c'est-à-dire un produit d'épargne qui permet à plusieurs investisseurs de détenir en commun un portefeuille de valeurs mobilières. Le FCPE est réservé aux salariés des entreprises et destiné à recevoir et à investir leur épargne salariale. Il est géré par une société de gestion.

La gestion du FCPE est contrôlée par un conseil de surveillance, composé de représentants des porteurs de parts et de représentants des entreprises. Ce conseil a notamment pour fonction d'examiner le rapport de gestion et les comptes annuels de l'OPCVM, d'examiner la gestion financière, administrative et comptable de l'OPCVM, d'exercer les droits de vote attachés aux titres de capital détenus dans le portefeuille, de décider de l'apport des titres en cas d'offre publique, de décider des opérations de fusion, scission ou liquidation et de donner son accord préalable aux modifications du règlement du FCPE. Le conseil de surveillance d'un FCPE adopte en outre un rapport annuel mis à la disposition de chaque porteur de parts.

L'adhésion au présent FCPE emporte acceptation des dispositions contenues dans son règlement.

Le souscripteur peut obtenir, sans frais, communication du règlement du FCPE FIBTP LT sur simple demande auprès de son entreprise.

Le FCPE FIBTP LT est un fonds multi-entreprise, réservé aux entreprises du BTP et des secteurs connexes.

Le fonds est régi par les dispositions de l'article L. 214-39 du code monétaire et financier et à ce titre est investi à moins de 1/3 de son actif en titres de l'entreprise.

Créé pour l'application :

1. De l'avenant portant convention relative à la participation des salariés aux résultats des entreprises du BTP signé le 9 décembre 2003 entre : la fédération française du bâtiment ; la fédération nationale des travaux publics, et la fédération nationale des salariés de la construction et du bois CFDT ; la fédération BATIMAT-TP CFTC ; le syndicat national des cadres, techniciens, agents de maîtrise et assimilés des industries du bâtiment et des travaux publics CFE-CGC ; la fédération nationale des salariés de la construction CGT ; la fédération générale Force ouvrière du bâtiment, bois, travaux publics et matériaux de construction CGT-FO.

2. Des accords de participation négociés, soit dans un cadre spécifique, soit dans un cadre de plan d'épargne d'entreprise et gérés selon les termes de l'accord ci-dessus désigné au bénéfice des salariés et anciens salariés des entreprises adhérentes.

Conseil de surveillance

Commun à l'ensemble des fonds communs de placement d'entreprise FIBTP millésimés et FIBTP LT, il est institué en application de l'article L. 214-39 du code monétaire et financier et comprend 10 membres :

- 5 membres salariés porteurs de parts d'au moins un fonds commun de placement d'entreprise FIBTP millésimés et/ou FIBTP LT représentant les porteurs de parts salariés et anciens salariés, désignés par les fédérations syndicales professionnelles de salariés (CFDT, CFTC, CFE-CGC, CGT, CGT-FO) signataires de la convention de branche ;

- et de 5 membres représentant les entreprises adhérentes, à raison de 2 représentants par chacune des fédérations, FFB et FNTP et un cinquième appartenant à une entreprise mixte désignée d'un commun accord entre les 2 fédérations.

Orientation de gestion du fonds

Le FCPE FIBTP LT est classé dans la catégorie « FCPE obligations et autres titres de créance libellés en euros ».

Le FCPE est en permanence exposé sur un ou plusieurs marchés de taux de pays de la zone euro.

L'exposition au risque actions ne doit pas excéder 10 % de l'actif net.

L'exposition au risque de change doit rester accessoire.

Objectif de gestion

L'objectif de gestion consiste à obtenir à moyen terme une performance supérieure à celle d'un benchmark composé à 5 % de l'indice Dow Jones Stoxx50 et à 95 % de l'indice EuroMTS 5-7 ans.

La gestion de ce FCPE est une gestion active à très forte dominante obligations.

Stratégie d'investissement

Le gérant, en fonction des données macro-économiques, des politiques monétaires, des évolutions des courbes de taux et des fondamentaux des sociétés, pourra faire évoluer la répartition entre obligations et actions du FCPE dans les fourchettes prévues dans le paragraphe « Composition de l'OPCVM ».

Profil de risque

Le profil de risque sera identique quelle que soit la durée de détention et sera très majoritairement issu des risques prévalant sur les marchés de taux d'intérêt.

Risque de perte en capital

Les investisseurs supportent un risque de perte en capital lié à la nature des placements réalisés par le FCPE. La perte en capital se produit lors de la vente d'une part à un prix inférieur à sa valeur d'achat.

Risque de taux

Le risque de taux d'intérêt traduit la diminution de la valeur des investissements du FCPE dans le cas de l'augmentation des taux d'intérêt. Le risque de taux d'intérêt est généralement plus important pour les investissements dans les titres de créances ayant des échéances relativement longues que pour des investissements dans les titres de créances ayant des échéances plus courtes.

Une partie du portefeuille pouvant aller jusqu'à 90 % de l'actif peut être investie en produits de taux d'intérêt sous la forme de titres de créances ou d'OPCVM obligataires ou monétaires. En cas de hausse des taux d'intérêt, la valeur des produits investis en taux fixe peut baisser ; la valeur liquidative du fonds peut baisser.

Risque de crédit

Ce risque peut résulter de la dégradation de la qualité de signature d'un émetteur sur lequel est exposé le FCPE et ainsi être susceptible de faire baisser la valeur des investissements du FCPE.

Risques accessoires

Risque actions

Le FCPE peut être exposé au risque actions à hauteur de 10 % maximum de son actif. En conséquence, il supporte un risque lié à la fluctuation à la hausse comme à la baisse de ces actifs.

Risque de change

Le FCPE est susceptible d'investir dans les instruments financiers libellés en devises autres que l'euro, notamment de par ses investissements en Europe hors zone euro. Il peut en effet subir les fluctuations d'une devise par rapport à la monnaie de référence.

Le fonds supporte un risque de change accessoire.

Durée de placement minimum conseillé : 2 ans.

Cette durée de placement ne tient pas compte de la durée de blocage de votre épargne.

Composition de l'OPCVM

Le FCPE est en permanence exposé à hauteur de 90 % au moins de son actif net en produits de taux (obligataires et monétaires) et assimilés (TCN et OPCVM), et à 10 % en actions et assimilées (titre vifs et OPCVM classifiés actions). Le FCPE pourra être investi à plus de 50 % de son actif dans divers OPCVM permettant de réaliser cette orientation des placements, à savoir OPCVM monétaires, obligations.

La société de gestion tiendra à la disposition des porteurs de parts les documents d'information relatifs aux OPCVM sous-jacents dans lesquels le FCPE est investi.

Les fonds sous-jacents pourront être les suivants et leur utilisation correspondra à l'objectif de gestion et la stratégie d'investissement décrite plus haut :

- FCP REGARD obligations long terme (obligations et autre TC libellés en euros, obligations Euro LT) ;

- FCP REGARD obligations court terme (obligations et autres TC libellés en euros, obligations Euro TC) ;

- FCP REGARD obligations (obligations et autres TC libellés en euros, obligations Euro MT).

Tous ces fonds ont pour société de gestion PRO BTP FINANCE, ils correspondent aux fonds dans lesquels le FCPE pourra investir plus de 50 % de son actif, conformément à l'article 415-13 du RGAMF.

Marchés d'évolution

Obligataire zone euro.

Actions européennes.

Interventions sur les marchés à terme fermes ou optionnels, dans un but de protection de portefeuille : utilisation des instruments financiers à terme négociés sur l'EUREX et le MONEP, notamment contrats d'instruments financiers (vente de call, achat de put et vente de contrats d'instruments à terme) options sur l'indices action, options sur action. L'ensemble de ces instruments sera utilisé pour couvrir le portefeuille aux risques actions et risque de taux.

Pourcentage de détention de l'actif en autres OPCVM : ce fonds pourra investir plus de 50 % en OPCVM permettant de réaliser l'orientation des placements, à savoir OPCVM monétaires, obligations, actions et diversifiés.

Zone géographique prépondérante : Europe.

Fonctionnement du fonds

La valeur liquidative est calculée chaque vendredi, ainsi que le 30 juin et le 31 décembre de chaque année. Dans le cas où ces jours ne seraient pas des jours d'ouverture de la Bourse de Paris ou seraient des jours fériés légaux, la valeur liquidative est établie le jour ouvré précédent.

Lieu et mode de publication de la valeur liquidative :

- les valeurs liquidatives sont publiées sur Internet : www.probtp.com ou www.gestionbtp.com (rubrique épargne salariale) ;

- les valeurs liquidatives sont disponibles auprès de GESTIONBTP. La valeur liquidative de fin de mois est affichée dans les locaux des entreprises.

La composition de l'actif du FCPE est publiée chaque semestre. Tout salarié qui en fait la demande auprès de GESTIONBTP peut recevoir le rapport annuel.

Etablissement chargé des souscriptions et des rachats de parts : REGARDBTP. Les souscriptions s'effectuent par l'intermédiaire des entreprises.

Modalités de souscription et de rachat

La commission de souscription peut être à la charge des porteurs ou à celle de l'entreprise :

- apports et retraits : en numéraire ;

- mode d'exécution : prochaine valeur liquidative ;

- commission de souscription : 1 % maximum à la charge des porteurs de parts ou de l'entreprise, selon convention de l'entreprise ;

- commission de rachat : néant ;

- commission d'arbitrage : néant ;

- frais de fonctionnement et de gestion : 1,08 % TTC l'an maximum de l'actif net à la charge du fonds ;

- commission de surperformance : néant ;

- commission de mouvement : néant ;

- frais de gestion indirects à la charge du fonds : ils s'élèvent à un montant de 0,24 % TTC l'an maximum de l'actif net ;

- commission de souscription indirecte : néant ;

- commission de rachat indirecte : néant ;

- affectation des revenus du fonds : capitalisation dans le fonds ;

- frais de tenue de compte conservation : à la charge de l'entreprise ;

- délai d'indisponibilité : 5 ans ;

- disponibilité des parts : 1er jour du 4e mois (participation seule ou avec PEE).

Modalités de demande de remboursements anticipés et à échéance : adresser la demande, accompagnée s'il y a lieu des pièces justificatives, à BTP Prévoyance. Les parts sont payées en numéraire dans un délai n'excédant pas 1 mois après l'établissement de la première valeur de part qui suit la réception de la demande de rachat.

Valeur de la part à la constitution du fonds : 1,52 €.

Nom et adresse des intervenants

Société de gestion : GESTIONBTP, 7, rue du Regard, 75006 Paris.

Dépositaire : BNP Paribas Securities Services, 3, rue d'Antin, 75002 Paris.

Contrôleurs légaux des comptes :

- Audit et Communication, 118, avenue Jean-Jaurès, 75019 Paris.

- PriceWaterHouseCoopers Audit SA, 63, rue de Villiers, 92208 Neuilly-sur-Seine Cedex.

Teneur de compte conservateur de parts : REGARDBTP, 7, rue du Regard, 75006 Paris.

Agréé en date du 3 mai 1990 par la COB.

Agrément par l'AMF le 24 mai 2007.

Dernière mise à jour de la notice : 22 juin 2007.

Lors de la clôture de chaque exercice, la société de gestion rédige le rapport annuel du FCPE et tient à la disposition de chaque porteur de parts un exemplaire du rapport de gestion qui peut être en accord avec le conseil de surveillance, remplacé par un rapport simplifié comportant une mention indiquant que le rapport annuel est à la disposition de tout porteur de parts qui en fait la demande auprès de l'entreprise.

La présente notice d'information doit être remise aux porteurs préalablement à toute souscription.

Avenant n° 2 du 11 juillet 2007 portant modification du règlement PEI-BTP à 5 ans

La confédération de l'artisanat et des petites entreprises du bâtiment (CAPEB) ;

La fédération française du bâtiment (FFB) ;

La fédération française des installateurs électriciens (FFIE) ;

La fédération nationale des sociétés coopératives de production du bâtiment et des travaux publics (FNSCOP) ;

La fédération nationale des travaux publics (FNTP),

La fédération nationale des salariés de la construction et du bois CFDT ;

La fédération BATIMAT-TP CFTC ;

Le syndicat national des cadres, employés, techniciens, agents de maîtrise et assimilés des industries du bâtiment, des travaux publics et des activités annexes et connexes (BTP) CFE-CGC ;

La fédération générale Force ouvrière du bâtiment et des travaux publics et des activités connexes CGT-FO,

La fédération nationale des salariés de la construction CGT,

Préambule

En vigueur étendu

Les parties signataires ont conclu, en date du 20 janvier 2003, un accord intitulé « accord portant règlement du plan d'épargne interentreprises à 5 ans (PEI-BTP) pour l'application de l'accord-cadre du 20 janvier 2003 ».
Les parties signataires, suite à la publication de la loi n° 2006-1770 pour le développement de la participation et de l'actionnariat salarié du 30 décembre 2006, ont conclu le présent avenant.
Sauf dispositions particulières, le présent avenant produit ses effets pour l'application de l'accord susvisé.

Article 1
En vigueur étendu

Le paragraphe intitulé « Alimentation du plan d'épargne à 5 ans (PEI-BTP) » de l'article 1er de l'accord du 20 janvier 2003est désormais rédigé comme suit :
« Les sommes recueillies telles que décrites aux articles 2 à 7 ci-dessous sont immédiatement versées sur le compte du dépositaire et intégralement investies en parts de FCPE visés à l'accord-cadre du 20 janvier 2003 instituant les plans d'épargne interentreprises du bâtiment et des travaux publics, au choix des bénéficiaires. »

Article 2
En vigueur étendu
L'article 2 de l'accord du 20 janvier 2003 intitulé « Alimentation du PEI-BTP » est désormais rédigé comme suit :

« Le PEI-BTP peut être alimenté par des versements de plusieurs natures :

- versements volontaires ;

- versement de l'intéressement ;

- versement de la participation ;

- contribution de l'entreprise (abondement) ;

- transferts d'un autre plan ou de sommes issues de la participation.

L'ensemble de ces versements et transferts s'effectue conformément aux règles issues de la loi n° 2001-152 du 19 février 2001 et dans les conditions précisées ci-après. »

Article 3
En vigueur étendu

L'article 5 de l'accord du 20 janvier 2003 est désormais intitulé et rédigé comme suit :

Article 5
Versement de la participation

§ 1. Versement de la participation obligatoire
Les sommes constituant les réserves spéciales de participation des entreprises assujetties à la participation et ayant adhéré au présent règlement PEI-BTP peuvent être affectées au PEI-BTP.
§ 2. Versement de la participation volontaire
Les entreprises qui ne sont pas assujetties obligatoirement à la participation et qui entrent dans le champ d'application du PEI-BTP peuvent décider unilatéralement de mettre en oeuvre la participation. Dans un tel cas, ce règlement fait office d'accord de participation. Il appartient au chef d'entreprise d'informer par tous moyens appropriés le personnel de l'existence d'un droit à participation. La formule de calcul de la participation et les modes de répartition de la réserve spéciale de participation à appliquer figurent à la section 2 du présent accord.

Article 4
En vigueur étendu
L'article 6 de l'accord du 20 janvier 2003 intitulé « Contribution de l'entreprise, abondement » est désormais rédigé comme suit :
« L'entreprise est libre de verser chaque année un abondement.
Au plus tard 1 mois avant chaque période annuelle de versements, l'entreprise prend sa décision d'abonder ou non et en informe l'ensemble de ses salariés ainsi que l'organisme gestionnaire du PEI-BTP. Elle précise à cette occasion, en cas de décision d'abonder, la ou les origines des versements qu'elle souhaite abonder (intéressement uniquement, tous versements volontaires, versements volontaires hors intéressement), et les taux d'abondement qu'elle retient pour cette période annuelle, conformément aux dispositions suivantes :
- au minimum 50 % sur la partie du versement (1) annuel du bénéficiaire inférieure à 320 €, sans que le montant de l'abondement puisse être inférieur à 160 €.
- au minimum 25 % sur la partie du versement (1) annuel du bénéficiaire comprise entre 320 € et 770 €.
- au minimum 10 % sur la partie du versement (1) annuel du bénéficiaire comprise entre 770 € et 8 % du plafond annuel de la sécurité sociale.
Toutefois, le taux retenu pour cette tranche de versement doit être inférieur ou égal à ceux qui ont été fixés pour les deux premières tranches.
Pour chaque année où elle décide d'abonder, l'entreprise porte à la connaissance de l'ensemble de son personnel les taux d'abondement retenus.
En tout état de cause, l'abondement global de l'entreprise est limité, par bénéficiaire et par an, aux plafonds légaux soit 300 % du versement du bénéficiaire et 8 % du plafond annuel de la sécurité sociale.
Les sommes versées par l'entreprise au titre de l'abondement ne peuvent se substituer en aucune manière aux éléments de rémunération contractuels

ou conventionnels des salariés.
Dans tous les cas, qu'elle ait adhéré ou non au présent PEI-BTP, l'entreprise prend à sa charge les frais de tenue de comptes individuels des bénéficiaires.
Toutefois, les frais de tenue de compte des anciens salariés partis depuis plus de 1 an, à l'exception des salariés retraités et préretraités, sont mis à la charge des intéressés par prélèvement sur leurs avoirs. »

Article 5
En vigueur étendu

L'article 11 de l'accord du 20 janvier 2003 intitulé « Règles d'indisponibilité » est désormais rédigé comme suit :
« Les sommes versées au PEI-BTP ne peuvent être retirées que 5 ans après la date de chaque versement.
Dans la pratique, les sommes versées au PEI-BTP seront disponibles à l'expiration d'un délai de 5 ans courant à compter du premier jour du septième mois de l'année au cours de laquelle les versements ont été faits. Toutefois, les sommes provenant du versement de la participation seront exigibles à l'expiration d'un délai de 5 ans courant à compter du premier jour du quatrième mois suivant la clôture de l'exercice au titre duquel sont nés les droits.
Si dans une entreprise adhérente au PEI-BTP les salariés acquièrent des droits à la fois aux titres de versements au PEI-BTP et de la participation, l'ensemble de ces droits peut, si l'entreprise le demande, bénéficier d'une date unique de mise en disponibilité alignée sur la date de disponibilité quinquennale de la participation au premier jour du quatrième mois.
Passé ce délai, les bénéficiaires peuvent demander le remboursement de leurs avoirs ou les conserver sur le PEI-BTP où ils continuent de fructifier.
Cependant, le déblocage anticipé de l'épargne est possible dans les cas explicitement prévus par la réglementation en vigueur (art. R. 442-17 du code du travail).
Actuellement :
- mariage ou conclusion d'un Pacs par l'intéressé ;
- naissance ou arrivée au foyer d'un enfant en vue de son adoption lorsque le foyer comporte déjà au moins 2 enfants à charge ;
- divorce, séparation ou dissolution d'un Pacs assortis d'un jugement prévoyant la résidence habituelle (unique ou partagée) d'au moins 1 enfant au domicile de l'intéressé ;
- invalidité du bénéficiaire, de ses enfants, de son conjoint ou de la personne qui lui est liée par un Pacs (invalidité au sens de la 2e ou 3e catégorie du code de la sécurité sociale [art. L. 341-4], reconnue par décision de la Cotorep ou de la CDES) à condition que le taux d'incapacité atteigne au moins 80 % et que l'intéressé n'exerce aucune activité professionnelle ;
- décès du bénéficiaire, de son conjoint ou de la personne liée au bénéficiaire par un Pacs ;
- cessation du contrat de travail ;
- affectation des sommes épargnées à la création ou reprise, par le bénéficiaire, ses enfants, son conjoint ou la personne liée au bénéficiaire par un Pacs, d'une entreprise industrielle, commerciale, artisanale ou agricole soit à titre individuel, soit sous la forme d'une société, à condition d'en exercer effectivement le contrôle (art. R. 351-43), à l'installation en vue de l'exercice d'une autre profession non salariée ou à l'acquisition de parts sociales d'une SCOP ;
- affectation des sommes épargnées à l'acquisition ou l'agrandissement de la résidence principale portant création d'une surface habitable nouvelle, sous réserve de l'existence d'un permis de construire ou d'une déclaration préalable de travaux ou à la remise en état de la résidence principale à la suite d'une catastrophe naturelle reconnue par arrêté ministériel ;
- situation de surendettement du bénéficiaire, sur demande adressée à l'organisme gestionnaire ou à l'employeur soit par le président de la commission de surendettement, soit par le juge lorsque le déblocage des droits paraît nécessaire à l'apurement du passif de l'intéressé.
Toute demande de remboursement doit être présentée dans les 6 mois du fait générateur (excepté dans les cas de cessation du contrat de travail, décès, invalidité et situation de surendettement). Ce remboursement porte au choix du bénéficiaire sur la totalité ou une partie seulement de ses avoirs susceptibles d'être débloqués à ce titre et ne peut faire l'objet que d'un seul versement.
Dès qu'il est informé du décès d'un bénéficiaire, l'organisme gestionnaire contacte et informe le ou les ayants droit désignés par celui-ci lors de la souscription. »

Article 6
En vigueur étendu

Les dispositions de l'accord du 20 janvier 2003 qui n'auraient pas été modifiées par le présent avenant ou dont le présent avenant n'aurait pas écarté l'application demeurent en vigueur.

Article 7
En vigueur étendu

Le présent avenant est déposé à la direction générale du travail.
Les parties signataires demanderont son extension dans les conditions prévues aux articles L. 133-1 et suivants du code du travail.

Article 8
En vigueur étendu

Toutes contestations relatives aux dispositions du présent avenant qui peuvent s'élever sont soumises à la juridiction des tribunaux compétents.

Article 9
En vigueur étendu

Le présent avenant entre en vigueur à la date de son dépôt à la direction générale du travail.

Avenant n° 3 du 11 juillet 2007 relatif à la modification du règlement PERCO-BTP

La confédération de l'artisanat et des petites entreprises du bâtiment (CAPEB) ;

La fédération française du bâtiment (FFB) ;

La fédération française des installateurs électriciens (FFIE) ;

La fédération nationale des sociétés coopératives de production du bâtiment et des travaux publics (FNSCOP) ;

La fédération nationale des travaux publics (FNTP),

La fédération nationale des salariés de la construction et du bois (FNCB) CFDT ;

La fédération BATIMAT-TP CFTC ;

Le syndicat national des cadres, employés, techniciens, agents de maîtrise et assimilés des industries du bâtiment, des travaux publics et des activités annexes et connexes CFE-CGC BTP,

Préambule

En vigueur étendu

Les parties signataires ont conclu, en date du 20 janvier 2003, un accord intitulé « Accord portant règlement du PPESVI à 10 ans (PEV-BTP) pour l'application de l'accord-cadre du 20 janvier 2003 » modifié par avenant intitulé « Avenant du 24 novembre 2004 à l'accord du 20 janvier 2003 transformant le PPESVI (PEV-BTP) en PERCO interentreprises (PERCO-BTP) ».
Les parties signataires, suite à la publication de la loi n° 2006-1770 pour le développement de la participation et de l'actionnariat salarié du 30 décembre 2006, ont conclu le présent avenant.
Sauf dispositions particulières, le présent avenant produit ses effets pour l'application de l'accord susvisé.

Article 1
En vigueur étendu

L'article 6 de l'accord du 20 janvier 2003 - intitulé « Versement de la participation » est désormais rédigé comme suit :
« Les sommes constituant les réserves spéciales de participation des entreprises ayant adhéré au présent règlement PERCO-BTP peuvent être affectées au PERCO-BTP. »

Article 2
En vigueur étendu

L'article 7 de l'accord du 20 janvier 2003, intitulé « Contribution de l'entreprise. - Abondement » est désormais rédigé comme suit :
« L'entreprise est libre de verser chaque année un abondement.
Au plus tard 1 mois avant chaque période annuelle de versements, l'entreprise prend sa décision d'abonder ou non et en informe l'ensemble de ses salariés ainsi que l'organisme gestionnaire du PERCO-BTP. Elle précise à cette occasion, en cas de décision d'abonder, la ou les origines de versements qu'elle souhaite abonder (intéressement uniquement, tous versements volontaires, versements volontaires hors intéressement, participation...) et les taux d'abondement qu'elle retient pour cette période annuelle, conformément aux dispositions suivantes :
- au minimum 50 % sur la partie du versement annuel du bénéficiaire inférieure à 320 €, sans que le montant de l'abondement puisse être inférieur à 160 € ;
- au minimum 25 % sur la partie du versement annuel du bénéficiaire comprise entre 320 € et 770 € ;
- au minimum 10 % sur la partie du versement annuel du bénéficiaire comprise entre 770 € et 8 % du plafond annuel de la sécurité sociale.
Toutefois, le taux retenu pour cette tranche de versement doit être inférieur ou égal à ceux qui ont été fixés pour les 2 premières tranches.
Pour chaque année où elle décide d'abonder, l'entreprise porte à la connaissance de l'ensemble de son personnel les taux d'abondement retenus et précise si elle abonde ou non le versement de la participation.
En tout état de cause, l'abondement global de l'entreprise est limité, par bénéficiaire et par an, aux plafonds légaux, soit 300 % du versement du bénéficiaire et 16 % du plafond annuel de la sécurité sociale.
Les sommes versées par l'entreprise au titre de l'abondement ne peuvent se substituer en aucune manière aux éléments de rémunération contractuels ou conventionnels des salariés.
Dans tous les cas, qu'elle ait adhéré ou non au présent PERCO-BTP, l'entreprise prend à sa charge les frais de tenue de comptes individuels des

bénéficiaires.
Toutefois, les frais de tenue de compte des anciens salariés partis depuis plus de 1 an, à l'exception des salariés retraités et préretraités, sont mis à la charge des intéressés par prélèvement sur leurs avoirs. »

Article 3
En vigueur étendu

Les dispositions de l'accord du 20 janvier 2003 et de l'avenant du 24 novembre 2004 qui n'auraient pas été modifiées par le présent avenant ou dont le présent avenant n'aurait pas écarté l'application demeurent en vigueur.

Article 4
En vigueur étendu

Le présent avenant est déposé à la direction générale du travail.
Les parties signataires demanderont son extension dans les conditions prévues aux articles L. 133-1 et suivants du code du travail.

Article 5
En vigueur étendu

Toutes contestations relatives aux dispositions du présent avenant qui peuvent s'élever sont soumises à la juridiction des tribunaux compétents.

Article 6
En vigueur étendu

Le présent avenant entre en vigueur à la date de son dépôt à la direction générale du travail.

Arrêté portant extension d'accords nationaux dans le secteur du bâtiment et des travaux publics. JORF 29 mai 2004.

Le ministre de l'emploi, du travail et de la cohésion sociale et le ministre de l'agriculture, de l'alimentation, de la pêche et des affaires rurales,
Vu les articles L. 133-1 et suivants du code du travail ;
Vu l'accord national du 20 janvier 2003 instituant les plans d'épargne interentreprises du bâtiment et des travaux publics ;
Vu l'accord national du 20 janvier 2003 portant règlement du plan d'épargne interentreprises à cinq ans du bâtiment et des travaux publics ;
Vu la demande d'extension présentée par les organisations signataires ;
Vu les avis publiés au Journal officiel des 30 octobre 2003, 4 novembre 2003 et 27 mars 2004 ;
Vu les avis recueillis au cours de l'enquête ;
Vu l'avis motivé de la Commission nationale de la négociation collective (sous-commission des conventions et accords), rendu en séance du 5 avril 2004,

Article 1, 2, 3
En vigueur

Article 1er
Sont rendues obligatoires, pour tous les employeurs et tous les salariés compris dans le champ d'application de l'accord-cadre du 20 janvier 2003 instituant les plans d'épargne interentreprises dans le secteur du bâtiment et des travaux publics, les dispositions de :

- l'accord national du 20 janvier 2003 instituant les plans d'épargne interentreprises ;

- l'accord national du 20 janvier 2003 portant règlement du plan d'épargne interentreprises à cinq ans.

Article 2
L'extension des effets et sanctions des accords susvisés est faite à dater de la publication du présent arrêté pour la durée restant à courir et aux conditions prévues par lesdits accords.

Article 3

Le directeur des relations du travail au ministère de l'emploi, du travail et de la cohésion sociale et le directeur général de la forêt et des affaires rurales au ministère de l'agriculture, de l'alimentation, de la pêche et des affaires rurales sont chargés, chacun en ce qui le concerne, de l'exécution du présent arrêté, qui sera publié au Journal officiel de la République française.

Nota. - Le texte des accords susvisés a été publié au Bulletin officiel du ministère, fascicule conventions collectives n° 2003/37.

Arrêté portant extension d'un accord et d'un avenant à cet accord conclu dans le secteur du bâtiment et des travaux publics (n° 1261). JORF 26 juillet 2005.

Le ministre de l'emploi, du travail et de la cohésion sociale et le ministre de l'agriculture et de la pêche,
Vu les articles L. 133-1 et suivants du code du travail ;
Vu l'accord-cadre du 20 janvier 2003 instituant des plans d'épargne interentreprises du bâtiment et des travaux publics ;
Vu l'avenant du 24 novembre 2004 à l'accord du 20 janvier 2003 portant règlement du plan partenarial d'épargne salariale interentreprises du bâtiment à dix ans ;
Vu la demande d'extension présentée par les organisations signataires ;
Vu les avis publiés au Journal officiel des 22 février 2005 et 21 juin 2005 ;
Vu les avis recueillis au cours de l'enquête ;
Vu l'avis motivé de la Commission nationale de la négociation collective (sous-commission des conventions et accords), rendu en séance du 30 mai 2005,

Article 1, 2, 3
En vigueur

Article 1er

Sont rendues obligatoires, pour tous les employeurs et tous les salariés compris dans le champ d'application de l'accord-cadre du 20 janvier 2003 instituant des plans d'épargne interentreprises du bâtiment et des travaux publics, les dispositions :

- de l'accord du 20 janvier 2003 portant règlement du plan partenarial d'épargne salariale interentreprises du bâtiment à dix ans ;

- de l'avenant du 24 novembre 2004 à l'accord du 20 janvier 2003 portant règlement du plan partenarial d'épargne salariale interentreprises du bâtiment à dix ans, à l'exclusion des termes :
" à l'exclusion des sommes issues des droits à la participation et des transferts d'un autre plan d'épargne salariale (PEE, PEG, PEI) ", figurant en note de bas de page du nouvel article 7 de l'accord (Contribution de l'entreprise, abondement), comme étant contraires aux dispositions du quatrième alinéa de l'article L. 443-2 du code du travail et du dernier alinéa du II de l'article L. 443-1-2 du code du travail.

Article 2

L'extension des effets et sanctions de l'accord et de l'avenant susvisés est faite à dater de la publication du présent arrêté pour la durée restant à courir et aux conditions prévues par ledit accord et ledit avenant.

Article 3

Le directeur des relations du travail au ministère de l'emploi, de la cohésion sociale et du logement et le directeur général de la forêt et des affaires rurales au ministère de l'agriculture et de la pêche sont chargés, chacun en ce qui le concerne, de l'exécution du présent arrêté, qui sera publié au Journal officiel de la République française.

Nota. - Les textes de l'accord et de l'avenant susvisés ont été publiés au Bulletin officiel du ministère, fascicules conventions collectives n° 2003/37 (pour l'accord) et n° 2005/1 (pour l'avenant).

Arrêté portant extension d'avenants à un accord national professionnel conclu dans le secteur du bâtiment et des travaux publics (n° 1261). JORF 23 juin 2006.

Le ministre de l'emploi, de la cohésion sociale et du logement et le ministre de l'agriculture et de la pêche,
Vu les articles L. 133-1 et suivants du code du travail ;
Vu l'arrêté du 18 mai 2004 et les arrêtés successifs, notamment l'arrêté du 13 juillet 2005, portant extension de l'accord-cadre du 20 janvier 2003 instituant les plans d'épargne interentreprises dans le secteur du bâtiment et des travaux publics, et des textes le modifiant ou le complétant ;
Vu l'arrêté du 18 mai 2004 portant extension de l'accord du 20 janvier 2003 portant règlement du plan d'épargne interentreprises à cinq ans pour l'application de l'accord-cadre susvisé ;
Vu l'avenant du 22 novembre 2005 à l'accord-cadre susvisé ;
Vu l'avenant du 22 novembre 2005 à l'accord du 20 janvier 2003 portant règlement du plan d'épargne interentreprises à cinq ans pour l'application de l'accord-cadre susvisé ;
Vu la demande d'extension présentée par les organisations signataires ;
Vu les avis publiés au Journal officiel des 11 février 2006 et 25 mars 2006 ;
Vu les avis recueillis au cours de l'enquête ;
Vu l'avis motivé de la Commission nationale de la négociation collective (sous-commission des conventions et accords), rendu en séance du 23 mai 2006,

Article 1, 2, 3
En vigueur

Article 1er

Sont rendues obligatoires, pour tous les employeurs et tous les salariés compris dans le champ d'application de l'accord-cadre du 20 janvier 2003 instituant les plans d'épargne interentreprises, conclu dans le secteur du bâtiment et des travaux publics, les dispositions de :

- l'avenant du 22 novembre 2005 à l'accord-cadre susvisé ;

- l'avenant du 22 novembre 2005 à l'accord du 20 janvier 2003 portant règlement du plan d'épargne interentreprises à cinq ans pour l'application de l'accord-cadre susvisé.

Article 2

L'extension des effets et sanctions des avenants susvisés est faite à dater de la publication du présent arrêté pour la durée restant à courir et aux conditions prévues par lesdits avenants.

Article 3

Le directeur des relations du travail au ministère de l'emploi, de la cohésion sociale et du logement et le directeur général de la forêt et des affaires rurales au ministère de l'agriculture et de la pêche sont chargés, chacun en ce qui le concerne, de l'exécution du présent arrêté, qui sera publié au Journal officiel de la République française.

Nota. - Les textes des avenants susvisés ont été publiés au Bulletin officiel du ministère, fascicule conventions collectives n° 2005/51.

Arrêté portant extension d'un avenant à un accord pris pour l'application d'un accord national professionnel conclu dans le secteur du bâtiment et des travaux publics (n° 1261). JORF 23 juin 2006.

Le ministre de l'emploi, de la cohésion sociale et du logement et le ministre de l'agriculture et de la pêche,
Vu les articles L. 133-1 et suivants du code du travail ;
Vu l'arrêté du 18 mai 2004 et les arrêtés successifs, notamment l'arrêté du 13 juillet 2005, portant extension de l'accord-cadre du 20 janvier 2003 instituant les plans d'épargne interentreprises dans le secteur du bâtiment et des travaux publics, et des textes le modifiant ou le complétant ;
Vu l'arrêté du 13 juillet 2005 portant extension de l'accord du 20 janvier 2003 modifié portant règlement du PERCO interentreprises (PERCO-BTP) pour l'application de l'accord-cadre susvisé ;
Vu l'avenant du 22 novembre 2005 à l'accord du 20 janvier 2003 modifié portant règlement du PERCO interentreprises (PERCO-BTP) pour l'application de l'accord-cadre susvisé ;
Vu la demande d'extension présentée par les organisations signataires ;
Vu les avis publiés au Journal officiel des 21 février et 25 mars 2006 ;
Vu les avis recueillis au cours de l'enquête ;
Vu l'avis motivé de la Commission nationale de la négociation collective (sous-commission des conventions et accords), rendu en séance du 23 mai 2006,

Article 1, 2, 3
En vigueur

Article 1er

Sont rendues obligatoires, pour tous les employeurs et tous les salariés compris dans le champ d'application de l'accord-cadre du 20 janvier 2003, instituant les plans d'épargne interentreprises dans le secteur du bâtiment et des travaux publics, les dispositions de l'avenant du 22 novembre 2005 à l'accord du 20 janvier 2003 portant règlement du PERCO interentreprises (PERCO-BTP) pour l'application de l'accord-cadre susvisé.

Article 2

L'extension des effets et sanctions de l'avenant susvisé est faite à dater de la publication du présent arrêté pour la durée restant à courir et aux conditions prévues par ledit avenant.

Article 3

Le directeur des relations du travail au ministère de l'emploi, de la cohésion sociale et du logement et le directeur général de la forêt et des affaires rurales au ministère de l'agriculture et de la pêche sont chargés, chacun en ce qui le concerne, de l'exécution du présent arrêté, qui sera publié au Journal officiel de la République française.

Nota. - Le texte de l'avenant susvisé a été publié au Bulletin officiel du ministère, fascicule conventions collectives n° 2005/51.

Accord du 25 juin 2008 relatif aux conditions de cessation d'activité

Texte de base

Conditions de cessation d'activité

Confédération de l'artisanat et des petites entreprises du bâtiment (CAPEB) ;

Fédération française du bâtiment (FFB) ;

Fédération française des installateurs électriciens (FFIE) ;

Fédération nationale des travaux publics (FNTP) ;

Fédération nationale des sociétés coopératives de production du bâtiment et des travaux publics et des activités annexes et connexes (FNSCOP).

Fédération nationale des salariés de la construction et du bois CFDT ;

Fédération BATIMAT-TP CFTC ;

Syndicat national des cadres, techniciens, agents de maîtrise et assimilés des industries, du bâtiment et des travaux publics CFE-CGC ;

Fédération nationale des salariés de la construction CGT ;

Fédération générale du bâtiment et des travaux publics et des activités connexes CGT-FO.

Préambule

En vigueur non étendu

L'article 41 de la loi de financement de la sécurité sociale pour 1999, complété par le décret n° 99-247 et 2 arrêtés du 29 mars 1999 ainsi que par l'article 36 de la loi de financement de la sécurité sociale pour 2000, a institué un dispositif de préretraite pour les salariés ayant contracté une maladie professionnelle liée à l'amiante ou ayant eu une activité les mettant en contact avec elle.
Afin d'améliorer les conditions de départ des salariés cessant leur activité dans le cadre de ce dispositif, les parties signataires décident les dispositions suivantes qui font suite aux accords du 4 juillet 2000, du 20 juin 2002, du 30 juin 2004 et du 29 juin 2006.

Article 1

En vigueur non étendu

L'ouvrier qui, après avoir obtenu de la caisse régionale d'assurance maladie une notification de prise en charge au titre des dispositions visées ci-dessus, donne sa démission peut bénéficier au moment de sa cessation d'activité, par dérogation au régime fixé par le protocole d'accord paritaire du 19 juin 1995 (relatif à l'indemnité de départ en retraite des ouvriers du BTP), du versement de l'indemnité de départ en retraite prévue par le régime de prévoyance des ouvriers de BTP-Prévoyance, calculée sur la base de l'ancienneté acquise au moment de la rupture du contrat de travail.
Le montant de cette indemnité est soit celui qui résulte du 21. 2 de l'article 21 « Indemnité de départ à la retraite » du règlement de prévoyance des ouvriers du BTP soit, s'il est supérieur, celui de l'indemnité de départ en retraite prévue au 6 de l'article 1er de l'accord national interprofessionnel du 10 décembre 1977 (annexé à l'art. 1er de la loi 78-49 du 19 janvier 1978).

Article 2
En vigueur non étendu

Les salariés bénéficiaires du dispositif peuvent adhérer, à titre dérogatoire, aux régimes individuels de frais médicaux proposés aux retraités par BTP-Prévoyance.

Article 3
En vigueur non étendu

En cas de décès de l'ancien salarié pendant la période de cessation d'activité, il est assuré à son conjoint, jusqu'à ce qu'il atteigne l'âge lui permettant de bénéficier de la pension de réversion, le cas échéant :
- pour les ouvriers : un capital décès, une rente au conjoint survivant et une rente éducation. Le montant de ces prestations est celui qui est prévu aux articles 16, 17 et 18 du règlement du régime de prévoyance obligatoire des ouvriers du BTP ;
- pour les ETAM : un capital décès et une rente d'éducation dans les conditions prévues aux articles 13 et 14 du règlement de prévoyance obligatoire des ETAM du BTP ;
- pour les cadres : un capital décès et une rente d'éducation dans les conditions prévues par le régime de prévoyance de base proposé par BTP-Prévoyance.

A titre dérogatoire, les garanties décès prévues au présent article sont accordées aux intéressées sans contrepartie de cotisations. Le conseil d'administration de BTP-Prévoyance décide des modalités de compensation des cotisations correspondantes.

Article 4
En vigueur non étendu

Le présent accord est applicable aux salariés bénéficiaires des dispositions légales mentionnées au préambule, affiliés, lors de leur cessation d'activité, à BTP-Prévoyance, et dont cette cessation d'activité intervient entre le 1er juillet 2008 et le 30 juin 2010.

Les parties signataires conviennent d'examiner, avant cette dernière date, l'opportunité de reconduire, à l'identique ou avec des modifications, le présent accord qui, à défaut d'être reconduit, cessera de plein droit de produire ses effets à compter du 1er juillet 2010.

Le texte du présent accord sera déposé à la direction départementale du travail, de l'emploi et de la formation professionnelle.

Accord du 29 mars 2002 relatif à l'organisation du chèque-vacances

Texte de base

Chèque-vacances

La confédération de l'artisanat et des petites entreprises du bâtiment (CAPEB) ;

La fédération française du bâtiment (FFB) ;

La fédération française des installateurs électriciens (FFIE) ;

La fédération nationale des sociétés coopératives ouvrières de production du bâtiment et des travaux publics (FNSCOP),

La fédération nationale des salariés de la construction et du bois CFDT ;

La fédération BATIMAT-TP CFTC ;

Le syndicat national des cadres, techniciens, agents de maîtrise et assimilés des industries du bâtiment et des travaux publics (SNCT-BTP) CFE-CGC ;

La fédération générale Force ouvrière du bâtiment et des travaux publics et ses activités annexes CGT-FO,

La fédération nationale des travaux publics (FNTP), par lettre du 20 janvier 2003 (BO CC 2003-5);

La FNSC, fédération nationale des salariés de la construction CGT (FNSC-CGT), case 413, 263, rue de Paris, 93514 Montreuil Cedex, par lettre du 18 juillet 2006 (BO CC 2006-35).

Préambule

En vigueur étendu

Prenant acte des dispositions de la loi du 12 juillet 1999 modifiant l'ordonnance du 26 mars 1982 relatif aux chèques-vacances, les partenaires sociaux du BTP souhaitent poursuivre leur démarche visant à garantir aux salariés employés dans les entreprises artisanales et dans les PME du secteur des avancées sociales identiques à celles susceptibles d'être proposées dans des entreprises de taille plus importante.

Dans cet esprit, les signataires du présent accord décident de faciliter l'accès aux chèques-vacances des entreprises et des salariés concernés par la loi du 12 juillet 1999, en organisant dans le cadre d'un accord de branche la gestion du dispositif par application de l'article 3 de ce texte législatif.

Le mécanisme défini par les partenaires sociaux du BTP est de caractère optionnel, reposant sur l'adhésion volontaire des entreprises au dispositif et sur le choix individuel des salariés d'effectuer des versements.

Lorsqu'il en existe, les délégués du personnel sont préalablement consultés sur la mise en oeuvre du dispositif dans l'entreprise ainsi que sur ses modalités pratiques.

Entreprises et salariés concernés

Article 1

En vigueur étendu

Sont comprises dans le champ d'application du présent accord :

- les entreprises du bâtiment telles que définies :

- à l'article 1er de la convention collective nationale du 8 octobre 1990 applicable dans les entreprises visées par le décret n° 62-235 du 1er mars 1962 modifié par le décret n° 76-879 du 21 septembre 1976 (c'est-à-dire les entreprises occupant jusqu'à 10 salariés) ;

- ou à l'article 1er de la convention collective nationale du 8 octobre 1990 applicable dans les entreprises non visées par le décret n° 62-235 du 1er mars 1962 modifié par le décret n° 76-879 du 21 septembre 1976 (c'est-à-dire les entreprises occupant plus de 10 salariés) ;

- et les entreprises de travaux publics telles que définies à l'article 1.1 de la convention collective nationale des ouvriers des travaux publics du 15 décembre 1992,

qui sont visées à l'article 3 de la loi du 12 juillet 1999 et qui sont dépourvues de comité d'entreprise.

L'accès aux chèques-vacances est ouvert à l'ensemble des salariés des entreprises susmentionnées qui auront choisi d'entrer dans le dispositif en adhérant à l'association gestionnaire.

Le cycle d'acquisition des chèques-vacances est annuel et correspond à l'année civile. L'entreprise qui souhaite adhérer peut le faire en cours de période d'acquisition, mais avant le 30 juin. L'adhésion est effectuée pour 1 an, soit pour une période d'acquisition, renouvelable. L'entreprise qui ne souhaite pas renouveler son adhésion en informe l'ensemble du personnel et les délégués du personnel lorsqu'ils existent, au moins 1 mois avant le début de l'année d'acquisition suivante, soit au plus tard le 30 novembre.

Pour pouvoir bénéficier des chèques-vacances, les salariés doivent pouvoir justifier auprès de l'employeur que leurs revenus n'excèdent pas les plafonds tels que fixés par l'article 2 de la loi du 12 juillet 1999 et l'article 1417 du code général des impôts.

A cet effet, l'employeur met tous les ans à la disposition de chaque salarié un tableau dans lequel figurent les plafonds de ressources en vigueur.

Afin d'attester qu'il remplit les conditions d'accès aux chèques-vacances, le salarié concerné par le dispositif peut justifier de ses ressources :

- *soit par une déclaration sur l'honneur* (1);

- soit par une attestation délivrée par le centre des impôts.

Les apprentis et les titulaires d'un contrat d'insertion en alternance ainsi que les salariés titulaires d'un contrat de travail à durée déterminée d'une durée minimale de 4 mois bénéficient de l'accès aux chèques-vacances.

(1) Terme exclu de l'extension (arrêté du 14 janvier 2002, art. 1er).

Modalités de financement du chèque-vacances

Article 2

En vigueur étendu

L'accès au bénéfice des chèques-vacances, dans les entreprises qui ont adhéré au dispositif, s'effectue selon le respect des règles suivantes :

1. Durée des versements : tout salarié qui souhaite acquérir des chèques-vacances procède à des versements mensuels pendant une durée de 4, 5 ou 6 mois. L'entreprise adhérente au dispositif peut choisir une durée de versement uniforme pour tous les salariés.

2. Montant des versements des salariés : chaque versement mensuel des salariés est compris entre 2 % et 20 % du SMIC mensuel.

3. Contribution de l'employeur :

A chaque versement effectué par le salarié, l'employeur apporte un abondement sous forme d'une contribution mensuelle comprise entre 25 % et 100 % du versement du salarié.

Chaque année, l'employeur fixe le niveau de son abondement - compris dans la fourchette ci-dessus - et en informe l'ensemble de son personnel.

En outre, pour les salariés dont la rémunération horaire de base est inférieure à 110 % du SMIC, le montant de l'abondement de l'employeur calculé comme ci-dessus est majoré de 20 %.

Une commission conforme à la réglementation en vigueur est versée par l'employeur. Elle est affectée aux coûts de gestion sur le montant total des chèques-vacances.

Exonération de charges sociales

Article 3
En vigueur étendu

En application de l'article 3 de la loi du 12 juillet 1999, la contribution de l'employeur à l'acquisition des chèques-vacances par les salariés est exonérée des cotisations et contributions prévues par la législation du travail et de la sécurité sociale, à l'exception de la CSG et de la CRDS.

Cette exonération est accordée dans le respect des conditions suivantes :

- le montant de la participation de l'employeur n'excède pas 30 % du SMIC mensuel par salarié et par an ;

- le montant de la participation de l'employeur aux chèques-vacances est plus élevé pour les salariés dont les rémunérations sont les plus faibles ;

- la contribution de l'employeur ne se substitue à aucun élément faisant partie de la rémunération versée dans l'entreprise, au sens de l'article L. 242-1 du code de la sécurité sociale, ou prévu pour l'avenir par des stipulations contractuelles, individuelles ou collectives.

Modalités de gestion de l'épargne

Article 4
En vigueur étendu

Les parties signataires du présent accord décident de créer une association paritaire nationale pour la gestion des chèques-vacances, concernant les entreprises définies à l'alinéa premier de l'article 1er.

Cette association a pour mission :

- la collecte et la gestion de l'épargne mensuelle correspondant aux versements des salariés et des employeurs pour l'acquisition des chèques-vacances ;

- le conventionnement avec l'Agence nationale pour les chèques-vacances (ANCV) permettant l'établissement des commandes des chèques-vacances nécessaire aux demandes des entreprises qui s'inscrivent dans le dispositif. Cette convention fixe les modalités de collaboration entre l'ANCV et l'association prévue au présent article ;

- l'envoi aux entreprises concernées des chèques-vacances correspondant aux versements de l'employeur et des salariés ;

- l'information des entreprises sur les conditions d'accès aux chèques-vacances et la promotion du dispositif auprès des entreprises concernées.

En cas de rupture du contrat de travail au cours de la période d'épargne, l'association restitue au salarié le montant de ses versements augmentés de l'abondement net de l'entreprise.

L'association est constituée à parité par les représentants des organisations d'employeurs et de salariés du BTP représentatives au niveau national.

L'association conventionne avec BTP-Prévoyance afin de développer un pôle social diversifié au sein de la branche professionnelle, dans le cadre de PRO-BTP.

Application et suivi du dispositif

Article 5
En vigueur étendu

Une commission paritaire nationale composée par les représentants des organisations d'employeurs et de salariés représentatives du secteur du BTP se réunit annuellement, afin de procéder à un état de l'application du présent accord.

Cet état se décline régionalement et est transmis aux secrétariats des commissions paritaires régionales.

Cette commission propose à l'association paritaire prévue à l'article 4 toute mesure de nature à améliorer l'information des entreprises et des salariés concernés par le dispositif.

Entrée en vigueur et extension

Article 6
En vigueur étendu

Les parties signataires demandent l'extension du présent accord auprès du ministre de l'emploi et de la solidarité.

Cet accord entrera en vigueur à compter du 1er janvier 2003, sous réserve de l'extension de l'ensemble de ses dispositions.

Lettre d'adhésion de la FNSC-CGT, à l'accord de branche du 29 mars 2002 relatif à la mise en place des chèques-vacances Lettre d'adhésion du 18 juillet 2006

En vigueur non étendu

Montreuil, le 18 juillet 2006.

La FNSC, fédération nationale des salariés de la construction CGT, case 413, 263, rue de Paris, 93514 Montreuil Cedex, à la direction départementale du travail et de l'emploi, 109, rue Montmartre, 75002 Paris.

Monsieur le directeur,

Par la présente, nous vous informons que nous adhérons à l'accord de branche du 29 mars 2002 portant sur la mise en place des chèques-vacances dans les entreprises de moins de 50 salariés du BTP, dans les conditions prévues à l'article L. 132-9 du code du travail.

Vous en souhaitant bonne note.

Nous vous prions de croire, Monsieur le Directeur, à l'expression de nos sentiments distingués.
Le secrétaire général.

Arrêté portant extension d'un accord national dans le secteur du bâtiment et des travaux publics. JORF 24 janvier 2003.

Le ministre des affaires sociales, du travail et de la solidari- té et le ministre de l'agriculture, de l'alimentation, de la pêche et des affaires rurales,
Vu les articles L. 133-1 et suivants du code du travail ;
Vu l'accord national professionnel du 29 mars 2002 relatif à l'organisation du chèque-vacances dans les entreprises du BTP visées à l'article 3 de la loi n° 99-584 du 12 juillet 1999 ;
Vu la demande d'extension présentée par les organisations signataires ;
Vu l'avis publié au Journal officiel des 27 juin 2002 et 21 décembre 2002 ;
Vu les avis recueillis au cours de l'enquête ;
Vu l'avis motivé de la Commission nationale de la négociation collective (sous-commission des conventions et accords), rendu en séance du 28 novembre 2002,

Article 1, 2, 3,
En vigueur

Article 1er

Sont rendues obligatoires, pour tous les employeurs et tous les salariés compris dans son champ d'application, les dispositions de l'accord national professionnel du 29 mars 2002 relatif à l'organisation du chèque-vacances dans les entreprises du BTP visées à l'article 3 de la loi n° 99-584 du 12 juillet 1999, à l'exclusion du premier tiret de l'avant-dernier alinéa de l'article 1er (entreprises et salariés concernés).

Article 2

L'extension des effets et sanctions de l'accord susvisé est faite à dater de la publication du présent arrêté pour la durée restant à courir et aux conditons prévues par ledit accord.

Article 3

Le directeur des relations du travail au ministère des affaires sociales, du travail et de la solidarité et le directeur des exploitations, de la politique sociale et de l'emploi au ministère de l'agriculture, de l'alimentation, de la pêche et des affaires rurales sont chargés, chacun en ce qui le concerne, de l'exécution du présent arrêté, qui sera publié au Journal officiel de la République française.

Nota. - Le texte de l'accord susvisé a été publié au Bulletin officiel du ministère, fascicule conventions collectives n° 2002/25 en date du 20 juillet 2002.

Accord du 9 septembre 1998 relatif à l'aménagement du temps de travail. Etendu par arrêté du 30 octobre 1998 JORF 31 octobre 1998.

Texte de base

Aménagement du temps de travail.

Organisation patronale signataire :
La confédération de l'artisanat et des petites entreprises du bâtiment (CAPEB),

Syndicats de salariés signataires :
La fédération nationale des salariés de la construction et du bois CFDT ;
La fédération BATIMAT-TP CFTC,

Adhésions :
La Fédération générale Force ouvrière du bâtiment, travaux publics, bois, papier, carton, céramique et matériaux de construction, par lettre du 5 octobre 1998 (BO CC 98-47).
Le syndicat national des cadres, techniciens, agents de maîtrise et assimilés des industries du bâtiment et des travaux publics C.G.C par lettre du 9 mars 1999 (BO CC 99-12).

Préambule

En vigueur étendu

En regard de la loi n° 98-461 du 13 juin 1998 d'orientation et d'incitation relative à la réduction du temps de travail, les partenaires sociaux reconnaissent la nécessité d'organiser la réduction et l'aménagement du temps de travail par la voie d'un accord collectif national de branche pour les entreprises du bâtiment visées par le décret du 1er mars 1962 (c'est-à-dire occupant jusqu'à 10 salariés).

En corollaire à la réduction du temp de travail, les partenaires admettent l'utilité d'un aménagement du temps de travail, seul mode d'organisation de la petite entreprise lui permettant de mieux concilier les impératifs de l'activité avec les contraintes qui lui sont inhérentes, tout en contribuant à améliorer les conditions de travail des salariés.

Les partenaires sociaux conviennent que la mise en oeuvre de cet accord dans l'entreprise s'accompagne du maintien du salaire brut mensuel de base.

En raison de la grande diversité, en terme d'activité notamment, des petites entreprises du bâtiment, le présent accord prévoit plusieurs formes d'aménagement du temps de travail susceptibles de répondre aux conditions d'activité propres à chaque entreprise.

Ces diverses formes d'aménagement du temps de travail, présentées selon 4 modalités numérotées de 1 à 4, se suffisent à elles-mêmes mais peuvent faire l'objet de développements spécifiques conformes à l'accord national dans le cadre de négociations régionales, à défaut départementales, conduites en application de l'accord du 4 mai 1995 portant organisation de la négociation collective dans le bâtiment, pour les salariés employés dans les entreprises occupant jusqu'à 10 salariés.

Dans l'intérêt général du secteur artisanal du bâtiment, les parties signataires conviennent de la nécessité de combattre le travail illégal.

Elles réaffirment enfin leur volonté que soit assurée, dans toute la mesure du possible, la stabilité de l'emploi, et considèrent donc que les entreprises doivent limiter le recours au travail temporaire à des circonstances exceptionnelles.

Clause de caducité.

Article 1
En vigueur étendu

Cet accord est directement lié à l'obligation légale, faite aux petites entreprises, d'adopter, au plus tard le 1er janvier 2002, un horaire collectif hebdomadaire au plus égal à 35 heures.

La remise en cause de cette obligation légale rendrait cet accord caduque et obligerait les partenaires sociaux à ouvrir de nouvelles négociations sur ce thème.

De même, les partenaires sociaux conviennent qu'une négociation paritaire sera engagée dans le mois qui suivra la parution des textes législatifs et réglementaires attendus à l'automne 1999 relatifs notamment au régime des heures supplémentaires, afin qu'il en soit tenu compte dans le présent accord par voie d'avenant.

Champ d'application.

Article 2
En vigueur étendu
Modifié par Avenant n° 1 du 10 mai 2000 art. 1 en vigueur le 1er jour du mois suivant l'extension BO conventions collectives 2000-22 étendu par arrêté du 23 novembre 2000 JORF 5 décembre 2000.

Est concerné par le présent accord l'ensemble des salariés (ouvriers, ETAM et cadres) quelle que soit la forme de leur contrat de travail, sous réserve des dispositions applicables aux jeunes travailleurs, et les salariés intérimaires occupés dans les entreprises du bâtiment qui appliquent à leurs ouvriers la convention collective nationale du 8 octobre 1990 concernant les ouvriers employés par les entreprises du bâtiment visées par le décret du 1er mars 1962 (c'est-à-dire occupant jusqu'à 10 salariés) et dont l'activité est visée à l'annexe I du présent accord. "

Mise en oeuvre de la réduction du temps de travail.

Article 3
En vigueur étendu
Modifié par Avenant n° 1 du 10 mai 2000 art. 8 en vigueur le 1er jour du mois suivant l'extension BO conventions collectives 2000-22 étendu par arrêté du 23 novembre 2000 JORF 5 décembre 2000.

A compter du premier jour du mois civil suivant la parution de son arrêté d'extension, le présent accord permet à toute entreprise relevant de son champ d'application d'adopter un horaire collectif qui traduise une réduction du temps de travail d'au moins 10 % de la durée initiale, sans porter le nouvel horaire de référence au-delà de 35 heures hebdomadaires en moyenne annuelle.

La réduction du temps de travail et ses modalités de mise en oeuvre, choisies parmi celles figurant ci-après, sont décidées par l'employeur, en concertation avec les représentants du personnel s'il en existe, et font l'objet d'une information écrite adressée à chaque salarié par l'employeur 30 jours au moins avant la prise d'effet.

La mise en oeuvre de la réduction du temps de travail s'effectue prioritairement par l'instauration de jours de repos rémunérés.

Chaque salarié établit un pointage de son temps de travail journalier et de ses jours de repos à partir d'un formulaire remis par l'employeur et validé par celui-ci en fin de mois.

Abrogation.

Article 4
En vigueur étendu

Les articles III-26 et III-27 de la convention collective nationale du 8 octobre 1990 (jusqu'à 10 salariés) sont abrogés.

Modalité 1.

Article 5
En vigueur étendu

L'entreprise adopte un horaire hebdomadaire de 35 heures, sur 4 ou 5 jours. Sur 2 semaines consécutives, elle peut appliquer un horaire de 39 heures la première semaine et 31 heures la seconde, sur 4 jours.

Dans ces conditions, les heures travaillées de la 36e à la 39e ne donnent pas lieu à majoration pour heures supplémentaires et ne s'imputent pas sur le contingent annuel d'heures supplémentaires.

Modalité 2.

Article 6
En vigueur étendu

L'horaire hebdomadaire est fixé à 36 heures sur 4 jours et les salariés bénéficient de 6 jours ouvrés de repos rémunérés par an.

La période de référence afférente à la prise des repos correspond à une période de 12 mois à compter du passage effectif au temps réduit dans l'entreprise.

Trois jours sont fixés à la discrétion de l'employeur dans le cadre d'une programmation indicative fixée en début de période annuelle et avec un délai de prévenance minimum de 7 jours calendaires.

Trois jours sont laissés au choix du salarié qui doit en informer l'employeur au minimum 7 jours calendaires à l'avance et s'engager à ne pas les utiliser, sauf circonstances exceptionnelles, pendant les périodes de suractivité fixées à 13 semaines maximum.

Modalité 3.

Article 7
En vigueur étendu

L'horaire hebdomadaire est fixé à 39 heures sur 5 jours et la réduction du temps de travail est organisée sous forme de repos rémunérés à raison de 4 semaines et 4 jours ouvrés par an.

La période de référence afférente à la prise des repos correspond à une période de 12 mois à compter du passage effectif au temps réduit dans l'entreprise.

Quatre jours ouvrés sont utilisés à l'occasion de ponts ou de jours de repos adossés à des jours fériés.

Cinq jours sont bloqués pour constituer une 6e semaine de congés, fixée en concertaiton avec les salariés.

Deux semaines ou 10 jours ouvrés de repos sont fixés à la discrétion de l'employeur dans le cadre d'une programmation indicative établie en début de période annuelle et avec un délai de prévenance minimum de 7 jours calendaires.

Une semaine ou 5 jours ouvrés de repos sont laissés au choix des salariés bénéficiaires qui doivent en informer l'employeur au minimum 7 jours calendaires à l'avance et s'engager à ne pas les utiliser, sauf circonstances exceptionnelles, pendant les périodes d'éventuelle suractivité fixées à 13 semaines maximum et communiquées par l'employeur en début de période de référence. Cela ne doit pas amener l'entreprise à reporter des repos au-delà de la période de référence.

Modalité 4.

Article 8
En vigueur étendu
Modifié par Avenant n° 1 du 10 mai 2000 art. 8 en vigueur le 1er jour du mois suivant l'extension BO conventions collectives 2000-22 étendu par arrêté du 23 novembre 2000 JORF 5 décembre 2000.

L'entreprise adopte un horaire hebdomadaire de 35 heures avec, sur une période maximale de 6 mois consécutifs, une modulation pouvant aller jusqu'à 42 heures.

Pendant la période de modulation, les heures effectuées au-delà de 35 heures et dans la limite de 42 heures hebdomadaires ne donnent pas lieu à majoration pour heures supplémentaires et ne s'imputent pas sur le contingent annuel, dès lors qu'elles sont compensées par des heures non travaillées.

Des accords régionaux, à défaut départementaux, peuvent déterminer une autre période de modulation et fixer des conditions spécifiques de modulation dans les limites fixées par le présent accord.

Les heures ainsi travaillées en plus ou en moins par rapport à l'horaire hebdomadaire de 35 heures sont comptabilisées au mois et figurent sur le bulletin de paie.

Sur la période de modulation, 2 catégories d'heures supplémentaires à imputer sur le contingent annuel d'heures supplémentaires peuvent être appliquées :

1. Pendant la période de modulation, les heures travaillées au-delà de la 42e heures hebdomadaire sont des heures supplémentaires majorées dans les conditions de la législation en vigueur ;

2. En fin de période de modulation, s'il existe un solde d'heures travaillées excédentaire, ces heures ouvrent droit aux majorations pour heures supplémentaires dans les conditions de la législation en vigueur. Elles sont payées au salarié à l'occasion du versement de la paie du mois suivant la fin de période de modulation.

Le chef d'entreprise établit le programme indicatif de la modulation qui indique le nombre de jours travaillés par semaine et avise les salariés, par écrit, des variations d'horaires décidées au moins 7 jours calendaires à l'avance sauf pour des raisons de sécurité ou des raisons impératives, telles que pour des raisons climatiques ou en cas de contraintes commerciales et techniques imprévisibles.

Dans le cadre de la modulation, les salariés quittant l'entreprise et n'ayant pas récupéré des heures effectuées en deçà de 35 heures en période basse en conservent le bénéfice, sauf en cas de démission ou de licenciement pour faute grave ou lourde.

Les salariés ayant accumulé un crédit d'heures effectuées au-delà de 35 heures, au moment de la rupture du contrat de travail, reçoivent une indemnité correspondant à leurs droits acquis.

S'il apparaît dans le mois précédant la fin de la période modulée que les baisses d'activité ne pourront pas être suffisamment compensées par les hausses d'activité, l'entreprise sortant du cadre de la modulation peut solliciter l'indemnisation au titre du chômage partiel des heures ainsi perdues, sans que cela conduise à faire récupérer des jours indemnisés par le chômage intempéries.
NOTA : Arrêté du 23 novembre 2000 art. 1 : Le troisième tiret de l'article 8 (délai de prévenance des changements d'horaires) est étendu sous réserve qu'en application du septième alinéa de l'article L. 212-8 du code du travail un accord complémentaire de branche ou d'entreprise précise les contreparties dont bénéficieront les salariés.

Repos non pris sur la période de référence.

Article 9
En vigueur étendu

Si des travaux supplémentaires ou urgents, ou une absence justifiée du salarié, font obstacle à la prise des repos prévus aux articles 6 et 7 du présent accord au cours de la période de référence, le repos équivalent est reporté au premier trimestre de la période suivante.

Départ au cours de la période de référence.

Article 10
En vigueur étendu

Lorsqu'un salarié quitte l'entreprise au cours de la période de référence sans avoir pris tout ou partie des repos prévus aux articles 6 et 7 du présent accord, il recouvre une indemnité correspondant à ses droits acquis conformément aux dispositions prévues au dernier alinéa de l'article 3 du présent accord.

Si le repos, pris par anticipation, excède les droits acquis, le salarié en conserve le bénéfice sauf en cas de démission ou de licenciement pour faute grave ou lourde.

Rémunération.

Article 11
En vigueur étendu

Tout aménagement du temps de travail dans les conditions des articles 5, 6, 7 et 8 du présent accord fait l'objet d'un lissage de la rémunération mensuelle correspondant à 152 heures par mois.

La rémunération des nouveaux embauchés ne peut être inférieure aux salaires minimaux conventionnels mensuels.

Contingent annuel d'heures supplémentaires.

Article 12
En vigueur étendu
Modifié par Avenant n° 2 du 17 décembre 2003 art. 1 en vigueur le 1er janvier 2004 BO conventions collectives 2004-5 étendu par arrêté du 19 mai 2004 JORF 29 mai 2004.

Les entreprises peuvent utiliser pendant l'année civile un contingent d'heures supplémentaires, sans avoir besoin de demander l'autorisation de l'inspection du travail, dans la limite de 145 heures par salarié.

Ce contingent est augmenté de 35 heures par an et par salarié pour les salariés dont l'horaire n'est pas annualisé.

Compte épargne temps.

Article 13
En vigueur étendu

Conformément à la législation en vigueur, le salarié qui le désire peut cumuler des droits à congés rémunérés par le biais du compte épargne temps.

Cette possibilité sera opérationnelle lorsque le compte épargne temps sera géré au niveau de la branche par un fonds paritaire que les partenaires sociaux envisagent de mettre en place.

Sur une période maximale de 4 années, la moitié des jours de repos prévus aux articles 6 et 7 du présent accord pourront alors alimenter un compte épargne temps pour tout salarié ayant au moins 1 an d'ancienneté dans l'entreprise qui en ferait la demande par écrit.

Il est fait mention des droits ainsi acquis calculés en heures sur le bulletin de paie.

Si le contrat de travail est rompu sans que les droits à congé aient été pris, le salarié perçoit une indemnité compensatrice d'un montant correspondant aux droits acquis à la date de la rupture.

L'utilisation du compte épargne temps par le salarié peut se faire sous la forme de congés rémunérés accumulés, par exemple, pour un congé de formation, un congé dit " sans solde ", ou pour une cessation d'activité anticipée.

Temps partiel.

Article 14
En vigueur étendu

Les salariés à temps partiel, solidaires de la création d'emplois, bénéficient du régime de la réduction du temps de travail de 10,26 % avec maintien de la rémunération, aux mêmes conditions que les salariés à temps plein.

Ils bénéficient des jours de repos au prorata des jours travaillés.

Dans le cas où l'horaire à temps partiel aurait été décidé pour une durée indéterminée, le salarié bénéficie d'une priorité pour l'attribution d'heures complémentaires ou de tout emploi à temps plein qui viendrait à être créé ou à devenir vacant et que sa qualification professionnelle initiale ou acquise lui permettrait d'occuper.

Prime de vacances.

Article 15
En vigueur étendu

Le minimum de 1 675 heures travaillées au cours de l'année de référence pour le versement de la prime de vacances, conformément à l'article V-25 de la convention collective nationale du 8 octobre 1990 concernant les ouvriers employés par les entreprises du bâtiment visées par le décret du 1er mars 1962, est abaissé à 1 503 heures.

Chômage partiel.

Article 16
En vigueur étendu

En cas de sous-activité, le recours au chômage partiel ne sera possible qu'après épuisement des jours de repos effectivement dus. Ceux-ci seront utilisés au prorata des jours à disposition de l'entreprise et du salarié.

Embauches ou préservation d'emplois.

Article 17
En vigueur étendu
Modifié par Avenant n° 1 du 10 mai 2000 art. 8 en vigueur le 1er jour du mois suivant l'extension BO conventions collectives 2000-22 étendu par arrêté du 23 novembre 2000 JORF 5 décembre 2000.
Volet offensif :

Les entreprises souhaitant bénéficier des aides de l'Etat prévues à l'article 3 de la loi du 13 juin 1998 s'engagent à créer des emplois correspondant à 6 % au moins de leurs effectifs, dans les 6 mois qui suivent la réduction du temps de travail dans l'entreprise. Cet engagement en termes d'accroissement des effectifs ne concerne pas les entreprises occupant moins de 9 salariés en équivalent temps plein.

L'aide est attribuée à l'entreprise sur la base d'une déclaration de l'employeur à la DDTEFP selon laquelle l'entreprise décide d'appliquer l'accord du 9 septembre 1998 ainsi que son avenant n° 1 et précisant la date d'application dans l'entreprise, la modalité de réduction du temps de travail retenue ainsi que, le cas échéant, le nombre d'emplois créés, la date de chaque étape dans le respect des dispositions définies à l'article 6 de l'avenant n° 1.

L'effectif ainsi augmenté doit être maintenu pendant 2 ans à compter de l'embauche effectuée.

Les embauches, notamment d'apprentis et de jeunes en contrat d'insertion en alternance, réalisées à compter de l'entrée en vigueur de la loi n° 98-461 du 13 juin 1998, c'est-à-dire depuis le 16 juin 1998, seront considérées comme des embauches nouvelles au sens de ladite loi pour toutes les entreprises relevant de l'accord et le mettant en oeuvre à compter de la date de publication de son arrêté d'extension (1).

Les salariés concernés ne seront donc pas comptés dans l'effectif pour le calcul des 6 % (1).

Volet défensif :

Les entreprises connaissant des difficultés économiques susceptibles de les conduire à une ou plusieurs suppressions d'emplois peuvent également bénéficier des aides de l'Etat si elles s'engagent à maintenir les effectifs actuels pendant une période minimale de 2 années à compter de la réduction du temps de travail dans l'entreprise.

(1) Alinéas exclus de l'extension par arrêté du 30 octobre 1998.NOTA : Arrêté du 23 novembre 2000 art. 1 : La dernière phrase du premier alinéa du deuxième tiret de l'article 8 (engagement de créations d'emplois) est étendue sous réserve de l'application du deuxième alinéa du paragraphe IV de l'article 3 de la loi n° 98-461 du 13 juin 1998 d'orientation et d'incitation relative à la réduction du temps de travail.

Groupements d'employeurs.

Article 18
En vigueur étendu

Les embauches peuvent être réalisées dans le cadre d'un groupement d'employeurs, constitué en application des lois du 25 juillet 1985 et du 20 décembre 1993, cette procédure pouvant concerner tout particulièrement le personnel d'encadrement.

Si ces embauches correspondent à au moins 6 % du total des effectifs des membres composant le groupement, les aides de l'Etat seront calculées en fonction des effectifs cumulés et profiteront ainsi aux entreprises membres du groupement qui réduisent le temps de travail dans le cadre d'un accord négocié au niveau de ce groupement.

Personnel d'encadrement.

Article 19
En vigueur étendu

Les modalités de la réduction et de l'aménagement du temps de travail s'appliquent au personnel d'encadrement des entreprises concernées par le présent accord.

Dans le contexte de cet accord, le chef d'entreprise fixera en concertation avec les cadres, en particulier l'encadrement de chantier, les possibilités d'assouplir leur temps de travail de manière à ce qu'il soit en harmonie avec l'horaire général de l'entreprise.

Réexamen de l'accord.

Article 20
En vigueur étendu

Dans la mesure où des dispositions de caractère législatif ou réglementaire, spécifiques aux entreprises définies à l'article 2, compléteraient la loi du 13 juin 1998 et les décrets du 22 juin 1998, les partenaires sociaux s'engagent à réexaminer les conséquences que pourraient avoir ces dispositions nouvelles sur celles prévues au présent accord.

Suivi de l'accord.

Article 21
En vigueur étendu
Modifié par Avenant n° 1 du 10 mai 2000 art. 9 en vigueur le 1er jour du mois suivant l'extension BO conventions collectives 2000-22 étendu par arrêté du 23 novembre 2000 JORF 5 décembre 2000.

Un suivi et un bilan de l'application de cet accord seront réalisés annuellement par les partenaires sociaux signataires dans le cadre de l'accord du 4 mai 1995 portant organisation de la négociation collective dans le bâtiment pour les salariés employés dans les entreprises occupant jusqu'à 10 salariés.

Il est en outre mis en place une commission paritaire régionale d'avis et des litiges ; celle-ci a pour mission de suivre l'application de l'accord dans les entreprises concernées et d'émettre un avis motivé pour l'ensemble des entreprises en cas de litiges liés au présent accord. Elle reçoit copie des conventions signées par les entreprises ou copie de leurs déclarations telles que visées à l'article 6 de l'avenant n° 1, pour les entreprises sollicitant les aides prévues à l'article 3 de la loi du 13 juin 1998, ainsi qu'une copie de la déclaration faite auprès des URSSAF pour les entreprises sollicitant le bénéfice de l'allégement des cotisations sociales, visée au point XI de l'article 19 de la loi du 19 janvier 2000.

La déclaration adressée à l'URSSAF est également transmise aux organisations syndicales de salariés signataires de cet accord.

En cas de désaccord entre les 2 collègues, la commission paritaire régionale peut saisir les organisations signataires.

Entrée en vigueur.

Article 22
En vigueur étendu

Cet accord entrera en application le premier jour du mois civil suivant la parution au Journal officiel de son arrêté d'extension.

Extension.

Article 23
En vigueur étendu

Les parties signataires demandent l'extension du présent accord au ministère de l'emploi et de la solidarité.

ANNEXE I

En vigueur étendu

Le critère d'application du présent accord est l'activité réelle exercée par l'entreprise, le code APE attribué par l'INSEE ne constituant à cet égard qu'une simple présomption.

ACTIVITÉS VISÉES

2106 Construction métallique :

Sont uniquement visés les ateliers de production et montage d'ossatures métalliques pour le bâtiment (x).

2403 Fabrication et installation de matériel, aéraulique, thermique et frigorifique :

Sont visées :

- les entreprises de fabrication et d'installation d'appareils de chauffage, ventilation et conditionnement d'air (x).

5510 Travaux d'aménagement des terres et des eaux, voiries ; parcs et jardins :

Sont visées :

- pour partie, les entreprises générales de bâtiment ; les entreprises de bâtiment effectuant des travaux d'aménagement des terres et des eaux, de voirie et réseaux divers, de voiries et dans les parcs et jardins.

5512 Travaux d'infrastructure générale :

Sont visées :

- pour partie, les entreprises générales de bâtiment ; les entreprises de bâtiment effectuant des travaux d'infrastructure générale.

5520 Entreprises de forages, de sondages ; fondations spéciales :

Sont visées dans cette rubrique :

- pour partie, les entreprises générales de bâtiment, les entreprises de bâtiment effectuant des forages, sondages ou des fondations spéciales ainsi que :

- les entreprises de maçonnerie, de plâtrerie, de travaux en ciment, béton, béton armé pour le bâtiment ;

- les entreprises de terrassement et de démolition pour le bâtiment ;

- les entreprises de terrassement et de maçonnerie pour le bâtiment, fondations par puits et consolidation pour le bâtiment.

5530 Construction d'ossatures autres que métalliques :

Sont visées :

- pour partie, les entreprises générales de bâtiment ; les entreprises de bâtiment effectuant des travaux de construction d'ossatures autres que métalliques demandant du fait de leurs dimensions ou du procédé utilisé une technicité particulière (par exemple, charpentes d'immeubles de 10 étages et plus).

5531 Installations industrielles ; montage-levage :

Sont visées :

- pour partie, les entreprises générales de bâtiment ; les entreprises de bâtiment effectuant des travaux d'installations industrielles ou de montage-levage ainsi que :

- les entreprises de constructions et d'entretiens de fours industriels et de boulangerie en maçonnerie et en matériaux réfractaires de tous types ;

- les entreprises de construction de cheminées d'usine.

5540 Installation électrique :

A l'exception des entreprises d'installation électrique dans les établissements industriels, de recherche radio-électrique et de l'électronique, sont visées :

- les entreprises spécialisées dans l'équipement électrique des usines et autres établissements industriels (à l'exception de celles qui, à la date de la publication de l'arrêté portant extension du présent accord, appliquaient une autre convention collective que celles du bâtiment) ;

- pour partie, les entreprises de couverture-plomberie et chauffage ;

- les entreprises de plomberie, chauffage et électricité ;

- les entreprises d'installations d'électricité dans les locaux d'habitation, magasins, bureaux, bâtiments industriels et autres bâtiments ;

- les entreprises de pose d'enseignes lumineuses.

5550 Construction industrialisée :

Sont visées :

- pour partie, les entreprises générales de bâtiment ; les entreprises de bâtiment réalisant des constructions industrialisées ; les entreprises de fabrication et pose de maisons métalliques (x).

5560 Maçonnerie et travaux courants de béton armé :

Sont visées :

- pour partie, les entreprises générales de bâtiment ;

- les entreprises de bâtiment effectuant de la maçonnerie et des travaux courants de terrassement, de fondation et de démolition.

5570 Génie climatique :

Sont visées :

- les entreprises de couverture-plomberie et chauffage ;

- les entreprises d'installations de chauffage et d'électricité ;

- les entreprises de fumisterie de bâtiment, ramonage, installations de chauffage et de production d'eau chaude ;

- les entreprises d'installations de chauffage central, de ventilation, de climatisation ou d'isolation thermique, phonique et antivibratile.

5571 Menuiserie-serrurerie :

A l'exclusion des entreprises de fermetures métalliques dont l'activité se limite à la fabrication, sont notamment visées :

- les entreprises de charpente en bois ;

- les entreprises d'installation de cuisine ;

- les entreprises d'aménagement de placards ;

- les entreprises de fabrication et pose de parquets (à l'exception des parquets mosaïques) ;

- les entreprises de menuiserie du bâtiment (menuiserie bois, métallique intérieure, extérieure, y compris les murs-rideaux) (pose associée ou non à la fabrication) ;

- les entreprises de charpente et de maçonnerie associées ;

- les entreprises de serrurerie intérieure et extérieure du bâtiment (fabrication, pose et réparation) (x) ;

- les entreprises de pose de petite charpente en fer pour le bâtiment ;

- les entreprises de pose de clôtures ;

- les entreprises de ferronnerie pour le bâtiment (fabrication et pose associées) (x) (balcons, rampes d'escalier, grilles, ...) ;

- les entreprises de fourniture d'armatures métalliques préparées pour le béton armé (x).

5572 Couverture-plomberie-installations sanitaires :

Sont visées :

- les entreprises de couverture-plomberie (avec ou sans installation de chauffage) ;

- les entreprises de couverture en tous matériaux ;

- les entreprises de plomberie-installation sanitaire ;

- les entreprises d'étanchéité.

5573 Aménagement-finitions :

Sont notamment visées :

- les entreprises de construction et d'installation de stands pour les foires et expositions ;

- les entreprises de fabrication de maquettes et plans en relief ;

- les entreprises de plâtrerie, staff, cloisons en plâtre, plafonnage, plafonds en plâtre ;

- les entreprises de fabrication à façon et pose de menuiserie du bâtiment ;

- les entreprises de peinture de bâtiment, décoration ;

- les entreprises d'installations diverses dans les immeubles (notamment pose de linoléums et autres revêtements plastiques, ...) ;

- pour les entreprises de pose de vitres, de glace, de vitrines (x) :

- les entreprises de peinture, plâtre, vitrerie (associés) ;

- les entreprises d'installations et d'aménagement des locaux commerciaux (magasins, boutiques, devantures, bars, cafés, restaurants, vitrines, ...) ; cependant, pour l'installation et l'aménagement des locaux commerciaux à base métallique (x) ;

- les entreprises de pose de paratonnerre (à l'exclusion de la fabrication) ;

- les entreprises de travaux d'aménagements spéciaux (installations de laboratoires, revêtements de sols et des murs en tous matériaux, calfeutrements métalliques, couvre-marches), à l'exclusion de la fabrication et de l'installation de matériel de laboratoire.

8708 Services de nettoyage :

Sont visées pour partie, les entreprises de ramonage.

Clauses d'attribution (x)

Les activités économiques pour lesquelles a été prévue la présente clause d'attribution seront soumises aux règles suivantes :

1. Le présent accord sera appliqué lorsque le personnel concourant à la pose - y compris le personnel des bureaux d'études, es techniciens, la maîtrise... (le personnel administratif et le personnel dont l'activité est mal délimitée restant en dehors du calcul) - représente au moins 80 % de l'activité de l'entreprise caractérisée par les effectifs respectifs.

2. Lorsque le personnel concourant à la pose au sens ci-dessus se situe entre 20 % et 80 %, les entreprises peuvent opter pour l'application du présent texte, après accord avec les représentants des organisations signataires du présent texte ou, à défaut, des représentants du personnel, s'ils existent.

Cette option sera portée à la connaissance du personnel dans un délai de 3 mois à compter soit de la publication de l'arrêté portant extension du présent accord, soit, pour les entreprises créées postérieurement, de la date de leur création.

3. Lorsque le personnel concourant à la pose au sens ci-dessus représente moins de 20 %, le présent accord n'est pas applicable.

Cas des entreprises mixtes bâtiment et travaux publics

Pour l'application du présent accord, est considérée comme entreprise mixte bâtiment et travaux publics celle dont les activités sont partagées entre d'une part une ou plusieurs activités bâtiment, telles qu'elles sont énumérées dans le présent champ d'application, et d'autre part une ou plusieurs activités travaux publics, telles qu'elles sont définies par la nomenclature d'activités issues du décret n° 75-1306 du 9 novembre 1973.

1. Le présent accord sera appliqué par les entreprises mixtes bâtiment et travaux publics, lorsque le personnel effectuant des travaux correspondant à une ou plusieurs activités bâtiment, telles qu'elles sont énumérées dans le présent champ d'application, représente au moins 60 % de l'ensemble du personnel de l'entreprise.

2. Lorsque le personnel, effectuant des travaux correspondant à une ou plusieurs activités bâtiment, se situe entre 40 % et 60 % de l'ensemble du personnel, les entreprises mixtes bâtiment et travaux publics peuvent opter, après accord des représentants du personnel, s'ils existent, pour l'application du présent accord.

Cette option sera portée à la connaissance du personnel dans un délai de 3 mois à compter soit de la publication de l'arrêté portant extension du présent accord, soit pour les entreprises créées postérieurement, de la date de création.

3. Lorsque le personnel d'une entreprise mixte effectuant des travaux correspondant à une ou plusieurs activités bâtiment représente moins de 40 % de l'ensemble du personnel, le présent accord n'est pas applicable.

Cas des entreprises de menuiserie métallique

ou de menuiserie et fermetures métalliques

Est également incluse dans le champ d'application, l'activité suivante, classée dans le groupe ci-dessous :

2107 Menuiserie métallique de bâtiment :

Toutefois, l'extension du présent accord ne sera pas demandée pour cette activité. Il en sera de même pour la fabrication et la pose associée de menuiserie et de fermetures métalliques classées dans le groupe 5571.

Textes Attachés

Avenant n° 1 du 10 mai 2000 à l'accord national du 9 septembre 1998 sur la réduction et l'aménagement du temps de travail dans les entreprises du bâtiment visées par le décret du 1er mars 1962 (c'est-à-dire occupant jusqu'à 10 salariés)

La confédération de l'artisanat et des petites entreprises du bâtiment (CAPEB).

La fédération nationale des salariés de la construction et du bois CFDT.

Préambule

En vigueur étendu

La loi n° 2000-37 du 19 janvier 2000 relative à la réduction négociée du temps de travail met en place un certain nombre de mesures nouvelles, dont l'entrée en application est subordonnée à la conclusion d'accords collectifs étendus. Cette loi introduit notamment des mesures spécifiques aux entreprises, dont l'effectif est inférieur ou égal à 20 salariés, dont la mise en oeuvre effective nécessite qu'elles puissent se référer à un accord national de branche, conformément à la philosophie développée par les partenaires sociaux lors de la négociation de l'accord du 9 septembre 1998.

Le présent avenant s'inscrit par ailleurs dans l'application de l'article 20 de l'accord du 9 septembre 1998, prévoyant que les partenaires sociaux procéderont à un réexamen dudit accord si des dispositions de caractère législatif ou réglementaire nouvelles entraînaient des conséquences sur les entreprises artisanales du bâtiment en matière de réduction du temps de travail.

C'est pourquoi, afin de tenir compte des incidences de la loi du 19 janvier 2000, les partenaires sociaux conviennent des dispositions suivantes :

Champ d'application

Article 1

En vigueur étendu

L'article 2 " Champ d'application " de l'accord du 9 septembre 1998 est rédigé de la manière suivante :

(voir cet article)

Organisation des périodes d'astreinte

Article 2

En vigueur étendu

L'astreinte est une période pendant laquelle le salarié, sans être à la disposition permanente et immédiate de l'employeur, a l'obligation de demeurer à son domicile ou à proximité afin d'être en mesure d'intervenir pour effectuer un travail au service de l'entreprise, la durée de cette intervention étant considérée comme du temps de travail effectif.

L'organisation des périodes d'astreinte sera définie dans le cadre d'accords paritaires étendus régionaux ou, à défaut, départementaux. Ces accords fixeront :

1. Les modalités de décompte du temps d'intervention du salarié ;

2. Les moyens permettant aux salariés d'être joints hors de leur domicile ;

3. Les modes d'organisation des astreintes dans l'entreprise ;

4. Les compensations financières ou sous forme de repos auxquelles elles donnent lieu, leur périodicité et leur mode de revalorisation ;

5. Les modalités d'information des salariés.

Régime des heures supplémentaires avec anticipation

Article 3

En vigueur étendu

Pour les entreprises relevant du champ d'application du présent avenant et qui anticipent le passage aux 35 heures, le régime des heures supplémentaires applicable est le suivant :

A compter du premier jour du mois civil suivant la parution au Journal officiel de l'arrêté d'extension du présent avenant jusqu'au 31 décembre 2000 (période transitoire) :

- de la 36e à la 39e heure incluse ... majoration de salaire de 10 %

- de la 40e à la 43e heure incluse ... majoration de salaire de 25 %

- à partir de la 44e heure ... majoration de salaire de 50 %

A partir du 1er janvier 2001 (période définitive) :

- de la 36e à la 39e heure incluse ... majoration de salaire de 25 %

- de la 40e à la 43e heure incluse ... majoration de salaire de 25 %

- à partir de la 44e heure ... majoration de salaire de 50 %

Pour l'application de l'article 6 du présent avenant, les heures supplémentaires sont les heures effectuées au-delà de la référence définie dans les étapes et majorées dans les conditions du présent article.

Travail intermittent

Article 4

En vigueur étendu

Le travail intermittent, tel que défini à l'article 14 de la loi du 19 janvier 2000, pourra faire l'objet d'une mise en oeuvre dans le cadre d'accords paritaires étendus départementaux ou régionaux. Ces accords préciseront notamment :

1. La nature des emplois permanents comportant l'alternance de périodes travaillées et non travaillées ;

2. Les mentions obligatoires du contrat de travail intermittent, à savoir :

-la qualification du salarié ;

-les éléments de la rémunération ;

-la durée annuelle minimale de travail du salarié ;

-les périodes pendant lesquelles le salarié travaille ;

-la répartition des heures de travail à l'intérieur de cette période ;

3. (1) Les adaptations nécessaires aux entreprises situées dans des secteurs géographiques fortement marqués par l'existence de périodes d'inactivité comme les zones de montagne.

La mise en place de ces contrats ne doit pas avoir pour effet d'entraîner un dépassement de la durée maximale de travail fixée par la loi.

Les parties signataires s'engagent à demander une étude sur l'incidence de ce dispositif en matière de frais de santé, de prévoyance et de prime de vacances et ouvrir des négociations si nécessaire.

(1) Point étendu sous réserve de l'application du dernier alinéa de l'article L. 212-4-13 du code du travail (arrêté du 23 novembre 2000, art. 1).

Formation et réduction du temps de travail

Article 5

En vigueur étendu

Conformément à l'article 17 de la loi du 19 janvier 2000, le présent article précise les conditions dans lesquelles le développement des compétences des salariés peut être organisé pour partie hors du temps de travail effectif, sous réserve que les formations correspondantes soient utilisables à l'initiative du salarié ou reçoivent son accord écrit.

Les actions de formation visées sont celles ayant pour objet exclusif le développement des compétences du salarié, distinctes des simples actions d'adaptation à l'emploi. Sont concernées plus particulièrement les actions de promotion utilisables par le salarié en dehors de l'entreprise dans laquelle il se trouve employé, ainsi que les actions de formation qualifiantes sanctionnées par un titre ou un diplôme de l'enseignement technologique.

Les actions de formation ayant pour objet le développement des compétences des salariés peuvent être organisées hors du temps de travail effectif dans la limite de 21 heures de formation par an et par salarié.

Les dispositions ci-dessus définies sont applicables aux salariés bénéficiant d'une formation relevant du plan de formation ou du capital de temps de formation.

Les coûts pédagogiques afférents à ces actions de formation peuvent recevoir une participation financière de l'OPCA concerné, sur décision de son conseil de gestion.

Organisation de la réduction du temps de travail en trois étapes

Article 6

En vigueur étendu

Pris en application des articles 23 et 24 de la loi du 19 janvier 2000, le présent article permet à toute entreprise relevant du champ d'application de l'accord du 9 septembre 1998 d'adopter, en 3 étapes successives, un horaire collectif dégressif visant à porter l'horaire de référence à 35 heures hebdomadaires en moyenne annuelle, au plus tard le 1er janvier 2002.

La réduction du temps de travail peut alors s'établir dans les conditions précisées par l'accord du 9 septembre 1998, et notamment celles inscrites dans son article 3, de la manière qui suit :

Etape 1 : 37 heures hebdomadaires en moyenne annuelle entre la date de mise en oeuvre du présent avenant dans l'entreprise et le 31 mars 2001.

Etape 2 : 36 heures hebdomadaires en moyenne annuelle du 1er avril 2001 au 31 décembre 2001.

Etape 3 : 35 heures hebdomadaires en moyenne annuelle à compter du 1er janvier 2002.

Les conséquences de cette dégressivité sur les quatre modalités de réduction du temps de travail prévues aux articles 5, 6, 7 et 8 de l'accord du 9 septembre 1998 sont les suivantes :

Modalité 1

Etape 1 : l'entreprise adopte un horaire hebdomadaire de 37 heures sur 5 jours. Sur 2 semaines consécutives, elle peut appliquer un horaire de 39 heures la première semaine et 35 heures la seconde, sur 4 ou 5 jours.

Etape 2 : l'entreprise adopte un horaire hebdomadaire de 36 heures sur 4 ou 5 jours. Sur 2 semaines consécutives, elle peut appliquer un horaire de 39 heures la première semaine et 33 heures la seconde sur 4 jours.

Modalité 2

Cette modalité supporte la dégressivité de la manière suivante :

-par application de la dégressivité de la modalité 1 précédemment décrite, pour les étapes 1 et 2 ;

-par application de l'article 6 de l'accord du 9 septembre 1998, à savoir 36 heures sur 4 jours et 6 jours ouvrés de repos, pour l'étape 3.

Modalité 3

Etape 1 : l'horaire hebdomadaire est fixé à 39 heures sur 5 jours et la réduction du temps de travail est organisée sous forme de repos rémunérés à raison de 12 jours ouvrés sur une base annuelle, au prorata de la durée effective de cette première étape.

Etape 2 : l'horaire hebdomadaire est fixé à 39 heures sur 5 jours et la réduction du temps de travail est organisée sous forme de repos rémunérés à raison de 18 jours ouvrés sur une base anuelle, au prorata de la durée effective de cette seconde étape.

Ces jours de repos sont fixés pour 2/3 à la discrétion de l'employeur et pour 1/3 à la discrétion du salarié.

Modalité 4

A l'article 8 de l'accord du 9 septembre 1998, il convient de substituer :

Etape 1 : la référence à 37 heures au lieu de 35 heures.

Etape 2 : la référence à 36 heures au lieu de 35 heures.

Régime des heures supplémentaires sans anticipation

Article 7
En vigueur étendu
Modifié par Avenant n° 2 du 17 décembre 2003 art. 2 en vigueur le 1er janvier 2004 BO conventions collectives 2004-5 étendu par arrêté du 19 mai 2004 JORF 29 mai 2004.

Les heures supplémentaires effectuées au-delà d'une durée hebdomadaire de travail de 35 heures sont majorées comme suit :

- 25 % du salaire horaire effectif pour les 8 premières heures supplémentaires ;

- 50 % du salaire horaire effectif pour les heures supplémentaires au-delà de la 8e.

Dispositions diverses

Article 8
En vigueur étendu

(article modificateur)

Suivi de l'accord

Article 9
En vigueur étendu

La dernière phrase du deuxième alinéa de l'article 21 de l'accord du 9 septembre 1998 est supprimée et remplacée par la rédaction suivante :

(voir cet article)

Entrée en vigueur

Article 10
En vigueur étendu

Le présent avenant entrera en application à compter du premier jour du mois civil suivant la parution au Journal officiel de son arrêté d'extension.

Extension

Article 11
En vigueur étendu
Les parties signataires demanderont l'extension du présent avenant auprès du ministère de l'emploi et de la solidarité.

Accord du 15 juillet 2003 relatif aux astreintes dans la région Ile-de-France (1) Texte non étendu.

CAPEB région Ile-de-France.

Union régionale des syndicats, construction et bois CFDT Ile-de-France ;

Union régionale professionnelle des syndicats CFTC du bâtiment, des travaux publics et des activités annexes de l'Ile-de-France.

I. - Contenu de l'accord

Préambule.

En vigueur non étendu

Le présent accord est conclu dans le cadre de l'article 2 de l'avenant n° 1 du 10 mai 2000, à l'accord national du 9 septembre 1998, sur la réduction du temps de travail dans les entreprises du bâtiment visées par le décret du 1er mars 1962 (c'est-à-dire occupant jusqu'à 10 salariés), ainsi que dans le cadre de l'article L. 212-4 bis du code du travail.

Pour satisfaire les besoins de leur clientèle, et notamment effectuer des opérations de dépannage et de maintenance des matériels et installations, les entreprises peuvent avoir recours aux astreintes.

L'astreinte, aux termes de l'article 2 susvisé, est la période pendant laquelle le salarié, sans être à la disposition permanente et immédiate de l'employeur, a l'obligation de demeurer à son domicile ou à proximité, afin d'être en mesure d'intervenir pour effectuer un travail au service de l'entreprise, la durée de l'intervention étant considérée comme du temps de travail effectif.

Le présent accord relatif à l'astreinte ne modifie et ne se substitue en rien aux règles relatives aux travaux d'urgence qui doivent toujours continuer à s'appliquer. De ce fait, l'exécution d'un travail d'urgence pendant une période d'astreinte entraîne de suite l'arrêt de l'astreinte.

Article 1
En vigueur non étendu

Pendant l'astreinte, le salarié n'est pas à la disposition de l'employeur, il peut donc se déplacer pour ses besoins personnels et familiaux dans un environnement proche du domicile déclaré à son employeur afin de permettre à ce dernier d'exercer l'astreinte dans les conditions énoncées ci-dessous.

Il doit pouvoir être joint à tout moment.

Une copie du présent accord devra être remise par l'employeur à chaque salarié concerné par l'astreinte.

Rayon d'intervention.

Article 2
En vigueur non étendu

Le rayon d'intervention maximal est la distance qui sépare le lieu d'embauche du salarié du lieu d'intervention.

En Ile-de-France, il est difficile de fixer une distance maximale. D'un commun accord, l'employeur et le salarié définiront un rapport distance/temps acceptable.

En tout état de cause, la distance maximale est fixée à 50 kilomètres à partir du domicile du salarié, centre de la zone concentrique.

Délai d'intervention.

Article 3
En vigueur non étendu

Le délai d'intervention est le temps nécessaire au salarié pour se rendre sur le lieu d'intervention à partir de l'appel téléphonique.

Le salarié doit être en mesure d'intervenir dans un délai raisonnable, compatible avec la nature de l'intervention.

Délai de prévenance.

Article 4
En vigueur non étendu

L'entreprise prévoit les périodes d'astreinte sur l'année ou par trimestre. Le salarié peut demander, par écrit, de déplacer sa période pour des circonstances particulières dans un délai de 7 jours calendaires à partir du moment ou le planning a été porté par écrit à la connaissance du salarié.

La programmation individuelle des périodes d'astreintes sera portée, par écrit, à la connaissance de chaque salarié 15 jours à l'avance, sauf en cas de circonstances exceptionnelles où le délai est alors de 1 jour franc.

Par ailleurs, si le salarié, en cas de circonstances exceptionnelles ou familiales, ne peut assurer l'astreinte, il doit prévenir son employeur dès que possible et au plus tard 1 jour franc avant le début de sa période d'astreinte.

Est considérée comme une circonstance exceptionnelle un événement qui est imprévisible.

Personnel concerné.

Article 5
En vigueur non étendu

Le salarié n'intervient que dans son champ de compétence.

La qualification minimale requise pour les ouvriers est maître ouvrier, chef d'équipe niveau IV, position 1, coefficient 250.

Les personnels techniques sous statut ETAM et cadre sont également concernés.

Moyens mis à disposition.

Article 6

En vigueur non étendu

Le salarié d'astreinte dispose obligatoirement et en permanence, pendant son temps d'astreinte, d'un véhicule de l'entreprise aménagé pour le service demandé ainsi que d'un téléphone mobile mis à sa disposition par l'entreprise. Ce dernier devra être en état de fonctionnement et de réception.

Ces mises à diposition obligatoires ne s'appliquent pas en dehors des périodes d'astreinte.

Le salarié disposera de l'outillage et des pièces de rechange nécessaires et des équipements de protection individuelle nécessaires à ses interventions.

Si, pour un motif particulier, et en accord entre les 2 parties, le salarié est amené à utiliser un véhicule ou un téléphone personnel, les frais lui seront intégralement remboursés sur présentation d'un état des frais engagés par ce dernier pour le compte de son employeur.

Le barème de remboursement des frais kilométriques pour l'utilisation d'un véhicule personnel est le dernier barème fiscal connu limité à 8 CV ou le barème existant dans l'entreprise s'il est plus favorable.

Types d'astreintes.

Article 7

En vigueur non étendu

Les périodes d'astreinte sont déterminées en dehors des horaires de travail de l'entreprise, y compris les heures supplémentaires éventuelles.

Elles ne peuvent pas être prévues pendant les périodes de congés payés annuels des salariés.

Elles peuvent par contre, avec l'accord des salariés, être programmées pendant les périodes de repos compensateur, y compris les périodes liées à la réduction du temps de travail (lois " Aubry "). Dans ce cas, les repos seront prorogés de la durée de l'astreinte.

Les périodes d'astreinte peuvent être organisées selon les deux modalités suivantes, en fonction des contraintes spécifiques aux entreprises artisanales et aux différents corps d'état du bâtiment :

a) Astreinte de jour ;

b) Astreinte de nuit (de 21 heures à 6 heures, conformément à la loi du 9 mai 2001).

Durée du travail en cas d'intervention.

Article 8

En vigueur non étendu

Le délai d'intervention étant considéré comme du temps de travail effectif, l'employeur doit organiser les conditions dans lesquelles le dépassement des durées de travail maximales légales et conventionnelles, tant journalières qu'hebdomadaires, doit être évité.

Repos - Périodicité des astreintes.

Article 9

En vigueur non étendu

Une durée minimale de 12 heures est nécessaire entre la dernière heure de travail et la première heure d'astreinte. Cette durée est portée à 24 heures si le salarié revient d'un grand déplacement au sens de la convention collective du 8 octobre 1990 concernant les ouvriers employés par les entreprises du bâtiment visées par le décret du 1er mars 1962 (c'est-à-dire occupant jusqu'à 10 salariés).

En tout cas, les périodes d'astreintes ne doivent pas conduire à occuper un même salarié plus de 6 jours par semaine, conformément à l'article L. 221-2 du code du travail et sous respect de la convention collective, ainsi qu'à réduire à moins de 2 jours consécutifs son repos hebdomadaire, conformément à l'article 21 de la convention collective susvisée.

Un salarié ne pourra pas être d'astreinte plus de 1 semaine sur 3, sauf en cas de circonstances exceptionnelles et avec l'accord écrit du salarié.

Contrôle des interventions en période d'astreinte.

Article 10
En vigueur non étendu

Le salarié renseignera, sur une fiche donnée par son employeur, notamment :

- la date et l'heure de l'appel du client ;

- l'heure de départ de son domicile ou du lieu de réception de l'appel ;

- l'heure d'arrivée chez le client ;

- la nature et la durée de l'intervention ;

- l'heure de retour à son domicile ou au lieu de réception de l'appel ;

- le kilométrage entre son domicile ou le lieu de réception de l'appel et le lieu d'intervention.

La fiche d'intervention sera obligatoirement visée par le client ou par son mandataire.

Rémunération du temps de travail en cas d'intervention.

Article 11
En vigueur non étendu

Le temps de travail effectif est décompté depuis l'heure de l'appel du client jusqu'à l'heure de retour, temps de déplacement inclus.

Ce temps de travail effectif sera rémunéré sur la base du taux horaire de base du salarié, éventuellement majoré des heures supplémentaires suivant dispositions conventionnelles.

Toutefois, pour les dimanches et jours fériés ainsi que pour le travail de nuit, la majoration sera de 100 %.

Les modalités de repos compensateur restent celles prévues également par la convention collective.

Le paiement des heures d'intervention se cumule avec l'indemnité d'astreinte.

Elles seront différenciées sur le bulletin de paie.

Contrepartie financière de la sujétion d'astreinte.

Article 12
En vigueur non étendu

Une prime forfaitaire est accordée au salarié d'astreinte, qu'il y ait eu ou non interventions effectives pendant l'astreinte.

Cette prime est calculée par rapport au taux horaire de base du salarié sous astreinte selon les modalités suivantes :

- astreinte de jour, hors dimanches et jours fériés équivalente au taux horaire de base x 2 par jour d'astreinte ;

- astreinte de jour, dimanches et jour fériés, équivalente au taux horaire de base x 4 par jour d'astreinte ;

- astreinte de nuit, hors dimanches et jours fériés, équivalente au taux horaire de base x 4 par nuit d'astreinte ;

- astreinte de nuit, dimanches et jours fériés, équivalente au taux horaire de base x 5 par nuit d'astreinte.

Prime spéciale pour délai de prévenance compris entre 1 et 14 jours francs = 1 taux horaire de base.

Si la période d'astreinte est inférieure à 7 heures, l'indemnité ci-dessus est proratisée sur la base de la durée réellement effectuée divisée par 7.

Toutefois, pour toute période d'astreinte inférieure à 2 heures, l'indemnité ne pourra pas être inférieure à 2/7.

Sous réserve d'un accord écrit entre l'employeur et le salarié, tout ou partie des primes peut être remplacé par un droit à un repos équivalent.

II. - Champ d'application de l'accord.

En vigueur non étendu

Le champ d'application du présent accord est le même que celui qui est défini dans l'accord de branche national du 9 septembre 1998 et son avenant du 10 mai 2000 sur la réduction et l'aménagement du temps de travail dans les entreprises du bâtiment visées par le décret du 1er mars 1962.

III. - Dépôt.

En vigueur non étendu

Le présent accord sera déposé à la direction départementale du travail, de l'emploi et de la formation professionnelle.

IV. - Date d'application.

En vigueur non étendu

Le présent accord entrera en application à compter du 1er octobre 2003.

V. - Extension.

En vigueur non étendu

Les parties signataires demandent l'extension du présent accord.

Avenant n° 2 du 17 décembre 2003 portant modification de l'article 12 de l'accord du 9 septembre 1998 et de l'article 7 à l'avenant n° 1 de cet accord Avenant n° 2 du 17 décembre 2003

Organisations patronales signataires :
La confédération de l'artisanat et des petites entreprises du bâtiment (CAPEB),

Syndicats de salariés signataires :
La fédération nationale des salariés de la construction et du bois (FNCB) CFDT ;
La fédération BATI-MAT-TP CFTC ;
La fédération générale Force ouvrière du bâtiment et des travaux publics et ses activités annexes (CGT-FO),

Article 1

En vigueur étendu

L'article 12 de l'accord national du 9 septembre 1998 sur la réduction et l'aménagement du temps de travail est annulé et remplacé par :

(voir cet article)

Article 2

En vigueur étendu

L'article 7 de l'avenant n° 1 du 10 mai 2000 à l'accord national du 9 septembre 1998 sur la réduction et l'aménagement du temps de travail est annulé et remplacé par :

(voir cet article)

Article 3

En vigueur étendu

Les parties signataires demandent l'extension du présent avenant conformément aux dispositions des articles L. 133-1 et suivants du code du travail.

Le présent avenant sera déposé en application de l'article L. 132-10 du code du travail.

Article 4
En vigueur étendu

Le présent avenant entrera en vigueur le 1er janvier 2004.

Fait à Paris, le 17 décembre 2003.

Arr êté portant extension d'un avenant n° 1 du 10 mai 2000 à l'accord national du 9 septembre 1998 sur la réduction et l'aménagement du temps de travail dans les entreprises du bâtiment visées par le décret du 1er mars 1962 (c'est-à-dire occupant jusqu'à 10 salariés) JORF 5 décembre 2000.

La ministre de l'emploi et de la solidarité et le ministre de l'agriculture et de la pêche,
Vu les articles L. 133-1 et suivants du code du travail ;
Vu l'arrêté du 12 février 1991 et les arrêtés successifs, notamment l'arrêté du 30 octobre 1998, portant extension de la convention collective nationale du 8 octobre 1990, concernant les ouvriers employés par les entreprises du bâtiment visées par le décret du 1er mars 1962 (c'est-à-dire occupant jusqu'à dix salariés) ;
Vu l'avenant n° 1 du 10 mai 2000 à l'accord national du 9 septembre 1998 sur la réduction et l'aménagement du temps de travail conclu dans le cadre de la convention collective nationale susvisée ;
Vu la demande d'extension présentée par les organisations signataires ;
Vu les avis publiés au Journal officiel des 9 juin et 10 juillet 2000 ;
Vu les avis recueillis au cours de l'enquête ;
Vu l'avis motivé de la Commission nationale de la négociation collective (sous-commission des conventions et accords), notamment les oppositions formulées par les représentants de trois organisations syndicales de salariés ;
Considérant que l'avenant susvisé a été conclu par une organisation syndicale de salariés représentative, signataire de l'accord national du 9 septembre 1998 sur la réduction et l'aménagement du temps de travail conclu dans le cadre de la convention collective nationale susvisée, conformément à l'article L. 132-7 du code du travail ;
Considérant que les organisations représentatives signataires de l'avenant susvisé ont pu organiser librement la réduction du temps de travail et, à ce titre, préciser les règles et les modalités propres à la situation particulière de la branche ;
Considérant que les dispositions de l'avenant se conforment, sous les réserves et exclusions ci-dessous formulées, aux dispositions législatives et réglementaires en vigueur,

Article 1, 2, 3
En vigueur

Article 1er

Sont rendues obligatoires, pour tous les employeurs et tous les salariés compris dans le champ d'application de la convention collective nationale concernant les ouvriers employés par les entreprises du bâtiment visées par le décret du 1er mars 1962 (c'est-à-dire occupant jusqu'à dix salariés), tel que modifié par l'avenant n° 1 du 17 mars 1992, les dispositions de l'avenant n° 1 du 10 mai 2000 à l'accord national du 9 septembre 1998 sur la réduction et l'aménagement du temps de travail conclu dans le cadre de la convention collective nationale susvisée.

Le point 3 du premier alinéa de l'article 4 (travail intermittent) est étendu sous réserve de l'application du dernier alinéa de l'article L. 212-4-13 du code du travail.

La dernière phrase du premier alinéa du deuxième tiret de l'article 8 (engagement de créations d'emplois) est étendue sous réserve de l'application du deuxième alinéa du paragraphe IV de l'article 3 de la loi n° 98-461 du 13 juin 1998 d'orientation et d'incitation relative à la réduction du temps de travail.

Le troisième tiret de l'article 8 (délai de prévenance des changements d'horaires) est étendu sous réserve qu'en application du septième alinéa de l'article L. 212-8 du code du travail un accord complémentaire de branche ou d'entreprise précise les contreparties dont bénéficieront les salariés.

Article 2

L'extension des effets et sanctions de l'avenant susvisé est faite à dater de la publication du présent arrêté pour la durée restant à courir et aux conditions prévues par ledit accord.

Article 3

Le directeur des relations du travail au ministère de l'emploi et de la solidarité et le directeur des exploitations, de la politique sociale et de l'emploi au ministère de l'agriculture et de la pêche sont chargés, chacun en ce qui le concerne, de l'exécution du présent arrêté, qui sera publié au Journal officiel de la République française.

Nota. - Le texte de l'avenant susvisé a été publié au Bulletin officiel du ministère, fascicule Conventions collectives n° 2000/22 du 30 juin 2000.

Avenant portant extension d'un avenant à un accord national sur la réduction et l'aménagement du temps de travail dans les entreprises du bâtiment visées par le décret du 1er mars 1962 (entreprises occupant jusqu'à 10 salariés) JORF 29 mai 2004.

Le ministre de l'emploi, du travail et de la cohésion sociale et le ministre de l'agriculture, de l'alimentation, de la pêche et des affaires rurales,
Vu les articles L. 133-1 et suivants du code du travail ;
Vu l'arrêté du 23 novembre 2000 portant extension de l'avenant n° 1 à l'accord national du 9 septembre 1998 sur l'aménagement et la réduction du temps de travail dans les entreprises du bâtiment visées par le décret du 1er mars 1962 ;
Vu l'avenant n° 2 du 17 décembre 2003 à l'accord national du 9 septembre 1998 susmentionné ;
Vu la demande d'extension présentée par les organisations signataires ;
Vu les avis publiés au Journal officiel des 12 février et 4 mars 2004 ;
Vu les avis recueillis au cours de l'enquête ;
Vu l'avis motivé de la Commission nationale de la négociation collective (sous-commission des conventions et accords), rendu en séance du 5 avril 2004,

Article 1, 2, 3
En vigueur

Article 1er
Sont rendues obligatoires, pour tous les employeurs et tous les salariés compris dans le champ d'application de l'accord national du 9 septembre 1998 susvisé, les dispositions de l'avenant n° 2 du 17 décembre 2003 à l'accord du 9 septembre 1998.

Article 2
L'extension des effets et sanctions de l'avenant susvisé est faite à dater de la publication du présent arrêté pour la durée restant à courir et aux conditions prévues par ledit avenant.

Article 3

Le directeur des relations du travail au ministère de l'emploi, du travail et de la cohésion sociale et le directeur général de la forêt et des affaires rurales au ministère de l'agriculture, de l'alimentation, de la pêche et des affaires rurales sont chargés, chacun en ce qui le concerne, de l'exécution du présent arrêté, qui sera publié au Journal officiel de la République française.
Le ministre de l'emploi, du travail
et de la cohésion sociale,

Nota. - Le texte de l'avenant susvisé à été publié au Bulletin officiel du ministère, fascicule conventions collectives n° 2004/5.

Accord national du 4 juillet 2000 relatif au régime des bonifications pour heures supplémentaires dans le bâtiment et les travaux publics (1) Accord étendu pour tous les employeurs et tous salariés compris dans son champ d'application, à l'exclusion des entreprises paysagistes et de reboisement répertoriées au code APE 55-10 relevant des professions agricoles (arrêté du 10 novembre 2000, art. 1er)

Texte de base

Régime des bonifications pour heures supplémentaires

La fédération française du bâtiment (FFB) ;

La fédération nationale des travaux publics (FNTP) ;

La fédération française de l'équipement électrique (FFEE) ;

La fédération nationale des sociétés coopératives ouvrières de production du bâtiment et des travaux publics (FNSCOP).

La fédération Bâti-Mat-TP CFTC ;

Le syndicat national des cadres, techniciens, agents de maîtrise et assimilés des industries du bâtiment et des travaux publics CFE-CGC ;

La fédération générale Force ouvrière du bâtiment et des travaux publics et ses activités annexes CGT-FO.

Champ d'application.

Article 1
En vigueur étendu

Le présent accord national est applicable en France métropolitaine, Corse comprise, à l'exclusion des DOM-TOM, aux employeurs du bâtiment et des travaux publics dont l'activité relève d'une des activités énumérées dans les champs d'application des conventions collectives nationales du 8 octobre 1990 ou du 15 décembre 1992 et à l'ensemble de leurs salariés.

Article 2
En vigueur étendu

A compter du 1er février 2000, la bonification prévue par l'article L. 212-5-I du code du travail et par l'article 5-V de la loi n° 2000-37 du 19 janvier 2000 pour les 4 premières heures supplémentaires peut donner lieu au versement d'une majoration de salaire au lieu d'être attribuée sous forme de repos.

Article 3
En vigueur étendu

Le présent accord national sera déposé en application de l'article L. 132-10 du code du travail.

Article 4
En vigueur étendu

Les parties signataires demanderont l'extension du présent accord conformément aux dispositions des articles L. 133-1 et suivants du code du travail.

ARRETE du 10 novembre 2000 portant extension d'un accord national professionnel relatif au régime de bonification des heures supplémentaires dans le secteur du bâtiment et des travaux publics

La ministre de l'emploi et de la solidarité et le ministre de l'agriculture et de la pêche,
Vu les articles L. 133-1 et suivants du code du travail ;
Vu l'accord national professionnel du 4 juillet 2000 relatif au régime de bonification des heures supplémentaires conclu dans le secteur du bâtiment et des travaux publics ;
Vu la demande d'extension présentée par les organisations signataires ;
Vu les avis publiés au Journal officiel du 25 août et du 8 septembre 2000 ;
Vu les avis recueillis au cours de l'enquête ;
Vu l'avis motivé de la Commission nationale de la négociation collective (sous-commission des conventions et accords),
Arrêtent :

Article 2, 3
En vigueur

Article 1er

Sont rendues obligatoires, pour tous les employeurs et tous les salariés compris dans son champ d'application, à l'exclusion des entreprises paysagistes et de reboisement répertoriées au code APE 55-10 relevant des professions agricoles, les dispositions de l'accord national professionnel du 4 juillet 2000 susvisé.

Article 2

L'extension des effets et sanctions de l'accord précité est faite à dater de la publication du présent arrêté pour la durée restant à courir et aux conditions prévues par ledit accord.

Article 3

Le directeur des relations du travail au ministère de l'emploi et de la solidarité et le directeur des exploitations, de la politique sociale et de l'emploi au ministère de l'agriculture et de la pêche sont chargés, chacun en ce qui le concerne, de l'exécution du présent arrêté, qui sera publié au Journal officiel de la République française.

Nota. - Le texte de l'accord susvisé a été publié au Bulletin officiel du ministère, fascicule Conventions collectives n° 2000/31 en date du 8 septembre 2000.

Accord national du 6 novembre 1998 sur l'organisation, la réduction du temps de travail et sur l'emploi dans le bâtiment et les travaux publics. Etendu par arrêté du 23 février 1999 JORF 26 février 1999.

Texte de base

ACCORD NATIONAL du 6 novembre 1998

La fédération française du bâtiment (FFB) ;
La fédération nationale des travaux publics (FNTP) ;
La fédération nationale de l'équipement électrique (FNEE) ;
La fédération nationale des sociétés coopératives ouvrières de production du bâtiment et des travaux publics (FNSCOP),

La fédération Bâti-Mat-TP CFTC ;
Le syndicat national des cadres, techniciens, agents de maîtrise et assimilés des industries du bâtiment et des travaux publics CFE-CGC ;
La fédération générale Force ouvrière du bâtiment et des travaux publics et ses activités annexes CGT-FO,

Préambule

En vigueur étendu

Après plusieurs années d'une crise ayant durement frappé la profession et entraîné la disparition de plusieurs dizaines de milliers d'emplois, les entreprises et les salariés du BTP mesurent, mieux que quiconque, toute l'ampleur des difficultés générées par une croissance et une activité insuffisantes.

Si certains secteurs connaissent aujourd'hui une meilleure conjoncture, plusieurs autres sont toujours en difficulté et appréhendent l'avenir avec beaucoup d'incertitude.

Le ralentissement des pertes d'emplois au plan global du BTP est incontestablement un fait positif qui traduit cette amélioration partielle de la situation économique de la profession mais il ne s'agit pas encore de création nette d'emplois dans la mesure où ce redressement reste à confirmer et à se généraliser à toutes les composantes du BTP.

Ils constatent que, indépendamment du niveau de l'activité, les fluctuations incessantes de celle-ci résultant tant du cycle des saisons et des contraintes spécifiques des chantiers, que des fortes et nouvelles exigences des clients en matière de délais de réalisation et d'intervention, notamment dans les activités de maintenance-exploitation et de services, obligent à une adaptation constante de l'organisation de l'entreprise.

C'est dans cet environnement que se pose aujourd'hui la question de la réduction de la durée du travail dans le BTP.

Soucieux de ne pas compromettre le mouvement de reprise qui paraît se dessiner, les signataires du présent accord considèrent que la réduction de la durée du travail est possible dès lors qu'elle s'inscrit dans un processus d'aménagement de celle-ci sur l'année et qu'elle n'obère pas la compétitivité des entreprises.

En intégrant dès à présent la réduction de la durée légale du travail ramenée à 35 heures, à compter du 1er janvier 2000 pour les entreprises de plus de 20 salariés et à compter du 1er janvier 2002 pour les entreprises occupant jusqu'à 20 salariés, le présent accord tient compte du fait qu'un certain nombre de salariés aspirent à travailler moins ou autrement.

En rendant possible l'aménagement de la durée du travail sur l'année, le présent accord prend en compte la demande des entreprises de pouvoir s'organiser dans un cadre plus large que la semaine afin de répondre plus vite et mieux à davantage de clients, sans que soit remis en cause le régime légal d'indemnisation des salariés privés d'emploi par suite d'intempéries, régime auquel le BTP demeure très attaché.

Ce faisant, il incite fortement à un moindre recours au travail temporaire, conformément à la volonté clairement exprimée des signataires de limiter la précarité de l'emploi et de favoriser, en priorité, l'emploi permanent dans les entreprises.

La préservation de la compétitivité des entreprises, pierre angulaire de leur survie et de leur développement, donc du maintien et de la création d'emplois, implique également qu'elles soient en capacité de maîtriser leurs coûts et, en particulier, ceux résultant de la réduction de la durée du travail.

Ainsi, dans le contexte de la loi n° 98-461 du 13 juin 1998, l'accord entend-il tout mettre en oeuvre pour qu'une organisation plus rationnelle du travail apporte, tout à la fois, des éléments de performance accrus et des facultés, élargies, pour chacun de mieux maîtriser son temps.

C'est le cas, notamment, pour l'encadrement, les parties signataires affirmant leur volonté de mettre en oeuvre des dispositions adaptées pour que ce personnel bénéficie aussi d'une réduction réelle de son temps de travail. En introduisant des innovations en matière de rémunérations forfaitaires, elles souhaitent également que les pouvoirs publics entérinent, au plus tôt, des dispositions qui prennent acte des profondes mutations qui transforment l'exercice des responsabilités des cadres et agents de maîtrise.

Le développement du compte épargne-temps favorisé par l'accord est une des traductions concrètes des nouveaux modes de gestion du temps de travail et de sa réduction.

L'emploi des jeunes et la situation des salariés les plus âgés sont également des préoccupations prioritairement majeures.

En ce qui concerne les jeunes, un accord conclu simultanément à celui-ci se fixe comme objectif d'amplifier les efforts déjà réalisés dans le BTP en renforçant l'adaptation de l'offre de formation, en redéfinissant les complémentarités des différentes filières de formation et d'accès à l'emploi, en promouvant la qualité de l'accompagnement des jeunes, en expérimentant des mesures de fidélisation des jeunes salariés qualifiés, en mobilisant les financements professionnels et publics.

En ce qui concerne les salariés âgés, les signataires du présent accord conviennent de demander à leurs confédérations respectives de procéder au renouvellement de l'accord interprofessionnel sur l'ARPE et à son élargissement aux salariés ayant débuté leur carrière professionnelle en tant que salariés avant l'âge légal actuel de la fin de la scolarité obligatoire et totalisant 160 trimestres ou plus validés au titre des régimes obligatoires de l'assurance vieillesse du régime général de sécurité sociale.

Ces préoccupations s'inscrivent à l'évidence dans celle plus globale relative à la lutte contre le chômage qui constitue le plus grave défi posé aujourd'hui à notre société.

Si l'urgence à combattre ce fléau ne peut pas faire oublier que l'amélioration de l'emploi :

-dépend d'abord et essentiellement du niveau général de l'activité économique, c'est-à-dire de la croissance et de son maintien ;

-et qu'elle résulte concrètement de la décision de chaque entreprise, au regard de ses besoins et de ses possibilités,

les signataires du présent accord sont convaincus que la mise en place le plus rapidement possible de nouvelles organisations du travail plus souples combinées à la réduction du temps de travail et préservant la compétitivité des entreprises ne pourra avoir que des effets positifs sur la situation de l'emploi.

Les parties signataires considèrent, enfin, que la décision d'entrer dans le dispositif prévu par l'article 3 de la loi du 13 juin 1998 qui comporte des aides financières (volet offensif et volet défensif) en contrepartie d'une réduction d'au moins 10 % de la durée du travail implique une réflexion particulière et approfondie au niveau de l'entreprise qui ne peut être menée et conclue que dans le cadre d'un accord d'entreprise spécifique répondant aux conditions fixées par la loi du 13 juin 1998.

Les dispositions de cette loi feront l'objet, de la part des fédérations d'employeurs, de larges initiatives d'information.
Champ d'application

Le présent accord national est applicable en France métropolitaine, Corse comprise, à l'exclusion des DOM-TOM :

Pour le bâtiment, aux employeurs relevant respectivement :

-de la convention collective nationale du 8 octobre 1990 applicable dans les entreprises visées par le décret n° 62-235 du 1er mars 1962 modifié par le décret n° 76-879 du 21 septembre 1976 (1) (c'est-à-dire entreprises occupant jusqu'à 10 salariés) ;

-ou de de la convention collective nationale du 8 octobre 1990 applicable dans les entreprises non visées par le décret n° 62-235 du 1er mars 1962 modifié par le décret n° 76-879 du 21 septembre 1976 (c'est-à-dire entreprises occupant plus de 10 salariés) ;

-et à l'ensemble de leurs salariés (Ouvriers, ETAM, IAC) dont l'activité relève d'une des activités énumérées dans le champ d'application de cette convention collective.

Pour les travaux publics, à l'ensemble des employeurs, quel qu'en soit l'effectif, et à leurs salariés (Ouvriers, ETAM, IAC) dont l'activité relève d'une des activités énumérées dans le champ d'application de la convention collective nationale du 15 décembre 1992.
NOTA : (1) Articles 1er à 5.

TITRE Ier : Organisation du temps de travail sur l'année et réduction de la durée du travail

1. Modulation et réduction de la durée annuelle du travail.

En vigueur étendu

En application de l'article L. 212-2-1 du code du travail, la durée du travail effectif peut faire l'objet au niveau de tout ou partie de l'entreprise, de l'établissement, de l'agence, du chantier ou de l'atelier d'une modulation sur l'année permettant d'adapter la durée du travail aux variations de la charge de travail.

Cette modulation est assortie, pour les salariés auxquels elle s'applique, d'une réduction de leur horaire annuel de travail effectif, celui-ci ne pouvant pas excéder 1 645 heures (équivalent à 47 semaines x 35 heures) pour un salarié à temps plein présent sur toute la période de 12 mois, non comprises les heures supplémentaires visées au 1er alinéa, du titre II du présent accord (1).

Lorsque la réduction de l'horaire effectif de travail est appliquée en réduisant le nombre de jours travaillés dans l'année par l'attribution de jours de repos pris par journée entière, les dates de prise de ces jours de repos sont réparties sur l'année en fonction des souhaits des salariés et des nécessités de fonctionnement de l'entreprise.

Les salariés auront le choix de la prise de 5 de ces jours, soit l'équivalent d'une sixième semaine de congés, sans pouvoir les accoler aux congés payés légaux.

(1) Alinéa étendu sous réserve de l'application des articles L. 212-8-2, premier alinéa, et de l'article L. 212-2-1 du code du travail (arrêté du 23 février 1999, art. 1).

2. Période et horaire moyen de modulation.

En vigueur étendu

De façon à compenser les hausses et les baisses d'activité, l'horaire hebdomadaire de travail des salariés peut varier autour de l'horaire moyen hebdomadaire de 35 heures, dans le cadre d'une période de 12 mois consécutifs, de telle sorte que les heures effectuées au-delà et en deçà de cet horaire moyen se compensent arithmétiquement.

3. Mise en oeuvre.

En vigueur étendu

La mise en oeuvre de la modulation instituée par le présent accord national doit faire l'objet d'une négociation avec les délégués syndicaux en vue d'aboutir à un accord dans les entreprises ou établissements où existent des délégués syndicaux.

Lorsque, dans ces entreprises ou établissements, la négociation engagée en application de l'alinéa ci-dessus n'a pas abouti à la conclusion d'un accord, l'employeur peut procéder à la mise en place de la modulation dans les conditions définies par le présent accord national, après consultation du comité d'entreprise ou d'établissement ou, à défaut, des délégués du personnel, s'il en existe.

Dans les entreprises ou établissements qui n'ont pas de délégués syndicaux mais où existent un comité d'entreprise ou d'établissement ou des délégués du personnel, cette mise en oeuvre est subordonnée à la consultation préalable du comité d'entreprise ou d'établissement ou, à défaut, des délégués du personnel.

Cette consultation a pour objet d'informer les représentants du personnel sur les raisons économiques et sociales motivant le recours à ce mode d'organisation du travail et de recueillir leur avis motivé sur le principe de sa mise en oeuvre et ses modalités d'application.

Préalablement à cette consultation, l'employeur communique aux représentants du personnel les renseignements concernant :

- les raisons économiques et sociales justifiant le recours à la modulation ;

- le personnel concerné par la modulation ;

- la période de modulation et la programmation indicative ;

- la nouvelle organisation du travail et ses conséquences sur les conditions de travail ;

- les modalités de la prise des jours de repos dus au titre de la réduction du temps de travail ;

- une évaluation chiffrée des perspectives de l'emploi, notamment en matière d'embauche des jeunes.

Dans les entreprises ou établissements non dotés de représentants du personnel, la mise en oeuvre de la modulation instituée par le présent accord national doit faire l'objet d'une information préalable des salariés concernés.

4. Programmation indicative.

En vigueur étendu

La modulation est établie après consultation du comité d'entreprise ou d'établissement ou, à défaut, des délégués du personnel, s'il en existe, selon une programmation indicative communiquée aux salariés concernés, avant le début de chaque période de modulation. Cette consultation des représentants du personnel a lieu au moins 15 jours avant le début de ladite période.

Cette programmation peut être révisée en cours de période sous réserve que les salariés concernés soient prévenus du changement d'horaire au minimum 5 jours calendaires à l'avance, sauf contraintes ou circonstances particulières affectant de manière non prévisible le fonctionnement de l'entreprise. Le comité d'entreprise ou d'établissement ou, à défaut, les délégués du personnel dans les entreprises ou établissements qui en sont dotés, seront informés de ce ou de ces changements d'horaire et des raisons qui l'ont ou les ont justifié(s).

5. Limites de la modulation et répartition des horaires.

En vigueur étendu

Pour la mise en oeuvre de la modulation dans le cadre du présent accord, sont applicables, sauf dérogation de l'inspecteur du travail, les limites ci-après :

- durée maximale journalière : 10 heures. Elle peut être augmentée de 2 heures, en fonction des nécessités, pour les activités spécifiques de maintenance-exploitation et de services sans que ce dépassement puisse excéder 15 semaines. Il n'existe pas de durée minimale journalière ;

- durée maximale du travail au cours d'une même semaine :
46 heures. Il n'existe pas de durée minimale hebdomadaire ;

- durée moyenne hebdomadaire du travail calculée sur une période quelconque de 12 semaines consécutives : 45 heures ;

- durée moyenne hebdomadaire du travail, calculée sur le semestre civil : 43 heures.

Pour l'application du présent accord national, le nombre de jours de travail par semaine civile peut, dans le cadre de la modulation des horaires, être inférieur à 5 et aller jusqu'à 6 lorsque les conditions d'exécution du travail liées à la modulation le nécessitent.

6. Qualification des heures effectuées pendant la période de modulation au-delà de la durée hebdomadaire légale (1).

En vigueur étendu

Ces heures modulées ne sont pas considérées comme des heures supplémentaires. Elles ne s'imputent pas sur le contingent d'heures supplémentaires visé au premier alinéa du titre II du présent accord. Elles ne donnent pas lieu aux majorations prévues à l'article L. 212-5 du code du travail ni au repos compensateur prévu à l'article L. 212-5-1 du code du travail.

(1) Article étendu sous réserve de l'application de l'alinéa 2 de l'article 212-8-5 du code du travail (arrêté du 23 février 1999 art. 1).

7. Qualification des heures excédant la durée annuelle de travail effectif.

En vigueur étendu

S'il apparaît, à la fin de la période de modulation de 12 mois, que la durée annuelle de 1 645 heures de travail effectif a été dépassée, les heures excédentaires ouvrent droit à une majoration de salaire ou à un repos de remplacement calculés conformément à l'article L. 212-2-1, alinéa 3, du code du travail, dans les conditions fixées aux six premiers alinéas de l'article L. 212-5 du code du travail (1).

Ces heures excédentaires s'imputent sur le contingent annuel d'heures supplémentaires visé au 1er alinéa du titre II du présent accord sauf si leur paiement est remplacé par un repos équivalent.

(1) Alinéa étendu sous réserve de l'application des articles L. 212-8-2, premier alinéa, et L. 212-2-1 du code du travail (arrêté du 23 février 1999 art. 1).

8. Rémunération mensuelle.

En vigueur étendu

Les entreprises garantissent aux salariés concernés par la modulation instituée par le présent accord national un lissage de leur rémunération mensuelle sur toute la période de modulation indépendante de l'horaire réellement accompli. La rémunération mensuelle lissée sur la base de l'horaire moyen de 35 heures ne peut être inférieure au salaire brut mensuel de base correspondant à un horaire hebdomadaire de 39 heures ou à l'horaire hebdomadaire inférieur effectivement pratiqué.

Toute période d'absence sera déduite de la rémunération mensuelle lissée.

Si l'absence donne lieu à indemnisation par l'employeur, cette indemnisation sera calculée sur la base de la rémunération mensuelle lissée.

La rémunération des nouveaux embauchés ne peut être inférieure aux salaires minimaux conventionnels mensuels en vigueur à la date de l'embauche.

9. Prime de vacances.

En vigueur étendu

Le minimum de 1 675 heures travaillées au cours de l'année de référence pour le versement de la prime de vacances, conformément à l'article V-25 des conventions collectives nationales du 8 octobre 1990 concernant les ouvriers employés par les entreprises du bâtiment, est abaissé à 1 503 heures.

10. Situation des salariés n'ayant pas accompli toute la période de modulation.

En vigueur étendu

Lorsqu'un salarié n'aura pas accompli la totalité de la période de modulation, du fait de son entrée ou de son départ de l'entreprise en cours de période de décompte de l'horaire, sa rémunération sera régularisée sur la base de son temps réel de travail au cours de sa période de travail, par rapport à l'horaire moyen hebdomadaire de référence.

Toutefois, si le contrat de travail est rompu pour un motif autre que la faute grave, la faute lourde ou la démission, le salarié conservera le supplément de rémunération qu'il a perçu par rapport à l'horaire moyen hebdomadaire de référence.

Le calcul de l'indemnité de licenciement et de l'indemnité de départ en retraite se fait sur la base de la rémunération lissée.

11. Tenue des comptes de modulation et régularisation en fin de période de modulation.

En vigueur étendu

Pendant la période de modulation, l'employeur tient à disposition des salariés concernés toutes informations se rapportant à l'évolution de leur compte individuel de modulation. Un document joint à leur bulletin de salaire rappelle le total des heures de travail effectif réalisées depuis le début de la modulation au regard de la rémunération mensuelle régulée.

Sauf en cas de départ du salarié obligeant à une régularisation immédiate, le compte de modulation de chaque salarié est obligatoirement arrêté à l'issue de la période de modulation.

12. Chômage partiel.

En vigueur étendu

L'appréciation des heures de chômage partiel se fait en cours de modulation par rapport à l'horaire modulé résultant de la programmation.

13. Sont annulées les dispositions suivantes

En vigueur étendu

- conventions collectives des ouvriers du bâtiment, article III.26 ;

- convention collective des ETAM du bâtiment, article 30.e ;

- convention collective des ouvriers des travaux publics, article 3.24 ;

- convention collective des ETAM des travaux publics, article 30.L ;

- accords du 25 février 1982 du bâtiment et des travaux publics, article 21.

Ces dispositions sont remplacées par les dispositions correspondantes prévues ci-desssus par le présent accord.

14. Allégements de cotisations sociales

En vigueur étendu

*Crée par Avenant n° 1 du 13 novembre 2001 BO conventions collectives 2001-48 étendu par arrêté du 19 avril 2002 JORF 30 avril 2002 *à l'exception des entreprises occupant jusqu'à dix salariés dans le bâtiment relevant de la convention collective du 8 octobre 1990 applicable dans les entreprises visées par le décret n°62-235 du 1er mars 1962, modifié par le décret n°76-879 du 21 septembre 1976*.*

Les entreprises de moins de 50 salariés qui appliquent l'accord du 6 novembre 1998 sur l'organisation, la réduction du temps de travail et sur l'emploi dans le bâtiment et les travaux publics peuvent bénéficier par accès direct de l'allégement de cotisations sociales prévu par l'article 19 de la loi du 19 janvier 2000 dès lors qu'elles s'engagent à appliquer une durée de travail qui ne dépasse pas la limite annuelle de 1 600 heures fixée par cette loi.

TITRE II : Contingent annuel d'heures supplémentaires sans autorisation de l'inspecteur du travail.

En vigueur étendu

Le contingent annuel d'heures supplémentaires prévu par l'article L. 212-6 du code du travail est fixé à 145 heures par an et par salarié.

Il est augmenté de 35 heures par an et par salarié pour les salariés dont l'horaire n'est pas annualisé. L'utilisation de cette faculté de majoration du contingent d'heures supplémentaires est subordonnée à la mise en oeuvre de la procédure prévue au paragraphe 3 du titre I du présent accord.

Les heures supplémentaires sont les heures de travail accomplies à la demande de l'employeur au-delà de la durée légale du travail (1).

Les heures supplémentaires sont payées sous la forme d'un complément de salaire, assorti des majorations légales, s'ajoutant au salaire de base et correspondant au nombre d'heures supplémentaires accomplies au cours de chacune des semaines prises en compte dans la période de paie.

Les heures supplémentaires ouvrent également droit au repos compensateur conformément aux dispositions légales.

Sont annulées les dispositions suivantes :

-conventions collectives des ouvriers du bâtiment, article III. 13 ;

-convention collective du bâtiment, article 29. B ;

-convention collective des ouvriers des travaux publics, article 3. 5 ;

-convention collective des ETAM des travaux publics, article 29. D ;

-accords du 25 février 1982 du bâtiment et des travaux publics, article 10.

Ces dispositions sont remplacées par les dispositions correspondantes prévues ci-dessus par le présent accord.

(1) Alinéa étendu sous réserve de l'application de l'article L. 212-5 du code du travail, tel qu'interprété par la jurisprudence de la Cour de cassation (arrêté du 23 février 1999 art. 1).

TITRE III : Dispositions relatives à l'encadrement.

En vigueur étendu

Considérant la place et les responsabilités particulières que l'encadrement assume dans la bonne marche des entreprises ;

Considérant son rôle essentiel dans l'organisation du temps de travail en fonction des dispositions législatives et conventionnelles ;

Considérant qu'aujourd'hui, pour de nombreux salariés du BTP (comme des autres branches professionnelles), le temps de travail ne peut plus être enfermé dans des horaires continus et contrôlés par l'employeur ;

Considérant les possibilités offertes par les moyens bureautiques modernes, qui font évoluer l'exercice traditionnel de l'activité professionnelle ;

Considérant que cette évolution rencontre les aspirations des salariés qui souhaitent travailler selon un rythme qui leur soit propre, lorsque cela est compatible avec les contraintes de l'entreprise ;

Considérant que des mesures spécifiques à ces personnels doivent être mises en place selon la nature des fonctions et responsabilités qui leur sont confiées et que la référence à une mesure du temps exprimé en nombre de journées ou de mi-journées travaillées est plus adaptée en ce qui les concerne que le calcul en heures (1),

Les signataires, souhaitant tout à la fois favoriser l'émergence de nouvelles formes de liens contractuels entre l'entreprise et l'encadrement et faire bénéficier celui-ci d'une réduction réelle de son temps de travail, conviennent des mesures ci-après :

1. (2) Les personnels d'encadrement assumant une fonction de management élargi, libres et indépendants dans l'organisation et la gestion de leur temps pour remplir la mission qui leur a été confiée, ne sauraient se voir appliquer de manière rigide la réglementation relative à la durée du travail (hormis celle relative au repos hebdomadaire légal, aux congés payés et au 1er Mai).

Le contrat de travail ou son avenant contenant la convention de forfait spécifique instituée par le présent accord, qui doit recueillir l'accord exprès du salarié, définit la fonction qui justifie l'autonomie dont dispose le salarié pour l'exécution de cette fonction.

Le salarié n'est pas soumis à un horaire de travail précis.

La rémunération forfaitaire est indépendante du nombre d'heures de travail effectif accomplies pendant la période de paie considérée. Cette rémunération forfaitaire mensuelle est identique d'un mois sur l'autre.

Cette formule de forfait ne peut être convenue qu'avec des IAC classés au moins en position B, 2e échelon, catégorie 1, en application de la convention collective du 30 avril 1951 et dont l'activité telle que précisée dans le contrat de travail permet de leur reconnaître une indépendance dans la gestion et dans la répartition de leur temps de travail.

Le contrat de travail prévoit la ou les contreparties dont bénéficie le salarié pour ce mode d'organisation de travail sans référence horaire (jours de repos spécifiques s'ajoutant aux congés légaux et conventionnels, ouverture d'un compte épargne-temps ou tout autre avantage défini lors d'un examen de leur situation avec leur employeur).

Les personnels d'encadrement de cette première catégorie auront la possibilité de demander à leur employeur de passer dans l'une des deux autres catégories mentionnées ci-après.

2. (3) Sur proposition de leur employeur, les salariés IAC *ou ETAM* (4) ayant des responsabilités particulières d'encadrement, de maintenance, de gestion ou d'expertise technique, peuvent, à compter de l'entrée en vigueur du présent accord, bénéficier d'un salaire exprimé forfaitairement avec une référence à un nombre annuel de jours de travail.

Sont concernés par cette disposition les salariés relevant de la convention collective du 30 avril 1951 concernant les IAC du BTP *ou les salariés ETAM classés au moins en position VI en application de la convention collective nationale des ETAM des travaux publics du 21 juillet 1965 ou de la convention collective nationale des ETAM du bâtiment du 29 mai 1958* (5).

Le contrat de travail doit laisser aux salariés concernés la liberté dans l'organisation d'une partie de leur temps de travail. Sous cette réserve, l'employeur et le salarié répartissent d'un commun accord les jours de travail sur l'année.

Le personnel d'encadrement relevant de cette catégorie bénéficie de l'attribution forfaitaire de 9 semaines ou 45 jours de congés et jours de repos (soit 5 semaines de congés payés et 4 semaines de repos) incluant les jours d'ancienneté et les jours fériés à l'exception du 1er Mai.

Le contrat de travail des salariés concernés prévoit :

-une rémunération forfaitaire qui ne saurait être inférieure au salaire brut mensuel de base qu'ils percevaient antérieurement ;

-la possibilité d'utiliser un compte épargne-temps ;

-ou tout autre avantage convenu avec l'employeur.

L'accord du salarié est requis pour la modification de son contrat de travail ; à défaut, il relève de la catégorie ci-après. (1)

3. Les IAC et les ETAM qui ne relèveront pas des dispositions des points 1 ou 2 ci-dessus conservent le bénéfice des dispositions des conventions collectives nationales des IAC des travaux publics du 31 août 1955 et des IAC du bâtiment du 23 juillet 1956 ainsi que les ETAM des travaux publics du 21 juillet 1965 et des ETAM du bâtiment du 29 mai 1958, complétées par les dispositions du présent accord.

(1) Alinéa étendu sous réserve de l'application des dispositions de l'article L. 212-1, deuxième alinéa, et L. 212-7, deuxième alinéa, du code du travail (arrêté du 23 février 1999 art. 1). (2) Point étendu sous réserve de l'application des dispositions des articles L. 212-5, L. 212-5-1 et L. 212-6 du code du travail (arrêté du 23 février 1999 art. 1). (3) Le point 2 du titre III définissant les catégories de salariés avec lesquels peut être conclue une convention de forfait défini en jours est étendu sous réserve du respect des dispositions des paragraphes I et III de l'article L. 212-15-3 du code du travail, lesquelles font obstacle, en l'absence de responsabilité ou d'une autonomie réelle du salarié-cadre dans l'organisation de son emploi du temps, à la conclusion d'une convention de forfait défini en jours. Le point 2 du titre III relatif aux salariés visés par le forfait défini en jours et au régime juridique de ce forfait est étendu sous réserve que les modalites de mise en place du forfait défini en jours prévues à l'article L. 212-15-3 du code du travail soient, en ce qui concerne les modalités de prise des journées ou demi-journées de repos et les modalités de suivi de l'organisation du travail et de l'amplitude de la journée des cadres, fixées au niveau de l'entreprise apres consultation des institutions représentatives du personnel et en ce qui concerne les clauses relatives au repos quotidien, définies au niveau de l'entreprise, soit par application des dispositions de l'article D. 220-8 du code du travail relatif au respect du repos quotidien, soit par application des modalités définies par accord collectif (arrêté du 30 mai 2000 art. 1). (4) Termes exclus de l'extension (arrêté du 30 mai 2000, art. 1er). (5) Termes exclus de l'extension (arrêté du 30 mai 2000, art. 1er).

TITRE IV : Compte épargne-temps.

En vigueur étendu

Le compte épargne-temps a pour objet, conformément à l'article L. 227-1 du code du travail, de permettre au salarié qui le désire d'accumuler des droits à congé rémunéré.

Les dispositions suivantes sont applicables aux entreprises du bâtiment et des travaux publics sous réserve de l'adaptation des règles spécifiques au régime des congés payés dans le BTP.

1. Mise en oeuvre.

En vigueur étendu

La mise en oeuvre à l'initiative de l'employeur d'un régime de compte épargne-temps dans une entreprise ou un établissement, pour les salariés qui le désirent, doit faire l'objet d'une négociation dans les entreprises ou établissements où existent des délégués syndicaux.

Lorsque dans ces entreprises ou établissements la négociation engagée en application de l'alinéa ci-dessus n'a pas abouti à la conclusion d'un accord, l'employeur peut procéder à la mise en place d'un compte épargne-temps, après consultation du comité d'entreprise ou d'établissement ou, à défaut, des délégués du personnel, s'il en existe.

Dans les entreprises ou établissements qui n'ont pas de délégués syndicaux mais où existent un comité d'entreprise ou d'établissement ou des délégués du personnel, cette mise en oeuvre est subordonnée à la consultation préalable du comité d'entreprise ou d'établissement ou, à défaut, des délégués du personnel.

Dans les entreprises ou établissements non dotés de représentants du personnel, cette mise en oeuvre doit faire l'objet d'une information préalable des salariés concernés.

2. Ouverture et tenue du compte.

En vigueur étendu

Dans les entreprises ayant institué un compte épargne-temps dans les conditions visées ci-dessus, une information écrite est remise par la direction à chaque salarié sur les modalités de fonctionnement du compte épargne-temps. L'ouverture d'un compte et son alimentation sont à l'initiative exclusive du salarié.

Tout salarié ayant au moins trois mois d'ancienneté dans l'entreprise, dès lors qu'il est sous contrat de travail à durée indéterminée, peut ouvrir un compte épargne-temps ;

Ce compte est ouvert sur simple demande individuelle écrite mentionnant précisément quels sont les droits que le salarié entend affecter au compte épargne-temps ;

Le choix des éléments à affecter au compte épargne-temps est fixé par le salarié pour l'année civile. Au terme de cette période, la direction de l'entreprise doit demander au salarié s'il souhaite modifier ce choix pour l'année suivante. Si tel est le cas, le salarié doit le notifier à l'employeur.

Le compte individuel est tenu par l'employeur et est remis sous forme d'un document individuel écrit chaque année au salarié.

Les droits acquis dans le cadre du compte sont couverts par l'assurance de garantie des salaires dans les conditions de l'article L. 143-11-1 du code du travail. En outre, l'employeur devra s'assurer contre le risque d'insolvabilité de l'entreprise, pour les sommes excédant celles couvertes par l'assurance de garantie des salaires. Une information écrite devra être apportée au salarié sur l'assurance souscrite.

3. Alimentation du compte.

En vigueur étendu

Chaque salarié peut affecter à son compte la totalité ou seulement certains des éléments mentionnés ci-après.

a) Report du droit à repos :

-report des congés payés dans la limite de 10 jours ouvrables par an, dès lors qu'ils ne sont pas affectés à une fermeture de l'entreprise pour congés payés.

Lorsqu'il envisage de prendre un congé sabbatique ou pour création d'entreprise, le salarié peut, en plus des 10 jours ci-dessus et pendant 6 ans au maximum, reporter tout ou partie des congés dus dans les conditions légales ;

-jours de repos attribués au titre de la réduction de la durée du travail (1);

-repos compensateurs légaux visés par les articles L. 212-5*et L. 212-5-1* (2) du code du travail ;

-repos compensateurs conventionnels ;

-autres repos dont l'affectation à un compte épargne-temps serait prévue par accord d'entreprise ou d'établissement.

b) Conversion en temps de repos de tout ou partie des éléments suivants :

-*compléments du salaire de base quelles qu'en soient la nature et la périodicité* (3) ;

-primes d'intéressement ;

-autres primes ou indemnités dont l'affectation à un compte épargne-temps serait prévue par accord d'entreprise ou d'établissement.

Ces droits sont convertis, dès le mois au cours duquel ils sont dus, en temps équivalent de repos sur la base du salaire horaire en vigueur à la date de leur affectation au compte épargne-temps.

(1) Tiret étendu sous réserve de l'article 4 de la loi n° 98-461 du 13 juin 1998 et de l'article 7 du décret n° 98-494 du 22 juin 1998 (arrêté du 23 février 1999 art. 1). (2) Mots exclus de l'extension (arrêté du 23 février 1999, art. 1er).(3) Mots exclus de l'extension (arrêté du 23 février 1999, art. 1er).

4. Utilisation du compte épargne-temps (1).

En vigueur étendu

Le compte épargne-temps ne peut être utilisé que pour indemniser les congés désignés ci-après :

a) Congés légaux :

-congé parental d'éducation prévu par les articles L. 122-28-1 et suivants du code du travail ;

-congé sabbatique prévu par les articles L. 122-32-17 et suivants du code du travail ;

-congé pour création ou reprise d'entreprise prévu par les articles L. 122-32-12, 13 et 28 du code du travail.

Ces congés sont pris dans les conditions et selon les modalités prévues par la loi.

b) Congés pour convenance personnelle.

Les droits affectés au compte épargne-temps peuvent être utilisés en cours de carrière pour indemniser en tout ou partie des congés pour convenance personnelle d'au moins 2 mois.

Le salarié doit déposer une demande écrite de congés 3 mois avant la date de départ envisagée. L'employeur est tenu de répondre par écrit, dans le délai d'un mois suivant la réception de la demande :

-soit qu'il accepte la demande ;

-soit qu'il la reporte par décision motivée. Dans ce cas, 2 mois après le refus de l'employeur, le salarié peut présenter une nouvelle demande dans les conditions précitées qui ne peut alors être refusée.

c) Congés de fin de carrière.

Les droits affectés au compte épargne-temps et non utilisés en cours de carrière permettent au salarié d'anticiper son départ à la retraite, ou bien, le cas échéant, de réduire sa durée du travail au cours d'une préretraite progressive.

(1) Article étendu sous réserve de l'application de l'article 7 du décret n° 98-494 du 22 juin 1998 (arrêté du 23 février 1999 art. 1).

5. Situation du salarié pendant le congé.

En vigueur étendu

a) Indemnisation du salarié.

Le salarié bénéficie pendant son congé d'une indemnisation calculée sur la base de son salaire réel au moment du départ, dans la limite du nombre d'heures de repos capitalisées.

L'indemnité sera versée aux mêmes échéances que les salaires dans l'entreprise.

b) Statut du salarié en congé.

L'absence du salarié pendant la durée indemnisée du congé est assimilée à un temps de travail effectif pour le calcul de l'ensemble des droits légaux et conventionnels liés à l'ancienneté.

c) Fin du congé.

Sauf lorsque le congé indemnisé au titre du compte épargne-temps précède un départ à la retraite ou de façon plus générale un départ volontaire du salarié, celui-ci à l'issue de son congé reprend son précédent emploi ou un emploi équivalent assorti de responsabilité et rémunération au moins équivalentes.

6. Cessation et transmission du compte.

En vigueur étendu

Si le contrat de travail est rompu avant l'utilisation du compte, le salarié perçoit une indemnité correspondant aux droits acquis après déduction des charges salariales et patronales acquittées par l'employeur.

Cette indemnité est égale au produit du nombre d'heures inscrites au compte par le salaire réel en vigueur à la date de la rupture. Elle est soumise au régime social et fiscal des salaires. L'indemnité compensatrice d'épargne-temps est versée dans tous les cas, y compris en cas de faute grave ou lourde.

La valeur du compte peut être transférée de l'ancien au nouvel employeur par accord écrit des trois parties. Après le transfert, la gestion du compte s'effectuera conformément aux règles prévues par l'accord collectif applicable dans la nouvelle entreprise.

En l'absence de rupture du contrat de travail et sous réserve de prévenir l'employeur dans un délai de 6 mois, le salarié peut renoncer à l'utilisation de son compte.

Il lui est alors versé une indemnité calculée conformément aux dispositions ci-dessus, correspondant aux heures de repos capitalisées, mais déduction faite des heures éventuellement acquises au titre du report des droits à repos visés au paragraphe 3 a ci-dessus.

Les heures reportées au titre de ces droits à repos seront reprises sous forme de congé indemnisé à une ou des dates fixées en accord avec l'employeur.

TITRE V : Durée et date d'entrée en vigueur de l'accord

Dépôt.

En vigueur étendu

Le présent accord national sera déposé en application de l'article L. 132-10 du code du travail.

Extension.

En vigueur étendu

Les parties signataires demanderont l'extension du présent accord, conformément aux dispositions des articles L. 133-1 et suivants du code du travail.

Date d'effet.

En vigueur étendu

Le présent accord entrera en vigueur, étant subordonné à l'extension ministérielle, à compter de la date de publication de son arrêté d'extension au Journal officiel.

Les dispositions du présent accord se substituent à toutes les dispositions correspondantes des conventions collectives nationales du bâtiment et des travaux publics qui leur seraient contraires.

Des accords d'entreprise ou d'établissement conclus avec des délégués syndicaux ou en application de l'article 3 de la loi du 13 juin 1998 peuvent prévoir des dispositions différentes de celles du présent accord spécifiques à leur situation particulière.

Durée de l'accord.

En vigueur étendu

Le présent accord est conclu pour une durée indéterminée. Toutefois, en cas de remise en cause de l'équilibre du présent accord par des dispositions législatives ou réglementaires postérieures à sa signature, les signataires se réuniront immédiatement en vue de tirer toutes les conséquences de la situation ainsi créée.

Bilan.

En vigueur étendu

Les parties signataires du présent accord national procéderont tous les ans à compter de la date de son entrée en vigueur à un bilan complet de son application et se réuniront à cette occasion dans le cadre d'un observatoire national mis en place à cet effet et composé de deux représentants pour chacune des organisations syndicales de salariés signataires du présent accord et d'un nombre égal de représentants employeurs, pour en tirer les conclusions et procéder éventuellement aux adaptations nécessaires.

Déclaration relative aux appointements minimaux des IAC du BTP.

En vigueur étendu

Compte tenu de l'accord national du 6 novembre 1998 sur l'organisation, la réduction du temps de travail et sur l'emploi dans le BTP, la fédération française du bâtiment, la fédération nationale des travaux publics, la fédération nationale des sociétés coopératives ouvrières de production du bâtiment et des travaux publics et la fédération nationale de l'équipement électrique convoqueront les organisations syndicales, avant la fin de l'année en cours, en vue de reprendre la négociation annuelle sur les salaires minimaux des IAC pour 1998.

Fait à Paris, le 6 novembre 1998.

Recommandation relative aux salaires minimaux des ouvriers et ETAM du BTP.

En vigueur étendu

Compte tenu de l'accord national du 6 novembre 1998 sur l'organisation, la réduction du temps de travail et sur l'emploi dans le BTP, la fédération française du bâtiment et la fédération nationale des travaux publics recommandent à leurs fédérations régionales qui n'ont pas commencé, ou pas terminé, la négociation annuelle sur les salaires minimaux et les indemnités de petits déplacements au titre de l'année 1998, d'engager ou de poursuivre dans les meilleurs délais cette négociation.

Fait à Paris, le 6 novembre 1998.

Déclaration relative aux conventions collectives nationales des ETAM et des IAC du BTP.

En vigueur étendu

Les parties signataires de l'accord national du 6 novembre 1998 sur l'organisation, la réduction du temps de travail et sur l'emploi dans le BTP conviennent d'ouvrir des négociations en vue du réexamen des conventions collectives nationales des ETAM et des IAC du bâtiment et des travaux publics.

Fait à Paris le 6 novembre 1998.

Arrêté portant extension d'un accord national professionnel relatif à l'organisation, à la réduction du temps de travail et à l'emploi dans le bâtiment et les travaux publics JORF 26 février 1999.

La ministre de l'emploi et de la solidarité et le ministre de l'agriculture et de la pêche,
Vu les articles L. 133-1 et suivants du code du travail ;
Vu l'accord national professionnel relatif à l'organisation, à la réduction du temps de travail et à l'emploi dans le bâtiment et les travaux publics ;
Vu la demande d'extension présentée par les organisations signataires ;
Vu les avis publiés au Journal officiel des 22 et 24 décembre 1998 ;
Vu les avis recueillis au cours de l'enquête ;
Vu l'avis motivé de la Commission nationale de la négociation collective (sous-commission des conventions et accords), notamment les oppositions formulées par les représentants de deux organisations de salariés ;
Considérant que deux dispositifs conventionnels différents ayant le même objet ne peuvent être étendus pour un même champ, sauf à engendrer des contradictions entre les droits et obligations juridiques qui en découleraient ;
Considérant que les observations proposées par l'administration ne conduisent pas à modifier l'économie de l'accord ;
Considérant que les contreparties à l'aménagement-réduction du temps de travail relèvent de la liberté contractuelle et sont librement appréciées par les partenaires sociaux, dans le respect des dispositions légales,

Article 1, 2, 3
En vigueur

Article 1er

Sont rendues obligatoires, pour tous les employeurs et tous les salariés compris dans le champ d'application de l'accord national du 6 novembre 1998, à l'exclusion des entreprises occupant jusqu'à dix salariés dans le bâtiment relevant de la convention collective du 8 octobre 1990 applicable dans les entreprises visées par le décret n° 62-235 du 1er mars 1962, modifié par le décret n° 76-879 du 21 septembre 1976, les dispositions de l'accord national professionnel relatif à l'organisation, à la réduction du temps de travail et à l'emploi dans le bâtiment et les travaux publics, à l'exclusion :

- du point 2 du titre III qui organise une modulation annuelle individuelle de la durée du travail ;

- des mots : " et l'article L. 212-5-1 " au troisième tiret du point a (Report du droit à repos) à l'article 3 (Alimentation du compte) du titre IV ;

- du premier tiret du point b (Conversion en temps de repos de tout ou partie des éléments suivants de l'article 3 (Alimentation du compte) du titre IV.

Le deuxième alinéa de l'article 1er (Modulation et réduction de la durée annuelle du travail) du titre Ier est étendu sous réserve de l'application des articles L. 212-8-2, premier alinéa, et de l'article L. 212-2-1 du code du travail.

L'article 6 du titre Ier est étendu sous réserve de l'application de l'alinéa 2 de l'article 212-8-5 du code du travail.

Le premier alinéa de l'article 7 du titre Ier est étendu sous réserve des articles L. 212-8-2, premier alinéa, et L. 212-2-1 du code du travail.

Le troisième alinéa du titre II est étendu sous réserve de l'application de l'article L. 212-5 du code du travail, tel qu'interprété par la jurisprudence de la Cour de cassation.

Le sixième alinéa du titre III relatif à l'encadrement est étendu sous réserve des dispositions de l'article L. 212-1, deuxième alinéa, et L. 212-7, deuxième alinéa, du code du travail.

Le point 1 du titre III relatif au forfait sans référence à un horaire précis est étendu sous réserve de l'application des dispositions des articles L. 212-5, L. 212-5-1 et L. 212-6 du code du travail.

Le deuxième tiret du a (Report du droit à repos) de l'article 3 du titre IV est étendu sous réserve de l'article 4 de la loi n° 98-461 du 13 juin 1998 et de l'article 7 du décret n° 98-494 du 22 juin 1998.

L'article 4 du titre IV est étendu sous réserve de l'article 7 du décret n° 98-494 du 22 juin 1998.

Article 2

L'extension des effets et sanctions de l'accord susvisé est faite à dater de la publication du présent arrêté pour la durée restant à courir et aux conditions prévues par ledit accord.

Article 3

Le directeur des relations du travail au ministère de l'emploi et de la solidarité et le directeur des exploitations, de la politique sociale et de l'emploi au ministère de l'agriculture et de la pêche sont chargés, chacun en ce qui le concerne, de l'exécution du présent arrêté, qui sera publié au Journal officiel de la République française.

Nota. - Le texte de l'accord susvisé a été publié au Bulletin officiel du ministère, fascicule Conventions collectives n° 98-50 en date du 22 janvier 1999.

Arrêté modifiant un arrêté portant extension d'un accord national professionnel relatif à l'organisation, à la réduction du temps de travail et à l'emploi dans le bâtiment et les travaux publics JORF 24 juin 2000

La ministre de l'emploi et de la solidarité et le ministre de l'agriculture et de la pêche,
Vu les articles L. 133-1 et suivants du code du travail ;
Vu l'article 28, paragraphe I, de la loi n° 2000-37 du 19 janvier 2000 relative à la réduction négociée du temps de travail ;
Vu l'accord national professionnel du 6 novembre 1998 relatif à l'organisation, à la réduction du temps de travail et à l'emploi dans le bâtiment et les travaux publics ;
Vu l'arrêté du 23 février 1999 publié au Journal officiel du 26 février 1999 portant extension de l'accord susvisé ;
Vu la demande tendant à la modification de l'arrêté susvisé présentée par une organisation signataire ;
Vu l'avis motivé de la Commission nationale de la négociation collective (sous-commission des conventions et accords),

Article 1, 2, 3
En vigueur

Article 1er

L'article 1er de l'arrêté du 23 février 1999 portant extension de l'accord du 6 novembre 1998 relatif à l'organisation, à la réduction du temps de travail et à l'emploi dans le bâtiment et les travaux publics est modifié comme suit :

- est supprimée l'exclusion du point du 2 du titre III qui organise une modulation annuelle individuelle de la durée du travail.

Sont ajoutés les alinéas suivants :

- les termes : " ou ETAM " figurant au premier alinéa du point 2 du titre III sont exclus de l'extension ;

- les termes : " ou les salariés ETAM classés au moins en position VI en application de la convention collective nationale des ETAM des travaux publics du 21 juillet 1965 ou de la convention collective nationale des ETAM du bâtiment du 29 mai 1958 " figurant au deuxième alinéa du point 2 du titre III sont exclus de l'extension.

Le point 2 du titre III définissant les catégories de salariés avec lesquels peut être conclue une convention de forfait défini en jours est étendu sous réserve du respect des dispositions des paragraphes I et III de l'article L. 212-15-3 du code du travail, lesquelles font obstacle, en l'absence de responsabilité ou d'une autonomie réelle du salarié-cadre dans l'organisation de son emploi du temps, à la conclusion d'une convention de forfait défini en jours.

Le point 2 du titre III relatif aux salariés visés par le forfait défini en jours et au régime juridique de ce forfait est étendu sous réserve que les modalités de mise en place du forfait défini en jours prévues à l'article L. 212-15-3 du code du travail soient, en ce qui concerne les modalités de prise des journées ou demi-journées de repos et les modalités de suivi de l'organisation du travail et de l'amplitude de la journée des cadres, fixées au niveau de l'entreprise après consultation des institutions représentatives du personnel et en ce qui concerne les clauses relatives au repos quotidien, définies au niveau de l'entreprise, soit par application des dispositions de l'article D. 220-8 du code du travail relatif au respect du repos quotidien, soit par application des modalités définies par accord collectif.

Article 2

Le présent arrêté modificatif prend effet à dater de sa publication pour la durée restant à courir et aux conditions prévues par ledit accord.

Article 3

Le directeur des relations du travail au ministère de l'emploi et de la solidarité et le directeur des exploitations, de la politique sociale et de l'emploi au ministère de l'agriculture et de la pêche sont chargés, chacun en ce qui le concerne, de l'exécution du présent arrêté, qui sera publié au Journal officiel de la République française.
Le ministre de l'agriculture et de la pêche,

Nota. - Le texte de l'accord susvisé a été publié au Bulletin officiel du ministère, fascicule Conventions collectives n° 98/50 en date du 22 janvier 1999.

Arrêté portant extension d'un avenant à un accord national professionnel relatif à l'organisation, à la réduction du temps de travail et à l'emploi dans le bâtiment et les travaux publics JORF 30 avril 2002.

La ministre de l'emploi et de la solidarité et le ministre de l'agriculture et de la pêche,
Vu les articles L. 133-1 et suivants du code du travail ;
Vu l'arrêté du 23 février 1999 portant extension de l'accord national professionnel du 6 novembre 1998 relatif à l'organisation, à la réduction du temps de travail et à l'emploi dans le bâtiment et les travaux publics ;
Vu l'avenant n° 1 du 13 novembre 2001 à l'accord national du 6 novembre 1998 susvisé ;
Vu la demande d'extension présentée par les organisations signataires ;
Vu les avis publiés au Journal officiel des 20 et 27 février 2002 ;
Vu les avis recueillis au cours de l'enquête ;
Vu l'avis motivé de la Commission nationale de la négociation collective (sous-commission des conventions et accords) rendu en séance du 28 mars 2002,
Arrêtent :

Article 1, 2, 3
En vigueur

Article 1er

Sont rendus obligatoires, pour tous les employeurs et tous les salariés compris dans le champ d'application de l'accord national du 6 novembre 1998, à l'exclusion des entreprises occupant jusqu'à dix salariés dans le bâtiment relevant de la convention collective du 8 octobre 1990 applicable dans les entreprises visées par le décret n° 62-235 du 1er mars 1962, modifié par le décret n° 76-879 du 21 septembre 1976, les dispositions de l'avenant n° 1 du 13 novembre 2001 à l'accord national du 6 novembre 1998 susvisé.

Article 2

L'extension des effets et sanctions de l'avenant susvisé est faite à dater de la publication du présent arrêté pour la durée restant à courir et aux conditions prévues par ledit avenant.

Article 3

Le directeur des relations du travail au ministère de l'emploi et de la solidarité et le directeur des exploitations, de la politique sociale et de l'emploi au ministère de l'agriculture et de la pêche sont chargés, chacun en ce qui le concerne, de l'exécution du présent arrêté, qui sera publié au Journal officiel de la République française.

Nota. - Le texte de l'avenant susvisé a été publié au Bulletin officiel du ministère, fascicule Conventions collectives n° 2001/48 en date du 29 décembre 2001.

Accord national du 6 septembre 2006 relatif à l'apprentissage et au comité central de concertation de l'apprentissage dans le secteur du bâtiment et travaux publics (CCCA-BTP)

Texte de base

Apprentissage et CCCA-BTP

La fédération française du bâtiment (FFB) ;

La fédération nationale des sociétés coopératives de production (FNSCOP) ;

La fédération nationale des travaux publics (FNTP),

La fédération nationale des salariés de la construction et du bois CFDT ;

La fédération BATIMAT-TP CFTC ;

La fédération générale Force ouvrière du BTP et ses activités annexes CGT-FO.

En vigueur étendu

Vu l'article L. 951-10-1 nouveau du code du travail,
Préambule

Les organisations d'employeurs et de salariés représentatives au niveau national du bâtiment et des travaux publics considèrent que l'apprentissage est un dispositif qui contribue efficacement à l'intégration des jeunes dans la profession.

En 2000, les partenaires sociaux du BTP ont décidé de donner une nouvelle impulsion à leur politique de branche en faveur des jeunes en réaffirmant l'importance qu'ils donnent à l'apprentissage.

Ils ont exprimé leur volonté de prendre en compte les enjeux et les changements de contexte économique de la profession, les besoins et les aspirations des jeunes et des entreprises afin de permettre à tout jeune accueilli en apprentissage de devenir un professionnel et d'intégrer durablement une entreprise du BTP.

Le 13 juillet 2004, les 9 organisations représentatives du BTP au niveau national ont signé 4 accords qu'elles ont rassemblés sous un même titre " La formation initiale, l'apprentissage, la formation tout au long de la vie. - L'engagement de la profession ".

Les signataires ont ainsi confirmé leur ambition par un premier accord qui définissait 6 axes de progrès à mettre en oeuvre, puis par un second relatif au maître d'apprentissage ; enfin, un accord étendu du 8 février 2005 a formalisé et conforté le statut de l'apprenti du BTP.

En 2006, dans le BTP, l'apprentissage concerne plus de 80 000 jeunes.

Le 13 septembre 2005, les partenaires sociaux se sont engagés à promouvoir, dans les contrats régionaux d'objectifs et de moyens, des priorités de développement de l'apprentissage par un accord-cadre signé avec le ministère de l'emploi, du travail et de la cohésion sociale et de l'insertion professionelle des jeunes.

A présent, les organisations d'employeurs et de salariés représentatives au niveau national du BTP, engagées paritairement depuis plus de 60 ans dans l'animation, la gestion, le financement et le développement de l'apprentissage, entendent, dans le cadre du présent accord, parfaire leur politique en définissant un statut pour le CCCA-BTP, en actualisant ses missions, en stabilisant sa ressource principale, en mettant en cohérence son fonctionnement et l'organisation territoriale avec la régionalisation de l'apprentissage.

Politique contractuelle et conventionnelle pour l'apprentissage dans le BTP.

Article 1
En vigueur étendu

La légitimité politique d'intervention des partenaires sociaux du BTP en faveur de l'apprentissage se définit dans le respect des compétences respectives des conseils régionaux et de l'Etat.

Elle s'exerce :

- par un ensemble d'accords sociaux qui fixent des priorités et des axes de progrès ; les accords actuellement applicables sont listés en annexe ;

- par le rôle des commissions paritaires nationales et régionales de l'emploi conjointes du bâtiment et des travaux publics (CPNE-BTP et CPREF-BTP) en matière d'apprentissage défini par les accords du 13 juillet 2004 relatifs à leurs missions d'orientation en matière de formation initiale ainsi qu'à l'organisation et au fonctionnement de ces commissions ;

- par la mise en oeuvre de contrats régionaux d'objectifs et de moyens conclus entre les partenaires sociaux régionaux du BTP et les pouvoirs publics, notamment avec les conseils régionaux en déclinaison de l'accord-cadre du 13 septembre 2005 qui rappelle les besoins de renouvellement des personnels qualifiés et la nécessité d'une approche qualitative de l'apprentissage.

Le CCCA-BTP est chargé de mettre en oeuvre les accords des partenaires sociaux du BTP, conformément aux responsabilités qui lui sont confiées par le présent accord et les accords précités et dans le respect des dispositions légales qui lui sont applicables.

Missions fondamentales du CCCA-BTP

Article 2
En vigueur étendu
Mission générale

Le CCCA-BTP met en oeuvre la politique professionnelle définie par les partenaires sociaux dans le domaine de l'apprentissage et de l'accompagnement des jeunes.

Il a notamment pour mission de mettre en réseau les CFA paritaires, d'animer leur coopération et d'harmoniser l'application du statut de leurs personnels qui sont autant de garanties de la qualité des démarches pédagogiques.

Avec les organismes gestionnaires de CFA conventionnés, y compris ceux gérant des unités de formation par apprentissage (UFA) :

- il assure le développement quantitatif et qualitatif de l'apprentissage dans le BTP conformément aux accords de branche qui le concernent et notamment :

- ceux du 13 juillet 2004 relatifs en particulier aux 6 axes de progrès : qualité de l'accueil et de l'orientation des jeunes, qualité de l'accueil et de la formation en entreprise, qualité de l'accueil et de la formation en centre, qualité des examens, qualité de l'accompagnement professionnel, qualité de l'intégration professionnelle ;

- celui du 8 février 2005 relatif au statut de l'apprenti dans le BTP ;

- il coordonne et anime la pédagogie de l'alternance ; il apporte son appui technique et sa participation financière aux CFA ainsi qu'aux sections d'apprentissage et UFA dans des conditions définies par son conseil d'administration ;

- il favorise le développement de l'autonomie et de la responsabilité des CFA ; il contribue par son aide à la mise en oeuvre de démarches de progrès et contrôle l'utilisation des moyens affectés.

Pédagogie

Le CCCA-BTP participe à la conception et à l'animation de la pédagogie spécifique de l'apprentissage dans le BTP. Il définit des orientations pédagogiques et en contrôle la mise en oeuvre ; il conduit des recherches, des expérimentations et organise leur capitalisation dans le cadre d'un centre de ressources de la pédagogie de l'apprentissage BTP. Il est chargé d'organiser pour les formateurs des formations appropriées à la pédagogie de l'apprentissage.

Financements

Le CCCA-BTP peut participer aux investissements et au fonctionnement des structures assurant la formation des apprentis des entreprises relevant des conventions collectives nationales du bâtiment et des travaux publics. Sont éligibles à une participation financière du CCCA-BTP les CFA gérés paritairement ainsi que les CFA publics, privés et professionnels, les sections d'apprentissage et les UFA qu'il juge utile de soutenir après analyse de leurs besoins de financement. Il participe au financement de l'investissement et du fonctionnement de l'EATP d'Egletons, conformément aux accords passés avec l'organisme gestionnaire de cette école et la FNTP. Il contrôle la bonne utilisation de ses financements.

Gestion

Le CCCA-BTP conçoit, fournit des outils, des moyens et une assistance (informatique, de gestion, comptable, juridique, en gestion des ressources humaines) pour un fonctionnement homogène des associations paritaires et des autres organismes gestionnaires de CFA-BTP liés par une convention avec lui.

Technique

Le CCCA-BTP apporte ses conseils et son assistance technique pour la construction, l'entretien, la rénovation et les équipements des CFA. Il peut être amené à coordonner le choix et les achats des équipements des CFA chaque fois que nécessaire.

Information

Le CCCA-BTP mutualise les bonnes pratiques et les outils de promotion des métiers du BTP et de l'apprentissage. Il peut accompagner les CFA dans leur propre projet d'information en direction des jeunes, de leur famille et des entreprises. Sur demande, il peut financer les projets qui ont été validés par les partenaires sociaux du BTP ou qui s'inscrivent dans des campagnes mises en oeuvre par les conseils régionaux.

Etudes et indicateurs relatifs à l'apprentissage BTP

Le CCCA-BTP réalise des études et la consolidation d'indicateurs de l'apprentissage BTP qu lui sont confiées par les CPNE et les CPREF (1).

(1) Alinéa étendu sous réserve de l'application des dispositions de l'article L. 951-10-1 (VII) tel que modifié par la loi n° 2006-1666 du 21 décembre 2006 de finances pour 2007 (arrêté du 3 août 2007, art. 1er).

Dénomation et statut du CCCA-BTP

Article 3

En vigueur étendu

La dénomination " Comité de concertation et de coordination de l'apprentissage dans le bâtiment et les travaux publics (CCCA-BTP) " est substituée à celle de " Comité central de coordination de l'apprentissage ".

Le comité de concertation et de coordination de l'apprentissage du bâtiment et des travaux publics est constitué sous forme d'une association régie par la loi du 1er juillet 1901. Il est géré par les organisations d'employeurs et de salariés représentatives au niveau national du bâtiment et des travaux publics.

Les statuts du comité de concertation et de coordination de l'apprentissage du bâtiment et des travaux publics, annexés au présent accord, sont définis par les organisations d'employeurs et de salariés représentatives au niveau national du bâtiment et des travaux publics (1).

(1) Alinéa étendu sous réserve des dispositions de l'article L. 951-10-1 (VII) du code du travail modifié (arrêté du 3 août 2007, art. 1er).

Conseil d'administration du CCCA-BTP

Article 4

En vigueur étendu

Le CCCA-BTP est administré par un conseil d'administration, constitué de 20 membres titulaires désignés par les organisations d'employeurs et de salariés représentatives au niveau national, à raison de 10 membres titulaires dans le collège salarié et de 10 membres titulaires dans le collège employeur. La répartition est précisée dans les statuts.

Chaque organisation membre désignera un suppléant. Celui-ci peut assister aux réunions du conseil d'administration sans prendre part au vote, sauf s'il est amené à remplacer un membre titulaire empêché de son organisation.

Ressources du CCCA-BTP

Article 5

En vigueur étendu

La ressource principale du CCCA-BTP est constituée de cotisations définies à l'article L. 951-10-1 du code du travail dont les taux sont les suivants :

- 0,30 % pour les entreprises relevant du secteur du bâtiment ;

- 0,22 % pour les entreprises relevant du secteur des travaux publics dont l'effectif moyen de l'année au titre de laquelle la cotisation est due est de 10 salariés ou plus ;

- 0,30 % pour les entreprises relevant du secteur des travaux publics dont l'effectif moyen de l'année au titre de laquelle la cotisation est due est inférieur à 10 salariés, à l'exception des entreprises relevant du sous-groupe 34-8 de la nomenclature de 1947 des entreprises, établissements et toutes activités collectives, codifiée par le décret du 30 avril 1949, pour lesquelles le taux est fixé à 0,10 %.

Cette cotisation affectée au bénéfice du CCCA-BTP constitue une dépense déductible de l'obligation visée à l'article L. 951-1 du code du travail et figure à ce titre sur la déclaration prévue à l'article L. 951-12 du même code.

La cotisation est assise sur les rémunérations versées pendant l'année en cours entendues au sens des règles prévues aux chapitres Ier et II du titre IV du livre II du code de la sécurité sociale. La cotisation figurant à l'article L. 951-10-1 est recouvrée au bénéfice de l'association CCCA-BTP, et sous sa responsabilité, par la caisse BTP-Prévoyance relevant de l'article L. 931-1 du code de la sécurité sociale.

Pour les entreprises du bâtiment et des travaux publics employant 10 salariés ou plus, la cotisation perçue au bénéfice du CCCA-BTP s'impute à hauteur de 0,14 % de la masse salariale sur la contribution obligatoire due au titre du financement des contrats et périodes de professionnalisation et des priorités de branche et le complément est imputable au titre du plan de

formation.

Le plafond des frais de fonctionnement du CCCA-BTP et les moyens affectés à la gestion paritaire de l'apprentissage dans le BTP sont déterminés par des pourcentages du produit des cotisations définies ci-dessus et sont fixés par voie législative ou réglementaire.

Le CCCA-BTP peut percevoir la taxe d'apprentissage et des subventions publiques qui sont en rapport avec ses missions définies à l'article 2 ci-dessus ainsi que toutes autres ressources autorisées par la législation en vigueur.

Contrôle du CCCA-BTP

Article 6

En vigueur étendu

Dans le cadre de leurs accords paritaires, les organisations d'employeurs et de salariés représentatives au niveau national du bâtiment et des travaux publics exercent leur contrôle sur le CCCA-BTP.

Le CCCA-BTP est soumis au contrôle économique et financier prévu au VII de l'article L. 951-10-1 du code du travail.

La mission pédagogique du CCCA-BTP s'exerce notamment dans le cadre d'une convention conclue avec le ministère de l'éducation nationale.

Organisation territoriale des CFA gérés paritairement

Article 7

En vigueur étendu

Complémentairement aux rôles des organisations d'employeurs et de salariés réunies en commissions paritaires régionales de l'emploi et de la formation conjointes du bâtiment et des travaux publics (CPREF-BTP) en matière d'apprentissage, les organisations d'employeurs et de salariés représentatives au niveau national du BTP décident d'agir pour établir la cohérence régionale dans la gestion des CFA paritaires de la profession.

A cette fin, elles choisissent la voie de l'association régionale de gestion des CFA paritaires, tout en renforçant la responsabilité et la capacité d'initiative de chaque CFA dans son périmètre d'intervention, en particulier par l'implication des professionnels et vis-à-vis de son environnement académique.

La mise en place effective de cette association fait l'objet d'une négociation régionale qui prendra en compte les spécificités de la région. La négociation régionale peut révéler que la structuration prévue rencontre des difficultés propres à la région. Dans ce cas ou en l'absence d'accord entre les organisations régionales, les organisations représentatives au niveau national prendront toutes initiatives pour avoir connaissance des blocages et pour faciliter la négociation.

Création de l'association régionale gestionnaire des CFA paritaires

Dès la signature du présent accord, les organisations d'employeurs et de salariés représentatives au niveau national du BTP confient à leurs représentants régionaux la responsabilité de négocier le remplacement des associations qui gèrent les CFA paritaires du BTP, par une association régionale unique qui en reprendra les missions et les obligations.

Cette association régionale sera dénommée " BTP CFA suivi du nom de la région " (ex. : BTP CFA Aquitaine) ou de " Bâtiment CFA suivi du nom de la région " (1). La création de l'association régionale entraîne la dissolution des associations paritaires départementales et la réalisation de tous les actes administratifs et financiers de déclaration et de dévolution.

Dans les statuts de cette association régionale sera précisée l'identification départementale du (ou des) CFA géré(s) paritairement conformément à l'article des statuts de référence mis au point par les signataires du présent accord.

L'appellation prend la forme de " BTP CFA suivi du nom du département " (ex. : BTP CFA de Dordogne), ou de " Bâtiment CFA suivi du nom du département " (1).

Lorsqu'il existe plusieurs CFA paritaires dans un même département, leur dénomination intégrera le nom de sa ville d'implantation (ex. : BTP CFA de Nangis) (1).

Chaque CFA dispose d'un conseil de perfectionnement qui appliquera strictement et complètement les missions telles qu'elles sont définies par la réglementation en vigueur, d'une part, et par les consignes du CCCA-BTP, d'autre part.

A cet égard, les partenaires sociaux nationaux du BTP établiront des directives intégrées au statut de chaque association qui donneront aux professionnels locaux réunis au sein de ce conseil de perfectionnement le pouvoir de proposer des orientations propres au CFA, d'animer la qualité de la formation et la vie des apprentis au sein du CFA et d'assurer l'environnement professionel de chaque établissement.

Conseil d'administration et représentants des organisations

Chaque organisation d'employeurs et de salariés, au niveau national, désigne, sur proposition de leur instance régionale, des représentants pour siéger au sein des conseils d'administration des associations gestionnaires de CFA :

- salariés exerçant une activité professionnelle dans les entreprises appliquant les conventions collectives du BTP ;

- responsables d'entreprise du BTP ;

- retraités de moins de 5 ans d'entreprise du BTP ;

- salariés des organisations d'employeurs et des organisations de salariés du BTP ;

- à l'exclusion des salariés, en exercice ou retraités, des associations gestionnaires de CFA, paritaires ou non, et autant que possible des salariés des organismes paritaires des branches du BTP.

La composition des conseils d'aministration des associations paritaires de CFA résulte d'un accord régional entre les organisations de chacun des 2 collèges. Par souci de cohérence nationale, les statuts de ces associations seront conformes aus statuts de référence préparés par le conseil d'administration du CCCA-BTP et validés par les organisations d'employeurs et de salariés représentatives au niveau national. Les statuts des associations régionales et les modifications ultérieures seront soumis à expertise juridique et à l'avis de conformité du CCCA-BTP.

Dissolution et dévolution

L'accord de création de l'association régionale prévoira, dans un de ses articles, la dissolution des associations départementales des CFA paritaires, à compter du jour de la publication au Journal officiel de la déclaration de l'association régionale de gestion des CFA paritaires, constituée conformément aux dispositions des alinéas précédents.

L'association régionale résulte de la création d'une personne morale nouvelle qui reprend l'activité des associations dissoutes, leurs biens, leurs droits, leurs obligations et leurs contrats conclus avec des tiers. Cette reprise n'a aucune conséquence sur le régime juridique auquel sont soumis les personnels.

Les opérations entraînées par la constitution de l'association régionale ne donnent pas lieu à la perception de droits, impôts ou taxes de quelque nature que ce soit. (2)

GDA et ERL-GDA

La publication au Journal officiel de la loi créant le nouvel article L. 951-10-1 entraîne la dissolution des groupements départementaux d'apprentissage (GDA) et des échelons régionaux de liaison des groupements départementaux d'apprentissage (ERL-GDA).

(1) Ces dénominations sont subordonnées à un accord préalable, au niveau régional, entre le secteur du bâtiment et celui des travaux publics. En cas de désaccord, l'association régionale est dénommée " Bâtiment CFA suivi du nom de la région " et le CFA géré paritairement " Bâtiment CFA suivi du nom du département ou de la ville d'implantation ".

(2) Alinéa étendu sous réserve des dispositions fiscales en la matière (arrêté du 3 août 2007, art. 1er)

Personnels des associations gestionnaires paritaires de CFA

Article 8

En vigueur étendu

Le CCCA-BTP apporte son appui au recrutement, à la gestion des ressources humaines, à la formation pédagogique et continue des personnels des associations gestionnaires ainsi que son expertise juridique pour la gestion de ces personnels.

Les recrutements des futurs secrétaires généraux d'associations régionales et des directeurs de CFA se feront en concertation avec le secrétaire général du CCCA-BTP selon les modalités prévues à l'article 9.

Les délégations et responsabilités du secrétaire général du CCCA-BTP relatives à l'accord collectif des personnels des associations gestionnaires paritaires de CFA sont fixées dans les statuts du CCCA-BTP annexés au présent accord ainsi que dans les statuts de référence de ces associations.

Dispositions spécifiques

Article 9
En vigueur étendu
Sécurisation de la gestion

Afin de sécuriser la gestion des associations paritaires régionales, le CCCA-BTP définit et met en oeuvre des procédures d'alerte des conseils d'administration des associations paritaires de CFA. Le conseil d'administration du CCCA-BTP a le droit et le devoir d'ingérence dans la gestion et le fonctionnement d'une association paritaire qui présenterait des dysfonctionnements graves, notamment par la résiliation de la convention de relation.

Mission des secrétaires généraux d'associations

et des directeurs de CFA

Les missions et les conditions de travail des secrétaires généraux des associations gestionnaires paritaires régionales et des directeurs des CFA paritaires du BTP seront encadrées par des dispositions conventionnelles définies nationalement par les partenaires sociaux sur proposition du conseil d'administration du CCCA-BTP. Ces dispositions préciseront l'engagement de ces personnels de direction à l'égard de la profession et à l'égard des représentants employeurs et salariés au sein des conseils d'administration et des conseils de perfectionnement.

Au fur et à mesure des renouvellements et des remplacements des personnels actuellement en place et des créations des structures régionales, les titres et fonctions des personnels de direction seront progressivement harmonisés sur l'ensemble du territoire :

secrétaire général pour BTP CFA région et directeur pour BTP CFA département.

Force obligatoire du présent accord

Article 10
En vigueur étendu

Les accords régionaux et les modalités de mise en oeuvre ne peuvent comporter de clauses dérogeant aux dispositions du présent accord.

Suivi de l'accord

Article 11
En vigueur étendu

Les signataires du présent accord se réuniront tous les ans pour suivre sa mise en oeuvre, apprécier les évolutions du dispositif et apporter les ajustements nécessaires.

En tout état de cause, ils tireront les enseignements de la mise en oeuvre de l'accord avant fin 2010 et décideront, le cas échéant, d'adaptations conventionnelles à y apporter.

Abrogation

Article 12
En vigueur étendu

Le présent accord annule et remplace les dispositions des précédents accords et avenants relatifs au financement de l'apprentissage dans le bâtiment et les travaux publics.

Champ d'application, application et extension de l'accord

Article 13
En vigueur étendu

Le présent accord national est applicable en France métropolitaine, Corse comprise et dans les DOM, à l'exclusion des départements du Haut-Rhin, du Bas-Rhin, de la Moselle et des TOM :

- pour le bâtiment, aux entreprises relevant respectivement :

- de la convention collective nationale du 8 octobre 1990 applicable dans les entreprises visées par le décret n° 62-235 du 1er mars 1962, modifié par le décret n° 76-879 du 21 septembre 1976 (c'est-à-dire entreprises jusqu'à 10 salariés) ;

- ou de la convention collective nationale du 8 octobre 1990 applicable dans les entreprises non visées par le décret n° 62-235 du 1er mars 1962, modifié par le décret n° 76-879 du 21 septembre 1976 (c'est-à-dire entreprises occupant plus de 10 salariés) ;

- pour les travaux publics, à l'ensemble des entreprises, quel qu'en soit l'effectif, dont l'activité relève d'une des activités énumérées dans le champ d'application de la convention collective nationale du 15 décembre 1992.

La reconnaissance légale de la déductibilité visée à l'article 5, ainsi que les modifications de l'article L. 951-10-1 rendues nécessaires par les dispositions du présent accord, sont des conditions obligatoires pour son application.

Les parties signataires demandent l'extension du présent accord, qui fera l'objet des formalités de dépôt prévues à l'article L. 132-10 du code du travail.

Cet accord entrera en vigueur dès la parution de l'arrêté d'extension au Journal officiel.

Liste des accords récents relatifs à l'apprentissage dans le BTP

En vigueur étendu

1. Accord national du 13 juillet 2004 intitulé " Les 6 axes de progrès pour la formation initiale et l'apprentissage dans le BTP ", étendu par arrêté du ministre du travail et de la formation professionnelle le 5 mai 2005, Journal officiel n° 110 du 13 mai 2005.

2. Accord national du 13 juillet 2004 intitulé " Maître d'apprentissage. - Formation. - Certification. - Charte. - Indemnisation ", étendu par arrêté du ministre du travail et de la formation professionnelle le 5 mai 2005, Journal officiel n° 110 du 13 mai 2005.

3. Accord national du 13 juillet 2004 intitulé " Emploi. - Qualification. - Formation. - Missions, organisation, fonctionnement des CPNE et des CPREF conjointes du bâtiment et des travaux publics " qui confie à ces commissions la mission de définir la politique de formation initiale et notamment de l'apprentissage, accord étendu par arrêté du ministre du travail et de la formation professionnelle le 5 mai 2005, Journal officiel n° 110 du 13 mai 2005.

4. Accord national du 8 février 2005 intitulé " Accord relatif au statut de l'apprenti dans le BTP ", étendu par arrêté du ministre du travail et de la formation professionnelle le 10 août 2005, Journal officiel du 17 août 2005.

5. Accord national du 18 avril 2005 intitulé " Accord-cadre pour le développement de l'apprentissage dans le BTP " entre les 9 organisations représentatives du BTP et le ministre du travail et de la formation professionnelle.

Arrêté portant extension d'un accord professionnel national conclu dans le secteur du bâtiment et des travaux publics. JORF 15 août 2007.

Le ministre de l'agriculture et de la pêche et le ministre du travail, des relations sociales et de la solidarité,
Vu le code du travail, notamment ses articles L. 133-1 et suivants ;
Vu l'accord professionnel national du 6 septembre 2006 relatif à l'apprentissage et au comité central de concertation et de coordination de l'apprentissage dans le secteur du bâtiment et des travaux publics ;
Vu la demande d'extension présentée par les organisations signataires ;
Vu les avis publiés au Journal officiel des 3 janvier 2007 et 19 juillet 2007 ;
Vu les avis recueillis au cours de l'enquête ;
Vu l'avis motivé de la Commission nationale de la négociation collective (sous-commission des conventions et accords), rendu en séance du 25 mai 2007,

Article 1, 2, 3
En vigueur

Article 1er

Sont rendues obligatoires, pour tous les employeurs et tous les salariés compris dans son champ d'application, les dispositions de l'accord professionnel national du 6 septembre 2006 relatif à l'apprentissage et au comité central de concertation et de coordination de l'apprentissage dans le secteur du bâtiment et des travaux publics.

Le dernier alinéa de l'article 2 est étendu sous réserve de l'application des dispositions de l'article L. 951-10-1 (VII) tel que modifié par la loi n° 2006-1666 du 21 décembre 2006 de finances pour 2007.

Le dernier alinéa de l'article 3 est étendu sous réserve des dispositions de l'article L. 951-10-1 (VII) du code du travail modifié.

L'avant-dernier alinéa de l'article 7 est étendu sous réserve des dispositions fiscales en la matière.

Article 2

L'extension des effets et sanctions de l'accord professionnel national susvisé est faite à dater de la publication du présent arrêté pour la durée restant à courir et aux conditions prévues par ledit accord.

Article 3

Le directeur général du travail au ministère du travail, des relations sociales et de la solidarité et le directeur général de la forêt et des affaires rurales au ministère de l'agriculture et de la pêche sont chargés, chacun en ce qui le concerne, de l'exécution du présent arrêté, qui sera publié au Journal officiel de la République française.

Nota. - Le texte de l'accord susvisé a été publié au Bulletin officiel du ministère, fascicule conventions collectives n° 2006-47.

Accord national sur les congés payés, la durée du travail, et l'aménagement du temps de travail dans le bâtiment. En vigueur le 1er mars 1982. Etendu par arrêté du 5 avril 1982 JONC 25 avril 1982.

Texte de base

ACCORD NATIONAL du 25 février 1982

La confédération de l'artisanat et des petites entreprises du bâtiment et des branches professionnelles annexes ;
La fédération nationale du bâtiment ;
La fédération nationale de l'équipement électrique ;
La fédération nationale des sociétés coopératives ouvrières de production du bâtiment, des travaux publics, des activités annexes et connexes.

Syndicats de salariés signataires :
La fédération française des syndicats chrétiens, des industries du bâtiment, des travaux publics et assimilés C.F.T.C. ;
La fédération générale Force ouvrière bâtiment, bois, papier, carton et céramique C.G.T. - F.O. ;
Le syndicat national des cadres techniciens, agents de maîtrise et assimilés des industries du bâtiment et des travaux publics C.F.E. - C.G.C..

Préambule.

En vigueur étendu

En concluant le présent accord, les parties signataires réaffirment leur volonté commune de développer une politique de réduction et d'aménagement de l'organisation du temps de travail tendant conjointement à favoriser l'emploi, à améliorer les conditions de vie des salariés du bâtiment et à permettre le progrès de l'économie française, facteurs étroitement interdépendants qu'elles déclarent essentiels pour notre société.

Pour atteindre ces objectifs, elles attendent du présent accord la recherche de moyens pouvant permettre l'amélioration de la situation de l'emploi dans les entreprises, c'est-à-dire :

- le maintien en activité à leur niveau actuel des effectifs en place ;

- le moyen de lutter contre les horaires trop élevés ;

- la création d'un cadre qui sera créateur d'emplois, dès que la relance des activités du bâtiment sera effective.

C'est dans cet esprit et en application du paragraphe 11° du protocole d'accord interprofessionnel du 17 juillet 1981 et des protocoles d'accord conclus les 20 novembre et 10 décembre 1981 dans le bâtiment qu'elles se sont mises d'accord sur les mesures suivantes qui concernent les I.A.C., les E.T.A.M. et les ouvriers du bâtiment :

- la généralisation des cinq semaines de congés payés annuels ;

- la réduction effective de la durée du travail ;

- les entreprises qui, par application du présent accord, réduiront leur durée effective du travail examineront les possibilités d'embauche éventuelle et les problèmes de compensation salariale.

Les dispositions du présent accord ne doivent pas avoir pour effet, lors de leur mise en application, de provoquer une augmentation de la durée moyenne du travail dans les entreprises qui, au cours des années passées, ont pratiqué une politique de réduction de la durée du travail.

Au cas où des entreprises bénéficieraient, du fait de la relance effective des activités du bâtiment, d'une augmentation de leurs carnets de commandes, elles embaucheraient de nouveaux salariés plutôt que d'accroître la durée habituelle du travail.

L'organisation du temps de travail dans les entreprises.

Les parties signataires entendent bien que l'application des différentes mesures contenues dans le présent accord fasse l'objet, au niveau des entreprises du bâtiment, des informations et consultations nécessaires préalables des représentants du personnel ou, à défaut, des salariés.

Le présent accord contient des mesures permettant à la fois :

- de poursuivre la politique de réduction de la durée du travail, en vue d'améliorer les conditions de vie et de travail des salariés du bâtiment, puisque les entreprises du bâtiment qui en ont encore actuellement une durée moyenne de travail d'un niveau supérieur à celui qui résultera de la mise en application des dispositions du présent accord seront conduites à procéder à une réduction de leur durée effective de travail lors de la mise en vigueur du présent texte pour la mettre en conformité avec ce qui a été convenu par les parties signataires ;

- de prévoir des mesures d'assouplissement des conditions d'organisation du travail pour les entreprises, leur permettant de poursuivre et de développer leurs activités de construction, ce qui, à terme, deviendra créateur d'emplois.

Le présent accord contient les titres suivants :

TITRE Ier. - Congés payés et cinquième semaine de congés ;

TITRE II. - Horaires de travail ;

TITRE III. - Organisation du temps de travail ;

TITRE IV. - Dispositions finales.

Les parties signataires sont bien conscientes que la mise en application des dispositions du présent accord entraînera une aggravation des coûts pour les entreprises. Cette aggravation devrait être compensée par une diminution des charges sociales des entreprises du bâtiment en changeant l'assiette de cotisations de ces charges afin que les activités de main-d'oeuvre ne soient pas pénalisées au moment où il est nécessaire de réduire le nombre de chômeurs en créant des emplois.

Champ d'application.

Article 1

En vigueur étendu

Le présent accord collectif national est applicable en France métropolitaine, y compris la Corse :

D'une part, aux employeurs du bâtiment, à l'exception de ceux visés par le décret n° 62-235 du 1er mars 1962, dont l'activité ressortit aux professions du bâtiment définies en annexe "Champ d'application professionnel" du présent accord ;

D'autre part, aux salariés I.A.C., E.T.A.M. et ouvriers occupés par l'un des employeurs ci-dessus désignés pour exercer une activité du bâtiment sur le territoire de la France, Corse comprise.

Il engage toutes les organisations syndicales d'employeurs et de salariés adhérentes aux instances nationales l'ayant signé ou qui ultérieurement y adhéreraient, ainsi que tous leurs adhérents qui travaillent sur le territoire métropolitain, y compris la Corse.

TITRE Ier : CONGES PAYES ET CINQUIEME SEMAINE DE CONGES.

Article 2

En vigueur étendu

Les salariés des entreprises du bâtiment ont droit à un congé payé dont la durée est portée de deux jours ouvrables à deux jours et demi ouvrables par mois de travail ou période assimilée à un mois de travail par l'article L. 223-4 du code du travail pour les ouvriers 150 heures de travail étant équivalentes à un mois de travail, sans que la durée totale du congé exigible puisse excéder trente jours ouvrables hors des jours supplémentaires de congés accordés au titre de la législation et des conventions collectives nationales du bâtiment en vigueur à la date de signature du présent accord.

Compte tenu de l'ordonnance n° 82-41 du 16 janvier 1982 et de la prise de position du Premier ministre lors de la réunion tripartite du 11 février 1982, les dispositions de l'alinéa ci-dessus s'appliquent au droit à congé acquis pendant la période de référence en cours, pour les salariés présents au 1er février 1982 dans une entreprise soumise au décret du 30 avril 1949 sur les congés payés dans le bâtiment et les travaux publics.

Article 3

En vigueur étendu

La durée du congé payé définie à l'article 2 ci-dessus n'inclut pas les jours supplémentaires de congés en cas de fractionnement prévus par l'article L. 223-8 du code du travail ni :

- pour les I.A.C. et les E.T.A.M., les jours supplémentaires de congés au titre de l'ancienneté prévus par l'article 25, paragraphe B, de la convention collective nationale des I.A.C. du bâtiment du 23 juillet 1956 et l'article 28, paragraphe B, de la convention collective des E.T.A.M. du bâtiment du 29 mai 1958 ;

- pour les ouvriers, les dispositions du septième alinéa de l'article 17 de l'annexe I aux accords nationaux des ouvriers du bâtiment du 21 octobre 1954 et du 22 décembre 1954.

Article 4
En vigueur étendu

Toutefois, en ce qui concerne le calcul des droits aux congés payés et de l'indemnité de congés payés pour les ouvriers, le nombre de 160 heures représentant forfaitairement le congé de l'année précédente lorsque celui-ci a été payé à l'intéressé par l'intermédiaire d'une caisse de congés payés du bâtiment ou des travaux publics sera porté à 195 heures à partir de l'année de référence du 1er avril 1982 au 31 mars 1983 (ce qui impliquera la modification correspondante du deuxième alinéa de l'article D. 732-6 du code du travail).

Article 5
En vigueur étendu

La condition d'avoir 1 800 heures de travail au cours de l'année de référence dans une ou plusieurs entreprises du bâtiment ou des travaux publics, calculées selon les dispositions de la législation sur les congés payés dans le bâtiment et les travaux publics et du paragraphe d (Prime de vacances) de l'article 17 de l'annexe I aux accords nationaux des ouvriers du bâtiment du 21 octobre 1954 et du 22 décembre 1954, pour bénéficier de la prime de vacances de 30 p. 100 de l'indemnité de congés correspondant aux vingt-quatre jours ouvrables de congés institués par la loi du 16 mai 1969, c'est-à-dire calculée sur la base de deux jours ouvrables de congés par mois de travail ou par 150 heures de travail, est ramenée, pour les ouvriers, à 1.675 heures.

Pour les I.A.C. et les E.T.A.M., la condition de réunir, à la fin de l'année de référence, six mois de présence dans l'entreprise, pour bénéficier de la prime de vacances de 30 p. 100 de l'indemnité de congés correspondant aux vingt-quatre jours institués par la loi du 16 mai 1969, c'est-à-dire calculée sur la base de deux jours ouvrables de congés par mois de travail (art. 33 de la convention collective nationale des I.A.C. du bâtiment du 23 juillet 1956 ; art. 30 de la convention collective nationale des E.T.A.M. du bâtiment du 29 mai 1958), est ramenée à six mois de présence dans une ou plusieurs entreprises soumises au décret du 30 avril 1949 sur les congés payés dans le bâtiment et les travaux publics.

Article 6
En vigueur étendu

La cinquième semaine de congés est prise en tout ou partie selon des modalités fixées par accord entre l'employeur et les représentants du personnel ou, à défaut, les salariés, notamment sous forme de jours séparés pris en cours d'année et, dans ce cas, cinq jours ouvrés sont assimilés à la cinquième semaine de congés, l'indemnité de congés devant, toutefois, pour ces cinq jours ouvrés, être équivalente à six jours ouvrables de congés.

Pour permettre aux caisses de congés payés de verser aux intéressés cette partie de l'indemnité de congés, les employeurs du bâtiment doivent transmettre à la caisse de congés payés dont ils relèvent toutes les informations nécessaires, et notamment l'accord intervenu au sein de leur entreprise.

A défaut d'accord, la cinquième semaine de congés est prise en une seule fois pendant la période du 1er novembre au 31 mars.

Les jours de congés dus en sus des vingt-quatre jours ouvrables, même s'ils sont pris en dehors de la période du 1er mai au 31 octobre, n'ouvrent pas droit aux jours de fractionnement institués par la loi du 16 mai 1969 (art. L. 233-8 du code du travail).

Article 7
En vigueur étendu

Sauf nouvel accord d'entreprise, les dispositions du présent titre relatives à la durée des congés ne se cumuleront pas avec les dispositions ayant le même objet arrêtées par les employeurs du bâtiment antérieurement au présent accord.

TITRE II : HORAIRES DE TRAVAIL.

Article 8
En vigueur étendu

Les horaires de travail restent collectifs au niveau de l'entreprise, des agences, des établissements, des chantiers ou des ateliers.

Ils doivent être affichés sur les lieux du travail.

Article 9
En vigueur étendu

Pour la mise en application dans les entreprises des dispositions des titres Ier, II et III du présent accord, l'avis préalable des représentants du personnel est demandé, après délibération.

Lors de celle-ci, qui a lieu en principe une fois par an, les employeurs doivent indiquer le ou les horaires hebdomadaires de travail envisagés en précisant le choix du deuxième jour de repos hebdomadaire soit pour l'ensemble du personnel, soit pour la partie du personnel qui prendra ce jour de repos le samedi, l'autre partie le prenant le lundi ; mais, dans ce dernier cas, la liste du personnel travaillant le samedi ou le lundi est fixée en tenant compte, dans la mesure du possible, du désir des salariés concernés.

L'avis des représentants du personnel est également demandé :

- sur la programmation de l'utilisation éventuelle de tout ou partie du contingent d'heures supplémentaires prévu à l'article 10 du présent accord et sur les périodes auxquelles ces heures seront effectuées ; cet avis doit obligatoirement être favorable pour utiliser les heures supplémentaires au-delà de 130 heures ;

- en cas de travail en équipes successives ou en équipes chevauchantes (art. 18 du présent accord) ;

- en cas de variation d'amplitude en cours d'année (art. 21 du présent accord).

Lors de cette consultation annuelle, les employeurs indiquent également les dates prévisibles de prise des congés, en précisant notamment s'il est envisagé de fermer l'entreprise ou si les congés seront pris par roulement.

Toutes ces informations sont données à titre indicatif et les modifications éventuelles de ces dispositions en cours d'année doivent faire l'objet également d'une consultation des représentants du personnel.

Après une première année de mise en application, lors de l'établissement d'une programmation indicative pour la deuxième année, les employeurs présentent aux représentants du personnel le bilan de ce qui a été effectué dans l'entreprise à partir de la première programmation indicative, notamment en ce qui concerne les conséquences sur l'emploi.

Cette procédure est par la suite renouvelée chaque année.

Article 10

En vigueur étendu

Modifié par Avenant n° 1 du 17 mars 2004 art. 1 en vigueur le 1er jour du mois suivant l'extension BO conventions collectives 2004-22 étendu par arrêté du 16 juillet 2004 JORF 28 juillet 2004.

La durée légale du travail effectif des salariés du bâtiment est de 35 heures par semaine.

Les entreprises peuvent utiliser pendant l'année civile un contingent d'heures supplémentaires, sans avoir besoin de demander l'autorisation de l'inspection du travail, dans la limite de 145 heures par salarié.

Ce contingent est augmenté de 35 heures par an et par salarié pour les salariés dont l'horaire n'est pas annualisé.

Article 11

En vigueur étendu

En cas de surcroît exceptionnel de travail ou pour des raisons de sécurité ou des raisons impératives, telles que des travaux urgents ou continus, ou pour des raisons climatiques ou en cas de contraintes commerciales et techniques imprévisibles, les employeurs du bâtiment peuvent également recourir à des heures supplémentaires exceptionnelles, au-delà du contingent défini ci-dessus, en demandant préalablement l'avis des représentants du personnel puis l'accord de l'inspection du travail.

Ces heures supplémentaires exceptionnelles ouvrent droit à un repos compensateur dont la durée est égale au nombre d'heures supplémentaires exceptionnelles effectuées. Ce temps de repos compensateur intégralement indemnisé, qui ne se cumule pas avec les dispositions légales ou conventionnelles ayant le même objet, sera pris dans un délai maximum de deux mois suivant la date à laquelle le droit au repos compensateur aura été acquis.

Les employeurs doivent indiquer à l'inspection du travail, dans la demande d'autorisation d'utilisation d'heures supplémentaires exceptionnelles, les dates approximatives auxquelles le repos compensateur sera pris.

L'utilisation de ces heures supplémentaires exceptionnelles ne doit pas avoir pour effet de dépasser les limites fixées à l'article 12 ci-dessous, sauf dérogation de l'inspection du travail.

Article 12

En vigueur étendu

Sauf dérogations éventuelles accordées par l'inspection du travail, les plafonds suivants ne peuvent être dépassés :

- la durée maximale journalière du travail ne peut pas dépasser dix heures ;

- la durée maximale du travail au cours d'une même semaine ne peut pas dépasser quarante-huit heures ;

- la durée moyenne hebdomadaire du travail, calculée sur une période quelconque de douze semaines consécutives, ne peut pas dépasser quarante-six heures ;

- la durée moyenne hebdomadaire du travail, calculée sur le semestre civil, ne peut pas dépasser quarante-quatre heures.

Article 13
En vigueur étendu

La durée du travail dont il est question dans le présent accord se définit comme étant le temps de travail effectif, à l'exclusion des temps d'habillage et de déshabillage, de casse-croûte et de trajet.

Article 14
En vigueur étendu

Modifié par Avenant n° 1 du 17 mars 2004 art. 2 en vigueur le 1er jour du mois suivant l'extension BO conventions collectives 2004-22 étendu par arrêté du 16 juillet 2004 JORF 28 juillet 2004.

Les heures supplémentaires effectuées au-delà d'une durée hebdomadaire de travail de 35 heures sont majorées comme suit :

- 25 % du salaire horaire effectif pour les huit premières heures supplémentaires ;

- 50 % du salaire horaire effectif pour les heures supplémentaires au-delà de la huitième.

Dans tous les cas, le décompte des heures supplémentaires se fait par semaine, à l'exception des heures supplémentaires dejà comprises dans l'horaire de travail hebdomadaire de référence choisi dans l'entreprise ou l'établissement pour déterminer le salaire mensuel.

Article 15
En vigueur étendu

Les équivalences prévues par l'article 5 (9°) du décret du 17 novembre 1936 seront supprimées.

Les dérogations permanentes prévues par l'article 5 de ce décret resteront en vigueur, sans être imputées sur le contingent d'heures supplémentaires prévu à l'article 10 du présent titre mais en donnant lieu aux majorations pour heures supplémentaires citées à l'article 14 ci-dessus.

TITRE III : ORGANISATION DU TRAVAIL.

Article 16
En vigueur étendu

La semaine de travail des salariés des entreprises du bâtiment est fixée au maximum à cinq jours consécutifs, sauf dans des cas exceptionnels pour des travaux urgents de sécurité ou de maintenance.

Le repos hebdomadaire a une durée minimale de quarante-huit heures correspondant à deux jours consécutifs de repos dont l'un est le dimanche et l'autre le samedi, en priorité, ou le lundi.

Article 17
En vigueur étendu

Le chômage des jours fériés ne peut plus être récupéré.

Article 18
En vigueur étendu

Pour des raisons techniques ou des raisons de sécurité, le travail peut être organisé, soit en deux ou trois équipes successives, soit en équipes chevauchantes. Dans ce dernier cas, le décalage de l'horaire journalier entre la mise au travail ou la fin de travail des premières équipes et celles des équipes suivantes ne doit pas dépasser deux heures et demie.

L'organisation des équipes successives ou chevauchantes doit être prévue à l'avance et la liste du personnel composant ces équipes doit être affichée sur les lieux du travail.

Suivant les mêmes principes, l'horaire de travail peut être aménagé pour le personnel affecté à des activités de maintenance, d'entretien et de dépannage.

Article 19
En vigueur étendu

(Voir réserve figurant dans l'arrêté)

Des horaires individualisés peuvent être aménagés d'un commun accord pour répondre aux demandes des salariés notamment pour le personnel sédentaire, avec possibilité de reporter des heures considérées comme normales d'une semaine sur une autre sans effet sur le nombre et le taux des heures majorées.

Article 20
En vigueur étendu

Des horaires de travail à temps partiel peuvent être aménagés dans les entreprises dans les conditions prévues par la législation.

Article 22
En vigueur étendu

Les dispositions légales, réglementaires et conventionnelles en matière de chômage partiel, de chômage-intempéries et de rémunération mensuelle minimale, devront être adaptées pour prévoir le cas évoqué à l'article 21 ci-dessus. Pour permettre aux caisses de congés payés de calculer le montant des indemnités de chômage-intempéries à rembourser, les employeurs ayant opté pour une modulation devront adresser en début d'année à la caisse des congés payés dont ils relèvent toutes les informations nécessaires (choix de l'horaire hebdomadaire inférieur à trente-neuf heures, périodes où il sera effectué, périodes où ces heures seront travaillées en plus de trente-neuf heures, etc.).

Article 23
En vigueur étendu

Les heures de travail perdues du fait des intempéries peuvent être récupérées selon les dispositions légales et réglementaires en vigueur à la date de signature du présent accord. Toutefois, elles donnent lieu aux majorations pour heures supplémentaires.

En outre, dans les ateliers ou chantiers de montagne dans lesquels les travaux sont arrêtés pendant trois mois au moins, les heures de travail non effectuées peuvent, à titre de compensation, être récupérées dans la limite maximale de 120 heures par an. Toutefois, les heures au-delà de la trente-neuvième heure hebdomadaire donnent lieu à majoration pour heures supplémentaires.

Article 24
En vigueur étendu

L'application des dispositions du présent accord ne doit pas avoir pour effet d'augmenter la charge de travail du personnel d'encadrement.

Ainsi, l'organisation du travail en équipes chevauchantes ou en équipes successives ne doit pas amener le personnel d'encadrement de chantier ou d'atelier à dépasser la durée habituelle de l'exercice de ses fonctions ni à l'obliger à être présent en permanence pendant l'amplitude journalière de la durée du travail choisie par l'entreprise.

Article 25
En vigueur étendu

Les salariés effectuant les travaux présentant un caractère de pénibilité énumérés ci-dessous bénéficient suivant les cas d'une ou de plusieurs interruptions quotidiennes de travail égales à 10 p. 100 du temps de travail pénible effectué.

Cette interruption est rémunérée et considérée comme du temps de travail effectif.

Les travaux concernés sont :

- travaux de montage et démontage occasionnels d'échafaudages volants, d'échafaudages de pied, de grues, de sapines, à une hauteur supérieure à 10 mètres au bord du vide, mesurée à partir de la surface de réception ou, à défaut, du sol ;

- travaux sur échafaudages volants ;

- travaux à la corde à noeuds ;

- travaux dans plus de 25 cm d'eau ;

- travaux avec utilisation manuelle d'un marteau-piqueur ou brise-béton ;

- travaux effectués dans des vapeurs d'acide ;

- travaux dans les égouts en service et dans les fosses d'aisance ;

- travaux dans les excavations dont l'ouverture est inférieure à deux mètres et à une profondeur supérieure à six mètres ;

- travaux dans des locaux où la température à l'intérieur ou bien est supérieure à 45 °C, ou bien est supérieure à 35 °C et accuse une différence de 20 °C par rapport à la température extérieure ;

- travaux avec le port d'un masque.

TITRE IV : DISPOSITIONS FINALES.

Article 26
En vigueur étendu

Le présent accord sera mis en application à compter du 1er mars 1982, pour une période de trois mois, étant convenu que, si dans un délai maximum de trois mois il n'a pas été l'objet d'un arrêté ministériel d'extension, il sera caduc à l'expiration de cette période.

A l'expiration de la période des trois mois, s'il fait l'objet d'un arrêté ministériel d'extension, le présent accord sera réputé conclu pour une durée indéterminée.

Article 27
En vigueur étendu

Les dispositions énumérées dans les titres Ier, II et III du présent accord feront l'objet d'avenants conclus par les parties signataires du présent texte aux accords nationaux et aux conventions collectives nationales du bâtiment.

Lesdits avenants annuleront :

- les articles 25, 26 et 33 de la convention collective nationale des I.A.C. du bâtiment du 23 juillet 1956 ;

- les articles 28, 29 et 30 de la convention collective nationale des E.T.A.M. du bâtiment du 29 mai 1958 ;

- les articles 11, 11 (a), 11 (c), 12 et 17 de l'annexe I (Clauses générales) aux accords nationaux des ouvriers du bâtiment du 21 octobre 1954 et du 22 décembre 1954,
pour autant qu'ils sont contraires aux dispositions du présent accord.

Enfin, lesdits avenants préciseront les modalités à retenir afin de faire figurer sur les bulletins de paie les mentions nécessaires pour comptabiliser individuellement l'utilisation du contingent d'heures supplémentaires prévu à l'article 10 du titre II du présent accord.

Article 28
En vigueur étendu

A partir du 1er mars 1982, les salaires minimaux des I.A.C., des E.T.A.M. et des ouvriers du bâtiment, déterminés conformément aux dispositions des accords nationaux et conventions collectives nationales du bâtiment, ne pourront être inférieurs, pour la durée légale du travail effectif de trente-neuf heures hebdomadaires, à ce qu'ils étaient avant cette date, pour une durée de travail de quarante heures.

Article 29
En vigueur étendu

A la même date, les avenants modifiant les accords nationaux et conventions collectives nationales du bâtiment remplaceront dans lesdits accords nationaux et conventions collectives nationales du bâtiment (I.A.C., E.T.A.M. et ouvriers) toutes les références à 174 heures ou 173,33 heures pour 169 heures, d'une part, et à quarante heures hebdomadaires par trente-neuf heures, d'autre part.

De même, les parties concernées par le présent accord demanderont à leurs organisations syndicales adhérentes locales de procéder à la même modification dans les conventions collectives régionales ou départementales.

Article 30
En vigueur étendu

Un an après la mise en vigueur des dispositions du présent accord, il sera établi un constat de leur application et de leur incidence sur l'emploi. En fonction de ce constat, les mesures nouvelles qui pourraient être éventuellement adoptées seront étudiées.

Article 31
En vigueur étendu

Toute organisation syndicale non signataire du présent accord pourra y adhérer par simple déclaration à la direction départementale du travail et de l'emploi de Paris, où il aura été déposé. Elle devra également en aviser, par lettre recommandée, toutes les organisations signataires.

Annexe Champ d'application professionnel ACCORD NATIONAL du 25 février 1982

Champ d'application professionnel de l'accord collectif national sur les congés payés, la durée du travail et l'aménagement du temps de travail dans le bâtiment.

En vigueur étendu

2106 Construction métallique.

Sont uniquement visés les ateliers de production et montage d'ossatures métalliques pour le bâtiment (*).

2403 Fabrication et installation de matériel aéraulique, thermique et frigorifique.

Sont visées les entreprises de fabrication et d'installation d'appareils de chauffage, ventilation et conditionnement d'air (*).

5510 Travaux d'aménagement des terres et des eaux, voirie, parcs et jardins.

Sont visées, pour partie, les entreprises générales de bâtiment ; les entreprises de bâtiment effectuant des travaux d'aménagement des terres et des eaux, de V.R.D., de voirie et dans les parcs et jardins.

5512 Travaux d'infrastructure générale.

Sont visées, pour partie, les entreprises générales de bâtiment ; les entreprises de bâtiment effectuant des travaux d'infrastructure générale.

5520 Entreprises de forages, sondages et fondations spéciales. Sont visées dans cette rubrique, pour partie, les entreprises générales de bâtiment ; les entreprises de bâtiment effectuant des forages, sondages ou des fondations spéciales ainsi que :

- les entreprises de maçonnerie, de plâtrerie, de travaux en ciment, béton, béton armé, pour le bâtiment ;

- les entreprises de terrassement et de démolition pour le bâtiment ;

- les entreprises de terrassement et de maçonnerie pour le bâtiment, fondations par puits et consolidation pour le bâtiment.

5530 Constructions d'ossatures autres que métalliques.

Sont visées, pour partie, les entreprises générales de bâtiment ; les entreprises de bâtiment effectuant des travaux de construction d'ossatures autres que métalliques demandant du fait de leurs dimensions ou du procédé utilisé une technicité particulière (par exemple, charpentes d'immeubles de dix étages et plus).

5531 Installations industrielles et montage-levage.

Sont visées, pour partie, les entreprises générales de bâtiment ; les entreprises de bâtiment effectuant des travaux d'installations industrielles ou de montage-levage ainsi que :

- les entreprises de construction et d'entretien de fours industriels et de boulangerie en maçonnerie et en matériaux réfractaires de tous types ;

- les entreprises de construction de cheminées d'usine.

5540 Installation électrique.

A l'exception des entreprises d'installation électrique dans les établissements industriels, de recherche radio-électrique et de l'électronique, sont visées :

- les entreprises spécialisées dans l'équipement électrique des usines et autres établissements industriels (à l'exception de celles qui, à la date de publication de l'arrêté portant extension du présent accord, appliquaient une autre convention collective que celle du bâtiment) ;

- pour partie, les entreprises de couverture-plomberie et chauffage ;

- les entreprises de plomberie, chauffage et électricité ;

- les entreprises d'installations d'électricité dans les locaux d'habitation, magasins, bureaux, bâtiments industriels et autres bâtiments ;

- les entreprises de pose d'enseignes lumineuses.

5550 Construction industrialisée.

Sont visées, pour partie, les entreprises générales de bâtiment ; les entreprises de bâtiment réalisant des constructions industrialisées ; les entreprises de fabrication et pose de maisons métalliques (*).

5560 Maçonnerie et travaux courants de béton armé.

Sont visées, pour partie, les entreprises générales de bâtiment ; les entreprises de bâtiment effectuant de la maçonnerie et des travaux courants de terrassement, de fondation et de démolition.

5570 Génie climatique.

Sont visées :

- les entreprises de couverture-plomberie et chauffage ;

- les entreprises d'installations de chauffage et d'électricité ;

- les entreprises de fumisterie de bâtiment, ramonage, installations de chauffage et de production d'eau chaude ;

- les entreprises d'installations de chauffage central, de ventilation, de climatisation ou d'isolation thermique, phonique et antivibratile.

5571 Menuiserie et serrurerie.

A l'exclusion des entreprises de fermetures métalliques dont l'activité se limite à la fabrication, sont notamment visées :

- les entreprises de charpente en bois ;

- les entreprises d'installation de cuisine ;

- les entreprises d'aménagements de placards ;

- les entreprises de fabrication et pose de parquets (à l'exception des parquets mosaïques) ;

- les entreprises de menuiserie du bâtiment (menuiserie bois, métallique intérieure, extérieure y compris les murs-rideaux) (pose associée ou non à la fabrication) ;

- les entreprises de charpente et de maçonnerie associées ;

- les entreprises de serrurerie intérieure et extérieure du bâtiment (fabrication, pose et réparation) (*) ;

- les entreprises de pose de petite charpente en fer pour le bâtiment ;

- les entreprises de pose de cl<CB>ture ;

- les entreprises de ferronnerie pour le bâtiment (fabrication et pose associées) (*) (balcons, rampes d'escalier, grilles, etc.) ;

- les entreprises de fourniture d'armatures métalliques préparées pour le béton armé (*).

5572 Couverture-plomberie et installations sanitaires.

Sont visées :

- les entreprises de couverture-plomberie (avec ou sans installation de chauffage) ;

- les entreprises de couverture en tous matériaux ;

- les entreprises de plomberie et installation sanitaire ;

- les entreprises d'étanchéité.

5573 Aménagements et finitions.

Sont notamment visées :

- les entreprises de construction et d'installation de stands pour les foires et expositions ;

- les entreprises de fabrication de maquettes et plans en relief ;

- les entreprises de plâtrerie, staff, cloisons en plâtre, plafonnage, plafonds en plâtre ;

- les entreprises de fabrication à façon et pose de menuiserie de bâtiment ;

- les entreprises de peinture de bâtiment et décoration ;

- les entreprises d'installations diverses dans les immeubles (notamment pose de linoléums et autres revêtements plastiques, etc.) ; pour les entreprises de pose de vitres, de glaces, de vitrines (*) ;

- les entreprises de peinture, plâtre, vitrerie (associés) ;

- les entreprises d'installations et d'aménagement des locaux commerciaux (magasins, boutiques, devantures, bars, cafés, restaurants, vitrines, etc.) ; cependant, pour l'installation et l'aménagement de locaux commerciaux à base métallique (*) ;

- les entreprises de pose de paratonnerre (à l'exclusion de la fabrication) ;

- les entreprises de travaux d'aménagements spéciaux (installations de laboratoires, revêtements de sols et des murs en tous matériaux, calfeutrements métalliques, couvre-marches) à l'exclusion de la fabrication et de l'installation de matériel de laboratoire.

8708 Services de nettoyage.

Sont visées, pour partie, les entreprises de ramonage.

Annexe au champ d'application professionnel ACCORD NATIONAL du 25 février 1982

Cas des entreprises mixtes bâtiment et travaux publics.

Article 1
En vigueur étendu

Est également incluse dans le champ d'application l'activité suivante, classée dans le groupe ci-dessous :

2107 Menuiserie métallique de bâtiment.

Article 2
En vigueur étendu

Toutefois, l'extension du présent accord ne sera pas demandée pour l'activité citée à l'article 1er.

Il en sera de même pour la fabrication et la pose associées de menuiserie et de fermetures métalliques classées dans le groupe 5571.

Article 1 (1)
En vigueur étendu

Doivent être immatriculées au répertoire des métiers les entreprises n'employant pas plus de dix salariés qui ont une activité de production, de transformation, de réparation ou de prestations de services, à l'exclusion des entreprises agricoles ou de pêche, des entreprises de commission, d'agence, bureaux d'affaires au sens de l'article 632 du code de commerce, de celles qui se limitent à la vente ou à la location de choses achetées en l'état ou dont les prestations ont un caractère spécifiquement intellectuel.

Ne donnent pas lieu à immatriculation les activités qui ne sont exercées par une entreprise qu'occasionnellement ou accessoirement.

L'immatriculation au répertoire des métiers ne dispense pas de l'immatriculation au registre du commerce, lorsque celle-ci est requise par la législation en vigueur.

Article 2 (1)
En vigueur étendu

Des décrets en Conseil d'Etat pourront, à titre temporaire ou définitif :

1° Abaisser ou relever pour certaines activités et pour certains lieux la limite de dix salariés fixée à l'article 1er ;

2° Décider qu'il n'y a pas lieu à immatriculation pour :

a) Les entreprises exerçant certaines activités spécialement désignées ;

b) Celles qui disposent de certains équipements techniques spécialement désignés.

Article 3 (1)
En vigueur étendu

N'entrent pas en comptent dans l'effectif des salariés visés aux articles 1er et 2 :

1° Pour les entreprises individuelles et les sociétés de personnes : le conjoint du chef de l'entreprise, ses ascendants, descendants, collatéraux ou alliés jusqu'au troisième degré inclus ;

2° Pour les autres sociétés : les associés participant à la gestion de la société et prenant part à l'exécution du travail, dans la limite de trois ;

3° Quelle que soit la forme de l'entreprise, trois salariés handicapés physiques ou débiles mentaux et trois apprentis.

Article 4 (1)
En vigueur étendu

Une entreprise précédemment immatriculée peut le demeurer pendant trois ans bien que le nombre de ses salariés, décomptés comme il est prévu à l'article précédent, soit supérieur à la limite fixée à l'article 1er ou à celle fixée par application du 1° de l'article 2, à condition que le nombre de salariés supplémentaires n'excède pas cinq.

Passé ce délai de trois ans, une entreprise visée à l'alinéa précédent ne peut demeurer immatriculée que si son chef possédant le titre d'artisan ou de maître artisan en a exprimé la volonté au président de la chambre de métiers pour qu'il en soit fait mention au répertoire des métiers.

Article 5 (1)
En vigueur étendu

Un arrêté du ministre de l'industrie, pris après avis de l'assemblée des présidents des chambres de métiers de France, établit, par référence à la nomenclature des activités économiques approuvée par le décret n° 59-534 du 9 avril 1959, la liste des activités économiques susceptibles de donner lieu à immatriculation par application des dispositions du présent chapitre. Cette liste sera tenue à jour dans la même forme en tant que de besoin.

L'arrêté détermine les conditions dans lesquelles la liste ainsi établie pourra être consultée par les intéressés.

Heures supplémentaires Avenant n° 1 du 17 décembre 2003

Organisations patronales signataires :
La fédération française du bâtiment (FFB) ;
La fédération française de l'industrie électrique (FFIE) ;

La fédération nationale des sociétés coopératives ouvrières de production du bâtiment et des travaux publics, et des activités annexes et connexes (FNSCOP), pour la section bâtiment ;
La confédération de l'artisanat et des petites entreprises du bâtiment (CAPEB),

Syndicats de salariés signataires :
La fédération BATI-MAT-TP CFTC ;
Le syndicat national des cadres, employés, techniciens, agents de maîtrise et assimilés des industries du bâtiment, des travaux publics et des activités annexes et connexes (CFE-CGC-BTP) ;
La fédération générale Force ouvrière du bâtiment et des travaux publics et ses activités annexes (CGT-FO),

Article 1
En vigueur étendu

L'article 10 est annulé et remplacé par :

(voir cet article)

Article 2
En vigueur étendu

L'article 14, alinéa 1, est annulé et remplacé par :

(voir cet article)

Article 3
En vigueur étendu

Les parties signataires demandent l'extension du présent avenant conformément aux dispositions des articles L. 133-1 et suivants du code du travail.

Le présent avenant sera déposé en application de l'article L. 132-10 du code du travail.

Article 4
En vigueur étendu

Le présent avenant entrera en vigueur le 1er janvier 2004.

Fait à Paris, le 17 décembre 2003.

Modifications à l'accord relatif aux congés payés, à la durée du travail et à l'aménagement du temps de travail dans le bâtiment du 25 février 1982 Avenant n° 1 du 17 mars 2004

Organisations patronales signataires :
La fédération française du bâtiment (FFB) ;
La fédération française de l'industrie électrique (FFIE) ;
La fédération nationale des sociétés coopératives ouvrières de production du bâtiment et des travaux publics, et des activités annexes et connexes (FNSCOP), pour la section bâtiment ;
La confédération de l'artisanat et des petites entreprises du bâtiment (CAPEB),

Syndicats de salariés signataires :
La fédération BATIMAT-TP CFTC ;
Le syndicat national des cadres, employés, techniciens, agents de maîtrise et assimilés des industries du bâtiment, des travaux publics et des activités annexes et connexes BTP CFE-CGC ;
La fédération générale force ouvrière du bâtiment et des travaux publics et ses activités annexes CGT-FO,

Article 1
En vigueur étendu

L'article 10 est annulé et remplacé par :

(voir cet article)

Article 2
En vigueur étendu

L'article 14, alinéa 1, est annulé et remplacé par :

(voir cet article)

Article 3
En vigueur étendu

Sont visées par le présent avenant les entreprises du bâtiment occupant plus de 10 et jusqu'à 20 salariés, le seuil de 20 salariés étant apprécié conformément à l'article 1er-II de la loi n° 2000-37 du 19 janvier 2000.

Article 4
En vigueur étendu

Les parties signataires demandent l'extension du présent avenant conformément aux dispositions des articles L. 133-1 et suivants du code du travail.

Le présent avenant sera déposé en application de l'article L. 132-10 du code du travail.

Le présent avenant entrera en vigueur le 1er jour du mois civil suivant la publication au Journal officiel de l'arrêté ministériel portant son extension.

Fait à Paris, le 17 mars 2004.

Arrêté portant extension d'un accord national du 25 février 1982 sur les congés payés, la durée du travail et l'aménagement du temps de travail dans le bâtiment. JONC 25 avril 1982.

Article 1, 2, 3
En vigueur

Article 1er

Sont rendues obligatoires, pour tous les employeurs et tous les salariés compris dans son champ d'application, les dispositions de l'accord national du 25 février 1982 sur les congés payés, la durée du travail et l'aménagement du temps de travail dans le bâtiment (à l'exception du secteur artisanal).

L'article 19 de l'accord susvisé est étendu sous réserve de l'application de l'article L. 212-4-1 du code du travail.
Article 2

L'extension des effets et sanctions de l'accord susvisé est faite à dater de la publication du présent arrêté pour la durée restant à courir et aux conditions prévues par ledit accord.
Article 3

Le directeur des relations du travail est chargé de l'exécution du présent arrêté, qui sera publié au Journal officiel de la République française ainsi que l'accord dont l'extension est réalisée en application de l'article 1er.

Arrêté portant extension d'un avenant à un accord national sur les congés payés, la durée du travail et l'aménagement du temps de travail dans les entreprises du bâtiment visées par le décret du 12 mars 1962 (entreprises occupant jusqu'à dix salariés) JORF 10 juillet 2004.

Le ministre de l'emploi, du travail et de la cohésion sociale,
Vu les articles L. 133-1 et suivants du code du travail ;
Vu l'arrêté du 5 avril 1982 portant extension de l'accord national du 25 février 1982 sur les congés payés, la durée du travail et l'aménagement du temps de travail dans les entreprises du bâtiment occupant jusqu'à dix salariés ;
Vu l'avenant n° 1 du 17 décembre 2003 à l'accord national susvisé ;
Vu la demande d'extension présentée par les organisations signataires ;
Vu l'avis publié au Journal officiel du 26 février 2004 ;
Vu les avis recueillis au cours de l'enquête ;
Vu l'avis motivé de la Commission nationale de la négociation collective (sous-commission des conventions et accords), rendu en séance du 5 avril 2004,

Article 1, 2, 3
En vigueur

Article 1er
Sont rendues obligatoires, pour tous les employeurs et tous les salariés compris dans le champ d'application de l'accord national du 25 février 1982 susvisé, tel qu'étendu par arrêté du 5 avril 1982 susvisé, les dispositions de l'avenant n° 1 du 17 décembre 2003 audit accord.

Article 2
L'extension des effets et sanctions de l'avenant susvisé est faite à dater de la publication du présent arrêté pour la durée restant à courir et aux conditions prévues par ledit avenant.

Article 3

Le directeur des relations du travail est chargé de l'exécution du présent arrêté, qui sera publié au Journal officiel de la République française.

Nota. - Le texte de l'avenant susvisé a été publié au Bulletin officiel du ministère, fascicule conventions collectives n° 2004/05.

Arrêté portant extension d'un avenant à un accord national sur les congés payés, la durée du travail et l'aménagement du temps de travail dans les entreprises du bâtiment non visées par le décret du 12 mars 1962 (entreprises occupant plus de dix salariés) JORF 28 juillet 2004.

Le ministre de l'emploi, du travail et de la cohésion sociale,
Vu les articles L. 133-1 et suivants du code du travail ;
Vu l'arrêté du 5 avril 1982 portant extension de l'accord national du 25 février 1982 sur les congés payés, la durée du travail et l'aménagement du temps de travail dans les entreprises du bâtiment occupant plus de dix salariés ;
Vu l'avenant n° 1 du 17 mars 2004 à l'accord national susvisé ;
Vu la demande d'extension présentée par les organisations signataires ;
Vu l'avis publié au Journal officiel du 22 mai 2004 ;
Vu les avis recueillis au cours de l'enquête ;
Vu l'avis motivé de la Commission nationale de la négociation collective (sous-commission des conventions et accords), rendu en séance du 8 juillet 2004,

Article 1, 2, 3
En vigueur

Article 1er

Sont rendues obligatoires, pour tous les employeurs et tous les salariés compris dans le champ d'application de l'accord national du 25 février 1982 susvisé, tel qu'étendu par arrêté du 5 avril 1982 susvisé et dans son propre champ d'application, les dispositions de l'avenant n° 1 du 17 mars 2004 audit accord.

Article 2

L'extension des effets et sanctions de l'avenant susvisé est faite à dater de la publication du présent arrêté pour la durée restant à courir et aux conditions prévues par ledit avenant.

Article 3

Le directeur des relations du travail est chargé de l'exécution du présent arrêté, qui sera publié au Journal officiel de la République française.

Nota. - Le texte de l'avenant susvisé a été publié au Bulletin officiel du ministère, fascicule conventions collectives n° 2004/22.

Accord professionnel du 27 mars 1995 relatif à la couverture complémentaire des dépenses de santé (1) Texte non étendu.

Texte de base

Couverture des dépenses de santé

La fédération du bâtiment de la région Limousin ;

La CAPEB de la région Limousin ;

La fédération régionale des SCOP du bâtiment du Limousin,

L'union syndicale régionale CGT de la construction ;

La fédération générale Force ouvrière, région Limousin ;

Le syndicat national des cadres, techniciens, agents de maîtrise et assimilés des industries du bâtiment et des travaux publics, section régionale Limousin CFE - CGC ;

L'union régionale de la CFTC - Bâtiment ;

La CFDT Limousin, Construction-Bois.

En vigueur non étendu

Dans l'esprit des dispositions prises par le syndicat départemental des entrepreneurs et artisans du bâtiment et des travaux publics de la Haute-Vienne, le 13 mars 1964, en accord avec les organisations syndicales du BTP, et étendues à la Creuse et à la Corrèze par la fédération du bâtiment et des travaux publics du Limousin le 25 mars 1966, il apparaît nécessaire aux signataires d'actualiser les dispositions concernant la couverture des dépenses de santé des salariés et de leur famille des professions du bâtiment.

Article 1

En vigueur non étendu

Les entreprises du Limousin comprises dans le champ d'application professionnel défini à l'article 2 ci-après doivent adhérer à une structure de couverture complémentaire de santé pour les personnels visés à l'article 3 et leurs familles (conjoint et enfants à charge) en complément des dispositions prévues au titre de la prévoyance dans les différentes conventions collectives nationales du bâtiment, sauf dispositions particulières prévues à l'article 9 ci-après.

CHAMP D'APPLICATION PROFESSIONNEL.

Article 2
En vigueur non étendu

Le présent protocole est applicable aux employeurs de la région Limousin dont l'activité professionnelle relève d'une des activités énumérées à l'article 1-1 (alinéa 1-12) des conventions collectives nationales des ouvriers du bâtiment, à savoir :

- la convention collective nationale du 8 octobre 1990 concernant les ouvriers employés par les entreprises du bâtiment non visées par le décret du 1er mars 1962 (c'est-à-dire occupant plus de 10 salariés), étendue par arrêté du 8 février 1991 du ministre du travail, de l'emploi et de la formation professionnelle, publié au Journal officiel du 12 février 1991 ;

- ainsi que la convention collective nationale du 8 octobre 1990 concernant les ouvriers employés par les entreprises du bâtiment visées par le décret du 1er mars 1962 (c'est-à-dire occupant jusqu'à 10 salariés) modifiée par les avenants n° 1 du 17 mars 1992 et n° 2 du 2 septembre 1992, respectivement étendus par arrêtés des 12 février 1991 et 15 décembre 1992 du ministre du travail, de l'emploi et de la formation professionnelle, publiés au Journal officiel des 15 février 1991 et 26 décembre 1992.

Personnels visés.

Article 3
En vigueur non étendu

Sont visés les personnels ouvriers, ETAM et IAC des entreprises de la région Limousin comprises dans le champ d'application professionnel défini à l'article 2 ci-dessus.

Adhésion des entreprises.

Article 4
En vigueur non étendu

L'entreprise pourra adhérer à tout organisme de son choix, sous réserve de la stricte application des prescriptions ci-après. Toutefois, les signataires recommandent aux entreprises d'adhérer, après concertation avec leur personnel, aux organismes émanant des professions du BTP.

Répartition des cotisations.

Article 5
En vigueur non étendu

La cotisation familiale des salariés est répartie de la manière suivante :

- employeurs : 2/3 ;

- salariés : 1/3.

La part " salarié " est retenu mensuellement sur chaque feuille de paye avec le nom de l'organisme auquel est effectué le paiement. La cotisation globale - part salarié et part employeur - réglée par l'entreprise à l'organisme choisi s'effectuera selon les modalités de ce dernier.

Prestations.

Article 6
En vigueur non étendu

Les prestations servies sont celles des organismes choisis par les entreprises pour assurer la couverture des dépenses de santé. Cependant, quelques critères devront être impérativement respectés :

a) Ces organismes devront assurer au minimum le remboursement du ticket modérateur du régime général et mettre en place des systèmes de tiers payants pour les dépenses de pharmacie et d'hospitalisation ;

b) Ils devront maintenir la qualité d'ayant droit pour les retraités, les chômeurs, les invalides et malades, ainsi que leurs familles avec application de réductions des cotisations habituellement réclamées aux intéressés qui, seuls, en assument, dans ce cas, la totalité des règlements ;

c) Ces organismes assureront eux-mêmes le contentieux du fait du non-paiement des cotisations par l'employeur : les assurés ne pourront se voir opposer un refus de règlement des prestations sous aucun prétexte ;

d) L'ensemble des dispositions ci-dessus fera l'objet d'un accord avec l'organisme choisi.

Extension.

Article 7
En vigueur non étendu

Les signataires s'engagent à oeuvrer pour l'extension du présent protocole auprès du ministère des affaires sociales, de la santé et de la ville.

Avantages acquis.

Article 8
En vigueur non étendu

Le présent protocole ne peut, en aucun cas, être la cause de restriction de pratiques instituées dans l'entreprise tant individuellement que pour la totalité du personnel.

Dispositions particulières.

Article 9
En vigueur non étendu

Les entreprises ayant conclu des accords internes avec leurs salariés, afin que ceux-ci bénéficient d'une couverture médicale similaire à celle résultant du présent protocole, ne seront pas tenues de modifier leurs dispositions existantes.

Application - Révision - Dénonciation.

Article 10
En vigueur non étendu

Le présent protocole entrera en vigueur le 1er jour du mois civil suivant la publication de l'arrêté ministériel portant son extension.

Il annule et remplace le protocole signé le 22 mars 1994 qui sera dénoncé par les fédérations patronales signataires et cessera d'avoir effet lors de l'entrée en vigueur du présent protocole.

Le présent protocole est conclu pour une durée indéterminée. Il pourra être dénoncé par l'une des organisations signataires après un préavis minimum de 6 mois. Cette dénonciation devra être notifiée à toutes les autres organisations signataires par lettre recommandée avec accusé de réception, ainsi qu'à la direction départementale du travail, de l'emploi et de la formation professionnelle de la Haute-Vienne.

En cas de dénonciation par la totalité des organisations d'employeurs ou de salarié signataires, le présent protocole restera en vigueur pendant une durée de 1 an à partir de l'expiration du délai de préavis fixé au paragraphe précédent à moins qu'un nouveau texte ne l'ait remplacé avant cette date.

Les demandes de révision du présent protocole devront être effectuées dans les formes prévues pour la dénonciation, à l'exception de l'information de la direction départementale du travail, de l'emploi et de la formation professionnelle de la Haute-Vienne et seront accompagnées d'un projet concernant les points dont la révision est demandée.

Le présent protocole sera déposé à la direction départementale du travail, de l'emploi et de la formation professionnelle de la Haute-Vienne.

Accord professionnel relatif au champ d'application professionnel des conventions collectives nationales du bâtiment.

Texte de base

ACCORD PROFESSIONNEL du 30 avril 1997

La fédération nationale du bâtiment (FNB) ;
La confédération de l'artisanat et des petites entreprises du bâtiment (CAPEB) ;
La fédération nationale de l'équipement électrique (FNEE) ;
La fédération nationale des sociétés coopératives de production du bâtiment et des travaux publics (FNSCOP) pour la section bâtiment,

Syndicats de salariés signataires :
La fédération nationale des salariés de la construction et du bois CFDT ;
La fédération Bâti-Mat-TP CFTC ;
Le syndicat national des cadres, techniciens, agents de maîtrise et assimilés des industries du bâtiment et des travaux publics CFE-CGC ;
La fédération générale Force ouvrière du bâtiment et des travaux publics et ses activités annexes CGT-FO,

Champ d'application.

Article 1
En vigueur non étendu

Le présent champ d'application professionnel des conventions collectives nationales du bâtiment est défini en fonction de la nomenclature d'activités française instaurée par le décret n° 92-1129 du 2 octobre 1992.

Ainsi, les intitulés des rubriques et des codes du présent champ d'application correspondent à ceux établis par la nomenclature d'activités française.

Entrent dans le présent champ d'application les entreprises ou établissements, quelle que soit leur forme juridique, dont l'activité principale exercée dans les secteurs industriel, tertiaire ou d'habitat entraîne leur classement dans une rubrique ci-après énumérée, sous réserve des dispositions particulières prévues pour celle-ci.

Le code APE (activité principale exercée) attribué par l'INSEE à l'employeur en fonction de la NAF, et que celui-ci est tenu de mentionner sur le bulletin de paie en vertu de l'article R. 143-2 du code du travail, constitue une présomption simple de classement étant entendu que seule l'activité principale réellement exercée constitue le critère d'application du présent accord.

Dans les dispositions qui suivent, les termes " construction " ou " installation " recouvrent les travaux de construction, d'installation et, le cas échéant, les travaux d'entretien, de maintenance, de réparation ou de dépannage.

Sont incluses dans le présent champ d'application les activités visées ci-après :

01-4 A Services aux cultures productives

Sont visées les entreprises générales du bâtiment, les entreprises de bâtiment réalisant des travaux d'irrigation, d'aménagement et de remise en état de terrains de culture, y compris les travaux connexes au remembrement (2) clause mixte.

01-4 B Réalisation et entretien de plantations ornementales

Sont visées les entreprises générales de bâtiment, les entreprises de bâtiment réalisant des travaux d'aménagement d'espaces verts (2) clause mixte.

20-1 B Imprégnation du bois

Les entreprises d'imprégnation, de traitement et de pose des charpentes et autres ouvrages en bois sont visées en totalité.

20-3 Z Fabrication de charpentes et de menuiseries

Les entreprises associant la fabrication et la pose de charpentes et de menuiseries en bois sont visées en totalité.

25-2 E Fabrication d'éléments en matières plastiques pour la construction

Les entreprises de fabrication et d'installation associées de menuiseries en matériaux de synthèse PVC pour la construction et ne fabriquant pas elles-mêmes les profilés qu'elles utilisent sont soumises à la clause d'attribution (1).

26-7 Z Travail de la pierre

Les entreprises de production et de mise en oeuvre d'ouvrages en pierre et en tous matériaux sculptés, taillés ou autrement façonnés sont visées en totalité.

26-8 C Fabrication de produits minéraux non métalliques (NCA)

Les entreprises d'étanchéité préparant et posant des produits asphaltés et bitumineux sont visées en totalité.

28-1 A Fabrication de constructions métalliques

Les entreprises de fabrication et de montage de constructions métalliques sont soumises à la clause d'attribution.

Dans cette classe, sont notamment visées les entreprises de fabrication et de montage associés de constructions métalliques pour les ouvrages de travaux publics (2) clause mixte.

28-1 C Fabrication de menuiseries et fermetures métalliques

Les entreprises associant la fabrication et la pose de menuiseries métalliques, de fermetures métalliques sont soumises à la clause

d'attribution (1).

28-3 C Chaudronnerie. - Tuyauterie

Les entreprises de bâtiment effectuant des travaux d'installation et de maintenance de tuyauterie sur site industriel sont visées en totalité.

28-5 A Traitement et revêtement des métaux

Les entreprises de bâtiment effectuant des revêtements protecteurs et décoratifs des métaux sont soumises à la clause d'attribution (1).

28-7 E Fabrication d'articles en fils métalliques

Les entreprises de fournitures et d'armatures métalliques préparées pour le béton armé et le béton précontraint sont soumises à la clause

d'attribution (1).

29-2 A Fabrication de fours et brûleurs

Sont inclus dans le présent champ d'application les entreprises et établissements de montage et de maintenance de fours en maçonnerie et en matériaux réfractaires qui, au 31 décembre 1995, appliquaient les conventions et accords collectifs du bâtiment.

29-2 F Fabrication d'équipements aérauliques et thermiques industriels

Les entreprises de réalisation et maintenance d'équipements aérauliques, thermiques et de traitement de l'air sont visées en totalité.

Pour cette activité, sont exclus du présent champ d'application les entreprises ou établissements appliquant les accords et conventions collectifs de la métallurgie au 31 décembre 1995 en vertu de leur adhésion à une chambre syndicale territoriale des industries métallurgiques.

31-2 A Fabrication de matériel de distribution et de commande électrique pour basse tension

Les entreprises de fabrication et installation associées d'armoires et pupitres électriques de toute nature sont soumises à la clause

d'attribution (1).

36-1 C Fabrication de meubles de bureau et de magasin

Les entreprises de fabrication et pose associées de meubles en bois de bureau et de magasin sont visées en totalité.

36-1 E Fabrication de meubles de cuisine

Les entreprises de fabrication et de pose associées de meubles en bois de cuisine et de salle de bains sont visées en totalité.

40-3 Z Production et distribution de chaleur

Les entreprises assurant l'installation, la production et la distribution de chaleur sont visées en totalité.

45-1 A Terrassements divers, démolition

Les entreprises générales de bâtiment, les entreprises réalisant des travaux de préparation, de terrassements courants pour le bâtiment, les entreprises de démolition d'ouvrages de toute nature, y compris à l'explosif, sont visées en totalité.

Sont également visées les entreprises réalisant des travaux de VRD (2) clause mixte.

45-2 A Construction de maisons individuelles

Les entreprises générales de bâtiment, les entreprises de construction de maisons individuelles, y compris à ossatures bois, sont visées en totalité.

45-2 B Construction de bâtiments divers

Les entreprises générales de bâtiment, les entreprises de construction de bâtiments, notamment à partir d'éléments préfabriqués, y compris à ossature bois, (logements, hangars...) sont visées en totalité.

45-2 C Construction d'ouvrages d'art

Les entreprises générales de bâtiment, les entreprises de construction d'ouvrages industriels, les entreprises de construction d'équipements sportifs sont visées en totalité.

45-2 J Réalisation de couvertures par éléments

Les entreprises réalisant des travaux de couverture de tous types sont visées en totalité.

45-2 K Travaux d'étanchéité

Les entreprises réalisant des travaux d'étanchéité de tous types dont toitures-terrasses, cuvelages, réservoirs sont visées en totalité.

45-2 L Travaux de charpente

Les entreprises de charpentes sont visées en totalité.

45-2 P Construction de chaussées routières et sols sportifs

Sont visées les entreprises générales de bâtiment, les entreprises de bâtiment réalisant des sols sportifs et récréatifs, (2) clause mixte.

45-2 T Levage, montage

Les entreprises générales de bâtiment, les entreprises de montage et de levage pour le bâtiment, y compris les travaux de bardage, les entreprises de montage et de levage d'éléments complexes pour le bâtiment, les entreprises de montage d'échafaudages sont visées en totalité.

Sont également visées les entreprises de montage et de levage d'éléments complexes, de grands réservoirs et citernes métalliques, de matériels chaudronnés pour l'industrie nucléaire, (2) clause mixte.

Sont exclus du présent champ d'application les entreprises ou établissements appliquant les accords et conventions de la métallurgie au 31 décembre 1995 en vertu de leur adhésion à une chambre syndicale territoriale des industries métallurgiques.

45-2 U Autres travaux spécialisés de construction

Les entreprises générales de bâtiment, les entreprises de fumisterie industrielle, les entreprises de construction ou de montage de cheminées décoratives, les entreprises de construction de chambres froides et les entreprises de construction de chambres fortes sont visées en totalité.

Sont également visées :

- les entreprises effectuant des fondations spéciales et de fondations de tous types, y compris par ouvrage interposé, (2) clause mixte ;

- les entreprises réalisant des ossatures en béton demandant du fait de leurs dimensions ou du procédé utilisé une technicité particulière, (2) clause mixte.

- les entreprises réalisant des coupoles et voiles minces en béton, (2) clause mixte ;

- les entreprises réalisant des forages d'eau, des puits d'eau et des puisards, (2) clause mixte ;

- les entreprises effectuant des travaux spécialisés de pavage pour le bâtiment, (2) clause mixte.

45-2 V Travaux de maçonnerie générale

Les entreprises générales de bâtiment, les entreprises effectuant des travaux de maçonnerie générale et de pose de clôtures sont visées en totalité.

Dans cette classe, sont également visées les entreprises réalisant des travaux de VRD, (2) clause mixte.

45-3 A Travaux d'installation électrique

Les entreprises effectuant des travaux d'installation électrique, associés ou non à la maintenance (courants forts de courants faibles, haute et basse tension), les entreprises assurant l'installation, la maintenance et l'exploitation de systèmes de surveillance des immeubles (gestion technique centralisée, gestion technique de bâtiment...) sont visées en totalité.

Les entreprises de fabrication et de câblage associés d'installations téléphoniques, informatiques et bureautique, les entreprises de fabrication et d'installation associées de systèmes d'alarmes et de surveillance sont soumises à la clause d'attribution.

Sont également visées les entreprises spécialisées dans l'équipement électrique des usines et autres établissements industriels effectuant des travaux d'installation électrique, associés ou non à la maintenance (courants forts et courants faibles, haute et basse tension) à l'exception de celles qui, au 31 décembre 1995, appliquaient une autre convention collective que celle du bâtiment, (2) clause mixte.

45-3 C Travaux d'isolation

Les entreprises effectuant des travaux d'isolation de tous types, y compris de traitement acoustique ou de déflocage et d'opérations associées sur les bâtiments, sont visées en totalité.

45-3 E Installation d'eau et de gaz

Les entreprises de plomberie et d'équipements sanitaires, les entreprises réalisant des travaux d'installation d'eau et de gaz de tous types, notamment installation de réseaux de fluides spéciaux, installation de matériel de laboratoire, sont visées en totalité.

45-3 F Installation d'équipements thermiques et de climatisation

Les entreprises d'installation, y compris la maintenance, d'équipements thermiques, de ventilation, de climatisation, de traitement de l'air et de fumisterie sont visées en totalité.

Sont exclus du présent champ d'application les entreprises ou établissements appliquant les accords et conventions de la métallurgie au 31 décembre 1995 en vertu de leur adhésion à une chambre syndicale territoriale des industries métallurgiques.

45-3 H Autres travaux d'installation

Les entreprises d'installation de matériel compris dans cette classe, dont les systèmes d'éclairage et les enseignes lumineuses ou non, à l'exclusion des systèmes et travaux électriques et autres, de signalisation, d'information et d'éclairage sur les voies publiques, notamment voies ferrées, ports et aéroports, les entreprises d'installation de protection solaire sont visées en totalité.

45-4 A Plâtrerie

Les entreprises de plâtrerie, staff, stuc, les entreprises de plâtrerie - peinture, les entreprises de cloisons en plâtre, plafonds en plâtre ou d'isolation à base de plâtre, sont visées en totalité.

45-4 C Menuiserie bois et matières plastiques

Les entreprises de menuiserie du bâtiment (menuiserie bois, intérieure et extérieure, à commande manuelle ou automatique, y compris les murs rideaux), les entreprises d'installation de cuisines à l'exclusion de la fabrication de meubles, les entreprises de pose de parquets sont visées en totalité.

Dans cette classe, sont également visées en totalité les entreprises de menuiserie en matériaux de synthèse (PVC) ; les entreprises de fabrication et d'installation associées de menuiserie en matériaux de synthèse (PVC) pour la construction et ne fabriquant pas elles-mêmes les profilés qu'elles utilisent sont soumises à la clause d'attribution (1).

45-4 D Menuiserie métallique, serrurerie

Les entreprises de serrurerie de bâtiment sont visées en totalité.

Les entreprises associant la fabrication et la pose de menuiseries métalliques, de fermetures métalliques, sont soumises à la clause d'attribution (1).

45-4 F Revêtements des sols et des murs

Les entreprises de fourniture et de pose horizontale et verticale de revêtements en tous matériaux, les entreprises mettant en oeuvre une formulation de revêtements en matières plastiques coulés sont visées en totalité.

45-4 H Miroiterie de bâtiment, vitrerie

Les entreprises réalisant des travaux de mise en oeuvre du verre plat ou de ses substituts, en résine ou en plastique, destinés à la gestion des apports solaires, à la fermeture, à la protection contre les agressions et les incendies, l'isolation au froid et au bruit, sont soumises à la clause d'attribution (1).

45-4 J Peinture

Les entreprises de peinture, y compris peinture-vitrerie, peinture-plâtrerie, ravalement, imperméabilisation, calfeutrement, peinture décorative, les entreprises d'étanchéité de façades, les entreprises de peinture anticorrosion sur ossatures métalliques pour les ouvrages de bâtiment, sont visées en totalité.

Sont également visées les entreprises effectuant des travaux d'entretien sur équipements industriels et les entreprises ou établissements effectuant des travaux neufs et d'entretien de peinture de ces équipements et qui, au 31 décembre 1995, appliquaient les accords et conventions collectifs du bâtiment.

45-4 L Agencement de lieux de vente

Les entreprises générales de bâtiment, les entreprises d'agencement de tous types et notamment de lieux de vente sont visées en totalité.

Toutefois, les entreprises de fabrication et d'installations associées de locaux professionnels à base métallique sont soumises à la clause d'attribution (1).

45-4 M Travaux de finition n.c.a.

Les entreprises générales de bâtiment, les entreprises de nettoyage des façades à la vapeur et au sable, les entreprises effectuant des travaux de finition compris dans cette classe sont visées en totalité.

63-1 E Entreposage non frigorifique

Dans cette classe, est visé tout établissement appartenant à une entreprise visée par le présent champ d'application et assurant l'exploitation des installations d'entreposage non frigorifique ou de lieux de stockage de ces entreprises.

74-1 J Administration des entreprises

Dans cette classe, sont visés ;

- les sièges sociaux et autres établissements chargés de l'administration des entreprises visées par le présent champ d'application ;

- les groupements d'employeurs et les GIE composés en majorité d'entreprises visées par le présent champ d'application ;

- les sociétés détenant des participations dans les entreprises visées par le présent champ d'application, pour un montant supérieur à la moitié de la valeur de leur portefeuille, tels qu'ils figurent au poste " immobilisations " du bilan arrêté à la fin du dernier exercice clos (sociétés mères et holdings).

74-2 C Ingénierie, études techniques

Dans cette classe, sont visés les agences, bureaux ou établissements appartenant, sans être filialisés, à une entreprise visée par le présent champ d'application et ayant des activités d'études techniques spécialisées pour l'industrie, des activités d'ingénierie ou d'études techniques concernant les ouvrages de génie civil ou de bâtiment et les infrastructures, d'études techniques spécialisées pour la construction ou d'organisation ou de pilotage des chantiers.

74-7 Z Activités de nettoyage

Dans cette classe, les entreprises de ramonage et de nettoyage de gaines sont visées en totalité.

74-8 J Organisation de foires et salons

Dans cette classe, les entreprises de construction et d'installation de stands pour les foires d'exposition sont visées en totalité.

74-8 K Services annexes à la production

Dans cette classe, les entreprises de fabrication de maquettes-volume et de plans en relief sont visées en totalité.

(1) Clause d'attribution : Les activités économiques pour lesquelles a été prévue la présente clause d'attribution seront soumises aux règles suivantes : 1. La présente convention collective nationale sera appliquée lorsque le personnel concourant à la pose - y compris le personnel des bureaux d'études, les techniciens, la maîtrise ... (le personnel administratif et le personnel dont l'activité est mal délimitée restant en dehors du calcul) - représente au moins 80 % de l'activité de l'entreprise caractérisée par les effectifs respectifs. 2. Lorsque le personnel concourant à la pose au sens ci-dessus se situe entre 20 et 80 %, les entreprises peuvent opter entre l'application de la présente convention collective nationale et l'application de la convention collective correspondant à leurs autres activités, par voie d'accord négocié avec leurs délégués syndicaux ou, à défaut de délégués syndicaux, par voie d'accord avec leurs représentants du personnel. Cette option sera portée à la connaissance du personnel

dans un délai de trois mois à compter soit de la publication de l'arrêté portant extension de la présente convention collective nationale, soit, pour les entreprises créées postérieurement, de la date de leur création. 3. Lorsque le personnel coucourant à la pose, au sens ci-dessus, représente moins de 20 %, la présente convention collective nationale n'est pas applicable. Toutefois, les entreprises visées aux paragraphes 1 et 3 ci-dessus pourront continuer d'appliquer la convention collective qu'elles appliquaient à la date de publication de l'arrêté portant extension de la présente convention collective nationale. (2) Cas des entreprises mixtes bâtiment - travaux publics : Pour l'application de la présente convention collective nationale, est considérée comme entreprise mixte bâtiment et travaux publics celle dont les activités sont partagées entre, d'une part, une ou plusieurs activités bâtiment, telles qu'elles sont énumérées dans le présent champ d'application et, d'autre part, une ou plusieurs activités travaux publics telles qu'elles sont visées par la nomenclature d'activités issue du décret n° 92-1129 du 2 octobre 1992. 1. La présente convention collective nationale sera appliquée par les entreprises mixtes bâtiment et travaux publics lorsque le personnel effectuant des travaux correspondant à une ou plusieurs activites bâtiment, telles qu'elles sont énumérées dans le présent champ d'application, représente au moins 60 % de l'ensemble du personnel de l'entreprise. 2. Lorsque le personnel effectuant des travaux correspondant à une ou plusieurs activites bâtiment se situe entre 40 et 60 % de l'ensemble du personnel, les entreprises mixtes bâtiment et travaux publics peuvent opter, par voie d'accord négocié avec leurs délégués syndicaux ou, à défaut de délégués syndicaux, par voie d'accord avec leurs représentants du personnel, entre l'application de la présente convention collective et l'application de la convention collective des travaux publics.

Entrée en vigueur.

Article 2
En vigueur non étendu

Le présent accord collectif national entrera en vigueur le premier jour du mois civil suivant la publication de l'arrêté ministériel portant son extension, en application des articles L. 133-8 et suivants du code du travail.

A compter de la date d'entrée en vigueur prévue au premier alinéa du présent article, les dispositions de l'article 1er du présent accord collectif national pourront être retenues comme champ d'application professionnel par tout accord collectif national du bâtiment postérieur.

A compter de la date d'entrée en vigueur prévue au premier alinéa du présent article, les dispositions de l'article 1er du présent accord collectif national s'appliqueront également pour l'application des conventions et accords collectifs nationaux en vigueur dans le bâtiment pour leur champ d'application professionnel, sans préjudicier aux délimitations particulières de tel ou tel d'entre eux.

Champ d'application territorial.

Article 3
En vigueur non étendu

A compter de la date d'entrée en vigueur prévue au premier alinéa de l'article 2 ci-dessus, le présent accord national s'appliquera en France métropolitaine, à l'exclusion des DOM-TOM.

Adhésion.

Article 4
En vigueur non étendu

Toute organisation syndicale non signataire du présent accord pourra y adhérer conformément à l'article L. 132-9 du code du travail.

Dispositions finales.

Article 5
En vigueur non étendu

Les organisations signataires du présent accord collectif national s'emploieront à obtenir l'extension de ses dispositions conformément à la législation en la matière.

Le présent accord sera déposé à la direction départementale du travail, de l'emploi et de la formation professionnelle de Paris et au secrétariat-greffe du conseil de prud'hommes de Paris, conformément à l'article L. 132-10 du code du travail.

Accord régional du 3 mai 2007 relatif à l'indemnité spécifique liée à l'exercice de la fonction de maître d'apprentissage confirmé (Bretagne)

Texte de base

Salaires (Bretagne)

Fédération régionale du bâtiment de Bretagne ;

Uunion régionale CAPEB Bretagne ;

Fédération des SCOP BTP Ouest,

Union régionale construction bois CFDT Bretagne ;

Union régionale CGT construction Bretagne ;

Union régionale CFTC bâtiment Bretagne ;

CFE-CGC BTP Bretagne.

En vigueur étendu

Vu l'article 3 de l'accord du 13 juillet 2004 relatif à « la formation, la certification, la charte et l'indemnisation » des maîtres d'apprentissage dans le BTP, selon lequel l'exercice de la fonction de maître d'apprentissage ouvre droit :
- soit au versement d'une indemnité spécifique pendant la durée du contrat d'apprentissage de l'apprenti concerné ;
- soit à l'accès au statut spécifique de maître d'apprentissage qui a pu être mis en place dans l'entreprise,
les organisations représentatives d'employeurs et de salariés se sont réunies le 1er février 2007 et ont convenu des mesures suivantes pour les maîtres d'apprentissage salariés titulaires du titre de maître d'apprentissage confirmé.

Article 1
En vigueur étendu

Les salariés du bâtiment concernés bénéficient du versement d'une indemnité pendant la durée de l'apprentissage.

Article 2
En vigueur étendu

Le montant de cette indemnité est fixé à 480 € par apprenti, dans la limite de 3 apprentis, pour un contrat d'apprentissage de 2 ans. (1)

(1) article étendu sous réserve de l'application des dispositions des articles R. 6223-6 et R. 6223-7 du code du travail.

(Arrêté du 24 septembre 2008, art. 1er)

Article 3

En vigueur étendu

Les modalités de versement de cette indemnité sont déterminées pour chaque année de la manière suivante :

Modalités de versement de l'indemnité pour un contrat de 2 ans

(En euros.)

6 MOIS APRÈS le début du contrat	**30 JUIN - mi-parcours**	**31 DÉCEMBRE de la 2e année**	**FIN DE CONTRAT**
120	120	120	120

Pour les contrats d'apprentissage d'une durée autre ou en cas de rupture anticipée du contrat d'apprentissage, le montant versé au maître d'apprentissage confirmé sera effectué pro rata temporis de la durée du contrat effectué par l'apprenti.

Article 4

En vigueur étendu

Cet accord est applicable pour les contrats d'apprentissage signés à compter du 1er juillet 2007. (1)

(1) article étendu sous réserve de l'application des dispositions de l'article 3, premier alinéa, de l'accord national du 13 juillet 2004, aux termes desquelles l'exercice de la fonction de maître d'apprentissage ouvre droit au versement d'une indemnité spécifique pendant la durée du contrat d'apprentissage indépendamment de la date de signature dudit contrat.

(Arrêté du 24 septembre 2008, art. 1er)

Article 5

En vigueur étendu

Les parties signataires demandent l'extension du présent accord au ministère du travail, des relations sociales et de la solidarité.

Accord relatif à la couverture sociale des salariés du BTP bénéficiaires de l'allocation de cessation anticipée d'activité prévue à l'article 41 de la loi de financement de la sécurité sociale pour 1999

Texte de base

Accord du 4 juillet 2000

Confédération de l'artisanat et des petites entreprises du bâtiment (CAPEB) ;
Fédération française du bâtiment (FFB) ;
Fédération française de l'équipement électrique (FFEE) ;
Fédération nationale des travaux publics (FNTP) ;
Fédération nationale des sociétés coopératives de production du bâtiment et des travaux publics et des activités annexes et connexes (FNSCOP).

Syndicats de salariés signataires :
Fédération nationale des salariés de la construction et du bois CFDT ;
Fédération Bâti-Mat-TP CFTC ;
Syndicat national des cadres, techniciens, agents de maîtrise et assimilés des industries du bâtiment et des travaux publics (SNCT-BTP) CGC ;
Fédération nationale des travailleurs de la construction CGT ;
Fédération générale Force ouvrière du bâtiment et des travaux publics et ses activités annexes CGT-FO.

Préambule

En vigueur non étendu

L'article 41 de la loi de financement de la sécurité sociale pour 1999, complété par le décret n° 99-247 et deux arrêtés du 29 mars 1999 ainsi que par l'article 36 de la loi de financement de la sécurité sociale pour 2000, a institué un dispositif de préretraite pour les salariés ayant contracté une maladie professionnelle liée à l'amiante ou ayant eu une activité les mettant en contact avec elle.

Afin d'améliorer les conditions de départ des salariés cessant leur activité dans le cadre de ce dispositif, les parties signataires décident :

Indemnité de départ des ouvriers.

Article 1
En vigueur non étendu

L'ouvrier qui, après avoir obtenu de la caisse régionale d'assurance maladie une notification de prise en charge au titre des dispositions visées ci-dessus, donne sa démission peut bénéficier au moment de sa cessation d'activité, par dérogation au régime fixé par le protocole d'accord paritaire du 19 juin 1995 (relatif à l'indemnité de départ en retraite des ouvriers du BTP), du versement de l'indemnité de départ en retraite servie par la CNPO, calculée sur la base de l'ancienneté acquise au moment de la rupture du contrat de travail.

Le montant de cette indemnité est soit celui qui résulte du 2 de l'article 21 " Indemnité de départ à la retraite " du règlement de prévoyance de la CNPO, soit, s'il est supérieur, celui de l'indemnité de départ en retraite prévue au 6 de l'article 1er de l'accord national interprofessionnel du 10 décembre 1977 (annexé à l'article 1er de la loi n° 78-49 du 19 janvier 1978).

Frais médicaux.

Article 2
En vigueur non étendu

Les salariés bénéficiaires du dispositif peuvent adhérer, à titre dérogatoire, aux régimes individuels de frais médicaux proposés aux retraités par les caisses de prévoyance de PRO-BTP.

Garanties en cas de décès.

Article 3
En vigueur non étendu

En cas de décès de l'ancien salarié pendant la période de cessation d'activité, il est assuré à son conjoint, jusqu'à ce qu'il atteigne l'âge lui permettant de bénéficier de la pension de reversion, le cas échéant :

- pour les ouvriers : une rente au conjoint survivant et une rente éducation. Le montant de ces rentes est celui qui est prévu aux articles 17 et 18 du règlement du régime de prévoyance obligatoire des ouvriers du BTP ;

- pour les ETAM : une rente d'éducation dans les conditions prévues à l'article 13 du règlement de prévoyance obligatoire des ETAM du BTP ;

- pour les IAC : une rente d'éducation dans les conditions prévues par le contrat RO' + T' proposé par la CNPBTPIC.

A titre dérogatoire, les garanties décès prévues au présent article sont accordées aux intéressés sans contrepartie de cotisations. Le conseil d'administration de chaque caisse de prévoyance concernée décidera des modalités de compensation des cotisations correspondantes.

Dispositions finales.

Article 4
En vigueur non étendu

Le présent accord est applicable aux salariés bénéficiaires des dispositions légales mentionnées au préambule, affiliés, lors de leur cessation d'activité, à la CNPO, CBTP ou CNPBTPIC, et dont cette cessation d'activité intervient entre le 1er avril 1999 et le 1er janvier 2002.

Les parties signataires conviennent d'examiner, avant cette dernière date, l'opportunité de reconduire, à l'identique ou avec des modifications, le présent accord, qui, à défaut d'être reconduit, cessera de plein droit de produire ses effets à compter du 1er janvier 2002.

Le texte du présent accord sera déposé à la direction départementale du travail, de l'emploi et de la formation professionnelle.

Couverture sociale des salariés du BTP bénéficiant de la cessation anticipée d'activité (amiante) Accord du 20 juin 2002

Organisations patronales signataires :
Confédération de l'artisanat et des petites entreprises du bâtiment (CAPEB) ;
Fédération française des installateurs électriciens (FFIE) ;
Fédération nationale des sociétés coopératives de production du bâtiment et des travaux publics et des activités annexes et connexes (FNSCOP) ;
Fédération française du bâtiment (FFB) ;
Fédération nationale des travaux publics (FNTP).

Syndicats de salariés signataires :
Fédération BATIMAT-TP CFTC ;
Fédération nationale des travailleurs de la construction CGT ;
Fédération nationale de la construction et du Bois CFDT ;
Syndicat national des cadres, techniciens, agents de maîtrise et assimilés des industries du bâtiment et des travaux publics (SNCT-BTP) CGC ;
Fédération générale Force ouvrière du bâtiment et des travaux publics et des activités connexes CGT-FO.

Préambule

En vigueur non étendu

L'article 41 de la loi de financement de la sécurité sociale pour 1999, complété par le décret n° 99-247 et deux arrêtés du 29 mars 1999 ainsi que par l'article 36 de la loi de financement de la sécurité sociale pour 2000, a institué un dispositif de préretraite pour les salariés ayant contracté une maladie professionnelle liée à l'amiante ou ayant eu une activité les mettant en contact avec elle.

Afin d'améliorer les conditions de départ des salariés cessant leur activité dans le cadre de ce dispositif, les parties signataires décident les dispositions suivantes qui font suite à l'accord du 4 juillet 2000 :

Indemnité de départ des ouvriers.

Article 1
En vigueur non étendu

L'ouvrier qui, après avoir obtenu de la caisse régionale d'assurance maladie une notification de prise en charge au titre des dispositions visées ci-dessus, donne sa démission peut bénéficier au moment de sa cessation d'activité, par dérogation au régime fixé par le protocole d'accord paritaire du 19 juin 1995 (relatif à l'indemnité de départ en retraite des ouvriers du BTP), du versement de l'indemnité de départ en retraite prévue par le régime de prévoyance des ouvriers de BTP-Prévoyance, calculée sur la base de l'ancienneté acquise au moment de la rupture du contrat de travail.

Le montant de cette indemnité est soit celui qui résulte du 2 de l'article 21 " Indemnité de départ à la retraite " prévue au 6 de l'article 1er de l'accord national interprofessionnel du 10 décembre 1977 (annexé à l'article 1er de la loi n° 78-49 du 19 janvier 1978).

Frais médicaux.

Article 2
En vigueur non étendu

Les salariés bénéficiaires du dispositif peuvent adhérer, à titre dérogatoire, aux régimes individuels de frais médicaux proposés aux retraités par BTP-Prévoyance.

Garanties en cas de décès.

Article 3
En vigueur non étendu

En cas de décès de l'ancien salarié pendant la période de cessation d'activité, il est assuré à son conjoint, jusqu'à ce qu'il atteigne l'âge lui permettant de bénéficier de la pension de reversion, le cas échéant :

- pour les ouvriers : une rente au conjoint survivant et une rente éducation. Le montant de ces rentes est celui qui est prévu aux articles 17 et 18 du règlement du régime de prévoyance obligatoire des ouvriers du BTP ;

- pour les ETAM : une rente d'éducation dans les conditions prévues à l'article 13 du règlement de prévoyance obligatoire des ETAM du BTP ;

- pour les IAC : une rente d'éducation dans les conditions prévues par le contrat Ro' + T' proposé par BTP-Prévoyance.

A titre dérogatoire, les garanties décès prévues au présent article sont accordées aux intéressés sans contrepartie de cotisations. Le conseil d'administration de BTP-Prévoyance décidera des modalités de compensation des cotisations correspondantes.

Dispositions finales.

Article 4
En vigueur non étendu

Le présent accord est applicable aux salariés bénéficiaires des dispositions légales mentionnées au préambule, affiliés, lors de leur cessation d'activité, à BTP-Prévoyance, et dont cette cessation d'activité intervient entre le 1er janvier 2002 et le 30 juin 2004.

Les parties signataires conviennent d'examiner, avant cette dernière date, l'opportunité de reconduire, à l'identique ou avec des modifications, le présent accord qui, à défaut d'être reconduit, cessera de plein droit de produire ses effets à compter du 1er juillet 2004.

Le texte du présent accord sera déposé à la direction départementale du travail, de l'emploi et de la formation professionnelle.

Fait à Paris, le 20 juin 2002.

Conditions de départ des salariés Avenant du 30 juin 2004

Organisations patronales signataires :
Confédération de l'artisanat et des petites entreprises du bâtiment (CAPEB) ;
Fédération française des installateurs électriciens (FFIE) ;
Fédération nationale des sociétés coopératives de production du bâtiment et des travaux publics et des activités annexes et connexes (FNSCOP) ;
Fédération française du bâtiment (FFB) ;
Fédération nationale des travaux publics (FNTP).

Syndicats de salariés signataires :
Fédération nationale des salariés de la construction CGT ;
Fédération BATIMAT-TP CFTC ;
Fédération nationale des salariés de la construction et du bois CFDT ;
Syndicat national des cadres, techniciens, agents de maîtrise et assimilés des industries du bâtiment et des travaux publics CFE-CGC BTP ;
Fédération générale Force ouvrière du bâtiment et des travaux publics et des activités connexes CGT-FO.

Préambule

En vigueur non étendu

L'article 41 de la loi de financement de la sécurité sociale pour 1999, complété par le décret n° 99-247 et deux arrêtés du 29 mars 1999 ainsi que par l'article 36 de la loi de financement de la sécurité sociale pour 2000, a institué un dispositif de préretraite pour les salariés ayant contracté une maladie professionnelle liée à l'amiante ou ayant eu une activité les mettant en contact avec elle.

Afin d'améliorer les conditions de départ des salariés cessant leur activité dans le cadre de ce dispositif, les parties signataires décident les dispositions suivantes qui font suite à l'accord du 4 juillet 2000 et 20 juin 2002 :

Indemnité de départ des ouvriers.

Article 1
En vigueur non étendu

L'ouvrier qui, après avoir obtenu de la caisse régionale d'assurance maladie une notification de prise en charge au titre des dispositions visées ci-dessus, donne sa démission peut bénéficier au moment de sa cessation d'activité, par dérogation au régime fixé par le protocole d'accord paritaire du 19 juin 1995 (relatif à l'indemnité de départ en retraite des ouvriers du BTP), du versement de l'indemnité de départ en retraite prévue par le régime de prévoyance des ouvriers de BTP-Prévoyance, calculée sur la base de l'ancienneté acquise au moment de la rupture du contrat de travail.

Le montant de cette indemnité est soit celui qui résulte du 2) de l'article 21 " Indemnité de départ à la retraite " du règlement de prévoyance des ouvriers du BTP, soit, s'il est supérieur, celui de l'indemnité de départ en retraite prévue au 6 de l'article 1er de l'accord national interprofessionnel du 10 décembre 1997 (annexé à l'article 1er de la loi 78-49 du 19 janvier 1978).

Frais médicaux.

Article 2
En vigueur non étendu

Les salariés bénéficiaires du dispositif peuvent adhérer, à titre dérogatoire, aux régimes individuels de frais médicaux proposés aux retraités par BTP-Prévoyance.

Garantie en cas de décès.

Article 3
En vigueur non étendu

En cas de décès de l'ancien salarié pendant la période de cessation d'activité, il est assuré à son conjoint, jusqu'à ce qu'il atteigne l'âge lui permettant de bénéficier de la pension de réversion, le cas échéant :

- pour les ouvriers : un capital décès, une rente au conjoint survivant et une rente d'éducation. Le montant de ces prestations est celui qui est prévu aux articles 16, 17 et 18 du règlement du régime de prévoyance obligatoire des ouvriers du BTP ;

- pour les ETAM : un capital décès et une rente d'éducation dans les conditions prévues aux articles 12 et 13 du règlement de prévoyance obligatoire des ETAM du BTP ;

- pour les IAC : un capital décès et une rente d'éducation dans les conditions prévues par le contrat RO' + T' proposé par BTP-Prévoyance.

A titre dérogatoire, les garanties décès prévues au présent article sont accordées aux intéressés sans contrepartie de cotisations. Le conseil d'administration de BTP-Prévoyance décidera des modalités de compensation des cotisations correspondantes.

Dispositions finales.

Article 4
En vigueur non étendu

Le présent accord est applicable aux salariés bénéficiaires des dispositions légales mentionnées au préambule, affiliés, lors de leur cessation d'activité, à BTP-Prévoyance, et dont cette cessation d'activité intervient entre le 1er juillet 2004 et le 30 juin 2006.

Les parties signataires conviennent d'examiner, avant cette dernière date, l'opportunité de reconduire, à l'identique ou avec des modifications, le présent accord qui, à défaut d'être reconduit, cessera de plein droit de produire ses effets à compter du 1er juillet 2006.

Le texte du présent accord sera déposé à la direction départementale du travail, de l'emploi et de la formation professionnelle.

Fait à Paris, le 30 juin 2004.

Avenant du 29 juin 2006 relatif à la couverture sociale des salariés du BTP bénéficiaires de l'allocation de cessation anticipée d'activité (1) Texte non étendu

La confédération de l'artisanat et des petites entreprises du bâtiment (CAPEB) ;

La fédération française du bâtiment (FFB) ;

La fédération française des installateurs électriciens (FFIE) ;

La fédération nationale des travaux publics (FNTP) ;

La fédération nationale des sociétés coopératives de production du bâtiment et des travaux publics (FNSCOP),

La fédération construction et bois CFDT ;

La fédération BATI-MAT-TP CFTC ;

Le syndicat national des cadres, employés, techniciens, agents de maîtrise et assimilés des industries du bâtiment, des travaux publics et des activités annexes et connexes CFE-CGC BTP ;

La fédération nationale des salariés de la construction CGT ;

La fédération générale bâtiment, travaux publics, bois, papier, carton, matériaux, céramique, thermique CGT-FO.

Préambule

En vigueur non étendu

L'article 41 de la loi de financement de la sécurité sociale pour 1999, complété par le décret n° 99-247 et deux arrêtés du 29 mars 1999 ainsi que par l'article 36 de la loi de financement de la sécurité sociale pour 2000, a institué un dispositif de préretraite pour les salariés ayant contracté une maladie professionnelle liée à l'amiante ou ayant eu une activité les mettant en contact avec elle.

Afin d'améliorer les conditions de départ des salariés cessant leur activité dans le cadre de ce dispositif, les parties signataires décident les dispositions suivantes qui font suite aux accords du 4 juillet 2000, du 20 juin 2002 et du 30 juin 2004.

Indemnité de départ des ouvriers

Article 1

En vigueur non étendu

L'ouvrier qui, après avoir obtenu de la caisse régionale d'assurance maladie une notification de prise en charge au titre des dispositions visées ci-dessus, donne sa démission peut bénéficier au moment de sa cessation d'activité, par dérogation au régime fixé par le protocole d'accord paritaire du 19 juin 1995 (relatif à l'indemnité de départ en retraite des ouvriers du BTP), du versement de l'indemnité de départ en retraite prévue par le régime de prévoyance des ouvriers de BTP-Prévoyance, calculée sur la base de l'ancienneté acquise au moment de la rupture du contrat de travail.

Le montant de cette indemnité est soit celui qui résulte du 21.2 de l'article 21 " Indemnité de départ à la retraite " du règlement de prévoyance des ouvriers du BTP, soit, s'il est supérieur, celui de l'indemnité de départ en retraite prévue au 6 de l'article 1er de l'accord national interprofessionnel du 10 décembre 1977 (annexé à l'article 1er de la loi n° 78-49 du 19 janvier 1978).

Frais médicaux

Article 2

En vigueur non étendu

Les salariés bénéficiaires du dispositif peuvent adhérer, à titre dérogatoire, aux régimes individuels de frais médicaux proposés aux retraités par BTP-Prévoyance.

Garantie en cas de décès

Article 3

En vigueur non étendu

En cas de décès de l'ancien salarié pendant la période de cessation d'activité, il est assuré à son conjoint, jusqu'à ce qu'il atteigne l'âge lui permettant de bénéficier de la pension de réversion, le cas échéant :

- pour les ouvriers : un capital-décès, une rente au conjoint survivant et une rente d'éducation. Le montant de ces prestations est celui qui est prévu aux articles 16, 17 et 18 du règlement du régime de prévoyance obligatoire des ouvriers du BTP ;

- pour les ETAM : un capital-décès et une rente d'éducation dans les conditions prévues aux articles 13 et 14 du règlement de prévoyance obligatoire des ETAM du BTP ;

- pour les IAC : un capital-décès et une rente d'éducation dans les conditions prévues par le contrat RO' + T' proposé par BTP-Prévoyance.

A titre dérogatoire, les garanties décès prévues au présent article sont accordées aux intéressés sans contrepartie de cotisations. Le conseil d'administration de BTP-Prévoyance décidera des modalités de compensation des cotisations correspondantes.

Dispositions finales

Article 4

En vigueur non étendu

Le présent accord est applicable aux salariés bénéficiaires des dispositions légales mentionnées au préambule, affiliés, lors de leur cessation d'activité, à BTP-Prévoyance, et dont cette cessation d'activité intervient entre le 1er juillet 2006 et le 30 juin 2008.

Les parties signataires conviennent d'examiner, avant cette dernière date, l'opportunité de reconduire, à l'identique ou avec des modifications, le présent accord qui, à défaut d'être reconduit, cessera de plein droit de produire ses effets à compter du 1er juillet 2008.

Le texte du présent accord sera déposé à la direction départementale du travail, de l'emploi et de la formation professionnelle.

Accord relatif à la participation des entreprises du bâtiment au financement des organismes paritaires. En vigueur le 1er juillet 1973. Etendu par arrêté du 8 février 1991 JORF 12 février 1991.

Texte de base

ACCORD du 13 juin 1973

Confédération de l'artisanat et des petites entreprises du bâtiment et des branches professionnelles annexes (C.A.P.E.B.) ;
Fédération nationale du bâtiment (F.N.B) ;
Fédération nationale des sociétés coopératives ouvrières de production du bâtiment, des travaux publics et des activités annexes (F.N.S.C.O.P.) ;
Fédération nationale des travaux publics (F.N.T.P.) ;

Syndicats de salariés signataires :
Fédération Force ouvrière bâtiment, travaux publics et industries annexes F.O. ;
Fédération française des syndicats chrétiens des industries du bâtiment et des travaux publics C.F.T.C. ;
Fédération nationale des salariés de la construction et du bois C.F.D.T. ;
Fédération nationale des travailleurs du bâtiment, des travaux publics et des matériaux de construction C.G.T. ;
Syndicat national des cadres, techniciens, agents de maîtrise et assimilés des industries du bâtiment et des travaux publics C.G.C.

En vigueur étendu

Modifié par Avenant n° 2 du 28 janvier 1981 étendu par arrêté du 8 février 1991 JORF 12 février 1991.

Les organisations d'employeurs et de salariés soussignées sont d'accord pour que les organismes paritaires suivants : C.N.P.B.T.P. ; C.B.T.P. ; C.N.R.O. ; C.N.P.O. ; Gestion B.T.P. ; C.C.C.A. ; O.P.P.B.T.P. ; G.F.C.B.T.P. contribuent financièrement à une partie des frais de préparation et d'études résultant pour elles de leur participation à la gestion de ces organismes.

Chaque organisation percevra annuellement une somme forfaitaire et globale de 200 000 F.

La charge totale, soit 1 800 000 F, sera répartie entre les organismes en fonction de la part de chacun dans la masse totale des salaires (charges sociales exclues) versés à leur personnel au cours de l'exercice 1972.

Dans le courant du mois de mars, Gestion B.T.P. effectuera le calcul des sommes dues et à percevoir et en informera les organismes et organisations intéressés. A la fin du même mois, chaque organismes versera directement à chaque organisation sa part contributive.

La somme revenant à chaque organisation variera chaque année dans la même proportion que l'indice du coût de la construction mesuré par l'I.N.S.E.E. au cours du troisième trimestre de l'année précédente.

La répartition de la charge totale entre les organismes sera simultanément revue chaque année à la diligence de Gestion B.T.P. en fonction de la part de chacun d'eux dans la masse totale des salaires (charges sociales exclues) versés à leur personnel au cours de l'exercice écoulé.

Chaque organisation d'employeurs ou de salariés percevra, pour l'assistance effective de chacun de ses représentants aux réunions des conseils, commissions ou comités statutaires des organismes paritaires, une vacation forfaitaire de 230 F par jour au maximum. Cette vacation se substituera à celle actuellement en vigueur et sera versée par les organismes paritaires aux organisations nationales dont relèvent les administrateurs intéressés. Elle variera tous les ans dans la même proportion que l'indice du coût de la construction mesuré par l'I.N.S.E.E. (indice du troisième trimestre) ; ainsi la première réévaluation interviendra au début de l'année 1982 à partir de la comparaison des indices du troisième trimestre 1980 et du troisième trimestre 1981. La réévaluation sera applicable dès la publication officielle de l'indice susvisé (1).

Les pertes réelles de salaire et les frais de déplacement réellement exposés seront en outre remboursés aux intéressés selon des modalités qui devront être harmonisées ; à cet effet, les directeurs des organismes se concerteront entre eux pour faire des propositions aux organisations signataires.

Les organisations soussignées s'engagent à donner mandat à leurs représentants aux conseils d'administration des organismes précités pour que chacun d'eux prenne les mesures nécessaires à l'application effective et conforme des présentes dispositions qui entreront en vigueur le 1er juillet 1973.

Le premier versement aux organisations sera effectué en octobre 1973. Il s'élèvera exceptionnellement à 100 000 F par organisation.

(1) Article 6 de l'avenant n° 2 du 28 janvier 1981 : Les signataires conviennent de suspendre l'application de la clause de réévaluation dès que l'activité de la profession aura chuté de 10 p. 100. Cette activité sera calculée à partir des indices I.N.S.E.E. d'activité " bâtiment " et " travaux publics ". l'indice " bâtiment tout corps d'état " étant retenu pour trois quarts de sa valeur et l'indice " travaux publics " pour un quart. Les indices de référence retenus sont la moyenne des indices des douze derniers mois actuellement connus, soit octobre 1979 à septembre 1980 inclus, c'est-à-dire pour le bâtiment 67,27 et pour les travaux publics 79,46. Dans cette éventualité, le présent avenant continuera de s'appliquer pour l'année en cours à charge pour les signataires de se rencontrer afin de déterminer de nouvelles dispositions quant à l'application du protocole d'accord pour l'année suivante.

Annexe, frais de déplacement, perte de salaire. ACCORD du 13 juin 1973

Frais de déplacement, découcher et repas

Compensation de perte de salaire ou d'activité.

En vigueur étendu

Modifié par Avenant n° 2 du 28 janvier 1981 étendu par arrêté du 8 février 1991 JORF 12 février 1991.

FRAIS DE DEPLACEMENT, DECOUCHER ET REPAS. 1° Déplacement :

- pour les transports collectifs, y compris éventuellement le wagon-restaurant : régime des frais réels justifiés par l'intéressé ;

- pour l'utilisation d'une voiture personnelle :

- indemnité kilométrique égale au prix de revient indiqué chaque année, pour l'année précédente, par l'administration fiscale pour une voiture à Paris d'une puissance de 7 CV, parcourant annuellement 10 000 kilomètres et revendue après cinq ans, soit pour 1974 : 0,51 F (prix de revient 1973).

2° Découcher : régime forfaitaire :

- 70 F pour une nuit d'hôtel à Paris ou dans une métropole régionale ;

- 40 F dans une autre ville.

Ces valeurs forfaitaires varieront en fonction de l'évolution de l'indice d'ensemble des prix de nuitées dans les hôtels publié annuellement par l'I.N.S.E.E., la base étant celui de 1972 (113,7).

3° Repas :

Régime forfaitaire de 30 F par repas (pour un repas pris au wagon-restaurant, voir ci-dessus paragraphe 1).

Ce forfait variera également en fonction de l'évolution de l'indice d'ensemble des prix des repas dans les restaurants publié annuellement par l'I.N.S.E.E., la base étant celui de 1972 (115,7).

COMPENSATION DE PERTE DE SALAIRE OU D'ACTIVITE. 1° Salariés d'entreprises représentant une organisation syndicale de salariés :

- maintien des salaires par les entreprises ;

- remboursement par les organismes paritaires, à la demande des entreprises, des salaires et charges sur salaires correspondant aux absences entraînées par les réunions statutaires.

2° Tous autres administrateurs en activité :

- pour la participation à une réunion statutaire d'une durée inférieure ou égale à la demi-journée : 100 F ;

- pour la participation à une réunion statutaire d'une durée supérieure à la demi-journée et inférieure ou égale à la journée : 150 F.

Ces sommes seront versées par les organismes paritaires aux organisations nationales d'employeurs ou de salariés dont relèvent les administrateurs intéressés.

(1) Article 5 de l'avenant n° 2 du 28 janvier 1981 : En application des dispositions du protocole d'accord du 13 juin 1973 sur l'harmonisation des indemnités à verser, par les organismes paritaires visés, à leurs administrateurs et membres de leurs commissions ou comités statutaires pour l'assistance aux réunions, les organisations d'employeurs et de salariés soussignées ont établi les règles figurant au document ci-annexé. Ces règles s'imposent de la même manière que les dispositions du protocole d'accord du 13 juin 1973 dont elles font désormais partie intégrante.

Accord relatif au financement de la formation

Texte de base

Accord du 25 mai 2004

La confédération de l'artisanat et des petites entreprises du bâtiment (CAPEB) ;
La fédération française du bâtiment (FFB) ;
La fédération nationale des sociétés coopératives de production (FNSCOP) ;
La fédération nationale des travaux publics (FNTP),

Syndicats de salariés signataires :
La fédération nationale des salariés de la construction et du bois CFDT ;
La fédération BATI-MAT TP CFTC ;
La fédération nationale des salariés de la construction CGT ;
La fédération générale Force ouvrière du bâtiment et des travaux publics et des activités annexes CGT-FO ;
Le syndicat national CFE-CGC BTP,

En vigueur étendu

Vu l'article 1609 quinvicies du code général des impôts ;

Vu l'accord national interprofessionnel du 5 décembre 2003 relatif à l'accès des salariés à la formation tout au long de la vie ;

Vu la loi n° 2004-391 du 4 mai 2004 relative à la formation professionnelle tout au long de la vie et au dialogue social et en particulier l'article L. 983-4 nouveau du code du travail ;

Considérant :

- la nécessité de tenir compte des besoins présents et futurs des branches professionnelles du bâtiment et des travaux publics en matière de recrutement, de qualification et d'insertion des jeunes dans les métiers qu'elles développent ;

- la volonté des branches professionnelles du bâtiment et des travaux publics de conforter et de développer leur dispositif de formation initiale et notamment l'apprentissage ;

- l'importance du maintien des financements des centres de formation d'apprentis gérés par des organismes conventionnés avec le CCCA-BTP, il a été convenu ce qui suit :

Article 1

En vigueur étendu

Modifié par Avenant n° 1 du 20 décembre 2005 art. 1 en vigueur le 1er janvier 2005 BO conventions collectives 2006-11 étendu par arrêté du 3 janvier 2007 JORF 12 janvier 2007.

Afin de maintenir le niveau de financement de l'apprentissage en conséquence du taux de la taxe instaurée par l'article L. 951-10-1 du code du travail, les organisations d'employeurs et de salariés signataires du présent accord décident :

Conformément à l'article L. 983-4 du code du travail et à l'article 9.2 de l'accord national interprofessionnel du 5 décembre 2003, le présent article organise les conditions de prise en charge par l'OPCA bâtiment et l'OPCA travaux publics, des dépenses de fonctionnement des centres de formation d'apprentis.

A compter du 1er janvier 2005, les branches professionnelles du bâtiment et des travaux publics décident d'affecter au financement de l'apprentissage et en particulier aux dépenses de fonctionnement des centres de formation d'apprentis conventionnés avec le CCCA-BTP, une part égale à 28 % de la contribution obligatoire de 0,5 % due par les entreprises du bâtiment et des travaux publics employant au moins 10 salariés au titre du financement des contrats et périodes de professionnalisation et des priorités de branche, telle qu'elle aurait été perçue sans l'incidence de l'ordonnance n° 2005-895 du 2 août 2005.

Les fonds ainsi collectés par l'OPCA bâtiment et l'OPCA travaux publics sont reversés au CCCA-BTP chargé, par les parties signataires, de leur gestion et de leur affectation en fonction des besoins identifiés et exprimés par les centres de formation d'apprentis gérés par des organismes conventionnés avec lui, dont la liste est reproduite en annexe, au présent accord. Cette liste est susceptible d'être modifiée par avenant.

Article 2
En vigueur étendu

Les organisations signataires du présent accord mandatent leurs représentants à l'OPCA bâtiment et à l'OPCA-TP afin d'organiser les versements et les contributions par 1/12 en tenant compte des impératifs de trésorerie des organismes et des dates d'appel des cotisations des entreprises.

Elles mandatent leurs représentants au CCCA-BTP pour que le comité de cet organisme maintienne le niveau des subventions aux écoles de la profession dans le respect des grands équilibres financiers.

Article 3
En vigueur étendu

Les organisations d'employeurs et de salariés signataires du présent accord conviennent d'examiner les conséquences de son application tant au niveau de l'apprentissage que de la formation continue dans le cadre des commissions paritaires nationales de l'emploi conjointes du bâtiment et des travaux publics.

En cas de modification de la législation ou de la réglementation relative au financement de l'apprentissage ou de la formation continue, elles conviennent de se réunir sans délai pour préserver le financement de l'apprentissage.

Article 4
En vigueur étendu

Le présent accord est applicable à toutes les entreprises du bâtiment et des travaux publics de 10 salariés et plus relevant du champ d'application défini en annexe II.

Article 5
En vigueur étendu

Le présent accord prend effet à compter du 1er janvier 2004 et est conclu pour une durée indéterminée.

Il peut être dénoncé par l'une ou l'autre des parties signataires sous réserve du respect d'un préavis de 6 mois et selon les conditions exposées à l'article L. 132-8 du code du travail.

Article 6
En vigueur étendu

Les parties signataires demandent l'extension dans toutes ses dispositions du présent accord qui fera l'objet des formalités de dépôt prévues à l'article L. 132-10 du code du travail

Fait à Paris, le 25 mai 2004.

Textes Attachés

Modification de l'article 1er des accords du 24 et du 25 mai 2004 Avenant n° 1 du 20 décembre 2005

Organisations patronales signataires :
Confédération de l'artisanat et des petites entreprises du bâtiment (CAPEB) ;
Fédération française du bâtiment (FFB) ;
Fédération nationale des sociétés coopératives de production (FNSCOP) ;
Fédération nationale des travaux publics (FNTP).

Syndicats de salariés signataires :
Fédération nationale des salariés de la construction et du bois CFDT ;
Fédération BATI-MAT-TP CFTC ;
Fédération nationale des salariés de la construction CGT ;
Fédération générale Force ouvrière du BTP et des activités annexes (CGT-FO) ;
Syndicat national CFE-CGC BTP.

En vigueur étendu

Vu l'article L. 951-10-1 du code du travail ;

Vu l'accord national interprofessionnel du 5 décembre 2003 relatif à l'accès des salariés à la formation tout au long de la vie ;

Vu la loi n° 2004-391 du 4 mai 2004 relative à la formation professionnelle tout au long de la vie et au dialogue social et en particulier l'article L. 983-4 nouveau du code du travail ;

Vu l'article 3, alinéa 2, de l'accord du 25 mai 2004 relatif au financement de la formation dans le bâtiment et les travaux publics ;

Vu l'ordonnance n° 2005-895 du 2 août 2005 relevant certains seuils de prélèvements obligatoires ;

Vu la décision paritaire du 29 septembre 2005 relative au financement de la formation continue dans le bâtiment et les travaux publics,

il est convenu ce qui suit :

Article 1
En vigueur étendu

L'alinéa 1er de l'article 1er de l'accord du 25 mai 2004 est modifié comme suit :

(voir cet article)

L'alinéa 3 de l'article 1er de l'accord du 24 mai 2004 est modifié comme suit :

(voir cet article)

Article 2
En vigueur non étendu

Le présent accord prend effet à compter du 1er janvier 2005 et est conclu pour une durée indéterminée.

Il peut être dénoncé par l'une ou l'autre des parties signataires sous réserve du respect d'un préavis de 6 mois et selon les conditions exposées à l'article L. 132-8 du code du travail.

Article 3
En vigueur étendu

Les parties signataires demandent l'extension du présent avenant qui fera l'objet des formalités de dépôt prévues à l'article L. 132-10 du code du travail.

Fait à Paris, le 20 décembre 2005.

Arrêté portant extension d'un accord national professionnel relatif au financement de la formation et de l'apprentissage conclu dans le secteur du bâtiment et des travaux publics. JORF 26 mars 2005.

Le ministre de l'emploi, du travail et de la cohésion sociale et le ministre de l'agriculture, de l'alimentation, de la pêche et de la ruralité,
Vu les articles L. 133-1 et suivants du code du travail ;
Vu l'accord national professionnel du 25 mai 2004 relatif au financement de la formation et de l'apprentissage conclu dans le secteur du bâtiment et des travaux publics ;
Vu la demande d'extension présentée par les organisations signataires ;
Vu les avis publiés au Journal officiel du 11 juillet 2004 et du 17 février 2005 ;
Vu les avis recueillis au cours de l'enquête ;
Vu l'avis motivé de la Commission nationale de la négociation collective (sous-commission des conventions et accords), rendu en séance du 7 février 2005,

Article 1, 2, 3
En vigueur

Article 1er

Sont rendues obligatoires, pour tous les employeurs et tous les salariés compris dans son champ d'application, les dispositions de l'accord national professionnel du 25 mai 2004 relatif au financement de la formation et de l'apprentissage conclu dans le secteur du bâtiment et des travaux publics.

Article 2

L'extension des effets et sanctions de l'accord susvisé est faite à dater de la publication du présent arrêté pour la durée restant à courir et aux conditions prévues par ledit accord.

Article 3

Le directeur des relations du travail au ministère de l'emploi, du travail et de la cohésion sociale et le directeur général de la forêt et des affaires rurales au ministère de l'agriculture, de l'alimentation, de la pêche et de la ruralité sont chargés, chacun en ce qui le concerne, de l'exécution du présent arrêté, qui sera publié au Journal officiel de la République française.
Le ministre de l'emploi, du travail
et de la cohésion sociale,

Nota. - Le texte de l'accord susvisé a été publié au Bulletin officiel du ministère, fascicule conventions collectives n° 2004/26.

Arrêté portant extension d'un avenant à un accord relatif à la formation tout au long de la vie conclu dans le secteur du bâtiment et des travaux publics JORF 12 janvier 2007.

Le ministre de l'emploi, de la cohésion sociale et du logement et le ministre de l'agriculture et de la pêche,
Vu le code du travail, notamment ses articles L. 133-1 et suivants ;
Vu l'arrêté du 14 mars 2005 portant extension de l'accord national professionnel du 25 mai 2004 relatif au financement de la formation et de l'apprentissage dans le secteur du bâtiment et des travaux publics ;
Vu l'avenant n° 1 du 20 décembre 2005 à l'accord national professionnel susvisé ;
Vu la demande d'extension présentée par les organisations signataires ;
Vu les avis publiés au Journal officiel des 27 juin et 7 décembre 2006 ;
Vu les avis recueillis au cours de l'enquête ;
Vu l'avis motivé de la Commission nationale de la négociation collective (sous-commission des conventions et accords), rendu en séance du 28 novembre 2006,

Article 1, 2, 3
En vigueur

Article 1er

Sont rendues obligatoires, pour tous les employeurs et tous les salariés compris dans le champ d'application de l'accord national professionnel du 25 mai 2004 relatif au financement de la formation et de l'apprentissage dans le secteur du bâtiment et des travaux publics, les dispositions de l'avenant n° 1 du 20 décembre 2005 à l'accord national professionnel susvisé.

Article 2

L'extension des effets et sanctions de l'avenant susvisé est faite à dater de la publication du présent arrêté pour la durée restant à courir et aux conditions prévues par ledit avenant.

Article 3

Le directeur général du travail au ministère de l'emploi, de la cohésion sociale et du logement et le directeur de la forêt et des affaires rurales au ministère de l'agriculture et de la pêche sont chargés, chacun en ce qui le concerne, de l'exécution du présent arrêté, qui sera publié au Journal officiel de la République française.

Nota. - Le texte de l'avenant susvisé a été publié au Bulletin officiel du ministère, fascicule conventions collectives n° 2005/16.

Avenant du 13 juillet 2004 relatif au maître d'apprentissage Etendu par arrêté du 3 mai 2005 JORF 13 mai 2005.

Texte de base

Maître d'apprentissage

La confédération de l'artisanat et des petites entreprises du b^atiment (CAPEB) ;

La fédération française du b^atiment (FFB) ;

La fédération nationale des sociétés coopératives de production (FNSCOP) ;

La fédération nationale des travaux publics (FNTP),

La fédération nationale des salariés de la construction et du bois CFDT ;

La fédération BATIMAT-TP CFTC ;

La fédération nationale des salariés de la construction CGT ;

La fédération générale Force ouvrière du BTP et ses activités annexes (CGT-FO) ;

Le syndicat national CFE-CGC BTP.

En vigueur étendu

Vu l'accord national du 16 juillet 2004 définissant les 6 axes de progrès du " Projet pour la formation initiale et l'apprentissage dans le BTP, l'engagement de la profession ",

il est convenu ce qui suit :

Préambule

De tradition et compte tenu de leurs particularités, les compétences des métiers du bâtiment et des travaux publics s'acquièrent notamment dans les actes réels de travail.

Ces métiers au niveau des ouvriers et des compagnons professionnels s'exercent presque exclusivement sur chantiers qui présentent autant d'ouvrages différents que de prototypes techniques.

La réussite d'un jeune en formation dépend pour beaucoup de la qualité de l'accueil et de l'accompagnement dont il bénéficiera en entreprise.

C'est dire que l'action du maître d'apprentissage dans la formation de l'apprenti sur chantiers ou à l'atelier est fondamentale.

Il en va de même pour les responsables de stages qui accueillent des lycéens et des étudiants en périodes de formation en entreprise ou en stage et des tuteurs qui forment des jeunes en contrat de professionnalisation ainsi que tous stagiaires en période d'application en entreprise.

C'est pourquoi la profession décide de développer la capacité des entreprises à bien accueillir, former, accompagner et fidéliser les jeunes qui effectuent des séjours, des stages, des périodes de formation en entreprise, en particulier des jeunes sous contrat d'apprentissage.

Les organisations d'employeurs et de salariés du BTP prennent des mesures nécessaires pour améliorer les compétences des maîtres d'apprentissage et pour améliorer les conditions d'exercice de leur mission et leur reconnaissance.

I. - Dispositions applicables au secteur du bâtiment.

L'engagement de l'employeur et du maître d'ouvrage d'apprentissage.

Article 1

En vigueur étendu

Les partenaires sociaux traduisent leur ambition décrite dans le préambule ci-avant par la mise en oeuvre de 4 actions complémentaires et indissociables. Ces actions sont obligatoires dans le cadre de la formation des apprentis du secteur du bâtiment. Elles sont recommandées dans les autres situations de formation des jeunes :

- formation des maîtres d'apprentissage à leur mission ;

- validation de leurs compétences par le titre de " Maître d'apprentissage confirmé " ;

- engagement du salarié désigné maître d'apprentissage, de son employeur et de l'apprenti par la signature de la charte professionnelle, annexée au contrat d'apprentissage ;

- reconnaissance de l'importance de la mission et de l'engagement par une indemnité décidée dans le cadre des conventions collectives ou d'une politique d'entreprise.

Formation du maître d'apprentissage.

Article 2

En vigueur étendu

Priorités :

Les partenaires sociaux se fixent l'objectif d'offrir à tous les salariés des entreprises du bâtiment assumant la responsabilité de maître d'apprentissage, une formation sur mesure, prenant en compte les acquis de leur expérience.

Les entreprises préparant des apprentis au brevet professionnel et au baccalauréat professionnel sont les premières tenues à mettre en oeuvre cette formation, la validation des compétences par le titre, l'engagement moral au travers de la charte et l'indemnisation des maîtres d'apprentissage.

Progressivement, sous l'impulsion et le contrôle des CPREF, cette mise en oeuvre s'étendra à tous les maîtres d'apprentissage salariés, puis à ceux qui interviennent auprès des jeunes autres que les apprentis, quand les chefs d'entreprise d'accueil le souhaitent.

Enfin, l'ambition de la profession concerne également les maîtres d'apprentissage non salariés. A cet égard, les partenariats locaux seront recherchés pour un déploiement général de cette action qualitative.

Modalités de financement :

Les organismes collecteurs des cotisations formation des entreprises, OPCA bâtiment et FAFSAB, affecteront les sommes nécessaires à la formation des salariés.

A partir du calendrier figurant dans l'article 6 du présent accord, les CPREF établiront :

- la programmation de la mise en oeuvre de ces formations qui pourront bénéficier de financements publics complémentaires ;

- la vérification de la bonne application des cahiers des charges de formation des salariés des entreprises.

Le CCCA-BTP établira le cahier des charges de la formation des maîtres d'apprentissage à partir de l'expérience acquise dans la profession. Il sera validé par les CPNE.

L'ERL-GDA de chaque région a en charge la mise en oeuvre opérationnelle de ces formations.

L'indemnité.

Article 3

En vigueur étendu

L'exercice de la fonction de maître d'apprentissage ouvre droit, soit au versement d'une indemnité spécifique pendant la durée du contrat d'apprentissage de l'apprenti concerné, soit à l'accès au statut spécifique de maître d'apprentissage qui a pu être mis en place dans l'entreprise.

Le montant de cette indemnité est négocié paritairement au niveau régional (1) en application :

- de l'article I-3 de la convention collective nationale des ouvriers du bâtiment du 8 octobre 1990 applicable dans les entreprises visées par le décret n° 62-235 du le 1er mars 1962 modifié par le décret n° 76-879 du 21 septembre 1976, articles 1er à 5 (c'est-à-dire occupant jusqu'à 10 salariés) ;

- l'article I-3 de la convention collective nationale des ouvriers du bâtiment du 8 octobre 1990 applicable dans les entreprises non visées par le décret n° 62-235 du le mars 1962 modifié par le décret n° 76-879 du 21 septembre 1976, articles 1er à 5 (c'est-à-dire occupant plus de 10 salariés).

A cet égard, les partenaires sociaux représentatifs du bâtiment examineront les pratiques régionales dans un souci de cohérence globale en commission paritaire nationale de l'emploi.

(1) Ou à défaut, à l'échelon départemental. Dans ce cas, il est souhaitable que la fixation de ce montant intervienne à terme à l'échelon régional

Mise en oeuvre de l'accord.

Article 4

En vigueur étendu

Par nécessité de cohésion de branche sur l'ensemble du territoire, les parties signataires s'engagent à solliciter leurs représentants pour que la mise en oeuvre de cette politique en 4 actions se mette effectivement en place dans les délais les plus brefs.

Elles suivront cette mise en place et ses effets au sein de leur CPREF.

Le présent accord sera mis en oeuvre dans le secteur du bâtiment selon le calendrier suivant :

- pour les maîtres d'apprentissage chargés de la formation des apprentis préparant un brevet professionnel ou un baccalauréat professionnel, au plus tard dans les 3 ans suivant la date d'extension ;

- pour les maîtres d'apprentissage formant les autres apprentis, au plus tard dans les 6 ans suivant la date d'extension.

II - Dispositions applicables au secteur des travaux publics.

Article 5

En vigueur étendu

Les parties signataires constatent que l'apprentissage, mode de formation qui était peu utilisé dans le secteur des travaux publics jusqu'à une période récente, a connu au cours de ces dernières années un développement significatif.

Afin de conforter ces premiers résultats, les parties signataires soulignent la nécessité d'offrir aux apprentis les meilleures conditions d'accueil dans les entreprises et une formation de qualité.

A cet égard, le dispositif créé par l'accord collectif national du 26 juillet 1995 sur le développement du tutorat dans les travaux publics et l'accord du 19 septembre 1996 relatif à la création dans les travaux publics d'un ordre des tuteurs modifié par l'accord collectif national du 23 septembre 2003 relatif au développement du tutorat a permis de constituer un vivier de salariés ayant reçu la formation et disposant de l'expérience nécessaire pour assurer dans de bonnes conditions la fonction de maître d'apprentissage.

La priorité du secteur des travaux publics est donc de conforter le dispositif paritaire ainsi mis en place et d'accroître le nombre de salariés qui en bénéficient.

Pour ce faire, les parties signataires de l'accord collectif national du 23 septembre 2003 relatif au développement du tutorat dans les entreprises de travaux publics ont décidé de permettre aux salariés ayant obtenu le titre de maître d'apprentissage confirmé d'intégrer directement l'ordre des tuteurs des travaux publics.

Les salariés titulaires du titre de maître d'apprentissage confirmé accèdent à l'ordre des tuteurs, bénéficient de la prime, reçoivent un certificat d'adhésion et sont inscrits dans l'annuaire de l'ordre des tuteurs dans les conditions fixées par l'accord collectif national du 23 septembre 2003 relatif au développement du tutorat.

III - Dispositions communes aux secteurs du bâtiment et des travaux publics.

Certification des compétences.

Article 6

En vigueur étendu

Dans le bâtiment, la compétence est attestée par la délivrance du titre de maître d'apprentissage confirmé.

Dans les travaux publics, l'accès à l'ordre des tuteurs des travaux publics sera favorisé conformément aux dispositions de l'article 5 ci-dessus.

Par délégation des CPNE conjointes du bâtiment et des travaux publics, les CPREF sont seules habilitées à délivrer le titre de maître d'apprentissage confirmé, en application de l'accord national du 23 novembre 1998, du référentiel figurant dans cet accord et de la convention signée entre la profession et l'Etat à la même date.

Elles ne peuvent déléguer cette responsabilité.

Les CPREF font appel à l'ERL-GDA de la région pour les modalités pratiques de cette certification.

Charte du maître d'apprentissage.

Article 7

En vigueur étendu

L'engagement moral mutuel de l'employeur, du salarié qu'il a désigné maître d'apprentissage et de l'apprenti est consigné au bas de la charte (cf. annexe) définie par les partenaires sociaux du BTP dans leur accord intitulé " Le projet pour la formation initiale et l'apprentissage - L'engagement de la profession ".

Dans le cas de la formation des apprentis, cette charte est obligatoirement associée au contrat d'apprentissage.

Durée - Révision.

Article 8

En vigueur étendu

Le présent accord est conclu pour une durée indéterminée.

La dénonciation ou la demande de révision du présent accord devra être portée à la connaissance de toutes les parties signataires par lettre recommandée avec un préavis de 3 mois.

Les dispositions du présent accord prennent effet à la date de son extension.

Extension - Adhésion - Champ.

Article 9

En vigueur étendu

Toute organisation représentative au plan national, non signataire du présent accord, pourra y adhérer ultérieurement en avisant par lettre recommandée toutes les organisations signataires.

Le présent accord sera soumis à extension conformément à la réglementation en vigueur. Le champ d'application de cet accord est défini en annexe.

Force obligatoire du présent accord.

Article 10

En vigueur étendu

Les accords d'entreprise ou d'établissement du BTP relatifs à la mise en oeuvre de la formation, certification et indemnisation du maître d'apprentissage ne peuvent comporter de clauses dérogeant aux dispositions du présent accord sauf dispositions plus favorables.

Charte du maître d'apprentissage.

En vigueur étendu

La charte du maître d'apprentissage du BTP concerne le salarié de l'entreprise à qui l'apprenti est principalement confié, c'est-à-dire le salarié qui est le plus souvent en contact avec le jeune et directement chargé de sa formation au quotidien dans l'entreprise.

Le maître d'apprentissage, en adhérant à cette charte définie par les organisations d'employeurs et de salariés du BTP, accepte de favoriser l'accueil, l'intégration de l'apprenti dans l'entreprise, de l'aider à confirmer son projet professionnel et de permettre sa qualification par la transmission des savoirs professionnels.

La charte stipule son engagement moral et professionnel dans la réussite du contrat d'apprentissage.

L'objectif premier étant la réussite du contrat d'apprentissage et donc de l'apprenti, le maître d'apprentissage du BTP s'engage à effectuer les missions suivantes :

MISSION	OBJECTIF	ACTIVITE
1. Accueil	Aider le jeune	Accueillir
	à s'intégrer	Présenter l'entreprise
	dans l'entreprise	et son environnement
	et dans le métier	Présenter le jeune, ses
		activités aux autres
		membres du personnel
2. Formation	Favoriser les	Organiser les activités
en entreprise	conditions	à confier au jeune
	d'apprentissage	Aider le jeune à la
	du métier	compréhension du travail
		Guider le jeune dans
		l'exécution du travail
3. Suivi de	Permettre au jeune	Rencontrer l'organisme
l'alternance	de tirer profit	de formation, le chef
	au maximum de la	d'entreprise
	formation en	Faire le point sur les
	alternance	acquis théoriques et
		pratiques

4. Suivi	Accompagner le	Développer
du jeune	jeune dans la	l'épanouissement des
	découverte de	aptitudes du jeune pour
	l'ensemble des	l'exercice du métier,
	aspects du métier	sa motivation pour la
	et dans la	profession et ses
	construction de	perspectives d'évolution
	son projet	personnelle
	professionnel	
5. Evaluation	Mesurer les	Faire un bilan des
	progrès du jeune	résultats du jeune
		Veiller à la présentation
		de l'apprenti aux
		examens et participer
		au contrôle en cours
		de formation permettant
		de délivrer le diplôme

Annexe au contrat d'apprentissage	Réf. ...	Signé le ...
Signature du maître d'apprentissage :	du chef d'apprentissage :	de l'apprenti

Mémento pour le maître d'apprentissage.

En vigueur étendu

Guide pratique

Accueil de l'apprenti :

- discuter avec le jeune de son projet professionnel ;

- organiser la visite de l'entreprise ;

- vérifier les aspects matériels de l'accueil (vêtements, outils...) ;

- présenter l'entreprise, son organisation et sa place dans le secteur de la consultation ;

- présenter l'équipe ;

- aider le jeune à se présenter ;

- présenter son rôle de maître d'apprentissage ;

- situer l'activité du jeune au sein de l'entreprise ;

- expliquer les consignes de sécurité ;

- énoncer les droits et devoirs du jeune et de l'employeur ;

- expliquer l'objectif du contrat de travail ;

- expliquer au jeune les moyens d'information qui existent dans l'entreprise.

Formation de l'apprenti dans l'entreprise :

- prendre connaissance du référentiel d'activités professionnelles du diplôme préparé ;

- établir un programme de travail pour les périodes du jeune en entreprise ;

- présenter le travail : avec qui ? comment ? pourquoi ?

- expliquer les critères de réussite de l'entreprise ;

- définir les matériels et matériaux utilisés ;

- présenter les DTU et consignes de sécurité ;

- apprendre au jeune à préparer les situations de travail ;

- guider la réalisation du travail.

Suivi de l'apprenti :

- programmer les rencontres régulières et individuelles avec le jeune ;

- analyser avec le jeune les résultats obtenus et les moyens de les améliorer ;

- évaluer ses résultats au regard des critères professionnels du dipl^ome préparé ;

- s'assurer que les conditions sont réunies pour que l'apprenti se présente aux épreuves.

Documents de référence

Référentiel d'activité professionnel relatif au dipl^ome préparé.

Référentiel de certification simplifié.

Livret de liaison du CFA.

CORRESPONDANT PRINCIPAL AU CFA	
Nom :	

Prénom :	

Le titre de maître d'apprentissage confirmé

Les professions du BTP ont créé, par accord le 23 novembre 1998 et par convention avec l'Etat, le titre de maître d'apprentissage confirmé.

Ce titre est délivré par les commissions paritaires régionales de l'emploi conjointes du BTP. Il atteste que le titulaire maîtriseles compétences pour former un apprenti.

Champ d'application de l'accord du 13 juillet 2004.

En vigueur étendu

Activités visées sur le territoire national, y compris les départements d'outre-mer (Antilles, Guyane, Réunion) :

A. - Bâtiment

2106. Construction métallique.

Sont uniquement visés les ateliers de production et montage d'ossatures métalliques pour le bâtiment (+).

2403. Fabrication et installation de matériel aéraulique thermique et frigorifique.

Sont visées : les entreprises de fabrication et d'installation d'appareils de chauffage, ventilation et conditionnement d'air (+).

5510. Travaux d'aménagement de terres et des eaux voirie, parcs et jardins.

Sont visées :

- pour partie, les entreprises générales de bâtiment ;

- les entreprises de bâtiment effectuant des travaux d'aménagement des terres et des eaux, de VRD, de voirie et dans les parcs et jardins.

5512. Travaux d'infrastructure générale.

Sont visées : pour partie, les entreprises générales de bâtiment ; les entreprises de bâtiment effectuant des travaux d'infrastructure générale.

5520. Entreprises de forages, sondages, fondations spéciales.

Sont visées dans cette rubrique :

- pour partie, les entreprises générales de bâtiment ; les entreprises de bâtiment effectuant des forages, sondages ou des fondations spéciales ainsi que :

- les entreprises de maçonnerie, de plâtrerie, de travaux en ciment, béton, béton armé pour le bâtiment ;

- les entreprises de terrassement et de démolition pour le bâtiment ;

- les entreprises de terrassement et de maçonnerie pour le bâtiment, fondations par puits et consolidation pour le bâtiment.

5530. Construction d'ossatures autres que métalliques.

Sont visées : pour une partie, les entreprises générales de bâtiment ; les entreprises de bâtiment effectuant des travaux de construction d'ossatures autres que métalliques, demandant du fait de leurs dimensions ou du procédé utilisé une technicité particulière (par exemple, charpentes d'immeubles de 10 étages et plus).

5531. Installation industrielles, montage-levage.

Sont visées :

- pour partie, les entreprises générales de bâtiment ; les entreprises de bâtiment effectuant des travaux d'installations industrielles ou de montage-levage, ainsi que :

- les entreprises de constructions et d'entretiens de fours industriels et de boulangerie en maçonnerie et en matériaux réfractaires de tous types ;

- les entreprises de construction de cheminées d'usine.

5540. Installation électrique.

A l'exception des entreprises d'installation électrique dans les établissements industriels, de recherche radio-électrique et de l'électronique sont visées :

- les entreprises spécialisées dans l'équipement électrique des usines et autres établissements industriels (à l'exception de celles qui, à la date de la publication de l'arrêté portant extension du présent accord, appliquaient un autre accord collectif ayant le même objet) ;

- pour partie, les entreprises de couverture-plomberie et chauffage ;

- les entreprises de plomberie, chauffage et électricité ;

- les entreprises d'installations d'électricité dans les locaux d'habilitation, magasins, bureaux, bâtiments industriels et autres bâtiments ;

- les entreprises de pose d'enseignes lumineuses.

5550. Construction industrialisée.

Sont visées : pour partie, les entreprises générales de bâtiment ;

- les entreprises de bâtiment réalisant des constructions industrialisées ;

- les entreprises de fabrication et pose de maisons métalliques (+).

5560. Maçonnerie et travaux courants de béton armé.

Sont visées : pour partie, les entreprises générales de bâtiment ;

- les entreprises de bâtiment effectuant de la maçonnerie et des travaux courants de terrassement, de fondation et de démolition.

5570. Génie climatique.

Sont visées :

- les entreprises de couverture-plomberie et chauffage ;

- les entreprises d'installations de chauffage et d'électricité ;

- les entreprises de fumisterie de bâtiment, ramonage, installations de chauffage et de production d'eau chaude ;

- les entreprises d'installation de chauffage central, de ventilation, de climatisation ou d'isolation thermique, phonique et antivibratile.

5571. Menuiserie, serrurerie.

A l'exclusion des entreprises de fermetures métalliques dont l'activité se limite à la fabrication, sont notamment visées :

- les entreprises de charpente en bois ;

- les entreprises d'installation de cuisine ;

- les entreprises d'aménagements de placards ;

- les entreprises de fabrication et pose de parquets (à l'exception des parquets mosaïques) ;

- les entreprises de menuiserie du bâtiment (menuiserie bois, métallique intérieure, y compris les murs-rideaux) (pose associée ou non à la fabrication) ;

- les entreprises de charpente et de maçonnerie associées ;

- les entreprises de serrurerie intérieure et extérieure du bâtiment (fabrication, pose et réparation) (+) ;

- les entreprises de pose de petite charpente en fer pour le bâtiment ;

- les entreprises de pose de clôtures ;

- les entreprises de ferronnerie pour le bâtiment (fabrication et pose associée) (+) (balcons, rampes d'escalier, grilles...) ;

- les entreprises de fourniture d'armatures métalliques préparées pour le béton armé (+).

5572. Couverture, plomberie, installations sanitaires.

Sont visées :

- les entreprises de couverture, plomberie (avec ou sans installation de chauffage) ;

- les entreprises de couverture en tous matériaux ;

- les entreprises de plomberie, installation sanitaire ;

- les entreprises d'étanchéité.

5573. Aménagements. - Finitions.

Sont notamment visées :

- les entreprises de construction et d'installation de stands pour les foires et expositions ;

- les entreprises de fabrication de maquettes et plans en relief ;

- les entreprises de plâtrerie, staff, cloisons en plâtre, plafonnage, plafonds en plâtre ;

- les entreprises de fabrication à façon et pose de menuiserie du bâtiment ;

- les entreprises de peinture de bâtiment, décoration ;

- les entreprises d'installations diverses dans les immeubles (notamment pose de linoléums et autres revêtements plastiques...) ; pour les entreprises de pose de vitres, de glaces, de vitrines (+) ;

- les entreprises de peinture, plâtre, vitrerie (associés) ;

- les entreprises d'installation et d'aménagement des locaux commerciaux (magasins, boutiques, devantures, bars, cafés, restaurants, vitrines...) ; cependant pour l'installation et l'aménagement des locaux commerciaux à base métallique (+).

- les entreprises de pose de paratonnerre (à l'exception de la fabrication) ;

- les entreprises de travaux d'aménagements spéciaux (installations de laboratoires, revêtements de sols et de murs en tous matériaux, calfeutrements métalliques, couvre-marches), à l'exclusion de la fabrication et de l'installation de matériel de laboratoire.

8708. Service de nettoyage.

Sont visées, pour partie, les entreprises de ramonage.

Cas des entreprises mixtes bâtiment et travaux publics

Pour l'application du présent accord, est considérée comme entreprise mixte bâtiment et travaux publics, celle dont les activités sont partagées entre, d'une part, une ou plusieurs activités bâtiment, telles qu'elles sont énumérées dans la présente annexe et, d'autre part, une ou plusieurs activités travaux publics, telles qu'elles sont définies par la nomenclature INSEE NAP - 1973.

1. Le présent accord sera appliqué par les entreprises mixtes bâtiment et travaux publics, lorsque le personnel effectuant des travaux correspondant à une ou plusieurs activités bâtiment, telles qu'elles sont énumérées dans la présente annexe, représente au moins 60 % de l'ensemble du personnel de l'entreprise.

2. Lorsque le personnel effectuant des travaux correspondant à une ou plusieurs activités bâtiment se situe entre 40 et 60 % de l'ensemble du personnel, les entreprises mixtes bâtiments et travaux publics peuvent opter, après accord des représentants du personnel, entre l'application du présent accord et l'application de l'accord travaux publics.

Cette option sera portée à la connaissance du personnel dans un délai de 3 mois à compter soit de la publication de l'arrêté portant extension du présent accord, soit, pour les entreprises créées postérieurement, de la date de leur création.

3. Lorsque le personnel d'une entreprise mixte effectuant des travaux correspondant à une ou plusieurs activités bâtiment représente moins de 40 % de l'ensemble du personnel, le présent accord n'est pas applicable.

4. Les entreprises mixtes visées aux paragraphes 1 et 3 ci-dessus pourront continuer d'appliquer l'accord qu'elles appliquaient à la date du présent accord.

Cas des entreprises de menuiseries métallique

ou de menuiserie et fermetures métalliques

Est également incluse dans le champ d'application l'activité suivante, classée dans le groupe ci-dessous :

2107. Menuiserie métallique de bâtiment.

Toutefois, l'extension du présent accord ne sera pas demandée pour cette activité.

Il est sera de même pour la fabrication et la pose associées de menuiserie et de fermetures métalliques classées dans le groupe 5571.

B. - Travaux publics

5510. Travaux d'aménagement des terres et des eaux, voirie, parcs et jardins.

Sont visées les entreprises qui effectuent des travaux d'aménagement des terres et des eaux, voirie, parcs et jardins notamment :

- exécution de travaux de voirie en zone urbaine ou rurale :

- voirie urbaine ;

- petits travaux de voirie ;

- VRD, chaussées pavées, bordures ;

- signalisation ;

- aménagements d'espaces verts :

- plantations ornementales (pelouses, abords de routes...) ;

- terrains de sports ;

- aménagement de terrains de culture, remise en état du sol :

- drainage, irrigation ;

- captage par puits ou autre ;

- curage de fossés ;

- exécution d'installations d'hygiène publique :

- réseaux d'adduction et de distribution d'eau et de fluides divers par canalisations sous pression ;

- réseaux d'évacuation des eaux usées et pluviales, égouts ;

- stations de pompage ;

- stations d'épuration et de traitement des eaux usées ;

- abattoirs ;

- stations de traitement des ordures ménagères.

5511. Construction de lignes de transport d'électricité.

Sont visées les entreprises qui effectuent des travaux de construction de lignes de transport d'électricité y compris les travaux d'installation et de montage de postes de transformation, d'armoires de distribution et de groupes électrogènes qui y sont liés (+) :

- construction de lignes de très haute tension ;

- construction de réseaux haute et basse tension ;

- éclairage rural ;

- lignes aériennes de traction électrique et caténaires ;

- canalisations électriques autres qu'aériennes ;

- construction de lignes pour courants faibles (télécommunications et centraux téléphoniques) ;

- lignes de distribution ;

- signalisation, éclairage public, techniques de protection ;

- chauffage de routes ou de pistes ;

- grands postes de transformation ;

- centrales et installations industrielles de haute technicité.

5512. Travaux d'infrastructure générale.

Sont visées les entreprises qui effectuent des travaux d'infrastructure générale demandant le plus souvent une modification importante du sol ou destinés aux grandes communications, notamment :

- terrassement en grande masse ;

- démolition ou abattage par procédés mécaniques, par explosif ou par fusion thermique ;

- construction et entretien de voies ferrées et de leurs structures annexes ;

- travaux en site maritime ou fluvial :

- dragage et déroctage ;

- battage de pieux et palplanches ;

- travaux subaquatiques ;

- mise en place, au moyen d'engins flottants, d'éléments préfabriqués, en impression ou en élévation ;

- travaux souterrains ;

- travaux de pose de canalisations à grande distance pour distribution de fluide, liquide, gazeux et de réseaux de canalisations industrielles.

5513. Construction de chaussées.

Sont visées les entreprises effectuant des travaux de construction des chaussées de route de liaison, de pistes d'aérodromes et de voies de circulation ou de stationnement assimilables à des routes dans les ensembles industriels ou commerciaux, publics ou privés, ainsi que les plates-formes spéciales pour terrains de sport :

- terrassement sous chaussée ;

- construction des corps de chaussée ;

- couche de surface (en enrobés avec mise en oeuvre seule ou fabrication et mise en oeuvre, asphaltes coulés, enduits superficiels ..) ;

- mise en oeuvre de revêtement en béton de ciment ;

- rabotage, rectification et reprofilage ;

- travaux annexes (signalisation, horizontale, barrières de sécurité ..).

5520. Entreprises de forage, sondage, fondations spéciales.

Sont visées les entreprises effectuant des travaux de :

- fondation et consolidation des sols par ouvrages interposés :

pieux, puits, palplanches, caissons...

- traitement des sols :

- injection, congélation, parois moulées ;

- rabattement de nappe, béton immergé... ;

- reconnaissance des sols : forages et sondages de toute nature et par tout procédé (y compris forages pétroliers).

5530. Construction d'ossatures autres que métalliques.

Sont visées les entreprises qui effectuent des travaux de construction d'ossatures autres que métalliques, notamment en béton armé ou précontraint, demandant du fait de leurs dimensions ou du procédé une technicité particulière, par exemple :

- barrages ;

- ponts, ouvrages de croisement à plusieurs niveaux ;

- génie civil d'unités pour la sidérurgie, la chimie ;

- silos, réfrigérants hyperboliques, cheminées en béton ;

- réservoirs, cuves, châteaux d'eau ;

- coupoles, voiles minces ;

- piscines, bassins divers ;

- étanchéité.

5531. Installations industrielles. - Montage. - Levage.

Sont visées pour partie les entreprises de travaux publics et de génie civil qui effectuent des travaux d'installation, de montage ou de levage d'ouvrages de toute nature, notamment métalliques, exécutés en site terrestre, fluvial ou maritime, par exemple :

- ponts fixes ou mobiles ;

- vannes de barrage ;

- portes d'écluses, élévateurs et ascenseurs à bateaux ;

- ossature de charpentes industrielles, de centrales thermiques ou nucléaires ;

- ossatures de halls industriels ;

- installations pour la sidérurgie ;

- pylônes, téléphériques ;

- éléments d'ouvrages préfabriqués.

5540. Installation électrique.

A l'exception des entreprises d'installation électrique dans les établissements industriels, de recherche radioélectrique et de l'électronique, sont visées :

Les entreprises qui effectuent des travaux (+) :

- d'éclairage extérieur, de balisage ;

- d'installation et de montage de postes de transformation, d'armoires de distribution et de groupes électrogènes (non liés à la construction de lignes de transport d'électricité) ;

- et pour partie, d'installations industrielles de technique similaire (à l'exception de celles qui, à la date de l'arrêté d'extension, appliquaient une autre convention collective que celles des travaux publics).

5550. Construction industrialisée.

Sont visées, pour partie, les entreprises de travaux publics et de génie civil réalisant des ouvrages ou partie d'ouvrages par assemblage d'éléments préfabriqués métalliques ou en béton, par exemple :

- poutres de pont ;

- voussoirs pour tunnel...

5560. Maçonnerie et travaux courants de béton armé.

Sont visées, pour partie, les entreprises exerçant des activités de génie civil non classées dans les groupes précédents et les entreprises de travaux publics effectuant de la maçonnerie, de la démolition et des travaux courants de béton armé, de terrassement et de fondation.

5570. Génie climatique.

Sont visées, pour partie, les entreprises de travaux publics et de génie civil effectuant des travaux d'application thermique et frigorifique de l'électricité (+).

(+) Clause d'attribution.

Les activités économiques pour lesquelles a été prévue la présence clause d'attribution seront soumises aux règles suivantes :

1. Le présent accord sera appliqué lorsque le personnel concourant à la pose y compris le personnel des bureaux d'études, les techniciens, la maîtrise... (le personnel administratif et le personnel dont l'activité est mal délimitée restant en dehors du calcul) - représente au moins 80 % de l'activité de l'entreprise caractérisée par les effectifs respectifs.

2. Lorsque le personnel concourant à la pose au sens ci-dessus se situe entre 20 % et 80 %, les entreprises peuvent opter entre l'application du présent accord et l'application de la convention collective correspondant à leurs autres activités, après accord avec les représentants des organisations signataires du présent accord ou, à défaut, des représentants du personnel.

Cette option sera portée à la connaissance du personnel dans un délai de 1 mois à compter soit de la publication de l'arrêté portant extension du présent accord, soit, pour les entreprises créées postérieurement, de la date de leur création.

3. Lorsque le personnel concourant à la pose au sens ci-dessus représente moins de 20 %, le présent accord n'est pas applicable.

Toutefois, les entreprises visées aux paragraphes 1 et 3 ci-dessus pourront continuer d'appliquer la convention collective qu'elles appliquaient à la date de publication de l'arrêté portant extension du présent accord.

Cas des entreprises mixtes de travaux publics

Pour l'application du présent accord, est considérée comme entreprise mixte travaux publics et bâtiment celle dont les activités sont partagées entre, d'une part, une ou plusieurs activités travaux publics, telles qu'elles sont énumérées dans la présente annexe et, d'autre part, une ou plusieurs activités bâtiment, telles qu'elles sont définies par la nomenclature INSEE NAP-1973.

1. Le présent accord sera appliqué par les entreprises mixtes travaux publics et bâtiment lorsque le personnel effectuant des travaux correspondant à une ou plusieurs activités travaux publics, telles qu'elles sont énumérées dans la présente annexe, représente au moins 60 % de l'ensemble du personnel de l'entreprise.

2. Lorsque le personnel effectuant des travaux correspondant à une ou plusieurs activités travaux publics se situe entre 40 et 60 % de l'ensemble du personnel, les entreprises mixtes travaux publics et bâtiment peuvent opter, après accord des représentants du personnels, pour l'application du présent accord.

Cette option sera portée à la connaissance du personnel dans un délai de 3 mois à compter soit de la publication de l'arrêté portant extension du présent accord, soit, pour les entreprises créées postérieurement, de la date de leur création.

3. Lorsque le personnel d'une entreprise mixte effectuant des travaux correspondant à une ou plusieurs activités travaux publics représente moins de 40 % de l'ensemble du personnel, le présent accord n'est pas applicable.

4. Les entreprises mixtes visées aux paragraphes 1 et 3 ci-dessus pourront continuer d'appliquer la convention collective qu'elles appliquaient à la date du présent accord.

Textes Attachés

Versement d'une indemnité pendant la durée du contrat d'apprentissage Accord du 30 juin 2006

Organisations patronales signataires :
La fédération française du bâtiment région Paris-Ile-de-France ;
La fédération française du bâtiment région Ile-de-France, Yvelines, Essonne, Val-d'Oise ;
La fédération du bâtiment et des travaux publics, région de Seine-et-Marne ;
La fédération parisienne des SCOP du bâtiment et des travaux publics,

Syndicats de salariés signataires :
L'union régionale des syndicats construction et bois CFDT, Ile-de-France ;
L'union des syndicats BTP bois, papier-carton, céramiques et annexes FO Paris-Ile-de-France ;
L'union régionale professionnelle des syndicats du bâtiment, des travaux publics et des activités annexes CFTC de l'Ile-de-France ;
Confédération française de l'encadrement, section régionale Ile-de-France CGC BTP,

En vigueur étendu

Vu l'accord paritaire national du 13 juillet 2004 relatif au maître d'apprentissage (formation, certification, charte, indemnisation).

En contrepartie de l'exercice de la fonction de maître d'apprentissage par les salariés ayant obtenu le titre de maître d'apprentissage confirmé, les parties signataires conviennent :

Article 1
En vigueur étendu

Les salariés concernés bénéficient du versement d'une indemnité pendant la durée du contrat d'apprentissage.

Article 2
En vigueur étendu

Le montant de cette indemnité est fixé à 150 euros annuels par apprenti.

Article 3
En vigueur étendu

Les modalités de versement de cette indemnité sont déterminées pour chaque année de la manière suivante :

- versement d'un acompte de 60 euros au bout de 6 mois ;

- versement du solde à la fin du 12e mois.

En cas de rupture anticipée du contrat d'apprentissage, le montant versé au maître d'apprentissage sera déterminé au prorata du temps de présence de l'apprenti durant l'année d'apprentissage.

Article 4
En vigueur étendu

Les parties conviennent de se revoir dans un délai de 12 mois au plus, pour effectuer un bilan des conditions et modalités d'application de cet accord.

Article 5
En vigueur étendu

Le présent accord sera soumis à extension conformément à la réglementation en vigueur.

Fait à Paris, le 30 juin 2006.

Indemnité spécifique liée à l'exercice de la fonction de maître d'apprentissage confirmé (Limousin) Accord du 21 décembre 2006

Organisations patronales signataires :
Fédération régionale des SCOP du BTP du Limousin ;
Fédération du bâtiment de la région Limousin.

Syndicats de salariés signataires :
Union régionale CFTC du bâtiment de la région Limousin ;
Syndicat Force ouvrière bâtiment région Limousin ;
CFDT Limousin construction bois ;
Union syndicale CGT de la construction du Limousin ;
SNC CGC du bâtiment région Limousin.

En vigueur étendu

Vu l'article 3 de l'accord du 13 juillet 2004 relatif à " la formation, la certification, la charte et l'indemnisation " des maîtres d'apprentissage dans le BTP, selon lequel l'exercice de la fonction de maître d'apprentissage ouvre droit :

- soit au versement d'une indemnité spécifique pendant la durée du contrat d'apprentissage de l'apprenti concerné,

- soit à l'accès au statut spécifique de maître d'apprentissage qui a pu être mis en place dans l'entreprise,
les organisations représentatives d'employeurs et de salariés se sont réunies le 21 décembre 2006 et ont convenu des mesures suivantes pour les maîtres d'apprentissage titulaires du titre de maître d'apprentissage confirmé :

Article 1
En vigueur étendu

Les salariés concernés bénéficient du versement d'une indemnité pendant la durée de l'apprentissage.

Article 2
En vigueur étendu

Le montant de cette indemnité est fixé à 250 Euros par apprenti pour un contrat d'apprentissage de 2 ans.

Article 3
En vigueur étendu

Les modalités de versement de cette indemnité sont déterminées pour chaque année de la manière suivante :
Modalités de versement de l'indemnité pour un contrat de 2 ans

6 Mois	30 JUIN	31 DECEMBRE	FIN	SI REUSSITE
après	mi-parcours	de la	du	au dipl<CB>me
le début		2e année	contrat	
50 euros	50 euros	50 euros	50 euros	50 euros

Pour les contrats d'apprentissage d'une durée autre ou en cas de rupture anticipée du contrat d'apprentissage, le montant versé au maître d'apprentissage confirmé sera effectué pro rata temporis de la durée du contrat effectuée par l'apprenti.

Article 4
En vigueur étendu

Cet accord est applicable pour les contrats d'apprentissage signés à compter du 1er juillet 2007.

Article 5
En vigueur étendu

Les parties signataires demandent l'extension du présent accord au ministère de l'emploi et de la cohésion sociale et du logement.

Fait à Limoges, le 21 décembre 2006.

Accord professionnel du 20 avril 2007 relatif à l'imdemnisation du titre de maître d'apprentissage confirmé pour l'année 2007 (Pays de la Loire)

La fédération régionale du bâtiment des Pays de la Loire ;

L'union régionale CAPEB Pays de la Loire ;

La fédération Ouest SCOP BTP,

La section fédérale régionale CGT-FO des Pays de la Loire ;

La CFE-CGC BTP,

Article 1
En vigueur étendu

Conformément aux dispositions de l'article 3 de l'accord national du 13 juillet 2004, il est institué au niveau régional une indemnité pour l'exercice de la fonction de maître d'apprentissage dans les entreprises du bâtiment des Pays de la Loire.
Cette indemnité est due par l'employeur aux salariés titulaires du titre de maître d'apprentissage confirmé, dès lors qu'ils encadrent effectivement un ou plusieurs jeunes apprentis en contrat d'apprentissage.

Article 2
En vigueur étendu

Le montant de l'indemnité versée au maître d'apprentissage confirmé s'élève à 200 Euros par année et par contrat d'apprentissage, quel que soit le nombre d'apprentis formés simultanément.

Lorsque l'exercice de la fonction est interrompu par la rupture du contrat d'apprentissage, et ce quelle qu'en soit la cause, l'indemnité est calculée au prorata du nombre de mois pendant lequel la fonction a été exercée.

Lorsque l'exercice de la fonction est interrompu par la rupture du contrat de travail du maître d'apprentissage confirmé, et ce quelle qu'en soit la cause, l'indemnité n'est pas due. (1)

Le montant de l'indemnité est indépendant du niveau de la formation préparée en contrat d'apprentissage et de la réussite ou de l'échec à l'examen de l'apprenti.

Les modalités de versement de l'indemnité sont déterminées par l'employeur.

(1) Alinéa exclu de l'extension comme étant contraire aux dispositions de l'article 3 de l'accord national professionnel du 13 juillet 2004. (Arrêté du 30 octobre 2007, art. 1er)

Article 3
En vigueur étendu

Le présent accord sera soumis à extension conformément à la législation en vigueur.
Il entrera en application dès parution de l'arrêté d'extension, ou, au plus tard, le 1er juin 2007 et s'appliquera à l'ensemble des contrats signés après la première de ces 2 dates.
Conformément à l'accord national, le montant de l'indemnité due au maître d'apprentissage confirmé sera réexaminé régulièrement par les partenaires sociaux au niveau régional dans le cadre des négociations salariales régionales.

Article 4
En vigueur étendu

Le présent accord est conclu pour une durée indéterminée.
La dénonciation du présent accord par l'une des parties devra être portée à la connaissance de toutes les parties signataires par lettre recommandée avec un préavis de 3 mois.

Accord du 3 mai 2007 relatif à l'indemnité du titre de maître d'apprentissage confirmé pour l'année 2007 (Midi-Pyrénées)

La fédération française du bâtiment Midi-Pyrénées ;

La fédération régionale des SCOP BTP Sud-Ouest,

La CFDT ;

La CGT ;

La CFTC ;

La CGT-FO ;

La CFE-CGC,

Préambule

En vigueur étendu

Vu l'article 3 de l'accord du 13 juillet 2004 relatif à la formation, la certification, la charte et l'indemnisation des maîtres d'apprentissage dans le BTP, selon lequel l'exercice de la fonction de maître d'apprentissage ouvre droit :
- soit au versement d'une indemnité spécifique pendant la durée du contrat d'apprentissage de l'apprenti concerné ;
- soit à l'accès au statut spécifique de maître d'apprentissage qui a pu être mis en place dans l'entreprise,
les organisations représentatives d'employeurs et de salariés se sont réunies le 3 mai 2007 et ont convenu des mesures suivantes pour les maîtres d'apprentissage titulaires du titre de maître d'apprentissage confirmé :

Article 1
En vigueur étendu

Les salariés concernés bénéficient du versement d'une indemnité pendant la durée du contrat d'apprentissage.

Article 2
En vigueur étendu

Le montant de cette indemnité est fixé à 150 Euros annuels par apprenti.

Article 3
En vigueur étendu

Les modalités de versement de cette indemnité sont déterminées de la manière suivante : versement de l'indemnité à la fin du 12e mois.
En cas de rupture anticipée du contrat d'apprentissage, le montant versé au titulaire du titre de maître d'apprentissage confirmé sera déterminé au prorata du temps effectué par l'apprenti durant l'année d'apprentissage.

Article 4
En vigueur étendu

Le présent accord sera soumis à extension conformément à la réglementation en vigueur.

Avenant du 3 mai 2007 relatif à l'indemnité spécifique liée à l'exercice de la fonction de maître d'apprentissage pour l'année 2007 (Basse-Normandie)

La fédération française du bâtiment Basse-Normandie ;

La CAPEB région Basse-Normandie ;

La chambre de l'équipement électrique du Calvados ;

La fédération Ouest des SCOP du BTP,

La CFTC ;

La CGT-FO ;

La CFE-CGC,

Préambule

En vigueur étendu

Vu l'accord paritaire national du 13 juillet 2004 relatif au maître d'apprentissage (formation, certification, charte, indemnisation) ;
En contrepartie de l'exercice de la fonction de maître d'apprentissage par les salariés ayant obtenu le titre de maître d'apprentissage confirmé,

Article 1

En vigueur étendu

Les salariés concernés bénéficient du versement d'une indemnité pendant la durée du contrat d'apprentissage.

Article 2

En vigueur étendu

Le montant de cette indemnité est fixé à 150,00 euros annuels par apprenti.

Article 3

En vigueur étendu

Les modalités de versement de cette indemnité sont déterminées pour chaque année de la manière suivante :
- versement d'un acompte de 75 euros, 6 mois après le début du contrat ;
- versement du solde à la fin du 12e mois.

En cas de rupture anticipée du contrat d'apprentissage au-delà de la période d'essai, l'indemnité demeure due mais sera déterminée au prorata du temps de présence de l'apprenti.

Article 4

En vigueur étendu

Les parties conviennent de se revoir dans un délai de 12 mois au plus tard, pour effectuer un bilan des conditions et modalités d'application de cet accord.

Article 5

En vigueur étendu

Le présent accord sera soumis à extension conformémement à la réglementation en vigueur.

Accord du 11 avril 2007 relatif à l'indemnité du titre de maître d'apprentissage confirmé pour l'année 2007 (Champagne-Ardenne)

La CAPEB Champagne-Ardenne ;

La fédération française du bâtiment Champagne-Ardenne ;

La FNSCOP BTP Nord-Est ;

La FFIE,

Le syndicat FO BTP,

Préambule

En vigueur étendu

Vu l'article 3 de l'accord du 13 juillet 2004 relatif à la formation, la certification, la charte et l'indemnisation des maîtres d'apprentissage dans le BTP, selon lequel l'exercice de la fonction de maître d'apprentissage ouvre droit :
- soit au versement d'une indemnité spécifique pendant la durée du contrat d'apprentissage de l'apprenti concerné ;
- soit à l'accès au statut spécifique de maître d'apprentissage qui a pu être mis en place dans l'entreprise,
les organisations représentatives d'employeurs et de salariés conviennent des mesures suivantes pour les maîtres d'apprentissage salariés titulaires du titre de maître d'apprentissage confirmé :

Article 1
En vigueur étendu

Les salariés du bâtiment concernés bénéficient du versement d'une indemnité pendant la durée de l'apprentissage.

Article 2
En vigueur étendu

Le montant de cette indemnité est fixé à 325 Euros pour un contrat d'apprentissage de 2 ans.

Article 3
En vigueur étendu

Les modalités de versement de cette indemnité sont déterminées pour chaque année de la manière suivante :

Modalités de versement de l'indemnité pour un contrat de 2 ans :

- 6 mois après le début du contrat : 150 Euros ;

- fin de contrat, *sous réserve de l'obtention du diplôme par l'apprenti* (1) : 175 Euros.

Pour les contrats d'apprentissage d'une durée autre ou en cas de rupture anticipée du contrat d'apprentissage, le montant versé au maître d'apprentissage confirmé sera effectué pro rata temporis de la durée du contrat effectué par l'apprenti.

(1) Termes exclus de l'extension comme étant contraires aux dispositions de l'article 3 dudit accord national professionnel.

(Arrêté du 24 août 2007, art. 1er)

Article 4
En vigueur étendu

Cet accord est applicable pour les contrats d'apprentissage signés à compter du 1er juillet 2007. La prime est mise en vigueur à compter de la date de l'arrêté d'extension.

Article 5
En vigueur étendu

Les parties signataires demandent l'extension du présent accord au ministère de l'emploi, de la cohésion sociale et du logement.

Article 6
En vigueur étendu

Les parties signataires s'engagent à négocier annuellement cette prime.

Accord du 12 décembre 2007 relatif à l'indemnité spécifique liée à l'exercice de la fonction de maître d'apprentissage confirmé (Lorraine)

FFB Lorraine ;

CAPEB Lorraine ;

Fédération régionale Est des SCOP BTP.

Union régionale des syndicats CGT-FO du bâtiment et des travaux publics ;

Union régionale Lorraine de la CFE-CGC ;

CFDT bâtiment construction bois.

En vigueur étendu

Vu l'accord paritaire national du 13 juillet 2004 relatif à la formation, la certification, la charte et l'indemnisation des maîtres d'apprentissage, et en particulier son article 3 qui prévoit que l'exercice de la fonction de maître d'apprentissage ouvre droit :
- soit à l'accès au statut spécifique de maître d'apprentissage qui a pu être mis en place dans l'entreprise ;
- soit au versement d'une indemnité spécifique pendant la durée du contrat d'apprentissage de l'apprenti concerné.
En contrepartie de l'exercice de la fonction de maître d'apprentissage par les salariés ayant obtenu le titre de maître d'apprentissage confirmé, les parties signataires conviennent :

Article 1
En vigueur étendu

Les salariés concernés bénéficient du versement d'une indemnité pendant la durée du contrat d'apprentissage.

Article 2
En vigueur étendu

Cette indemnité est versée selon les modalités suivantes :

(En euros.)

2 MOIS APRÈS le début du contrat	**30 JUIN mi-parcours**	**31 DÉCEMBRE de la 2e année**	**FIN DE contrat**	**SI RÉUSSITE au diplôme**
70	70	70	70	120

Article 3
En vigueur étendu

Le montant de l'indemnité est majoré de 50 % au cas où le maître d'apprentissage a en charge 2 apprentis ou plus.

Article 4
En vigueur étendu

Le présent accord sera soumis à extension conformément à la réglementation en vigueur.

Accord du 11 janvier 2008 relatif à l'indemnité spécifique liée à l'exercice de la fonction de maître d'apprentissage (Bourgogne)

La fédération française du bâtiment Bourgogne ;

La CAPEB Bourgogne ;

La fédération Est des SCOP du BTP,

La CGT-FO ;

L'union régionale construction et bois Bourgogne CFDT ;

Le SNCT-BTP CFE-CGC,

En vigueur étendu

Vu l'accord paritaire national du 13 juillet 2004 relatif au maître d'apprentissage (formation, certification, charte, indemnisation),
En contrepartie de l'exercice de la fonction de maître d'apprentissage par les salariés ayant obtenu le titre de maître d'apprentissage confirmé,
Les parties signataires conviennent :

Article 1
En vigueur étendu

Les salariés concernés bénéficient du versement d'une indemnité pendant la durée du contrat d'apprentissage.

Article 2
En vigueur étendu

Le montant de cette indemnité est fixé à 300 € pour un contrat d'apprentissage de 2 ans et à 200 € pour un contrat d'apprentissage de 1 année.

Article 3
En vigueur étendu

Les modalités de versement de cette indemnité sont déterminées pour chaque année de la manière suivante :
Modalités de versement de l'indemnité pour un contrat de 2 ans :
- première année du contrat d'apprentissage : 100 € ;
- deuxième année du contrat d'apprentissage : 100 € ;
- fin de contrat, sous réserve de l'obtention du diplôme par l'apprentissage : 100 €.
Modalités de versement de l'indemnité pour un contrat de 1 année :
- première année du contrat d'apprentissage : 100 € ;
- fin de contrat, sous réserve de l'obtention du diplôme par l'apprenti : 100 €.
Pour les contrats d'apprentissage d'une durée autre ou en cas de rupture anticipée du contrat d'apprentissage au-delà de la période d'essai ou en cas de départ de l'entreprise du maître d'apprentissage confirmé, le montant versé au maître d'apprentissage confirmé sera effectué pro rata temporis de la durée de la fonction pour le contrat d'apprentissage considéré.

Article 4
En vigueur étendu

Cet accord est applicable à compter du premier jour du mois civil suivant la publication de son arrêté d'extension au Journal officiel.

Article 5
En vigueur étendu

Conformément au code du travail, le présent accord sera déposé à la direction générale du travail du ministère du travail et remis au secrétariat-greffe du conseil de prud'hommes de Dijon.

Article 6
En vigueur étendu

Les parties signataires demandent l'extension du présent accord au ministre du travail, des relations sociales et de la solidarité.

Accord du 10 janvier 2008 relatif à l'indemnité de maître d'apprentissage confirmé (Languedoc-Roussillon)

La fédération française du bâtiment Languedoc-Roussillon ;

La CAPEB Languedoc-Roussillon,

La CGT-FO,

Accord du 22 novembre 2007 relatif à l'indemnité de maître d'apprentissage (Poitou-Charentes)

La fédération française du bâtiment Poitou-Charentes ;

Les fédérations départementales du bâtiment du Poitou-Charentes ;

La CAPEB Poitou-Charentes ;

Les CAPEB départementales du Poitou-Charentes ;

La fédération régionale des SCOP du BTP Poitou-Charentes,

Le comité régional CGT Poitou-Charentes ;

Le syndicat FO BTP Poitou-Charentes ;

L'union régionale CGE-CGC Poitou-Charentes,

En vigueur étendu

Vu l' article 3 de l' accord du 13 juillet 2004 relatif à « la formation, la certification, la charte et l' indemnisation » des maîtres d' apprentissage dans le BTP,
les organisations représentatives d' employeurs et de salariés se sont réunies le 22 novembre 2007 et ont convenu des mesures suivantes pour les maîtres d' apprentissage titulaires du titre de maître d' apprentissage confirmé :

Article 1

En vigueur étendu

Les salariés concernés bénéficient du versement d'une indemnité pendant la durée de l'apprentissage.

Article 2

En vigueur étendu

Le montant de cette indemnité est fixé à 150 € par an et par maître d'apprentissage confirmé, quel que soit le nombre d'apprentis formés par ce dernier. Le montant de cette indemnité sera révisé tous les 2 ans. (1)

(1) article étendu sous réserve de l'application des dispositions de l'article 3, premier alinéa, de l'accord national du 13 juillet 2004, lesquelles ne prévoient pas de limite dans le calcul de l'indemnité spécifique. Ainsi, le dispositif de fixation de la prime non pas par contrat d'apprentissage mais par maître d'apprentissage s'avère moins favorable.
(Arrêté du 24 septembre 2008, art. 1er)

Article 3

En vigueur étendu

Le versement de cette indemnité se fera au plus tard à la date anniversaire de la signature du premier contrat.
Pour les contrats d'apprentissage d'une durée autre ou en cas de rupture anticipée du contrat d'apprentissage, ou en cas de départ du maître d'apprentissage confirmé de l'entreprise, le montant versé au maître d'apprentissage confirmé sera effectué pro rata temporis de la durée de la fonction.

Article 4

En vigueur étendu

Cet accord est applicable pour les contrats d'apprentissage signés à compter du 1er juin 2008. (1)

(1) article étendu sous réserve de l'application des dispositions de l'article 3, premier alinéa, de l'accord national du 13 juillet 2004, aux termes desquelles l'exercice de la fonction de maître d'apprentissage ouvre droit au versement d'une indemnité spécifique pendant la durée du contrat d'apprentissage indépendamment de la date de signature dudit contrat.

(Arrêté du 24 septembre 2008, art. 1er)

Article 5
En vigueur étendu

Les parties signataires demandent l'extension du présent accord au ministère du travail, des relations sociales et de la solidarité.

ARRETE du 8 février 2007

Le ministre de l'emploi, de la cohésion sociale et du logement,
Vu le code du travail, notamment ses articles L. 133-1 et suivants ;
Vu l'arrêté du 3 mai 2005 portant extension de l'accord national professionnel du 13 juillet 2004 " Maître d'apprentissage, formation, certification, charte, information " conclu dans le secteur du bâtiment et des travaux publics ;
Vu l'accord régional (Ile-de-France) du 30 juin 2006 relatif à l'indemnité spécifique liée à la fonction de maître d'apprentissage conclu dans le cadre de l'accord national professionnel susvisé ;
Vu la demande d'extension présentée par les organisations signataires ;
Vu l'avis publié au Journal officiel du 26 octobre 2006 ;
Vu les avis recueillis au cours de l'enquête ;
Vu l'avis motivé de la Commission nationale de la négociation collective (sous-commission des conventions et accords), rendu en séance du 31 janvier 2007,

Article 1, 2, 3
En vigueur

Article 1er

Sont rendues obligatoires, pour tous les employeurs et tous les salariés compris dans le champ d'application professionnel de l'accord national professionnel du 13 juillet 2004 " Maître d'apprentissage, formation, certification, charte, information " conclu dans le secteur du bâtiment et des travaux publics et dans son propre champ d'application territorial, les dispositions de l'accord régional (Ile-de-France) du 30 juin 2006 relatif à l'indemnité spécifique liée à la fonction de maître d'apprentissage conclu dans le cadre de l'accord national professionnel susvisé.

Article 2

L'extension des effets et sanctions de l'accord susvisé est faite à dater de la publication du présent arrêté pour la durée restant à courir et aux conditions prévues par ledit accord.

Article 3

Le directeur général du travail est chargé de l'exécution du présent arrêté, qui sera publié au Journal officiel de la République française.

Nota. - Le texte de l'accord susvisé a été publié au Bulletin officiel du ministère, fascicule conventions collectives n° 2006/36.

ARRETE du 26 juin 2007

Le ministre du travail, des relations sociales et de la solidarité,
Vu le code du travail, notamment ses articles L. 133-1 et suivants ;
Vu l'arrêté du 3 mai 2005 portant extension de l'accord du 13 juillet 2004 " maître d'apprentissage, formation, certification, charte, indemnisation " conclu dans le secteur du bâtiment et des travaux publics ;
Vu l'accord régional (Limousin) du 21 décembre 2006 relatif à l'indemnité spécifique liée à l'exercice de la fonction de maître d'apprentissage par les salariés titulaires du titre de maître d'apprentissage confirmé, conclu dans le cadre de l'accord national professionnel susvisé ;
Vu la demande d'extension présentée par les organisations signataires ;
Vu les avis publiés au Journal officiel du 20 avril 2007 ;
Vu les avis recueillis au cours de l'enquête ;
Vu l'avis motivé de la Commission nationale de la négociation collective (sous-commission des conventions et accords), recueilli suivant la procédure prévue à l'article R. 133-2 du code du travail,

Article 1, 2, 3
En vigueur

Article 1er

Sont rendues obligatoires, pour tous les employeurs et tous les salariés compris dans le champ d'application professionnel de l'accord national professionnel du 13 juillet 2004 " maître d'apprentissage, formation, certification, charte, indemnisation " conclu dans le secteur du bâtiment et des travaux publics, et dans son propre champ d'application territorial, les dispositions de l'accord régional (Limousin) du 21 décembre 2006 relatif à l'indemnité spécifique liée à l'exercice de la fonction de maître d'apprentissage par les salariés titulaires du titre de maître d'apprentissage confirmé, conclu dans le cadre de l'accord national professionnel susvisé.

Article 2

L'extension des effets et sanctions de l'accord susvisé est faite à dater de la publication du présent arrêté pour la durée restant à courir et aux conditions prévues par ledit accord.

Article 3

Le directeur général du travail au ministère du travail, des relations sociales et de la solidarité est chargé de l'exécution du présent arrêté, qui sera publié au Journal officiel de la République française.

Nota. - Le texte de l'accord susvisé a été publié au Bulletin officiel du ministère, fascicule conventions collectives n° 2007/13.

Avenant du 13 juillet 2004 relatif aux 6 axes de progrès pour la formation initiale et l'apprentissage dans le BTP Etendu par arrêté du 3 mai 2005 JORF 13 mai 2005.

Texte de base

Formation initiale et l'apprentissage

La confédération de l'artisanat et des petites entreprises du bâtiment (CAPEB) ;

La fédération française du bâtiment (FFB) ;

La fédération nationale des sociétés coopératives de production (FNSCOP) ;

La fédération nationale des travaux publics (FNTP)

La fédération nationale des salariés de la construction et du bois CFDT ;

La fédération BATIMAT-TP CFTC ;

La fédération nationale des salariés de la construction CGT ;

La fédération générale Force ouvrière du BTP et ses activités annexes (CGT-FO) ;

Le syndicat national BTP CFE-CGC.

En vigueur étendu

Il a été défini 6 axes de progrès pour la formation initiale et l'apprentissage dans le BTP. Cet accord fait partie de l'ensemble des accords réunis sous le même titre, " La formation initiale, l'apprentissage et la formation tout au long de la vie dans le BTP, l'engagement de la profession ", du 13 juillet 2004.

1er axe de progrès

Qualité de l'accueil et de l'orientation des jeunes.

En vigueur étendu

1er axe de progrès

"Qualité de l'accueil et de l'orientation des jeunes"

Mise en oeuvre

Cet axe de progrès a pour objectif de permettre aux jeunes de réussir leur formation dans le BTP, en évitant les échecs dus à leur engagement mal préparé dans une section ou dans un contrat d'apprentissage et en mettant en perspective leur devenir professionnel ;

Les points d'accord :

- il existe déjà des initiatives et des dispositifs locaux dans les CFA, dans les chambres consulaires. Il ne s'agira pas de réinventer des pratiques ni des structures mais de partir de cet état des lieux ;

- cependant, la profession a besoin d'un dispositif professionnel, impartial, spécifique, qu'elle contrôle et qui soit indépendant des organismes de formation ;

- la profession définit des bases communes qui constituent un cadre national pour l'ensemble du territoire dans ce dispositif dont la mission est délicate à assurer. C'est un dispositif centré sur le jeune, qui le positionne au regard des enjeux du contrat, du diplôme préparé, des modalités de sa formation et qui conditionne sa motivation.

Les partenaires sociaux sont légitimes pour mettre en place " un service " aux 2 signataires du contrat d'apprentissage, d'un côté le chef d'entreprise avec le(s) maître(s) d'apprentissage qu'il a désigné(s) et de l'autre côté le jeune avec sa famille.

C'est un service de proximité (piloté régionalement avec une mise en oeuvre locale) qui s'effectue dans le respect d'un cahier des charges précis, défini, validé et contrôlé par la profession. Il garantira la neutralité et pourra s'adresser à tous les jeunes désirant entrer dans la profession quelle que soit la voie de formation. Un " Passeport BTP " pourrait être remis à ce stade du processus d'entrée dans la profession.

Les structures seront définies pour mettre en oeuvre et gérer ce projet particulièrement ambitieux et porteur d'avenir pour la jeunesse qui se destine à faire carrière dans le BTP.

Une part non négligeable des ressources sera affectée à ce dispositif.

En résumé :

1. La mise en oeuvre de ce 1er axe de progrès a pour objectifs de développer les bases de la motivation de l'ensemble des jeunes entrant dans le BTP, quel que soit leur statut, de les mettre en perspective de réussite, de réduire les erreurs d'orientation, de contribuer à la qualité du recrutement, d'améliorer l'image du BTP par le sérieux et le professionnalisme qu'impose cet axe dans cette phase importante et délicate au moment des choix et de l'engagement des jeunes et des entreprises formatrices.

2. Un inventaire des initiatives sera fait. Les CPREF seront invitées à donner leur appréciation sur l'existant et leurs idées sur la mise en oeuvre de cet axe n° 1.

3. Sur le fond, la profession, unanime, considère qu'elle est légitime pour créer un " dispositif professionnel ", autonome, assurant un " service de proximité ", mettant en oeuvre un " cahier des charges " défini et contrôlé par elle, dont la mission sera d'apporter " un appui en amont " de la signature aux 2 contractants du contrat ou avant l'entrée en formation.

4. Le cahier des charges préparé par le CCCA-BTP validé par les partenaires sociaux sera mis en oeuvre par des " opérateurs " dans le cadre d'une " relation " organisée par l'ERL-GDA qui détiendra le cahier des charges. L'ensemble étant impulsé et " contrôlé " par la CPREF.

2e axe de progrès

Qualité de l'accueil et de la formation des jeunes

En vigueur étendu

2e axe de progrès

"Qualité de l'accueil et de la formation des jeunes"

Mise en oeuvre

Les partenaires sociaux du BTP affichent leur grande ambition dans ce " 2e axe de progrès " en proposant une démarche de qualité aux entreprises et à leurs salariés. La mise en oeuvre de la mobilisation professionnelle et de l'information devra en être d'autant plus volontariste et minutieuse.

Les points d'accord :

La profession signe un accord spécifique et fait procéder à son extension pour :

1. Que la " charte du maître d'apprentissage " fasse partie intégrante de l'ensemble des accords relatifs au projet de la profession et devienne un des éléments du contrat d'apprentissage.

2. Que dans le secteur du bâtiment, " l'indemnité de fonction " devienne un élément de la rémunération du salarié quand il effectue sa mission de maître d'apprentissage.

Dans le secteur des travaux publics, le maître d'apprentissage bénéficie de la prime prévue dans les conditions fixées par l'accord collectif national du 23 septembre 2003 relatif au développement du tutorat.

Concernant le titre de maître d'apprentissage :

- Les CPREF fixeront les objectifs quantitatifs adaptés à leur région, après recensement du nombre de maîtres d'apprentissage concernés. S'agissant du secteur du bâtiment, elles programmeront les réalisations en donnant la priorité aux salariés formant les jeunes préparant un BP et un bac pro.

- Les CPREF seront habilitées à délivrer le titre de " maître d'apprentissage confirmé ".

- Dans le secteur du bâtiment, le titre de maître d'apprentissage confirmé devenant obligatoire, un énorme travail d'information des entreprises, des salariés et, si besoin est, de formation des salariés sera nécessaire.

- Le travail d'information, d'instruction des dossiers, d'accompagnement, de rendu compte sera réalisé par l'ERL-GDA.

- Concernant le secteur des travaux publics, l'obtention du titre de maître d'apprentissage confirmé permet l'accès à l'ordre des tuteurs des TP, conformément aux dispositions de l'accord collectif du 23 septembre 2003 conclu entre les partenaires sociaux des travaux publics.

En résumé :

1. La mise en oeuvre de ce " 2e axe de progrès " a pour objectifs de créer les bases d'une formation de qualité dans les entreprises, de générer une plus grande implication des chefs d'entreprise, de responsabiliser plus fortement les salariés maîtres d'apprentissage tout en reconnaissant leur mission, et en la promouvant.

2. Les CPREF voient leur rôle d'impulsion, de programmation, de contrôle et d'évaluation renforcé auquel s'ajoute la responsabilité de délivrer les titres de maîtres d'apprentissage.

3. La profession confie au CCCA-BTP, sous l'impulsion et le contrôle des CPREF, la mise en oeuvre de ce " 2e axe de progrès " , notamment pour instruire les demandes, élaborer les stratégies d'information des entreprises et des salariés, les accompagner...

4. Le cahier des charges de mise en oeuvre relatif à ce 2e axe de progrès sera préparé, validé par les partenaires sociaux avant d'être confié aux CPREF.

3e axe de progrès

Qualité de l'accueil et de la formation en CFA

En vigueur étendu

3e axe de progrès

"Qualité de l'accueil et de la formation en CFA"

Mise en oeuvre

Les partenaires sociaux du BTP établissent un parallèle avec la qualité de la formation en entreprise en se préoccupant de la qualité de la formation dispensée en CFA et dans les autres établissements de formation initiale.

Indépendamment des critères réglementaires de recrutement, la branche propose ses propres exigences de niveau de compétences et d'expertise professionnelle des enseignants du domaine professionnel, en fixant la nature, la qualité et la durée de l'expérience requise.

Ce 3e axe de progrès a aussi pour objectifs :

- de renforcer la qualité des enseignements professionnels, correspondant par ailleurs à la reprofessionnalisation des diplômes du BTP ;

- d'élever le niveau de professionnalisme des enseignants, de développer plus fortement leurs liens avec les entreprises et leurs capacités à prendre en compte les réalités du travail des apprentis et des lycéens effectuant des périodes de formation en entreprise.

Les points d'accord :

L'expérience de 5 ans :

- Dans un ou des emplois en rapport direct avec la qualification visée par la préparation du diplôme dans le domaine professionnel (cours d'atelier, technologie et dessin). Exemple : pour les CAP, BEP, BP, bac pro, une expérience réelle du chantier et de l'atelier.

- A terme, le certificat de maîtrise professionnelle que le BTP a créé par accord collectif en 2000 sera une des qualifications de référence, complémentaire aux critères réglementaires, pour le recrutement de ces enseignants.

Les périodes d'activités professionnelles en entreprise :

- Elles devront s'effectuer dans un cadre contractuel parfaitement précisé entre l'intéressé, l'établissement et l'entreprise. " Le cahier des charges " des périodes d'activités professionnelles en entreprise et " le contrat de leur réalisation " seront réalisés et validés par le CCCA-BTP. De même, le réinvestissement dans les cours des acquis de ces périodes d'activités professionnelles en entreprise sera organisé.

- Cette initiative, impulsée politiquement par les CPREF, est mise en oeuvre régionalement. Toutes les questions touchant à la programmation, la détermination du nombre de bénéficiaires, le financement et le suivi de ces opérations seront préparées et organisées par l'ERL-GDA en concertation avec les établissements et sous contrôle de la CPREF.

Le rôle de la profession :

- La profession apportera, au niveau local, dans le cadre d'une coordination régionale, son appui au recrutement d'enseignants ayant 5 ans d'expérience. En cas de nécessité, elle apportera une aide personnalisée pour l'acquisition du complément de cette expérience réelle de 5 ans. Elle contribuera à la mise en oeuvre des périodes d'activités en entreprise.

- Les partenaires sociaux mandateront leurs représentants dans les conseils d'administration des CFA pour mettre en oeuvre leurs deux exigences liées à l'expérience et aux périodes d'activités professionnelles en entreprises. La profession facilitera ces opérations pour les enseignants du domaine professionnel des autres établissements d'enseignement professionnel et de formation.

4e axe de progrès

Qualité des examens.

En vigueur étendu

4e axe de progrès

"Qualité des examens"

Mise en oeuvre

Au regard des conventions collectives et du nombre très important de candidats, les diplômes du BTP et les examens constituent des repères collectifs pour l'ensemble des entreprises, des salariés et des jeunes.

Partenaires des autorités académiques, les organisations d'employeurs et de salariés réunies au sein des branches du BTP entendent apporter leur concours au bon fonctionnement des jurys, à la qualité des épreuves professionnelles et du contrôle en cours de formation. Le BTP rappelle son attachement aux diplômes, certifications et titres professionnels.

Au travers de cette initiative, la branche veut solutionner les difficultés constatées liées aux contraintes de temps, à l'indemnisation et au manque de préparation des membres de jury, aux épreuves inadaptées.

Cet axe de progrès n° 4 a pour objectifs :

- de faire fonctionner les jurys comme ils le doivent, en réunissant les conditions matérielles d'accompagnement nécessaires à la participation des employeurs et des salariés à toutes les phases qui les concernent ;

- de permettre à la profession de participer à la production de sujets d'épreuves ;

- de rassembler les moyens pour que les épreuves professionnelles permettent d'apprécier les compétences en rapport avec les exigences du diplôme, du titre ou du certificat préparés ;

- d'accompagner la mise en oeuvre du CCF (contrôle en cours de formation).

Les points d'accord :

Le dispositif de mise en oeuvre :

1. Une organisation régionale est à prévoir pour :

- construire des relations permanentes avec les autorités académiques ;

- veiller aux bonnes conditions de participation des professionnels aux jurys ;

- animer la cohérence entre les membres de jurys d'une même région ;

- affecter les moyens mis à disposition par la profession ;

- préparer et impliquer les employeurs et les salariés à réussir le contrôle en cours de formation.

2. Ce dispositif " professionnel " et " autonome " sera conçu pour permettre de prendre part progressivement à tous les examens professionnels du BTP. Il concernera tous les candidats. Il pourra évoluer en fonction des besoins de la profession en matière de certification.

Les moyens :

3. Il s'agit de mettre à disposition de la profession organisée au niveau régional des moyens financiers suffisants pour qu'elle réalise les actions suivantes

- prendre en charge les frais liés aux missions des professionnels dans les commissions, les jurys, les phases de conception d'épreuves d'examens ;

- former, animer les professionnels employeurs et salariés membres des jurys.

4. Une part des ressources nationales du CCCA-BTP sera affectée à ces missions. Elle permettra de rechercher des financements complémentaires aux financements publics et à ceux de la profession.

5e axe de progrès

Qualité de l'accompagnement professionnel en cours d'apprentissage.

En vigueur étendu

5e axe de progrès

Qualité de l'accompagnement professionnel en cours d'apprentissage

Mise en oeuvre

Cet axe de progrès a pour objectif de créer des conditions supplémentaires de réussite, d'une part, du contrat d'apprentissage et, d'autre part, de l'entrée des jeunes dans le BTP.

Les organisations syndicales d'employeurs et de salariés du BTP rappellent, unanimement et avec force, l'attention qu'elles portent à la mise en oeuvre de cet accompagnement qui vise aussi à la socialisation et au développement personnel des jeunes.

Elles donnent à cet accompagnement de tout jeune qui le souhaite deux dimensions : la veille sur ses difficultés et l'attention à son épanouissement personnel.

Les points d'accord :

- La profession ne crée pas des dispositifs nouveaux. Il s'agit de prendre les mesures de généralisation d'une politique de qualité à l'égard des jeunes, en s'appuyant sur les outils et moyens existants. La profession a une mission d'impulsion, de définition d'un cahier des charges précis pour cet accompagnement " hors des cours " ;

- Le premier support pour mettre en oeuvre cette politique est le conseil de perfectionnement des établissements de formation préparant aux métiers du BTP, par lequel la profession, paritairement, écoute les jeunes, impulse des progrès, veille à leur évolution, favorise les liens avec les autres organismes de la profession.

- Les organisations d'employeurs et de salariés du BTP, représentatives au niveau national, veilleront à ce que ces conseils vivent réellement. Elles désigneront et mandateront leurs représentants pour que ceux-ci apportent effectivement l'impulsion professionnelle indispensable à la mise en oeuvre de cet axe de progrès, notamment à travers l'identification d'une fonction d'accompagnement au sein des établissements.

Dans le cadre du réseau du CCCA-BTP, seront examinées :

- l'analyse des besoins ;

- l'exploration des moyens d'actions et les interfaces locales à créer ;

- les contractualisations au nom de la profession avec les organismes appropriés ;

- l'impulsion dans les conseils de perfectionnement ;

- la coordination de ces missions, notamment entre les acteurs ;

- la mutualisation des initiatives.

Les organisations d'employeurs et de salariés retiennent une première liste, non exhaustive, de domaines et de propositions qui doivent rester simples à mettre en oeuvre ;

- contacts avec des associations qui offrent des garanties pour traiter certains sujets ;

- approches des risques de la jeunesse (alcoolisme, drogue...) ;

- sécurité de la route et de la vie domestique ;

- sécurité au travail, prévention des risques professionnels ;

- formation et accès aux brevets de secourisme et autres ;

- approches des questions de santé, de pathologie ;

- découverte de l'environnement professionnel et syndical ;

- découverte et rencontres des institutions de la profession ;

- accès aux informations sociales, professionnelles et syndicales ;

- ouverture aux activités culturelles locales ;

- actions de développement personnel, éducation à la citoyenneté et à la responsabilité ;

- activités sportives, individuelles et collectives...

6e axe de progrès

Qualité de l'intégration professionnelle

En vigueur étendu

6e axe de progrès

"Qualité de l'intégration professionnelle"

Mise en oeuvre

La profession s'engage à encourager les jeunes formés aux métiers du BTP à rester dans le BTP, étant entendu que leur liberté de choix est garantie. Autrement dit, tout jeune formé qui le souhaite ne reste pas sans aide dans sa recherche d'emploi.

Le fil de continuité est ainsi créé du 1er axe (entrée), à travers le 5e axe (accompagnement du développement personnel et professionnel) jusqu'à l'intégration accompagnée pour ceux qui le souhaitent (6e axe) ;

Il s'agit pour la profession d'offrir aux jeunes, pendant les 2 ans qui suivent leur formation initiale, un point organisé d'information et d'appui, identifié BTP, portant un même nom sur l'ensemble du territoire, chargé de favoriser leur intégration professionnelle et leur évolution de carrière.

Les points d'accord :

- il s'agit de recenser, suivre, accompagner les jeunes qui n'ont pas d'employeurs en fin de formation. La finalité de l'action est donc l'emploi ou la poursuite de la formation pour l'évolution des compétences ;

- c'est d'abord un accès à l'information des ressources disponibles ;

- c'est l'occasion de faire procéder à un bilan par rapport aux préconisations qui avaient été fixées au 1er axe ; et de dégager une perspective de carrière ;

- ces éléments seront rassemblés dans un livret d'accueil et de suivi, pouvant être intitulé " Passeport ", qui sera le témoin reprenant par exemple le CV enrichi, le relevé des actes significatifs du parcours professionnel et de formation. Un projet sera préparé par le CCCA-BTP et validé par les partenaires sociaux du BTP ;

- proposer - à l'aide d'un service internet - une bourse d'emploi aux jeunes, aux CFA, aux lycées, aux entreprises ;

- recenser, avec les organisations professionnelles, les offres des entreprises ;

- la CPREF assurera la coordination de l'action des CFA, des lycées, des entreprises, des organisations professionnelles et autres partenaires. Il s'agit de structurer une offre de service aux jeunes formés ;

- le cadre de cette offre fera l'objet d'un cahier des charges national et suggérera d'utiliser des dispositifs tels que le bilan de compétences, la maîtrise professionnelle...

- les CPREF impulseront la mise en place d'un tel dispositif adapté aux caractéristiques et ressources régionales et locales. Elles apprécieront régulièrement le résultat des actions entreprises.

Champ d'application de l'accord du 13 juillet 2004

En vigueur étendu

Activités visées sur le territoire national, y compris les départements d'outre-mer (Antilles, Guyane, Réunion) :

A. - Bâtiment

2106. Construction métallique.

Sont uniquement visés les ateliers de production et montage d'ossatures métalliques pour le bâtiment (+).

2403. Fabrication et installation de matériel aéraulique thermique et frigorifique.

Sont visées : les entreprises de fabrication et d'installation d'appareils de chauffage, ventilation et conditionnement d'air (+).

5510. Travaux d'aménagement de terres et des eaux voirie, parcs et jardins.

Sont visées :

- pour partie, les entreprises générales de bâtiment ;

- les entreprises de bâtiment effectuant des travaux d'aménagement des terres et des eaux, de VRD, de voirie et dans les parcs et jardins.

5512. Travaux d'infrastructure générale.

Sont visées : pour partie, les entreprises générales de bâtiment ; les entreprises de bâtiment effectuant des travaux d'infrastructure générale.

5520. Entreprises de forages, sondages, fondations spéciales.

Sont visées dans cette rubrique :

- pour partie, les entreprises générales de bâtiment ; les entreprises de bâtiment effectuant des forages, sondages ou des fondations spéciales ainsi que :

- les entreprises de maçonnerie, de plâtrerie, de travaux en ciment, béton, béton armé pour le bâtiment ;

- les entreprises de terrassement et de démolition pour le bâtiment ;

- les entreprises de terrassement et de maçonnerie pour le bâtiment, fondations par puits et consolidation pour le bâtiment.

5530. Construction d'ossatures autres que métalliques.

Sont visées : pour une partie, les entreprises générales de bâtiment ; les entreprises de bâtiment effectuant des travaux de construction d'ossatures autres que métalliques, demandant du fait de leurs dimensions ou du procédé utilisé une technicité particulière (par exemple, charpentes d'immeubles de 10 étages et plus).

5531. Installation industrielles, montage-levage.

Sont visées :

- pour partie, les entreprises générales de bâtiment ; les entreprises de bâtiment effectuant des travaux d'installations industrielles ou de montage-levage, ainsi que :

- les entreprises de constructions et d'entretiens de fours industriels et de boulangerie en maçonnerie et en matériaux réfractaires de tous types ;

- les entreprises de construction de cheminées d'usine.

5540. Installation électrique.

A l'exception des entreprises d'installation électrique dans les établissements industriels, de recherche radio-électrique et de l'électronique sont visées :

- les entreprises spécialisées dans l'équipement électrique des usines et autres établissements industriels (à l'exception de celles qui, à la date de la publication de l'arrêté portant extension du présent accord, appliquaient un autre accord collectif ayant le même objet) ;

- pour partie, les entreprises de couverture-plomberie et chauffage ;

- les entreprises de plomberie, chauffage et électricité ;

- les entreprises d'installations d'électricité dans les locaux d'habilitation, magasins, bureaux, bâtiments industriels et autres bâtiments ;

- les entreprises de pose d'enseignes lumineuses.

5550. Construction industrialisée.

Sont visées : pour partie, les entreprises générales de bâtiment ;

- les entreprises de bâtiment réalisant des constructions industrialisées ;

- les entreprises de fabrication et pose de maisons métalliques (+).

5560. Maçonnerie et travaux courants de béton armé.

Sont visées : pour partie, les entreprises générales de bâtiment ;

- les entreprises de bâtiment effectuant de la maçonnerie et des travaux courants de terrassement, de fondation et de démolition.

5570. Génie climatique.

Sont visées :

- les entreprises de couverture-plomberie et chauffage ;

- les entreprises d'installations de chauffage et d'électricité ;

- les entreprises de fumisterie de bâtiment, ramonage, installations de chauffage et de production d'eau chaude ;

- les entreprises d'installation de chauffage central, de ventilation, de climatisation ou d'isolation thermique, phonique et antivibratile.

5571. Menuiserie, serrurerie.

A l'exclusion des entreprises de fermetures métalliques dont l'activité se limite à la fabrication, sont notamment visées :

- les entreprises de charpente en bois ;

- les entreprises d'installation de cuisine ;

- les entreprises d'aménagements de placards ;

- les entreprises de fabrication et pose de parquets (à l'exception des parquets mosaïques) ;

- les entreprises de menuiserie du bâtiment (menuiserie bois, métallique intérieure, y compris les murs-rideaux) (pose associée ou non à la fabrication) ;

- les entreprises de charpente et de maçonnerie associées ;

- les entreprises de serrurerie intérieure et extérieure du bâtiment (fabrication, pose et réparation) (+) ;

- les entreprises de pose de petite charpente en fer pour le bâtiment ;

- les entreprises de pose de clôtures ;

- les entreprises de ferronnerie pour le bâtiment (fabrication et pose associée) (+) (balcons, rampes d'escalier, grilles ..) ;

- les entreprises de fourniture d'armatures métalliques préparées pour le béton armé (+).

5572. Couverture, plomberie, installations sanitaires.

Sont visées :

- les entreprises de couverture, plomberie (avec ou sans installation de chauffage) ;

- les entreprises de couverture en tous matériaux ;

- les entreprises de plomberie, installation sanitaire ;

- les entreprises d'étanchéité.

5573. Aménagements. - Finitions.

Sont notamment visées :

- les entreprises de construction et d'installation de stands pour les foires et expositions ;

- les entreprises de fabrication de maquettes et plans en relief ;

- les entreprises de plâtrerie, staff, cloisons en plâtre, plafonnage, plafonds en plâtre ;

- les entreprises de fabrication à façon et pose de menuiserie du bâtiment ;

- les entreprises de peinture de bâtiment, décoration ;

- les entreprises d'installations diverses dans les immeubles (notamment pose de linoléums et autres revêtements plastiques ..) ; pour les entreprises de pose de vitres, de glaces, de vitrines (+) ;

- les entreprises de peinture, plâtre, vitrerie (associés) ;

- les entreprises d'installation et d'aménagement des locaux commerciaux (magasins, boutiques, devantures, bars, cafés, restaurants, vitrines...) ; cependant pour l'installation et l'aménagement des locaux commerciaux à base métallique (+).

- les entreprises de pose de paratonnerre (à l'exception de la fabrication) ;

- les entreprises de travaux d'aménagements spéciaux (installations de laboratoires, revêtements de sols et de murs en tous matériaux, calfeutrements métalliques, couvre-marches), à l'exclusion de la fabrication et de l'installation de matériel de laboratoire.

8708. Service de nettoyage.

Sont visées, pour partie, les entreprises de ramonage.

Cas des entreprises mixtes bâtiment et travaux publics

Pour l'application du présent accord, est considérée comme entreprise mixte bâtiment et travaux publics, celle dont les activités sont partagées entre, d'une part, une ou plusieurs activités bâtiment, telles qu'elles sont énumérées dans la présente annexe et, d'autre part, une ou plusieurs activités travaux publics, telles qu'elles sont définies par la nomenclature INSEE NAP - 1973.

1. Le présent accord sera appliqué par les entreprises mixtes bâtiment et travaux publics, lorsque le personnel effectuant des travaux correspondant à une ou plusieurs activités bâtiment, telles qu'elles sont énumérées dans la présente annexe, représente au moins 60 % de l'ensemble du personnel de l'entreprise.

2. Lorsque le personnel effectuant des travaux correspondant à une ou plusieurs activités bâtiment se situe entre 40 et 60 % de l'ensemble du personnel, les entreprises mixtes bâtiments et travaux publics peuvent opter, après accord des représentants du personnel, entre l'application du présent accord et l'application de l'accord travaux publics.

Cette option sera portée à la connaissance du personnel dans un délai de 3 mois à compter soit de la publication de l'arrêté portant extension du présent accord, soit, pour les entreprises créées postérieurement, de la date de leur création.

3. Lorsque le personnel d'une entreprise mixte effectuant des travaux correspondant à une ou plusieurs activités bâtiment représente moins de 40 % de l'ensemble du personnel, le présent accord n'est pas applicable.

4. Les entreprises mixtes visées aux paragraphes 1 et 3 ci-dessus pourront continuer d'appliquer l'accord qu'elles appliquaient à la date du présent accord.

Cas des entreprises de menuiseries métallique

ou de menuiserie et fermetures métalliques

Est également incluse dans le champ d'application l'activité suivante, classée dans le groupe ci-dessous :

2107. Menuiserie métallique de bâtiment.

Toutefois, l'extension du présent accord ne sera pas demandée pour cette activité.

Il est sera de même pour la fabrication et la pose associées de menuiserie et de fermetures métalliques classées dans le groupe 5571.

B. - Travaux publics

5510. Travaux d'aménagement des terres et des eaux, voirie, parcs et jardins.

Sont visées les entreprises qui effectuent des travaux d'aménagement des terres et des eaux, voirie, parcs et jardins notamment :

- exécution de travaux de voirie en zone urbaine ou rurale :

- voirie urbaine ;

- petits travaux de voirie ;

- VRD, chaussées pavées, bordures ;

- signalisation ;

- aménagements d'espaces verts :

- plantations ornementales (pelouses, abords de routes...) ;

- terrains de sports ;

- aménagement de terrains de culture, remise en état du sol :

- drainage, irrigation ;

- captage par puits ou autre ;

- curage de fossés ;

- exécution d'installations d'hygiène publique :

- réseaux d'adduction et de distribution d'eau et de fluides divers par canalisations sous pression ;

- réseaux d'évacuation des eaux usées et pluviales, égouts ;

- stations de pompage ;

- stations d'épuration et de traitement des eaux usées ;

- abattoirs ;

- stations de traitement des ordures ménagères.

5511. Construction de lignes de transport d'électricité.

Sont visées les entreprises qui effectuent des travaux de construction de lignes de transport d'électricité y compris les travaux d'installation et de montage de postes de transformation, d'armoires de distribution et de groupes électrogènes qui y sont liés (+) :

- construction de lignes de très haute tension ;

- construction de réseaux haute et basse tension ;

- éclairage rural ;

- lignes aériennes de traction électrique et caténaires ;

- canalisations électriques autres qu'aériennes ;

- construction de lignes pour courants faibles (télécommunications et centraux téléphoniques) ;

- lignes de distribution ;

- signalisation, éclairage public, techniques de protection ;

- chauffage de routes ou de pistes ;

- grands postes de transformation ;

- centrales et installations industrielles de haute technicité.

5512. Travaux d'infrastructure générale.

Sont visées les entreprises qui effectuent des travaux d'infrastructure générale demandant le plus souvent une modification importante du sol ou destinés aux grandes communications, notamment :

- terrassement en grande masse ;

- démolition ou abattage par procédés mécaniques, par explosif ou par fusion thermique ;

- construction et entretien de voies ferrées et de leurs structures annexes ;

- travaux en site maritime ou fluvial :

- dragage et déroctage ;

- battage de pieux et palplanches ;

- travaux subaquatiques ;

- mise en place, au moyen d'engins flottants, d'éléments préfabriqués, en impression ou en élévation ;

- travaux souterrains ;

- travaux de pose de canalisations à grande distance pour distribution de fluide, liquide, gazeux et de réseaux de canalisations industrielles.

5513. Construction de chaussées.

Sont visées les entreprises effectuant des travaux de construction des chaussées de route de liaison, de pistes d'aérodromes et de voies de circulation ou de stationnement assimilables à des routes dans les ensembles industriels ou commerciaux, publics ou privés, ainsi que les plates-formes spéciales pour terrains de sport :

- terrassement sous chaussée ;

- construction des corps de chaussée ;

- couche de surface (en enrobés avec mise en oeuvre seule ou fabrication et mise en oeuvre, asphaltes coulés, enduits superficiels ..) ;

- mise en oeuvre de revêtement en béton de ciment ;

- rabotage, rectification et reprofilage ;

- travaux annexes (signalisation, horizontale, barrières de sécurité ..).

5520. Entreprises de forage, sondage, fondations spéciales.

Sont visées les entreprises effectuant des travaux de :

- fondation et consolidation des sols par ouvrages interposés :

pieux, puits, palplanches, caissons...

- traitement des sols :

- injection, congélation, parois moulées ;

- rabattement de nappe, béton immergé... ;

- reconnaissance des sols : forages et sondages de toute nature et par tout procédé (y compris forages pétroliers).

5530. Construction d'ossatures autres que métalliques.

Sont visées les entreprises qui effectuent des travaux de construction d'ossatures autres que métalliques, notamment en béton armé ou précontraint, demandant du fait de leurs dimensions ou du procédé une technicité particulière, par exemple :

- barrages ;

- ponts, ouvrages de croisement à plusieurs niveaux ;

- génie civil d'unités pour la sidérurgie, la chimie ;

- silos, réfrigérants hyperboliques, cheminées en béton ;

- réservoirs, cuves, châteaux d'eau ;

- coupoles, voiles minces ;

- piscines, bassins divers ;

- étanchéité.

5531. Installations industrielles. - Montage. - Levage.

Sont visées pour partie les entreprises de travaux publics et de génie civil qui effectuent des travaux d'installation, de montage ou de levage d'ouvrages de toute nature, notamment métalliques, exécutés en site terrestre, fluvial ou maritime, par exemple :

- ponts fixes ou mobiles ;

- vannes de barrage ;

- portes d'écluses, élévateurs et ascenseurs à bateaux ;

- ossature de charpentes industrielles, de centrales thermiques ou nucléaires ;

- ossatures de halls industriels ;

- installations pour la sidérurgie ;

- pylônes, téléphériques ;

- éléments d'ouvrages préfabriqués.

5540. Installation électrique.

A l'exception des entreprises d'installation électrique dans les établissements industriels, de recherche radioélectrique et de l'électronique, sont visées :

Les entreprises qui effectuent des travaux (+) :

- d'éclairage extérieur, de balisage ;

- d'installation et de montage de postes de transformation, d'armoires de distribution et de groupes électrogènes (non liés à la construction de lignes de transport d'électricité) ;

- et pour partie, d'installations industrielles de technique similaire (à l'exception de celles qui, à la date de l'arrêté d'extension, appliquaient une autre convention collective que celles des travaux publics).

5550. Construction industrialisée.

Sont visées, pour partie, les entreprises de travaux publics et de génie civil réalisant des ouvrages ou partie d'ouvrages par assemblage d'éléments préfabriqués métalliques ou en béton, par exemple :

- poutres de pont ;

- voussoirs pour tunnel...

5560. Maçonnerie et travaux courants de béton armé.

Sont visées, pour partie, les entreprises exerçant des activités de génie civil non classées dans les groupes précédents et les entreprises de travaux publics effectuant de la maçonnerie, de la démolition et des travaux courants de béton armé, de terrassement et de fondation.

5570. Génie climatique.

Sont visées, pour partie, les entreprises de travaux publics et de génie civil effectuant des travaux d'application thermique et frigorifique de l'électricité (+).

(+) Clause d'attribution.

Les activités économiques pour lesquelles a été prévue la présence clause d'attribution seront soumises aux règles suivantes :

1. Le présent accord sera appliqué lorsque le personnel concourant à la pose y compris le personnel des bureaux d'études, les techniciens, la maîtrise... (le personnel administratif et le personnel dont l'activité est mal délimitée restant en dehors du calcul) - représente au moins 80 % de l'activité de l'entreprise caractérisée par les effectifs respectifs.

2. Lorsque le personnel concourant à la pose au sens ci-dessus se situe entre 20 % et 80 %, les entreprises peuvent opter entre l'application du présent accord et l'application de la convention collective correspondant à leurs autres activités, après accord avec les représentants des organisations signataires du présent accord ou, à défaut, des représentants du personnel.

Cette option sera portée à la connaissance du personnel dans un délai de 1 mois à compter soit de la publication de l'arrêté portant extension du présent accord, soit, pour les entreprises créées postérieurement, de la date de leur création.

3. Lorsque le personnel concourant à la pose au sens ci-dessus représente moins de 20 %, le présent accord n'est pas applicable.

Toutefois, les entreprises visées aux paragraphes 1 et 3 ci-dessus pourront continuer d'appliquer la convention collective qu'elles appliquaient à la date de publication de l'arrêté portant extension du présent accord.

Cas des entreprises mixtes de travaux publics

Pour l'application du présent accord, est considérée comme entreprise mixte travaux publics et bâtiment celle dont les activités sont partagées entre, d'une part, une ou plusieurs activités travaux publics, telles qu'elles sont énumérées dans la présente annexe et, d'autre part, une ou plusieurs activités bâtiment, telles qu'elles sont définies par la nomenclature INSEE NAP-1973.

1. Le présent accord sera appliqué par les entreprises mixtes travaux publics et bâtiment lorsque le personnel effectuant des travaux correspondant à une ou plusieurs activités travaux publics, telles qu'elles sont énumérées dans la présente annexe, représente au moins 60 % de l'ensemble du personnel de l'entreprise.

2. Lorsque le personnel effectuant des travaux correspondant à une ou plusieurs activités travaux publics se situe entre 40 et 60 % de l'ensemble du personnel, les entreprises mixtes travaux publics et bâtiment peuvent opter, après accord des représentants du personnels, pour l'application du présent accord.

Cette option sera portée à la connaissance du personnel dans un délai de 3 mois à compter soit de la publication de l'arrêté portant extension du présent accord, soit, pour les entreprises créées postérieurement, de la date de leur création.

3. Lorsque le personnel d'une entreprise mixte effectuant des travaux correspondant à une ou plusieurs activités travaux publics représente moins de 40 % de l'ensemble du personnel, le présent accord n'est pas applicable.

4. Les entreprises mixtes visées aux paragraphes 1 et 3 ci-dessus pourront continuer d'appliquer la convention collective qu'elles appliquaient à la date du présent accord.

Accord du 8 février 2005 relatif au statut de l'apprenti

Fédération nationale des sociétés coopératives du BTP (FNSCOP) ;

Fédération française du bâtiment (FFB) ;

Fédération nationale des travaux publics (FNTP),

Fédération nationale des salariés de construction et du bois CFDT ;

Fédération BATIMAT-TP CFTC ;

Fédération générale Force ouvrière du BTP et ses activités annexes CGT-FO ;

Syndicat national CFE-CGC-BTP.

En vigueur étendu

Considérant :

- que l'apprentissage est une filière pour préparer et fidéliser des jeunes aux métiers du BTP ;

- que cette voie, qui représente 40 % des effectifs de formation initiale dans le secteur, est essentielle et indispensable au renouvellement des personnels y compris d'encadrement et à celui des chefs d'entreprises du BTP ;

- le nombre important d'apprentis dans le secteur du BTP ;

- l'évolution des besoins personnels et sociaux des jeunes ;

Prenant en compte les nouvelles dispositions de la loi de cohésion sociale adoptée le 20 décembre 2004.

Conviennent, par cet accord, d'améliorer le statut des apprentis des professions du bâtiment et des travaux publics.

L'engagement de la profession.

Article 1
En vigueur étendu

Le 13 juillet 2004, les organisations d'employeurs et de salariés du BTP, unanimement, ont signé 2 accords extrêmement importants pour améliorer la qualité de la formation par l'apprentissage.

En définissant 6 axes de progrès à mettre en oeuvre progressivement avec l'expertise et les moyens du CCCA-BTP, sous l'impulsion et le contrôle des CPREF (commissions paritaires régionales de l'emploi et de la formation), les partenaires sociaux ont donné un nouvel élan à leur politique de qualité de la formation dispensée en CFA et dans les entreprises.

A cet égard, ils ont rendu obligatoire la formation, la certification, l'engagement moral et l'indemnisation des maîtres d'apprentissage dans le bâtiment et ils ont décidé de développer la formation des tuteurs dans les travaux publics. Dans le bâtiment, plusieurs dizaines de milliers de salariés sont concernés par cette décision qui fait l'objet d'un accord spécifique étendu. Des moyens importants de formation continue seront donc consacrés à cette fin.

Rémunération - Indemnités.

Article 2
En vigueur étendu
2.1. Les salaires

Les signataires décident de porter les minima nationaux des rémunérations des apprentis aux taux figurant dans le tableau ci-après.

ANNÉE d'apprentissage	MOINS DE 18 ANS	18 À 20 ANS	21 ANS ET PLUS
	Pourcentage du SMIC		Pourcentage du SMIC ou minimum conventionnel (1)
1re année	40 %	50 %	55 %
2e année	50 %	60 %	65 %
3e année	60 %		80 %
(1) Pourcentage du SMIC ou du minimum conventionnel correspondant à l'emploi effectivement occupé s'il est plus favorable.			

En cas de contrats successifs, avec le même employeur ou avec un nouvel employeur des branches du BTP, la rémunération du nouveau contrat ne pourra être inférieure à celle de la dernière année du contrat précédent.

2.2. Les indemnités

Les partenaires sociaux rappellent que les apprentis, lorsqu'ils sont en entreprise, ont les mêmes droits et avantages que les salariés du BTP fixés par les conventions collectives nationales et le cas échéant, par les accords d'entreprise ou d'établissement, notamment en ce qui concerne les indemnités de repas et de déplacements.

Lorsqu'ils sont en CFA, il est constaté des écarts dans l'indemnisation des familles ou des jeunes en matière de repas, de transport et d'hébergement. Ces écarts proviennent des prises en charge très disparates de la part des conseils régionaux, des conseils généraux et des associations gestionnaires de CFA.

Les parties signataires du présent accord chargent les CPREF d'agir auprès de ces partenaires pour obtenir la gratuité des repas, du transport et de l'hébergement.

Les CPREF examineront régulièrement la situation dans chaque CFA de leur champ d'intervention. Elles disposeront d'éléments comparatifs consolidés fournis par le CCCA-BTP. Elles effectueront les démarches qui s'imposent auprès des collectivités territoriales (notamment dans le cadre des contrats d'objectifs et de moyens) et des associations gestionnaires des CFA, afin de réduire les difficultés matérielles rencontrées par un certain nombre d'apprentis.

Le CCCA-BTP apportera son expertise et son soutien dans la négociation avec les conseils régionaux et généraux. Il prendra les dispositions nécessaires pour garantir, entre les apprentis, un même niveau de charges induites par leur formation en CFA, au moyen de la taxe qu'il collecte auprès des entreprises du BTP.

Les avantages dont bénéficient les apprentis du BTP.

Article 3
En vigueur étendu

3.1. L'action sociale des branches du BTP

Les apprentis du BTP ont accès aux mêmes dispositions sociales et bénéficient du même régime de prévoyance que les salariés du BTP, notamment en matière de congés payés et de médecine du travail, d'accès aux centres de vacances, etc.
3.2. L'allocation financée par les institutions
regroupées au sein de PRO-BTP

Les apprentis du BTP peuvent bénéficier de cette allocation sous conditions de ressources établies par le CCCA-BTP et les institutions regroupées au sein de PRO-BTP.
3.3. Les prêts pour l'acquisition d'un véhicule

Les apprentis du BTP pourront bénéficier de prêts pour l'achat d'un véhicule, proposés par les institutions regroupées au sein de PRO-BTP.
3.4. Les aides au logement

Les apprentis du BTP peuvent bénéficier des dispositifs d'aide au logement, au financement desquels participent les entreprises, en matière de dépôt de garantie ou de garantie de paiement de loyers.
3.5. La couverture complémentaire santé

Pour les apprentis non couverts par un contrat collectif d'entreprise, les partenaires sociaux demandent aux institutions regroupées au sein de PRO-BTP de concevoir et de proposer un contrat individuel spécifique à participation facultative à tout titulaire d'un contrat d'apprentissage.

La santé au travail pour tous les apprentis du BTP.

Article 4
En vigueur étendu

4.1. Prévention et sécurité

Les signataires rappellent que la formation à l'hygiène, la prévention et la sécurité est obligatoire et fait partie intégrante des enseignements technologiques, pratiques et généraux dispensés par les CFA, les UFA et les sections d'apprentissage. A cet égard, l'OPPBTP met ses compétences à la disposition des enseignants.
4.2. Les apprentis " Sauveteur - Secouriste du travail " (SST)

Les signataires du présent accord décident que pour améliorer la santé au travail des apprentis, la formation de " Sauveteur - Secouriste du travail " (SST) et la préparation du brevet SST sont obligatoires pour tous les apprentis du BTP. Elles sont effectuées, dans les établissements qu'ils fréquentent, quels que soient leur niveau de formation.
4.3. Prévention des risques liés à l'activité physique
et à l'ergonomie (PRAPE)

Pour améliorer la santé au travail des apprentis, les signataires décident de rendre obligatoire la formation PRAPE.
4.4. Port des charges

Dans le souci de protection de la santé des apprentis, les signataires rappellent que les employeurs sont tenus de respecter l'article R. 234-6 du code du travail relatif au port des charges.

Par ailleurs, l'employeur prendra toutes les mesures d'organisation appropriées ou utilisera les moyens adéquats, et notamment les équipements mécaniques, afin d'éviter le recours à la manutention manuelle des charges par les apprentis.
4.5. Equipements et vêtements

Il appartient à l'employeur de mettre à disposition de l'apprenti et d'assurer le maintien en état, des vêtements et des équipements de protection individuelle appropriés aux risques à prévenir et aux conditions dans lesquelles le travail y est effectué, y compris au cours des périodes de présence en CFA (lorsque celui-ci ne s'en charge pas).

Les entreprises, ou leurs organisations représentatives, veilleront à ce que les articles 4.1, 4.2 et 4.3 ci-avant soient effectivement mis en oeuvre, à l'initiative des CFA, des sections d'apprentissage et des UFA, sur le temps de formation.

La carte d'apprenti.

Article 5
En vigueur étendu

Une carte d'apprenti est délivrée chaque année à l'apprenti par le centre qui assure sa formation.

La carte d'apprenti est valable sur l'ensemble du territoire national. Elle permet à l'apprenti de faire valoir la spécificité de son statut auprès des tiers, notamment en vue d'accéder, le cas échéant, à des réductions tarifaires.

Les organisations d'employeurs et de salariés du BTP décident de favoriser l'accès aux centres de vacances de la profession en demandant aux institutions regroupées au sein de PRO-BTP de proposer des formules de vacances et des tarifs adaptés réservés aux apprentis titulaires de la carte d'apprenti depuis au moins 6 mois.

Le passeport formation.

Article 6
En vigueur étendu

Les organisations d'employeurs et de salariés du BTP feront réaliser un passeport formation conforme aux dispositions qu'elles prendront dans la négociation prévue à cet effet.

Ce passeport contibuera à la mise en oeuvre de l'intégration accompagnée visée dans le 6e axe de progrès pour la formation initiale et l'apprentissage dans le BTP. (Cf. accord du 13 juillet 2004).

Suivi du présent accord.

Article 7
En vigueur étendu

Les parties signataires conviennent de procéder à une évaluation des conditions de mise en oeuvre des dispositions du présent accord, eu égard à leur objectif de fidéliser les apprentis dans la profession. Dans cette perspective, elles demandent aux CPNE conjointes du bâtiment et des travaux publics de leur faire en temps utile, des propositions d'aménagement des dispositions du présent accord.

Champ d'application et extension de l'accord.

Article 8
En vigueur étendu

Les parties signataires demandent l'extension du présent accord auprès du ministre du travail, de l'emploi et de la cohésion sociale.

Le présent accord est applicable à toutes les entreprises du bâtiment et des travaux publics sur le territoire métropolitain ainsi que dans les départements d'outre-mer (DOM).

Les dispositions de l'article 2.1 sont applicables aux contrats d'apprentissage conclus à compter de la date de publication de l'arrêté d'extension du présent accord.

Force obligatoire du présent accord.

Article 9
En vigueur étendu

Les accords régionaux et/ou les accords d'entreprise ou d'établissement relatifs aux statuts des apprentis ne peuvent comporter de clauses dérogeant aux dispositions du présent accord sauf dispositions plus favorables.

.

Avenant n° 1 du 13 novembre 2008 relatif aux compétences des maîtres d'apprentissage

La confédération de l'artisanat et des petites entreprises du bâtiment (CAPEB) ;

La fédération française du bâtiment (FFB) ;

La fédération nationale des sociétés coopératives de production du bâtiment et des travaux publics (FNSCOP-BTP) ;

La fédération nationale des travaux publics (FNTP),

La fédération BATIMAT TP CFTC ;

La fédération générale du BTP et des activités annexes CGT-FO ;

Le syndicat national des cadres, ETAM et assimilés des industries du bâtiment, des travaux publics et des activités annexes et connexes BTP CFE-CGC,

En vigueur étendu

Vu l'accord national du 13 juillet 2004définissant les 6 axes de progrès du « Projet pour la formation initiale et l'apprentissage dans le BTP : l'engagement de la profession » ;

Vu l'ensemble des accords régionaux signés fixant le montant et les modalités relatifs à l'indemnité des maîtres d'apprentissage ;

Vu les dispositions des conventions collectives des ouvriers du bâtiment et des travaux publics,

il a été convenu ce qui suit :

Préambule

De tradition, et compte tenu de leurs particularités, les compétences des métiers du bâtiment et des travaux publics s'acquièrent notamment dans les actes réels de travail.

La réussite d'un jeune en formation dépend pour beaucoup de la qualité de l'accueil et de l'accompagnement dont il bénéficiera en entreprise ou sur chantier.

C'est dire que l'action du maître d'apprentissage dans la formation de l'apprenti sur le lieu de travail est fondamentale.

Il en va de même pour les responsables de stages qui accueillent des lycéens et des étudiants en période de formation en entreprise ou en stage et des tuteurs qui forment des jeunes en contrat de professionnalisation ainsi que tout stagiaire en période d'application en entreprise.

C'est pourquoi, la profession décide de développer la capacité des entreprises à bien accueillir, former, accompagner et fidéliser les jeunes qui effectuent des séjours, des stages, des périodes de formation en entreprise, en particulier des jeunes sous contrat d'apprentissage.

En mettant en place les modalités d'un engagement mutuel de l'apprenti, de l'entreprise, du maître d'apprentissage et du centre de formation, les organisations professionnelles manifestent dans le présent accord leur volonté de développer la capacité des entreprises à bien accueillir, former, accompagner et fidéliser les jeunes qui effectuent des séjours, des stages, des périodes de formation en entreprise, en particulier des jeunes sous contrat d'apprentissage.

Les dispositions de cet accord, qui visent à améliorer et reconnaître les compétences des maîtres d'apprentissage et les conditions d'exercice de leur mission, ont été engagées progressivement.

Afin de garantir une mise en oeuvre du présent accord pour l'ensemble des jeunes et des entreprises du bâtiment dans les meilleures conditions, les organisations d'employeurs et de salariés du BTP décident de poursuivre les démarches engagées et de compléter les dispositions de cet accord pour faciliter la réalisation du parcours des jeunes en apprentissage accueillis dans les entreprises du BTP.

Sous l'impulsion et le contrôle des CPREF, cette mise en oeuvre s'étendra à tous les maîtres d'apprentissage salariés, puis à ceux qui interviennent auprès des jeunes autres que les apprentis, quand les chefs d'entreprise d'accueil le souhaitent.

Enfin, l'ambition de la profession concerne également les maîtres d'apprentissage non salariés.A cet égard, les partenariats locaux seront recherchés pour un déploiement général de cette action qualitative.

I. - Dispositions applicables au secteur du bâtiment

Article 1

En vigueur étendu

Les partenaires sociaux traduisent leur ambition, décrite dans le préambule ci-avant, par la mise en oeuvre de mesures complémentaires relatives aux maîtres d'apprentissage dans le cadre de la formation des apprentis du secteur du bâtiment. Elles sont recommandées dans les autres situations de formation des jeunes :
- formation des maîtres d'apprentissage à leur mission et validation de leurs compétences ou validation des compétences acquises par l'expérience, par la délivrance du titre de maître d'apprentissage confirmé (TMAC) ;
- engagement du salarié désigné maître d'apprentissage, de son employeur et de l'apprenti par la signature de la charte professionnelle, au moment de la signature du contrat d'apprentissage ;
- reconnaissance de l'importance de la mission et de l'engagement par une indemnité versée au maître d'apprentissage confirmé fixée dans le cadre des conventions collectives de branche ou de dispositions spécifiques plus favorables définies dans le cadre d'une politique d'entreprise.

Article 2

En vigueur étendu

Priorités

Les partenaires sociaux proposent à tous les salariés des entreprises du bâtiment assumant la responsabilité de maître d'apprentissage :
- une formation à l'exercice de cette mission prenant en compte les acquis de leur expérience ;
- ou la validation des compétences acquises par l'expérience.
Dans ce cadre, les maîtres d'apprentissage disposent de 1 année, à partir de la signature du contrat d'apprentissage, pour suivre la formation et valider leurs compétences ou pour faire valider les compétences acquises par l'expérience, afin d'obtenir le TMAC, dès lors qu'ils remplissent les conditions légales d'expérience et d'ancienneté.
Les maîtres d'apprentissage encadrant pour la première fois un jeune en contrat d'apprentissage, et qui par conséquent ne remplissent pas les conditions légales d'expérience et d'ancienneté au moment de la signature du contrat, disposent de 2 années à partir de la signature du contrat d'apprentissage pour suivre la formation et faire valider leurs compétences par la délivrance du TMAC.
Les maîtres d'apprentissage du bâtiment titulaires du brevet de maîtrise ou ayant bénéficié d'une formation de tuteur et pouvant attester d'une expérience de 2 ans d'encadrement d'apprentis pourront obtenir, par équivalence, le TMAC auprès de la CPREF, après présentation du dossier de candidature et d'une attestation de formation.

Modalités de financement

La mise en oeuvre du titre de maître d'apprentissage confirmé dans le BTP ayant fait l'objet d'un accord étendu et d'une convention avec le ministère du travail du 29 septembre 1998, les représentants des parties signataires à l'OPCA bâtiment et au FAF.SAB détermineront les modalités appropriées pour prendre en charge les formations et l'accompagnement nécessaires pour l'obtention du TMAC.

Article 3

En vigueur étendu

L'exercice de la fonction de maître d'apprentissage par le salarié titulaire du titre de maître d'apprentissage confirmé ouvre droit dans le secteur du bâtiment, pendant la durée du contrat d'apprentissage de l'apprenti concerné, soit au versement d'une indemnité spécifique fixée par accord régional, soit à l'accès aux dispositions spécifiques plus avantageuses de maître d'apprentissage mises en place dans l'entreprise.
Par exception, l'alinéa ci-dessus s'appliquera également :
- aux maîtres d'apprentissage encadrant un jeune en contrat d'apprentissage et qui obtiennent le TMAC pendant la durée du contrat d'apprentissage ;
- aux maîtres d'apprentissage encadrant un jeune en contrat d'apprentissage pour la première fois, qui ont suivi la formation mais qui ne remplissent pas les conditions légales d'expérience et d'ancienneté au moment de la signature du contrat.
Le montant et les modalités de cette indemnité sont négociés paritairement au niveau régional (1) en application de :
- l'article 1. 3 de la convention collective nationale des ouvriers du bâtiment du 8 octobre 1990 applicable dans les entreprises visées par le décret n° 62-235 du 1er mars 1962, modifié par le décret n° 76-879 du 21 septembre 1976 (c'est-à-dire occupant jusqu'à 10 salariés) ;
- l'article 1. 3 de la convention collective nationale des ouvriers du bâtiment du 8 octobre 1990applicable dans les entreprises non visées par le décret n° 62-235 du 1er mars 1962, modifié par le décret n° 76-879 du 21 septembre 1976 (c'est-à-dire occupant plus de 10 salariés).
Les partenaires sociaux confient à leurs représentants en région le soin d'ouvrir les négociations au plus tard dans les 4 mois qui suivent la signature du présent avenant.

(1) Ou, à défaut, à l'échelon départemental. Dans ce cas, il est souhaitable que la fixation de ce montant intervienne à terme à l'échelon régional.

Article 4

En vigueur étendu

Par nécessité de cohésion de branche sur l'ensemble du territoire, les parties signataires s'engagent à solliciter leurs représentants pour que cette politique se mette effectivement en place à compter de l'extension du présent accord.
Les modalités de mise en oeuvre et de suivi du présent accord sont précisées au niveau régional.
Les parties signataires confient à leurs représentants en région le soin de suivre cette mise en place : programmation des formations, diffusion des cahiers des charges, organisation des jurys, négociation de l'indemnité par les partenaires sociaux régionaux et ses effets (délivrance du TMAC) au sein de leur CPREF.
Les partenaires sociaux conviennent que, pour les salariés du bâtiment disposant d'une expérience d'au moins 2 ans d'encadrement d'apprentis ou de jeunes en formation par alternance, les modalités de délivrance pourront être précisées par les CPREF afin de faciliter l'accès au TMAC par la démarche de validation de leurs compétences.
En complément des dispositions prévues par le présent accord et afin d'en accélérer la diffusion, les CPREF peuvent, sur la base du cahier des charges validé par les CPNE, confier à un tiers dont les compétences en matière d'apprentissage sont reconnues la mission d'accompagnement des salariés et des entreprises dans l'élaboration du dossier de candidature et la présentation à la CPREF.
Dans ce cas, une journée d'accompagnement ou de formation sera systématiquement proposée au candidat.
Les salariés qui remplissent les conditions définies par l'article R. 6223-25 du code du travail peuvent déposer un dossier de candidature à la CPREF à titre individuel.
Le présent accord sera mis en oeuvre dans le secteur du bâtiment selon le calendrier suivant :
- 1 an, après la date d'extension, pour les maîtres d'apprentissage chargés de la formation des apprentis préparant un brevet professionnel ou un baccalauréat professionnel ;
- 3 ans, après la date d'extension, pour les maîtres d'apprentissage formant les autres apprentis.
A cet égard, les partenaires sociaux représentatifs du bâtiment examineront régulièrement les pratiques régionales dans un souci de cohérence globale en commission paritaire nationale de l'emploi. Ces éléments feront l'objet d'une diffusion à l'ensemble des CPREF.

II. - Dispositions applicables au secteur des travaux publics

Article 5

En vigueur étendu

Les parties signataires constatent que l'apprentissage, mode de formation qui était peu utilisé dans le secteur des travaux publics jusqu'à une période récente, a connu au cours de ces dernières années un développement significatif.

Afin de conforter ces premiers résultats, les parties signataires soulignent la nécessité d'offrir aux apprentis les meilleures conditions d'accueil dans les entreprises et une formation de qualité.

A cet égard, le dispositif créé par l'accord collectif national du 26 juillet 1995 relatif au développement du tutorat dans les travaux publics et l'accord du 19 septembre 1996 relatif à la création dans les travaux publics d'un ordre des tuteurs, modifié par l'accord collectif national du 23 septembre 2003 relatif au développement du tutorat, ont permis de constituer un vivier de salariés ayant reçu la formation et disposant de l'expérience nécessaire pour assurer dans de bonnes conditions la fonction de maître d'apprentissage.

La priorité du secteur des travaux publics est donc de conforter le dispositif paritaire ainsi mis en place et d'accroître le nombre de salariés qui en bénéficient.

Pour ce faire, les parties signataires de l'accord collectif national du 23 septembre 2003relatif au développement du tutorat dans les entreprises de travaux publics ont décidé de permettre aux salariés ayant obtenu le TMAC d'intégrer directement l'ordre des tuteurs des travaux publics.

Les salariés titulaires du TMAC accèdent à l'ordre des tuteurs, bénéficient de la prime, reçoivent un certificat d'adhésion et sont inscrits dans l'annuaire de l'ordre des tuteurs dans les conditions fixées par l'accord collectif national du 23 septembre 2003 relatif au développement du tutorat.

III. - Dispositions communes aux secteurs du bâtiment et des travaux publics

Article 6

En vigueur étendu

Dans le bâtiment, la compétence est attestée par la délivrance du TMAC.
Dans les travaux publics, l'accès à l'ordre des tuteurs des travaux publics sera favorisé conformément aux dispositions de l'article 5 ci-dessus.
Par délégation des CPNE conjointes du bâtiment et des travaux publics, les CPREF sont seules habilitées à délivrer le TMAC aux salariés, en application de l'accord national du 29 novembre 1998, du référentiel figurant dans cet accord et de la convention signée entre la profession et l'Etat à la même date.
Elles ne peuvent déléguer cette responsabilité.

Article 7

En vigueur étendu

L'engagement moral mutuel de l'employeur, du salarié qu'il a désigné maître d'apprentissage et de l'apprenti est consigné au bas de la charte (cf. annexe) définie par les partenaires sociaux du BTP dans leur accord intitulé « Le projet pour la formation initiale et l'apprentissage. - L'engagement de la profession ».
Dans le cas de la formation des apprentis, cette charte est associée au contrat d'apprentissage.
Les partenaires sociaux signataires du présent accord veilleront à ce que les CPREF assurent la promotion de la charte du maître d'apprentissage auprès de l'ensemble des centres de formation d'apprentissage.

Article 8

En vigueur étendu

Le présent accord est conclu pour une durée indéterminée.
La dénonciation ou la demande de révision du présent accord devra être portée à la connaissance de toutes les parties signataires par lettre recommandée avec avis de réception et en respectant un préavis de 3 mois.

Article 9

En vigueur étendu

Toute organisation représentative au plan national, non signataire du présent accord, pourra y adhérer ultérieurement en avisant par lettre recommandée avec avis de réception toutes les organisations signataires.
Le champ d'application de cet accord est défini en annexe.
Le présent accord sera déposé en application de l'article L. 2231-6 du code du travail. Les parties signataires demanderont l'extension du présent accord.
Les dispositions du présent accord prendront effet le premier jour du mois civil suivant la publication au Journal officiel de son arrêté ministériel d'extension.

Article 10

En vigueur étendu

Les accords d'entreprise ou d'établissement du BTP relatifs à la mise en oeuvre de la formation, certification et indemnisation du maître d'apprentissage ne peuvent comporter de clauses dérogeant aux dispositions du présent accord, sauf dispositions plus favorables.

En vigueur étendu

ANNEXE

Charte du maître d'apprentissage

La charte du maître d'apprentissage du BTP concerne le salarié de l'entreprise à qui l'apprenti est principalement confié, c'est-à-dire le salarié qui est le plus souvent en contact avec le jeune et directement chargé de sa formation au quotidien dans l'entreprise.

Le maître d'apprentissage, en adhérant à cette charte définie par les organisations d'employeurs et de salariés du BTP, accepte de favoriser l'accueil, l'intégration de l'apprenti dans l'entreprise, de l'aider à confirmer son projet professionnel et de permettre sa qualification par la transmission des savoirs professionnels. La charte stipule son engagement moral et professionnel dans la réussite du contrat d'apprentissage.

L'objectif premier étant la réussite du contrat d'apprentissage et donc de l'apprenti, le maître d'apprentissage du BTP s'engage à effectuer les missions suivantes :

MISSION	OBJECTIF	ACTIVITÉ
1. Accueil	Aider le jeune à s'intégrer dans l'entreprise et dans le métier	Accueillir Présenter l'entreprise et son environnement Présenter le jeune, ses activités aux autres membres du personnel
2. Formation en entreprise	Favoriser les conditions d'apprentissage du métier	Organiser les activités à confier au jeune Aider le jeune à la compréhension du travail Guider le jeune dans l'exécution du travail
3. Suivi de l'alternance	Permettre au jeune de tirer profit au maximum de la formation en alternance	Rencontrer l'organisme de formation, le chef d'entreprise Faire le point sur les acquis théoriques et pratiques
4. Suivi du jeune	Accompagner le jeune dans la découverte de l'ensemble des aspects du métier et dans la construction de son projet professionnel	Développer l'épanouissement des aptitudes du jeune pour l'exercice du métier, sa motivation pour la profession et ses perspectives d'évolution personnelle
5. Evaluation	Mesurer les progrès du jeune	Faire un bilan des résultats du jeune Veiller à la présentation de l'apprenti aux examens et participer au contrôle en cours de formation permettant de délivrer le diplôme

Annexe au contrat d'apprentissage :

- référence..... ;

- signé le.....

Signatures :

- du maître d'apprentissage... ;

- du chef d'entreprise..... ;

- de l'apprenti.....

Mémento pour le maître d'apprentissage du BTP

Guide pratique

Accueil de l'apprenti :

- discuter avec le jeune de son projet professionnel ;

- organiser la visite de l'entreprise ;

- vérifier les aspects matériels de l'accueil (vêtements, outils...) ;

- présenter l'entreprise, son organisation et sa place dans le secteur de la construction ;

- présenter l'équipe ;

- aider le jeune à se présenter ;

- présenter son rôle de maître d'apprentissage ;

- situer l'activité du jeune au sein de l'entreprise ;

- expliquer les consignes de sécurité ;

- énoncer les droits et devoirs du jeune et de l'employeur ;

- expliquer l'objectif du contrat de travail ;

- expliquer au jeune les moyens d'information qui existent dans l'entreprise.

Formation de l'apprenti dans l'entreprise :

- prendre connaissance du référentiel d'activités professionnelles du diplôme préparé ;

- établir un programme de travail pour les périodes du jeune en entreprise ;

- présenter le travail : avec qui ? comment ? pourquoi ? ;

- expliquer les critères de réussite de l'entreprise ;

- définir les matériels et matériaux utilisés ;

- présenter les DTU et consignes de sécurité ;

- apprendre au jeune à préparer les situations de travail ;

- guider la réalisation du travail.

Suivi de l'apprenti :

- programmer les rencontres régulières et individuelles avec le jeune ;

- analyser avec le jeune les résultats obtenus et les moyens de les améliorer ;

- évaluer ses résultats au regard des critères professionnels du diplôme préparé ;

- s'assurer que les conditions sont réunies pour que l'apprenti se présente aux épreuves.

Documents de référence :

- référentiel d'activité professionnelle relatif au diplôme préparé ;

- référentiel de certification simplifié ;

- livret de liaison du CFA.

Correspondant principal au CFA :

- nom...

- prénom...

Le titre d'apprentissage confirmé :

Les professions du BTP ont créé, par accord le 23 novembre 1998 et par convention avec l'Etat, le titre de maître d'apprentissage confirmé.

Ce titre est délivré par les commissions paritaires régionales de l'emploi conjointes du BTP. Il atteste que le titulaire maîtrise les compétences pour former un apprenti.

Champ d'application de l'accord du 13 juillet 2004

Activités visées sur le territoire national, y compris les départements

d'outre-mer (Antilles, Guyane, Réunion)

A.-Bâtiment

21-06 Construction métallique

Sont uniquement visés les ateliers de production et montage d'ossatures métalliques pour le bâtiment (*).

24-03 Fabrication et installation de matériel aéraulique thermique et frigorifique

Sont visées : les entreprises de fabrication et d'installation d'appareils de chauffage, ventilation et conditionnement d'air (*).

55-10 Travaux d'aménagement des terres et des eaux, voirie, parcs et jardins

Sont visées :

- pour partie, les entreprises générales de bâtiment ;

- les entreprises de bâtiment effectuant des travaux d'aménagement des terres et des eaux, de VRD, de voirie et dans les parcs et jardins.

55-12 Travaux d'infrastructure générale

Sont visées : pour partie, les entreprises générales de bâtiment ; les entreprises de bâtiment effectuant des travaux d'infrastructure générale.

55-20 Entreprises de forage, sondage, fondations spéciales

Sont visées dans cette rubrique :

- pour partie, les entreprises générales de bâtiment ; les entreprises de bâtiment effectuant des forages, sondages ou des fondations spéciales ainsi que :

- les entreprises de maçonnerie, de plâtrerie, de travaux en ciment, béton, béton armé pour le bâtiment ;

- les entreprises de terrassement et de démolition pour le bâtiment ;

- les entreprises de terrassement et de maçonnerie pour le bâtiment, fondations par puits et consolidation pour le bâtiment.

55-30 Construction d'ossatures autres que métalliques

Sont visées : pour partie, les entreprises générales de bâtiment ; les entreprises de bâtiment effectuant des travaux de construction d'ossatures autres que métalliques, demandant du fait de leurs dimensions ou du procédé utilisé une technicité particulière (par exemple, charpentes d'immeubles de 10 étages et plus).

55-31 Installation industrielle, montage-levage

Sont visées :

- pour partie, les entreprises générales de bâtiment ; les entreprises de bâtiment effectuant des travaux d'installations industrielles ou de montage-levage, ainsi que :

- les entreprises de construction et d'entretien de fours industriels et de boulangerie en maçonnerie et en matériaux réfractaires de tous types ;

- les entreprises de construction de cheminées d'usine.

55-40 Installation électrique

A l'exception des entreprises d'installation électrique dans les établissements industriels, de recherche radio-électrique et de l'électronique, sont visées :

- les entreprises spécialisées dans l'équipement électrique des usines et autres établissements industriels (à l'exception de celles qui, à la date de la publication de l'arrêté portant extension du présent accord, appliquaient un autre accord collectif ayant le même objet) ;

- pour partie, les entreprises de couverture-plomberie et chauffage ;

- les entreprises de plomberie, chauffage et électricité ;

- les entreprises d'installation d'électricité dans les locaux d'habilitation, magasins, bureaux, bâtiments industriels et autres bâtiments ;

- les entreprises de pose d'enseignes lumineuses.

55-50 Construction industrialisée

Sont visées : pour partie, les entreprises générales de bâtiment ;

- les entreprises de bâtiment réalisant des constructions industrialisées ;

- les entreprises de fabrication et pose de maisons métalliques (*).

55-60 Maçonnerie et travaux courants de béton armé

Sont visées : pour partie, les entreprises générales de bâtiment ;

- les entreprises de bâtiment effectuant de la maçonnerie et des travaux courants de terrassement, de fondation et de démolition.

55-70 Génie climatique

Sont visées :

- les entreprises de couverture-plomberie et chauffage ;

- les entreprises d'installations de chauffage et d'électricité ;

- les entreprises de fumisterie de bâtiment, ramonage, installations de chauffage et de production d'eau chaude ;

- les entreprises d'installation de chauffage central, de ventilation, de climatisation ou d'isolation thermique, phonique et antivibratile.

55-71 Menuiserie, serrurerie

A l'exclusion des entreprises de fermetures métalliques dont l'activité se limite à la fabrication, sont notamment visées :

- les entreprises de charpente en bois ;

- les entreprises d'installation de cuisine ;

- les entreprises d'aménagement de placards ;

- les entreprises de fabrication et pose de parquets (à l'exception des parquets mosaïques) ;

- les entreprises de menuiserie du bâtiment (menuiserie bois, métallique intérieure, y compris les murs-rideaux) (pose associée ou non à la fabrication) ;

- les entreprises de charpente et de maçonnerie associées ;

- les entreprises de serrurerie intérieure et extérieure du bâtiment (fabrication, pose et réparation) (*) ;

- les entreprises de pose de petite charpente en fer pour le bâtiment ;

- les entreprises de pose de clôtures ;

- les entreprises de ferronnerie pour le bâtiment (fabrication et pose associée) (*) (balcons, rampes d'escalier, grilles...) ;

- les entreprises de fourniture d'armatures métalliques préparées pour le béton armé (*).

55-72 Couverture, plomberie, installations sanitaires

Sont visées :

- les entreprises de couverture, plomberie (avec ou sans installation de chauffage) ;

- les entreprises de couverture en tous matériaux ;

- les entreprises de plomberie, installation sanitaire ;

- les entreprises d'étanchéité.

55-73 Aménagements.-Finitions

Sont notamment visées :

- les entreprises de construction et d'installation de stands pour les foires et expositions ;

- les entreprises de fabrication de maquettes et plans en relief ;

- les entreprises de plâtrerie, staff, cloisons en plâtre, plafonnage, plafonds en plâtre ;

les entreprises de fabrication à façon et pose de menuiserie du bâtiment ;

- les entreprises de peinture de bâtiment, décoration ;

- les entreprises d'installations diverses dans les immeubles (notamment pose de linoléums et autres revêtements plastiques...) ; pour les entreprises de pose de vitres, de glaces, de vitrines (*) ;

- les entreprises de peinture, plâtre, vitrerie (associés) ;

- les entreprises d'installation et d'aménagement des locaux commerciaux (magasins, boutiques, devantures, bars, cafés, restaurants, vitrines...) ; cependant pour l'installation et l'aménagement des locaux commerciaux à base métallique (*).

- les entreprises de pose de paratonnerre (à l'exception de la fabrication) ;

- les entreprises de travaux d'aménagements spéciaux (installations de laboratoires, revêtements de sols et de murs en tous matériaux, calfeutrements métalliques, couvre-marches), à l'exclusion de la fabrication et de l'installation de matériel de laboratoire.

87-08 Service de nettoyage

Sont visées, pour partie, les entreprises de ramonage.

(*) Clause d'attribution

Les activités économiques pour lesquelles a été prévue la présente clause d'attribution seront soumises aux règles suivantes :

1. Le présent accord sera appliqué lorsque le personnel concourant à la pose y compris le personnel des bureaux d'études, les techniciens, la maîtrise... (le personnel administratif et le personnel dont l'activité est mal délimitée restant en dehors du calcul)-représente au moins 80 % de l'activité de l'entreprise caractérisée par les effectifs respectifs.

2. Lorsque le personnel concourant à la pose au sens ci-dessus se situe entre 20 % et 80 %, les entreprises peuvent opter entre l'application du présent accord et l'application de la convention collective correspondant à leurs autres activités, après accord avec les représentants des organisations signataires du présent accord ou, à défaut, des représentants du personnel.

Cette option sera portée à la connaissance du personnel dans un délai de 3 mois à compter soit de la publication de l'arrêté portant extension du présent accord, soit, pour les entreprises créées postérieurement, de la date de leur création.

3. Lorsque le personnel concourant à la pose au sens ci-dessus représente moins de 20 %, le présent accord n'est pas applicable.

Toutefois, les entreprises visées aux paragraphes 1 et 3 ci-dessus pourront continuer d'appliquer la convention collective qu'elles appliquaient à la date de publication de l'arrêté portant extension du présent accord.

Cas des entreprises mixtes bâtiment et travaux publics

Pour l'application du présent accord, est considérée comme entreprise mixte bâtiment et travaux publics, celle dont les activités sont partagées entre, d'une part, une ou plusieurs activités bâtiment, telles qu'elles sont énumérées dans la présente annexe et, d'autre part, une ou plusieurs activités travaux publics, telles qu'elles sont définies par la nomenclature INSEE NAP-1973.

1. Le présent accord sera appliqué par les entreprises mixtes bâtiment et travaux publics, lorsque le personnel effectuant des travaux correspondant à une ou plusieurs activités bâtiment, telles qu'elles sont énumérées dans la présente annexe, représente au moins 60 % de l'ensemble du personnel de l'entreprise.

2. Lorsque le personnel effectuant des travaux correspondant à une ou plusieurs activités bâtiment se situe entre 40 et 60 % de l'ensemble du personnel, les entreprises mixtes bâtiment et travaux publics peuvent opter, après accord des représentants du personnel, entre l'application du présent accord et l'application de l'accord travaux publics.

Cette option sera portée à la connaissance du personnel dans un délai de 3 mois à compter soit de la publication de l'arrêté portant extension du présent accord, soit, pour les entreprises créées postérieurement, de la date de leur création.

3. Lorsque le personnel d'une entreprise mixte effectuant des travaux correspondant à une ou plusieurs activités bâtiment représente moins de 40 % de l'ensemble du personnel, le présent accord n'est pas applicable.

4. Les entreprises mixtes visées aux paragraphes 1 et 3 ci-dessus pourront continuer d'appliquer l'accord qu'elles appliquaient à la date du présent accord.

Cas des entreprises de menuiserie métallique

ou de menuiserie et fermetures métalliques

Est également incluse dans le champ d'application l'activité suivante, classée dans le groupe ci-dessous :

21-07 Menuiserie métallique de bâtiment

Toutefois, l'extension du présent accord ne sera pas demandée pour cette activité.

Il en sera de même pour la fabrication et la pose associées de menuiserie et de fermetures métalliques classées dans le groupe 55-71.

B.-Travaux publics

55-10 Travaux d'aménagement des terres et des eaux, voirie, parcs et jardins

Sont visées les entreprises qui effectuent des travaux d'aménagement des terres et des eaux, voirie, parcs et jardins notamment :

- exécution de travaux de voirie en zone urbaine ou rurale :

- voirie urbaine ;

- petits travaux de voirie ;

- VRD, chaussées pavées, bordures ;

- signalisation ;

- aménagement d'espaces verts :

- plantations ornementales (pelouses, abords de routes...) ;

- terrains de sports ;

- aménagement de terrains de culture, remise en état du sol :

- drainage, irrigation ;

- captage par puits ou autre ;

- curage de fossés ;

- exécution d'installations d'hygiène publique :

- réseaux d'adduction et de distribution d'eau et de fluides divers par canalisations sous pression ;

- réseaux d'évacuation des eaux usées et pluviales, égouts ;

- stations de pompage ;

- stations d'épuration et de traitement des eaux usées ;

- abattoirs ;

- stations de traitement des ordures ménagères.

55-11 Construction de lignes de transport d'électricité

Sont visées les entreprises qui effectuent des travaux de construction de lignes de transport d'électricité y compris les travaux d'installation et de montage de postes de transformation, d'armoires de distribution et de groupes électrogènes qui y sont liés (*) :

- construction de lignes de très haute tension ;

- construction de réseaux haute et basse tension ;

- éclairage rural ;

- lignes aériennes de traction électrique et caténaires ;

- canalisations électriques autres qu'aériennes ;

- construction de lignes pour courants faibles (télécommunications et centraux téléphoniques) ;

- lignes de distribution ;

- signalisation, éclairage public, techniques de protection ;

- chauffage de routes ou de pistes ;

- grands postes de transformation ;

- centrales et installations industrielles de haute technicité.

55-12 Travaux d'infrastructure générale

Sont visées les entreprises qui effectuent des travaux d'infrastructure générale demandant le plus souvent une modification importante du sol ou destinés aux grandes communications, notamment :

- terrassement en grande masse ;

- démolition ou abattage par procédés mécaniques, par explosif ou par fusion thermique ;

- construction et entretien de voies ferrées et de leurs structures annexes ;

- travaux en site maritime ou fluvial :

- dragage et déroctage ;

- battage de pieux et palplanches ;

- travaux subaquatiques ;

- mise en place, au moyen d'engins flottants, d'éléments préfabriqués, en immersion ou en élévation ;

- travaux souterrains ;

- travaux de pose de canalisations à grande distance pour distribution de fluide, liquide, gazeux et de réseaux de canalisations industrielles.

55-13 Construction de chaussées

Sont visées les entreprises effectuant des travaux de construction des chaussées de route de liaison, de pistes d'aérodromes et de voies de circulation ou de stationnement assimilables à des routes dans les ensembles industriels ou commerciaux, publics ou privés, ainsi que les plates-formes spéciales pour terrains de sport :

- terrassement sous chaussée ;

- construction des corps de chaussée ;

- couche de surface (en enrobés avec mise en oeuvre seule ou fabrication et mise en oeuvre, asphaltes coulés, enduits superficiels...) ;

- mise en oeuvre de revêtement en béton de ciment ;

- rabotage, rectification et reprofilage ;

- travaux annexes (signalisation, horizontale, barrières de sécurité...).

55-20 Entreprises de forage, sondage, fondations spéciales

Sont visées les entreprises effectuant des travaux de :

- fondation et consolidation des sols par ouvrages interposés : pieux, puits, palplanches, caissons...

- traitement des sols :

- injection, congélation, parois moulées ;

- rabattement de nappe, béton immergé... ;

- reconnaissance des sols : forages et sondages de toute nature et par tout procédé (y compris forages pétroliers).

55-30 Construction d'ossatures autres que métalliques

Sont visées les entreprises qui effectuent des travaux de construction d'ossatures autres que métalliques, notamment en béton armé ou précontraint, demandant du fait de leurs dimensions ou du procédé une technicité particulière, par exemple :

- barrages ;

- ponts, ouvrages de croisement à plusieurs niveaux ;

- génie civil d'unités pour la sidérurgie, la chimie ;

- silos, réfrigérants hyperboliques, cheminées en béton ;

- réservoirs, cuves, châteaux d'eau ;

- coupoles, voiles minces ;

- piscines, bassins divers ;

- étanchéité.

55-31 Installations industrielles.-Montage.-Levage

Sont visées pour partie les entreprises de travaux publics et de génie civil qui effectuent des travaux d'installation, de montage ou de levage d'ouvrages de toute nature, notamment métalliques, exécutés en site terrestre, fluvial ou maritime, par exemple :

- ponts fixes ou mobiles ;

- vannes de barrage ;

- portes d'écluses, élévateurs et ascenseurs à bateaux ;

- ossature de charpentes industrielles, de centrales thermiques ou nucléaires ;

- ossatures de halls industriels ;

- installations pour la sidérurgie ;

- pylônes, téléphériques ;

- éléments d'ouvrages préfabriqués.

55-40 Installation électrique

A l'exception des entreprises d'installation électrique dans les établissements industriels, de recherche radioélectrique et de l'électronique, sont visées :

Les entreprises qui effectuent des travaux (*) :

- d'éclairage extérieur, de balisage ;

- d'installation et de montage de postes de transformation, d'armoires de distribution et de groupes électrogènes (non liés à la construction de lignes de transport d'électricité) ;

- et pour partie, d'installations industrielles de technique similaire (à l'exception de celles qui, à la date de l'arrêté d'extension, appliquaient une autre convention collective que celles des travaux publics).

55-50 Construction industrialisée

Sont visées, pour partie, les entreprises de travaux publics et de génie civil réalisant des ouvrages ou parties d'ouvrages par assemblage d'éléments préfabriqués métalliques ou en béton, par exemple :

- poutres de pont ;

- voussoirs pour tunnel...

55-60 Maçonnerie et travaux courants de béton armé

Sont visées, pour partie, les entreprises exerçant des activités de génie civil non classées dans les groupes précédents et les entreprises de travaux publics effectuant de la maçonnerie, de la démolition et des travaux courants de béton armé, de terrassement et de fondation.

55-70 Génie climatique

Sont visées, pour partie, les entreprises de travaux publics et de génie civil effectuant des travaux d'application thermique et frigorifique de l'électricité (*).

(*) Clause d'attribution

Les activités économiques pour lesquelles a été prévue la présente clause d'attribution seront soumises aux règles suivantes :

1. Le présent accord sera appliqué lorsque le personnel concourant à la pose y compris le personnel des bureaux d'études, les techniciens, la maîtrise... (le personnel administratif et le personnel dont l'activité est mal délimitée restant en dehors du calcul)-représente au moins 80 % de l'activité de l'entreprise caractérisée par les effectifs respectifs.

2. Lorsque le personnel concourant à la pose au sens ci-dessus se situe entre 20 % et 80 %, les entreprises peuvent opter entre l'application du présent accord et l'application de la convention collective correspondant à leurs autres activités, après accord avec les représentants des organisations signataires du présent accord ou, à défaut, des représentants du personnel.

Cette option sera portée à la connaissance du personnel dans un délai de 1 mois à compter soit de la publication de l'arrêté portant extension du présent accord, soit, pour les entreprises créées postérieurement, de la date de leur création.

3. Lorsque le personnel concourant à la pose au sens ci-dessus représente moins de 20 %, le présent accord n'est pas applicable.

Toutefois, les entreprises visées aux paragraphes 1 et 3 ci-dessus pourront continuer d'appliquer la convention collective qu'elles appliquaient à la date de publication de l'arrêté portant extension du présent accord.

Cas des entreprises mixtes de travaux publics et bâtiment

Pour l'application du présent accord, est considérée comme entreprise mixte travaux publics et bâtiment celle dont les activités sont partagées entre, d'une part, une ou plusieurs activités travaux publics, telles qu'elles sont énumérées dans la présente annexe et, d'autre part, une ou plusieurs activités bâtiment, telles qu'elles sont définies par la nomenclature INSEE NAP-1973.

1. Le présent accord sera appliqué par les entreprises mixtes travaux publics et bâtiment lorsque le personnel effectuant des travaux correspondant à une ou plusieurs activités travaux publics, telles qu'elles sont énumérées dans la présente annexe, représente au moins 60 % de l'ensemble du personnel de l'entreprise.

2. Lorsque le personnel effectuant des travaux correspondant à une ou plusieurs activités travaux publics se situe entre 40 et 60 % de l'ensemble du personnel, les entreprises mixtes travaux publics et bâtiment peuvent opter, après accord des représentants du personnels, pour l'application du

présent accord.

Cette option sera portée à la connaissance du personnel dans un délai de 3 mois à compter soit de la publication de l'arrêté portant extension du présent accord, soit, pour les entreprises créées postérieurement, de la date de leur création.

3. Lorsque le personnel d'une entreprise mixte effectuant des travaux correspondant à une ou plusieurs activités travaux publics représente moins de 40 % de l'ensemble du personnel, le présent accord n'est pas applicable.

4. Les entreprises mixtes visées aux paragraphes 1 et 3 ci-dessus pourront continuer d'appliquer la convention collective qu'elles appliquaient à la date du présent accord.

Avenant relatif à l'indemnité des maîtres d'apprentissage (Picardie)

Texte de base

Avenant du 13 avril 2006

L'union régionale CAPEB de Picardie ;
La fédération française du bâtiment de Picardie ;
La fédération du Nord-Est des SCOP-BTP,

Syndicats de salariés signataires :
L'union régionale de Picardie CFDT ;
L'union régionale de Picardie CFE-CGC ;
L'union régionale de Picardie CFTC ;
L'union régionale de Picardie Force ouvrière,

En vigueur non étendu

Vu l'article 3 de l'accord du 13 juillet 2004 relatif à la formation, la certification, la charte et l'indemnisation des maîtres d'apprentissage dans le BTP, l'exercice de la fonction de maître d'apprentissage ouvre droit :

- soit au versement d'une indemnité spécifique pendant la durée du contrat d'apprentissage de l'apprenti concerné ;

- soit à l'accès au statut de maître d'apprentissage qui a pu être mis en place dans l'entreprise,

les organisations représentatives d'employeurs et de salariés se sont réunies et ont déterminé les modalités de versement de l'indemnité :

- 2 mois après le début du contrat : 125 ;

- 30 juin mi-parcours : 125 ;

- 31 décembre de la 2e année : 125 ;

- fin de contrat : 125 .

et ont décidé qu'un bilan d'étape serait présenté en CPREF et commission paritaire régionale d'ici à 1 an.

Conformément au code du travail, le présent accord sera déposé à la direction départementale du travail et de l'emploi de la Somme et remis aux secrétariats-greffes des conseils de prud'hommes de Picardie.

Les parties signataires demandent l'extension du présent accord au ministère du travail, de l'emploi et de la formation professionnelle.

Fait à Amiens, le 13 avril 2006.

Avenant relatif à la participation des salariés aux CPNE et CPREF Etendu par arrêté du 28 décembre 2004 JORF 22 janvier 2005.

Texte de base

Avenant du 13 juillet 2004

La confédération de l'artisanat et des petites entreprises du bâtiment (CAPEB) ;
La fédération française du bâtiment (FFB) ;
La fédération nationale des sociétés coopératives de production (FNSCOP) ;
La fédération nationale des travaux publics (FNTP),

Syndicats de salariés signataires :
La fédération nationale des salariés de la construction et du bois CFDT ;
La fédération BATI-MAT TP CFTC ;
La fédération nationale des salariés de la construction - CGT ;
La fédération générale Force ouvrière du BTP et ses activités annexes (CGT-FO) ;
Le syndicat national CFE-CGC BTP,

En vigueur étendu

Vu l'accord interprofessionnel du 10 février 1969 prévoyant la possibilité pour les branches professionnelles de s'organiser régionalement en matière d'emploi et de formation,

Vu l'accord du 13 juillet 2004 relatif à la définition et la mise en oeuvre de la politique emploi, formation et qualification des partenaires sociaux du BTP et plus précisément son article 5,
il a été convenu ce qui suit :

Les parties signataires décident d'organiser les modalités de préparation et de participation des salariés des entreprises du BTP représentants des organisations syndicales de salariés aux commissions paritaires nationales de l'emploi (CPNE) et aux commissions paritaires régionales de l'emploi et de la formation (CPREF) conjointes du BTP.
NOTA : Arrêté du 28 décembre 2004 : Accord étendu à l'exclusion des entreprises paysagistes et de reboisement répertoriées au code APE 55-10 relevant des professions agricoles.

Participation aux réunions des CPNE et des CPREF conjointes du bâtiment et des travaux publics.

Article 1

En vigueur étendu

Les salariés des entreprises du BTP représentants des organisations syndicales de salariés bénéficient de l'autorisation de s'absenter de leur lieu de travail pour se rendre et participer aux réunions des CPNE et des CPREF conjointes du bâtiment et des travaux publics sur présentation à leur employeur de la convocation écrite qui leur a été adressée par le secrétariat de la commission.

Dans le souci d'une bonne organisation du travail au sein de l'entreprise, les convocations écrites devront parvenir aux organisations syndicales de salariés en temps voulu - et au moins 15 jours avant la date de réunion - pour pouvoir être présentées aux employeurs des salariés concernés. Si la convocation n'est pas parvenue dans ce délai aux organisations syndicales, le délai sera réduit en conséquence.
NOTA : Arrêté du 28 décembre 2004 : Accord étendu à l'exclusion des entreprises paysagistes et de reboisement répertoriées au code APE 55-10

relevant des professions agricoles.

Préparation des réunions des CPNE et des CPREF conjointes du bâtiment et des travaux publics.

Article 2
En vigueur étendu

Afin d'exercer de manière efficace leur mandat au sein des CPNE et des CPREF conjointes du bâtiment et des travaux publics, les salariés désignés par leur organisation bénéficient d'une autorisation d'absence pour la préparation des réunions des CPNE et des CPREF d'une durée égale à la durée de ces réunions.

Pour obtenir cette autorisation d'absence, les salariés concernés doivent présenter à leur employeur une convocation écrite émanant de leur organisation syndicale au moins 5 jours ouvrés avant la date de ladite réunion.
NOTA : Arrêté du 28 décembre 2004 : Accord étendu à l'exclusion des entreprises paysagistes et de reboisement répertoriées au code APE 55-10 relevant des professions agricoles.

Nature des heures de préparation et de réunion.

Article 3
En vigueur étendu

Les heures prévues aux articles 1er et 2 sont assimilées à des heures de travail effectif pour la détermination de la durée des congés payés, du droit aux prestations d'assurances sociales et aux prestations familiales ainsi que pour l'ensemble des autres droits résultant pour l'intéressé de son contrat de travail.

Ces absences ne seront pas imputées sur le crédit d'heures dont dispose le salarié concerné du fait du (des) mandat(s) dans l'entreprise en tant que représentant du personnel ou de délégué syndical.

Par ailleurs, le salarié participant aux commissions, réunions préparatoires et groupes de travail ne peut, de ce fait, être sanctionné, licencié ou faire l'objet d'une mesure discriminatoire conformément à l'article L. 122-45 du code du travail en raison même de cette participation.
NOTA : Arrêté du 28 décembre 2004 : Accord étendu à l'exclusion des entreprises paysagistes et de reboisement répertoriées au code APE 55-10 relevant des professions agricoles.

Modalités de prise en charge.

Article 4
En vigueur étendu

Le nombre de salariés bénéficiaires des autorisations d'absence pour la préparation, la participation aux réunions et groupes de travail des CPNE et CPREF conjointes du bâtiment et des travaux publics est fixé à 2 par organisation syndicale représentative et par réunion organisée par ces commissions.

Les frais engendrés par la participation aux commissions, à leurs groupes de travail et aux réunions préparatoires des salariés des entreprises du BTP représentants des organisations syndicales de salariés sont pris en charge par les organisations professionnelles d'employeurs signataires de l'accord du 13 juillet 2004 dans les limites suivantes :
NOTA : Arrêté du 28 décembre 2004 : Accord étendu à l'exclusion des entreprises paysagistes et de reboisement répertoriées au code APE 55-10 relevant des professions agricoles.

Remboursement des heures d'absence aux entreprises.

Article 4.1
En vigueur étendu

Le remboursement direct aux entreprises du maintien des salaires et charges correspondants au temps d'absence du ou des salariés qui participent à ces commissions, aux groupes de travail et aux réunions préparatoires est effectué sur présentation d'une facture au secrétariat de la CPNE ou de la CPREF concernée.

A cet effet, l'entreprise complétera un formulaire type qu'elle transmettra au secrétariat de la CPNE ou CPREF concernée. Le secrétariat enverra ce formulaire pour remboursement à l'organisation professionnelle d'employeurs du champ d'application de la convention collective en vigueur dans l'entreprise. Cette organisation remboursera l'entreprise des salaires et charges correspondant au temps d'absence du salarié.
NOTA : Arrêté du 28 décembre 2004 : Accord étendu à l'exclusion des entreprises paysagistes et de reboisement répertoriées au code APE 55-10 relevant des professions agricoles.

Remboursement des frais de déplacement et de repas.

Article 4.2
En vigueur étendu

Un formulaire type de remboursement complété par le représentant de l'organisation syndicale de salariés concernée, avec les justificatifs nécessaires, sera transmis au secrétariat de la CPNE ou de la CPREF.

Après vérification des pièces (copies de la convocation du salarié à la commission, à la réunion préparatoire ou au groupe de travail, de la feuille d'émargement de la réunion concernée, des billets de transport, des relevés kilométriques, des tickets de péages et de parking éventuels et de la facture du repas), l'organisation en charge du secrétariat remboursera le représentant de l'organisation syndicale de salariés concernée des frais engagés conformément aux forfaits et plafonds fixés chaque année par les CPNE conjointes du bâtiment et des travaux publics. Les organisations professionnelles d'employeurs fixeront ensemble les modalités de ventilation entre elles des coûts engagés pour le remboursement de ces frais.
NOTA : Arrêté du 28 décembre 2004 : Accord étendu à l'exclusion des entreprises paysagistes et de reboisement répertoriées au code APE 55-10 relevant des professions agricoles.

Formation des membres des CPNE et CPREF conjointes du bâtiment et des travaux publics.

Article 5
En vigueur étendu

Chaque organisation d'employeurs et chaque organisation de salariés se charge elle-même de la formation de ses représentants selon un programme général validé par le conseil d'administration des OPCA du BTP. La prise en charge de ces formations est effectuée soit au titre de la formation au dialogue social soit au titre de dispositions propres à chaque OPCA.

NOTA : Arrêté du 28 décembre 2004 : Accord étendu à l'exclusion des entreprises paysagistes et de reboisement répertoriées au code APE 55-10 relevant des professions agricoles.

Suivi de l'accord.

Article 6
En vigueur étendu

Chaque année les CPNE conjointes du BTP examinent un bilan du présent accord simultanément au rapport d'activité.

NOTA : Arrêté du 28 décembre 2004 : Accord étendu à l'exclusion des entreprises paysagistes et de reboisement répertoriées au code APE 55-10 relevant des professions agricoles.

Précédents accords.

Article 7
En vigueur étendu

Le présent accord annule et remplace les dispositions des précédents accords nationaux, régionaux ou locaux relatives à la prise en charge de la participation des salariés des entreprises du BTP représentants des organisations syndicales aux commissions paritaires nationales de l'emploi (CPNE) et aux commissions paritaires régionales de l'emploi et de la formation (CPREF).

NOTA : Arrêté du 28 décembre 2004 : Accord étendu à l'exclusion des entreprises paysagistes et de reboisement répertoriées au code APE 55-10 relevant des professions agricoles.

Extension - Adhésion - Champ.

Article 8
En vigueur étendu

Toute organisation représentative au plan national, non signataire du présent accord, pourra y adhérer ultérieurement en avisant par lettre recommandée, toutes les organisations signataires.

Le présent accord sera soumis à extension conformément à la réglementation en vigueur. Le champ d'application de cet accord est défini en annexe.

Fait à Paris, le 13 juillet 2004.
NOTA : Arrêté du 28 décembre 2004 : Accord étendu à l'exclusion des entreprises paysagistes et de reboisement répertoriées au code APE 55-10 relevant des professions agricoles.

Champ d'application de l'accord du 13 juillet 2004

En vigueur étendu

Activités visées sur le territoire national, y compris les départements d'outre-mer (Antilles, Guyane, Réunion) :
A. - Bâtiment

2106. Construction métallique.

Sont uniquement visés les ateliers de production et montage d'ossatures métalliques pour le bâtiment (+).
2403. Fabrication et installation de matériel aéraulique thermique et frigorifique.

Sont visées : les entreprises de fabrication et d'installation d'appareils de chauffage, ventilation et conditionnement d'air (+).
5510. Travaux d'aménagement de terres et des eaux voirie, parcs et jardins.

Sont visées :

- pour partie, les entreprises générales de bâtiment ;

- les entreprises de bâtiment effectuant des travaux d'aménagement des terres et des eaux, de VRD, de voirie et dans les parcs et jardins.
5512. Travaux d'infrastructure générale.

Sont visées : pour partie, les entreprises générales de bâtiment ; les entreprises de bâtiment effectuant des travaux d'infrastructure générale.
5520. Entreprises de forages, sondages, fondations spéciales.

Sont visées dans cette rubrique :

- pour partie, les entreprises générales de bâtiment ; les entreprises de bâtiment effectuant des forages, sondages ou des fondations spéciales ainsi que :

- les entreprises de maçonnerie, de plâtrerie, de travaux en ciment, béton, béton armé pour le bâtiment ;

- les entreprises de terrassement et de démolition pour le bâtiment ;

- les entreprises de terrassement et de maçonnerie pour le bâtiment, fondations par puits et consolidation pour le bâtiment.
5530. Construction d'ossatures autres que métalliques.

Sont visées : pour une partie, les entreprises générales de bâtiment ; les entreprises de bâtiment effectuant des travaux de construction d'ossatures autres que métalliques, demandant du fait de leurs dimensions ou du procédé utilisé une technicité particulière (par exemple, charpentes d'immeubles de 10 étages et plus).
5531. Installation industrielles, montage-levage.

Sont visées :

- pour partie, les entreprises générales de bâtiment ; les entreprises de bâtiment effectuant des travaux d'installations industrielles ou de montage-levage, ainsi que :

- les entreprises de constructions et d'entretiens de fours industriels et de boulangerie en maçonnerie et en matériaux réfractaires de tous types ;

- les entreprises de construction de cheminées d'usine.
5540. Installation électrique.

A l'exception des entreprises d'installation électrique dans les établissements industriels, de recherche radio-électrique et de l'électronique sont visées :

- les entreprises spécialisées dans l'équipement électrique des usines et autres établissements industriels (à l'exception de celles qui, à la date de la publication de l'arrêté portant extension du présent accord, appliquaient un autre accord collectif ayant le même objet) ;

- pour partie, les entreprises de couverture-plomberie et chauffage ;

- les entreprises de plomberie, chauffage et électricité ;

- les entreprises d'installations d'électricité dans les locaux d'habilitation, magasins, bureaux, bâtiments industriels et autres bâtiments ;

- les entreprises de pose d'enseignes lumineuses.
5550. Construction industrialisée.
Sont visées : pour partie, les entreprises générales de bâtiment ;

- les entreprises de bâtiment réalisant des constructions industrialisées ;

- les entreprises de fabrication et pose de maisons métalliques (+).
5560. Maçonnerie et travaux courants de béton armé.

Sont visées : pour partie, les entreprises générales de bâtiment ;

- les entreprises de bâtiment effectuant de la maçonnerie et des travaux courants de terrassement, de fondation et de démolition.
5570. Génie climatique.

Sont visées :

- les entreprises de couverture-plomberie et chauffage ;

- les entreprises d'installations de chauffage et d'électricité ;

- les entreprises de fumisterie de bâtiment, ramonage, installations de chauffage et de production d'eau chaude ;

- les entreprises d'installation de chauffage central, de ventilation, de climatisation ou d'isolation thermique, phonique et antivibratile.
5571. Menuiserie, serrurerie.

A l'exclusion des entreprises de fermetures métalliques dont l'activité se limite à la fabrication, sont notamment visées :

- les entreprises de charpente en bois ;

- les entreprises d'installation de cuisine ;

- les entreprises d'aménagements de placards ;

- les entreprises de fabrication et pose de parquets (à l'exception des parquets mosaïques) ;

- les entreprises de menuiserie du bâtiment (menuiserie bois, métallique intérieure, y compris les murs-rideaux) (pose associée ou non à la fabrication) ;

- les entreprises de charpente et de maçonnerie associées ;

- les entreprises de serrurerie intérieure et extérieure du bâtiment (fabrication, pose et réparation) (+) ;

- les entreprises de pose de petite charpente en fer pour le bâtiment ;

- les entreprises de pose de clôtures ;

- les entreprises de ferronnerie pour le bâtiment (fabrication et pose associée) (+) (balcons, rampes d'escalier, grilles...) ;

- les entreprises de fourniture d'armatures métalliques préparées pour le béton armé (+).
5572. Couverture, plomberie, installations sanitaires.

Sont visées :

- les entreprises de couverture, plomberie (avec ou sans installation de chauffage) ;

- les entreprises de couverture en tous matériaux ;

- les entreprises de plomberie, installation sanitaire ;

- les entreprises d'étanchéité.
5573. Aménagements. - Finitions.

Sont notamment visées :

- les entreprises de construction et d'installation de stands pour les foires et expositions ;

- les entreprises de fabrication de maquettes et plans en relief ;

- les entreprises de plâtrerie, staff, cloisons en plâtre, plafonnage, plafonds en plâtre ;

- les entreprises de fabrication à façon et pose de menuiserie du bâtiment ;

- les entreprises de peinture de bâtiment, décoration ;

- les entreprises d'installations diverses dans les immeubles (notamment pose de linoléums et autres revêtements plastiques...) ; pour les entreprises de pose de vitres, de glaces, de vitrines (+) ;

- les entreprises de peinture, plâtre, vitrerie (associés) ;

- les entreprises d'installation et d'aménagement des locaux commerciaux (magasins, boutiques, devantures, bars, cafés, restaurants, vitrines...) ; cependant pour l'installation et l'aménagement des locaux commerciaux à base métallique (+).

- les entreprises de pose de paratonnerre (à l'exception de la fabrication) ;

- les entreprises de travaux d'aménagements spéciaux (installations de laboratoires, revêtements de sols et de murs en tous matériaux, calfeutrements métalliques, couvre-marches), à l'exclusion de la fabrication et de l'installation de matériel de laboratoire.
8708. Service de nettoyage.

ɔur partie, les entreprises de ramonage.
..ıreprises mixtes bâtiment et travaux publics

Pour l'application du présent accord, est considérée comme entreprise mixte bâtiment et travaux publics, celle dont les activités sont partagées entre, d'une part, une ou plusieurs activités bâtiment, telles qu'elles sont énumérées dans la présente annexe et, d'autre part, une ou plusieurs activités travaux publics, telles qu'elles sont définies par la nomenclature INSEE NAP - 1973.

1. Le présent accord sera appliqué par les entreprises mixtes bâtiment et travaux publics, lorsque le personnel effectuant des travaux correspondant à une ou plusieurs activités bâtiment, telles qu'elles sont énumérées dans la présente annexe, représente au moins 60 % de l'ensemble du personnel de l'entreprise.

2. Lorsque le personnel effectuant des travaux correspondant à une ou plusieurs activités bâtiment se situe entre 40 et 60 % de l'ensemble du personnel, les entreprises mixtes bâtiments et travaux publics peuvent opter, après accord des représentants du personnel, entre l'application du présent accord et l'application de l'accord travaux publics.

Cette option sera portée à la connaissance du personnel dans un délai de 3 mois à compter soit de la publication de l'arrêté portant extension du présent accord, soit, pour les entreprises créées postérieurement, de la date de leur création.

3. Lorsque le personnel d'une entreprise mixte effectuant des travaux correspondant à une ou plusieurs activités bâtiment représente moins de 40 % de l'ensemble du personnel, le présent accord n'est pas applicable.

4. Les entreprises mixtes visées aux paragraphes 1 et 3 ci-dessus pourront continuer d'appliquer l'accord qu'elles appliquaient à la date du présent accord.
Cas des entreprises de menuiseries métallique
ou de menuiserie et fermetures métalliques

Est également incluse dans le champ d'application l'activité suivante, classée dans le groupe ci-dessous :
2107. Menuiserie métallique de bâtiment.

Toutefois, l'extension du présent accord ne sera pas demandée pour cette activité.

Il est sera de même pour la fabrication et la pose associées de menuiserie et de fermetures métalliques classées dans le groupe 5571.
B. - Travaux publics
5510. Travaux d'aménagement des terres et des eaux, voirie, parcs et jardins.

Sont visées les entreprises qui effectuent des travaux d'aménagement des terres et des eaux, voirie, parcs et jardins notamment :

- exécution de travaux de voirie en zone urbaine ou rurale :

- voirie urbaine ;

- petits travaux de voirie ;

- VRD, chaussées pavées, bordures ;

- signalisation ;

- aménagements d'espaces verts :

- plantations ornementales (pelouses, abords de routes...) ;

- terrains de sports ;

- aménagement de terrains de culture, remise en état du sol :

- drainage, irrigation ;

- captage par puits ou autre ;

- curage de fossés ;

- exécution d'installations d'hygiène publique :

- réseaux d'adduction et de distribution d'eau et de fluides divers par canalisations sous pression ;

- réseaux d'évacuation des eaux usées et pluviales, égouts ;

- stations de pompage ;

- stations d'épuration et de traitement des eaux usées ;

- abattoirs ;

- stations de traitement des ordures ménagères.
5511. Construction de lignes de transport d'électricité.

Sont visées les entreprises qui effectuent des travaux de construction de lignes de transport d'électricité y compris les travaux d'installation et de montage de postes de transformation, d'armoires de distribution et de groupes électrogènes qui y sont liés (+) :

- construction de lignes de très haute tension ;

- construction de réseaux haute et basse tension ;

- éclairage rural ;

- lignes aériennes de traction électrique et caténaires ;

- canalisations électriques autres qu'aériennes ;

- construction de lignes pour courants faibles (télécommunications et centraux téléphoniques) ;

- lignes de distribution ;

- signalisation, éclairage public, techniques de protection ;

- chauffage de routes ou de pistes ;

- grands postes de transformation ;

- centrales et installations industrielles de haute technicité.
5512. Travaux d'infrastructure générale.

Sont visées les entreprises qui effectuent des travaux d'infrastructure générale demandant le plus souvent une modification importante du sol ou destinés aux grandes communications, notamment :

- terrassement en grande masse ;

- démolition ou abattage par procédés mécaniques, par explosif ou par fusion thermique ;

- construction et entretien de voies ferrées et de leurs structures annexes ;

- travaux en site maritime ou fluvial :

- dragage et déroctage ;

- battage de pieux et palplanches ;

- travaux subaquatiques ;

- mise en place, au moyen d'engins flottants, d'éléments préfabriqués, en impression ou en élévation ;

- travaux souterrains ;

- travaux de pose de canalisations à grande distance pour distribution de fluide, liquide, gazeux et de réseaux de canalisations industrielles.
5513. Construction de chaussées.

Sont visées les entreprises effectuant des travaux de construction des chaussées de route de liaison, de pistes d'aérodromes et de voies de circulation ou de stationnement assimilables à des routes dans les ensembles industriels ou commerciaux, publics ou privés, ainsi que les plates-formes spéciales pour terrains de sport :

- terrassement sous chaussée ;

- construction des corps de chaussée ;

- couche de surface (en enrobés avec mise en oeuvre seule ou fabrication et mise en oeuvre, asphaltes coulés, enduits superficiels ..) ;

- mise en oeuvre de revêtement en béton de ciment ;

- rabotage, rectification et reprofilage ;

- travaux annexes (signalisation, horizontale, barrières de sécurité ..).
5520. Entreprises de forage, sondage, fondations spéciales.

Sont visées les entreprises effectuant des travaux de :

- fondation et consolidation des sols par ouvrages interposés :
pieux, puits, palplanches, caissons...

- traitement des sols :

- injection, congélation, parois moulées ;

- rabattement de nappe, béton immergé... ;

- reconnaissance des sols : forages et sondages de toute nature et par tout procédé (y compris forages pétroliers).
5530. Construction d'ossatures autres que métalliques.

Sont visées les entreprises qui effectuent des travaux de construction d'ossatures autres que métalliques, notamment en béton armé ou précontraint, demandant du fait de leurs dimensions ou du procédé une technicité particulière, par exemple :

- barrages ;

- ponts, ouvrages de croisement à plusieurs niveaux ;

- génie civil d'unités pour la sidérurgie, la chimie ;

- silos, réfrigérants hyperboliques, cheminées en béton ;

- réservoirs, cuves, châteaux d'eau ;

- coupoles, voiles minces ;

- piscines, bassins divers ;

- étanchéité.
5531. Installations industrielles. - Montage. - Levage.

Sont visées pour partie les entreprises de travaux publics et de génie civil qui effectuent des travaux d'installation, de montage ou de levage d'ouvrages de toute nature, notamment métalliques, exécutés en site terrestre, fluvial ou maritime, par exemple :

- ponts fixes ou mobiles ;

- vannes de barrage ;

- portes d'écluses, élévateurs et ascenseurs à bateaux ;

- ossature de charpentes industrielles, de centrales thermiques ou nucléaires ;

- ossatures de halls industriels ;

- installations pour la sidérurgie ;

- pylônes, téléphériques ;

- éléments d'ouvrages préfabriqués.
5540. Installation électrique.

A l'exception des entreprises d'installation électrique dans les établissements industriels, de recherche radioélectrique et de l'électronique, sont visées :

Les entreprises qui effectuent des travaux (+) :

- d'éclairage extérieur, de balisage ;

- d'installation et de montage de postes de transformation, d'armoires de distribution et de groupes électrogènes (non liés à la construction de lignes de transport d'électricité) ;

- et pour partie, d'installations industrielles de technique similaire (à l'exception de celles qui, à la date de l'arrêté d'extension, appliquaient une autre convention collective que celles des travaux publics).
5550. Construction industrialisée.

Sont visées, pour partie, les entreprises de travaux publics et de génie civil réalisant des ouvrages ou partie d'ouvrages par assemblage d'éléments préfabriqués métalliques ou en béton, par exemple :

- poutres de pont ;

- voussoirs pour tunnel...
5560. Maçonnerie et travaux courants de béton armé.

Sont visées, pour partie, les entreprises exerçant des activités de génie civil non classées dans les groupes précédents et les entreprises de travaux publics effectuant de la maçonnerie, de la démolition et des travaux courants de béton armé, de terrassement et de fondation.
5570. Génie climatique.

Sont visées, pour partie, les entreprises de travaux publics et de génie civil effectuant des travaux d'application thermique et frigorifique de l'électricité (+).

(+) Clause d'attribution.

Les activités économiques pour lesquelles a été prévue la présence clause d'attribution seront soumises aux règles suivantes :

1. Le présent accord sera appliqué lorsque le personnel concourant à la pose y compris le personnel des bureaux d'études, les techniciens, la maîtrise... (le personnel administratif et le personnel dont l'activité est mal délimitée restant en dehors du calcul) - représente au moins 80 % de l'activité de l'entreprise caractérisée par les effectifs respectifs.

2. Lorsque le personnel concourant à la pose au sens ci-dessus se situe entre 20 % et 80 %, les entreprises peuvent opter entre l'application du présent accord et l'application de la convention collective correspondant à leurs autres activités, après accord avec les représentants des organisations signataires du présent accord ou, à défaut, des représentants du personnel.

Cette option sera portée à la connaissance du personnel dans un délai de 1 mois à compter soit de la publication de l'arrêté portant extension du présent accord, soit, pour les entreprises créées postérieurement, de la date de leur création.

3. Lorsque le personnel concourant à la pose au sens ci-dessus représente moins de 20 %, le présent accord n'est pas applicable.

Toutefois, les entreprises visées aux paragraphes 1 et 3 ci-dessus pourront continuer d'appliquer la convention collective qu'elles appliquaient à la date de publication de l'arrêté portant extension du présent accord.
Cas des entreprises mixtes de travaux publics

Pour l'application du présent accord, est considérée comme entreprise mixte travaux publics et bâtiment celle dont les activités sont partagées entre, d'une part, une ou plusieurs activités travaux publics, telles qu'elles sont énumérées dans la présente annexe et, d'autre part, une ou plusieurs activités bâtiment, telles qu'elles sont définies par la nomenclature INSEE NAP-1973.

1. Le présent accord sera appliqué par les entreprises mixtes travaux publics et bâtiment lorsque le personnel effectuant des travaux correspondant à une ou plusieurs activités travaux publics, telles qu'elles sont énumérées dans la présente annexe, représente au moins 60 % de l'ensemble du personnel de l'entreprise.

2. Lorsque le personnel effectuant des travaux correspondant à une ou plusieurs activités travaux publics se situe entre 40 et 60 % de l'ensemble du personnel, les entreprises mixtes travaux publics et bâtiment peuvent opter, après accord des représentants du personnels, pour l'application du présent accord.

Cette option sera portée à la connaissance du personnel dans un délai de 3 mois à compter soit de la publication de l'arrêté portant extension du présent accord, soit, pour les entreprises créées postérieurement, de la date de leur création.

3. Lorsque le personnel d'une entreprise mixte effectuant des travaux correspondant à une ou plusieurs activités travaux publics représente moins de 40 % de l'ensemble du personnel, le présent accord n'est pas applicable.

4. Les entreprises mixtes visées aux paragraphes 1 et 3 ci-dessus pourront continuer d'appliquer la convention collective qu'elles appliquaient à la date du présent accord.

Protocole d'accord de poursuite de négociation relative aux conventions collectives nationales des ouvriers du bâtiment.

Texte de base

PROTOCOLE D'ACCORD du 8 octobre 1990

Confédération de l'artisanat et des petites entreprises du bâtiment ;
Fédération nationale du bâtiment (F.N.B) ;
Fédération nationale de l'équipement électrique ;
Fédération nationale des sociétés coopératives de production du bâtiment et des travaux publics (pour la section bâtiment) ;

Syndicats de salariés signataires :
Fédération générale Force ouvrière du bâtiment et des travaux publics et ses activités annexes C.G.T- F.O. ;
Fédération nationale des salariés de la construction et du bois C.F.D.T. ;
Syndicat national des cadres, techniciens, agents de maîtrise et assimilés des industries du bâtiment et des travaux publics C.F.E.- C.G.C.

Délibération de la commission nationale paritaire du bâtiment.

En vigueur non étendu

Au cours de la réunion paritaire du 4 septembre 1990, les parties signataires ont procédé au bilan des négociations nationales qu'elles mènent depuis l'automne 1987 et en ont tiré les conclusions suivantes :

1. Les négociations relatives à la révision des conventions collectives nationales et à la refonte des classifications des ouvriers du bâtiment sont parvenues à leur point d'aboutissement.

2. Les négociations relatives à la durée et à l'aménagement du temps de travail ont permis de comparer les points de vue, mais leur état d'avancement n'est pas tel qu'elles puissent aboutir à un accord global dans un délai rapproché.

Dans ces conditions, les parties signataires conviennent qu'il n'est pas opportun de retarder plus longtemps le processus d'extension des dispositions conventionnelles applicables aux ouvriers du bâtiment. En conséquence, les parties signent, ce jour, les conventions collectives nationales concernant les ouvriers employés par les entreprises du bâtiment, non visées par le décret du 1er mars 1962, d'une part, et par celles visées par ce décret d'autre part, dans lesquelles sont intégrées :

- au titre XII, la nouvelle classification nationale des ouvriers du bâtiment ;

- aux titres III et V (chapitre V.2), les actuelles annexes VIII à l'accord national des ouvriers du bâtiment du 21 octobre 1954 et V à l'accord national des ouvriers du bâtiment du 22 décembre 1954.

3. Elles décident néanmoins de poursuivre leurs discussions sur l'organisation du temps de travail, en fonction des données économiques, technologiques, commerciales et sociales de la profession, dans le cadre de la négociation sur les conditions de travail dans le bâtiment qu'elles s'engagent à ouvrir dès le premier semestre 1991.

Les parties signataires conviennent par ailleurs d'engager ensuite dans l'année 1991 des négociations sur :

- le régime applicable aux apprentis et notamment leur rémunération ;

- les dispositions conventionnelles de branche conformément à l'article L. 322-7 du code du travail ;

- l'examen de la convention collective nationale des E.T.A.M. du bâtiment en vue de son extension.

4. Elles rappellent que les entreprises peuvent appliquer les dispositions législatives et conventionnelles en vigueur et mettre en place, par consultation ou accord, les aménagements du temps de travail correspondant à leur activité.

5. Les aménagements mis en oeuvre donneront lieu au bénéfice des salariés à des contreparties appropriées portant sur les conditions de travail, la durée du travail, notamment sous forme de congés supplémentaires rémunérés, pris à une période de moindre activité de l'entreprise, la consolidation de l'emploi, un complément de formation, ou la rémunération.

Les 7 Documents Essentiels

JuriTravail.com

Sommaire :

I - Décryptage de votre convention collective

Lors de la signature de votre contrat de travail, l'employeur vous a informé que vous étiez soumis à une convention collective. Il vous a aussi indiqué qu'un exemplaire de ce document pouvait être consulté dans l'entreprise, comme l'y oblige la loi. Après avoir lu votre convention collective, vous souhaitez quelques informations vous permettant de mieux comprendre ce texte.

1) La convention collective est une source de droit du travail

Votre convention collective est une **source du droit du travail** à côté du Code du travail, des règles internationales du droit du travail, du **règlement intérieur**, des **usages dans l'entreprise** et de votre contrat de travail. La convention collective détermine vos **conditions d'emploi** et vos **garanties sociales**, afin de les **adapter aux spécificités de votre activité** ou de **créer de nouveaux avantages**.

- Par exemple, le Code du travail prévoit que l'employeur peut vous faire effectuer un contingent annuel d'heures supplémentaires. Le Code du travail dispose que ce contingent est fixé par votre convention collective, ou à défaut, par décret (article L. 3121-11 du Code du travail).

2) La convention collective est négociée au niveau d'une branche d'activité

Votre convention collective est **négociée** au niveau d'une **branche d'activité** (métallurgie, industrie agro-alimentaire, automobile,...). Elle permet ainsi d'**adapter la règlementation du travail aux particularités de votre activité**.

- Par exemple, votre convention collective peut prévoir des primes qui sont liées à votre secteur d'activité.

3) La convention collective est souvent plus favorable

Votre convention collective complète la loi, souvent dans un sens plus favorable pour vous, mais parfois dans un sens moins favorable. Votre convention collective **peut déroger de manière moins favorable** à la loi dans certains domaines, notamment en matière de **contrats précaires**, de **durée** et d'**organisation du travail**.
Ceci reste des exceptions car, de manière générale, votre convention collective est **plus favorable que la loi**.

Exemple avec le calcul de l'indemnité de licenciement :
Monsieur Martin est un employé relevant de la convention collective nationale applicable au personnel des bureaux d'études techniques, des cabinets d'ingénieurs-conseils et des sociétés de conseils. Il a 8 ans d'ancienneté et perçoit un salaire mensuel de 2000 € brut. Au cours de ces douze derniers mois, il a reçu une prime de 1500 €.
S'il était licencié :
- Son indemnité légale de licenciement serait de 3400 € ;
- Son indemnité conventionnelle de licenciement serait de 4250 €.

II - Zoom sur la rupture conventionnelle

La rupture amiable ou conventionnelle, nouveau né de la loi de modernisation du marché du travail, est communément appelée « licenciement à l'amiable ». Il s'agit pour le plus grand nombre d'un licenciement déguisé. Analyse de la rupture amiable et comparaison avec le licenciement.

1) Volonté réciproque de rompre le contrat

La rupture conventionnelle ou amiable suppose que l'employeur et vous-même **soyez d'accord pour rompre le contrat**. Cet accord est évoqué lors **d'un entretien (au moins)**. Au cours de cet entretien, **vous pouvez être assisté**.

- Licenciement : l'employeur doit, pour vous licencier, justifier impérativement d'un motif personnel ou économique. A défaut, le licenciement sera réputé sans cause réelle et sérieuse.

2) Une indemnité

La rupture du contrat implique le versement d'une **indemnité de rupture amiable qui est au minimum égale au montant de l'indemnité légale de licenciement**.
Attention : suite à la modification publiée le 27 novembre 2009 de l'accord de modernisation du marché du travail du 11 janvier 2008, le montant de l'indemnité de **rupture conventionnelle** a été relevé,
Désormais, **le montant de l'indemnité de rupture conventionnelle ne peut être inférieur** :
- au montant de **l'indemnité légale de licenciement** ;
- au montant de **l'indemnité de licenciement fixé dans la convention collective, lorsque celui-ci est plus favorable**.

3) Faculté de rétractation

Vous disposez, ainsi que l'employeur, **d'un droit de rétractation de 15 jours**. Ce délai vous permet de réfléchir et de revenir sur une décision prise hâtivement. **La convention de rupture amiable ne pourra être adressée à l'inspection du travail qu'une fois passé le délai de rétractation**.

- Licenciement : le droit de rétractation n'existe pas.

4) Homologation de la convention de rupture amiable

Une convention de rupture amiable doit être adressée à l'inspection du travail qui dispose d'un délai de 15 jours pour homologuer la convention de rupture (son contrôle porte notamment sur l'indemnité de rupture, vos éventuelles observations ou celles des assistants....).

- Licenciement : sauf lorsqu'il s'agit du licenciement d'un salarié protégé, l'inspection du travail n'a pas de droit de regard sur le licenciement d'un salarié.

5) Droit au chômage

La rupture conventionnelle ou amiable ouvre droit à **la perception des allocations chômage**.

- Licenciement : droit à la perception des allocations chômage.

III - 3 points à connaître sur l'indemnisation du préavis

Lorsque vous licenciez un salarié, celui-ci doit effectuer un préavis avant de quitter définitivement l'entreprise. Vous pouvez toutefois l'en dispenser. Dans ce cas, vous devez lui verser une **indemnité compensatrice de préavis**.

Dès lors quelles sont les modalités de ce versement ?

1) Verser l'indemnité : dans quelles hypothèses ?

Si vous dispensez le salarié d'exécuter son préavis, vous êtes tenu de payer une indemnité compensatrice de préavis (arrêt de la Chambre sociale de la Cour de cassation du 10 juin 2008 n° 07-43076) ;
Toutefois, si c'est le salarié qui est responsable de l'inexécution du préavis (faute grave ou lourde), l'indemnité n'est pas due.

2) Calculer le montant de l'indemnité

L'indemnité se calcule sur la base du salaire brut, soumis aux cotisations sociales, que le salarié aurait perçu s'il avait effectué son préavis (avec prise en compte des heures supplémentaires...).
Tous les éléments de rémunération auxquels le salarié aurait pu prétendre sont à prendre en compte. C'est notamment le cas :
- Des **augmentations générales** qui interviennent pendant le préavis ;
- De l'**intéressement** et de la **participation** ;
- Des **primes** dont il aurait bénéficié (ancienneté...).

3) Choisir le moment du versement

Aucun texte ne fixe de date précise pour le versement de l'indemnité compensatrice de préavis de licenciement. Vous pouvez ainsi payer l'indemnité au moment où le salarié cesse effectivement de travailler.
Toutefois, pour des raisons d'ordre pratique, il est préférable de verser l'indemnité à la date à laquelle vous lui auriez versé son salaire.

IV- 3 points à connaître sur les indemnités à verser en cas de licenciement

Lorsque vous licenciez un salarié, vous devez lui remettre certains documents (certificat de travail, solde de tout compte, attestation ASSEDIC) et également lui verser différentes indemnités.

Le point sur les indemnités à payer au salarié lors de son départ :

1) L'indemnité de licenciement

Le salarié a droit à une indemnité de licenciement dès lors qu'il n'a pas été licencié pour faute grave ou lourde.
La loi fixe un montant minimal d'indemnité de licenciement, qui est le même que le licenciement soit prononcé pour un motif personnel ou un motif économique.

Cependant, les conventions collectives prévoient souvent **un montant d'indemnité de licenciement supérieur** à celui fixé par la loi. Vous êtes alors tenu de verser au salarié l'indemnité de licenciement prévue par la convention collective.

2) L'indemnité compensatrice de congés payés

Le salarié a droit à une indemnité compensatrice de congés payés :
- dès lors qu'il n'a pas été licencié pour faute lourde,
- s'il a acquis des congés payés et **qu'il n'a pas pu les prendre avant son départ** (et avant la fin de la période de prise de congés).

Le montant de l'indemnité compensatrice de congés payés se calcule de la même façon que l'indemnité de congés payés et dépend du nombre de jours acquis non pris par le salarié.

3) L'éventuelle indemnité compensatrice de préavis

Vous devez verser une indemnité compensatrice de préavis si vous avez dispensé le salarié d'effectuer son préavis de licenciement.
Cette indemnité n'est pas due si le salarié est licencié pour faute grave ou lourde.

Le montant de l'indemnité compensatrice de préavis doit correspondre à **la rémunération qu'aurait perçue le salarié s'il avait travaillé durant la période de préavis**. Cela inclut le salaire, les heures supplémentaires, les avantages en nature...

V - 5 règles à maîtriser avant de rompre son CDD

Vous êtes engagé en CDD et souhaitez rompre votre contrat avant le terme de celui-ci. Devez-vous respecter un préavis ? Percevrez-vous la prime de précarité ? Voici 5 règles à connaître avant de formaliser la rupture.

1) 1ère règle : Vous pouvez rompre votre CDD pour signer un CDI

Vous pouvez rompre votre CDD à la condition de prouver que vous avez signé un CDI dans une autre entreprise. Dans ce cas, **votre seule obligation sera de respecter un préavis** vis-à-vis de votre employeur.
La durée du préavis est variable suivant que votre contrat est de date à date ou sans terme précis.

Votre contrat est de date à date quand une date de fin de contrat est indiquée. Pour connaître la durée du préavis, il convient de comptabiliser le nombre de semaines entre la date de début et la date de fin de votre contrat. Vous devez ensuite convertir ce nombre de semaines en jours.

Votre contrat est sans terme précis quand il prévoit que la fin du CDD dépendra de la survenance d'un évènement dont la date est incertaine au jour de la signature du CDD. La durée du préavis sera égale, en jours, au temps passé dans l'entreprise en nombre de semaines.

En tout état de cause, le préavis ne peut excéder deux semaines (article L. 1243-2 du Code du travail).

Si vous n'effectuez pas ce préavis, l'employeur est en droit de vous demander des dommages et intérêts pour réparer le préjudice causé par votre départ brutal.

2) 2ème règle : Vous pouvez rompre votre CDD d'un commun accord avec votre employeur

La rupture anticipée du contrat par accord de l'employeur et du salarié doit faire l'objet d'un écrit.
Cette rupture doit être **claire et non équivoque**.
Ainsi, si vous reprochez à l'employeur des manquements à ses obligations contractuelles et lui imputez la rupture du CDD, cette rupture ne caractérisera pas une rupture d'un commun accord.

Si votre employeur veut que vous assuriez votre contrat jusqu'à son terme, vous êtes obligé de le faire.

Si vous rompez votre CDD avant son terme, sans l'accord de l'employeur, vous pourrez être condamné à verser des dommages et intérêts à celui-ci.

3) 3ème règle : Une rupture anticipée du CDD en dehors des cas autorisés peut être sanctionnée

En dehors des hypothèses précédemment évoquées, la rupture anticipée du CDD à l'initiative du salarié ouvre droit pour l'employeur à des dommages et intérêts correspondant au préjudice subi.

4) 4ème règle : L'indemnité de fin de contrat n'est pas versée

Si vous êtes à l'origine de la rupture anticipée du CDD, l'indemnité de fin de contrat qui vise à indemniser la précarité résultant de la durée déterminée du contrat **ne vous sera pas versée**.

5) 5ème règle : Les indemnités de congés payés restent dues

L'indemnité compensatrice de congés payés reste due au salarié même lorsqu'il est à l'initiative de la rupture anticipée du CDD.

VI - 4 points à connaître avant de démissionner

Vous avez trouvé un nouvel emploi, vous souhaitez démissionner. Avant d'annoncer votre décision à votre employeur, voici quatre points à connaître.

1) La forme

Votre décision de démissionner **n'a pas à être formalisée par écrit**. Dès lors, il vous est possible d'informer votre employeur par oral.
Toutefois, dans un souci de preuve, il est conseillé d'adresser un courrier dans lequel vous indiquez votre souhait de rompre votre contrat de travail.

2) Motifs - Volonté claire et non-équivoque

Vous n'êtes **pas tenu d'indiquer à votre employeur les motifs de votre démission**.
Toutefois, les juges exigent que votre volonté de démissionner soit réelle. Ainsi, **votre volonté doit être claire, sérieuse et non équivoque**.
Ne constitue pas, par exemple, une volonté claire et non équivoque la démission donnée dans un état dépressif (arrêt de la Chambre sociale de la Cour de cassation du 2 juillet 2008 – N° de pourvoi : 07-40492).

3) Préavis

L'annonce de votre démission ne rompra pas votre contrat immédiatement. Vous serez, en effet, tenu de **réaliser un préavis**. La durée de celui-ci est fixée par votre convention collective.
A titre d'exemple, la convention collective des bureaux d'études techniques, cabinets d'ingénieurs conseils, sociétés de conseils prévoit que la durée du préavis pour un employé est de un mois ou deux mois au-delà de deux ans d'ancienneté et de trois mois pour un cadre.

La non-réalisation de votre préavis vous expose au **paiement d'une indemnité compensatrice de préavis**. Cette dernière est égale à la rémunération que vous auriez perçue si vous aviez réalisé votre préavis.
Il vous est toutefois possible de demander à votre employeur de réduire votre préavis.

4) Indemnités

La démission, à l'inverse du licenciement ou de la rupture à l'amiable ou conventionnelle, **n'ouvre pas droit à indemnités**.

VII - Rédiger le règlement intérieur : mode d'emploi

Le règlement intérieur est un document central de l'entreprise dont vous ne devez pas négliger la rédaction. Lorsque votre entreprise compte **au moins 20 salariés**, vous êtes tenu de mettre en place un règlement intérieur.

L'objet principal de ce règlement est de fixer les mesures d'application de la règlementation en matière de discipline, d'hygiène et de sécurité...

Ainsi, il y a certaines clauses obligatoires que vous devez prévoir dans le règlement intérieur.

C'est par exemple le cas pour :
- les dispositions relatives à l'hygiène et à la sécurité (interdiction de boire de l'alcool, consignes de sécurité...) ;
- les dispositions relatives à la discipline (obligation de respecter les horaires de travail, l'obligation de pointer...) ;
- les sanctions applicables ;
- les dispositions relatives aux droits de la défense ;
- la répression et la prévention du harcèlement sexuel et moral.

Pour que ces mesures soient efficaces, il est essentiel de déterminer la nature et l'échelle des sanctions applicables en cas de faute d'un salarié.

Attention :

Au même titre qu'il existe des clauses obligatoires, certaines clauses sont interdites dans le règlement intérieur.

C'est par exemple le cas pour :
- les clauses contraires aux lois, règlements et conventions (restriction au droit de grève...)
- les clauses contraires aux libertés individuelles et collectives.

A savoir :

Les articles L. 1322-1 à 4 du Code du travail prévoient que le règlement intérieur est soumis au contrôle de l'inspection du travail qui peut à tout moment exiger le retrait ou la modification de certaines dispositions du règlement intérieur.

Imprimeur : Dupli-Print

ISBN : 978-2-7597-0014-1 Dépôt légal : En cours